חומש זה יוצא לאור עולם
לזכרו הטהור ולעילוי נשמתו של

ר׳ מרדכי דוד כ״ץ זצ״ל

בן הרב אפרים אריה לייביש הכהן
ומרת גולדה לבית הלפרן

נלב״ע ביום כ׳ תמוז תשע״ו לפ״ק

איש מורם מעם ומנהיג דגול, רודף צדקה וחסד
סמל ודוגמה לאהבת התורה ולומדיה ואהבת ארץ ישראל.

הקים עולם של תורה בארץ הקודש, במכסיקו ובארה״ב.

הקים בית לתפארת, אוהב ומסור היה בלב ונפש לבני משפחתו
ההולכים לאורו וממשיכים בדרכו.

This Chumash has been published
in loving memory and as a blessing for the soul of

R′ Mordechai David Katz *z″l*

son of Rabbi Ephraim Aryeh Leibush HaKohen and
Mrs. Golda (Halpern)

who passed away on 20 Tammuz 5776

An exemplary man and esteemed leader
who pursued righteousness and kindness;
an outstanding example of one who loves Torah and
its scholars and the Land of Israel.

He established a kingdom of Torah in Israel, Mexico and the USA.

He raised a magnificent family
and was lovingly devoted with all his heart and soul to his family members
who continue his legacy down the path that he paved for them.

תנצב״ה

"נר ה׳ נשמת אדם"

חומש זה
מונצח לזיכרון עולם
לעילוי נשמת ההורים היקרים הבלתי נשכחים

הר"ר אפרים אריה לייביש הכהן ז"ל
ב"ר מרדכי דוד וחיי שרה ז"ל
נלב"ע כ"ב סיון תשנ"ז

וזוגתו מרת **גולדה (לבית הלפרן)** ע"ה
ב"ר צבי ומחצ׳ה ז"ל
נלב"ע ב׳ אב תשכ"ח

הר"ר אהרון הכהן קנר ז"ל
ב"ר צבי משה קנר ולאנצ׳ה ז"ל
נלב"ע כ"ו אלול תשמ"ב

וזוגתו מרת **בטי (לבית ראור)** ע"ה
ב"ר אליעזר ובשה ז"ל
נלב"ע ל׳ אב תשמ"ה

תנצב"ה

ונתתי יד ושם בחומותי

עדינה כץ שתחי׳

הרעיה והשותפה הנאמנה לאבי המשפחה

ר׳ מרדכי דוד כ״ץ זצ״ל

שזכה לראות מהדורה זו של החומש ערב פטירתו

מברכת את כל צאצאיהם שיחיו, בהצלחה, בבריאות ובאריכות ימים

צבי וציפי כץ וכל יוצאי חלציהם

רחל ויוסף ולטן וכל יוצאי חלציהם

שרה ותנחום פורטנוי וכל יוצאי חלציהם

אריאלה ואלי גוגנהיים וכל יוצאי חלציהם

ויקויים בהם הכתוב:

וַאֲנִי זֹאת בְּרִיתִי אוֹתָם אָמַר יהוה רוּחִי אֲשֶׁר עָלֶיךָ וּדְבָרַי אֲשֶׁר־שַׂמְתִּי בְּפִיךָ לֹא־יָמוּשׁוּ מִפִּיךָ וּמִפִּי זַרְעֲךָ וּמִפִּי זֶרַע זַרְעֲךָ אָמַר יהוה מֵעַתָּה וְעַד־עוֹלָם:

(ישעיהו נט; כא)

אמן ואמן וכן יהי רצון

"I will give them a place and a name in My walls…" Isaiah 56:5

Adina Katz

wife and beloved partner of the head of the family

R' Mordechai David Katz *z"l*

who merited to see this edition of Chumash before he passed away

blesses all of their descendants with success, health and long life.

Zvi and Tzippy Katz *and family*

Rachel and Yosef Velten *and family*

Sara and Tanchum Portnoy *and family*

Ariela and Elie Gugenheim *and family*

and they should merit to see the words of Isaiah fulfilled through them (ישעיהו נט, כא):

וַאֲנִי זֹאת בְּרִיתִי אוֹתָם אָמַר יהוה רוּחִי אֲשֶׁר עָלֶיךָ וּדְבָרַי אֲשֶׁר־שַׂמְתִּי בְּפִיךָ לֹא־יָמוּשׁוּ מִפִּיךָ וּמִפִּי זַרְעֲךָ וּמִפִּי זֶרַע זַרְעֲךָ אָמַר יהוה מֵעַתָּה וְעַד־עוֹלָם:

מהדורת כץ
התנ"ך המבואר

על ידי הרב עדין אבן־ישראל (שטיינזלץ)

במדבר

המכון הישראלי לפרסומים תלמודיים ירושלים

ירושלים
ק

מהדורת כץ

התנ״ך המבואר

על ידי הרב עדין אבן־ישראל (שטיינזלץ)

במדבר

מהדורה ראשונה © 2017
הוצאת קורן ירושלים
ת״ד 4044 ירושלים 91040
טל׳: 02-6330533 פקס: 02-6330534

www.korenpub.co.il

מסת״ב ISBN 978-965-301-975-1

ביצירת הביאור של כרך זה השתתפו:

עורכים ראשיים: שרה פרידלנד בן ארזה והרב יוסי בן ארזה

עורך: הרב מאיר קליין

ראליה וריכוז תמונות: הרב דניאל אליאב

מרכז המערכת: הרב מאיר הנגבי

הגהות: גילה מאירסון, סימה אריה

עימוד: חיה זיידבנד

איסוף תמונות ועיבודן: רזיה ריצ׳מן

איורים: אמונה ש״ץ

ייעוץ גרפי: הרב מאיר הנגבי, אליאב סטולמן
אליהו משגב

בהכנת החומש ופירוש רש״י השתתפו:

הרב דוד פוקס
הרב חנן בניהו
הרב ינון חן
הרב כרמיאל כהן
אפרת גרוס

תוכן העניינים

הקדמה קצרה למהדורת 'התנ"ך המבואר'

יודעים המעיינים ואפילו הקורא הפשוט שיצירת פירוש חדש למקרא היא מעשה לא פשוט הזקוק לשפע ברכות שמים מעל ולמאמצים רבים מתחת. בכתיבת פירוש למקרא, ולתורה בפרט, כרוכים שני קשיים מהותיים. הקושי האחד נתון בעצם היומרה להתייחס לטקסט העליון ביותר והמקודש ביותר שבגדר הנמצא ולהיצמד אליו בצורה כלשהי. הקושי השני נובע מכך שכבר נכתבו למקרא במשך 3,000 שנה פירושים רבים מאוד, והפירושים הללו נוצרו על ידי אנשים גדולים מכל ההיסטוריה שלנו; ומי יכול להתיימר להצטרף אל חבורה קדושה זו, ואפילו רק להיאחז בשוליה?!

את מפתח הכניסה למעשה נכבד זה אפשר למצוא בדברים שאמר רש"י לנכדו הרשב"ם (שכתב גם הוא פירוש לתורה), שאילו היה בכוחו, היה כותב עוד פירוש לפי "הפשטות המתחדשים בכל יום".[1] בכל דור ובכל יום עשוי להיפתח אור חדש או זווית ראייה חדשה. אכן, לא רק פירושים וחידושים מתחדשים בעולם, בכל דור מתעוררות שאלות חדשות בקרב לומדי התנ"ך, הן מתוך מה שמעסיק את הלומד באופן אישי. הן מתוך עניינים האופייניים לתקופתו ולזמנו. כך אפשר לראות בדברי המפרשים הגדולים שכתבו במשך הדורות כי שאלות שעסק בהן האחד אינן מסוג השאלות שהטרידו את חברו. גם היום יש, תודה לא-ל, לומדים ומעיינים בתנ"ך ושאלות חדשות באמתחותיהם המצריכות תשומת לב, עיון והסבר חדשים. כל אלה מאירים את דברי תורת הנצח במגוון הסתכלויות המולידות "פשטות המתחדשים בכל יום".

הביאור שלפנינו מבקש לפרש את התורה במישור הפשט. לכאורה זהו המישור הפשוט ביותר, אך לאמתו של דבר הוא הקשה ביותר. הפירושים על דרך הרמז, הדרש או הסוד פתוחים יותר. המפרשים בדרכים אלו הם

1. פירוש הרשב"ם בראשית לז,ב.

בני חורין לקשר בין הפסוקים שלפניהם לבין דברים אחרים המצויים במרחבי הרמז, הדרש או הסוד, והם כבולים פחות למלות התורה שבכתב ולמושגיה. לעומת זאת, בהגדרתו של הפשט ובדרכי יישומו התחבטו רבים. שכן פירוש פשוטו של מקרא צריך להיות אחוז באופן הדוק במשמעות המילולית והדקדוקית של המלים ולא להניח ידו גם מהקשרן התחבירי והענייני. אכן, בעיית היחס שבין 'פשוטו' ל'משמעו', אין לה פתרון מלא.[2] קושי עקרוני יותר הוא שבכתיבתו של פירוש על דרך הפשט מנסה המבאר לעמוד על דעתו של המחבר, ואולם לתודעה האינסופית של נותן התורה אין חקר ואין תכלית.[3]

לביאור זה הוצמדו מראי מקומות המפנים למפרשים רבים, אולם אין הוא לקט מן המפרשים הללו. הוא לא נוצר בדרך זו, ואינו מתכוון להיות לקט או מבחר פירושים שנכתבו במשך הדורות. מראי המקומות מובאים כאן כדי להראות שיש לביאור ביסוס במקורות אחרים, או על כל פנים 'חברה'. אכן, אין תכליתו של הביאור הזה להציג חידושים מהפכניים; אדרבא, עיקר עניינו הוא לשמש ביאור שקוף. מגמתו היא להיות כה בלתי מורגש, עד שהקורא–הלומד לא יבחין בקיומה של מחיצה בינו לבין הכתובים. מעשה ההנגשה הזה מבקש לאפשר לתורה לדבר בעצמה, לנביאים לנבא את נבואתם ולחכמים ללמד את חכמתם. כדי שלא להפריע לקולם של הפסוקים להישמע, מנוסח הביאור בקיצור, כך שלא יהיה בגדר שריון מכביד ומסתיר אלא מעטה קל שאיננו ניכר.

במעמד הר סיני שמעו כל ישראל קוֹל גָּדוֹל וְלֹא יָסָף,[4] וחכמים ביארו כי קול גדול זה לא פסק.[5] תקוותי שמפעל זה יעזור לאנשים לשמוע את הקול המידבר מן התורה גם בעולם העסוק והרעשני שלנו.

הרב עדין אבן ישראל (שטיינזלץ)

2. ראו למשל הקדמתו של רבי אברהם אבן עזרא לפירושו.
3. ראו הקדמת פירוש הרמב"ן לתורה.
4. דברים ה,יח.
5. אונקלוס; סנהדרין יז ע"א.

טיבו של החיבור

ביאור התנ"ך שלפנינו בא להקל על הקורא במקרא בן זמננו, לגשר על פערי השפה, תפיסת העולם והתרבות שבינו לבין התורה שבכתב, להבהיר במידת האפשר עמימויות, ולענות על תמיהות וקשיים, מודעים וסמויים, בהבנתה.

לחיבור שני חלקים המשלימים זה את זה אך אינם זוקקים זה את זה: **ביאור** צמוד המשולב במלות המקרא, ו**הרחבות פרשניות וראליות** נפרדות בתחתיתו.

הביאור מחולק ליחידות ענייניות, חלוקה שאינה עולה בקנה אחד עם חלוקת הפרקים המקובלת. כל עניין תָּחום לעצמו, מוגדר בכותרת ופותח במבוא קצר. אין לראות בתבנית המופיעה כאן חלוקה פסוקה של המקרא, אלא מעין הצעת הגשה כחלק מהביאור, לנוחות הקורא והתמצאותו. מוצעת כאן גם תת-חלוקה לפסקאות בתוך כל עניין, וכן פתיחת כל דיבור בשיחה בשורה נפרדת.[6]

בביאור מתפרשים לשון הכתוב והקשרי המשפטים ברובד הפשוט ביותר, מתוך חתירה לקיצור ולהקלה על שטף הקריאה במקרא. כיוון שכך אין הפירוש צמוד לשיטה פרשנית אחת או לפירושים ידועים ומקובלים דווקא. למרות מגמה זו במקרים בודדים מוזכרים גם פירושים חלופיים, כאשר יש יותר מפירוש פשוט אחד. אף כאשר המסורת ההלכתית מפרשת את המקרא בדרך שונה, יוזכר הדבר וינומק בקיצור בביאור עצמו או בהפניות המצוינות בו, כדי לדבוק בפשט העולה מן הכתוב עצמו וגם לעמוד על פירוש הכתוב כפי שנלמד בתורה שבעל פה.

6. בטקסט המשלב בין פסוקי המקרא לבין הביאור מתקיימות זו בצד זו שתי מערכות פיסוק – סימני הפיסוק שנבחרו לפסוק עצמו, וסימני הפיסוק המתייחסים למהלך הביאור. משום כך ומסיבות דידקטיות רבים בו סימני פיסוק, גם שלא לפי כללי האקדמיה ללשון העברית הנוהגים היום.

יש לציין כי גם כשהדברים כתובים בלשון סתמית ופסקנית, הפירוש אינו מתיימר לקבוע כי זהו הפשט ואין בלתו. אין בכך אלא הצעה - לעתים חדשה - המתיישבת על פשוטו של מקרא ועל לב הקורא. מטעמים דידקטיים לא נפרשו כאן השיקולים הפרשניים העומדים מאחורי הבחירה לבאר כך ולא אחרת.

בצדו הימני של כל מִפְתָּח מופיע רצף הפסוקים המנוקד והמפוסק בטעמי המקרא כבתנ"ך קורן, ומתחתיו פירוש רש"י. בצדו השמאלי מופיעות שנית כל מלות הפסוקים,[7] וביניהן משובצים דברי הביאור הצמוד. כך יוכל הלומד לשוב תמיד לעיין בהקשר הרצוף של מילות התנ"ך, והקריאה בביאור לא תחליף את קריאת המקור.

ההרחבות כוללות חומרי רקע, מקבילות פנים-מקראיות, פירושים חלופיים, העשרה בדברי מדרש ומחשבת ישראל לדורותיה, תעודות חיצוניות והערות לשוניות. בצדם של אלו מופיע חומר ראלי מילולי וחזותי לגבי מקומות, עמים, צמחים ועצמים המוזכרים במקרא - בהתאם לידע המדעי המעודכן ביותר. חומרים אלו מופיעים בצד הכותרת 'העולם'.

בסוף הספר מצוינים **מקורות** והפניות המסומנים בביאור. המקורות, שנכתבו על ידי העורכים, מתייחסים בדרך כלל לפסוקים ולביאוריהם במקומות אחרים במקרא, לדברי חז"ל בתלמודים ובמדרשים, פרשנים מקראיים, ספרי מחשבה, שאלות-ותשובות של חכמים ראשונים ועוד. כאשר המקור אינו זהה לגמרי לכתוב בביאור, הוא צוין כהפניה בלבד ("ראו...") ולא כמקור סתמי.

רצף הפסוקים של התנ"ך המובא במהדורה זו הוא הנוסח המדוקדק שנבחן היטב בהוצאת 'קורן'.[8] המהדורה יכולה להתאים ללימוד אישי, ללימוד של חבורת לומדים ולבית הכנסת. בנוסח זה יצוינו בתורה שלוש חלוקות עתיקות: החלוקה לפרשות השבוע, החלוקה לפרשות הפתוחות

7. בתוך הביאור הובא הנוסח המקראי כקריאתו. כלומר, הקרי הוכנס במקום הכתיב, ושמות הוי"ה מסומנים בדרך כלל: 'ה'', או 'ה' אלוהים' כשהצירוף הוא 'אדוני ה'', בהתאם לצורת הקריאה המקובלת.
מכיוון שבביאור ניטעים שברי הפסוק בתוך הקשר טקסטואלי חדש, יש שהניקוד המקורי אינו מופיע בשלמותו בעקבות אילוצי התחביר החדש. כמו כן הוסרו במקומות אחדים המקפים כאשר צירוף מקראי מוקף נשבר במילות הביאור.
8. לשם דיוק הקריאה הובחן כאן השווא הנע מן השווא הנח. סימנו של השווא הנע בולט יותר, למשל: נַפְשְׁךָ. כדי לבדל את הקמץ הקטן מן הקמץ הגדול סומן הקמץ הקטן באמצעות סימן גדול, דוגמת **חָכְמָה**.
עוד על שיטת הניקוד של תנ"ך קורן ראו בבלוג של הוצאת קורן.

והסתומות והחלוקה לסדרים המסומנת בשוליים החיצוניים של העמוד. כמו כן צוינה בתורה החלוקה לעליות בשחרית של שבת, ועליות מנחה של שבת ושני וחמישי סומנו בסימן ◂. את פסוקי התורה מלווה פירוש רש"י, שהתקבל בכל הדורות כפירוש הקלאסי של התורה. הפירוש הועמד לפי עדי הנוסח הטובים ואף נוקד לנוחות הקורא. בסוף כל חומש הובאו ההפטרות המבוארות תוך התייחסות לקשר בין ההפטרה לבין השבת שבה היא נקראת.

מחשבה ועבודה רבות הושקעו בעיצוב הנאה והנוח ביותר. עיצוב זה הוא פרי שיתוף הפעולה בין מסורת העיצוב המוקפד של הוצאת קורן לבין הניסיון הרב שנצבר במכון לפרסומים תלמודיים. תודתנו לר' מאיר הנגבי שריכז את הפרויקט בתבונה, בעדינות וביעילות. ייזכר לברכה ר' חנוך בן ארזה ע"ה, אוהב תורה ושוחר ספר, אביהם של שניים מהעורכים, שרוחו והכבוד שחלק למלים שרו עליהם בעת העבודה על החיבור.

סגנון הכתיבה ישראלי–עכשווי. על אף המגמה הכללית לשמר ככל האפשר את שגב המקרא, נושבת על פני החיבור גם רוח מרעננת ורלוונטית לדורנו.

העורכים

במדבר

מבוא לחומש במדבר

בספר זה מתוארת תקופת מסעותיו של עם ישראל במדבר על תלאותיה ומורכבותה. הספר, הנפתח בשנה השנייה לצאת ישראל ממצרים ומגיע עד סוף שנת הארבעים לנדודיו במדבר, איננו סיפור רציף. עם זאת, אפשר לראות בסוף הספר סגירת מעגל שנפתח בראשיתו: פתיחתו במִפקד ובהיערכות המחנה למסע במדבר סיני, וסופו בהתמודדויות העם בהתקרבם אל מקומות יישוב בעבר הירדן המזרחי ובהכנותיו לקראת הכניסה לארץ.

בתודעתו של עם ישראל זכורה תקופת הנדודים במדבר כאידיליה, בהיותו עטוף בסוכת ענני הכבוד וניזון מלחם המורעף עליו משמים. ירמיהו הנביא מתאר את נאמנותם של ישראל למוליכם במדבר במלותיו הפיוטיות: זָכַרְתִּי לָךְ חֶסֶד נְעוּרַיִךְ אַהֲבַת כְּלוּלֹתָיִךְ לֶכְתֵּךְ אַחֲרַי בַּמִּדְבָּר בְּאֶרֶץ לֹא זְרוּעָה.[1] עם זאת, הספר מתאר גם את הפרותיה החוזרות ונשנות של ההרמוניה הזאת. שנות המסעות מצוירות בספר במדבר ובמקומות אחרים[2] כתקופה הרצופה בנפילות ובטעויות של עם ישראל, כולו או מקצתו, אשר בעטיין נדחתה כניסתו אל מחוז חפצו בשנים רבות. ראוי לציין שכל המאורעות המתוארים בספר במדבר, התרחשו בשנה הראשונה ואולי גם בשנה השנייה למסעם של ישראל במדבר, ובשנה האחרונה או אולי בשנים האחרונות.[3]

הכשל המרכזי נעוץ היה בחוסר הרצון להיכנס לארץ כנען. ישראל מאסו בארץ חמדה.[4] למשמע הדיבה הרעה שהוציאו מרגליהם על הארץ, בכתה

1. ירמיה ב,ב.
2. ראו דברים ט,ז; יחזקאל כ; תהלים עח; צה,ח-י; ירמיה כב,כא ורד"ק. וראו סנהדרין קי ע"ב.
3. ראו ראב"ע במדבר כ,א; אברבנאל יחזקאל כ,כא.
4. כאמור בתהלים קו,כד.

כל העדה על יציאתה ממצרים לכנען.[5] אמנם מיד לאחר שהועמדו על טעותם, התחרטו מעומק הלב, ואף היו נכונים להסתכן לשם הכניסה אל הארץ. ובכל זאת, מאיסתם בארץ נזקפת לחובתם לא פחות מחטא סגידתם לעגל, ואולי אף יותר ממנו.

לכך נוספו התלונות והריטונים הבלתי פוסקים של ישראל שנבעו ממצבי הדחק שחוו במדבר, וכן אירועי הפגיעה האישית במשה הנזכרים בספר, מצד בן דודו קֹרח שעורר כנגדו מרד אידיאולוגי,[6] ולהבדיל – מצד אחותו ואחיו שהתלוננו על התנהגותו האישית.[7]

אין בתורה עוד ספר שבו מתבטא עושר מרכיבי אישיותו של משה רבנו, כפי שהוא עולה מספר במדבר: קבלת דברים מתוך ענווה[8] בצד עמידה נחרצת כנגד המערערים על האמת שבשליחותו;[9] פרצי החולשה שלו – בבקשו לוותר על תפקידו כשחש שאין הוא יכול עוד לעמוד מול התלונות הילדותיות של עמו,[10] ובבכיו נוכח כישלונו של העם בשיטים,[11] ומצד אחר נדיבותו הנינוחה שבה הוא מבקש לחלוק את נבואתו עם כל ישראל,[12] מסירת עצמו לישראל כדי למנוע מהם מוות וכליה[13] ויכולתו לסלק את עצמו ואת יורשיו מכל גדולה ולהעבירה למי שראוי ומסוגל להמשיך את פעולתו.[14] ה' עצמו מגדיר את משה בספר זה כדמות מרוממת מכלל האנושות.[15]

בספר מתוארים בפירוט מִפקדים ומניינים אחדים של ישראל ושל חלקים ממנו – שבטים, מחנות, בתי אב, נשיאים ופקודי חיל. משום כך כונה בספרות חז"ל 'חומש הפקודים'.[16] יש בו גם פרקים שיריים ונבואיים: שירת הבאר המתייחסת לשבחי ה' בהווה, ונבואתו–ברכתו של בלעם הפונה אף אל העתיד הרחוק. הספר כולל גם חלקים הלכתיים שרובם אינם ארוכים, ובעיקרם הם משלימים מצוות שנאמרו בספר ויקרא.

5. להלן יג–יד.
6. להלן טז.
7. להלן יב,א–ב.
8. להלן יב.
9. להלן טז.
10. להלן יא,יא–טו.
11. להלן כה,ו.
12. להלן יא,כט.
13. להלן יד,יא–יט; טז,כב; יז,י. וכן שמות לב,י–יד; ל–לג.
14. להלן כז,טו–כג. וראו עוד טז,ה; רש"י לא,ג.
15. להלן יב,ג–ח.
16. משנה יומא ז,א; סוטה ז,ז ועוד.

בצד סיפורי התלאות והייסורים מסוכמים בספר במדבר גם ניצחונותיהם של משה ואנשיו על העמים שמסביב. ניצחונות אלו הם שיאפשרו את המשך מסעם, שיתואר בספר דברים עד כניסתם לארץ המובטחת, שקורותיו יסופרו בספר יהושע.

במדבר

במדבר א

א וַיְדַבֵּר יְהוָה אֶל־מֹשֶׁה בְּמִדְבַּר סִינַי בְּאֹהֶל מוֹעֵד א
בְּאֶחָד לַחֹדֶשׁ הַשֵּׁנִי בַּשָּׁנָה הַשֵּׁנִית לְצֵאתָם מֵאֶרֶץ
ב מִצְרַיִם לֵאמֹר: שְׂאוּ אֶת־רֹאשׁ כָּל־עֲדַת בְּנֵי־יִשְׂרָאֵל
לְמִשְׁפְּחֹתָם לְבֵית אֲבֹתָם בְּמִסְפַּר שֵׁמוֹת כָּל־זָכָר
ג לְגֻלְגְּלֹתָם: מִבֶּן עֶשְׂרִים שָׁנָה וָמַעְלָה כָּל־יֹצֵא צָבָא
בְּיִשְׂרָאֵל תִּפְקְדוּ אֹתָם לְצִבְאֹתָם אַתָּה וְאַהֲרֹן:
ד וְאִתְּכֶם יִהְיוּ אִישׁ אִישׁ לַמַּטֶּה אִישׁ רֹאשׁ לְבֵית־אֲבֹתָיו
ה הוּא: ◂ וְאֵלֶּה שְׁמוֹת הָאֲנָשִׁים אֲשֶׁר יַעַמְדוּ אִתְּכֶם
ו לִרְאוּבֵן אֱלִיצוּר בֶּן־שְׁדֵיאוּר: לְשִׁמְעוֹן שְׁלֻמִיאֵל
ז ח בֶּן־צוּרִישַׁדָּי: לִיהוּדָה נַחְשׁוֹן בֶּן־עַמִּינָדָב: לְיִשָּׂשכָר
ט י נְתַנְאֵל בֶּן־צוּעָר: לִזְבוּלֻן אֱלִיאָב בֶּן־חֵלֹן: לִבְנֵי יוֹסֵף
לְאֶפְרַיִם אֱלִישָׁמָע בֶּן־עַמִּיהוּד לִמְנַשֶּׁה גַּמְלִיאֵל בֶּן־
יא יב פְּדָהצוּר: לְבִנְיָמִן אֲבִידָן בֶּן־גִּדְעֹנִי: לְדָן אֲחִיעֶזֶר בֶּן־
יג יד עַמִּישַׁדָּי: לְאָשֵׁר פַּגְעִיאֵל בֶּן־עָכְרָן: לְגָד אֶלְיָסָף בֶּן־
טו טז דְּעוּאֵל: לְנַפְתָּלִי אֲחִירַע בֶּן־עֵינָן: אֵלֶּה קְרִיאֵי הָעֵדָה קְרוּאֵי

רש"י | פרק א

א| בְּמִדְבַּר סִינַי בְּאֶחָד לַחֹדֶשׁ. מִתּוֹךְ חִבָּתָן לְפָנָיו מוֹנֶה אוֹתָם כָּל שָׁעָה. כְּשֶׁיָּצְאוּ מִמִּצְרַיִם מְנָאָן (שמות יב, לז), וּכְשֶׁנָּפְלוּ בָּעֵגֶל מְנָאָן לֵידַע הַנּוֹתָרִים. וּכְשֶׁבָּא לְהַשְׁרוֹת שְׁכִינָתוֹ עֲלֵיהֶם מְנָאָם. בְּאֶחָד בְּנִיסָן הוּקַם הַמִּשְׁכָּן וּבְאֶחָד בְּאִיָּר מְנָאָם:

ב| לְמִשְׁפְּחֹתָם. דַּע מִנְיַן כָּל שֵׁבֶט וָשֵׁבֶט: לְבֵית אֲבֹתָם. מִי שֶׁאָבִיו מִשֵּׁבֶט אֶחָד וְאִמּוֹ מִשֵּׁבֶט אַחֵר יָקוּם עַל שֵׁבֶט אָבִיו: לְגֻלְגְּלֹתָם. עַל יְדֵי שְׁקָלִים, בֶּקַע לַגֻּלְגֹּלֶת:

ג| כָּל יֹצֵא צָבָא. מַגִּיד שֶׁאֵין יוֹצֵא בַּצָּבָא פָּחוֹת מִבֶּן עֶשְׂרִים:

ד| וְאִתְּכֶם יִהְיוּ. כְּשֶׁתִּפְקְדוּ אוֹתָם יִהְיוּ עִמָּכֶם נְשִׂיא כָּל שֵׁבֶט וָשֵׁבֶט:

טז| אֵלֶּה קְרוּאֵי הָעֵדָה. הַנִּקְרָאִים לְכָל דָּבָר חֲשִׁיבוּת שֶׁבָּעֵדָה:

הרחבות | **שמות ראשי השבטים** למרות שהרשימה מקרית למדי, אפשר לראות בה תופעה מעניינת: בשמות הראשים יש מוטיב תאופורי, כלומר הם מכילים את שם ה', פי שתיים מאשר בשמות אבותיהם. אולי יש להסיק מכך שאנשי הדור הקודם, שנולדו ופעלו במצרים בשיא ימי השעבוד, הסתירו שמות כאלה, או שבדור השני נשבה רוח

המִּפקד

פרק א

עברה כשנה מאז יצאו ישראל ממצרים. הקמת המשכן הסתיימה, והעם מוכן להתקדם במסעו הגדול לארץ כנען. ישראל הולכים עתה במדבר הפרוץ לכול, והם עתידים לבוא בקרוב אל ארץ כנען ולהורישה. על כן הגברים הבוגרים שבהם משמשים גם כצבא. הם נקראים להתפקד כדי שידעו כמה חיילים מונה צבאם.[1]

ביאור | פרק א א **וַיְדַבֵּר ה' אֶל מֹשֶׁה בְּמִדְבַּר סִינַי בְּאֹהֶל מוֹעֵד בְּאֶחָד לַחֹדֶשׁ הַשֵּׁנִי
בַּשָּׁנָה הַשֵּׁנִית לְצֵאתָם**, של בני ישראל **מֵאֶרֶץ מִצְרַיִם, לֵאמֹר:** ב **שְׂאוּ
אֶת רֹאשׁ**, סִפרו את **כָּל עֲדַת בְּנֵי יִשְׂרָאֵל לְמִשְׁפְּחֹתָם לְבֵית אֲבֹתָם,
בְּמִסְפַּר שֵׁמוֹת.** אין זו ספירה טכנית גרידא; היא תכלול הן את שמות
הנספרים הן את קבוצות ההשתייכות שלהם. כיוון שזהו מפקד
צבאי, לא יימנו בו כל בני העם אלא – **כָּל זָכָר לְגֻלְגְּלֹתָם**, הספירה
תהיה לנוכח הראשים הנספרים,[2] ג **מִבֶּן עֶשְׂרִים שָׁנָה וָמַעְלָה – כָּל
יֹצֵא צָבָא בְּיִשְׂרָאֵל, תִּפְקְדוּ אֹתָם לְצִבְאֹתָם, אַתָּה וְאַהֲרֹן.**

ד **וְאִתְּכֶם יִהְיוּ אִישׁ אִישׁ לַמַּטֶּה**, לשבט. על כל שבט משבטי ישראל
יופקד אדם אחד, והאִיש הזה – **רֹאשׁ לְבֵית אֲבֹתָיו**, מנהיג השבט
הוא. ה **וְאֵלֶּה שְׁמוֹת הָאֲנָשִׁים אֲשֶׁר יַעַמְדוּ אִתְּכֶם** כמנהיגי ספירת
בני השבט. ההמשך מלמד שהם אכן שימשו כראשי שבטיהם
גם לעניינים נוספים.[3] לשבט **רְאוּבֵן** האיש יהיה **אֱלִיצוּר בֶּן
שְׁדֵיאוּר.** ו **לְשִׁמְעוֹן – שְׁלֻמִיאֵל בֶּן צוּרִישַׁדָּי.** ז **לִיהוּדָה – נַחְשׁוֹן בֶּן
עַמִּינָדָב.** ח **לְיִשָּׂשכָר – נְתַנְאֵל בֶּן צוּעָר.** ט **לִזְבוּלֻן – אֱלִיאָב בֶּן חֵלֹן.** אלה
היו ששת בני לאה לפי סדר לידתם; י ועתה לבני רחל – **לִבְנֵי יוֹסֵף:
לְאֶפְרַיִם – אֱלִישָׁמָע בֶּן עַמִּיהוּד. לִמְנַשֶּׁה – גַּמְלִיאֵל בֶּן פְּדָהצוּר.** יא **לְבִנְיָמִן –
אֲבִידָן בֶּן גִּדְעֹנִי.** יב השבטים בני השפחות – **לְדָן**, בכור השפחות[4] –
אֲחִיעֶזֶר בֶּן עַמִּישַׁדָּי. יג **לְאָשֵׁר – פַּגְעִיאֵל בֶּן עָכְרָן.** יד **לְגָד – אֶלְיָסָף בֶּן דְּעוּאֵל.**
טו **לְנַפְתָּלִי – אֲחִירַע בֶּן עֵינָן.** טז **אֵלֶּה קְרוּאֵי הָעֵדָה**, נכבדי הקהל, **נְשִׂיאֵי**

הרחבות | של התחדשות שכתוצאה ממנה נקראו אז האנשים בשמות הללו. ואולי אלו אינם שמות מלידה אלא שמות שנתכנו בהם עקב מעמדם, שהיה כפי הנראה מכובד כבר קודם מינויים הרשמי. (ראו כיוצא בזה בהרחבה לבראשית יא,כט ובהערה שם יז,טו. ראויה לציון תופעה נוספת: לפי חלוקת סדרי המחנות המפורטת להלן

יז נְשִׂיאֵי מַטּוֹת אֲבוֹתָם רָאשֵׁי אַלְפֵי יִשְׂרָאֵל הֵם: ◂ וַיִּקַּח
מֹשֶׁה וְאַהֲרֹן אֵת הָאֲנָשִׁים הָאֵלֶּה אֲשֶׁר נִקְּבוּ בְּשֵׁמוֹת:
יח וְאֵת כָּל־הָעֵדָה הִקְהִילוּ בְּאֶחָד לַחֹדֶשׁ הַשֵּׁנִי וַיִּתְיַלְדוּ
עַל־מִשְׁפְּחֹתָם לְבֵית אֲבֹתָם בְּמִסְפַּר שֵׁמוֹת מִבֶּן
יט עֶשְׂרִים שָׁנָה וָמַעְלָה לְגֻלְגְּלֹתָם: כַּאֲשֶׁר צִוָּה יְהוָה
שני כ אֶת־מֹשֶׁה וַיִּפְקְדֵם בְּמִדְבַּר סִינָי: ◂ וַיִּהְיוּ
בְנֵי־רְאוּבֵן בְּכֹר יִשְׂרָאֵל תּוֹלְדֹתָם לְמִשְׁפְּחֹתָם
לְבֵית אֲבֹתָם בְּמִסְפַּר שֵׁמוֹת לְגֻלְגְּלֹתָם כָּל־זָכָר מִבֶּן
כא עֶשְׂרִים שָׁנָה וָמַעְלָה כֹּל יֹצֵא צָבָא: פְּקֻדֵיהֶם לְמַטֵּה
רְאוּבֵן שִׁשָּׁה וְאַרְבָּעִים אֶלֶף וַחֲמֵשׁ מֵאוֹת:
כב לִבְנֵי שִׁמְעוֹן תּוֹלְדֹתָם לְמִשְׁפְּחֹתָם לְבֵית אֲבֹתָם
פְּקֻדָיו בְּמִסְפַּר שֵׁמוֹת לְגֻלְגְּלֹתָם כָּל־זָכָר מִבֶּן עֶשְׂרִים
כג שָׁנָה וָמַעְלָה כֹּל יֹצֵא צָבָא: פְּקֻדֵיהֶם לְמַטֵּה שִׁמְעוֹן
תִּשְׁעָה וַחֲמִשִּׁים אֶלֶף וּשְׁלֹשׁ מֵאוֹת:
כד לִבְנֵי גָד תּוֹלְדֹתָם לְמִשְׁפְּחֹתָם לְבֵית אֲבֹתָם בְּמִסְפַּר
שֵׁמוֹת מִבֶּן עֶשְׂרִים שָׁנָה וָמַעְלָה כֹּל יֹצֵא צָבָא:
כה פְּקֻדֵיהֶם לְמַטֵּה גָד חֲמִשָּׁה וְאַרְבָּעִים אֶלֶף וְשֵׁשׁ
מֵאוֹת וַחֲמִשִּׁים:

רש"י | יז) אֵת הָאֲנָשִׁים הָאֵלֶּה. אֵת שְׁנֵים עָשָׂר נְשִׂיאִים הַלָּלוּ: אֲשֶׁר נִקְּבוּ. לוֹ כָּאן בְּשֵׁמוֹת:
יח) וַיִּתְיַלְדוּ עַל מִשְׁפְּחֹתָם. הֵבִיאוּ סִפְרֵי יִחוּסֵיהֶם וְעֵדֵי חֲזָקַת לֵדָתָם, כָּל אֶחָד וְאֶחָד לְהִתְיַחֵס עַל הַשֵּׁבֶט:

הרחבות | י,יא-כח, בשמותיהם של כל נשיאי השבט האמצעי שבכל מחנה ומחנה, ורק בהם, משולבת הסיומת 'אל': שלומיאל, נתנאל, גמליאל, פגעיאל).

'בית אב' לצירוף זה מגוון משמעויות: כאן ייתכן שהוא משפחה מורחבת. (ראו להלן ג,ל; כה,טו). ביהושע (ז,יז-יח) 'בית אב' הוא יחידה קטנה ממשפחה, ובשמות

ביאור

מַטּוֹת אֲבוֹתָם, רָאשֵׁי אַלְפֵי יִשְׂרָאֵל הֵם.

יז **וַיִּקַּח מֹשֶׁה וְאַהֲרֹן אֵת הָאֲנָשִׁים הָאֵלֶּה**, שנמנו לעיל **אֲשֶׁר** גם **נִקְּבוּ**,
נקראו **בְּשֵׁמוֹת** על ידי ה׳, כלומר אלו שיועדו על ידיו לתפקידם
הבכיר. יח **וְאֵת כָּל הָעֵדָה הִקְהִילוּ בְּאֶחָד לַחֹדֶשׁ הַשֵּׁנִי, וַיִּתְיַלְדוּ עַל**
מִשְׁפְּחֹתָם לְבֵית אֲבֹתָם, הוכיחו את ייחוסם להוריהם.[5] השבט לא
היה יחידה פורמלית בלבד, אלא הורכב מקבוצות ותת-קבוצות:
משפחות ובתי אב. הרשימה כוללת את בני ישראל בלבד ולא את
הזרים שיצאו אתם ממצרים. אלה שכנו, כנראה, בחלק אחר של
המחנה. **בְּמִסְפַּר שֵׁמוֹת, מִבֶּן עֶשְׂרִים שָׁנָה וָמַעְלָה לְגֻלְגְּלֹתָם**, יט **כַּאֲשֶׁר**
צִוָּה ה׳ אֶת מֹשֶׁה – וַיִּפְקְדֵם בְּמִדְבַּר סִינָי.

מספרם של נפקדי כל שבט: כ **וַיִּהְיוּ בְנֵי רְאוּבֵן בְּכֹר יִשְׂרָאֵל, תּוֹלְדֹתָם**,
הפרטים המצטרפים **לְמִשְׁפְּחֹתָם**, אשר מצטרפות **לְבֵית אֲבֹתָם, בְּמִסְפַּר**
שֵׁמוֹת לְגֻלְגְּלֹתָם. נוסח קבוע זה יחזור על עצמו. **כָּל זָכָר מִבֶּן עֶשְׂרִים**
שָׁנָה וָמַעְלָה כֹּל יֹצֵא צָבָא. כא **פְּקֻדֵיהֶם לְמַטֵּה רְאוּבֵן** היו **שִׁשָּׁה וְאַרְבָּעִים**
אֶלֶף וַחֲמֵשׁ מֵאוֹת.

כב **לִבְנֵי שִׁמְעוֹן: תּוֹלְדֹתָם לְמִשְׁפְּחֹתָם לְבֵית אֲבֹתָם, פְּקֻדָיו בְּמִסְפַּר שֵׁמוֹת**
לְגֻלְגְּלֹתָם כָּל זָכָר מִבֶּן עֶשְׂרִים שָׁנָה וָמַעְלָה כֹּל יֹצֵא צָבָא. כג **פְּקֻדֵיהֶם**
לְמַטֵּה שִׁמְעוֹן: תִּשְׁעָה וַחֲמִשִּׁים אֶלֶף וּשְׁלֹשׁ מֵאוֹת.

כד **לִבְנֵי גָד: תּוֹלְדֹתָם לְמִשְׁפְּחֹתָם לְבֵית אֲבֹתָם, בְּמִסְפַּר שֵׁמוֹת מִבֶּן עֶשְׂרִים**
שָׁנָה וָמַעְלָה כֹּל יֹצֵא צָבָא. כה **פְּקֻדֵיהֶם לְמַטֵּה גָד: חֲמִשָּׁה וְאַרְבָּעִים אֶלֶף**
וְשֵׁשׁ מֵאוֹת וַחֲמִשִּׁים.

(יב,ג) נראה שהוא שם נרדף למשפחה. (ראו דעת מקרא במדבר א,ב).

הרחבות

מספרי הפקודים יש לשער שהמספרים עוגלו, שכן קשה להניח שבכל אחד משנים-עשר השבטים היה מספר עגול במאות או בחמישים, כפי שהוגדר מניינם של בני גד. נראה כי המפקד נעשה לפי

לִבְנֵי יְהוּדָה תּוֹלְדֹתָם לְמִשְׁפְּחֹתָם לְבֵית אֲבֹתָם כו
בְּמִסְפַּר שֵׁמֹת מִבֶּן עֶשְׂרִים שָׁנָה וָמַעְלָה כֹּל יֹצֵא
צָבָא: פְּקֻדֵיהֶם לְמַטֵּה יְהוּדָה אַרְבָּעָה וְשִׁבְעִים אֶלֶף כז
וְשֵׁשׁ מֵאוֹת:
לִבְנֵי יִשָּׂשכָר תּוֹלְדֹתָם לְמִשְׁפְּחֹתָם לְבֵית אֲבֹתָם כח
בְּמִסְפַּר שֵׁמֹת מִבֶּן עֶשְׂרִים שָׁנָה וָמַעְלָה כֹּל יֹצֵא
צָבָא: פְּקֻדֵיהֶם לְמַטֵּה יִשָּׂשכָר אַרְבָּעָה וַחֲמִשִּׁים כט
אֶלֶף וְאַרְבַּע מֵאוֹת:
לִבְנֵי זְבוּלֻן תּוֹלְדֹתָם לְמִשְׁפְּחֹתָם לְבֵית אֲבֹתָם ל
בְּמִסְפַּר שֵׁמֹת מִבֶּן עֶשְׂרִים שָׁנָה וָמַעְלָה כֹּל יֹצֵא
צָבָא: פְּקֻדֵיהֶם לְמַטֵּה זְבוּלֻן שִׁבְעָה וַחֲמִשִּׁים אֶלֶף לא
וְאַרְבַּע מֵאוֹת:
לִבְנֵי יוֹסֵף לִבְנֵי אֶפְרַיִם תּוֹלְדֹתָם לְמִשְׁפְּחֹתָם לְבֵית לב
אֲבֹתָם בְּמִסְפַּר שֵׁמֹת מִבֶּן עֶשְׂרִים שָׁנָה וָמַעְלָה כֹּל
יֹצֵא צָבָא: פְּקֻדֵיהֶם לְמַטֵּה אֶפְרָיִם אַרְבָּעִים אֶלֶף לג
וַחֲמֵשׁ מֵאוֹת:
לִבְנֵי מְנַשֶּׁה תּוֹלְדֹתָם לְמִשְׁפְּחֹתָם לְבֵית אֲבֹתָם לד
בְּמִסְפַּר שֵׁמוֹת מִבֶּן עֶשְׂרִים שָׁנָה וָמַעְלָה כֹּל יֹצֵא
צָבָא: פְּקֻדֵיהֶם לְמַטֵּה מְנַשֶּׁה שְׁנַיִם וּשְׁלֹשִׁים אֶלֶף לה
וּמָאתָיִם:

הרחבות | יחידות הצבא, ואולי הסכומים חושבו על פי שרי המאות ושרי החמישים שהופקדו על העם. (ראו שמות יח,כה. ראו עוד ר"י מטראני, משך חכמה והעמק דבר. את עיגול היחידות לעשרות מצינו בשופטים ט,ב ה).

'לבני אפרים... לבני מנשה' שבט אפרים מופיע כאן לפני שבט מנשה משתי סיבות: בשל חשיבותו ובשל מספר בניו. (ראו בראשית מח,יד-כ. כיעקב אבינו, אף משה הקדים את אפרים למנשה בברכתו

ביאור

כו לִבְנֵי יְהוּדָה: תּוֹלְדֹתָם לְמִשְׁפְּחֹתָם לְבֵית אֲבֹתָם, בְּמִסְפַּר שֵׁמֹת מִבֶּן
עֶשְׂרִים שָׁנָה וָמַעְלָה כֹּל יֹצֵא צָבָא. כז פְּקֻדֵיהֶם לְמַטֵּה יְהוּדָה: אַרְבָּעָה
וְשִׁבְעִים אֶלֶף וְשֵׁשׁ מֵאוֹת. מעבר למעמדו הבכיר של יהודה, הוא
בלט גם בגודלו.

כח לִבְנֵי יִשָּׂשכָר: תּוֹלְדֹתָם לְמִשְׁפְּחֹתָם לְבֵית אֲבֹתָם, בְּמִסְפַּר שֵׁמֹת מִבֶּן
עֶשְׂרִים שָׁנָה וָמַעְלָה כֹּל יֹצֵא צָבָא. כט פְּקֻדֵיהֶם לְמַטֵּה יִשָּׂשכָר: אַרְבָּעָה
וַחֲמִשִּׁים אֶלֶף וְאַרְבַּע מֵאוֹת.

ל לִבְנֵי זְבוּלֻן: תּוֹלְדֹתָם לְמִשְׁפְּחֹתָם לְבֵית אֲבֹתָם, בְּמִסְפַּר שֵׁמֹת מִבֶּן
עֶשְׂרִים שָׁנָה וָמַעְלָה כֹּל יֹצֵא צָבָא. לא פְּקֻדֵיהֶם לְמַטֵּה זְבוּלֻן: שִׁבְעָה
וַחֲמִשִּׁים אֶלֶף וְאַרְבַּע מֵאוֹת.

לב לִבְנֵי יוֹסֵף – לִבְנֵי אֶפְרַיִם: תּוֹלְדֹתָם לְמִשְׁפְּחֹתָם לְבֵית אֲבֹתָם, בְּמִסְפַּר
שֵׁמֹת מִבֶּן עֶשְׂרִים שָׁנָה וָמַעְלָה כֹּל יֹצֵא צָבָא. לג פְּקֻדֵיהֶם לְמַטֵּה אֶפְרָיִם:
אַרְבָּעִים אֶלֶף וַחֲמֵשׁ מֵאוֹת.

לד לִבְנֵי מְנַשֶּׁה: תּוֹלְדֹתָם לְמִשְׁפְּחֹתָם לְבֵית אֲבֹתָם, בְּמִסְפַּר שֵׁמוֹת
מִבֶּן עֶשְׂרִים שָׁנָה וָמַעְלָה כֹּל יֹצֵא צָבָא. לה פְּקֻדֵיהֶם לְמַטֵּה מְנַשֶּׁה:
שְׁנַיִם וּשְׁלֹשִׁים אֶלֶף וּמָאתָיִם.

הרחבות

קודם מותו בדברים לג,יז. ואולם יש לציין ששאר השבטים לא נמנו כאן לפי מעמדם. ראו עוד אדרת אליהו). מספרם של צאצאי אפרים היה גדול יותר משל בני מנשה. במניין אחר בספר זה, שבו רבים בני מנשה מבני אפרים, מנשה קדם לאפרים כסדר לידתם. (ראו להלן כו,כח-לז).

לו לִבְנֵי בִנְיָמִן תּוֹלְדֹתָם לְמִשְׁפְּחֹתָם לְבֵית אֲבֹתָם
בְּמִסְפַּר שֵׁמֹת מִבֶּן עֶשְׂרִים שָׁנָה וָמַעְלָה כֹּל יֹצֵא
לז צָבָא: פְּקֻדֵיהֶם לְמַטֵּה בִנְיָמִן חֲמִשָּׁה וּשְׁלֹשִׁים אֶלֶף
וְאַרְבַּע מֵאוֹת:
לח לִבְנֵי דָן תּוֹלְדֹתָם לְמִשְׁפְּחֹתָם לְבֵית אֲבֹתָם
בְּמִסְפַּר שֵׁמֹת מִבֶּן עֶשְׂרִים שָׁנָה וָמַעְלָה כֹּל יֹצֵא
לט צָבָא: פְּקֻדֵיהֶם לְמַטֵּה דָן שְׁנַיִם וְשִׁשִּׁים אֶלֶף וּשְׁבַע
מֵאוֹת:
מ לִבְנֵי אָשֵׁר תּוֹלְדֹתָם לְמִשְׁפְּחֹתָם לְבֵית אֲבֹתָם
בְּמִסְפַּר שֵׁמֹת מִבֶּן עֶשְׂרִים שָׁנָה וָמַעְלָה כֹּל יֹצֵא
מא צָבָא: פְּקֻדֵיהֶם לְמַטֵּה אָשֵׁר אֶחָד וְאַרְבָּעִים אֶלֶף
וַחֲמֵשׁ מֵאוֹת:
מב בְּנֵי נַפְתָּלִי תּוֹלְדֹתָם לְמִשְׁפְּחֹתָם לְבֵית אֲבֹתָם
בְּמִסְפַּר שֵׁמֹת מִבֶּן עֶשְׂרִים שָׁנָה וָמַעְלָה כֹּל יֹצֵא
מג צָבָא: פְּקֻדֵיהֶם לְמַטֵּה נַפְתָּלִי שְׁלֹשָׁה וַחֲמִשִּׁים אֶלֶף
וְאַרְבַּע מֵאוֹת:
מד אֵלֶּה הַפְּקֻדִים אֲשֶׁר פָּקַד מֹשֶׁה וְאַהֲרֹן וּנְשִׂיאֵי
יִשְׂרָאֵל שְׁנֵים עָשָׂר אִישׁ אִישׁ־אֶחָד לְבֵית־אֲבֹתָיו
מה הָיוּ: וַיִּהְיוּ כָּל־פְּקוּדֵי בְנֵי־יִשְׂרָאֵל לְבֵית אֲבֹתָם מִבֶּן
מו עֶשְׂרִים שָׁנָה וָמַעְלָה כָּל־יֹצֵא צָבָא בְּיִשְׂרָאֵל: וַיִּהְיוּ
כָּל־הַפְּקֻדִים שֵׁשׁ־מֵאוֹת אֶלֶף וּשְׁלֹשֶׁת אֲלָפִים וַחֲמֵשׁ

הרחבות | **הַמִּפְקָדִים** המשמעות הפשוטה של המניין מצומצמת למדי – ידיעת מספר יוצאי הצבא שבכל שבט ומספר נוחלי נחלה בארץ שאליה הם עתידים להיכנס בקרוב. (ראו רמב"ן). מן השינויים שחלו במספר האנשים בשבט ממפקד למפקד, אפשר

ביאור

לו לִבְנֵי בִנְיָמִן: תּוֹלְדֹתָם לְמִשְׁפְּחֹתָם לְבֵית אֲבֹתָם, בְּמִסְפַּר שֵׁמֹת מִבֶּן
עֶשְׂרִים שָׁנָה וָמַעְלָה כֹּל יֹצֵא צָבָא. לז פְּקֻדֵיהֶם לְמַטֵּה בִנְיָמִן: חֲמִשָּׁה
וּשְׁלֹשִׁים אֶלֶף וְאַרְבַּע מֵאוֹת.

לח לִבְנֵי דָן: תּוֹלְדֹתָם לְמִשְׁפְּחֹתָם לְבֵית אֲבֹתָם, בְּמִסְפַּר שֵׁמֹת מִבֶּן עֶשְׂרִים
שָׁנָה וָמַעְלָה כֹּל יֹצֵא צָבָא. לט פְּקֻדֵיהֶם לְמַטֵּה דָן: שְׁנַיִם וְשִׁשִּׁים אֶלֶף
וּשְׁבַע מֵאוֹת.

מ לִבְנֵי אָשֵׁר: תּוֹלְדֹתָם לְמִשְׁפְּחֹתָם לְבֵית אֲבֹתָם, בְּמִסְפַּר שֵׁמֹת מִבֶּן
עֶשְׂרִים שָׁנָה וָמַעְלָה כֹּל יֹצֵא צָבָא. מא פְּקֻדֵיהֶם לְמַטֵּה אָשֵׁר: אֶחָד
וְאַרְבָּעִים אֶלֶף וַחֲמֵשׁ מֵאוֹת.

מב בְּנֵי נַפְתָּלִי: תּוֹלְדֹתָם לְמִשְׁפְּחֹתָם לְבֵית אֲבֹתָם, בְּמִסְפַּר שֵׁמֹת מִבֶּן
עֶשְׂרִים שָׁנָה וָמַעְלָה כֹּל יֹצֵא צָבָא. מג פְּקֻדֵיהֶם לְמַטֵּה נַפְתָּלִי: שְׁלֹשָׁה
וַחֲמִשִּׁים אֶלֶף וְאַרְבַּע מֵאוֹת.

לסיכום – מד אֵלֶּה הַפְּקֻדִים אֲשֶׁר פָּקַד מֹשֶׁה וְאַהֲרֹן וּנְשִׂיאֵי יִשְׂרָאֵל
שהיו שְׁנֵים עָשָׂר אִישׁ – אִישׁ אֶחָד לְבֵית אֲבֹתָיו הָיוּ. מה וַיִּהְיוּ כָּל
פְּקוּדֵי בְנֵי יִשְׂרָאֵל לְבֵית אֲבֹתָם, מִבֶּן עֶשְׂרִים שָׁנָה וָמַעְלָה כָּל יֹצֵא צָבָא
בְּיִשְׂרָאֵל: מו וַיִּהְיוּ כָּל הַפְּקֻדִים שֵׁשׁ מֵאוֹת אֶלֶף וּשְׁלֹשֶׁת אֲלָפִים וַחֲמֵשׁ
מֵאוֹת וַחֲמִשִּׁים.

הרחבות

ללמוד על המאורעות שקרו לאותו שבט. מעבר לכך, מפקד מעצם טבעו מטשטש את תווי האישיות של הדמויות הפרטיות. לפיכך ישראל נמנים הן כפרטים והן כחלק מיחידות כלליות יותר; הן בשמותיהם הפרטיים והן במספרם. זאת כדי להדגיש שכל אחד מבני העם הוא דמות לעצמה, ואין היא נמחקת גם במניין.

מז מֵאוֹת וַחֲמִשִּׁים׃ וְהַלְוִיִּם לְמַטֵּה אֲבֹתָם לֹא הָתְפָּקְדוּ
בְּתוֹכָם׃
מח מט וַיְדַבֵּר יְהוָה אֶל־מֹשֶׁה לֵּאמֹר׃ אַךְ אֶת־מַטֵּה לֵוִי לֹא
תִפְקֹד וְאֶת־רֹאשָׁם לֹא תִשָּׂא בְּתוֹךְ בְּנֵי יִשְׂרָאֵל׃
נ וְאַתָּה הַפְקֵד אֶת־הַלְוִיִּם עַל־מִשְׁכַּן הָעֵדֻת וְעַל כָּל־
כֵּלָיו וְעַל כָּל־אֲשֶׁר־לוֹ הֵמָּה יִשְׂאוּ אֶת־הַמִּשְׁכָּן וְאֶת־
נא כָּל־כֵּלָיו וְהֵם יְשָׁרְתֻהוּ וְסָבִיב לַמִּשְׁכָּן יַחֲנוּ׃ וּבִנְסֹעַ
הַמִּשְׁכָּן יוֹרִידוּ אֹתוֹ הַלְוִיִּם וּבַחֲנֹת הַמִּשְׁכָּן יָקִימוּ
נב אֹתוֹ הַלְוִיִּם וְהַזָּר הַקָּרֵב יוּמָת׃ וְחָנוּ בְּנֵי יִשְׂרָאֵל אִישׁ
נג עַל־מַחֲנֵהוּ וְאִישׁ עַל־דִּגְלוֹ לְצִבְאֹתָם׃ וְהַלְוִיִּם יַחֲנוּ
סָבִיב לְמִשְׁכַּן הָעֵדֻת וְלֹא־יִהְיֶה קֶצֶף עַל־עֲדַת בְּנֵי
יִשְׂרָאֵל וְשָׁמְרוּ הַלְוִיִּם אֶת־מִשְׁמֶרֶת מִשְׁכַּן הָעֵדוּת׃
נד וַיַּעֲשׂוּ בְּנֵי יִשְׂרָאֵל כְּכֹל אֲשֶׁר צִוָּה יְהוָה אֶת־מֹשֶׁה
כֵּן עָשׂוּ׃
שלישי ב וַיְדַבֵּר יְהוָה אֶל־מֹשֶׁה וְאֶל־אַהֲרֹן לֵאמֹר׃ אִישׁ עַל־ א ב ב

רש"י

מט| אַךְ אֶת מַטֵּה לֵוִי לֹא תִפְקֹד. כְּדַאי הוּא לִגְיוֹן שֶׁל מֶלֶךְ לִהְיוֹת נִמְנֶה לְבַדּוֹ. דָּבָר אַחֵר, צָפָה הַקָּדוֹשׁ בָּרוּךְ הוּא שֶׁעֲתִידָה לַעֲמֹד גְּזֵרָה עַל כָּל הַנִּמְנִין מִבֶּן עֶשְׂרִים שָׁנָה וָמַעְלָה שֶׁיָּמוּתוּ בַּמִּדְבָּר, אָמַר: אַל יִהְיוּ אֵלּוּ בַּכְּלָל, לְפִי שֶׁהֵם שֶׁלִּי, שֶׁלֹּא טָעוּ בָּעֵגֶל:

נ| וְאַתָּה הַפְקֵד אֶת הַלְוִיִּם. כְּתַרְגּוּמוֹ "מַנִּי", לְשׁוֹן מִנּוּי שְׂרָרָה עַל דָּבָר שֶׁהוּא מְמֻנֶּה עָלָיו, כְּמוֹ "וְיַפְקֵד הַמֶּלֶךְ פְּקִידִים" (אסתר ב, ג):

נא| יוֹרִידוּ אֹתוֹ. כְּתַרְגּוּמוֹ: "יְפָרְקוּן", כְּשֶׁבָּאִין לִסַּע בַּמִּדְבָּר מִמַּסָּע לְמַסָּע הָיוּ מְפָרְקִין אוֹתוֹ מֵהֲקָמָתוֹ, וְנוֹשְׂאִין אוֹתוֹ עַד מְקוֹם אֲשֶׁר יִשְׁכֹּן שָׁם הֶעָנָן וְיַחֲנוּ שָׁם, וּמְקִימִין אוֹתוֹ. וְהַזָּר הַקָּרֵב. לַעֲבוֹדָתָם זוֹ: יוּמָת. בִּידֵי שָׁמַיִם:

נב| וְאִישׁ עַל דִּגְלוֹ. כְּמוֹ שֶׁהַדְּגָלִים סְדוּרִים בְּסֵפֶר זֶה, שְׁלֹשָׁה שְׁבָטִים לְכָל דֶּגֶל:

נג| וְלֹא יִהְיֶה קֶצֶף. אִם תַּעֲשׂוּ כְּמִצְוָתִי לֹא יִהְיֶה קֶצֶף, וְאִם לָאו, שֶׁיִּכָּנְסוּ זָרִים בַּעֲבוֹדָתָם זוֹ, יִהְיֶה קֶצֶף, כְּמוֹ שֶׁמָּצִינוּ בְּמַעֲשֵׂה קֹרַח: "כִּי יָצָא הַקֶּצֶף" וְגוֹ' (להלן יז, יא):

ביאור | מז **וְהַלְוִיִּם לְמַטֵּה אֲבֹתָם לֹא הָתְפָּקְדוּ**, נמנו **בְּתוֹכָם** משום שלא היו חלק
מן המחנה הצבאי, כמו שמפרש והולך.[6] מח **וַיְדַבֵּר ה׳ אֶל מֹשֶׁה** עוד
קודם[7] **לֵאמֹר**: מט **אַךְ אֶת מַטֵּה לֵוִי לֹא תִפְקֹד, וְאֶת רֹאשָׁם לֹא תִשָּׂא בְּתוֹךְ
בְּנֵי יִשְׂרָאֵל**. בני שבט לוי לא ישרתו בצבא העם, לא יכבשו את הארץ
ולא יתנחלו בה. נ **וְאַתָּה הַפְקֵד אֶת הַלְוִיִּם עַל מִשְׁכַּן הָעֵדֻת וְעַל כָּל כֵּלָיו
וְעַל כָּל אֲשֶׁר לוֹ. הֵמָּה יִשְׂאוּ אֶת הַמִּשְׁכָּן וְאֶת כָּל כֵּלָיו, וְהֵם יְשָׁרְתֻהוּ**. הם
יהיו יחידה מיוחדת של משמרות הקודש ומשרתי המשכן.[8] **וְסָבִיב
לַמִּשְׁכָּן יַחֲנוּ**. הם לא יחנו בין שאר השבטים, אלא במרכז המחנה,
מסביב למשכן העדות וסמוך אליו. נא **וּבִנְסֹעַ הַמִּשְׁכָּן**, כאשר המשכן
יצא לדרכו – **יוֹרִידוּ**, יפרקו **אֹתוֹ הַלְוִיִּם** מעמידתו. **וּבַחֲנֹת הַמִּשְׁכָּן** – **יָקִימוּ
אֹתוֹ הַלְוִיִּם. וְהַזָּר**, מי שאיננו לוי **הַקָּרֵב** אל המשכן וכלי הקודש לטפל
בהם – **יוּמָת** מפני שעבודה זו מופקדת ביד הלויים.

נב **וְחָנוּ בְּנֵי יִשְׂרָאֵל אִישׁ עַל מַחֲנֵהוּ וְאִישׁ עַל דִּגְלוֹ לְצִבְאֹתָם**. כל אחד
מישראל יחנה במקומו שיוגדר לו. נג ולעומת זאת **הַלְוִיִּם יַחֲנוּ
סָבִיב לְמִשְׁכַּן הָעֵדֻת, וְלֹא יִהְיֶה קֶצֶף**, כעס מה׳ **עַל עֲדַת בְּנֵי יִשְׂרָאֵל.
וְשָׁמְרוּ הַלְוִיִּם אֶת מִשְׁמֶרֶת מִשְׁכַּן הָעֵדוּת**, שאחרים מישראל לא יגעו
במשכן, ולא יומתו.

נד **וַיַּעֲשׂוּ בְּנֵי יִשְׂרָאֵל כְּכֹל אֲשֶׁר צִוָּה ה׳ אֶת מֹשֶׁה** – **כֵּן עָשׂוּ**, להתחלק
לקבוצות מלוכדות, להימנות ולהיפקד לצבא ולהתרחק מן
המשכן.

סדר חניית ישראל

פרק ב

בסוף העניין הקודם נאמר באופן כללי: וְחָנוּ בְּנֵי יִשְׂרָאֵל אִישׁ עַל מַחֲנֵהוּ וְאִישׁ עַל דִּגְלוֹ לְצִבְאֹתָם. כאן יפורט סדר חנייתם לפי רוחות השמים. עד עכשיו המחנה נסע באופן אקראי. מן הסתם, בני אותו שבט היו קשורים זה לזה, ולכן חנו ונסעו זה בקרבתו של זה, אם כי ייתכן שהיו יוצאים מן הכלל. משהוקם המשכן, שהוא גרעינו המרכזי של המחנה, התמסדו סדרי החנייה של השבטים כולם ביחס אליו.

פרק ב א **וַיְדַבֵּר ה׳ אֶל מֹשֶׁה וְאֶל אַהֲרֹן לֵאמֹר**: ב **אִישׁ עַל דִּגְלוֹ בְאֹתֹת**,

הרחבות | ׳איש על דגלו׳ ייתכן שזהו האזכור הספרותי הראשון לרעיון שהדגל מייצג את קבוצת ההשתייכות ואת המחנה.

דִּגְלוֹ בְאֹתֹת לְבֵית אֲבֹתָם יַחֲנוּ בְּנֵי יִשְׂרָאֵל מִנֶּגֶד
סָבִיב לְאֹהֶל־מוֹעֵד יַחֲנוּ׃ וְהַחֹנִים קֵדְמָה מִזְרָחָה דֶּגֶל ג
מַחֲנֵה יְהוּדָה לְצִבְאֹתָם וְנָשִׂיא לִבְנֵי יְהוּדָה נַחְשׁוֹן
בֶּן־עַמִּינָדָב׃ וּצְבָאוֹ וּפְקֻדֵיהֶם אַרְבָּעָה וְשִׁבְעִים אֶלֶף ד
וְשֵׁשׁ מֵאוֹת׃ וְהַחֹנִים עָלָיו מַטֵּה יִשָּׂשכָר וְנָשִׂיא לִבְנֵי ה
יִשָּׂשכָר נְתַנְאֵל בֶּן־צוּעָר׃ וּצְבָאוֹ וּפְקֻדָיו אַרְבָּעָה ו
וַחֲמִשִּׁים אֶלֶף וְאַרְבַּע מֵאוֹת׃ מַטֵּה זְבוּלֻן וְנָשִׂיא לִבְנֵי ז
זְבוּלֻן אֱלִיאָב בֶּן־חֵלֹן׃ וּצְבָאוֹ וּפְקֻדָיו שִׁבְעָה וַחֲמִשִּׁים ח
אֶלֶף וְאַרְבַּע מֵאוֹת׃ כָּל־הַפְּקֻדִים לְמַחֲנֵה יְהוּדָה ט
מְאַת אֶלֶף וּשְׁמֹנִים אֶלֶף וְשֵׁשֶׁת־אֲלָפִים וְאַרְבַּע־
מֵאוֹת לְצִבְאֹתָם רִאשֹׁנָה יִסָּעוּ׃ דֶּגֶל י
מַחֲנֵה רְאוּבֵן תֵּימָנָה לְצִבְאֹתָם וְנָשִׂיא לִבְנֵי רְאוּבֵן
אֱלִיצוּר בֶּן־שְׁדֵיאוּר׃ וּצְבָאוֹ וּפְקֻדָיו שִׁשָּׁה וְאַרְבָּעִים יא
אֶלֶף וַחֲמֵשׁ מֵאוֹת׃ וְהַחוֹנִם עָלָיו מַטֵּה שִׁמְעוֹן וְנָשִׂיא יב
לִבְנֵי שִׁמְעוֹן שְׁלֻמִיאֵל בֶּן־צוּרִישַׁדָּי׃ וּצְבָאוֹ וּפְקֻדֵיהֶם יג

רש"י | פרק ב

ב) **בְּאֹתֹת.** כָּל דֶּגֶל יִהְיֶה לוֹ אוֹת, מַפָּה צְבוּעָה תְּלוּיָה בוֹ, צִבְעוֹ שֶׁל זֶה לֹא כְּצִבְעוֹ שֶׁל זֶה, צֶבַע כָּל אֶחָד כְּגוֹן אַבְנוֹ הַקְּבוּעָה בַּחֹשֶׁן, וּמִתּוֹךְ כָּךְ יַכִּיר כָּל אֶחָד אֶת דִּגְלוֹ. דָּבָר אַחֵר, "בְּאֹתֹת לְבֵית אֲבֹתָם", בָּאוֹת שֶׁמָּסַר לָהֶם יַעֲקֹב אֲבִיהֶם כְּשֶׁנְּשָׂאוּהוּ מִמִּצְרַיִם, שֶׁנֶּאֱמַר: "וַיַּעֲשׂוּ בָנָיו לוֹ כֵּן כַּאֲשֶׁר צִוָּם" (בראשית נ, יב) – יְהוּדָה וְיִשָּׂשכָר וּזְבוּלֻן יִשָּׂאוּהוּ מִן הַמִּזְרָח, וּרְאוּבֵן וְשִׁמְעוֹן וְגָד מִן הַדָּרוֹם וְכוּ', כִּדְאִיתָא בְּתַנְחוּמָא בְּפָרָשָׁה זוֹ (יב): **מִנֶּגֶד.** מֵרָחוֹק מִיל, כְּמוֹ שֶׁנֶּאֱמַר בִּיהוֹשֻׁעַ: "אַךְ רָחוֹק יִהְיֶה בֵּינֵיכֶם וּבֵינוֹ כְּאַלְפַּיִם אַמָּה" (יהושע ג, ד), שֶׁיּוּכְלוּ לָבֹא בְּשַׁבָּת. מֹשֶׁה וְאַהֲרֹן וּבָנָיו וְהַלְוִיִּם חוֹנִים בְּסָמוּךְ לוֹ:

ג) **קֵדְמָה.** לְפָנִים הַקְּרוּיִים 'קֶדֶם', וְאֵיזוֹ? זוֹ רוּחַ מִזְרָחִית, וְהַמַּעֲרָב קָרוּי 'אָחוֹר':

ט) **רִאשֹׁנָה יִסָּעוּ.** כְּשֶׁרוֹאִין הֶעָנָן מִסְתַּלֵּק, תּוֹקְעִין הַכֹּהֲנִים בַּחֲצוֹצְרוֹת וְנוֹסֵעַ מַחֲנֵה יְהוּדָה תְּחִלָּה; וּכְשֶׁהוֹלְכִין – הוֹלְכִין כְּדֶרֶךְ חֲנִיָּתָן, הַלְוִיִּם וְהָעֲגָלוֹת בָּאֶמְצַע, דֶּגֶל יְהוּדָה בַּמִּזְרָח, וְשֶׁל רְאוּבֵן בַּדָּרוֹם, וְשֶׁל אֶפְרַיִם בַּמַּעֲרָב, וְשֶׁל דָּן בַּצָּפוֹן:

ביאור | כל שבט ייוצג על ידי סמל משלו. לְבֵית אֲבֹתָם יַחֲנוּ בְּנֵי יִשְׂרָאֵל, מִנֶּגֶד
סָבִיב לְאֹהֶל מוֹעֵד יַחֲנוּ.

ג וְהַחֹנִים קֵדְמָה מִזְרָחָה, בצדו המזרחי של המחנה, הֵם דֶּגֶל מַחֲנֵה יְהוּדָה
לְצִבְאֹתָם. וְנָשִׂיא לִבְנֵי יְהוּדָה – נַחְשׁוֹן בֶּן עַמִּינָדָב. ד וּצְבָאוֹ וּפְקֻדֵיהֶם,
פקודי צבאו מנו אַרְבָּעָה וְשִׁבְעִים אֶלֶף וְשֵׁשׁ מֵאוֹת. ה וְהַחֹנִים עָלָיו,
לידו[9] – מַטֵּה יִשָּׂשכָר. וְנָשִׂיא לִבְנֵי יִשָּׂשכָר – נְתַנְאֵל בֶּן צוּעָר. ו וּצְבָאוֹ
וּפְקֻדָיו, מנוייו: אַרְבָּעָה וַחֲמִשִּׁים אֶלֶף וְאַרְבַּע מֵאוֹת. ז לידו יחנה מַטֵּה
זְבוּלֻן. וְנָשִׂיא לִבְנֵי זְבוּלֻן – אֱלִיאָב בֶּן חֵלֹן. ח וּצְבָאוֹ וּפְקֻדָיו: שִׁבְעָה
וַחֲמִשִּׁים אֶלֶף וְאַרְבַּע מֵאוֹת. ט סך כָּל הַפְּקֻדִים לְמַחֲנֵה יְהוּדָה, שכלל
גם את יששכר וזבולון – מְאַת, מאה אֶלֶף וּשְׁמֹנִים אֶלֶף וְשֵׁשֶׁת אֲלָפִים
וְאַרְבַּע מֵאוֹת לְצִבְאֹתָם, רִאשֹׁנָה יִסָּעוּ. בחניה מקומם במזרח, אך בעת
הנסיעה לכל כיוון שהוא הם יהיו הראשונים.

י דֶּגֶל מַחֲנֵה רְאוּבֵן תֵּימָנָה, בצד דרום לְצִבְאֹתָם. וְנָשִׂיא לִבְנֵי רְאוּבֵן –
אֱלִיצוּר בֶּן שְׁדֵיאוּר. יא וּצְבָאוֹ וּפְקֻדָיו: שִׁשָּׁה וְאַרְבָּעִים אֶלֶף וַחֲמֵשׁ
מֵאוֹת. יב וְהַחוֹנִם עָלָיו, לידו – מַטֵּה שִׁמְעוֹן. וְנָשִׂיא לִבְנֵי שִׁמְעוֹן – שְׁלֻמִיאֵל
בֶּן צוּרִישַׁדָּי. יג וּצְבָאוֹ וּפְקֻדֵיהֶם: תִּשְׁעָה וַחֲמִשִּׁים אֶלֶף וּשְׁלֹשׁ

הרחבות | **חלוקת השבטים** קשורה לחשיבותם. שבט יהודה נקבע לעמוד בראש המחנה הראשון לא רק משום גודלו וחוזקו, אלא משום שהוא השבט המרכזי בין בני יעקב. שותפיו לדגל הם יששכר וזבולון, שאף הם בני לאה, ושלא כשני בניו הראשונים של יעקב, ראובן ושמעון, דבר אינו מעיב על עברם. (השוו בראשית לה,כב; לד,כה-ל; ודברי יעקב האחרונים שם מט,ג-ז).

תִּשְׁעָה וַחֲמִשִּׁים אֶלֶף וּשְׁלֹשׁ מֵאוֹת׃ וּמַטֵּה גָּד יד
וְנָשִׂיא לִבְנֵי גָד אֶלְיָסָף בֶּן־רְעוּאֵל׃ וּצְבָאוֹ וּפְקֻדֵיהֶם טו
חֲמִשָּׁה וְאַרְבָּעִים אֶלֶף וְשֵׁשׁ מֵאוֹת וַחֲמִשִּׁים׃ כָּל־ טז
הַפְּקֻדִים לְמַחֲנֵה רְאוּבֵן מְאַת אֶלֶף וְאֶחָד וַחֲמִשִּׁים
אֶלֶף וְאַרְבַּע־מֵאוֹת וַחֲמִשִּׁים לְצִבְאֹתָם וּשְׁנִיִּם
יִסָּעוּ׃ וְנָסַע אֹהֶל־מוֹעֵד מַחֲנֵה הַלְוִיִּם יז
בְּתוֹךְ הַמַּחֲנֹת כַּאֲשֶׁר יַחֲנוּ כֵּן יִסָּעוּ אִישׁ עַל־יָדוֹ
לְדִגְלֵיהֶם׃ דֶּגֶל מַחֲנֵה אֶפְרַיִם לְצִבְאֹתָם יח
יָמָּה וְנָשִׂיא לִבְנֵי אֶפְרַיִם אֱלִישָׁמָע בֶּן־עַמִּיהוּד׃
וּצְבָאוֹ וּפְקֻדֵיהֶם אַרְבָּעִים אֶלֶף וַחֲמֵשׁ מֵאוֹת׃ יט
וְעָלָיו מַטֵּה מְנַשֶּׁה וְנָשִׂיא לִבְנֵי מְנַשֶּׁה גַּמְלִיאֵל בֶּן־ כ
פְּדָהצוּר׃ וּצְבָאוֹ וּפְקֻדֵיהֶם שְׁנַיִם וּשְׁלֹשִׁים אֶלֶף כא
וּמָאתָיִם׃ וּמַטֵּה בִּנְיָמִן וְנָשִׂיא לִבְנֵי בִנְיָמִן אֲבִידָן כב
בֶּן־גִּדְעֹנִי׃ וּצְבָאוֹ וּפְקֻדֵיהֶם חֲמִשָּׁה וּשְׁלֹשִׁים אֶלֶף כג
וְאַרְבַּע מֵאוֹת׃ כָּל־הַפְּקֻדִים לְמַחֲנֵה אֶפְרַיִם מְאַת כד
אֶלֶף וּשְׁמֹנַת־אֲלָפִים וּמֵאָה לְצִבְאֹתָם וּשְׁלִשִׁים
יִסָּעוּ׃ דֶּגֶל מַחֲנֵה דָן צָפֹנָה לְצִבְאֹתָם כה

רש״י | יז | **וְנָסַע אֹהֶל מוֹעֵד.** לְאַחַר שְׁנֵי דְּגָלִים הַלָּלוּ: **כַּאֲשֶׁר יַחֲנוּ כֵּן יִסָּעוּ.** כְּמוֹ שֶׁפֵּרַשְׁתִּי, הֲלִיכָתָן כַּחֲנִיָּתָן, כָּל דֶּגֶל מְהַלֵּךְ לָרוּחַ הַקְּבוּעָה לוֹ: **עַל יָדוֹ.** עַל מְקוֹמוֹ, וְאֵין לְשׁוֹן 'יָד' זָז מִמַּשְׁמָעוֹ, רוּחַ שֶׁל צִדּוֹ קָרוּי "עַל יָדוֹ", הַסְּמוּכָה לוֹ לְכָל הוֹשָׁטַת יָדוֹ, אֵינְשׂוּ"ן חוּס"ח בְּלַעַז:

כ | **וְעָלָיו.** כְּתַרְגּוּמוֹ: "וּדְסָמְכִין עֲלוֹהִי":

הרחבות | **ראובן, שמעון וגד** גד היה בנה בכורה של זלפה, שפחת לאה, ובניו נספחו לשבטי לאה. אמנם ללאה היו שישה בנים, שלכאורה יכלו ליצור שני דגלים שלמים, אולם מאחר שבני לוי, שאף הוא מבניה, אינם נכללים במחנות הצבא החיצוניים, נתלווה אל בניה האחרים שבט גד בכור שפחתה.

מחנה אפרים שכלל את אפרים, מנשה

ביאור

מֵאוֹת. יד וּמַטֵּה גָּד. וְנָשִׂיא לִבְנֵי גָד – אֶלְיָסָף בֶּן רְעוּאֵל. טו וּצְבָאוֹ
וּפְקֻדֵיהֶם: חֲמִשָּׁה וְאַרְבָּעִים אֶלֶף וְשֵׁשׁ מֵאוֹת וַחֲמִשִּׁים. טז כָּל הַפְּקֻדִים
לְמַחֲנֵה רְאוּבֵן – מְאַת אֶלֶף וְאֶחָד וַחֲמִשִּׁים אֶלֶף וְאַרְבַּע מֵאוֹת וַחֲמִשִּׁים
לְצִבְאֹתָם, וּשְׁנִיִּם יִסָּעוּ, אחרי דגל מחנה יהודה, כאשר יצאו ממקום
חנייתם.

יז לאחר נסיעתו של מחנה ראובן – וְנָסַע אֹהֶל מוֹעֵד, שהיה מחנה
בפני עצמו ונקרא בלשון חז"ל 'מחנה שכינה'.[10] מסביב לו מַחֲנֵה
הַלְוִיִּם, שנסע בְּתוֹךְ, במרכז הַמַּחֲנֹת. כַּאֲשֶׁר יַחֲנוּ – כֵּן יִסָּעוּ, כלומר אִישׁ
עַל יָדוֹ, במקומו המיועד לו לְדִגְלֵיהֶם.

יח דֶּגֶל מַחֲנֵה אֶפְרַיִם לְצִבְאֹתָם יָמָּה, מערבה וְנָשִׂיא לִבְנֵי אֶפְרָיִם – אֱלִישָׁמָע
בֶּן עַמִּיהוּד. יט וּצְבָאוֹ וּפְקֻדֵיהֶם: אַרְבָּעִים אֶלֶף וַחֲמֵשׁ מֵאוֹת. כ וְעָלָיו,
ולידו מַטֵּה מְנַשֶּׁה. וְנָשִׂיא לִבְנֵי מְנַשֶּׁה – גַּמְלִיאֵל בֶּן פְּדָהצוּר. כא וּצְבָאוֹ
וּפְקֻדֵיהֶם: שְׁנַיִם וּשְׁלֹשִׁים אֶלֶף וּמָאתָיִם. כב וּמַטֵּה בִּנְיָמִן. וְנָשִׂיא לִבְנֵי
בִנְיָמִן – אֲבִידָן בֶּן גִּדְעֹנִי. כג וּצְבָאוֹ וּפְקֻדֵיהֶם: חֲמִשָּׁה וּשְׁלֹשִׁים אֶלֶף
וְאַרְבַּע מֵאוֹת.

כד כָּל הַפְּקֻדִים לְמַחֲנֵה אֶפְרַיִם – מְאַת אֶלֶף וּשְׁמֹנַת אֲלָפִים וּמֵאָה
לְצִבְאֹתָם, וּשְׁלִשִׁים יִסָּעוּ, בין שהלכו אחרי הלויים בטור מקביל או
מצודדים.

כה דֶּגֶל מַחֲנֵה דָן צָפֹנָה לְצִבְאֹתָם, וְנָשִׂיא לִבְנֵי דָן – אֲחִיעֶזֶר בֶּן

הרחבות

ובנימין הוא מחנה בני רחל. ייתכן שמיקום המחנה הזה קשור לכך ש'שכינה במערב', (ראו זבחים נד ע"ב; בבא בתרא כה ע"א; זוהר ח"ג קיט,ב), והרי המקדשות נבנו בנחלת בני רחל: משכן שילה בחלק יוסף ובית המקדש בחלקו של בנימין. (ראו במדבר רבה ב,ט; אברבנאל על אתר).

מחנה דן הוא מחנה בני השפחות: בראש הדגל היה דן בכור השפחות, בנה של בלהה

כו וְנָשִׂיא לִבְנֵי דָן אֲחִיעֶזֶר בֶּן־עַמִּישַׁדָּי: וּצְבָאוֹ וּפְקֻדֵיהֶם
כז שְׁנַיִם וְשִׁשִּׁים אֶלֶף וּשְׁבַע מֵאוֹת: וְהַחֹנִים עָלָיו מַטֵּה
כח אָשֵׁר וְנָשִׂיא לִבְנֵי אָשֵׁר פַּגְעִיאֵל בֶּן־עָכְרָן: וּצְבָאוֹ
כט וּפְקֻדֵיהֶם אֶחָד וְאַרְבָּעִים אֶלֶף וַחֲמֵשׁ מֵאוֹת: וּמַטֵּה
ל נַפְתָּלִי וְנָשִׂיא לִבְנֵי נַפְתָּלִי אֲחִירַע בֶּן־עֵינָן: וּצְבָאוֹ
לא וּפְקֻדֵיהֶם שְׁלֹשָׁה וַחֲמִשִּׁים אֶלֶף וְאַרְבַּע מֵאוֹת: כָּל־
הַפְּקֻדִים לְמַחֲנֵה דָן מְאַת אֶלֶף וְשִׁבְעָה וַחֲמִשִּׁים
אֶלֶף וְשֵׁשׁ מֵאוֹת לָאַחֲרֹנָה יִסְעוּ לְדִגְלֵיהֶם:
לב אֵלֶּה פְּקוּדֵי בְנֵי־יִשְׂרָאֵל לְבֵית אֲבֹתָם כָּל־פְּקוּדֵי
הַמַּחֲנֹת לְצִבְאֹתָם שֵׁשׁ־מֵאוֹת אֶלֶף וּשְׁלֹשֶׁת אֲלָפִים
לג וַחֲמֵשׁ מֵאוֹת וַחֲמִשִּׁים: וְהַלְוִיִּם לֹא הָתְפָּקְדוּ בְּתוֹךְ
לד בְּנֵי יִשְׂרָאֵל כַּאֲשֶׁר צִוָּה יְהוָה אֶת־מֹשֶׁה: וַיַּעֲשׂוּ
בְּנֵי יִשְׂרָאֵל כְּכֹל אֲשֶׁר־צִוָּה יְהוָה אֶת־מֹשֶׁה כֵּן־
חָנוּ לְדִגְלֵיהֶם וְכֵן נָסָעוּ אִישׁ לְמִשְׁפְּחֹתָיו עַל־בֵּית
אֲבֹתָיו:

הרחבות | שפחת רחל, ועמו היו נפתלי שאף הוא בן בלהה, ואשר שמוצאו מזלפה שפחת לאה.

הדגל הגדול ביותר היה, כאמור, דגל מחנה יהודה. שני בגודלו דגל מחנה דן. נראה כי אין זה מקרה ששני המחנות הגדולים באופן בולט הם הדגל הפורץ קדימה דגל מחנה יהודה, ודגל המאסף דגל מחנה דן, ואילו הדגלים האמצעיים היו קטנים יותר. (ראו רמב"ן). עניין זה מוכתב על ידי נסיעתם של השבטים במעין מערך מלחמתי מאורגן, הכולל דגלים וחצוצרות. אף על פי שבפועל כמעט שלא ערכו מלחמה בדרכם עד שהגיעו לעבר הירדן המזרחי, סדר מסעם היה דומה להיערכותו של מחנה צבאי.

ביאור

עַמִּישַׁדָּי. כו וּצְבָאוֹ וּפְקֻדֵיהֶם: שְׁנַיִם וְשִׁשִּׁים אֶלֶף וּשְׁבַע מֵאוֹת. כז וְהַחֹנִים
עָלָיו – מַטֵּה אָשֵׁר. וְנָשִׂיא לִבְנֵי אָשֵׁר – פַּגְעִיאֵל בֶּן עָכְרָן. כח וּצְבָאוֹ
וּפְקֻדֵיהֶם: אֶחָד וְאַרְבָּעִים אֶלֶף וַחֲמֵשׁ מֵאוֹת. כט וּמַטֵּה נַפְתָּלִי. וְנָשִׂיא
לִבְנֵי נַפְתָּלִי – אֲחִירַע בֶּן עֵינָן. ל וּצְבָאוֹ וּפְקֻדֵיהֶם: שְׁלֹשָׁה וַחֲמִשִּׁים אֶלֶף
וְאַרְבַּע מֵאוֹת. לא כָּל הַפְּקֻדִים לְמַחֲנֵה דָן: מְאַת אֶלֶף וְשִׁבְעָה וַחֲמִשִּׁים
אֶלֶף וְשֵׁשׁ מֵאוֹת, לָאַחֲרֹנָה, אחרונים יִסְעוּ לְדִגְלֵיהֶם.

לב אֵלֶּה פְּקוּדֵי בְנֵי יִשְׂרָאֵל לְבֵית אֲבֹתָם, כָּל פְּקוּדֵי הַמַּחֲנֹת לְצִבְאֹתָם:
שֵׁשׁ מֵאוֹת אֶלֶף וּשְׁלֹשֶׁת אֲלָפִים וַחֲמֵשׁ מֵאוֹת וַחֲמִשִּׁים.

לג וְהַלְוִיִּם לֹא הָתְפָּקְדוּ. הלויים לא ספרו את עצמם ואף אחרים לא
ספרו אותם[11] בְּתוֹךְ בְּנֵי יִשְׂרָאֵל, כַּאֲשֶׁר צִוָּה ה' אֶת מֹשֶׁה.

לד וַיַּעֲשׂוּ בְּנֵי יִשְׂרָאֵל כְּכֹל אֲשֶׁר צִוָּה ה' אֶת מֹשֶׁה, כֵּן חָנוּ לְדִגְלֵיהֶם וְכֵן
נָסָעוּ, אִישׁ לְמִשְׁפְּחֹתָיו עַל בֵּית אֲבֹתָיו.

סדר חניית
בני ישראל

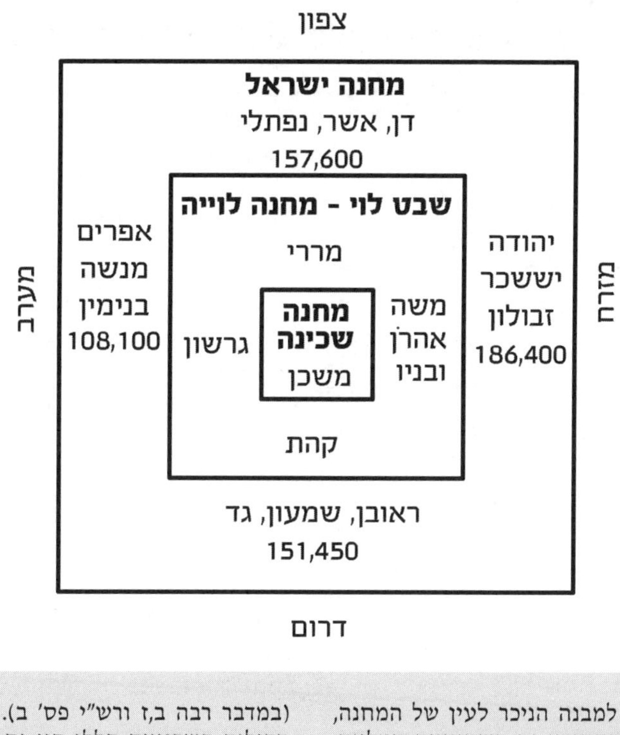

הרחבות

מעבר למבנה הניכר לעין של המחנה, עמדו מאחוריו גם משמעויות סמליות, גלויות ונסתרות. (ראו למשל במדבר רבה ב,י).

'כן חנו לדגליהם' לפי המסורת, לדגלו של כל שבט היה צבע משלו, שהיה זהה לצבע האבן היקרה שייצגה אותו בחושן (במדבר רבה ב,ז ורש"י פס' ב). מלבד הדגלים השבטיים הללו היו גם דגלים ששימשו כל אחד ממחנות הדגלים. כל אחד מן הדגלים האלה הורכב מצבעיהם של שלושת השבטים שנכללו בו. (ראו יונתן). ושמא גם לכל אחד מבתי האב היו דגלונים או שלטים קטנים לעצמם.

רביעי ג וְאֵלֶּה תּוֹלְדֹת אַהֲרֹן וּמֹשֶׁה בְּיוֹם דִּבֶּר יְהוָה אֶת־ א ג
מֹשֶׁה בְּהַר סִינָי: וְאֵלֶּה שְׁמוֹת בְּנֵי־אַהֲרֹן הַבְּכֹר ׀ נָדָב ב
וַאֲבִיהוּא אֶלְעָזָר וְאִיתָמָר: אֵלֶּה שְׁמוֹת בְּנֵי אַהֲרֹן ג
הַכֹּהֲנִים הַמְּשֻׁחִים אֲשֶׁר־מִלֵּא יָדָם לְכַהֵן: וַיָּמָת נָדָב ד
וַאֲבִיהוּא לִפְנֵי יְהוָה בְּהַקְרִבָם אֵשׁ זָרָה לִפְנֵי יְהוָה
בְּמִדְבַּר סִינַי וּבָנִים לֹא־הָיוּ לָהֶם וַיְכַהֵן אֶלְעָזָר
וְאִיתָמָר עַל־פְּנֵי אַהֲרֹן אֲבִיהֶם:
וַיְדַבֵּר יְהוָה אֶל־מֹשֶׁה לֵּאמֹר: הַקְרֵב אֶת־מַטֵּה לֵוִי ה ו
וְהַעֲמַדְתָּ אֹתוֹ לִפְנֵי אַהֲרֹן הַכֹּהֵן וְשֵׁרְתוּ אֹתוֹ: וְשָׁמְרוּ ז
אֶת־מִשְׁמַרְתּוֹ וְאֶת־מִשְׁמֶרֶת כָּל־הָעֵדָה לִפְנֵי אֹהֶל
מוֹעֵד לַעֲבֹד אֶת־עֲבֹדַת הַמִּשְׁכָּן: וְשָׁמְרוּ אֶת־כָּל־כְּלֵי ח
אֹהֶל מוֹעֵד וְאֶת־מִשְׁמֶרֶת בְּנֵי יִשְׂרָאֵל לַעֲבֹד אֶת־

רש"י | פרק ג

א] **וְאֵלֶּה תּוֹלְדֹת אַהֲרֹן וּמֹשֶׁה.** וְאֵינוֹ מַזְכִּיר אֶלָּא בְּנֵי אַהֲרֹן, וְנִקְרְאוּ תּוֹלְדוֹת מֹשֶׁה, לְפִי שֶׁלִּמְּדָן תּוֹרָה, מְלַמֵּד שֶׁכָּל הַמְלַמֵּד אֶת בֶּן חֲבֵרוֹ תּוֹרָה מַעֲלֶה עָלָיו הַכָּתוּב כְּאִלּוּ יְלָדוֹ: **בְּיוֹם דִּבֶּר ה' אֶת מֹשֶׁה.** נַעֲשׂוּ אֵלּוּ הַתּוֹלָדוֹת שֶׁלּוֹ, שֶׁלִּמְּדָן מַה שֶּׁלָּמַד מִפִּי הַגְּבוּרָה:

ד] **עַל פְּנֵי אַהֲרֹן.** בְּחַיָּיו:

ו] **וְשֵׁרְתוּ אֹתוֹ.** וּמַהוּ הַשֵּׁרוּת? "וְשָׁמְרוּ אֶת מִשְׁמַרְתּוֹ". לְפִי שֶׁשְּׁמִירַת הַמִּקְדָּשׁ עָלָיו שֶׁלֹּא יִקְרַב זָר, כְּמוֹ שֶׁנֶּאֱמַר: "אַתָּה וּבָנֶיךָ וּבֵית אָבִיךָ אִתָּךְ תִּשְׂאוּ אֶת עֲוֹן הַמִּקְדָּשׁ" (להלן יח, א), וְהַלְוִיִּם הַלָּלוּ מְסַיְּעִין אוֹתָם, זוֹ הִיא הַשֵּׁרוּת:

ז] **וְשָׁמְרוּ אֶת מִשְׁמַרְתּוֹ.** כָּל מִנּוּי שֶׁהָאָדָם מְמֻנֶּה עָלָיו וּמֻטָּל עָלָיו לַעֲשׂוֹתוֹ קָרוּי 'מִשְׁמֶרֶת' בְּכָל הַמִּקְרָא וּבִלְשׁוֹן מִשְׁנָה, כְּמוֹ שֶׁאָמְרוּ בְּבִגְתָן וָתֶרֶשׁ: "וַהֲלֹא אֵין מִשְׁמַרְתִּי וּמִשְׁמַרְתְּךָ שָׁוָה", וְכֵן מִשְׁמְרוֹת כְּהֻנָּה וּלְוִיָּה:

ח] **וְאֶת מִשְׁמֶרֶת בְּנֵי יִשְׂרָאֵל.** שֶׁכֻּלָּן הָיוּ זְקוּקִין לְצָרְכֵי הַמִּקְדָּשׁ, אֶלָּא שֶׁהַלְוִיִּם בָּאִים תַּחְתֵּיהֶם בִּשְׁלִיחוּתָם, לְפִיכָךְ

הרחבות | **'ובנים לא היו להם'** במדרש מופיעה דעה שלא נשאו נשים. (ראו ויקרא רבה כ,ט). ייתכן שהתחתנו בגיל מאוחר, ועל כן לא נולדו להם בנים, ושמא נולדו להם בנות בלבד. (ראו הביאור לדברי הימים ב' כד, ב).

הכהנים מלבד שלושת הכהנים הנמנים כאן אהרן ושני בניו מסתבר כי חיו אז כהנים נוספים ששמותיהם לא נזכרו כאן: בנו של אלעזר, פינחס, שיופיע בסוף הספר כגיבור (להלן כה,יא-יג),

בני לוי

פרק ג

בני לוי לא נפקדו בתוך בני ישראל. בעניין זה יתוארו משפחות בני הלוי – תוצאות מפקדם, חנייתם ביחס למשכן, שסמוך אליו יטו את אוהליהם, ותפקידיו הכלליים של כל אחד משלושת בתי האב הראשיים של שבט לוי. לאחר מניית הלויים יוחלפו בהם הבכורות, ששימשו בעבר בקודש. הקדשת הלויים במקום הבכורות היא שלב נוסף במפקד העם, והיא מבטלת כמעט לגמרי את ייחודם של הבכורות ומכניסה אותם לקהל הכללי של ישראל.

ביאור | פרק ג א **וְאֵלֶּה תּוֹלְדֹת אַהֲרֹן וּמֹשֶׁה, בְּיוֹם דִּבֶּר ה׳ אֶת**, עם **מֹשֶׁה בְּהַר**
סִינָי. בהמשך אין מפורטים תולדותיו של משה[12] אלא תולדות אהרן
בלבד, שרק להם יועדו תפקידים מיוחדים. אהרן עצמו יכול היה
בתחילת הדרך להיות משני במעמדו למשה, אחיו הצעיר, אך בדור
התולדות – צאצאיו של אהרן הם שזכו לתפקיד מיוחד, ואילו בני
משה היו לויים כשאר בני שבטם. על כן שמותיהם אינם מופיעים
כאן. ב **וְאֵלֶּה שְׁמוֹת בְּנֵי אַהֲרֹן** באותו היום: **הַבְּכוֹר** – **נָדָב, וַאֲבִיהוּא,**
אֶלְעָזָר וְאִיתָמָר. ג **אֵלֶּה שְׁמוֹת בְּנֵי אַהֲרֹן הַכֹּהֲנִים הַמְּשֻׁחִים, אֲשֶׁר מִלֵּא**
יָדָם, שמינה אותם במשיחה בזמן חנוכת המשכן **לְכַהֵן.** ד וקרוב
למשיחתם – **וַיָּמָת נָדָב וַאֲבִיהוּא לִפְנֵי ה׳, בְּהַקְרִבָם אֵשׁ זָרָה לִפְנֵי ה׳**
בְּמִדְבַּר סִינַי, וכתוצאה מכך נשרפו ומתו.[13] **וּבָנִים לֹא הָיוּ לָהֶם. וַיְכַהֵן**
אֶלְעָזָר וְאִיתָמָר עַל פְּנֵי, בחיי **אַהֲרֹן אֲבִיהֶם.** מעבר לתפקידיהם של
אלעזר ואיתמר כלויים, נועדו להם גם תפקידי כהונה.

ה **וַיְדַבֵּר ה׳ אֶל מֹשֶׁה לֵּאמֹר:** ו **הַקְרֵב אֶת מַטֵּה**, שבט **לֵוִי, וְהַעֲמַדְתָּ אֹתוֹ**
לִפְנֵי אַהֲרֹן הַכֹּהֵן, וְשֵׁרְתוּ אֹתוֹ. מכאן ואילך הלויים יהיו משרתי הכהנים
והמקדש. ז **וְשָׁמְרוּ אֶת מִשְׁמַרְתּוֹ** של אהרן **וְאֶת מִשְׁמֶרֶת כָּל הָעֵדָה**
לִפְנֵי אֹהֶל מוֹעֵד, לַעֲבֹד אֶת עֲבֹדַת הַמִּשְׁכָּן. הלויים יהפכו למשמר המשכן
ויחנו סביבו סמוך לו. משמר המקדש אינו משמר צבאי; ועניינו
האחריות כלפי צרכי הכהנים והדאגה לצרכי המשכן. ח **וְשָׁמְרוּ**
אֶת כָּל כְּלֵי אֹהֶל מוֹעֵד וְאֶת מִשְׁמֶרֶת בְּנֵי יִשְׂרָאֵל, לַעֲבֹד אֶת עֲבֹדַת

הרחבות | ומן הסתם היו לאלעזר ולאיתמר בנים נוספים, שזהותם ותפקידם אינם מצוינים כאן, אולי מכיון שהיו צעירים או שלא היו חשובים. ייתכן מאוד שאותם צאצאים לא נתכהנו לשירות יחד עם אהרן ובניו. (ראו ראב״ע פס׳ י וההרחבה להלן כה,יג).

פקודי הלויים שבט לוי נמנה לעצמו, ואף מספרו הכולל יופיע בנפרד מן המפקד

עֲבֹדַת הַמִּשְׁכָּן׃ וְנָתַתָּה אֶת־הַלְוִיִּם לְאַהֲרֹן וּלְבָנָיו ט
נְתוּנִם נְתוּנִם הֵמָּה לוֹ מֵאֵת בְּנֵי יִשְׂרָאֵל׃ וְאֶת־אַהֲרֹן י
וְאֶת־בָּנָיו תִּפְקֹד וְשָׁמְרוּ אֶת־כְּהֻנָּתָם וְהַזָּר הַקָּרֵב
יוּמָת׃

וַיְדַבֵּר יְהוָה אֶל־מֹשֶׁה לֵּאמֹר׃ וַאֲנִי הִנֵּה לָקַחְתִּי יא יב
אֶת־הַלְוִיִּם מִתּוֹךְ בְּנֵי יִשְׂרָאֵל תַּחַת כָּל־בְּכוֹר פֶּטֶר
רֶחֶם מִבְּנֵי יִשְׂרָאֵל וְהָיוּ לִי הַלְוִיִּם׃ כִּי לִי כָּל־בְּכוֹר יג
בְּיוֹם הַכֹּתִי כָל־בְּכוֹר בְּאֶרֶץ מִצְרַיִם הִקְדַּשְׁתִּי לִי
כָל־בְּכוֹר בְּיִשְׂרָאֵל מֵאָדָם עַד־בְּהֵמָה לִי יִהְיוּ אֲנִי
יְהוָה׃

חמישי וַיְדַבֵּר יְהוָה אֶל־מֹשֶׁה בְּמִדְבַּר סִינַי לֵאמֹר׃ פְּקֹד אֶת־ יד טו
בְּנֵי לֵוִי לְבֵית אֲבֹתָם לְמִשְׁפְּחֹתָם כָּל־זָכָר מִבֶּן־חֹדֶשׁ

רש"י לוֹקְחִים מֵהֶם הַמַּעַשְׂרוֹת בִּשְׂכָרָן, שֶׁנֶּאֱמַר: "כִּי שָׂכָר הוּא לָכֶם חֵלֶף עֲבֹדַתְכֶם" (להלן יח, לא):

ט **נְתוּנִם הֵמָּה לוֹ.** לְעֶזְרָה: **מֵאֵת בְּנֵי יִשְׂרָאֵל.** כְּמוֹ 'מִתּוֹךְ בְּנֵי יִשְׂרָאֵל', כְּלוֹמַר מִשְּׁאָר כָּל הָעֵדָה נִבְדְּלוּ לְכָךְ בִּגְזֵרַת הַמָּקוֹם וְהוּא נְתָנָם לוֹ, שֶׁנֶּאֱמַר: "וָאֶתְּנָה אֶת הַלְוִיִּם נְתֻנִים" וְגוֹ' (להלן ח, יט):

י **וְאֶת אַהֲרֹן וְאֶת בָּנָיו תִּפְקֹד.** לְשׁוֹן פְּקִידוּת, וְאֵינוֹ לְשׁוֹן מִנְיָן: **וְשָׁמְרוּ אֶת כְּהֻנָּתָם.** קַבָּלַת דָּמִים וּזְרִיקָה וְהַקְטָרָה וַעֲבוֹדוֹת הַמְּסוּרוֹת לַכֹּהֲנִים:

יב **וַאֲנִי הִנֵּה לָקַחְתִּי.** וַאֲנִי מֵהֵיכָן זָכִיתִי בָּהֶן "מִתּוֹךְ בְּנֵי יִשְׂרָאֵל", שֶׁיִּהְיוּ יִשְׂרָאֵל שׂוֹכְרִין אוֹתָן לְשֵׁרוּת שֶׁלִּי? עַל יְדֵי הַבְּכוֹרוֹת זָכִיתִי בָּהֶם וּלְקַחְתִּים תְּמוּרָתָם. לְפִי שֶׁהָיְתָה הָעֲבוֹדָה בַּבְּכוֹרוֹת, וּכְשֶׁחָטְאוּ בָּעֵגֶל נִפְסְלוּ, וְהַלְוִיִּם שֶׁלֹּא עָבְדוּ עֲבוֹדָה זָרָה נִבְחֲרוּ תַּחְתֵּיהֶם:

טו **מִבֶּן חֹדֶשׁ וָמַעְלָה.** מִשֶּׁיָּצָא מִכְּלַל נְפָלִים הוּא נִמְנֶה לִקָּרֵא שׁוֹמֵר מִשְׁמֶרֶת הַקֹּדֶשׁ. אָמַר רַבִּי יְהוּדָה בְּרַבִּי שָׁלוֹם: לָמוּד הוּא אוֹתוֹ הַשֵּׁבֶט לִהְיוֹת נִמְנֶה מִן הַבֶּטֶן, שֶׁנֶּאֱמַר: "אֲשֶׁר יָלְדָה אֹתָהּ לְלֵוִי בְּמִצְרָיִם" (להלן כו, נט), עִם כְּנִיסָתָהּ בְּפֶתַח

הרחבות הגדול שנערך לשאר השבטים. זהו חלק מעיצוב מעמדו הייחודי של שבט לוי בעם ישראל. שבט זה שלדברי חכמים לא השתעבד בפרך במצרים נבדל מכלל העם בחייו הציבוריים, החברתיים והתרבותיים. הוא התמסר לעבודת הקודש ולא השתתף במעשה העגל עם שאר העם; אדרבא, נאמנותם של הלויים לה' ולמשה היא שאפשרה להם לפגוע אפילו בקרובים אליהם במעשה העגל. גם בעתיד שבט לוי

ביאור

הַמִּשְׁכָּן. ט וְנָתַתָּה אֶת הַלְוִיִּם לְאַהֲרֹן וּלְבָנָיו כסגני הכהנים וכעוזריהם
המוקדשים לעבודה זו. נְתוּנִם נְתוּנִם, מסורים באופן מוחלט הֵמָּה
לוֹ מֵאֵת בְּנֵי יִשְׂרָאֵל. שבט לוי, שבט קטן יחסית, הוא מעין מתנתם
של ישראל לכהנים ולעבודת המשכן.[14] י וְאֶת אַהֲרֹן וְאֶת בָּנָיו תִּפְקֹד,
תספור, וְשָׁמְרוּ אֶת כְּהֻנָּתָם, שזרים לא יעבדו אתם בתפקידיהם, וְהַזָּר
הַקָּרֵב יוּמָת.

יא וַיְדַבֵּר ה׳ אֶל מֹשֶׁה לֵּאמֹר: יב וַאֲנִי הִנֵּה לָקַחְתִּי אֶת הַלְוִיִּם מִתּוֹךְ בְּנֵי
יִשְׂרָאֵל תַּחַת, במקום כָּל בְּכוֹר, פֶּטֶר, הפותח את רֶחֶם מִבְּנֵי יִשְׂרָאֵל,
ששירתו בקודש תחילה[15] – וְהָיוּ לִי הַלְוִיִּם. יג כִּי לִי כָּל בְּכוֹר. בְּיוֹם
הַכֹּתִי כָל בְּכוֹר בְּאֶרֶץ מִצְרַיִם הִקְדַּשְׁתִּי לִי כָל בְּכוֹר בְּיִשְׂרָאֵל – מֵאָדָם עַד
בְּהֵמָה – לִי יִהְיוּ, אֲנִי ה׳. עם הכאת בכורות המצרים, אדם ובהמה,
הפכו בכורות ישראל – באדם ובבהמה – למקודשים לה׳. עתה
עוברים מעלתם היתרה, תפקידיהם וזכויותיהם של בכורות האדם
מישראל ללויים.[16]

יד וַיְדַבֵּר ה׳ אֶל מֹשֶׁה בְּמִדְבַּר סִינַי לֵאמֹר: טו פְּקֹד, ספור אֶת בְּנֵי לֵוִי לְבֵית
אֲבֹתָם לְמִשְׁפְּחֹתָם, כָּל זָכָר מִבֶּן חֹדֶשׁ וָמַעְלָה תִּפְקְדֵם. שלא כמניינם של
שאר השבטים, הדומה למניין צבאי, שעל כן נמנו בו יוצאי צבא
מבן עשרים שנה ומעלה, במפקד הלויים נספרו גם תינוקות מגיל
חודש, שכן אז בריאותם נחשבת יציבה והם בני קיימא.[17]

הרחבות

לא יצטרף אל יזמת שילוח המרגלים. שבט זה לא ינחל נחלה בארץ, לא יעבוד בשדה ובכרם, אלא ישב בערים לא לו; פרנסתו בדרך כלל לא תהיה קבועה ויציבה, אלא תבוא לו ממתנות אחיו; גם קצב התרבותו קטן בהרבה משל שאר השבטים כ׳לגיונו של מלך׳ בדין הוא שיימנה בפני עצמו (מדרש אגדה, מובא ברש״י במדבר א,מט).

וּמַעְלָה תִּפְקְדֵם׃ וַיִּפְקֹד אֹתָם מֹשֶׁה עַל־פִּי יְהוָה טז
כַּאֲשֶׁר צֻוָּה׃ וַיִּהְיוּ־אֵלֶּה בְנֵי־לֵוִי בִּשְׁמֹתָם גֵּרְשׁוֹן יז
וּקְהָת וּמְרָרִי׃ וְאֵלֶּה שְׁמוֹת בְּנֵי־גֵרְשׁוֹן לְמִשְׁפְּחֹתָם יח
לִבְנִי וְשִׁמְעִי׃ וּבְנֵי קְהָת לְמִשְׁפְּחֹתָם עַמְרָם וְיִצְהָר יט
חֶבְרוֹן וְעֻזִּיאֵל׃ וּבְנֵי מְרָרִי לְמִשְׁפְּחֹתָם מַחְלִי וּמוּשִׁי כ
אֵלֶּה הֵם מִשְׁפְּחֹת הַלֵּוִי לְבֵית אֲבֹתָם׃ לְגֵרְשׁוֹן כא
מִשְׁפַּחַת הַלִּבְנִי וּמִשְׁפַּחַת הַשִּׁמְעִי אֵלֶּה הֵם מִשְׁפְּחֹת
הַגֵּרְשֻׁנִּי׃ פְּקֻדֵיהֶם בְּמִסְפַּר כָּל־זָכָר מִבֶּן־חֹדֶשׁ וָמָעְלָה כב
פְּקֻדֵיהֶם שִׁבְעַת אֲלָפִים וַחֲמֵשׁ מֵאוֹת׃ מִשְׁפְּחֹת כג
הַגֵּרְשֻׁנִּי אַחֲרֵי הַמִּשְׁכָּן יַחֲנוּ יָמָּה׃ וּנְשִׂיא בֵית־אָב כד
לַגֵּרְשֻׁנִּי אֶלְיָסָף בֶּן־לָאֵל׃ וּמִשְׁמֶרֶת בְּנֵי־גֵרְשׁוֹן כה
בְּאֹהֶל מוֹעֵד הַמִּשְׁכָּן וְהָאֹהֶל מִכְסֵהוּ וּמָסַךְ פֶּתַח
אֹהֶל מוֹעֵד׃ וְקַלְעֵי הֶחָצֵר וְאֶת־מָסַךְ פֶּתַח הֶחָצֵר כו
אֲשֶׁר עַל־הַמִּשְׁכָּן וְעַל־הַמִּזְבֵּחַ סָבִיב וְאֵת מֵיתָרָיו
לְכֹל עֲבֹדָתוֹ׃ וְלִקְהָת מִשְׁפַּחַת הָעַמְרָמִי כז
וּמִשְׁפַּחַת הַיִּצְהָרִי וּמִשְׁפַּחַת הַחֶבְרֹנִי וּמִשְׁפַּחַת

רש"י

מִגְרַיִם יָלְדָה אוֹתָהּ וְנִמְנֵית בְּשִׁבְעִים נֶפֶשׁ, שֶׁכְּשֶׁאַתָּה מוֹנֶה חֶשְׁבּוֹנָם לֹא תִמְצָאֵם אֶלָּא שִׁבְעִים חָסֵר אַחַת, וְהִיא הִשְׁלִימָה אֶת הַמִּנְיָן:

טז) **עַל פִּי ה'.** אָמַר מֹשֶׁה לִפְנֵי הַקָּדוֹשׁ בָּרוּךְ הוּא: הֵיאַךְ אֲנִי נִכְנָס לְתוֹךְ אָהֳלֵיהֶם לָדַעַת מִנְיַן יוֹנְקֵיהֶם? אָמַר לוֹ הַקָּדוֹשׁ בָּרוּךְ הוּא: עֲשֵׂה אַתָּה שֶׁלְּךָ וַאֲנִי אֶעֱשֶׂה שֶׁלִּי. הָלַךְ מֹשֶׁה וְעָמַד עַל פֶּתַח הָאֹהֶל, וְהַשְּׁכִינָה מְקַדֶּמֶת לְפָנָיו, וּבַת קוֹל יוֹצֵאת מִן הָאֹהֶל וְאוֹמֶרֶת: כָּךְ וְכָךְ תִּינוֹקוֹת יֵשׁ בְּאֹהֶל זֶה; לְכָךְ נֶאֱמַר: "עַל פִּי ה'":

כא) **לְגֵרְשׁוֹן מִשְׁפַּחַת הַלִּבְנִי.** כְּלוֹמַר, לְגֵרְשׁוֹן הָיוּ הַפְּקוּדִים מִשְׁפַּחַת הַלִּבְנִי וּמִשְׁפַּחַת הַשִּׁמְעִי, פְּקוּדֵיהֶם כָּךְ וְכָךְ:

כה) **הַמִּשְׁכָּן.** יְרִיעוֹת הַתַּחְתּוֹנוֹת: **וְהָאֹהֶל.** יְרִיעוֹת עִזִּים הָעֲשׂוּיוֹת לְגַג: **מִכְסֵהוּ.** עוֹרוֹת אֵילִים וּתְחָשִׁים: **וּמָסַךְ פֶּתַח.** הוּא הַוִּילוֹן:

כו) **וְאֵת מֵיתָרָיו.** שֶׁל מִשְׁכָּן וְהָאֹהֶל, וְלֹא שֶׁל חָצֵר:

ביאור | טז **וַיִּפְקֹד אֹתָם מֹשֶׁה עַל פִּי ה׳, כַּאֲשֶׁר צֻוָּה.** כיוון שמפקד זה כולל
תינוקות וילדים, הוא קשה יותר לביצוע ממפקדם של שאר ישראל,
שבו יכלו הנפקדים, המבוגרים כולם, להתייצב בפני הנשיאים
ולהירשם. על כן הודגשה כאן עזרתו של ה׳.[18]

יז **וַיִּהְיוּ אֵלֶּה בְנֵי לֵוִי בִּשְׁמֹתָם: גֵּרְשׁוֹן וּקְהָת וּמְרָרִי.** יח **וְאֵלֶּה שְׁמוֹת בְּנֵי**
גֵרְשׁוֹן לְמִשְׁפְּחֹתָם: לִבְנִי וְשִׁמְעִי. יט **וּבְנֵי קְהָת לְמִשְׁפְּחֹתָם: עַמְרָם וְיִצְהָר,**
חֶבְרוֹן וְעֻזִּיאֵל. כ **וּבְנֵי מְרָרִי לְמִשְׁפְּחֹתָם: מַחְלִי וּמוּשִׁי. אֵלֶּה הֵם מִשְׁפְּחֹת**
הַלֵּוִי לְבֵית אֲבֹתָם.

ומן השמות – למספרים, למיקום חנייתם ביחס למשכן ולתפקידיהם
בנשיאת המשכן: כא **לְגֵרְשׁוֹן – מִשְׁפַּחַת הַלִּבְנִי וּמִשְׁפַּחַת הַשִּׁמְעִי. אֵלֶּה**
הֵם מִשְׁפְּחֹת הַגֵּרְשֻׁנִּי. כב **פְּקֻדֵיהֶם** של בני גרשון **בְּמִסְפַּר כָּל זָכָר מִבֶּן**
חֹדֶשׁ וָמָעְלָה, פְּקֻדֵיהֶם – שִׁבְעַת אֲלָפִים וַחֲמֵשׁ מֵאוֹת. כג **מִשְׁפְּחֹת הַגֵּרְשֻׁנִּי**
אַחֲרֵי, מאחורי **הַמִּשְׁכָּן יַחֲנוּ, יָמָּה,** בצדו המערבי. כד **וּנְשִׂיא בֵית אָב**
לַגֵּרְשֻׁנִּי אֶלְיָסָף בֶּן לָאֵל. כה **וּמִשְׁמֶרֶת,** תפקיד **בְּנֵי גֵרְשׁוֹן בְּאֹהֶל מוֹעֵד**
כוללת את האחריות ליריעות **הַמִּשְׁכָּן וְהָאֹהֶל, מִכְסֵהוּ** של האוהל,
העשוי עורות אילים ותחשים, **וּמָסַךְ פֶּתַח אֹהֶל מוֹעֵד** כו **וְקַלְעֵי הֶחָצֵר**
וְאֶת מָסַךְ פֶּתַח הֶחָצֵר אֲשֶׁר עַל, ליד **הַמִּשְׁכָּן וְעַל,** ליד **הַמִּזְבֵּחַ סָבִיב, וְאֵת**
מֵיתָרָיו המחזיקים גם את מסך החצר. ושמא גם לכיסויי המשכן היו
מיתרים מתוחים שחיברו אותם לקרקע. **לְכֹל עֲבֹדָתוֹ.** ענף בני גרשון
היה מופקד על הטיפול בכל חלקי הטקסטיל, העורות והחבלים
שבמשכן, זאת מלבד שאר עבודתו במשכן.[19]

כז **וְלִקְהָת – מִשְׁפַּחַת הַעַמְרָמִי וּמִשְׁפַּחַת הַיִּצְהָרִי וּמִשְׁפַּחַת הַחֶבְרֹנִי**

הרחבות | **חברון** אולי השם ׳חברון׳ ניתן לזכרה של העיר שבכנען, ואולי זהו שם פרטי של אדם הדומה לשם ׳חֶבֶר׳. (מצינו במקרא ארבעה אנשים בשם זה. ראו בראשית מו,יז; שופטים ד,יז; דברי הימים א׳ ד,יח; ח,יז).

הָעָזִּיאֵלִ֑י אֵ֥לֶּה הֵ֖ם מִשְׁפְּחֹ֥ת הַקְּהָתִֽי׃ בְּמִסְפַּר֙ כָּל־זָכָ֔ר כח
מִבֶּן־חֹ֖דֶשׁ וָמָ֑עְלָה שְׁמֹנַ֤ת אֲלָפִים֙ וְשֵׁ֣שׁ מֵא֔וֹת שֹׁמְרֵ֖י
מִשְׁמֶ֥רֶת הַקֹּֽדֶשׁ׃ מִשְׁפְּחֹ֥ת בְּנֵֽי־קְהָ֖ת יַחֲנ֑וּ עַ֛ל יֶ֥רֶךְ כט
הַמִּשְׁכָּ֖ן תֵּימָֽנָה׃ וּנְשִׂ֥יא בֵית־אָ֖ב לְמִשְׁפְּחֹ֣ת הַקְּהָתִ֑י ל
אֱלִיצָפָ֖ן בֶּן־עֻזִּיאֵֽל׃ וּמִשְׁמַרְתָּ֗ם הָאָרֹ֤ן וְהַשֻּׁלְחָן֙ לא
וְהַמְּנֹרָ֣ה וְהַֽמִּזְבְּחֹ֔ת וּכְלֵ֣י הַקֹּ֔דֶשׁ אֲשֶׁ֥ר יְשָׁרְת֖וּ בָּהֶ֑ם
וְהַ֨מָּסָ֔ךְ וְכֹ֖ל עֲבֹדָתֽוֹ׃ וּנְשִׂיא֙ נְשִׂיאֵ֣י הַלֵּוִ֔י אֶלְעָזָ֖ר בֶּן־ לב
אַהֲרֹ֣ן הַכֹּהֵ֑ן פְּקֻדַּ֕ת שֹׁמְרֵ֖י מִשְׁמֶ֥רֶת הַקֹּֽדֶשׁ׃ לִמְרָרִ֕י לג
מִשְׁפַּ֙חַת֙ הַמַּחְלִ֔י וּמִשְׁפַּ֖חַת הַמּוּשִׁ֑י אֵ֥לֶּה הֵ֖ם מִשְׁפְּחֹ֥ת
מְרָרִֽי׃ וּפְקֻדֵיהֶם֙ בְּמִסְפַּ֣ר כָּל־זָכָ֔ר מִבֶּן־חֹ֖דֶשׁ וָמָ֑עְלָה לד
שֵׁ֥שֶׁת אֲלָפִ֖ים וּמָאתָֽיִם׃ וּנְשִׂ֤יא בֵֽית־אָב֙ לְמִשְׁפְּחֹ֣ת לה
מְרָרִ֔י צוּרִיאֵ֖ל בֶּן־אֲבִיחָ֑יִל עַ֣ל יֶ֧רֶךְ הַמִּשְׁכָּ֛ן יַחֲנ֖וּ
צָפֹֽנָה׃ וּפְקֻדַּ֣ת מִשְׁמֶ֘רֶת֮ בְּנֵ֣י מְרָרִי֒ קַרְשֵׁי֙ הַמִּשְׁכָּ֔ן לו
וּבְרִיחָ֖יו וְעַמֻּדָ֣יו וַאֲדָנָ֑יו וְכָל־כֵּלָ֕יו וְכֹ֖ל עֲבֹדָתֽוֹ׃
וְעַמֻּדֵ֧י הֶחָצֵ֛ר סָבִ֖יב וְאַדְנֵיהֶ֑ם וִיתֵדֹתָ֖ם וּמֵיתְרֵיהֶֽם׃ לז
וְהַחֹנִ֣ים לִפְנֵ֣י הַמִּשְׁכָּ֡ן קֵ֡דְמָה לִפְנֵ֣י אֹֽהֶל־מוֹעֵ֣ד ׀ לח
מִ֠זְרָחָה מֹשֶׁ֨ה ׀ וְאַהֲרֹ֣ן וּבָנָ֗יו שֹׁמְרִים֙ מִשְׁמֶ֣רֶת הַמִּקְדָּ֔שׁ

רש"י | כט| מִשְׁפְּחֹת בְּנֵי קְהָת יַחֲנוּ... תֵּימָנָה. וּסְמוּכִין לָהֶם דֶּגֶל רְאוּבֵן הַחוֹנִים תֵּימָנָה, אוֹי לָרָשָׁע וְאוֹי לִשְׁכֵנוֹ, לְכָךְ לָקוּ מֵהֶם דָּתָן וַאֲבִירָם וּמָאתַיִם וַחֲמִשִּׁים אִישׁ עִם קֹרַח וַעֲדָתוֹ, שֶׁנִּמְשְׁכוּ עִמָּהֶם בְּמַחְלָקְתָּם:

לא| וְהַמָּסָךְ. הִיא הַפָּרֹכֶת, שֶׁאַף הִיא קְרוּיָה "פָּרֹכֶת הַמָּסָךְ" (להלן ד, ה): לב| וּנְשִׂיא נְשִׂיאֵי הַלֵּוִי. מְמֻנֶּה עַל כֻּלָּם, וְעַל מָה הִיא נְשִׂיאוּתוֹ? "פְּקֻדַּת שֹׁמְרֵי מִשְׁמֶרֶת", עַל יָדוֹ הָיְתָה פְּקֻדַּת כֻּלָּם: לח| מֹשֶׁה וְאַהֲרֹן וּבָנָיו. וּסְמוּכִין לָהֶם

הרחבות | 'ונשיא בית אב למשפחת הקהתי אליצפן בן עֻזיאל' אזכור שמו של נשיא קהת משמעותי להבנת סיפורו של קֹרח שיבוא בהמשך הספר (להלן טז,א-ג). בלי ספק מעמדו של בית אב זה היה הבכיר ביותר: ממשפחת עמרם, בנו הבכור של קהת,

ביאור | **וּמִשְׁפַּחַת הָעָזִּיאֵלִי. אֵלֶּה הֵם מִשְׁפְּחֹת הַקְּהָתִי.** כח **בְּמִסְפַּר כָּל זָכָר מִבֶּן**
חֹדֶשׁ וָמָעְלָה – **שְׁמֹנַת אֲלָפִים וְשֵׁשׁ מֵאוֹת שֹׁמְרֵי מִשְׁמֶרֶת הַקֹּדֶשׁ.** תפקידם
המיוחד היה נשיאתם של כלי הקודש, כפי שיפורט. כט **מִשְׁפְּחֹת**
בְּנֵי קְהָת יַחֲנוּ עַל יֶרֶךְ, צד **הַמִּשְׁכָּן תֵּימָנָה,** דרומה. ל **וּנְשִׂיא בֵית אָב**
לְמִשְׁפְּחֹת הַקְּהָתִי – **אֱלִיצָפָן בֶּן עֻזִּיאֵל.** לא **וּמִשְׁמַרְתָּם,** התפקיד המוטל
עליהם – נשיאת **הָאָרֹן וְהַשֻּׁלְחָן וְהַמְּנֹרָה וְהַמִּזְבְּחֹת וּכְלֵי הַקֹּדֶשׁ אֲשֶׁר**
יְשָׁרְתוּ בָּהֶם, וְהַמָּסָךְ, הפרוכת המבדילה בין הקודש ובין קודש
הקודשים,[20] **וְכֹל,** ושאר **עֲבֹדָתוֹ.**

ומעל שלושת נשיאי בתי האב המרכזיים בשבט לוי היה גם
נשיא השבט מקהת: לב **וּנְשִׂיא נְשִׂיאֵי הַלֵּוִי** – **אֶלְעָזָר בֶּן אַהֲרֹן הַכֹּהֵן,**
ובידיו – **פְּקֻדַּת שֹׁמְרֵי מִשְׁמֶרֶת הַקֹּדֶשׁ.** אהרן, שהיה לו תפקיד ייחודי
במשכן, לא היה נשיא הלויים. בנו הבכור הוא שנבחר לכך.

לג **לִמְרָרִי** – **מִשְׁפַּחַת הַמַּחְלִי וּמִשְׁפַּחַת הַמּוּשִׁי. אֵלֶּה הֵם מִשְׁפְּחֹת**
מְרָרִי. לד **וּפְקֻדֵיהֶם בְּמִסְפַּר כָּל זָכָר מִבֶּן חֹדֶשׁ וָמָעְלָה** – **שֵׁשֶׁת אֲלָפִים**
וּמָאתָיִם. לה **וּנְשִׂיא בֵית אָב לְמִשְׁפְּחֹת מְרָרִי** – **צוּרִיאֵל בֶּן אֲבִיחָיִל. עַל יֶרֶךְ,**
צד **הַמִּשְׁכָּן יַחֲנוּ, צָפֹנָה.** לו **וּפְקֻדַּת מִשְׁמֶרֶת בְּנֵי מְרָרִי** – האחריות **לְקַרְשֵׁי**
הַמִּשְׁכָּן וּבְרִיחָיו וְעַמֻּדָיו וַאֲדָנָיו וְכָל כֵּלָיו המתלווים **וְכֹל עֲבֹדָתוֹ** לז **וְעַמֻּדֵי**
הֶחָצֵר סָבִיב וְאַדְנֵיהֶם וִיתֵדֹתָם וּמֵיתְרֵיהֶם.

אלו הם תפקידי שלושת בתי האב של שבט לוי: בני קהת, החשובים ביותר, יעסקו בכלי הקודש. בני גרשון הבכור, יעסקו בחלקי האריג או העור שבמשכן, ואילו על בני מררי מוטלת העבודה הקשה ביותר – נשיאת כל החלקים המוצקים של המשכן – הקרשים, היתדות, האדנים וכיוצא בהם. בשעת החניה מקיפים שלושת בתי האב הללו את המשכן משלושה צדדים: ממערב – גרשון, מדרום – קהת,
ומצפון – מררי. לח **וְהַחֹנִים לִפְנֵי הַמִּשְׁכָּן קֵדְמָה,** במקום שבו פתח
הכניסה **לִפְנֵי אֹהֶל מוֹעֵד, מִזְרָחָה** – **מֹשֶׁה וְאַהֲרֹן וּבָנָיו.** הם **שֹׁמְרִים** את

הרחבות | הוא הרקע להתמרמרותו של קרח בן יצהר, שלא הוטל עליו שום תפקיד ציבורי בבית משפחות הקהתי (במדבר רבה יח,ב).

יצאו משה ואהרן. המסופר כאן, שנשיא בית האב הזה היה בנו של הבן הרביעי, עוזיאל, ולא בנו של יצהר המבוגר ממנו,

לְמִשְׁמֶרֶת בְּנֵי יִשְׂרָאֵל וְהַזָּר הַקָּרֵב יוּמָת׃ כָּל־ לט
פְּקוּדֵי הַלְוִיִּם אֲשֶׁר פָּקַד מֹשֶׁה וְאַהֲרֹן עַל־פִּי יְהוָה
לְמִשְׁפְּחֹתָם כָּל־זָכָר מִבֶּן־חֹדֶשׁ וָמַעְלָה שְׁנַיִם וְעֶשְׂרִים
ששי אָלֶף׃ וַיֹּאמֶר יְהוָה אֶל־מֹשֶׁה פְּקֹד כָּל־בְּכֹר מ
זָכָר לִבְנֵי יִשְׂרָאֵל מִבֶּן־חֹדֶשׁ וָמָעְלָה וְשָׂא אֵת מִסְפַּר
שְׁמֹתָם׃ וְלָקַחְתָּ אֶת־הַלְוִיִּם לִי אֲנִי יְהוָה תַּחַת כָּל־ מא
בְּכֹר בִּבְנֵי יִשְׂרָאֵל וְאֵת בֶּהֱמַת הַלְוִיִּם תַּחַת כָּל־בְּכוֹר
בְּבֶהֱמַת בְּנֵי יִשְׂרָאֵל׃ וַיִּפְקֹד מֹשֶׁה כַּאֲשֶׁר צִוָּה יְהוָה מב
אֹתוֹ אֶת־כָּל־בְּכוֹר בִּבְנֵי יִשְׂרָאֵל׃ וַיְהִי כָל־בְּכוֹר זָכָר מג
בְּמִסְפַּר שֵׁמֹת מִבֶּן־חֹדֶשׁ וָמַעְלָה לִפְקֻדֵיהֶם שְׁנַיִם
וְעֶשְׂרִים אֶלֶף שְׁלֹשָׁה וְשִׁבְעִים וּמָאתָיִם׃

רש"י | דֶּגֶל מַחֲנֵה יְהוּדָה וְהַחוֹנִים עָלָיו יִשָּׂשכָר וּזְבוּלֻן, טוֹב לַצַּדִּיק טוֹב לִשְׁכֵנוֹ, לְפִי שֶׁהָיוּ שְׁכֵנָיו שֶׁל מֹשֶׁה שֶׁהָיָה עוֹסֵק בַּתּוֹרָה, נַעֲשׂוּ גְּדוֹלִים בַּתּוֹרָה, שֶׁנֶּאֱמַר: "יְהוּדָה מְחֹקְקִי" (תהלים ס, ט), "וּמִבְּנֵי יִשָּׂשכָר יוֹדְעֵי בִינָה" וְגוֹ' (דברי הימים א' יב, לג) מָאתַיִם רָאשֵׁי סַנְהֶדְרָאוֹת, "וּמִזְּבוּלֻן מֹשְׁכִים בְּשֵׁבֶט סֹפֵר" (שופטים ה, יד):

לט] אֲשֶׁר פָּקַד מֹשֶׁה וְאַהֲרֹן. נָקוּד עַל וְאַהֲרֹן, לוֹמַר שֶׁלֹּא הָיָה בְּמִנְיַן הַלְוִיִּם: שְׁנַיִם וְעֶשְׂרִים אָלֶף. וּבִפְרָטָן אַתָּה מוֹצֵא שְׁלֹשׁ מֵאוֹת יְתֵרִים: בְּנֵי גֵרְשׁוֹן שִׁבְעַת אֲלָפִים וַחֲמֵשׁ מֵאוֹת, בְּנֵי קְהָת שְׁמֹנַת אֲלָפִים וְשֵׁשׁ מֵאוֹת, בְּנֵי מְרָרִי שֵׁשֶׁת אֲלָפִים וּמָאתָיִם! וְלָמָּה לֹא כְלָלָן עִם הַשְּׁאָר וְיִפְדּוּ אֶת הַבְּכוֹרוֹת, וְלֹא יִהְיוּ זְקוּקִים הַשְּׁלֹשָׁה וְשִׁבְעִים וּמָאתַיִם בְּכוֹרוֹת הָעוֹדְפִים עַל הַמִּנְיָן לְפִדְיוֹן? אָמְרוּ רַבּוֹתֵינוּ בְּמַסֶּכֶת בְּכוֹרוֹת (דף ה ע"א): אוֹתָן שְׁלֹשׁ מֵאוֹת לְוִיִּם בְּכוֹרוֹת הָיוּ, וְדַיָּם שֶׁיַּפְקִיעוּ עַצְמָם מִן הַפִּדְיוֹן:

מ] פְּקֹד כָּל בְּכֹר זָכָר וְגוֹ' מִבֶּן חֹדֶשׁ וָמָעְלָה. מִשֶּׁיָּצָא מִכְּלַל סְפֵק נְפָלִים:

הרחבות | 'ויהי כל בכור זכר... שנים ועשרים אלף' אם משווים את מניין הבכורות למספר הכולל של בני ישראל, יוצא שמספר הנפשות בכל משפחה גדול מדי. הסבר אפשרי לכך הוא תמותת ילדים, שהרי בימי קדם יותר ממחצית מהילדים מתו עד גיל חמש. במשפחות רבות הבכור לא שרד, ולכן מספר המשפחות יכול להיות

ביאור | **מִשְׁמֶרֶת הַמִּקְדָּשׁ לְמִשְׁמֶרֶת בְּנֵי יִשְׂרָאֵל, וְהַזָּר הַקָּרֵב יוּמָת.** משה, שאינו
כהן, אך מעמדו מיוחד בישראל, חונה בצד אחיו.

לט **כָּל פְּקוּדֵי הַלְוִיִּם אֲשֶׁר פָּקַד מֹשֶׁה וְאַהֲרֹן עַל פִּי ה' לְמִשְׁפְּחֹתָם, כָּל זָכָר
מִבֶּן חֹדֶשׁ וָמַעְלָה – שְׁנַיִם וְעֶשְׂרִים אָלֶף.**

מ **וַיֹּאמֶר ה' אֶל מֹשֶׁה: פְּקֹד כָּל בְּכֹר זָכָר לִבְנֵי יִשְׂרָאֵל מִבֶּן חֹדֶשׁ וָמָעְלָה,
וְשָׂא אֵת מִסְפַּר שְׁמֹתָם.** לעומת מניין הלויים, עליך לערוך מפקד
נוסף – של בכורות ישראל. מכיוון שגם מניין הבכורות אינו מתקשר
לתפקידים צבאיים אלא לעצם היותם בנים ראשונים, הוא כולל גם
תינוקות. מא **וְלָקַחְתָּ** לאחר מכן **אֶת הַלְוִיִּם לִי, אֲנִי ה', תַּחַת**, במקום
כָּל בְּכֹר בִּבְנֵי יִשְׂרָאֵל. הבכורות הופקעו מן העבודה במשכן ומכל
תפקיד פולחני כיוון שהלויים יבואו תמורתם. לבכורות תיוותר
רק קדושה מזערית, שממנה יצטרכו להיפדות, כמו שיתבאר. **וְ**כן,
אֵת בֶּהֱמַת הַלְוִיִּם תיקח **תַּחַת**, במקום **כָּל בְּכוֹר בְּבֶהֱמַת בְּנֵי יִשְׂרָאֵל**,
שקודשו לה'.[21]

מב **וַיִּפְקֹד מֹשֶׁה כַּאֲשֶׁר צִוָּה ה' אֹתוֹ אֶת כָּל בְּכוֹר בִּבְנֵי יִשְׂרָאֵל.** מג **וַיְהִי
כָל בְּכוֹר זָכָר, בְּמִסְפַּר שֵׁמוֹת מִבֶּן חֹדֶשׁ וָמַעְלָה לִפְקֻדֵיהֶם: שְׁנַיִם וְעֶשְׂרִים
אֶלֶף, שְׁלֹשָׁה וְשִׁבְעִים וּמָאתָיִם.**

משפחות הלויים
ופקודיהן 'בחניה'

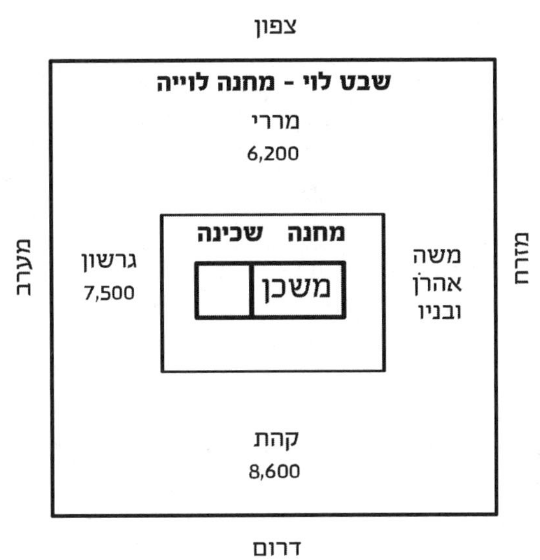

הרחבות | גדול באופן משמעותי ממספרם של הבכורות. ייתכן גם שבשנותיו האחרונות של העם במצרים, השעבוד שהיה כרוך בתמותת הילדים פחת. על כן באופן יחסי נשארו בחיים ילדים רבים שלא היו בכורות.

וַיְדַבֵּר יְהוָה אֶל־מֹשֶׁה לֵּאמֹר: קַח אֶת־הַלְוִיִּם תַּחַת מד מה
כָּל־בְּכוֹר בִּבְנֵי יִשְׂרָאֵל וְאֶת־בֶּהֱמַת הַלְוִיִּם תַּחַת
בְּהֶמְתָּם וְהָיוּ־לִי הַלְוִיִּם אֲנִי יְהוָה: וְאֵת פְּדוּיֵי הַשְּׁלֹשָׁה מו
וְהַשִּׁבְעִים וְהַמָּאתָיִם הָעֹדְפִים עַל־הַלְוִיִּם מִבְּכוֹר
בְּנֵי יִשְׂרָאֵל: וְלָקַחְתָּ חֲמֵשֶׁת חֲמֵשֶׁת שְׁקָלִים מז
לַגֻּלְגֹּלֶת בְּשֶׁקֶל הַקֹּדֶשׁ תִּקָּח עֶשְׂרִים גֵּרָה הַשָּׁקֶל:
וְנָתַתָּה הַכֶּסֶף לְאַהֲרֹן וּלְבָנָיו פְּדוּיֵי הָעֹדְפִים בָּהֶם: מח
וַיִּקַּח מֹשֶׁה אֵת כֶּסֶף הַפִּדְיוֹם מֵאֵת הָעֹדְפִים עַל מט
פְּדוּיֵי הַלְוִיִּם: מֵאֵת בְּכוֹר בְּנֵי יִשְׂרָאֵל לָקַח אֶת־ נ
הַכָּסֶף חֲמִשָּׁה וְשִׁשִּׁים וּשְׁלֹשׁ מֵאוֹת וָאֶלֶף בְּשֶׁקֶל
הַקֹּדֶשׁ: וַיִּתֵּן מֹשֶׁה אֶת־כֶּסֶף הַפְּדֻיִם לְאַהֲרֹן וּלְבָנָיו נא
עַל־פִּי יְהוָה כַּאֲשֶׁר צִוָּה יְהוָה אֶת־מֹשֶׁה:

רש"י

מה | **וְאֶת בֶּהֱמַת הַלְוִיִּם וְגוֹ׳.** לֹא פָּדוּ בַּהֲמוֹת הַלְוִיִּם אֶת בְּכוֹרֵי בְּהֵמָה טְהוֹרָה שֶׁל יִשְׂרָאֵל, אֶלָּא אֶת פִּטְרֵי חֲמוֹרֵיהֶם, וְשֶׂה אֶחָד שֶׁל בֶּן לֵוִי פָּטַר כַּמָּה פִּטְרֵי חֲמוֹרִים שֶׁל יִשְׂרָאֵל. תֵּדַע, שֶׁהֲרֵי מָנָה הָעוֹדְפִים בָּאָדָם וְלֹא מָנָה הָעוֹדְפִים בַּבְּהֵמָה:

מו-מז | **וְאֵת פְּדוּיֵי הַשְּׁלֹשָׁה וְגוֹ׳.** וְאֶת הַבְּכוֹרוֹת הַצְּרִיכִין לְהִפָּדוֹת בָּהֶם, אֵלּוּ שְׁלֹשָׁה וְשִׁבְעִים וּמָאתַיִם הָעוֹדְפִים בָּהֶם יְתֵרִים עַל הַלְוִיִּם, מֵהֶם תִּקַּח חֲמֵשֶׁת שְׁקָלִים לַגֻּלְגֹּלֶת. כָּךְ הָיְתָה מְכִירָתוֹ שֶׁל יוֹסֵף, עֶשְׂרִים כֶּסֶף, שֶׁהָיָה בְּכוֹרָהּ שֶׁל רָחֵל:

מט | **הָעֹדְפִים עַל פְּדוּיֵי הַלְוִיִּם.** עַל אוֹתָן שֶׁפָּדוּ הַלְוִיִּם בְּגוּפָן:

נ | **חֲמִשָּׁה וְשִׁשִּׁים וּשְׁלֹשׁ מֵאוֹת וָאֶלֶף.** כָּךְ סְכוּם הַחֶשְׁבּוֹן: חֲמֵשֶׁת שְׁקָלִים לַגֻּלְגֹּלֶת, לְמָאתַיִם בְּכוֹרוֹת – אֶלֶף שֶׁקֶל, לְשִׁבְעִים בְּכוֹרוֹת – שְׁלֹשׁ מֵאוֹת וַחֲמִשִּׁים שֶׁקֶל, לִשְׁלֹשָׁה בְּכוֹרוֹת – חֲמִשָּׁה עָשָׂר שֶׁקֶל. אָמַר: כֵּיצַד אֶעֱשֶׂה? בְּכוֹר שֶׁאֹמַר לוֹ: תֵּן חֲמֵשֶׁת שְׁקָלִים! יֹאמַר לִי: אֲנִי מִפְּדוּיֵי הַלְוִיִּם. מֶה עָשָׂה? הֵבִיא שְׁנַיִם וְעֶשְׂרִים אֶלֶף פִּתְקִין וְכָתַב עֲלֵיהֶם 'בֶּן לֵוִי', וּמָאתַיִם וְשִׁבְעִים וּשְׁלֹשָׁה פִּתְקִין כָּתַב עֲלֵיהֶן 'חֲמֵשֶׁת שְׁקָלִים'. בְּלָלָן וּנְתָנָן

הרחבות

'ויקח משה את כסף הפדיום מאת העֹדפים על פדויי הלוים' חכמים אמרו שכדי לקבוע מי יהיו העודפים ערכו הגרלה, ובה השתתפו כל הבכורות. על 22,000 פתקים היה כתוב 'לוי'. ומי שהוציא פתק כזה, היה פטור מכל תשלום מפני שתחתיו ישרת לוי, ואילו על 273 הנותרים היה כתוב שעליהם לשלם. (ראו תנחומא במדבר כה; רש"י פס' נ).

ביאור

מד וַיְדַבֵּר ה׳ אֶל מֹשֶׁה לֵּאמֹר: מה קַח אֶת הַלְוִיִּם תַּחַת כָּל בְּכוֹר בִּבְנֵי
יִשְׂרָאֵל, וְאֶת בֶּהֱמַת הַלְוִיִּם תַּחַת בְּהֶמְתָּם של כל ישראל, וְהָיוּ לִי הַלְוִיִּם
כקבוצה מיוחדת השייכת ומוקדשת למשכן, אֲנִי ה׳. מו וכיוון שמספר
הבכורות אינו חופף למספר הלויים – אֵת פְּדוּיֵי הַשְּׁלֹשָׁה וְהַשִּׁבְעִים
וְהַמָּאתָיִם הָעֹדְפִים עַל הַלְוִיִּם מִבְּכוֹר בְּנֵי יִשְׂרָאֵל. מז כיוון שכל בכור
הופקע מתפקידו כנגד אחד הלויים, יש להתמודד עם הבכורות
הנותרים – וְלָקַחְתָּ חֲמֵשֶׁת חֲמֵשֶׁת שְׁקָלִים לַגֻּלְגֹּלֶת בעבור כל בכור עודף,
בְּשֶׁקֶל הַקֹּדֶשׁ תִּקָּח, ששוויו עֶשְׂרִים גֵּרָה, מעה הַשָּׁקֶל.[22] מח וְנָתַתָּה
הַכֶּסֶף לְאַהֲרֹן וּלְבָנָיו, פְּדוּיֵי הָעֹדְפִים בָּהֶם. הכסף ישמש כפדיון לאותם
בכורות שאין להם בן לוי מחליף.

מט וַיִּקַּח מֹשֶׁה אֵת כֶּסֶף הַפִּדְיוֹם, הפדיון מֵאֵת הָעֹדְפִים עַל פְּדוּיֵי
הַלְוִיִּם.

נ מֵאֵת בְּכוֹר בְּנֵי יִשְׂרָאֵל לָקַח אֶת הַכָּסֶף, חֲמִשָּׁה וְשִׁשִּׁים וּשְׁלֹשׁ מֵאוֹת
וָאֶלֶף בְּשֶׁקֶל הַקֹּדֶשׁ – מכפלת חמשת השקלים ב-273 הבכורות
העודפים. נא וַיִּתֵּן מֹשֶׁה אֶת כֶּסֶף הַפְּדֻיִם לְאַהֲרֹן וּלְבָנָיו עַל פִּי ה׳, כַּאֲשֶׁר
צִוָּה ה׳ אֶת מֹשֶׁה.

העולם

גֵּרָה יחידת המשקל הקטנה של כסף. משקלה כנראה 0.83 גרם, והיא נקראה בלשון חכמים ׳מעה׳. עשרה כמותה שווים שקל, ועשרים גרה – שקל הקודש. מקורו של השם במלה גרגיר, כמו הקראט, שאף משמעותו המילולית המקורית היא גרעין החרוב. (ראו עוד ויקרא כז,כה; ההרחבה לשמות ל,יג).

הרחבות

׳כאשר צוה ה׳ את משה׳ ההדגשה החוזרת הזאת חשובה כאן, שכן לכאורה משה מעניק מעמד מועדף למשפחתו. עניין זה יעורר את קֹרח לחלוק עליו ועל אחיו אהרן בהמשך (פרק טז). על כן מודגש כמה פעמים שהכול נעשה על פי ה׳, לפי מצוותו. (ראו אור החיים).

שביעי

ד

א ב וַיְדַבֵּ֣ר יְהוָ֔ה אֶל־מֹשֶׁ֥ה וְאֶֽל־אַהֲרֹ֖ן לֵאמֹֽר׃ נָשֹׂ֗א אֶת־
רֹאשׁ֙ בְּנֵ֣י קְהָ֔ת מִתּ֖וֹךְ בְּנֵ֣י לֵוִ֑י לְמִשְׁפְּחֹתָ֖ם לְבֵ֥ית
ג אֲבֹתָֽם׃ מִבֶּ֨ן שְׁלֹשִׁ֤ים שָׁנָה֙ וָמַ֔עְלָה וְעַ֖ד בֶּן־חֲמִשִּׁ֣ים
שָׁנָ֑ה כָּל־בָּא֙ לַצָּבָ֔א לַעֲשׂ֥וֹת מְלָאכָ֖ה בְּאֹ֥הֶל מוֹעֵֽד׃
ד זֹ֛את עֲבֹדַ֥ת בְּנֵי־קְהָ֖ת בְּאֹ֣הֶל מוֹעֵ֑ד קֹ֖דֶשׁ הַקֳּדָשִֽׁים׃
ה וּבָ֨א אַהֲרֹ֤ן וּבָנָיו֙ בִּנְסֹ֣עַ הַֽמַּחֲנֶ֔ה וְהוֹרִ֕דוּ אֵ֖ת פָּרֹ֣כֶת
ו הַמָּסָ֑ךְ וְכִ֨סּוּ־בָ֔הּ אֵ֖ת אֲרֹ֥ן הָעֵדֻֽת׃ וְנָתְנ֣וּ עָלָ֗יו כְּסוּי֙
ע֣וֹר תַּ֔חַשׁ וּפָרְשׂ֧וּ בֶֽגֶד־כְּלִ֛יל תְּכֵ֖לֶת מִלְמָ֑עְלָה וְשָׂמ֖וּ
ז בַּדָּֽיו׃ וְעַ֣ל ׀ שֻׁלְחַ֣ן הַפָּנִ֗ים יִפְרְשׂוּ֮ בֶּ֣גֶד תְּכֵלֶת֒ וְנָתְנ֣וּ
עָלָ֗יו אֶת־הַקְּעָרֹ֤ת וְאֶת־הַכַּפֹּת֙ וְאֶת־הַמְּנַקִּיֹּ֔ת וְאֵ֖ת
ח קְשׂ֣וֹת הַנָּ֑סֶךְ וְלֶ֥חֶם הַתָּמִ֖יד עָלָ֥יו יִהְיֶֽה׃ וּפָרְשׂ֣וּ עֲלֵיהֶ֗ם

רש"י | בְּקַלְפֵּי. אָמַר לָהֶם: בּוֹאוּ וּטְלוּ פִּתְקֵיכֶם לְפִי הַגּוֹרָל:

פרק ד

ב **נָשֹׂא אֶת רֹאשׁ וְגוֹ'.** מְנֵה מֵהֶם אֶת הָרְאוּיִין לַעֲבוֹדַת מַשָּׂא, וְהֵם מִבֶּן שְׁלֹשִׁים וְעַד בֶּן חֲמִשִּׁים שָׁנָה, וְהַפְּחוּתִים מִשְּׁלֹשִׁים לֹא נִתְמַלֵּא כֹּחוֹ, מִכָּאן אָמְרוּ: "בֶּן שְׁלֹשִׁים לַכֹּחַ" (אבות ה, כא), וְהַיּוֹתֵר עַל בֶּן חֲמִשִּׁים כֹּחוֹ מַכְחִישׁ מֵעַתָּה:

ד **קֹדֶשׁ הַקֳּדָשִׁים.** הַמְקֻדָּשׁ שֶׁבְּכֻלָּן, הָאָרוֹן וְהַשֻּׁלְחָן וְהַמְּנוֹרָה וְהַמִּזְבְּחוֹת וְהַפָּרֹכֶת וּכְלֵי שָׁרֵת:

ה **וּבָא אַהֲרֹן וּבָנָיו וְגוֹ'.** יַכְנִיסוּ כָּל כְּלִי וּכְלִי לְנַרְתִּיקוֹ הַמְּפֹרָשׁ לוֹ בְּפָרָשָׁה זוֹ, וְלֹא יִטָּרְכוּ הַלְוִיִּם בְּנֵי קְהָת אֶלָּא לָשֵׂאת: **בִּנְסֹעַ הַמַּחֲנֶה.** כְּשֶׁהֶעָנָן מִסְתַּלֵּק, הֵן יוֹדְעִין שֶׁיִּסְעוּ:

ז **קְעָרוֹת וְכַפּוֹת וּקְשׂוֹת וּמְנַקִּיּוֹת.** כְּבָר פֵּרַשְׁתִּים בִּמְלֶאכֶת הַמִּשְׁכָּן (שמות כה, כט): **הַנָּסֶךְ.** הַכִּסּוּי, לְשׁוֹן מָסָךְ, כִּדְכְתִיב: "אֲשֶׁר יֻסַּךְ בָּהֵן" (שם):

הרחבות | 'מבן שלשים שנה ומעלה ועד בן חמשים שנה' לעומת כלל אנשי הצבא בישראל, שנמנו מבן עשרים (לעיל א,ג), שנות תפקודם של הלויים במשכן מועטות יותר. הלויים התחילו לשאת במשא הקודש בגיל שלושים. אולי הדבר נובע מן הלימוד שנצרך לעבודתם, שהתחיל לפני גיל שלושים. (ראו רש"י ורמב"ן במדבר ח,כד; חולין כד ע"א). זאת ועוד, מעבר למאמץ הפיזי שהיה כרוך בעבודת הלויים, קרבתם אל כלי הקודש והמשכן דרשה רצינות, יישוב דעת, ערנות ויחס מכבד, המאפיינים במיוחד את בני הגילים הללו.

עבודות הלויים ומִפקדם

פרק ד

חלוקת המשכן בין שלושת בתי האב של שבט לוי – קהת, גרשון ומררי – שהוזכרה בקצרה בעניין הקודם, תפורט כאן יותר. בעניין זה יתוארו תפקידיו של כל אחד מבתי האב בכל יציאה למסע, בפירוק המשכן ובנשיאת חלקיו השונים. בעניין הקודם נמנו הלויים מגיל חודש שכן שם דובר בהחלפת הבכורות ובזהותם של הלויים. לעומת זאת, הקשרו של המפקד שייערך כאן, הוא ההיערכות המעשית לנשיאת המשכן וכליו, ועל כן יימנו בו רק גברים בין הגילים 30–50. עזרת הלויים במדבר הייתה חיונית במיוחד משום שמספר הכהנים אז היה זעום ביחס לגודל העם.

חכמים ראו בעיסוק החוזר ובפירוטו הרב ביטוי לחיבה היתרה לנושא.[23]

ביאור

פרק ד א **וַיְדַבֵּר ה׳ אֶל מֹשֶׁה וְאֶל אַהֲרֹן לֵאמֹר:** ב **נָשֹׂא אֶת רֹאשׁ**, ספור
את **בְּנֵי קְהָת** ומַנה אותם לתפקידם החשוב **מִתּוֹךְ בְּנֵי לֵוִי, לְמִשְׁפְּחֹתָם
לְבֵית אֲבֹתָם.** ג **מִבֶּן שְׁלֹשִׁים שָׁנָה וָמַעְלָה וְעַד בֶּן חֲמִשִּׁים שָׁנָה – כָּל בָּא
לַצָּבָא, לַעֲשׂוֹת מְלָאכָה בְּאֹהֶל מוֹעֵד.**

ד **זֹאת עֲבֹדַת בְּנֵי קְהָת בְּאֹהֶל מוֹעֵד: קֹדֶשׁ הַקֳּדָשִׁים**, הכלים הקדושים
ביותר.[24]

לפני שבני קהת יישאו את הכלים, צריכים הכהנים להכינם: ה **וּבָא**,
יבואו **אַהֲרֹן וּבָנָיו בִּנְסֹעַ הַמַּחֲנֶה, וְהוֹרִדוּ אֵת פָּרֹכֶת הַמָּסָךְ**, הפרוסה בין
הקודש ובין קודש הקודשים, **וְכִסּוּ בָהּ אֵת אֲרֹן הָעֵדֻת.** הפרוכת, שהיא
עצמה שייכת לקודש, תהיה המכסה הראשון של הארון. ו **וְנָתְנוּ
עָלָיו** – על הארון מעל לפרוכת גם **כְּסוּי עוֹר תַּחַשׁ**, שהוא חזק ואטום
יותר מן הפרוכת. **וּפָרְשׂוּ בֶגֶד** שלישי **כְּלִיל**, שכולו **תְּכֵלֶת**, אריג יקר
מִלְמָעְלָה, וְשָׂמוּ, יישרו ויקבעו את **בַּדָּיו**, מוטות הארון, כדי להכינם
לנשיאה.

ז **וְעַל שֻׁלְחַן** לחם **הַפָּנִים יִפְרְשׂוּ בֶּגֶד תְּכֵלֶת, וְנָתְנוּ עָלָיו** – על בגד התכלת
אֶת הַקְּעָרֹת וְאֶת הַכַּפֹּת המיועדות להכלת הלבונה על השולחן, **וְאֶת
הַמְּנַקִּיֹּת**, העמודים שמצדי השולחן **וְאֵת קְשׂוֹת הַנָּסֶךְ**, הצינורות
הדקים שהורכבו על המנקיות – כל האביזרים המיטלטלים השייכים
לשולחן. **וְלֶחֶם הַתָּמִיד עָלָיו** – על השולחן ומתחת לבגד התכלת **יִהְיֶה.**
אין להורידו מן השולחן בזמן המסע. ח **וּפָרְשׂוּ עֲלֵיהֶם בֶּגֶד** נוסף

הרחבות

׳ושמו בדיו׳ האמור בארון העדות, אין משמעו הנחת הבדים בארון, שכן לפי האמור בשמות (כה,טו), גם בשעת החניה הבדים אינם סרים מן הארון והם נתונים בטבעותיהם. ייתכן שהבדים יכולים לזוז בתוך הטבעות אילך ואילך, אולי כדי שיתאפשר להכניסם לנקבים שבכיסוי, ועל כן בשעת המסע יש לקבעם בטבעות שלא ינועו. (ראו בכור שור, רמב״ן ופנים יפות על אתר; בכור שור שמות כה,טז; שו״ת רדב״ז ב׳ אלפים קצ).

בֶּגֶד תּוֹלַעַת שָׁנִי וְכִסּוּ אֹתוֹ בְּמִכְסֵה עוֹר תָּחַשׁ וְשָׂמוּ
אֶת־בַּדָּיו׃ וְלָקְחוּ ׀ בֶּגֶד תְּכֵלֶת וְכִסּוּ אֶת־מְנֹרַת הַמָּאוֹר ט
וְאֶת־נֵרֹתֶיהָ וְאֶת־מַלְקָחֶיהָ וְאֶת־מַחְתֹּתֶיהָ וְאֵת כָּל־
כְּלֵי שַׁמְנָהּ אֲשֶׁר יְשָׁרְתוּ־לָהּ בָּהֶם׃ וְנָתְנוּ אֹתָהּ וְאֶת־ י
כָּל־כֵּלֶיהָ אֶל־מִכְסֵה עוֹר תָּחַשׁ וְנָתְנוּ עַל־הַמּוֹט׃
וְעַל ׀ מִזְבַּח הַזָּהָב יִפְרְשׂוּ בֶּגֶד תְּכֵלֶת וְכִסּוּ אֹתוֹ יא
בְּמִכְסֵה עוֹר תָּחַשׁ וְשָׂמוּ אֶת־בַּדָּיו׃ וְלָקְחוּ אֶת־ יב
כָּל־כְּלֵי הַשָּׁרֵת אֲשֶׁר יְשָׁרְתוּ־בָם בַּקֹּדֶשׁ וְנָתְנוּ אֶל־
בֶּגֶד תְּכֵלֶת וְכִסּוּ אוֹתָם בְּמִכְסֵה עוֹר תָּחַשׁ וְנָתְנוּ
עַל־הַמּוֹט׃ וְדִשְּׁנוּ אֶת־הַמִּזְבֵּחַ וּפָרְשׂוּ עָלָיו בֶּגֶד יג
אַרְגָּמָן׃ וְנָתְנוּ עָלָיו אֶת־כָּל־כֵּלָיו אֲשֶׁר יְשָׁרְתוּ עָלָיו יד
בָּהֶם אֶת־הַמַּחְתֹּת אֶת־הַמִּזְלָגֹת וְאֶת־הַיָּעִים וְאֶת־
הַמִּזְרָקֹת כֹּל כְּלֵי הַמִּזְבֵּחַ וּפָרְשׂוּ עָלָיו כְּסוּי עוֹר תָּחַשׁ

רש"י

ט | מַלְקָחֶיהָ. כְּמִין צְבַת שֶׁמּוֹשֵׁךְ בָּהּ אֶת הַפְּתִילָה לְכָל צַד שֶׁיִּרְצֶה: מַחְתֹּתֶיהָ. כְּמִין כַּף קְטַנָּה וְשׁוּלֶיהָ פְּשׁוּטִין וְלֹא סְקַלְגְּלִים וְאֵין לָהּ מְחִצָּה לְפָנֶיהָ אֶלָּא מִצְּדֶּיהָ, וְחוֹתֶה בָּהּ אֶת דֶּשֶׁן הַנֵּרוֹת כְּשֶׁמֵּטִיבָן: נֵרֹתֶיהָ. לוֹעֵ"שׂ בְּלַעַז, שֶׁנּוֹתְנִים בָּהֶן הַשֶּׁמֶן וְהַפְּתִילוֹת:

י | אֶל מִכְסֵה עוֹר תָּחַשׁ. כְּמִין מַרְצוּף:

יב | אֶת כָּל כְּלֵי הַשָּׁרֵת אֲשֶׁר יְשָׁרְתוּ בָם בַּקֹּדֶשׁ. בְּתוֹךְ הַמִּשְׁכָּן שֶׁהוּא קֹדֶשׁ, וְהֵן כְּלֵי הַקְּטֹרֶת שֶׁמְּשָׁרְתִין בָּהֶם בַּמִּזְבֵּחַ הַפְּנִימִי:

יג | וְדִשְּׁנוּ אֶת הַמִּזְבֵּחַ. מִזְבַּח הַנְּחֹשֶׁת: וְדִשְּׁנוּ. יִטְּלוּ אֶת הַדֶּשֶׁן מֵעָלָיו: וּפָרְשׂוּ עָלָיו בֶּגֶד אַרְגָּמָן. וְאֵשׁ שֶׁיָּרְדָה מִן הַשָּׁמַיִם רְבוּצָה תַּחַת הַבֶּגֶד כַּאֲרִי בִּשְׁעַת הַמַּסָּעוֹת, וְאֵינָהּ שׂוֹרַפְתּוֹ, שֶׁהָיוּ כּוֹפִין עָלֶיהָ פְּסַכְתֵּר שֶׁל נְחֹשֶׁת:

יד | מַחְתֹּת. שֶׁבָּהֶן חוֹתִים גֶּחָלִים לִתְרוּמַת הַדֶּשֶׁן. עֲשׂוּיָה כְּמִין מַחֲבַת שֶׁאֵין לָהּ אֶלָּא שָׁלֹשׁ מְחִצּוֹת, וּמִלְּפָנֶיהָ שׁוֹחֶבֶת אֶת הַגֶּחָלִים: מִזְלָגֹת. צִנּוֹרוֹת שֶׁל נְחֹשֶׁת שֶׁבָּהֶן מַכִּין בָּאֵיבָרִים שֶׁעַל הַמִּזְבֵּחַ לְהַפְכָן כְּדֵי שֶׁיִּתְעַכְּלוּ יָפֶה וּמַהֵר: יָעִים. הֵם מַגְרֵפוֹת,

העולם | תַּחַשׁ זהותו אינה ברורה. הוא נזכר כחומר יוקרתי שממנו עשו מנעלים (ראו יחזקאל טז,י). היו שראו בו מין דולפין או סוג של פרת ים, ה-Dugong המצוי בים סוף (בערבית: דארש). הבדואים משתמשים בעורו לייצור סוליות. לפי רבי נחמיה (ירושלמי שבת ב,ג), התחש הוא בעל חיים קטן ופרוותי הדומה לסמור (ערוך). והיה מי שאמר שהוא צבע סגול. בתלמוד בבלי (שבת כח ע"ב) נאמר

ביאור | שֶׁל תּוֹלַעַת שָׁנִי, וְכִסּוּ אֹתוֹ גם בְּמִכְסֵה עוֹר תָּחַשׁ, וְשָׂמוּ אֶת בַּדָּיו, ובהם יישאו את השולחן.

ט וְלָקְחוּ בֶּגֶד תְּכֵלֶת וְכִסּוּ אֶת מְנֹרַת הַמָּאוֹר וְאֶת נֵרֹתֶיהָ וְאֶת מַלְקָחֶיהָ
וְאֶת מַחְתֹּתֶיהָ וְאֵת כָּל כְּלֵי שַׁמְנָהּ אֲשֶׁר יְשָׁרְתוּ לָהּ בָּהֶם. י וְנָתְנוּ אֹתָהּ
וְאֶת כָּל כֵּלֶיהָ אֶל מִכְסֵה עוֹר תָּחַשׁ, וְנָתְנוּ עַל הַמּוֹט. לעומת השולחן וארון הברית, למנורה לא היו בדים המושחלים בטבעות. כדי לשאתה יש להכניסה לכיסוי עור התחש שבו מושחל מוט, ואת המוט יישאו שני לויים.

יא וְעַל מִזְבַּח הַזָּהָב יִפְרְשׂוּ בֶּגֶד תְּכֵלֶת, וְכִסּוּ אֹתוֹ בְּמִכְסֵה עוֹר תָּחַשׁ, וְשָׂמוּ אֶת בַּדָּיו, ישחילו את מוטות הנשיאה בטבעות המזבח.

יב וְלָקְחוּ אֶת כָּל כְּלֵי הַשָּׁרֵת אֲשֶׁר יְשָׁרְתוּ בָם בַּקֹּדֶשׁ וְנָתְנוּ אותם אֶל בֶּגֶד תְּכֵלֶת. וְכִסּוּ אוֹתָם בְּמִכְסֵה עוֹר תָּחַשׁ, וְנָתְנוּ את כל אלה עַל הַמּוֹט.

מן הכלים שעמדו בתוך אוהל מועד הכתוב עובר אל תיאור נשיאת
הכלים המשמשים מחוץ לאוהל: יג וְדִשְּׁנוּ אֶת הַמִּזְבֵּחַ, יסירו את
האפר השמנוני מעל המזבח,[25] וּפָרְשׂוּ עָלָיו בֶּגֶד אַרְגָּמָן, צמר צבוע
אדום-סגול. יד וְנָתְנוּ עָלָיו אֶת כָּל כֵּלָיו אֲשֶׁר יְשָׁרְתוּ עָלָיו בָּהֶם – אֶת הַמַּחְתֹּת, מעין כפות, אֶת הַמִּזְלָגֹת, לטיפול בבשר הקרבנות וְאֶת הַיָּעִים, הכלים לגריפת הדשן וְאֶת הַמִּזְרָקֹת, כלי איסוף הדם וזריקתו – כֹּל כְּלֵי הַמִּזְבֵּחַ. וּפָרְשׂוּ עָלָיו כְּסוּי עוֹר תַּחַשׁ, וְשָׂמוּ בַדָּיו לנשיאת המזבח, שבהיותו חלול – לא היה כבד על אף גודלו.

פרת ים ('תחש'?)

העולם | שלתחש שהיה בימי משה הייתה קרן אחת במצחו. וראו עוד 'העולם' שמות כה,ה.

אַרְגָּמָן שם כולל לחומרי צביעה בגוני אדום-סגול שהופקו מחילזון ארגמון חד-הקוצים (שם מדעי: Murex brandaris). על פי תעודות קדומות הוא היה יקר פי ארבעים מצמר שנצבע בצבעים אחרים. (ראו עוד 'העולם' שמות כה,ד).

וְשָׂמוּ בַדָּיו׃ וְכִלָּה אַהֲרֹן־וּבָנָיו לְכַסֹּת אֶת־הַקֹּדֶשׁ טו
וְאֶת־כָּל־כְּלֵי הַקֹּדֶשׁ בִּנְסֹעַ הַמַּחֲנֶה וְאַחֲרֵי־כֵן יָבֹאוּ
בְנֵי־קְהָת לָשֵׂאת וְלֹא־יִגְּעוּ אֶל־הַקֹּדֶשׁ וָמֵתוּ אֵלֶּה
מַשָּׂא בְנֵי־קְהָת בְּאֹהֶל מוֹעֵד׃ וּפְקֻדַּת אֶלְעָזָר ׀ בֶּן־ טז
אַהֲרֹן הַכֹּהֵן שֶׁמֶן הַמָּאוֹר וּקְטֹרֶת הַסַּמִּים וּמִנְחַת
הַתָּמִיד וְשֶׁמֶן הַמִּשְׁחָה פְּקֻדַּת כָּל־הַמִּשְׁכָּן וְכָל־
אֲשֶׁר־בּוֹ בְּקֹדֶשׁ וּבְכֵלָיו׃

מפטיר ד וַיְדַבֵּר יהוה אֶל־מֹשֶׁה וְאֶל־אַהֲרֹן לֵאמֹר׃ אַל־ יז יח
תַּכְרִיתוּ אֶת־שֵׁבֶט מִשְׁפְּחֹת הַקְּהָתִי מִתּוֹךְ הַלְוִיִּם׃
וְזֹאת ׀ עֲשׂוּ לָהֶם וְחָיוּ וְלֹא יָמֻתוּ בְּגִשְׁתָּם אֶת־קֹדֶשׁ יט
הַקֳּדָשִׁים אַהֲרֹן וּבָנָיו יָבֹאוּ וְשָׂמוּ אוֹתָם אִישׁ אִישׁ
עַל־עֲבֹדָתוֹ וְאֶל־מַשָּׂאוֹ׃ וְלֹא־יָבֹאוּ לִרְאוֹת כְּבַלַּע כ
אֶת־הַקֹּדֶשׁ וָמֵתוּ׃

רש"י

וּבִלְעַז וודי"ל, וְהֵן שֶׁל נְחֹשֶׁת, וּבָהֶן מְכַבְּדִין אֶת הַדֶּשֶׁן מֵעַל הַמִּזְבֵּחַ:

טו) **לְכַסֹּת אֶת הַקֹּדֶשׁ.** הָאָרוֹן וְהַמִּזְבֵּחַ: **וְאֶת כָּל כְּלֵי הַקֹּדֶשׁ.** הַמְּנוֹרָה וּכְלֵי שָׁרֵת: **וָמֵתוּ.** שֶׁאִם יִגְּעוּ חַיָּבִין מִיתָה בִּידֵי שָׁמַיִם:

טז) **וּפְקֻדַּת אֶלְעָזָר.** שֶׁהוּא מְמֻנֶּה עֲלֵיהֶם לָשֵׂאת אוֹתָם, שֶׁמֶן וּקְטֹרֶת וְשֶׁמֶן הַמִּשְׁחָה וּמִנְחַת הַתָּמִיד, עָלָיו מֻטָּל לְצַוּוֹת וּלְזָרֵז וּלְהַקְרִיב בְּעֵת חֲנִיָּתָן: **פְּקֻדַּת כָּל הַמִּשְׁכָּן.** וְעוֹד הָיָה מְמֻנֶּה עַל מַשָּׂא בְּנֵי קְהָת, לְצַוּוֹת אִישׁ אִישׁ עַל עֲבֹדָתוֹ וְעַל מַשָּׂאוֹ, וְהוּא הַמִּשְׁכָּן וְכָל אֲשֶׁר בּוֹ, כָּל הַסְּדוּרִים לְמַעְלָה בְּפָרָשָׁה זוֹ. אֲבָל מַשָּׂא בְּנֵי גֵרְשׁוֹן וּמְרָרִי, שֶׁאֵינָן מִקֹּדֶשׁ הַקֳּדָשִׁים, עַל פִּי אִיתָמָר הָיָה, כְּמוֹ שֶׁכָּתוּב בְּפָרָשַׁת 'נָשֹׂא' (להלן ד, כח; לג):

יח) **אַל תַּכְרִיתוּ.** אַל תִּגְרְמוּ לָהֶם שֶׁיָּמוּתוּ:

כ) **וְלֹא יָבֹאוּ לִרְאוֹת כְּבַלַּע אֶת הַקֹּדֶשׁ.** לְתוֹךְ נַרְתִּיק שֶׁלּוֹ, כְּמוֹ שֶׁפֵּרַשְׁתִּי לְמַעְלָה בְּפָרָשָׁה זוֹ (פסוק ה), וּפָרְשׂוּ עָלָיו בֶּגֶד פְּלוֹנִי וְכִסּוּ אוֹתוֹ בְּמִכְסֵה פְלוֹנִי, וּבִלּוּעַ שֶׁלּוֹ הוּא כִּסּוּיוֹ:

טו **וְכַלָּה**, יסיימו **אַהֲרֹן וּבָנָיו לְכַסֹּת אֶת הַקֹּדֶשׁ וְאֶת כָּל כְּלֵי הַקֹּדֶשׁ בִּנְסֹעַ** | ביאור
הַמַּחֲנֶה, וְאַחֲרֵי כֵן יָבֹאוּ בְנֵי קְהָת לָשֵׂאת. רק לאחר שהכהנים יכינו
אותם למשא ויכסו אותם, יוכלו בני קהת לשאתם. **וְלֹא יִגְּעוּ אֶל**
הַקֹּדֶשׁ – **וָמֵתוּ.** המגע בכלי הקודש מותר לכהנים בלבד. **אֵלֶּה מַשָּׂא**
בְנֵי קְהָת בְּאֹהֶל מוֹעֵד.

טז **וּפְקֻדַּת**, תחום אחריותו[26] של **אֶלְעָזָר בֶּן אַהֲרֹן הַכֹּהֵן**, שבהיותו
הגדול בבניו הנותרים של אהרן, יועד לו תפקיד מיוחד – נשיאת
שֶׁמֶן הַמָּאוֹר וּקְטֹרֶת הַסַּמִּים וּמִנְחַת הַתָּמִיד וְשֶׁמֶן הַמִּשְׁחָה. הוא לאו
דווקא נשאם בעצמו, אלא היה אחראי לנשיאתם.[27] בתור נשיא
נשיאי הלוי הייתה מוטלת עליו גם **פְּקֻדַּת**, אחריות **כָּל הַמִּשְׁכָּן וְכָל**
אֲשֶׁר בּוֹ, בְּקֹדֶשׁ וּבְכֵלָיו.

יז **וַיְדַבֵּר ה׳ אֶל מֹשֶׁה וְאֶל אַהֲרֹן לֵאמֹר:** יח **אַל תַּכְרִיתוּ אֶת**, תביאו
למותם של **שֵׁבֶט מִשְׁפְּחֹת הַקְּהָתִי מִתּוֹךְ הַלְוִיִּם** בהתנהגות שאינה
זהירה. יט **וְזֹאת עֲשׂוּ לָהֶם, וְחָיוּ וְלֹא יָמֻתוּ בְּגִשְׁתָּם אֶת**, אל[28] **קֹדֶשׁ**
הַקֳּדָשִׁים: אַהֲרֹן וּבָנָיו לבדם **יָבֹאוּ, וְשָׂמוּ אוֹתָם**, את הלויים **אִישׁ אִישׁ**
עַל עֲבֹדָתוֹ וְאֶל מַשָּׂאוֹ. הלויים לא יעשו דבר על דעת עצמם.[29] הכול
יכוסה על ידי הכהנים ויהיה מוכן למסע כאשר בני קהת ייכנסו
אל קודש הקודשים. כ **וְלֹא יָבֹאוּ לִרְאוֹת כְּבַלַּע אֶת הַקֹּדֶשׁ**, כאשר
הכהנים מכסים את כלי הקודש,[30] שכן אם יציצו לזון את עיניהם
מהקודש ולספק את סקרנותם[31] – **וָמֵתוּ.**

נשא

וַיְדַבֵּר יְהוָה אֶל־מֹשֶׁה לֵּאמֹר: נָשֹׂא אֶת־רֹאשׁ בְּנֵי כא כב
גֵרְשׁוֹן גַּם־הֵם לְבֵית אֲבֹתָם לְמִשְׁפְּחֹתָם: מִבֶּן כג
שְׁלֹשִׁים שָׁנָה וָמַעְלָה עַד בֶּן־חֲמִשִּׁים שָׁנָה תִּפְקֹד
אוֹתָם כָּל־הַבָּא לִצְבֹא צָבָא לַעֲבֹד עֲבֹדָה בְּאֹהֶל
מוֹעֵד: זֹאת עֲבֹדַת מִשְׁפְּחֹת הַגֵּרְשֻׁנִּי לַעֲבֹד וּלְמַשָּׂא: כד
וְנָשְׂאוּ אֶת־יְרִיעֹת הַמִּשְׁכָּן וְאֶת־אֹהֶל מוֹעֵד מִכְסֵהוּ כה
וּמִכְסֵה הַתַּחַשׁ אֲשֶׁר־עָלָיו מִלְמָעְלָה וְאֶת־מָסַךְ
פֶּתַח אֹהֶל מוֹעֵד: וְאֵת קַלְעֵי הֶחָצֵר וְאֶת־מָסַךְ ׀ כו
פֶּתַח ׀ שַׁעַר הֶחָצֵר אֲשֶׁר עַל־הַמִּשְׁכָּן וְעַל־הַמִּזְבֵּחַ
סָבִיב וְאֵת מֵיתְרֵיהֶם וְאֶת־כָּל־כְּלֵי עֲבֹדָתָם וְאֵת כָּל־
אֲשֶׁר יֵעָשֶׂה לָהֶם וְעָבָדוּ: עַל־פִּי אַהֲרֹן וּבָנָיו תִּהְיֶה כז
כָּל־עֲבֹדַת בְּנֵי הַגֵּרְשֻׁנִּי לְכָל־מַשָּׂאָם וּלְכֹל עֲבֹדָתָם
וּפְקַדְתֶּם עֲלֵהֶם בְּמִשְׁמֶרֶת אֵת כָּל־מַשָּׂאָם: זֹאת כח
עֲבֹדַת מִשְׁפְּחֹת בְּנֵי הַגֵּרְשֻׁנִּי בְּאֹהֶל מוֹעֵד וּמִשְׁמַרְתָּם
בְּיַד אִיתָמָר בֶּן־אַהֲרֹן הַכֹּהֵן: בְּנֵי מְרָרִי כט
לְמִשְׁפְּחֹתָם לְבֵית־אֲבֹתָם תִּפְקֹד אֹתָם: מִבֶּן שְׁלֹשִׁים ל
שָׁנָה וָמַעְלָה וְעַד בֶּן־חֲמִשִּׁים שָׁנָה תִּפְקְדֵם כָּל־הַבָּא

רש"י

כב) נָשֹׂא אֶת רֹאשׁ בְּנֵי גֵרְשׁוֹן גַּם הֵם. כְּמוֹ שֶׁצִּוִּיתִיךָ עַל בְּנֵי קְהָת, לִרְאוֹת כַּמָּה יֵשׁ שֶׁהִגִּיעוּ לִכְלַל עֲבוֹדָה:

כה) אֶת יְרִיעֹת הַמִּשְׁכָּן. עֶשֶׂר תַּחְתּוֹנוֹת: וְאֶת אֹהֶל מוֹעֵד. יְרִיעוֹת עִזִּים הָעֲשׂוּיוֹת לְאֹהֶל עָלָיו: מִכְסֵהוּ. עוֹרוֹת אֵילִים מְאָדָּמִים: מָסַךְ פֶּתַח. וִילוֹן הַמִּזְרָחִי:

כו) אֲשֶׁר עַל הַמִּשְׁכָּן. כְּלוֹמַר: הַקְּלָעִים וְהַמָּסָךְ שֶׁל חָצֵר, הַסּוֹכְכִים וּמְגִנִּים עַל הַמִּשְׁכָּן וְעַל מִזְבַּח הַנְּחֹשֶׁת סָבִיב: וְאֵת כָּל אֲשֶׁר יֵעָשֶׂה לָהֶם. כְּתַרְגּוּמוֹ: "וְיָת כָּל דְּיִתְמְסַר לְהוֹן", לִבְנֵי גֵּרְשׁוֹן:

כז) עַל פִּי אַהֲרֹן וּבָנָיו. וְאֵי זֶה מֵהַבָּנִים מְמֻנֶּה עֲלֵיהֶם? "בְּיַד אִיתָמָר בֶּן אַהֲרֹן הַכֹּהֵן" (להלן פסוק כח):

פרשת נשא

ביאור

כא וַיְדַבֵּר ה' אֶל מֹשֶׁה לֵּאמֹר: כב נָשֹׂא אֶת רֹאשׁ, ספור את בְּנֵי גֵרְשׁוֹן גַּם
הֵם לְבֵית אֲבֹתָם לְמִשְׁפְּחֹתָם, כג מִבֶּן שְׁלֹשִׁים שָׁנָה וָמַעְלָה עַד בֶּן חֲמִשִּׁים
שָׁנָה תִּפְקֹד אוֹתָם, מְנה ומַנה אותם לתפקידם – כָּל הַבָּא לִצְבֹא צָבָא,
למלא את תפקידו הציבורי – לַעֲבֹד עֲבֹדָה בְּאֹהֶל מוֹעֵד. כד זֹאת עֲבֹדַת
מִשְׁפְּחֹת הַגֵּרְשֻׁנִּי, לַעֲבֹד בעת החניה. עבודתם במשכן העומד אינה
מפורטת כאן, אך כנראה הוטלו עליהם אותן משימות תחזוקה
שוטפת וסיוע שאותן מילאו הלויים גם במקדש – שיר, שחיטה,
הפשטת העור, ניקוי הבהמה ועוד.[1] וּלְמַשָּׂא, בעת הנסיעה במדבר.

כה וְנָשְׂאוּ אֶת יְרִיעֹת הַמִּשְׁכָּן וְאֶת יריעות אֹהֶל מוֹעֵד העשויות מעזים,
מִכְסֵהוּ מעורות אילים מאדמים וּמִכְסֵה הַתַּחַשׁ אֲשֶׁר עָלָיו מִלְמָעְלָה וְאֶת
מָסַךְ פֶּתַח אֹהֶל מוֹעֵד כו וְאֵת קַלְעֵי הֶחָצֵר וְאֶת מָסַךְ פֶּתַח שַׁעַר הֶחָצֵר,
אֲשֶׁר עַל, ליד הַמִּשְׁכָּן וְעַל, ליד הַמִּזְבֵּחַ סָבִיב וְאֵת מֵיתְרֵיהֶם של הקלעים
וְאֶת כָּל כְּלֵי עֲבֹדָתָם, וְאֵת כָּל אֲשֶׁר יֵעָשֶׂה לָהֶם וְעָבָדוּ. כז עַל פִּי אַהֲרֹן
וּבָנָיו תִּהְיֶה כָּל עֲבֹדַת בְּנֵי הַגֵּרְשֻׁנִּי, לְכָל מַשָּׂאָם וּלְכֹל עֲבֹדָתָם, וּפְקַדְתֶּם
עֲלֵהֶם בְּמִשְׁמֶרֶת, באופן מאורגן ושמור[2] אֵת כָּל מַשָּׂאָם. כח זֹאת עֲבֹדַת
מִשְׁפְּחֹת בְּנֵי הַגֵּרְשֻׁנִּי בְּאֹהֶל מוֹעֵד. וּמִשְׁמַרְתָּם בְּיַד, תחת פיקודו של
אִיתָמָר בֶּן אַהֲרֹן הַכֹּהֵן, השני מבניו הנותרים של אהרן.

כט בְּנֵי מְרָרִי – לְמִשְׁפְּחֹתָם לְבֵית אֲבֹתָם תִּפְקֹד, תספור אֹתָם. ל מִבֶּן
שְׁלֹשִׁים שָׁנָה וָמַעְלָה וְעַד בֶּן חֲמִשִּׁים שָׁנָה תִּפְקְדֵם, כָּל הַבָּא לַצָּבָא לַעֲבֹד
אֶת עֲבֹדַת אֹהֶל מוֹעֵד.

יריעות המשכן מיתריו ויתדותיו (מבט שכבתי)

הרחבות

מנייתם של בני מררי מכונה כאן 'פקידה' ולא 'נשיאת ראש' כפי שנאמר בבני קהת וגרשון משום שעבודתם פשוטה יותר. אולי מסיבה זו לא יוחד לבני מררי דיבור מיוחד מאת ה' למשה כמו לאחיהם. (ראו ר"ח פלטיאל ואור החיים).

לא לִצְבָא לַעֲבֹד אֶת־עֲבֹדַת אֹהֶל מוֹעֵד: וְזֹאת מִשְׁמֶרֶת
מַשָּׂאָם לְכָל־עֲבֹדָתָם בְּאֹהֶל מוֹעֵד קַרְשֵׁי הַמִּשְׁכָּן
לב וּבְרִיחָיו וְעַמּוּדָיו וַאֲדָנָיו: וְעַמּוּדֵי הֶחָצֵר סָבִיב
וְאַדְנֵיהֶם וִיתֵדֹתָם וּמֵיתְרֵיהֶם לְכָל־כְּלֵיהֶם וּלְכֹל
עֲבֹדָתָם וּבְשֵׁמֹת תִּפְקְדוּ אֶת־כְּלֵי מִשְׁמֶרֶת מַשָּׂאָם:
לג זֹאת עֲבֹדַת מִשְׁפְּחֹת בְּנֵי מְרָרִי לְכָל־עֲבֹדָתָם בְּאֹהֶל
לד מוֹעֵד בְּיַד אִיתָמָר בֶּן־אַהֲרֹן הַכֹּהֵן: וַיִּפְקֹד מֹשֶׁה
וְאַהֲרֹן וּנְשִׂיאֵי הָעֵדָה אֶת־בְּנֵי הַקְּהָתִי לְמִשְׁפְּחֹתָם
לה וּלְבֵית אֲבֹתָם: מִבֶּן שְׁלֹשִׁים שָׁנָה וָמַעְלָה וְעַד
בֶּן־חֲמִשִּׁים שָׁנָה כָּל־הַבָּא לַצָּבָא לַעֲבֹדָה בְּאֹהֶל
לו מוֹעֵד: וַיִּהְיוּ פְקֻדֵיהֶם לְמִשְׁפְּחֹתָם אַלְפַּיִם שְׁבַע
לז מֵאוֹת וַחֲמִשִּׁים: אֵלֶּה פְקוּדֵי מִשְׁפְּחֹת הַקְּהָתִי
כָּל־הָעֹבֵד בְּאֹהֶל מוֹעֵד אֲשֶׁר פָּקַד מֹשֶׁה וְאַהֲרֹן
לח עַל־פִּי יְהוָה בְּיַד־מֹשֶׁה: וּפְקוּדֵי בְּנֵי שני
לט גֵּרְשׁוֹן לְמִשְׁפְּחוֹתָם וּלְבֵית אֲבֹתָם: מִבֶּן שְׁלֹשִׁים
שָׁנָה וָמַעְלָה וְעַד בֶּן־חֲמִשִּׁים שָׁנָה כָּל־הַבָּא לַצָּבָא
מ לַעֲבֹדָה בְּאֹהֶל מוֹעֵד: וַיִּהְיוּ פְּקֻדֵיהֶם לְמִשְׁפְּחֹתָם
מא לְבֵית אֲבֹתָם אַלְפַּיִם וְשֵׁשׁ מֵאוֹת וּשְׁלֹשִׁים: אֵלֶּה
פְּקוּדֵי מִשְׁפְּחֹת בְּנֵי גֵרְשׁוֹן כָּל־הָעֹבֵד בְּאֹהֶל מוֹעֵד
מב אֲשֶׁר פָּקַד מֹשֶׁה וְאַהֲרֹן עַל־פִּי יְהוָה: וּפְקוּדֵי מִשְׁפְּחֹת

רש"י | לב) וִיתֵדֹתָם וּמֵיתְרֵיהֶם. שֶׁל עַמּוּדִים, שֶׁהֲרֵי יִתְדוֹת וּמֵיתְרֵי הַקְּלָעִים בְּמַשָּׂא בְּנֵי גֵרְשׁוֹן הָיוּ, וִיתֵדוֹת וּמֵיתָרִים הָיוּ לַיְרִיעוֹת וְלַקְּלָעִים מִלְמַטָּה שֶׁלֹּא תַּגְבִּיהֵם הָרוּחַ, וִיתֵדוֹת וּמֵיתָרִים הָיוּ לָעַמּוּדִים סָבִיב לִתְלוֹת בָּהֶם הַקְּלָעִים בִּשְׂפָתָם הָעֶלְיוֹנָה בִּכְלוֹנְסוֹת וְקֻנְטִיסִין, כְּמוֹ שֶׁשְּׁנוּיָה בִּמְלֶאכֶת הַמִּשְׁכָּן (ברייתא דמלאכת המשכן פרק ה):

ביאור

בני גרשון יישאו כמעט רק את חלקי המשכן העשויים מאריגים
ומעורות, ואילו בני מררי צריכים לשאת חלקים כבדים יותר. לא **וְזֹאת**
מִשְׁמֶרֶת מַשָּׂאָם, לְכָל עֲבֹדָתָם בְּאֹהֶל מוֹעֵד: קַרְשֵׁי הַמִּשְׁכָּן וּבְרִיחָיו
וְעַמּוּדָיו וַאֲדָנָיו לב **וְעַמּוּדֵי הֶחָצֵר סָבִיב וְאַדְנֵיהֶם וִיתֵדֹתָם וּמֵיתְרֵיהֶם, לְכָל**
כְּלֵיהֶם וּלְכֹל עֲבֹדָתָם. וּבְשֵׁמֹת תִּפְקְדוּ אֶת כְּלֵי מִשְׁמֶרֶת מַשָּׂאָם. לשם
יעילות העבודה וכדי למנוע את עיכוב היציאה למסע מחמת מלאכות
הפירוק וההרכבה של המשכן, ידע כל אחד מבני מררי על מה הוא
מופקד. לג **זֹאת עֲבֹדַת מִשְׁפְּחֹת בְּנֵי מְרָרִי לְכָל עֲבֹדָתָם בְּאֹהֶל מוֹעֵד**, ואף
היא תיעשה **בְּיַד**, באחריותו של **אִיתָמָר בֶּן אַהֲרֹן הַכֹּהֵן.**

ומן הציווי לביצוע- לד **וַיִּפְקֹד מֹשֶׁה וְאַהֲרֹן וּנְשִׂיאֵי הָעֵדָה אֶת בְּנֵי הַקְּהָתִי**
לְמִשְׁפְּחֹתָם וּלְבֵית אֲבֹתָם, לה **מִבֶּן שְׁלֹשִׁים שָׁנָה וָמַעְלָה וְעַד בֶּן חֲמִשִּׁים**
שָׁנָה - כָּל הַבָּא לַצָּבָא, לַעֲבֹדָה בְּאֹהֶל מוֹעֵד. לו **וַיִּהְיוּ פְקֻדֵיהֶם לְמִשְׁפְּחֹתָם:**
אַלְפַּיִם שְׁבַע מֵאוֹת וַחֲמִשִּׁים. לז **אֵלֶּה פְקוּדֵי מִשְׁפְּחֹת הַקְּהָתִי - כָּל הָעוֹבֵד**
בְּאֹהֶל מוֹעֵד אֲשֶׁר פָּקַד מֹשֶׁה וְאַהֲרֹן עַל פִּי ה' בְּיַד מֹשֶׁה.

לח **וּפְקוּדֵי בְּנֵי גֵּרְשׁוֹן לְמִשְׁפְּחוֹתָם וּלְבֵית אֲבֹתָם** לט **מִבֶּן שְׁלֹשִׁים שָׁנָה**
וָמַעְלָה וְעַד בֶּן חֲמִשִּׁים שָׁנָה - כָּל הַבָּא לַצָּבָא, לַעֲבֹדָה בְּאֹהֶל מוֹעֵד.
מ **וַיִּהְיוּ פְקֻדֵיהֶם לְמִשְׁפְּחֹתָם לְבֵית אֲבֹתָם: אַלְפַּיִם וְשֵׁשׁ מֵאוֹת וּשְׁלֹשִׁים.**
מא **אֵלֶּה פְקוּדֵי מִשְׁפְּחֹת בְּנֵי גֵרְשׁוֹן - כָּל הָעֹבֵד בְּאֹהֶל מוֹעֵד אֲשֶׁר פָּקַד**
מֹשֶׁה וְאַהֲרֹן עַל פִּי ה'.

בְּנֵ֣י מְרָרִ֑י לְמִשְׁפְּחֹתָ֖ם לְבֵ֥ית אֲבֹתָֽם: מִבֶּ֨ן שְׁלֹשִׁ֤ים מג
שָׁנָה֙ וָמַ֔עְלָה וְעַ֖ד בֶּן־חֲמִשִּׁ֣ים שָׁנָ֑ה כָּל־הַבָּא֙ לַצָּבָ֔א
לַעֲבֹדָ֖ה בְּאֹ֥הֶל מוֹעֵֽד: וַיִּהְי֥וּ פְקֻדֵיהֶ֖ם לְמִשְׁפְּחֹתָ֑ם מד
שְׁלֹ֥שֶׁת אֲלָפִ֖ים וּמָאתָֽיִם: אֵ֣לֶּה פְקוּדֵ֔י מִשְׁפְּחֹ֖ת בְּנֵ֣י מה
מְרָרִ֑י אֲשֶׁ֨ר פָּקַ֤ד מֹשֶׁה֙ וְאַהֲרֹ֔ן עַל־פִּ֥י יְהוָ֖ה בְּיַד־
מֹשֶֽׁה: כָּל־הַפְּקֻדִ֡ים אֲשֶׁר֩ פָּקַ֨ד מֹשֶׁ֧ה וְאַהֲרֹ֛ן וּנְשִׂיאֵ֥י מו
יִשְׂרָאֵ֖ל אֶת־הַלְוִיִּ֑ם לְמִשְׁפְּחֹתָ֖ם וּלְבֵ֥ית אֲבֹתָֽם: מִבֶּ֨ן מז
שְׁלֹשִׁ֤ים שָׁנָה֙ וָמַ֔עְלָה וְעַ֖ד בֶּן־חֲמִשִּׁ֣ים שָׁנָ֑ה כָּל־
הַבָּ֗א לַעֲבֹ֨ד עֲבֹדַ֧ת עֲבֹדָ֛ה וַעֲבֹדַ֥ת מַשָּׂ֖א בְּאֹ֥הֶל
מוֹעֵֽד: וַיִּהְי֖וּ פְּקֻדֵיהֶ֑ם שְׁמֹנַ֣ת אֲלָפִ֔ים וַחֲמֵ֥שׁ מֵא֖וֹת מח
וּשְׁמֹנִֽים: עַל־פִּ֨י יְהוָ֜ה פָּקַ֤ד אוֹתָם֙ בְּיַד־מֹשֶׁ֔ה אִ֥ישׁ מט
אִ֛ישׁ עַל־עֲבֹדָת֖וֹ וְעַל־מַשָּׂא֑וֹ וּפְקֻדָ֕יו אֲשֶׁר־צִוָּ֥ה יְהוָ֖ה
אֶת־מֹשֶֽׁה:

מז] עֲבֹדַת עֲבֹדָה. הוּא הַשִּׁיר בִּמְצִלְתַּיִם וְכִנּוֹרוֹת, שֶׁהִיא עֲבוֹדָה לַעֲבוֹדָה אַחֶרֶת: וַעֲבֹדַת מַשָּׂא. כְּמַשְׁמָעוֹ:

מט] וּפְקֻדָיו אֲשֶׁר צִוָּה ה' אֶת מֹשֶׁה. וְאוֹתָן הַפְּקוּדִים הָיוּ בַּמִּנְיָן מִבֶּן שְׁלֹשִׁים שָׁנָה וְעַד בֶּן חֲמִשִּׁים:

ביאור

מב **וּפְקוּדֵי מִשְׁפְּחֹת בְּנֵי מְרָרִי לְמִשְׁפְּחֹתָם לְבֵית אֲבֹתָם** מג **מִבֶּן שְׁלֹשִׁים**
שָׁנָה וָמַעְלָה וְעַד בֶּן חֲמִשִּׁים שָׁנָה – כָּל הַבָּא לַצָּבָא, לַעֲבֹדָה בְּאֹהֶל
מוֹעֵד. מד **וַיִּהְיוּ פְקֻדֵיהֶם לְמִשְׁפְּחֹתָם: שְׁלֹשֶׁת אֲלָפִים וּמָאתָיִם.** מניינם של
בני מררי הבוגרים היה רב באופן משמעותי מזה של בני קהת או
גרשון. ייתכן שמשום כך הם נבחרו למשא הכבד.[3] מה **אֵלֶּה פְקוּדֵי**
מִשְׁפְּחֹת בְּנֵי מְרָרִי אֲשֶׁר פָּקַד מֹשֶׁה וְאַהֲרֹן עַל פִּי ה׳ בְּיַד מֹשֶׁה.

מו סך **כָּל הַפְּקֻדִים אֲשֶׁר פָּקַד מֹשֶׁה וְאַהֲרֹן וּנְשִׂיאֵי יִשְׂרָאֵל אֶת הַלְוִיִּם**
לְמִשְׁפְּחֹתָם וּלְבֵית אֲבֹתָם, מז **מִבֶּן שְׁלֹשִׁים שָׁנָה וָמַעְלָה וְעַד בֶּן**
חֲמִשִּׁים שָׁנָה – כָּל הַבָּא לַעֲבֹד עֲבֹדַת עֲבֹדָה וַעֲבֹדַת מַשָּׂא בְּאֹהֶל
מוֹעֵד. מח **וַיִּהְיוּ פְּקֻדֵיהֶם: שְׁמֹנַת אֲלָפִים וַחֲמֵשׁ מֵאוֹת וּשְׁמֹנִים.** מט **עַל**
פִּי ה׳ פָּקַד, מנה **אוֹתָם בְּיַד מֹשֶׁה,** בפיקוחו,[4] **אִישׁ אִישׁ עַל עֲבֹדָתוֹ וְעַל**
מַשָּׂאוֹ, וּפְקֻדָיו, אלו הם מנויי המפקד **אֲשֶׁר צִוָּה ה׳ אֶת מֹשֶׁה.**

משפחות הלויים, מניינן ותפקידיהן

	גרשון	קהת	מררי
תחום אחריות	יריעות, מסכים וקלעים	כלי הקודש	קרשים, עמודים ואדנים
משפחות	לבני ושמעי	עמרם, יצהר, חברון ועוזיאל	מחלי ומושי
פקודים מבן חודש	7500	8600	6200
פקודים מבן 30 עד 50	2630 (כ-35% מכלל פקודיו)	2750 (פחות משליש)	3200 (יותר מחצי)
מקום חניה	מערב	דרום	צפון
נשיא	אליסף בן לאל	אליצפן בן עוזיאל אלעזר בן אהרון – נשיא נשיאי הלוי	צוריאל בן אביחיל

ה

שלישי א ב וַיְדַבֵּר יהוה אֶל־מֹשֶׁה לֵּאמֹר: צַו אֶת־בְּנֵי יִשְׂרָאֵל
וִישַׁלְּחוּ מִן־הַמַּחֲנֶה כָּל־צָרוּעַ וְכָל־זָב וְכֹל טָמֵא
ג לָנָפֶשׁ: מִזָּכָר עַד־נְקֵבָה תְּשַׁלֵּחוּ אֶל־מִחוּץ לַמַּחֲנֶה
תְּשַׁלְּחוּם וְלֹא יְטַמְּאוּ אֶת־מַחֲנֵיהֶם אֲשֶׁר אֲנִי שֹׁכֵן
ד בְּתוֹכָם: וַיַּעֲשׂוּ־כֵן בְּנֵי יִשְׂרָאֵל וַיְשַׁלְּחוּ אוֹתָם אֶל־
מִחוּץ לַמַּחֲנֶה כַּאֲשֶׁר דִּבֶּר יהוה אֶל־מֹשֶׁה כֵּן עָשׂוּ
בְּנֵי יִשְׂרָאֵל:
ה ו וַיְדַבֵּר יהוה אֶל־מֹשֶׁה לֵּאמֹר: דַּבֵּר אֶל־בְּנֵי יִשְׂרָאֵל
אִישׁ אוֹ־אִשָּׁה כִּי יַעֲשׂוּ מִכָּל־חַטֹּאת הָאָדָם לִמְעֹל
ז מַעַל בַּיהוה וְאָשְׁמָה הַנֶּפֶשׁ הַהִוא: וְהִתְוַדּוּ אֶת־
חַטָּאתָם אֲשֶׁר עָשׂוּ וְהֵשִׁיב אֶת־אֲשָׁמוֹ בְּרֹאשׁוֹ

רש"י | פרק ה

ב] **צו את בני ישראל וגו'.** פרשה זו נאמרה ביום שהוקם המשכן, ושמונה פרשיות נאמרו בו ביום, כדאיתא במסכת גטין בפרק הניזקין (דף ס ע"א): **וישלחו מן המחנה.** שלש מחנות היו שם בשעת חניתן: תוך הקלעים היא מחנה שכינה, חנית הלוים סביב כמו שמפורש בפרשת במדבר סיני (לעיל א, נג) היא מחנה לויה, ומשם ועד סוף מחנה הדגלים לכל ארבע הרוחות היא מחנה ישראל. הצרוע נשתלח חוץ לכלם, הזב מתר במחנה ישראל ומשלח מן השתים, וטמא לנפש מתר אף בשל לויה ואינו משלח אלא משל שכינה. וכל זה דרשו רבותינו מן המקראות במסכת פסחים (דף סז ע"א): **טמא לנפש.** 'לטמי נפשא דאנשא', אומר אני שהוא לשון עצמות אדם בלשון ארמי. והרבה יש בבראשית רבה: "אדריינוס שחיק טמיא", שחיק עצמות:

ו] **למעל מעל בה'.** הרי חזר וכתב כאן פרשת גוזל ונשבע על שקר, היא האמורה בפרשת ויקרא: "ומעלה מעל בה' וכחש בעמיתו" וגו' (ויקרא ה, כא); ונשנית כאן בשביל שני דברים שנתחדשו בה: האחד – שכתב "והתודו" (להלן פסוק ז), למד שאינו חיב חמש ואשם על פי עדים עד שיודה בדבר; והשני – שפרש על גזל הגר שהוא נתן לכהנים:

ז] **את אשמו בראשו.** הוא הקרן שנשבע

הרחבות | **שילוח טמאים מן המחנות** מעיון במורכבות הניסוח כאן ובהשוואתו עם דברים שנאמרו במקומות אחרים, למדו שדיני היציאה מן המחנה של האנשים שבשלושת המצבים הנזכרים כאן הצרוע, הזב וטמא המת אינם זהים. על שלושתם נאסר להיכנס אל מחנה שכינה, שהוא המחנה הפנימי ביותר של המשכן וחצרו; הזב

שילוח הטמאים

פרק ה פס׳ א–ד

העניינים הקודמים עסקו בארגון מחנה ישראל, סידור הדגלים וחניית השבטים כיחידות צבאיות. המשכן במרכז, ׳מחנה לוייה׳ מקיף אותו משלוש רוחות, ו׳מחנה ישראל׳ הוא הטבעת החיצונית. עם הסדר החדש בא ציווי על קדושת המחנות. במצבים מסוימים נאסר על אנשים לחנות בקרב המחנה שסדריו וגבולותיו נקבעו סביב משכנו של ה׳.

פרק ה א וַיְדַבֵּר ה׳ אֶל מֹשֶׁה לֵּאמֹר: ב צַו אֶת בְּנֵי יִשְׂרָאֵל וִישַׁלְּחוּ מִן | ביאור
הַמַּחֲנֶה כָּל צָרוּעַ, אדם הנגוע בצרעת וְכָל זָב, אדם החולה בזיבה,
כלומר מאבר המין שלו מופרש ריר מסוים. טומאותיהם של המצורע
ושל הזב נתבארו בספר ויקרא.[5] וְכֹל טָמֵא לָנָפֶשׁ, מי שנטמא בטומאת
מת,[6] ג מִזָּכָר עַד נְקֵבָה גדולים וקטנים תְּשַׁלֵּחוּ, אֶל מִחוּץ לַמַּחֲנֶה
תְּשַׁלְּחוּם, וְלֹא יְטַמְּאוּ אֶת מַחֲנֵיהֶם אֲשֶׁר אֲנִי שֹׁכֵן בְּתוֹכָם.

ד וַיַּעֲשׂוּ כֵן בְּנֵי יִשְׂרָאֵל, וַיְשַׁלְּחוּ אוֹתָם אֶל מִחוּץ לַמַּחֲנֶה. כַּאֲשֶׁר דִּבֶּר ה׳
אֶל מֹשֶׁה, כֵּן עָשׂוּ בְּנֵי יִשְׂרָאֵל.

תשלומים ותרומות המגיעים לכהנים

פרק ה פס׳ ה–י

עניין קצר זה משלים הלכות מקבילות שהופיעו בספר ויקרא.[7] לאחר סידור הדגלים והתייחסותם של בני ישראל למשפחותיהם, עוסקת פרשה זו בכל הנלווים על ישראל שלא נמנו עם שבטי ישראל, כאמור בספר שמות: וְגַם עֵרֶב רַב עָלָה אִתָּם.[8] הלוקח ממון שלא כדין מאחד מהגרים הללו, שלעתים קרובות אין לו קרובי משפחה במחנה, ואין לגזלן דרך להשיב לנגזל את גזלתו – עליו להשיבו לכהן, שהוא נציגו של ה׳, ולכפר על חטאו בתוספת תשלום ובקרבן. עניין זה, וכן העניין שלאחריו, קשורים מבחינה מסוימת לטהרת המחנה שהוזכרה בעניין הקודם, לא מן הטומאות הפורמליות אלא מהטומאות המוסריות.[9]

ה וַיְדַבֵּר ה׳ אֶל מֹשֶׁה לֵּאמֹר: ו דַּבֵּר אֶל בְּנֵי יִשְׂרָאֵל: אִישׁ אוֹ אִשָּׁה כִּי
יַעֲשׂוּ מִכָּל חַטֹּאת הָאָדָם לִמְעֹל, לבגוד באמונו של אדם אחר, בגנבה,
גזלה או רמאות בסתר.[10] מעשים אלו, הקשורים ליחסים שבין אדם
לחברו הם גם מַעַל בַּה׳, שהרי מעבר למעילה באמונו של חברו,
האדם אינו מתחשב בכך שה׳ צופה ומכיר במעשיו. על כן – וְאָשְׁמָה
הַנֶּפֶשׁ הַהִוא. ז וְהִתְוַדּוּ אֶת חַטָּאתָם אֲשֶׁר עָשׂוּ, וְהֵשִׁיב אֶת אֲשָׁמוֹ, סכום

הרחבות | המחנה החיצוני ביותר שבו חונים כל יתר השבטים (ויקרא יג,מו. ראו רש״י ובכור שור על אתר; פסחים סז ע״א – סח ע״א).

והמצורע אסורים גם בכניסה למחנה לווייה, שהוא מחנה משמר המקדש ועובדיו המקיף את המשכן; המצורע לבדו הוא שצריך לשבת גם מחוץ למחנה ישראל,

וַחֲמִישִׁתוֹ יֹסֵף עָלָיו וְנָתַן לַאֲשֶׁר אָשַׁם לוֹ׃ וְאִם־אֵין ח
לָאִישׁ גֹּאֵל לְהָשִׁיב הָאָשָׁם אֵלָיו הָאָשָׁם הַמּוּשָׁב
לַיהוָה לַכֹּהֵן מִלְּבַד אֵיל הַכִּפֻּרִים אֲשֶׁר יְכַפֶּר־בּוֹ
עָלָיו׃ וְכָל־תְּרוּמָה לְכָל־קָדְשֵׁי בְנֵי־יִשְׂרָאֵל אֲשֶׁר־ ט
יַקְרִיבוּ לַכֹּהֵן לוֹ יִהְיֶה׃ וְאִישׁ אֶת־קֳדָשָׁיו לוֹ יִהְיוּ י
אִישׁ אֲשֶׁר־יִתֵּן לַכֹּהֵן לוֹ יִהְיֶה׃

רביעי ה וַיְדַבֵּר יְהוָה אֶל־מֹשֶׁה לֵּאמֹר׃ דַּבֵּר אֶל־בְּנֵי יִשְׂרָאֵל יא יב
וְאָמַרְתָּ אֲלֵהֶם אִישׁ אִישׁ כִּי־תִשְׂטֶה אִשְׁתּוֹ וּמָעֲלָה

רש"י | עָלָיו: לַאֲשֶׁר אָשַׁם לוֹ. לְמִי שֶׁנִּתְחַיֵּב לוֹ:

ח | וְאִם אֵין לָאִישׁ גֹּאֵל. שֶׁמֵּת הַתּוֹבֵעַ שֶׁהִשְׁבִּיעוֹ וְאֵין לוֹ יוֹרְשִׁים: **לְהָשִׁיב הָאָשָׁם אֵלָיו.** כְּשֶׁנִּמְלַךְ זֶה לְהִתְוַדּוֹת עַל עֲוֹנוֹ. וְאָמְרוּ רַבּוֹתֵינוּ: וְכִי יֵשׁ לְךָ אָדָם בְּיִשְׂרָאֵל שֶׁאֵין לוֹ גּוֹאֲלִים, אוֹ בֵּן אוֹ בַּת אוֹ אָח אוֹ שְׁאֵר בָּשָׂר הַקָּרוֹב מִמִּשְׁפַּחַת אָבִיו לְמַעְלָה עַד יַעֲקֹב? אֶלָּא זֶה הַגֵּר שֶׁמֵּת וְאֵין לוֹ יוֹרְשִׁים: **הָאָשָׁם הַמּוּשָׁב.** זֶה הַקֶּרֶן וְהַחֹמֶשׁ: **לַה' לַכֹּהֵן.** קְנָאוֹ הַשֵּׁם וּנְתָנוֹ לַכֹּהֵן שֶׁבְּאוֹתוֹ מִשְׁמָר: **מִלְּבַד אֵיל הַכִּפֻּרִים.** הָאָמוּר בְּוַיִּקְרָא (ה, כה) שֶׁהוּא צָרִיךְ לְהָבִיא:

ט | **וְכָל תְּרוּמָה וְגוֹ'.** אָמַר רַבִּי יִשְׁמָעֵאל, וְכִי תְּרוּמָה מַקְרִיבִין לַכֹּהֵן? וַהֲלֹא הוּא הַמְחַזֵּר אַחֲרֶיהָ לְבֵית הַגְּרָנוֹת, וּמָה תַּלְמוּד לוֹמַר: "אֲשֶׁר יַקְרִיבוּ לַכֹּהֵן"? אֵלּוּ הַבִּכּוּרִים, שֶׁנֶּאֱמַר בָּהֶם: "תָּבִיא בֵּית ה' אֱלֹהֶיךָ" (שמות כג, יט), וְאֵינוֹ יוֹדֵעַ מַה יַּעֲשֶׂה בָּהֶם, תַּלְמוּד לוֹמַר: "לַכֹּהֵן לוֹ יִהְיֶה", בָּא הַכָּתוּב וְלִמֵּד עַל הַבִּכּוּרִים שֶׁיִּהְיוּ נְתוּנִין לַכֹּהֵן:

י | **וְאִישׁ אֶת קֳדָשָׁיו לוֹ יִהְיוּ.** לְפִי שֶׁנֶּאֶמְרוּ מַתְּנוֹת כְּהֻנָּה וּלְוִיָּה, יָכוֹל יָבוֹאוּ וְיִטְּלוּם בִּזְרוֹעַ? תַּלְמוּד לוֹמַר: "וְאִישׁ אֶת קֳדָשָׁיו לוֹ יִהְיוּ", מַגִּיד שֶׁטּוֹבַת הֲנָאָתָן לַבְּעָלִים. וְעוֹד מִדְרָשִׁים הַרְבֵּה דָּרְשׁוּ בּוֹ בְּסִפְרֵי (ו). וּמִדְרַשׁ אַגָּדָה: "וְאִישׁ אֶת קֳדָשָׁיו לוֹ יִהְיוּ", מִי שֶׁמְּעַכֵּב מַעַשְׂרוֹתָיו וְאֵינוֹ נוֹתְנָן, לוֹ יִהְיוּ הַמַּעַשְׂרוֹת, סוֹף שֶׁאֵין שָׂדֵהוּ עוֹשָׂה אֶלָּא אֶחָד מֵעֲשָׂרָה שֶׁהָיְתָה לְמוּדָה לַעֲשׂוֹת. "אִישׁ אֲשֶׁר יִתֵּן לַכֹּהֵן" מַתְּנוֹת הָרְאוּיוֹת לוֹ, "לוֹ יִהְיֶה" מָמוֹן הַרְבֵּה:

יב | **אִישׁ אִישׁ כִּי תִשְׂטֶה אִשְׁתּוֹ.** מַה כָּתוּב לְמַעְלָה מִן הָעִנְיָן? "וְאִישׁ אֶת קֳדָשָׁיו לוֹ יִהְיוּ" (לעיל פסוק י), אִם אַתָּה מְעַכֵּב מַתְּנוֹת הַכֹּהֵן, חַיֶּיךָ שֶׁתִּצְטָרֵךְ לָבֹא אֶצְלוֹ לְהָבִיא לוֹ אֶת הַסּוֹטָה: **כִּי תִשְׂטֶה.** תֵּט מִדַּרְכֵי צְנִיעוּת וְתֵחָשֵׁד בְּעֵינָיו, כְּמוֹ: "שְׂטֵה מֵעָלָיו וַעֲבֹר" (משלי ד, טו), "אַל יֵשְׂטְ אֶל דְּרָכֶיהָ"

הרחבות | **'ואם אין לאיש גאל'** מכיוון שכל ישראל הם בני משפחה אחת, הרי לכל יהודי יש גואל, ולו קרוב משפחה רחוק. רק לגר שמת בלא להותיר אחריו צאצאים אין גואל, וכאן נאמרים דיניו (רש"י; ספרי נשא ד).

חכמים פירשו כי מדובר כאן באותו מקרה המתואר בפרשה המקבילה בספר

ביאור | המעילה **בְּרֹאשׁוֹ**, בעינו, כפי שהוא,[11] או: תחילה,[12] **וַחֲמִישִׁתוֹ יֹסֵף עָלָיו** לכפר **וְנָתַן לַאֲשֶׁר אָשַׁם לוֹ**, לאדם שכנגדו חטא.

אם אדם בא להשיב את גזלתו, אך הנגזל מת בינתיים, עליו להחזיר
את הדבר ליורשיו. ח **וְאִם אֵין לָאִישׁ** הנגזל **גֹּאֵל**, יורש **לְהָשִׁיב** את
הָאָשָׁם, כסף הגזלה וחמישיתו **אֵלָיו** – **הָאָשָׁם הַמּוּשָׁב לַה'** יוחזר **לַכֹּהֵן**,
כמתנת כהונה כדי שהחוטא יינקה מעוונו, **מִלְּבַד אֵיל הַכִּפֻּרִים**, קרבן
האשם,[13] שגם הוא שייך לכהן, **אֲשֶׁר יְכַפֶּר בּוֹ עָלָיו**, כפרה נוספת על
עוונו.

ט **וְכָל תְּרוּמָה לְכָל קָדְשֵׁי בְנֵי יִשְׂרָאֵל אֲשֶׁר יַקְרִיבוּ**, יביאו **לַכֹּהֵן**, כל
התרומות ומתנות ההקדש המובאות לכהנים, כמפורט במקומות
שונים בתורה[14] – **לוֹ** – לכהן **יִהְיֶה**.

דין נוסף בעניין הקודשים והתרומה, שהיא חלק התבואה המופרש
וניתן לכהן: י **וְאִישׁ אֶת קֳדָשָׁיו** – **לוֹ** – לכהן[15] **יִהְיוּ**. המוקדשים הופכים
לרכושו הבלעדי של הכהן, ולבעלים אין עוד שום זכות בהם. עם
זאת, הבעלים רשאים לקבוע מי יהיה הכהן או משמר הכהונה
שלו ייתנו את התרומה או הקודש.[16] **אִישׁ אֲשֶׁר יִתֵּן לַכֹּהֵן** – **לוֹ**, לכהן
יִהְיֶה.

סוֹטָה

פרק ה פס' יא-לא

עניין זה דן במקרה של אשה נשואה שהסתתרה ביודעין עם גבר זר, ובעלה חושד בה בבגידה. שרשרת הפעולות המוצעת כאן מיועדת להבהיר את מצב הספק, והיא מזמנת התערבות נסית בחיי הזוג. זוהי תופעה יוצאת דופן, שהרי אין שום מצווה אחרת שתוצאותיה תלויות בנס.[17]

יא **וַיְדַבֵּר ה' אֶל מֹשֶׁה לֵּאמֹר:** יב **דַּבֵּר אֶל בְּנֵי יִשְׂרָאֵל וְאָמַרְתָּ אֲלֵהֶם: אִישׁ
אִישׁ**, כל גבר **כִּי תִשְׂטֶה אִשְׁתּוֹ**, שאשתו סטתה **וּמָעֲלָה בוֹ מָעַל** ובגדה

הרחבות | ויקרא (ה,כ-כו): הגוזל, או מעלים הממון, שהכחיש את מעשהו ואף נשבע לשקר על כך, ולאחר זמן הודה והתוודה עליו להביא קרן, חומש ואשם. (ראו ספרי; בבא קמא קט ע"א). קרבן זה בא לכפרה, ואיננו בגדר עונש כמו התשלומים.

בּוֹ מָעַל: וְשָׁכַב אִישׁ אֹתָהּ שִׁכְבַת־זֶרַע וְנֶעְלַם מֵעֵינֵי יג
אִישָׁהּ וְנִסְתְּרָה וְהִיא נִטְמָאָה וְעֵד אֵין בָּהּ וְהִוא
לֹא נִתְפָּשָׂה: וְעָבַר עָלָיו רוּחַ־קִנְאָה וְקִנֵּא אֶת־ יד
אִשְׁתּוֹ וְהִוא נִטְמָאָה אוֹ־עָבַר עָלָיו רוּחַ־קִנְאָה וְקִנֵּא
אֶת־אִשְׁתּוֹ וְהִיא לֹא נִטְמָאָה: וְהֵבִיא הָאִישׁ אֶת־ טו
אִשְׁתּוֹ אֶל־הַכֹּהֵן וְהֵבִיא אֶת־קָרְבָּנָהּ עָלֶיהָ עֲשִׂירִת
הָאֵיפָה קֶמַח שְׂעֹרִים לֹא־יִצֹק עָלָיו שֶׁמֶן וְלֹא־
יִתֵּן עָלָיו לְבֹנָה כִּי־מִנְחַת קְנָאֹת הוּא מִנְחַת זִכָּרוֹן
מַזְכֶּרֶת עָוֺן: וְהִקְרִיב אֹתָהּ הַכֹּהֵן וְהֶעֱמִדָהּ לִפְנֵי יְהוָה: טז

רש"י לְבַּךְ" (שם ז, כה): **וּמָעֲלָה בוֹ מָעַל.** וּמַהוּ הַמַּעַל? "וְשָׁכַב אִישׁ אֹתָהּ":

יג **וְנֶעְלַם מֵעֵינֵי אִישָׁהּ.** הָא אִם הָיָה רוֹאֶה וּמְעַמְעֵם, אֵין הַמַּיִם בּוֹדְקִין אוֹתָהּ: **וְנִסְתְּרָה.** שִׁעוּר שֶׁתֵּרָאֶה לְטֻמְאַת בִּיאָה: **וְעֵד אֵין בָּהּ.** הָא אִם יֵשׁ בָּהּ אֲפִלּוּ עֵד אֶחָד שֶׁאָמַר 'נִטְמֵאת', לֹא הָיְתָה שׁוֹתָה: **וְעֵד אֵין בָּהּ.** בַּטֻּמְאָה, אֲבָל יֵשׁ עֵדִים לַסְּתִירָה: **נִתְפָּשָׂה.** נֶאֶנְסָה, כְּמוֹ: "וּתְפָשָׂהּ וְשָׁכַב עִמָּהּ" (דברים כב, כח):

יד **וְעָבַר עָלָיו.** קֹדֶם לַסְּתִירָה: **רוּחַ קִנְאָה וְקִנֵּא.** פֵּרְשׁוּ רַבּוֹתֵינוּ לְשׁוֹן הַתְרָאָה, שֶׁמַּתְרֶה בָּהּ: 'אַל תִּסָּתְרִי עִם אִישׁ פְּלוֹנִי': **וְהִוא נִטְמָאָה אוֹ עָבַר עָלָיו וְגוֹ'.** כְּלוֹמַר, הוּא הִתְרָה בָּהּ וְעָבְרָה עַל הַתְרָאָתוֹ, וְאֵין יָדוּעַ אִם נִטְמְאָה אִם לָאו:

טו **קֶמַח.** שֶׁלֹּא יְהֵא מִסֹּלֶת: **שְׂעֹרִים.** וְלֹא חִטִּים, הִיא עָשְׂתָה מַעֲשֵׂה בְהֵמָה וְקָרְבָּנָהּ מַאֲכַל בְּהֵמָה: **לֹא יִצֹק עָלָיו שֶׁמֶן.** שֶׁלֹּא יְהֵא קָרְבָּנָהּ מְהֻדָּר, שֶׁהַשֶּׁמֶן קָרוּי 'אוֹר' וְהִיא עָשְׂתָה בַּחֹשֶׁךְ: **וְלֹא יִתֵּן עָלָיו לְבֹנָה.** שֶׁהָאִמָּהוֹת נִקְרָאוֹת לְבוֹנָה, שֶׁנֶּאֱמַר: "אֶל גִּבְעַת הַלְּבוֹנָה" (שיר השירים ד, ו), וְהִיא פֵּרְשָׁה מִדַּרְכֵיהֶן: **כִּי מִנְחַת קְנָאֹת הוּא.** הַקֶּמַח הַזֶּה, 'קֶמַח' לְשׁוֹן זָכָר: **מִנְחַת קְנָאֹת.** מְעוֹרֶרֶת עָלֶיהָ שְׁתֵּי קְנָאוֹת, קִנְאַת הַמָּקוֹם וְקִנְאַת הַבַּעַל:

הרחבות 'וּמָעֲלָה בוֹ מָעַל' גם בעניין הקודם הוזכר מעל. המעל ההוא, משמעו לקיחת דברים בכוח או במרמה. כמו שם, גם המעל המדובר כאן מערער את יחסי האמון בין בני אדם. שתי המעילות נתפסות הן כחטא כלפי הזולת האנושי הן כלפי ה'.

'ועבר עליו רוח קנאה וקנא את אשתו' חשדו של גבר בצדק או שלא בצדק שאשתו בוגדת בו עלול להיות עילה לגירושין, כלומר להפסקת חייהם המשותפים של בני הזוג. אולם כאן מדובר במצב מיוחד של ספק.

המלה 'קנאה' נושאת בעברית שני מובנים: א. קנאה ב–, שמשמעה השתוקקותו של פלוני למה שיש ברשותו של אחר – עושרו, חכמתו, גדולתו וכיוצא באלה; ב. קנאה ל–, שמשמעה רגש עז של אכפתיות ואהבה, הדורש קשר שלם, מוחלט ובלעדי. (משמעות זו של קנאה, שאינה מותירה מקום לזולת, מופיעה גם בכינויו של ה', כ'אל קנא'. ראו שמות כ,ד. ראו גם שיר

ביאור | בו, יג כלומר – **וְשָׁכַב אִישׁ אֹתָהּ שִׁכְבַת זֶרַע. וְנֶעְלַם**, והדבר נסתר
מֵעֵינֵי אִישָׁהּ. והאשה **נִסְתְּרָה**, הסתתרה. **וְהִיא נִטְמָאָה** במעשה זה.
אולם **עֵד** שיכול להעיד על המעשה **אֵין בָּהּ**. **וְהִוא לֹא נִתְפָּשָׂה**, לא
נאנסה.

יד **וְעָבַר עָלָיו** – על הבעל **רוּחַ קִנְאָה, וְקִנֵּא אֶת אִשְׁתּוֹ**, ואכן **הִוא נִטְמָאָה**,
ואז קינא לה בצדק. **אוֹ**, ייתכן מקרה אחר: **עָבַר עָלָיו רוּחַ קִנְאָה
וְקִנֵּא אֶת אִשְׁתּוֹ, וְהִיא לֹא נִטְמָאָה**, ואז קינא לה שלא בצדק. בהיעדר
עדים והוכחות ובהכחשת האשה ייתכן שמקור החשד בפרנויה של
הבעל בלבד, אך ייתכן שהוא צודק.

טו **וְהֵבִיא הָאִישׁ אֶת אִשְׁתּוֹ אֶל הַכֹּהֵן, וְהֵבִיא אֶת קָרְבָּנָהּ עָלֶיהָ**, בעבורה
עֲשִׂירִת הָאֵיפָה, 2-4 ליטר **קֶמַח שְׂעֹרִים. לֹא יִצֹק עָלָיו שֶׁמֶן, וְלֹא יִתֵּן עָלָיו
לְבֹנָה כִּי מִנְחַת קְנָאֹת הוּא, מִנְחַת זִכָּרוֹן מַזְכֶּרֶת עָוֹן**, המתייחסת לחשד
עוון. כיוון שאין זו מנחת נדבה לה', מנחת תודה או מנחה הבאה
מתוך חרטה, אלא מחמת קנאה, היא פחותה ביותר.

טז **וְהִקְרִיב אֹתָהּ הַכֹּהֵן, וְהֶעֱמִדָהּ** – את האשה,[18] או: את המנחה[19]

הרחבות | השירים ח,ו). דווקא מכיוון שבלב האיש בוערת קנאת אהבה, הוא קרוע ואינו יכול לפתור את מצוקתו בפרדה מאשתו. ההליך המורכב והטעון של הסוטה שיתואר להלן, לא נועד רק לברר את מעמדה של האשה, אלא גם ליישב את חוסר הוודאות המהותי של הבעל ולקבוע את עתיד הזוגיות.

במשנה ובתלמוד מוקדשת מסכת שלמה לנושא זה. שם מפרשים חכמים כי אין הבעל יכול לפתוח בתהליך המדובר כאן על סמך מחשבות פרועות בלבד, אלא עליו להיאחז בנתונים מציאותיים כלשהם. רק לאחר 'קינוי', כלומר אזהרה מפורשת מצד הבעל שלא להיסתר עם גבר מסוים, ו'סתירה' של האשה עם אותו אדם לאחר קינוי הבעל נחשבת האשה כ'סוטה ספק' שלגביה אמורה הפרשה. (ראו סוטה ב ע"א).

'קמח שׂעֹרים' מנחה זו נחותה משאר קרבנות המנחה העשויים מסולת חטים, וכאותן מנחות המלֻוות בשמן ובבושם.

יז וְלָקַח הַכֹּהֵן מַיִם קְדֹשִׁים בִּכְלִי־חָרֶשׂ וּמִן־הֶעָפָר
אֲשֶׁר יִהְיֶה בְּקַרְקַע הַמִּשְׁכָּן יִקַּח הַכֹּהֵן וְנָתַן אֶל־
יח הַמָּיִם׃ וְהֶעֱמִיד הַכֹּהֵן אֶת־הָאִשָּׁה לִפְנֵי יהוה וּפָרַע
אֶת־רֹאשׁ הָאִשָּׁה וְנָתַן עַל־כַּפֶּיהָ אֵת מִנְחַת הַזִּכָּרוֹן
מִנְחַת קְנָאֹת הִוא וּבְיַד הַכֹּהֵן יִהְיוּ מֵי הַמָּרִים
יט הַמְאָרְרִים׃ וְהִשְׁבִּיעַ אֹתָהּ הַכֹּהֵן וְאָמַר אֶל־הָאִשָּׁה
אִם־לֹא שָׁכַב אִישׁ אֹתָךְ וְאִם־לֹא שָׂטִית טֻמְאָה
תַּחַת אִישֵׁךְ הִנָּקִי מִמֵּי הַמָּרִים הַמְאָרְרִים הָאֵלֶּה׃
כ וְאַתְּ כִּי שָׂטִית תַּחַת אִישֵׁךְ וְכִי נִטְמֵאת וַיִּתֵּן אִישׁ

רש"י

יז) **מים קדשים.** שקדשו בכיור. לפי שנעשה הכיור מנחשת מראות הצובאות, וזו פרשה מדרכיהן, שהיו נבעלות לבעליהן במצרים תחת התפוח וזו קלקלה לאחר, תבדק בו: **בכלי חרש.** היא השקת את הנואף יין משבח בכוסות משבחים, לפיכך תשתה מים המרים במקדה בזויה של חרס:

יח) **והעמיד הכהן וגו'.** והלא כבר נאמר: "והעמדה לפני ה'" (לעיל פסוק טז)? אלא מסיעין היו אותה ממקום למקום, כדי ליגעה ותטרף דעתה ותודה: **ופרע.** סותר את קליעת שערה כדי לבזותה, מכאן לבנות ישראל שגלוי הראש גנאי להן: **לפני ה'.** בשער ניקנור, הוא שער העזרה המזרחי, דרך כל הנכנסים: **ונתן על כפיה.** ליגעה, אולי תטרף דעתה ותודה, ולא ימחה שם המיוחד על המים: **המרים.** על שם סופן, שהם מרים לה: **המאררים.** המחסרים אותה מן העולם, לשון "סלון ממאיר" (יחזקאל כח, כד). ולא יתכן לפרש מים ארורים שהרי קדושים הן, ולא 'ארורים' כתב הכתוב אלא "מאררים" את אחרים. ואף אונקלוס לא תרגם 'ליטיא' אלא "מלטטיא", שמארות קללה בגופה של זו:

יט) **והשביע וגו'.** ומה היא השבועה? "אם לא שכב הנקי", הא אם שכב – חנקי, שמכלל לאו אתה שומע הן, אלא שמתחה לפתח בדיני נפשות תחלה לזכות:

כ) **ואת כי שטית.** "כי" משמש בלשון 'אם':

הרחבות

הקמח נחות מן הסולת, שכן נעשה מחלקי הדגן הפחות טובים, והשעורים נחותות מן החיטים. הדבר נובע מכך שזהו קרבן של דחק בלבד. הוא אינו בא לכפר ואינו מובא לשם 'ריח ניחוח', אלא לשקף את מצבו של בעליו. (ראו סוטה יד ע"א; בכור שור על אתר).

'ומן העפר אשר יהיה בקרקע המשכן' במשכן שהיה בנוי על חולות המדבר היה הדבר פשוט. לעומת זאת, במקדש שהיה מרוצף אבנים היו מרימים טבלת אבן מיוחדת באמצעות טבעת שהייתה קבועה בה כדי לקחת את העפר שתחתיה. (ראו סוטה טו ע"ב).

'ופרע את ראש האשה' כיוון שפריעת הראש היא חלק מטקס ביזוי האשה, לומדים מכאן בדרך אגב שנשים נשואות הולכות בכיסוי ראש. (ראו כתובות עב ע"א).

ביאור

לִפְנֵי ה׳, במקדש. יז **וְלָקַח הַכֹּהֵן מַיִם קְדֹשִׁים**, מי הכיור, שהוא כשאר
כלי שרת המקדשים את תכולתם. ממי הכיור רוחצים הכהנים את
ידיהם ורגליהם כדי להתקדש לעבודה, **בִּכְלִי חָרֶשׂ**, חרס, **וּמִן**
הֶעָפָר אֲשֶׁר יִהְיֶה בְּקַרְקַע הַמִּשְׁכָּן יִקַּח הַכֹּהֵן וְנָתַן אֶל הַמָּיִם. יח **וְהֶעֱמִיד**
הַכֹּהֵן אֶת הָאִשָּׁה לִפְנֵי ה׳, מול פתח המשכן.[20] **וּפָרַע אֶת רֹאשׁ הָאִשָּׁה**,
יגלה את שערותיה. **וְנָתַן עַל כַּפֶּיהָ אֵת מִנְחַת הַזִּכָּרוֹן – מִנְחַת קְנָאֹת**
הִוא, וּבְיַד הַכֹּהֵן יִהְיוּ גם **מֵי הַמָּרִים הַמְאָרְרִים**. אחרי ששמו במים
הקדושים עפר מקרקע המשכן, הם הפכו הן למרים הן למי
קללה. יט **וְהִשְׁבִּיעַ אֹתָהּ הַכֹּהֵן, וְאָמַר אֶל הָאִשָּׁה: אִם לֹא שָׁכַב אִישׁ**
אֹתָךְ וְאִם לֹא שָׂטִית, סטית לקבל **טֻמְאָה תַּחַת אִישֵׁךְ, הִנָּקִי מִמֵּי הַמָּרִים**
הַמְאָרְרִים הָאֵלֶּה. המים כשלעצמם אינם סם מוות. לכן אם לא
חטאת – הם לא יגרמו לך נזק. הכהן פותח באפשרות החיובית
משום שכל עוד היא בגדר חשודה – אין פותחים בגנותה.[21] כ **וְאַתְּ**
כִּי, אם[22] **שָׂטִית**, סטית **תַּחַת אִישֵׁךְ וְכִי נִטְמֵאת**, כלומר: **וַיִּתֵּן אִישׁ**

כלי חרס טקסי מתקופת בית המקדש השני

הרחבות

אכן, בשלב זה לא התברר עדיין אם האשה בגדה בבעלה. הכהן מבזה אותה בפירוע ראשה מאחר שהכניסה את עצמה למצב לא רצוי בהתייחדה עם גבר כלשהו; גם אם יימצא שלא היה דופי חמור בהתנהגותה, מעשיה לא היו ראויים.

׳וביד הכהן יהיו מי המרים׳ לפי דברי אחד מן החכמים (במסכת סוטה כ ע״א), היו מכניסים לתוך המים דבר שהוסיף להם טעם מר, ומֵי הַמָּרִים יתפרשו אפוא כמי הסממנים המרים. (ראו מאירי שם).

׳הִנָּקִי מִמֵּי הַמָּרִים הַמְאָרְרִים׳ חכמים דימו את התהליך לשפיכתו של סם חריף על עור: אם העור שלם לא ייגרם לו כל נזק, אך אם הוא פצוע הסם יחלחל פנימה ויזיק (סוטה ז ע״ב).

בָּךְ אֶת־שְׁכָבְתּוֹ מִבַּלְעֲדֵי אִישֵׁךְ׃ וְהִשְׁבִּיעַ הַכֹּהֵן כא
אֶת־הָאִשָּׁה בִּשְׁבֻעַת הָאָלָה וְאָמַר הַכֹּהֵן לָאִשָּׁה
יִתֵּן יְהוָה אוֹתָךְ לְאָלָה וְלִשְׁבֻעָה בְּתוֹךְ עַמֵּךְ בְּתֵת
יְהוָה אֶת־יְרֵכֵךְ נֹפֶלֶת וְאֶת־בִּטְנֵךְ צָבָה׃ וּבָאוּ הַמַּיִם כב
הַמְאָרְרִים הָאֵלֶּה בְּמֵעַיִךְ לַצְבּוֹת בֶּטֶן וְלַנְפִּל יָרֵךְ
וְאָמְרָה הָאִשָּׁה אָמֵן ׀ אָמֵן׃ וְכָתַב אֶת־הָאָלֹת כג
הָאֵלֶּה הַכֹּהֵן בַּסֵּפֶר וּמָחָה אֶל־מֵי הַמָּרִים׃ וְהִשְׁקָה כד
אֶת־הָאִשָּׁה אֶת־מֵי הַמָּרִים הַמְאָרְרִים וּבָאוּ בָהּ
הַמַּיִם הַמְאָרְרִים לְמָרִים׃ וְלָקַח הַכֹּהֵן מִיַּד הָאִשָּׁה כה
אֵת מִנְחַת הַקְּנָאֹת וְהֵנִיף אֶת־הַמִּנְחָה לִפְנֵי יְהוָה
וְהִקְרִיב אֹתָהּ אֶל־הַמִּזְבֵּחַ׃ וְקָמַץ הַכֹּהֵן מִן־הַמִּנְחָה כו

רש"י

כא) **בִּשְׁבֻעַת הָאָלָה.** שְׁבוּעָה שֶׁל קְלָלָה: **יִתֵּן ה' אוֹתָךְ לְאָלָה וְגוֹ'.** שֶׁיִּהְיוּ הַכֹּל מְקַלְּלִין בָּיךְ: יְבוֹאֵךְ כְּדֶרֶךְ שֶׁבָּא לִפְלוֹנִית: **וְלִשְׁבֻעָה.** שֶׁיִּהְיוּ הַכֹּל נִשְׁבָּעִין בָּיךְ, אִם לֹא יֶאֱרַע לִי כְּדֶרֶךְ שֶׁאֵרַע לִפְלוֹנִית, וְכֵן הוּא אוֹמֵר: "וְהִנַּחְתֶּם שִׁמְכֶם לִשְׁבוּעָה לִבְחִירַי" (ישעיהו סה, טו), שֶׁהַצַּדִּיקִים נִשְׁבָּעִים בְּפֻרְעָנוּתָן שֶׁל רְשָׁעִים. וְכֵן לְעִנְיַן הַבְּרָכָה: "וְנִבְרְכוּ וְגוֹ'" (בראשית יב, ג), "בְּךָ יְבָרֵךְ יִשְׂרָאֵל לֵאמֹר" (שם מח, כ): **אֶת יְרֵכֵךְ.** בַּקְּלָלָה הִקְדִּים יָרֵךְ לַבֶּטֶן, לְפִי שֶׁבָּהּ הִתְחִילָה בָּעֲבֵרָה תְּחִלָּה: **צָבָה.** כְּתַרְגּוּמוֹ, נְפוּחָה:

כב) **לַצְבּוֹת בֶּטֶן.** כְּמוֹ לְהַצְבּוֹת בֶּטֶן, וְהוּא שִׁמּוּשׁ פַּתָּח שֶׁהַלָּמֶ"ד נְקוּדָה בּוֹ. וְכֵן "לַנְחֹתָם הַדֶּרֶךְ" (שמות יג, כא), "לַרְאֹתְכֶם בַּדֶּרֶךְ אֲשֶׁר תֵּלְכוּ בָהּ" (דברים א, לג), וְכֵן "לַנְפִּל יָרֵךְ" לְהַנְפִּיל יָרֵךְ, שֶׁהַמַּיִם מַצְבִּים אֶת הַבֶּטֶן וּמַפִּילִים אֶת הַיָּרֵךְ: **לַצְבּוֹת בֶּטֶן וְלַנְפִּל יָרֵךְ.** בִּטְנוֹ וִירֵכוֹ שֶׁל בּוֹעֵל. אוֹ אֵינוֹ אֶלָּא שֶׁל נִבְעֶלֶת? כְּשֶׁהוּא אוֹמֵר: "אֶת יְרֵכֵךְ נֹפֶלֶת וְאֶת בִּטְנֵךְ צָבָה" (לעיל פסוק כא), הֲרֵי שֶׁל נִבְעֶלֶת אָמוּר: **אָמֵן אָמֵן.** קַבָּלַת שְׁבוּעָה, אָמֵן אִם מֵאִישׁ זֶה אָמֵן אִם מֵאִישׁ אַחֵר, אָמֵן עַל הָאָלָה אָמֵן עַל הַשְּׁבוּעָה:

כד) **וְהִשְׁקָה אֶת הָאִשָּׁה.** אֵין זֶה סֵדֶר הַמַּעֲשֶׂה, שֶׁהֲרֵי בַּתְּחִלָּה מַקְרִיב מִנְחָתָהּ; אֶלָּא הַכָּתוּב מְבַשֶּׂרְךָ שֶׁכְּשֶׁיַּשְׁקֶנָּה יָבוֹאוּ בָהּ לְמָרִים. לְפִי שֶׁנֶּאֱמַר בֶּטֶן וְיָרֵךְ, מִנַּיִן לִשְׁאָר כָּל הַגּוּף? תַּלְמוּד לוֹמַר: "וּבָאוּ בָהּ", בִּכְלָלָהּ. אִם כֵּן מַה תַּלְמוּד לוֹמַר בֶּטֶן וְיָרֵךְ? לְפִי שֶׁהֵן הִתְחִילוּ בָּעֲבֵרָה תְּחִלָּה, לְפִיכָךְ הִתְחִיל מֵהֶם הַפֻּרְעָנוּת: **לְמָרִים.** לִהְיוֹת לָהּ רָעִים וּמָרִים:

כה) **וְהֵנִיף.** מוֹלִיךְ וּמֵבִיא מַעֲלֶה וּמוֹרִיד, וְאַף הִיא מְנִיפָה עִמּוֹ, שֶׁיָּדָהּ לְמַעְלָה מִיָּדוֹ שֶׁל כֹּהֵן: **וְהִקְרִיב אֹתָהּ.** זוֹ הִיא הַגָּשָׁתָהּ בְּקֶרֶן דְּרוֹמִית מַעֲרָבִית שֶׁל מִזְבֵּחַ קֹדֶם קְמִיצָה, כִּשְׁאָר מְנָחוֹת:

בָּךְ אֶת שְׁכָבְתּוֹ, כינוי של גנאי ליחסי מין, **מִבַּלְעֲדֵי אִישֵׁךְ**, מי שאינו בעלך. | ביאור

כא **וְהִשְׁבִּיעַ הַכֹּהֵן אֶת הָאִשָּׁה בִּשְׁבֻעַת הָאָלָה**, הקללה. השבועה שמבארת את הקללה. **וְאָמַר הַכֹּהֵן לָאִשָּׁה**: אם יפגעו בך המים המאררים לרעה, **יִתֵּן ה׳ אוֹתָךְ לְאָלָה וְלִשְׁבֻעָה**, תשמשי כסמל ומופת לקללה[23] **בְּתוֹךְ עַמֵּךְ**, **בְּתֵת**, כשייתן **ה׳ אֶת יְרֵכֵךְ נֹפֶלֶת**, נפולה ומצומקת, **וְאֶת בִּטְנֵךְ צָבָה**, מנופחת. כב **וּבָאוּ הַמַּיִם הַמְאָרְרִים הָאֵלֶּה בְּמֵעַיִךְ לַצְבּוֹת**, לנפח **בֶּטֶן וְלַנְפִּל**, להפיל **יָרֵךְ**.

וְאָמְרָה הָאִשָּׁה: אָמֵן, אָמֵן. בתגובתה הכפולה, שבאה לתוספת חיזוק, האשה תקבל על עצמה את הקללה המותנית.

כג **וְכָתַב אֶת הָאָלֹת הָאֵלֶּה הַכֹּהֵן בַּסֵּפֶר**, במגילה, **וּמָחָה אֶל מֵי הַמָּרִים**. ישרה את קלף המגילה שעליה כתובה הקללה במים, עד שהדיו תתמוסס. כד **וְהִשְׁקָה אֶת הָאִשָּׁה אֶת מֵי הַמָּרִים הַמְאָרְרִים, וּבָאוּ בָהּ הַמַּיִם הַמְאָרְרִים לְמָרִים**. לכאורה אין במים כשלעצמם מספיק מרירות כדי שתהיה מורגשת מאוד; אך הסימן להיותם מי קללה הוא תחושת המרירות המידית והייסורים הכרוכים בשתייתם.

כה **וְלָקַח הַכֹּהֵן מִיַּד הָאִשָּׁה אֵת מִנְחַת הַקְּנָאֹת, וְהֵנִיף אֶת הַמִּנְחָה לִפְנֵי ה׳, וְהִקְרִיב אֹתָהּ אֶל הַמִּזְבֵּחַ**. כו **וְקָמַץ**, ייקח כמלוא שלש אצבעותיו **הַכֹּהֵן מִן הַמִּנְחָה אֶת אַזְכָּרָתָהּ**, חלק המנחה המזכיר ומייצג אותה,

אֶת־אַזְכָּרָתָהּ וְהִקְטִיר הַמִּזְבֵּחָה וְאַחַר יַשְׁקֶה אֶת־
הָאִשָּׁה אֶת־הַמָּיִם׃ וְהִשְׁקָהּ אֶת־הַמַּיִם וְהָיְתָה אִם־ כז
נִטְמְאָה וַתִּמְעֹל מַעַל בְּאִישָׁהּ וּבָאוּ בָהּ הַמַּיִם
הַמְאָרְרִים לְמָרִים וְצָבְתָה בִטְנָהּ וְנָפְלָה יְרֵכָהּ וְהָיְתָה
הָאִשָּׁה לְאָלָה בְּקֶרֶב עַמָּהּ׃ וְאִם־לֹא נִטְמְאָה כח
הָאִשָּׁה וּטְהֹרָה הִוא וְנִקְּתָה וְנִזְרְעָה זָרַע׃ זֹאת תּוֹרַת כט
הַקְּנָאֹת אֲשֶׁר תִּשְׂטֶה אִשָּׁה תַּחַת אִישָׁהּ וְנִטְמָאָה׃
אוֹ אִישׁ אֲשֶׁר תַּעֲבֹר עָלָיו רוּחַ קִנְאָה וְקִנֵּא אֶת־ ל
אִשְׁתּוֹ וְהֶעֱמִיד אֶת־הָאִשָּׁה לִפְנֵי יהוה וְעָשָׂה לָהּ
הַכֹּהֵן אֵת כָּל־הַתּוֹרָה הַזֹּאת׃ וְנִקָּה הָאִישׁ מֵעָוֹן לא
וְהָאִשָּׁה הַהִוא תִּשָּׂא אֶת־עֲוֹנָהּ׃

רש"י

כו **אַזְכָּרָתָהּ.** הוּא הַקֹּמֶץ, שֶׁעַל יְדֵי הַקְטָרָתוֹ הַמִּנְחָה בָּאָה לְזִכָּרוֹן לַגָּבוֹהַּ:

כז **וְהִשְׁקָהּ אֶת הַמַּיִם.** לְרַבּוֹת שֶׁאִם אָמְרָה 'אֵינִי שׁוֹתָה' לְאַחַר שֶׁנִּמְחֲקָה הַמְּגִלָּה, מְעַרְעֲרִין אוֹתָהּ וּמַשְׁקִין אוֹתָהּ בְּעַל כָּרְחָהּ, אֶלָּא אִם כֵּן אָמְרָה 'טְמֵאָה אֲנִי': **וְצָבְתָה בִטְנָהּ וְגוֹ'.** אַף עַל פִּי שֶׁבַּקְּלָלָה הִזְכִּיר יָרֵךְ תְּחִלָּה, הַמַּיִם אֵינָן בּוֹדְקִין אֶלָּא כְּדֶרֶךְ כְּנִיסָתָן בָּהּ: **וְהָיְתָה הָאִשָּׁה לְאָלָה.** כְּמוֹ שֶׁפֵּרַשְׁתִּי, שֶׁיִּהְיוּ הַכֹּל אָלִין בָּהּ: **בְּקֶרֶב עַמָּהּ.** הֶפְרֵשׁ יֵשׁ בֵּין אָדָם הַמִּתְנַוֵּל בְּמָקוֹם שֶׁנִּכָּר לְאָדָם הַמִּתְנַוֵּל בְּמָקוֹם שֶׁאֵינוֹ נִכָּר:

כח **וְאִם לֹא נִטְמְאָה הָאִשָּׁה.** בִּסְתִירָה זוֹ: **וּטְהֹרָה הִוא.** מִמָּקוֹם אַחֵר: **וְנִקְּתָה.** מִמַּיִם הַמְאָרְרִים, וְלֹא עוֹד אֶלָּא "וְנִזְרְעָה זָרַע", אִם הָיְתָה יוֹלֶדֶת בְּצַעַר תֵּלֵד בְּרֶוַח, אִם הָיְתָה יוֹלֶדֶת שְׁחוֹרִים יוֹלֶדֶת לְבָנִים:

ל **אוֹ אִישׁ.** כְּמוֹ "אוֹ נוֹדַע" (שמות כא, לו), כְּלוֹמַר, אִם אִישׁ קַנַּאי הוּא, לְכָךְ "וְהֶעֱמִיד אֶת הָאִשָּׁה":

לא **וְנִקָּה הָאִישׁ מֵעָוֹן.** אִם בְּדָקוּהָ הַמַּיִם, אַל יִדְאַג לוֹמַר 'חַבְתִּי בְּמִיתָתָהּ', נָקִי הוּא מִן הָעֹנֶשׁ. דָּבָר אַחֵר, מִשֶּׁיַּשְׁקֶנָּה תְּהֵא אֶצְלוֹ בְּהֶיתֵּר וְנִקָּה מֵעָוֹן, שֶׁהַסּוֹטָה אֲסוּרָה לְבַעְלָהּ:

הרחבות

'ונזרעה זרע' חכמים אמרו שאם היו לה ילדים קודם לכן, הילדים שייוולדו לה מכאן ואילך יהיו יפים ומוצלחים יותר. (ראו סוטה כו ע"א).

'ונקה האיש מעון' בדיקת האשה במי הסוטה כרוכה בציפייה שיתרחש נס גלוי. הופעתו של העונש בגוף האשה הוא הוכחה לחטאה. אם אין גופה של האשה לוקה בעקבות השתייה אות הוא שהיא נקייה מעוון. ואולם חכמים אמרו שפעולת המים המאררים תלויה בין היתר בכך שגם האיש אמור להיות נאמן לאשתו. אם הוא אינו נקי מעוון זה, מי הסוטה לא יפעלו באשתו.

ביאור

וְהִקְטִיר הַמִּזְבֵּחָה. וְ**אַחַר** כך **יַשְׁקֶה אֶת הָאִשָּׁה אֶת הַמָּיִם.** כז **וְהִשְׁקָהּ,** הכהן
ישקה אותה **אֶת הַמַּיִם, וְהָיְתָה אִם נִטְמְאָה וַתִּמְעֹל מַעַל בְּאִישָׁהּ** – **וּבָאוּ**
בָהּ הַמַּיִם הַמְאָרְרִים ויהפכו מיד **לְמָרִים, וְצָבְתָה בִטְנָהּ וְנָפְלָה יְרֵכָהּ.**
וְהָיְתָה הָאִשָּׁה לְאָלָה בְּקֶרֶב עַמָּהּ, וייתכן שאף תמות כתוצאה
מכך.[24]

כח **וְאִם לֹא נִטְמְאָה הָאִשָּׁה וּטְהֹרָה הִוא, וְנִקְּתָה** מהחשד באמצעות
שתיית המים, ונוסף לזה – **וְנִזְרְעָה זָרַע,** ייוולדו לה ילדים כפיצוי על
התהליך המאיים והמבזה שעברה.

כט **זֹאת תּוֹרַת הַקְּנָאֹת, אֲשֶׁר תִּשְׂטֶה אִשָּׁה תַּחַת אִישָׁהּ,** בעלה **וְנִטְמָאָה.**
ל **אוֹ,** אם[25] **אִישׁ אֲשֶׁר תַּעֲבֹר עָלָיו רוּחַ קִנְאָה וְקִנֵּא אֶת אִשְׁתּוֹ** – **וְהֶעֱמִיד**
אֶת הָאִשָּׁה לִפְנֵי ה׳, וְעָשָׂה לָהּ הַכֹּהֵן אֵת כָּל הַתּוֹרָה הַזֹּאת. על האיש
לזכור זאת קודם שיתחיל בהליכים אלו, ולהביא בחשבון את
התוצאות האפשריות של מעשהו. לא אם הגיב גופה של האשה
לשתיית המים המאררים, ירכה נפלה ובטנה התנפחה – **וְנִקָּה הָאִישׁ**
מֵעָוֹן, וְהָאִשָּׁה הַהִוא תִּשָּׂא אֶת עֲוֹנָהּ.

הרחבות

אם הוא עצמו בעל עברה מוטב לו שלא יעמיד את אשתו במבחן (סוטה כח ע"א). באותה רוח אמרו שעוד קודם חורבן הבית השני הפסיקו להשקות את הנשים. כל עוד בדיקת הסוטה הייתה אירוע נדיר וחריג, אפשר היה לצפות למעורבות נסית. אולם כאשר יותר ויותר אנשים חשדו בנשיהם שמעלו באמונם, והניאוף פשה בעם, כבר לא היה טעם בקיום ההליך (סוטה מז ע"ב. ראו עוד הושע ד,יד).

'ונקה האיש מעון והאשה ההוא תשא את עונה' מכיוון שהאיש לא היה מעוניין לדחות את אשתו מכול וכול, והוא הגיע

ו א ב וַיְדַבֵּר יְהוָה אֶל־מֹשֶׁה לֵּאמֹר׃ דַּבֵּר אֶל־בְּנֵי יִשְׂרָאֵל
וְאָמַרְתָּ אֲלֵהֶם אִישׁ אוֹ־אִשָּׁה כִּי יַפְלִא לִנְדֹּר נֶדֶר נָזִיר
ג לְהַזִּיר לַיהוָה׃ מִיַּיִן וְשֵׁכָר יַזִּיר חֹמֶץ יַיִן וְחֹמֶץ שֵׁכָר
לֹא יִשְׁתֶּה וְכָל־מִשְׁרַת עֲנָבִים לֹא יִשְׁתֶּה וַעֲנָבִים
ד לַחִים וִיבֵשִׁים לֹא יֹאכֵל׃ כֹּל יְמֵי נִזְרוֹ מִכֹּל אֲשֶׁר
ה יֵעָשֶׂה מִגֶּפֶן הַיַּיִן מֵחַרְצַנִּים וְעַד־זָג לֹא יֹאכֵל׃ כָּל־יְמֵי
נֶדֶר נִזְרוֹ תַּעַר לֹא־יַעֲבֹר עַל־רֹאשׁוֹ עַד־מְלֹאת הַיָּמִם
ו אֲשֶׁר־יַזִּיר לַיהוָה קָדֹשׁ יִהְיֶה גַּדֵּל פֶּרַע שְׂעַר רֹאשׁוֹ׃

רש״י | פרק ו

ב] **כִּי יַפְלִא.** "יַפְרִישׁ". לָמָּה נִסְמְכָה פָּרָשַׁת נָזִיר לְפָרָשַׁת סוֹטָה? לוֹמַר לְךָ שֶׁכָּל הָרוֹאֶה סוֹטָה בְּקִלְקוּלָהּ יַזִּיר עַצְמוֹ מִן הַיַּיִן שֶׁהוּא מֵבִיא לִידֵי נִאוּף: **נֶדֶר נָזִיר.** אֵין נְזִירָה בְּכָל מָקוֹם אֶלָּא פְּרִישָׁה, אַף כָּאן שֶׁפּוֹרֵשׁ מִן הַיַּיִן: **לְהַזִּיר לַה׳.** לְהַבְדִּיל עַצְמוֹ מִן הַיַּיִן לְשֵׁם שָׁמַיִם:

ג] **מִיַּיִן וְשֵׁכָר.** כְּתַרְגּוּמוֹ: "מֵחֲמַר חֲדַת וְעַתִּיק", שֶׁהַיַּיִן מְשַׁכֵּר כְּשֶׁהוּא יָשָׁן: **וְכָל מִשְׁרַת.** לְשׁוֹן צְבִיעָה בַּמַּיִם אוֹ בְּכָל מַשְׁקֶה, וּבִלְשׁוֹן מִשְׁנָה יֵשׁ הַרְבֵּה: "אֵין שׁוֹרִין דְּיוֹ וְסַמָּנִים" (שבת יז ע״א), "נָזִיר שֶׁשָּׁרָה פִּתּוֹ בְּיַיִן" (נזיר לז ע״א):

ד] **חַרְצַנִּים.** הֵם הַגַּרְעִינִין: **זָג.** הֵם קְלִפּוֹת שֶׁמִּבַּחוּץ, שֶׁהַחַרְצַנִּים בְּתוֹכָן כָּעִנְבָּל בַּזּוּג:

ה] **קָדֹשׁ יִהְיֶה.** הַשֵּׂעָר שֶׁלּוֹ, לְגַדֵּל הַפֶּרַע שֶׁל שְׂעַר רֹאשׁוֹ: **פֶּרַע שְׂעַר.** נָקוּד פַּתָּח לְפִי שֶׁהוּא דָּבוּק לִ"שְׂעַר רֹאשׁוֹ", פֶּרַע שֶׁל שֵׂעָר. וּפֵרוּשׁוֹ שֶׁל "פֶּרַע" גִּדּוּל שֶׁל שֵׂעָר. וְכֵן "אֶת רֹאשׁוֹ לֹא יִפְרָע" (ויקרא כא, י), וְאֵין קָרוּי פֶּרַע פָּחוֹת מִשְּׁלֹשִׁים יוֹם:

הרחבות | אל הכהן כדי לפוגג את הספק לגבי מעלליה של אשתו, שכלפיה חש קשר רגשי מורכב, ייתכן שיאשים את עצמו בגורלה לאחר שיתברר שאכן בגדה בו. לפיכך מודגש כאן שהוא נקי מעוון, שכן עשה את מה שהיה ראוי לעשות, ואילו האשה הבוגדת היא האחראית לעונשה. (ראו רש״י על אתר; במדבר רבה ט,מג).

נזיר

פרק ו פס׳ א-כא

כניגוד או כתגובה לסוטה שסרה מן הדרך הישרה, ובכך יצאה מכלל החברה לרעה, תעמוד כאן דמותו של הנזיר החורג מן הדרכים המקובלות והוא נבדל מן האנשים המקיפים אותו מתוך רצונו להתקדש.[26]

לעומת הנזירים שבדתות ובאומות אחרות, הפורשים כליל מן החברה ומסתגפים, הנזיר המתואר כאן אינו מתנתק מן החיים ומן החברה, אלא ממשיך בחיים המקובלים למעט הימנעויות ייחודיות שיתוארו כאן.

התורה מכוונת לעצב גוי שלם קדוש ההולך בדרכי ה׳, אך כאן היא מציגה נתיב ייחודי שאינו נדרש מכל בני העם, אלא מוצע למי שמבקש בזמן מסוים בחייו להתקדש מעבר לנורמה המשותפת ולהתקרב עוד לאלוקים בעזרת הגבלות מסוימות.

ביאור | פרק ו א **וַיְדַבֵּר ה׳ אֶל מֹשֶׁה לֵּאמֹר:** ב **דַּבֵּר אֶל בְּנֵי יִשְׂרָאֵל וְאָמַרְתָּ אֲלֵהֶם:**
אִישׁ אוֹ אִשָּׁה כִּי יַפְלִא לִנְדֹּר נֶדֶר נָזִיר, יצהיר בגלוי ובבירור[27] שבכוונתו
לְהַזִּיר את עצמו, להתייחד מן הבריות ולהתקרב **לַה׳.**

כך יוגדר הנזיר: ג **מִיַּיִן וְשֵׁכָר**, יין מרוכז, משקה מְשַׁכֵּר העשוי
מענבים[28] **יַזִּיר**, יתנזר. **חֹמֶץ יַיִן וְחֹמֶץ שֵׁכָר לֹא יִשְׁתֶּה. וְכָל מִשְׁרַת עֲנָבִים**,
מיץ ענבים או משקה שענבים הושרו בתוכו, כגון יין צימוקים,
לֹא יִשְׁתֶּה. וַעֲנָבִים לַחִים וִיבֵשִׁים לֹא יֹאכֵל, בכל צורה שהיא. ד **כֹּל**
יְמֵי נִזְרוֹ, במשך כל הימים שנדר שיהיה נזיר בהם **מִכֹּל** מוצר **אֲשֶׁר**
יֵעָשֶׂה מִגֶּפֶן הַיַּיִן – **מֵחַרְצַנִּים**, מגרעיני הענבים **וְעַד זָג**, הקליפה[29] –
לֹא יֹאכֵל. על הנזיר נאסר לאכול ולשתות את כל מה שיוצא מן
הגפן ושקשור לפֵרותיה.

ה **כָּל יְמֵי נֶדֶר נִזְרוֹ**, במשך כל הזמן שהנדר חל **תַּעַר לֹא יַעֲבֹר עַל רֹאשׁוֹ**,
לא יספר את שערותיו. **עַד מְלֹאת**, שיסתיימו **הַיָּמִם אֲשֶׁר יַזִּיר לַה׳** – **קָדֹשׁ**
יִהְיֶה, גַּדֵּל, יגדֵל **פֶּרַע** את **שְׂעַר רֹאשׁוֹ**.

ענבים לחים ויבשים

הרחבות | **׳גַּדֵּל פֶּרַע שְׂעַר רֹאשׁוֹ׳** אם ימי הנזירות מעטים – פחות משלושים יום לפי המסורת – הדבר לא יהיה ניכר כל כך לעין, אך במקרים של נזירות ממושכת השער יכול להיות ארוך מאוד, כמו שערם של אבשלום, שמשון ואולי גם הנביא שמואל. (ראו שופטים יג,ה; שמואל א׳ א,יא; שמואל ב׳ יד,כה-כו; נזיר סו ע״א).

ז כָּל־יְמֵי הַזִּירוֹ לַיהוָה עַל־נֶפֶשׁ מֵת לֹא יָבֹא: לְאָבִיו
וּלְאִמּוֹ לְאָחִיו וּלְאַחֹתוֹ לֹא־יִטַּמָּא לָהֶם בְּמֹתָם כִּי
ח נֵזֶר אֱלֹהָיו עַל־רֹאשׁוֹ: כֹּל יְמֵי נִזְרוֹ קָדֹשׁ הוּא לַיהוָה:
ט וְכִי־יָמוּת מֵת עָלָיו בְּפֶתַע פִּתְאֹם וְטִמֵּא רֹאשׁ נִזְרוֹ
וְגִלַּח רֹאשׁוֹ בְּיוֹם טָהֳרָתוֹ בַּיּוֹם הַשְּׁבִיעִי יְגַלְּחֶנּוּ:
י וּבַיּוֹם הַשְּׁמִינִי יָבִא שְׁתֵּי תֹרִים אוֹ שְׁנֵי בְּנֵי יוֹנָה אֶל־
יא הַכֹּהֵן אֶל־פֶּתַח אֹהֶל מוֹעֵד: וְעָשָׂה הַכֹּהֵן אֶחָד
לְחַטָּאת וְאֶחָד לְעֹלָה וְכִפֶּר עָלָיו מֵאֲשֶׁר חָטָא עַל־
יב הַנָּפֶשׁ וְקִדַּשׁ אֶת־רֹאשׁוֹ בַּיּוֹם הַהוּא: וְהִזִּיר לַיהוָה
אֶת־יְמֵי נִזְרוֹ וְהֵבִיא כֶּבֶשׂ בֶּן־שְׁנָתוֹ לְאָשָׁם וְהַיָּמִים
יג הָרִאשֹׁנִים יִפְּלוּ כִּי טָמֵא נִזְרוֹ: וְזֹאת תּוֹרַת הַנָּזִיר

רש"י | ח] **כֹּל יְמֵי נִזְרוֹ קָדֹשׁ הוּא.** זוֹ קְדֻשַּׁת הַגּוּף מִלְּהִטַּמֵּא לְמֵתִים:

ט] **פֶּתַע.** זֶה אֹנֶס: **פִּתְאֹם.** זֶה שׁוֹגֵג. וְיֵשׁ אוֹמְרִים: "פֶּתַע פִּתְאֹם" דָּבָר אֶחָד הוּא, מִקְרֶה שֶׁל פִּתְאֹם: **וְכִי יָמוּת מֵת עָלָיו.** בְּאֹהֶל שֶׁהוּא בּוֹ: **בְּיוֹם טָהֳרָתוֹ.** בְּיוֹם הַזָּאָתוֹ. אוֹ אֵינוֹ אֶלָּא בַּשְּׁמִינִי שֶׁהוּא טָהוֹר לְגַמְרֵי? תַּלְמוּד לוֹמַר: "בַּיּוֹם הַשְּׁבִיעִי". אִי שְׁבִיעִי, יָכוֹל אֲפִלּוּ לֹא הִזָּה? תַּלְמוּד לוֹמַר: "בְּיוֹם טָהֳרָתוֹ":

י] **וּבַיּוֹם הַשְּׁמִינִי יָבִא שְׁתֵּי תֹרִים.** לְהוֹצִיא אֶת הַשְּׁבִיעִי. אוֹ אֵינוֹ אֶלָּא לְהוֹצִיא אֶת הַתְּשִׁיעִי? קָבַע זְמַן לַקָּרְבָּן וְקָבַע זְמַן לַמַּקְרִיבִין, מַה קָּרְבָּן הַכָּשֵׁר שְׁמִינִי וּמִשְּׁמִינִי וָהָלְאָה, אַף מַקְרִיבִין שְׁמִינִי וּמִשְּׁמִינִי וָהָלְאָה:

יא] **מֵאֲשֶׁר חָטָא עַל הַנָּפֶשׁ.** שֶׁלֹּא נִזְהַר מִטֻּמְאַת הַמֵּת. רַבִּי אֶלְעָזָר הַקַּפָּר אוֹמֵר: שֶׁצִּעֵר עַצְמוֹ מִן הַיַּיִן: **וְקִדַּשׁ אֶת רֹאשׁוֹ.** לַחֲזֹר וּלְהַתְחִיל מִנְיַן נְזִירוּתוֹ:

יב] **וְהִזִּיר לַה' אֶת יְמֵי נִזְרוֹ.** יַחֲזֹר וְיִמְנֶה נְזִירוּתוֹ כְּבַתְּחִלָּה: **וְהַיָּמִים הָרִאשֹׁנִים יִפְּלוּ.** לֹא יַעֲלוּ מִן הַמִּנְיָן:

הרחבות | **'כי נזר אלהיו על ראשו'** כך מתחברות שתי המשמעויות של השורש נ,ז,ר: הנזיר המתנזר ממותרות, ולעתים מפריד עצמו מההוויה החברתית ומעסקי העולם (ראו למשל ירמיה לה,ו-יט; איכה ד,ז), מצד אחד, והנזר, הכתר והעטרה, מצד שני. היות שהנזר בא להדגיש את מעלתו של מי שמורם מעם, נראה כי קיים קשר לשוני בין שתי המשמעויות הללו.

'וכפר עליו מאשר חטא על הנפש' כיוון שמדובר כאן במוות פתאומי ובהיטמאות שנכפתה על הנזיר, היו שפירשו כי החטא אֲשֶׁר חָטָא עַל הַנָּפֶשׁ לא היה הפגיעה

ביאור

ו כָּל יְמֵי הַזִּירוֹ לַה׳ עַל נֶפֶשׁ מֵת לֹא יָבֹא. זוהי מגבלה מוחלטת. ז אפילו
לְאָבִיו וּלְאִמּוֹ, לְאָחִיו וּלְאַחֹתוֹ – לֹא יִטַּמָּא לָהֶם בְּמֹתָם, כשימותו. שלא
ככהן הדיוט, שאף עליו נאסר להיטמא למתים, אך מותר לו להיטמא
לקרובים אלו, על הנזיר הדבר נאסר **כִּי נֵזֶר**, כתר **אֱלֹהָיו עַל רֹאשׁוֹ**.
שערותיו הארוכות של הנזיר מסמלות באופן פיזי את נזירותו,
כלומר את קרבתו המיוחדת לה׳.

ח בהתנהגויותיו החורגות מהמקובל במאכל ובמשתה, במראה
שערו הארוך ובזהירותו מלהיטמא למתים – **כֹּל יְמֵי נִזְרוֹ קָדֹשׁ הוּא לַה׳**.

ט גם אם הנזיר נמנע ממגע במת – **וְכִי יָמוּת מֵת עָלָיו בְּפֶתַע פִּתְאֹם**,
בעצם השהייה תחת קורת גג משותפת עם המת – **וְטִמֵּא** המת[30] את
הנזיר ואת **רֹאשׁ נִזְרוֹ**, נזר השֵׂער שעל ראשו, כלומר נזירותו נפגמה.[31]
כיוון שמדובר בטומאת מת – היא נמשכת שבעה ימים. **וְגִלַּח רֹאשׁוֹ**
בְּיוֹם טָהֳרָתוֹ, בַּיּוֹם הַשְּׁבִיעִי יְגַלְּחֶנּוּ. י **וּבַיּוֹם הַשְּׁמִינִי יָבִא שְׁתֵּי תֹרִים**
אוֹ שְׁנֵי בְּנֵי יוֹנָה אֶל הַכֹּהֵן, אֶל פֶּתַח אֹהֶל מוֹעֵד. יא **וְעָשָׂה הַכֹּהֵן אֶחָד** מהם
לְחַטָּאת וְאֶחָד לְעֹלָה, וְכִפֶּר עָלָיו מֵאֲשֶׁר חָטָא עַל הַנָּפֶשׁ, כשנטמא למת
ונזירותו נפגמה אובייקטיבית, אף על פי שהדבר אירע בעל כורחו.
וְקִדַּשׁ אֶת רֹאשׁוֹ בַּיּוֹם הַהוּא. ביום השמיני ישוב השֵׂער ויתקדש
בקדושת הנזירות. יב **וְהִזִּיר לַה׳ אֶת יְמֵי נִזְרוֹ**, יקיים מחדש את ימי
הנזירות שהתחייב עליהם מראש, ונוסף על כך – **וְהֵבִיא כֶּבֶשׂ בֶּן שְׁנָתוֹ**
לְאָשָׁם לגמור את כפרתו. **וְהַיָּמִים הָרִאשֹׁנִים**, שבהם נשמרה נזירותו
יִפְּלוּ מן החשבון ויתבטלו, ועליו להתחיל למנותם שנית **כִּי טָמֵא נִזְרוֹ**.

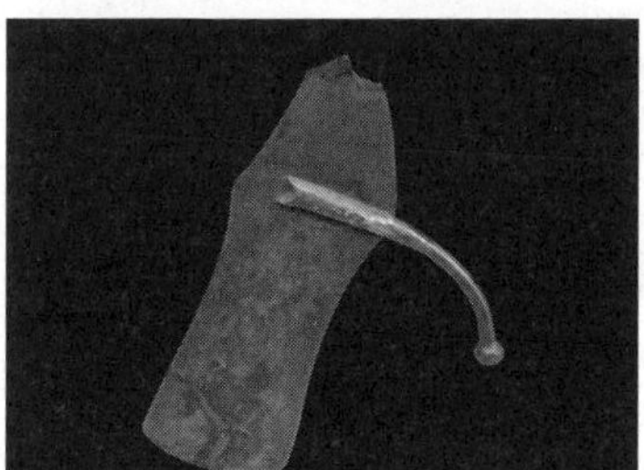

תער לגילוח שער ממצרים העתיקה

הרחבות | נזיר

בנזירות אלא עצם בחירתו להיות נזיר. אולי עתה, כשנטמא ונתארכו ימי הנזירות, הוא מתחרט על הנזירות, והתברר כי אין היא הולמת את מחשבתו המקורית להתקדש על ידה (תענית יא ע״א: ״רבי אלעזר הקפר ברבי אומר: מה תלמוד לומר ׳וכפר עליו מאשר חטא על הנפש׳? וכי באיזה נפש חטא זה? אלא שציער עצמו מן היין״).

׳והימים הראשנים יפלו׳ בתלמוד מסופר על הלני המלכה, שנדרה נזירות שאורכה שבע שנים, נטמאה בסופן והיה עליה לשמור את כל ימי הנדר שוב (נזיר יט ע״ב).

בְּי֗וֹם מְלֹאת֙ יְמֵ֣י נִזְר֔וֹ יָבִ֣יא אֹת֔וֹ אֶל־פֶּ֖תַח אֹ֥הֶל מוֹעֵֽד׃
וְהִקְרִ֣יב אֶת־קָרְבָּנ֣וֹ לַֽיהוָ֡ה כֶּ֣בֶשׂ בֶּן־שְׁנָת֩וֹ תָמִ֨ים אֶחָ֜ד יד
לְעֹלָ֗ה וְכַבְשָׂ֨ה אַחַ֧ת בַּת־שְׁנָתָ֛הּ תְּמִימָ֖ה לְחַטָּ֑את
וְאַֽיִל־אֶחָ֥ד תָּמִ֖ים לִשְׁלָמִֽים׃ וְסַ֣ל מַצּ֗וֹת סֹ֤לֶת חַלֹּת֙ טו
בְּלוּלֹ֣ת בַּשֶּׁ֔מֶן וּרְקִיקֵ֥י מַצּ֖וֹת מְשֻׁחִ֣ים בַּשָּׁ֑מֶן וּמִנְחָתָ֖ם
וְנִסְכֵּיהֶֽם׃ וְהִקְרִ֥יב הַכֹּהֵ֖ן לִפְנֵ֣י יְהוָ֑ה וְעָשָׂ֥ה אֶת־ טז
חַטָּאת֖וֹ וְאֶת־עֹלָתֽוֹ׃ וְאֶת־הָאַ֜יִל יַעֲשֶׂ֨ה זֶ֤בַח שְׁלָמִים֙ יז
לַֽיהוָ֔ה עַ֖ל סַ֣ל הַמַּצּ֑וֹת וְעָשָׂה֙ הַכֹּהֵ֔ן אֶת־מִנְחָת֖וֹ וְאֶת־
נִסְכּֽוֹ׃ וְגִלַּ֣ח הַנָּזִ֗יר פֶּ֛תַח אֹ֥הֶל מוֹעֵ֖ד אֶת־רֹ֣אשׁ נִזְר֑וֹ יח
וְלָקַ֗ח אֶת־שְׂעַר֙ רֹ֣אשׁ נִזְר֔וֹ וְנָתַן֙ עַל־הָאֵ֔שׁ אֲשֶׁר־תַּ֖חַת
זֶ֥בַח הַשְּׁלָמִֽים׃ וְלָקַ֨ח הַכֹּהֵ֜ן אֶת־הַזְּרֹ֣עַ בְּשֵׁלָה֮ מִן־ יט
הָאַיִל֒ וְחַלַּ֨ת מַצָּ֤ה אַחַת֙ מִן־הַסַּ֔ל וּרְקִ֥יק מַצָּ֖ה אֶחָ֑ד
וְנָתַן֙ עַל־כַּפֵּ֣י הַנָּזִ֔יר אַחַ֖ר הִֽתְגַּלְּח֥וֹ אֶת־נִזְרֽוֹ׃ וְהֵנִיף֩ כ
אוֹתָ֨ם הַכֹּהֵ֥ן ׀ תְּנוּפָה֮ לִפְנֵ֣י יְהוָה֒ קֹ֤דֶשׁ הוּא֙ לַכֹּהֵ֔ן

רש"י

יג) **יָבִיא אֹתוֹ.** יָבִיא אֶת עַצְמוֹ, וְזֶה אֶחָד מִשְּׁלֹשָׁה אֶתִּים שֶׁהָיָה רַבִּי יִשְׁמָעֵאל דּוֹרֵשׁ כֵּן. כַּיּוֹצֵא בוֹ: "וְהִשִּׂיאוּ אוֹתָם עֲוֹן אַשְׁמָה" (ויקרא כב, טז), אֶת עַצְמָם; כַּיּוֹצֵא בוֹ: "וַיִּקְבֹּר אֹתוֹ בַגַּי" (דברים לד, ו), הוּא קָבַר אֶת עַצְמוֹ:

טו) **וּמִנְחָתָם וְנִסְכֵּיהֶם.** שֶׁל עוֹלָה וּשְׁלָמִים, לְפִי שֶׁהָיוּ בַּכְּלָל וְיָצְאוּ לָדוּן בְּדָבָר חָדָשׁ שֶׁיִּטְעֲנוּ לֶחֶם, הֶחֱזִירָן לִכְלָלָן שֶׁיִּטְעֲנוּ נְסָכִים כְּדִין עוֹלָה וּשְׁלָמִים: **חַלֹּת בְּלוּלֹת וּרְקִיקֵי מַצּוֹת.** עֶשֶׂר מִכָּל מִין:

יז) **זֶבַח שְׁלָמִים לַה' עַל סַל הַמַּצּוֹת.** יִשְׁחַט אֶת הַשְּׁלָמִים עַל מְנַת לְקַדֵּשׁ אֶת הַלֶּחֶם: **אֶת מִנְחָתוֹ וְאֶת נִסְכּוֹ.** שֶׁל אַיִל:

יח) **וְגִלַּח הַנָּזִיר פֶּתַח אֹהֶל מוֹעֵד.** יָכוֹל יְגַלַּח בָּעֲזָרָה? הֲרֵי זֶה דֶּרֶךְ בִּזָּיוֹן! אֶלָּא "וְגִלַּח הַנָּזִיר" לְאַחַר שְׁחִיטַת הַשְּׁלָמִים שֶׁכָּתוּב בָּהֶן: "וּשְׁחָטוֹ פֶּתַח אֹהֶל מוֹעֵד" (ויקרא ג, ב): **אֲשֶׁר תַּחַת זֶבַח הַשְּׁלָמִים.** תַּחַת הַדּוּד שֶׁהוּא מְבַשְּׁלָן בּוֹ, לְפִי שֶׁשַּׁלְמֵי נָזִיר הָיוּ מִתְבַּשְּׁלִין בָּעֲזָרָה, שֶׁצָּרִיךְ לִטֹּל הַכֹּהֵן הַזְּרוֹעַ אַחַר שֶׁנִּתְבַּשְּׁלָה וּלְהָנִיף לִפְנֵי ה':

יט) **הַזְּרֹעַ בְּשֵׁלָה.** לְאַחַר שֶׁנִּתְבַּשְּׁלָה:

כ) **קֹדֶשׁ הוּא לַכֹּהֵן.** הַחַלָּה וְהָרָקִיק

ביאור | לעומת דינים אלו – הגילוח, קרבנות החטאת, העולה והאשם ומניית הימים מחדש – האמורים במקרה של תאונה המונעת מן הנזיר לשלם את נדרו ברצף – יג **וְזֹאת תּוֹרַת הַנָּזִיר בְּיוֹם מְלֹאת יְמֵי נִזְרוֹ**, כאשר מתממש הנדר ללא תקלות. **יָבִיא אֹתוֹ** – את עצמו[32] **אֶל פֶּתַח אֹהֶל מוֹעֵד.** יד **וְהִקְרִיב אֶת קָרְבָּנוֹ לַה': כֶּבֶשׂ בֶּן שְׁנָתוֹ תָמִים אֶחָד לְעֹלָה וְכַבְשָׂה אַחַת בַּת שְׁנָתָהּ תְּמִימָה לְחַטָּאת וְאַיִל אֶחָד תָּמִים לִשְׁלָמִים.** טו **וְסַל מַצּוֹת** משני סוגי לחמים העשויים **סֹלֶת חַלֹּת בְּלוּלֹת בַּשֶּׁמֶן וּרְקִיקֵי מַצּוֹת** דקים **מְשֻׁחִים בַּשָּׁמֶן, וּמִנְחָתָם וְנִסְכֵּיהֶם** של קרבנות הבהמה, המחייבים גם מנחה וגם נסכים מעבר למתנת הלחם המיוחדת הזו.[33] טז **וְהִקְרִיב הַכֹּהֵן לִפְנֵי ה', וְעָשָׂה אֶת חַטָּאתוֹ וְאֶת עֹלָתוֹ.** יז **וְאֶת הָאַיִל יַעֲשֶׂה זֶבַח שְׁלָמִים לַה'** נוסף **עַל סַל הַמַּצּוֹת, וְעָשָׂה הַכֹּהֵן אֶת מִנְחָתוֹ וְאֶת נִסְכּוֹ.**

יח בסיום הקרבת הקרבנות – **וְגִלַּח הַנָּזִיר פֶּתַח אֹהֶל מוֹעֵד אֶת רֹאשׁ נִזְרוֹ.** ובמקרה זה – בניגוד לנזירות שנקטעה – התגלחת תסמל את סיום הנזירות וחזרתו לדרך החיים החברתית המקובלת. **וְלָקַח אֶת שְׂעַר רֹאשׁ נִזְרוֹ** אחרי התגלחת, **וְנָתַן עַל הָאֵשׁ אֲשֶׁר תַּחַת זֶבַח הַשְּׁלָמִים.** על אותה אש יתבשל קרבן השלמים ויישרפו שערותיו הגזוזות. ייתכן שיש בכך ביטוי לקדושה כלשהי שיש בשערות, שבגללה אין להשתמש בהן לצרכים אחרים.[34]

יט **וְלָקַח הַכֹּהֵן אֶת הַזְּרֹעַ**, הרגל הקדמית **בְּשֵׁלָה**, המבושלת **מִן הָאַיִל** של זבח השלמים **וְחַלַּת מַצָּה אַחַת מִן הַסַּל וּרְקִיק מַצָּה אֶחָד, וְנָתַן** את שלושתם **עַל כַּפֵּי הַנָּזִיר אַחַר הִתְגַּלְּחוֹ אֶת נִזְרוֹ**, שערו. כפות הנזיר שנכללו בהנפת הכהן רומזות לכך שהנזיר עצמו נעשה כעין קרבן. כ **וְהֵנִיף אוֹתָם הַכֹּהֵן תְּנוּפָה לִפְנֵי ה', קֹדֶשׁ הוּא לַכֹּהֵן.** 'זרוע' האיל

עַל חֲזֵה הַתְּנוּפָה וְעַל שׁוֹק הַתְּרוּמָה וְאַחַר יִשְׁתֶּה
כא הַנָּזִיר יָיִן: זֹאת תּוֹרַת הַנָּזִיר אֲשֶׁר יִדֹּר קָרְבָּנוֹ לַיהוה
עַל־נִזְרוֹ מִלְּבַד אֲשֶׁר־תַּשִּׂיג יָדוֹ כְּפִי נִדְרוֹ אֲשֶׁר יִדֹּר
כֵּן יַעֲשֶׂה עַל תּוֹרַת נִזְרוֹ:
כב כג ו וַיְדַבֵּר יהוה אֶל־מֹשֶׁה לֵּאמֹר: דַּבֵּר אֶל־אַהֲרֹן
וְאֶל־בָּנָיו לֵאמֹר כֹּה תְבָרְכוּ אֶת־בְּנֵי יִשְׂרָאֵל אָמוֹר
כד כה לָהֶם: יְבָרֶכְךָ יהוה וְיִשְׁמְרֶךָ: יָאֵר

רש"י | וְהַזְּרוֹעַ תְּרוּמָה הֵן לַכֹּהֵן: **עַל חֲזֵה הַתְּנוּפָה.** מִלְּבַד חָזֶה וָשׁוֹק הָרְאוּיִים לוֹ מִכָּל שְׁלָמִים, מוּסָף עַל שַׁלְמֵי נָזִיר הַזְּרוֹעַ הַזֶּה. לְפִי שֶׁהָיוּ שַׁלְמֵי נָזִיר בִּכְלָל וְיָצְאוּ לִדּוֹן בַּדָּבָר הֶחָדָשׁ לְהַפְרָשַׁת זְרוֹעַ, הֻצְרַךְ לְהַחֲזִירָן לִכְלָלָן לִדּוֹן אַף בְּחָזֶה וָשׁוֹק:

כא | **מִלְּבַד אֲשֶׁר תַּשִּׂיג יָדוֹ.** שֶׁאִם אָמַר: 'הֲרֵינִי נָזִיר עַל מְנָת לְגַלֵּחַ עַל מֵאָה עוֹלוֹת וְעַל מֵאָה שְׁלָמִים' – "כְּפִי נִדְרוֹ אֲשֶׁר יִדֹּר כֵּן יַעֲשֶׂה" מוּסָף "עַל תּוֹרַת נִזְרוֹ", עַל תּוֹרַת הַנָּזִיר מוֹסִיף וְלֹא יְחַסֵּר, שֶׁאִם אָמַר: 'הֲרֵינִי נָזִיר חָמֵשׁ נְזִירוֹת עַל מְנָת לְגַלֵּחַ עַל שָׁלֹשׁ בְּהֵמוֹת הַלָּלוּ', אֵין אֲנִי קוֹרֵא בוֹ 'כַּאֲשֶׁר יִדֹּר כֵּן יַעֲשֶׂה':

כג | **אָמוֹר לָהֶם.** כְּמוֹ 'זָכוֹר', 'שָׁמוֹר', בְּלַעַז דישנ"ט: **אָמוֹר לָהֶם.** שֶׁיִּהְיוּ כֻּלָּם שׁוֹמְעִים: **אָמוֹר.** מָלֵא, לֹא תְּבָרְכֵם בְּחִפָּזוֹן וּבְהָלוּת, אֶלָּא בְּכַוָּנָה וּבְלֵב שָׁלֵם:

כד | **יְבָרֶכְךָ.** שֶׁיִּתְבָּרְכוּ נְכָסֶיךָ: **וְיִשְׁמְרֶךָ.** שֶׁלֹּא יָבוֹאוּ עָלֶיךָ שׁוֹדְדִים לִטֹּל מָמוֹנְךָ, שֶׁהַנּוֹתֵן מַתָּנָה לְעַבְדּוֹ אֵינוֹ יָכוֹל לְשָׁמְרוֹ מִכָּל אָדָם, וְכֵיוָן שֶׁבָּאִים לִסְטִים עָלָיו וְנוֹטְלִין אוֹתָהּ מִמֶּנּוּ, מַה הֲנָאָה יֵשׁ לוֹ בְּמַתָּנָה זוֹ; אֲבָל הַקָּדוֹשׁ בָּרוּךְ הוּא, הוּא הַנּוֹתֵן הוּא הַשּׁוֹמֵר. וְהַרְבֵּה מִדְרָשִׁים דָּרְשׁוּ בוֹ בְּסִפְרֵי (מ):

הרחבות | **'כפי נדרו אשר ידר'** הנדר יכול לבוא מתוך עצם הרצון להתקדש, כמחווה של תודה לה', או מתוך מצבים של רצון עז שדבר־מה יקרה. במקרים אלו כרוך תנאי בנדר: אם השאיפה תתממש האדם מתחייב לשלם על כך במימוש נדרו. (ראו למשל בראשית כח,כ; במדבר כא,ב; תהלים נו,יג־יד; סו,יג־יד).

ביאור | היא חלק מן המתנות שמקבל הכהן. **עַל**, עם **חֲזֵה הַתְּנוּפָה וְעַל**, ועם
שׁוֹק הַתְּרוּמָה הניתנים לכהנים מכל קרבן שלמים אחר. **וְאַחַר** כך
יִשְׁתֶּה הַנָּזִיר יָיִן, יותר לו לשתות יין.

כא **זֹאת תּוֹרַת הַנָּזִיר אֲשֶׁר יִדֹּר, קָרְבָּנוֹ לַה׳ עַל נִזְרוֹ**, בקרבן שתואר כאן
מחויב כל נזיר, **מִלְּבַד** הנזיר **אֲשֶׁר תַּשִּׂיג יָדוֹ** יותר מכך, **כְּפִי נִדְרוֹ אֲשֶׁר**
יִדֹּר – כֵּן יַעֲשֶׂה נוסף **עַל תּוֹרַת נִזְרוֹ** הקבועה, הכוללת כבש וכבשה בני
שנה לעולה ולחטאת, איל לשלמים וקרבנות לחם.

ברכת כהנים

פרק ו פס׳ כב–כז

המצווה המוטלת על הכהנים לברך את ישראל היא חלק מתפקידי הכהנים וממעמדם בקרב ישראל. בכך היא מתקשרת אל סדרי המשכן שיופיעו לאחריה. אפשר לראות זיקה בין הכהן לבין הנזיר, שבו דובר בעניין הקודם – לשניהם מעלה רוחנית גבוהה. בעניין זה קדושתו של הכהן באה לביטוי במצווה שקיומה אינו מותנה במחוזות הקודש בלבד. הכהנים מברכים את ישראל גם בהיעדר מקדש.

הכהנים אינם מברכים את ישראל כאנשים פרטיים ומכוח מעלתם האישית, אלא מתוך הכוח המיוחד שמסר ה׳ בידי צאצאיו של אהרן.

כב **וַיְדַבֵּר ה׳ אֶל מֹשֶׁה לֵּאמֹר:** כג **דַּבֵּר אֶל אַהֲרֹן וְאֶל בָּנָיו לֵאמֹר: כֹּה תְבָרְכוּ**
אֶת בְּנֵי יִשְׂרָאֵל, אָמוֹר לָהֶם את הדברים הבאים:[35]

כד **יְבָרֶכְךָ ה׳ וְיִשְׁמְרֶךָ**. אדם שהתברך בברכה ישירה עלול לאבדה

ברכת כהנים
על לוחית כסף
מימי הבית הראשון

כתף הינום,
ירושלים

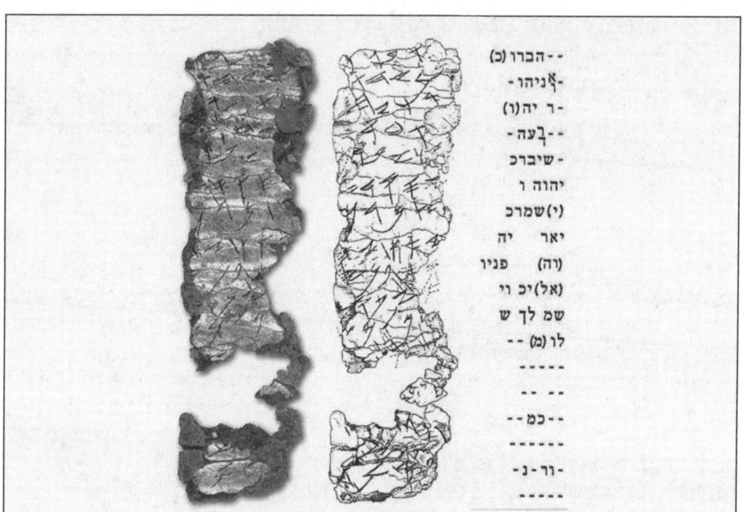

יְהוָה ׀ פָּנָיו אֵלֶיךָ וִיחֻנֶּךָּ׃ יִשָּׂא יְהוָה ׀ פָּנָיו כו
אֵלֶיךָ וְיָשֵׂם לְךָ שָׁלוֹם׃ וְשָׂמוּ אֶת־שְׁמִי כז
חמישי עַל־בְּנֵי יִשְׂרָאֵל וַאֲנִי אֲבָרְכֵם׃ וַיְהִי בְּיוֹם א ז
כַּלּוֹת מֹשֶׁה לְהָקִים אֶת־הַמִּשְׁכָּן וַיִּמְשַׁח אֹתוֹ וַיְקַדֵּשׁ
אֹתוֹ וְאֶת־כָּל־כֵּלָיו וְאֶת־הַמִּזְבֵּחַ וְאֶת־כָּל־כֵּלָיו
וַיִּמְשָׁחֵם וַיְקַדֵּשׁ אֹתָם׃ וַיַּקְרִיבוּ נְשִׂיאֵי יִשְׂרָאֵל רָאשֵׁי ב
בֵּית אֲבֹתָם הֵם נְשִׂיאֵי הַמַּטֹּת הֵם הָעֹמְדִים עַל־

רש"י

כה) **יָאֵר ה׳ פָּנָיו אֵלֶיךָ.** יַרְאֶה לְךָ פָּנִים שׂוֹחֲקוֹת, פָּנִים צְהֻבּוֹת: **וִיחֻנֶּךָּ.** יִתֵּן לְךָ חֵן:

כו) **יִשָּׂא ה׳ פָּנָיו אֵלֶיךָ.** יִכְבֹּשׁ כַּעֲסוֹ:

כז) **וְשָׂמוּ אֶת שְׁמִי.** יְבָרְכוּם בַּשֵּׁם הַמְפֹרָשׁ: **וַאֲנִי אֲבָרְכֵם.** לְיִשְׂרָאֵל, וְאַסְכִּים עִם הַכֹּהֲנִים. דָּבָר אַחֵר, "וַאֲנִי אֲבָרְכֵם" לַכֹּהֲנִים:

פרק ז

א) **וַיְהִי בְּיוֹם כַּלּוֹת מֹשֶׁה.** 'כַּלַּת' כְּתִיב, יוֹם הֲקָמַת הַמִּשְׁכָּן הָיוּ יִשְׂרָאֵל כְּכַלָּה הַנִּכְנֶסֶת לַחֻפָּה: **כַּלּוֹת מֹשֶׁה.** בְּצַלְאֵל וְאָהֳלִיאָב וְכָל חֲכַם לֵב עָשׂוּ אֶת הַמִּשְׁכָּן וּתְלָאוֹ הַכָּתוּב בְּמֹשֶׁה, לְפִי שֶׁמָּסַר נַפְשׁוֹ עָלָיו לִרְאוֹת תַּבְנִית כָּל דָּבָר וְדָבָר כְּמוֹ שֶׁהֶרְאָהוּ בָּהָר, לְהוֹרוֹת לְעוֹשֵׂי הַמְּלָאכָה, וְלֹא טָעָה בְּתַבְנִית אַחַת. וְכֵן מָצִינוּ בְּדָוִד, לְפִי שֶׁמָּסַר נַפְשׁוֹ עַל בִּנְיַן בֵּית הַמִּקְדָּשׁ, שֶׁנֶּאֱמַר: "זְכוֹר ה׳ לְדָוִד אֵת כָּל עֻנּוֹתוֹ אֲשֶׁר נִשְׁבַּע לַה׳" וְגוֹ׳ (תהלים קלב, א-ב), לְפִיכָךְ נִקְרָא עַל שְׁמוֹ, שֶׁנֶּאֱמַר: "רְאֵה בֵיתְךָ דָּוִד" (מלכים א׳ יב, טז): **בְּיוֹם כַּלּוֹת מֹשֶׁה לְהָקִים.** וְלֹא נֶאֱמַר 'בְּיוֹם הָקִים', מְלַמֵּד שֶׁכָּל שִׁבְעַת יְמֵי הַמִּלּוּאִים הָיָה מֹשֶׁה מַעֲמִידוֹ וּמְפָרְקוֹ, וּבְאוֹתוֹ הַיּוֹם הֶעֱמִידוֹ וְלֹא פֵּרְקוֹ, לְכָךְ נֶאֱמַר: "בְּיוֹם כַּלּוֹת מֹשֶׁה לְהָקִים", אוֹתוֹ הַיּוֹם כָּלוּ הֲקָמוֹתָיו, וְרֹאשׁ חֹדֶשׁ נִיסָן הָיָה. בַּשֵּׁנִי – נִשְׂרְפָה הַפָּרָה, בַּשְּׁלִישִׁי – הִזּוּ הַזָּאָה רִאשׁוֹנָה, וּבַשְּׁבִיעִי – גִּלְּחוּ:

ב) **הֵם נְשִׂיאֵי הַמַּטֹּת.** שֶׁהָיוּ שׁוֹטְרִים עֲלֵיהֶם בְּמִצְרַיִם וְהָיוּ מֻכִּים עֲלֵיהֶם, שֶׁנֶּאֱמַר: "וַיֻּכּוּ שֹׁטְרֵי בְּנֵי יִשְׂרָאֵל" וְגוֹ׳ (שמות ה, יד): **הֵם הָעֹמְדִים עַל הַפְּקֻדִים.** שֶׁעָמְדוּ עִם מֹשֶׁה וְאַהֲרֹן כְּשֶׁמָּנוּ אֶת יִשְׂרָאֵל, שֶׁנֶּאֱמַר: "וְאִתְּכֶם יִהְיוּ" וְגוֹ׳ (לעיל א, ד):

הרחבות

'ישא ה' פניו אליך' כאן מבקשים הכהנים מה' דבר שאסור לבקשו מדַיין. לדיין אסור לשאת פנים בדין, אך ה' מעדיף את ישראל משום שישראל משתדלים להוסיף בעשייתם לשמו מעבר לדרישותיו ולפנים משורת הדין. (ראו ברכות כ ע"ב).

'וישם לך שלום' הואיל והמלה 'שלום' במקרא אינה מסמנת רק מצב של היעדר מלחמה, אלא כרוכות בה טובות רבות, היא נבחרה לחתימתה של ברכה זו ושל ברכות מאוחרות יותר, וכן נעשתה ברכה בפני עצמה שבה פותחים ובה חותמים מפגשים בין בני אדם.

מבנה הברכות שלושת פסוקי ברכת כהנים נחשבים מבחינה הלכתית כשלוש ברכות נבדלות, (ראו סוטה לח ע"א: במדינה, ולא

ביאור | מחמת מאורעות רעים. את ברכת השמירה המתלווה אל גוף הברכה אפשר אפוא להסביר כהתמדתה של הטובה.[36]

כה **יָאֵר ה' פָּנָיו אֵלֶיךָ**, ה' יתייחס אליך במאור פנים **וִיחֻנֶּךָּ**, יחונן אותך, וכן: אתה תישא חן בעיניו.

כו **יִשָּׂא ה' פָּנָיו אֵלֶיךָ**. ה' יעניק לך מעמד מועדף. **וְיָשֵׂם לְךָ שָׁלוֹם**, שלמות, שלווה, נחת רוח והשלמה.

כז **וְשָׂמוּ אֶת שְׁמִי עַל בְּנֵי יִשְׂרָאֵל**, בכך שהכהנים יברכו את בני ישראל בשלושת הפסוקים הללו, שבכל אחד מהם מופיע שמי, הם ישימו עליהם את שמי. **וַאֲנִי אֲבָרְכֵם**. הכהנים ימשיכו את ברכתי. הכהנים אינם אלא מעין צינור לשפע טובתי.

חנוכת מזבח העולה

פרק ז

עד כאן עסק הספר במצוות ובהוראות הנוגעות לארגון המשכן ומחנה ישראל על כל פרטיו, במינוי הלויים וסדר עבודתם, וכן במצוות הנוגעות בטהרת שוכני המחנה, שבלבו המשכן, ובמצוות הכהנים לברך את אחיהם. מבחינת הסיפור לא התרחש הרבה. כאן חוזר הכתוב להשתלשלות המאורעות מן היום שבו כילה משה להקים את המשכן, הוא היום השמיני למילואים. באותו יום יצאה אש מלפני ה' על המזבח ואכלה את קרבנותיו של אהרן לעיני העם.[37]

פרק ז א **וַיְהִי בְּיוֹם כַּלּוֹת מֹשֶׁה לְהָקִים אֶת הַמִּשְׁכָּן, וַיִּמְשַׁח אֹתוֹ** בשמן
המשחה, **וַיְקַדֵּשׁ אֹתוֹ** במשיחה זו **וְ**כן **אֶת כָּל כֵּלָיו וְאֶת הַמִּזְבֵּחַ וְאֶת
כָּל כֵּלָיו, וַיִּמְשָׁחֵם וַיְקַדֵּשׁ אֹתָם.** ב **וַיַּקְרִיבוּ נְשִׂיאֵי יִשְׂרָאֵל, רָאשֵׁי בֵּית
אֲבֹתָם – הֵם נְשִׂיאֵי הַמַּטֹּת**, השבטים. בספר שמות תורה הקמת מערכת היררכית של שופטים ושוטרים על העם, אך היחידות המשמעותיות הבסיסיות נותרו השבטים, ובראשיהם – הנשיא שייצג כל אחד מן השבטים. **הֵם הָעֹמְדִים עַל הַפְּקֻדִים**, המסייעים

הרחבות | במקדש, עונים 'אמן' אחר כל ברכה וברכה משלוש הברכות. עם זאת, מובא בתוספתא מנחות ו ששלוש הברכות מעכבות זו את זו, כלומר שאם כהן בירך את מקצתן לא יצא ידי חובתו). אולם ביחד הן יוצרות מבנה מובהק שלוש מלים, חמש מלים ושבע מלים. (ראו עוד: מנהגי ישראל ח"ב ה, עמ' קפד. עוד על מבנים כגון זה: ראו סנהדרין י ע"ב ומגילה כג ע"א).

'ואני אברכם' היו מחכמי המשנה שפירשו את המלים וַאֲנִי אֲבָרְכֵם כמתייחסות אל הכהנים עצמם, ואמרו שהכהנים מברכים את ישראל, וה' מברך את הכהנים. (ראו חולין מט ע"א. מעניין כי דעה זו נשמעה מפי ר' ישמעאל שהיה בעצמו כהן ונמסרה לו מאבותיו הכהנים).

הַפְּקֻדִים: וַיָּבִיאוּ אֶת־קָרְבָּנָם לִפְנֵי יהוה שֵׁשׁ־עֶגְלֹת ג
צָב וּשְׁנֵי־עָשָׂר בָּקָר עֲגָלָה עַל־שְׁנֵי הַנְּשִׂאִים וְשׁוֹר
לְאֶחָד וַיַּקְרִיבוּ אוֹתָם לִפְנֵי הַמִּשְׁכָּן: וַיֹּאמֶר יהוה ד
אֶל־מֹשֶׁה לֵּאמֹר: קַח מֵאִתָּם וְהָיוּ לַעֲבֹד אֶת־ ה
עֲבֹדַת אֹהֶל מוֹעֵד וְנָתַתָּה אוֹתָם אֶל־הַלְוִיִּם אִישׁ
כְּפִי עֲבֹדָתוֹ: וַיִּקַּח מֹשֶׁה אֶת־הָעֲגָלֹת וְאֶת־הַבָּקָר ו
וַיִּתֵּן אוֹתָם אֶל־הַלְוִיִּם: אֵת ׀ שְׁתֵּי הָעֲגָלוֹת וְאֵת ז
אַרְבַּעַת הַבָּקָר נָתַן לִבְנֵי גֵרְשׁוֹן כְּפִי עֲבֹדָתָם: וְאֵת ׀ ח
אַרְבַּע הָעֲגָלֹת וְאֵת שְׁמֹנַת הַבָּקָר נָתַן לִבְנֵי מְרָרִי
כְּפִי עֲבֹדָתָם בְּיַד אִיתָמָר בֶּן־אַהֲרֹן הַכֹּהֵן: וְלִבְנֵי ט
קְהָת לֹא נָתָן כִּי־עֲבֹדַת הַקֹּדֶשׁ עֲלֵהֶם בַּכָּתֵף

רש"י

ג שֵׁשׁ עֶגְלֹת צָב. אֵין "צָב" אֶלָּא מְחֻפִּים, וְכֵן: "בַּצַּבִּים וּבַפְּרָדִים" (ישעיה סו, כ), עֲגָלוֹת מְכֻסּוֹת קְרוּיוֹת 'צַבִּים': וַיַּקְרִיבוּ אוֹתָם לִפְנֵי הַמִּשְׁכָּן. שֶׁלֹּא קִבֵּל מֹשֶׁה מִיָּדָם עַד שֶׁנֶּאֱמַר לוֹ מִפִּי הַמָּקוֹם. אָמַר רַבִּי נָתָן: מָה רָאוּ הַנְּשִׂיאִים לְהִתְנַדֵּב כָּאן בַּתְּחִלָּה וּבִמְלֶאכֶת הַמִּשְׁכָּן לֹא הִתְנַדְּבוּ תְּחִלָּה? אֶלָּא כָּךְ אָמְרוּ הַנְּשִׂיאִים: יִתְנַדְּבוּ צִבּוּר מַה שֶּׁיִּתְנַדְּבוּ וּמַה שֶּׁמְּחַסְּרִין אָנוּ מַשְׁלִימִין; כֵּיוָן שֶׁרָאוּ שֶׁהִשְׁלִימוּ צִבּוּר אֶת הַכֹּל, שֶׁנֶּאֱמַר: "וְהַמְּלָאכָה הָיְתָה דַיָּם" (שמות לו, ז), אָמְרוּ: מֵעַתָּה מַה לָּנוּ לַעֲשׂוֹת? הֵבִיאוּ אַבְנֵי הַשֹּׁהַם וְהַמִּלּוּאִים לָאֵפוֹד וְלַחֹשֶׁן (שם לה, כז), לְכָךְ הִתְנַדְּבוּ כָּאן תְּחִלָּה:

ז כְּפִי עֲבֹדָתָם. שֶׁהָיָה מַשָּׂא בְּנֵי גֵּרְשׁוֹן קַל מִשֶּׁל מְרָרִי שֶׁהָיוּ נוֹשְׂאִים הַקְּרָשִׁים וְהָעַמּוּדִים וְהָאֲדָנִים:

ט כִּי עֲבֹדַת הַקֹּדֶשׁ עֲלֵהֶם. מַשָּׂא דְּבַר הַקְּדֻשָּׁה, "הָאָרֹן וְהַשֻּׁלְחָן" וְגוֹ' (לעיל ג, לא), לְפִיכָךְ "בַּכָּתֵף יִשָּׂאוּ":

הרחבות

'ויקריבו נשיאי ישראל... שש עגלת צב ושני עשר בקר' רוב התרומה למשכן הייתה תרומה עממית. אנשים נתנו לפי נדבת לבם ובהתאם לרכושם: אחדים הביאו פיסת חוט או עור של עז; אחרים הביאו חפצים מכסף, מזהב או מנחושת. הנשיאים או אנשים עשירים כיוצא בהם הביאו את האבנים הטובות שמהן לא נצרכו רבות למשכן. (ראו שמות לה,כז). אולם נראה שהם הסכימו ביניהם להביא מתנה מיוחדת נוספת מטעמם. מובן מדוע דווקא מנהיגי הציבור הם שהביאו מתנה זו. את התרומה הישירה נתנו שאר העם בשביל לבנות את המשכן, אך הנשיאים הביאו בחשבון גם את הלוגיסטיקה הכרוכה בטלטולו. לשם סיפוק צרכי ההובלה והתחבורה משה לא ערך מגבית מיוחדת, ועל כן הוסיפו הנשיאים ותרמו את העגלות ואת הבקר.

וכך הסבירו חכמים את קרבנות הנשיאים:

ביאור | למשה במפקד.[38] ג וַיָּבִיאוּ אֶת קָרְבָּנָם לִפְנֵי ה׳: שֵׁשׁ עֶגְלֹת צָב, עגלות
מטוקסות, אולי מכוסות וקמורות,[39] שהיו כנראה חריגות, שכן רוב
העגלות באותם ימים לא היו מקורות. יש להניח שהנשיאים בנו את
העגלות במיוחד לשם המשכן כי לא סביר שיצאו אתן ממצרים.
וּשְׁנֵי עָשָׂר בָּקָר לגרירת העגלות. עֲגָלָה עַל, בעבור שְׁנֵי הַנְּשִׂאִים. כל שני
נשיאים נתנו עגלה אחת. מכאן שהמתנות היו מתואמות, וְשׁוֹר לְכל
אֶחָד, כך שהיו שנים-עשר בקר. וַיַּקְרִיבוּ, קירבו אוֹתָם לִפְנֵי הַמִּשְׁכָּן.

ד וַיֹּאמֶר ה׳ אֶל מֹשֶׁה לֵּאמֹר: ה קַח מֵאִתָּם את המתנות, למרות שלא
הופיעו ברשימת הפריטים הדרושים מראש, וְהָיוּ לַעֲבֹד אֶת עֲבֹדַת,
לשאת את משא אֹהֶל מוֹעֵד. וְנָתַתָּה אוֹתָם, את העגלות והבקר אֶל
הַלְוִיִּם, ויש לחלקם ביניהם אִישׁ כְּפִי עֲבֹדָתוֹ.

ו וַיִּקַּח מֹשֶׁה אֶת הָעֲגָלֹת וְאֶת הַבָּקָר, וַיִּתֵּן אוֹתָם אֶל הַלְוִיִּם: ז אֵת שְׁתֵּי
הָעֲגָלֹת וְאֵת אַרְבַּעַת הַבָּקָר נָתַן לִבְנֵי גֵרְשׁוֹן – כְּפִי עֲבֹדָתָם. בני גרשון
עסקו בעיקר במה שהיה עשוי מאריגים ומעורות. אפשר היה לשאת
את כל אלה בידיים, אך קל יותר היה לשאת את המשא הרב הזה
בעגלות. גודל העגלות אינו ידוע, אבל כנראה היו גדולות למדי, כך
ששתיים מהן הספיקו למשא בני גרשון.

ח וְאֵת אַרְבַּע הָעֲגָלֹת וְאֵת שְׁמֹנַת הַבָּקָר נָתַן לִבְנֵי מְרָרִי – כְּפִי עֲבֹדָתָם.
כיוון שבני מררי נשאו את קרשי המשכן ואת עמודיו, הם נזקקו
לעגלות רבות יותר. בְּיַד אִיתָמָר בֶּן אַהֲרֹן הַכֹּהֵן. ט וְלִבְנֵי קְהָת לֹא
נָתָן משה לא עגלות ולא בקר כִּי עֲבֹדַת, משא הַקֹּדֶשׁ, כלי המקדש
עֲלֵהֶם, על גופם, בַּכָּתֵף יִשָּׂאוּ, ואינם רשאים להעבירם לבעלי חיים
או לאמצעי הובלה אחרים.

הרחבות | הסדר הראוי היה שעיקר המתנות לבניית המשכן יבואו מן הנשיאים, שהיו מן הסתם עשירי העדה ומכובדיה. אולם בפועל בנייתו של המשכן לא הושתתה על מתנותיהם של בעלי הון יחידים אלא ניזונה מנדבתם של כל בני העם. האשה שנתנה צמיד מצמידיה, האיש שנתן שרשרת או מסמרי נחושת כל אלה השתתפו בשווה, ועד שהנשיאים הביאו את נדבותיהם, כבר לא היה בהם צורך. על כן הזדרזו הנשיאים והביאו קרבנות המביעים חרטה על התעוררותם המאוחרת (במדבר רבה יב,טז).

'בכתף ישאו' לאחר דורות רבים, כאשר דוד יבקש להביא את ארון הברית לירושלים, יניחו אותו על עגלה, שלא כדין למרות שהדבר נראה מכובד יותר. תוצאות המעשה היו טרגיות משום שאת כלי הקודש יש דווקא לשאת בכתף ולא על

יִשָּׂאוּ: וַיַּקְרִיבוּ הַנְּשִׂאִים אֵת חֲנֻכַּת הַמִּזְבֵּחַ בְּיוֹם י
הִמָּשַׁח אֹתוֹ וַיַּקְרִיבוּ הַנְּשִׂיאִם אֶת־קָרְבָּנָם לִפְנֵי
הַמִּזְבֵּחַ: וַיֹּאמֶר יְהוָה אֶל־מֹשֶׁה נָשִׂיא אֶחָד לַיּוֹם יא
נָשִׂיא אֶחָד לַיּוֹם יַקְרִיבוּ אֶת־קָרְבָּנָם לַחֲנֻכַּת
הַמִּזְבֵּחַ: וַיְהִי הַמַּקְרִיב בַּיּוֹם הָרִאשׁוֹן אֶת־ יב
קָרְבָּנוֹ נַחְשׁוֹן בֶּן־עַמִּינָדָב לְמַטֵּה יְהוּדָה: וְקָרְבָּנוֹ יג
קַעֲרַת־כֶּסֶף אַחַת שְׁלֹשִׁים וּמֵאָה מִשְׁקָלָהּ מִזְרָק
אֶחָד כֶּסֶף שִׁבְעִים שֶׁקֶל בְּשֶׁקֶל הַקֹּדֶשׁ שְׁנֵיהֶם ׀
מְלֵאִים סֹלֶת בְּלוּלָה בַשֶּׁמֶן לְמִנְחָה: כַּף אַחַת עֲשָׂרָה יד
זָהָב מְלֵאָה קְטֹרֶת: פַּר אֶחָד בֶּן־בָּקָר אַיִל אֶחָד כֶּבֶשׂ־ טו

רש"י

י] **וַיַּקְרִיבוּ הַנְּשִׂאִים אֵת חֲנֻכַּת הַמִּזְבֵּחַ.** לְאַחַר שֶׁהִתְנַדְּבוּ הָעֲגָלוֹת וְהַבָּקָר לָשֵׂאת הַמִּשְׁכָּן, נָשָׂא לִבָּם לְהִתְנַדֵּב קָרְבָּנוֹת הַמִּזְבֵּחַ לְחָנְכוֹ: **וַיַּקְרִיבוּ הַנְּשִׂיאִם אֶת קָרְבָּנָם לִפְנֵי הַמִּזְבֵּחַ.** כִּי לֹא קִבֵּל מֹשֶׁה מִיָּדָם עַד שֶׁנֶּאֱמַר לוֹ מִפִּי הַגְּבוּרָה:

יא] **יַקְרִיבוּ אֶת קָרְבָּנָם לַחֲנֻכַּת הַמִּזְבֵּחַ.** וַעֲדַיִן לֹא הָיָה יוֹדֵעַ מֹשֶׁה הֵיאַךְ יַקְרִיבוּ, אִם כְּסֵדֶר תּוֹלְדוֹתָם אִם כְּסֵדֶר הַמַּסָּעוֹת, עַד שֶׁנֶּאֱמַר לוֹ מִפִּי הַקָּדוֹשׁ בָּרוּךְ הוּא: יַקְרִיבוּ לַמַּסָּעוֹת אִישׁ יוֹמוֹ:

יב] **בַּיּוֹם הָרִאשׁוֹן.** אוֹתוֹ הַיּוֹם נָטַל עֶשֶׂר עֲטָרוֹת, רִאשׁוֹן לְמַעֲשֵׂה בְרֵאשִׁית, רִאשׁוֹן לַנְּשִׂיאִים וְכוּ', כִּדְאִיתָא בְּסֵדֶר עוֹלָם (פרק ז): **לְמַטֵּה יְהוּדָה.** יִחֲסוֹ הַכָּתוּב עַל שִׁבְטוֹ, וְלֹא שֶׁגָּבָה מִשִּׁבְטוֹ וְהִקְרִיב. אוֹ אֵינוֹ אוֹמֵר "לְמַטֵּה יְהוּדָה" אֶלָּא שֶׁגָּבָה מִשִּׁבְטוֹ וְהֵבִיא? תַּלְמוּד לוֹמַר: "זֶה קָרְבַּן נַחְשׁוֹן" (להלן פסוק יז), מִשֶּׁלּוֹ הֵבִיא:

יג] **שְׁנֵיהֶם מְלֵאִים סֹלֶת.** לְמִנְחַת נְדָבָה:

יד] **עֲשָׂרָה זָהָב.** כְּתַרְגּוּמוֹ, מִשְׁקַל עֶשֶׂר שִׁקְלֵי הַקֹּדֶשׁ הָיָה בָהּ: **מְלֵאָה קְטֹרֶת.** לֹא מָצִינוּ קְטֹרֶת לְיָחִיד וְלֹא עַל מִזְבַּח הַחִיצוֹן אֶלָּא זוֹ בִּלְבַד, וְהוֹרָאַת שָׁעָה הָיְתָה:

טו] **פַּר אֶחָד.** מְיֻחָד שֶׁבְּעֶדְרוֹ:

הרחבות

גבי עגלות ובהמות. (ראו שמואל ב' ו,ב-ח; סוטה לה ע"א).

'ויהי המקריב ביום הראשון את קרבנו נחשון' נחשון, שהיה נשיא יהודה (לעיל א,ו; ב,ג), היה היחיד שנזכר בשמו ללא התואר 'נשיא', כנראה דווקא בגלל מעמדו הייחודי. נחשון היה גיסו של אהרן (שמות ו,כג), ולפי חלק מהמדרשים, היה הראשון שהעז לקפוץ לים סוף קודם שנקרע. (ראו סוטה לז ע"א; במדבר רבה יג,ז). כיוון שהיה מפורסם בזכות עצמו לא היה זקוק להיזכר בדרגתו ובתאריו. (ראו אברבנאל ואור החיים).

'שעיר עזים אחד לחטאת' רבים מקרבנות

ביאור | י וַיַּקְרִיבוּ הַנְּשִׂאִים אֵת חֲנֻכַּת הַמִּזְבֵּחַ בְּיוֹם הִמָּשַׁח אֹתוֹ, וַיַּקְרִיבוּ, הגישו[40]
הַנְּשִׂיאִם בעצמם אֶת קָרְבָּנָם המיוחד לִפְנֵי הַמִּזְבֵּחַ.

יא וַיֹּאמֶר ה׳ אֶל מֹשֶׁה: נָשִׂיא אֶחָד לַיּוֹם, נָשִׂיא אֶחָד לַיּוֹם, יַקְרִיבוּ אֶת קָרְבָּנָם לַחֲנֻכַּת הַמִּזְבֵּחַ, כדי לתת לכל אחד מהם את מקומו הראוי. ה׳ הורה על עיצוב מבנה טקסי אחיד, שבו יובאו המתנות יום אחר יום במשך שנים-עשר הימים הראשונים לחנוכת המזבח.

יב וַיְהִי הַמַּקְרִיב בַּיּוֹם הָרִאשׁוֹן אֶת קָרְבָּנוֹ – נַחְשׁוֹן בֶּן עַמִּינָדָב לְמַטֵּה יְהוּדָה.

יג וְקָרְבָּנוֹ: קַעֲרַת כֶּסֶף אַחַת – שְׁלֹשִׁים וּמֵאָה שקלי כסף מִשְׁקָלָהּ, כ-1,300 גרם.[41] גודלה של הקערה יכול להגיע – בהתאם למבנה הקערה ועוביה – לקוטר של 50 ס״מ; מִזְרָק – כלי קיבול, דק יותר מקערה,[42] מעין ספל גדול או דלי אֶחָד, עשוי כֶּסֶף ומשקלו שִׁבְעִים שֶׁקֶל בְּשֶׁקֶל הַקֹּדֶשׁ. במשכן נועדו המִזרקים ככלי קיבול-נוזלים שבאמצעותם זרקו את הדם על המזבח. כאן עדיין אין משתמשים בהם באופן הרגיל, אלא שְׁנֵיהֶם, הקערה והמזרק היו מְלֵאִים סֹלֶת בְּלוּלָה בַשֶּׁמֶן לְמִנְחָה; יד בנוסף – כַּף אַחַת שמשקלה עֲשָׂרָה שקלים, עשויה זָהָב וּמְלֵאָה קְטֹרֶת; הכף קטנה יותר מן הקערה והמזרק, אך היא מכילה קטורת, היקרה מן הסולת. הקרבן הכיל את הכלים עם תכולתם. טו מקרבן הדומם והצומח לבעלי החיים – פַּר אֶחָד בֶּן בָּקָר, אַיִל אֶחָד, כֶּבֶשׂ אֶחָד, בן מינו של האיל אך צעיר ממנו בֶּן

מזרק

הרחבות | העזים נועדו לחטאת, ורוב קרבנות החטאת באו מן העזים. שעירי הנשיאים, המכונים בדברי חז״ל ׳שעיר נחשון׳ על שם הראשון שבהם (ראו זבחים מח ע״ב) היו זקוקים לאישור אלוקי מיוחד (כאמור בפס׳ ה. וראו במדבר רבה; ספרי נשא נא; מנחות נ ע״א), משום שקרבן חטאת מובא רק על חטא שחטא המקריב, ואילו כאן נראה כי אין מדובר בחטא אישי, שהרי כל אחד מן הנשיאים מביא שעיר לחטאת. אפשר אפוא לראות בקרבנות חטאת הללו כפרה כללית על הציבור כולו, (ראו ספרי על אתר; זבחים מח ע״ב), מעין שעירי החטאת שמקריבים בראשי חודשים ובחגים. (ראו שבועות ט ע״א).

אֶחָד בֶּן־שְׁנָתוֹ לְעֹלָה: שְׂעִיר־עִזִּים אֶחָד לְחַטָּאת: טז
וּלְזֶבַח הַשְּׁלָמִים בָּקָר שְׁנַיִם אֵילִם חֲמִשָּׁה עַתּוּדִים יז
חֲמִשָּׁה כְּבָשִׂים בְּנֵי־שָׁנָה חֲמִשָּׁה זֶה קָרְבַּן נַחְשׁוֹן בֶּן־
עַמִּינָדָב:
בַּיּוֹם הַשֵּׁנִי הִקְרִיב נְתַנְאֵל בֶּן־צוּעָר נְשִׂיא יִשָּׂשכָר: יח
הִקְרִב אֶת־קָרְבָּנוֹ קַעֲרַת־כֶּסֶף אַחַת שְׁלֹשִׁים וּמֵאָה יט
מִשְׁקָלָהּ מִזְרָק אֶחָד כֶּסֶף שִׁבְעִים שֶׁקֶל בְּשֶׁקֶל
הַקֹּדֶשׁ שְׁנֵיהֶם ׀ מְלֵאִים סֹלֶת בְּלוּלָה בַשֶּׁמֶן לְמִנְחָה:
כַּף אַחַת עֲשָׂרָה זָהָב מְלֵאָה קְטֹרֶת: פַּר אֶחָד בֶּן־ כ כא
בָּקָר אַיִל אֶחָד כֶּבֶשׂ־אֶחָד בֶּן־שְׁנָתוֹ לְעֹלָה: שְׂעִיר־ כב

רש"י

טז| **שְׂעִיר עִזִּים אֶחָד לְחַטָּאת.** לְכַפֵּר עַל קֶבֶר הַתְּהוֹם, טֻמְאַת סָפֵק:

יח-יט| **הִקְרִיב נְתַנְאֵל בֶּן צוּעָר, הִקְרִב אֶת קָרְבָּנוֹ.** מַה תַּלְמוּד לוֹמַר: "הִקְרִיב" בְּשִׁבְטוֹ שֶׁל יִשָּׂשכָר מַה שֶּׁלֹּא נֶאֱמַר בְּכָל הַשְּׁבָטִים? לְפִי שֶׁבָּא רְאוּבֵן וְעִרְעֵר וְאָמַר: דַּיִּי שֶׁקְּדָמַנִי יְהוּדָה אָחִי, אַקְרִיב אֲנִי אַחֲרָיו. אָמַר לוֹ מֹשֶׁה: מִפִּי הַגְּבוּרָה נֶאֱמַר לִי שֶׁיַּקְרִיבוּ כְּסֵדֶר מַסָּעָן לְדִגְלֵיהֶם, לְכָךְ אָמַר: "הִקְרִב אֶת קָרְבָּנוֹ" וְהוּא חָסֵר יוּ"ד, שֶׁהוּא מַשְׁמַע 'הַקְרֵב' לְשׁוֹן צִוּוּי, שֶׁמִּפִּי הַגְּבוּרָה נִצְטַוָּה 'הַקְרֵב'. וּמַהוּ "הִקְרִיב הִקְרִב" שְׁנֵי פְעָמִים? שֶׁבִּשְׁבִיל שְׁנֵי דְּבָרִים זָכָה לְהַקְרִיב שֵׁנִי לַשְּׁבָטִים: אַחַת – שֶׁהָיוּ יוֹדְעִים בַּתּוֹרָה, שֶׁנֶּאֱמַר: "וּמִבְּנֵי יִשָּׂשכָר יוֹדְעֵי בִינָה לָעִתִּים" (דברי הימים א' יב, לג); וְאַחַת – שֶׁהֵם נָתְנוּ עֵצָה לַנְּשִׂיאִים לְהִתְנַדֵּב קָרְבָּנוֹת הַלָּלוּ.

וּבִיסוֹדוֹ שֶׁל רַבִּי מֹשֶׁה הַדַּרְשָׁן מָצָאתִי: אָמַר רַבִּי פִּנְחָס בֶּן יָאִיר: נְתַנְאֵל בֶּן צוּעָר הַשִּׂיאָן עֵצָה זוֹ: **קַעֲרַת כֶּסֶף.** מִנְיַן אוֹתִיּוֹתָיו בְּגִימַטְרִיָּא תתק"ל, כְּנֶגֶד שְׁנוֹתָיו שֶׁל אָדָם הָרִאשׁוֹן: **שְׁלֹשִׁים וּמֵאָה מִשְׁקָלָהּ.** עַל שֵׁם שֶׁכְּשֶׁהֶעֱמִיד תּוֹלָדוֹת לְקִיּוּם הָעוֹלָם בֶּן מֵאָה וּשְׁלֹשִׁים שָׁנָה הָיָה, שֶׁנֶּאֱמַר: "וַיְחִי אָדָם שְׁלֹשִׁים וּמְאַת שָׁנָה וַיּוֹלֶד בִּדְמוּתוֹ" וְגוֹ' (בראשית ה, ג): **מִזְרָק אֶחָד כֶּסֶף.** בְּגִימַטְרִיָּא תק"כ, עַל שֵׁם נֹחַ שֶׁהֶעֱמִיד תּוֹלָדוֹת בֶּן ת"ק שָׁנָה, וְעַל שֵׁם עֶשְׂרִים שָׁנָה שֶׁנִּגְזְרָה גְּזֵרַת הַמַּבּוּל קֹדֶם תּוֹלְדוֹתָיו, כְּמוֹ שֶׁפֵּרַשְׁתִּי אֵצֶל "וְהָיוּ יָמָיו מֵאָה וְעֶשְׂרִים שָׁנָה" (שם ו, ג). לְפִיכָךְ נֶאֱמַר: "מִזְרָק אֶחָד כֶּסֶף" וְלֹא נֶאֱמַר 'מִזְרַק כֶּסֶף אֶחָד' כְּמוֹ שֶׁנֶּאֱמַר בַּקְּעָרָה, לוֹמַר שֶׁאַף אוֹתִיּוֹת שֶׁל 'אֶחָד' מִצְטָרְפוֹת לַמִּנְיָן: **שִׁבְעִים שֶׁקֶל.** כְּנֶגֶד שִׁבְעִים אֻמּוֹת שֶׁיָּצְאוּ מִבָּנָיו: **כַּף אַחַת.** כְּנֶגֶד הַתּוֹרָה שֶׁנִּתְּנָה מִיָּדוֹ שֶׁל הַקָּדוֹשׁ בָּרוּךְ הוּא: **עֲשָׂרָה זָהָב.** כְּנֶגֶד עֲשֶׂרֶת הַדִּבְּרוֹת: **מְלֵאָה קְטֹרֶת.** גִּימַטְרִיָּא שֶׁל קְטֹרֶת 'תַּרְיַ"ג' מִצְוֹת, וּבִלְבַד שֶׁתַּחְלִיף קוֹ"ף בְּדָלֶ"ת עַל יְדֵי א"ת ב"ש ג"ר ד"ק: **פַּר אֶחָד.** כְּנֶגֶד אַבְרָהָם, שֶׁנֶּאֱמַר בּוֹ: "וַיִּקַּח בֶּן בָּקָר" (שם יח, ז): **אַיִל אֶחָד.** כְּנֶגֶד יִצְחָק: "וַיִּקַּח אֶת הָאַיִל" וְגוֹ' (שם כב, יג): **כֶּבֶשׂ**

ביאור

שְׁנָתוֹ – שלושתם לְעֹלָה; טז שְׂעִיר עִזִּים זכר[43] אֶחָד לְחַטָּאת; יז וּלְזֶבַח
הַשְּׁלָמִים, קרבן המתנה הנאכל הן על ידי בעליו הן על ידי הכהנים:
בָּקָר – שְׁנַיִם, אֵילִם – חֲמִשָּׁה, עַתֻּדִים, תיישים – חֲמִשָּׁה, כְּבָשִׂים בְּנֵי
שָׁנָה – חֲמִשָּׁה. זֶה קָרְבַּן נַחְשׁוֹן בֶּן עַמִּינָדָב.

יח בַּיּוֹם הַשֵּׁנִי הִקְרִיב נְתַנְאֵל בֶּן צוּעָר, נְשִׂיא יִשָּׂשכָר, שכן יששכר
נמנה על דגל מחנה יהודה ברשימת הדגלים,[44] והוא מופיע מיד
לאחריו. יט הִקְרִב אֶת קָרְבָּנוֹ הזהה לחלוטין לקרבן קודמו: קַעֲרַת
כֶּסֶף אַחַת – שְׁלֹשִׁים וּמֵאָה מִשְׁקָלָהּ; מִזְרָק אֶחָד כֶּסֶף – שִׁבְעִים שֶׁקֶל
בְּשֶׁקֶל הַקֹּדֶשׁ, שְׁנֵיהֶם מְלֵאִים סֹלֶת בְּלוּלָה בַשֶּׁמֶן לְמִנְחָה; כ כַּף אַחַת
עֲשָׂרָה זָהָב מְלֵאָה קְטֹרֶת; כא פַּר אֶחָד בֶּן בָּקָר, אַיִל אֶחָד, כֶּבֶשׂ אֶחָד

מימין: איל
משמאל: עתוד

הרחבות

'הקריב נתנאל בן צוער נשיא יששכר' לעומת שאר הנשיאים הבאים, מופיע נשיא יששכר תחילה בשמו, ורק לאחר מכן בתוארו 'נשיא', וגם הוא מיוחד בכפל הפועל הִקְרִיב המרמזת על משמעות של הפעלת אחרים. ייתכן שמכאן דרשו חכמים שנתנאל בן צוער היה מי שפתח ביזמה שהנשיאים יביאו קרבנות לעצמם. (ראו רש"י, ר"י בכור שור וכתב סופר פס' יט; במדבר רבה יג; ספרי במדבר נב).

כג עִזִּים אֶחָד לְחַטָּאת׃ וּלְזֶבַח הַשְּׁלָמִים בָּקָר שְׁנַיִם
אֵילִם חֲמִשָּׁה עַתֻּדִים חֲמִשָּׁה כְּבָשִׂים בְּנֵי־שָׁנָה
חֲמִשָּׁה זֶה קׇרְבַּן נְתַנְאֵל בֶּן־צוּעָר׃
כד בַּיּוֹם הַשְּׁלִישִׁי נָשִׂיא לִבְנֵי זְבוּלֻן אֱלִיאָב בֶּן־חֵלֹן׃
כה קׇרְבָּנוֹ קַעֲרַת־כֶּסֶף אַחַת שְׁלֹשִׁים וּמֵאָה מִשְׁקָלָהּ
מִזְרָק אֶחָד כֶּסֶף שִׁבְעִים שֶׁקֶל בְּשֶׁקֶל הַקֹּדֶשׁ
כו שְׁנֵיהֶם ׀ מְלֵאִים סֹלֶת בְּלוּלָה בַשֶּׁמֶן לְמִנְחָה׃ כַּף
כז אַחַת עֲשָׂרָה זָהָב מְלֵאָה קְטֹרֶת׃ פַּר אֶחָד בֶּן־בָּקָר
כח אַיִל אֶחָד כֶּבֶשׂ־אֶחָד בֶּן־שְׁנָתוֹ לְעֹלָה׃ שְׂעִיר־עִזִּים
כט אֶחָד לְחַטָּאת׃ וּלְזֶבַח הַשְּׁלָמִים בָּקָר שְׁנַיִם אֵילִם
חֲמִשָּׁה עַתֻּדִים חֲמִשָּׁה כְּבָשִׂים בְּנֵי־שָׁנָה חֲמִשָּׁה זֶה
קׇרְבַּן אֱלִיאָב בֶּן־חֵלֹן׃
ל בַּיּוֹם הָרְבִיעִי נָשִׂיא לִבְנֵי רְאוּבֵן אֱלִיצוּר בֶּן־שְׁדֵיאוּר׃
לא קׇרְבָּנוֹ קַעֲרַת־כֶּסֶף אַחַת שְׁלֹשִׁים וּמֵאָה מִשְׁקָלָהּ

רש"י | **אֶחָד.** כְּנֶגֶד יַעֲקֹב: "וְהַכְּשָׂבִים הִפְרִיד יַעֲקֹב" (שם ל, מ): **שְׂעִיר עִזִּים.** לְכַפֵּר עַל מְכִירַת יוֹסֵף, שֶׁנֶּאֱמַר בּוֹ: "וַיִּשְׁחֲטוּ שְׂעִיר עִזִּים" (שם לז, לא): **וּלְזֶבַח הַשְּׁלָמִים בָּקָר שְׁנָיִם.** כְּנֶגֶד מֹשֶׁה וְאַהֲרֹן שֶׁנָּתְנוּ שָׁלוֹם בֵּין יִשְׂרָאֵל לַאֲבִיהֶם שֶׁבַּשָּׁמַיִם: **אֵילִם עַתֻּדִים כְּבָשִׂים.** שְׁלֹשָׁה מִינִים, כְּנֶגֶד כֹּהֲנִים וּלְוִיִּם וְיִשְׂרְאֵלִים, וּכְנֶגֶד תּוֹרָה נְבִיאִים וּכְתוּבִים. שָׁלֹשׁ חֲמִשִּׁיּוֹת, כְּנֶגֶד חֲמִשָּׁה חוּמָשִׁין, וַחֲמֵשֶׁת הַדִּבְּרוֹת הַכְּתוּבִין עַל לוּחַ אֶחָד, וַחֲמִשָּׁה הַכְּתוּבִין עַל הַשֵּׁנִי. עַד כָּאן מִיסוֹדוֹ שֶׁל רַבִּי מֹשֶׁה הַדַּרְשָׁן:

כד **בַּיּוֹם הַשְּׁלִישִׁי נָשִׂיא וְגוֹ'.** בַּיּוֹם הַשְּׁלִישִׁי הָיָה הַנָּשִׂיא הַמַּקְרִיב לִבְנֵי זְבוּלֻן, וְכֵן כֻּלָּם. אֲבָל בִּנְתַנְאֵל שֶׁנֶּאֱמַר בּוֹ: "הִקְרִיב נְתַנְאֵל" (לעיל פסוק יח) נוֹפֵל אַחֲרָיו הַלָּשׁוֹן לוֹמַר: "נְשִׂיא יִשָּׂשכָר", לְפִי שֶׁכְּבָר הִזְכִּיר שְׁמוֹ וְהַקְרָבָתוֹ, וּבִשְׁאָר שֶׁלֹּא נֶאֱמַר בָּהֶן 'הִקְרִיב' נוֹפֵל עֲלֵיהֶן לָשׁוֹן זֶה: 'נָשִׂיא לִבְנֵי פְלוֹנִי', אוֹתוֹ הַיּוֹם הָיָה הַנָּשִׂיא הַמַּקְרִיב לְשֵׁבֶט פְּלוֹנִי:

הרחבות | **אחידות קרבנות הנשיאים וסדרם** אף על פי שאחדים מהנשיאים היו ראשי שבטים גדולים, ואחרים ייצגו שבטים קטנים, מבחינה משפטית ושלטונית דרגת כולם שווה. לפיכך היו מתנותיהם, שניתנו כמתנת נשיא ולא כנדבה של אדם פרטי, זהות לחלוטין. על פי הפשט נראה כי סיכמו על כך ביניהם. העובדה שמתנות הנשיאים

ביאור

בֶּן שְׁנָתוֹ – לְעֹלָה; כב שְׂעִיר עִזִּים אֶחָד – לְחַטָּאת; כג וּלְזֶבַח הַשְּׁלָמִים:
בָּקָר – שְׁנַיִם, אֵילִם – חֲמִשָּׁה, עַתּוּדִים – חֲמִשָּׁה, כְּבָשִׂים בְּנֵי שָׁנָה – חֲמִשָּׁה.
זֶה קָרְבַּן נְתַנְאֵל בֶּן צוּעָר.

מתנות הנשיאים חוזרות על עצמן בנוסח קבוע: כד בַּיּוֹם הַשְּׁלִישִׁי
נָשִׂיא לִבְנֵי זְבוּלֻן – אֱלִיאָב בֶּן חֵלֹן. כה קָרְבָּנוֹ: קַעֲרַת כֶּסֶף אַחַת – שְׁלֹשִׁים
וּמֵאָה מִשְׁקָלָהּ; מִזְרָק אֶחָד כֶּסֶף – שִׁבְעִים שֶׁקֶל בְּשֶׁקֶל הַקֹּדֶשׁ, שְׁנֵיהֶם מְלֵאִים
סֹלֶת בְּלוּלָה בַשֶּׁמֶן לְמִנְחָה; כו כַּף אַחַת עֲשָׂרָה זָהָב מְלֵאָה קְטֹרֶת; כז פַּר
אֶחָד בֶּן בָּקָר, אַיִל אֶחָד, כֶּבֶשׂ אֶחָד בֶּן שְׁנָתוֹ – לְעֹלָה; כח שְׂעִיר עִזִּים
אֶחָד – לְחַטָּאת; כט וּלְזֶבַח הַשְּׁלָמִים: בָּקָר – שְׁנַיִם, אֵילִם – חֲמִשָּׁה,
עַתּוּדִים – חֲמִשָּׁה, כְּבָשִׂים בְּנֵי שָׁנָה – חֲמִשָּׁה. זֶה קָרְבַּן אֱלִיאָב בֶּן
חֵלֹן.

ל בַּיּוֹם הָרְבִיעִי נָשִׂיא לִבְנֵי רְאוּבֵן – אֱלִיצוּר בֶּן שְׁדֵיאוּר. לא קָרְבָּנוֹ:
קַעֲרַת כֶּסֶף אַחַת – שְׁלֹשִׁים וּמֵאָה מִשְׁקָלָהּ; מִזְרָק אֶחָד כֶּסֶף – שִׁבְעִים

בזיך לקטורת
('כף')

הרחבות

האחידות ניתנו מכוח מעמדם, עולה בקנה אחד עם סדר הקרבת קרבנותיהם, הזהה לסדר הדגלים: תחילה דגל מחנה יהודה, אחריו דגל מחנה ראובן, דגל מחנה אפרים ולבסוף דגל מחנה דן. במחנה ישראל שסדריו אורגנו כמחנה צבאי, קיבלו נשיאי השבטים תפקידים מוגדרים, וכל אחד מהם היה מעין מפקד מחנה הצבא של שבטו.

ששי

מִזְרָק אֶחָד כֶּסֶף שִׁבְעִים שֶׁקֶל בְּשֶׁקֶל הַקֹּדֶשׁ
שְׁנֵיהֶם ׀ מְלֵאִים סֹלֶת בְּלוּלָה בַשֶּׁמֶן לְמִנְחָה: כַּף לב
אַחַת עֲשָׂרָה זָהָב מְלֵאָה קְטֹרֶת: פַּר אֶחָד בֶּן־בָּקָר לג
אַיִל אֶחָד כֶּבֶשׂ־אֶחָד בֶּן־שְׁנָתוֹ לְעֹלָה: שְׂעִיר־עִזִּים לד
אֶחָד לְחַטָּאת: וּלְזֶבַח הַשְּׁלָמִים בָּקָר שְׁנַיִם אֵילִם לה
חֲמִשָּׁה עַתֻּדִים חֲמִשָּׁה כְּבָשִׂים בְּנֵי־שָׁנָה חֲמִשָּׁה זֶה
קָרְבַּן אֱלִיצוּר בֶּן־שְׁדֵיאוּר:
בַּיּוֹם הַחֲמִישִׁי נָשִׂיא לִבְנֵי שִׁמְעוֹן שְׁלֻמִיאֵל בֶּן־ לו
צוּרִישַׁדָּי: קָרְבָּנוֹ קַעֲרַת־כֶּסֶף אַחַת שְׁלֹשִׁים וּמֵאָה לז
מִשְׁקָלָהּ מִזְרָק אֶחָד כֶּסֶף שִׁבְעִים שֶׁקֶל בְּשֶׁקֶל
הַקֹּדֶשׁ שְׁנֵיהֶם ׀ מְלֵאִים סֹלֶת בְּלוּלָה בַשֶּׁמֶן לְמִנְחָה:
כַּף אַחַת עֲשָׂרָה זָהָב מְלֵאָה קְטֹרֶת: פַּר אֶחָד בֶּן־ לח לט
בָּקָר אַיִל אֶחָד כֶּבֶשׂ־אֶחָד בֶּן־שְׁנָתוֹ לְעֹלָה: שְׂעִיר־ מ
עִזִּים אֶחָד לְחַטָּאת: וּלְזֶבַח הַשְּׁלָמִים בָּקָר שְׁנַיִם מא
אֵילִם חֲמִשָּׁה עַתֻּדִים חֲמִשָּׁה כְּבָשִׂים בְּנֵי־שָׁנָה
חֲמִשָּׁה זֶה קָרְבַּן שְׁלֻמִיאֵל בֶּן־צוּרִישַׁדָּי:
בַּיּוֹם הַשִּׁשִּׁי נָשִׂיא לִבְנֵי גָד אֶלְיָסָף בֶּן־דְּעוּאֵל: מב
קָרְבָּנוֹ קַעֲרַת־כֶּסֶף אַחַת שְׁלֹשִׁים וּמֵאָה מִשְׁקָלָהּ מג
מִזְרָק אֶחָד כֶּסֶף שִׁבְעִים שֶׁקֶל בְּשֶׁקֶל הַקֹּדֶשׁ
שְׁנֵיהֶם ׀ מְלֵאִים סֹלֶת בְּלוּלָה בַשֶּׁמֶן לְמִנְחָה: כַּף מד
אַחַת עֲשָׂרָה זָהָב מְלֵאָה קְטֹרֶת: פַּר אֶחָד בֶּן־בָּקָר מה
אַיִל אֶחָד כֶּבֶשׂ־אֶחָד בֶּן־שְׁנָתוֹ לְעֹלָה: שְׂעִיר־עִזִּים מו
אֶחָד לְחַטָּאת: וּלְזֶבַח הַשְּׁלָמִים בָּקָר שְׁנַיִם אֵילִם מז

ביאור

שֶׁקֶל בְּשֶׁקֶל הַקֹּדֶשׁ, שְׁנֵיהֶם מְלֵאִים סֹלֶת בְּלוּלָה בַשֶּׁמֶן לְמִנְחָה; לב כַּף
אַחַת עֲשָׂרָה זָהָב מְלֵאָה קְטֹרֶת; לג פַּר אֶחָד בֶּן בָּקָר, אַיִל אֶחָד, כֶּבֶשׂ אֶחָד
בֶּן שְׁנָתוֹ – לְעֹלָה; לד שְׂעִיר עִזִּים אֶחָד – לְחַטָּאת; לה וּלְזֶבַח הַשְּׁלָמִים:
בָּקָר – שְׁנַיִם, אֵילִם – חֲמִשָּׁה, עַתּוּדִים – חֲמִשָּׁה, כְּבָשִׂים בְּנֵי שָׁנָה – חֲמִשָּׁה.
זֶה קָרְבַּן אֱלִיצוּר בֶּן שְׁדֵיאוּר.

לו בַּיּוֹם הַחֲמִישִׁי נָשִׂיא לִבְנֵי שִׁמְעוֹן – שְׁלֻמִיאֵל בֶּן צוּרִישַׁדָּי. לז קָרְבָּנוֹ:
קַעֲרַת כֶּסֶף אַחַת – שְׁלֹשִׁים וּמֵאָה מִשְׁקָלָהּ; מִזְרָק אֶחָד כֶּסֶף – שִׁבְעִים
שֶׁקֶל בְּשֶׁקֶל הַקֹּדֶשׁ, שְׁנֵיהֶם מְלֵאִים סֹלֶת בְּלוּלָה בַשֶּׁמֶן לְמִנְחָה; לח כַּף
אַחַת עֲשָׂרָה זָהָב מְלֵאָה קְטֹרֶת; לט פַּר אֶחָד בֶּן בָּקָר, אַיִל אֶחָד, כֶּבֶשׂ אֶחָד
בֶּן שְׁנָתוֹ – לְעֹלָה; מ שְׂעִיר עִזִּים אֶחָד – לְחַטָּאת; מא וּלְזֶבַח הַשְּׁלָמִים:
בָּקָר – שְׁנַיִם, אֵילִם – חֲמִשָּׁה, עַתּוּדִים – חֲמִשָּׁה, כְּבָשִׂים בְּנֵי שָׁנָה – חֲמִשָּׁה.
זֶה קָרְבַּן שְׁלֻמִיאֵל בֶּן צוּרִישַׁדָּי.

מב בַּיּוֹם הַשִּׁשִּׁי נָשִׂיא לִבְנֵי גָד – אֶלְיָסָף בֶּן דְּעוּאֵל. מג קָרְבָּנוֹ: קַעֲרַת כֶּסֶף
אַחַת – שְׁלֹשִׁים וּמֵאָה מִשְׁקָלָהּ; מִזְרָק אֶחָד כֶּסֶף – שִׁבְעִים שֶׁקֶל בְּשֶׁקֶל
הַקֹּדֶשׁ, שְׁנֵיהֶם מְלֵאִים סֹלֶת בְּלוּלָה בַשֶּׁמֶן לְמִנְחָה; מד כַּף אַחַת עֲשָׂרָה
זָהָב מְלֵאָה קְטֹרֶת; מה פַּר אֶחָד בֶּן בָּקָר, אַיִל אֶחָד, כֶּבֶשׂ אֶחָד בֶּן שְׁנָתוֹ –
לְעֹלָה; מו שְׂעִיר עִזִּים אֶחָד – לְחַטָּאת; מז וּלְזֶבַח הַשְּׁלָמִים: בָּקָר – שְׁנַיִם,

קערת כסף עתיקה

הרחבות

שמות הנשיאים רוב שמותיהם של הנשיאים מכילים את שם ה' ('אל'). תופעה זו של שמות תיאופוריים רווחת בשמות הנשיאים הרבה יותר מאשר בשמות אבותיהם הנזכרים כאן. ייתכן שיוצאי מצרים מקבלי התורה ביטאו בשמות בניהם את רוח האמונה שפיעמה בהם. (ראו עוד הרחבה לעיל א,טו).

חֲמִשָּׁה עַתֻּדִים חֲמִשָּׁה כְּבָשִׂים בְּנֵי־שָׁנָה חֲמִשָּׁה זֶה
קָרְבַּן אֶלְיָסָף בֶּן־דְּעוּאֵל׃
ז בַּיּוֹם הַשְּׁבִיעִי נָשִׂיא לִבְנֵי אֶפְרָיִם אֱלִישָׁמָע בֶּן־ מח
עַמִּיהוּד׃ קָרְבָּנוֹ קַעֲרַת־כֶּסֶף אַחַת שְׁלֹשִׁים וּמֵאָה מט
מִשְׁקָלָהּ מִזְרָק אֶחָד כֶּסֶף שִׁבְעִים שֶׁקֶל בְּשֶׁקֶל
הַקֹּדֶשׁ שְׁנֵיהֶם ׀ מְלֵאִים סֹלֶת בְּלוּלָה בַשֶּׁמֶן לְמִנְחָה׃
כַּף אַחַת עֲשָׂרָה זָהָב מְלֵאָה קְטֹרֶת׃ פַּר אֶחָד בֶּן־ נ נא
בָּקָר אַיִל אֶחָד כֶּבֶשׂ־אֶחָד בֶּן־שְׁנָתוֹ לְעֹלָה׃ שְׂעִיר־ נב
עִזִּים אֶחָד לְחַטָּאת׃ וּלְזֶבַח הַשְּׁלָמִים בָּקָר שְׁנַיִם נג
אֵילִם חֲמִשָּׁה עַתֻּדִים חֲמִשָּׁה כְּבָשִׂים בְּנֵי־שָׁנָה
חֲמִשָּׁה זֶה קָרְבַּן אֱלִישָׁמָע בֶּן־עַמִּיהוּד׃
בַּיּוֹם הַשְּׁמִינִי נָשִׂיא לִבְנֵי מְנַשֶּׁה גַּמְלִיאֵל בֶּן־ נד
פְּדָהצוּר׃ קָרְבָּנוֹ קַעֲרַת־כֶּסֶף אַחַת שְׁלֹשִׁים וּמֵאָה נה
מִשְׁקָלָהּ מִזְרָק אֶחָד כֶּסֶף שִׁבְעִים שֶׁקֶל בְּשֶׁקֶל
הַקֹּדֶשׁ שְׁנֵיהֶם ׀ מְלֵאִים סֹלֶת בְּלוּלָה בַשֶּׁמֶן לְמִנְחָה׃
כַּף אַחַת עֲשָׂרָה זָהָב מְלֵאָה קְטֹרֶת׃ פַּר אֶחָד בֶּן־ נו נז
בָּקָר אַיִל אֶחָד כֶּבֶשׂ־אֶחָד בֶּן־שְׁנָתוֹ לְעֹלָה׃ שְׂעִיר־ נח
עִזִּים אֶחָד לְחַטָּאת׃ וּלְזֶבַח הַשְּׁלָמִים בָּקָר שְׁנַיִם נט
אֵילִם חֲמִשָּׁה עַתֻּדִים חֲמִשָּׁה כְּבָשִׂים בְּנֵי־שָׁנָה
חֲמִשָּׁה זֶה קָרְבַּן גַּמְלִיאֵל בֶּן־פְּדָהצוּר׃
בַּיּוֹם הַתְּשִׁיעִי נָשִׂיא לִבְנֵי בִנְיָמִן אֲבִידָן בֶּן־גִּדְעֹנִי׃ ס
קָרְבָּנוֹ קַעֲרַת־כֶּסֶף אַחַת שְׁלֹשִׁים וּמֵאָה מִשְׁקָלָהּ סא

אֵילִם - חֲמִשָּׁה, עַתֻּדִים - חֲמִשָּׁה, כְּבָשִׂים בְּנֵי שָׁנָה - חֲמִשָּׁה. זֶה קָרְבַּן | ביאור
אֶלְיָסָף בֶּן דְּעוּאֵל.

מח בַּיּוֹם הַשְּׁבִיעִי נָשִׂיא לִבְנֵי אֶפְרָיִם - אֱלִישָׁמָע בֶּן עַמִּיהוּד. מט קָרְבָּנוֹ:
קַעֲרַת כֶּסֶף אַחַת - שְׁלֹשִׁים וּמֵאָה מִשְׁקָלָהּ; מִזְרָק אֶחָד כֶּסֶף - שִׁבְעִים
שֶׁקֶל בְּשֶׁקֶל הַקֹּדֶשׁ, שְׁנֵיהֶם מְלֵאִים סֹלֶת בְּלוּלָה בַשֶּׁמֶן לְמִנְחָה; נ כַּף
אַחַת עֲשָׂרָה זָהָב מְלֵאָה קְטֹרֶת; נא פַּר אֶחָד בֶּן בָּקָר, אַיִל אֶחָד, כֶּבֶשׂ
אֶחָד בֶּן שְׁנָתוֹ - לְעֹלָה; נב שְׂעִיר עִזִּים אֶחָד - לְחַטָּאת; נג וּלְזֶבַח הַשְּׁלָמִים:
בָּקָר - שְׁנַיִם, אֵילִם - חֲמִשָּׁה, עַתֻּדִים - חֲמִשָּׁה, כְּבָשִׂים בְּנֵי שָׁנָה - חֲמִשָּׁה.
זֶה קָרְבַּן אֱלִישָׁמָע בֶּן עַמִּיהוּד.

נד בַּיּוֹם הַשְּׁמִינִי נָשִׂיא לִבְנֵי מְנַשֶּׁה - גַּמְלִיאֵל בֶּן פְּדָהצוּר. נה קָרְבָּנוֹ:
קַעֲרַת כֶּסֶף אַחַת - שְׁלֹשִׁים וּמֵאָה מִשְׁקָלָהּ; מִזְרָק אֶחָד כֶּסֶף - שִׁבְעִים
שֶׁקֶל בְּשֶׁקֶל הַקֹּדֶשׁ, שְׁנֵיהֶם מְלֵאִים סֹלֶת בְּלוּלָה בַשֶּׁמֶן לְמִנְחָה; נו כַּף
אַחַת עֲשָׂרָה זָהָב מְלֵאָה קְטֹרֶת; נז פַּר אֶחָד בֶּן בָּקָר, אַיִל אֶחָד, כֶּבֶשׂ
אֶחָד בֶּן שְׁנָתוֹ - לְעֹלָה; נח שְׂעִיר עִזִּים אֶחָד - לְחַטָּאת; נט וּלְזֶבַח
הַשְּׁלָמִים: בָּקָר - שְׁנַיִם, אֵילִם - חֲמִשָּׁה, עַתֻּדִים - חֲמִשָּׁה, כְּבָשִׂים בְּנֵי
שָׁנָה - חֲמִשָּׁה. זֶה קָרְבַּן גַּמְלִיאֵל בֶּן פְּדָהצוּר.

ס בַּיּוֹם הַתְּשִׁיעִי נָשִׂיא לִבְנֵי בִנְיָמִן - אֲבִידָן בֶּן גִּדְעֹנִי. סא קָרְבָּנוֹ: קַעֲרַת
כֶּסֶף אַחַת - שְׁלֹשִׁים וּמֵאָה מִשְׁקָלָהּ; מִזְרָק אֶחָד כֶּסֶף - שִׁבְעִים שֶׁקֶל

מִזְרָק אֶחָד כֶּסֶף שִׁבְעִים שֶׁקֶל בְּשֶׁקֶל הַקֹּדֶשׁ
שְׁנֵיהֶם ׀ מְלֵאִים סֹלֶת בְּלוּלָה בַשֶּׁמֶן לְמִנְחָה׃ כַּף סב
אַחַת עֲשָׂרָה זָהָב מְלֵאָה קְטֹרֶת׃ פַּר אֶחָד בֶּן־בָּקָר סג
אַיִל אֶחָד כֶּבֶשׂ־אֶחָד בֶּן־שְׁנָתוֹ לְעֹלָה׃ שְׂעִיר־עִזִּים סד
אֶחָד לְחַטָּאת׃ וּלְזֶבַח הַשְּׁלָמִים בָּקָר שְׁנַיִם אֵילִם סה
חֲמִשָּׁה עַתֻּדִים חֲמִשָּׁה כְּבָשִׂים בְּנֵי־שָׁנָה חֲמִשָּׁה זֶה
קָרְבַּן אֲבִידָן בֶּן־גִּדְעֹנִי׃
בַּיּוֹם הָעֲשִׂירִי נָשִׂיא לִבְנֵי דָן אֲחִיעֶזֶר בֶּן־עַמִּישַׁדָּי׃ סו
קָרְבָּנוֹ קַעֲרַת־כֶּסֶף אַחַת שְׁלֹשִׁים וּמֵאָה מִשְׁקָלָהּ סז
מִזְרָק אֶחָד כֶּסֶף שִׁבְעִים שֶׁקֶל בְּשֶׁקֶל הַקֹּדֶשׁ
שְׁנֵיהֶם ׀ מְלֵאִים סֹלֶת בְּלוּלָה בַשֶּׁמֶן לְמִנְחָה׃ כַּף סח
אַחַת עֲשָׂרָה זָהָב מְלֵאָה קְטֹרֶת׃ פַּר אֶחָד בֶּן־בָּקָר סט
אַיִל אֶחָד כֶּבֶשׂ־אֶחָד בֶּן־שְׁנָתוֹ לְעֹלָה׃ שְׂעִיר־עִזִּים ע
אֶחָד לְחַטָּאת׃ וּלְזֶבַח הַשְּׁלָמִים בָּקָר שְׁנַיִם אֵילִם עא
חֲמִשָּׁה עַתֻּדִים חֲמִשָּׁה כְּבָשִׂים בְּנֵי־שָׁנָה חֲמִשָּׁה זֶה
קָרְבַּן אֲחִיעֶזֶר בֶּן־עַמִּישַׁדָּי׃
שביעי בַּיּוֹם עַשְׁתֵּי עָשָׂר יוֹם נָשִׂיא לִבְנֵי אָשֵׁר פַּגְעִיאֵל בֶּן־ עב
עָכְרָן׃ קָרְבָּנוֹ קַעֲרַת־כֶּסֶף אַחַת שְׁלֹשִׁים וּמֵאָה עג
מִשְׁקָלָהּ מִזְרָק אֶחָד כֶּסֶף שִׁבְעִים שֶׁקֶל בְּשֶׁקֶל
הַקֹּדֶשׁ שְׁנֵיהֶם ׀ מְלֵאִים סֹלֶת בְּלוּלָה בַשֶּׁמֶן לְמִנְחָה׃
כַּף אַחַת עֲשָׂרָה זָהָב מְלֵאָה קְטֹרֶת׃ פַּר אֶחָד בֶּן־ עד עה
בָּקָר אַיִל אֶחָד כֶּבֶשׂ־אֶחָד בֶּן־שְׁנָתוֹ לְעֹלָה׃ שְׂעִיר־ עו

ביאור | בְּשֶׁקֶל הַקֹּדֶשׁ; שְׁנֵיהֶם מְלֵאִים סֹלֶת בְּלוּלָה בַשֶּׁמֶן לְמִנְחָה; סב כַּף
אַחַת עֲשָׂרָה זָהָב מְלֵאָה קְטֹרֶת; סג פַּר אֶחָד בֶּן בָּקָר, אַיִל אֶחָד, כֶּבֶשׂ אֶחָד
בֶּן שְׁנָתוֹ – לְעֹלָה; סד שְׂעִיר עִזִּים אֶחָד – לְחַטָּאת; סה וּלְזֶבַח הַשְּׁלָמִים:
בָּקָר – שְׁנַיִם, אֵילִם – חֲמִשָּׁה, עַתּוּדִים – חֲמִשָּׁה, כְּבָשִׂים בְּנֵי שָׁנָה – חֲמִשָּׁה.
זֶה קָרְבַּן אֲבִידָן בֶּן גִּדְעֹנִי.

סו בַּיּוֹם הָעֲשִׂירִי נָשִׂיא לִבְנֵי דָן – אֲחִיעֶזֶר בֶּן עַמִּישַׁדָּי. סז קָרְבָּנוֹ: קַעֲרַת
כֶּסֶף אַחַת – שְׁלֹשִׁים וּמֵאָה מִשְׁקָלָהּ; מִזְרָק אֶחָד כֶּסֶף – שִׁבְעִים שֶׁקֶל
בְּשֶׁקֶל הַקֹּדֶשׁ, שְׁנֵיהֶם מְלֵאִים סֹלֶת בְּלוּלָה בַשֶּׁמֶן לְמִנְחָה; סח כַּף
אַחַת עֲשָׂרָה זָהָב מְלֵאָה קְטֹרֶת; סט פַּר אֶחָד בֶּן בָּקָר, אַיִל אֶחָד, כֶּבֶשׂ אֶחָד
בֶּן שְׁנָתוֹ – לְעֹלָה; ע שְׂעִיר עִזִּים אֶחָד – לְחַטָּאת; עא וּלְזֶבַח הַשְּׁלָמִים:
בָּקָר – שְׁנַיִם, אֵילִם – חֲמִשָּׁה, עַתּוּדִים – חֲמִשָּׁה, כְּבָשִׂים בְּנֵי שָׁנָה – חֲמִשָּׁה.
זֶה קָרְבַּן אֲחִיעֶזֶר בֶּן עַמִּישַׁדָּי.

עב בְּיוֹם עַשְׁתֵּי עָשָׂר יוֹם, האחד-עשר נָשִׂיא לִבְנֵי אָשֵׁר – פַּגְעִיאֵל בֶּן
עָכְרָן. עג קָרְבָּנוֹ: קַעֲרַת כֶּסֶף אַחַת – שְׁלֹשִׁים וּמֵאָה מִשְׁקָלָהּ; מִזְרָק
אֶחָד כֶּסֶף – שִׁבְעִים שֶׁקֶל בְּשֶׁקֶל הַקֹּדֶשׁ, שְׁנֵיהֶם מְלֵאִים סֹלֶת בְּלוּלָה
בַשֶּׁמֶן לְמִנְחָה; עד כַּף אַחַת עֲשָׂרָה זָהָב מְלֵאָה קְטֹרֶת; עה פַּר אֶחָד
בֶּן בָּקָר, אַיִל אֶחָד, כֶּבֶשׂ אֶחָד בֶּן שְׁנָתוֹ – לְעֹלָה; עו שְׂעִיר עִזִּים

עִזִּים אֶחָד לְחַטָּאת: וּלְזֶבַח הַשְּׁלָמִים בָּקָר שְׁנַיִם עז
אֵילִם חֲמִשָּׁה עַתֻּדִים חֲמִשָּׁה כְּבָשִׂים בְּנֵי־שָׁנָה
חֲמִשָּׁה זֶה קָרְבַּן פַּגְעִיאֵל בֶּן־עָכְרָן:
בְּיוֹם שְׁנֵים עָשָׂר יוֹם נָשִׂיא לִבְנֵי נַפְתָּלִי אֲחִירַע עח
בֶּן־עֵינָן: קָרְבָּנוֹ קַעֲרַת־כֶּסֶף אַחַת שְׁלֹשִׁים וּמֵאָה עט
מִשְׁקָלָהּ מִזְרָק אֶחָד כֶּסֶף שִׁבְעִים שֶׁקֶל בְּשֶׁקֶל
הַקֹּדֶשׁ שְׁנֵיהֶם ׀ מְלֵאִים סֹלֶת בְּלוּלָה בַשֶּׁמֶן לְמִנְחָה:
כַּף אַחַת עֲשָׂרָה זָהָב מְלֵאָה קְטֹרֶת: פַּר אֶחָד בֶּן־ פ פא
בָּקָר אַיִל אֶחָד כֶּבֶשׂ־אֶחָד בֶּן־שְׁנָתוֹ לְעֹלָה: שְׂעִיר־ פב
עִזִּים אֶחָד לְחַטָּאת: וּלְזֶבַח הַשְּׁלָמִים בָּקָר שְׁנַיִם פג
אֵילִם חֲמִשָּׁה עַתֻּדִים חֲמִשָּׁה כְּבָשִׂים בְּנֵי־שָׁנָה
חֲמִשָּׁה זֶה קָרְבַּן אֲחִירַע בֶּן־עֵינָן:
זֹאת ׀ חֲנֻכַּת הַמִּזְבֵּחַ בְּיוֹם הִמָּשַׁח אֹתוֹ מֵאֵת נְשִׂיאֵי פד
יִשְׂרָאֵל קַעֲרֹת כֶּסֶף שְׁתֵּים עֶשְׂרֵה מִזְרְקֵי־כֶסֶף שְׁנֵים
עָשָׂר כַּפּוֹת זָהָב שְׁתֵּים עֶשְׂרֵה: שְׁלֹשִׁים וּמֵאָה הַקְּעָרָה פה

רש"י

פד **בְּיוֹם הִמָּשַׁח אֹתוֹ.** בּוֹ בַּיּוֹם שֶׁנִּמְשַׁח הִקְרִיב, וּמָה אֲנִי מְקַיֵּם "אַחֲרֵי הִמָּשַׁח" (להלן פסוק פח)? שֶׁנִּמְשַׁח תְּחִלָּה וְאַחַר כָּךְ הִקְרִיב. אוֹ: "אַחֲרֵי הִמָּשַׁח" לְאַחַר זְמַן, וְלֹא בָא לְלַמֵּד "בְּיוֹם הִמָּשַׁח" אֶלָּא לוֹמַר שֶׁנִּמְשַׁח בַּיּוֹם? כְּשֶׁהוּא אוֹמֵר: "בְּיוֹם מָשְׁחוֹ אֹתָם" (ויקרא ז, לו), לָמַדְנוּ שֶׁנִּמְשַׁח בַּיּוֹם, וּמַה תַּלְמוּד לוֹמַר: "בְּיוֹם הִמָּשַׁח אֹתוֹ"? בַּיּוֹם שֶׁנִּמְשַׁח הִקְרִיב: קַעֲרֹת כֶּסֶף שְׁתֵּים עֶשְׂרֵה. הֵם הֵם שֶׁהִתְנַדְּבוּ, וְלֹא אֵרַע בָּהֶם פְּסוּל.

פה **שְׁלֹשִׁים וּמֵאָה הַקְּעָרָה הָאַחַת וגו'.** מַה תַּלְמוּד לוֹמַר? לְפִי שֶׁנֶּאֱמַר: "שְׁלֹשִׁים וּמֵאָה מִשְׁקָלָהּ" וְלֹא פֵּרֵשׁ בְּאֵי זוֹ שֶׁקֶל,

הרחבות

פירוט וחזרה הפסוקים המתארים את הקרבנות הזהים של הנשיאים חוזרים בכל פעם מלה במלה, אות באות, באותו ניקוד ובאותם טעמים. נראה שטעמה של החזרה נעוץ לא רק בחיבה לנשיאים ולמתנותיהם, (ראו רמב"ן), אלא גם ברצון להדגיש את ייחודיותו של כל אחד מהם. גם אם בעקבות ההסכמה ביניהם הביאו כולם קרבן זהה, אך לכל אחד מהם היו כוונות משלו. בהיותם אנשים שונים, גם

ביאור

אֶחָד – לְחַטָּאת; עז וּלְזֶבַח הַשְּׁלָמִים: בָּקָר – שְׁנַיִם, אֵילִם – חֲמִשָּׁה,
עַתּוּדִים – חֲמִשָּׁה, כְּבָשִׂים בְּנֵי שָׁנָה – חֲמִשָּׁה. זֶה קָרְבַּן פַּגְעִיאֵל בֶּן
עָכְרָן.

עח בְּיוֹם שְׁנֵים עָשָׂר יוֹם נָשִׂיא לִבְנֵי נַפְתָּלִי – אֲחִירַע בֶּן עֵינָן. עט קָרְבָּנוֹ:
קַעֲרַת כֶּסֶף אַחַת – שְׁלֹשִׁים וּמֵאָה מִשְׁקָלָהּ; מִזְרָק אֶחָד כֶּסֶף – שִׁבְעִים
שֶׁקֶל בְּשֶׁקֶל הַקֹּדֶשׁ, שְׁנֵיהֶם מְלֵאִים סֹלֶת בְּלוּלָה בַשֶּׁמֶן לְמִנְחָה; פ כַּף
אַחַת עֲשָׂרָה זָהָב מְלֵאָה קְטֹרֶת; פא פַּר אֶחָד בֶּן בָּקָר, אַיִל אֶחָד, כֶּבֶשׂ אֶחָד
בֶּן שְׁנָתוֹ – לְעֹלָה; פב שְׂעִיר עִזִּים אֶחָד – לְחַטָּאת; פג וּלְזֶבַח הַשְּׁלָמִים:
בָּקָר – שְׁנַיִם, אֵילִם – חֲמִשָּׁה, עַתּוּדִים – חֲמִשָּׁה, כְּבָשִׂים בְּנֵי שָׁנָה – חֲמִשָּׁה.
זֶה קָרְבַּן אֲחִירַע בֶּן עֵינָן.

סיכום מתנות הנשיאים: פד זֹאת חֲנֻכַּת הַמִּזְבֵּחַ בְּיוֹם הִמָּשַׁח אֹתוֹ,
שניתנה מֵאֵת נְשִׂיאֵי יִשְׂרָאֵל: קַעֲרֹת כֶּסֶף – שְׁתֵּים עֶשְׂרֵה; מִזְרְקֵי
כֶסֶף – שְׁנֵים עָשָׂר; כַּפּוֹת זָהָב – שְׁתֵּים עֶשְׂרֵה; והפירוט: פה שְׁלֹשִׁים
וּמֵאָה שקל – משקל הַקְּעָרָה הָאַחַת כֶּסֶף, וְשִׁבְעִים – הַמִּזְרָק הָאֶחָד. סך

הרחבות

הקרבן האחיד שהביאו בשל מעמדם הציבורי פורט בנפרד. מסיבה זו דרשות עתיקות מצאו משמעות סמלית מיוחדת לקרבנו של כל נשיא המתקשרת לאופיו, לקורותיו ולנחלתו. אף על פי שחומרי הדרשה, המתנות ומשקליהן ומספרן, זהים. דרשות אלה מניחות כי משמעותו של אותו מעשה שעושים שני אנשים שונים משתנה מאדם לאדם (במדבר רבה יג,ט–יד,י).

הָאַחַת כֶּסֶף וְשִׁבְעִים הַמִּזְרָק הָאֶחָד כֹּל כֶּסֶף הַכֵּלִים
אַלְפַּיִם וְאַרְבַּע־מֵאוֹת בְּשֶׁקֶל הַקֹּדֶשׁ: כַּפּוֹת זָהָב פו
שְׁתֵּים־עֶשְׂרֵה מְלֵאֹת קְטֹרֶת עֲשָׂרָה עֲשָׂרָה הַכַּף
מפטיר בְּשֶׁקֶל הַקֹּדֶשׁ כָּל־זְהַב הַכַּפּוֹת עֶשְׂרִים וּמֵאָה: כָּל־ פז
הַבָּקָר לָעֹלָה שְׁנֵים עָשָׂר פָּרִים אֵילִם שְׁנֵים־עָשָׂר
כְּבָשִׂים בְּנֵי־שָׁנָה שְׁנֵים עָשָׂר וּמִנְחָתָם וּשְׂעִירֵי עִזִּים
שְׁנֵים עָשָׂר לְחַטָּאת: וְכֹל בְּקַר ׀ זֶבַח הַשְּׁלָמִים פח
עֶשְׂרִים וְאַרְבָּעָה פָּרִים אֵילִם שִׁשִּׁים עַתֻּדִים שִׁשִּׁים
כְּבָשִׂים בְּנֵי־שָׁנָה שִׁשִּׁים זֹאת חֲנֻכַּת הַמִּזְבֵּחַ אַחֲרֵי
הִמָּשַׁח אֹתוֹ: וּבְבֹא מֹשֶׁה אֶל־אֹהֶל מוֹעֵד לְדַבֵּר אִתּוֹ פט
וַיִּשְׁמַע אֶת־הַקּוֹל מִדַּבֵּר אֵלָיו מֵעַל הַכַּפֹּרֶת אֲשֶׁר עַל־
אֲרֹן הָעֵדֻת מִבֵּין שְׁנֵי הַכְּרֻבִים וַיְדַבֵּר אֵלָיו:

רש"י | לְכָךְ חָזַר וְשָׁנָה כָּאן וְכָלַל בְּכֻלָּן: "כֹּל כֶּסֶף הַכֵּלִים... בְּשֶׁקֶל הַקֹּדֶשׁ": כֹּל כֶּסֶף הַכֵּלִים וְגוֹ'. לִמֶּדְךָ שֶׁהָיוּ כְּלֵי הַמִּקְדָּשׁ מְכֻוָּנִים בְּמִשְׁקָלָן, שׁוֹקְלָן אֶחָד אֶחָד וְשׁוֹקְלָן כֻּלָּן כְּאַחַת, לֹא רִבָּה וְלֹא מִעֵט:

פו | **כַּפּוֹת זָהָב שְׁתֵּים עֶשְׂרֵה.** לָמָּה נֶאֱמַר? לְפִי שֶׁנֶּאֱמַר: "כַּף אַחַת עֲשָׂרָה זָהָב", הָיְתָה שֶׁל זָהָב וּמִשְׁקָלָהּ עֲשָׂרָה שְׁקָלִים שֶׁל כֶּסֶף; אוֹ אֵינוֹ אֶלָּא כַּף אַחַת שֶׁל כֶּסֶף וּמִשְׁקָלָהּ עֲשָׂרָה שִׁקְלֵי זָהָב – וְשִׁקְלֵי זָהָב אֵין מִשְׁקָלָם שָׁוֶה לְשֶׁל כֶּסֶף? תַּלְמוּד לוֹמַר: "כַּפּוֹת זָהָב", שֶׁל זָהָב הָיוּ:

פט | **וּבְבֹא מֹשֶׁה.** שְׁנֵי כְתוּבִים הַמַּכְחִישִׁים זֶה אֶת זֶה, בָּא שְׁלִישִׁי וְהִכְרִיעַ בֵּינֵיהֶם. כָּתוּב אֶחָד אוֹמֵר: "וַיְדַבֵּר ה' אֵלָיו מֵאֹהֶל מוֹעֵד" (ויקרא א, א) וְהוּא חוּץ לַפָּרֹכֶת, וְכָתוּב אֶחָד אוֹמֵר: "וְדִבַּרְתִּי אִתְּךָ מֵעַל הַכַּפֹּרֶת" (שמות כה, כב), בָּא זֶה וְהִכְרִיעַ בֵּינֵיהֶם: מֹשֶׁה בָּא אֶל אֹהֶל מוֹעֵד, וְשָׁם שׁוֹמֵעַ אֶת הַקּוֹל הַבָּא מֵעַל הַכַּפֹּרֶת מִבֵּין שְׁנֵי הַכְּרֻבִים, הַקּוֹל יוֹצֵא מִן הַשָּׁמַיִם לְבֵין שְׁנֵי הַכְּרוּבִים, וּמִשָּׁם יוֹצֵא לְאֹהֶל מוֹעֵד: **מִדַּבֵּר.** כְּמוֹ 'מִתְדַּבֵּר', כְּבוֹדוֹ שֶׁל מַעְלָה לוֹמַר כֵּן, מְדַבֵּר בֵּינוֹ לְבֵין עַצְמוֹ, וּמֹשֶׁה שׁוֹמֵעַ מֵאֵלָיו: **וַיְדַבֵּר אֵלָיו.** לְמַעֵט אֶת אַהֲרֹן מִן הַדִּבְּרוֹת: **וַיִּשְׁמַע אֶת הַקּוֹל.** יָכוֹל קוֹל נָמוּךְ? תַּלְמוּד לוֹמַר: "אֶת הַקּוֹל", הוּא הַקּוֹל שֶׁנִּדְבַּר עִמּוֹ בְּסִינַי, וּכְשֶׁמַּגִּיעַ לַפֶּתַח הָיָה נִפְסָק וְלֹא הָיָה יוֹצֵא חוּץ לָאֹהֶל:

ביאור

כֹּל כֶּסֶף הַכֵּלִים שניתנו משנים-עשר הנשיאים – **אַלְפַּיִם וְאַרְבַּע מֵאוֹת**
בְּשֶׁקֶל הַקֹּדֶשׁ; פו **כַּפּוֹת זָהָב** – **שְׁתֵּים עֶשְׂרֵה מְלֵאֹת קְטֹרֶת** – **עֲשָׂרָה עֲשָׂרָה**
שקלים **הַכַּף בְּשֶׁקֶל הַקֹּדֶשׁ. כָּל** משקל **זְהַב הַכַּפּוֹת** – **עֶשְׂרִים וּמֵאָה** ללא
הקטורת; פז **כָּל הַבָּקָר לָעֹלָה** – **שְׁנֵים עָשָׂר פָּרִים. אֵילִם** – **שְׁנֵים עָשָׂר,**
כְּבָשִׂים בְּנֵי שָׁנָה – **שְׁנֵים עָשָׂר** – **וּמִנְחָתָם.** ככל קרבנות העולה גם
אלו לֻוו במנחה; **וּשְׂעִירֵי עִזִּים** – **שְׁנֵים עָשָׂר לְחַטָּאת;** פח **וְכֹל בְּקַר זֶבַח**
הַשְּׁלָמִים – **עֶשְׂרִים וְאַרְבָּעָה פָּרִים, אֵילִם** – **שִׁשִּׁים, עַתֻּדִים** – **שִׁשִּׁים, כְּבָשִׂים**
בְּנֵי שָׁנָה – **שִׁשִּׁים. זֹאת חֲנֻכַּת הַמִּזְבֵּחַ אַחֲרֵי הִמָּשַׁח אֹתוֹ.** לאחר שמשחו
את המזבח הביאו את הקרבנות החגיגיים כחלק מטקס חניכתו.

כל המתנות הללו ניתנו אחרי משיחת המשכן ואחרי שהתגלתה בו
שכינה, אך המשכן יפעל גם הלאה – פט **וּבְבֹא מֹשֶׁה אֶל אֹהֶל מוֹעֵד**
לְדַבֵּר אִתּוֹ, עם ה׳, **וַיִּשְׁמַע אֶת הַקּוֹל מִדַּבֵּר אֵלָיו מֵעַל הַכַּפֹּרֶת אֲשֶׁר עַל**
אֲרֹן הָעֵדֻת, מִבֵּין שְׁנֵי הַכְּרֻבִים. וַיְדַבֵּר, וכך ה׳ דיבר **אֵלָיו.** בכך יש משום הסבר לכל המתנות והתרומות שהובאו. אין מדובר במבנה סתמי, אלא באוהל שבו מתוועד ה׳ עם משה. המשכן הוא בחינת מכשיר הקשר של ה׳ אל עולמו, והתקשורת הישירה הזאת מתחוללת כאשר משה ניגש אל מול ארון הברית.

בהעלתך ח וַיְדַבֵּר יְהוָה אֶל־מֹשֶׁה לֵּאמֹר׃ דַּבֵּר אֶל־אַהֲרֹן א ב ח
וְאָמַרְתָּ אֵלָיו בְּהַעֲלֹתְךָ אֶת־הַנֵּרֹת אֶל־מוּל פְּנֵי
הַמְּנוֹרָה יָאִירוּ שִׁבְעַת הַנֵּרוֹת׃ וַיַּעַשׂ כֵּן אַהֲרֹן אֶל־ ג
מוּל פְּנֵי הַמְּנוֹרָה הֶעֱלָה נֵרֹתֶיהָ כַּאֲשֶׁר צִוָּה יְהוָה
אֶת־מֹשֶׁה׃ וְזֶה מַעֲשֵׂה הַמְּנֹרָה מִקְשָׁה זָהָב עַד־ ד
יְרֵכָהּ עַד־פִּרְחָהּ מִקְשָׁה הִוא כַּמַּרְאֶה אֲשֶׁר הֶרְאָה
יְהוָה אֶת־מֹשֶׁה כֵּן עָשָׂה אֶת־הַמְּנֹרָה׃

רש״י | פרק ח

ב] **בְּהַעֲלֹתְךָ.** לָמָּה נִסְמְכָה פָּרָשַׁת הַמְּנוֹרָה לְפָרָשַׁת הַנְּשִׂיאִים? לְפִי שֶׁכְּשֶׁרָאָה אַהֲרֹן חֲנֻכַּת הַנְּשִׂיאִים חָלְשָׁה דַּעְתּוֹ, שֶׁלֹּא הָיָה עִמָּהֶם בַּחֲנֻכָּה לֹא הוּא וְלֹא שִׁבְטוֹ, אָמַר לוֹ הַקָּדוֹשׁ בָּרוּךְ הוּא: חַיֶּיךָ, שֶׁלְּךָ גְּדוֹלָה מִשֶּׁלָּהֶם, שֶׁאַתָּה מַדְלִיק וּמֵטִיב אֶת הַנֵּרוֹת: **בְּהַעֲלֹתְךָ.** עַל שֵׁם שֶׁהַלַּהַב עוֹלֶה כָּתוּב בְּהַדְלָקָתָן לְשׁוֹן עֲלִיָּה, שֶׁצָּרִיךְ לְהַדְלִיק עַד שֶׁתְּהֵא שַׁלְהֶבֶת עוֹלָה מֵאֵלֶיהָ. וְעוֹד דָּרְשׁוּ רַבּוֹתֵינוּ מִכָּאן שֶׁמַּעֲלָה הָיְתָה לִפְנֵי הַמְּנוֹרָה שֶׁעָלֶיהָ הַכֹּהֵן עוֹמֵד וּמֵטִיב: **אֶל מוּל פְּנֵי הַמְּנוֹרָה.** אֶל מוּל נֵר הָאֶמְצָעִי, שֶׁאֵינוֹ בַּקָּנִים אֶלָּא בַּגּוּף שֶׁל מְנוֹרָה: **יָאִירוּ שִׁבְעַת הַנֵּרוֹת.** שִׁשָּׁה שֶׁעַל שֵׁשֶׁת הַקָּנִים, שְׁלֹשָׁה הַמִּזְרָחִיִּים פּוֹנִים לְמוּל הָאֶמְצָעִי הַפְּתִילוֹת שֶׁבָּהֶן, וְכֵן שְׁלֹשָׁה הַמַּעֲרָבִיִּים רָאשֵׁי הַפְּתִילוֹת לְמוּל הָאֶמְצָעִי. וְלָמָּה? כְּדֵי שֶׁלֹּא יֹאמְרוּ: לְאוֹרָה הוּא צָרִיךְ:

ג] **וַיַּעַשׂ כֵּן אַהֲרֹן.** לְהַגִּיד שִׁבְחוֹ שֶׁל אַהֲרֹן שֶׁלֹּא שִׁנָּה:

ד] **וְזֶה מַעֲשֵׂה הַמְּנֹרָה.** שֶׁהֶרְאָהוּ הַקָּדוֹשׁ בָּרוּךְ הוּא בְּאֶצְבַּע, לְפִי שֶׁנִּתְקַשָּׁה בָּהּ, לְכָךְ נֶאֱמַר: "וְזֶה": **מִקְשָׁה.** בטדי"ן בְּלַעַז, לְשׁוֹן: "דָּא לְדָא נָקְשָׁן" (דניאל ה, ו). עֶשֶׁת שֶׁל כִּכַּר זָהָב הָיְתָה, וּמַקִּישׁ בְּקֻרְנָס וְחוֹתֵךְ בְּכַשִּׁיל לִפְשֵׁט אֵיבָרֶיהָ כְּתִקּוּנָן, וְלֹא נַעֲשֵׂית אֵיבָרִים אֵיבָרִים עַל יְדֵי חִבּוּר: **עַד יְרֵכָהּ עַד פִּרְחָהּ.** יְרֵכָהּ הִיא הַשִּׁדָּה שֶׁעַל הָרַגְלַיִם, חָלוּל, כְּדֶרֶךְ מְנוֹרוֹת כֶּסֶף שֶׁלִּפְנֵי הַשָּׂרִים: **עַד יְרֵכָהּ עַד פִּרְחָהּ.** כְּלוֹמַר גּוּפָהּ שֶׁל מְנוֹרָה כֻּלָּהּ וְכָל הַתָּלוּי בָּהּ: **עַד יְרֵכָהּ.** שֶׁהוּא אֵיבָר גָּדוֹל: **עַד פִּרְחָהּ.** שֶׁהוּא מַעֲשֶׂה דַּק שֶׁבָּהּ, הַכֹּל "מִקְשָׁה". וְדֶרֶךְ 'עַד' לְשַׁמֵּשׁ בִּלְשׁוֹן זֶה, כְּמוֹ: "מִגָּדִישׁ וְעַד קָמָה וְעַד כֶּרֶם זָיִת" (שופטים טו, ה): **כַּמַּרְאֶה אֲשֶׁר הֶרְאָה וְגוֹ'.** כְּתַבְנִית אֲשֶׁר הֶרְאָהוּ בָּהָר, כְּמוֹ שֶׁנֶּאֱמַר: "וּרְאֵה וַעֲשֵׂה בְּתַבְנִיתָם" וְגוֹ' (שמות כה, מ): **כֵּן עָשָׂה אֶת הַמְּנֹרָה.** מִי שֶׁעֲשָׂאָהּ. וּמִדְרַשׁ אַגָּדָה: עַל יְדֵי הַקָּדוֹשׁ בָּרוּךְ הוּא נַעֲשֵׂית מֵאֵלֶיהָ:

הדלקת המנורה

פרק ח פס׳ א–ד

עניינה של הדלקת המנורה כבר הופיע פעמיים קודם לכן. כאן מופיע ציווי מעשי שלא נאמר עד עתה, המשמעותי כבר ליום הראשון של העבודה במשכן. היו חכמים שהסבירו כי קטע זה מופיע כאן כהשלמתו של עניין מתנות הנשיאים. כל אחד מנשיאי השבטים הביא קרבן למשכן, ורק אהרן – נשיא שבט לוי – לא הביא דבר. לפיכך מזכיר הכתוב את תפקידו של אהרן בהדלקת המנורה, המקבילה לקרבנות שהקריבו שאר הנשיאים לשם חנוכת המזבח.[1]

ביאור | פרק ח א **וַיְדַבֵּר ה׳ אֶל מֹשֶׁה לֵּאמֹר:** ב **דַּבֵּר אֶל אַהֲרֹן וְאָמַרְתָּ אֵלָיו:**
בְּהַעֲלֹתְךָ, כאשר תדליק **אֶת הַנֵּרֹת, אֶל מוּל פְּנֵי**, הקנה המרכזי של
הַמְּנוֹרָה יָאִירוּ שִׁבְעַת הַנֵּרוֹת. צורתם של הנרות – שהם כלי קיבול
השמן והפתילה – מסתיימת בפִיה שאפשר להטותה בכיוונים שונים.
אהרן מצווה שכל הפתילות יפנו אל הקנה המרכזי,[2] או: אל השטח
שמול הקנה האמצעי.[3]

ג **וַיַּעַשׂ כֵּן אַהֲרֹן – אֶל מוּל פְּנֵי הַמְּנוֹרָה הֶעֱלָה נֵרֹתֶיהָ, כַּאֲשֶׁר צִוָּה ה׳ אֶת מֹשֶׁה.**

ד **וְזֶה** סיכום **מַעֲשֵׂה הַמְּנֹרָה: מִקְשָׁה**, גוש **זָהָב, עַד יְרֵכָהּ**, בסיס המנורה, **עַד פִּרְחָהּ**, הפרחים המעטרים את קניה – **מִקְשָׁה הִוא**. הכול עוצב מתוך גוש הזהב ללא הרכבה, ללא הדבקה וללא ריתוך. **כַּמַּרְאֶה אֲשֶׁר הֶרְאָה ה׳ אֶת מֹשֶׁה – כֵּן עָשָׂה אֶת הַמְּנֹרָה.** מן ההוראות המילוליות לבדן קשה היה לדעת כיצד יש לעצב את המנורה, כיצד צריכים להיראות כפתוריה ופרחיה ומה מספרם. משום כך ה׳ הראה למשה את דמותה בהר, ומשה יכול היה להורות לעושי המלאכה כיצד יש לבצעה.

העלאת הנרות במנורה

ה ו ·וַיְדַבֵּר יְהוָה אֶל־מֹשֶׁה לֵּאמֹר׃ קַח אֶת־הַלְוִיִּם
ז מִתּוֹךְ בְּנֵי יִשְׂרָאֵל וְטִהַרְתָּ אֹתָם׃ וְכֹה־תַעֲשֶׂה לָהֶם
לְטַהֲרָם הַזֵּה עֲלֵיהֶם מֵי חַטָּאת וְהֶעֱבִירוּ תַעַר
ח עַל־כָּל־בְּשָׂרָם וְכִבְּסוּ בִגְדֵיהֶם וְהִטֶּהָרוּ׃ וְלָקְחוּ
פַּר בֶּן־בָּקָר וּמִנְחָתוֹ סֹלֶת בְּלוּלָה בַשָּׁמֶן וּפַר־שֵׁנִי
ט בֶן־בָּקָר תִּקַּח לְחַטָּאת׃ וְהִקְרַבְתָּ אֶת־הַלְוִיִּם לִפְנֵי
אֹהֶל מוֹעֵד וְהִקְהַלְתָּ אֶת־כָּל־עֲדַת בְּנֵי יִשְׂרָאֵל׃ ·
י וְהִקְרַבְתָּ אֶת־הַלְוִיִּם לִפְנֵי יְהוָה וְסָמְכוּ בְנֵי־יִשְׂרָאֵל
יא אֶת־יְדֵיהֶם עַל־הַלְוִיִּם׃ וְהֵנִיף אַהֲרֹן אֶת־הַלְוִיִּם
תְּנוּפָה לִפְנֵי יְהוָה מֵאֵת בְּנֵי יִשְׂרָאֵל וְהָיוּ לַעֲבֹד
יב אֶת־עֲבֹדַת יְהוָה׃ וְהַלְוִיִּם יִסְמְכוּ אֶת־יְדֵיהֶם עַל
רֹאשׁ הַפָּרִים וַעֲשֵׂה אֶת־הָאֶחָד חַטָּאת וְאֶת־הָאֶחָד

רש"י

ו) **קַח אֶת הַלְוִיִּם.** קָחֵם בִּדְבָרִים: 'אַשְׁרֵיכֶם שֶׁתִּזְכּוּ לִהְיוֹת שַׁמָּשִׁים לַמָּקוֹם':

ז) **הַזֵּה עֲלֵיהֶם מֵי חַטָּאת.** שֶׁל אֵפֶר הַפָּרָה, מִפְּנֵי טְמֵאֵי מֵתִים שֶׁבָּהֶם: **וְהֶעֱבִירוּ תַעַר.** מָצָאתִי בְּדִבְרֵי רַבִּי מֹשֶׁה הַדַּרְשָׁן, לְפִי שֶׁנִּתְּנוּ כַּפָּרָה עַל הַבְּכוֹרוֹת שֶׁעָבְדוּ עֲבוֹדָה זָרָה, וְהִיא קְרוּיָה 'זִבְחֵי מֵתִים' (תהלים קו, כח), וְהַמְּצֹרָע קָרוּי 'מֵת' (להלן יב, יב), הִזְקִיקָם תִּגְלַחַת כִּמְצֹרָעִים:

ח) **וְלָקְחוּ פַּר בֶּן בָּקָר.** וְהוּא עוֹלָה, כְּמוֹ שֶׁכָּתוּב: "וַעֲשֵׂה אֶת הָאֶחָד... עֹלָה" (להלן פסוק יב), וְהוּא קָרְבַּן צִבּוּר בַּעֲבוֹדָה זָרָה (להלן טו, כד): **וּפַר שֵׁנִי.** מַה תַּלְמוּד לוֹמַר "שֵׁנִי"? לוֹמַר לְךָ, מָה עוֹלָה לֹא נֶאֱכֶלֶת אַף חַטָּאת לֹא נֶאֱכֶלֶת, וּבָזוֹ יֵשׁ סֶמֶךְ לִדְבָרָיו בְּתוֹרַת כֹּהֲנִים (חובה פרק ג, ז). וְאוֹמֵר אֲנִי שֶׁהוֹרָאַת שָׁעָה הָיְתָה, שֶׁשָּׂעִיר הָיָה לָהֶם לְהָבִיא לְחַטַּאת עֲבוֹדָה זָרָה עִם פַּר הָעוֹלָה:

ט) **וְהִקְהַלְתָּ אֶת כָּל עֲדַת.** לְפִי שֶׁהַלְוִיִּם נִתּוּנִים קָרְבַּן כַּפָּרָה תַּחְתֵּיהֶם, יָבוֹאוּ וְיַעַמְדוּ עַל קָרְבָּנָם וְיִסְמְכוּ אֶת יְדֵיהֶם עֲלֵיהֶם:

יא) **וְהֵנִיף אַהֲרֹן אֶת הַלְוִיִּם תְּנוּפָה.** כְּדֶרֶךְ שֶׁאָשָׁם מְצֹרָע טָעוּן תְּנוּפָה חַי (ויקרא יד, יב). שָׁלֹשׁ תְּנוּפוֹת נֶאֶמְרוּ בְּפָרָשָׁה זוֹ: הָרִאשׁוֹנָה לִבְנֵי קְהָת, לְכָךְ נֶאֱמַר בָּם: "וְהָיוּ לַעֲבֹד אֶת עֲבֹדַת ה'", לְפִי שֶׁעֲבוֹדַת קֹדֶשׁ הַקֳּדָשִׁים עֲלֵיהֶם, "הָאָרֹן וְהַשֻּׁלְחָן" וְגוֹ' (לעיל ג, לא); הַשְּׁנִיָּה לִבְנֵי גֵרְשׁוֹן, לְכָךְ נֶאֱמַר בָּם: "תְּנוּפָה לַה'" (להלן פסוק יג), שֶׁאַף עֲלֵיהֶם הָיְתָה עֲבוֹדַת הַקֹּדֶשׁ – יְרִיעוֹת וּקְרָסִים הַנִּרְאִים בְּבֵית קֹדֶשׁ הַקֳּדָשִׁים; וְהַשְּׁלִישִׁית לִבְנֵי מְרָרִי (להלן פסוק טו):

לקיחת הלויים

פרק ח פס׳ ה–כו

עבודת הלויים פורטה בפרקיו הראשונים של הספר, אך כיוון שאין מדובר בתפקיד מעשי גרידא, אלא בתפקיד הכרוך בקדושה יתרה, הכניסה אליו דורשת טקס טהרה. לאחר שתוארה עבודתו של הכהן בהדלקת הנרות, בא הציווי על סדר לקיחת הלויים הנלווים אליו.

ביאור | ה **וַיְדַבֵּר ה׳ אֶל מֹשֶׁה לֵּאמֹר:** ו **קַח אֶת הַלְוִיִּם מִתּוֹךְ בְּנֵי יִשְׂרָאֵל, וְטִהַרְתָּ**
אֹתָם. ז **וְכֹה תַעֲשֶׂה לָהֶם לְטַהֲרָם: הַזֵּה עֲלֵיהֶם מֵי חַטָּאת,** מי פרה אדומה,[4]
וְהֶעֱבִירוּ תַעַר עַל כָּל בְּשָׂרָם. עליהם לגלח את כל שערותיהם – שער
הראש, הזקן ושער הגוף, **וְכִבְּסוּ בִגְדֵיהֶם, וְהִטֶּהָרוּ** בטבילה. ח **וְלָקְחוּ**
הלויים **פַּר בֶּן בָּקָר** לעולה **וּמִנְחָתוֹ,** העשויה **סֹלֶת בְּלוּלָה בַשָּׁמֶן, וּפַר**
שֵׁנִי בֶן בָּקָר תִּקַּח לְחַטָּאת, כחלק מהיטהרותם. ט **וְהִקְרַבְתָּ אֶת הַלְוִיִּם**
לִפְנֵי אֹהֶל מוֹעֵד, וְהִקְהַלְתָּ אֶת כָּל עֲדַת בְּנֵי יִשְׂרָאֵל, שכן הדבר נוגע גם
להם. י **וְהִקְרַבְתָּ אֶת הַלְוִיִּם לִפְנֵי ה׳. וְסָמְכוּ** נציגיהם של **בְּנֵי יִשְׂרָאֵל,**
אולי הסנהדרין[5] ואולי הבכורות שהיו עובדים עד עתה ונפדו על ידי
הלויים,[6] **אֶת יְדֵיהֶם עַל הַלְוִיִּם.** כך הלויים ייעשו מעין קרבן של העדה.
העדה תקדיש אותם לעבוד באוהל מועד במקום בכורותיה. סמיכת
הידיים של נציגי ישראל על ראש הלויים דומה לסמיכת הידיים של
הבעלים על ראש הבהמה המוקרבת, אך כאן היא מבטאת את ייפוי
כוח הלויים למלא את מקום הבכורות כנציגי ישראל.[7] יא **וְהֵנִיף**
אַהֲרֹן אֶת הַלְוִיִּם תְּנוּפָה לִפְנֵי ה׳ מֵאֵת בְּנֵי יִשְׂרָאֵל, כדרך שהכהן עושה
בחלק מן הקרבנות. הנפת הלויים היא עבודה קשה הדורשת כוח
רב. **וְהָיוּ לַעֲבֹד אֶת עֲבֹדַת ה׳.** כמו הקרבן אף הלויים זוכים למעמד
מיוחד, ולקראתו הם עוברים הליכי הכנה דוגמת אלה שעובר
הקרבן. יב בני ישראל סומכים את ידיהם על הלויים, **וְ**אילו **הַלְוִיִּם**
יִסְמְכוּ אֶת יְדֵיהֶם עַל רֹאשׁ שני **הַפָּרִים,** הקרבנות המוקרבים בפועל
על גבי המזבח. **וַעֲשֵׂה אֶת הָאֶחָד חַטָּאת וְאֶת הָאֶחָד עֹלָה לַה׳, לְכַפֵּר**

עֹלָה לַיהוָה לְכַפֵּר עַל־הַלְוִיִּם: וְהַעֲמַדְתָּ אֶת־הַלְוִיִּם יג
לִפְנֵי אַהֲרֹן וְלִפְנֵי בָנָיו וְהֵנַפְתָּ אֹתָם תְּנוּפָה לַיהוָה:
וְהִבְדַּלְתָּ אֶת־הַלְוִיִּם מִתּוֹךְ בְּנֵי יִשְׂרָאֵל וְהָיוּ לִי יד
שני הַלְוִיִּם: וְאַחֲרֵי־כֵן יָבֹאוּ הַלְוִיִּם לַעֲבֹד אֶת־אֹהֶל טו
מוֹעֵד וְטִהַרְתָּ אֹתָם וְהֵנַפְתָּ אֹתָם תְּנוּפָה: כִּי נְתֻנִים טז
נְתֻנִים הֵמָּה לִי מִתּוֹךְ בְּנֵי יִשְׂרָאֵל תַּחַת פִּטְרַת כָּל־
רֶחֶם בְּכוֹר כֹּל מִבְּנֵי יִשְׂרָאֵל לָקַחְתִּי אֹתָם לִי: כִּי לִי יז
כָל־בְּכוֹר בִּבְנֵי יִשְׂרָאֵל בָּאָדָם וּבַבְּהֵמָה בְּיוֹם הַכֹּתִי
כָל־בְּכוֹר בְּאֶרֶץ מִצְרַיִם הִקְדַּשְׁתִּי אֹתָם לִי: וָאֶקַּח יח
אֶת־הַלְוִיִּם תַּחַת כָּל־בְּכוֹר בִּבְנֵי יִשְׂרָאֵל: וָאֶתְּנָה יט
אֶת־הַלְוִיִּם נְתֻנִים ׀ לְאַהֲרֹן וּלְבָנָיו מִתּוֹךְ בְּנֵי יִשְׂרָאֵל
לַעֲבֹד אֶת־עֲבֹדַת בְּנֵי־יִשְׂרָאֵל בְּאֹהֶל מוֹעֵד וּלְכַפֵּר
עַל־בְּנֵי יִשְׂרָאֵל וְלֹא יִהְיֶה בִּבְנֵי יִשְׂרָאֵל נֶגֶף בְּגֶשֶׁת
בְּנֵי־יִשְׂרָאֵל אֶל־הַקֹּדֶשׁ: וַיַּעַשׂ מֹשֶׁה וְאַהֲרֹן וְכָל־ כ
עֲדַת בְּנֵי־יִשְׂרָאֵל לַלְוִיִּם כְּכֹל אֲשֶׁר־צִוָּה יְהוָה אֶת־
מֹשֶׁה לַלְוִיִּם כֵּן־עָשׂוּ לָהֶם בְּנֵי יִשְׂרָאֵל: וַיִּתְחַטְּאוּ כא
הַלְוִיִּם וַיְכַבְּסוּ בִּגְדֵיהֶם וַיָּנֶף אַהֲרֹן אֹתָם תְּנוּפָה לִפְנֵי

רש"י

טז) נְתֻנִים נְתֻנִים. נְתוּנִים לְמַשָּׂא, נְתוּנִים לְשִׁיר: פִּטְרַת. פְּתִיחַת:

יז) כִּי לִי כָל בְּכוֹר. שֶׁלִּי הָיוּ הַבְּכוֹרוֹת בְּקַו הַדִּין, שֶׁהֲגַנְתִּי עֲלֵיהֶם בֵּין בְּכוֹרֵי מִצְרַיִם וְלָקַחְתִּי אוֹתָם לִי, עַד שֶׁטָּעוּ בָּעֵגֶל, וְעַכְשָׁיו: "וָאֶקַּח אֶת הַלְוִיִּם" וְגוֹ' (להלן פסוק יח):

יט) וָאֶתְּנָה וְגוֹ'. חֲמִשָּׁה פְּעָמִים נֶאֱמַר 'בְּנֵי יִשְׂרָאֵל' בְּמִקְרָא זֶה, לְהוֹדִיעַ חִבָּתָן שֶׁתּוֹכֵף אַזְכָּרוֹתֵיהֶן בְּמִקְרָא אֶחָד כְּמִנְיַן חֲמִשָּׁה חֻמְשֵׁי תוֹרָה, כָּךְ רָאִיתִי בִּבְרֵאשִׁית רַבָּה (ג, ה): וְלֹא יִהְיֶה בִּבְנֵי יִשְׂרָאֵל נֶגֶף. שֶׁלֹּא יִצְטָרְכוּ לָגֶשֶׁת אֶל הַקֹּדֶשׁ, שֶׁאִם יִגְּשׁוּ יִהְיֶה נֶגֶף:

כ) וַיַּעַשׂ מֹשֶׁה וְאַהֲרֹן וְכָל עֲדַת וְגוֹ'. מֹשֶׁה הֶעֱמִידָן, וְאַהֲרֹן הֵנִיף, וְיִשְׂרָאֵל סָמְכוּ אֶת יְדֵיהֶם:

ביאור | עַל הַלְוִיִּם. יג וְהַעֲמַדְתָּ אֶת הַלְוִיִּם לִפְנֵי אַהֲרֹן וְלִפְנֵי בָנָיו, וְהֵנַפְתָּ אֹתָם גם
אתה תְּנוּפָה לַה׳ כחלק מהקדשתם. יד וְהִבְדַּלְתָּ אֶת הַלְוִיִּם מִתּוֹךְ בְּנֵי
יִשְׂרָאֵל, וְהָיוּ לִי, לצבאי ולמשמר המקדש שלי הַלְוִיִּם. טו וְאַחֲרֵי כֵן
יָבֹאוּ הַלְוִיִּם לַעֲבֹד אֶת אֹהֶל מוֹעֵד, וְטִהַרְתָּ אֹתָם וְהֵנַפְתָּ אֹתָם תְּנוּפָה קודם
שיבואו לעבוד, טז כִּי נְתֻנִים נְתֻנִים הֵמָּה לִי מִתּוֹךְ בְּנֵי יִשְׂרָאֵל; נתונים
מכל צד, הם ובניהם. או: נתונים כפליים הן מצד רצונם והן בבחירתו
של ה׳, או: נתונים כשלעצמם ונתונים בתור תחליף[8] – תַּחַת, במקום
פִּטְרַת, פתיחת כָּל רֶחֶם – כלומר בְּכוֹר כֹּל מִבְּנֵי יִשְׂרָאֵל, לָקַחְתִּי אֹתָם
לִי. יז כִּי לִי כָל בְּכוֹר בִּבְנֵי יִשְׂרָאֵל, בָּאָדָם וּבַבְּהֵמָה. בְּיוֹם הַכֹּתִי כָל בְּכוֹר
בְּאֶרֶץ מִצְרַיִם הִקְדַּשְׁתִּי אֹתָם – את בכורי ישראל לִי, לעבודתי. יח ואחר
כך – וָאֶקַּח אֶת הַלְוִיִּם תַּחַת כָּל בְּכוֹר בִּבְנֵי יִשְׂרָאֵל. הלויים נעשו תחליף
לבכורות. יט וָאֶתְּנָה אֶת הַלְוִיִּם נְתֻנִים לְאַהֲרֹן וּלְבָנָיו מִתּוֹךְ בְּנֵי יִשְׂרָאֵל,
לַעֲבֹד אֶת עֲבֹדַת בְּנֵי יִשְׂרָאֵל בְּאֹהֶל מוֹעֵד וּלְכַפֵּר עַל בְּנֵי יִשְׂרָאֵל, וְכך
לֹא יִהְיֶה בִּבְנֵי יִשְׂרָאֵל נֶגֶף בְּגֶשֶׁת בְּנֵי יִשְׂרָאֵל אֶל הַקֹּדֶשׁ. המשמר הקבוע
של הלויים יוודא שישראל לא יגעו בקודש שלא כדין, וכך ישראל
לא ייפגעו. השהייה במשכן ובמקדש והעבודה בו ומניעת כניסה
שאינה ראויה או כזו שאין בה צורך, תובעות לימוד ואימון. קשה
לדרוש זאת מכל בכור במשפחות ישראל, אך אפשר להקדיש שבט
קטן אחד למטרה זו.[9]

כ וַיַּעַשׂ מֹשֶׁה וְאַהֲרֹן וְכָל עֲדַת בְּנֵי יִשְׂרָאֵל לַלְוִיִּם, כְּכֹל אֲשֶׁר צִוָּה ה׳ אֶת
מֹשֶׁה לַלְוִיִּם – כֵּן עָשׂוּ לָהֶם בְּנֵי יִשְׂרָאֵל.

כא וַיִּתְחַטְּאוּ, נטהרו מעצמם הַלְוִיִּם וַיְכַבְּסוּ בִּגְדֵיהֶם. וַיָּנֶף אַהֲרֹן אֹתָם

כב יְהוָה וַיְכַפֵּר עֲלֵיהֶם אַהֲרֹן לְטַהֲרָם: וְאַחֲרֵי־כֵן בָּאוּ
הַלְוִיִּם לַעֲבֹד אֶת־עֲבֹדָתָם בְּאֹהֶל מוֹעֵד לִפְנֵי אַהֲרֹן
וְלִפְנֵי בָנָיו כַּאֲשֶׁר צִוָּה יְהוָה אֶת־מֹשֶׁה עַל־הַלְוִיִּם כֵּן
כג עָשׂוּ לָהֶם: וַיְדַבֵּר יְהוָה אֶל־מֹשֶׁה לֵּאמֹר:
כד זֹאת אֲשֶׁר לַלְוִיִּם מִבֶּן חָמֵשׁ וְעֶשְׂרִים שָׁנָה וָמַעְלָה
כה יָבוֹא לִצְבֹא צָבָא בַּעֲבֹדַת אֹהֶל מוֹעֵד: וּמִבֶּן חֲמִשִּׁים
כו שָׁנָה יָשׁוּב מִצְּבָא הָעֲבֹדָה וְלֹא יַעֲבֹד עוֹד: וְשֵׁרֵת
אֶת־אֶחָיו בְּאֹהֶל מוֹעֵד לִשְׁמֹר מִשְׁמֶרֶת וַעֲבֹדָה לֹא
יַעֲבֹד כָּכָה תַּעֲשֶׂה לַלְוִיִּם בְּמִשְׁמְרֹתָם:

שלישי

ט א וַיְדַבֵּר יְהוָה אֶל־מֹשֶׁה בְמִדְבַּר־סִינַי בַּשָּׁנָה הַשֵּׁנִית
לְצֵאתָם מֵאֶרֶץ מִצְרַיִם בַּחֹדֶשׁ הָרִאשׁוֹן לֵאמֹר:

רש"י

כב) **כַּאֲשֶׁר צִוָּה ה' וגו' כֵּן עָשׂוּ.** לְהַגִּיד שֶׁבַח הָעוֹשִׂין וְהַנַּעֲשָׂה בָּהֶן, שֶׁאֶחָד מֵהֶם לֹא עִכֵּב:

כד) **זֹאת אֲשֶׁר לַלְוִיִּם.** שָׁנִים פּוֹסְלִים בָּהֶם, וְאֵין הַמּוּמִין פּוֹסְלִים בָּהֶם: **מִבֶּן חָמֵשׁ וְעֶשְׂרִים.** וּבְמָקוֹם אַחֵר אוֹמֵר: "מִבֶּן שְׁלֹשִׁים שָׁנָה" (לעיל ד, ג), הָא כֵּיצַד? מִבֶּן עֶשְׂרִים וְחָמֵשׁ בָּא לִלְמֹד הִלְכוֹת עֲבוֹדָה וְלוֹמֵד חָמֵשׁ שָׁנִים, וּבֶן שְׁלֹשִׁים עוֹבֵד. מִכָּאן לְתַלְמִיד שֶׁלֹּא רָאָה סִימָן יָפֶה בְּמִשְׁנָתוֹ בְּחָמֵשׁ שָׁנִים, שׁוּב אֵינוֹ רוֹאֶה:

כה) **וְלֹא יַעֲבֹד עוֹד.** עֲבוֹדַת מַשָּׂא בַּכָּתֵף, אֲבָל חוֹזֵר הוּא לִנְעִילַת שְׁעָרִים וְלָשִׁיר וְלִטְעֹן עֲגָלוֹת, וְזֶהוּ: "וְשֵׁרֵת אֶת אֶחָיו" (להלן פסוק כו), "עִם אֲחוֹהִי", כְּתַרְגּוּמוֹ:

כו) **לִשְׁמֹר מִשְׁמֶרֶת.** לַחֲנוֹת סָבִיב לָאֹהֶל וּלְהָקִים וּלְהוֹרִיד בִּשְׁעַת הַמַּסָּעוֹת:

פרק ט

א) **בַּחֹדֶשׁ הָרִאשׁוֹן.** פָּרָשָׁה שֶׁבְּרֹאשׁ הַסֵּפֶר לֹא נֶאֶמְרָה עַד אִיָּר, לָמַדְתָּ שֶׁאֵין סֵדֶר מֻקְדָּם וּמְאֻחָר בַּתּוֹרָה. וְלָמָּה לֹא פָּתַח בְּזוֹ? מִפְּנֵי שֶׁהִיא גְּנוּתָן שֶׁל יִשְׂרָאֵל, שֶׁכָּל אַרְבָּעִים שָׁנָה שֶׁהָיוּ יִשְׂרָאֵל בַּמִּדְבָּר לֹא הִקְרִיבוּ אֶלָּא פֶּסַח זֶה בִּלְבָד:

הרחבות

'מבן חמש ועשרים שנה ומעלה יבוא לצבא צבא בעבדת אהל מועד' הוראה זו שונה ממה שנאמר קודם על הלויים בני קהת: מִבֶּן שְׁלֹשִׁים שָׁנָה וָמַעְלָה וְעַד בֶּן חֲמִשִּׁים שָׁנָה כָּל בָּא לַצָּבָא לַעֲשׂוֹת מְלָאכָה בְּאֹהֶל מוֹעֵד (לעיל ד,ג). נראה שהלויים התחילו את שירותם בגיל עשרים וחמש, אבל במשך חמש שנים שימשו ממלאי מקום מתלמדים, ועבודתם הייתה בגדר אימון ולימוד. בהגיעם לגיל שלושים הם נחשבו מבוגרים ונאמנים דיים לשמש בשלמות בעבודת הקודש. (ראו ר"י בכור שור על אתר ועל במדבר ד,ג כב).

ביאור | **תְּנוּפָה לִפְנֵי ה׳, וַיְכַפֵּר עֲלֵיהֶם אַהֲרֹן** והעלה אותם בדרגה **לְטַהֲרָם** כדי
שיהיו ראויים לתפקיד.

כב **וְאַחֲרֵי כֵן בָּאוּ הַלְוִיִּם לַעֲבֹד אֶת עֲבֹדָתָם בְּאֹהֶל מוֹעֵד לִפְנֵי אַהֲרֹן וְלִפְנֵי**
בָנָיו. כַּאֲשֶׁר צִוָּה ה׳ אֶת מֹשֶׁה עַל הַלְוִיִּם - כֵּן עָשׂוּ לָהֶם.

כג המשך וסיכום לכך - **וַיְדַבֵּר ה׳ אֶל מֹשֶׁה לֵּאמֹר: זֹאת אֲשֶׁר לַלְוִיִּם: מִבֶּן**
חָמֵשׁ וְעֶשְׂרִים שָׁנָה וָמַעְלָה יָבוֹא לִצְבֹא צָבָא בַּעֲבֹדַת אֹהֶל מוֹעֵד. כה **וּמִבֶּן**
חֲמִשִּׁים שָׁנָה יָשׁוּב מִצְּבָא הָעֲבֹדָה, וְלֹא יַעֲבֹד עוֹד בנשיאת הכלים
וכיוצא בה. כו **וְשֵׁרֵת אֶת אֶחָיו בְּאֹהֶל מוֹעֵד לִשְׁמֹר מִשְׁמֶרֶת** כצוות
עזר למשמרות הלויים האחרים, אך **עֲבֹדָה** ממשית **לֹא יַעֲבֹד. כָּכָה**
תַּעֲשֶׂה לַלְוִיִּם בְּמִשְׁמְרֹתָם.[10]

פסח שני

פרק ט פס׳ א–יד

עניין זה, שקדם כרונולוגית לפרשה הפותחת את הספר,[11] פותח בתזכורת שניתנה לישראל שנה לאחר יציאת מצרים, לעשות את קרבן הפסח. עתה, משהוקם המשכן וירדה שכינה לשרות בו, נצטווה העם להקריב את קרבן החובה שעוד בשנה הקודמת נצטווה עליו במצרים כל יחיד ויחיד מישראל. העם בכללו מציית למצוות ה׳, אך בעקבות פנייתם של אנשים טמאים, שהיו מנועים מלהקריב את הקרבן, ניתנות הלכותיו של ׳פסח שני׳. זהו אחד המקרים הבודדים בתורה שבו באה מצווה כפתרון אלוקי למשאלה ובקשה אנושיים.

פרק ט א **וַיְדַבֵּר ה׳ אֶל מֹשֶׁה** באוהל מועד **בְמִדְבַּר סִינַי, בַּשָּׁנָה הַשֵּׁנִית**
לְצֵאתָם מֵאֶרֶץ מִצְרַיִם, שנה לאחר יציאת מצרים, **בַּחֹדֶשׁ הָרִאשׁוֹן,**

הרחבות | **׳ומבן חמִשים... ושרת את אחָיו׳** לכאורה הלויים מתחילים לעבוד מאוחר יותר משאר בני ישראל ומסיימים מוקדם יותר, שהרי ישראל נמנים לצבא מגיל עשרים עד גיל שישים. אולם בפועל הלויים מתחילים ללמוד את עבודתם בגיל עשרים וחמש, ואחרי הגיעם לגיל חמישים הם ממשיכים למלא תפקידי שמירה ואולי גם תפקידים נוספים כגון נעילת שערים, העמסה על העגלות ותפקידי פיקוח. (ראו חולין כד; ספרי בהעלתך, רש״י ורמב״ן על אתר; רמב״ן, בהשגות על ספר המצוות שורש ג).

ב ג וַיַּעֲשׂוּ בְנֵי־יִשְׂרָאֵל אֶת־הַפָּסַח בְּמוֹעֲדוֹ: בְּאַרְבָּעָה
עָשָׂר־יוֹם בַּחֹדֶשׁ הַזֶּה בֵּין הָעֲרָבַיִם תַּעֲשׂוּ אֹתוֹ
בְּמֹעֲדוֹ כְּכָל־חֻקֹּתָיו וּכְכָל־מִשְׁפָּטָיו תַּעֲשׂוּ אֹתוֹ:
ד ה וַיְדַבֵּר מֹשֶׁה אֶל־בְּנֵי יִשְׂרָאֵל לַעֲשֹׂת הַפָּסַח: וַיַּעֲשׂוּ
אֶת־הַפֶּסַח בָּרִאשׁוֹן בְּאַרְבָּעָה עָשָׂר יוֹם לַחֹדֶשׁ בֵּין
הָעַרְבַּיִם בְּמִדְבַּר סִינָי כְּכֹל אֲשֶׁר צִוָּה יהוה אֶת־
ו מֹשֶׁה כֵּן עָשׂוּ בְּנֵי יִשְׂרָאֵל: וַיְהִי אֲנָשִׁים אֲשֶׁר הָיוּ
טְמֵאִים לְנֶפֶשׁ אָדָם וְלֹא־יָכְלוּ לַעֲשֹׂת־הַפֶּסַח בַּיּוֹם
הַהוּא וַיִּקְרְבוּ לִפְנֵי מֹשֶׁה וְלִפְנֵי אַהֲרֹן בַּיּוֹם הַהוּא:
ז וַיֹּאמְרוּ הָאֲנָשִׁים הָהֵמָּה אֵלָיו אֲנַחְנוּ טְמֵאִים לְנֶפֶשׁ
אָדָם לָמָּה נִגָּרַע לְבִלְתִּי הַקְרִב אֶת־קָרְבַּן יהוה
ח בְּמֹעֲדוֹ בְּתוֹךְ בְּנֵי יִשְׂרָאֵל: וַיֹּאמֶר אֲלֵהֶם מֹשֶׁה
עִמְדוּ וְאֶשְׁמְעָה מַה־יְצַוֶּה יהוה לָכֶם:

רש"י | ב] בְּמוֹעֲדוֹ. אַף בְּשַׁבָּת, אַף בְּטֻמְאָה:

ג] כְּכָל חֻקֹּתָיו. אֵלּוּ מִצְוֹת שֶׁבְּגוּפוֹ: "שֶׂה תָמִים זָכָר בֶּן שָׁנָה" (שמות יב, ה): וּכְכָל מִשְׁפָּטָיו. אֵלּוּ מִצְוֹת שֶׁעַל גּוּפוֹ מִמָּקוֹם אַחֵר: לְשִׁבְעַת יָמִים לְמַצָּה וּלְבִעוּר חָמֵץ:

ד] וַיְדַבֵּר מֹשֶׁה וְגוֹ'. מַה תַּלְמוּד לוֹמַר? וַהֲלֹא כְּבָר נֶאֱמַר: "וַיְדַבֵּר מֹשֶׁה אֶת מֹעֲדֵי ה'" (ויקרא כג, מד)? אֶלָּא כְּשֶׁשָּׁמַע פָּרָשַׁת מוֹעֲדִים מִסִּינַי אֲמָרָהּ לָהֶם, וְחָזַר וְהִזְהִירָם בִּשְׁעַת מַעֲשֶׂה:

ו] לִפְנֵי מֹשֶׁה וְלִפְנֵי אַהֲרֹן. כְּשֶׁשְּׁנֵיהֶם יוֹשְׁבִין בְּבֵית הַמִּדְרָשׁ בָּאוּ וּשְׁאָלוּם. וְלֹא יִתָּכֵן לוֹמַר זֶה אַחַר זֶה, שֶׁאִם מֹשֶׁה לֹא הָיָה יוֹדֵעַ, אַהֲרֹן מִנַּיִן לוֹ?

ז] לָמָּה נִגָּרַע. אָמַר לָהֶם: אֵין קָדָשִׁים קְרֵבִים בְּטֻמְאָה. אָמְרוּ לוֹ: יִזָּרֵק הַדָּם

הרחבות | 'ויעשו בני ישראל את הפסח' אף על פי שישראל נצטוו כבר גם בשאר החגים, ייתכן שהפסח היה החג היחיד שנחגג באכילת קרבנות בפועל במדבר. (ראו עוד רמב"ן ויקרא כג,ב ובמדבר כח,ב).

הסבר אחר לתזכורת המיוחדת לפסח בלבד: הציווי על פסח מצרים נאמר לראשונה עוד קודם היציאה ממנה, בראש חודש ניסן, שנה לפני המסופר כאן (שמות יב). אפשר היה לסבור בטעות שלא היה זה אלא טקס הכנה ליציאה ממצרים, ואילו מצוות הפסח שלדורות תנהג רק בארץ ישראל, ככתוב שם וְהָיָה כִּי תָבֹאוּ אֶל הָאָרֶץ... וּשְׁמַרְתֶּם אֶת הָעֲבֹדָה הַזֹּאת (שמות יב,כה. וכדומה שם יג,ה-ו). לכן בשנה השנייה היה צורך להדגיש שהוא קבוע

ביאור | ניסן **לֵאמֹר:** ב **וְיַעֲשׂוּ בְנֵי יִשְׂרָאֵל אֶת הַפָּסַח**, שיקיימו את מצוות קרבן
הפסח **בְּמוֹעֲדוֹ.** ג **בְּאַרְבָּעָה עָשָׂר יוֹם בַּחֹדֶשׁ הַזֶּה בֵּין הָעַרְבַּיִם**, אחר
הצהריים **תַּעֲשׂוּ**, הכינו, שחטו **אֹתוֹ בְּמוֹעֲדוֹ. כְּכָל חֻקֹּתָיו וּכְכָל מִשְׁפָּטָיו**
תַּעֲשׂוּ אֹתוֹ. היו הלכות שנאמרו לגבי פסח מצרים בלבד, כגון נתינת
הדם על המזוזות והמשקוף במקום זריקתו על המזבח, אך הלכות
אחרות שנקבעו בפסח הראשון נשארות בעינן גם בפסח דורות.[12]

ד **וַיְדַבֵּר מֹשֶׁה אֶל בְּנֵי יִשְׂרָאֵל לַעֲשֹׂת הַפָּסַח.**

ה **וַיַּעֲשׂוּ אֶת הַפֶּסַח** בחודש **הָרִאשׁוֹן בְּאַרְבָּעָה עָשָׂר יוֹם לַחֹדֶשׁ בֵּין הָעַרְבַּיִם**
בְּמִדְבַּר סִינָי, כְּכֹל אֲשֶׁר צִוָּה ה׳ אֶת מֹשֶׁה – כֵּן עָשׂוּ בְּנֵי יִשְׂרָאֵל.

ו **וַיְהִי אֲנָשִׁים** במחנה **אֲשֶׁר הָיוּ טְמֵאִים לְנֶפֶשׁ אָדָם**, טמאי מת, **וְלֹא**
יָכְלוּ לַעֲשֹׂת הַפֶּסַח בַּיּוֹם הַהוּא. שכן לטמאים אסור להיכנס לקודש,
לעסוק בקודשים ולאוכלם. **וַיִּקְרְבוּ לִפְנֵי מֹשֶׁה וְלִפְנֵי אַהֲרֹן בַּיּוֹם**
הַהוּא. ז **וַיֹּאמְרוּ הָאֲנָשִׁים הָהֵמָּה אֵלָיו: אֲנַחְנוּ טְמֵאִים לְנֶפֶשׁ אָדָם**, אך
אין זו אשמתנו. בדרך כלל מי שנטמא למת נהג כראוי – דאג לקבורתו.
על כן,[13] **לָמָּה נִגָּרַע לְבִלְתִּי הַקְרִב אֶת קָרְבַּן ה׳ בְּמֹעֲדוֹ בְּתוֹךְ בְּנֵי יִשְׂרָאֵל?**

ח **וַיֹּאמֶר אֲלֵהֶם מֹשֶׁה: עִמְדוּ וְאֶשְׁמְעָה מַה יְצַוֶּה ה׳ לָכֶם.** זו אחת
הדוגמאות שבהן משה אומר לפונים אליו שימתינו עד שישמע
מאלוקים כיצד ראוי לנהוג בעניינם. משה מדבר עם ה׳ פָּנִים אֶל פָּנִים
כַּאֲשֶׁר יְדַבֵּר אִישׁ אֶל רֵעֵהוּ,[14] ופונה אליו ביזמתו כדי להתייעץ עמו.

הרחבות

במועדו לדורות (על פי זוהר בהעלותך, ספרי בהעלותך סז, ראב"ע ורמב"ן).

'בין הערבַּיִם' כמו במלה 'צהריים', גם צורת המלה עַרְבַּיִם היא צורת הריבוי הזוגי. בֵּין הָעַרְבַּיִם הוא הזמן שבין הצהריים ללילה, כלומר פרק הזמן שמתחילת נטייתה של השמש מערבה עד סוף שקיעתה בו. משמעו המילולי של הביטוי הוא בין שני הערבים: בין הערב שבו מתחיל היום לנטות לסופו, לבין הערב של שקיעת החמה הגמורה. (ראו שבת לד ע"ב; רש"י, ראב"ע ורמב"ן שמות יב,ו).

'ויהי אנשים אשר היו טמאים לנפש אדם' באופן טבעי במחנה כה גדול היו

ט י וַיְדַבֵּר יְהוָה אֶל־מֹשֶׁה לֵּאמֹר: דַּבֵּר אֶל־בְּנֵי יִשְׂרָאֵל
לֵאמֹר אִישׁ אִישׁ כִּי־יִהְיֶה טָמֵא ׀ לָנֶפֶשׁ אוֹ בְדֶרֶךְ
רְחֹקָה לָכֶם אוֹ לְדֹרֹתֵיכֶם וְעָשָׂה פֶסַח לַיהוָה:
יא בַּחֹדֶשׁ הַשֵּׁנִי בְּאַרְבָּעָה עָשָׂר יוֹם בֵּין הָעַרְבַּיִם יַעֲשׂוּ
יב אֹתוֹ עַל־מַצּוֹת וּמְרֹרִים יֹאכְלֻהוּ: לֹא־יַשְׁאִירוּ מִמֶּנּוּ
עַד־בֹּקֶר וְעֶצֶם לֹא יִשְׁבְּרוּ־בוֹ כְּכָל־חֻקַּת הַפֶּסַח
יג יַעֲשׂוּ אֹתוֹ: וְהָאִישׁ אֲשֶׁר־הוּא טָהוֹר וּבְדֶרֶךְ לֹא־
הָיָה וְחָדַל לַעֲשׂוֹת הַפֶּסַח וְנִכְרְתָה הַנֶּפֶשׁ הַהִוא
מֵעַמֶּיהָ כִּי ׀ קָרְבַּן יְהוָה לֹא הִקְרִיב בְּמֹעֲדוֹ חֶטְאוֹ
יד יִשָּׂא הָאִישׁ הַהוּא: וְכִי־יָגוּר אִתְּכֶם גֵּר וְעָשָׂה פֶסַח
לַיהוָה כְּחֻקַּת הַפֶּסַח וּכְמִשְׁפָּטוֹ כֵּן יַעֲשֶׂה חֻקָּה אַחַת
רביעי טו יִהְיֶה לָכֶם וְלַגֵּר וּלְאֶזְרַח הָאָרֶץ: וּבְיוֹם
הָקִים אֶת־הַמִּשְׁכָּן כִּסָּה הֶעָנָן אֶת־הַמִּשְׁכָּן לְאֹהֶל
הָעֵדֻת וּבָעֶרֶב יִהְיֶה עַל־הַמִּשְׁכָּן כְּמַרְאֵה־אֵשׁ עַד־

רש"י עָלֵינוּ כְּכֹהֲנִים טְהוֹרִים וְיֵאָכֵל הַבָּשָׂר לִטְהוֹרִים, אָמַר לָהֶם: "עִמְדוּ וְאֶשְׁמְעָה" (להלן פסוק ח), כְּתַלְמִיד הַמֻּבְטָח לִשְׁמֹעַ מִפִּי רַבּוֹ. אַשְׁרֵי יְלוּד אִשָּׁה שֶׁכָּךְ מֻבְטָח, שֶׁכָּל זְמַן שֶׁהָיָה רוֹצֶה הָיָה מְדַבֵּר עִם הַשְּׁכִינָה. וּרְאוּיָה הָיְתָה פָּרָשָׁה זוֹ לְהֵאָמֵר עַל יְדֵי מֹשֶׁה כִּשְׁאָר כָּל הַתּוֹרָה כֻּלָּהּ, אֶלָּא שֶׁזָּכוּ אֵלּוּ שֶׁתֵּאָמֵר עַל יְדֵיהֶן, שֶׁמְּגַלְגְּלִין זְכוּת עַל יְדֵי זַכַּאי:

י **אוֹ בְדֶרֶךְ רְחֹקָה.** נָקוּד עָלָיו, לוֹמַר לֹא שֶׁרְחוֹקָה וַדַּאי, אֶלָּא שֶׁהָיָה חוּץ לְאַסְקֻפַּת הָעֲזָרָה כָּל זְמַן שְׁחִיטָה. פֶּסַח שֵׁנִי – מַצָּה וְחָמֵץ עִמּוֹ בַּבַּיִת, וְאֵין שָׁם יוֹם טוֹב, וְאֵין אִסּוּר חָמֵץ אֶלָּא עִמּוֹ בַּאֲכִילָתוֹ:

יד **וְכִי יָגוּר אִתְּכֶם גֵּר וְעָשָׂה פֶסַח.** יָכוֹל כָּל הַמִּתְגַּיֵּר יַעֲשֶׂה פֶסַח מִיָּד? תַּלְמוּד לוֹמַר: "חֻקָּה אַחַת" וְגוֹ', אֶלָּא כָּךְ מַשְׁמָעוֹ: "וְכִי יָגוּר אִתְּכֶם גֵּר" וּבָא עֵת לַעֲשׂוֹת פֶּסַח עִם חֲבֵרָיו, כַּחֻקָּה וְכַמִּשְׁפָּט יַעֲשֶׂה:

טו **הַמִּשְׁכָּן לְאֹהֶל הָעֵדֻת.** הַמִּשְׁכָּן הֶעָשׂוּי לִהְיוֹת אֹהֶל לַלּוּחוֹת הָעֵדוּת: **יִהְיֶה עַל הַמִּשְׁכָּן.** כְּמוֹ 'הוֹוֶה עַל הַמִּשְׁכָּן', וְכֵן לְשׁוֹן כָּל הַפָּרָשָׁה:

הרחבות אנשים שמתו, ועל כן היו שנטמאו למתים. אולם היו שזיהו את טמאי המת הללו עם מי שנשאו את גופותיהם של נדב ואביהוא בני אהרן כדי להוציאם אל מחוץ למשכן. (ראו סוכה כה).

ביאור

ט **וַיְדַבֵּר ה׳ אֶל מֹשֶׁה לֵּאמֹר:** י **דַּבֵּר אֶל בְּנֵי יִשְׂרָאֵל לֵאמֹר: אִישׁ אִישׁ כִּי**
יִהְיֶה טָמֵא לָנֶפֶשׁ בטומאת מת, **אוֹ** שהוא **בְדֶרֶךְ רְחֹקָה** ואינו קרוב אל
המשכן או המקדש, **לָכֶם**, היום **אוֹ לְדֹרֹתֵיכֶם** – **וְעָשָׂה פֶסַח לַה׳** יא **בַּחֹדֶשׁ**
הַשֵּׁנִי, אייר **בְּאַרְבָּעָה עָשָׂר יוֹם בֵּין הָעַרְבַּיִם יַעֲשׂוּ אֹתוֹ**, חודש ימים בדיוק
לאחר הפסח הראשון. בפסח השני נוהגים כמו בפסח ראשון: **עַל**
מַצּוֹת וּמְרֹרִים יֹאכְלֻהוּ. יב **לֹא יַשְׁאִירוּ מִמֶּנּוּ עַד בֹּקֶר, וְעֶצֶם לֹא יִשְׁבְּרוּ בוֹ**,
יש לאכלו בלי לשבור עצמות. **כְּכָל חֻקַּת הַפֶּסַח יַעֲשׂוּ אֹתוֹ.** יג **וְ**אולם,
הָאִישׁ אֲשֶׁר הוּא טָהוֹר וּבְדֶרֶךְ לֹא הָיָה, ובכל זאת – **וְחָדַל**, יימנע **מִלַּעֲשׂוֹת**
הַפֶּסַח – **וְנִכְרְתָה הַנֶּפֶשׁ הַהִוא מֵעַמֶּיהָ כִּי קָרְבַּן ה׳ לֹא הִקְרִיב בְּמֹעֲדוֹ** – **חֶטְאוֹ**
יִשָּׂא הָאִישׁ הַהוּא. כל אדם מחויב להקריב את הפסח במועדו.
האפשרות להקריבו חודש לאחר מכן פתוחה לכתחילה רק לטמאים
או לרחוקים וכדומה. על כן מי שאינו מקריב את הקרבן בזדון – חייב
כרת.[15]

יד **וְכִי יָגוּר אִתְּכֶם גֵּר** מעמים אחרים – **וְעָשָׂה פֶסַח לַה׳. כְּחֻקַּת הַפֶּסַח**
וּכְמִשְׁפָּטוֹ – **כֵּן יַעֲשֶׂה. חֻקָּה אַחַת יִהְיֶה לָכֶם וְלַגֵּר וּלְאֶזְרַח הָאָרֶץ.** לכאורה
חג הפסח הוא חג זיכרון של עם ישראל – חג יציאתו ממצרים, והגר
שיצטרף אליהם לא יצא ממצרים, לא הוא ולא אבותיו. אף על פי
כן, כל מי שנכנס לכלל ישראל עושה את הפסח, מפני שחוקה זו
אינה זיכרון פרטי התלוי בקשר משפחתי מסוים, אלא היא חלה
על עם ישראל לדורותיו ועל המצטרפים אליו.[16]

המסעות והענן

פרק ט פס׳ טו–כג

הענן היה סימן לנוכחות העליונה השורה במחנה ישראל, דווקא מכיוון שהוא מכסה את המראות או מעמעם אותם. אות הענן בולט בעיקר ביום, ועל כן בלילה החליף אותו מראה האש. תנועות הענן ומנוחותיו היו מעין שפת סימנים שבה ה׳ הורה לישראל את כיווני מסעם במדבר ואת קצב התקדמותם – מתי עליהם לחנות ומתי לנסוע.

טו **וּבְיוֹם הָקִים אֶת הַמִּשְׁכָּן, כִּסָּה**, חיפה **הֶעָנָן אֶת הַמִּשְׁכָּן לְאֹהֶל הָעֵדֻת.**
הענן לא חפף על החצר אלא על האוהל שבו היו מונחים לוחות
העדות,[17] **וּבָעֶרֶב יִהְיֶה עַל הַמִּשְׁכָּן כְּמַרְאֵה**, מעין מראה של **אֵשׁ עַד**

הרחבות

׳וחדל לעשות הפסח ונכרתה הנפש ההִוא׳ מצווה זו ומצוות ברית המילה, המסמלות את הכניסה לעם ישראל ואת ההצטרפות אליו, הן שתי המצוות היחידות שלמרות שהן מצוות עשה, מי שאינו מקיימן נכרת מעמיו.

בֹּקֶר׃ כֵּן יִהְיֶה תָמִיד הֶעָנָן יְכַסֶּנּוּ וּמַרְאֵה־אֵשׁ לָיְלָה׃ טז
וּלְפִי הֵעָלוֹת הֶעָנָן מֵעַל הָאֹהֶל וְאַחֲרֵי כֵן יִסְעוּ בְּנֵי יז
יִשְׂרָאֵל וּבִמְקוֹם אֲשֶׁר יִשְׁכָּן־שָׁם הֶעָנָן שָׁם יַחֲנוּ בְּנֵי
יִשְׂרָאֵל׃ עַל־פִּי יהוה יִסְעוּ בְּנֵי יִשְׂרָאֵל וְעַל־פִּי יהוה יח
יַחֲנוּ כָּל־יְמֵי אֲשֶׁר יִשְׁכֹּן הֶעָנָן עַל־הַמִּשְׁכָּן יַחֲנוּ׃
וּבְהַאֲרִיךְ הֶעָנָן עַל־הַמִּשְׁכָּן יָמִים רַבִּים וְשָׁמְרוּ בְנֵי־ יט
יִשְׂרָאֵל אֶת־מִשְׁמֶרֶת יהוה וְלֹא יִסָּעוּ׃ וְיֵשׁ אֲשֶׁר כ
יִהְיֶה הֶעָנָן יָמִים מִסְפָּר עַל־הַמִּשְׁכָּן עַל־פִּי יהוה
יַחֲנוּ וְעַל־פִּי יהוה יִסָּעוּ׃ וְיֵשׁ אֲשֶׁר יִהְיֶה הֶעָנָן מֵעֶרֶב כא
עַד־בֹּקֶר וְנַעֲלָה הֶעָנָן בַּבֹּקֶר וְנָסָעוּ אוֹ יוֹמָם וָלַיְלָה
וְנַעֲלָה הֶעָנָן וְנָסָעוּ׃ אוֹ־יֹמַיִם אוֹ־חֹדֶשׁ אוֹ־יָמִים כב
בְּהַאֲרִיךְ הֶעָנָן עַל־הַמִּשְׁכָּן לִשְׁכֹּן עָלָיו יַחֲנוּ בְנֵי־
יִשְׂרָאֵל וְלֹא יִסָּעוּ וּבְהֵעָלֹתוֹ יִסָּעוּ׃ עַל־פִּי יהוה יַחֲנוּ כג
וְעַל־פִּי יהוה יִסָּעוּ אֶת־מִשְׁמֶרֶת יהוה שָׁמָרוּ עַל־פִּי
יהוה בְּיַד־מֹשֶׁה׃

רש"י

יז] הֵעָלוֹת הֶעָנָן. כְּתַרְגּוּמוֹ: "אִסְתַּלָּקוּת", וְכֵן: "וְנַעֲלָה הֶעָנָן" (להלן פסוק כא). וְלֹא יִתָּכֵן לִכְתֹּב: 'וּלְפִי עֲלוֹת הֶעָנָן וְעָלָה הֶעָנָן', שֶׁאֵין זֶה לְשׁוֹן סִלּוּק אֶלָּא נִמּוֹחַ וַעֲלִיָּה, כְּמוֹ: "הִנֵּה עָב קְטַנָּה כְּכַף אִישׁ עֹלָה מִיָּם" (מלכים א' יח, מד).

יח] עַל פִּי ה' יִסְעוּ. שָׁנִינוּ בִּמְלֶאכֶת הַמִּשְׁכָּן (ברייתא דמלאכת המשכן פי"ג): כֵּיוָן שֶׁהָיוּ יִשְׂרָאֵל נוֹסְעִים, הָיָה עַמּוּד הֶעָנָן מִתְקַפֵּל וְנִמְשָׁךְ עַל גַּבֵּי בְּנֵי יְהוּדָה כְּמִין קוֹרָה, תָּקְעוּ וְהֵרִיעוּ וְתָקְעוּ, וְלֹא הָיָה מְהַלֵּךְ עַד שֶׁמֹּשֶׁה אוֹמֵר: "קוּמָה ה'" (להלן י, לה), וְנָסַע דֶּגֶל מַחֲנֵה יְהוּדָה. זוֹ בְּסִפְרֵי (פד): וְעַל פִּי ה' יַחֲנוּ. כֵּיוָן שֶׁהָיוּ יִשְׂרָאֵל חוֹנִים, עַמּוּד הֶעָנָן מִתַּמֵּר וְעוֹלֶה וְנִמְשָׁךְ עַל גַּבֵּי בְּנֵי יְהוּדָה כְּמִין סֻכָּה, וְלֹא הָיָה נִפְרָשׂ עַד שֶׁמֹּשֶׁה אוֹמֵר: "שׁוּבָה ה' רִבְבוֹת אַלְפֵי יִשְׂרָאֵל" (להלן י, לו), הֱוֵי אוֹמֵר: עַל פִּי ה' וּבְיַד מֹשֶׁה (ראה להלן פסוק כג).

כ] וְיֵשׁ. כְּלוֹמַר, וּפְעָמִים: יָמִים מִסְפָּר. יָמִים מוּעָטִים:

כב] אוֹ יָמִים. שָׁנָה, כְּמוֹ: "יָמִים תִּהְיֶה גְאֻלָּתוֹ" (ויקרא כה, כט).

ביאור | בֹקֶר. טז כֵּן יִהְיֶה תָמִיד – הֶעָנָן יְכַסֶּנּוּ – את המשכן ביום, וּמַרְאֵה אֵשׁ
בלָיְלָה.

יז וּלְפִי הֵעָלֹת הֶעָנָן, בהתאם לעצם עליית הענן וגם לפי כיוונו
בעלייתו[18] מֵעַל הָאֹהֶל – וְאַחֲרֵי כֵן יִסְעוּ בְּנֵי יִשְׂרָאֵל, וּבִמְקוֹם אֲשֶׁר יִשְׁכָּן,
יעצור וירד שָׁם הֶעָנָן – שָׁם יַחֲנוּ בְּנֵי יִשְׂרָאֵל. יח עַל פִּי ה' יִסְעוּ בְּנֵי יִשְׂרָאֵל
וְעַל פִּי ה' יַחֲנוּ: כָּל יְמֵי אֲשֶׁר יִשְׁכֹּן הֶעָנָן עַל הַמִּשְׁכָּן – יַחֲנוּ. יט וּבְהַאֲרִיךְ
הֶעָנָן עַל הַמִּשְׁכָּן יָמִים רַבִּים – וְשָׁמְרוּ בְנֵי יִשְׂרָאֵל אֶת מִשְׁמֶרֶת, צו ה'
וְלֹא יִסָּעוּ. כ וְיֵשׁ אֲשֶׁר יִהְיֶה הֶעָנָן יָמִים מִסְפָּר, ימים ספורים בלבד עַל
הַמִּשְׁכָּן. עַל פִּי, לפי הוראת ה' יַחֲנוּ וְעַל פִּי ה' יִסָּעוּ. הוראותיו של ה'
ניתנו כאן לא בדיבור אלא באמצעות הענן. כא וְיֵשׁ אֲשֶׁר יִהְיֶה הֶעָנָן
במקום רק מֵעֶרֶב עַד בֹּקֶר, וְנַעֲלָה הֶעָנָן בַּבֹּקֶר – וְנָסָעוּ, אוֹ שהענן ישהה
יוֹמָם וָלַיְלָה, וְנַעֲלָה הֶעָנָן – וְנָסָעוּ. אולי נסעו לעתים גם בלילה.[19] כב אוֹ
יֹמַיִם אוֹ חֹדֶשׁ אוֹ יָמִים, שנה – בְּהַאֲרִיךְ הֶעָנָן את שהייתו עַל הַמִּשְׁכָּן
לִשְׁכֹּן עָלָיו – יַחֲנוּ בְנֵי יִשְׂרָאֵל וְלֹא יִסָּעוּ, וּבְהֵעָלֹתוֹ יִסָּעוּ נסיעות קצרות
או ארוכות. כג עַל פִּי ה' יַחֲנוּ וְעַל פִּי ה' יִסָּעוּ. אֶת מִשְׁמֶרֶת ה' שָׁמָרוּ, עַל
פִּי ה' לפי הסימנים שה' הראה להם משמים, בְּיַד מֹשֶׁה, שהסביר להם
מהי המשמעות של עליית הענן ושכינתו.

חניית ישראל במדבר

הרחבות | **החזרות המרובות** בעניין זה, כמו בענייני המפקדים שבראש הספר מדגישות את ההתמסרות המוחלטת שתבעה שגרת המסע במדבר על פי ה'. ישראל לא יכלו לתכנן את צעדיהם הבאים, משום שלא ידעו מראש מתי יצאו, לאן יפנו והיכן ומתי יחנו או יסעו שוב. (ראו רמב"ן וספורנו פס' יט; ספורנו להלן לג,ב; רש"ר הירש).

והרמב"ן כתב שייתכן שהמסעות שאירעו בפועל נעשו כפי המסופר כאן ולא באופן אחר. הענן עמד מערב עד בוקר, יומם ולילה, יומיים, חודש ושנה, ו'ימים רבים' בקדש, ככתוב וַתֵּשְׁבוּ בְקָדֵשׁ יָמִים רַבִּים (דברים א,מו). ולכן פירט הכתוב דווקא פרקי זמן אלו.

ט וַיְדַבֵּר יְהוָה אֶל־מֹשֶׁה לֵּאמֹר׃ עֲשֵׂה לְךָ שְׁתֵּי חֲצוֹצְרֹת א ב י
כֶּסֶף מִקְשָׁה תַּעֲשֶׂה אֹתָם וְהָיוּ לְךָ לְמִקְרָא הָעֵדָה
וּלְמַסַּע אֶת־הַמַּחֲנוֹת׃ וְתָקְעוּ בָּהֵן וְנוֹעֲדוּ אֵלֶיךָ כָּל־ ג
הָעֵדָה אֶל־פֶּתַח אֹהֶל מוֹעֵד׃ וְאִם־בְּאַחַת יִתְקָעוּ ד
וְנוֹעֲדוּ אֵלֶיךָ הַנְּשִׂיאִים רָאשֵׁי אַלְפֵי יִשְׂרָאֵל׃ וּתְקַעְתֶּם ה
תְּרוּעָה וְנָסְעוּ הַמַּחֲנוֹת הַחֹנִים קֵדְמָה׃ וּתְקַעְתֶּם ו
תְּרוּעָה שֵׁנִית וְנָסְעוּ הַמַּחֲנוֹת הַחֹנִים תֵּימָנָה תְּרוּעָה
יִתְקְעוּ לְמַסְעֵיהֶם׃ וּבְהַקְהִיל אֶת־הַקָּהָל תִּתְקְעוּ וְלֹא ז
תָרִיעוּ׃ וּבְנֵי אַהֲרֹן הַכֹּהֲנִים יִתְקְעוּ בַּחֲצֹצְרוֹת וְהָיוּ ח
לָכֶם לְחֻקַּת עוֹלָם לְדֹרֹתֵיכֶם׃ וְכִי־תָבֹאוּ מִלְחָמָה ט

רש"י | פרק י

ב] **לְמִקְרָא הָעֵדָה.** כְּשֶׁתִּרְצֶה לְדַבֵּר עִם הַסַּנְהֶדְרִין וּשְׁאָר הָעָם וְתִקְרָאֵם לֶאֱסֹף אֵלֶיךָ, תִּקְרָאֵם עַל יְדֵי חֲצוֹצְרוֹת׃ **וּלְמַסַּע אֶת הַמַּחֲנוֹת.** בִּשְׁעַת סִלּוּק מַסָּעוֹת תִּתְקְעוּ בָּהֶם לְסִימָן. נִמְצֵאתָ אַתָּה אוֹמֵר, עַל פִּי שְׁלֹשָׁה הָיוּ נוֹסְעִים׃ עַל פִּי הַקָּדוֹשׁ בָּרוּךְ הוּא וְעַל פִּי מֹשֶׁה וְעַל פִּי חֲצוֹצְרוֹת׃ **מִקְשָׁה.** מִן הָעֶשֶׁת תַּעֲשֶׂה בְּהַקָּשַׁת הַקֻּרְנָס׃

ג] **וְתָקְעוּ בָּהֵן.** בִּשְׁתֵּיהֶן, וְהוּא סִימָן לְמִקְרָא הָעֵדָה, שֶׁנֶּאֱמַר: "וְנוֹעֲדוּ אֵלֶיךָ כָּל הָעֵדָה אֶל פֶּתַח אֹהֶל מוֹעֵד"׃

ד] **וְאִם בְּאַחַת יִתְקָעוּ.** הוּא סִימָן לְמִקְרָא הַנְּשִׂיאִים, שֶׁנֶּאֱמַר: "וְנוֹעֲדוּ אֵלֶיךָ הַנְּשִׂיאִים", וְאַף הֵן יְעִידָתָן אֶל פֶּתַח אֹהֶל מוֹעֵד, וּמִגְּזֵרָה שָׁוָה הוּא בָא בְּסִפְרֵי (עג)׃

ה] **וּתְקַעְתֶּם תְּרוּעָה.** סִימָן מַסַּע הַמַּחֲנוֹת׃

תְּקִיעָה תְּרוּעָה וּתְקִיעָה, כָּךְ הוּא נִדְרָשׁ בְּסִפְרֵי מִן הַמִּקְרָאוֹת הַיְתֵרִים (סס)׃

ז] **וּבְהַקְהִיל אֶת הַקָּהָל וְגוֹ'.** לְפִי שֶׁהוּא אוֹמֵר: "וְהָיוּ לְךָ לְמִקְרָא הָעֵדָה וּלְמַסַּע אֶת הַמַּחֲנוֹת" (לעיל פסוק ב), מַה מִּקְרָא הָעֵדָה תּוֹקֵעַ בִּשְׁנֵי כֹהֲנִים וּבִשְׁתֵּיהֶן, שֶׁנֶּאֱמַר: "וְתָקְעוּ בָּהֵן" וְגוֹ' (לעיל פסוק ג), אַף מַסַּע הַמַּחֲנוֹת בִּשְׁתֵּיהֶם. יָכוֹל מַה מַּסַּע הַמַּחֲנוֹת תּוֹקֵעַ וּמֵרִיעַ וְתוֹקֵעַ, אַף מִקְרָא הָעֵדָה תּוֹקֵעַ וּמֵרִיעַ וְתוֹקֵעַ, וּמֵעַתָּה אֵין חִלּוּק בֵּין מִקְרָא הָעֵדָה לְמַסַּע אֶת הַמַּחֲנוֹת? תַּלְמוּד לוֹמַר: "וּבְהַקְהִיל אֶת הַקָּהָל" וְגוֹ', לוֹמַר שֶׁאֵין תְּרוּעָה לְמִקְרָא הָעֵדָה, וְהוּא הַדִּין לַנְּשִׂיאִים. הֲרֵי סִימָן לִשְׁלָשְׁתָּם: מִקְרָא הָעֵדָה בִּשְׁתַּיִם, וְשֶׁל נְשִׂיאִים בְּאַחַת, וְזוֹ וָזוֹ אֵין בָּהֶם תְּרוּעָה, וּמַסַּע הַמַּחֲנוֹת בִּשְׁתַּיִם עַל יְדֵי תְּרוּעָה וּתְקִיעָה׃

ח] **וּבְנֵי אַהֲרֹן יִתְקְעוּ.** בַּמִּקְרָאוֹת וּבַמַּסָּעוֹת הַלָּלוּ׃

החצוצרות

פרק י פס' א–י

בעניין הקודם נאמר שכאשר עמוד הענן היה נעקר ממקומו מעל האוהל – ניתן האות לצאת לדרך. סדר נסיעת המחנה אף הוא הוזכר כבר.[20] אכן, מלבד הסימן השמיימי, שאולי לא תמיד יכול היה להיראות בבירור לכל העם ולהתפרש נכון על ידו, היה צורך בהכרזה רשמית מצד ההנהגה, שתודיע לעם על יציאה למסע ועל עצירתו, ככתוב בסוף העניין הקודם: עַל פִּי ה' בְּיַד מֹשֶׁה. לשם כך הצטווה משה לעשות חצוצרות. כאן מתוארת התקשורת באמצעות שני קולות בסיסיים, המובחנים זה מזה: התקיעה, שהיא קול מתמשך ורצוף, והתרועה, המורכבת מקטעי קול קצרים.

אגב תפקידי החצוצרות של משה במדבר, נזכרים כאן גם מגוון שימושים של החצוצרות לדורות. גם בשימושים אלו יש משמעות לטיבו של הקול: אופיה המתמשך של התקיעה מתאים לשהייה, לריכוז פיזי ותודעתי, ואילו אופיה החתוך של התרועה מתאים לעקירה מן המקום הפיזי, לעירור תודעתי ולהזעקה.

ביאור | פרק י א **וַיְדַבֵּר ה' אֶל מֹשֶׁה לֵּאמֹר:** ב **עֲשֵׂה לְךָ שְׁתֵּי חֲצוֹצְרֹת כֶּסֶף,**
מִקְשָׁה, גוש אחד ולא כהרכבה של חלקים שונים **תַּעֲשֶׂה אֹתָם. וְהָיוּ לְךָ**
לְמִקְרָא, לכינוס **הָעֵדָה וּלְמַסַּע אֶת הַמַּחֲנוֹת,** להודיע לחונים שעליהם
לצאת ממקומם ולנסוע. ג **וְתָקְעוּ,** כאשר יתקעו **בָּהֵן – וְנוֹעֲדוּ אֵלֶיךָ**
כָּל הָעֵדָה אֶל פֶּתַח אֹהֶל מוֹעֵד. ד **וְאִם בְּ**חצוצרה **אַחַת יִתְקָעוּ – וְנוֹעֲדוּ**
אֵלֶיךָ הַנְּשִׂיאִים, רָאשֵׁי אַלְפֵי יִשְׂרָאֵל.

ה **וּתְקַעְתֶּם תְּרוּעָה,** כאשר תשמיעו קול שבור ומקוטע, לעומת
התקיעה, שהיא קול רצוף – **וְנָסְעוּ** אז **הַמַּחֲנוֹת הַחֹנִים קֵדְמָה,** במזרח,
דגל מחנה יהודה. ו **וּתְקַעְתֶּם תְּרוּעָה שֵׁנִית – וְנָסְעוּ הַמַּחֲנוֹת הַחֹנִים**
תֵּימָנָה, בדרום. אחר כך יצא המחנה המערבי, ולבסוף – דגל מחנה דן
שבצפון. **תְּרוּעָה יִתְקְעוּ לְמַסְעֵיהֶם.** כל תרועה תודיע לאחד המחנות
שעליו לצאת לדרך.[21]

ז **וּבְהַקְהִיל אֶת הַקָּהָל תִּתְקְעוּ וְלֹא תָרִיעוּ.** התקיעות שאין עמן תרועות
קוראות לכינוס העם.

ח לעומת חצוצרותיו של משה, שעליהן אמרו חכמים שהיו בעבורו
ולדורו בלבד,[22] בחצוצרות הכהנים ישתמשו לדורות – **וּבְנֵי אַהֲרֹן**
הַכֹּהֲנִים יִתְקְעוּ בַּחֲצֹצְרוֹת, וְהָיוּ לָכֶם לְחֻקַּת עוֹלָם לְדֹרֹתֵיכֶם. כמובן,
תקיעות אלה, שיישמעו גם בארץ נושבת, אינן מאותתות על סדרי
מסע, אלא הן חלק מעבודת הקודש, כפי שיפורש בפסוקים הבאים.

תפקיד אחר, עתידי, של קול החצוצרות – ט **וְכִי תָבֹאוּ** לערוך **מִלְחָמָה**

הרחבות | 'ותקעתם תרועה', 'תרועה יתקעו' מצירופי מלים אלו דרשו (במסכת ראש השנה לד ע"א) כי לפני כל תרועה נשמעה תקיעה ואף אחריה נשמעה תקיעה. וכך יש לנהוג גם בתקיעות ראש השנה. (אולי לכך מרמזת

תוספת ההוראה שבפסוק ז וּבְהַקְהִיל אֶת הַקָּהָל תִּתְקְעוּ וְלֹא תָרִיעוּ כלומר לעומת אות המסע המורכב מתקיעות ותרועות, בכינוס יהיו תקיעות ללא תרועות).

בְּאַרְצְכֶם עַל־הַצַּר הַצֹּרֵר אֶתְכֶם וַהֲרֵעֹתֶם בַּחֲצֹצְרֹת
וְנִזְכַּרְתֶּם לִפְנֵי יְהוָה אֱלֹהֵיכֶם וְנוֹשַׁעְתֶּם מֵאֹיְבֵיכֶם:
י וּבְיוֹם שִׂמְחַתְכֶם וּבְמוֹעֲדֵיכֶם וּבְרָאשֵׁי חָדְשֵׁכֶם
וּתְקַעְתֶּם בַּחֲצֹצְרֹת עַל עֹלֹתֵיכֶם וְעַל זִבְחֵי
שַׁלְמֵיכֶם וְהָיוּ לָכֶם לְזִכָּרוֹן לִפְנֵי אֱלֹהֵיכֶם אֲנִי יְהוָה
אֱלֹהֵיכֶם:

חמישי
יא וַיְהִי בַּשָּׁנָה הַשֵּׁנִית בַּחֹדֶשׁ הַשֵּׁנִי בְּעֶשְׂרִים בַּחֹדֶשׁ
יב נַעֲלָה הֶעָנָן מֵעַל מִשְׁכַּן הָעֵדֻת: וַיִּסְעוּ בְנֵי־יִשְׂרָאֵל
לְמַסְעֵיהֶם מִמִּדְבַּר סִינָי וַיִּשְׁכֹּן הֶעָנָן בְּמִדְבַּר פָּארָן:

רש״י

י | עַל עֹלֹתֵיכֶם. בְּקָרְבַּן צִבּוּר הַכָּתוּב מְדַבֵּר: אֲנִי ה׳ אֱלֹהֵיכֶם. מִכָּאן לָמַדְנוּ מַלְכֻיּוֹת עִם זִכְרוֹנוֹת וְשׁוֹפָרוֹת, שֶׁנֶּאֱמַר: "וּתְקַעְתֶּם" – הֲרֵי שׁוֹפָרוֹת, "לְזִכָּרוֹן" – הֲרֵי זִכְרוֹנוֹת, "אֲנִי ה׳ אֱלֹהֵיכֶם" – זוֹ מַלְכֻיּוֹת וְכוּ׳:

יא | בַּחֹדֶשׁ הַשֵּׁנִי. נִמְצֵאתָ אַתָּה אוֹמֵר, שְׁנֵים עָשָׂר חֹדֶשׁ חָסֵר עֲשָׂרָה יָמִים עָשׂוּ בְּחוֹרֵב, שֶׁהֲרֵי בְּרֹאשׁ חֹדֶשׁ סִיוָן חָנוּ שָׁם (שמות יט, א) וְלֹא נָסְעוּ עַד עֶשְׂרִים בְּאִיָּר לַשָּׁנָה הַבָּאָה:

יב | לְמַסְעֵיהֶם. כְּמִשְׁפָּט הַמְפֹרָשׁ לְמַסַּע דִּגְלֵיהֶם מִי רִאשׁוֹן וּמִי אַחֲרוֹן: בְּמִדְבַּר פָּארָן. קִבְרוֹת הַתַּאֲוָה בְּמִדְבַּר פָּארָן הָיָה, וְשָׁם חָנוּ מִמַּסָּע זֶה:

הרחבות

החצוצרות אינן באות להנעים את עבודת הקודש, כשאר כלים מוסיקליים שבהם ניגנו הלויים במקדש. התקיעה והתרועה בהן משמשות תמיד לקריאה ועירור המופנים הן לעם הן לאלוקים, כמו בתקיעת השופר בראש השנה ולתקיעה בשנת היובל. (ראו ספר החינוך שפד).
הן בחצוצרות הן בשופרות היו תוקעים במקדש. חכמים עסקו בפרטי ההבדלים בין התקיעות והתרועות היוצאות משני הכלים הללו. (ראו ראש השנה כו ע״ב – כז ע״א). ברור שהצליל המופק מן החצוצרה הישרה שונה מן הצליל המופק מן השופר המעוקל, הן בגלל ההבדלים בצורות הכלים הן בשל הבדלי החומרים שמהם נוצרו.

ביאור | בְּאַרְצְכֶם עַל הַצַּר הַצֹּרֵר אֶתְכֶם – וַהֲרֵעֹתֶם בַּחֲצֹצְרֹת, וְנִזְכַּרְתֶּם לִפְנֵי ה׳ אֱלֹהֵיכֶם, וְנוֹשַׁעְתֶּם מֵאֹיְבֵיכֶם. התרועה לא תישמע מחצוצרות צבאיות, אלא מן החצוצרות של בית המקדש. אין מדובר אפוא במחווה צבאית אלא בתרועה הבאה לעורר את העם ולהיזכר לפני ה׳, מעין תפילה וזעקה מועצמת.

תפקיד החצוצרות במשכן ובמקדש אינו רק בהשמעת קולות תרועה
מזעיקים. י וּבְיוֹם שִׂמְחַתְכֶם וּבְמוֹעֲדֵיכֶם וּבְרָאשֵׁי חָדְשֵׁיכֶם – וּתְקַעְתֶּם
בַּחֲצֹצְרֹת עַל עֹלֹתֵיכֶם וְעַל זִבְחֵי שַׁלְמֵיכֶם. קרבנות הציבור ילֻווּ בתקיעת
הכהנים בחצוצרות. וְהָיוּ לָכֶם לְזִכָּרוֹן לִפְנֵי אֱלֹהֵיכֶם, אֲנִי ה׳ אֱלֹהֵיכֶם.

יציאת המחנה למסע

פרק י פס׳ יא–לד

ישראל בנו את המשכן במדבר סיני לאחר מתן תורה. המשכן נחנך בראשית החודש הראשון (ניסן), כמעט שנה לאחר שיצאו ישראל ממצרים, ואז החלה העבודה בו. טמאי המת הקריבו פסח שני בי״ד בחודש השני (אייר), ולאחר ימים ספורים עלה הענן, וישראל יצאו למסעותיהם.

יציאת המחנה המתוארת כאן הולמת את סדרי המחנה שנאמרו כבר בראש הספר,[23] אלא ששם מדובר בסדר הקבוע, ואילו כאן מסופר כיצד התממש הדבר במסע הראשון, כשיצאו ממדבר סיני. כמו כן מפורט פה תפקידם של משפחות הלויים במסע.

יא וַיְהִי בַּשָּׁנָה הַשֵּׁנִית בַּחֹדֶשׁ הַשֵּׁנִי, אייר בְּעֶשְׂרִים בַּחֹדֶשׁ – נַעֲלָה הֶעָנָן
מֵעַל מִשְׁכַּן הָעֵדֻת. יב וַיִּסְעוּ בְנֵי יִשְׂרָאֵל לְמַסְעֵיהֶם מִמִּדְבַּר סִינָי,
וַיִּשְׁכֹּן הֶעָנָן בְּמִדְבַּר פָּארָן. כיוון שהענן נדד הלאה, ישראל הלכו אחריו

הדרכים העיקריות בחצי-האי סיני

וַיִּסְעוּ בָּרִאשֹׁנָה עַל־פִּי יְהוָה בְּיַד־מֹשֶׁה: וַיִּסַּע דֶּגֶל יג יד
מַחֲנֵה בְנֵי־יְהוּדָה בָּרִאשֹׁנָה לְצִבְאֹתָם וְעַל־צְבָאוֹ
נַחְשׁוֹן בֶּן־עַמִּינָדָב: וְעַל־צְבָא מַטֵּה בְּנֵי יִשָּׂשכָר טו
נְתַנְאֵל בֶּן־צוּעָר: וְעַל־צְבָא מַטֵּה בְּנֵי זְבוּלֻן אֱלִיאָב טז
בֶּן־חֵלֹן: וְהוּרַד הַמִּשְׁכָּן וְנָסְעוּ בְנֵי־גֵרְשׁוֹן וּבְנֵי מְרָרִי יז
נֹשְׂאֵי הַמִּשְׁכָּן: וְנָסַע דֶּגֶל מַחֲנֵה רְאוּבֵן לְצִבְאֹתָם יח
וְעַל־צְבָאוֹ אֱלִיצוּר בֶּן־שְׁדֵיאוּר: וְעַל־צְבָא מַטֵּה יט
בְּנֵי שִׁמְעוֹן שְׁלֻמִיאֵל בֶּן־צוּרִישַׁדָּי: וְעַל־צְבָא מַטֵּה כ
בְנֵי־גָד אֶלְיָסָף בֶּן־דְּעוּאֵל: וְנָסְעוּ הַקְּהָתִים נֹשְׂאֵי כא
הַמִּקְדָּשׁ וְהֵקִימוּ אֶת־הַמִּשְׁכָּן עַד־בֹּאָם: וְנָסַע דֶּגֶל כב
מַחֲנֵה בְנֵי־אֶפְרַיִם לְצִבְאֹתָם וְעַל־צְבָאוֹ אֱלִישָׁמָע
בֶּן־עַמִּיהוּד: וְעַל־צְבָא מַטֵּה בְּנֵי מְנַשֶּׁה גַּמְלִיאֵל כג
בֶּן־פְּדָהצוּר: וְעַל־צְבָא מַטֵּה בְּנֵי בִנְיָמִן אֲבִידָן בֶּן־ כד
גִּדְעֹנִי: וְנָסַע דֶּגֶל מַחֲנֵה בְנֵי־דָן מְאַסֵּף לְכָל־הַמַּחֲנֹת כה

רש"י

יז| **והורד המשכן.** כיון שנוסע דגל יהודה, נכנסו אהרן ובניו ופרקו את הפרכת וכסו בה את הארון, שנאמר: "ובא אהרן ובניו בנסע המחנה" (לעיל ד, ה), ובני גרשון ובני מררי פורקין המשכן וטוענין אותו בעגלות, והארון וכלי הקדש של משא בני קהת עומדים מכסין ונתונין על המוטות, עד שנסע דגל מחנה ראובן, ואחר כך "ונסעו הקהתים" (להלן פסוק כא):

כא| **נשאי המקדש.** נושאי דברים המקודשים: **והקימו את המשכן.** בני גרשון ובני מררי, שהיו קודמים להם מסע שני דגלים, היו מקימין את המשכן כשהיה הענן שוכן, וסימן החניה נראה בדגל מחנה יהודה והם חונים, ועדיין בני קהת באים מאחריהם עם שני דגלים האחרונים, היו בני גרשון ובני מררי מקימין את המשכן, וכשבאים בני קהת מוצאים אותו על מכונו, ומכניסין בו הארון והשלחן והמנורה והמזבחות. וזהו משמעות המקרא: "והקימו" מקימי המשכן אותו, "עד" – טרם "באם" של בני קהת:

כה| **מאסף לכל המחנת.** תלמוד ירושלמי (עירובין ה, א), לפי שהיה שבטו של דן מרובה באוכלוסין היה נוסע באחרונה, וכל מי שהיה מאבד דבר היה מחזירו לו. אתיא כמאן דאמר כתבה היו מהלכין, ומפיק

ביאור | לכיוון מדבר פארן שבחצי-האי סיני. יג **וַיִּסְעוּ בפעם הָרִאשֹׁנָה עַל פִּי ה'**, באמצעות הענן **בְּיַד מֹשֶׁה**, על ידי החצוצרות.

יד **וַיִּסַּע דֶּגֶל מַחֲנֵה בְנֵי יְהוּדָה בָּרִאשֹׁנָה לְצִבְאֹתָם, וְעַל צְבָאוֹ** מופקד ראש הדגל, **נַחְשׁוֹן בֶּן עַמִּינָדָב**. טו **וְעַל צְבָא מַטֵּה בְּנֵי יִשָּׂשכָר – נְתַנְאֵל בֶּן צוּעָר**. טז **וְעַל צְבָא מַטֵּה בְּנֵי זְבוּלֻן – אֱלִיאָב בֶּן חֵלֹן**. שלושת השבטים הללו הרכיבו את דגל מחנה יהודה.

יז בזמן שדגל מחנה יהודה התחיל ללכת – **וְהוּרַד**, פורק **הַמִּשְׁכָּן, וְנָסְעוּ בְנֵי גֵרְשׁוֹן וּבְנֵי מְרָרִי** שהם **נֹשְׂאֵי הַמִּשְׁכָּן**. בני גרשון נשאו בעיקר את חלקי הטקסטיל של המשכן, ובני מררי נשאו את הקרשים ואת שאר חלקי המבנה המוצקים.

יח **וְנָסַע דֶּגֶל מַחֲנֵה רְאוּבֵן לְצִבְאֹתָם, וְעַל צְבָאוֹ – אֱלִיצוּר בֶּן שְׁדֵיאוּר**. יט **וְעַל צְבָא מַטֵּה בְּנֵי שִׁמְעוֹן – שְׁלֻמִיאֵל בֶּן צוּרִישַׁדָּי**. כ **וְעַל צְבָא מַטֵּה בְנֵי גָד – אֶלְיָסָף בֶּן דְּעוּאֵל**. שלושת השבטים הללו הרכיבו את דגל מחנה ראובן.

אחרי שהמשכן פורק – כא **וְנָסְעוּ הַקְּהָתִים, נֹשְׂאֵי הַמִּקְדָּשׁ**, כלי הקודש, **וְהֵקִימוּ** בני גרשון ומררי[24] **אֶת הַמִּשְׁכָּן עַד בֹּאָם**.

כב **וְנָסַע דֶּגֶל מַחֲנֵה בְנֵי אֶפְרַיִם לְצִבְאֹתָם, וְעַל צְבָאוֹ – אֱלִישָׁמָע בֶּן עַמִּיהוּד**. כג **וְעַל צְבָא מַטֵּה בְּנֵי מְנַשֶּׁה – גַּמְלִיאֵל בֶּן פְּדָהצוּר**. כד **וְעַל צְבָא מַטֵּה בְּנֵי בִנְיָמִן – אֲבִידָן בֶּן גִּדְעוֹנִי**. שלושת השבטים הללו הרכיבו את דגל מחנה אפרים.

כה **וְנָסַע** אחריהם **דֶּגֶל מַחֲנֵה בְנֵי דָן, מְאַסֵּף לְכָל הַמַּחֲנֹת לְצִבְאֹתָם, וְעַל**

לְצִבְאֹתָ֑ם וְעַ֨ל־צְבָא֔וֹ אֲחִיעֶ֖זֶר בֶּן־עַמִּישַׁדָּֽי׃ וְעַ֨ל־ כו
צְבָ֔א מַטֵּ֖ה בְּנֵ֣י אָשֵׁ֑ר פַּגְעִיאֵ֖ל בֶּן־עָכְרָֽן׃ וְעַ֨ל־צְבָ֔א כז
מַטֵּ֖ה בְּנֵ֣י נַפְתָּלִ֑י אֲחִירַ֖ע בֶּן־עֵינָֽן׃ אֵ֛לֶּה מַסְעֵ֥י בְנֵֽי־ כח
יִשְׂרָאֵ֖ל לְצִבְאֹתָ֑ם וַיִּסָּֽעוּ׃ וַיֹּ֣אמֶר מֹשֶׁ֗ה כט
לְ֠חֹבָב בֶּן־רְעוּאֵ֣ל הַמִּדְיָנִי֮ חֹתֵ֣ן מֹשֶׁה֒ נֹסְעִ֣ים ׀ אֲנַ֗חְנוּ
אֶל־הַמָּקוֹם֙ אֲשֶׁ֣ר אָמַ֣ר יהוה אֹת֖וֹ אֶתֵּ֣ן לָכֶ֑ם לְכָ֤ה
אִתָּ֙נוּ֙ וְהֵטַ֣בְנוּ לָ֔ךְ כִּֽי־יהוה דִּבֶּר־ט֖וֹב עַל־יִשְׂרָאֵֽל׃
וַיֹּ֥אמֶר אֵלָ֖יו לֹ֣א אֵלֵ֑ךְ כִּ֛י אִם־אֶל־אַרְצִ֥י וְאֶל־מֽוֹלַדְתִּ֖י ל
אֵלֵֽךְ׃ וַיֹּ֕אמֶר אַל־נָ֖א תַּעֲזֹ֣ב אֹתָ֑נוּ כִּ֣י ׀ עַל־כֵּ֣ן יָדַ֗עְתָּ לא
חֲנֹתֵ֙נוּ֙ בַּמִּדְבָּ֔ר וְהָיִ֥יתָ לָּ֖נוּ לְעֵינָֽיִם׃ וְהָיָ֖ה כִּֽי־תֵלֵ֣ךְ לב
עִמָּ֑נוּ וְהָיָ֣ה ׀ הַטּ֣וֹב הַה֗וּא אֲשֶׁ֨ר יֵיטִ֧יב יהוה עִמָּ֖נוּ

רש"י

לֵיהּ מִן "כַּאֲשֶׁר יַחֲנוּ כֵּן יִסָּעוּ" (לעיל ב, יז), וְאִית דְּאָמְרֵי: כְּקוֹרָה הָיוּ מְהַלְּכִין, וּמַפִּיק לֵיהּ מִן "מְאַסֵּף לְכָל הַמַּחֲנֹת":

כח) **אֵלֶּה מַסְעֵי.** זֶה סֵדֶר מַסְעֵיהֶם: **וַיִּסָּעוּ.** בַּיּוֹם הַהוּא נָסְעוּ:

כט) **חֹבָב.** הוּא יִתְרוֹ, שֶׁנֶּאֱמַר: "מִבְּנֵי חֹבָב חֹתֵן מֹשֶׁה" (שופטים ד, יא), וּמַה תַּלְמוּד לוֹמַר: "וַתָּבֹאנָה אֶל רְעוּאֵל אֲבִיהֶן" (שמות ב, יח)? מְלַמֵּד שֶׁהַתִּינוֹקוֹת קוֹרִין לַאֲבִי אֲבִיהֶן 'אַבָּא'. וְשֵׁמוֹת הַרְבֵּה הָיוּ לוֹ: יִתְרוֹ – עַל שֵׁם שֶׁיִּתֵּר פָּרָשָׁה אַחַת בַּתּוֹרָה, חוֹבָב – עַל שֶׁחִבֵּב אֶת הַתּוֹרָה וְכוּ': **נֹסְעִים אֲנַחְנוּ אֶל הַמָּקוֹם.** מִיָּד עַד שְׁלֹשָׁה יָמִים אָנוּ נִכְנָסִין לָאָרֶץ, שֶׁבְּמַסָּע זֶה הָרִאשׁוֹן נָסְעוּ עַל מְנָת לְהִכָּנֵס לְאֶרֶץ יִשְׂרָאֵל, אֶלָּא שֶׁחָטְאוּ בַּמִּתְאוֹנְנִים. וּמִפְּנֵי מָה שִׁתֵּף מֹשֶׁה עַצְמוֹ עִמָּהֶם? שֶׁעֲדַיִן לֹא נִגְזְרָה גְּזֵרָה עָלָיו וּכְסָבוּר שֶׁהוּא נִכְנָס:

ל) **אֶל אַרְצִי וְאֶל מוֹלַדְתִּי.** אִם בִּשְׁבִיל נְכָסַי אִם בִּשְׁבִיל מִשְׁפַּחְתִּי:

לא) **אַל נָא תַּעֲזֹב.** אֵין 'נָא' אֶלָּא לְשׁוֹן בַּקָּשָׁה, שֶׁלֹּא יֹאמְרוּ לֹא נִתְגַּיֵּר יִתְרוֹ מֵחִבָּה, סָבוּר הָיָה שֶׁיֵּשׁ לַגֵּרִים חֵלֶק בָּאָרֶץ, עַכְשָׁיו שֶׁרָאָה שֶׁאֵין לָהֶם חֵלֶק הִנִּיחָם וְהָלַךְ לוֹ: **כִּי עַל כֵּן יָדַעְתָּ חֲנֹתֵנוּ בַּמִּדְבָּר.** כִּי נָאֶה לְךָ לַעֲשׂוֹת זֹאת, עַל אֲשֶׁר יָדַעְתָּ חֲנוֹתֵנוּ בַּמִּדְבָּר וְרָאִיתָ נִסִּים וּגְבוּרוֹת שֶׁנַּעֲשׂוּ לָנוּ: **כִּי עַל כֵּן יָדַעְתָּ.** כְּמוֹ: 'עַל אֲשֶׁר יָדַעְתָּ', כְּמוֹ: "כִּי עַל כֵּן לֹא נְתַתִּיהָ לְשֵׁלָה בְנִי" (בראשית לח, כו), "כִּי עַל כֵּן בָּאוּ" (שם יט, ח), "כִּי עַל כֵּן רָאִיתִי פָנֶיךָ" (שם לג, י): **וְהָיִיתָ לָּנוּ לְעֵינָיִם.** לְשׁוֹן עָבָר, כְּתַרְגּוּמוֹ. דָּבָר אַחֵר לְשׁוֹן עָתִיד, כָּל דָּבָר וְדָבָר שֶׁיִּתְעַלֵּם מֵעֵינֵינוּ תִּהְיֶה מֵאִיר עֵינֵינוּ. דָּבָר אַחֵר, שֶׁתְּהֵא חָבִיב עָלֵינוּ כְּגַלְגַּל עֵינֵינוּ, שֶׁנֶּאֱמַר: "וַאֲהַבְתֶּם אֶת הַגֵּר" (דברים י, יט):

לב) **וְהָיָה הַטּוֹב הַהוּא וְגוֹ'.** מַה טּוֹבָה הֵיטִיבוּ לוֹ? אָמְרוּ, כְּשֶׁהָיוּ יִשְׂרָאֵל מְחַלְּקִין אֶת הָאָרֶץ הָיָה דִּשְׁנָהּ שֶׁל יְרִיחוֹ חֲמֵשׁ מֵאוֹת אַמָּה עַל חֲמֵשׁ מֵאוֹת אַמָּה, וְהִנִּיחוּהוּ מִלְּחַלֵּק. אָמְרוּ, מִי שֶׁיִּבָּנֶה בֵּית

ביאור | צְבָאוֹ - אֲחִיעֶזֶר בֶּן עַמִּישַׁדָּי. כו וְעַל צְבָא מַטֵּה בְּנֵי אָשֵׁר - פַּגְעִיאֵל בֶּן
עָכְרָן. כז וְעַל צְבָא מַטֵּה בְּנֵי נַפְתָּלִי - אֲחִירַע בֶּן עֵינָן.

כח אֵלֶּה מַסְעֵי בְנֵי יִשְׂרָאֵל לְצִבְאֹתָם - וַיִּסָּעוּ.

כט וַיֹּאמֶר מֹשֶׁה לְחֹבָב בֶּן רְעוּאֵל הַמִּדְיָנִי חֹתֵן מֹשֶׁה. לא ברור אם חובב או רעואל היה שמו השני של יתרו חותן משה. ייתכן שחובב היה אחיה של צפורה שעמד אז בראש המשפחה, או שהוא הוא יתרו, אבי צפורה, ורעואל היה סבה:[25] נֹסְעִים אֲנַחְנוּ אֶל הַמָּקוֹם אֲשֶׁר אָמַר ה׳ "אֹתוֹ אֶתֵּן לָכֶם". לְכָה, בוא גם אתה אִתָּנוּ, וְהֵטַבְנוּ לָךְ כִּי ה׳ דִּבֶּר טוֹב עַל יִשְׂרָאֵל. נבטיח גם לך חלק בארץ.

ל וַיֹּאמֶר אֵלָיו חובב: לֹא אֵלֵךְ אתכם כִּי אִם אֶל אַרְצִי וְאֶל מוֹלַדְתִּי אֵלֵךְ. אירחתם אותי בכבוד במחנה שלכם, אך יש לי בית משלי.

לא וַיֹּאמֶר משה: אַל נָא תַּעֲזֹב אֹתָנוּ כִּי עַל כֵּן, הואיל וְיָדַעְתָּ חֲנֹתֵנוּ בַּמִּדְבָּר וְהָיִיתָ לָּנוּ לְעֵינָיִם. איני מבקש זאת רק כדי להיטיב עמך. בתור בן למדין, שלמרות שהיו לו יישובים קבועים, היה במהותו - לפי אחת ההשערות - נווד, תוכל לסייע לנו במסענו במדבר.[26]
לב וְהָיָה כִּי תֵלֵךְ עִמָּנוּ, וְהָיָה הַטּוֹב הַהוּא אֲשֶׁר יֵיטִיב ה׳ עִמָּנוּ - וְהֵטַבְנוּ לָךְ. סופו של הסיפור לא כתוב כאן. ייתכן שהיו מבני משפחת חובב שחזרו לארצם, אך אחרים בוודאי המשיכו ללכת עם ישראל.[27]

הרחבות | 'לְכָה אִתָּנוּ וְהֵטַבְנוּ לָךְ' ואכן בסופו של דבר לפחות חלק מבני משפחת יתרו נסעו עם ישראל והתגוררו באחוזה לעצמם בכנען. אלו הם הקֵינִים והרֵכָבִים שחיו בארץ ישראל עד סוף תקופת הבית הראשון. (ראו שופטים א,טז ורד"ק; שופטים ד,יא; ירמיה לה,ב; דברי הימים א׳ ב,נה; סוטה יא ע"א; סנהדרין קד ע"א).

וְהֵטַבְנוּ לָךְ׃ וַיִּסְעוּ מֵהַר יְהוָה דֶּרֶךְ שְׁלֹשֶׁת יָמִים לג
וַאֲרוֹן בְּרִית־יְהוָה נֹסֵעַ לִפְנֵיהֶם דֶּרֶךְ שְׁלֹשֶׁת יָמִים
לָתוּר לָהֶם מְנוּחָה׃ וַעֲנַן יְהוָה עֲלֵיהֶם יוֹמָם בְּנָסְעָם לד
ששי מִן־הַמַּחֲנֶה׃ ׆ וַיְהִי בִּנְסֹעַ הָאָרֹן וַיֹּאמֶר לה
מֹשֶׁה קוּמָה ׀ יְהוָה וְיָפֻצוּ אֹיְבֶיךָ וְיָנֻסוּ מְשַׂנְאֶיךָ
מִפָּנֶיךָ׃ וּבְנֻחֹה יֹאמַר שׁוּבָה יְהוָה רִבְבוֹת אַלְפֵי לו
יִשְׂרָאֵל׃ ׆

וַיְהִי הָעָם כְּמִתְאֹנְנִים רַע בְּאָזְנֵי יְהוָה וַיִּשְׁמַע יְהוָה א יא

רש"י | הַמִּקְדָּשׁ בְּחֶלְקוֹ הוּא יִטְּלֶנּוּ, וּבֵין כָּךְ וּבֵין כָּךְ נְתָנוּהוּ לִבְנֵי יִתְרוֹ לְיוֹנָדָב בֶּן רֵכָב:

לג) **דֶּרֶךְ שְׁלֹשֶׁת יָמִים.** מַהֲלַךְ שְׁלֹשֶׁת יָמִים הָלְכוּ בְּיוֹם אֶחָד, שֶׁהָיָה הַקָּדוֹשׁ בָּרוּךְ הוּא חָפֵץ לְהַכְנִיסָם לָאָרֶץ מִיָּד: **וַאֲרוֹן בְּרִית ה' נֹסֵעַ לִפְנֵיהֶם דֶּרֶךְ שְׁלֹשֶׁת יָמִים.** זֶה הָאָרוֹן הַיּוֹצֵא עִמָּהֶם לַמִּלְחָמָה וּבוֹ שִׁבְרֵי לוּחוֹת מֻנָּחִים, וּמַקְדִּים לִפְנֵיהֶם דֶּרֶךְ שְׁלֹשֶׁת יָמִים לְתַקֵּן לָהֶם מְקוֹם חֲנִיָּה:

לד) **וַעֲנַן ה' עֲלֵיהֶם יוֹמָם.** שִׁבְעָה עֲנָנִים כְּתוּבִים בְּמַסְעֵיהֶם, אַרְבָּעָה מֵאַרְבַּע רוּחוֹת, וְאֶחָד לְמַעְלָה וְאֶחָד לְמַטָּה, וְאֶחָד לִפְנֵיהֶם, מַנְמִיךְ אֶת הַגָּבוֹהַּ וּמַגְבִּיהַּ אֶת הַנָּמוּךְ וְהוֹרֵג נְחָשִׁים וְעַקְרַבִּים:

לה) **וַיְהִי בִּנְסֹעַ הָאָרֹן.** עָשָׂה לוֹ סִימָנִיּוֹת מִלְּפָנָיו וּמִלְּאַחֲרָיו לוֹמַר שֶׁאֵין זֶה מְקוֹמוֹ; וְלָמָּה נִכְתַּב כָּאן? כְּדֵי לְהַפְסִיק בֵּין פֻּרְעָנוּת לְפֻרְעָנוּת וְכוּ', כִּדְאִיתָא בְּ'כָל כִּתְבֵי הַקֹּדֶשׁ' (שבת קטו ע"ב – קטז ע"א): **קוּמָה ה'.** לְפִי שֶׁהָיָה מַקְדִּים לִפְנֵיהֶם מַהֲלַךְ שְׁלֹשֶׁת יָמִים, הָיָה מֹשֶׁה אוֹמֵר: עֲמֹד וְהַמְתֵּן לָנוּ וְאַל תִּתְרַחֵק יוֹתֵר. בְּמִדְרַשׁ תַּנְחוּמָא בְּוַיַּקְהֵל (ז): **וְיָפֻצוּ אֹיְבֶיךָ.** הַמְכֻנָּסִין: **וְיָנֻסוּ מְשַׂנְאֶיךָ.** אֵלּוּ הָרוֹדְפִים: **מְשַׂנְאֶיךָ.** אֵלּוּ שׂוֹנְאֵי יִשְׂרָאֵל, שֶׁכָּל הַשּׂוֹנֵא אֶת יִשְׂרָאֵל שׂוֹנֵא אֶת מִי שֶׁאָמַר וְהָיָה הָעוֹלָם, שֶׁנֶּאֱמַר: "וּמְשַׂנְאֶיךָ נָשְׂאוּ רֹאשׁ" (תהלים פג, ג), וּמִי הֵם? "עַל עַמְּךָ יַעֲרִימוּ סוֹד" (שם ד):

לו) **שׁוּבָה ה'.** מְנַחֵם תִּרְגְּמוֹ לְשׁוֹן מַרְגּוֹעַ, וְכֵן: "בְּשׁוּבָה וָנַחַת תִּוָּשֵׁעוּן" (ישעיה ל, טו): **רִבְבוֹת אַלְפֵי יִשְׂרָאֵל.** מַגִּיד שֶׁאֵין הַשְּׁכִינָה שׁוֹרָה בְּיִשְׂרָאֵל פְּחוּתִים מִשְּׁנֵי אֲלָפִים וּשְׁתֵּי רְבָבוֹת:

פרק יא

א) **וַיְהִי הָעָם כְּמִתְאֹנְנִים.** אֵין 'הָעָם' אֶלָּא רְשָׁעִים, וְכֵן הוּא אוֹמֵר: "מָה אֶעֱשֶׂה לָעָם הַזֶּה" (שמות יז, ד). וְאוֹמֵר: "הָעָם הַזֶּה הָרָע" (ירמיה יג, י). וּכְשֶׁהֵם כְּשֵׁרִים קְרוּאִים 'עַמִּי', שֶׁנֶּאֱמַר: "שַׁלַּח עַמִּי" (שמות ח, טז), "עַמִּי מֶה עָשִׂיתִי לְךָ" (מיכה ו, ג): **כְּמִתְאֹנְנִים.** אֵין 'מִתְאוֹנְנִים' אֶלָּא לְשׁוֹן עֲלִילָה, מְבַקְּשִׁים

הרחבות | תפילותיו אלו של משה ממשיכות לשמש עד היום בבתי הכנסת. עם הוצאת ספר תורה מן ההיכל נאמר הפסוק הראשון, ועם הכנסתו למקומו לאחר הקריאה בו נאמר הפסוק השני.

לג **וַיִּסְעוּ** ישראל **מֵהַר ה׳ דֶּרֶךְ שְׁלֹשֶׁת יָמִים, וַאֲרוֹן בְּרִית ה׳ נֹסֵעַ לִפְנֵיהֶם** | ביאור
דֶּרֶךְ שְׁלֹשֶׁת יָמִים לָתוּר לָהֶם מְנוּחָה, מקום חניה. מלבד זאת, ישראל
לא היו צריכים ליישר את הדרך ולמצוא לעצמם מסלול קל להליכה
כי הארון הלך לפניהם והובילם בדרך הראויה. לד **וַעֲנַן ה׳ עֲלֵיהֶם יוֹמָם**
בְּנָסְעָם מִן הַמַּחֲנֶה. הענן היה שורה על מחנה ישראל ומחפה עליהם
במשך שעות היום במדבר, ובשעת המסע הוא נע עמם.

תפילות משה בנסיעת הארון ומנוחתו

פרק י פס׳ לה-לו

ביציאת העם למסע ובחנייתו תוקעים ומריעים בחצוצרותיו של משה. את יציאת הארון ממקומו בקודש הקודשים ואת שיבתו אליו משה מלווה גם בתפילות.

לפי המסורה נתונים שני פסוקים אלו בין שני סימנים מיוחדים הדומים לאות נ׳ הפוכה, מעין סוגריים, אולי משום שתוכן זה אינו קשור דווקא למסע הראשון אלא לכלל המסעות, ולפיכך ראוי היה להזכירו קודם לכן. היו שראו בשני פסוקים אלו מעין ספר קטן לעצמו, שהוא גם מחלק את ספר במדבר כולו לשניים: עד כאן עסקו הכתובים בעיקר במשכן ובמה שנעשה בו ליד הר סיני, ומכאן ואילך הם יעסקו במסעות הבאים, על עליותיהם ומורדותיהם.[28]

לה **וַיְהִי בִּנְסֹעַ הָאָרֹן**, כאשר ארון הברית היה יוצא למסע, **וַיֹּאמֶר מֹשֶׁה:**
קוּמָה, ה׳, וְיָפֻצוּ, ויתפזרו **אֹיְבֶיךָ**, אויבי ישראל. יציאת הארון ממקום
חנייתו מאיימת על אויבי ישראל. **וְיָנֻסוּ**, ויברחו **מְשַׂנְאֶיךָ מִפָּנֶיךָ**. ארון
הברית ובו לוחות העדות מגלם את נוכחותו של ה׳ בעולם.[29]

לו **וּבְנֻחֹה**, כאשר הארון נח במקום חנייה, **יֹאמַר** משה תפילה אחרת:
שׁוּבָה, נוח כאן,[30] **ה׳**, בתוך **רִבְבוֹת אַלְפֵי יִשְׂרָאֵל**. השכן שכינתך ביניהם.[31]

תבערה וקברות התאווה

פרק יא

בפרק זה מתחיל סיפור תלאות ישראל במדבר. ככל שהשהייה במדבר נמשכה, חיי הנוסעים בו נעשו קשים יותר ויותר. לבני ישראל לא הייתה תעסוקה ברורה, עתידם היה לוט בערפל וההווה – באבק. במצב זה אין פלא שפורצות שוב ושוב תלונות וטרוניות.

פרק יא א **וַיְהִי הָעָם כְּמִתְאֹנְנִים**, הביעו צער כאבלים על דבר **רַע בְּאָזְנֵי**
ה׳. אין הכתוב מפרש על מה התלוננו. הם ביטאו אי-שביעות רצון

וַיִּחַר אַפּוֹ וַתִּבְעַר־בָּם אֵשׁ יְהוָה וַתֹּאכַל בִּקְצֵה
הַמַּחֲנֶה׃ וַיִּצְעַק הָעָם אֶל־מֹשֶׁה וַיִּתְפַּלֵּל מֹשֶׁה אֶל־ ב
יְהוָה וַתִּשְׁקַע הָאֵשׁ׃ וַיִּקְרָא שֵׁם־הַמָּקוֹם הַהוּא ג
תַּבְעֵרָה כִּי־בָעֲרָה בָם אֵשׁ יְהוָה׃ וְהָאסַפְסֻף אֲשֶׁר ד
בְּקִרְבּוֹ הִתְאַוּוּ תַּאֲוָה וַיָּשֻׁבוּ וַיִּבְכּוּ גַּם בְּנֵי יִשְׂרָאֵל
וַיֹּאמְרוּ מִי יַאֲכִלֵנוּ בָּשָׂר׃ זָכַרְנוּ אֶת־הַדָּגָה אֲשֶׁר־ ה
נֹאכַל בְּמִצְרַיִם חִנָּם אֵת הַקִּשֻּׁאִים וְאֵת הָאֲבַטִּחִים
וְאֶת־הֶחָצִיר וְאֶת־הַבְּצָלִים וְאֶת־הַשּׁוּמִים׃ וְעַתָּה ו
נַפְשֵׁנוּ יְבֵשָׁה אֵין כֹּל בִּלְתִּי אֶל־הַמָּן עֵינֵינוּ׃ וְהַמָּן ז

רש"י

עלילה היאך לפרוש מאחרי המקום, וכן הוא אומר בשמשון: "כי תאנה הוא מבקש" (שופטים יד, ד): **רע באזני ה'.** תואנה שהיא רעה באזני ה', שמתכוונים שתבוא באזניו ויקניט. אמרו: אוי לנו, כמה לבטנו בדרך הזה, שלשה ימים שלא נחנו מעינוי הדרך: **ויחר אפו.** אני הייתי מתכוון לטובתכם שתכנסו לארץ מיד: **בקצה המחנה.** במוקצין שבהם לשפלות, אלו ערב רב. רבי שמעון בן מנסיא אומר: בקצינים שבהם ובגדולים:

ב) **ויצעק העם אל משה.** משל למלך בשר ודם שכעס על בנו, והלך הבן אצל אוהבו של אביו ואמר לו: צא ובקש עלי מאבא: **ותשקע האש.** שקעה במקומה בארץ, שאלו חזרה לאחת הרוחות היתה מקפלת והולכת כל אותו הרוח:

ד) **והאספסף.** אלו ערב רב שנאספו עליהם בצאתם ממצרים: **וישבו.** גם בני ישראל ויבכו עמהם: **מי יאכלנו בשר.** וכי לא היה להם בשר? והלא כבר נאמר: "וגם ערב רב עלה אתם וצאן ובקר" וגו' (שמות יב, לח), ואם תאמר אכלום, והלא בכניסתם לארץ נאמר: "ומקנה רב היה לבני ראובן" וגו' (להלן לב, א), אלא שמבקשים עלילה:

ה) **אשר נאכל במצרים חנם.** אם תאמר שמצרים נותנים להם דגים חנם, והלא כבר נאמר: "ותבן לא ינתן לכם" (שמות ה, יח), אם תבן לא היו נותנים להם חנם, דגים היו נותנין להם חנם?! ומהו אומר: "חנם"? חנם מן המצוות: **את הקשאים.** אמר רבי שמעון: מפני מה המן משתנה לכל דבר חוץ מאלו? מפני שהן קשים למיניקות; אומרים לאשה: אל תאכלי שום ובצל, מפני התינוק. משל למלך כו' [בשר ודם שמסר בנו לפידגוג, והיה יושב ומפקדו ואומר לו, הנראה שלא יאכל מאכל רע ולא ישתה משקה רע. ובכל כך היה הבן ההוא מתרעם על אביו לומר, לא מפני שאוהבני, אלא מפני שאי אפשר לו שאוכל], כדאיתא בספרי (פז): **הקשאים.** הם קוקומבר"ש בלעז: **אבטחים.** בודיק"ש: **החציר.** כרישין, פוריל"ש, ותרגומו: "ית בוציניא" וכו':

ו) **אל המן עינינו.** מן בשחר, מן בערב:

ביאור | ומרמור. **וַיִּשְׁמַע ה׳** – **וַיִּחַר אַפּוֹ**, כעס על תלונותיהם. **וַתִּבְעַר בָּם**, בהם **אֵשׁ ה׳**, **וַתֹּאכַל בִּקְצֵה הַמַּחֲנֶה**, החלה לשרוף את קצות המחנה.

ב **וַיִּצְעַק הָעָם אֶל מֹשֶׁה** על התבערה הלא-טבעית, **וַיִּתְפַּלֵּל מֹשֶׁה**
אֶל ה׳ – **וַתִּשְׁקַע הָאֵשׁ.** ג **וַיִּקְרָא שֵׁם הַמָּקוֹם הַהוּא** שבקצה המחנה[32]
תַּבְעֵרָה כִּי בָעֲרָה בָם אֵשׁ ה׳.

ד בהמשך להתאוננות ההיא – **וְהָאסַפְסֻף אֲשֶׁר בְּקִרְבּוֹ**. העבדים משאר
העמים שלא היו מרוצים במצרים, נאספו להיספח על ישראל
היוצאים ממצרים, ולא הפכו לחלק אורגני מן העם.[33] הללו **הִתְאַוּוּ**
תַּאֲוָה. דיבוריהם בענייני אוכל עוררו את הרצון ואף את תחושת
הצורך.[34] **וַיָּשֻׁבוּ וַיִּבְכּוּ גַּם בְּנֵי יִשְׂרָאֵל**, אף שלא הם יזמו זאת, אלא
הושפעו מן האווירה הכללית, **וַיֹּאמְרוּ: מִי יַאֲכִלֵנוּ בָּשָׂר?** האוכל העיקרי
שניזונו ממנו היה מן. אף שהיה לחלקם צאן, הם נמנעו מלשחטו,
מחמת הקושי לגדלם ולהרבותם במדבר. ה ישראל לא הסתפקו
בתשוקה לבשר, אלא עוררו בעצמם רגשות נוסטלגיים כלפי החיים
במצרים, והדחיקו את השעבוד והעינויים שחוו שם: **זָכַרְנוּ אֶת הַדָּגָה**,
מיני דגים שונים **אֲשֶׁר נֹאכַל בְּמִצְרַיִם חִנָּם**, מן הסתם לא קיבלו דגים
מפרעה, אלא דגו אותם בנילוס ובשלוחותיו באופן עצמאי. **אֵת**
הַקִּשֻּׁאִים, אולי הם המלפפונים **וְאֵת הָאֲבַטִּחִים**, המכונים גם היום
בשם זה **וְאֶת הֶחָצִיר**, הכרשה **וְאֶת הַבְּצָלִים וְאֶת הַשּׁוּמִים**, המכונים
גם היום בשם זה. כל המאכלים הללו מעוררי תיאבון, וטבעם
מנוגד למן. ו **וְעַתָּה נַפְשֵׁנוּ יְבֵשָׁה, אֵין** לנו **כֹּל**, דבר, **בִּלְתִּי**, אלא **אֶל**
הַמָּן עֵינֵינוּ. המן הוא סעודתנו הקבועה והיחידה. את גזרותיו של

מימין: קתא ('קִשֻּׁא'?)

משמאל: כרשה ('חציר')

העולם | **קִשֻּׁא** התרגומים הארמיים זיהו אותו עם קתא, (שם מדעי: Cucumis melo var. chate), מין מלון ממשפחת הדלועים (פאקוס בערבית), הדומה למלפפון ארוך ושעיר, ואילו התרגומים ליוונית וללטינית זיהו אותו עם המלפפון (שם מדעי: Cucumis sativus).

חָצִיר אין זה החציר המוכר היום, שהוא מאכל בהמה. לפי המפרשים הוא הכרשה, כרתי, מין בצל (שם מדעי: Allium porrum, שם אנגלי: leek).

כִּזְרַע־גַּד הוּא וְעֵינוֹ כְּעֵין הַבְּדֹלַח: שָׁטוּ הָעָם וְלָקְטוּ ח
וְטָחֲנוּ בָרֵחַיִם אוֹ דָכוּ בַּמְּדֹכָה וּבִשְּׁלוּ בַּפָּרוּר וְעָשׂוּ
אֹתוֹ עֻגוֹת וְהָיָה טַעְמוֹ כְּטַעַם לְשַׁד הַשָּׁמֶן: וּבְרֶדֶת ט
הַטַּל עַל־הַמַּחֲנֶה לָיְלָה יֵרֵד הַמָּן עָלָיו: וַיִּשְׁמַע י
מֹשֶׁה אֶת־הָעָם בֹּכֶה לְמִשְׁפְּחֹתָיו אִישׁ לְפֶתַח אָהֳלוֹ
וַיִּחַר־אַף יהוה מְאֹד וּבְעֵינֵי מֹשֶׁה רָע: וַיֹּאמֶר מֹשֶׁה יא

רש"י

ז **וְהַמָּן כִּזְרַע גַּד.** מִי שֶׁאָמַר זֶה לֹא אָמַר זֶה. יִשְׂרָאֵל אוֹמְרִים: "בִּלְתִּי אֶל הַמָּן עֵינֵינוּ", וְהַקָּדוֹשׁ בָּרוּךְ הוּא הִכְתִּיב בַּתּוֹרָה: "וְהַמָּן כִּזְרַע גַּד" וְגוֹ', כְּלוֹמַר, רְאוּ בָּאֵי עוֹלָם עַל מָה מִתְלוֹנְנִים בָּנַי, וְהַמָּן כָּךְ וְכָךְ הוּא חָשׁוּב: **כִּזְרַע גַּד.** עָגֹל כְּגַדָּא, זֶרַע קוליינדר"א: **בְּדֹלַח.** שֵׁם אֶבֶן טוֹבָה, קריסט"ל:

ח **שָׁטוּ.** אֵין 'שַׁיִט' אֶלָּא לְשׁוֹן טִיּוּל, אישבנ"ייר, בְּלֹא עָמָל: **וְטָחֲנוּ בָרֵחַיִם וְגוֹ'.** לֹא יָרַד בָּרֵחַיִם וְלֹא בַּקְּדֵרָה וְלֹא בַּמְּדוֹכָה, אֶלָּא מִשְׁתַּנֶּה הָיָה טַעְמוֹ לְנִטְחָנִין וְלַנִּדּוֹכִין וְלַמְבֻשָּׁלִין: **בַּפָּרוּר.** קְדֵרָה: **לְשַׁד הַשָּׁמֶן.** לַחְלוּחַ שֶׁל שֶׁמֶן, כָּךְ פֵּרְשׁוֹ דּוֹנָשׁ. וְדוֹמֶה לוֹ: "נֶהְפַּךְ לְשַׁדִּי בְּחַרְבֹנֵי קַיִץ" (תהלים לב, ד), וְהַלָּמֶ"ד יְסוֹד, נֶהְפַּךְ לַחְלוּחִי בְּחַרְבוֹנֵי קַיִץ. וְרַבּוֹתֵינוּ פֵּרְשׁוּהוּ לְשׁוֹן שָׁדַיִם, אַךְ אֵין עִנְיַן שָׁדַיִם אֵצֶל שֶׁמֶן. וְאִי אֶפְשָׁר לוֹמַר "לְשַׁד הַשָּׁמֶן" לְשׁוֹן "וַיִּשְׁמַן יְשֻׁרוּן" (דברים לב, טו), שֶׁאִם כֵּן הָיָה הַמֵּ"ם נָקוּד קָמָץ קָטָן (צירי) וְטַעְמוֹ לְמַטָּה תַּחַת הַמֵּ"ם, עַכְשָׁיו שֶׁהַמֵּ"ם נָקוּד פַּתָּח קָטָן (סגול) וְהַטַּעַם תַּחַת הַשִּׁי"ן, לְשׁוֹן שֶׁמֶן הוּא, וְהַשִּׁי"ן הַנְּקוּדָה בְּקָמָץ גָּדוֹל וְאֵינָהּ נְקוּדָה בְּפַתָּח קָטָן מִפְּנֵי שֶׁהוּא סוֹף פָּסוּק. דָּבָר אַחֵר, "לְשַׁד" לְשׁוֹן נוֹטָרִיקוֹן לִישׁ שֶׁמֶן דְּבַשׁ, כְּעִסָּה הַנִּלּוֹשָׁה בְּשֶׁמֶן וּקְטוּפָה בִּדְבַשׁ. וְתַרְגּוּם שֶׁל אוּנְקְלוֹס דִּמְתַרְגֵּם: "דְּלִישׁ בְּמִשְׁחָא" נוֹטֶה לְפִתְרוֹנוֹ שֶׁל דּוֹנָשׁ, שֶׁהָעִסָּה הַנִּלּוֹשָׁה בְּשֶׁמֶן לַחְלוּחִית שֶׁמֶן יֵשׁ בָּהּ:

י **בֹּכֶה לְמִשְׁפְּחֹתָיו.** מִשְׁפָּחוֹת מִשְׁפָּחוֹת נֶאֱסָפִים וּבוֹכִים, לְפַרְסֵם תַּרְעֻמְתָּן בְּגָלוּי. וְרַבּוֹתֵינוּ אָמְרוּ: "לְמִשְׁפְּחֹתָיו", עַל עִסְקֵי מִשְׁפָּחוֹת, עַל עֲרָיוֹת הַנֶּאֱסָרוֹת לָהֶם:

כוסברה ('זרע גד')

העולם | **זֶרַע גַּד** מזוהה על ידי מפרשים וחוקרים עם כוסברה, גד השדה (שם מדעי: Coriandrum sativum), צמח תבלין חד-שנתי משפחת הסוככיים, גובהו עד 50 ס"מ, זרעיו עגולים וקוטרם 2-4 מ"מ.

ביאור

פרעה, את שעבודם וקשייהם שכחו, בעת שזכר טעמן וריחן של הסעודות הישנות עולה בהם. הזיכרון החי בא לביטוי במניית מרכיבי התפריט.

כאן מופיעה תוספת מבהירה שאינה חלק מדבריהם: ז **וְהַמָּן**,
שהתלוננו עליו **כִּזְרַע גַּד**, בצורתו ובגודלו המן היה דומה לזרעים
העגולים של הכוסברה, **הוּא**, ואולם שלא כצבעם החום של זרעי
הכוסברה, **עֵינוֹ**, צבעו **כְּעֵין הַבְּדֹלַח**, לבן.[35] ח **שָׁטוּ**, שוטטו **הָעָם וְלָקְטוּ**,
וְטָחֲנוּ בָרֵחַיִם אוֹ דָכוּ, כתשו **בַּמְּדֹכָה**, במכתש **וּבִשְּׁלוּ בַּפָּרוּר**, בקדרה
וְעָשׂוּ אֹתוֹ עֻגוֹת, **וְהָיָה טַעְמוֹ כְּטַעַם לְשַׁד**, לחלוחית **הַשָּׁמֶן**. המן לא
היה יבש, אלא דמה בטעמו למאכל הספוג שמן. ט **וּבְרֶדֶת הַטַּל עַל**
הַמַּחֲנֶה מדי **לָיְלָה** – **יֵרֵד הַמָּן עָלָיו**.

י למרות זאת – **וַיִּשְׁמַע מֹשֶׁה אֶת הָעָם בֹּכֶה לְמִשְׁפְּחֹתָיו, אִישׁ לְפֶתַח**
אָהֳלוֹ. לא הייתה זו הפגנה המונית, אך האנשים ראו זה את זה
בבכיים, ותחושות המחסור, הגעגוע והבכי פשטו בעם. **וַיִּחַר אַף**,
כעס ה' **מְאֹד**, **וּבְעֵינֵי מֹשֶׁה** היה הבכי הזה **רָע**.

רחיים

מימין: פָּרוּר
משמאל: מדוכה

העולם

פָּרוּר קדרה לבישול (ראו שופטים ו,יט). על פי בן סירה (יג,ב) הוא עשוי חרס, שלא כסיר העשוי ברזל.

אֶל־יְהוָה לָמָה הֲרֵעֹתָ לְעַבְדֶּךָ וְלָמָּה לֹא־מָצָתִי חֵן
יב בְּעֵינֶיךָ לָשׂוּם אֶת־מַשָּׂא כָּל־הָעָם הַזֶּה עָלָי׃ הֶאָנֹכִי
הָרִיתִי אֵת כָּל־הָעָם הַזֶּה אִם־אָנֹכִי יְלִדְתִּיהוּ כִּי־
תֹאמַר אֵלַי שָׂאֵהוּ בְחֵיקֶךָ כַּאֲשֶׁר יִשָּׂא הָאֹמֵן אֶת־
יג הַיֹּנֵק עַל הָאֲדָמָה אֲשֶׁר נִשְׁבַּעְתָּ לַאֲבֹתָיו׃ מֵאַיִן לִי
בָּשָׂר לָתֵת לְכָל־הָעָם הַזֶּה כִּי־יִבְכּוּ עָלַי לֵאמֹר תְּנָה־
יד לָּנוּ בָשָׂר וְנֹאכֵלָה׃ לֹא־אוּכַל אָנֹכִי לְבַדִּי לָשֵׂאת
טו אֶת־כָּל־הָעָם הַזֶּה כִּי כָבֵד מִמֶּנִּי׃ וְאִם־כָּכָה ׀ אַתְּ־
עֹשֶׂה לִּי הָרְגֵנִי נָא הָרֹג אִם־מָצָאתִי חֵן בְּעֵינֶיךָ וְאַל־
אֶרְאֶה בְּרָעָתִי׃
טז וַיֹּאמֶר יְהוָה אֶל־מֹשֶׁה אֶסְפָה־לִּי שִׁבְעִים אִישׁ מִזִּקְנֵי
יִשְׂרָאֵל אֲשֶׁר יָדַעְתָּ כִּי־הֵם זִקְנֵי הָעָם וְשֹׁטְרָיו וְלָקַחְתָּ

רש"י

יב) **כִּי תֹאמַר אֵלַי.** שֶׁאַתָּה אוֹמֵר אֵלַי: שָׂאֵהוּ בְחֵיקֶךָ, וְהֵיכָן אָמַר לוֹ כֵּן? "לֵךְ נְחֵה אֶת הָעָם" (שמות לב, לד), וְאוֹמֵר: "וַיְצַוֵּם אֶל בְּנֵי יִשְׂרָאֵל" (שם ו, יג), עַל מְנָת שֶׁיִּהְיוּ סוֹקְלִים אֶתְכֶם וּמְחָרְפִין אֶתְכֶם: **עַל הָאֲדָמָה אֲשֶׁר נִשְׁבַּעְתָּ לַאֲבֹתָיו.** אַתָּה אוֹמֵר לִי לְשֵׂאתָם בְּחֵיקִי:

טו) **וְאִם כָּכָה אַתְּ עֹשֶׂה לִּי.** תָּשַׁשׁ כֹּחוֹ שֶׁל מֹשֶׁה כִּנְקֵבָה כְּשֶׁהֶרְאָהוּ הַקָּדוֹשׁ בָּרוּךְ הוּא הַפֻּרְעָנוּת שֶׁהוּא עָתִיד לְהָבִיא עֲלֵיהֶם עַל זֹאת, אָמַר לְפָנָיו: אִם כֵּן, הָרְגֵנִי תְּחִלָּה: **וְאַל אֶרְאֶה בְּרָעָתִי.** 'בְּרָעָתָם' הָיָה לוֹ לִכְתֹּב, אֶלָּא שֶׁכִּנָּה הַכָּתוּב, וְזֶה אֶחָד מִתִּקּוּנֵי סוֹפְרִים בַּתּוֹרָה לְכִנּוּי וּלְתִקּוּן לָשׁוֹן:

טז) **אֶסְפָה לִּי.** הֲרֵי תְּשׁוּבָה לִתְלוּנָּתְךָ שֶׁאָמַרְתָּ: "לֹא אוּכַל אָנֹכִי לְבַדִּי" (לעיל פסוק יד). וְהַזְּקֵנִים הָרִאשׁוֹנִים הֵיכָן הָיוּ? וַהֲלֹא אַף בְּמִצְרַיִם יָשְׁבוּ עִמָּהֶם, שֶׁנֶּאֱמַר: "לֵךְ וְאָסַפְתָּ אֶת זִקְנֵי יִשְׂרָאֵל" (שמות ג, טז), אֶלָּא בָּאֵשׁ תַּבְעֵרָה מֵתוּ. וּרְאוּיִים הָיוּ לְכָךְ מִסִּינַי, דִּכְתִיב: "וַיֶּחֱזוּ אֶת הָאֱלֹהִים" (שמות כד, יא), שֶׁנָּהֲגוּ קַלּוּת רֹאשׁ כְּנוֹשֵׁךְ פִּתּוֹ וּמְדַבֵּר בִּפְנֵי הַמֶּלֶךְ, וְזֶהוּ: "וַיֹּאכְלוּ וַיִּשְׁתּוּ" (שם), וְלֹא רָצָה הַקָּדוֹשׁ בָּרוּךְ הוּא לִתֵּן אֲבֵלוּת בְּמַתַּן תּוֹרָה, וּפָרַע לָהֶם כָּאן: **אֲשֶׁר יָדַעְתָּ כִּי הֵם וְגוֹ'.** אוֹתָן שֶׁאַתָּה מַכִּיר שֶׁנִּתְמַנּוּ עֲלֵיהֶם שׁוֹטְרִים בְּמִצְרַיִם בַּעֲבוֹדַת פֶּרֶךְ, וְהָיוּ מְרַחֲמִים עֲלֵיהֶם וּמֻכִּים עַל יָדָם, שֶׁנֶּאֱמַר: "וַיֻּכּוּ שֹׁטְרֵי בְּנֵי יִשְׂרָאֵל" (שמות ה, יד), עַתָּה יִתְמַנּוּ בִּגְדֻלָּתָן, כְּדֶרֶךְ שֶׁנִּצְטַעֲרוּ בְּצָרָתָן: **וְלָקַחְתָּ אֹתָם.** קָחֵם בִּדְבָרִים, אַשְׁרֵיכֶם שֶׁנִּתְמַנִּיתֶם פַּרְנָסִים עַל בָּנָיו שֶׁל מָקוֹם:

ביאור

יא וַיֹּאמֶר מֹשֶׁה אֶל ה׳: לָמָה הֲרֵעֹתָ לְעַבְדֶּךָ וְלָמָּה לֹא מָצָתִי, מצאתי חֵן
בְּעֵינֶיךָ – לָשׂוּם, לשים אֶת מַשָּׂא כָּל הָעָם הַזֶּה עָלָי?! האם לא הייתי טוב
בעיניך עד כדי כך שהטלת דווקא עלי תפקיד כה קשה?!
יב הֶאָנֹכִי הָרִיתִי אֵת כָּל הָעָם הַזֶּה, אִם אָנֹכִי יְלִדְתִּיהוּ, כִּי תֹאמַר אֵלַי: "שָׂאֵהוּ בְחֵיקֶךָ
כַּאֲשֶׁר יִשָּׂא הָאֹמֵן אֶת הַיֹּנֵק" עַל, עד שיגיע אל הָאֲדָמָה אֲשֶׁר נִשְׁבַּעְתָּ
לַאֲבֹתָיו. משה מדמה את העם לתינוקות תלותיים, ושואל את ה׳
מדוע הוטל עליו לטפל בהם. הוא חש שתפקיד זה למעלה מיכולתו,
ואין הוא הולם את כישוריו הטבעיים.
יג מֵאַיִן לִי בָּשָׂר לָתֵת לְכָל הָעָם
הַזֶּה כִּי יִבְכּוּ עָלַי לֵאמֹר: "תְּנָה לָּנוּ בָשָׂר – וְנֹאכֵלָה". למשאלותיהם אין
בסיס, ולי אין דרך לספק אותן.
יד לֹא אוּכַל אָנֹכִי לְבַדִּי לָשֵׂאת אֶת כָּל
הָעָם הַזֶּה כִּי כָבֵד מִמֶּנִּי.
טו וְאִם כָּכָה אַתְּ, אתה עֹשֶׂה לִּי, ומחייב אותי
להמשיך בעבודתי זו – הָרְגֵנִי נָא הָרֹג אִם מָצָאתִי חֵן בְּעֵינֶיךָ, וְאַל אֶרְאֶה
בְּרָעָתִי. ולא אשאר להנהיג את העם במצב השפל הזה.[36]

טז וַיֹּאמֶר ה׳ אֶל מֹשֶׁה: אֶסְפָה, אסוף לִּי שִׁבְעִים אִישׁ מִזִּקְנֵי, מבין הגדולים
והמכובדים שבְיִשְׂרָאֵל, אֲשֶׁר יָדַעְתָּ כִּי הֵם זִקְנֵי הָעָם וְשֹׁטְרָיו, שאתה

כַּאֲשֶׁר יִשָּׂא הָאֹמֵן אֶת הַיֹּנֵק

ישראלית נושאת תינוקה לגלות, איור על פי תבליט מנינוה המאה ה-8 לפנה"ס

הרחבות

36וְאִם כָּכָה אַתְּ עֹשֶׂה לִּי הָרְגֵנִי נָא הָרֹג משה הגיב בחריפות משום שחש שאין הוא מסוגל לרדת לסוף דעתם של סובביו. משה היה כבר בן למעלה משמונים. יתר על כן, משה לא היה ככל האדם. הוא חי בבדידות וחיפוש רוחני עוד קודם שקיבל את שליחותו, ויכול היה לחיות ארבעים יום וארבעים לילה ללא מאכל ומשקה (שמות לד,כח). בזוהר (ח"ג קפז ע"ב – קפח ע"א) מדומה חריגותו בחברה האנושית לדגי ים ביבשה. על כן התקשה להבין ללבם של אנשים שמזונם מסופק להם, וכל תלונתם מרוכזת בגעגוע לטעמי מזונות מסוימים.

אֹתָם אֶל־אֹהֶל מוֹעֵד וְהִתְיַצְּבוּ שָׁם עִמָּךְ׃ וְיָרַדְתִּי יז
וְדִבַּרְתִּי עִמְּךָ שָׁם וְאָצַלְתִּי מִן־הָרוּחַ אֲשֶׁר עָלֶיךָ
וְשַׂמְתִּי עֲלֵיהֶם וְנָשְׂאוּ אִתְּךָ בְּמַשָּׂא הָעָם וְלֹא־תִשָּׂא
אַתָּה לְבַדֶּךָ׃ וְאֶל־הָעָם תֹּאמַר הִתְקַדְּשׁוּ לְמָחָר יח
וַאֲכַלְתֶּם בָּשָׂר כִּי בְּכִיתֶם בְּאָזְנֵי יְהוָה לֵאמֹר מִי
יַאֲכִלֵנוּ בָּשָׂר כִּי־טוֹב לָנוּ בְּמִצְרָיִם וְנָתַן יְהוָה לָכֶם
בָּשָׂר וַאֲכַלְתֶּם׃ לֹא יוֹם אֶחָד תֹּאכְלוּן וְלֹא יוֹמָיִם יט
וְלֹא ׀ חֲמִשָּׁה יָמִים וְלֹא עֲשָׂרָה יָמִים וְלֹא עֶשְׂרִים יוֹם׃
עַד ׀ חֹדֶשׁ יָמִים עַד אֲשֶׁר־יֵצֵא מֵאַפְּכֶם וְהָיָה לָכֶם כ
לְזָרָא יַעַן כִּי־מְאַסְתֶּם אֶת־יְהוָה אֲשֶׁר בְּקִרְבְּכֶם
וַתִּבְכּוּ לְפָנָיו לֵאמֹר לָמָּה זֶּה יָצָאנוּ מִמִּצְרָיִם׃ וַיֹּאמֶר כא
מֹשֶׁה שֵׁשׁ־מֵאוֹת אֶלֶף רַגְלִי הָעָם אֲשֶׁר אָנֹכִי בְּקִרְבּוֹ

רש"י

וְהִתְיַצְּבוּ שָׁם עִמָּךְ. כְּדֵי שֶׁיִּרְאוּ יִשְׂרָאֵל וְיִנְהֲגוּ בָּהֶם גְּדֻלָּה וְכָבוֹד, וְיֹאמְרוּ: חֲבִיבִין אֵלּוּ שֶׁנִּכְנְסוּ עִם מֹשֶׁה לִשְׁמוֹעַ דִּבּוּר מִפִּי הַקָּדוֹשׁ בָּרוּךְ הוּא:

יז| וְיָרַדְתִּי. זוֹ אַחַת מֵעֶשֶׂר יְרִידוֹת הַכְּתוּבוֹת בַּתּוֹרָה: וְדִבַּרְתִּי עִמְּךָ. וְלֹא עִמָּהֶם: וְאָצַלְתִּי. כְּתַרְגּוּמוֹ: "וַאֲרַבֵּי", כְּמוֹ: "וְאֶל אֲצִילֵי בְּנֵי יִשְׂרָאֵל" (שמות כד, יא): וְשַׂמְתִּי עֲלֵיהֶם. לְמָה מֹשֶׁה דּוֹמֶה בְּאוֹתָהּ שָׁעָה? לְנֵר שֶׁמֻּנָּח עַל גַּבֵּי מְנוֹרָה, וְהַכֹּל מַדְלִיקִין הֵימֶנּוּ וְאֵין אוֹרוֹ חָסֵר כְּלוּם: וְנָשְׂאוּ אִתְּךָ. הַתְנֵה עִמָּהֶם, עַל מְנָת שֶׁיְּקַבְּלוּ עֲלֵיהֶם טֹרַח בָּנַי, שֶׁהֵם טַרְחָנִים וְסַרְבָנִים: וְלֹא תִשָּׂא אַתָּה לְבַדֶּךָ. הֲרֵי תְּשׁוּבָה לְמַה שֶּׁאָמַרְתָּ "לֹא אוּכַל אָנֹכִי לְבַדִּי" (לעיל פסוק יד):

יח| הִתְקַדְּשׁוּ. הַזְמִינוּ עַצְמְכֶם לְפֻרְעָנוּת, וְכֵן הוּא אוֹמֵר: "וְהַקְדִּשֵׁם לְיוֹם הֲרֵגָה" (ירמיה יב, ג):

כ| עַד חֹדֶשׁ יָמִים. זוֹ בַּכְּשֵׁרִים שֶׁמִּתְמַצִּין עַל מִטּוֹתֵיהֶן וְאַחַר כָּךְ נִשְׁמָתָן יוֹצְאָה; וּבָרְשָׁעִים הוּא אוֹמֵר "הַבָּשָׂר עוֹדֶנּוּ בֵּין שִׁנֵּיהֶם" (להלן פסוק לג), כָּךְ הִיא שְׁנוּיָה בְּסִפְרֵי (צג). אֲבָל בִּמְכִילְתָּא (ויסע פ"ד) שְׁנוּיָה חִלּוּף: הָרְשָׁעִים אוֹכְלִין וּמִצְטַעֲרִין שְׁלֹשִׁים יוֹם, וְהַכְּשֵׁרִים – "הַבָּשָׂר עוֹדֶנּוּ בֵּין שִׁנֵּיהֶם": עַד אֲשֶׁר יֵצֵא מֵאַפְּכֶם. כְּתַרְגּוּמוֹ: "דִּתְקוּצוּן בֵּיהּ", יְהֵא דּוֹמֶה לָכֶם כְּאִלּוּ אֲכַלְתֶּם מִמֶּנּוּ יוֹתֵר מִדַּאי עַד שֶׁיּוֹצֵא וְנִגְעָל לַחוּץ דֶּרֶךְ הָאַף: וְהָיָה לָכֶם לְזָרָא. שֶׁתִּהְיוּ מְרַחֲקִין אוֹתוֹ יוֹתֵר מִמַּה שֶּׁקֵּרַבְתֶּם. וּבְדִבְרֵי רַבִּי מֹשֶׁה הַדַּרְשָׁן רָאִיתִי, שֶׁיֵּשׁ לָשׁוֹן שֶׁקּוֹרִין לַחֶרֶב 'זָרָא': אֶת ה' אֲשֶׁר בְּקִרְבְּכֶם. אִם לֹא שֶׁנָּטַעְתִּי שְׁכִינָתִי בֵּינֵיכֶם, לֹא גָּבַהּ לְבַבְכֶם לִכָּנֵס לְכָל הַדְּבָרִים הַלָּלוּ:

כא| שֵׁשׁ מֵאוֹת אֶלֶף רַגְלִי. לֹא חָשׁ לִמְנוֹת

ביאור | יודע שהם מתַפקדים כמנהיגיו, **וְלָקַחְתָּ אֹתָם אֶל אֹהֶל מוֹעֵד, וְהִתְיַצְּבוּ**,
והם יעמדו **שָׁם עִמָּךְ**. יז **וְיָרַדְתִּי וְדִבַּרְתִּי עִמְּךָ שָׁם, וְאָצַלְתִּי**, אעביר **מִן**
הָרוּחַ, מן האישיות ומרוח הנבואה **אֲשֶׁר** שמתי **עָלֶיךָ - וְשַׂמְתִּי עֲלֵיהֶם.**
וְנָשְׂאוּ אִתְּךָ בְּמַשָּׂא הָעָם, וְלֹא תִשָּׂא אַתָּה לְבַדֶּךָ. יח **וְאֶל הָעָם תֹּאמַר:**
הִתְקַדְּשׁוּ, הכינו את עצמכם **לְמָחָר, וַאֲכַלְתֶּם בָּשָׂר כִּי בְּכִיתֶם בְּאָזְנֵי ה׳**
לֵאמֹר "מִי יַאֲכִלֵנוּ בָּשָׂר, כִּי טוֹב לָנוּ בְּמִצְרָיִם". וְנָתַן ה׳ לָכֶם בָּשָׂר - וַאֲכַלְתֶּם
בשר רב כל כך, יט עד אשר **לֹא יוֹם אֶחָד תֹּאכְלוּן** בלבד **וְלֹא יוֹמָיִם וְלֹא**
חֲמִשָּׁה יָמִים וְלֹא עֲשָׂרָה יָמִים וְלֹא עֶשְׂרִים יוֹם. הכתוב מפליג והולך
במספרים. כ **עַד חֹדֶשׁ יָמִים, עַד אֲשֶׁר יֵצֵא מֵאַפְּכֶם**, תפלטו ותקיאו
אותו, **וְהָיָה לָכֶם לְזָרָא**, לגועל. ה׳ כועס עליכם, **יַעַן כִּי מְאַסְתֶּם אֶת ה׳**
אֲשֶׁר בְּקִרְבְּכֶם, וַתִּבְכּוּ לְפָנָיו לֵאמֹר "לָמָּה זֶּה יָצָאנוּ מִמִּצְרָיִם".

כא **וַיֹּאמֶר מֹשֶׁה: שֵׁשׁ מֵאוֹת אֶלֶף רַגְלִי** ויותר **הָעָם אֲשֶׁר אָנֹכִי בְּקִרְבּוֹ - וְאַתָּה**

הרחבות |

שבעים הזקנים מעורים בעם יותר ממשה, ולכן יוכלו לשכך כעסו של העם ולדבר על לבו. (ראו רמב"ן). כאן הם עוברים מעין שיבוט רוחני חלקי הם מקבלים משהו מדמותו הפנימית ומכוחו של משה כדי לקרבם להבין את רצונו של ה׳. בכך יהפכו הזקנים למעין ידו הארוכה של משה. הם לא רק יקבלו ממנו הוראות, אלא אף יזדהו אתו.

מוסדות בית הדין הגדול של שבעים ואחד החכמים או הסנהדרין שתפעל בימי בית שני, הם מעין המשך לקבוצה נבחרת זו של שבעים זקנים ומשה על גביהם. אלו יהיו מוסרי המסר של משה לדורות. (ראו משנה סנהדרין א,ו. וראו עוד יחזקאל ח,יא).

וְאַתָּה אָמַרְתָּ בָּשָׂר אֶתֵּן לָהֶם וְאָכְלוּ חֹדֶשׁ יָמִים׃
כב הֲצֹאן וּבָקָר יִשָּׁחֵט לָהֶם וּמָצָא לָהֶם אִם אֶת־כָּל־דְּגֵי
הַיָּם יֵאָסֵף לָהֶם וּמָצָא לָהֶם׃
יא כג וַיֹּאמֶר יְהוָה אֶל־מֹשֶׁה הֲיַד יְהוָה תִּקְצָר עַתָּה תִרְאֶה
כד הֲיִקְרְךָ דְבָרִי אִם־לֹא׃ וַיֵּצֵא מֹשֶׁה וַיְדַבֵּר אֶל־הָעָם אֵת
דִּבְרֵי יְהוָה וַיֶּאֱסֹף שִׁבְעִים אִישׁ מִזִּקְנֵי הָעָם וַיַּעֲמֵד
כה אֹתָם סְבִיבֹת הָאֹהֶל׃ וַיֵּרֶד יְהוָה ׀ בֶּעָנָן וַיְדַבֵּר אֵלָיו
וַיָּאצֶל מִן־הָרוּחַ אֲשֶׁר עָלָיו וַיִּתֵּן עַל־שִׁבְעִים אִישׁ
הַזְּקֵנִים וַיְהִי כְּנוֹחַ עֲלֵיהֶם הָרוּחַ וַיִּתְנַבְּאוּ וְלֹא יָסָפוּ׃

רש״י | אֵת הַפְּרָט, שְׁלֹשֶׁת אֲלָפִים הַיְתֵרִים (לעיל א, מו). וְרַבִּי מֹשֶׁה הַדַּרְשָׁן פֵּרֵשׁ, שֶׁלֹּא בָּכוּ אֶלָּא אוֹתָן שֶׁיָּצְאוּ מִמִּצְרַיִם:

כב-כג] הֲצֹאן וּבָקָר יִשָּׁחֵט. זֶה אֶחָד מֵאַרְבָּעָה דְּבָרִים שֶׁהָיָה רַבִּי עֲקִיבָא דּוֹרֵשׁ וְאֵין רַבִּי שִׁמְעוֹן דּוֹרֵשׁ כְּמוֹתוֹ. רַבִּי עֲקִיבָא אוֹמֵר: "שֵׁשׁ מֵאוֹת אֶלֶף רַגְלִי, וְאַתָּה אָמַרְתָּ בָּשָׂר אֶתֵּן לָהֶם וְאָכְלוּ חֹדֶשׁ יָמִים, הֲצֹאן וּבָקָר" וְגוֹ', הַכֹּל כְּמַשְׁמָעוֹ, מִי מַסְפִּיק לָהֶם? כָּעִנְיָן שֶׁנֶּאֱמַר: "וּמָצָא כְּדֵי גְאֻלָּתוֹ" (ויקרא כה, כו). וְאֵיזוֹ קָשָׁה, זוֹ אוֹ "שִׁמְעוּ נָא הַמֹּרִים" (להלן כ, י)? אֶלָּא לְפִי שֶׁלֹּא אָמַר בָּרַבִּים, חִסֵּךְ לוֹ הַכָּתוּב וְלֹא נִפְרַע מִמֶּנּוּ, וְזוֹ שֶׁל מְרִיבָה הָיְתָה בַּגָּלוּי, לְפִיכָךְ לֹא חִסֵּךְ לוֹ הַכָּתוּב. רַבִּי שִׁמְעוֹן אוֹמֵר: חַס וְשָׁלוֹם, לֹא עָלְתָה עַל דַּעְתּוֹ שֶׁל אוֹתוֹ צַדִּיק כָּךְ! מִי שֶׁכָּתוּב בּוֹ: "בְּכָל בֵּיתִי נֶאֱמָן הוּא" (להלן יב, ז) יֹאמַר: 'אֵין הַמָּקוֹם מַסְפִּיק לָנוּ'?! אֶלָּא, כָּךְ אָמַר: "שֵׁשׁ מֵאוֹת אֶלֶף רַגְלִי וְגוֹ', וְאַתָּה אָמַרְתָּ בָּשָׂר אֶתֵּן" לְחֹדֶשׁ יָמִים, וְאַחַר כָּךְ תַּהֲרֹג אֻמָּה גְּדוֹלָה כָּזוֹ, "הֲצֹאן וּבָקָר יִשָּׁחֵט לָהֶם" כְּדֵי שֶׁיֵּהָרְגוּ וּתְהֵא אֲכִילָה זוֹ מְסַפַּקְתָּן עַד עוֹלָם? וְכִי שִׁבְחֲךָ הוּא זֶה? אוֹמְרִים לוֹ לַחֲמוֹר: טֹל כֹּר שְׂעוֹרִים וְנַחְתֹּךְ רֹאשְׁךָ? הֱשִׁיבוֹ הַקָּדוֹשׁ בָּרוּךְ הוּא: וְאִם לֹא אֶתֵּן, יֹאמְרוּ שֶׁקָּצְרָה יָדִי, הֲטוֹב בְּעֵינֶיךָ שֶׁיַּד ה' תִּקְצַר בְּעֵינֵיהֶם? יֹאבְדוּ הֵם וּמֵאָה כַּיּוֹצֵא בָּהֶם וְאַל תְּהִי יָדִי קְצָרָה לִפְנֵיהֶם אֲפִלּוּ שָׁעָה אַחַת, "עַתָּה תִרְאֶה הֲיִקְרְךָ דְבָרִי". רַבָּן גַּמְלִיאֵל בְּנוֹ שֶׁל רַבִּי יְהוּדָה הַנָּשִׂיא אוֹמֵר: אִי אֶפְשָׁר לַעֲמֹד עַל הַטָּפֵל, מֵאַחַר שֶׁאֵינָן מְבַקְשִׁים אֶלָּא עֲלִילָה לֹא תַּסְפִּיק לָהֶם, סוֹפָן לָדוּן אַחֲרֶיךָ, אִם אַתָּה נוֹתֵן לָהֶם בְּשַׂר בְּהֵמָה גַּסָּה, יֹאמְרוּ: דַּקָּה בִּקַּשְׁנוּ, וְאִם אַתָּה נוֹתֵן לָהֶם דַּקָּה, יֹאמְרוּ: גַּסָּה בִּקַּשְׁנוּ, חַיָּה וָעוֹף בִּקַּשְׁנוּ, דָּגִים וַחֲגָבִים בִּקַּשְׁנוּ. אָמַר לוֹ: אִם כֵּן יֹאמְרוּ שֶׁקָּצְרָה יָדִי. אָמַר לְפָנָיו: הֲרֵינִי הוֹלֵךְ וּמְפַיְּסָן. אָמַר לוֹ: "עַתָּה תִרְאֶה הֲיִקְרְךָ דְבָרִי", שֶׁלֹּא יִשְׁמְעוּ לָךְ. הָלַךְ מֹשֶׁה לְפַיְּסָן, אָמַר לָהֶם: "הֲיַד ה' תִּקְצָר", "הֵן הִכָּה צוּר וַיָּזוּבוּ מַיִם וְגוֹ' הֲגַם לֶחֶם יוּכַל תֵּת" (תהלים עח, כ). אָמְרוּ: פְּשָׁרָה הִיא זוֹ, אֵין בּוֹ כֹּחַ לְמַלֹּאת שְׁאֵלָתֵנוּ, וְזֶהוּ שֶׁנֶּאֱמַר: "וַיֵּצֵא מֹשֶׁה וַיְדַבֵּר אֶל הָעָם" (להלן פסוק כד), כֵּיוָן שֶׁלֹּא שָׁמְעוּ לוֹ, "וַיֶּאֱסֹף שִׁבְעִים אִישׁ" וְגוֹ' (שם):

כה] וְלֹא יָסָפוּ. לֹא נִתְנַבְּאוּ אֶלָּא אוֹתוֹ הַיּוֹם

ביאור | אָמַרְתָּ "בָּשָׂר אֶתֵּן לָהֶם, וְאָכְלוּ חֹדֶשׁ יָמִים". כב הֲצֹאן וּבָקָר יִשָּׁחֵט
לָהֶם – וּמָצָא, ויספיק לָהֶם?! האם אפשר יהיה למצוא צאן ובקר
בכמויות שיספקו אותם?! אִם אֶת כָּל דְּגֵי הַיָּם יֵאָסֵף לָהֶם – וּמָצָא לָהֶם?!

כג וַיֹּאמֶר ה' אֶל מֹשֶׁה: הֲיַד ה' תִּקְצָר?! עַתָּה תִרְאֶה הֲיִקְרְךָ, האם יתממש
דְבָרִי – אִם לֹא.

כד וַיֵּצֵא מֹשֶׁה מאוהל מועד[37] וַיְדַבֵּר אֶל הָעָם אֵת דִּבְרֵי ה', שלמחרת הם
יקבלו בשר. וַיֶּאֱסֹף שִׁבְעִים אִישׁ מִזִּקְנֵי הָעָם, וַיַּעֲמֵד אֹתָם סְבִיבֹת הָאֹהֶל.

כה וַיֵּרֶד ה' בֶּעָנָן וַיְדַבֵּר אֵלָיו, ובאותה שעה – וַיָּאצֶל, האציל, משך מִן
הָרוּחַ אֲשֶׁר עָלָיו – על משה – וַיִּתֵּן עַל שִׁבְעִים אִישׁ הַזְּקֵנִים. וַיְהִי כְּנוֹחַ
עֲלֵיהֶם הָרוּחַ – וַיִּתְנַבְּאוּ, גם הם, וְאולם לֹא יָסָפוּ, הוסיפו להתנבא.
הזקנים לא הפכו נביאים קבועים.

הרחבות | 'הצאן ובקר יִשָּׁחט להם ומצא להם?' אף שה' מספק לעמו מן יום יום, משה התקשה להאמין שיימצא להם די בשר, שכן שלא כמן, שהוא מזון הבא מחוץ לגדרי הטבע, הם מעוניינים בבשר, המתקיים בטבע. משה לא ראה דרך להשיג בשר במדבר באופן טבעי.

'וַיָּאצֶל מן הרוח אשר עליו ויתן על שבעים איש' שבעים הזקנים קלטו את הנבואה דרך משה. רק באמצעות חוויה זו עמדו על טיבו של משה, ומכאן ואילך ייצמדו אליו, יבינו את דרכו, ישמרו לו אמונים ויילחמו את מלחמותיו. (ראו רמב"ן פס' יז).

כו וַיִּשָּׁאֲרוּ שְׁנֵי־אֲנָשִׁים ׀ בַּמַּחֲנֶה שֵׁם הָאֶחָד ׀ אֶלְדָּד
וְשֵׁם הַשֵּׁנִי מֵידָד וַתָּנַח עֲלֵהֶם הָרוּחַ וְהֵמָּה בַּכְּתֻבִים
כז וְלֹא יָצְאוּ הָאֹהֱלָה וַיִּתְנַבְּאוּ בַּמַּחֲנֶה: וַיָּרָץ הַנַּעַר
וַיַּגֵּד לְמֹשֶׁה וַיֹּאמַר אֶלְדָּד וּמֵידָד מִתְנַבְּאִים בַּמַּחֲנֶה:
כח וַיַּעַן יְהוֹשֻׁעַ בִּן־נוּן מְשָׁרֵת מֹשֶׁה מִבְּחֻרָיו וַיֹּאמַר
כט אֲדֹנִי מֹשֶׁה כְּלָאֵם: וַיֹּאמֶר לוֹ מֹשֶׁה הַמְקַנֵּא אַתָּה
לִי וּמִי יִתֵּן כָּל־עַם יהוה נְבִיאִים כִּי־יִתֵּן יהוה אֶת־
ל שביעי רוּחוֹ עֲלֵיהֶם: וַיֵּאָסֵף מֹשֶׁה אֶל־הַמַּחֲנֶה הוּא וְזִקְנֵי
לא יִשְׂרָאֵל: וְרוּחַ נָסַע ׀ מֵאֵת יהוה וַיָּגָז שַׂלְוִים מִן־הַיָּם

רש"י

לְבַדּוֹ, כָּךְ מְפֹרָשׁ בְּסִפְרֵי (עה), וְאוּנְקְלוֹס תִּרְגֵּם: "וְלָא פָסְקִין", שֶׁלֹּא פָּסְקָה נְבוּאָה מֵהֶם:

כו **וַיִּשָּׁאֲרוּ שְׁנֵי אֲנָשִׁים.** מֵאוֹתָן שֶׁנִּבְחֲרוּ, אָמְרוּ: אֵין אָנוּ כְּדַאי לִגְדֻלָּה זוֹ: **וְהֵמָּה בַּכְּתֻבִים.** בַּמְבֹרָרִים שֶׁבָּהֶם לְסַנְהֶדְרִין. וְנִכְתְּבוּ כֻּלָּם נְקוּבִים בְּשֵׁמוֹת וְעַל יְדֵי גוֹרָל, לְפִי שֶׁהַחֶשְׁבּוֹן עוֹלֶה לִשְׁנֵים עָשָׂר שְׁבָטִים שִׁשָּׁה שִׁשָּׁה לְכָל שֵׁבֶט וָשֵׁבֶט, חוּץ מִשְּׁנֵי שְׁבָטִים שֶׁאֵין מַגִּיעַ אֲלֵיהֶם אֶלָּא חֲמִשָּׁה חֲמִשָּׁה. אָמַר מֹשֶׁה: אֵין שֵׁבֶט שׁוֹמֵעַ לִי לִפְחוֹת מִשִּׁבְטוֹ זָקֵן אֶחָד. מֶה עָשָׂה? נָטַל שִׁבְעִים וּשְׁנַיִם פִּתְקִין וְכָתַב עַל שִׁבְעִים 'זָקֵן' וְעַל שְׁנַיִם 'חֵלֶק', וּבֵרֵר מִכָּל שֵׁבֶט וָשֵׁבֶט שִׁשָּׁה, וְהָיוּ שִׁבְעִים וּשְׁנַיִם. אָמַר לָהֶם: טְלוּ פִּתְקֵיכֶם מִתּוֹךְ קַלְפִּי. מִי שֶׁעָלָה בְּיָדוֹ 'זָקֵן' נִתְקַדֵּשׁ; מִי שֶׁעָלָה בְּיָדוֹ חֵלֶק, אָמַר לוֹ: הַמָּקוֹם לֹא חָפֵץ בְּךָ:

כז **וַיָּרָץ הַנַּעַר.** יֵשׁ אוֹמְרִים: גֵּרְשׁוֹם בֶּן מֹשֶׁה הָיָה:

כח **כְּלָאֵם.** הַטֵּל עֲלֵיהֶם צָרְכֵי צִבּוּר וְהֵם כָּלִים מֵאֲלֵיהֶם. דָּבָר אַחֵר, תְּנֵם אֶל בֵּית הַכֶּלֶא, לְפִי שֶׁהָיוּ מִתְנַבְּאִים: מֹשֶׁה מֵת וִיהוֹשֻׁעַ מַכְנִיס אֶת יִשְׂרָאֵל לָאָרֶץ:

כט **הַמְקַנֵּא אַתָּה לִי.** "הַקִנְאָתִי אַתְּ מְקַנֵּא": לִי. כְּמוֹ בִּשְׁבִילִי. כָּל לְשׁוֹן קִנְאָה, אָדָם הַנּוֹתֵן לֵב עַל הַדָּבָר אוֹ לִנְקֹם אוֹ לַעֲזֹר, אנפרנמי"ט בְּלַעַז, אוֹחֵז בְּעָבְיֵי הַמַּשָּׂא:

ל **וַיֵּאָסֵף מֹשֶׁה.** מִפֶּתַח אֹהֶל מוֹעֵד: **אֶל הַמַּחֲנֶה.** נִכְנְסוּ אִישׁ לְאָהֳלוֹ: **וַיֵּאָסֵף.** לְשׁוֹן כְּנִיסָה אֶל הַבַּיִת, כְּמוֹ: "וַאֲסַפְתּוֹ אֶל תּוֹךְ בֵּיתֶךָ" (דברים כב, ב), וְאַף לְכֻלָּם: "יִצְבֹּר וְלֹא יֵדַע מִי אֹסְפָם" (תהלים לט, ז). מְלַמֵּד שֶׁלֹּא הֵבִיא עֲלֵיהֶם פֻּרְעָנוּת עַד שֶׁנִּכְנְסוּ הַצַּדִּיקִים אִישׁ לְאָהֳלוֹ:

לא **וַיָּגָז.** וַיַּפְרִיחַ, וְכֵן: "כִּי גָז חִישׁ" (תהלים

הרחבות

'כְּלָאֵם' חכמים דרשו שאלדד ומידד ניבאו שמשה ימות ויהושע ימלא את מקומו. יש בכך כדי להסביר את תגובתו של יהושע. (וראו רש"י על אתר; סנהדרין יז ע"א).

'ומי יתן כל עם ה' נביאים' משה מביע פה עמדה שוויונית ודמוקרטית גמורה על מהות הנבואה. הנבואה ראויה לכל מי שמסוגל אליה, ולא רק לאותם שבעים זקנים שקיבלו את כוחם ממנו והפכו

ביאור

כו **וַיִּשָּׁאֲרוּ שְׁנֵי אֲנָשִׁים בַּמַּחֲנֶה, שֵׁם הָאֶחָד** – **אֶלְדָּד, וְשֵׁם הַשֵּׁנִי** – **מֵידָד.** לפי המדרש, זקני ישראל באו מתוך שישה נציגים ששלח כל אחד מן השבטים. כיוון שה׳ ציווה לקחת שבעים איש בלבד, אלדד ומידד קיבלו על עצמם שלא להיות מאלו שתואצל עליהם רוחו של משה.[38] ואף על פי כן – **וַתָּנַח עֲלֵיהֶם הָרוּחַ, וְהֵמָּה** הופיעו **בַּכְּתֻבִים**, ברשימות כמועמדים פוטנציאליים לנבואה,[39] אבל – **וְלֹא יָצְאוּ הָאֹהֱלָה**, אלא **וַיִּתְנַבְּאוּ בַּמַּחֲנֶה.**

כז **וַיָּרָץ הַנַּעַר, וַיַּגֵּד לְמֹשֶׁה וַיֹּאמַר: אֶלְדָּד וּמֵידָד מִתְנַבְּאִים בַּמַּחֲנֶה.** נשארו במחנה ובכל זאת מתנבאים.

כח **וַיַּעַן יְהוֹשֻׁעַ בִּן נוּן, מְשָׁרֵת מֹשֶׁה**, הצמוד למשה **מִבְּחֻרָיו**, מנעוריו, מצעירותו,[40] **וַיֹּאמַר: אֲדֹנִי מֹשֶׁה, כְּלָאֵם**, אסור אותם שכן לעומת האחרים, אלו לא הורשו להתנבא.

כט **וַיֹּאמֶר לוֹ מֹשֶׁה: הַמְקַנֵּא אַתָּה לִי**, לכבודי?! האם אתה כועס שמשהו מן הנבואה ניתן גם לאחרים?! אדרבא – **וּמִי יִתֵּן כָּל עַם ה׳ נְבִיאִים, כִּי יִתֵּן ה׳ אֶת רוּחוֹ עֲלֵיהֶם.** לאמתו של דבר, כל העם היו צריכים להיות שלמים וקרובים לה׳ עד כדי דרגת נבואה.

ל **וַיֵּאָסֵף מֹשֶׁה**, עבר מאוהל מועד **אֶל הַמַּחֲנֶה, הוּא וְזִקְנֵי יִשְׂרָאֵל.** לא **וְרוּחַ
נָסַע מֵאֵת ה׳ וַיָּגָז**, הרוח גזזה, ניתקה **שַׂלְוִים מִן הַיָּם.** הרוח הפרידה

שְׂלָו

העולם

שַׂלְוִים השליו הנודד (שם מדעי: Coturnix coturnix), עוף קטן ממשפחת התרנגולאים שגופו עגול וקצר, עד 18 ס״מ, משקלו כ–100 גרם. הוא נודד בסוף הקיץ ממרכז אירופה ומזרחה לחופי צפון סיני ומזרח מצרים, מרחק של כ–750 ק״מ בלילה אחד. מחמת המסע מגיעים השלווים תשושים וקל לאספם בידיים. כאשר מוצאים שלווים בימינו, הם פרושים על הקרקע בשטח גדול ואינם נערמים זה על גבי זה.

וַיָּטׇשׁ עַל־הַמַּחֲנֶה כְּדֶרֶךְ יוֹם כֹּה וּכְדֶרֶךְ יוֹם כֹּה
סְבִיבוֹת הַמַּחֲנֶה וּכְאַמָּתַיִם עַל־פְּנֵי הָאָרֶץ׃ לב וַיָּקׇם
הָעָם כׇּל־הַיּוֹם הַהוּא וְכׇל־הַלַּיְלָה וְכֹל ׀ יוֹם הַמׇּחֳרָת
וַיַּאַסְפוּ אֶת־הַשְּׂלָו הַמַּמְעִיט אָסַף עֲשָׂרָה חֳמָרִים
וַיִּשְׁטְחוּ לָהֶם שָׁטוֹחַ סְבִיבוֹת הַמַּחֲנֶה׃ לג הַבָּשָׂר עוֹדֶנּוּ
בֵּין שִׁנֵּיהֶם טֶרֶם יִכָּרֵת וְאַף יהוה חָרָה בָעָם וַיַּךְ יהוה
בָּעָם מַכָּה רַבָּה מְאֹד׃ לד וַיִּקְרָא אֶת־שֵׁם־הַמָּקוֹם
הַהוּא קִבְרוֹת הַתַּאֲוָה כִּי־שָׁם קָבְרוּ אֶת־הָעָם
הַמִּתְאַוִּים׃ לה מִקִּבְרוֹת הַתַּאֲוָה נָסְעוּ הָעָם חֲצֵרוֹת
וַיִּהְיוּ בַּחֲצֵרוֹת׃
יב א וַתְּדַבֵּר מִרְיָם וְאַהֲרֹן בְּמֹשֶׁה עַל־אֹדוֹת הָאִשָּׁה

רש"י | ג, י), "וְכֵן נָגוֹזוּ וְעָבָר" (נחום א, יב): **וַיִּטֹּשׁ.** וַיִּפְשֹׁט, כְּמוֹ "וְהִנֵּה נְטֻשִׁים עַל פְּנֵי כָל הָאָרֶץ" (שמואל א' ל, טז), "וּנְטַשְׁתִּיךָ הַמִּדְבָּרָה" (יחזקאל כט, ה): **וּכְאַמָּתַיִם.** פּוֹרְחוֹת בְּגֹבַהּ עַד שֶׁהֵן כְּנֶגֶד לִבּוֹ שֶׁל אָדָם, כְּדֵי שֶׁלֹּא יְהֵא טֹרַח בַּאֲסִיפָתָן לֹא לְהַגְבִּיהַּ וְלֹא לִשְׁחוֹת:

לב| **הַמַּמְעִיט.** מִי שֶׁאוֹסֵף פָּחוֹת מִכֻּלָּם, הָעַצְלִים וְהַחִגְּרִים, "אָסַף עֲשָׂרָה חֳמָרִים": **וַיִּשְׁטְחוּ.** עָשׂוּ אוֹתָן מִשְׁטָחִין מִשְׁטָחִין:

לג| **טֶרֶם יִכָּרֵת.** כְּתַרְגּוּמוֹ: "עַד לָא פְסַק". דָּבָר אַחֵר, אֵינוֹ מַסְפִּיק לְפָסְקוֹ בְּשִׁנָּיו עַד שֶׁנִּשְׁמָתוֹ יוֹצְאָה:

פרק יב

א| **וַתְּדַבֵּר.** אֵין דִּבּוּר בְּכָל מָקוֹם אֶלָּא לָשׁוֹן קָשֶׁה, וְכֵן הוּא אוֹמֵר: "דִּבֶּר הָאִישׁ אֲדֹנֵי הָאָרֶץ אִתָּנוּ קָשׁוֹת" (בראשית מב, ל). וְאֵין אֲמִירָה בְּכָל מָקוֹם אֶלָּא לָשׁוֹן תַּחֲנוּנִים, וְכֵן הוּא אוֹמֵר: "וַיֹּאמַר אַל נָא אַחַי תָּרֵעוּ" (בראשית יט, ז), "וַיֹּאמֶר שִׁמְעוּ נָא דְבָרָי" (להלן פסוק ו), כָּל "נָא" לָשׁוֹן בַּקָּשָׁה: **וַתְּדַבֵּר מִרְיָם וְאַהֲרֹן.** הִיא פָּתְחָה בַּדִּבּוּר תְּחִלָּה, לְפִיכָךְ הִקְדִּימָהּ הַכָּתוּב. וּמִנַּיִן הָיְתָה יוֹדַעַת מִרְיָם שֶׁפֵּרַשׁ מֹשֶׁה מִן הָאִשָּׁה? רַבִּי נָתָן אוֹמֵר: מִרְיָם הָיְתָה בְּצַד צִפּוֹרָה בְּשָׁעָה שֶׁנֶּאֱמַר לְמֹשֶׁה: "אֶלְדָּד וּמֵידָד מִתְנַבְּאִים בַּמַּחֲנֶה" (לעיל יא, כז), כֵּיוָן שֶׁשָּׁמְעָה צִפּוֹרָה אָמְרָה: אוֹי לִנְשׁוֹתֵיהֶן שֶׁל אֵלּוּ אִם הֵם נִזְקָקִים לִנְבוּאָה, שֶׁיִּהְיוּ פּוֹרְשִׁין מִנְּשׁוֹתֵיהֶן כְּדֶרֶךְ שֶׁפֵּרַשׁ בַּעְלִי מִמֶּנִּי. וּמִשָּׁם יָדְעָה מִרְיָם וְהִגִּידָה לְאַהֲרֹן. וּמָה מִרְיָם שֶׁלֹּא נִתְכַּוְּנָה לִגְנוּתוֹ, כָּךְ נֶעֶנְשָׁה, קַל וָחֹמֶר לִמְסַפֵּר

הרחבות | למעין כפיליו. תפיסה זו של משה רבנו באה לידי ביטוי גם בהתייחסותו לעצמו ולאחרים במקומות נוספים. (ראו להלן יב,ג; טז,ה-ז; דברים י,יב. וראו עוד במבוא לחומש במדבר).

ביאור | שלווים מלהקתם הגדולה, וקירבה אותם אל מחנה ישראל. **וַיִּטֹּשׁ**, הרוח פיזרה אותם **עַל הַמַּחֲנֶה**. להקת שלווים עצומה נפלה ליד המחנה. הם היו כה רבים שהיו מונחים מן המחנה ועד – **כְּדֶרֶךְ יוֹם כֹּה**, מצדו האחד של המחנה, **וּכְדֶרֶךְ יוֹם כֹּה**, מצדו האחר **סְבִיבוֹת הַמַּחֲנֶה**. רבים היו העופות עד כדי כך שנערמו **כְּאַמָּתַיִם עַל פְּנֵי הָאָרֶץ**.

לב **וַיָּקָם הָעָם כָּל הַיּוֹם הַהוּא וְכָל הַלַּיְלָה וְכֹל יוֹם הַמָּחֳרָת וַיַּאַסְפוּ אֶת הַשְּׂלָו** בתאוותנות מרובה, שכן נפשם קצה במזון האחיד, הלחם שירד אליהם משמים. **הַמַּמְעִיט**, מי שאסף פחות מן האחרים **אָסַף עֲשָׂרָה חֳמָרִים**, ערמות של שלווים. ואילו הזריזים או התאבים ממנו בוודאי אגרו יותר. **וַיִּשְׁטְחוּ לָהֶם שָׁטוֹחַ** מן השלווים השחוטים **סְבִיבוֹת הַמַּחֲנֶה**. מפני ריבוים לא יכלו לאחסנם בכלים, והניחו אותם לייבוש מסביב למחנה.

לג **הַבָּשָׂר עוֹדֶנּוּ בֵּין שִׁנֵּיהֶם** של האוכלים, **טֶרֶם יִכָּרֵת**, הבשר עדיין נלעס בפיהם, **וְאַף ה' חָרָה בָעָם, וַיַּךְ ה' בָּעָם מַכָּה רַבָּה מְאֹד**.

לד **וַיִּקְרָא אֶת שֵׁם הַמָּקוֹם הַהוּא קִבְרוֹת הַתַּאֲוָה כִּי שָׁם קָבְרוּ אֶת הָעָם הַמִּתְאַוִּים**.

לה **מִקִּבְרוֹת הַתַּאֲוָה נָסְעוּ הָעָם לַחֲצֵרוֹת**, מקום שבו כנראה בנו חצרות לקביעת מקום מגורים עראי, **וַיִּהְיוּ**, שהו **בַּחֲצֵרוֹת**.

משה וביקורת אחָיו

פרק יב

לא רק עם כובד המשא של הנהגת העם מוטל על משה להתמודד. כאן יעמוד מול דברים אישיים שליליים שאמרו עליו אחיו המבוגרים ממנו, מרים ואהרן. דווקא נוכח הביקורת המשפחתית ה' אומר על משה את דברי השבח הנעלים והישירים ביותר, ומציין את ייחודה של מעלתו באנושות. בגלל ענוותנותו אין משה רגיש לכבוד עצמו, אך ה' הוא המקנא כאן לכבודו.

בעניין זה מסופר גם על העונש שבו לקתה מרים, שפתחה בלשון הרע. העם יידרש מאוחר יותר לזכור את האירוע הזה גם בדורות הבאים כדי להפנים את חומרתו של דיבור לשון הרע, שגם אם אין בית דין מעניש עליו, הנזק והפגיעה הכרוכים בו קשים ביותר.[41]

פרק יב א **וַתְּדַבֵּר מִרְיָם וְאַהֲרֹן** דברים קשים **בְּמֹשֶׁה**. נראה כי מרים

הרחבות | **'ויך ה' בעם מכה רבה מאד'** ה' שלח אליהם בשר כדי שלא להניח להם לפקפק בכוחו הבלתי מוגבל, ועם זאת, בחרון אפו הכה את המתאווים משום שלא האמינו בו, בשל קטנותם, ומכיוון שעטו מיד על הבשר ולא עמדו בהשתאות מול כוחו הגדול.

הַכֻּשִׁית אֲשֶׁר לָקָח כִּי־אִשָּׁה כֻשִׁית לָקָח: וַיֹּאמְרוּ ב
הֲרַק אַךְ־בְּמֹשֶׁה דִּבֶּר יהוה הֲלֹא גַּם־בָּנוּ דִבֵּר וַיִּשְׁמַע
יהוה: וְהָאִישׁ מֹשֶׁה עָנָו מְאֹד מִכֹּל הָאָדָם אֲשֶׁר עַל־ ג
פְּנֵי הָאֲדָמָה: וַיֹּאמֶר יהוה פִּתְאֹם אֶל־ ד
מֹשֶׁה וְאֶל־אַהֲרֹן וְאֶל־מִרְיָם צְאוּ שְׁלָשְׁתְּכֶם אֶל־
אֹהֶל מוֹעֵד וַיֵּצְאוּ שְׁלָשְׁתָּם: וַיֵּרֶד יהוה בְּעַמּוּד ה
עָנָן וַיַּעֲמֹד פֶּתַח הָאֹהֶל וַיִּקְרָא אַהֲרֹן וּמִרְיָם וַיֵּצְאוּ
שְׁנֵיהֶם: וַיֹּאמֶר שִׁמְעוּ־נָא דְבָרָי אִם־יִהְיֶה נְבִיאֲכֶם ו

רש״י

בְּנוֹיָתָהּ שֶׁל חֲבֵרוֹ: **הָאִשָּׁה הַכֻּשִׁית.** מַגִּיד שֶׁהַכֹּל מוֹדִים בְּיָפְיָהּ, כְּשֵׁם שֶׁהַכֹּל מוֹדִים בְּשַׁחֲרוּתוֹ שֶׁל כּוּשִׁי. **כּוּשִׁית.** בְּגִימַטְרִיָּא 'יְפַת מַרְאֶה': **עַל אֹדוֹת הָאִשָּׁה.** עַל אוֹדוֹת גֵּרוּשֶׁיהָ: **כִּי אִשָּׁה כֻשִׁית לָקָח.** מַה תַּלְמוּד לוֹמַר? אֶלָּא יֵשׁ לְךָ אִשָּׁה נָאָה בְּיָפְיָהּ וְאֵינָהּ נָאָה בְּמַעֲשֶׂיהָ, בְּמַעֲשֶׂיהָ וְלֹא בְּיָפְיָהּ, אֲבָל זֹאת נָאָה בַּכֹּל: **הָאִשָּׁה הַכֻּשִׁית.** עַל שֵׁם נוֹיָהּ נִקְרֵאת 'כּוּשִׁית', כְּאָדָם הַקּוֹרֵא אֶת בְּנוֹ נָאֶה 'כּוּשִׁי' כְּדֵי שֶׁלֹּא תִשְׁלֹט בּוֹ עַיִן רָעָה: **כִּי אִשָּׁה כֻשִׁית לָקָח.** וְעַתָּה גֵּרְשָׁהּ:

ב| **הֲרַק אַךְ בְּמֹשֶׁה.** עִמּוֹ לְבַדּוֹ "דִּבֶּר ה'": **הֲלֹא גַּם בָּנוּ דִבֵּר.** וְלֹא פֵּרַשְׁנוּ מִדֶּרֶךְ אֶרֶץ:

ג| **עָנָו.** שָׁפָל וְסַבְלָן:

ד| **פִּתְאֹם.** נִגְלָה עֲלֵיהֶם פִּתְאֹם וְהֵם טְמֵאִים בְּדֶרֶךְ אֶרֶץ, וְהָיוּ צוֹעֲקִים: מַיִם מַיִם, לְהוֹדִיעָם שֶׁיָּפֶה עָשָׂה מֹשֶׁה שֶׁפֵּרַשׁ מִן הָאִשָּׁה, מֵאַחַר שֶׁנִּגְלֵית עָלָיו שְׁכִינָה תָּדִיר, וְאֵין עֵת קְבוּעָה לַדִּבּוּר: **צְאוּ שְׁלָשְׁתְּכֶם.** מַגִּיד שֶׁשְּׁלָשְׁתָּן נִקְרְאוּ בְּדִבּוּר אֶחָד, מַה שֶּׁאִי אֶפְשָׁר לַפֶּה לוֹמַר וְלָאֹזֶן לִשְׁמֹעַ:

ה| **בְּעַמּוּד עָנָן.** יָצָא יְחִידִי, שֶׁלֹּא כְּמִדַּת בָּשָׂר וָדָם; מֶלֶךְ בָּשָׂר וָדָם כְּשֶׁיּוֹצֵא לַמִּלְחָמָה יוֹצֵא בְּאֻכְלוּסִין וּכְשֶׁיּוֹצֵא לְשָׁלוֹם יוֹצֵא בְּמֻעָטִין, וּמִדַּת הַקָּדוֹשׁ בָּרוּךְ הוּא יוֹצֵא לַמִּלְחָמָה יְחִידִי, שֶׁנֶּאֱמַר: "ה' אִישׁ מִלְחָמָה" (שמות טו, ג), וְיוֹצֵא לְשָׁלוֹם בְּאֻכְלוּסִין, שֶׁנֶּאֱמַר: "רֶכֶב אֱלֹהִים רִבֹּתַיִם אַלְפֵי שִׁנְאָן" (תהלים סח, יח): **וַיִּקְרָא אַהֲרֹן וּמִרְיָם.** שֶׁיִּהְיוּ נִמְשָׁכִין וְיוֹצְאִין מִן הֶחָצֵר לִקְרַאת הַדִּבּוּר: **וַיֵּצְאוּ שְׁנֵיהֶם.** וּמִפְּנֵי מָה מְשָׁכָן וְהִפְרִידָן מִמֹּשֶׁה, לְפִי שֶׁאוֹמְרִים מִקְצָת שִׁבְחוֹ שֶׁל אָדָם בְּפָנָיו וְכֻלּוֹ שֶׁלֹּא בְּפָנָיו. וְכֵן מָצִינוּ בְּנֹחַ, שֶׁלֹּא בְּפָנָיו נֶאֱמַר: "אִישׁ צַדִּיק תָּמִים" (בראשית ו, ט), וּבְפָנָיו נֶאֱמַר: "כִּי אֹתְךָ רָאִיתִי צַדִּיק לְפָנַי" (שם ז, א). דָּבָר אַחֵר, שֶׁלֹּא יִשְׁמַע בִּנְזִיפָתוֹ שֶׁל אַהֲרֹן:

ו| **שִׁמְעוּ נָא דְבָרָי.** אֵין 'נָא' אֶלָּא לְשׁוֹן בַּקָּשָׁה: **אִם יִהְיֶה נְבִיאֲכֶם.** אִם יִהְיוּ

הרחבות

'אשה כֻשית לקח' היו שלא זיהו את הָאִשָּׁה הַכֻּשִׁית אֲשֶׁר לָקָח משה עם צפורה. במדרשים מאוחרים ובפירושים אחרים מסופר כי מאז ברח משה מפני פרעה ועד שהגיע למדין שבה נשא את צפורה לאשה, הוא שהה בארץ כוש, ושם נשא אשה כושית אולי מלכת כוש עצמה. לפי דעות אלה, מרים ואהרן דיברו על כך שאותה פרשייה טרם הסתיימה. (ראו תרגום ירושלמי,

ביאור | יזמה שיחה **עַל אֹדוֹת הָאִשָּׁה הַכֻּשִׁית אֲשֶׁר לָקָח** משה. התורה אינה מפרשת מהו אותו מעשה, אלא **כִּי אִשָּׁה כֻשִׁית לָקָח** משה, צפורה המדינית.[42] ייתכן שהמדינים – שנדדו ממקום למקום – התערבו עם עמים אחרים. אפשר אפוא שבִּתם תהיה כהת עור יותר מהרגיל אצל בני ישראל, שלפי הידוע צבע עורם היה חום בהיר.[43] אף על פי שמשה נשאהּ לאשה, הוא פרש ממנה ולא קיים אתה יחסי אישות, אלא התייחד עם ה' באוהל מועד.[44] ב **וַיֹּאמְרוּ: הֲרַק אַךְ בְּמֹשֶׁה דִּבֶּר ה'?! הֲלֹא גַּם בָּנוּ דִבֵּר!** כיוון שאף אנו נביאי ה', איננו רואים מה זכותו של משה לנהוג כך באשתו. הרי משה נשא את צפורה, ואביה הביא אותה אל המחנה ממדין, והנה משה מתעלם ממנה.

וַיִּשְׁמַע ה'. זו הייתה שיחה פרטית בלי נוכחותם של אנשים אחרים.[45]

דבריהם בגוף שלישי מעידים שלא כיוונו את דבריהם ישירות אל משה, אך ייתכן שלא הקפידו ששיחתם לא תגיע לאוזניו, ושמא אף התכוונו לדבר אליו בעקיפין. ייתכן ששמע את הדברים ושתק,[46] אך הכתוב מעיד כי גם אילו ישב משה באותו מקום ושמע את דבריהם, הוא לא היה מגיב או נעלב – ג **וְהָאִישׁ מֹשֶׁה עָנָיו מְאֹד מִכֹּל הָאָדָם אֲשֶׁר עַל פְּנֵי הָאֲדָמָה**. משה לא היה תובע מעמד מיוחד או זכויות יתר, אלא תמיד ראה עצמו כעבד ה' ושליחו, כמוסר דבר ה' ותורתו.[47]

ד **וַיֹּאמֶר ה' פִּתְאֹם**, ברגע כלשהו **אֶל מֹשֶׁה וְאֶל אַהֲרֹן וְאֶל מִרְיָם: צְאוּ שְׁלָשְׁתְּכֶם אֶל אֹהֶל מוֹעֵד.**

וַיֵּצְאוּ שְׁלָשְׁתָּם.

ה **וַיֵּרֶד ה' בְּעַמּוּד עָנָן, וַיַּעֲמֹד פֶּתַח הָאֹהֶל. וַיִּקְרָא: אַהֲרֹן וּמִרְיָם!**

וַיֵּצְאוּ שְׁנֵיהֶם מתוך האוהל, קרוב יותר אל הענן.

ו **וַיֹּאמֶר: שִׁמְעוּ נָא דְבָרָי. אִם יִהְיֶה נְבִיאֲכֶם** – נביא ה', אכן ה' מנבא

הרחבות | ראב"ע ורשב"ם; ילקוט שמעוני שמות קסח).

'והאיש משה ענו מאד' הענווה אין משמעה שמשה לא העריך או לא קיבל את תפקידו המרכזי, אלא שחש שהוא ממלא תפקיד בלבד. על כן לא היה עולה על דעתו שמתוקף מעמדו הוא אינו כפוף לביקורת, או שמגיעות לו זכויות יתר. הענווה היא ידיעה שאינה מלֻווה בתחושת התנשאות.

יהוה בַּמַּרְאָה אֵלָיו אֶתְוַדָּע בַּחֲלוֹם אֲדַבֶּר־בּוֹ: לֹא־ ז
כֵן עַבְדִּי מֹשֶׁה בְּכָל־בֵּיתִי נֶאֱמָן הוּא: פֶּה אֶל־פֶּה ח
אֲדַבֶּר־בּוֹ וּמַרְאֶה וְלֹא בְחִידֹת וּתְמֻנַת יהוה יַבִּיט
וּמַדּוּעַ לֹא יְרֵאתֶם לְדַבֵּר בְּעַבְדִּי בְמֹשֶׁה: וַיִּחַר־ ט
אַף יהוה בָּם וַיֵּלַךְ: וְהֶעָנָן סָר מֵעַל הָאֹהֶל וְהִנֵּה י
מִרְיָם מְצֹרַעַת כַּשָּׁלֶג וַיִּפֶן אַהֲרֹן אֶל־מִרְיָם וְהִנֵּה
מְצֹרָעַת: וַיֹּאמֶר אַהֲרֹן אֶל־מֹשֶׁה בִּי אֲדֹנִי אַל־נָא יא
תָשֵׁת עָלֵינוּ חַטָּאת אֲשֶׁר נוֹאַלְנוּ וַאֲשֶׁר חָטָאנוּ:

רש"י

לָכֶם נְבִיאִים: **ה' בַּמַּרְאָה אֵלָיו אֶתְוַדָּע.** שְׁכִינַת שְׁמִי אֵין נִגְלֵית עָלָיו בְּאַסְפַּקְלַרְיָא הַמְּאִירָה, אֶלָּא בַּחֲלוֹם וְחִזָּיוֹן:

ח **פֶּה אֶל פֶּה.** אָמַרְתִּי לוֹ לִפְרֹשׁ מִן הָאִשָּׁה. וְהֵיכָן אָמַרְתִּי לוֹ? בְּסִינַי: "לֵךְ אֱמֹר לָהֶם שׁוּבוּ לָכֶם לְאָהֳלֵיכֶם וְאַתָּה פֹּה עֲמֹד עִמָּדִי" (דברים ה, כז-כח): **וּמַרְאֶה וְלֹא בְחִידֹת.** 'וּמַרְאֶה' זֶה מַרְאֵה דִּבּוּר, שֶׁאֲנִי מְפָרֵשׁ לוֹ דִּבּוּרִי בְּמַרְאִית פָּנִים שֶׁבּוֹ וְאֵינִי סוֹתְמוֹ לוֹ בְּחִידוֹת, כָּעִנְיָן שֶׁנֶּאֱמַר לִיחֶזְקֵאל: "חוּד חִידָה" וְגוֹ' (יחזקאל יז, ב). יָכוֹל מַרְאֵה שְׁכִינָה? תַּלְמוּד לוֹמַר: "לֹא תוּכַל לִרְאֹת אֶת פָּנָי" (שמות לג, כ): **וּתְמֻנַת ה' יַבִּיט.** זֶה מַרְאֵה אֲחוֹרַיִם, כָּעִנְיָן שֶׁנֶּאֱמַר: "וְרָאִיתָ אֶת אֲחֹרָי" (שמות לג, כג): **בְּעַבְדִּי בְמֹשֶׁה.** אֵינוֹ אוֹמֵר 'בְּעַבְדִּי מֹשֶׁה' אֶלָּא "בְּעַבְדִּי בְמֹשֶׁה", בְּעַבְדִּי אַף עַל פִּי שֶׁאֵינוֹ מֹשֶׁה, בְּמֹשֶׁה אֲפִלּוּ אֵינוֹ עַבְדִּי, כְּדַאי הֱיִיתֶם לִירֹא מִפָּנָיו, וְכָל שֶׁכֵּן שֶׁהוּא עַבְדִּי, וְעֶבֶד מֶלֶךְ – מֶלֶךְ, וְהָיָה לָכֶם לוֹמַר: אֵין הַמֶּלֶךְ אוֹהֲבוֹ חִנָּם. וְאִם תֹּאמְרוּ: אֵינִי מַכִּיר בְּמַעֲשָׂיו – זוֹ קָשָׁה מִן הָרִאשׁוֹנָה:

ט **וַיִּחַר אַף ה' בָּם וַיֵּלַךְ.** מֵאַחַר שֶׁהוֹדִיעָם סִרְחוֹנָם גָּזַר עֲלֵיהֶם נִדּוּי, קַל וָחֹמֶר לְבָשָׂר וָדָם, שֶׁלֹּא יִכְעֹס עַל חֲבֵרוֹ עַד שֶׁיּוֹדִיעֶנּוּ סִרְחוֹנוֹ:

י **וְהֶעָנָן סָר.** וְאַחַר כָּךְ "וְהִנֵּה מִרְיָם מְצֹרַעַת כַּשָּׁלֶג", מָשָׁל לְמֶלֶךְ שֶׁאָמַר לְפַדָּגוֹג: רְדֵה אֶת בְּנִי, אֲבָל לֹא תִרְדֶּנּוּ עַד שֶׁאֵלֵךְ מֵאֶצְלְךָ, שֶׁרַחֲמַי עָלָיו:

יא **נוֹאַלְנוּ.** כְּתַרְגּוּמוֹ, לְשׁוֹן אֱוִיל:

הרחבות

ככל שהאדם גדול יותר, הוא מקטין עצמו כלפי מה שלמעלה ממנו ואינו מעריך את עצמו מול אלה הפחותים ממנו.

'עבדי משה' משה מכונה במקומות נוספים 'עבד ה'' (להלן פס' ח; שמות יד,לא; יהושע יא,טו ועוד). כינוי זה אינו מבטא שעבוד בלבד, אלא גם קרבה יתרה, כמו הכינוי 'עבד המלך'. (ראו שמואל ב' יח,כט; מלכים ב' כה,ח; ירמיה לח,ז-יב) בחפירות נמצאו חותמות מפוארות שכתוב עליהן 'עבד המלך' או 'עבד המלך פלוני', שמשמעו בעל מעמד בכיר ביותר. 'עבד ה'' הוא תואר נעלה, שמשה הוא אחד האנשים הבודדים במקרא שזכה בו.

'ותמֻנת ה' יביט' מכיוון שמשה ראה את תמונת ה', כביכול, הוא ידע יותר מכל

ביאור

אתכם, ועם כל המעלה שיש למי שה' מנבא אותו – **בַּמַּרְאָה**, באופן
עקיף. בחזון סתום שיש לפענחו **אֵלָיו אֶתְוַדָּע**, או **בַּחֲלוֹם אֲדַבֶּר בּוֹ**.
כל נביא אינו שומע את דברי בערנות מלאה אלא במצב נפשי
מיוחד של טרנס עמוק. ז **לֹא כֵן עַבְדִּי מֹשֶׁה**. הוא שונה מכם ומשאר
נביאי. **בְּכָל בֵּיתִי נֶאֱמָן הוּא**. הוא העבד הנאמן עלי, עד כדי כך שבידו
הפקדתי את דברי תדיר. ח **פֶּה אֶל פֶּה**, פנים אל פנים, ישירות **אֲדַבֶּר
בּוֹ**, ושלא כחזיונות הנביאים שמתוכם הם מסיקים את נוכחות ה',
וּמַרְאֶה המתגלה למשה הוא ממשי ואמתי **וְלֹא בְחִידֹת**, בדימויים
ומשלים שיש לפרש, **וּתְמֻנַת ה' יַבִּיט** במישרין. וכיוון שכך, **מַדּוּעַ לֹא
יְרֵאתֶם לְדַבֵּר בְּעַבְדִּי, בְמֹשֶׁה**?! כיצד אתם מעיזים להשוות עצמכם
אליו ולבקר את התנהגותו?!

ט **וַיִּחַר אַף ה' בָּם, וַיֵּלַךְ**. י **וְהֶעָנָן**, שהוא האות להתגלות, **סָר מֵעַל הָאֹהֶל,
וְהִנֵּה מִרְיָם מְצֹרַעַת כַּשָּׁלֶג**. זה היה הביטוי לכעסו של ה'. **וַיִּפֶן אַהֲרֹן אֶל
מִרְיָם – וְהִנֵּה**, הוא מגלה שהיא **מְצֹרָעַת**. אמנם גם משה נמצא שם
באותו מעמד או קרוב לו, אבל הוא כביכול מחוץ לעניין. ה' פונה
רק אל אהרן ואל מרים והם אלה שננזפים וניזוקים.[48]

יא **וַיֹּאמֶר אַהֲרֹן אֶל מֹשֶׁה: בִּי**, בבקשה ממך, **אֲדֹנִי**. אמנם כבר בעבר
אהרן ציית למשה, אחיו הצעיר ממנו, ושימש מעין סגנו ועוזרו,
אך קודם לכן הוא ראה בהם בני השוואה. עתה, לאחר ששמע את
דברי ה', כבר אין הוא יכול אלא לדבר אליו בהכנעה גמורה. קשר
האחווה שביניהם או קשרי העבודה המשותפת אינם רלוונטיים
עוד, והוא פונה אל אחיו בתחינה: **אַל נָא תָשֵׁת**, תשים **עָלֵינוּ חַטָּאת**,
אל תחשוב לנו לחטא את **אֲשֶׁר נוֹאַלְנוּ**, התנהלותנו הטפשית,
איוולתנו, **וַאֲשֶׁר חָטָאנוּ** בדיבורים שלא היינו צריכים לדבר. יב **אַל**

הרחבות

אחד אחר שאין לו גוף ולא דמות הגוף. (הרמב"ם בהלכות יסודי התורה ז,ו; ט,א מדבר באופן בהיר וחריף בייחודה של נבואת משה, ועומד על חשיבותה ביחס לקדושת התורה). וכך תיארו זאת חז"ל: "כל הנביאים נסתכלו באספקלריא שאינה מאירה; משה רבינו נסתכל באספקלריא המאירה" (יבמות מט ע"ב). הנביאים האחרים ראו את ה' כמבעד לזכוכית או משקפת עכורה. דווקא מפני שאין היא שקופה לחלוטין, הם ראו תמונות ומחזות. תמונות אלו נובעות מכך שאין האדם מסוגל לראות את הדברים לאשורם. ליקוי הראייה הוא בעיני המתבונן או במשקפת שדרכה הוא צופה ולא בדבר עצמו. דווקא מי שרואה את הדבר כמות שהוא, אינו רואה שום צורות ותבניות נוספות.

יב אַל־נָא תְהִי כַּמֵּת אֲשֶׁר בְּצֵאתוֹ מֵרֶחֶם אִמּוֹ וַיֵּאָכֵל
יג חֲצִי בְשָׂרוֹ: וַיִּצְעַק מֹשֶׁה אֶל־יהוה לֵאמֹר אֵל נָא
רְפָא נָא לָהּ:
מפטיר יד וַיֹּאמֶר יהוה אֶל־מֹשֶׁה וְאָבִיהָ יָרֹק יָרַק בְּפָנֶיהָ
הֲלֹא תִכָּלֵם שִׁבְעַת יָמִים תִּסָּגֵר שִׁבְעַת יָמִים מִחוּץ
טו לַמַּחֲנֶה וְאַחַר תֵּאָסֵף: וַתִּסָּגֵר מִרְיָם מִחוּץ לַמַּחֲנֶה
טז שִׁבְעַת יָמִים וְהָעָם לֹא נָסַע עַד הֵאָסֵף מִרְיָם: וְאַחַר
נָסְעוּ הָעָם מֵחֲצֵרוֹת וַיַּחֲנוּ בְּמִדְבַּר פָּארָן:

רש"י

יב) **אל נא תהי.** אחותנו זו: **כמת.** שהמצורע חשוב כמת, מה מת מטמא בביאה אף מצורע מטמא בביאה: **אשר בצאתו מרחם אמו.** 'אמנו' היה לו לומר, אלא שכנה הכתוב. וכן 'חצי בשרנו' היה לו לומר, אלא שכנה הכתוב. מאחר שיצאת מרחם אמנו, היא לנו כאלו נאכל חצי בשרנו, כענין שנאמר: "כי אחינו בשרנו הוא" (בראשית לז, כז). ולפי משמעו, אף הוא נראה כן, אין ראוי לאח להניח את אחותו להיות כמת: **אשר בצאתו.** מאחר שיצאה זה מרחם אמו של זה שיש כח בידו לעזור ואינו עוזרו, הרי נאכל חצי בשרו, שאחיו בשרו הוא. דבר אחר, "אל נא תהי כמת" – אם אינך רופאה בתפלה, מי מסגירה או מי מטהרה? אני אי אפשר לראותה, שאני קרוב ואין קרוב רואה את הנגעים, וכהן אחר אין בעולם. וזהו "אשר בצאתו מרחם אמו":

יג) **אל נא רפא נא לה.** בא הכתוב ללמדך דרך ארץ, שהשואל דבר מחברו צריך לומר שנים או שלשה דברי תחנונים, ואחר כך יבקש שאלותיו: **לאמר.** מה תלמוד לומר? אמר לו: השיבני אם אתה מרפא אותה אם לאו, עד שהשיבו: "ואביה ירק ירק" וגו'. רבי אלעזר בן עזריה אומר: בארבעה מקומות בקש משה מלפני הקדוש ברוך הוא להשיבו אם יעשה שאלותיו אם לאו. כיוצא בו: "וידבר משה לפני ה' לאמר" וגו' (שמות ו, יב), מה תלמוד לומר: "לאמר"? השיבני אם גואלם אתה אם לאו, עד שהשיבו: "עתה תראה" וגו' (שם פסוק א). כיוצא בו: "וידבר משה אל ה' לאמר יפקד ה' אלהי הרוחות לכל בשר" (להלן כז, טו-טז), השיבו: "קח לך" (שם פסוק יח). כיוצא בו: "ואתחנן אל ה' בעת ההוא לאמר" (דברים ג, כג), השיבו: "רב לך" (שם פסוק כו): **רפא נא לה.** מפני מה לא האריך משה בתפלה? שלא יהיו ישראל אומרים, אחותו עומדת בצרה והוא עומד ומרבה בתפלה:

יד) **ואביה ירק ירק בפניה.** ואם אביה הראה לה פנים זועפות "הלא תכלם שבעת ימים", קל וחומר לשכינה ארבעה עשר יום, אלא דיו לבא מן הדין להיות כנדון, לפיכך אף בנזיפתי "תסגר שבעת ימים": **ואחר תאסף.** אומר אני, כל האסיפות האמורות במצורעים, על שם שהוא משלח מחוץ למחנה וכשהוא נרפא נאסף אל המחנה, לכך כתוב בו אסיפה, לשון הכנסה:

טו) **והעם לא נסע.** זה הכבוד חלק לה המקום בשביל שעה אחת שנתעכבה

ביאור | **נָא תְהִי**, תהיה אתה[49] **כַּמֵּת, אֲשֶׁר בְּצֵאתוֹ מֵרֶחֶם אִמּוֹ** – **וַיֵּאָכֵל חֲצִי בְשָׂרוֹ**. אתה בשר מבשרנו, שכן אחים נחשבים כבשר אחד,[50] ועתה כשאחותנו הצטרעה עד כדי כך שהיא כמעט בדרגתו של מת, שכן יש להוציאה אל מחוץ למחנה עד שתירפא מצרעתה, חצי בשרך נשחת.[51] גם אם לא תרצה לעשות למעננו; עשה למען בשרך שלך.

יג **וַיִּצְעַק מֹשֶׁה אֶל ה׳ לֵאמֹר: אֵל, נָא רְפָא נָא לָהּ!**

יד **וַיֹּאמֶר ה׳ אֶל מֹשֶׁה: וְאָבִיהָ יָרֹק יָרַק בְּפָנֶיהָ**, אילו אביה של מרים ירק בפניה, היה זה עלבון חמור מאוד – **הֲלֹא תִכָּלֵם**, בבושתה לא הייתה מעיזה לצאת מביתה **שִׁבְעַת יָמִים**, עד שהעלבון יישכח. ה׳ שלח את הצרעת במרים בתור ביזוי פומבי, כיריקה. לכן **תִּסָּגֵר שִׁבְעַת יָמִים מִחוּץ לַמַּחֲנֶה** כמצורעת, **וְאַחַר תֵּאָסֵף**, תסולק מצרעתה,[52] או: תיכנס למחנה.

טו **וַתִּסָּגֵר מִרְיָם מִחוּץ לַמַּחֲנֶה שִׁבְעַת יָמִים** כדין מצורעת. **וְהָעָם לֹא נָסַע עַד הֵאָסֵף**, שובה של **מִרְיָם**, שכן למרות חטאה היא אדם גדול שיש לכבדו ולהמתין לו. טז **וְאַחַר** שמרים נרפאה, **נָסְעוּ הָעָם מֵחֲצֵרוֹת, וַיַּחֲנוּ** במקום אחר[53] **בְּמִדְבַּר פָּארָן**.

הרחבות | **'ויצעק משה'** יש שמשה מאריך בתפילתו, הן בעבור ישראל והן בעבור עצמו. כאן משה התפלל בקיצור ובמלוא הכוונה על אדם יחיד העומד לידו. הקיצור מבטא את כאבו האישי. אין זו תפילה שנוסחה בקפידה, אלא מלות תחנון וזעקה לרפואת אחותו. (ראו ספרי על אתר; ברכות לד ע"א).

שלח

יג א ב וַיְדַבֵּר יְהוָה אֶל־מֹשֶׁה לֵּאמֹר: שְׁלַח־לְךָ אֲנָשִׁים
וְיָתֻרוּ אֶת־אֶרֶץ כְּנַעַן אֲשֶׁר־אֲנִי נֹתֵן לִבְנֵי יִשְׂרָאֵל
אִישׁ אֶחָד אִישׁ אֶחָד לְמַטֵּה אֲבֹתָיו תִּשְׁלָחוּ כֹּל
ג נָשִׂיא בָהֶם: וַיִּשְׁלַח אֹתָם מֹשֶׁה מִמִּדְבַּר פָּארָן
עַל־פִּי יְהוָה כֻּלָּם אֲנָשִׁים רָאשֵׁי בְנֵי־יִשְׂרָאֵל
ד הֵמָּה: · וְאֵלֶּה שְׁמוֹתָם לְמַטֵּה רְאוּבֵן שַׁמּוּעַ בֶּן־
ה ו זַכּוּר: לְמַטֵּה שִׁמְעוֹן שָׁפָט בֶּן־חוֹרִי: לְמַטֵּה יְהוּדָה
ז ח כָּלֵב בֶּן־יְפֻנֶּה: לְמַטֵּה יִשָּׂשכָר יִגְאָל בֶּן־יוֹסֵף: לְמַטֵּה
ט אֶפְרָיִם הוֹשֵׁעַ בִּן־נוּן: לְמַטֵּה בִנְיָמִן פַּלְטִי בֶּן־רָפוּא:
י יא לְמַטֵּה זְבוּלֻן גַּדִּיאֵל בֶּן־סוֹדִי: לְמַטֵּה יוֹסֵף לְמַטֵּה

רש"י | לְמֹשֶׁה כְּשֶׁהָלַךְ לַיְאוֹר, שֶׁנֶּאֱמַר: "וַתֵּתַצַּב אֲחֹתוֹ מֵרָחֹק" וְגוֹ' (שמות ב, ד).

פרק יג

ב] **שְׁלַח לְךָ אֲנָשִׁים.** לָמָּה נִסְמְכָה פָּרָשַׁת מְרַגְּלִים לְפָרָשַׁת מִרְיָם? לְפִי שֶׁלָּקְתָה עַל עִסְקֵי דִבָּה שֶׁדִּבְּרָה בְּאָחִיהָ, וּרְשָׁעִים הַלָּלוּ רָאוּ וְלֹא לָקְחוּ מוּסָר: **שְׁלַח לְךָ.** לְדַעְתְּךָ, אֲנִי אֵינִי מְצַוֶּה לְךָ, אִם תִּרְצֶה שְׁלַח. לְפִי שֶׁבָּאוּ יִשְׂרָאֵל וְאָמְרוּ: "נִשְׁלְחָה אֲנָשִׁים לְפָנֵינוּ" (דברים א, כב), כְּמָה שֶׁנֶּאֱמַר: "וַתִּקְרְבוּן אֵלַי כֻּלְּכֶם" וְגוֹ' (שם), וּמֹשֶׁה נִמְלַךְ בַּשְּׁכִינָה, אָמַר: אֲנִי אָמַרְתִּי לָהֶם שֶׁהִיא טוֹבָה, שֶׁנֶּאֱמַר: "אַעֲלֶה אֶתְכֶם מֵעֳנִי מִצְרַיִם" וְגוֹ' (שמות ג, יז), חַיֵּיהֶם שֶׁאֲנִי נוֹתֵן לָהֶם מָקוֹם לִטְעוֹת בְּדִבְרֵי הַמְרַגְּלִים, לְמַעַן לֹא יִירָשׁוּהָ:

ג] **עַל פִּי ה'.** בִּרְשׁוּתוֹ, שֶׁלֹּא עִכֵּב עַל יָדוֹ: **כֻּלָּם אֲנָשִׁים.** כָּל 'אֲנָשִׁים' שֶׁבַּמִּקְרָא לְשׁוֹן חֲשִׁיבוּת, וְאוֹתָהּ שָׁעָה כְּשֵׁרִים הָיוּ:

הרחבות | **פרשת המרגלים** חוזרת ונזכרת בנאומו הגדול של משה קודם פטירתו בספר דברים (א,כב). שם נאמר שבני ישראל רצו לשלוח מרגלים לארץ כנען, משה שאל את פי ה', וקיבל את הסכמתו לכך. נראה כי כאן קוצר הסיפור, ואין מופיעים שלביו הראשונים, שכן למרות שישראל הם שיזמו את הדבר, הצעתם הייתה עשויה להתקבל או להידחות, והכתוב מדגיש את הוראתו של ה' לקבלה ולשלוח את המרגלים. (ראו רש"י על אתר ובסוטה לד ע"ב).

'שלח לך אנשים ויתרו את ארץ כנען' אמנם בפרשה זו אין הם קרויים 'מרגלים' אלא אנשים התרים את הארץ, אך אין הם תיירים גרידא; סיורם בארץ מכוון למידע. ובכל זאת, אין הם מרגלים במלוא משמעות המלה, שכן נראה שלא חשפו שום דבר סודי.

כנראה מלכתחילה הייתה גישתו של משה למרגלים שונה מגישתם של ישראל. משה היה מעוניין שביקורם זה יסייע במיפוי הארץ ומבואיה, ואילו בני ישראל רצו לשמוע פרטים על המתרחש בהווה ביעד שאליו הם צועדים האם עדיין הארץ טובה כל כך, והאם אפשר עתה לכבשה שכן בתודעתם נקשרה הארץ בסיפור מן

המרגלים והמעפילים

פרקים יג–יד

ארץ כנען שונה באופן קיצוני מארץ מצרים. כנען היא ארץ הרים וגבעות הניזונה ממטר השמים, ואילו מצרים שטוחה ומושקית מן הנילוס. גם התרבויות ומערכות השלטון שבשתי הארצות היו שונות זו מזו בתכלית. בני ישראל חוששים מן המעבר אל אורח החיים הבלתי ידוע ומאתגרי הכיבוש המאיימים שנכונו להם, ועל כן שולחים מרגלים.

מורך הרוח שאחז בעם בעקבות דברי המרגלים הביא לגזרה שלא יגיעו לכנען. בסופו של העניין קמה קבוצה מן העם ומתעקשת לעלות לארץ, אך גם עזות זו נידונה לכישלון, שכן אנשים אלו ממרים את גזרתו של ה' שדור זה ישוטט במדבר ארבעים שנה עד שיכלה.

פרק יג א **וַיְדַבֵּר ה' אֶל מֹשֶׁה לֵּאמֹר:** ב **שְׁלַח לְךָ אֲנָשִׁים, וְיָתֻרוּ**, יסיירו | ביאור
כדי להכיר **אֶת אֶרֶץ כְּנַעַן אֲשֶׁר אֲנִי נֹתֵן לִבְנֵי יִשְׂרָאֵל. אִישׁ אֶחָד אִישׁ**
אֶחָד לְמַטֵּה אֲבֹתָיו, כנציג מכל שבט **תִּשְׁלָחוּ, כֹּל נָשִׂיא בָהֶם**, בעלי
מעמד והנהגה שדבריהם יתקבלו באמון בשבטיהם. אין אלו ראשי
השבטים ממש,[1] אולי משום שנשיאי השבטים שנמנו לעיל היו
זקנים מכדי לצאת למשימה זו.[2]

ג **וַיִּשְׁלַח אֹתָם מֹשֶׁה מִמִּדְבַּר פָּארָן עַל פִּי ה', כֻּלָּם אֲנָשִׁים** חשובים
ובעלי מעמד, אישים. **רָאשֵׁי בְנֵי יִשְׂרָאֵל הֵמָּה**, הם. ד **וְאֵלֶּה שְׁמוֹתָם:**
לְמַטֵּה רְאוּבֵן שלחו את **שַׁמּוּעַ בֶּן זַכּוּר.** ה **לְמַטֵּה שִׁמְעוֹן – שָׁפָט בֶּן חוֹרִי.**
ו **לְמַטֵּה יְהוּדָה – כָּלֵב בֶּן יְפֻנֶּה.** ז **לְמַטֵּה יִשָּׂשכָר – יִגְאָל בֶּן יוֹסֵף.** ח **לְמַטֵּה**
אֶפְרָיִם – הוֹשֵׁעַ בִּן נוּן. ט **לְמַטֵּה בִנְיָמִן – פַּלְטִי בֶּן רָפוּא.** י **לְמַטֵּה**
זְבוּלֻן – גַּדִּיאֵל בֶּן סוֹדִי. יא **לְמַטֵּה יוֹסֵף: לְמַטֵּה מְנַשֶּׁה – גַּדִּי בֶּן סוּסִי.** יב **לְמַטֵּה**

הרחבות

העבר הקדום ובהבטחות עתידיות. נראה שהבחירה שהמרגלים יהיו נציגי כל השבטים נובעת מתחושת חוסר הביטחון של העם ומחששותיו. אילו הייתה זו רק משלחת של מרגלים וסיירים מקצועיים, היו חבריה נבחרים על פי כישוריהם ולא לפי אמות מידה חברתיות של אמינותם בעיני שולחיהם. (ראו עוד ברמב"ן ובכור שור).

סדר נציגי השבטים אינו מייצג את סדר הדגלים, שהוא המבנה הצבאי של המחנה, ולא את סדר לידתם של השבטים. אנשים אלה לא נשלחו כנציגי הגדודים כיחידות לוחמות, אלא כשליחי קבוצות אזרחיות, וייתכן שסדרם נקבע לפי מעמדם החברתי. (ראו רמב"ן והעמק דבר).

'הושע בִּן נון' הוא יהושע בן נון, משרתו של משה, שכבר נזכר (לעיל יא,כח וכן שמות לג,יא). יהושע בחר לדבוק במשה, ומעבר לכך, מתברר שהיה אדם חשוב לעצמו. ברשימת היוחסין שבספר דברי הימים (א' ז,כו–כז) הוא מופיע כנכדו של נשיא שבט אפרים. יש בכך משום ראיה נוספת למעמדם של האנשים שנבחרו, וגם לשיקולי הגיל שעשויים היו למנוע מן הנשיאים לצאת למסע הריגול לכנען.

מְנַשֶּׁה גַּדִּי בֶּן־סוּסִי: לְמַטֵּה דָן עַמִּיאֵל בֶּן־גְּמַלִּי: יב
לְמַטֵּה אָשֵׁר סְתוּר בֶּן־מִיכָאֵל: לְמַטֵּה נַפְתָּלִי נַחְבִּי יג יד
בֶּן־וָפְסִי: לְמַטֵּה גָד גְּאוּאֵל בֶּן־מָכִי: אֵלֶּה שְׁמוֹת טו טז
הָאֲנָשִׁים אֲשֶׁר־שָׁלַח מֹשֶׁה לָתוּר אֶת־הָאָרֶץ וַיִּקְרָא
מֹשֶׁה לְהוֹשֵׁעַ בִּן־נוּן יְהוֹשֻׁעַ: • וַיִּשְׁלַח אֹתָם מֹשֶׁה יז
לָתוּר אֶת־אֶרֶץ כְּנָעַן וַיֹּאמֶר אֲלֵהֶם עֲלוּ זֶה בַּנֶּגֶב
וַעֲלִיתֶם אֶת־הָהָר: וּרְאִיתֶם אֶת־הָאָרֶץ מַה־הִוא יח
וְאֶת־הָעָם הַיֹּשֵׁב עָלֶיהָ הֶחָזָק הוּא הֲרָפֶה הַמְעַט
הוּא אִם־רָב: וּמָה הָאָרֶץ אֲשֶׁר־הוּא יֹשֵׁב בָּהּ הֲטוֹבָה יט
הִוא אִם־רָעָה וּמָה הֶעָרִים אֲשֶׁר־הוּא יוֹשֵׁב בָּהֵנָּה
הַבְּמַחֲנִים אִם בְּמִבְצָרִים: וּמָה הָאָרֶץ הַשְּׁמֵנָה הִוא כ
אִם־רָזָה הֲיֵשׁ־בָּהּ עֵץ אִם־אַיִן וְהִתְחַזַּקְתֶּם וּלְקַחְתֶּם
שני מִפְּרִי הָאָרֶץ וְהַיָּמִים יְמֵי בִּכּוּרֵי עֲנָבִים: • וַיַּעֲלוּ כא

רש"י

טז] **ויקרא משה להושע וגו'.** נתפלל עליו: יה יושיעך מעצת מרגלים:

יז] **עלו זה בנגב.** הוא היה הפסלת של ארץ ישראל, שכן דרך התגרים, מראים את הפסלת תחלה ואחר כך מראים את השבח:

יח] **את הארץ מה הוא.** יש ארץ מגדלת גבורים ויש ארץ מגדלת חלשים, יש מגדלת אכלוסין ויש ממעטת אכלוסין: **החזק הוא הרפה.** סימן מסר להם, אם בפרזים יושבין – חזקים הם, שסומכין על גבורתם, ואם בערים בצורות הם יושבין – חלשים הם:

יט] **הבמחנים.** תרגומו: "הבפצחין", כרכין פצוחין ופתוחין מאין חומה: **הטובה הוא.** במעינות ותהומות טובים ובריאים:

כ] **היש בה עץ.** אם יש בהם אדם כשר שיגן עליהם בזכותו: **בכורי ענבים.** ימים שהענבים מתבשלין בבכור:

הרחבות

'למטה יוסף למטה מנשה' גם העמדת מנשה כנציג יוסף מדגישה כי אין זו החלוקה לפי הדגלים שכן בראש הדגל עומד אפרים אלא לפי המבנה האזרחי של הבכורה, שהרי מנשה הוא בכור יוסף.

'ויקרא משה להושע בן נון יהושע' נראה כי משה לא היה רגוע לגבי יציאתה של המשלחת. אולי הוא חשב שאין היא נחוצה, אך הוא הסכים לשלחה, משום שכך העם רצה ורק כך תושקט רוחו, כפי שהורה לו ה'. מכל מקום, עבור משרתו הקרוב הוא ביקש מה' ישועה. (ראו רש"י על אתר; סוטה לד ע"ב). שם חדש זה

ביאור

דָּן - עַמִּיאֵל בֶּן גְּמַלִּי. יג לְמַטֵּה אָשֵׁר - סְתוּר בֶּן מִיכָאֵל. יד לְמַטֵּה
נַפְתָּלִי - נַחְבִּי בֶּן וָפְסִי. טו לְמַטֵּה גָד - גְּאוּאֵל בֶּן מָכִי. טז אֵלֶּה שְׁמוֹת
הָאֲנָשִׁים אֲשֶׁר שָׁלַח מֹשֶׁה לָתוּר אֶת הָאָרֶץ. וַיִּקְרָא מֹשֶׁה לְהוֹשֵׁעַ בִּן נוּן
יְהוֹשֻׁעַ. בתוספת האות י׳ משה הפך את שמו משם שעניינו ישועה,
כמו ׳מישע׳ - לשם שמשמעותו היא ה׳ יושיע, כמו ׳ישעיהו׳.

משה ביקש להטיל על התרים תפקיד מוגדר. הוא לא ביקש מידע
טקטי על מבצרים מסוימים או על דרכים מסוימות, אלא אסטרטגי:
יז **וַיִּשְׁלַח אֹתָם מֹשֶׁה לָתוּר אֶת אֶרֶץ כְּנָעַן, וַיֹּאמֶר אֲלֵהֶם: עֲלוּ**, סעו צפונה,
או: היכנסו לארץ[3] **זֶה בַּנֶּגֶב וַעֲלִיתֶם אֶת הָהָר.** יח **וּרְאִיתֶם אֶת הָאָרֶץ
מַה הִוא** באופן כללי, **וְאֶת הָעָם הַיֹּשֵׁב עָלֶיהָ - הֶחָזָק הוּא הֲרָפֶה; הַמְעַט
הוּא אִם רָב,** מהי צפיפות האוכלוסין בארץ. יט **וּמָה הָאָרֶץ אֲשֶׁר
הוּא יֹשֵׁב בָּהּ - הֲטוֹבָה הִוא אִם,** או **רָעָה** מבחינת מזג האוויר ובעלי
החיים. **וּמָה הֶעָרִים אֲשֶׁר הוּא יוֹשֵׁב בָּהֵנָּה,** בהן - **הַבְּמַחֲנִים,** האם הכנעני
יושב במחנות, כלומר בערים פרוזות, ללא חומה, **אִם בְּמִבְצָרִים,**
בערים בצורות, ערי חומה. כ **וּמָה הָאָרֶץ - הַשְּׁמֵנָה הִוא אִם רָזָה.**
עד כמה היא פורייה; מהם האזורים הפוריים בה יותר, ומה פחות;
יכולה להיות לכך השפעה על מיקומם של ריכוזי אוכלוסין ועל
טיבן של דרכי התעבורה. **הֲיֵשׁ בָּהּ עֵץ אִם אַיִן.** כמה עצים יש בארץ.
במצרים לא גדלו באופן טבעי עצים רבים, וחלק מהעצים שגדלו שם
נכרתו; ואילו בכנען כל האזור המרכזי היה מיוער בצפיפות.[4] מלבד
זאת, **וְהִתְחַזַּקְתֶּם וּלְקַחְתֶּם מִפְּרִי הָאָרֶץ.** הביאו ממנה פרות להראות
לאחיכם.

הכתוב מעיר: **וְהַיָּמִים** הללו היו **יְמֵי בִּכּוּרֵי עֲנָבִים,** המתחילים בחודש
סיוון בערך.

הרחבות

יישא משמעות לא רק בעניין זה, אלא גם בהמשך ההיסטוריה. בשינוי השם משה גם מסמן את יהושע כאיש נבחר, כדוגמת מלכים ושרים המכונים בשם חדש עם מינוים. (ראו בראשית מא,מה; מלכים ב׳ כג,לד; ראו עוד בכור שור על אתר; חזקוני בראשית יז,ה).

׳ומה הארץ... ומה הערים...׳ נתונים אלו אכן היו משמעותיים בזמן כיבוש הארץ. הערים הפרוזות נכבשו מיד, ואילו חלק מהערים הבצורות עמדו למכשול בפני צבאו של יהושע בשלבים הראשונים. (ראו יהושע ו-ח; י,יט-כ; רשב״ם על אתר).

וַיַּעֲלוּ וַיָּתֻרוּ אֶת־הָאָרֶץ מִמִּדְבַּר־צִן עַד־רְחֹב לְבֹא חֲמָת:
כב וַיַּעֲלוּ בַנֶּגֶב וַיָּבֹא עַד־חֶבְרוֹן וְשָׁם אֲחִימַן שֵׁשַׁי
וְתַלְמַי יְלִידֵי הָעֲנָק וְחֶבְרוֹן שֶׁבַע שָׁנִים נִבְנְתָה לִפְנֵי
כג צֹעַן מִצְרָיִם: וַיָּבֹאוּ עַד־נַחַל אֶשְׁכֹּל וַיִּכְרְתוּ מִשָּׁם

רש"י

כא) **מִמִּדְבַּר צִן עַד רְחֹב לְבֹא חֲמָת.** הָלְכוּ בִּגְבוּלֶיהָ בָּאֹרֶךְ וּבָרֹחַב כְּמִין 'גַּאם', הָלְכוּ רוּחַ גְּבוּל דְּרוֹמִית מִמִּקְצוֹעַ מִזְרָח עַד מִקְצוֹעַ מַעֲרָב, כְּמוֹ שֶׁצִּוָּה מֹשֶׁה: "עֲלוּ זֶה בַּנֶּגֶב" (לעיל פסוק יז) דֶּרֶךְ גְּבוּל דְּרוֹמִית מִזְרָחִית, עַד הַיָּם, שֶׁהַיָּם הוּא גְּבוּל מַעֲרָבִי, וּמִשָּׁם חָזְרוּ וְהָלְכוּ כָּל גְּבוּל מַעֲרָבִי עַל שְׂפַת הַיָּם עַד לְבֹא חֲמָת, שֶׁהוּא אֵצֶל הֹר הָהָר בְּמִקְצוֹעַ מַעֲרָבִית צְפוֹנִית, כְּמוֹ שֶׁמְּפֹרָשׁ בִּגְבוּלוֹת הָאָרֶץ בְּפָרָשַׁת אֵלֶּה מַסְעֵי (להלן לד, ז):

כב) **וַיָּבֹא עַד חֶבְרוֹן.** כָּלֵב לְבַדּוֹ הָלַךְ שָׁם, וְנִשְׁתַּטֵּחַ עַל קִבְרֵי אָבוֹת שֶׁלֹּא יְהֵא נִסָּת לַחֲבֵרָיו לִהְיוֹת בַּעֲצָתָם, וְכֵן הוּא אוֹמֵר: "וְלוֹ אֶתֵּן אֶת הָאָרֶץ אֲשֶׁר דָּרַךְ בָּהּ" (דברים א, לו), וּכְתִיב: "וַיִּתְּנוּ לְכָלֵב אֶת חֶבְרוֹן" (שופטים א, כ): **שֶׁבַע שָׁנִים נִבְנְתָה.** אֶפְשָׁר שֶׁבָּנָה חָם אֶת חֶבְרוֹן לִכְנַעַן בְּנוֹ הַקָּטָן קֹדֶם שֶׁיִּבְנֶה אֶת צֹעַן לְמִצְרַיִם בְּנוֹ הַגָּדוֹל? אֶלָּא שֶׁהָיְתָה מְבֻנָּה בְּכָל טוּב עַל אֶחָד מִשִּׁבְעָה כְּצֹעַן, וּבָא לְהוֹדִיעֲךָ שִׁבְחָהּ שֶׁל אֶרֶץ יִשְׂרָאֵל, שֶׁאֵין לְךָ טְרָשִׁין בְּאֶרֶץ יִשְׂרָאֵל יוֹתֵר מֵחֶבְרוֹן, לְפִיכָךְ הִקְצוּהָ לִקְבוּרַת מֵתִים, וְאֵין לְךָ מְעֻלָּה בְּכָל הָאֲרָצוֹת כְּמִצְרַיִם, שֶׁנֶּאֱמַר: "כְּגַן ה' כְּאֶרֶץ מִצְרַיִם" (בראשית יג, י), וְצֹעַן הִיא הַמְעֻלָּה שֶׁבְּאֶרֶץ מִצְרַיִם, שֶׁשָּׁם מוֹשַׁב הַמְּלָכִים, שֶׁנֶּאֱמַר: "כִּי הָיוּ בְצֹעַן שָׂרָיו" (ישעיה ל, ד), וְהָיְתָה חֶבְרוֹן טוֹבָה מִמֶּנָּה שִׁבְעָה חֲלָקִים:

העולם

מדבר צִן (סִין) יש הקובעים את מקומו במזרחו של חצי–האי סיני מצפון לקדש ברנע (עין קודיראת), יש הממקמים אותו במזרח חצי–האי סיני בין אילת ונחל ג'ראיה, הנמצא בדרום–מזרח רמת א–תיה, ויש - בצפון הערבה ואף בתחומי אדום (ראו יהושע טו,א).
משמעות השם 'סין' או 'צן' היא חוד של צמח. ייתכן שהוא רומז לנוף מדברי ובו מעיינות מים, כאילים וקדש ברנע (להלן כ,א; כז,יד). נוף זה מאופיין בעצי הדקל, שהם קוצניים.

רְחֹב מספר מקומות בתנ"ך נקראים בשם זה: עיר בנחלת אשר באזור צידון בלבנון (יהושע כא,לא); בית רחוב שבעמק החולה (שופטים יח,כח); ובית רחוב (שמואל ב' י,ו) - אחת מהממלכות הארמיות בצפון בקעת הלבנון, שאליה ככל הנראה מתייחס הכתוב כאן. לפי יונתן זהו המעבר לבוא חמת.

ביאור

כא **וַיַּעֲלוּ וַיָּתֻרוּ אֶת הָאָרֶץ** בכל גבולה - **מִמִּדְבַּר צִן** שבדרום **עַד רְחֹב,**
שם מקום **לְבֹא,** בואכה **חֲמָת** שבצפון סוריה. דרך זו כוללת את
תחומי ארץ כנען. כב **וַיַּעֲלוּ בַנֶּגֶב וַיָּבֹא עַד חֶבְרוֹן.** ייתכן שהמרגלים
לא הלכו כולם כיחידה אחת בכל הדרך, ושמא רק אחד מהם הגיע
לחברון.[5] נראה שחברון הייתה זכורה בתודעת העם כעירם של
האבות. **וְשָׁם** פגשו את **אֲחִימַן, שֵׁשַׁי וְתַלְמַי, יְלִידֵי,** בני **הָעֲנָק,** אנשים
גדולים מאוד, ענקים.

וְהערה: **חֶבְרוֹן שֶׁבַע שָׁנִים נִבְנְתָה לִפְנֵי צֹעַן,** עיר חשובה מאוד **בְּמִצְרָיִם.**
הכול הכירו את צוען כעיר עתיקה שידוע מתי הוקמה - שלא כערים
מצריות אחרות שמקורן אינו ברור. הכתוב מדגיש את חשיבותה
ותוקפה של העיר העתיקה חברון בקביעה שהיא נוסדה עוד לפני
צוען.

כג **וַיָּבֹאוּ** בסוף דרכם חזרה[6] **עַד נַחַל אֶשְׁכֹּל, וַיִּכְרְתוּ מִשָּׁם** - מתוך

אתרים הנזכרים בפרשת המרגלים

העולם

לְבֹא חֲמָת יש שפירשו לְבֹא כמילת יחס, בואכה (כאשר באים) חמת, או כשמה של הדרך ההולכת מחוף הים לחמת. אחרים טוענים שהוא שמה של עיר בארץ חמת, ומזהים אותה עם הכפר לבווא (Laboue) מצפון לבעל בק שבבקעת הלבנון.

צֹעַן עיר במצרים התחתונה. לפי אונקלוס ותרגום השבעים היא טאניס שבמצרים, וכן שמה ביוונית עתיקה (Τάνις), שפירושו גומא. היא הייתה בירת מצרים בין המאות ה־7–11 לפנה"ס. מהמאה ה־6 לפנה"ס ירדה מגדולתה בשל התרחבות הדלתא של הנילוס והתרחקותה מהים. כיום היא מזוהה עם אתר הסמוך לצאן אל־חג'ר, בצפון־מזרח הדלתא או עם אווריס, בירת מצרים במאות ה־15–17 לפנה"ס.

זְמוֹרָ֨ה וְאֶשְׁכּ֤וֹל עֲנָבִים֙ אֶחָ֔ד וַיִּשָּׂאֻ֥הוּ בַמּ֖וֹט בִּשְׁנָ֑יִם
וּמִן־הָרִמֹּנִ֖ים וּמִן־הַתְּאֵנִֽים׃ לַמָּק֣וֹם הַה֔וּא קָרָ֖א נַ֣חַל כד
אֶשְׁכּ֑וֹל עַ֚ל אֹד֣וֹת הָֽאֶשְׁכּ֔וֹל אֲשֶׁר־כָּרְת֥וּ מִשָּׁ֖ם בְּנֵ֥י
יִשְׂרָאֵֽל׃ וַיָּשֻׁ֖בוּ מִתּ֣וּר הָאָ֑רֶץ מִקֵּ֖ץ אַרְבָּעִ֥ים יֽוֹם׃ כה
וַיֵּלְכ֡וּ וַיָּבֹ֩אוּ֩ אֶל־מֹשֶׁ֨ה וְאֶֽל־אַהֲרֹ֜ן וְאֶל־כָּל־עֲדַ֧ת כו
בְּנֵי־יִשְׂרָאֵ֛ל אֶל־מִדְבַּ֥ר פָּארָ֖ן קָדֵ֑שָׁה וַיָּשִׁ֨יבוּ אֹתָ֤ם
דָּבָר֙ וְאֶת־כָּל־הָ֣עֵדָ֔ה וַיַּרְא֖וּם אֶת־פְּרִ֥י הָאָֽרֶץ׃
וַיְסַפְּרוּ־לוֹ֙ וַיֹּ֣אמְר֔וּ בָּ֕אנוּ אֶל־הָאָ֖רֶץ אֲשֶׁ֣ר שְׁלַחְתָּ֑נוּ כז
וְגַ֨ם זָבַ֨ת חָלָ֥ב וּדְבַ֛שׁ הִ֖וא וְזֶה־פִּרְיָֽהּ׃ אֶ֚פֶס כִּֽי־עַ֣ז כח

רש"י

כג **זְמוֹרָה.** שׁוֹכַת גֶּפֶן, וְאֶשְׁכּוֹל שֶׁל עֲנָבִים תָּלוּי בָּהּ: **וַיִּשָּׂאֻהוּ בַמּוֹט בִּשְׁנָיִם.** מִמַּשְׁמַע שֶׁנֶּאֱמַר: "וַיִּשָּׂאֻהוּ בַמּוֹט", אֵינִי יוֹדֵעַ שֶׁהוּא בִּשְׁנַיִם? מַה תַּלְמוּד לוֹמַר "בִּשְׁנָיִם"? בִּשְׁנֵי מוֹטוֹת. הָא כֵּיצַד? שְׁמוֹנָה נָטְלוּ אֶשְׁכּוֹל, אֶחָד נָטַל תְּאֵנָה וְאֶחָד רִמּוֹן. יְהוֹשֻׁעַ וְכָלֵב לֹא נָטְלוּ כְּלוּם, לְפִי שֶׁכָּל עַצְמָם לְהוֹצִיא דִּבָּה נִתְכַּוְּנוּ: כְּשֵׁם שֶׁפִּרְיָהּ מְשֻׁנֶּה כָּךְ עַמָּהּ מְשֻׁנֶּה. וְאִם חָפֵץ אַתָּה לֵידַע כַּמָּה מַשּׂאוֹי אֶחָד מֵהֶם, צֵא וּלְמַד מֵאֲבָנִים שֶׁהֵקִימוּ בַּגִּלְגָּל, הֵרִימוּ לָהֶם אִישׁ אֶבֶן אַחַת מִן הַיַּרְדֵּן עַל שִׁכְמוֹ וֶהֱקִימוּהָ בַּגִּלְגָּל, וּשְׁקָלוּם רַבּוֹתֵינוּ מִשְׁקַל כָּל אַחַת אַרְבָּעִים סְאָה, וּגְמִירֵי, טוּנָא דְּמִדְלֵי אֱנָשׁ עַל כַּתְפֵּיהּ אֵינוֹ אֶלָּא שְׁלִישׁ מַשּׂאוֹי בְּמַשּׂאוֹי שֶׁמְּסַיְּעִין אוֹתוֹ לְהָרִים:

כה **וַיָּשֻׁבוּ מִתּוּר הָאָרֶץ מִקֵּץ אַרְבָּעִים יוֹם.** וַהֲלֹא אַרְבַּע מֵאוֹת פַּרְסָה עַל אַרְבַּע מֵאוֹת פַּרְסָה הִיא, וּמַהֲלַךְ אָדָם בֵּינוֹנִי עֲשָׂרָה פַּרְסָאוֹת לְיוֹם, הֲרֵי מַהֲלַךְ אַרְבָּעִים יוֹם מִן הַמִּזְרָח לַמַּעֲרָב, וְהֵם הָלְכוּ אָרְכָּהּ וְרָחְבָּהּ! אֶלָּא שֶׁגָּלוּי לִפְנֵי הַקָּדוֹשׁ בָּרוּךְ הוּא שֶׁיִּגְזֹר עֲלֵיהֶם יוֹם לַשָּׁנָה, קִצֵּר לִפְנֵיהֶם אֶת הַדֶּרֶךְ:

כו **וַיֵּלְכוּ וַיָּבֹאוּ.** מַהוּ "וַיֵּלְכוּ", לְהַקִּישׁ הֲלִיכָתָן לְבִיאָתָן, מַה בִּיאָתָן בְּעֵצָה רָעָה, אַף הֲלִיכָתָן בְּעֵצָה רָעָה: **וַיָּשִׁיבוּ אֹתָם דָּבָר.** אֶת מֹשֶׁה וְאֶת אַהֲרֹן:

כז **זָבַת חָלָב וּדְבַשׁ.** כָּל דְּבַר שֶׁקֶר שֶׁאֵין אוֹמְרִים בּוֹ קְצָת אֱמֶת בִּתְחִלָּתוֹ, אֵין מִתְקַיֵּם בְּסוֹפוֹ:

הרחבות

'ויִשאֻהו במוט בשנים' יש מדרשי חכמים המפליגים עוד בגודלו של האשכול הזה. (ראו סוטה לד ע"א). חז"ל מספרים שאף בימיהם נראו אשכולות כבירים, בגודלם של עגלים ועזים. (ראו כתובות קיב ע"א).

ביאור | הנחל **זְמוֹרָה וְאֶשְׁכּוֹל עֲנָבִים אֶחָד, וַיִּשָּׂאֻהוּ בַמּוֹט בִּשְׁנָיִם.** אדם יחיד לא
יכול היה לשאתו בשל גודלו העצום. **וּמִן הָרִמֹּנִים וּמִן הַתְּאֵנִים** לקחו
בידיהם.

והכתוב מעיר: כד **לַמָּקוֹם הַהוּא קָרָא,** קראו **נַחַל אֶשְׁכּוֹל, עַל אֹדוֹת
הָאֶשְׁכּוֹל אֲשֶׁר כָּרְתוּ מִשָּׁם בְּנֵי יִשְׂרָאֵל.** יש להניח שנחל אשכול היה
קרוב למדבר,[7] כך שהאשכול לא טולטל לאורך הארץ כולה.

כה **וַיָּשֻׁבוּ מִתּוּר הָאָרֶץ מִקֵּץ אַרְבָּעִים יוֹם,** שכן המסע לא נועד לבירור
פרטים, אלא להתרשמות כללית. כו **וַיֵּלְכוּ וַיָּבֹאוּ אֶל מֹשֶׁה וְאֶל אַהֲרֹן
וְאֶל כָּל עֲדַת בְּנֵי יִשְׂרָאֵל, אֶל מִדְבַּר פָּארָן קָדֵשָׁה,** לקָדֵש שבמדבר פארן,[8]
וַיָּשִׁיבוּ אוֹתָם דָּבָר וְאֶת כָּל הָעֵדָה שהתאספה לשמוע את דבריהם. גם
מכאן עולה שהמרגלים ראו עצמם לא כשליחי המנהיגים בלבד,
אלא כשליחי העדה. **וַיַּרְאוּם אֶת פְּרִי הָאָרֶץ.**

כז **וַיְסַפְּרוּ לוֹ,** למשה בנוכחות העדה **וַיֹּאמְרוּ: בָּאנוּ אֶל הָאָרֶץ אֲשֶׁר
שְׁלַחְתָּנוּ, וְגַם זָבַת חָלָב וּדְבַשׁ הִוא,** ארץ פורייה מאוד, כמו שה׳ תיאר
אותה,[9] **וְזֶה פִּרְיָהּ.** אלה דוגמאות לפרות הצומחים בה. כח **אֶפֶס,**

אשכול ענבים

העולם | **קָדֵשׁ פָּארָן** (ברנע) יש מפרשים המזהים את קדש זו עם קדש מדבר צִן (במדבר כז,יד; דברים א,ב), שסימנה את הגבול הדרומי של ארץ ישראל (ראו בראשית טז,יד; כ,א; במדבר ל,ד). רגילים לזהות את קדש עם נווה המדבר עין קודיראת – צומת דרכים חשוב בדרך בין חצי-האי ערב לעזה, כ-25 ק"מ מדרום לניצנה. ואכן אחד המעיינות שבמקום נקרא עין אל-קדיס. היו שטענו שקדש פארן אינה קדש שבמדבר צִן, שכן קדש מדבר צִן הייתה בגבול אדום. עיר נוספת בשם קדש שוכנת בנחלת נפתלי שבגליל (יהושע כ,ז).

הָעָם הַיֹּשֵׁב בָּאָרֶץ וְהֶעָרִים בְּצֻרוֹת גְּדֹלֹת מְאֹד וְגַם־
יְלִדֵי הָעֲנָק רָאִינוּ שָׁם: עֲמָלֵק יוֹשֵׁב בְּאֶרֶץ הַנֶּגֶב כט
וְהַחִתִּי וְהַיְבוּסִי וְהָאֱמֹרִי יוֹשֵׁב בָּהָר וְהַכְּנַעֲנִי יֹשֵׁב
עַל־הַיָּם וְעַל יַד הַיַּרְדֵּן: וַיַּהַס כָּלֵב אֶת־הָעָם אֶל־ ל
מֹשֶׁה וַיֹּאמֶר עָלֹה נַעֲלֶה וְיָרַשְׁנוּ אֹתָהּ כִּי־יָכוֹל נוּכַל

רש"י

כח) **בְּצֻרוֹת.** לְשׁוֹן חֹזֶק, וְתַרְגּוּמוֹ: "כְּרִיכָן", לְשׁוֹן בִּירָנִיּוֹת עֲגֻלּוֹת, וּבִלְשׁוֹן אֲרַמִּי 'כְּרִיךְ' – עָגֹל:

כט) **עֲמָלֵק יוֹשֵׁב וְגוֹ'.** לְפִי שֶׁנִּכְווּ בַּעֲמָלֵק כְּבָר, הִזְכִּירוּהוּ מְרַגְּלִים כְּדֵי לְיָרְאָם: **וְעַל יַד הַיַּרְדֵּן.** 'יַד' כְּמַשְׁמָעוֹ, אֵצֶל הַיַּרְדֵּן, וְלֹא תּוּכְלוּ לַעֲבֹר:

ל) **וַיַּהַס כָּלֵב.** הִשְׁתִּיק אֶת כֻּלָּם: **אֶל מֹשֶׁה.** לִשְׁמֹעַ מַה שֶּׁיְּדַבֵּר בְּמֹשֶׁה, צָוַח וְאָמַר: וְכִי זוֹ בִּלְבַד עָשָׂה לָנוּ בֶּן עַמְרָם? הַשּׁוֹמֵעַ הָיָה סָבוּר שֶׁבָּא לְסַפֵּר בִּגְנוּתוֹ, וּמִתּוֹךְ שֶׁהָיָה בְלִבָּם עַל מֹשֶׁה בִּשְׁבִיל דִּבְרֵי הַמְרַגְּלִים שָׁתְקוּ כֻלָּם לִשְׁמֹעַ גְּנוּתוֹ. אָמַר: וַהֲלֹא קָרַע לָנוּ אֶת הַיָּם, וְהוֹרִיד לָנוּ אֶת הַמָּן, וְהֵגִיז לָנוּ אֶת הַשְּׂלָו: **עָלֹה נַעֲלֶה.** אֲפִלּוּ בַּשָּׁמַיִם, וְהוּא אוֹמֵר: עֲשׂוּ סֻלָּמוֹת וַעֲלוּ שָׁם! נַצְלִיחַ בְּכָל דְּבָרָיו: **וַיַּהַס.** לְשׁוֹן שְׁתִיקָה, וְכֵן: "הַס כָּל בָּשָׂר" (זכריה ב, יז), "הַס כִּי לֹא לְהַזְכִּיר" (עמוס ו, י), כֵּן דֶּרֶךְ בְּנֵי אָדָם, הָרוֹצֶה לְשַׁתֵּק אֲגֻדַּת אֲנָשִׁים אוֹמֵר ס"ט:

הרחבות

'והערים בְּצֻרוֹת גדֹלֹת מאד' כיוון שערי כנען היו שייכות לעמים שונים: כנענים, אמורים, ועוד עמים מגזעים שמיים ומגזעים חמיים ואחרים, היו מתיחויות רבות בין תושביה. אף על פי שזוהי ארץ קטנה, עריה היו בצורות וגדולות מאוד בגלל המלחמות המתמידות ואי-היציבות ששררה באזור. (ראו למשל שופטים א,ז).

ביאור

אבל דעו לכם **כִּי עַז הָעָם הַיֹּשֵׁב בָּאָרֶץ**. אין תושביה שקטים ושאננים,
ועל כן יהיה קשה להכניעם במהרה, **וְהֶעָרִים בְּצֻרוֹת גְּדֹלֹת מְאֹד. וְגַם**
את **יְלִדֵי הָעֲנָק רָאִינוּ שָׁם.** כט **עֲמָלֵק יוֹשֵׁב בְּאֶרֶץ הַנֶּגֶב**, בדרכנו. לפי
התכנית הראשונית של כניסתם לארץ, היו אמורים להצפין לכנען
דרך הנגב. **וְהַחִתִּי וְהַיְבוּסִי וְהָאֱמֹרִי יוֹשֵׁב בָּהָר, וְהַכְּנַעֲנִי יֹשֵׁב עַל הַיָּם וְעַל יַד
הַיַּרְדֵּן.**

אף על פי שדבריהם הופנו למשה, הם היו נאמנים על העם, ודבריהם
עוררו פחדים בלבו. עקב הדיווח הזה החלו אנשי העדה להתלחש
ביניהם ולהביע את דאגותיהם. ל **וַיַּהַס**, השתיק **כָּלֵב אֶת הָעָם אֶל
מֹשֶׁה.** כלב הפנה את תשומת לבם לנוכחותו של משה. הרי אם
יש מי שצריך להשיב על דברי המרגלים – משה הוא האיש, ולא
תגובות ראשוניות של אנשי העדה. כלב אינו מסתפק בהשתקתם,
אלא מוסיף קריאת עידוד. **וַיֹּאמֶר: עָלֹה נַעֲלֶה וְיָרַשְׁנוּ**, וננחל **אֹתָהּ** – את
הארץ **כִּי יָכוֹל נוּכַל לָהּ!**

עמי כנען

לָהּ: וְהָאֲנָשִׁים אֲשֶׁר עָלוּ עִמּוֹ אָמְרוּ לֹא נוּכַל לַעֲלוֹת לא
אֶל־הָעָם כִּי־חָזָק הוּא מִמֶּנּוּ: וַיֹּצִיאוּ דִּבַּת הָאָרֶץ לב
אֲשֶׁר תָּרוּ אֹתָהּ אֶל־בְּנֵי יִשְׂרָאֵל לֵאמֹר הָאָרֶץ אֲשֶׁר
עָבַרְנוּ בָהּ לָתוּר אֹתָהּ אֶרֶץ אֹכֶלֶת יוֹשְׁבֶיהָ הִוא
וְכָל־הָעָם אֲשֶׁר־רָאִינוּ בְתוֹכָהּ אַנְשֵׁי מִדּוֹת: וְשָׁם לג
רָאִינוּ אֶת־הַנְּפִילִים בְּנֵי עֲנָק מִן־הַנְּפִלִים וַנְּהִי
יד בְעֵינֵינוּ כַּחֲגָבִים וְכֵן הָיִינוּ בְּעֵינֵיהֶם: וַתִּשָּׂא כָּל־ א
הָעֵדָה וַיִּתְּנוּ אֶת־קוֹלָם וַיִּבְכּוּ הָעָם בַּלַּיְלָה הַהוּא:
וַיִּלֹּנוּ עַל־מֹשֶׁה וְעַל־אַהֲרֹן כֹּל בְּנֵי יִשְׂרָאֵל וַיֹּאמְרוּ ב
אֲלֵהֶם כָּל־הָעֵדָה לוּ־מַתְנוּ בְּאֶרֶץ מִצְרַיִם אוֹ בַּמִּדְבָּר
הַזֶּה לוּ־מָתְנוּ: וְלָמָה יְהֹוָה מֵבִיא אֹתָנוּ אֶל־הָאָרֶץ ג
הַזֹּאת לִנְפֹּל בַּחֶרֶב נָשֵׁינוּ וְטַפֵּנוּ יִהְיוּ לָבַז הֲלוֹא טוֹב
לָנוּ שׁוּב מִצְרָיְמָה: וַיֹּאמְרוּ אִישׁ אֶל־אָחִיו נִתְּנָה ד
רֹאשׁ וְנָשׁוּבָה מִצְרָיְמָה: וַיִּפֹּל מֹשֶׁה וְאַהֲרֹן עַל־ ה

רש"י

לא) **חזק הוא ממנו.** כביכול כלפי מעלה אמרו:

לב) **אכלת יושביה.** בכל מקום שעברנו מצאנום קוברי מתים, והקדוש ברוך הוא עשה לטובה כדי לטרדם באבלם ולא יתנו לב לאלו. **אנשי מדות.** גדולים וגבוהים וצריך ליתן להם מדה, כגון גלית: "גבהו שש אמות וזרת" (שמואל א' יז, ד), וכן: "איש מדון" (שמואל ב' כא, כ), "איש מדה" (דברי הימים א' יא, כג).

לג) **הנפילים.** ענקים, מבני שמחזאי ועזאל שנפלו מן השמים בימי דור אנוש. **וכן היינו בעיניהם.** שמענו אומרים זה לזה: נמלים יש בכרמים כאנשים. **ענק.** שמעניקים חמה בקומתן:

פרק יד

ב) **לו מתנו.** הלואי ומתנו:

ד) **נתנה ראש.** כתרגומו: "נמני רישא", נשים עלינו מלך. ורבותינו פרשו, לשון עבודה זרה:

הרחבות

'לא נוכל לעלות אל העם כי חזק הוא ממנו... וכל העם אשר ראינו בתוכה אנשי מדות...' המצרים היו אתנוצנטריים וראו עצמם כמרכז התרבות העולמי, והם התייחסו לכל הארצות שמצפון לארצם כארצות פרימיטיביות, וזלזלו בתרבויותיהם ובכוחם של היושבים מחוץ למצרים. המרגלים מבקשים לערער את

ביאור | לא **וְהָאֲנָשִׁים אֲשֶׁר עָלוּ עִמּוֹ**, נציגי שאר השבטים, **אָמְרוּ: לֹא נוּכַל**
לַעֲלוֹת אֶל הָעָם היושב בארץ **כִּי חָזָק הוּא מִמֶּנּוּ**, מאתנו. לא
יעמדו לנו כוחותינו להילחם באנשים החזקים הללו. עם ישראל,
שעד לא מזמן היה עם של עבדים במצרים, פחד מעמידה גלויה
במלחמה.

תחילה דיווחו המרגלים באופן אובייקטיבי למדי. הם ענו על
השאלות שנשאלו; לב ועתה – **וַיּוֹצִיאוּ דִּבַּת הָאָרֶץ אֲשֶׁר תָּרוּ אֹתָהּ**
אֶל בְּנֵי יִשְׂרָאֵל. המרגלים עברו לתיאורים, שגם אם לא כולם היו
דברי שקר, הרי היו מוטים, ובאמצעותם ניסו ליצור תדמית שלילית
לארץ.[10] **לֵאמֹר: הָאָרֶץ אֲשֶׁר עָבַרְנוּ בָהּ לָתוּר אֹתָהּ – אֶרֶץ אֹכֶלֶת יוֹשְׁבֶיהָ**
הִוא. יש בה מחלות ומקרי מוות רבים. ומצד שני, **כָּל הָעָם אֲשֶׁר רָאִינוּ**
בְתוֹכָהּ – אַנְשֵׁי מִדּוֹת, אנשים גדולים. אמנם התמותה בה רבה, אך
אנשים גדולי גוף וחזקים מצליחים לחיות בה. לג **וְשָׁם רָאִינוּ אֶת**
הַנְּפִילִים, הענקים **בְּנֵי עֲנָק מִן הַנְּפִלִים**, צאצאי גזע הענקים,[11] **וַנְּהִי**,
היינו **בְעֵינֵינוּ כַּחֲגָבִים**, כשעמדנו מול האנשים הגדולים הללו, **וְכֵן**
הָיִינוּ בְּעֵינֵיהֶם. גם הם התייחסו אלינו כיצורים פחותי ערך וזעירים.
הפֵּרות העצומים שנשאו עמם המחישו לשומעיהם גם את ממדי
יושבי הארץ.

פרק יד א **וַתִּשָּׂא כָּל הָעֵדָה** שנכחה באותו מעמד **וַיִּתְּנוּ אֶת קוֹלָם וַיִּבְכּוּ**
הָעָם בַּלַּיְלָה הַהוּא.

ב **וַיִּלֹּנוּ עַל מֹשֶׁה וְעַל אַהֲרֹן כֹּל בְּנֵי יִשְׂרָאֵל, וַיֹּאמְרוּ אֲלֵהֶם כָּל הָעֵדָה: לוּ**
מַתְנוּ בְּאֶרֶץ מִצְרַיִם, אוֹ בַּמִּדְבָּר הַזֶּה לוּ מָתְנוּ – היינו מתים בשלום
ובשקט. ג **וְלָמָה ה׳ מֵבִיא אֹתָנוּ אֶל הָאָרֶץ הַזֹּאת**, כנען **לִנְפֹּל בַּחֶרֶב**?!
במקום למות בשלום באופן טבעי, נמות קודם זמננו במלחמה,
נָשֵׁינוּ וְטַפֵּנוּ יִהְיוּ לָבַז. הֲלוֹא טוֹב לָנוּ שׁוּב מִצְרָיְמָה.

מתוך הבכי והמהומה הזו ההתמרמרות גדלה והולכת: ד **וַיֹּאמְרוּ**
אִישׁ אֶל אָחִיו: נִתְּנָה רֹאשׁ, הבה נמנה מנהיג כלשהו,[12] **וְנָשׁוּבָה מִצְרָיְמָה**.
לא כדאי שנמשיך במסע לכיוון כנען.

הרחבות | הדימוי הזה. הם מזהירים את בני ישראל שלא יזלזלו בעצמת יושבי כנען. כנען אינה ארץ סְפר הפתוחה לכל המבקש להתיישב בה. זוהי ארץ מיושבת, ובה תושבים, ערים חזקות, תבואה ויבול, ועל כן צפויה להם, שאינם אנשי מלחמה מיומנים, מלחמה קשה העלולה להיות למעלה מכוחותיהם.

פְּנֵיהֶם לִפְנֵי כָּל־קְהַל עֲדַת בְּנֵי יִשְׂרָאֵל׃ וִיהוֹשֻׁעַ ו
בִּן־נוּן וְכָלֵב בֶּן־יְפֻנֶּה מִן־הַתָּרִים אֶת־הָאָרֶץ קָרְעוּ
בִּגְדֵיהֶם׃ וַיֹּאמְרוּ אֶל־כָּל־עֲדַת בְּנֵי־יִשְׂרָאֵל לֵאמֹר ז
הָאָרֶץ אֲשֶׁר עָבַרְנוּ בָהּ לָתוּר אֹתָהּ טוֹבָה הָאָרֶץ
שלישי מְאֹד מְאֹד׃ אִם־חָפֵץ בָּנוּ יְהוָה וְהֵבִיא אֹתָנוּ אֶל־ ח
הָאָרֶץ הַזֹּאת וּנְתָנָהּ לָנוּ אֶרֶץ אֲשֶׁר־הִוא זָבַת חָלָב
וּדְבָשׁ׃ אַךְ בַּיהוָה אַל־תִּמְרֹדוּ וְאַתֶּם אַל־תִּירְאוּ ט
אֶת־עַם הָאָרֶץ כִּי לַחְמֵנוּ הֵם סָר צִלָּם מֵעֲלֵיהֶם
וַיהוָה אִתָּנוּ אַל־תִּירָאֻם׃ וַיֹּאמְרוּ כָּל־הָעֵדָה לִרְגּוֹם י
אֹתָם בָּאֲבָנִים וּכְבוֹד יְהוָה נִרְאָה בְּאֹהֶל מוֹעֵד אֶל־
כָּל־בְּנֵי יִשְׂרָאֵל׃
יג וַיֹּאמֶר יְהוָה אֶל־מֹשֶׁה עַד־אָנָה יְנַאֲצֻנִי הָעָם הַזֶּה יא
וְעַד־אָנָה לֹא־יַאֲמִינוּ בִי בְּכֹל הָאֹתוֹת אֲשֶׁר עָשִׂיתִי
בְּקִרְבּוֹ׃ אַכֶּנּוּ בַדֶּבֶר וְאוֹרִשֶׁנּוּ וְאֶעֱשֶׂה אֹתְךָ לְגוֹי־ יב
גָּדוֹל וְעָצוּם מִמֶּנּוּ׃ וַיֹּאמֶר מֹשֶׁה אֶל־יְהוָה וְשָׁמְעוּ יג
מִצְרַיִם כִּי־הֶעֱלִיתָ בְכֹחֲךָ אֶת־הָעָם הַזֶּה מִקִּרְבּוֹ׃

רש"י

ט] אַל תִּמְרֹדוּ. וְשׁוּב "וְאַתֶּם אַל תִּירְאוּ": כִּי לַחְמֵנוּ הֵם. נֹאכְלֵם כַּלֶּחֶם: סָר צִלָּם. מְגִנָּם וְחָזְקָם, כְּשֵׁרִים שֶׁבָּהֶם מֵתוּ, אִיּוֹב שֶׁהָיָה מֵגֵן עֲלֵיהֶם. דָּבָר אַחֵר, צִלּוֹ שֶׁל הַמָּקוֹם סָר מֵעֲלֵיהֶם:

י] לִרְגּוֹם אֹתָם. אֶת יְהוֹשֻׁעַ וְכָלֵב: וּכְבוֹד ה'. הֶעָנָן יָרַד שָׁם:

יא] עַד אָנָה. עַד הֵיכָן: יְנַאֲצֻנִי. יַרְגִּיזוּנִי: בְּכֹל הָאֹתוֹת. בִּשְׁבִיל כָּל הַנִּסִּים שֶׁעָשִׂיתִי לָהֶם הָיָה לָהֶם לְהַאֲמִין שֶׁהַיְכֹלֶת בְּיָדִי לְקַיֵּם הַבְטָחָתִי:

יב] וְאוֹרִשֶׁנּוּ. כְּתַרְגּוּמוֹ, תֵּרוּכִין. וְאִם תֹּאמַר: מָה אֶעֱשֶׂה לִשְׁבוּעַת אָבוֹת? "וְאֶעֱשֶׂה אֹתְךָ לְגוֹי גָּדוֹל", שֶׁאַתָּה מִזַּרְעָם:

יג-יד] וְשָׁמְעוּ מִצְרַיִם. וְשָׁמְעוּ אֶת אֲשֶׁר תַּהַרְגֵם: כִּי הֶעֱלִיתָ. 'כִּי' מְשַׁמֵּשׁ בִּלְשׁוֹן 'אֲשֶׁר'. וְהֵם רָאוּ אֶת אֲשֶׁר הֶעֱלִיתָ בְּכֹחֲךָ הַגָּדוֹל אוֹתָם מִקִּרְבָּם, וּכְשֶׁיִּשְׁמְעוּ שֶׁאַתָּה

ביאור

ה וַיִּפֹּל מֹשֶׁה וְאַהֲרֹן עַל פְּנֵיהֶם לִפְנֵי כָּל קְהַל עֲדַת בְּנֵי יִשְׂרָאֵל.

ו וִיהוֹשֻׁעַ בִּן נוּן וְכָלֵב בֶּן יְפֻנֶּה שהיו מִן הַתָּרִים אֶת הָאָרֶץ, מן המרגלים,
קָרְעוּ בִּגְדֵיהֶם. ז וַיֹּאמְרוּ אֶל כָּל עֲדַת בְּנֵי יִשְׂרָאֵל לֵאמֹר: הָאָרֶץ אֲשֶׁר עָבַרְנוּ
בָהּ לָתוּר אֹתָהּ – טוֹבָה הָאָרֶץ מְאֹד מְאֹד. ח ובנוגע לחששותיכם – אִם
חָפֵץ בָּנוּ ה׳ – וְהֵבִיא אֹתָנוּ אֶל הָאָרֶץ הַזֹּאת וּנְתָנָהּ לָנוּ, אֶרֶץ אֲשֶׁר
הִוא זָבַת חָלָב וּדְבָשׁ. הארץ מצוינת, והכול תלוי ברצון ה׳. ט אַךְ
בַּה׳ אַל תִּמְרֹדוּ בסירובכם לבוא אל הארץ, וְאַתֶּם, שהובטחתם על
ידי ה׳ אַל תִּירְאוּ אֶת עַם הָאָרֶץ, גם אם אחרים אמורים לירא מהם,[13]
כִּי לַחְמֵנוּ הֵם. ננצח אותם בקלות כאכילת לחם. סָר צִלָּם מֵעֲלֵיהֶם,
כבר אין להם מחסה ומגן. וַה׳ אִתָּנוּ, לכן אַל תִּירָאֻם, תתייראו מהם.

י וַיֹּאמְרוּ כָּל הָעֵדָה לִרְגּוֹם אֹתָם – את יהושע וכלב, ואולי באותה
הזדמנות – גם את משה ואהרן[14] בָּאֲבָנִים. וּכְבוֹד ה׳ נִרְאָה בְּאֹהֶל מוֹעֵד
אֶל כָּל בְּנֵי יִשְׂרָאֵל.

כפי הנראה, משה הלך לאוהל מועד. יא וַיֹּאמֶר ה׳ אֶל מֹשֶׁה: עַד אָנָה,
מתי יְנַאֲצֻנִי, יבזו אותי, יחללוני הָעָם הַזֶּה, וְעַד אָנָה לֹא יַאֲמִינוּ בִי בְּכֹל,
למרות כל הָאֹתוֹת, הנסים אֲשֶׁר עָשִׂיתִי בְּקִרְבּוֹ?! יב אַכֶּנּוּ, אכה את
העם הזה בַדֶּבֶר, במגפה וְאוֹרִשֶׁנּוּ, אכלה אותם, וְאֶעֱשֶׂה אֹתְךָ, משה,
לְגוֹי גָּדוֹל וְעָצוּם מִמֶּנּוּ. במקום בני ישראל יקום עם חדש, בני משה.

יג וַיֹּאמֶר מֹשֶׁה אֶל ה׳: וְשָׁמְעוּ מִצְרַיִם כִּי, שֶׁהֶעֱלִיתָ בְכֹחֲךָ אֶת הָעָם הַזֶּה,
את ישראל מִקִּרְבּוֹ, מתוכם. יד ואם תשמיד אותם – וְאָמְרוּ אֶל, על

אֶרֶץ... זָבַת חָלָב וּדְבָשׁ

יד וְאָמְרוּ אֶל־יוֹשֵׁב הָאָרֶץ הַזֹּאת שָׁמְעוּ כִּי־אַתָּה יהוה
בְּקֶרֶב הָעָם הַזֶּה אֲשֶׁר־עַיִן בְּעַיִן נִרְאָה ׀ אַתָּה יהוה
וַעֲנָנְךָ עֹמֵד עֲלֵהֶם וּבְעַמֻּד עָנָן אַתָּה הֹלֵךְ לִפְנֵיהֶם
טו יוֹמָם וּבְעַמּוּד אֵשׁ לָיְלָה׃ וְהֵמַתָּה אֶת־הָעָם הַזֶּה
כְּאִישׁ אֶחָד וְאָמְרוּ הַגּוֹיִם אֲשֶׁר־שָׁמְעוּ אֶת־שִׁמְעֲךָ
טז לֵאמֹר׃ מִבִּלְתִּי יְכֹלֶת יהוה לְהָבִיא אֶת־הָעָם הַזֶּה
אֶל־הָאָרֶץ אֲשֶׁר־נִשְׁבַּע לָהֶם וַיִּשְׁחָטֵם בַּמִּדְבָּר׃
יז יח וְעַתָּה יִגְדַּל־נָא כֹּחַ אֲדֹנָי כַּאֲשֶׁר דִּבַּרְתָּ לֵאמֹר׃ יהוה
אֶרֶךְ אַפַּיִם וְרַב־חֶסֶד נֹשֵׂא עָוֺן וָפָשַׁע וְנַקֵּה לֹא יְנַקֶּה
פֹּקֵד עֲוֺן אָבוֹת עַל־בָּנִים עַל־שִׁלֵּשִׁים וְעַל־רִבֵּעִים׃
יט סְלַח־נָא לַעֲוֺן הָעָם הַזֶּה כְּגֹדֶל חַסְדֶּךָ וְכַאֲשֶׁר
כ נָשָׂאתָה לָעָם הַזֶּה מִמִּצְרַיִם וְעַד־הֵנָּה׃ וַיֹּאמֶר יהוה

רש"י | הוֹרְגָם, לֹא יֹאמְרוּ שֶׁחָטְאוּ לְךָ, אֶלָּא יֹאמְרוּ שֶׁכְּנֶגְדָּם יָכֹלְתָּ לְהִלָּחֵם אֲבָל כְּנֶגֶד יוֹשְׁבֵי הָאָרֶץ לֹא יָכֹלְתָּ לְהִלָּחֵם, וְזוֹ הִיא: **וְאָמְרוּ אֶל יוֹשֵׁב הָאָרֶץ הַזֹּאת.** כְּמוֹ 'עַל יוֹשֵׁב הָאָרֶץ הַזֹּאת'. וּמַה יֹּאמְרוּ עֲלֵיהֶם? מַה שֶּׁאָמוּר בְּסוֹף הָעִנְיָן: "מִבִּלְתִּי יְכֹלֶת ה'" (להלן פסוק טז), בִּשְׁבִיל שֶׁ"שָּׁמְעוּ כִּי אַתָּה ה'" שׁוֹכֵן בְּקִרְבָּם וְעַיִן בְּעַיִן אַתָּה נִרְאֶה לָהֶם, וְהַכֹּל בְּדֶרֶךְ חִבָּה, וְלֹא הִכִּירוּ בְּךָ שֶׁנִּתְּקָה אַהֲבָתְךָ מֵהֶם עַד הֵנָּה:

טו| **וְהֵמַתָּה אֶת הָעָם הַזֶּה כְּאִישׁ אֶחָד.** פִּתְאֹם, וּמִתּוֹךְ כָּךְ: "וְאָמְרוּ הַגּוֹיִם אֲשֶׁר שָׁמְעוּ אֶת שִׁמְעֲךָ" וְגוֹ':

טז| **מִבִּלְתִּי יְכֹלֶת וְגוֹ'.** לְפִי שֶׁיּוֹשְׁבֵי הָאָרֶץ חֲזָקִים וְגִבּוֹרִים, וְאֵינוֹ דּוֹמֶה פַּרְעֹה לִשְׁלֹשִׁים וְאֶחָד מְלָכִים, זֹאת יֹאמְרוּ עַל יוֹשְׁבֵי הָאָרֶץ הַזֹּאת: "מִבִּלְתִּי יְכֹלֶת", מִתּוֹךְ שֶׁלֹּא הָיָה יְכֹלֶת בְּיָדוֹ לַהֲבִיאָם, שְׁחָטָם: **יְכֹלֶת.** שֵׁם דָּבָר הוּא:

יז-יח| **כַּאֲשֶׁר דִּבַּרְתָּ לֵאמֹר.** וּמַהוּ הַדִּבּוּר? **ה' אֶרֶךְ אַפַּיִם.** לַצַּדִּיקִים וְלָרְשָׁעִים. כְּשֶׁעָלָה מֹשֶׁה לַמָּרוֹם מְצָאוֹ מֹשֶׁה לְהַקָּדוֹשׁ בָּרוּךְ הוּא שֶׁהָיָה יוֹשֵׁב וְכוֹתֵב: "ה' אֶרֶךְ אַפַּיִם", אָמַר לוֹ: לַצַּדִּיקִים? אָמַר לוֹ הַקָּדוֹשׁ בָּרוּךְ הוּא: אַף לָרְשָׁעִים. אָמַר לוֹ: רְשָׁעִים יֹאבֵדוּ. אָמַר לוֹ הַקָּדוֹשׁ בָּרוּךְ הוּא: חַיֶּיךָ שֶׁתִּצְטָרֵךְ לַדָּבָר. כְּשֶׁחָטְאוּ יִשְׂרָאֵל בָּעֵגֶל וּבַמְרַגְּלִים הִתְפַּלֵּל מֹשֶׁה לְפָנָיו בְּ'אֶרֶךְ אַפַּיִם', אָמַר לוֹ הַקָּדוֹשׁ בָּרוּךְ הוּא: וַהֲלֹא אָמַרְתָּ לִי 'לַצַּדִּיקִים'! אָמַר לוֹ: וַהֲלֹא אַתָּה אָמַרְתָּ לִי 'אַף לָרְשָׁעִים': **יִגְדַּל נָא כֹּחַ אֲדֹנָי.** לַעֲשׂוֹת דִּבּוּרְךָ: **וְנַקֵּה.** לַשָּׁבִים: **לֹא יְנַקֶּה.** לְשֶׁאֵינָן שָׁבִים:

ביאור

יֹשֵׁב הָאָרֶץ הַזֹּאת, כנען, שישראל אמורים לבוא אליה. מכיוון שעד
כה המצרים **שָׁמְעוּ כִּי אַתָּה ה׳** מצוי **בְּקֶרֶב הָעָם הַזֶּה**, ישראל **אֲשֶׁר עַיִן
בְּעַיִן נִרְאָה אַתָּה, ה׳**, אתה נגלה לישראל, **וַעֲנָנְךָ עֹמֵד עֲלֵהֶם, וּבְעַמֻּד עָנָן
אַתָּה הֹלֵךְ לִפְנֵיהֶם יוֹמָם וּבְעַמּוּד אֵשׁ לָיְלָה.** טו ועכשיו – **וְהֵמַתָּה**, אם
תמית **אֶת הָעָם הַזֶּה כְּאִישׁ אֶחָד** במגפה. **וְאָמְרוּ הַגּוֹיִם אֲשֶׁר שָׁמְעוּ אֶת
שִׁמְעֲךָ לֵאמֹר:** טז "אמנם ה׳ הוציאם ממצרים, אך **מִבִּלְתִּי יְכֹלֶת ה׳
לְהָבִיא אֶת הָעָם הַזֶּה אֶל הָאָרֶץ אֲשֶׁר נִשְׁבַּע לָהֶם**, אין ביכולתו לנצח את
עמי כנען – **וַיִּשְׁחָטֵם בַּמִּדְבָּר**". יז **וְעַתָּה יִגְדַּל נָא כֹּחַ אֲדֹנָי**, יתגלה כוחך
לישראל באופן נעלה ורם יותר מאשר עד עכשיו, **כַּאֲשֶׁר דִּבַּרְתָּ**, כפי
שלימדת והבטחת לאחר הכפרה על חטא העגל[15] **לֵאמֹר:** יח **"ה׳ אֶרֶךְ
אַפַּיִם**, סבלני **וְרַב חֶסֶד, נֹשֵׂא**, מוחל, מרים את משאם של **עָוֹן וָפָשַׁע**.
ומצד שני – **וְנַקֵּה לֹא יְנַקֶּה** את העוון. אף על פי שה׳ מוחל על העוון
וממתין לחוטא שישוב, אין העוון מתנקה לחלוטין,[16] אלא **פֹּקֵד**,
זוכר וגומל **עֲוֹן אָבוֹת עַל בָּנִים, עַל שִׁלֵּשִׁים וְעַל רִבֵּעִים**". בהיותו רב חסד,
אין הוא מעניש על עוונותיו של אב את כל צאצאיו לדורותיהם,
ומאידך גיסא, גם אינו מעניש כאחת בכיליון, אלא פוקד את העוון
על הצאצאים ארבעה דורות, ואם אלו אינם מזכירים את העוון
על ידי חטאים נוספים, הוא נמחק ונעלם לחלוטין.[17] יט **סְלַח נָא**,
והחלף עונשם החמור בעונש קל יותר[18] **לַעֲוֹן הָעָם הַזֶּה כְּגֹדֶל חַסְדֶּךָ,
וְכַאֲשֶׁר נָשָׂאתָה**, סבלת וסלחת **לָעָם הַזֶּה מִמִּצְרַיִם וְעַד הֵנָּה.**

מידות הרחמים של ה׳

המידות לאחר חטא המרגלים (במדבר יד,יח)	**המידות לאחר הסליחה על חטא העגל** (שמות לד,ו–ז)
ה׳	ה׳, ה׳, אֵל רַחוּם וְחַנּוּן
אֶרֶךְ אַפַּיִם וְרַב חֶסֶד	אֶרֶךְ אַפַּיִם וְרַב חֶסֶד וֶאֱמֶת
נֹשֵׂא עָוֹן וָפָשַׁע	נֹצֵר חֶסֶד לָאֲלָפִים נֹשֵׂא עָוֹן וָפֶשַׁע וְחַטָּאָה
וְנַקֵּה לֹא יְנַקֶּה	וְנַקֵּה לֹא יְנַקֶּה
פֹּקֵד עֲוֹן אָבוֹת עַל בָּנִים עַל שִׁלֵּשִׁים וְעַל רִבֵּעִים	פֹּקֵד עֲוֹן אָבוֹת עַל בָּנִים וְעַל בְּנֵי בָנִים עַל שִׁלֵּשִׁים וְעַל רִבֵּעִים

כא סָלַחְתִּי כִּדְבָרֶךָ׃ וְאוּלָם חַי־אָנִי וְיִמָּלֵא כְבוֹד־יְהוָה
כב אֶת־כָּל־הָאָרֶץ׃ כִּי כָל־הָאֲנָשִׁים הָרֹאִים אֶת־כְּבֹדִי
וְאֶת־אֹתֹתַי אֲשֶׁר־עָשִׂיתִי בְמִצְרַיִם וּבַמִּדְבָּר וַיְנַסּוּ
כג אֹתִי זֶה עֶשֶׂר פְּעָמִים וְלֹא שָׁמְעוּ בְּקוֹלִי׃ אִם־יִרְאוּ
אֶת־הָאָרֶץ אֲשֶׁר נִשְׁבַּעְתִּי לַאֲבֹתָם וְכָל־מְנַאֲצַי לֹא
כד יִרְאוּהָ׃ וְעַבְדִּי כָלֵב עֵקֶב הָיְתָה רוּחַ אַחֶרֶת עִמּוֹ
וַיְמַלֵּא אַחֲרָי וַהֲבִיאֹתִיו אֶל־הָאָרֶץ אֲשֶׁר־בָּא שָׁמָּה
כה וְזַרְעוֹ יוֹרִשֶׁנָּה׃ וְהָעֲמָלֵקִי וְהַכְּנַעֲנִי יוֹשֵׁב בָּעֵמֶק מָחָר
פְּנוּ וּסְעוּ לָכֶם הַמִּדְבָּר דֶּרֶךְ יַם־סוּף׃
רביעי כו כז וַיְדַבֵּר יְהוָה אֶל־מֹשֶׁה וְאֶל־אַהֲרֹן לֵאמֹר׃ עַד־מָתַי
לָעֵדָה הָרָעָה הַזֹּאת אֲשֶׁר הֵמָּה מַלִּינִים עָלָי אֶת־

רש"י

כ] **כִּדְבָרֶךָ.** בִּשְׁבִיל מַה שֶּׁאָמַרְתָּ, פֶּן יֹאמְרוּ: "מִבִּלְתִּי יְכֹלֶת ה'" (לעיל פסוק טז).

כא-כג] **וְאוּלָם.** כְּמוֹ 'אֲבָל', זֹאת אֶעֱשֶׂה לָהֶם: **חַי אָנִי.** לְשׁוֹן שְׁבוּעָה, כְּשֵׁם שֶׁאֲנִי חַי וּכְבוֹדִי יִמָּלֵא אֶת כָּל הָאָרֶץ, כָּךְ אֲקַיֵּם לָהֶם, "כִּי כָל הָאֲנָשִׁים הָרֹאִים וְגוֹ' אִם יִרְאוּ אֶת הָאָרֶץ", הֲרֵי זֶה מִקְרָא מְסֹרָס: חַי אָנִי כִּי כָל הָאֲנָשִׁים אִם יִרְאוּ אֶת הָאָרֶץ, וּכְבוֹדִי יִמָּלֵא אֶת כָּל הָאָרֶץ, שֶׁלֹּא יִתְחַלֵּל שְׁמִי בַּמַּגֵּפָה הַזֹּאת לֵאמֹר: 'מִבִּלְתִּי יְכֹלֶת ה'' לַהֲבִיאָם, שֶׁלֹּא אֲמִיתֵם פִּתְאֹם כְּאִישׁ אֶחָד, אֶלָּא בְּאִחוּר אַרְבָּעִים שָׁנָה מְעַט מְעַט:

כב] **וַיְנַסּוּ.** כְּמַשְׁמָעוֹ: **זֶה עֶשֶׂר פְּעָמִים.** שְׁנַיִם בַּיָּם וּשְׁנַיִם בַּמָּן וּשְׁנַיִם בַּשְּׂלָו וְכוּ', כִּדְאִיתָא בְּמַסֶּכֶת עֲרָכִין (דף טו ע"א – טו ע"ב).

כג] **אִם יִרְאוּ.** לֹא יִרְאוּ:

כד] **רוּחַ אַחֶרֶת.** שְׁתֵּי רוּחוֹת, אַחַת בַּפֶּה וְאַחַת בַּלֵּב. לַמְרַגְּלִים אָמַר: אֲנִי עִמָּכֶם בָּעֵצָה, וּבְלִבּוֹ הָיָה לוֹמַר הָאֱמֶת, וְעַל יְדֵי כֵן הָיָה בּוֹ כֹּחַ לְהַשְׁתִּיקָם, כְּמוֹ שֶׁנֶּאֱמַר: "וַיַּהַס כָּלֵב" (לעיל יג, ל), שֶׁהָיוּ סְבוּרִים שֶׁיֹּאמַר כְּמוֹתָם. זֶהוּ שֶׁנֶּאֱמַר בְּסֵפֶר יְהוֹשֻׁעַ: "וָאָשֵׁב אוֹתוֹ דָּבָר כַּאֲשֶׁר עִם לְבָבִי" (יהושע יד, ז), וְלֹא כַּאֲשֶׁר עִם פִּי: **וַיְמַלֵּא אַחֲרָי.** וַיְמַלֵּא אֶת לִבּוֹ אַחֲרַי, וְזֶה מִקְרָא קָצָר: **אֲשֶׁר בָּא שָׁמָּה.** חֶבְרוֹן תִּנָּתֵן לוֹ: **יוֹרִשֶׁנָּה.** כְּתַרְגּוּמוֹ: "יְתָרְכִנַּהּ", יוֹרִישׁוּ אֶת הָעֲנָקִים וְאֶת הָעָם אֲשֶׁר בָּהּ, וְאֵין לְתַרְגְּמוֹ 'יֵרְתִנַּהּ' אֶלָּא בִּמְקוֹם 'יִירָשֶׁנָּה':

כה] **וְהָעֲמָלֵקִי וְגוֹ'.** אִם תֵּלְכוּ שָׁם יַהַרְגוּ אֶתְכֶם, מֵאַחַר שֶׁאֵינִי עִמָּכֶם: **מָחָר פְּנוּ.** לַאֲחוֹרֵיכֶם, "וּסְעוּ לָכֶם" וְגוֹ':

כז] **לָעֵדָה הָרָעָה וְגוֹ'.** אֵלּוּ הַמְרַגְּלִים, מִכָּאן לְ'עֵדָה' שֶׁהִיא עֲשָׂרָה: **אֲשֶׁר הֵמָּה מַלִּינִים.** אֶת יִשְׂרָאֵל "עָלָי": אֶת תְּלֻנּוֹת

ביאור

כ וַיֹּאמֶר ה׳: סָלַחְתִּי כִּדְבָרֶךָ, כמו שאתה אומר, שהרי נימוקיך טובים.
אמנם תפילתו של משה הועילה לבטל את הגזרה הראשונית להכות
את העם כולו בבת אחת, ולהעמיד ממשה עם חדש,
כא וְאוּלָם חַי אָנִי, אני נשבע בחיי, וְיִמָּלֵא כְבוֹד ה׳ אֶת כָּל הָאָרֶץ, ביטוי שבועה
נוסף,[19]
כב כִּי כָל הָאֲנָשִׁים הָרֹאִים אֶת כְּבֹדִי וְאֶת אֹתֹתַי אֲשֶׁר עָשִׂיתִי
בְמִצְרַיִם וּבַמִּדְבָּר – כל עם ישראל, וַיְנַסּוּ אֹתִי זֶה עֶשֶׂר פְּעָמִים וְלֹא
שָׁמְעוּ בְּקוֹלִי –
כג אִם יִרְאוּ, אני נשבע שכל העם הזה לא יראו אֶת
הָאָרֶץ אֲשֶׁר נִשְׁבַּעְתִּי לַאֲבֹתָם, ובוודאי שכָל מְנַאֲצַי בין שהם המסיתים
למרד, ובין שהם המוסתים, בין מי שהיו אחוזי אימה מדיבת הארץ
ששמעו מן המרגלים, ובין המתנגדים להנהגתו של משה על בסיס
אישי – לֹא יִרְאוּהָ.
כד ולעומתם עַבְדִּי כָלֵב, עֵקֶב הָיְתָה רוּחַ אַחֶרֶת עִמּוֹ,
אף שהיה אחד המרגלים, וַיְמַלֵּא אַחֲרָי, נשאר נאמן באופן מלא לרצוני
ולפקודותי – וַהֲבִיאֹתִיו בעוד שנים כאחד הכובשים אֶל הָאָרֶץ אֲשֶׁר
בָּא שָׁמָּה עתה לתור אותה. וְזַרְעוֹ יוֹרִשֶׁנָּה.
כה אם תתעקשו להיכנס
לארץ למרות גזרתי – וְהָעֲמָלֵקִי וְהַכְּנַעֲנִי יוֹשֵׁב בָּעֵמֶק, והם יחסמו את
כניסתכם לארץ. לפיכך, מָחָר פְּנוּ אחורנית וּסְעוּ לָכֶם לעבר הַמִּדְבָּר
ולכו שוב בדֶרֶךְ יַם סוּף.

כו וַיְדַבֵּר ה׳ אֶל מֹשֶׁה וְאֶל אַהֲרֹן לֵאמֹר:
כז עַד מָתַי לָעֵדָה הָרָעָה הַזֹּאת,
בעיקר המרגלים[20] אֲשֶׁר הֵמָּה מַלִּינִים, גורמים לתלונות עָלָי?! אֶת תְּלֻנּוֹת

הרחבות

'סלחתי כדברך' למרות שנימוקיו של משה היו ידועים לה׳, הוא ציפה לשמוע את ביטוים מפי האדם. אלוקים מותיר מרחב לפעולה ולדיבור אנושיים ומאפשר להם לשנות כביכול את הגזרה שגזר מראש. מכאן כוחה של תפילה.

תְּלֻנּוֹת בְּנֵי יִשְׂרָאֵל אֲשֶׁר הֵמָּה מַלִּינִים עָלַי שָׁמָעְתִּי׃
כח אֱמֹר אֲלֵהֶם חַי־אָנִי נְאֻם־יְהוָה אִם־לֹא כַּאֲשֶׁר
כט דִּבַּרְתֶּם בְּאָזְנָי כֵּן אֶעֱשֶׂה לָכֶם׃ בַּמִּדְבָּר הַזֶּה יִפְּלוּ
פִגְרֵיכֶם וְכָל־פְּקֻדֵיכֶם לְכָל־מִסְפַּרְכֶם מִבֶּן עֶשְׂרִים
ל שָׁנָה וָמָעְלָה אֲשֶׁר הֲלִינֹתֶם עָלָי׃ אִם־אַתֶּם תָּבֹאוּ
אֶל־הָאָרֶץ אֲשֶׁר נָשָׂאתִי אֶת־יָדִי לְשַׁכֵּן אֶתְכֶם בָּהּ
לא כִּי אִם־כָּלֵב בֶּן־יְפֻנֶּה וִיהוֹשֻׁעַ בִּן־נוּן׃ וְטַפְּכֶם אֲשֶׁר
אֲמַרְתֶּם לָבַז יִהְיֶה וְהֵבֵיאתִי אֹתָם וְיָדְעוּ אֶת־הָאָרֶץ
לב אֲשֶׁר מְאַסְתֶּם בָּהּ׃ וּפִגְרֵיכֶם אַתֶּם יִפְּלוּ בַּמִּדְבָּר הַזֶּה׃
לג וּבְנֵיכֶם יִהְיוּ רֹעִים בַּמִּדְבָּר אַרְבָּעִים שָׁנָה וְנָשְׂאוּ אֶת־
לד זְנוּתֵיכֶם עַד־תֹּם פִּגְרֵיכֶם בַּמִּדְבָּר׃ בְּמִסְפַּר הַיָּמִים
אֲשֶׁר־תַּרְתֶּם אֶת־הָאָרֶץ אַרְבָּעִים יוֹם יוֹם לַשָּׁנָה יוֹם

רש"י | **בני ישראל אשר המה.** המרגלים, "מלינים" אותם "עלי, שמעתי":

כח) **חי אני.** לשון שבועה, אם לא כן אעשה – כביכול איני חי: **כאשר דברתם.** שבקשתם ממני: "או במדבר הזה לו מתנו" (לעיל פסוק ב):

כט) **וכל פקדיכם לכל מספרכם.** כל הנמנה לכל מספר שאתם נמנין בו, כגון לצאת ולבא לצבא ולתת שקלים, כל המנויים לכל אותן מספרות ימותו, ואלו הן: "מבן עשרים שנה" וגו' – להוציא שבטו של לוי שאין פקודיהם מבן עשרים:

לב) **ופגריכם אתם.** כתרגומו, לפי שדבר על הבנים להכניסם לארץ ובקש לומר: "ואתם תמותו", נופל לשון זה כאן לומר "אתם":

לג) **ארבעים שנה.** לא מת אחד מהם פחות מבן ששים, לכך נגזר ארבעים, כדי שיהיו אותם של בני עשרים מגיעין לכלל ששים. ושנה ראשונה היתה בכלל, ואף על פי שקדמה לשלוח המרגלים, לפי שמשעשו את העגל עלתה גזרה זו במחשבה, אלא שהמתין להם עד שתתמלא סאתם, וזהו שנאמר: "וביום פקדי", במרגלים, "ופקדתי עליהם חטאתם" (שמות לב, לד), ואף כאן נאמר: "תשאו את עונתיכם", שתי עונות, של עגל ושל תלונה, וחשב להם במנין חייהם מקצת שנה ככלה, וכשנכנסו לשנת ששים מתו אותם של בני עשרים: **ונשאו את זנותיכם.** כתרגומו, יסבלו את חטאתכם:

ביאור

בְּנֵי יִשְׂרָאֵל אֲשֶׁר הֵמָּה – המרגלים מַלִּינִים עָלַי – שָׁמָעְתִּי. כח לכן אֱמֹר
אֲלֵהֶם: חַי אָנִי, נְאֻם ה׳, אִם לֹא כַּאֲשֶׁר דִּבַּרְתֶּם בְּאָזְנָי, כפי מה שאמרתם,
שלא תצליחו לכבוש את הארץ ותמותו לפני שיעלה בידכם לכבשה,
כֵּן אֶעֱשֶׂה לָכֶם. כט בַּמִּדְבָּר הַזֶּה יִפְּלוּ פִגְרֵיכֶם, וְכָל פְּקֻדֵיכֶם, כל המנויים
לְכָל מִסְפַּרְכֶם, לכל דבר ועניין שאתם נספרים בשבילו,[21] כלומר מִבֶּן
עֶשְׂרִים שָׁנָה וָמָעְלָה, אתם אֲשֶׁר הֲלִינֹתֶם עָלָי. אמירתכם תתממש – לא
במלחמה, אלא במדבר. ל אִם אַתֶּם תָּבֹאוּ אֶל הָאָרֶץ אֲשֶׁר נָשָׂאתִי אֶת
יָדִי, נשבעתי לְשַׁכֵּן אֶתְכֶם בָּהּ. לא תזכו להגיע אל הארץ המובטחת,
כִּי אִם כָּלֵב בֶּן יְפֻנֶּה וִיהוֹשֻׁעַ בִּן נוּן, המבוגרים היחידים שייכנסו
לתוכה. לא וְרק טַפְּכֶם, ילדיכם אֲשֶׁר אֲמַרְתֶּם "לָבַז יִהְיֶה", יילקחו
בשבי על ידי עמי כנען במלחמה עמם, וְהֵבֵיאתִי אֹתָם אל הארץ,
וְיָדְעוּ אֶת הָאָרֶץ אֲשֶׁר מְאַסְתֶּם בָּהּ. לב ולעומת זאת פִּגְרֵיכֶם אַתֶּם יִפְּלוּ
בַּמִּדְבָּר הַזֶּה, ולא תימלטו ממנו. לג וגם בְּנֵיכֶם יִהְיוּ רֹעִים, מיטלטלים
הנה והנה[22] בַּמִּדְבָּר אַרְבָּעִים שָׁנָה, וְנָשְׂאוּ אֶת זְנוּתֵיכֶם, סטיותיכם
עַד תֹּם פִּגְרֵיכֶם בַּמִּדְבָּר, עד שכולכם תמותו במדבר. לד בְּמִסְפַּר
הַיָּמִים אֲשֶׁר תַּרְתֶּם אֶת הָאָרֶץ, אַרְבָּעִים יוֹם – יוֹם לַשָּׁנָה, יוֹם לַשָּׁנָה

לַשָּׁנָה תִּשְׂאוּ אֶת־עֲוֺנֹתֵיכֶם אַרְבָּעִים שָׁנָה וִידַעְתֶּם
אֶת־תְּנוּאָתִי׃ אֲנִי יְהוָה דִּבַּרְתִּי אִם־לֹא ׀ זֹאת אֶעֱשֶׂה לה
לְכָל־הָעֵדָה הָרָעָה הַזֹּאת הַנּוֹעָדִים עָלָי בַּמִּדְבָּר
הַזֶּה יִתַּמּוּ וְשָׁם יָמֻתוּ׃ וְהָאֲנָשִׁים אֲשֶׁר־שָׁלַח מֹשֶׁה לו
וַיַּלִּינוּ לָתוּר אֶת־הָאָרֶץ וַיָּשֻׁבוּ וילונו עָלָיו אֶת־כָּל־הָעֵדָה
לְהוֹצִיא דִבָּה עַל־הָאָרֶץ׃ וַיָּמֻתוּ הָאֲנָשִׁים מוֹצִאֵי לז
דִבַּת־הָאָרֶץ רָעָה בַּמַּגֵּפָה לִפְנֵי יְהוָה׃ וִיהוֹשֻׁעַ בִּן־ לח
נוּן וְכָלֵב בֶּן־יְפֻנֶּה חָיוּ מִן־הָאֲנָשִׁים הָהֵם הַהֹלְכִים
לָתוּר אֶת־הָאָרֶץ׃ וַיְדַבֵּר מֹשֶׁה אֶת־הַדְּבָרִים הָאֵלֶּה לט
אֶל־כָּל־בְּנֵי יִשְׂרָאֵל וַיִּתְאַבְּלוּ הָעָם מְאֹד׃ וַיַּשְׁכִּמוּ מ
בַבֹּקֶר וַיַּעֲלוּ אֶל־רֹאשׁ־הָהָר לֵאמֹר הִנֶּנּוּ וְעָלִינוּ אֶל־
הַמָּקוֹם אֲשֶׁר־אָמַר יְהוָה כִּי חָטָאנוּ׃ וַיֹּאמֶר מֹשֶׁה מא
לָמָּה זֶּה אַתֶּם עֹבְרִים אֶת־פִּי יְהוָה וְהִוא לֹא תִצְלָח׃

רש"י

לד) **אֶת תְּנוּאָתִי.** שֶׁהֲנִיאוֹתֶם אֶת לְבַבְכֶם מֵאַחֲרַי. 'תְּנוּאָה' לְשׁוֹן הֲסָרָה, כְּמוֹ: "כִּי הֵנִיא אָבִיהָ אֹתָהּ" (להלן ל, ו):

לו) **וַיָּשֻׁבוּ וַיַּלִּינוּ עָלָיו.** וּכְשֶׁשָּׁבוּ מִתּוּר הָאָרֶץ הִרְעִימוּ עָלָיו אֶת כָּל הָעֵדָה בְּהוֹצָאַת דִּבָּה, אוֹתָן הָאֲנָשִׁים "וַיָּמֻתוּ" (להלן פסוק לז). כָּל הוֹצָאַת דִּבָּה לְשׁוֹן חִנּוּךְ דְּבָרִים, שֶׁמַּלְקִיחִים לְשׁוֹנָם לְאָדָם לְדַבֵּר בּוֹ, כְּמוֹ: "דּוֹבֵב שִׂפְתֵי יְשֵׁנִים" (שיר השירים ז, י), וְיֶשְׁנָהּ לְטוֹבָה וְיֶשְׁנָהּ לְרָעָה, לְכָךְ נֶאֱמַר כָּאן: "מוֹצִאֵי דִבַּת הָאָרֶץ רָעָה" (להלן פסוק לז), שֶׁיֵּשׁ דִּבָּה שֶׁהִיא טוֹבָה: דִּבָּה. פרלדי"ץ בְּלַעַז:

לז) **בַּמַּגֵּפָה לִפְנֵי ה'.** בְּאוֹתָהּ מִיתָה הַהֲגוּנָה לָהֶם, מִדָּה כְּנֶגֶד מִדָּה. הֵם חָטְאוּ בַּלָּשׁוֹן, וְנִשְׁתַּרְבֵּב לְשׁוֹנָם עַד טִבּוּרָם, וְתוֹלָעִים יוֹצְאִים מִלְּשׁוֹנָם וּבָאִין לְתוֹךְ טִבּוּרָם, לְכָךְ נֶאֱמַר: "בַּמַּגֵּפָה" וְלֹא 'כַּמַּגֵּפָה', וְזֶהוּ "לִפְנֵי ה'", בְּאוֹתָהּ הָרְאוּיָה לָהֶם עַל פִּי מִדּוֹתָיו שֶׁל הַקָּדוֹשׁ בָּרוּךְ הוּא שֶׁהוּא מוֹדֵד מִדָּה כְּנֶגֶד מִדָּה:

לח) **וִיהוֹשֻׁעַ וְכָלֵב חָיוּ וגו'.** מַה תַּלְמוּד לוֹמַר: "חָיוּ מִן הָאֲנָשִׁים הָהֵם"? אֶלָּא מְלַמֵּד שֶׁנָּטְלוּ חֶלְקָם שֶׁל מְרַגְּלִים בָּאָרֶץ וְקָמוּ תַּחְתֵּיהֶם לְחַיִּים:

מ) **אֶל רֹאשׁ הָהָר.** הִיא הַדֶּרֶךְ הָעוֹלָה לְאֶרֶץ יִשְׂרָאֵל: **הִנֶּנּוּ וְעָלִינוּ אֶל הַמָּקוֹם.** לְאֶרֶץ יִשְׂרָאֵל: **אֲשֶׁר אָמַר ה'.** לְתִתָּהּ לָנוּ, שָׁם נַעֲלֶה: **כִּי חָטָאנוּ.** עַל אֲשֶׁר אָמַרְנוּ: "הֲלוֹא טוֹב לָנוּ שׁוּב מִצְרָיְמָה" (לעיל פסוק ג):

מא) **וְהִוא לֹא תִצְלָח.** זוֹ שֶׁאַתֶּם עוֹשִׂים לֹא תִצְלָח:

ביאור **תִּשְׂאוּ אֶת עֲוֹנֹתֵיכֶם - אַרְבָּעִים שָׁנָה, וִידַעְתֶּם אֶת תְּנוּאָתִי**, התרחקותי,
הסתלקותכם ממני,[23] או: מחיר הסירוב לי.[24] לה **אֲנִי ה' דִּבַּרְתִּי, אִם
לֹא זֹאת אֶעֱשֶׂה לְכָל הָעֵדָה הָרָעָה הַזֹּאת הַנּוֹעָדִים עָלָי - בַּמִּדְבָּר הַזֶּה
יִתַּמּוּ**, יכלו **וְשָׁם יָמֻתוּ**. רק הדור הבא יכבוש את הארץ.

לו **וְהָאֲנָשִׁים אֲשֶׁר שָׁלַח מֹשֶׁה לָתוּר אֶת הָאָרֶץ**, המרגלים עצמם, **וַיָּשֻׁבוּ
וַיַּלִּינוּ עָלָיו אֶת כָּל הָעֵדָה לְהוֹצִיא דִבָּה עַל הָאָרֶץ**, המשיכו בדברי תעמולה
כנגד הכניסה לארץ - לז **וַיָּמֻתוּ הָאֲנָשִׁים מוֹצִאֵי דִבַּת הָאָרֶץ רָעָה, בַּמַּגֵּפָה
לִפְנֵי ה'**. הם הראשונים שמתו, ובמיתה לא טבעית.[25] לח **וִיהוֹשֻׁעַ בִּן
נוּן וְכָלֵב בֶּן יְפֻנֶּה חָיוּ מִן הָאֲנָשִׁים הָהֵם הַהֹלְכִים לָתוּר אֶת הָאָרֶץ**. ברור
אפוא שלא הייתה זו מחלה מדבקת שלקו בה המרגלים, אלא עונש
מדויק שפגע רק במוציאי דיבת הארץ רעה.

לט **וַיְדַבֵּר מֹשֶׁה אֶת הַדְּבָרִים הָאֵלֶּה אֶל כָּל בְּנֵי יִשְׂרָאֵל**. משה הודיע
לכל בוגרי העם שכיוון שבארץ מאסו, ולמצרים אין טעם לחזור,
נגזר עליהם להישאר במדבר עד מותם. **וַיִּתְאַבְּלוּ הָעָם מְאֹד**, שהרי
האמינו בה' ובמשה.

מ על כן, **וַיַּשְׁכִּמוּ** בני ישראל **בַבֹּקֶר, וַיַּעֲלוּ אֶל רֹאשׁ הָהָר לֵאמֹר: הִנֶּנּוּ
וְעָלִינוּ אֶל הַמָּקוֹם אֲשֶׁר אָמַר ה'**, אל ארץ כנען **כִּי חָטָאנוּ** בסירובנו
לעלות אליו.

מא **וַיֹּאמֶר מֹשֶׁה: לָמָּה זֶּה אַתֶּם עֹבְרִים אֶת פִּי ה'** - **וְהִוא**, יזמתכם זו **לֹא**

אַל־תַּעֲלוּ כִּי אֵין יְהוָה בְּקִרְבְּכֶם וְלֹא תִּנָּגְפוּ לִפְנֵי מב
אֹיְבֵיכֶם׃ כִּי הָעֲמָלֵקִי וְהַכְּנַעֲנִי שָׁם לִפְנֵיכֶם וּנְפַלְתֶּם מג
בֶּחָרֶב כִּי־עַל־כֵּן שַׁבְתֶּם מֵאַחֲרֵי יְהוָה וְלֹא־יִהְיֶה
יְהוָה עִמָּכֶם׃ וַיַּעְפִּלוּ לַעֲלוֹת אֶל־רֹאשׁ הָהָר וַאֲרוֹן מד
בְּרִית־יְהוָה וּמֹשֶׁה לֹא־מָשׁוּ מִקֶּרֶב הַמַּחֲנֶה׃ וַיֵּרֶד מה
הָעֲמָלֵקִי וְהַכְּנַעֲנִי הַיֹּשֵׁב בָּהָר הַהוּא וַיַּכּוּם וַיַּכְּתוּם
עַד־הַחָרְמָה׃

יד וַיְדַבֵּר יְהוָה אֶל־מֹשֶׁה לֵּאמֹר׃ דַּבֵּר אֶל־בְּנֵי יִשְׂרָאֵל א ב טו
וְאָמַרְתָּ אֲלֵהֶם כִּי תָבֹאוּ אֶל־אֶרֶץ מוֹשְׁבֹתֵיכֶם אֲשֶׁר
אֲנִי נֹתֵן לָכֶם׃ וַעֲשִׂיתֶם אִשֶּׁה לַיהוָה עֹלָה אוֹ־זֶבַח ג

רש"י | מג| **כִּי עַל כֵּן שַׁבְתֶּם.** כְּלוֹמַר, כִּי זֹאת תָּבֹא לָכֶם עַל אֲשֶׁר שַׁבְתֶּם וְגוֹ׳:

מד| **וַיַּעְפִּלוּ.** לְשׁוֹן חֹזֶק, וְכֵן: "הִנֵּה עֻפְּלָה" (חבקוק ב, ד), אינגרי"ש בְּלַעַז, לְשׁוֹן עַזּוּת, וְכֵן: "עֹפֶל בַּת צִיּוֹן" (מיכה ד, ח), "עֹפֶל וָבַחַן" (ישעיה לב, יד). וּמִדְרַשׁ תַּנְחוּמָא מְפָרְשׁוֹ לְשׁוֹן אֹפֶל, הָלְכוּ חֲשֵׁכִים שֶׁלֹּא בִּרְשׁוּת:

מה| **וַיַּכְּתוּם.** כְּמוֹ: "וָאֶכֹּת אֹתוֹ טָחוֹן" (דברים ט, כא), מַכָּה אַחַר מַכָּה: **עַד הַחָרְמָה.** שֵׁם הַמָּקוֹם נִקְרָא עַל שֵׁם הַמְּאֹרָע:

פרק טו

ב| **כִּי תָבֹאוּ.** בִּשֵּׂר לָהֶם שֶׁיִּכָּנְסוּ לָאָרֶץ:

ג| **וַעֲשִׂיתֶם אִשֶּׁה.** אֵין זֶה צִוּוּי, אֶלָּא כְּשֶׁתָּבוֹאוּ שָׁם וְתַעֲלֶה עַל לְבַבְכֶם לַעֲשׂוֹת

ביאור | **תִּצְלָח.** מב **אַל תַּעֲלוּ** להילחם על הארץ **כִּי אֵין ה׳ בְּקִרְבְּכֶם,** ועל כן אין
סיכוי שתנצחו, **וְלֹא תִּנָּגְפוּ לִפְנֵי אֹיְבֵיכֶם.** חבל שתנחלו תבוסה. מג **כִּי**
הָעֲמָלֵקִי וְהַכְּנַעֲנִי שָׁם לִפְנֵיכֶם בדרך, **וּנְפַלְתֶּם בֶּחָרֶב. כִּי עַל כֵּן,** הואיל
וְשַׁבְתֶּם מֵאַחֲרֵי ה׳, סרתם מדרכו, **וְלֹא יִהְיֶה ה׳ עִמָּכֶם.**

מד ובכל זאת – **וַיַּעְפִּלוּ,** העזו,[26] התעקשו וחיזקו את לבם,[27] או: עברו
על האיסור ומרו[28] **לַעֲלוֹת אֶל רֹאשׁ הָהָר** שעמד בדרכם לכנען, **ואולם**
אֲרוֹן בְּרִית ה׳ וּמֹשֶׁה לֹא מָשׁוּ, זזו **מִקֶּרֶב הַמַּחֲנֶה.**

מה **וַיֵּרֶד הָעֲמָלֵקִי וְהַכְּנַעֲנִי הַיֹּשֵׁב בָּהָר הַהוּא וַיַּכּוּם וַיַּכְּתוּם** כיתתו, כתשו
אותם **עַד הַ**מקום שלבסוף נקרא **חָרְמָה** מפני שבו היה חורבנם.[29]
הם הובסו במלחמה, ונסוגו בבושה.

לאחר שהסתיים עניין זה חלפו שנים שאין עליהן כמעט שום סיפור דברים. בשנים אלה נע העם בעקבות הענן, שציין את רצון ה׳, בלי שום יעד ברור. מטרת נדודים אלו הייתה מותו של אותו דור במדבר ותקומתו של דור חדש. לחיים טרגיים אלו נידון הדור שסירב לעלות, כאשר ההזדמנות לעשות זאת הייתה פתוחה בפניו.

מצוות אחדות

פרק טו

אף על פי שנגזר בעניין הקודם על כל בני אותו דור בעם ישראל להישאר עד מותם במדבר, במערכת היחסים הבסיסית בין ה׳ לעמו לא השתנה דבר, ואף הבטחת הארץ עומדת בעינה, אלא שהיא נדחית לדור הבא. מסר זה עולה מאחדות מן המצוות המנויות להלן, שיחולו דווקא בארץ ישראל ויחייבו את צאצאיו של הדור הזה. בקצתן מודגש שהן חלות על הגר שישב בקרב העם בארץ, לא פחות מאשר על האזרח. פירוט הדינים הללו בא לחזק את התקווה הקשורה להגעת העם לארץ המובטחת כאן באופן חד וישיר: אֲשֶׁר אֲנִי נֹתֵן לָכֶם; אֲשֶׁר אֲנִי מֵבִיא אֶתְכֶם שָׁמָּה, גם אם מימוש ההבטחה יתעכב.[30]

בעניין זה נמנות מצוות שונות: חוקי המנחות והנסכים, תרומת חלה, הקרבנות הבאים לכפר על עבודה זרה בשגגה, לאחר מכן – על דרך הניגוד – האיסור לבזות את שם ה׳ ביד רמה ולגדפו ולבסוף מצוות ציצית. אגב האיסור לעשות ביד רמה כנגד ה׳ מופיעה גם פרשה קצרה עלילתית, שבה מסופר על המקושש במדבר ביום השבת.[31]

מנחת נסכים

פס׳ א–טו

פרק טו א **וַיְדַבֵּר ה׳ אֶל מֹשֶׁה לֵּאמֹר:** ב **דַּבֵּר אֶל בְּנֵי יִשְׂרָאֵל וְאָמַרְתָּ אֲלֵהֶם:**
כִּי תָבֹאוּ אֶל אֶרֶץ מוֹשְׁבֹתֵיכֶם אֲשֶׁר אֲנִי נֹתֵן לָכֶם, לא כאנשים פרטיים,
אלא כעם. בניכם ייכנסו אליה, ג **וַעֲשִׂיתֶם** מרצונכם **אִשֶּׁה,** קרבן

לְפַלֵּא־נֶדֶר אוֹ בִנְדָבָה אוֹ בְּמֹעֲדֵיכֶם לַעֲשׂוֹת רֵיחַ
נִיחֹחַ לַיהוָה מִן־הַבָּקָר אוֹ מִן־הַצֹּאן׃ וְהִקְרִיב ד
הַמַּקְרִיב קָרְבָּנוֹ לַיהוָה מִנְחָה סֹלֶת עִשָּׂרוֹן בָּלוּל
בִּרְבִעִית הַהִין שָׁמֶן׃ וְיַיִן לַנֶּסֶךְ רְבִיעִית הַהִין תַּעֲשֶׂה ה
עַל־הָעֹלָה אוֹ לַזָּבַח לַכֶּבֶשׂ הָאֶחָד׃ אוֹ לָאַיִל תַּעֲשֶׂה ו
מִנְחָה סֹלֶת שְׁנֵי עֶשְׂרֹנִים בְּלוּלָה בַשֶּׁמֶן שְׁלִשִׁית
הַהִין׃ וְיַיִן לַנֶּסֶךְ שְׁלִשִׁית הַהִין תַּקְרִיב רֵיחַ־נִיחֹחַ ז
חמישי לַיהוָה׃ וְכִי־תַעֲשֶׂה בֶן־בָּקָר עֹלָה אוֹ־זָבַח לְפַלֵּא־ ח
נֶדֶר אוֹ־שְׁלָמִים לַיהוָה׃ וְהִקְרִיב עַל־בֶּן־הַבָּקָר ט
מִנְחָה סֹלֶת שְׁלֹשָׁה עֶשְׂרֹנִים בָּלוּל בַּשֶּׁמֶן חֲצִי הַהִין׃
וְיַיִן תַּקְרִיב לַנֶּסֶךְ חֲצִי הַהִין אִשֵּׁה רֵיחַ־נִיחֹחַ לַיהוָה׃ י
כָּכָה יֵעָשֶׂה לַשּׁוֹר הָאֶחָד אוֹ לָאַיִל הָאֶחָד אוֹ־לַשֶּׂה יא
בַכְּבָשִׂים אוֹ בָעִזִּים׃ כַּמִּסְפָּר אֲשֶׁר תַּעֲשׂוּ כָּכָה תַּעֲשׂוּ יב
לָאֶחָד כְּמִסְפָּרָם׃ כָּל־הָאֶזְרָח יַעֲשֶׂה־כָּכָה אֶת־אֵלֶּה יג
לְהַקְרִיב אִשֵּׁה רֵיחַ־נִיחֹחַ לַיהוָה׃ וְכִי־יָגוּר אִתְּכֶם יד

רש״י

אִשֶּׁה לַה׳: רֵיחַ נִיחֹחַ. נַחַת רוּחַ לְפָנַי:

לְפַלֵּא נֶדֶר אוֹ בִנְדָבָה. אוֹ שֶׁתַּעֲשׂוּ הָאִשֶּׁה בִּשְׁבִיל חוֹבַת מוֹעֲדֵיכֶם, שֶׁחִיַּבְתִּי אֶתְכֶם לַעֲשׂוֹת בַּמּוֹעֵד:

ד **וְהִקְרִיב הַמַּקְרִיב.** תַּקְרִיבוּ נְסָכִים וּמִנְחָה לְכָל בְּהֵמָה, הַמִּנְחָה כָּלִיל וְהַשֶּׁמֶן נִבְלָל בְּתוֹכָהּ, וְהַיַּיִן לַסְּפָלִים, כְּמוֹ שֶׁשָּׁנִינוּ בְּמַסֶּכֶת סֻכָּה (דף מח ע״ב):

ה **לַכֶּבֶשׂ הָאֶחָד.** עַל כָּל הָאָמוּר לְמַעְלָה הוּא מוּסָב, עַל הַמִּנְחָה וְעַל הַשֶּׁמֶן וְעַל הַיַּיִן:

ו **אוֹ לָאַיִל.** וְאִם אַיִל הוּא. וְרַבּוֹתֵינוּ דָּרְשׁוּ: "אוֹ" לְרַבּוֹת אֶת הַפַּלְגָּס לִנְסָכֵי אַיִל:

י **אִשֵּׁה רֵיחַ.** אֵינוֹ מוּסָב אֶלָּא עַל הַמִּנְחָה וְהַשֶּׁמֶן, אֲבָל הַיַּיִן אֵינוֹ אִשֶּׁה, שֶׁאֵינוֹ נִתָּן עַל הָאֵשׁ:

יא **אוֹ לַשֶּׂה.** בֵּין שֶׁהוּא בַּכְּבָשִׂים בֵּין שֶׁהוּא בָּעִזִּים. 'כֶּבֶשׂ' וָ'שֶׂה' קְרוּיִים בְּתוֹךְ שְׁנָתָם, 'אַיִל' בֶּן שְׁלֹשָׁה עָשָׂר חֹדֶשׁ וְיוֹם אֶחָד:

יב **כַּמִּסְפָּר אֲשֶׁר תַּעֲשׂוּ.** כְּמִסְפַּר הַבְּהֵמוֹת אֲשֶׁר תַּקְרִיבוּ לְקָרְבָּן, כָּכָה תַּעֲשׂוּ נְסָכִים לְכָל אֶחָד מֵהֶם, כְּמִסְפָּרָם שֶׁל בְּהֵמוֹת מִסְפָּרָם שֶׁל נְסָכִים:

ביאור הנשרף באש לַה׳, **עֹלָה אוֹ זֶבַח** שלמים **לְפַלֵּא**, להפריש, להקצות **נֶדֶר**, קרבן המוטל על האדם כחובה שחייב את עצמו **אוֹ בִנְדָבָה**, כמתנה מיוחדת **אוֹ בְּמֹעֲדֵיכֶם**, כשירצה אדם להביא קרבן **לַעֲשׂוֹת רֵיחַ נִיחֹחַ לַה׳ מִן הַבָּקָר אוֹ מִן הַצֹּאן** – ד **וְהִקְרִיב הַמַּקְרִיב** את **קָרְבָּנוֹ לַה׳: מִנְחָה**. עליו לצרף לקרבן הבהמה קרבן מן הצומח לפי הכללים הבאים: **סֹלֶת**, גרגרי חיטה טחונה **עִשָּׂרוֹן**, עשירית האיפה, שהיא מידת נפח של יבש. במידות ימינו העישרון הוא למעלה משני ליטר **בָּלוּל בִּרְבִעִית**, ברבע **הַהִין**, למעלה מליטר **שָׁמֶן**, ה **וְיַיִן לַנֶּסֶךְ**, לשפיכה על המזבח – **וּרְבִיעִית הַהִין, תַּעֲשֶׂה עַל הָעֹלָה אוֹ לַזָּבַח – לַכֶּבֶשׂ הָאֶחָד**. כמויות אלה של סולת, שמן ויין מתאימות לקרבן שהוא כבש. כמויות חומרי המנחה והנסך משתנות לפי הבהמה המועלית לקרבן: ו **אוֹ לָאַיִל**, אם תבחר להביא איל, שהוא כבש שבגר, בשנה השנייה לחייו **תַּעֲשֶׂה מִנְחָה – סֹלֶת שְׁנֵי עֶשְׂרֹנִים בְּלוּלָה בַשֶּׁמֶן שְׁלִשִׁית**, שליש **הַהִין**, ז **וְיַיִן לַנֶּסֶךְ – שְׁלִשִׁית הַהִין, תַּקְרִיב** אותם **רֵיחַ נִיחֹחַ לַה׳**. ח **וְכִי תַעֲשֶׂה בֶן בָּקָר עֹלָה אוֹ זָבַח, לְפַלֵּא נֶדֶר אוֹ שְׁלָמִים לַה׳**. ט **וְהִקְרִיב עַל בֶּן הַבָּקָר מִנְחָה סֹלֶת שְׁלֹשָׁה עֶשְׂרֹנִים**, פי שלוש ממנחת הכבש, **בָּלוּל בַּשֶּׁמֶן חֲצִי הַהִין**, כפליים מכמות השמן המובאת עם הכבש, י **וְיַיִן תַּקְרִיב לַנֶּסֶךְ – חֲצִי הַהִין, אִשֵּׁה רֵיחַ נִיחֹחַ לַה׳**. יא ובאופן כללי, **כָּכָה יֵעָשֶׂה לַשּׁוֹר הָאֶחָד אוֹ לָאַיִל הָאֶחָד אוֹ לַשֶּׂה בַכְּבָשִׂים אוֹ בָעִזִּים**. יב **כַּמִּסְפָּר**, כפי מספר הקרבנות **אֲשֶׁר תַּעֲשׂוּ – כָּכָה תַּעֲשׂוּ לָאֶחָד כְּמִסְפָּרָם**. המנחות והנסכים המלווים את הקרבן יתרבו לפי מספר הבהמות המובאות וסוגן. יג **כָּל הָאֶזְרָח יַעֲשֶׂה כָּכָה**, ולא אחרת **אֶת אֵלֶּה, לְהַקְרִיב אִשֵּׁה רֵיחַ נִיחֹחַ לַה׳**. יש מידה קבועה למנחות ולנסכים הבאים עם הקרבן.

יד **וְכִי יָגוּר אִתְּכֶם גֵּר**, ׳גר צדק׳ שבא להצטרף אליכם,[32] **אוֹ** זה **אֲשֶׁר**

גֵּר אוֹ אֲשֶׁר־בְּתוֹכְכֶם לְדֹרֹתֵיכֶם וְעָשָׂה אִשֵּׁה רֵיחַ־
נִיחֹחַ לַיהוָה כַּאֲשֶׁר תַּעֲשׂוּ כֵּן יַעֲשֶׂה: הַקָּהָל חֻקָּה טו
אַחַת לָכֶם וְלַגֵּר הַגָּר חֻקַּת עוֹלָם לְדֹרֹתֵיכֶם כָּכֶם
כַּגֵּר יִהְיֶה לִפְנֵי יְהוָה: תּוֹרָה אַחַת וּמִשְׁפָּט אֶחָד טז
יִהְיֶה לָכֶם וְלַגֵּר הַגָּר אִתְּכֶם:
ששי וַיְדַבֵּר יְהוָה אֶל־מֹשֶׁה לֵּאמֹר: דַּבֵּר אֶל־בְּנֵי יז יח
יִשְׂרָאֵל וְאָמַרְתָּ אֲלֵהֶם בְּבֹאֲכֶם אֶל־הָאָרֶץ אֲשֶׁר
אֲנִי מֵבִיא אֶתְכֶם שָׁמָּה: וְהָיָה בַּאֲכָלְכֶם מִלֶּחֶם יט
הָאָרֶץ תָּרִימוּ תְרוּמָה לַיהוָה: רֵאשִׁית עֲרִסֹתֵכֶם כ
חַלָּה תָּרִימוּ תְרוּמָה כִּתְרוּמַת גֹּרֶן כֵּן תָּרִימוּ
אֹתָהּ: מֵרֵאשִׁית עֲרִסֹתֵיכֶם תִּתְּנוּ לַיהוָה תְּרוּמָה כא
לְדֹרֹתֵיכֶם: וְכִי תִשְׁגּוּ וְלֹא תַעֲשׂוּ אֵת כָּל־ כב

רש"י

טו) **כָּכֶם כַּגֵּר.** כְּמוֹתְכֶם כֵּן גֵּר, וְכֵן דֶּרֶךְ לָשׁוֹן עִבְרִית: "כְּגַן ה' כְּאֶרֶץ מִצְרַיִם" (בראשית יג, י) כֵּן אֶרֶץ מִצְרַיִם, "כָּמוֹנִי כָמוֹךָ כְּעַמִּי כְּעַמֶּךָ" (מלכים א' כב, ד):

יח) **בְּבֹאֲכֶם אֶל הָאָרֶץ.** מְשֻׁנָּה בִּיאָה זוֹ מִכָּל בִּיאוֹת שֶׁבַּתּוֹרָה, שֶׁבְּכֻלָּן נֶאֱמַר: "כִּי תָבֹא" "כִּי תָבֹאוּ", לְפִיכָךְ כֻּלָּן לְמֵדוֹת זוֹ מִזּוֹ, וְכֵיוָן שֶׁפֵּרַט לְךָ הַכָּתוּב בְּאַחַת מֵהֶן שֶׁאֵינָהּ אֶלָּא לְאַחַר יְרֻשָּׁה וִישִׁיבָה, אַף כֻּלָּן כֵּן. אֲבָל זוֹ נֶאֱמַר בָּהּ: "בְּבֹאֲכֶם", מִשֶּׁנִּכְנְסוּ בָהּ וְאָכְלוּ מִלַּחְמָהּ נִתְחַיְּבוּ בַּחַלָּה:

כ) **רֵאשִׁית עֲרִסֹתֵכֶם.** כְּשֶׁתָּלוּשׁוּ כְּדֵי עֲרִיסוֹתֵיכֶם שֶׁאַתֶּם רְגִילִין לָלוּשׁ בַּמִּדְבָּר, וְכַמָּה הִיא? "וַיָּמֹדּוּ בָעֹמֶר" (שמות טז, יח), "עֹמֶר לַגֻּלְגֹּלֶת" (שם פסוק טז), תָּרִימוּ מֵרֵאשִׁיתָהּ, כְּלוֹמַר, קֹדֶם שֶׁתֹּאכְלוּ מִמֶּנָּה, רֵאשִׁית חֶלְקָהּ חַלָּה אַחַת מִמֶּנָּה "תָּרִימוּ תְרוּמָה" לְשֵׁם ה': **חַלָּה.** טורטי"ל בְּלַעַז:

כִּתְרוּמַת גֹּרֶן. שֶׁלֹּא נֶאֱמַר בָּהּ שִׁעוּר, וְלֹא כִּתְרוּמַת מַעֲשֵׂר שֶׁנֶּאֱמַר בָּהּ שִׁעוּר. אֲבָל חֲכָמִים נָתְנוּ שִׁעוּר, לְבַעַל הַבַּיִת אֶחָד מֵעֶשְׂרִים וְאַרְבָּעָה, וְלַנַּחְתּוֹם אֶחָד מֵאַרְבָּעִים וּשְׁמוֹנָה:

כא) **מֵרֵאשִׁית עֲרִסֹתֵיכֶם.** לָמָּה נֶאֱמַר? לְפִי שֶׁנֶּאֱמַר: "רֵאשִׁית עֲרִסֹתֵכֶם" (לעיל פסוק כ), שׁוֹמֵעַ אֲנִי רִאשׁוֹנָה שֶׁבָּעִסּוֹת? תַּלְמוּד לוֹמַר: "מֵרֵאשִׁית", מִקְצָתָהּ וְלֹא כֻלָּהּ: **תִּתְּנוּ לַה' תְּרוּמָה.** לְפִי שֶׁלֹּא שָׁמַעְנוּ שִׁעוּר לְחַלָּה נֶאֱמַר: "תִּתְּנוּ", שֶׁיְּהֵא בָהּ כְּדֵי נְתִינָה:

כב) **וְכִי תִשְׁגּוּ וְלֹא תַעֲשׂוּ.** עֲבוֹדָה זָרָה הָיְתָה בִּכְלַל כָּל הַמִּצְוֹת שֶׁהַצִּבּוּר מְבִיאִין עָלֶיהָ פַּר, וַהֲרֵי הַכָּתוּב מוֹצִיאָהּ כָּאן מִכְּלָלָהּ לָדוּן בְּפַר לְעוֹלָה וְשָׂעִיר לְחַטָּאת: **וְכִי תִשְׁגּוּ וְגוֹ'.** בַּעֲבוֹדָה זָרָה הַכָּתוּב מְדַבֵּר, אוֹ אֵינוֹ אֶלָּא בְּאַחַת מִכָּל

ביאור | כבר דר[33] **בְּתוֹכְכֶם לְדֹרֹתֵיכֶם, וְעָשָׂה אִשֵּׁה רֵיחַ נִיחֹחַ לַה׳ – כַּאֲשֶׁר תַּעֲשׂוּ כֵּן יַעֲשֶׂה.** אין הבדל בזה בין אדם מגזע ישראל ובין מי שנספח לישראל. טו **הַקָּהָל**, מלת פנייה, **חֻקָּה אַחַת לָכֶם וְלַגֵּר הַגָּר, חֻקַּת עוֹלָם לְדֹרֹתֵיכֶם, כָּכֶם כַּגֵּר יִהְיֶה לִפְנֵי ה׳.** ביחס להתחייבויות כלפי ה׳, כגון חוקי המנחות והנסכים המלווים את הקרבנות, החוק חל על הגר ועל האזרח באופן שווה. טז **תּוֹרָה אַחַת וּמִשְׁפָּט אֶחָד יִהְיֶה לָכֶם וְלַגֵּר הַגָּר אִתְּכֶם.** קביעה זו יוצאת מהנושא הפרטי ומתייחסת גם לכל החוקים והמשפטים שניתנו לבני ישראל. חוקים אלו חלים על כל מי ששייך לישראל, בין שנולד לגזע ישראל ובין אם הסתפח אליהם.[34]

חלה

פס׳ יז–כא

גם הדין הבא יחול רק לאחר שייכנסו לארץ: יז **וַיְדַבֵּר ה׳ אֶל מֹשֶׁה לֵּאמֹר:** יח **דַּבֵּר אֶל בְּנֵי יִשְׂרָאֵל וְאָמַרְתָּ אֲלֵהֶם: בְּבֹאֲכֶם**, כשתבואו **אֶל הָאָרֶץ אֲשֶׁר אֲנִי מֵבִיא אֶתְכֶם שָׁמָּה,** יט **וְהָיָה בַּאֲכָלְכֶם**, כשתאכלו **מִלֶּחֶם הָאָרֶץ – תָּרִימוּ** ממנו **תְרוּמָה לַה׳.** כ את **רֵאשִׁית עֲרִסֹתֵכֶם**, עיסתכם, כלומר את מה שמכונה **׳חַלָּה׳ תָּרִימוּ תְרוּמָה. כִּתְרוּמַת גֹּרֶן**, תרומה הניתנת מן התבואה **כֵּן תָּרִימוּ אֹתָהּ**, את תרומת החלה מן העיסה. כא **מֵרֵאשִׁית עֲרִסֹתֵיכֶם תִּתְּנוּ לַה׳ תְּרוּמָה לְדֹרֹתֵיכֶם.**

הרחבות |

מצוות חלה בעבר ניתנה תרומת העיסה לכהן בפועל, אך כיום, כשאין נשמרים דיני הטהרה ולכן אי אפשר לאכול אותה, מפרישים משהו מן העיסה כי כל עוד לא הופרשה התרומה הכול אסור באכילה, כאמור, אך אין נותנים את החלה המופרשת לכהנים. (ראו רמ״א יורה דעה שכב,ח וברכי יוסף שם).

כדי לשמר את זכר קיום המצווה תיקנו חכמים להפריש חלה גם מחוץ לארץ ישראל. (ראו בכורות כז ע״א).

׳חלה... כתרומת גֹּרן׳ העיסה נילושה מקמח תבואה שכבר הופרשה ממנה תרומת הגורן, ושתי התרומות הללו דומות זו לזו משלוש בחינות: שתיהן ניתנות לכהנים ונאכלות רק על ידיהם ובטהרה; לגבי שתיהן אין התורה מגדירה את שיעורן, וחכמים הם שקבעוהו; (ראו רש״י על אתר; משנה חלה ב,ז; משנה תרומות ד,ג). בשתי התרומות קיים איסור אכילת ׳טבל׳. כלומר כשם שהתבואה אינה מותרת לאדם עד לאחר הפרשתה, כך אין המאפה מותר באכילה עד שהופרשה ממנו חלה, בעודו עיסה או לאחר האפייה.

כג הַמִּצְוֺת הָאֵלֶּה אֲשֶׁר־דִּבֶּר יהוה אֶל־מֹשֶׁה: אֵת כָּל־
אֲשֶׁר צִוָּה יהוה אֲלֵיכֶם בְּיַד־מֹשֶׁה מִן־הַיּוֹם אֲשֶׁר
כד צִוָּה יהוה וָהָלְאָה לְדֹרֹתֵיכֶם: וְהָיָה אִם מֵעֵינֵי הָעֵדָה
נֶעֶשְׂתָה לִשְׁגָגָה וְעָשׂוּ כָל־הָעֵדָה פַּר בֶּן־בָּקָר אֶחָד
לְעֹלָה לְרֵיחַ נִיחֹחַ לַיהוה וּמִנְחָתוֹ וְנִסְכּוֹ כַּמִּשְׁפָּט
כה וּשְׂעִיר־עִזִּים אֶחָד לְחַטָּת: וְכִפֶּר הַכֹּהֵן עַל־כָּל־עֲדַת
בְּנֵי יִשְׂרָאֵל וְנִסְלַח לָהֶם כִּי־שְׁגָגָה הִוא וְהֵם הֵבִיאוּ
אֶת־קָרְבָּנָם אִשֶּׁה לַיהוה וְחַטָּאתָם לִפְנֵי יהוה עַל־
כו שִׁגְגָתָם: וְנִסְלַח לְכָל־עֲדַת בְּנֵי יִשְׂרָאֵל וְלַגֵּר הַגָּר
כז שביעי בְּתוֹכָם כִּי לְכָל־הָעָם בִּשְׁגָגָה: וְאִם־נֶפֶשׁ
אַחַת תֶּחֱטָא בִשְׁגָגָה וְהִקְרִיבָה עֵז בַּת־שְׁנָתָהּ

רש"י

הַמִּצְוֹת? תַּלְמוּד לוֹמַר: "אֶת כָּל הַמִּצְוֹת הָאֵלֶּה", מִצְוָה אַחַת שֶׁהִיא כְּכָל הַמִּצְוֹת. מַה הָעוֹבֵר עַל כָּל הַמִּצְוֹת פּוֹרֵק עֹל וּמֵפֵר בְּרִית וּמְגַלֶּה פָּנִים, אַף מִצְוָה זוֹ פּוֹרֵק בָּהּ עֹל וּמֵפֵר בְּרִית וּמְגַלֶּה פָנִים, וְאֵיזוֹ זוֹ? זוֹ עֲבוֹדָה זָרָה: אֲשֶׁר דִּבֶּר ה' אֶל מֹשֶׁה. "אָנֹכִי" וְ"לֹא יִהְיֶה לְךָ" מִפִּי הַגְּבוּרָה שְׁמַעֲנוּם. "אַחַת דִּבֶּר אֱלֹהִים שְׁתַּיִם זוּ שָׁמָעְתִּי" (תהלים סב, יב):

כג **אֵת כָּל אֲשֶׁר צִוָּה וְגוֹ'.** מַגִּיד שֶׁכָּל הַמּוֹדֶה בַּעֲבוֹדָה זָרָה כְּכוֹפֵר בְּכָל הַתּוֹרָה כֻּלָּהּ וּבְכָל מַה שֶּׁנִּתְנַבְּאוּ הַנְּבִיאִים, שֶׁנֶּאֱמַר: "מִן הַיּוֹם אֲשֶׁר צִוָּה ה' וָהָלְאָה":

כד **אִם מֵעֵינֵי הָעֵדָה נֶעֶשְׂתָה לִשְׁגָגָה.** אִם מֵעֵינֵי הָעֵדָה נֶעֶשְׂתָה עֲבֵרָה זוֹ עַל יְדֵי שׁוֹגֵג, כְּגוֹן שֶׁשָּׁגְגוּ וְהוֹרוּ עַל אַחַת מִן הָעֲבוֹדוֹת שֶׁהִיא מֻתֶּרֶת לַעֲבֹד עֲבוֹדָה זָרָה בְּכָךְ: **לְחַטָּת.** חָסֵר אָלֶ"ף, שֶׁאֵינוֹ כִּשְׁאָר חַטָּאוֹת, שֶׁכָּל חַטָּאוֹת שֶׁבַּתּוֹרָה הַבָּאוֹת עִם עוֹלָה, הַחַטָּאת קוֹדֶמֶת לָעוֹלָה, שֶׁנֶּאֱמַר: "וְאֶת הַשֵּׁנִי יַעֲשֶׂה עֹלָה" (ויקרא ה, י), וְזוֹ עוֹלָה קוֹדֶמֶת לְחַטָּאת:

כה **הֵבִיאוּ אֶת קָרְבָּנָם אִשֶּׁה לַה'.** זֶה הָאָמוּר בַּפָּרָשָׁה, הוּא פַּר הָעוֹלָה, שֶׁנֶּאֱמַר: "אִשֶּׁה לַה'": **וְחַטָּאתָם.** זֶה הַשָּׂעִיר:

כז **תֶּחֱטָא בִּשְׁגָגָה.** בַּעֲבוֹדָה זָרָה: **עֵז בַּת שְׁנָתָהּ.** שְׁאָר עֲבֵרוֹת יָחִיד מֵבִיא כִּשְׂבָּה אוֹ שְׂעִירָה, וְזוֹ קָבַע לָהּ שְׂעִירָה:

הרחבות

קרבנות שגגת הציבור דיון מפורט בקרבנות שמביאים השוגגים הופיע בספר ויקרא (פרקים ד-ה), אבל למרות הקרבה בין פרשה זו לאמור שם, קיימים בין השתיים גם הבדלים. בכל המצוות האחרות טעות ציבורית מחייבת את בית הדין בקרבן פר לחטאת, ואילו כאן – בפר לעולה ושעיר לחטאת. ולגבי היחיד שחטא בשגגה, בשאר המצוות – מביא כשבה או שעירה, ואילו כאן – שעירה בלבד.

ספר במדבר משלים במידה מסוימת את דיני הקרבנות שבספר הקודם. ייתכן

חטאת עבודה זרה בשגגה

פס׳ כב–כט

ביאור | כב **וְכִי תִשְׁגּוּ וְלֹא תַעֲשׂוּ אֵת כָּל הַמִּצְוֹת הָאֵלֶּה אֲשֶׁר דִּבֶּר ה׳ אֶל מֹשֶׁה** – כג **אֵת כָּל אֲשֶׁר צִוָּה ה׳ אֲלֵיכֶם בְּיַד מֹשֶׁה, מִן הַיּוֹם אֲשֶׁר צִוָּה ה׳ וָהָלְאָה לְדֹרֹתֵיכֶם.** לפי מסורת חז״ל, שגגה זו, שממנה משתלשלת אי-עשייה של כל המצוות, מתייחסת לחטא יסודי מסוים – עבודה זרה,[35] שהיא המצווה הראשונה שנצטוו עליה בעשרת הדיברות: אָנֹכִי ה׳... לֹא יִהְיֶה לְךָ אֱלֹהִים אֲחֵרִים עַל פָּנָי. לעתים מדובר במקרים מורכבים או באי-בהירות במחשבה או במעשה, שכתוצאה מהם עבדו עבודה זרה בלא מודעות לכך. על עבודה זרה במזיד אין כפרה בקרבן, אך מי שנודע לו ששגג בעבודה זרה צריך להביא קרבן חטאת. כד **וְהָיָה אִם מֵעֵינֵי הָעֵדָה נֶעֶשְׂתָה לִשְׁגָגָה,** אם השגגה נעשתה על ידי בית הדין, המייצג את כל עדת ישראל – **וְעָשׂוּ כָל הָעֵדָה פַּר בֶּן בָּקָר אֶחָד לְעֹלָה לְרֵיחַ נִיחֹחַ לַה׳, וּמִנְחָתוֹ וְנִסְכּוֹ כַּמִּשְׁפָּט.** קרבן פר חטאת מביאה העדה על חטאים אחרים, וכשחטאה בשוגג בעבודה זרה מביאה פר לעולה ונוסף עליו גם **שְׂעִיר עִזִּים אֶחָד לְחַטָּת.** כה **וְכִפֶּר הַכֹּהֵן עַל כָּל עֲדַת בְּנֵי יִשְׂרָאֵל וְנִסְלַח לָהֶם כִּי שְׁגָגָה הִוא, וְהֵם הֵבִיאוּ אֶת קָרְבָּנָם אִשֶּׁה לַה׳ וְחַטָּאתָם לִפְנֵי ה׳ עַל שִׁגְגָתָם** כאשר נודע להם הדבר. כו **וְנִסְלַח לְכָל עֲדַת בְּנֵי יִשְׂרָאֵל.** גם אם לא כל העדה עשתה זאת באופן ממשי, שגגת הנהגתה העליונה שאחריה נמשך הציבור בכללו, נחשבת לחטאה של העדה כולה; וקרבנו של בית הדין בא לכפר הן על חטאו הן על חטא העדה כולה, **וְלַגֵּר הַגָּר בְּתוֹכָם,** שאף הוא חלק מן העדה, **כִּי לְכָל הָעָם,** על ידי כל העם נעשה החטא **בִּשְׁגָגָה.**

מעבודה זרה בשוגג שבה חטאו בית הדין וכלל העם, עובר הכתוב לחטא זה אצל היחיד: כז **וְאִם נֶפֶשׁ אַחַת תֶּחֱטָא בִשְׁגָגָה – וְהִקְרִיבָה** הנפש הזו **עֵז בַּת שְׁנָתָהּ לְחַטָּאת.** לקרבן חטאת רגיל אפשר להביא

הרחבות | שפרשה זו נכתבה כאן מפני חטא העדה באמרם נִתְּנָה רֹאשׁ וְנָשׁוּבָה מִצְרָיְמָה, להיות שם בלא תורה ומצוות כבתחילה (על פי רמב״ן ואברבנאל).
הרמב״ן כתב שעל פי הפשט מדובר כאן בקרבן של מי שכפר בתורה בשוגג, כגון שיצא מעמו ודבק באחת מן האומות להיות כמותה. ובקהל ״כגון שיחשבו שכבר עבר זמן התורה ולא הייתה לדורות עולם, או שיאמרו: מפני מה אמר המקום, לא שנעשה וניטול שכר? אנו לא עושין ולא נוטלין שכר״.

כח לַחַטָּאת׃ וְכִפֶּר הַכֹּהֵן עַל־הַנֶּפֶשׁ הַשֹּׁגֶגֶת בְּחֶטְאָה
כט בִשְׁגָגָה לִפְנֵי יְהוָה לְכַפֵּר עָלָיו וְנִסְלַח לוֹ׃ הָאֶזְרָח
בִּבְנֵי יִשְׂרָאֵל וְלַגֵּר הַגָּר בְּתוֹכָם תּוֹרָה אַחַת יִהְיֶה
ל לָכֶם לָעֹשֶׂה בִּשְׁגָגָה׃ וְהַנֶּפֶשׁ אֲשֶׁר־תַּעֲשֶׂה ׀ בְּיָד
רָמָה מִן־הָאֶזְרָח וּמִן־הַגֵּר אֶת־יְהוָה הוּא מְגַדֵּף
לא וְנִכְרְתָה הַנֶּפֶשׁ הַהִוא מִקֶּרֶב עַמָּהּ׃ כִּי דְבַר־יְהוָה
בָּזָה וְאֶת־מִצְוָתוֹ הֵפַר הִכָּרֵת ׀ תִּכָּרֵת הַנֶּפֶשׁ הַהִוא
עֲוֺנָה בָהּ׃
לב וַיִּהְיוּ בְנֵי־יִשְׂרָאֵל בַּמִּדְבָּר וַיִּמְצְאוּ אִישׁ מְקֹשֵׁשׁ
לג עֵצִים בְּיוֹם הַשַּׁבָּת׃ וַיַּקְרִיבוּ אֹתוֹ הַמֹּצְאִים אֹתוֹ
מְקֹשֵׁשׁ עֵצִים אֶל־מֹשֶׁה וְאֶל־אַהֲרֹן וְאֶל כָּל־
לד הָעֵדָה׃ וַיַּנִּיחוּ אֹתוֹ בַּמִּשְׁמָר כִּי לֹא פֹרַשׁ מַה־יֵּעָשֶׂה
לה לוֹ׃ וַיֹּאמֶר יְהוָה אֶל־מֹשֶׁה מוֹת יוּמַת הָאִישׁ
לו רָגוֹם אֹתוֹ בָאֲבָנִים כָּל־הָעֵדָה מִחוּץ לַמַּחֲנֶה׃ וַיֹּצִיאוּ

רש"י

ל) בְּיָד רָמָה. בְּמֵזִיד: מְגַדֵּף. מְחָרֵף, כְּמוֹ: "וְהָיְתָה חֶרְפָּה וּגְדוּפָה" (יחזקאל ה, טו), "אֲשֶׁר גִּדְּפוּ נַעֲרֵי מֶלֶךְ אַשּׁוּר" (ישעיה לז, ו). וְעוֹד דָּרְשׁוּ רַבּוֹתֵינוּ, מִכָּאן לִמְבָרֵךְ אֶת הַשֵּׁם שֶׁהוּא בְּכָרֵת:

לא) דְּבַר ה'. אַזְהָרַת עֲבוֹדָה זָרָה מִפִּי הַגְּבוּרָה, וְהַשְּׁאָר מִפִּי מֹשֶׁה: עֲוֺנָה בָהּ. בִּזְמַן שֶׁעֲוֺנָהּ בָּהּ, שֶׁלֹּא עָשָׂה תְשׁוּבָה:

לב) וַיִּהְיוּ בְנֵי יִשְׂרָאֵל בַּמִּדְבָּר וַיִּמְצְאוּ. בִּגְנוּתָן שֶׁל יִשְׂרָאֵל דִּבֵּר הַכָּתוּב, שֶׁלֹּא שָׁמְרוּ אֶלָּא שַׁבָּת רִאשׁוֹנָה, וּבַשְּׁנִיָּה בָּא זֶה וְחִלְּלָהּ:

לג) הַמֹּצְאִים אֹתוֹ מְקֹשֵׁשׁ. שֶׁהִתְרוּ בוֹ, וְלֹא הִנִּיחַ מִלְּקוֹשֵׁשׁ אַף מִשֶּׁמְּצָאוּהוּ וְהִתְרוּ בוֹ:

לד) כִּי לֹא פֹרַשׁ מַה יֵּעָשֶׂה לוֹ. לֹא הָיוּ יוֹדְעִים בְּאֵיזוֹ מִיתָה יָמוּת, אֲבָל יוֹדְעִים הָיוּ שֶׁהַמְחַלֵּל שַׁבָּת בְּמִיתָה:

לה) רָגוֹם. עָשֹׂה, פיישנ"ט בְּלַעַז, וְכֵן: "הָלוֹךְ" אלנ"ט, וְכֵן: "זָכוֹר" (שמות כ, ח) וְ"שָׁמוֹר" (דברים ה, יב):

ביאור | כבשה או שעירה, כלומר עז. על חטא עבודה זרה, שקרבנותיו בדרך
כלל קשורים בשעירים, יש להביא דווקא עז. כח **וְכִפֶּר הַכֹּהֵן עַל הַנֶּפֶשׁ
הַשֹּׁגֶגֶת בְּחֶטְאָה בִשְׁגָגָה לִפְנֵי ה׳, לְכַפֵּר עָלָיו - וְנִסְלַח לוֹ.** כט **הָאֶזְרָח בִּבְנֵי
יִשְׂרָאֵל וְלַגֵּר הַגָּר בְּתוֹכָם - תּוֹרָה אַחַת יִהְיֶה לָכֶם, לָעֹשֶׂה בִּשְׁגָגָה.**

מגדף

פס׳ ל–לא

הקרבן מכפר על יחיד או על ציבור שמתוך טעות בשיקול הדעת או
מתוך הרגל לא מבורר חטאו בעבודה זרה. ל לעומת זאת - **וְהַנֶּפֶשׁ
אֲשֶׁר תַּעֲשֶׂה בְּיָד רָמָה**, בהרמת יד, ביודעים ובכוונת זדון **מִן הָאֶזְרָח
וּמִן הַגֵּר - אֶת ה׳ הוּא מְגַדֵּף**, מקלל,[36] או: מבזה, **וְנִכְרְתָה הַנֶּפֶשׁ הַהִוא
מִקֶּרֶב עַמָּהּ**, בכל מקום שתהיה. עונש זה בא מידי שמים, ואינו
באחריות בית הדין. לא **כִּי דְבַר ה׳ בָּזָה**, ביזה בעצם עברתו, **וְאֶת
מִצְוָתוֹ הֵפַר - הִכָּרֵת תִּכָּרֵת הַנֶּפֶשׁ הַהִוא, עֲוֹנָה בָהּ.**

סיפור המקושש

פס׳ לב–לו

אגב עניינו של איסור הגידוף מובא כאן סיפור המתאר את
התמודדותה של עדת ישראל הנודדת במדבר עם חטא פומבי שנעשה
בקרבה: לב **וַיִּהְיוּ בְנֵי יִשְׂרָאֵל בַּמִּדְבָּר, וַיִּמְצְאוּ אִישׁ מְקֹשֵׁשׁ**, מלקט
עֵצִים בְּיוֹם הַשַּׁבָּת. אחת המלאכות האסורות בשבת היא מלאכת
׳מעמר׳ - איסוף העצים ועימורם לצורך כלשהו - גם אם לא נעשה
בהם שימוש.[37] לג **וַיַּקְרִיבוּ אֹתוֹ הַמֹּצְאִים אֹתוֹ מְקֹשֵׁשׁ עֵצִים אֶל מֹשֶׁה
וְאֶל אַהֲרֹן וְאֶל כָּל הָעֵדָה**, והעידו שחילל שבת ביד רמה. לד **וַיַּנִּיחוּ אֹתוֹ
בַּמִּשְׁמָר** למעצר **כִּי לֹא פֹרַשׁ מַה יֵּעָשֶׂה לוֹ.** לא ידוע מה יהיה דינו. אמנם
ידעו שהוא חייב מיתה, שכן כבר נאמר: וּשְׁמַרְתֶּם אֶת הַשַּׁבָּת כִּי קֹדֶשׁ
הִוא לָכֶם מְחַלְלֶיהָ מוֹת יוּמָת,[38] אך לא ידעו באיזו דרך יש להמיתו.

לה **וַיֹּאמֶר ה׳ אֶל מֹשֶׁה: מוֹת יוּמַת הָאִישׁ; רָגוֹם אֹתוֹ בָאֲבָנִים כָּל הָעֵדָה
מִחוּץ לַמַּחֲנֶה.** יש להמיתו בסקילה.

הרחבות | **׳והנפש אשר תעשה ביד רמה׳** לפי פירוש אחד, אין מדובר כאן בקללה אלא בעבודה זרה במזיד, שלא כשגגות הקשורות לעבודה זרה שנדונו בפסוקים הקודמים. (ראו כריתות ז ע״ב). ויש מי שפירש פרשה זו על כל עברה שנעשתה ביד רמה, שכן העושה מעשה כנגד ה׳ להכעיסו דומה למודה בעבודה זרה ולכופר בכל התורה (על פי מורה נבוכים ח״ג מא; העמק דבר).

אֹתוֹ כָּל־הָעֵדָה אֶל־מִחוּץ לַמַּחֲנֶה וַיִּרְגְּמוּ אֹתוֹ
בָּאֲבָנִים וַיָּמֹת כַּאֲשֶׁר צִוָּה יְהוָה אֶת־מֹשֶׁה׃
מפטיר לז וַיֹּאמֶר יְהוָה אֶל־מֹשֶׁה לֵּאמֹר׃ לח דַּבֵּר אֶל־בְּנֵי יִשְׂרָאֵל
וְאָמַרְתָּ אֲלֵהֶם וְעָשׂוּ לָהֶם צִיצִת עַל־כַּנְפֵי בִגְדֵיהֶם
לְדֹרֹתָם וְנָתְנוּ עַל־צִיצִת הַכָּנָף פְּתִיל תְּכֵלֶת׃ לט וְהָיָה
לָכֶם לְצִיצִת וּרְאִיתֶם אֹתוֹ וּזְכַרְתֶּם אֶת־כָּל־מִצְוֺת
יְהוָה וַעֲשִׂיתֶם אֹתָם וְלֹא תָתוּרוּ אַחֲרֵי לְבַבְכֶם
וְאַחֲרֵי עֵינֵיכֶם אֲשֶׁר־אַתֶּם זֹנִים אַחֲרֵיהֶם׃ מ לְמַעַן
תִּזְכְּרוּ וַעֲשִׂיתֶם אֶת־כָּל־מִצְוֺתָי וִהְיִיתֶם קְדֹשִׁים
לֵאלֹהֵיכֶם׃ מא אֲנִי יְהוָה אֱלֹהֵיכֶם אֲשֶׁר הוֹצֵאתִי

רש"י

לו **וַיֹּצִיאוּ אֹתוֹ.** מִכָּאן שֶׁבֵּית הַסְּקִילָה חוּץ וְרָחוֹק מִבֵּית דִּין:

לח **וְעָשׂוּ לָהֶם צִיצִת.** עַל שֵׁם הַפְּתִילִים הַתְּלוּיִים בָּהּ, כְּמוֹ: "וַיִּקָּחֵנִי בְּצִיצִת רֹאשִׁי" (יחזקאל ח, ג). דָּבָר אַחֵר, "צִיצִת" עַל שֵׁם "וּרְאִיתֶם אֹתוֹ", כְּמוֹ "מֵצִיץ מִן הַחֲרַכִּים" (שיר השירים ב, ט): **תְּכֵלֶת.** צֶבַע יָרֹק שֶׁל חִלָּזוֹן:

לט **וּזְכַרְתֶּם אֶת כָּל מִצְוֹת ה'.** שֶׁמִּנְיַן גִּימַטְרִיָּא שֶׁל צִיצִית שֵׁשׁ מֵאוֹת, וּשְׁמוֹנָה חוּטִים וַחֲמִשָּׁה קְשָׁרִים הֲרֵי תַּרְיַ"ג: **וְלֹא תָתוּרוּ אַחֲרֵי לְבַבְכֶם.** כְּמוֹ "מִתּוּר הָאָרֶץ" (לעיל יג, כה), הַלֵּב וְהָעֵינַיִם הֵם מְרַגְּלִים לַגּוּף, מְסַרְסְרִים לוֹ אֶת הָעֲבֵרוֹת, הָעַיִן רוֹאָה וְהַלֵּב חוֹמֵד וְהַגּוּף עוֹשֶׂה אֶת הָעֲבֵרוֹת:

מא **אֲנִי ה'.** נֶאֱמָן לְשַׁלֵּם שָׂכָר: **אֱלֹהֵיכֶם.** נֶאֱמָן לִפָּרַע: **אֲשֶׁר הוֹצֵאתִי אֶתְכֶם.** עַל

הרחבות

סדר העניינים הכתוב עבר מעברות בשגגה, שעליהן מכפר קרבן, דרך עברות הנעשות במזיד אך איש אינו יודע עליהן, שה' הוא המגיב להן בכריתת נפש החוטא מישראל, ולבסוף, באמצעות סיפורו של המקושש דן הכתוב בעברות חמורות הנעשות בזדון, לעיני עדים ולאחר התראה, שעונשן מיתה בידי בית דין.

יש עברות שאינן נובעות מהתכוונות שלילית אלא מהשתקעות בדפוסים שליליים. המצווה הבאה, מצוות ציצית, באה לעורר את האדם לחיים שיש בהם קדושה, ולהזכיר לו בשטף השגרה את המצוות.

'על כנפי בגדיהם' ניסוח זה מורה שאין מדובר בבגד קודש מיוחד. את הציצית יש להטיל בפינותיו של הבגד הפשוט שאותו נהגו הכול ללבוש. באזור זה, שבו יש חילופי מזג אוויר מהירים בין יום ולילה ובין העונות, נהגו ללבוש בעבר בגד בסיסי שאינו אלא יריעת צמר או בד רבועה. בשעות חמות היו מקפלים אותה ומניחים על הכתפיים, ואילו בקור היו מתעטפים בה. (ראו דברים כב,יב: גְּדִלִים תַּעֲשֶׂה לָּךְ עַל אַרְבַּע כַּנְפוֹת כְּסוּתְךָ אֲשֶׁר תְּכַסֶּה בָּהּ). מהמלה לְדֹרֹתָם אפשר ללמוד שגם אם בעתיד תוחלף אפנת הלבוש, עדיין תישאר בעינה החובה לעשות ציציות בכנפי הבגד. ואכן גם כשפסקו לעטות

ביאור

לו וַיֹּצִיאוּ אֹתוֹ כָּל הָעֵדָה אֶל מִחוּץ לַמַּחֲנֶה, וַיִּרְגְּמוּ אֹתוֹ בָּאֲבָנִים – וַיָּמֹת,
כַּאֲשֶׁר צִוָּה ה׳ אֶת מֹשֶׁה.

ציצית

פס׳ לז–מא

לז וַיֹּאמֶר ה׳ אֶל מֹשֶׁה לֵּאמֹר: לח דַּבֵּר אֶל בְּנֵי יִשְׂרָאֵל וְאָמַרְתָּ אֲלֵהֶם וְעָשׂוּ
לָהֶם צִיצִת, קבוצת חוטים[39] עַל כַּנְפֵי, פינות בִגְדֵיהֶם לְדֹרֹתָם. וְנָתְנוּ עַל
הציצת הנתונה על הַכָּנָף – פְּתִיל, חוט נוסף של תְּכֵלֶת.

לט וְהָיָה לָכֶם לְצִיצִת, מלשון הצצה והבטה,[40] או: מלשון ציץ, פרח.
הציצית איננה חלק פונקציונלי מן הבגד, אלא היא מעין קישוט.[41]
וּרְאִיתֶם אֹתוֹ – את הבגד המצויץ הזה, וּזְכַרְתֶּם אֶת כָּל מִצְוֹת ה׳ וַעֲשִׂיתֶם
אֹתָם. זהו בגד לשם זיכרון. וְלֹא תָתֻרוּ, תלכו[42] אַחֲרֵי לְבַבְכֶם וְאַחֲרֵי
עֵינֵיכֶם אֲשֶׁר אַתֶּם זֹנִים, סוטים אַחֲרֵיהֶם. הלב החומד והעין הרואה
הם הגורמים לעבור על מצוות התורה. מ לְמַעַן תִּזְכְּרוּ בתוך שגרת
החולין שלכם וַעֲשִׂיתֶם אֶת כָּל מִצְוֹתָי, וִהְיִיתֶם קְדֹשִׁים לֵאלֹהֵיכֶם בכל
דרכיכם, במחשבותיכם ובמעשיכם. מא אֲנִי ה׳ אֱלֹהֵיכֶם אֲשֶׁר הוֹצֵאתִי

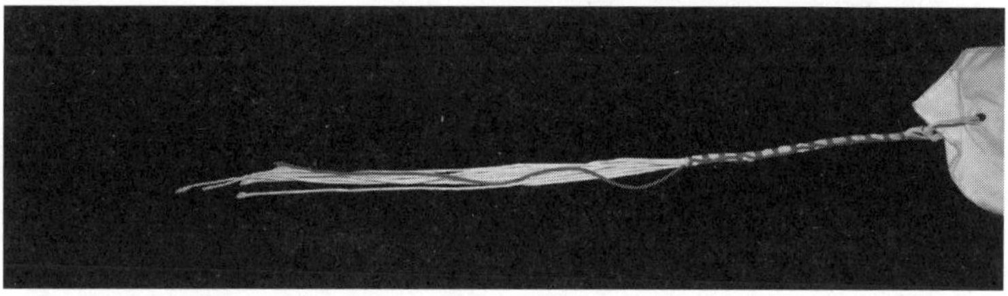

ציצית הכנף
עם פתיל תכלת

הרחבות

׳והיה לכם לציצת וראיתם אתו וזכרתם׳ גם היום מתעטפים בטלית בעת התפילה, ולובשים טלית-קטן לאורך היום כולו, לשם הזכרת כלל מצוות ה׳ והנכחתן בתודעה.

׳ולא תתורו אחרי לבבכם ואחרי עיניכם׳ הכתוב מקדים את הלב לעיניים משום שלא תמיד גורמת התפיסה החושית לחמדת הלב. לעתים קודמת חמדת הלב והתשוקה לדבר מסוים, וכאשר הוא נגלה לעין, גוברת התאווה ודוחפת לעשיית מעשה. מי שמראש אין לו משיכה פנימית לדבר, אותה ראייה לא תגרום לו למעשים אסורים.

את הבגד בן ארבע הכנפות ההוא מסיבות פונקציונליות, יהודים התעטפו בטלית כדי לקיים בה את המצווה הזאת.

׳פתיל תכלת׳ אף על פי שחוטי הציצית, שדובר בהם קודם, ולפי המסורת צבעם לבן (ראו מנחות לח ע"א), יכולים להיות מצמר או מפשתן, פתיל התכלת עשוי מצמר, שכן התכלת בכל מקום בתורה הוא צמר שנצבע בצבע מסוים זה, ורק בו נהגו להשתמש אז. (ראו מנחות לח-לט). פרטי עשיית הציצית מספר חוטיה וקשריה, הדרך שבה מתחברים החוטים אל הבגד וכיוצא בזה תלויים במסורת, וחלקם נלמד מדיוק הפסוקים.

אֶתְכֶם֙ מֵאֶ֣רֶץ מִצְרַ֔יִם לִהְי֥וֹת לָכֶ֖ם לֵאלֹהִ֑ים אֲנִ֖י יְהוָ֥ה אֱלֹהֵיכֶֽם׃

קרח טו וַיִּקַּ֣ח קֹ֔רַח בֶּן־יִצְהָ֖ר בֶּן־קְהָ֣ת בֶּן־לֵוִ֑י וְדָתָ֨ן וַאֲבִירָ֜ם [א] טז

רש"י

מְנָת כֵּן פָּדִיתִי אֶתְכֶם שֶׁתְּקַבְּלוּ עֲלֵיכֶם גְּזֵרוֹתַי: **אֲנִי ה' אֱלֹהֵיכֶם.** עוֹד לָמָּה נֶאֱמַר? כְּדֵי שֶׁלֹּא יֹאמְרוּ יִשְׂרָאֵל: מִפְּנֵי מָה אָמַר הַמָּקוֹם, לֹא שֶׁנַּעֲשֶׂה וְנִטֹּל שָׂכָר? אָנוּ לֹא עוֹשִׂים וְלֹא נוֹטְלִים שָׂכָר! עַל כָּרְחֲכֶם אֲנִי מַלְכְּכֶם. וְכֵן הוּא אוֹמֵר: "אִם לֹא בְּיָד חֲזָקָה... אֶמְלוֹךְ עֲלֵיכֶם" (יחזקאל כ, לג). דָּבָר אַחֵר, לָמָּה נֶאֱמַר יְצִיאַת מִצְרַיִם? אֲנִי הוּא שֶׁהִבְחַנְתִּי בְּמִצְרַיִם בֵּין טִפָּה שֶׁל בְּכוֹר לְשֶׁאֵינָהּ שֶׁל בְּכוֹר, אֲנִי הוּא עָתִיד לְהַבְחִין וּלְהִפָּרַע מִן הַתּוֹלֶה קָלָא אִילָן בְּבִגְדוֹ וְאוֹמֵר: תְּכֵלֶת הִיא.

וּמִיסוֹדוֹ שֶׁל רַבִּי מֹשֶׁה הַדַּרְשָׁן הֶעְתַּקְתִּי: לָמָּה נִסְמְכָה פָּרָשַׁת מְקוֹשֵׁשׁ לְפָרָשַׁת עֲבוֹדָה זָרָה? לוֹמַר שֶׁהַמְחַלֵּל אֶת הַשַּׁבָּת כְּעוֹבֵד עֲבוֹדָה זָרָה, שֶׁאַף הִיא שְׁקוּלָה כְּכָל הַמִּצְוֹת. וְכֵן הוּא אוֹמֵר בְּעֶזְרָא: "וְעַל הַר סִינַי יָרַדְתָּ..." וַתִּתֵּן לְעַמְּךָ תּוֹרָה וּמִצְוֹת "וְאֶת שַׁבַּת קָדְשְׁךָ הוֹדַעְתָּ לָהֶם" (נחמיה ט, יג-יד). וְאַף פָּרָשַׁת צִיצִית לְכָךְ נִסְמְכָה לָאֵלּוּ, לְפִי שֶׁאַף הִיא שְׁקוּלָה כְּנֶגֶד כָּל הַמִּצְוֹת, שֶׁנֶּאֱמַר: "וַעֲשִׂיתֶם אֶת כָּל מִצְוֹתָי" (לעיל פסוק מ): **עַל כַּנְפֵי בִגְדֵיהֶם.** כְּנֶגֶד "וָאֶשָּׂא אֶתְכֶם עַל כַּנְפֵי נְשָׁרִים" (שמות יט, ד). עַל אַרְבַּע כְּנָפוֹת, וְלֹא בַּעֲלַת שָׁלֹשׁ וְלֹא בַּעֲלַת חָמֵשׁ, כְּנֶגֶד אַרְבַּע לְשׁוֹנוֹת שֶׁל גְּאֻלָּה שֶׁנֶּאֶמְרוּ בְּמִצְרַיִם: "וְהוֹצֵאתִי", "וְהִצַּלְתִּי", "וְגָאַלְתִּי", "וְלָקַחְתִּי" (שמות ו, ו-ז): **פְּתִיל תְּכֵלֶת.** עַל שֵׁם שִׁכּוּל בְּכוֹרוֹת, תַּרְגּוּמוֹ שֶׁל שִׁכּוּל: 'תִּכְלָא'. וּמַכָּתָם הָיְתָה בַּלַּיְלָה, וְכֵן צֶבַע הַתְּכֵלֶת דּוֹמֶה לָרָקִיעַ הַמַּשְׁחִיר לְעֵת עֶרֶב. וּשְׁמוֹנָה חוּטִים שֶׁבָּהּ, כְּנֶגֶד שְׁמוֹנָה

יָמִים שֶׁשָּׁהוּ יִשְׂרָאֵל מִשֶּׁיָּצְאוּ מִמִּצְרַיִם עַד שֶׁאָמְרוּ שִׁירָה עַל הַיָּם:

פרק טז

א| **וַיִּקַּח קֹרַח.** פָּרָשָׁה זוֹ יָפֶה נִדְרֶשֶׁת בְּמִדְרַשׁ רַבִּי תַּנְחוּמָא: **וַיִּקַּח קֹרַח.** לָקַח אֶת עַצְמוֹ לְצַד אֶחָד לִהְיוֹת נֶחֱלָק מִתּוֹךְ הָעֵדָה לְעוֹרֵר עַל הַכְּהֻנָּה, וְזֶהוּ שֶׁתִּרְגֵּם אוּנְקְלוֹס: "וְאִתְפְּלֵיג", נֶחֱלַק מִשְּׁאָר הָעֵדָה לְהַחְזִיק בְּמַחְלֹקֶת. וְכֵן: "מַה יִּקָּחֲךָ לִבֶּךָ" (איוב טו, יב), לוֹקֵחַ אוֹתְךָ לְהַפְלִיגְךָ מִשְּׁאָר בְּנֵי אָדָם. דָּבָר אַחֵר, "וַיִּקַּח קֹרַח", מָשַׁךְ רָאשֵׁי סַנְהֶדְרָאוֹת שֶׁבָּהֶם בִּדְבָרִים, כְּמוֹ שֶׁנֶּאֱמַר: "קַח אֶת אַהֲרֹן" (ויקרא ח, ב), "קְחוּ עִמָּכֶם דְּבָרִים" (הושע יד, ג): **בֶּן יִצְהָר בֶּן קְהָת בֶּן לֵוִי.** וְלֹא הִזְכִּיר 'בֶּן יַעֲקֹב', שֶׁבִּקֵּשׁ רַחֲמִים עַל עַצְמוֹ שֶׁלֹּא יִזָּכֵר שְׁמוֹ עַל מַחְלֻקְתָּם, שֶׁנֶּאֱמַר: "בִּקְהָלָם אַל תֵּחַד כְּבֹדִי" (בראשית מט, ו). וְהֵיכָן נִזְכַּר שְׁמוֹ עַל קֹרַח? בְּהִתְיַחֲסָם עַל הַדּוּכָן בְּדִבְרֵי הַיָּמִים, שֶׁנֶּאֱמַר: "בֶּן אֶבְיָסָף בֶּן קֹרַח בֶּן יִצְהָר בֶּן קְהָת בֶּן לֵוִי בֶּן יִשְׂרָאֵל" (דברי הימים א' ו, כב-כג): **וְדָתָן וַאֲבִירָם.** בִּשְׁבִיל שֶׁהָיָה שֵׁבֶט רְאוּבֵן שָׁרוּי בַּחֲנִיָּתָם תֵּימָנָה, שָׁכֵן לִקְהָת וּבָנָיו הַחוֹנִים תֵּימָנָה, נִשְׁתַּתְּפוּ עִם קֹרַח בְּמַחְלֻקְתּוֹ, אוֹי לָרָשָׁע אוֹי לִשְׁכֵנוֹ. וּמָה רָאָה קֹרַח לַחֲלֹק עִם מֹשֶׁה? נִתְקַנֵּא עַל נְשִׂיאוּתוֹ שֶׁל אֱלִיצָפָן בֶּן עֻזִּיאֵל, שֶׁמִּנָּהוּ מֹשֶׁה נָשִׂיא עַל בְּנֵי קְהָת עַל פִּי הַדִּבּוּר. אָמַר קֹרַח: אַחֵי אַבָּא אַרְבָּעָה הָיוּ, שֶׁנֶּאֱמַר: "וּבְנֵי קְהָת" וְגוֹ' (שמות ו, יח), עַמְרָם הַבְּכוֹר נָטְלוּ שְׁנֵי בָנָיו גְּדֻלָּה, אֶחָד מֶלֶךְ וְאֶחָד כֹּהֵן גָּדוֹל, מִי רָאוּי לִטֹּל אֶת הַשְּׁנִיָּה? לֹא אֲנִי, שֶׁאֲנִי בֶּן יִצְהָר שֶׁהוּא שֵׁנִי לְעַמְרָם? וְהוּא מִנָּה נָשִׂיא אֶת בֶּן אָחִיו הַקָּטָן מִכֻּלָּם! הֲרֵינִי חוֹלֵק

ביאור | **אֶתְכֶם מֵאֶרֶץ מִצְרַיִם לִהְיוֹת לָכֶם לֵאלֹהִים, אֲנִי ה' אֱלֹהֵיכֶם.** בכך שה' הוציא את ישראל ממצרים, הוא הקדישם לעבדיו. כדי לשמר קדושה זו באמצעות המצוות, ישראל זקוקים לסימנים קבועים בבגדיהם.

פרשת קרח

קֹרח ועדתו

פרק טז – פרק יז פס' טו

קרח מנהיג מרד פנימי כנגד הנהגת העם שבה בחר ה': כנגד שררתו של משה רבנו וכנגד כהונת אהרן ובניו. התורה אינה מציינת מתי בדיוק אירעו אירועים אלו. ברור כי אהרן ובניו הכהנים כבר שירתו אז במשכן, אך ייתכן שהם מונו לא מזמן, והיו שהטילו ספק אם משה לא בדה מלבו את המעמד החדש של הכהנים.

התגובה המידית והנסית למחלוקת זו הייתה נחוצה, שכן קרח, דתן ואבירם ומאתיים וחמישים מקריבי הקטורת לא רק השמיצו את משה האיש, אלא אף ערערו על נבואתו ואמינות דבריו, שהם הבסיס לכל האמונה בתורה.

פרק טז א **וַיִּקַּח קֹרַח בֶּן יִצְהָר,** אחי עמרם **בֶּן קְהָת בֶּן לֵוִי.** קרח היה אפוא בן דודו של משה. משה ואהרן היו בניו של בנו בכורו של קהת, עמרם; בן בנו הרביעי של קהת, עוזיאל, נבחר להיות נשיא בני קהת.[1] מכאן אפשר להבין את הקיפוח שחש קרח מול העובדה שאביו יצהר, הבן השני של קהת, לא זכה בשום תפקיד ציבורי.[2] **וְדָתָן**

משפחת קהת

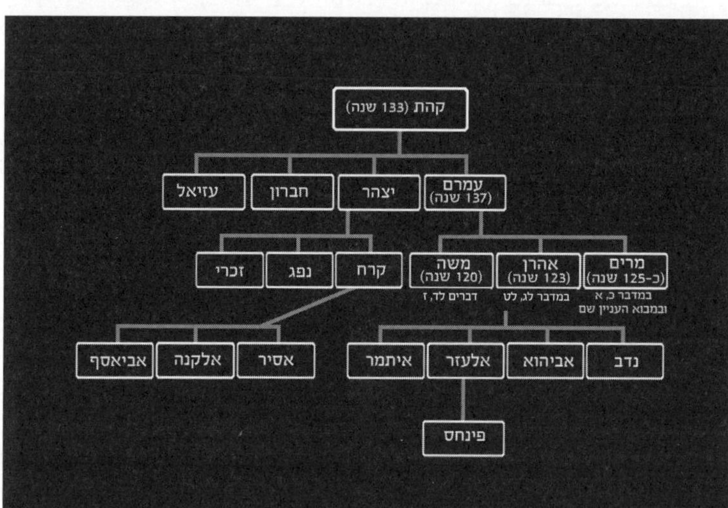

בְּנֵי אֱלִיאָב וְאוֹן בֶּן־פֶּלֶת בְּנֵי רְאוּבֵן׃ וַיָּקֻמוּ לִפְנֵי ב
מֹשֶׁה וַאֲנָשִׁים מִבְּנֵי־יִשְׂרָאֵל חֲמִשִּׁים וּמָאתָיִם נְשִׂיאֵי
עֵדָה קְרִאֵי מוֹעֵד אַנְשֵׁי־שֵׁם׃ וַיִּקָּהֲלוּ עַל־מֹשֶׁה וְעַל־ ג
אַהֲרֹן וַיֹּאמְרוּ אֲלֵהֶם רַב־לָכֶם כִּי כָל־הָעֵדָה כֻּלָּם
קְדֹשִׁים וּבְתוֹכָם יְהוָה וּמַדּוּעַ תִּתְנַשְּׂאוּ עַל־קְהַל
יְהוָה׃ וַיִּשְׁמַע מֹשֶׁה וַיִּפֹּל עַל־פָּנָיו׃ וַיְדַבֵּר אֶל־קֹרַח ד ה
וְאֶל־כָּל־עֲדָתוֹ לֵאמֹר בֹּקֶר וְיֹדַע יְהוָה אֶת־אֲשֶׁר־לוֹ
וְאֶת־הַקָּדוֹשׁ וְהִקְרִיב אֵלָיו וְאֵת אֲשֶׁר יִבְחַר־בּוֹ
יַקְרִיב אֵלָיו׃ זֹאת עֲשׂוּ קְחוּ־לָכֶם מַחְתּוֹת קֹרַח וְכָל־ ו

רש"י

עָלָיו וּמְבַטֵּל אֶת דְּבָרָיו. מֶה עָשָׂה? עָמַד וְכָנַס מָאתַיִם וַחֲמִשִּׁים רָאשֵׁי סַנְהֶדְרָאוֹת, רֻבָּן מִשֵּׁבֶט רְאוּבֵן שְׁכֵנָיו, וְהֵם אֱלִיצוּר בֶּן שְׁדֵיאוּר וַחֲבֵרָיו וְכַיּוֹצֵא בוֹ, שֶׁנֶּאֱמַר: "נְשִׂיאֵי עֵדָה קְרִאֵי מוֹעֵד" (להלן פסוק ב), וּלְהַלָּן הוּא אוֹמֵר: "אֵלֶּה קְרוּאֵי הָעֵדָה" (לעיל א, טז), וְהִלְבִּישָׁן טַלִּיתוֹת שֶׁכֻּלָּן תְּכֵלֶת, בָּאוּ וְעָמְדוּ לִפְנֵי מֹשֶׁה, אָמְרוּ לוֹ: טַלִּית שֶׁכֻּלָּהּ שֶׁל תְּכֵלֶת חַיֶּבֶת בְּצִיצִית אוֹ פְּטוּרָה? אָמַר לָהֶם: חַיֶּבֶת. הִתְחִילוּ לְשַׂחֵק עָלָיו: אֶפְשָׁר טַלִּית שֶׁל מִין אַחֵר, חוּט אֶחָד שֶׁל תְּכֵלֶת פּוֹטְרָהּ, זוֹ שֶׁכֻּלָּהּ תְּכֵלֶת לֹא תִּפְטֹר אֶת עַצְמָהּ?!: בְּנֵי רְאוּבֵן. דָּתָן וַאֲבִירָם וְאוֹן בֶּן פֶּלֶת:

ג] **רַב לָכֶם.** הַרְבֵּה יוֹתֵר מִדַּאי לְקַחְתֶּם לְעַצְמְכֶם גְּדֻלָּה: **כֻּלָּם קְדֹשִׁים.** כֻּלָּם שָׁמְעוּ דְּבָרִים בְּסִינַי מִפִּי הַגְּבוּרָה: **וּמַדּוּעַ תִּתְנַשְּׂאוּ.** אִם לָקַחְתָּ אַתָּה מַלְכוּת, לֹא הָיָה לְךָ לִבְרֹר לְאָחִיךָ כְּהֻנָּה. לֹא אַתֶּם לְבַדְּכֶם שְׁמַעְתֶּם בְּסִינַי: "אָנֹכִי ה' אֱלֹהֶיךָ", כָּל הָעֵדָה שָׁמְעוּ:

ד] **וַיִּפֹּל עַל פָּנָיו.** מִפְּנֵי הַמַּחְלֹקֶת, שֶׁכְּבָר זֶה בְּיָדָם סִרְחוֹן רְבִיעִי. [חָטְאוּ בָעֵגֶל, "וַיְחַל מֹשֶׁה" (שמות לב, יא); בַּמִּתְאוֹנְנִים, "וַיִּתְפַּלֵּל מֹשֶׁה" (לעיל יא, ב); בַּמְרַגְּלִים, "וַיֹּאמֶר מֹשֶׁה אֶל ה' וְשָׁמְעוּ מִצְרַיִם" (לעיל יד, יג). בְּמַחְלָקְתּוֹ שֶׁל קֹרַח נִתְרַשְּׁלוּ יָדָיו]. מָשָׁל לְבֶן מֶלֶךְ שֶׁסָּרַח עַל אָבִיו, וּפִיֵּס עָלָיו אוֹהֲבוֹ פַּעַם וּשְׁתַּיִם וְשָׁלֹשׁ, כְּשֶׁסָּרַח רְבִיעִית נִתְרַשְּׁלוּ יְדֵי הָאוֹהֵב הַהוּא, אָמַר: עַד מָתַי אַטְרִיחַ עַל הַמֶּלֶךְ? שֶׁמָּא לֹא יְקַבֵּל עוֹד מִמֶּנִּי:

ה] **בֹּקֶר וְיֹדַע וגו'.** עַתָּה עֵת שִׁכְרוּת הוּא לָנוּ וְלֹא נָכוֹן לְהֵרָאוֹת לְפָנָיו. וְהוּא הָיָה מִתְכַּוֵּן לִדְחוֹתָם, שֶׁמָּא יַחְזְרוּ בָּהֶם: **בֹּקֶר וְיֹדַע ה' אֶת אֲשֶׁר לוֹ.** לַעֲבוֹדַת לְוִיָּה: **וְאֶת הַקָּדוֹשׁ.** לִכְהֻנָּה: **וְהִקְרִיב.** אוֹתָם "אֵלָיו":

ו-ז] [תוספת מאיגרת רבינו שמעיה: **זֹאת עֲשׂוּ קְחוּ לָכֶם מַחְתּוֹת.** מָה רָאָה לוֹמַר לָהֶם כָּךְ? אָמַר לָהֶם: בְּדַרְכֵי הַגּוֹיִם יֵשׁ נִימוּסִים הַרְבֵּה וּכְמָרִים הַרְבֵּה, וְאֵין כֻּלָּם מִתְקַבְּצִים בְּבַיִת אֶחָד. אָנוּ אֵין לָנוּ אֶלָּא ה' אֶחָד, אָרוֹן אֶחָד וְתוֹרָה אַחַת וּמִזְבֵּחַ אֶחָד וְכֹהֵן גָּדוֹל אֶחָד, וְאַתֶּם חֲמִשִּׁים וּמָאתַיִם אִישׁ מְבַקְשִׁים כְּהֻנָּה גְּדוֹלָה? אַף אֲנִי רוֹצֶה בְּכָךְ. הֵא לָכֶם תַּשְׁמִישׁ חָבִיב מִכֹּל, הִיא הַקְּטֹרֶת הַחֲבִיבָה מִכָּל הַקָּרְבָּנוֹת, וְסַם הַמָּוֶת נָתוּן בְּתוֹכוֹ שֶׁבּוֹ נִשְׂרְפוּ נָדָב וַאֲבִיהוּא, לְפִיכָךְ הִתְרָה בָּהֶם:

ביאור | וַאֲבִירָם בְּנֵי אֱלִיאָב וְאוֹן בֶּן פֶּלֶת, ששלושתם היו בְּנֵי רְאוּבֵן. מרמורם נבע כנראה מהיותם בני ראובן בכור יעקב, שכבר אביו העבירו מבכורתו והעניק אותה ליוסף, ואת המלכות העביר ליהודה,[3] ובשלב מאוחר יותר עבודת הקודש, שגם היא הייתה מתפקידי הבכורה, עברה ללוי.[4] את העובדה שלא זכו בתפקידים מכובדים ייחסו לתאוות השררה של המנהיגים הנוכחיים. ב וַיָּקֻמוּ קרח ורעיו לִפְנֵי מֹשֶׁה הם וַאֲנָשִׁים מִבְּנֵי יִשְׂרָאֵל שאספו עמם – חֲמִשִּׁים וּמָאתָיִם נְשִׂיאֵי עֵדָה, קְרִאֵי מוֹעֵד, בעלי מעמד הנקראים לכינוסים, למשפט ולאוהל מועד,[5] או: שבכוחם לכנס את העדה, אַנְשֵׁי שֵׁם, מפורסמים בשמותיהם. היה זה מרד של האליטה. ג וַיִּקָּהֲלוּ עַל מֹשֶׁה וְעַל אַהֲרֹן וַיֹּאמְרוּ אֲלֵהֶם: רַב לָכֶם, יש לכם תפקידים רבים מדי.[6] אין זה הוגן כִּי כָל הָעֵדָה, כל ישראל, כֻּלָּם קְדֹשִׁים, וּבְתוֹכָם נמצא ה׳, וּמַדּוּעַ תִּתְנַשְּׂאוּ עַל קְהַל ה׳? מדוע לקחתם לעצמכם תפקידים גבוהים יותר?

ד וַיִּשְׁמַע מֹשֶׁה, וַיִּפֹּל עַל פָּנָיו בזעזוע, שכן אין אלו צעקות של אספסוף, אלא התקפה המגיעה מאנשים קרובים אליו, מוכרים לו ובעלי מעמד בעם. ה נראה כי כשנפל על פניו קיבל נבואה. וַיְדַבֵּר אֶל קֹרַח וְאֶל כָּל עֲדָתוֹ את דברי ה׳ הללו לֵאמֹר: מחר בֹּקֶר – וְיֹדַע, יודיע ה׳ אֶת אֲשֶׁר שייכים לו, וְאֶת הַקָּדוֹשׁ – וְהִקְרִיב אֵלָיו. וְאֵת אֲשֶׁר יִבְחַר בּוֹ לשרת לפניו לדורות – אותו לבדו[7] יַקְרִיב אֵלָיו. ואז תיווכחו שלא אני הוא הקובע מי יישא בתפקידים. ו ולמען הסר ספק זֹאת עֲשׂוּ: קְחוּ לָכֶם מַחְתּוֹת, כלי הגחלים לקטורת, קֹרַח וְכָל עֲדָתוֹ, ז וּתְנוּ בָהֵן אֵשׁ

הרחבות

׳בני ראובן׳ חכמים העירו שממיקום השבטים ובתי האב עולה כי קרח ומשפחתו ישבו סמוך למקום חניית בני ראובן, כך שאולי גם יחסי השכנות ביניהם הובילו להתקוממות המשותפת. (ראו רש״י על אתר; במדבר רבה יח,ה).

קרח ועדתו מטיחים במשה ואהרן האשמה כפולה: מבחינה תיאולוגית הם מערערים על עצם נחיצותו של מעמד הכהונה אם כל העדה קדושה, הרי אין צורך בכהנים. ומבחינה פוליטית הם טוענים שגם אם יש צורך בכהנים, משה ואהרן לא היו צריכים ליטול את תפקידי השררה לעצמם.
הטענה הראשונה, כָל הָעֵדָה כֻּלָּם קְדֹשִׁים וּבְתוֹכָם ה׳ מבטאת תפיסה שבכל העדה מצוי פוטנציאל להגיע למעלה עליונה. תפיסה זו דומה דווקא לדברים שאמר משה עצמו ליהושע: וּמִי יִתֵּן כָּל עַם ה׳ נְבִיאִים (לעיל יא,כט). ואפשר לראות בה קריאה לדמוקרטיזציה וביטול המעמדות. (ראו עוד צדקת הצדיק סה ו–רלא).

׳זאת עשו׳ משה מציע להם לנסות לפעול לפי תפיסתם. אם הם מניחים שההנהגה לא נבחרה על ידי ה׳ אלא כתוצאה מהחלטות פוליטיות וחברתיות, כל אחד יכול לנהוג ככהן; ועל כן הוא מזמין אותם לנסות ולהקטיר קטורת... ואולם הוא מניח שבוודאי אף הם זוכרים את סיפור מותם של בני אהרן, שהקטירו קטורת שלא צֻוּו להקטירה ומתו. זיכרון טראומטי זה אמור להרתיעם מלקרב אל הקודש, שכן סכנה נשקפת למי שמקטיר ולא נבחר לכך.

עֲדָתוֹ: וּתְנוּ־בָהֵן ׀ אֵשׁ וְשִׂימוּ עֲלֵיהֶן ׀ קְטֹרֶת לִפְנֵי ז
יהוה מָחָר וְהָיָה הָאִישׁ אֲשֶׁר־יִבְחַר יהוה הוּא
הַקָּדוֹשׁ רַב־לָכֶם בְּנֵי לֵוִי: ׀ וַיֹּאמֶר מֹשֶׁה אֶל־קֹרַח ח
שִׁמְעוּ־נָא בְּנֵי לֵוִי: הַמְעַט מִכֶּם כִּי־הִבְדִּיל אֱלֹהֵי ט
יִשְׂרָאֵל אֶתְכֶם מֵעֲדַת יִשְׂרָאֵל לְהַקְרִיב אֶתְכֶם אֵלָיו
לַעֲבֹד אֶת־עֲבֹדַת מִשְׁכַּן יהוה וְלַעֲמֹד לִפְנֵי הָעֵדָה
לְשָׁרְתָם: וַיַּקְרֵב אֹתְךָ וְאֶת־כָּל־אַחֶיךָ בְנֵי־לֵוִי אִתָּךְ י
וּבִקַּשְׁתֶּם גַּם־כְּהֻנָּה: לָכֵן אַתָּה וְכָל־עֲדָתְךָ הַנֹּעָדִים יא
עַל־יהוה וְאַהֲרֹן מַה־הוּא כִּי תלונו עָלָיו: וַיִּשְׁלַח יב [תַּלִּינוּ]
מֹשֶׁה לִקְרֹא לְדָתָן וְלַאֲבִירָם בְּנֵי אֱלִיאָב וַיֹּאמְרוּ לֹא

רש"י

"וְהָיָה הָאִישׁ אֲשֶׁר יִבְחַר ה' הוּא הַקָּדוֹשׁ" (להלן פסוק ז), כְּבָר הוּא בִּקְדֻשָּׁתוֹ, וְכִי אֵין אָנוּ יוֹדְעִים שֶׁמִּי שֶׁיִּבְחַר הוּא הַקָּדוֹשׁ? אֶלָּא אָמַר לָהֶם מֹשֶׁה: הֲרֵינִי אוֹמֵר לָכֶם, שֶׁלֹּא תִּתְחַיְּבוּ: מִי שֶׁיִּבְחַר בּוֹ יֵצֵא חַי וְכֻלְּכֶם אוֹבְדִים: רַב לָכֶם בְּנֵי לֵוִי. דָּבָר גָּדוֹל אָמַרְתִּי לָכֶם. וְלֹא טִפְּשִׁים הָיוּ שֶׁכָּךְ הִתְרָה בָּהֶם וְקִבְּלוּ עֲלֵיהֶם לְקָרֵב, אֶלָּא הֵם חָטְאוּ עַל נַפְשׁוֹתָם, שֶׁנֶּאֱמַר: "אֵת מַחְתּוֹת הַחַטָּאִים הָאֵלֶּה בְּנַפְשֹׁתָם" (להלן יז, ג). וְקֹרַח שֶׁפִּקֵּחַ הָיָה, מָה רָאָה לִשְׁטוּת זוֹ? עֵינוֹ הִטְעַתּוּ, רָאָה שַׁלְשֶׁלֶת גְּדוֹלָה יוֹצְאָה מִמֶּנּוּ – שְׁמוּאֵל שֶׁשָּׁקוּל כְּנֶגֶד מֹשֶׁה וְאַהֲרֹן, אָמַר: בִּשְׁבִילוֹ אֲנִי נִמְלָט; וְעֶשְׂרִים וְאַרְבַּע מִשְׁמָרוֹת עוֹמְדוֹת לִבְנֵי בָנָיו כֻּלָּם מִתְנַבְּאִים בְּרוּחַ הַקֹּדֶשׁ, שֶׁנֶּאֱמַר: "כָּל אֵלֶּה בָנִים לְהֵימָן" (דברי הימים א' כה, ה), אָמַר: אֶפְשָׁר כָּל הַגְּדֻלָּה הַזֹּאת עֲתִידָה לַעֲמֹד מִמֶּנִּי וַאֲנִי אֶדֹּם? לְכָךְ נִשְׁתַּתֵּף לָבֹא לְאוֹתָהּ חֲזָקָה, שֶׁשָּׁמַע מִפִּי מֹשֶׁה שֶׁכֻּלָּם אוֹבְדִים וְאֶחָד נִמְלָט – "אֲשֶׁר יִבְחַר ה' הוּא הַקָּדוֹשׁ", טָעָה וְתָלָה בְעַצְמוֹ.

וְלֹא רָאָה יָפֶה, לְפִי שֶׁבָּנָיו עָשׂוּ תְּשׁוּבָה, וּמֹשֶׁה הָיָה רוֹאֶה. תַּנְחוּמָא (ה):] מַחְתּוֹת. כֵּלִים שֶׁחוֹתִין בָּהֶם גֶּחָלִים וְיֵשׁ לָהֶם בֵּית יָד: רַב לָכֶם. דָּבָר גָּדוֹל נְטַלְתֶּם בְּעַצְמְכֶם, לַחֲלֹק עַל הַקָּדוֹשׁ בָּרוּךְ הוּא:

ח) וַיֹּאמֶר מֹשֶׁה אֶל קֹרַח שִׁמְעוּ נָא בְּנֵי לֵוִי. הִתְחִיל לְדַבֵּר עִמּוֹ דְּבָרִים רַכִּים, כֵּיוָן שֶׁרָאָהוּ קְשֵׁה עֹרֶף, אָמַר: עַד שֶׁלֹּא יִשְׁתַּתְּפוּ שְׁאָר הַשְּׁבָטִים וְיֹאבְדוּ עִמּוֹ אֲדַבֵּר גַּם אֶל כֻּלָּם. הִתְחִיל לְרַצּוֹת בָּהֶם: "שִׁמְעוּ נָא בְּנֵי לֵוִי":

ט) וְלַעֲמֹד לִפְנֵי הָעֵדָה. לָשִׁיר עַל הַדּוּכָן:

י) וַיַּקְרֵב אֹתְךָ. לְאוֹתוֹ שֵׁרוּת שֶׁהִרְחִיק מִמֶּנּוּ שְׁאָר עֲדַת יִשְׂרָאֵל:

יא) לָכֵן. בִּשְׁבִיל כָּךְ, "אַתָּה וְכָל עֲדָתְךָ הַנֹּעָדִים" אִתְּךָ "עַל ה'", כִּי בִּשְׁלִיחוּתוֹ עָשִׂיתִי לָתֵת כְּהֻנָּה לְאַהֲרֹן, וְלֹא לָנוּ הוּא הַמַּחְלֹקֶת הַזֶּה:

יב) וַיִּשְׁלַח מֹשֶׁה וגו'. מִכָּאן שֶׁאֵין מַחְזִיקִין בְּמַחְלֹקֶת, שֶׁהָיָה מֹשֶׁה מְחַזֵּר אַחֲרֵיהֶם

ביאור | **וְשִׂימוּ עֲלֵיהֶן קְטֹרֶת לִפְנֵי ה׳ מָחָר**, אם תרצו להקטיר קטורת בעצמכם, אבל – **וְהָיָה הָאִישׁ אֲשֶׁר יִבְחַר ה׳ – הוּא הַקָּדוֹשׁ**.

עד כאן פנה משה לכל עדת קרח. עתה הוא ממקד פנייתו בלויים שבאותה עדה ואומר להם: **רַב לָכֶם**, הסתפקו בתפקידכם המכובד, **בְּנֵי לֵוִי**.

ח **וַיֹּאמֶר מֹשֶׁה אֶל קֹרַח: שִׁמְעוּ נָא, בְּנֵי לֵוִי,** ט **הַמְעַט מִכֶּם**, כלום אין
די לכם **כִּי הִבְדִּיל אֱלֹהֵי יִשְׂרָאֵל אֶתְכֶם מֵעֲדַת יִשְׂרָאֵל לְהַקְרִיב אֶתְכֶם**
אֵלָיו, לַעֲבֹד אֶת עֲבֹדַת מִשְׁכַּן ה׳ וְלַעֲמֹד לִפְנֵי הָעֵדָה לְשָׁרְתָם. י **וַיַּקְרֵב**
אֹתְךָ, קרח, **וְאֶת כָּל אַחֶיךָ בְנֵי לֵוִי אִתָּךְ – וּבִקַּשְׁתֶּם גַּם כְּהֻנָּה?!** מדוע אינכם מסתפקים במעמדכם הייחודי במקדש כלויים?! מעבר לכך, דרישתכם לשוויון מעמדי אינה עולה בקנה אחד עם העובדה שאתם עצמכם בני מעמד מכובד. בתוככם מסתתרת אפוא שאיפה אישית למעמד הכהונה. יא **לָכֵן אַתָּה וְכָל עֲדָתְךָ הַנֹּעָדִים** נועדים
בעצם **עַל**, כנגד **ה׳, וְאַהֲרֹן מַה הוּא כִּי תַלִּינוּ עָלָיו.** הרי אהרן לא בחר בתפקידו.

יב **וַיִּשְׁלַח מֹשֶׁה לִקְרֹא לְדָתָן וְלַאֲבִירָם בְּנֵי אֱלִיאָב** על מנת לשוחח אתם באופן אישי.

הרחבות | **"אתה וכל עדתך הנֹעדים על ה'"** כשמשה רואה שקרח ועדתו מטילים ספק במהימנות טענתו, שהוא ואהרן נבחרו על ידי ה׳, הוא חושש למעמדה של התורה כולה, ועל כן יוצא מגדרי הצניעות והשקט שבהם הוא רגיל.

נַעֲלֶה: הַמְעַט כִּי הֶעֱלִיתָנוּ מֵאֶרֶץ זָבַת חָלָב וּדְבַשׁ יג
שני לַהֲמִיתֵנוּ בַּמִּדְבָּר כִּי־תִשְׂתָּרֵר עָלֵינוּ גַּם־הִשְׂתָּרֵר:
אַף לֹא אֶל־אֶרֶץ זָבַת חָלָב וּדְבַשׁ הֲבִיאֹתָנוּ וַתִּתֶּן־ יד
לָנוּ נַחֲלַת שָׂדֶה וָכָרֶם הַעֵינֵי הָאֲנָשִׁים הָהֵם תְּנַקֵּר
לֹא נַעֲלֶה: וַיִּחַר לְמֹשֶׁה מְאֹד וַיֹּאמֶר אֶל־יְהוָה אַל־ טו
תֵּפֶן אֶל־מִנְחָתָם לֹא חֲמוֹר אֶחָד מֵהֶם נָשָׂאתִי וְלֹא
הֲרֵעֹתִי אֶת־אַחַד מֵהֶם: וַיֹּאמֶר מֹשֶׁה אֶל־קֹרַח טז
אַתָּה וְכָל־עֲדָתְךָ הֱיוּ לִפְנֵי יְהוָה אַתָּה וָהֵם וְאַהֲרֹן
מָחָר: וּקְחוּ ׀ אִישׁ מַחְתָּתוֹ וּנְתַתֶּם עֲלֵיהֶם קְטֹרֶת יז
וְהִקְרַבְתֶּם לִפְנֵי יְהוָה אִישׁ מַחְתָּתוֹ חֲמִשִּׁים וּמָאתַיִם
מַחְתֹּת וְאַתָּה וְאַהֲרֹן אִישׁ מַחְתָּתוֹ: וַיִּקְחוּ אִישׁ יח
מַחְתָּתוֹ וַיִּתְּנוּ עֲלֵיהֶם אֵשׁ וַיָּשִׂימוּ עֲלֵיהֶם קְטֹרֶת
וַיַּעַמְדוּ פֶּתַח אֹהֶל מוֹעֵד וּמֹשֶׁה וְאַהֲרֹן: וַיַּקְהֵל יט

רש"י | לְהַשְׁלִימָם בְּדִבְרֵי שָׁלוֹם: **לֹא נַעֲלֶה.** פִּיהֶם הִכְשִׁילָם, שֶׁאֵין לָהֶם אֶלָּא יְרִידָה:

יד] **וַתִּתֶּן לָנוּ.** הַדָּבָר מוּסָב עַל 'לֹא' הָאָמוּר לְמַעְלָה, כְּלוֹמַר: לֹא הֲבִיאוֹתָנוּ וְלֹא נָתַתָּ לָנוּ נַחֲלַת שָׂדֶה וָכֶרֶם. אָמַרְתָּ לָנוּ: אַעֲלֶה אֶתְכֶם מֵעֳנִי מִצְרַיִם אֶל אֶרֶץ טוֹבָה וְגוֹ' (שמות ג, ח; יז), מִשָּׁם הוֹצֵאתָנוּ, וְלֹא אֶל אֶרֶץ זָבַת חָלָב וּדְבַשׁ הֲבִיאֹתָנוּ, אֶלָּא גָּזַרְתָּ עָלֵינוּ לַהֲמִיתֵנוּ בַּמִּדְבָּר, שֶׁאָמַרְתָּ לָנוּ: "בַּמִּדְבָּר הַזֶּה יִפְּלוּ פִגְרֵיכֶם" (לעיל יד, כט): **הַעֵינֵי הָאֲנָשִׁים הָהֵם תְּנַקֵּר וְגוֹ'.** אֲפִלּוּ אַתָּה שׁוֹלֵחַ לְנַקֵּר אֶת עֵינֵינוּ אִם לֹא נַעֲלֶה אֵלֶיךָ, לֹא נַעֲלֶה: **הָאֲנָשִׁים הָהֵם.** כְּאָדָם הַתּוֹלֶה קִלְלָתוֹ בַּחֲבֵרוֹ:

טו] **אַל תֵּפֶן אֶל מִנְחָתָם.** לְפִי פְּשׁוּטוֹ, הַקְּטֹרֶת שֶׁהֵם מַקְרִיבִין לְפָנֶיךָ מָחָר אַל תֵּפֶן אֲלֵיהֶם. וְהַמִּדְרָשׁ אוֹמֵר: יוֹדֵעַ אֲנִי שֶׁיֵּשׁ לָהֶם חֵלֶק בִּתְמִידֵי צִבּוּר, אַף חֶלְקָם לֹא יְקֻבַּל לְפָנֶיךָ לְרָצוֹן, תַּנִּיחֶנּוּ הָאֵשׁ וְלֹא תֹאכְלֶנּוּ: **לֹא חֲמוֹר אֶחָד מֵהֶם נָשָׂאתִי.** לֹא חֲמוֹרוֹ שֶׁל אֶחָד מֵהֶם נָטַלְתִּי. אֲפִלּוּ כְּשֶׁהָלַכְתִּי מִמִּדְיָן לְמִצְרַיִם וְהִרְכַּבְתִּי אֶת אִשְׁתִּי וְאֶת בָּנַי עַל הַחֲמוֹר, וְהָיָה לִי לִטֹּל אוֹתוֹ הַחֲמוֹר מִשֶּׁלָּהֶם, לֹא נָטַלְתִּי אֶלָּא מִשֶּׁלִּי. "שַׁחֲרִית", לְשׁוֹן אֲרַמִּי, כָּךְ נִקְרֵאת אַנְגַּרְיָא שֶׁל מֶלֶךְ 'שַׁחְוָר':

טז] **וָהֵם.** עֲדָתְךָ:

יז] **וְהִקְרַבְתֶּם... אִישׁ מַחְתָּתוֹ.** הַחֲמִשִּׁים וּמָאתַיִם אִישׁ שֶׁבָּכֶם:

ביאור

וַיֹּאמְרוּ: לֹא נַעֲלֶה שכן אנו כופרים בסמכותך. יג **הַמְעַט כִּי הֶעֱלִיתָנוּ**
מֵאֶרֶץ זָבַת חָלָב וּדְבַשׁ לַהֲמִיתֵנוּ בַּמִּדְבָּר. הם משתמשים באופן מהופך
בביטוי שבו תיאר משה את ארץ כנען;[8] בדבריהם אֶרֶץ זָבַת חָלָב
וּדְבַשׁ היא מצרים, כביכול בה שררו שפע ורווחה כלכליים. גם
שימושם בדברי משה בא לקנטר.[9] **כִּי תִשְׂתָּרֵר עָלֵינוּ גַּם הִשְׂתָּרֵר.**
הוצאתנו מארצנו; הובלת אותנו למדבר הגדול שממנו אינך יכול
להוציאנו; ולא זו בלבד אלא שאתה רוצה להשתלט עלינו?! יד **אַף**
לֹא אֶל אֶרֶץ זָבַת חָלָב וּדְבַשׁ הֲבִיאֹתָנוּ, וַתִּתֶּן, ולא נתת **לָנוּ נַחֲלַת שָׂדֶה**
וָכָרֶם, כפי שהבטחת. **הַעֵינֵי הָאֲנָשִׁים הָהֵם,** האם את עינינו **תְּנַקֵּר,**
כאילו איננו רואים דבר?![10] איננו רואים בעינינו את שפע החלב
והדבש שאתה מדבר עליהם, אלא את קוצי המדבר בלבד. **לֹא נַעֲלֶה**
כי אין לנו אמון בדיבוריך.

טו **וַיִּחַר לְמֹשֶׁה מְאֹד, וַיֹּאמֶר אֶל ה׳: אַל תֵּפֶן אֶל מִנְחָתָם,** אל קרבנם ואל
התפילה שיתפללו אליך,[11] שהרי אף **לֹא חֲמוֹר אֶחָד מֵהֶם נָשָׂאתִי,**
לקחתי מהם בתור מס, **וְלֹא הֲרֵעֹתִי אֶת,** גרמתי רע **לְאַחַד מֵהֶם.** אין
אפוא הצדקה להתנהגותם.

טז **וַיֹּאמֶר מֹשֶׁה אֶל קֹרַח: אַתָּה וְכָל עֲדָתְךָ הֱיוּ לִפְנֵי ה׳ – אַתָּה וָהֵם וְאַהֲרֹן**
מָחָר, יז **וּקְחוּ אִישׁ מַחְתָּתוֹ, וּנְתַתֶּם עֲלֵיהֶם קְטֹרֶת וְהִקְרַבְתֶּם לִפְנֵי ה׳**
אִישׁ מַחְתָּתוֹ – חֲמִשִּׁים וּמָאתַיִם מַחְתֹּת, וְאַתָּה וְאַהֲרֹן אִישׁ מַחְתָּתוֹ.
כיוון שאתה טוען שאהרן מונה רק מפני שרציתי למנותו, ולא בשל
סגולתו האישית ובחירת ה׳ בו, עמוד מולו מחר למבחן.

יח **וַיִּקְחוּ** האנשים הללו **אִישׁ** את **מַחְתָּתוֹ, וַיִּתְּנוּ עֲלֵיהֶם אֵשׁ וַיָּשִׂימוּ עֲלֵיהֶם**
קְטֹרֶת, וַיַּעַמְדוּ פֶּתַח אֹהֶל מוֹעֵד, ושם היו גם **מֹשֶׁה וְאַהֲרֹן.** יט **וַיַּקְהֵל**

מחתה

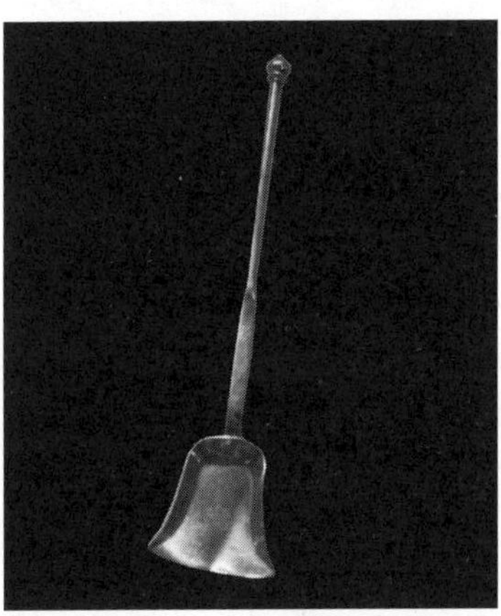

עֲלֵיהֶם קֹרַח אֶת־כׇּל־הָעֵדָה אֶל־פֶּתַח אֹהֶל מוֹעֵד
שלישי כ וַיֵּרָא כְבוֹד־יהוה אֶל־כׇּל־הָעֵדָה׃ וַיְדַבֵּר יהוה
כא אֶל־מֹשֶׁה וְאֶל־אַהֲרֹן לֵאמֹר׃ הִבָּדְלוּ מִתּוֹךְ הָעֵדָה
כב הַזֹּאת וַאֲכַלֶּה אֹתָם כְּרָגַע׃ וַיִּפְּלוּ עַל־פְּנֵיהֶם וַיֹּאמְרוּ
אֵל אֱלֹהֵי הָרוּחֹת לְכׇל־בָּשָׂר הָאִישׁ אֶחָד יֶחֱטָא וְעַל
כג כׇּל־הָעֵדָה תִּקְצֹף׃ וַיְדַבֵּר יהוה אֶל־מֹשֶׁה
כד לֵּאמֹר׃ דַּבֵּר אֶל־הָעֵדָה לֵאמֹר הֵעָלוּ מִסָּבִיב
כה לְמִשְׁכַּן־קֹרַח דָּתָן וַאֲבִירָם׃ וַיָּקׇם מֹשֶׁה וַיֵּלֶךְ אֶל־
כו דָּתָן וַאֲבִירָם וַיֵּלְכוּ אַחֲרָיו זִקְנֵי יִשְׂרָאֵל׃ וַיְדַבֵּר אֶל־
הָעֵדָה לֵאמֹר סוּרוּ נָא מֵעַל אׇהֳלֵי הָאֲנָשִׁים הָרְשָׁעִים
הָאֵלֶּה וְאַל־תִּגְּעוּ בְּכׇל־אֲשֶׁר לָהֶם פֶּן־תִּסָּפוּ בְּכׇל־
כז חַטֹּאתָם׃ וַיֵּעָלוּ מֵעַל מִשְׁכַּן־קֹרַח דָּתָן וַאֲבִירָם
מִסָּבִיב וְדָתָן וַאֲבִירָם יָצְאוּ נִצָּבִים פֶּתַח אׇהֳלֵיהֶם
כח וּנְשֵׁיהֶם וּבְנֵיהֶם וְטַפָּם׃ וַיֹּאמֶר מֹשֶׁה בְּזֹאת תֵּדְעוּן

רש"י

יט) **וַיַּקְהֵל עֲלֵיהֶם קֹרַח.** בְּדִבְרֵי לֵיצָנוּת. כָּל הַלַּיְלָה הַהוּא הָלַךְ אֵצֶל הַשְּׁבָטִים וּפִתָּה אוֹתָם: כִּסְבוּרִין אַתֶּם שֶׁעָלַי לְבַדִּי אֲנִי מַקְפִּיד? אֵינִי מַקְפִּיד אֶלָּא בִּשְׁבִיל כֻּלְּכֶם, אֵלּוּ בָּאִין וְנוֹטְלִין כָּל הַגְּדֻלּוֹת, לוֹ הַמַּלְכוּת וּלְאָחִיו הַכְּהֻנָּה! עַד שֶׁנִּתְפַּתּוּ כֻּלָּם. **וַיֵּרָא כְבוֹד ה'.** בָּא בְּעַמּוּד עָנָן:

כב) **אֵל אֱלֹהֵי הָרוּחֹת.** יוֹדֵעַ מַחְשָׁבוֹת. אֵין מִדָּתְךָ כְּמִדַּת בָּשָׂר וָדָם, מֶלֶךְ בָּשָׂר וָדָם שֶׁסָּרְחָה עָלָיו מִקְצָת מְדִינָה אֵינוֹ יוֹדֵעַ מִי הַחוֹטֵא, לְפִיכָךְ כְּשֶׁהוּא כּוֹעֵס נִפְרָע מִכֻּלָּם. אֲבָל אַתָּה, לְפָנֶיךָ גְּלוּיוֹת כָּל הַמַּחְשָׁבוֹת וְיוֹדֵעַ אַתָּה מִי הַחוֹטֵא: **הָאִישׁ אֶחָד.** הוּא הַחוֹטֵא וְאַתָּה "עַל כָּל הָעֵדָה תִּקְצֹף"? אָמַר הַקָּדוֹשׁ בָּרוּךְ הוּא: יָפֶה אֲמַרְתֶּם, אֲנִי יוֹדֵעַ וּמוֹדִיעַ מִי חָטָא וּמִי לֹא חָטָא:

כד) **הֵעָלוּ וְגוֹ'.** כְּתַרְגּוּמוֹ, "אִסְתַּלָּקוּ" מִסְּבִיבוֹת מִשְׁכַּן קֹרַח:

כה) **וַיָּקָם מֹשֶׁה.** כִּסְבוּר שֶׁיִּשְּׂאוּ לוֹ פָּנִים וְלֹא עָשׂוּ:

כז) **יָצְאוּ נִצָּבִים.** בְּקוֹמָה זְקוּפָה לְחָרֵף וּלְגַדֵּף, כְּמוֹ: "וַיִּתְיַצֵּב אַרְבָּעִים יוֹם" דִּגְלְיַת (שמואל א' יז, טז): **וּנְשֵׁיהֶם וּבְנֵיהֶם וְטַפָּם.** בֹּא וּרְאֵה כַּמָּה קָשָׁה הַמַּחֲלֹקֶת, שֶׁהֲרֵי בֵּית דִּין שֶׁל מַטָּה אֵין עוֹנְשִׁין אֶלָּא עַד שֶׁיָּבִיא שְׁתֵּי שְׂעָרוֹת, וּבֵית דִּין שֶׁל מַעְלָה עַד עֶשְׂרִים שָׁנָה, וְכָאן אָבְדוּ אַף יוֹנְקֵי שָׁדַיִם:

עֲלֵיהֶם קֹרַח אֶת כָּל הָעֵדָה אֶל פֶּתַח אֹהֶל מוֹעֵד שכן היה בטוח בצדקתו. **וַיֵּרָא כְבוֹד ה' אֶל כָּל הָעֵדָה.** | ביאור

כ **וַיְדַבֵּר ה' אֶל מֹשֶׁה וְאֶל אַהֲרֹן לֵאמֹר:** כא **הִבָּדְלוּ**, צאו והינתקו **מִתּוֹךְ
הָעֵדָה הַזֹּאת**, כל עדת ישראל שהקהיל קרח[12] **וַאֲכַלֶּה אֹתָם כְּרָגַע.**

כב **וַיִּפְּלוּ** משה ואהרן **עַל פְּנֵיהֶם** בתפילה,[13] **וַיֹּאמְרוּ: אֵל אֱלֹהֵי הָרוּחֹת
לְכָל בָּשָׂר**, אתה הוא האלוקים היודע את רוחו של כל אדם, **הָאִישׁ
אֶחָד יֶחֱטָא - וְעַל כָּל הָעֵדָה תִּקְצֹף**?! הרי זהו חטאם של אנשים בודדים, ולא מרי של כל קהל ישראל נגדך או נגדנו.

כג **וַיְדַבֵּר ה' אֶל מֹשֶׁה לֵּאמֹר:** כד **דַּבֵּר אֶל הָעֵדָה לֵאמֹר: הֵעָלוּ**, הסתלקו,
התרחקו **מִסָּבִיב לְמִשְׁכַּן**, מקומם של **קֹרַח דָּתָן וַאֲבִירָם.**

כה **וַיָּקָם מֹשֶׁה וַיֵּלֶךְ אֶל דָּתָן וַאֲבִירָם, וַיֵּלְכוּ אַחֲרָיו זִקְנֵי יִשְׂרָאֵל.** כו **וַיְדַבֵּר
אֶל הָעֵדָה** שהתקהלה שם **לֵאמֹר: סוּרוּ נָא מֵעַל אָהֳלֵי הָאֲנָשִׁים הָרְשָׁעִים
הָאֵלֶּה, וְאַל תִּגְּעוּ בְּכָל אֲשֶׁר לָהֶם.** כדאי לכם להסתלק ממקומם ומחפציהם, **פֶּן תִּסָּפוּ**, תישמדו **בְּ**של **כָל חַטֹּאתָם.** כאשר מגיעה פורענות היא פוגעת לעתים גם במי שמצוי בקרבת החוטאים.

כז **וַיֵּעָלוּ מֵעַל מִשְׁכַּן קֹרַח, דָּתָן וַאֲבִירָם מִסָּבִיב**, וְאילו **דָתָן וַאֲבִירָם
יָצְאוּ נִצָּבִים פֶּתַח אָהֳלֵיהֶם, וּנְשֵׁיהֶם וּבְנֵיהֶם וְטַפָּם.** כל המשפחה יצאה במפגן של ביטחון עצמי ומרד במרותו של משה לעיני הקהל, שאמנם התרחק אך עדיין המשיך לצפות בנעשה.

כִּי־יְהוָה שְׁלָחַנִי לַעֲשׂוֹת אֵת כָּל־הַמַּעֲשִׂים הָאֵלֶּה
כִּי־לֹא מִלִּבִּי׃ אִם־כְּמוֹת כָּל־הָאָדָם יְמֻתוּן אֵלֶּה כט
וּפְקֻדַּת כָּל־הָאָדָם יִפָּקֵד עֲלֵיהֶם לֹא יְהוָה שְׁלָחָנִי׃
וְאִם־בְּרִיאָה יִבְרָא יְהוָה וּפָצְתָה הָאֲדָמָה אֶת־פִּיהָ ל
וּבָלְעָה אֹתָם וְאֶת־כָּל־אֲשֶׁר לָהֶם וְיָרְדוּ חַיִּים שְׁאֹלָה
וִידַעְתֶּם כִּי נִאֲצוּ הָאֲנָשִׁים הָאֵלֶּה אֶת־יְהוָה׃ וַיְהִי לא
כְּכַלֹּתוֹ לְדַבֵּר אֵת כָּל־הַדְּבָרִים הָאֵלֶּה וַתִּבָּקַע
הָאֲדָמָה אֲשֶׁר תַּחְתֵּיהֶם׃ וַתִּפְתַּח הָאָרֶץ אֶת־פִּיהָ לב
וַתִּבְלַע אֹתָם וְאֶת־בָּתֵּיהֶם וְאֵת כָּל־הָאָדָם אֲשֶׁר
לְקֹרַח וְאֵת כָּל־הָרְכוּשׁ׃ וַיֵּרְדוּ הֵם וְכָל־אֲשֶׁר לָהֶם לג
חַיִּים שְׁאֹלָה וַתְּכַס עֲלֵיהֶם הָאָרֶץ וַיֹּאבְדוּ מִתּוֹךְ
הַקָּהָל׃ וְכָל־יִשְׂרָאֵל אֲשֶׁר סְבִיבֹתֵיהֶם נָסוּ לְקֹלָם לד
כִּי אָמְרוּ פֶּן־תִּבְלָעֵנוּ הָאָרֶץ׃ וְאֵשׁ יָצְאָה מֵאֵת לה
יְהוָה וַתֹּאכַל אֵת הַחֲמִשִּׁים וּמָאתַיִם אִישׁ מַקְרִיבֵי
הַקְּטֹרֶת׃ וַיְדַבֵּר יְהוָה אֶל־מֹשֶׁה לֵּאמֹר׃ א יז
אֱמֹר אֶל־אֶלְעָזָר בֶּן־אַהֲרֹן הַכֹּהֵן וְיָרֵם אֶת־הַמַּחְתֹּת ב
מִבֵּין הַשְּׂרֵפָה וְאֶת־הָאֵשׁ זְרֵה־הָלְאָה כִּי קָדֵשׁוּ׃ אֵת ג

רש"י

כח) **לַעֲשׂוֹת אֵת כָּל הַמַּעֲשִׂים הָאֵלֶּה.** שֶׁעָשִׂיתִי עַל פִּי הַדִּבּוּר, לָתֵת לְאַהֲרֹן כְּהֻנָּה גְּדוֹלָה, וּבָנָיו סְגָנֵי כְּהֻנָּה, וֶאֱלִיצָפָן נְשִׂיא הַקְּהָתִי:

כט) **לֹא ה' שְׁלָחָנִי.** אֶלָּא אֲנִי עָשִׂיתִי הַכֹּל מִדַּעְתִּי, וּבְדִין הוּא חוֹלֵק עָלַי:

ל) **וְאִם בְּרִיאָה.** חֲדָשָׁה: **יִבְרָא ה'.** לְהָמִית אוֹתָם בְּמִיתָה שֶׁלֹּא מֵת בָּהּ אָדָם עַד הֵנָּה, וּמַה הִיא הַבְּרִיאָה? "וּפָצְתָה הָאֲדָמָה אֶת פִּיהָ" וְתִבְלָעֵם, אָז "וִידַעְתֶּם כִּי נִאֲצוּ" הֵם, וַאֲנִי מִפִּי הַגְּבוּרָה אָמַרְתִּי. וְרַבּוֹתֵינוּ פֵּרְשׁוּ: "אִם בְּרִיאָה" – פֶּה לָאָרֶץ מִשֵּׁשֶׁת יְמֵי בְּרֵאשִׁית, מוּטָב, וְאִם לָאו – "יִבְרָא ה'":

לד) **נָסוּ לְקֹלָם.** בִּשְׁבִיל הַקּוֹל הַיּוֹצֵא עַל בְּלִיעָתָן:

פרק יז

ב) **וְאֶת הָאֵשׁ.** שֶׁבְּתוֹךְ הַמַּחְתּוֹת: **זְרֵה הָלְאָה.** לָאָרֶץ מֵעַל הַמַּחְתּוֹת: **כִּי קָדֵשׁוּ.** הַמַּחְתּוֹת, וַאֲסוּרִין בַּהֲנָאָה, שֶׁהֲרֵי עֲשָׂאוּם כְּלֵי שָׁרֵת:

ביאור |

כח **וַיֹּאמֶר מֹשֶׁה: בְּזֹאת תֵּדְעוּן כִּי ה׳ שְׁלָחַנִי לַעֲשׂוֹת אֵת כָּל הַמַּעֲשִׂים**
הָאֵלֶּה – המינויים שבהם אתם מאשימים אותי, **כִּי לֹא** בדיתי אותם
מִלִּבִּי, אלא ה׳ ציווה אותי בהם – כט **אִם כְּמוֹת**, כמיתה טבעית של
כָּל הָאָדָם יְמֻתוּן אֵלֶּה, וּפְקֻדַּת כָּל הָאָדָם, עונשו של מין האדם שהוא
מות הנפש ושיבת הגוף אל העפר[14] **יִפָּקֵד עֲלֵיהֶם**, אם כל אחד מהם
ימות בדרך רגילה – תדעו **שֶׁלֹּא ה׳ שְׁלָחָנִי**. ונבואתי תוכחש. ל אולם
אִם בְּרִיאָה יִבְרָא פה **ה׳, וּפָצְתָה**, ותפתח **הָאֲדָמָה אֶת פִּיהָ וּבָלְעָה אֹתָם**
וְאֶת כָּל אֲשֶׁר לָהֶם וְיָרְדוּ בעודם **חַיִּים שְׁאֹלָה**, לתוך השאול – **וִידַעְתֶּם**
כִּי נִאֲצוּ, הכעיסו **הָאֲנָשִׁים הָאֵלֶּה אֶת ה׳**, וזה עונשם.

לא **וַיְהִי כְּכַלֹּתוֹ**, כשסיים **לְדַבֵּר אֵת כָּל הַדְּבָרִים הָאֵלֶּה, וַתִּבָּקַע הָאֲדָמָה**
אֲשֶׁר תַּחְתֵּיהֶם, תחילה הופיעו בה סדקים. לב **וַתִּפְתַּח הָאָרֶץ אֶת פִּיהָ**,
פתח גדול **וַתִּבְלַע אֹתָם וְאֶת בָּתֵּיהֶם, וְאֵת כָּל הָאָדָם** של המשפחה
אֲשֶׁר לְקֹרַח וְאֵת כָּל הָרְכוּשׁ. לג **וַיֵּרְדוּ הֵם וְכָל אֲשֶׁר לָהֶם חַיִּים שְׁאֹלָה,**
וַתְּכַס עֲלֵיהֶם הָאָרֶץ וַיֹּאבְדוּ מִתּוֹךְ הַקָּהָל בגופיהם ובנשמותיהם.
לד **וְכָל יִשְׂרָאֵל אֲשֶׁר** עמדו **סְבִיבֹתֵיהֶם נָסוּ**, ברחו **לְקֹלָם כִּי אָמְרוּ: פֶּן**
תִּבְלָעֵנוּ הָאָרֶץ.

לה **וְאֵשׁ יָצְאָה מֵאֵת ה׳, וַתֹּאכַל אֵת הַחֲמִשִּׁים וּמָאתַיִם אִישׁ מַקְרִיבֵי**
הַקְּטֹרֶת. כיוון שפלשו לתפקיד לא להם, אירע להם כפי שאירע לנדב
ואביהוא בני אהרן בהקריבם אש זרה.[15]

פרק יז א **וַיְדַבֵּר ה׳ אֶל מֹשֶׁה לֵּאמֹר:** ב **אֱמֹר אֶל אֶלְעָזָר בֶּן אַהֲרֹן הַכֹּהֵן**
וְיָרֵם אֶת הַמַּחְתֹּת שבהן הקריבו את הקטורת, **מִבֵּין**, מתוך **הַשְּׂרֵפָה**
שבה נשרפו המקריבים, **וְאֶת הָאֵשׁ** של הקטורת שנותרה בוערת
בגחלים **זְרֵה**, פזר **הָלְאָה**, רחוק מכאן **כִּי** המחתות הללו **קָדֵשׁוּ**,
משום שהמקריבים הקדישו אותן לעבודת ה׳, אף שהביאו קטורת

הרחבות |

׳וכל ישראל אשר סביבתיהם נסו לקלם כי אמרו פן תבלענו הארץ׳ אף שכבר ראו נסים בחייהם, וחלק מן הנסים היו כרוכים במותם של בני אדם, העובדה שהאדמה נפערה ובלעה אנשים מתוך המחנה שלהם הבעיתה אותם. הם הזדעזעו נוכח מראה האדמה הבולעת אנשים אחדים ולא אנשים אחרים. יתר על כן, דתן ואבירם לא התגוררו בדיוק באותו מקום שבו גר קרח, ובכל זאת נבלעו כל החוטאים במקומותיהם.

׳ואש יצאה מאת ה׳ ותאכל את החמשים ומאתים איש׳ מקריבי הקטורת, שהיו אנשים ידועים ונכבדים, יצאו אל המחלוקת מתוך התפיסה שהכהונה אמורה להיות נחלתו של כל המבקש להתקרב אל הקודש, כפי שרווח בתרבויות אחרות. אולי מקצתם נענו לקריאתו של משה והקריבו קטורת לא בתור הפגנה חיצונית, אלא האמינו שבכך הם יתקרבו לה׳, אך תפיסה זו הייתה מנוגדות לרצונו המפורש שנמסרה בפי נביאו, משה.

מַחְתּוֹת הַחַטָּאִים הָאֵלֶּה בְּנַפְשֹׁתָם וְעָשׂוּ אֹתָם
רִקֻּעֵי פַחִים צִפּוּי לַמִּזְבֵּחַ כִּי־הִקְרִיבֻם לִפְנֵי־יְהוָה
וַיִּקְדָּשׁוּ וְיִהְיוּ לְאוֹת לִבְנֵי יִשְׂרָאֵל׃ וַיִּקַּח אֶלְעָזָר ד
הַכֹּהֵן אֵת מַחְתּוֹת הַנְּחֹשֶׁת אֲשֶׁר הִקְרִיבוּ הַשְּׂרֻפִים
וַיְרַקְּעוּם צִפּוּי לַמִּזְבֵּחַ׃ זִכָּרוֹן לִבְנֵי יִשְׂרָאֵל לְמַעַן ה
אֲשֶׁר לֹא־יִקְרַב אִישׁ זָר אֲשֶׁר לֹא מִזֶּרַע אַהֲרֹן הוּא
לְהַקְטִיר קְטֹרֶת לִפְנֵי יְהוָה וְלֹא־יִהְיֶה כְקֹרַח וְכַעֲדָתוֹ
כַּאֲשֶׁר דִּבֶּר יְהוָה בְּיַד־מֹשֶׁה לוֹ׃
וַיִּלֹּנוּ כָּל־עֲדַת בְּנֵי־יִשְׂרָאֵל מִמָּחֳרָת עַל־מֹשֶׁה ו
וְעַל־אַהֲרֹן לֵאמֹר אַתֶּם הֲמִתֶּם אֶת־עַם יְהוָה׃ וַיְהִי ז
בְּהִקָּהֵל הָעֵדָה עַל־מֹשֶׁה וְעַל־אַהֲרֹן וַיִּפְנוּ אֶל־
אֹהֶל מוֹעֵד וְהִנֵּה כִסָּהוּ הֶעָנָן וַיֵּרָא כְּבוֹד יְהוָה׃ וַיָּבֹא ח
רביעי מֹשֶׁה וְאַהֲרֹן אֶל־פְּנֵי אֹהֶל מוֹעֵד׃ וַיְדַבֵּר ט
יְהוָה אֶל־מֹשֶׁה לֵּאמֹר׃ הֵרֹמּוּ מִתּוֹךְ הָעֵדָה הַזֹּאת י
וַאֲכַלֶּה אֹתָם כְּרָגַע וַיִּפְּלוּ עַל־פְּנֵיהֶם׃ וַיֹּאמֶר מֹשֶׁה יא
אֶל־אַהֲרֹן קַח אֶת־הַמַּחְתָּה וְתֶן־עָלֶיהָ אֵשׁ מֵעַל

רש"י

ג] **הַחַטָּאִים הָאֵלֶּה בְּנַפְשֹׁתָם.** שֶׁנַּעֲשׂוּ פּוֹשְׁעִים בְּנַפְשׁוֹתָם, שֶׁנֶּחְלְקוּ עַל הַקָּדוֹשׁ בָּרוּךְ הוּא: **רִקֻּעֵי.** רְדוּדִין: **פַּחִים.** טַסִּים מְרֻדָּדִין, טינבי"ש בְּלַעַז: **צִפּוּי לַמִּזְבֵּחַ.** לְמִזְבַּח הַנְּחֹשֶׁת: **וְיִהְיוּ לְאוֹת.** לְזִכָּרוֹן, שֶׁיֹּאמְרוּ: אֵלּוּ הָיוּ מֵאוֹתָן שֶׁנֶּחְלְקוּ עַל הַכְּהֻנָּה וְנִשְׂרְפוּ:

ד] **וַיְרַקְּעוּם.** אנטינדירנ"ט בְּלַעַז:

ה] **וְלֹא יִהְיֶה כְקֹרַח.** כְּדֵי שֶׁלֹּא יִהְיֶה כְּקֹרַח: **כַּאֲשֶׁר דִּבֶּר ה׳ בְּיַד מֹשֶׁה לוֹ.** כְּמוֹ ׳עָלָיו׳, עַל אַהֲרֹן דִּבֶּר אֶל מֹשֶׁה שֶׁיִּהְיֶה הוּא וּבָנָיו כֹּהֲנִים, לְפִיכָךְ "לֹא יִקְרַב אִישׁ זָר אֲשֶׁר לֹא מִזֶּרַע אַהֲרֹן" וְגוֹ׳. וְכֵן כָּל ׳לִי׳ וְ׳לוֹ׳ וְ׳לָהֶם׳ הַסְּמוּכִים אֵצֶל דִּבּוּר, פִּתְרוֹנָם כְּמוֹ ׳עַל׳. וּמִדְרָשׁוֹ, עַל קֹרַח. וּמַהוּ "בְּיַד מֹשֶׁה" וְלֹא כָּתַב ׳אֶל מֹשֶׁה׳? רֶמֶז לַחוֹלְקִים עַל הַכְּהֻנָּה שֶׁלּוֹקִין בְּצָרַעַת כְּמוֹ שֶׁלָּקָה מֹשֶׁה בְּיָדוֹ, שֶׁנֶּאֱמַר: "וַיּוֹצִאָהּ וְהִנֵּה יָדוֹ מְצֹרַעַת כַּשָּׁלֶג" (שמות ד, ו), וְעַל כֵּן לָקָה עֻזִּיָּהוּ בְּצָרַעַת (דברי הימים ב׳ כו, טז-כ):

ביאור | שלא כראוי.[16] ג **אֵת מַחְתּוֹת הַחַטָּאִים הָאֵלֶּה**, החוטאים **בְּנַפְשֹׁתָם** – **וְעָשׂוּ אֹתָם** – את המחתות **רִקֻּעֵי פַחִים**, ירדדו אותן כך שיוכלו להשתמש בהן כ**צִפּוּי לַמִּזְבֵּחַ כִּי הִקְרִיבֻם לִפְנֵי ה'** – **וַיִּקְדָּשׁוּ**. ועל כן עליהן להישאר סביב המזבח. ומעבר לכך – **וְיִהְיוּ** שם **לְאוֹת לִבְנֵי יִשְׂרָאֵל**, כסימן לישראל שלא ימרדו שוב בקדושת הכהונה.

ד **וַיִּקַּח אֶלְעָזָר הַכֹּהֵן אֵת מַחְתּוֹת הַנְּחֹשֶׁת אֲשֶׁר הִקְרִיבוּ** אותן **הַשְּׂרֻפִים** עם הקטורת, **וַיְרַקְּעוּם צִפּוּי לַמִּזְבֵּחַ**. ה **זִכָּרוֹן לִבְנֵי יִשְׂרָאֵל** – **לְמַעַן אֲשֶׁר לֹא יִקְרַב אִישׁ זָר אֲשֶׁר לֹא מִזֶּרַע אַהֲרֹן הוּא, לְהַקְטִיר קְטֹרֶת לִפְנֵי ה', וְלֹא יִהְיֶה כְקֹרַח וְכַעֲדָתוֹ** – **כַּאֲשֶׁר דִּבֶּר ה' בְּיַד מֹשֶׁה לוֹ**, עליו.

כל האירועים הללו – פתיחת פי האדמה וירידת האש מאת ה' – התרחשו ביום אחד. למרות העונשים הנסיים הללו נראה כי דיבורי קרח ועדתו באוזני קהל גדול הותירו עדיין רושם בעם. ו **וַיִּלֹּנוּ**, התלוננו **כָּל עֲדַת בְּנֵי יִשְׂרָאֵל מִמָּחֳרָת עַל מֹשֶׁה וְעַל אַהֲרֹן לֵאמֹר: אַתֶּם הֲמִתֶּם אֶת עַם ה'**! אמנם פניתם אל ה' כדי להגן על עצמכם, אך לא הייתם צריכים לגזור דין מוות על המורדים.

ז **וַיְהִי בְּהִקָּהֵל הָעֵדָה** בתלונותיה **עַל מֹשֶׁה וְעַל אַהֲרֹן, וַיִּפְנוּ אֶל אֹהֶל מוֹעֵד, וְהִנֵּה כִסָּהוּ הֶעָנָן, וַיֵּרָא כְּבוֹד ה'** באמצעות הענן.

ח **וַיָּבֹא מֹשֶׁה וְאַהֲרֹן אֶל פְּנֵי אֹהֶל מוֹעֵד** לשמוע את דבר ה'.

ט **וַיְדַבֵּר ה' אֶל מֹשֶׁה לֵּאמֹר:** י **הֵרֹמּוּ**, הוציאו את עצמכם[17] **מִתּוֹךְ הָעֵדָה הַזֹּאת** – **וַאֲכַלֶּה אֹתָם** – את כל העדה הזו **כְּרָגַע**.

וַיִּפְּלוּ משה ואהרן **עַל פְּנֵיהֶם** בתפילה ובתחינה לה' שלא יעשה זאת. אולם המגפה החלה לפשוט בעם, והאנשים החלו למות.

יא **וַיֹּאמֶר מֹשֶׁה אֶל אַהֲרֹן: קַח אֶת הַמַּחְתָּה וְתֶן עָלֶיהָ אֵשׁ מֵעַל הַמִּזְבֵּחַ**

הרחבות |

'אתם המתם' עדת ישראל לא יכלה להכחיש שיד ה' הייתה בקרח ובעדתו. האירועים הדרמטיים שהתרחשו לנגד עיניהם הוכיחו את כוחם וגדולתם של משה ואהרן. אולם דווקא מכיוון שבקשתם של משה ואהרן נענתה, והכול ראו שביכלתם לחולל מופתים, העם תולה בהם את האחריות לפורענות החריפה. (ראו צדקת הצדיק סד). אכן, תלונות אלה מראות כי טיב היחסים בין אלוקים לבין שלוחיו משה ואהרן עדיין לא התברר אצל המתלוננים הללו.

'ויאמר משה אל אהרן קח את המחתה... וכַפֵּר עליהם' מן הסתם רעיון הכפרה על העם באמצעות הקטורת בידי אהרן לא בא למשה מסברת עצמו. יש מן הדברים שמשה אומר שנאמר עליהם במפורש כי נאמרו לו מפי ה', אך ברור כי הוא קיבל גם הוראות שאין מסופר עליהן מפורשות בתורה, מעין שיחה פרטית וישירה כַּאֲשֶׁר יְדַבֵּר אִישׁ אֶל רֵעֵהוּ (שמות לג,יא). שלא כנביאים אחרים משה יכול היה להתקשר עם ה' כל אימת שרצה. הנביאים האחרים חוו את הנבואה כמאורע

הַמִּזְבֵּחַ וְשִׂים קְטֹרֶת וְהוֹלֵךְ מְהֵרָה אֶל־הָעֵדָה וְכַפֵּר
עֲלֵיהֶם כִּי־יָצָא הַקֶּצֶף מִלִּפְנֵי יְהוָה הֵחֵל הַנָּגֶף: וַיִּקַּח יב
אַהֲרֹן כַּאֲשֶׁר ׀ דִּבֶּר מֹשֶׁה וַיָּרָץ אֶל־תּוֹךְ הַקָּהָל וְהִנֵּה
הֵחֵל הַנֶּגֶף בָּעָם וַיִּתֵּן אֶת־הַקְּטֹרֶת וַיְכַפֵּר עַל־הָעָם:
וַיַּעֲמֹד בֵּין־הַמֵּתִים וּבֵין הַחַיִּים וַתֵּעָצַר הַמַּגֵּפָה: וַיִּהְיוּ יג יד
הַמֵּתִים בַּמַּגֵּפָה אַרְבָּעָה עָשָׂר אֶלֶף וּשְׁבַע מֵאוֹת
מִלְּבַד הַמֵּתִים עַל־דְּבַר־קֹרַח: וַיָּשָׁב אַהֲרֹן אֶל־מֹשֶׁה טו
אֶל־פֶּתַח אֹהֶל מוֹעֵד וְהַמַּגֵּפָה נֶעֱצָרָה:

חמישי טז וַיְדַבֵּר יְהוָה אֶל־מֹשֶׁה לֵּאמֹר: דַּבֵּר ׀ אֶל־בְּנֵי יִשְׂרָאֵל טז יז
וְקַח מֵאִתָּם מַטֶּה מַטֶּה לְבֵית אָב מֵאֵת כָּל־נְשִׂיאֵהֶם
לְבֵית אֲבֹתָם שְׁנֵים עָשָׂר מַטּוֹת אִישׁ אֶת־שְׁמוֹ
תִּכְתֹּב עַל־מַטֵּהוּ: וְאֵת שֵׁם אַהֲרֹן תִּכְתֹּב עַל־מַטֵּה יח
לֵוִי כִּי מַטֶּה אֶחָד לְרֹאשׁ בֵּית אֲבוֹתָם: וְהִנַּחְתָּם יט

רש"י | יא| **וְכִפֵּר עֲלֵיהֶם.** רָז זֶה מָסַר לוֹ מַלְאַךְ הַמָּוֶת כְּשֶׁעָלָה לָרָקִיעַ, שֶׁהַקְּטֹרֶת עוֹצֶרֶת הַמַּגֵּפָה, כִּדְאִיתָא בְּמַסֶּכֶת שַׁבָּת (דף פט ע"א):

יג| **וַיַּעֲמֹד בֵּין הַמֵּתִים וגו'.** אָחַז אֶת הַמַּלְאָךְ וְהֶעֱמִידוֹ עַל כָּרְחוֹ. אָמַר לוֹ הַמַּלְאָךְ: הַנַּח לִי לַעֲשׂוֹת שְׁלִיחוּתִי. אָמַר לוֹ: מֹשֶׁה צִוַּנִי לְעַכֵּב עַל יָדְךָ. אָמַר לוֹ: אֲנִי שְׁלוּחוֹ שֶׁל מָקוֹם וְאַתָּה שְׁלוּחוֹ שֶׁל מֹשֶׁה. אָמַר לוֹ: אֵין מֹשֶׁה אוֹמֵר כְּלוּם מִלִּבּוֹ אֶלָּא מִפִּי הַגְּבוּרָה, אִם אֵין אַתָּה מַאֲמִין, הֲרֵי הַקָּדוֹשׁ בָּרוּךְ הוּא וּמֹשֶׁה אֶל פֶּתַח אֹהֶל מוֹעֵד, בֹּא עִמִּי וּשְׁאַל. וְזֶהוּ שֶׁנֶּאֱמַר: "וַיָּשָׁב אַהֲרֹן אֶל מֹשֶׁה" (להלן פסוק טו). דָּבָר אַחֵר, לָמָּה בַּקְּטֹרֶת? לְפִי שֶׁהָיוּ יִשְׂרָאֵל מְלִיזִים וּמְרַנְּנִים אַחַר הַקְּטֹרֶת לוֹמַר: סַם הַמָּוֶת הוּא, עַל יָדוֹ מֵתוּ נָדָב וַאֲבִיהוּא, עַל יָדוֹ נִשְׂרְפוּ חֲמִשִּׁים וּמָאתַיִם אִישׁ. אָמַר הַקָּדוֹשׁ בָּרוּךְ הוּא: תִּרְאוּ שֶׁעוֹצֵר מַגֵּפָה הוּא, וְהַחֵטְא הוּא הַמֵּמִית:

יח| **כִּי מַטֶּה אֶחָד.** אַף עַל פִּי שֶׁחִלַּקְתִּים לִשְׁתֵּי מִשְׁפָּחוֹת, מִשְׁפַּחַת כְּהֻנָּה לְבַד וּלְוִיָּה לְבַד, מִכָּל מָקוֹם שֵׁבֶט אֶחָד הוּא:

הרחבות | טראומטי, שלא פעם היה כרוך בשבר באישיותם ובשגרתם, ואילו נבואת משה הייתה חלק מחייו הרגילים. (ראו רמב"ם, הלכות יסודי התורה ז,ו; מורה נבוכים ח"ב לט; מד; מה).

אתמול נוכחו שוב לדעת כי סכנה טמונה בהקרבת הקטורת. אולם משה ידע כי אהרן לבדו הוא שיכול להימלט מסכנת מוות זאת. במצוותו של משה השתמש אהרן בקטורת בתפקיד מהופך כמצילת חיים. (ראו רש"י פס' יג; במדבר רבה ד,כ).

וְשִׂים קְטֹרֶת, וְהוֹלֵךְ מְהֵרָה את המחתה ובה הקטורת אֶל הָעֵדָה, וְכַפֵּר עֲלֵיהֶם כִּי יָצָא הַקֶּצֶף מִלִּפְנֵי ה׳ – הֵחֵל הַנָּגֶף. | ביאור

יב וַיִּקַּח אַהֲרֹן כַּאֲשֶׁר דִּבֶּר מֹשֶׁה, וַיָּרָץ אֶל תּוֹךְ הַקָּהָל ומחתה בידו,
וְהִנֵּה הֵחֵל הַנֶּגֶף בָּעָם. וַיִּתֵּן אֶת הַקְּטֹרֶת, וַיְכַפֵּר באמצעותה עַל הָעָם.
יג וַיַּעֲמֹד בֵּין הַמֵּתִים במגפה וּבֵין הַחַיִּים, וַתֵּעָצַר הַמַּגֵּפָה. יד וַיִּהְיוּ הַמֵּתִים
בַּמַּגֵּפָה אַרְבָּעָה עָשָׂר אֶלֶף וּשְׁבַע מֵאוֹת, מִלְּבַד הַמֵּתִים עַל דְּבַר קֹרַח, שמתו
קודם לכן. טו וַיָּשָׁב אַהֲרֹן אֶל מֹשֶׁה אֶל פֶּתַח אֹהֶל מוֹעֵד, וְהַמַּגֵּפָה נֶעֱצָרָה.

חיזוק מעמד הכהנים והלויים

פרק יז פס׳ טו – פרק יח

אל התנגדותם של המורדים לקבל את רעיון הכהונה הכרוכה באדם אחד או במשפחה אחת, הצטרפה גם העובדה שאהרן הוקדש בטקס בלא כל סימן מלמעלה לבחירתו. אחרי המופתים שבאו לבסס את מעמדם של משה ואהרן על דרך השלילה והמוות, מגיע בתחילת העניין הזה מופת חיובי, פורח ופורה לאישוש הבחירה האלוקית בבית לוי ובאהרן הכהן.

בהמשך העניין מביע העם את פחדיו מעצמתו המאיימת של הקודש השרוי במחנה, וכתגובה לכך מודגשת אחריותם של הכהנים והלויים על שמירת הקודש, ומוגדרים שוב מעמד הכהנים והמתנות הניתנות להם וכן תפקידי הלויים.

טז וַיְדַבֵּר ה׳ אֶל מֹשֶׁה לֵּאמֹר: יז דַּבֵּר אֶל בְּנֵי יִשְׂרָאֵל, וְקַח מֵאִתָּם מַטֶּה מַטֶּה,
מקל, שרביט אחד לְבֵית אָב מֵאֵת כָּל נְשִׂיאֵהֶם לְבֵית אֲבֹתָם – שְׁנֵים עָשָׂר
מַטּוֹת, אִישׁ אֶת שְׁמוֹ תִּכְתֹּב עַל מַטֵּהוּ, השרביט שלו. יח וְאֵת שֵׁם אַהֲרֹן
תִּכְתֹּב עַל מַטֵּה לֵוִי כִּי מַטֶּה אֶחָד לְרֹאשׁ בֵּית אֲבוֹתָם. למרות תפקידו
האחר של אהרן, הוא גם נשיא השבט ומייצגו. כאן אין מדובר בחלוקת השבטים הצבאית, שבאה לביטוי בסדרי החניה והמסע, אלא החלוקה המקורית של שבטי ישראל. על כן נכלל בה מטה לוי, וכנראה יוסף לא נחלק בה לשני מטות.[18]

| הרחבות

׳שנים עשר מַטּוֹת׳ למלה ׳מטה׳, וגם למלה ׳שבט׳, משמעות כפולה: משמעותה הבסיסית של כל אחת מן המלים הללו היא שרביט, מקל או ענף שביד המנהיג, המסמל את סמכותו. (ומצינו ׳שבט׳ במשמעות של שופט ומנהיג ראו שמואל ב׳ ז,ז ורד״ק). ובהשאלה הן משמשות לציון קבוצת אנשים שהם ענף אחד מכלל העם. ייתכן שכאן משתמש משה בפסוק אחד בשתי המשמעויות, כלשון נופל על לשון: קח מקל אחד מכל אחד משנים–עשר השבטים.

בְּאֹהֶל מוֹעֵד לִפְנֵי הָעֵדוּת אֲשֶׁר אִוָּעֵד לָכֶם שָׁמָּה:
כ וְהָיָה הָאִישׁ אֲשֶׁר אֶבְחַר־בּוֹ מַטֵּהוּ יִפְרָח וַהֲשִׁכֹּתִי
מֵעָלַי אֶת־תְּלֻנּוֹת בְּנֵי יִשְׂרָאֵל אֲשֶׁר הֵם מַלִּינִם
כא עֲלֵיכֶם: וַיְדַבֵּר מֹשֶׁה אֶל־בְּנֵי יִשְׂרָאֵל וַיִּתְּנוּ אֵלָיו ׀
כָּל־נְשִׂיאֵיהֶם מַטֶּה לְנָשִׂיא אֶחָד מַטֶּה לְנָשִׂיא אֶחָד
לְבֵית אֲבֹתָם שְׁנֵים עָשָׂר מַטּוֹת וּמַטֵּה אַהֲרֹן בְּתוֹךְ
כב מַטּוֹתָם: וַיַּנַּח מֹשֶׁה אֶת־הַמַּטֹּת לִפְנֵי יהוה בְּאֹהֶל
כג הָעֵדֻת: וַיְהִי מִמָּחֳרָת וַיָּבֹא מֹשֶׁה אֶל־אֹהֶל הָעֵדוּת
וְהִנֵּה פָּרַח מַטֵּה־אַהֲרֹן לְבֵית לֵוִי וַיֹּצֵא פֶרַח וַיָּצֵץ
כד צִיץ וַיִּגְמֹל שְׁקֵדִים: וַיֹּצֵא מֹשֶׁה אֶת־כָּל־הַמַּטֹּת
מִלִּפְנֵי יהוה אֶל־כָּל־בְּנֵי יִשְׂרָאֵל וַיִּרְאוּ וַיִּקְחוּ אִישׁ
מַטֵּהוּ:

ששי כה וַיֹּאמֶר יהוה אֶל־מֹשֶׁה הָשֵׁב אֶת־מַטֵּה אַהֲרֹן לִפְנֵי
הָעֵדוּת לְמִשְׁמֶרֶת לְאוֹת לִבְנֵי־מֶרִי וּתְכַל תְּלוּנֹּתָם
כו מֵעָלַי וְלֹא יָמֻתוּ: וַיַּעַשׂ מֹשֶׁה כַּאֲשֶׁר צִוָּה יהוה אֹתוֹ
כֵּן עָשָׂה:

רש"י

כ| וַהֲשִׁכֹּתִי. כְּמוֹ: "וַיָּשֹׁכּוּ הַמָּיִם" (בראשית ח, א), "וַחֲמַת הַמֶּלֶךְ שָׁכָכָה" (אסתר ז, י):

כא| בְּתוֹךְ מַטּוֹתָם. הִנִּיחוֹ בָּאֶמְצַע, שֶׁלֹּא יֹאמְרוּ: מִפְּנֵי שֶׁהִנִּיחוֹ בְּצַד שְׁכִינָה פָּרַח:

כג| וַיֹּצֵא פֶרַח. כְּמַשְׁמָעוֹ: צִיץ. הוּא חֲנָטַת הַפְּרִי כְּשֶׁהַפֶּרַח נוֹפֵל: וַיִּגְמֹל שְׁקֵדִים. כְּשֶׁהֻכַּר הַפְּרִי הֻכַּר שֶׁהֵן שְׁקֵדִים, לְשׁוֹן: "וַיִּגְדַּל הַיֶּלֶד וַיִּגָּמַל" (בראשית כא, ח), וְלָשׁוֹן זֶה מָצוּי בִּפְרִי הָאִילָן, כְּמוֹ: "וּבֹסֶר גֹּמֵל יִהְיֶה נִצָּה" (ישעיה יח, ה). וְלָמָּה שְׁקֵדִים? הוּא הַפְּרִי הַמְמַהֵר לְהַפְרִיחַ מִכָּל הַפֵּרוֹת; אַף הַמְעוֹרֵר עַל הַכְּהֻנָּה פֻּרְעָנוּתוֹ מְמַהֶרֶת לָבֹא, כְּמוֹ שֶׁמָּצִינוּ בְּעֻזִּיָּהוּ: "וְהַצָּרַעַת זָרְחָה בְמִצְחוֹ" (דברי הימים ב׳ כו, יט). וְתַרְגּוּמוֹ: "וְכַפֵּית שִׁגְדִין", כְּמִין אֶשְׁכּוֹל שְׁקֵדִים יַחַד כְּפוּתִים זֶה עַל זֶה:

כה| וּתְכַל תְּלוּנֹּתָם. כְּמוֹ 'וּתְכַלֶּה תְּלוּנָּתָם', לְשׁוֹן שֵׁם מִפְעָל יָחִיד לִנְקֵבָה כְּמוֹ מורמורדי"ן בְּלַעַז: לְמִשְׁמֶרֶת לְאוֹת. לְזִכָּרוֹן שֶׁבָּחַרְתִּי בְּאַהֲרֹן לְכֹהֵן, וְלֹא יַלִּינוּ עוֹד עַל הַכְּהֻנָּה:

ביאור

יט **וְהִנַּחְתָּם** – את המטות **בְּאֹהֶל מוֹעֵד לִפְנֵי הָעֵדוּת**, האות והברית
הכתובה בתוך הארון, **אֲשֶׁר אִוָּעֵד לָכֶם שָׁמָּה**, בקודש הקודשים. כ **וְהָיָה**
הָאִישׁ אֲשֶׁר אֶבְחַר בּוֹ – מַטֵּהוּ יִפְרָח. וַהֲשִׁכֹּתִי, אשכך, אסיר **מֵעָלַי אֶת**
תְּלֻנּוֹת בְּנֵי יִשְׂרָאֵל אֲשֶׁר הֵם מַלִּינִם, מתלוננים **עֲלֵיכֶם.**

כא **וַיְדַבֵּר מֹשֶׁה אֶל בְּנֵי יִשְׂרָאֵל** את הדברים האלה, **וַיִּתְּנוּ אֵלָיו כָּל**
נְשִׂיאֵיהֶם מַטֶּה לְנָשִׂיא אֶחָד מַטֶּה לְנָשִׂיא אֶחָד לְבֵית אֲבֹתָם – שְׁנֵים עָשָׂר
מַטּוֹת, וּמַטֵּה אַהֲרֹן היה **בְּתוֹךְ**, בין **מַטּוֹתָם.** משה לא הניח את מטה
אהרן בצד מסוים, כדי שלא יטענו שפרח משום שהונח במקום
מוצלח יותר.[19]

כב **וַיַּנַּח מֹשֶׁה אֶת הַמַּטֹּת לִפְנֵי ה׳ בְּאֹהֶל הָעֵדֻת.**

כג **וַיְהִי מִמָּחֳרָת, וַיָּבֹא מֹשֶׁה אֶל אֹהֶל הָעֵדוּת – וְהִנֵּה פָּרַח מַטֵּה אַהֲרֹן**
לְבֵית לֵוִי, וַיֹּצֵא פֶרַח וַיָּצֵץ צִיץ, ראשית היווצרות הפרי מן הפרח לאחר
שעלי הכותרת נושרים, **וַיִּגְמֹל שְׁקֵדִים.** שלא כמו באופן ההדרגתי
שהדברים מתרחשים בטבע,[20] בנס זה הופיעו הפרח, הציץ והשקדים
בבת אחת. כד **וַיֹּצֵא מֹשֶׁה אֶת כָּל הַמַּטֹּת מִלִּפְנֵי ה׳ אֶל כָּל בְּנֵי יִשְׂרָאֵל,**
וַיִּרְאוּ – וַיִּקְחוּ אִישׁ מַטֵּהוּ. כך נוכחו כל הנשיאים שהם לא נבחרו
לכהן בקודש.

כה **וַיֹּאמֶר ה׳ אֶל מֹשֶׁה: הָשֵׁב אֶת מַטֵּה אַהֲרֹן לִפְנֵי הָעֵדוּת.** לאחר שנעשה
בו נס כה מיוחד, אי אפשר להמשיך להשתמש בו בשימושי חולין.
על כן יש להניחו שוב בקודש **לְמִשְׁמֶרֶת לְאוֹת לִבְנֵי מֶרִי**, כסימן למי
שירצה למרוד בעתיד. **וּתְכַל**, וכך תיגמר **תְּלוּנֹּתָם מֵעָלַי, וְלֹא יָמֻתוּ**,
שהרי המגפה באה בעקבות תלונותיהם.

כו **וַיַּעַשׂ מֹשֶׁה כַּאֲשֶׁר צִוָּה ה׳ אֹתוֹ כֵּן עָשָׂה.** מכאן ואילך נשמר המטה
בצד ארון הברית.

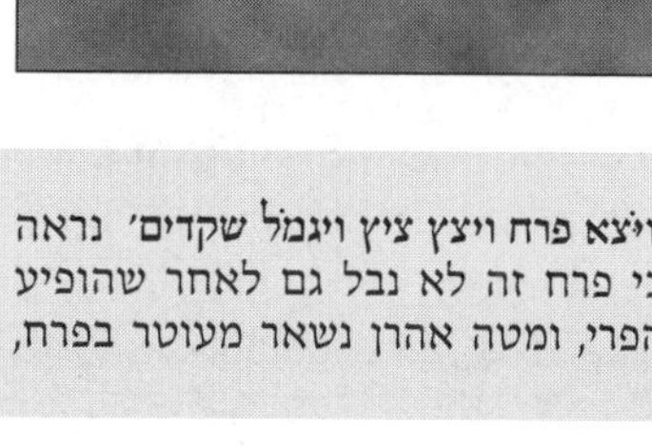

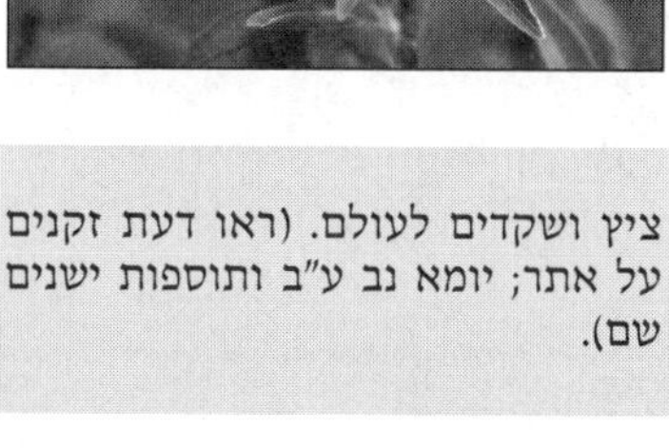

מימין: פרח השקד
משמאל: ציץ ופרי השקד

הרחבות

׳ויֹצא פרח ויצץ ציץ ויגמֹל שקדים׳ נראה כי פרח זה לא נבל גם לאחר שהופיע הפרי, ומטה אהרן נשאר מעוטר בפרח, ציץ ושקדים לעולם. (ראו דעת זקנים על אתר; יומא נב ע״ב ותוספות ישנים שם).

כז וַיֹּאמְרוּ בְּנֵי יִשְׂרָאֵל אֶל־מֹשֶׁה לֵאמֹר הֵן גָּוַעְנוּ אָבַדְנוּ
כח כֻּלָּנוּ אָבָדְנוּ׃ כֹּל הַקָּרֵב ׀ הַקָּרֵב אֶל־מִשְׁכַּן יְהוָה
יח א יָמוּת הַאִם תַּמְנוּ לִגְוֹעַ׃ וַיֹּאמֶר יְהוָה אֶל־
אַהֲרֹן אַתָּה וּבָנֶיךָ וּבֵית־אָבִיךָ אִתָּךְ תִּשְׂאוּ אֶת־עֲוֺן
הַמִּקְדָּשׁ וְאַתָּה וּבָנֶיךָ אִתָּךְ תִּשְׂאוּ אֶת־עֲוֺן כְּהֻנַּתְכֶם׃
ב וְגַם אֶת־אַחֶיךָ מַטֵּה לֵוִי שֵׁבֶט אָבִיךָ הַקְרֵב אִתָּךְ
וְיִלָּווּ עָלֶיךָ וִישָׁרְתוּךָ וְאַתָּה וּבָנֶיךָ אִתָּךְ לִפְנֵי אֹהֶל
ג הָעֵדֻת׃ וְשָׁמְרוּ מִשְׁמַרְתְּךָ וּמִשְׁמֶרֶת כָּל־הָאֹהֶל אַךְ
אֶל־כְּלֵי הַקֹּדֶשׁ וְאֶל־הַמִּזְבֵּחַ לֹא יִקְרָבוּ וְלֹא־יָמֻתוּ
ד גַם־הֵם גַּם־אַתֶּם׃ וְנִלְווּ עָלֶיךָ וְשָׁמְרוּ אֶת־מִשְׁמֶרֶת
אֹהֶל מוֹעֵד לְכֹל עֲבֹדַת הָאֹהֶל וְזָר לֹא־יִקְרַב אֲלֵיכֶם׃
ה וּשְׁמַרְתֶּם אֵת מִשְׁמֶרֶת הַקֹּדֶשׁ וְאֵת מִשְׁמֶרֶת הַמִּזְבֵּחַ
ו וְלֹא־יִהְיֶה עוֹד קֶצֶף עַל־בְּנֵי יִשְׂרָאֵל׃ וַאֲנִי הִנֵּה

רש"י

כח) כֹּל הַקָּרֵב הַקָּרֵב וְגוֹ'. אֵין אָנוּ יְכוֹלִין לִהְיוֹת זְהִירִין בְּכָךְ, כֻּלָּנוּ רַשָּׁאִין לְהִכָּנֵס לַחֲצַר אֹהֶל מוֹעֵד, וְאֶחָד שֶׁיַּקְרִיב עַצְמוֹ יוֹתֵר מֵחֲבֵרָיו וְיִכָּנֵס לְתוֹךְ אֹהֶל מוֹעֵד יָמוּת: הַאִם תַּמְנוּ לִגְוֹעַ. שֶׁמָּא הֻפְקַרְנוּ לְמִיתָה?!:

פרק יח

א) וַיֹּאמֶר ה' אֶל אַהֲרֹן. לְמֹשֶׁה אָמַר שֶׁיֹּאמַר לְאַהֲרֹן, לְהַזְהִירוֹ עַל תַּקָּנַת יִשְׂרָאֵל שֶׁלֹּא יִכָּנְסוּ לַמִּקְדָּשׁ: אַתָּה וּבָנֶיךָ וּבֵית אָבִיךָ. הֵם בְּנֵי קְהָת אֲבִי עַמְרָם: תִּשְׂאוּ אֶת עֲוֹן הַמִּקְדָּשׁ. עֲלֵיכֶם אֲנִי מַטִּיל עֹנֶשׁ הַזָּרִים שֶׁיֶּחֶטְאוּ בְּעִסְקֵי הַדְּבָרִים הַמְקֻדָּשִׁים הַמְּסוּרִים לָכֶם, הוּא הָאֹהֶל וְהָאָרוֹן וְהַשֻּׁלְחָן וּכְלֵי הַקֹּדֶשׁ, אַתֶּם תֵּשְׁבוּ וְתַזְהִירוּ עַל כָּל זָר הַבָּא לִגַּע: וְאַתָּה וּבָנֶיךָ. הַכֹּהֲנִים: תִּשְׂאוּ אֶת עֲוֹן כְּהֻנַּתְכֶם. שֶׁאֵינָהּ מְסוּרָה לַלְוִיִּם, וְתַזְהִירוּ הַלְוִיִּם הַשּׁוֹגְגִים שֶׁלֹּא יִגְּעוּ אֲלֵיכֶם בַּעֲבוֹדַתְכֶם:

ב) וְגַם אֶת אַחֶיךָ. בְּנֵי גֵרְשׁוֹן וּבְנֵי מְרָרִי: וְיִלָּווּ. וְיִתְחַבְּרוּ אֲלֵיכֶם, לְהַזְהִיר גַּם אֶת הַזָּרִים מִלִּקְרַב אֲלֵיהֶם: וִישָׁרְתוּךָ. בִּשְׁמִירַת הַשְּׁעָרִים וּלְמַנּוֹת מֵהֶם גִּזְבָּרִין וַאֲמַרְכָּלִין:

ד) וְזָר לֹא יִקְרַב אֲלֵיכֶם. אֶתְכֶם אֲנִי מַזְהִיר עַל כָּךְ:

ה) וְלֹא יִהְיֶה עוֹד קֶצֶף. כְּמוֹ שֶׁהָיָה כְּבָר, שֶׁנֶּאֱמַר: "כִּי יָצָא הַקֶּצֶף" (לעיל יז, יא):

ביאור | אמנם המשכן הוא מקור החיות של ישראל, אך ישראל נוכחו לדעת שאין המשכן מקור של ביטחון ומחסה בלבד. אדרבא, היבלעות קרח ועדתו באדמה, שרפת מקריבי הקטורת והמגפה שאכלה בעם הצטרפו בתודעתם למותם של נדב ואביהוא[21] ולאזהרות החוזרות ונשנות של קרבת זרים לקודש,[22] וכל אלה עוררו אצלם אימה. כז **וַיֹּאמְרוּ בְּנֵי יִשְׂרָאֵל אֶל מֹשֶׁה לֵאמֹר: הֵן גָּוַעְנוּ, אָבַדְנוּ כֻּלָּנוּ אָבָדְנוּ.** כח **כֹּל הַקָּרֵב הַקָּרֵב אֶל מִשְׁכַּן ה' – יָמוּת. הַאִם תַּמְנוּ לִגְוֹעַ**, או שמא עצמתו האדירה של משכן ה' תמשיך להמית אנשים?!

פרק יח א **וַיֹּאמֶר ה' אֶל אַהֲרֹן: אַתָּה וּבָנֶיךָ**, הכהנים **וּבֵית אָבִיךָ**, בני קהת **אִתָּךְ תִּשְׂאוּ אֶת עֲוֺן הַמִּקְדָּשׁ**, תהיו אחראים לכל פגיעה בקודש. **וְאַתָּה וּבָנֶיךָ אִתָּךְ תִּשְׂאוּ אֶת עֲוֺן כְּהֻנַּתְכֶם.** האחריות על אי-מילוי תפקידי הכהונה תיפול עליכם. ב **וְגַם אֶת אַחֶיךָ מַטֵּה לֵוִי שֵׁבֶט אָבִיךָ הַקְרֵב אִתָּךְ, וְיִלָּווּ עָלֶיךָ וִישָׁרְתוּךָ** ורק **אַתָּה וּבָנֶיךָ אִתָּךְ** תשבו **לִפְנֵי אֹהֶל הָעֵדֻת**, ולא הלויים, שמקומם מחוץ לתחום זה.[23] ג **וְשָׁמְרוּ מִשְׁמַרְתְּךָ וּמִשְׁמֶרֶת כָּל הָאֹהֶל** מסביב. **אַךְ אֶל כְּלֵי הַקֹּדֶשׁ וְאֶל הַמִּזְבֵּחַ לֹא יִקְרָבוּ**, אף שהם ממונים על נשיאת המשכן ושמירתו, אסור להם לגעת בכלים, **וְלֹא יָמֻתוּ גַם הֵם גַּם אַתֶּם.** ד **וְנִלְווּ** הלויים **עָלֶיךָ** ועל משפחתך, הכהנים, **וְשָׁמְרוּ אֶת מִשְׁמֶרֶת אֹהֶל מוֹעֵד לְכֹל עֲבֹדַת הָאֹהֶל, וְזָר לֹא יִקְרַב אֲלֵיכֶם.** ה **וּשְׁמַרְתֶּם אֵת מִשְׁמֶרֶת הַקֹּדֶשׁ וְאֵת מִשְׁמֶרֶת הַמִּזְבֵּחַ**, תשמרו שלא יתקרב מי שאינו כהן אל הקודש והמזבח,[24] **וְלֹא יִהְיֶה עוֹד קֶצֶף**, כעס **עַל בְּנֵי יִשְׂרָאֵל** על פגיעה בקדושת המזבח ובמעמדו. ו **וַאֲנִי**

לָקַ֙חְתִּי֙ אֶת־אֲחֵיכֶ֣ם הַלְוִיִּ֔ם מִתּ֖וֹךְ בְּנֵ֣י יִשְׂרָאֵ֑ל לָכֶ֞ם
מַתָּנָ֤ה נְתֻנִים֙ לַֽיהוָ֔ה לַעֲבֹ֕ד אֶת־עֲבֹדַ֖ת אֹ֥הֶל מוֹעֵֽד׃
וְאַתָּ֣ה וּבָנֶ֣יךָ אִ֠תְּךָ֠ תִּשְׁמְר֨וּ אֶת־כְּהֻנַּתְכֶ֜ם לְכָל־דְּבַ֧ר ז
הַמִּזְבֵּ֛חַ וּלְמִבֵּ֥ית לַפָּרֹ֖כֶת וַעֲבַדְתֶּ֑ם עֲבֹדַ֣ת מַתָּנָ֗ה
אֶתֵּן֙ אֶת־כְּהֻנַּתְכֶ֔ם וְהַזָּ֥ר הַקָּרֵ֖ב יוּמָֽת׃
וַיְדַבֵּ֣ר יְהוָה֮ אֶֽל־אַהֲרֹן֒ וַאֲנִי֙ הִנֵּ֣ה נָתַ֣תִּי לְךָ֔ אֶת־ ח
מִשְׁמֶ֖רֶת תְּרוּמֹתָ֑י לְכָל־קָדְשֵׁ֣י בְנֵֽי־יִ֠שְׂרָאֵל לְךָ֙ נְתַתִּ֤ים
לְמָשְׁחָה֙ וּלְבָנֶ֔יךָ לְחָק־עוֹלָֽם׃ זֶ֣ה יִהְיֶ֥ה לְךָ֛ מִקֹּ֥דֶשׁ ט
הַקֳּדָשִׁ֖ים מִן־הָאֵ֑שׁ כָּל־קָ֠רְבָּנָ֠ם לְֽכָל־מִנְחָתָ֞ם וּלְכָל־
חַטָּאתָ֗ם וּלְכָל־אֲשָׁמָם֙ אֲשֶׁ֣ר יָשִׁ֣יבוּ לִ֔י קֹ֣דֶשׁ קָֽדָשִׁ֥ים
לְךָ֛ ה֖וּא וּלְבָנֶֽיךָ׃ בְּקֹ֥דֶשׁ הַקֳּדָשִׁ֖ים תֹּאכֲלֶ֑נּוּ כָּל־זָכָר֙ י
יֹאכַ֣ל אֹת֔וֹ קֹ֖דֶשׁ יִֽהְיֶה־לָּֽךְ׃ וְזֶה־לְּךָ֞ תְּרוּמַ֣ת מַתָּנָ֗ם יא

רש״י

ו | **לָכֶם מַתָּנָה נְתֻנִים.** יָכוֹל לַעֲבוֹדַתְכֶם שֶׁל הֶדְיוֹט? תַּלְמוּד לוֹמַר: "לַה'", כְּמוֹ שֶׁמְּפֹרָשׁ לְמַעְלָה, לִשְׁמֹר מִשְׁמֶרֶת גִּזְבָּרִין וַאֲמַרְכָּלִין:

ז | **עֲבֹדַת מַתָּנָה.** בְּמַתָּנָה נְתַתִּיהָ לָכֶם:

ח | **וַאֲנִי הִנֵּה נָתַתִּי לְךָ.** בְּשִׂמְחָה. לְשׁוֹן שִׂמְחָה הוּא זֶה, כְּמוֹ: "הִנֵּה הוּא יֹצֵא לִקְרָאתֶךָ וְרָאֲךָ וְשָׂמַח בְּלִבּוֹ" (שמות ד, יד). מָשָׁל לְמֶלֶךְ שֶׁנָּתַן שָׂדֶה לְאוֹהֲבוֹ וְלֹא כָתַב וְלֹא חָתַם וְלֹא הֶעֱלָה בָּעַרְכָּאִין. בָּא אֶחָד וְעִרְעֵר עַל הַשָּׂדֶה, אָמַר לוֹ הַמֶּלֶךְ: כָּל מִי שֶׁיִּרְצֶה יָבֹא וִיעַרְעֵר לְנֶגְדְּךָ, הֲרֵינִי כוֹתֵב וְחוֹתֵם לְךָ וּמַעֲלֶה בָּעַרְכָּאִין. אַף כָּאן, לְפִי שֶׁבָּא קֹרַח וְעִרְעֵר כְּנֶגֶד אַהֲרֹן עַל הַכְּהֻנָּה, בָּא הַכָּתוּב וְנָתַן לוֹ עֶשְׂרִים וְאַרְבַּע מַתְּנוֹת כְּהֻנָּה בִּבְרִית מֶלַח עוֹלָם, וּלְכָךְ נִסְמְכָה פָּרָשָׁה זוֹ לְכָאן: **מִשְׁמֶרֶת תְּרוּמֹתָי.** שֶׁאַתָּה צָרִיךְ לְשָׁמְרָן בְּטָהֳרָה: **לְמָשְׁחָה.** לִגְדֻלָּה:

ט | **מִן הָאֵשׁ.** לְאַחַר הַקְטָרַת הָאִשִּׁים: **כָּל קָרְבָּנָם.** כְּגוֹן זִבְחֵי שַׁלְמֵי צִבּוּר: **מִנְחָתָם חַטָּאתָם וַאֲשָׁמָם.** כְּמַשְׁמָעוֹ: **אֲשֶׁר יָשִׁיבוּ לִי.** זֶה גֶּזֶל הַגֵּר:

י | **בְּקֹדֶשׁ הַקֳּדָשִׁים תֹּאכֲלֶנּוּ וְגוֹ'.** לִמֵּד עַל קָדְשֵׁי קָדָשִׁים שֶׁאֵין נֶאֱכָלִין אֶלָּא בָּעֲזָרָה וּלְזִכְרֵי כְהֻנָּה:

יא | **תְּרוּמַת מַתָּנָם.** הַמּוּרָם מִן הַתּוֹדָה וּמֵהַשְּׁלָמִים וּמֵאֵיל נָזִיר: **לְכָל תְּנוּפֹת.**

הרחבות | **הציווי הנוסף על תפקידי הלויים והכהנים** תפקידי העזרה והשירות כבר הוטלו קודם על הלויים (לעיל סוף פרק א; ג,ו–י; ח,יח). כאן נוסף על כך מינוים לשמור את כלי הקודש ותחזוקת המקדש לעולם. תפקידי התחזוקה יהיו משמעותיים במקדש הרבה יותר מאשר במשכן, שהיה מבנה קטן יותר, ובו שימשו כהנים מועטים. לאחר הערעור

ביאור

הִנֵּה לָקַחְתִּי אֶת אֲחֵיכֶם הַלְוִיִּם מִתּוֹךְ בְּנֵי יִשְׂרָאֵל, לָכֶם מַתָּנָה נְתֻנִים לַה'
לַעֲבֹד אֶת עֲבֹדַת אֹהֶל מוֹעֵד. ז וְאַתָּה וּבָנֶיךָ אִתְּךָ תִּשְׁמְרוּ אֶת כְּהֻנַּתְכֶם
בכל הקשור לְכָל דְּבַר הַמִּזְבֵּחַ וּלְמִבֵּית לַפָּרֹכֶת, ולְמה שנמצא פנימה
לפרוכת, כלומר אתם אחראים שכל השירות במקדש – העבודות
החיצוניות והפנימיות – ייעשה כראוי, וַעֲבַדְתֶּם עבודה זו. עֲבֹדַת
מַתָּנָה אֶתֵּן אֶת כְּהֻנַּתְכֶם. אין זו עבודת שעבוד אלא כבוד שהוענק
רק לכם, וְאילו הַזָּר הַקָּרֵב – יוּמָת.

ח וַיְדַבֵּר ה' אֶל אַהֲרֹן: וַאֲנִי הִנֵּה נָתַתִּי לְךָ אֶת מִשְׁמֶרֶת תְּרוּמֹתָי, לְכָל קָדְשֵׁי
בְּנֵי יִשְׂרָאֵל – לְךָ נְתַתִּים לְמָשְׁחָה, למינוי, לגדולה[25] וּלְבָנֶיךָ לְחָק עוֹלָם.

רשימת מתנות הכהונה: ט זֶה יִהְיֶה לְךָ מִקֹּדֶשׁ הַקֳּדָשִׁים מִן הָאֵשׁ, מן
הקרבנות הנשרפים על המזבח שקדושתם חמורה, כָּל קָרְבָּנָם לְכָל
מִנְחָתָם וּלְכָל חַטָּאתָם וּלְכָל אֲשָׁמָם אֲשֶׁר יָשִׁיבוּ לִי – קֹדֶשׁ קָדָשִׁים לְךָ
הוּא וּלְבָנֶיךָ. רק הכהנים יוכלו להשתמש במתנות אלה. י בְּקֹדֶשׁ
הַקֳּדָשִׁים, בעזרה, שהיא המקום המיועד לאכילת קודשי קודשים:
מנחה, חטאת ואשם,[26] תֹּאכְלֶנּוּ. כָּל זָכָר יֹאכַל אֹתוֹ, קֹדֶשׁ יִהְיֶה לָּךְ.
יא וְזֶה לְּךָ תְּרוּמַת מַתָּנָם לְכָל תְּנוּפֹת בְּנֵי יִשְׂרָאֵל, אלו חלקים מסוימים

מתנות הכהנים המפורשות בתורה

קודשים הנאכלים בעזרת המקדש ('קודשי קודשים')	בשר קרבנות החטאת, האשם ושלמי הציבור; מותר העומר; שיירי מנחות של ישראל; שתי הלחם; לחם הפנים; לוג שמן של מצורע.
מתנה שבמקדש שאינה נאכלת	עורות קודשי הקודשים.
קודשים הנאכלים בירושלים ('קודשים קלים')	חזה ושוק של שלמי היחיד; המורם מלחמי קרבן התודה ואיל הנזיר; בכור בהמה טהורה; ביכורים.
המתנות שבארץ ישראל שיש בהן קדושה	תרומה; תרומת מעשר; חלה.
המתנות שבארץ ישראל שאין בהן קדושה	ראשית הגז; שדה אחוזה.
המתנות שבכל מקום	זרוע, לחיים וקיבה מבשר חולין; פדיון הבן ופטר חמור; גזל הגר שמת שאין לו יורשים; חרמים.

הרחבות

על הכהונה, מצווה אהרן בשמירתה ובהגדרת התפקידים המוטלים על בניו ועל הלויים.

'כל זכר יאכל אתו' מכאן למדו שגם כהנים זכרים שאינם יכולים לשמש בעבודה בפועל, כגון בעלי מומים, זכאים לאכול את הקודשים. (ראו זבחים קב ע"א).

לְכָל־תְּנוּפֹת בְּנֵי יִשְׂרָאֵל לְךָ נְתַתִּים וּלְבָנֶיךָ וְלִבְנֹתֶיךָ
אִתְּךָ לְחָק־עוֹלָם כָּל־טָהוֹר בְּבֵיתְךָ יֹאכַל אֹתוֹ: כֹּל יב
חֵלֶב יִצְהָר וְכָל־חֵלֶב תִּירוֹשׁ וְדָגָן רֵאשִׁיתָם אֲשֶׁר־
יִתְּנוּ לַיהוָה לְךָ נְתַתִּים: בִּכּוּרֵי כָּל־אֲשֶׁר בְּאַרְצָם יג
אֲשֶׁר־יָבִיאוּ לַיהוָה לְךָ יִהְיֶה כָּל־טָהוֹר בְּבֵיתְךָ
יֹאכְלֶנּוּ: כָּל־חֵרֶם בְּיִשְׂרָאֵל לְךָ יִהְיֶה: כָּל־פֶּטֶר רֶחֶם יד טו
לְכָל־בָּשָׂר אֲשֶׁר־יַקְרִיבוּ לַיהוָה בָּאָדָם וּבַבְּהֵמָה
יִהְיֶה־לָּךְ אַךְ ׀ פָּדֹה תִפְדֶּה אֵת בְּכוֹר הָאָדָם וְאֵת
בְּכוֹר־הַבְּהֵמָה הַטְּמֵאָה תִּפְדֶּה: וּפְדוּיָו מִבֶּן־חֹדֶשׁ טז
תִּפְדֶּה בְּעֶרְכְּךָ כֶּסֶף חֲמֵשֶׁת שְׁקָלִים בְּשֶׁקֶל הַקֹּדֶשׁ
עֶשְׂרִים גֵּרָה הוּא: אַךְ בְּכוֹר־שׁוֹר אוֹ־בְכוֹר כֶּשֶׂב יז
אוֹ־בְכוֹר עֵז לֹא תִפְדֶּה קֹדֶשׁ הֵם אֶת־דָּמָם תִּזְרֹק
עַל־הַמִּזְבֵּחַ וְאֶת־חֶלְבָּם תַּקְטִיר אִשֶּׁה לְרֵיחַ נִיחֹחַ
לַיהוָה: וּבְשָׂרָם יִהְיֶה־לָּךְ כַּחֲזֵה הַתְּנוּפָה וּכְשׁוֹק יח
הַיָּמִין לְךָ יִהְיֶה: כֹּל ׀ תְּרוּמֹת הַקֳּדָשִׁים אֲשֶׁר יָרִימוּ יט

רש"י | שֶׁהֲרֵי אֵלּוּ טְעוּנִין תְּנוּפָה: **כָּל טָהוֹר.** וְלֹא טְמֵאִים. דָּבָר אַחֵר, "כָּל טָהוֹר" לְרַבּוֹת אִשְׁתּוֹ:

יב | **רֵאשִׁיתָם.** הִיא תְּרוּמָה גְּדוֹלָה:

יח | **כַּחֲזֵה הַתְּנוּפָה וּכְשׁוֹק הַיָּמִין.** שֶׁל שְׁלָמִים, שֶׁנֶּאֱכָלִים לַכֹּהֲנִים וְלִנְשֵׁיהֶם לִבְנֵיהֶם וּלְעַבְדֵיהֶם לִשְׁנֵי יָמִים וְלַיְלָה אֶחָד, אַף הַבְּכוֹר נֶאֱכָל לִשְׁנֵי יָמִים וְלַיְלָה אֶחָד: **לְךָ יִהְיֶה.** בָּא רַבִּי עֲקִיבָא וְלִמֵּד: הוֹסִיף לְךָ הַכָּתוּב הֲוָיָה אַחֶרֶת, שֶׁלֹּא תֹּאמַר, כֶּחָזֶה וָשׁוֹק שֶׁל תּוֹדָה שֶׁאֵינוֹ נֶאֱכָל אֶלָּא לְיוֹם וְלַיְלָה:

יט | **כֹּל תְּרוּמֹת הַקֳּדָשִׁים.** מֵחִבָּתָהּ שֶׁל פָּרָשָׁה זוֹ, כְּלָלָהּ בַּתְּחִלָּה וּכְלָלָהּ בַּסּוֹף

הרחבות | **'לך נתתים'** התרומה, וכמוה תרומת החלה, מופרשת גם בימינו במידה מינימלית, אבל אינה ניתנת לכהנים אלא נשרפת, שכן גם הכהנים אינם יכולים לאכלה, מפני שאין שומרים עתה על הטהרה.

מצוות פדיון הבן הבכור בחמישה סלעים, פדיון 'פטר חמור' בשה ונתינת הפדיון לכהן נוהגות גם כיום כיוון שישראל מחויבים לפדות את בכוריהם. אולם היות שהכהנים אינם יכולים להוכיח את ייחוסם

ביאור | מקרבנות השלמים שמפרישים אותם ומניפים אותם[27] – **לְךָ נְתַתִּים וּלְבָנֶיךָ וְלִבְנֹתֶיךָ אִתְּךָ לְחָק עוֹלָם, כָּל טָהוֹר בְּבֵיתְךָ יֹאכַל אֹתוֹ**, כדין ׳קודשים קלים׳ הנאכלים על ידי כל בני ביתו של הכהן.

יב **כֹּל חֵלֶב יִצְהָר**, המובחר שבשמן **וְכָל חֵלֶב תִּירוֹשׁ**, המובחר שביין **וְדָגָן, רֵאשִׁיתָם אֲשֶׁר יִתְּנוּ לַה׳**, הראשית מן היבול הוא התרומה שמפרישים ישראל לה׳,[28] בפועל – **לְךָ**, לכהנים ולבני משפחותיהם **נְתַתִּים**.

יג **בִּכּוּרֵי כָּל אֲשֶׁר בְּאַרְצָם אֲשֶׁר יָבִיאוּ לַה׳**, הביכורים המובאים למקדש – **לְךָ יִהְיֶה. כָּל טָהוֹר בְּבֵיתְךָ יֹאכְלֶנּוּ**, כולל העבדים – ׳קניין כספו׳ של הכהן – רשאים לאכול את התרומה והביכורים כשהם טהורים.[29] ובמקרים אחדים, כשהתרומה אינה ראויה לאכילת אדם, אפילו הבהמות יכולות לאכלה.[30]

יד **כָּל חֵרֶם**, מטלטלין ונכסי-דלא-ניידי שהוקדשו **בְּיִשְׂרָאֵל**, אך לא למען תחזוקת המקדש – **לְךָ יִהְיֶה**.

טו **כָּל פֶּטֶר רֶחֶם**, בכור **לְכָל בָּשָׂר אֲשֶׁר יַקְרִיבוּ לַה׳ בָּאָדָם וּבַבְּהֵמָה – יִהְיֶה לָּךְ, אַךְ פָּדֹה תִפְדֶּה**, החלף בכסף **אֵת בְּכוֹר הָאָדָם**, והכסף הוא שיינתן לך, **וְאֵת בְּכוֹר הַבְּהֵמָה הַטְּמֵאָה תִּפְדֶּה**. מכיוון שלא תוכל לאכלו, תקבל את תמורתו. במקום אחר מתבאר כי הבהמה הטמאה שבה מדובר כאן היא חמור, והוא נפדה בשה הניתן לכהן.[31] טז **וּפְדוּיָו** – של בכור האדם **מִבֶּן חֹדֶשׁ תִּפְדֶּה. בְּעֶרְכְּךָ**, בשווי **כֶּסֶף חֲמֵשֶׁת שְׁקָלִים בְּשֶׁקֶל הַקֹּדֶשׁ**, ושקל זה – **עֶשְׂרִים גֵּרָה**, יחידת המשקל הקטנה של כסף, ׳מעה׳ בלשון חכמים, **הוּא**.[32] יז **אַךְ בְּכוֹר שׁוֹר אוֹ בְכוֹר כֶּשֶׂב אוֹ בְכוֹר עֵז – לֹא תִפְדֶּה. קֹדֶשׁ הֵם** עצמם. **אֶת דָּמָם תִּזְרֹק עַל הַמִּזְבֵּחַ וְאֶת חֶלְבָּם תַּקְטִיר, אִשֶּׁה לְרֵיחַ נִיחֹחַ לַה׳**, שכן חלקים אלו אינם נאכלים. יח ולעומת הדם והחֵלב, **בְשָׂרָם** של בכורות הבהמה הטהורה **יִהְיֶה לָּךְ כַּחֲזֵה הַתְּנוּפָה וּכְשׁוֹק הַיָּמִין** של קרבנות השלמים, שאוכלים הכהנים ובני משפחותיהם הטהורים. כמוהם כבשר הבכור – **לְךָ יִהְיֶה**.

ושב ומסכם: יט **כֹּל תְּרוּמֹת הַקֳּדָשִׁים אֲשֶׁר יָרִימוּ בְנֵי יִשְׂרָאֵל לַה׳**,

הרחבות | בוודאות, הדבר נעשה שלא בשלמות וכראוי.

אמנם בכור בהמה טהורה קדוש בקדושת קרבן בכל זמן, אך אין אפשרות לקיים את מצוותו בזמן הזה. על כן, כדי להימנע מקיומה של בהמה קדושה שאי אפשר לקיים בה את מצוותה, מצד אחד; ומצד שני, אסור לעבוד בה ולאוכלה, נהוג כיום להפקיע מראש את קדושתה על ידי מכירת חלק מגופה של האם לנכרי, שכן באופן

בְּנֵי־יִשְׂרָאֵל לַיהוה נָתַתִּי לְךָ וּלְבָנֶיךָ וְלִבְנֹתֶיךָ אִתְּךָ
לְחָק־עוֹלָם בְּרִית מֶלַח עוֹלָם הִוא לִפְנֵי יהוה לְךָ
כ וּלְזַרְעֲךָ אִתָּךְ: וַיֹּאמֶר יהוה אֶל־אַהֲרֹן בְּאַרְצָם לֹא
תִנְחָל וְחֵלֶק לֹא־יִהְיֶה לְךָ בְּתוֹכָם אֲנִי חֶלְקְךָ וְנַחֲלָתְךָ
כא בְּתוֹךְ בְּנֵי יִשְׂרָאֵל: וְלִבְנֵי לֵוִי הִנֵּה נָתַתִּי שביעי
כָּל־מַעֲשֵׂר בְּיִשְׂרָאֵל לְנַחֲלָה חֵלֶף עֲבֹדָתָם אֲשֶׁר־
כב הֵם עֹבְדִים אֶת־עֲבֹדַת אֹהֶל מוֹעֵד: וְלֹא־יִקְרְבוּ עוֹד
בְּנֵי יִשְׂרָאֵל אֶל־אֹהֶל מוֹעֵד לָשֵׂאת חֵטְא לָמוּת:
כג וְעָבַד הַלֵּוִי הוּא אֶת־עֲבֹדַת אֹהֶל מוֹעֵד וְהֵם יִשְׂאוּ
עֲוֺנָם חֻקַּת עוֹלָם לְדֹרֹתֵיכֶם וּבְתוֹךְ בְּנֵי יִשְׂרָאֵל לֹא
כד יִנְחֲלוּ נַחֲלָה: כִּי אֶת־מַעְשַׂר בְּנֵי־יִשְׂרָאֵל אֲשֶׁר יָרִימוּ
לַיהוה תְּרוּמָה נָתַתִּי לַלְוִיִּם לְנַחֲלָה עַל־כֵּן אָמַרְתִּי
לָהֶם בְּתוֹךְ בְּנֵי יִשְׂרָאֵל לֹא יִנְחֲלוּ נַחֲלָה:
כה כו וַיְדַבֵּר יהוה אֶל־מֹשֶׁה לֵּאמֹר: וְאֶל־הַלְוִיִּם תְּדַבֵּר יז
וְאָמַרְתָּ אֲלֵהֶם כִּי־תִקְחוּ מֵאֵת בְּנֵי־יִשְׂרָאֵל אֶת־
הַמַּעֲשֵׂר אֲשֶׁר נָתַתִּי לָכֶם מֵאִתָּם בְּנַחֲלַתְכֶם
וַהֲרֵמֹתֶם מִמֶּנּוּ תְּרוּמַת יהוה מַעֲשֵׂר מִן־הַמַּעֲשֵׂר:

רש"י | וּפֵרַט בְּקָמְצָא: בְּרִית מֶלַח עוֹלָם. כָּרַת בְּרִית עִם אַהֲרֹן בְּדָבָר הַבָּרִיא וּמִתְקַיֵּם וּמַבְרִיא אֶת אֲחֵרִים: בְּרִית מֶלַח. כַּבְּרִית הַכְּרוּתָה לַמֶּלַח, שֶׁאֵינוֹ מַסְרִיחַ לְעוֹלָם:

כ| וְחֵלֶק לֹא יִהְיֶה לְךָ בְּתוֹכָם. אַף בַּבִּזָּה: כג| וְהֵם. הַלְוִיִּם, "יִשְׂאוּ עֲוֹנָם" שֶׁל יִשְׂרָאֵל, שֶׁעֲלֵיהֶם לְהַזְהִיר הַזָּרִים מִגֶּשֶׁת אֲלֵיהֶם: כד| אֲשֶׁר יָרִימוּ לַה' תְּרוּמָה. הַכָּתוּב

הרחבות | זה אין הבכור מתקדש. (ראו בכורות יג ע"א).

ברית מלח המלח מסמל נצחיות משום עמידותו בתנאים משתנים. ועוד, אחת מדרכי כריתת הברית הייתה חלוקה של לחם ומלח בין שני הצדדים. (ראו הרחבה לויקרא ב,יג).

'ולבני לוי הנה נתתי כל מעשר' במעשר, שהופך לרכושו של הלוי, אין קדושה מיוחדת, ולא נדרשים תנאים מיוחדים לאכילתו. (ראו

ביאור | האמורות כאן בפירוש, הרמוזות והאמורות במקומות אחרים[33] – נְתַתִּי לְךָ וּלְבָנֶיךָ וְלִבְנֹתֶיךָ אִתְּךָ לְחָק עוֹלָם. בְּרִית מֶלַח עוֹלָם, ברית נצחית[34] הִוא לִפְנֵי ה׳ לְךָ וּלְזַרְעֲךָ אִתָּךְ.

כ וַיֹּאמֶר ה׳ אֶל אַהֲרֹן: מצד אחד, אתה וצאצאיך מקבלים מתנות מן העם; ומצד שני, בְּאַרְצָם של בני ישראל לֹא תִנְחָל, וְחֵלֶק, וחבל אדמה לֹא יִהְיֶה לְךָ בְּתוֹכָם. אֲנִי חֶלְקְךָ וְנַחֲלָתְךָ בְּתוֹךְ בְּנֵי יִשְׂרָאֵל.

כא וְלִבְנֵי לֵוִי, שאף הם עובדים במקדש, הִנֵּה נָתַתִּי כָּל מַעֲשֵׂר, עשירית מכל היבול בְּיִשְׂרָאֵל לְנַחֲלָה, חֵלֶף, בעבור עֲבֹדָתָם אֲשֶׁר הֵם עֹבְדִים אֶת עֲבֹדַת אֹהֶל מוֹעֵד.

כב וְלֹא יִקְרְבוּ עוֹד בְּנֵי יִשְׂרָאֵל אֶל אֹהֶל מוֹעֵד, לָשֵׂאת חֵטְא לָמוּת מכיוון שהלויים הם אלו שיטפלו בתחזוקת המקדש, בשירה ובעזרה לכהנים, וגם מכיוון שהם אחראים למנוע מישראל לעשות תפקידים אלו ולהתקרב אל הקודש. כג וְעָבַד הַלֵּוִי הוּא עצמו אֶת עֲבֹדַת אֹהֶל מוֹעֵד, וְהֵם – הלויים יִשְׂאוּ עֲוֹנָם, יהיו אחראים לחטאים העלולים לנבוע מעבודתם. חֻקַּת עוֹלָם לְדֹרֹתֵיכֶם, וּבְתוֹךְ בְּנֵי יִשְׂרָאֵל גם בני שבט לוי כולם לֹא יִנְחֲלוּ נַחֲלָה בארץ. כד כִּי אֶת מַעְשַׂר בְּנֵי יִשְׂרָאֵל אֲשֶׁר יָרִימוּ לַה׳ תְּרוּמָה נָתַתִּי לַלְוִיִּם לְנַחֲלָה. עַל כֵּן אָמַרְתִּי לָהֶם, שבְּתוֹךְ בְּנֵי יִשְׂרָאֵל לֹא יִנְחֲלוּ נַחֲלָה.

כה וַיְדַבֵּר ה׳ אֶל מֹשֶׁה לֵּאמֹר: כו וְאֶל הַלְוִיִּם תְּדַבֵּר וְאָמַרְתָּ אֲלֵהֶם: כִּי תִקְחוּ מֵאֵת בְּנֵי יִשְׂרָאֵל אֶת הַמַּעֲשֵׂר אֲשֶׁר נָתַתִּי לָכֶם מֵאִתָּם בְּנַחֲלַתְכֶם – וַהֲרֵמֹתֶם מִמֶּנּוּ תְּרוּמַת ה׳. מתוך המעשר שאתם מקבלים מישראל, עליכם להפריש מַעֲשֵׂר מִן הַמַּעֲשֵׂר. כז ולאחר שתפרישו

הרחבות | להלן פס׳ לא). מכיוון שהיום אין הלויים יכולים להוכיח את ייחוסם בוודאות, ישראל אינם חייבים לתת להם את מעשרותיהם בפועל על פי דין, אם כי רבים נוהגים גם היום לתת את מעשרותיהם לאלו המוחזקים כלויים. בין כך ובין כך, את המעשר צריך להפריש ולייחד, כלומר לקרוא על עשירית מסוימת מן הפֵּרות שם מעשר: ׳הרי אלו מעשר׳. שכן ההפרשה והנתינה הן שני מעשים שאינם תלויים זה בזה בהכרח, וגם כשאין מתקיימת מצוות הנתינה, יש לקיים את מצוות ההפרשה.

וְנֶחְשַׁב לָכֶם תְּרוּמַתְכֶם כַּדָּגָן מִן־הַגֹּרֶן וְכַמְלֵאָה כז
מִן־הַיָּקֶב: כֵּן תָּרִימוּ גַם־אַתֶּם תְּרוּמַת יהוה מִכֹּל כח
מַעְשְׂרֹתֵיכֶם אֲשֶׁר תִּקְחוּ מֵאֵת בְּנֵי יִשְׂרָאֵל וּנְתַתֶּם
מִמֶּנּוּ אֶת־תְּרוּמַת יהוה לְאַהֲרֹן הַכֹּהֵן: מִכֹּל כט
מַתְּנֹתֵיכֶם תָּרִימוּ אֵת כָּל־תְּרוּמַת יהוה מִכָּל־חֶלְבּוֹ
מפטיר אֶת־מִקְדְּשׁוֹ מִמֶּנּוּ: וְאָמַרְתָּ אֲלֵהֶם בַּהֲרִימְכֶם אֶת־ ל
חֶלְבּוֹ מִמֶּנּוּ וְנֶחְשַׁב לַלְוִיִּם כִּתְבוּאַת גֹּרֶן וְכִתְבוּאַת
יָקֶב: וַאֲכַלְתֶּם אֹתוֹ בְּכָל־מָקוֹם אַתֶּם וּבֵיתְכֶם כִּי־ לא
שָׂכָר הוּא לָכֶם חֵלֶף עֲבֹדַתְכֶם בְּאֹהֶל מוֹעֵד: וְלֹא־ לב
תִשְׂאוּ עָלָיו חֵטְא בַּהֲרִימְכֶם אֶת־חֶלְבּוֹ מִמֶּנּוּ וְאֶת־
קָדְשֵׁי בְנֵי־יִשְׂרָאֵל לֹא תְחַלְּלוּ וְלֹא תָמוּתוּ:

רש"י

קָרְאוֹ 'תְּרוּמָה' עַד שֶׁיַּפְרִישׁ מִמֶּנּוּ תְּרוּמַת מַעֲשֵׂר:

כז) **וְנֶחְשַׁב לָכֶם תְּרוּמַתְכֶם כַּדָּגָן מִן הַגֹּרֶן.** תְּרוּמַת מַעֲשֵׂר שֶׁלָּכֶם אֲסוּרָה לְזָרִים וְלִטְמֵאִים, וְחַיָּבִין עָלֶיהָ מִיתָה וְחֹמֶשׁ, כִּתְרוּמָה גְּדוֹלָה שֶׁנִּקְרֵאת רֵאשִׁית דָּגָן מִן הַגֹּרֶן: **וְכַמְלֵאָה מִן הַיָּקֶב.** כִּתְרוּמַת תִּירוֹשׁ וְיִצְהָר הַנִּטֶּלֶת מִן הַיְקָבִים: **מְלֵאָה.** לְשׁוֹן בִּשּׁוּל תְּבוּאָה שֶׁנִּתְמַלֵּאת: **יָקֶב.** הוּא הַבּוֹר שֶׁלִּפְנֵי הַגַּת שֶׁהַיַּיִן יוֹרֵד לְתוֹכוֹ. וְכָל לְשׁוֹן 'יֶקֶב' חֲפִירַת קַרְקַע הוּא, וְכֵן: "יִקְבֵי הַמֶּלֶךְ" (זכריה יד, י), הוּא יָם אוֹקְיָנוֹס, חֲפִירָה שֶׁחָפַר מַלְכּוֹ שֶׁל עוֹלָם:

כח) **כֵּן תָּרִימוּ גַם אַתֶּם.** כְּמוֹ שֶׁיִּשְׂרָאֵל מְרִימִים מִגָּרְנָם וּמִיִּקְבֵיהֶם תָּרִימוּ אַתֶּם מִמַּעֲשֵׂר שֶׁלָּכֶם, כִּי הוּא נַחֲלַתְכֶם:

כט) **מִכֹּל מַתְּנֹתֵיכֶם תָּרִימוּ אֵת כָּל תְּרוּמַת ה'.** בִּתְרוּמָה גְּדוֹלָה הַכָּתוּב מְדַבֵּר, שֶׁאִם הִקְדִּים לֵוִי אֶת הַכֹּהֵן בִּכְרִי וְקִבֵּל מַעַשְׂרוֹתָיו קֹדֶם שֶׁיִּטֹּל כֹּהֵן תְּרוּמָה גְּדוֹלָה מִן הַכְּרִי, צָרִיךְ לְהַפְרִישׁ הַלֵּוִי מִן הַמַּעֲשֵׂר תְּחִלָּה אֶחָד מֵחֲמִשִּׁים לִתְרוּמָה גְּדוֹלָה, וְיַחֲזֹר וְיַפְרִישׁ תְּרוּמַת מַעֲשֵׂר:

ל) **בַּהֲרִימְכֶם אֶת חֶלְבּוֹ מִמֶּנּוּ.** לְאַחַר שֶׁתָּרִימוּ תְּרוּמַת מַעֲשֵׂר מִמֶּנּוּ, "וְנֶחְשַׁב" הַמּוֹתָר "לַלְוִיִּם" חֻלִּין גְּמוּרִין, "כִּתְבוּאַת גֹּרֶן" לְיִשְׂרָאֵל. שֶׁלֹּא תֹּאמַר: הוֹאִיל וּקְרָאוֹ הַכָּתוּב 'תְּרוּמָה', שֶׁנֶּאֱמַר: "כִּי אֶת מַעְשַׂר בְּנֵי יִשְׂרָאֵל אֲשֶׁר יָרִימוּ לַה' תְּרוּמָה" (לעיל פסוק כד), יָכוֹל יְהֵא כֻּלּוֹ אָסוּר? תַּלְמוּד לוֹמַר: "וְנֶחְשַׁב לַלְוִיִּם כִּתְבוּאַת גֹּרֶן", מַה שֶּׁל יִשְׂרָאֵל חֻלִּין, אַף שֶׁל לֵוִי חֻלִּין:

לא) **בְּכָל מָקוֹם.** אֲפִלּוּ בְּבֵית הַקְּבָרוֹת:

לב) **וְלֹא תִשְׂאוּ עָלָיו חֵטְא וְגוֹ'.** הָא אִם לֹא תָרִימוּ, תִּשְׂאוּ חֵטְא: **וְלֹא תָמוּתוּ.** הָא אִם תְּחַלְּלוּ, תָּמוּתוּ:

ביאור

מעשר מתוך המעשר שקיבלתם מישראל – **וְנֶחְשַׁב לָכֶם תְּרוּמַתְכֶם**,
שאתם מרימים לכהן, **כַּדָּגָן מִן הַגֹּרֶן וְכַמְלֵאָה**, כמו יין[35] **מִן הַיָּקֶב**,
כמו היבול הגדל ברשותו של אדם שמרימים ממנו תרומה לכהן.[36]
כח **כֵּן תָּרִימוּ גַם אַתֶּם תְּרוּמַת ה׳ מִכֹּל מַעְשְׂרֹתֵיכֶם אֲשֶׁר תִּקְחוּ מֵאֵת בְּנֵי**
יִשְׂרָאֵל, וּנְתַתֶּם מִמֶּנּוּ אֶת תְּרוּמַת ה׳ לְאַהֲרֹן הַכֹּהֵן, לכהנים. המעשרות
שתקבלו מישראל הם מזונכם, וכשם שבני ישראל נותנים לכהן
תרומה מיבולם, כך אתם, הלויים, תפרישו תרומה ממה שקיבלתם
אתם. כט **מִכֹּל מַתְּנֹתֵיכֶם** שאתם מקבלים מבני ישראל, **תָּרִימוּ אֵת כָּל**
תְּרוּמַת ה׳, מִכָּל חֶלְבּוֹ, המובחר שבו – עליכם לתת לכהן **אֶת מִקְדְּשׁוֹ**,
את החלק המקודש **מִמֶּנּוּ**. ל **וְאָמַרְתָּ אֲלֵהֶם: בַּהֲרִימְכֶם אֶת חֶלְבּוֹ**
מִמֶּנּוּ, אחרי שתפרישו מעשר מן המעשר כתרומה לכהנים, **וְנֶחְשַׁב**
שאר תשעת חלקי היבול **לַלְוִיִּם כִּתְבוּאַת גֹּרֶן וְכִתְבוּאַת יָקֶב**, כיבול
חולין, לא **וַאֲכַלְתֶּם אֹתוֹ** – את המעשר **בְּכָל מָקוֹם, אַתֶּם וּבֵיתְכֶם**,
כִּי שָׂכָר הוּא לָכֶם חֵלֶף עֲבֹדַתְכֶם בְּאֹהֶל מוֹעֵד. לב **וְלֹא תִשְׂאוּ עָלָיו חֵטְא**
בַּהֲרִימְכֶם אֶת חֶלְבּוֹ מִמֶּנּוּ. תנו לכהנים את החלק המובחר ממה
שקיבלתם מישראל. מכאן שאסור להפריש לכהנים חלק רע. **וְאֶת**
קָדְשֵׁי בְנֵי יִשְׂרָאֵל לֹא תְחַלְּלוּ – וְלֹא תָמוּתוּ. בכך שאתם מפרישים לכהן
את הקודש, הוא תרומת המעשר, אתם מונעים חילול הקודשים
ממתנות בני ישראל שהובאו לכם.[37]

מימין: גורן
משמאל: יקב

הרחבות

׳כן תרימו גם אתם תרומת ה׳ מכל מעשׂרֹתיכם׳ לתרומת המעשר מאית מכלל היבול, שהלויים נותנים לכהנים, יש משמעות גם בימינו. אמנם מצווה זו מוטלת על הלויים, אך מכיוון שזו תרומה, ויש בה קדושה, אסור לאכלה שלא בטהרה. כיוון שבימינו הלויים אינם מקבלים מן הדין את המעשר, ישראל מחויבים להפריש את תרומת המעשר במקומם, ולנהוג בה כמו בתרומה, כנזכר.

׳מכל מתנֹתיכם תרימו את כל תרומת ה׳׳ חכמים דרשו מכפילות הכתוב, ומהלשון המרבה תָּרִימוּ אֵת כָּל תְּרוּמַת ה׳, שאם קיבל הלוי מישראל מעשר שכבר נתחייב בתרומה, ומסיבה כלשהי לא הרימו אותה הבעלים לכהן, הלוי חייב להפריש את התרומה שלא הופרשה, מלבד תרומת המעשר. (ראו ביצה יג ע״ב).

׳ואת קָדשֵׁי בני ישראל לא תחללו׳ חכמים דרשו מכאן איסור נוסף: נתינת התרומות והמעשרות תלויה ברצונם של בעלי הפֵּרות. כהן או לוי הפועלים בצורה כלשהי של פיתוי או תשלום כדי לקבל את המתנות מישראל הרי הם מחללים את קודשי בני ישראל ועונשם חמור. (ראו בכורות כו ע״ב).

חקת

וַיְדַבֵּר יְהוָה אֶל־מֹשֶׁה וְאֶל־אַהֲרֹן לֵאמֹר: זֹאת חֻקַּת א ב יט
הַתּוֹרָה אֲשֶׁר־צִוָּה יְהוָה לֵאמֹר דַּבֵּר ׀ אֶל־בְּנֵי
יִשְׂרָאֵל וְיִקְחוּ אֵלֶיךָ פָרָה אֲדֻמָּה תְּמִימָה אֲשֶׁר אֵין־
בָּהּ מוּם אֲשֶׁר לֹא־עָלָה עָלֶיהָ עֹל: וּנְתַתֶּם אֹתָהּ ג
אֶל־אֶלְעָזָר הַכֹּהֵן וְהוֹצִיא אֹתָהּ אֶל־מִחוּץ לַמַּחֲנֶה
וְשָׁחַט אֹתָהּ לְפָנָיו: וְלָקַח אֶלְעָזָר הַכֹּהֵן מִדָּמָהּ ד
בְּאֶצְבָּעוֹ וְהִזָּה אֶל־נֹכַח פְּנֵי אֹהֶל־מוֹעֵד מִדָּמָהּ שֶׁבַע
פְּעָמִים: וְשָׂרַף אֶת־הַפָּרָה לְעֵינָיו אֶת־עֹרָהּ וְאֶת־ ה
בְּשָׂרָהּ וְאֶת־דָּמָהּ עַל־פִּרְשָׁהּ יִשְׂרֹף: וְלָקַח הַכֹּהֵן עֵץ ו

רש"י | פרק יט

ב) **זֹאת חֻקַּת הַתּוֹרָה.** לְפִי שֶׁהַשָּׂטָן וְאֻמּוֹת הָעוֹלָם מוֹנִין אֶת יִשְׂרָאֵל, לוֹמַר: מָה הַמִּצְוָה הַזֹּאת וּמַה טַּעַם יֵשׁ בָּהּ? לְפִיכָךְ כָּתַב בָּהּ 'חֻקָּה' – גְּזֵרָה הִיא מִלְּפָנַי, אֵין לְךָ רְשׁוּת לְהַרְהֵר אַחֲרֶיהָ: **וְיִקְחוּ אֵלֶיךָ.** לְעוֹלָם הִיא נִקְרֵאת עַל שִׁמְךָ, פָּרָה שֶׁעָשָׂה מֹשֶׁה בַּמִּדְבָּר: **אֲדֻמָּה תְּמִימָה.** שֶׁתְּהֵא תְּמִימָה בְּאַדְמִימוּת, שֶׁאִם הָיוּ בָהּ שְׁתֵּי שְׂעָרוֹת שְׁחוֹרוֹת פְּסוּלָה:

ג) **אֶלְעָזָר.** מִצְוָתָהּ בַּסְּגָן: **אֶל מִחוּץ לַמַּחֲנֶה.** חוּץ לְשָׁלֹשׁ מַחֲנוֹת: **וְשָׁחַט אֹתָהּ לְפָנָיו.** זָר שׁוֹחֵט וְאֶלְעָזָר רוֹאֶה:

ד) **אֶל נֹכַח פְּנֵי אֹהֶל מוֹעֵד.** עוֹמֵד בְּמִזְרָחָהּ שֶׁל יְרוּשָׁלַיִם וּמִתְכַּוֵּן וְרוֹאֶה פִּתְחוֹ שֶׁל הֵיכָל בִּשְׁעַת הַזָּיַת הַדָּם:

הרחבות

'זאת חֻקת התורה' חוקה היא גזרה או ציווי שאי אפשר להסבירם. בכל הדורות התאמצו להסביר את עניין הפרה האדומה בלא הצלחה מלאה. כך אמרו חכמים: "אמר הקדוש ברוך הוא: חוקה חקקתי, גזרה גזרתי, אי [=אין] אתה יכול לעבור על גזרתי" (במדבר רבה יט,א).

'פרה אדֻמה' קשה לדעת מה בדיוק נחשב אדום בלשון המקרא. גזעים של פרות חומות הנוטות לאדום נדירים הם, אך אפשר למצאם פה ושם בעולם.
הטקסט המתואר כאן התקיים בעם ישראל עד סמוך לסוף ימי הבית השני. (ראו משנה פרה ג,ה). מדברי חכמים אפשר ללמוד שפרה אדומה הייתה יקרה ביותר. (ראו קדושין לא ע"א). ההתעסקות בפרה האדומה, שחיטתה ושרפתה היו מצווה נדירה שהתקיימה לעתים רחוקות מאוד; ואילו אפרה שומר לצורך הזאה על הטמאים במשך שנים רבות, כנראה עד לדורות הראשונים של חכמי התלמוד. מסכת שלמה במשנה ובתוספתא הוקדשה לדון בפרטי הדינים של הפרה האדומה - מסכת פרה.

פרה אדומה

פרק יט

את כלל דיני הטומאה והטהרה קשה להבין, אך המסתורי שבהם הוא חוקת הפרה האדומה. הפרה האדומה נשרפת בתהליך טקסי, ובאמצעות אפרה מטהרים את מי שנטמא בטומאת מת, שהיא מהטומאות החמורות. מעבר לחידה הבלתי מפוענחת של עצם השימוש המטהר באפרה של פרה אדומה, טמון בתהליך זה פרדוקס: טמא המת נטהר, ואילו האנשים הטהורים המשתתפים במעשה של טיהורו נטמאים. חוקת הפרה האדומה מצויה בתחומי הדמדומים שבין המוות והחיים, הטומאה והטהרה. המים החיים שמעורב בהם אפר הפרה האדומה הם מעין תרופה לטומאה המגיעה מתוך מוות, ובצד כוחות החיים והטהרה שבפרה, היא פוגעת במי שאינו נגוע בעצמו במוות.

ביאור

פרק יט א **וַיְדַבֵּר ה׳ אֶל מֹשֶׁה וְאֶל אַהֲרֹן לֵאמֹר:** ב **זֹאת חֻקַּת הַתּוֹרָה אֲשֶׁר**
צִוָּה ה׳ לֵאמֹר: דַּבֵּר אֶל בְּנֵי יִשְׂרָאֵל, וְיִקְחוּ אֵלֶיךָ פָרָה אֲדֻמָּה, שצבעה נוטה
באופן בולט לאדום, **תְּמִימָה**, כלומר[1] **אֲשֶׁר אֵין בָּהּ מוּם, וַאֲשֶׁר לֹא עָלָה**
עָלֶיהָ עֹל, שמעולם לא שימשה לעבודה כלשהי, ג **וּנְתַתֶּם אֹתָהּ אֶל**
אֶלְעָזָר הַכֹּהֵן. אלעזר לא היה הכהן הגדול אלא סגנו. **וְהוֹצִיא אֹתָהּ**
אֶל מִחוּץ לַמַּחֲנֶה, וְשָׁחַט אֹתָהּ לְפָנָיו. מאחר שהפרה איננה קרבן, היא
תיעשה מחוץ למקדש. ד **וְלָקַח אֶלְעָזָר הַכֹּהֵן מִדָּמָהּ בְּאֶצְבָּעוֹ וְהִזָּה** מן
הדם **אֶל נֹכַח**, מול **פְּנֵי אֹהֶל מוֹעֵד מִדָּמָהּ שֶׁבַע פְּעָמִים**. ה **וְשָׂרַף**, הוא
יצווה לשרוף **אֶת הַפָּרָה לְעֵינָיו** – לעיני עצמו **אֶת עֹרָהּ וְאֶת בְּשָׂרָהּ**
וְאֶת דָּמָהּ עַל, עם **פִּרְשָׁהּ**, הפסולת שבמעיה **יִשְׂרֹף**. הפרה תישרף

הרחבות

'אשר לא עלה עליה על' מכיוון שמדובר בפרה בת שנה או שנתיים לפחות ולא בעֶגלה, הרי היו צריכים להימנע מלחרוש בה מאז הומלטה. כלומר הביאו בחשבון שהיא מתאימה לעבודת הקודש המיוחדת הזאת, ולכן שמרו אותה ולא הניחו עליה כל עול.

'ונתתם אתה אל אלעזר הכהן' בהלכה נקבע שלדורות חובה זו אינה מוטלת דווקא על סגן הכהן הגדול. (ראו יומא מב ע"ב). מלבד הפעם הראשונה ואולי בעוד מקרים בודדים, ברוב הדורות שבהם נעשתה הפרה האדומה, היה הכהן הגדול עצמו ממונה על עשייתה. במסכת פרה, המוקדשת לביאור פרטי הדינים וההחמרות שנהגו במצוה זו, מופיעה רשימת הכהנים הגדולים שבימיהם נעשו פרות כאלה (משנה פרה ג,ה).

'אל מחוץ למחנה' בזמן שעשו פרות אדומות בירושלים, היה נערך טקס שרפת הפרה האדומה על הר הזיתים, 'הר המשחה' בלשון המשנה (פרה ג,ו), שממנו אפשר להשקיף מערבה ישירות אל פתח בית המקדש, (ראו משנה מידות ב,ד; מקדש דוד יב,ח), כפי המתואר בפסוק הבא.

אֶרֶז וְאֵזוֹב וּשְׁנִי תוֹלָעַת וְהִשְׁלִיךְ אֶל־תּוֹךְ שְׂרֵפַת
ז הַפָּרָה׃ וְכִבֶּס בְּגָדָיו הַכֹּהֵן וְרָחַץ בְּשָׂרוֹ בַּמַּיִם וְאַחַר
ח יָבֹא אֶל־הַמַּחֲנֶה וְטָמֵא הַכֹּהֵן עַד־הָעָרֶב׃ וְהַשֹּׂרֵף
אֹתָהּ יְכַבֵּס בְּגָדָיו בַּמַּיִם וְרָחַץ בְּשָׂרוֹ בַּמָּיִם וְטָמֵא
ט עַד־הָעָרֶב׃ וְאָסַף ׀ אִישׁ טָהוֹר אֵת אֵפֶר הַפָּרָה וְהִנִּיחַ
מִחוּץ לַמַּחֲנֶה בְּמָקוֹם טָהוֹר וְהָיְתָה לַעֲדַת בְּנֵי־
י יִשְׂרָאֵל לְמִשְׁמֶרֶת לְמֵי נִדָּה חַטָּאת הִוא׃ וְכִבֶּס
הָאֹסֵף אֶת־אֵפֶר הַפָּרָה אֶת־בְּגָדָיו וְטָמֵא עַד־הָעָרֶב
וְהָיְתָה לִבְנֵי יִשְׂרָאֵל וְלַגֵּר הַגָּר בְּתוֹכָם לְחֻקַּת עוֹלָם׃
יא הַנֹּגֵעַ בְּמֵת לְכָל־נֶפֶשׁ אָדָם וְטָמֵא שִׁבְעַת יָמִים׃
יב הוּא יִתְחַטָּא־בוֹ בַּיּוֹם הַשְּׁלִישִׁי וּבַיּוֹם הַשְּׁבִיעִי יִטְהָר
וְאִם־לֹא יִתְחַטָּא בַּיּוֹם הַשְּׁלִישִׁי וּבַיּוֹם הַשְּׁבִיעִי לֹא
יג יִטְהָר׃ כָּל־הַנֹּגֵעַ בְּמֵת בְּנֶפֶשׁ הָאָדָם אֲשֶׁר־יָמוּת

רש"י

ז | **אֶל הַמַּחֲנֶה.** לְמַחֲנֵה שְׁכִינָה, שֶׁאֵין טָמֵא מְשֻׁלָּח חוּץ לִשְׁתֵּי מַחֲנוֹת אֶלָּא זָב וּבַעַל קֶרִי וּמְצֹרָע. **וְטָמֵא הַכֹּהֵן עַד הָעָרֶב.** סָרְסֵהוּ וְדָרְשֵׁהוּ: וְטָמֵא עַד הָעֶרֶב וְאַחַר יָבֹא אֶל הַמַּחֲנֶה:

ט | **וְהִנִּיחַ מִחוּץ לַמַּחֲנֶה.** לִשְׁלֹשָׁה חֲלָקִים מְחַלְּקָהּ: אֶחָד נִתָּן בְּהַר הַמִּשְׁחָה, וְאֶחָד מִתְחַלֵּק לְכָל הַמִּשְׁמָרוֹת, וְאֶחָד נִתָּן בַּחֵיל. זֶה שֶׁל מִשְׁמָרוֹת הָיָה חוּץ לָעֲזָרָה, לִטֹּל מִמֶּנּוּ בְּנֵי הָעֲיָרוֹת וְכָל הַצְּרִיכִין לְהִטַּהֵר. וְזֶה שֶׁבְּהַר הַמִּשְׁחָה כֹּהֲנִים גְּדוֹלִים לְפָרוֹת אֲחֵרוֹת מְקַדְּשִׁין הֵימֶנָּה. וְזֶה שֶׁבַּחֵיל נִתָּן לְמִשְׁמֶרֶת מִגְזֶרֶת הַכָּתוּב, שֶׁנֶּאֱמַר: "וְהָיְתָה לַעֲדַת בְּנֵי יִשְׂרָאֵל לְמִשְׁמֶרֶת": **לְמֵי נִדָּה.** לְמֵי הַזָּיָה, כְּמוֹ: "וַיַּדּוּ אֶבֶן בִּי" (איכה ג, נג), "לְיַדּוֹת אֶת קַרְנוֹת הַגּוֹיִם" (זכריה ב, ד), לְשׁוֹן זְרִיקָה: **חַטָּאת הִוא.** לְשׁוֹן חִטּוּי כִּפְשׁוּטוֹ. וּלְפִי הִלְכוֹתָיו קְרָאָהּ הַכָּתוּב 'חַטָּאת', לוֹמַר שֶׁהִיא כְּקָדָשִׁים לֵאָסֵר בַּהֲנָאָה:

יב | **הוּא יִתְחַטָּא בוֹ.** בְּאֵפֶר הַפָּרָה:

יג | **בְּמֵת בְּנֶפֶשׁ.** וְאֵיזֶה מֵת? שֶׁל "נֶפֶשׁ הָאָדָם", לְהוֹצִיא נֶפֶשׁ בְּהֵמָה שֶׁאֵין טֻמְאָתָהּ צְרִיכָה הַזָּיָה. דָּבָר אַחֵר, "בְּנֶפֶשׁ" זוֹ

הרחבות | 'וכבס בגדיו הכהן ורחץ בשרו' הכהן העוסק בפרה האדומה נמצא במעבר הסתום והבלתי מובן שבין החיים וחיי החיים שבמקדש ה', לבין המוות שכאן הוא מותה של הפרה האדומה, המסמלת את הפריון ואת עצמת החיים, והיא נשרפת עד תום. לכן גם הוא זקוק לטהרה.

ביאור

בשלמותה. ו וְלָקַח הַכֹּהֵן עֵץ אֶרֶז וְאֵזוֹב וּשְׁנִי תוֹלַעַת כמו בטיהור
מטומאת הצרעת, וְהִשְׁלִיךְ גם את אלה אֶל תּוֹךְ שְׂרֵפַת הַפָּרָה. אפר
השרפה נוצר אפוא מן הפרה, מן העצים ששימשו לשרפתה
ומשלושת הפריטים המוזכרים.

העוסקים בתהליך הטקסי הזה ייטמאו: ז וְכִבֶּס בְּגָדָיו הַכֹּהֵן וְרָחַץ,
יטבול בְּשָׂרוֹ בַּמַּיִם, וְאַחַר כך יָבוֹא אֶל הַמַּחֲנֶה, וְטָמֵא הַכֹּהֵן עַד הָעָרֶב.
ח וגם הַשֹּׂרֵף אֹתָהּ יְכַבֵּס בְּגָדָיו בַּמַּיִם וְרָחַץ בְּשָׂרוֹ בַּמָּיִם, וְטָמֵא עַד
הָעָרֶב. ט וְאָסַף אִישׁ טָהוֹר דווקא אֵת אֵפֶר הַפָּרָה, וְהִנִּיחַ אותו מִחוּץ
לַמַּחֲנֶה בְּמָקוֹם טָהוֹר. וְהָיְתָה אספת האפר הזו לַעֲדַת בְּנֵי יִשְׂרָאֵל
לְמִשְׁמֶרֶת לְמֵי נִדָּה, מי זריקה, מי הזאה.[2] חַטָּאת, מחטאת ומטהרת
הִוא, הפרה.[3] י וְכִבֶּס גם הָאֹסֵף אֶת אֵפֶר הַפָּרָה אֶת בְּגָדָיו, וְטָמֵא
עַד הָעָרֶב. וְהָיְתָה לִבְנֵי יִשְׂרָאֵל וְלַגֵּר הַגָּר בְּתוֹכָם לְחֻקַּת עוֹלָם כחלק
מדיני הטומאה והטהרה.

עד כאן תואר מעשה הפרה והכנת אפרה. עתה יתואר השימוש
באפר: יא הַנֹּגֵעַ בְּמֵת לְכָל נֶפֶשׁ אָדָם – וְטָמֵא שִׁבְעַת יָמִים. יב הוּא
יִתְחַטָּא, יותן עליו מהחטאת, יתנקה בוֹ – באפר הפרה-החטאת
המהול במים בַּיּוֹם הַשְּׁלִישִׁי וּבַיּוֹם הַשְּׁבִיעִי לטומאתו, ואז יִטְהָר. וְאִם
לֹא יִתְחַטָּא בַּיּוֹם הַשְּׁלִישִׁי וּבַיּוֹם הַשְּׁבִיעִי – לֹא יִטְהָר, גם כאשר יחלפו
שבעת הימים. יג והדבר חמור, שכן – כָּל הַנֹּגֵעַ בְּמֵת בְּנֶפֶשׁ הָאָדָם

העולם

אֶרֶז (שם מדעי: Cedrus), עץ מחט מרשים בגודלו והדרו ממשפחת האורנים. גובהו מגיע ל-30 מ' ועובי גזעו ל-2–3 מ', גדל באזורים גבוהים וקרים ומצוי בעיקר בלבנון. בגלל חוזקו וענפיו הישרים והארוכים שימש חומר לבניין, במיוחד למבנים ציבוריים וארמונות, והוא מסמל חוזק וחוסן.

אֵזוֹב מזוהה עם האזוב המצוי (שם מדעי: Majorana syriacaao), שיח ממשפחת השפתניים שגובהו כ-40 ס"מ הגדל במסלע של גיר וקירטון ובשטחי בתה (צמחייה נמוכה); משמש מרכיב מרכזי בתבלין הזעתר ונחשב כבעל סגולות מרפא. האזוב משמש גם לצרכים פולחניים שונים כגון לטהרת מצורעים (ויקרא יד), ונזכר, בניגוד לארז, כסמל לנמיכות ושפלות (מלכים א' ה, יג).

שְׁנִי תוֹלַעַת צבע אדום בהיר הנוטה לכתום, המופק מכנימות (ראו ישעיה א,יח) באמצעות ייבושן, טחינתן ובישולן. הרבו לצבוע בו צמר ובדים יוקרתיים, טיהרו בו גם מצורעים (ויקרא יד,ד-ו). בתיאור בניין בית המקדש בדברי הימים (ב' ב,ו-יג) הוחלף השם 'תולעת שני' בשם כַּרְמִיל, שהוא מין כנימה ששמה בערבית קֻרְמֻז, אשר ממנה הפיקו את הצבע, (ראו רס"ג, רש"י ורד"ק). בשם זה מכונה תולעת השני גם בשפות האירופיות. החוקרים מזהים אותה עם כנימת הקוצים, (שם מדעי: Kermes echinatus) החיה על עצי אלון. זיהוי זה מתאים לתיאור שבמדרש (פסיקתא רבתי כ, ד"ה ת"ר אנכי).

וְלֹא יִתְחַטָּא אֶת־מִשְׁכַּן יהוה טִמֵּא וְנִכְרְתָה הַנֶּפֶשׁ
הַהִוא מִיִּשְׂרָאֵל כִּי מֵי נִדָּה לֹא־זֹרַק עָלָיו טָמֵא יִהְיֶה
עוֹד טֻמְאָתוֹ בוֹ: זֹאת הַתּוֹרָה אָדָם כִּי־יָמוּת בְּאֹהֶל יד
כָּל־הַבָּא אֶל־הָאֹהֶל וְכָל־אֲשֶׁר בָּאֹהֶל יִטְמָא שִׁבְעַת
יָמִים: וְכֹל כְּלִי פָתוּחַ אֲשֶׁר אֵין־צָמִיד פָּתִיל עָלָיו טו
טָמֵא הוּא: וְכֹל אֲשֶׁר־יִגַּע עַל־פְּנֵי הַשָּׂדֶה בַּחֲלַל־ טז
חֶרֶב אוֹ בְמֵת אוֹ־בְעֶצֶם אָדָם אוֹ בְקָבֶר יִטְמָא
שִׁבְעַת יָמִים: וְלָקְחוּ לַטָּמֵא מֵעֲפַר שְׂרֵפַת הַחַטָּאת יז
שני וְנָתַן עָלָיו מַיִם חַיִּים אֶל־כֶּלִי: · וְלָקַח אֵזוֹב וְטָבַל יח
בַּמַּיִם אִישׁ טָהוֹר וְהִזָּה עַל־הָאֹהֶל וְעַל־כָּל־הַכֵּלִים
וְעַל־הַנְּפָשׁוֹת אֲשֶׁר הָיוּ־שָׁם וְעַל־הַנֹּגֵעַ בַּעֶצֶם אוֹ
בֶחָלָל אוֹ בַמֵּת אוֹ בַקָּבֶר: וְהִזָּה הַטָּהֹר עַל־הַטָּמֵא יט
בַּיּוֹם הַשְּׁלִישִׁי וּבַיּוֹם הַשְּׁבִיעִי וְחִטְּאוֹ בַּיּוֹם הַשְּׁבִיעִי
וְכִבֶּס בְּגָדָיו וְרָחַץ בַּמַּיִם וְטָהֵר בָּעָרֶב: וְאִישׁ אֲשֶׁר־ כ

רש"י | רְבִיעִית דָּם: אֶת מִשְׁכַּן ה' טִמֵּא. אִם נִכְנַס לָעֲזָרָה, אֲפִלּוּ בִּטְבִילָה, בְּלֹא הַזָּאַת שְׁלִישִׁי וּשְׁבִיעִי: עוֹד טֻמְאָתוֹ בוֹ. אַף עַל פִּי שֶׁטָּבַל:

יד) כָּל הַבָּא אֶל הָאֹהֶל. בְּעוֹד שֶׁהַמֵּת בְּתוֹכוֹ:

טו) וְכֹל כְּלִי פָתוּחַ. בִּכְלִי חֶרֶס הַכָּתוּב מְדַבֵּר, שֶׁאֵין מְקַבֵּל טֻמְאָה מִגַּבּוֹ אֶלָּא מִתּוֹכוֹ, לְפִיכָךְ אִם אֵין מְגוּפַת צְמִידָתוֹ פְּתוּלָה עָלָיו יָפֶה בְּחִבּוּר "טָמֵא הוּא", הָא אִם יֵשׁ צָמִיד פָּתִיל עָלָיו – טָהוֹר. "פָּתִיל" לְשׁוֹן מְחֻבָּר בִּלְשׁוֹן עֲרָבִי, וְכֵן: "נַפְתּוּלֵי אֱלֹהִים נִפְתַּלְתִּי" (בראשית ל, ח), נִתְחַבַּרְתִּי עִם אֲחוֹתִי:

טז) עַל פְּנֵי הַשָּׂדֶה. רַבּוֹתֵינוּ דָּרְשׁוּ לְרַבּוֹת גּוֹלֵל וְדוֹפֵק. וּפְשׁוּטוֹ: "עַל פְּנֵי הַשָּׂדֶה", שֶׁאֵין שָׁם אֹהֶל, מְטַמֵּא הַמֵּת שָׁם בִּנְגִיעָה:

יט) וְחִטְּאוֹ בַּיּוֹם הַשְּׁבִיעִי. הוּא גְּמַר טָהֳרָתוֹ:

כ) וְאִישׁ אֲשֶׁר יִטְמָא וְגוֹ'. אִם נֶאֱמַר 'מִקְדָּשׁ' לָמָּה נֶאֱמַר 'מִשְׁכָּן' (לעיל פסוק יג)? כו' כִּדְאִיתָא בִּשְׁבוּעוֹת (דף טז ע"ב):

ביאור | **אֲשֶׁר יָמוּת, וְלֹא יִתְחַטָּא** באפר הפרה, ונכנס לבית ה׳ – **אֶת מִשְׁכַּן ה׳ טִמֵּא, וְנִכְרְתָה הַנֶּפֶשׁ הַהִוא מִיִּשְׂרָאֵל כִּי מֵי נִדָּה,** הזאה **לֹא זֹרַק עָלָיו, טָמֵא יִהְיֶה, עוֹד טֻמְאָתוֹ בוֹ.**

כעת מגיע מה שהיה צפוי שייאמר בהתחלה. העניין התחיל בתיקון: מה עושים כדי להיטהר? ורק כאן מופיע ההסבר כיצד מגיעים לידי טומאה: יד **זֹאת הַתּוֹרָה: אָדָם כִּי,** אם **יָמוּת בְּאֹהֶל,** בתוך כל מבנה שהוא – **כָּל הַבָּא אֶל הָאֹהֶל** בזמן שהמת נמצא בו, וְגם **כָּל** חפץ **אֲשֶׁר בָּאֹהֶל יִטְמָא שִׁבְעַת יָמִים.** ׳טומאת אוהל׳ מתפשטת בכל המרחב המצוי תחת קורת גג משותפת עם המת, ואינה תלויה במגע או במשא. טו **וְכֹל כְּלִי פָתוּחַ** הנמצא באוהל **אֲשֶׁר אֵין צָמִיד פָּתִיל,** מכסה הסוגר אותו יפה, **עָלָיו** – **טָמֵא הוּא.**

טז **וְכֹל אֲשֶׁר יִגַּע עַל פְּנֵי הַשָּׂדֶה,** במקום חשוף שאינו מקורה, **בַּחֲלַל** שנהרג **בְּחֶרֶב, אוֹ בְמֵת** בנפטר שאיננו הרוג, **אוֹ בְעֶצֶם אָדָם אוֹ בְקָבֶר** אדם – **יִטְמָא שִׁבְעַת יָמִים.** בכל המקרים הללו, שבהם המת אינו מצוי תחת קורת גג, הוא מטמא את מי שבא עמו במגע פיזי.[4]

יז **וְלָקְחוּ לַטָּמֵא מֵעֲפַר שְׂרֵפַת הַחַטָּאת,** מאפר הפרה השרופה, **וְנָתַן עָלָיו מַיִם חַיִּים,** מי מעיין **אֶל כֶּלִי.** יח **וְלָקַח אֵזוֹב וְטָבַל בַּמַּיִם אִישׁ טָהוֹר, וְהִזָּה עַל הָאֹהֶל** העשוי מעור או מבד,[5] **וְעַל כָּל הַכֵּלִים וְעַל הַנְּפָשׁוֹת אֲשֶׁר הָיוּ שָׁם, וְעַל הַנֹּגֵעַ בַּעֶצֶם אוֹ בֶחָלָל אוֹ בַמֵּת אוֹ בַקָּבֶר.** יט **וְהִזָּה הַטָּהֹר עַל הַטָּמֵא בַּיּוֹם הַשְּׁלִישִׁי וּבַיּוֹם הַשְּׁבִיעִי, וְחִטְּאוֹ בַּיּוֹם הַשְּׁבִיעִי,** ואז – **וְכִבֶּס** המיטהר את **בְּגָדָיו וְרָחַץ בַּמַּיִם, וְטָהֵר בָּעָרֶב.**

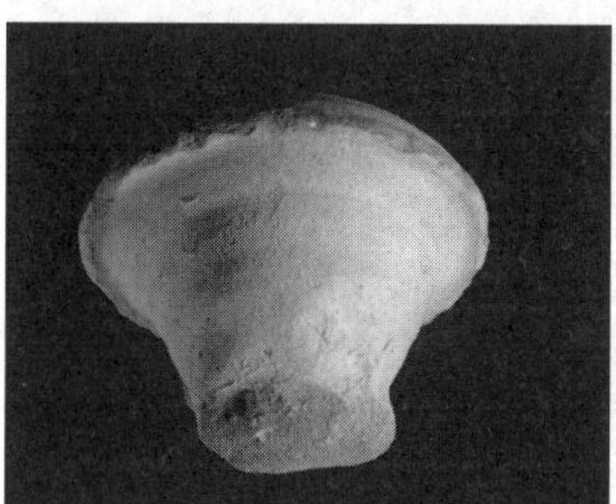

צָמִיד פָּתִיל
סגר לאיטום כד חרס (מגופה)

הרחבות | ׳**בחלל חֶרֶב או במת**׳ לעניין הטומאה אין הבדל בין הרוג לנפטר. חכמים למדו מהביטוי חֲלַל חֶרֶב, שגם החרב ההורגת אדם נטמאת בטומאה חמורה כאדם עצמו. (ראו פסחים עט ע״א).

יִטְמָא֙ וְלֹ֣א יִתְחַטָּ֔א וְנִכְרְתָ֛ה הַנֶּ֥פֶשׁ הַהִ֖וא מִתּ֣וֹךְ
הַקָּהָ֑ל כִּי֩ אֶת־מִקְדַּ֨שׁ יהוה טִמֵּ֜א מֵ֥י נִדָּ֛ה לֹא־זֹרַ֥ק
עָלָ֖יו טָמֵ֥א הֽוּא׃ וְהָֽיְתָ֥ה לָהֶ֖ם לְחֻקַּ֣ת עוֹלָ֑ם וּמַזֵּ֤ה מֵֽי־ כא
הַנִּדָּה֙ יְכַבֵּ֣ס בְּגָדָ֔יו וְהַנֹּגֵ֙עַ֙ בְּמֵ֣י הַנִּדָּ֔ה יִטְמָ֖א עַד־
הָעָֽרֶב׃ וְכֹ֛ל אֲשֶׁר־יִגַּע־בּ֥וֹ הַטָּמֵ֖א יִטְמָ֑א וְהַנֶּ֥פֶשׁ כב
הַנֹּגַ֖עַת תִּטְמָ֥א עַד־הָעָֽרֶב׃

כ א וַיָּבֹ֣אוּ בְנֵֽי־יִ֠שְׂרָאֵ֠ל כָּל־הָ֨עֵדָ֤ה מִדְבַּר־צִן֙ בַּחֹ֣דֶשׁ
הָֽרִאשׁ֔וֹן וַיֵּ֥שֶׁב הָעָ֖ם בְּקָדֵ֑שׁ וַתָּ֤מָת שָׁם֙ מִרְיָ֔ם וַתִּקָּבֵ֖ר

רש"י

כא| **וּמַזֵּה מֵי הַנִּדָּה.** רַבּוֹתֵינוּ אָמְרוּ שֶׁהַמַּזֶּה טָהוֹר, וְזֶה בָּא לְלַמֵּד שֶׁהַנּוֹשֵׂא מֵי חַטָּאת טָמֵא טֻמְאָה חֲמוּרָה לְטַמֵּא בְּגָדִים שֶׁעָלָיו, מַה שֶּׁאֵין כֵּן בַּנּוֹגֵעַ. וְזֶה שֶׁהוֹצִיא בִּלְשׁוֹן 'מַזֶּה', לוֹמַר לְךָ שֶׁאֵינָן מְטַמְּאִין עַד שֶׁיְּהֵא בָּהֶן שִׁעוּר הַזָּאָה: **וְהַנֹּגֵעַ... יִטְמָא.** וְאֵין טָעוּן כִּבּוּס בְּגָדִים:

כב| **וְכֹל אֲשֶׁר יִגַּע בּוֹ הַטָּמֵא.** הַזֶּה שֶׁנִּטְמָא בְּמֵת, "יִטְמָא": **וְהַנֶּפֶשׁ הַנֹּגַעַת.** בּוֹ בִּטְמֵא מֵת: **תִּטְמָא עַד הָעָרֶב.** כָּאן לָמַדְנוּ שֶׁהַמֵּת אֲבִי אֲבוֹת הַטֻּמְאָה, וְהַנּוֹגֵעַ בּוֹ אַב הַטֻּמְאָה וּמְטַמֵּא אָדָם. זֶהוּ פֵּרוּשָׁהּ לְפִי מַשְׁמָעָהּ וְהִלְכוֹתֶיהָ:

וּמִדְרַשׁ אַגָּדָה הֶעְתַּקְתִּי מִיסוֹדוֹ שֶׁל רַבִּי מֹשֶׁה הַדַּרְשָׁן. וְזֶהוּ: |ב-ט| **וְיִקְחוּ אֵלֶיךָ.** מִשֶּׁלָּהֶם. כְּשֵׁם שֶׁהֵם פֵּרְקוּ נִזְמֵי הַזָּהָב לָעֵגֶל מִשֶּׁלָּהֶם, כָּךְ יָבִיאוּ זוֹ לְכַפָּרָה מִשֶּׁלָּהֶם: **פָּרָה אֲדֻמָּה.** מָשָׁל לְבֶן שִׁפְחָה שֶׁטִּנֵּף פַּלָטִין שֶׁל מֶלֶךְ, אָמְרוּ: תָּבֹא אִמּוֹ וּתְקַנֵּחַ הַצּוֹאָה; כָּךְ תָּבֹא פָּרָה וּתְכַפֵּר עַל הָעֵגֶל: **אֲדֻמָּה.** עַל שֵׁם: "אִם יַאְדִּימוּ כַתּוֹלָע" (ישעיה א, יח), שֶׁהַחֵטְא קָרוּי אָדֹם: **תְּמִימָה.** עַל שֵׁם יִשְׂרָאֵל שֶׁהָיוּ תְּמִימִים וְנַעֲשׂוּ בּוֹ בַּעֲלֵי מוּמִין, תָּבֹא זוֹ וּתְכַפֵּר עֲלֵיהֶם וְיַחְזְרוּ לְתַמּוּתָם: **לֹא עָלָה עָלֶיהָ עֹל.** כְּשֵׁם שֶׁפָּרְקוּ מֵעֲלֵיהֶם עֹל שָׁמַיִם: **אֶל אֶלְעָזָר הַכֹּהֵן.** כְּשֵׁם שֶׁנִּקְהֲלוּ עַל אַהֲרֹן, שֶׁהוּא כֹּהֵן, לַעֲשׂוֹת הָעֵגֶל. וּלְפִי שֶׁאַהֲרֹן עָשָׂה אֶת הָעֵגֶל לֹא נַעֲשֵׂית עֲבוֹדָה זוֹ עַל יָדוֹ, שֶׁאֵין קַטֵּגוֹר נַעֲשֶׂה סַנֵּגוֹר: **וְשָׂרַף אֶת הַפָּרָה.** כְּשֵׁם שֶׁנִּשְׂרַף הָעֵגֶל: **עֵץ אֶרֶז וְאֵזוֹב וּשְׁנִי תוֹלָעַת.** שְׁלֹשָׁה מִינִין הַלָּלוּ כְּנֶגֶד שְׁלֹשֶׁת אַלְפֵי אִישׁ שֶׁנָּפְלוּ בָּעֵגֶל. וְאֶרֶז הוּא הַגָּבוֹהַּ מִכָּל הָאִילָנוֹת, וְאֵזוֹב נָמוּךְ מִכֻּלָּם, סִימָן שֶׁהַגָּבוֹהַּ שֶׁנִּתְגָּאָה וְחָטָא יַשְׁפִּיל אֶת עַצְמוֹ כְּאֵזוֹב וְתוֹלַעַת וְיִתְכַּפֵּר לוֹ: **לְמִשְׁמֶרֶת.** כְּמוֹ שֶׁפֶּשַׁע הָעֵגֶל שָׁמוּר לְדוֹרוֹת לְפֻרְעָנוּת, וְאֵין לְךָ פְּקֻדָּה שֶׁאֵין בָּהּ מִפְּקֻדַּת הָעֵגֶל, שֶׁנֶּאֱמַר: "וּבְיוֹם פָּקְדִי וּפָקַדְתִּי" וְגוֹ' (שמות לב, לד). וּכְשֵׁם שֶׁהָעֵגֶל מְטַמֵּא כָּל הָעוֹסְקִין בּוֹ, כָּךְ פָּרָה מְטַמְּאָה כָּל הָעוֹסְקִין בָּהּ, וּכְשֵׁם שֶׁנִּטַּהֲרוּ בְּאֶפְרוֹ, שֶׁנֶּאֱמַר: "וַיִּזֶר עַל פְּנֵי הַמַּיִם" וְגוֹ' (שמות לב, כ), כָּךְ: "וְלָקְחוּ לַטָּמֵא מֵעֲפַר שְׂרֵפַת הַחַטָּאת" וְגוֹ' (להלן פסוק יז):

פרק כ

א| **כָּל הָעֵדָה.** עֵדָה הַשְּׁלֵמָה, שֶׁכְּבָר מֵתוּ מֵתֵי מִדְבָּר וְאֵלּוּ פֵּרְשׁוּ לַחַיִּים: **וַתָּמָת שָׁם מִרְיָם.** לָמָּה נִסְמְכָה מִיתַת מִרְיָם לְפָרָשַׁת פָּרָה אֲדֻמָּה? לוֹמַר לְךָ, מַה קָּרְבָּנוֹת מְכַפְּרִין, אַף מִיתַת צַדִּיקִים מְכַפֶּרֶת:

ביאור | כ **וְאִישׁ אֲשֶׁר יִטְמָא וְלֹא יִתְחַטָּא**, ובכל זאת נכנס אל מקום קדוש
או אכל מקודשי המקדש – **וְנִכְרְתָה הַנֶּפֶשׁ הַהִוא מִתּוֹךְ הַקָּהָל כִּי אֶת**
מִקְדַּשׁ ה' טִמֵּא, מֵי נִדָּה לֹא זֹרַק עָלָיו – טָמֵא הוּא. בטומאה עצמה אין
חטא, אך לאדם הטמא אסור להתקרב אל הקודש.

כא **וְהָיְתָה לָהֶם לְחֻקַּת עוֹלָם. וּמַזֵּה**, מטלטל[6] **מֵי הַנִּדָּה יְכַבֵּס בְּגָדָיו** שכן
הוא עצמו נטמא, וגם **הַנֹּגֵעַ בְּמֵי הַנִּדָּה יִטְמָא עַד הָעָרֶב**. עצמת הטיהור
של המים הללו היא הגדולה ביותר, אך כאשר באים אתם במגע
אנשים שאינם זקוקים להם, המים הללו עצמם מטמאים אותם, אם
כי טומאה זו קלה יותר מטומאת המת, שאינה זקוקה להזאה ביום
השלישי וביום השביעי אלא לטבילה והמתנה עד הערב. כב **וְכֹל**
אֲשֶׁר יִגַּע בּוֹ הַטָּמֵא – יִטְמָא. וְהַנֶּפֶשׁ הַנֹּגַעַת בטמא – **תִּטְמָא עַד**
הָעָרֶב.

מות מרים ומי מריבה

פרק כ פס' א–יג

בראשו של האירוע שלפנינו צוין חודש התרחשותו, אך אין התורה מגלה באיזו שנה הוא התקיים. בקריאתם של חז"ל ושאר המפרשים, פרשה זו, המספרת על פטירתה של מרים, התרחשה לאחר קפיצת זמן גדולה מן האירועים הקודמים – בשנה הארבעים לנדודי ישראל במדבר.[7] האירועים שבעקבות פטירתה הם שיביאו למותם של שני אחיה, מנהיגי העדה – משה ואהרן באותה שנה, קודם הכניסה לארץ כנען.

עתה מתגלה עובדה טרגית – שלושת האחים הרועים הנאמנים, שנשאו את צאן מרעיתם ממצרים עד הנה, על כל הסבל, התלאה והסכנה, לא ייכנסו לארץ המובטחת. העניין מסתיים במלים וַיִּקָּדֵשׁ בָּם – במיצוי הדין עם הקרובים לו. כך נלווית משמעות נוספת אל שמו של המקום שבו התרחשו האירועים הללו – קָדֵשׁ.

פרק כ א **וַיָּבֹאוּ בְנֵי יִשְׂרָאֵל כָּל הָעֵדָה לְמִדְבַּר צִן בַּחֹדֶשׁ הָרִאשׁוֹן וַיֵּשֶׁב**
הָעָם בְּקָדֵשׁ שבמדבר צין. קדש מתוארת להלן כעיר השוכנת בקצה

ב שָׁם: וְלֹא־הָיָה מַיִם לָעֵדָה וַיִּקָּהֲלוּ עַל־מֹשֶׁה וְעַל־
ג אַהֲרֹן: וַיָּרֶב הָעָם עִם־מֹשֶׁה וַיֹּאמְרוּ לֵאמֹר וְלוּ גָוַעְנוּ
ד בִּגְוַע אַחֵינוּ לִפְנֵי יְהוָה: וְלָמָה הֲבֵאתֶם אֶת־קְהַל
יְהוָה אֶל־הַמִּדְבָּר הַזֶּה לָמוּת שָׁם אֲנַחְנוּ וּבְעִירֵנוּ:
ה וְלָמָה הֶעֱלִיתֻנוּ מִמִּצְרַיִם לְהָבִיא אֹתָנוּ אֶל־הַמָּקוֹם
הָרָע הַזֶּה לֹא ׀ מְקוֹם זֶרַע וּתְאֵנָה וְגֶפֶן וְרִמּוֹן וּמַיִם
ו אַיִן לִשְׁתּוֹת: וַיָּבֹא מֹשֶׁה וְאַהֲרֹן מִפְּנֵי הַקָּהָל אֶל־
פֶּתַח אֹהֶל מוֹעֵד וַיִּפְּלוּ עַל־פְּנֵיהֶם וַיֵּרָא כְבוֹד־יְהוָה
אֲלֵיהֶם:
ז ח וַיְדַבֵּר יְהוָה אֶל־מֹשֶׁה לֵאמֹר: קַח אֶת־הַמַּטֶּה
וְהַקְהֵל אֶת־הָעֵדָה אַתָּה וְאַהֲרֹן אָחִיךָ וְדִבַּרְתֶּם
אֶל־הַסֶּלַע לְעֵינֵיהֶם וְנָתַן מֵימָיו וְהוֹצֵאתָ לָהֶם
מַיִם מִן־הַסֶּלַע וְהִשְׁקִיתָ אֶת־הָעֵדָה וְאֶת־בְּעִירָם:
ט וַיִּקַּח מֹשֶׁה אֶת־הַמַּטֶּה מִלִּפְנֵי יְהוָה כַּאֲשֶׁר צִוָּהוּ:
י וַיַּקְהִלוּ מֹשֶׁה וְאַהֲרֹן אֶת־הַקָּהָל אֶל־פְּנֵי הַסָּלַע
וַיֹּאמֶר לָהֶם שִׁמְעוּ־נָא הַמֹּרִים הֲמִן־הַסֶּלַע הַזֶּה

רש"י

וַתָּמָת שָׁם מִרְיָם. אַף הִיא בִּנְשִׁיקָה מֵתָה, וּמִפְּנֵי מָה לֹא נֶאֱמַר בָּהּ: 'עַל פִּי ה'"? שֶׁאֵינוֹ דֶּרֶךְ כָּבוֹד שֶׁל מַעְלָה. וּבְאַהֲרֹן נֶאֱמַר: "עַל פִּי ה'" בְּאֵלֶּה מַסְעֵי (להלן לג, לח):

ב) **וְלֹא הָיָה מַיִם לָעֵדָה.** מִכָּאן שֶׁכָּל אַרְבָּעִים שָׁנָה הָיָה לָהֶם הַבְּאֵר בִּזְכוּת מִרְיָם:

ג) **וְלוּ גָוַעְנוּ.** הַלְוַאי שֶׁגָּוַעְנוּ: **בִּגְוַע אַחֵינוּ.** בְּמִיתַת אַחֵינוּ בַּדֶּבֶר, לִמֵּד שֶׁמִּיתַת צָמָא מְגֻנָּה מִמֶּנָּה: **בִּגְוַע.** שֵׁם דָּבָר הוּא, כְּמוֹ: 'בְּמִיתַת אַחֵינוּ'. וְלֹא יִתָּכֵן לְפָרְשׁוֹ כְּשֶׁמֵּתוּ אַחֵינוּ, שֶׁאִם כֵּן הָיָה לוֹ לְהִנָּקֵד 'בִּגְוֹעַ':

ח) **וְאֶת בְּעִירָם.** מִכָּאן שֶׁחָס הַקָּדוֹשׁ בָּרוּךְ הוּא עַל מָמוֹנָם שֶׁל יִשְׂרָאֵל:

י) **וַיַּקְהִלוּ וְגוֹ'.** זֶה אֶחָד מִן הַמְּקוֹמוֹת שֶׁהֶחֱזִיק מֻעָט אֶת הַמְרֻבֶּה: **הֲמִן הַסֶּלַע הַזֶּה נוֹצִיא.** לְפִי שֶׁלֹּא הָיוּ מַכִּירִין אוֹתוֹ, לְפִי שֶׁהָלַךְ הַסֶּלַע וְיָשַׁב לוֹ בֵּין הַסְּלָעִים כְּשֶׁנִּסְתַּלֵּק הַבְּאֵר, וְהָיוּ יִשְׂרָאֵל אוֹמְרִים לָהֶם: מַה לָּכֶם, מֵאֵיזֶה סֶלַע תּוֹצִיאוּ לָנוּ

ביאור | גבול ארץ אדום.[8] **וַתָּמׇת שָׁם מִרְיָם וַתִּקָּבֵר שָׁם.** ב **וְלֹא הָיָה מַיִם לָעֵדָה, וַיִּקָּהֲלוּ עַל מֹשֶׁה וְעַל אַהֲרֹן.** ג **וַיָּרֶב הָעָם עִם מֹשֶׁה, וַיֹּאמְרוּ לֵאמֹר: וְלוּ,** הלוואי **שֶׁגָוַעְנוּ בִּגְוַע אַחֵינוּ לִפְנֵי ה׳** בעוון המרגלים ובעוונות אחרים מפני שמתו מוות מהיר.[9] ד **וְלָמָה הֲבֵאתֶם אֶת קְהַל ה׳ אֶל הַמִּדְבָּר הַזֶּה לָמוּת שָׁם אֲנַחְנוּ וּבְעִירֵנוּ,** ובהמותינו?! ה **וְלָמָה הֶעֱלִיתֻנוּ מִמִּצְרַיִם לְהָבִיא אֹתָנוּ אֶל הַמָּקוֹם הָרָע הַזֶּה – לֹא מְקוֹם זֶרַע וּתְאֵנָה וְגֶפֶן וְרִמּוֹן,** שבהם נשתבחה הארץ המובטחת?![10] איננו נמצאים כעת לא במצרים ולא בכנען, **וּמַיִם אַיִן לִשְׁתּוֹת.**

ו **וַיָּבֹא מֹשֶׁה וְאַהֲרֹן מִפְּנֵי הַקָּהָל.** הקהל הזועם דחק את משה ואהרן[11] **אֶל פֶּתַח אֹהֶל מוֹעֵד, וַיִּפְּלוּ עַל פְּנֵיהֶם** בתפילה. **וַיֵּרָא כְבוֹד ה׳ אֲלֵיהֶם.**

ז **וַיְדַבֵּר ה׳ אֶל מֹשֶׁה לֵּאמֹר:** ח **קַח אֶת הַמַּטֶּה,** שבו עשית את כל הנסים והמופתים, **וְהַקְהֵל אֶת הָעֵדָה, אַתָּה וְאַהֲרֹן אָחִיךָ, וְדִבַּרְתֶּם אֶל הַסֶּלַע לְעֵינֵיהֶם** – **וְנָתַן** הסלע **מֵימָיו.** ועל ידי כך – **וְהוֹצֵאתָ לָהֶם מַיִם מִן הַסֶּלַע, וְהִשְׁקִיתָ אֶת הָעֵדָה וְאֶת בְּעִירָם,** בהמתם.

ט **וַיִּקַּח מֹשֶׁה אֶת הַמַּטֶּה מִלִּפְנֵי ה׳,** ייתכן שהוא המטה שהיה מונח לִפְנֵי ה׳, לְמִשְׁמֶרֶת לְאוֹת לִבְנֵי מֶרִי,[12] **כַּאֲשֶׁר צִוָּהוּ.**

י **וַיַּקְהִלוּ מֹשֶׁה וְאַהֲרֹן אֶת הַקָּהָל אֶל פְּנֵי הַסָּלַע. וַיֹּאמֶר לָהֶם: שִׁמְעוּ נָא, הַמֹּרִים,** הסוררים, הסרבנים,[13] **הֲמִן הַסֶּלַע הַזֶּה נוֹצִיא לָכֶם מָיִם?!** מדוע אתם רבים אתנו?! האם אתם חושבים שיש לנו כוח להוציא מים מסלע?! – הלוא אל ה׳ הייתם צריכים להתפלל; האם מהסלע הזה הייתם סבורים שנוציא מים?[14] או: האם מהסלע המסוים הזה אתם רוצים שיצאו המים?![15]

תְּאֵנָה וְגֶפֶן וְרִמּוֹן

הרחבות | **׳ותמת שם מרים ותקבר שם ולא היה מים לעדה׳** חכמים קישרו את היעדר המים למות מרים, ואמרו שבזכות מרים הנביאה התגלגלה עם ישראל באר להשקותם בכל נדודיהם במדבר (תוספתא סוטה יא). עם פטירתה נעלמה באר נסית זו.

נוֹצִיא לָכֶם מָיִם׃ וַיָּרֶם מֹשֶׁה אֶת־יָדוֹ וַיַּךְ אֶת־הַסֶּלַע יא
בְּמַטֵּהוּ פַּעֲמָיִם וַיֵּצְאוּ מַיִם רַבִּים וַתֵּשְׁתְּ הָעֵדָה
וּבְעִירָם׃ וַיֹּאמֶר יהוה אֶל־מֹשֶׁה וְאֶל־אַהֲרֹן יב
יַעַן לֹא־הֶאֱמַנְתֶּם בִּי לְהַקְדִּישֵׁנִי לְעֵינֵי בְּנֵי יִשְׂרָאֵל
לָכֵן לֹא תָבִיאוּ אֶת־הַקָּהָל הַזֶּה אֶל־הָאָרֶץ אֲשֶׁר־
נָתַתִּי לָהֶם׃ הֵמָּה מֵי מְרִיבָה אֲשֶׁר־רָבוּ בְנֵי־יִשְׂרָאֵל יג
רביעי יח אֶת־יהוה וַיִּקָּדֵשׁ בָּם׃ וַיִּשְׁלַח מֹשֶׁה מַלְאָכִים יד
מִקָּדֵשׁ אֶל־מֶלֶךְ אֱדוֹם כֹּה אָמַר אָחִיךָ יִשְׂרָאֵל אַתָּה
יָדַעְתָּ אֵת כָּל־הַתְּלָאָה אֲשֶׁר מְצָאָתְנוּ׃ וַיֵּרְדוּ אֲבֹתֵינוּ טו

רש״י

מַיִם? לְכָךְ אָמַר לָהֶם: ׳הַמֹּרִים׳, סַרְבָנִים, לְשׁוֹן יְוָנִי שׁוֹטִים, מוֹרִים אֶת מוֹרֵיהֶם, ״הֲמִן הַסֶּלַע הַזֶּה״ שֶׁלֹּא נִצְטַוִּינוּ עָלָיו, ״נוֹצִיא לָכֶם מָיִם״?:

יא] **פַּעֲמָיִם.** לְפִי שֶׁבָּרִאשׁוֹנָה לֹא הוֹצִיא אֶלָּא טִפִּין, לְפִי שֶׁלֹּא צִוָּה הַמָּקוֹם לְהַכּוֹתוֹ, אֶלָּא ״וְדִבַּרְתֶּם אֶל הַסֶּלַע״, וְהֵמָּה דִּבְּרוּ אֶל סֶלַע אַחֵר וְלֹא הוֹצִיא, אָמְרוּ: שֶׁמָּא צָרִיךְ לְהַכּוֹתוֹ כְּבָרִאשׁוֹנָה, שֶׁנֶּאֱמַר: ״וְהִכִּיתָ בַצּוּר״ (שמות יז, ו), וְנִזְדַּמֵּן לָהֶם אוֹתוֹ סֶלַע וְהִכָּהוּ:

יב] **לְהַקְדִּישֵׁנִי.** שֶׁאִלּוּ דִּבַּרְתֶּם אֶל הַסֶּלַע וְהוֹצִיא, הָיִיתִי מְקֻדָּשׁ לְעֵינֵי הָעֵדָה, וְאוֹמְרִים: מַה סֶּלַע זֶה, שֶׁאֵינוֹ מְדַבֵּר וְאֵינוֹ שׁוֹמֵעַ וְאֵינוֹ צָרִיךְ לְפַרְנָסָה, מְקַיֵּם דִּבּוּרוֹ שֶׁל מָקוֹם, קַל וָחֹמֶר אָנוּ: **לָכֵן לֹא תָבִיאוּ.** בִּשְׁבוּעָה, נִשְׁבַּע בִּקְפִיצָה, שֶׁלֹּא יַרְבּוּ בִּתְפִלָּה עַל כָּךְ: **יַעַן לֹא הֶאֱמַנְתֶּם בִּי.** גִּלָּה הַכָּתוּב שֶׁאִלּוּלֵי חֵטְא זֶה בִּלְבַד הָיוּ נִכְנָסִין לָאָרֶץ, כְּדֵי שֶׁלֹּא יֹאמְרוּ עֲלֵיהֶם: כַּעֲוֹן שְׁאָר דּוֹר הַמִּדְבָּר שֶׁנִּגְזַר עֲלֵיהֶם שֶׁלֹּא יִכָּנְסוּ לָאָרֶץ, כָּךְ הָיָה עֲוֹן מֹשֶׁה וְאַהֲרֹן. וַהֲלֹא ״הֲצֹאן וּבָקָר יִשָּׁחֵט״ קָשֶׁה מִזּוֹ? אֶלָּא לְפִי שֶׁבַּסֵּתֶר חָסַךְ עָלָיו הַכָּתוּב, וְכָאן שֶׁבְּמַעֲמַד כָּל יִשְׂרָאֵל לֹא חָסַךְ עָלָיו הַכָּתוּב, מִפְּנֵי קִדּוּשׁ הַשֵּׁם:

יג] **הֵמָּה מֵי מְרִיבָה.** הֵם הַנִּזְכָּרִים בְּמָקוֹם אַחֵר, אֶת אֵלּוּ רָאוּ אִצְטַגְנִינֵי פַּרְעֹה שֶׁמּוֹשִׁיעָן שֶׁל יִשְׂרָאֵל לוֹקֶה בַּמַּיִם, לְכָךְ גָּזְרוּ: ״כָּל הַבֵּן הַיִּלּוֹד הַיְאֹרָה תַּשְׁלִיכֻהוּ״ (שמות א, כב): **וַיִּקָּדֵשׁ בָּם.** שֶׁמֵּתוּ מֹשֶׁה וְאַהֲרֹן עַל יָדָם, שֶׁכְּשֶׁהַקָּדוֹשׁ בָּרוּךְ הוּא עוֹשֶׂה דִּין בִּמְקֻדָּשָׁיו הוּא יָרֵא וּמִתְקַדֵּשׁ עַל הַבְּרִיּוֹת, וְכֵן הוּא אוֹמֵר: ״נוֹרָא אֱלֹהִים מִמִּקְדָּשֶׁיךָ״ (תהלים סח, לו), וְכֵן הוּא אוֹמֵר: ״בִּקְרֹבַי אֶקָּדֵשׁ״ (ויקרא י, ג):

יד] **אָחִיךָ יִשְׂרָאֵל.** מָה רָאָה לְהַזְכִּיר כָּאן אַחֲוָה? אֶלָּא אָמַר לוֹ: אַחִים אֲנַחְנוּ בְּנֵי אַבְרָהָם, שֶׁנֶּאֱמַר לוֹ: ״כִּי גֵר יִהְיֶה זַרְעֲךָ״ (בראשית טו, יג) וְעַל שְׁנֵינוּ הָיָה אוֹתוֹ הַחוֹב לְפָרְעוֹ: **אַתָּה יָדַעְתָּ אֵת כָּל הַתְּלָאָה.** לְפִיכָךְ פֵּרַשׁ אֲבִיכֶם מֵעַל אָבִינוּ, שֶׁנֶּאֱמַר: ״וַיֵּלֶךְ אֶל אֶרֶץ מִפְּנֵי יַעֲקֹב אָחִיו״ (שם לו, ו), מִפְּנֵי הַשְּׁטַר חוֹב הַמֻּטָּל עֲלֵיהֶם, וְהִטִּילוֹ עַל יַעֲקֹב:

יא **וַיָּרֶם מֹשֶׁה אֶת יָדוֹ וַיַּךְ**, הכה **אֶת הַסֶּלַע בְּמַטֵּהוּ פַּעֲמָיִם, וַיֵּצְאוּ מַיִם** | ביאור
רַבִּים, וַתֵּשְׁתְּ, שתתה **הָעֵדָה וּבְעִירָם.**

יב אמנם הנס התרחש, אך – **וַיֹּאמֶר ה' אֶל מֹשֶׁה וְאֶל אַהֲרֹן: יַעַן לֹא**
הֶאֱמַנְתֶּם את העם **בִּי**, לא הבאתם את העם להאמין ולבטוח בי,[16]
לְהַקְדִּישֵׁנִי לְעֵינֵי בְּנֵי יִשְׂרָאֵל – לָכֵן לֹא תָבִיאוּ אֶת הַקָּהָל הַזֶּה אֶל הָאָרֶץ
אֲשֶׁר נָתַתִּי לָהֶם.

יג **הֵמָּה**, הם **מֵי מְרִיבָה, אֲשֶׁר רָבוּ בְנֵי יִשְׂרָאֵל אֶת**, עם **ה', וַיִּקָּדֵשׁ בָּם.** שם
ה' התקדש בכך שהוא בא בדין עם הקרובים אליו.[17]

ישראל מתקרבים לאדום

פרק כ פס' יד–כא

בהתקרבם אל הארץ המיושבת מתחילות התמודדויותיהם החיצוניות של ישראל. האתגר שמולו עומד עתה מחנה ישראל אינו שבטים נודדים בלבד, כעמלק שעִמו נלחמו בשנה הראשונה לצאתם ממצרים. ההתקרבות לאדום מזמנת להם התמודדות ראשונה עם ממלכה מבוצרת וחזקה. כיוון שממלכה זו מצויה מדרום-מזרח לכנען, אין הם מבקשים לכבשה אלא לעבור בה בלבד.

יד **וַיִּשְׁלַח מֹשֶׁה מַלְאָכִים**, שליחים **מִקָּדֵשׁ**, השוכנת מדרום לאדום,
אֶל מֶלֶךְ אֱדוֹם: כֹּה אָמַר אָחִיךָ יִשְׂרָאֵל. יעקב הוא אחיו של עשו,
אבי העם האדומי:[18] **אַתָּה יָדַעְתָּ אֵת כָּל הַתְּלָאָה**, הסבל **אֲשֶׁר**
מְצָאָתְנוּ – טו **וַיֵּרְדוּ אֲבֹתֵינוּ מִצְרַיְמָה, וַנֵּשֶׁב בְּמִצְרַיִם יָמִים רַבִּים,**

הרחבות

עניינם הסתום של מי מריבה נזכר במקומות נוספים במקרא. (ראו דברים לב,נא; יחזקאל מז,יט; מח,כח; תהלים פא,ח; צה,ח; קו,לב). פירושים שונים הוצעו לפשר החטא ולתגובתו החריפה של ה': אחד ההסברים המקובלים נועץ את חטאם של משה ואהרן בכך שלא דיברו אל הסלע, כפי שנצטוו, אלא משה הכהו. (ראו רש"י פס' יא). הרי גם הוצאת המים על ידי הכאת הסלע היא נס, ועל כן לא היה טעם בצמצום הנס במעשה ההכאה במקום להקדיש את ה' באמצעות דיבור שיוציא מן הסלע מים. פירוש אחר ממקד את חטאו של משה בכעסו על ישראל ובפגיעתו בהם בכינוי המֹּרים. (ראו דברים רבה א,ח; דרשות הר"ן ח). כשמשה ביטא את הטרוניה האנושית שלו הוא איבד את הקשר הישיר שלו עם ה'. אולי הדבר בא לידי ביטוי בהכאה הכפולה של הסלע. משה לא נדרש להכותו פעמיים, ואולי עשה כך מחמת התפרצות הרגשות שגאתה בו. (ראו ראב"ע ורמב"ן פס' ח). פירושים רבים אחרים הוצעו למעשה בכל הדורות, שהרי בעוון זה נגזר על משה, הרועה הנאמן שליווה את ישראל מאז גלותם במצרים, שלא ייכנס עמם לארץ כנען. אחרי הכול, יפים הדברים שאמר אחד מחכמי הדורות האחרונים: חטא שכל אדם יכול היה להבין אינו הולם את מעלתו של משה רבנו. מן הסתם המעשה שבו חטא משה קשור לדקויות הנסתרות מעינינו. מה שעשה משה לא היה נראה בעינינו מעשה חמור כלל, אך הוא הוערך ונשפט לפי דרגתו.

מִצְרַ֫יְמָה וַנֵּ֥שֶׁב בְּמִצְרַ֖יִם יָמִ֣ים רַבִּ֑ים וַיָּרֵ֥עוּ לָ֛נוּ מִצְרַ֖יִם
וְלַאֲבֹתֵֽינוּ׃ וַנִּצְעַ֤ק אֶל־יהוה֙ וַיִּשְׁמַ֣ע קֹלֵ֔נוּ וַיִּשְׁלַ֣ח טז
מַלְאָ֔ךְ וַיֹּצִאֵ֖נוּ מִמִּצְרָ֑יִם וְהִנֵּה֙ אֲנַ֣חְנוּ בְקָדֵ֔שׁ עִ֖יר
קְצֵ֥ה גְבוּלֶֽךָ׃ נַעְבְּרָה־נָּ֣א בְאַרְצֶ֗ךָ לֹ֤א נַעֲבֹר֙ בְּשָׂדֶ֣ה יז
וּבְכֶ֔רֶם וְלֹ֥א נִשְׁתֶּ֖ה מֵ֣י בְאֵ֑ר דֶּ֧רֶךְ הַמֶּ֣לֶךְ נֵלֵ֗ךְ לֹ֤א
נִטֶּה֙ יָמִ֣ין וּשְׂמֹ֔אול עַ֥ד אֲשֶׁר־נַעֲבֹ֖ר גְּבֻלֶֽךָ׃ וַיֹּ֤אמֶר יח
אֵלָיו֙ אֱד֔וֹם לֹ֥א תַעֲבֹ֖ר בִּ֑י פֶּן־בַּחֶ֖רֶב אֵצֵ֥א לִקְרָאתֶֽךָ׃
וַיֹּאמְר֨וּ אֵלָ֤יו בְּנֵֽי־יִשְׂרָאֵל֙ בַּֽמְסִלָּ֣ה נַעֲלֶ֔ה וְאִם־מֵימֶ֤יךָ יט
נִשְׁתֶּה֙ אֲנִ֣י וּמִקְנַ֔י וְנָתַתִּ֖י מִכְרָ֑ם רַ֥ק אֵין־דָּבָ֖ר בְּרַגְלַ֥י
אֶעֱבֹֽרָה׃ וַיֹּ֖אמֶר לֹ֣א תַעֲבֹ֑ר וַיֵּצֵ֤א אֱדוֹם֙ לִקְרָאת֔וֹ כ
בְּעַ֥ם כָּבֵ֖ד וּבְיָ֥ד חֲזָקָֽה׃ וַיְמָאֵ֣ן ׀ אֱד֗וֹם נְתֹן֙ אֶת־יִשְׂרָאֵ֔ל כא
עֲבֹ֖ר בִּגְבֻל֑וֹ וַיֵּ֥ט יִשְׂרָאֵ֖ל מֵעָלָֽיו׃

רש"י

טו **וַיָּרֵעוּ לָנוּ.** סָבַלְנוּ צָרוֹת רַבּוֹת: **וְלַאֲבֹתֵינוּ.** מִכָּאן שֶׁהָאָבוֹת מִצְטַעֲרִים בַּקֶּבֶר כְּשֶׁפֻּרְעָנוּת בָּאָה עַל יִשְׂרָאֵל:

טז **וַיִּשְׁמַע קֹלֵנוּ.** בַּבְּרָכָה שֶׁבֵּרְכָנוּ אָבִינוּ: "הַקֹּל קוֹל יַעֲקֹב" (בראשית כז, כב), שֶׁאָנוּ צוֹעֲקִים וְנַעֲנִים: **מַלְאָךְ.** זֶה מֹשֶׁה, מִכָּאן שֶׁהַנְּבִיאִים קְרוּיִין מַלְאָכִים, וְאוֹמֵר: "וַיִּהְיוּ מַלְעִבִים בְּמַלְאֲכֵי הָאֱלֹהִים" (דברי הימים ב' לו, טז):

יז **נַעְבְּרָה נָּא בְאַרְצֶךָ.** אֵין לְךָ לְעוֹרֵר עַל הַיְרֻשָּׁה שֶׁל אֶרֶץ יִשְׂרָאֵל, כְּשֵׁם שֶׁלֹּא פְּרַעְתָּ הַחוֹב, עֲשֵׂה לָנוּ עֵזֶר מְעַט לַעֲבֹר דֶּרֶךְ אַרְצְךָ: **וְלֹא נִשְׁתֶּה מֵי בְאֵר.** 'מֵי בוֹרוֹת' הָיָה צָרִיךְ לוֹמַר, אֶלָּא כָּךְ אָמַר מֹשֶׁה: אַף עַל פִּי שֶׁיֵּשׁ בְּיָדֵינוּ מָן לֶאֱכֹל וּבְאֵר לִשְׁתּוֹת, לֹא נִשְׁתֶּה מִמֶּנּוּ, אֶלָּא נִקְנֶה מִכֶּם אֹכֶל וּמַיִם לַהֲנָאַתְכֶם. מִכָּאן לְאַכְסַנַאי שֶׁאַף עַל פִּי שֶׁיֵּשׁ בְּיָדוֹ לֶאֱכֹל יִקְנֶה מִן הַחֶנְוָנִי, כְּדֵי לְהָנוֹת אֶת אֻשְׁפִּיזוֹ: **דֶּרֶךְ הַמֶּלֶךְ נֵלֵךְ וְגוֹ'.** אָנוּ חוֹסְמִים אֶת בְּהֶמְתֵּנוּ וְלֹא יִטּוּ לְכָאן וּלְכָאן לֶאֱכֹל:

יח **פֶּן בַּחֶרֶב אֵצֵא לִקְרָאתֶךָ.** אַתֶּם מִתְגָּאִים בַּקּוֹל שֶׁהוֹרִישְׁכֶם אֲבִיכֶם, וְאוֹמְרִים: "וַנִּצְעַק אֶל ה' וַיִּשְׁמַע קֹלֵנוּ" (לעיל פסוק טז), וַאֲנִי אֵצֵא עֲלֵיכֶם בַּמֶּה שֶׁהוֹרִישַׁנִי אָבִי: "וְעַל חַרְבְּךָ תִחְיֶה" (בראשית כז, מ):

יט **רַק אֵין דָּבָר.** אֵין שׁוּם דָּבָר מַזִּיקְךָ:

כ **וּבְיָד חֲזָקָה.** בְּהַבְטָחַת זְקֵנֵנוּ: "וְהַיָּדַיִם יְדֵי עֵשָׂו" (בראשית כז, כב):

הרחבות

'וַיֵּט ישראל מעליו' ממקומות אחרים עולה שאדום לא הייתה יריב מאיים. גם מלכה לא הוזכר בשמו, כמו מלכי האמורי בהמשך, כנראה משום שלא היה חזק ומאיים במיוחד. (ראו רמב"ן). מה שמנע מישראל לעבור בארצו לא היה הפחד מפניהם אלא יחסי האחאות בין יעקב לעשו. (ראו דברים ב,ד-ה; כג,ח וברש"י). סיבה זו תוזכר

ביאור

וַיָּרֵעוּ לָנוּ מִצְרַיִם וְלַאֲבֹתֵינוּ. טז וַנִּצְעַק אֶל ה׳ – וַיִּשְׁמַע קֹלֵנוּ, וַיִּשְׁלַח מַלְאָךְ.
כאן אין מבואר אם הוא משה שהוא שליח-מלאך, או המלאך הנגלה
בענן.[19] וַיֹּצִאֵנוּ מִמִּצְרָיִם. וְהִנֵּה אֲנַחְנוּ עכשיו בְקָדֵשׁ, עִיר קְצֵה גְבוּלֶךָ. על
כן, אנו מבקשים: יז נַעְבְּרָה, נעבור נָא בְאַרְצֶךָ, ואנו מבטיחים: לֹא
נַעֲבֹר בְּשָׂדֶה וּבְכֶרֶם, במקומות מיושבים, וְלֹא נִשְׁתֶּה מֵי בְאֵר, הבארות
שבדרך. דֶּרֶךְ הַמֶּלֶךְ, בדרך העוברת בערים המיועדת לכול ולא בדרך
פרטית,[20] או: בדרך שאתה, מלך אדום, תורה לנו[21] נֵלֵךְ. לֹא נִטֶּה יָמִין
וּשְׂמֹאול, עַד אֲשֶׁר נַעֲבֹר גְּבוּלֶךָ. נעבור בארצך בשקט ובלא כל נזקים.

יח וַיֹּאמֶר אֵלָיו – למשה, או: לישראל, מלך אֱדוֹם: לֹא תַעֲבֹר בִּי, פֶּן בַּחֶרֶב
אֵצֵא לִקְרָאתֶךָ, אם תנסו לעשות זאת נילחם בכם.

יט למרות זאת – וַיֹּאמְרוּ אֵלָיו בְּנֵי יִשְׂרָאֵל: אם אינך מתיר לנו לעבור
בדרך המלך שבגיא, שסביבה שדות וכרמים, בַּמְסִלָּה, בדרך הסלולה
בהר[22] נַעֲלֶה, אף שהיא נוחה פחות. וְאִם מֵימֶיךָ נִשְׁתֶּה אֲנִי וּמִקְנַי – וְנָתַתִּי
מִכְרָם, נשלם בעבורם. רַק אֵין דָּבָר, לא יהיה דבר נזק, בְּרַגְלַי אֶעֱבֹרָה.
לא נגיע ברכב מלחמה.

כ וַיֹּאמֶר אדום: לֹא תַעֲבֹר!

וַיֵּצֵא אֱדוֹם לִקְרָאתוֹ בְּעַם כָּבֵד, רב וּבְיָד חֲזָקָה.

כא וַיְמָאֵן, סירב אֱדוֹם נְתֹן אֶת יִשְׂרָאֵל עֲבֹר בִּגְבֻלוֹ. וַיֵּט, סר יִשְׂרָאֵל מֵעָלָיו.
ישראל פנו מזרחה כדי לעקוף את ארץ אדום.

הרחבות

במפורש גם בפנייתם של ישראל מעל בני עמון ובני מואב. בשל המחויבות בין צאצאיהם של אחים או של קרובי משפחה, משה רואה לנכון שלא להילחם בהם גם אם הם אינם מאפשרים לו לעבור בתחומם בדרך אל הארץ המובטחת (דברים ב,ט יט).

חמישי /שלישי/

כב וַיִּסְעוּ מִקָּדֵשׁ וַיָּבֹאוּ בְנֵי־יִשְׂרָאֵל כָּל־הָעֵדָה הֹר
כג הָהָר: וַיֹּאמֶר יהוה אֶל־מֹשֶׁה וְאֶל־אַהֲרֹן בְּהֹר הָהָר
כד עַל־גְּבוּל אֶרֶץ־אֱדוֹם לֵאמֹר: יֵאָסֵף אַהֲרֹן אֶל־עַמָּיו
כִּי לֹא יָבֹא אֶל־הָאָרֶץ אֲשֶׁר נָתַתִּי לִבְנֵי יִשְׂרָאֵל עַל
כה אֲשֶׁר־מְרִיתֶם אֶת־פִּי לְמֵי מְרִיבָה: קַח אֶת־אַהֲרֹן
כו וְאֶת־אֶלְעָזָר בְּנוֹ וְהַעַל אֹתָם הֹר הָהָר: וְהַפְשֵׁט אֶת־
אַהֲרֹן אֶת־בְּגָדָיו וְהִלְבַּשְׁתָּם אֶת־אֶלְעָזָר בְּנוֹ וְאַהֲרֹן
כז יֵאָסֵף וּמֵת שָׁם: וַיַּעַשׂ מֹשֶׁה כַּאֲשֶׁר צִוָּה יהוה וַיַּעֲלוּ
כח אֶל־הֹר הָהָר לְעֵינֵי כָּל־הָעֵדָה: וַיַּפְשֵׁט מֹשֶׁה אֶת־
אַהֲרֹן אֶת־בְּגָדָיו וַיַּלְבֵּשׁ אֹתָם אֶת־אֶלְעָזָר בְּנוֹ וַיָּמָת
אַהֲרֹן שָׁם בְּרֹאשׁ הָהָר וַיֵּרֶד מֹשֶׁה וְאֶלְעָזָר מִן־הָהָר:
כט וַיִּרְאוּ כָּל־הָעֵדָה כִּי גָוַע אַהֲרֹן וַיִּבְכּוּ אֶת־אַהֲרֹן

רש"י

כב) **כָּל הָעֵדָה.** כֻּלָּם שְׁלֵמִים וְעוֹמְדִים לִכָּנֵס לָאָרֶץ, שֶׁלֹּא הָיָה בָּהֶן אֶחָד מֵאוֹתָם שֶׁנִּגְזְרָה גְּזֵרָה עֲלֵיהֶם, שֶׁכְּבָר כָּלוּ מֵתֵי מִדְבָּר, וְאֵלּוּ מֵאוֹתָן שֶׁכָּתוּב בָּהֶן: "חַיִּים כֻּלְּכֶם הַיּוֹם" (דברים ד, ד). **הֹר הָהָר.** הַר עַל גַּבֵּי הַר, כְּתַפּוּחַ קָטָן עַל גַּבֵּי תַפּוּחַ גָּדוֹל. וְאַף עַל פִּי שֶׁהֶעָנָן הוֹלֵךְ לִפְנֵיהֶם וּמַשְׁוֶה אֶת הֶהָרִים, שְׁלֹשָׁה נִשְׁאֲרוּ בָהֶן: הַר סִינַי לַתּוֹרָה, הֹר הָהָר לִקְבוּרַת אַהֲרֹן, וְהַר נְבוֹ לִקְבוּרַת מֹשֶׁה.

כג) **עַל גְּבוּל אֶרֶץ אֱדוֹם.** מַגִּיד שֶׁמִּפְּנֵי שֶׁנִּתְחַבְּרוּ כָּאן לְהִתְקָרֵב לְעֵשָׂו הָרָשָׁע נִפְרְצוּ מַעֲשֵׂיהֶם וְחָסְרוּ הַצַּדִּיק הַזֶּה.

כה) **קַח אֶת אַהֲרֹן.** בִּדְבָרִים שֶׁל נִחוּמִים, אֱמֹר לוֹ: אַשְׁרֶיךָ שֶׁתִּרְאֶה כִּתְרְךָ נָתוּן לִבְנְךָ, מַה שֶּׁאֵין אֲנִי זַכַּאי לְכָךְ.

כו) **אֶת בְּגָדָיו.** בִּגְדֵי כְהֻנָּה גְּדוֹלָה הִלְבִּישֵׁהוּ וְהִפְשִׁיטָם מֵעָלָיו לְתִתָּם עַל בְּנוֹ בְּפָנָיו. אָמַר לוֹ: הִכָּנֵס לַמְּעָרָה, וְנִכְנַס. רָאָה מִטָּה מֻצַּעַת וְנֵר דָּלוּק. אָמַר לוֹ: עֲלֵה לַמִּטָּה, וְעָלָה. פְּשֹׁט יָדֶיךָ, וּפָשַׁט. קְמֹץ פִּיךָ, וְקָמַץ. עֲצֹם עֵינֶיךָ, וְעָצַם. מִיָּד חָמַד מֹשֶׁה לְאוֹתָהּ מִיתָה. וְזֶהוּ שֶׁנֶּאֱמַר לוֹ: "כַּאֲשֶׁר מֵת אַהֲרֹן אָחִיךָ" (דברים לב, נ), מִיתָה שֶׁנִּתְאַוִּיתָ לָהּ.

כז) **וַיַּעַשׂ מֹשֶׁה.** אַף עַל פִּי שֶׁהַדָּבָר קָשֶׁה לוֹ, לֹא עִכֵּב.

כט) **וַיִּרְאוּ כָּל הָעֵדָה וגו'.** כְּשֶׁרָאוּ מֹשֶׁה וְאֶלְעָזָר יוֹרְדִים וְאַהֲרֹן לֹא יָרַד, אָמְרוּ:

הרחבות

מיתת אהרן לא הייתה כרוכה בזעזוע. אהרן פשט את בגדיו, ואולי הלבישוהו בתכריכים. מתוך מנוחה יצא מן העולם, בלא לעבור את השבר הנפשי שבהסתלקות מן העולם. נאמר לו שעליו להיפטר מן העולם הזה, ואת תפקידו יירש בנו, והוא הלך בשלווה לקראת ה'.

מות אהרן

פרק כ פס׳ כב–כט

לפי האמור לקראת סוף הספר, אירע מות אהרן, המתואר כאן באופן מפורט, בראש חודש אב בשנה הארבעים לצאת ישראל ממצרים – חודשים ספורים לפני כניסתם של ישראל לארץ, ובפטירתו היה בן מאה עשרים ושלוש.[23]

ביאור

כב וַיִּסְעוּ מִקָּדֵשׁ, וַיָּבֹאוּ בְנֵי יִשְׂרָאֵל כָּל הָעֵדָה לְהֹר הָהָר, ההר שנקרא
הֹר,[24] מפני שבלט באזור. כג וַיֹּאמֶר ה׳ אֶל מֹשֶׁה וְאֶל אַהֲרֹן בְּהֹר הָהָר,
עַל גְּבוּל אֶרֶץ אֱדוֹם, לֵאמֹר: כד יֵאָסֵף אַהֲרֹן אֶל עַמָּיו, הגיע גם זמנו של
אהרן למות ונפשו תחזור אל מקורה,[25] כִּי לֹא יָבֹא אֶל הָאָרֶץ אֲשֶׁר נָתַתִּי
לִבְנֵי יִשְׂרָאֵל, עַל אֲשֶׁר מְרִיתֶם אֶת פִּי, לא שמעתם בקולי לְמֵי, בעניין
מי מְרִיבָה.[26] כה קַח אֶת אַהֲרֹן וְאֶת אֶלְעָזָר בְּנוֹ וְהַעַל, העלה אֹתָם לְהֹר
הָהָר. כו וְהַפְשֵׁט שם אֶת אַהֲרֹן אֶת בְּגָדָיו, בגדי הכהונה, וְהִלְבַּשְׁתָּם
אֶת אֶלְעָזָר בְּנוֹ. כך אהרן יראה את בנו ממשיך בכהונתו.[27] וְאַהֲרֹן
יֵאָסֵף אל עמיו וּמֵת שָׁם בשקט גמור בנוכחות אחיו ואחד מבניו
בלבד.

כז וַיַּעַשׂ מֹשֶׁה כַּאֲשֶׁר צִוָּה ה׳, וַיַּעֲלוּ אֶל הֹר הָהָר לְעֵינֵי כָּל הָעֵדָה, באופן
טקסי ופומבי. מכאן שאהרן לא מת מחמת זקנה ותשישות, שהרי
עדיין יכול היה לטפס אל ראש ההר, בצד אחיו ובנו. כח וַיַּפְשֵׁט
מֹשֶׁה אֶת אַהֲרֹן אֶת בְּגָדָיו, וַיַּלְבֵּשׁ אֹתָם אֶת אֶלְעָזָר בְּנוֹ. וַיָּמָת אַהֲרֹן שָׁם
בְּרֹאשׁ הָהָר. וַיֵּרֶד מֹשֶׁה וְאֶלְעָזָר מִן הָהָר.

כט וַיִּרְאוּ כָּל הָעֵדָה כִּי גָוַע אַהֲרֹן. העם לא ידע את מטרת עלייתם אל
ההר, אך ראה שאהרן לא שב עם משה ואלעזר.[28] וַיִּבְכּוּ אֶת אַהֲרֹן

הֹר ההר

שְׁלֹשִׁים יוֹם כֹּל בֵּית יִשְׂרָאֵל׃
כא א וַיִּשְׁמַע הַכְּנַעֲנִי
מֶלֶךְ־עֲרָד יֹשֵׁב הַנֶּגֶב כִּי בָּא יִשְׂרָאֵל דֶּרֶךְ הָאֲתָרִים
ב וַיִּלָּחֶם בְּיִשְׂרָאֵל וַיִּשְׁבְּ ׀ מִמֶּנּוּ שֶׁבִי׃ וַיִּדַּר יִשְׂרָאֵל
נֶדֶר לַיהוָה וַיֹּאמַר אִם־נָתֹן תִּתֵּן אֶת־הָעָם הַזֶּה בְּיָדִי
ג וְהַחֲרַמְתִּי אֶת־עָרֵיהֶם׃ וַיִּשְׁמַע יְהוָה בְּקוֹל יִשְׂרָאֵל
וַיִּתֵּן אֶת־הַכְּנַעֲנִי וַיַּחֲרֵם אֶתְהֶם וְאֶת־עָרֵיהֶם וַיִּקְרָא
שֵׁם־הַמָּקוֹם חָרְמָה׃

רש״י | הֵיכָן הוּא אַהֲרֹן? אָמַר לָהֶם: מֵת. אָמְרוּ: אֶפְשָׁר מִי שֶׁעָמַד כְּנֶגֶד הַמַּלְאָךְ וְעָצַר אֶת הַמַּגֵּפָה (במדבר יז, יג) יִשְׁלֹט בּוֹ מַלְאַךְ הַמָּוֶת?! מִיָּד בִּקֵּשׁ מֹשֶׁה רַחֲמִים וְהֶרְאוּהוּ מַלְאֲכֵי הַשָּׁרֵת לָהֶם מֻטָּל בַּמִּטָּה, רָאוּ וְהֶאֱמִינוּ: **כֹּל בֵּית יִשְׂרָאֵל.** הָאֲנָשִׁים וְהַנָּשִׁים, לְפִי שֶׁהָיָה אַהֲרֹן רוֹדֵף שָׁלוֹם וּמֵטִיל אַהֲבָה בֵּין בַּעֲלֵי מְרִיבָה וּבֵין אִישׁ לְאִשְׁתּוֹ: **כִּי גָוַע.** אוֹמֵר אֲנִי שֶׁהַמְתַרְגֵּם: 'דְּהָא מִית' טוֹעֶה הוּא, אֶלָּא אִם כֵּן מְתַרְגֵּם: 'וַיִּרְאוּ' – 'וְאִתְחֲזִיאוּ', שֶׁלֹּא אָמְרוּ רַבּוֹתֵינוּ זִכְרוֹנָם לִבְרָכָה 'כִּי' זֶה מְשַׁמֵּשׁ בִּלְשׁוֹן 'דְּהָא', אֶלָּא עַל מִדְרָשׁ שֶׁנִּסְתַּלְּקוּ עַנְנֵי כָבוֹד, וְכִדְאָמַר רַבִּי אַבָּהוּ: אַל תִּקְרֵי 'וַיִּרְאוּ' אֶלָּא 'וַיֵּרָאוּ', וְעַל לָשׁוֹן זֶה נוֹפֵל לָשׁוֹן 'דְּהָא', לְפִי שֶׁהִיא נְתִינַת טַעַם לְמַה שֶּׁלְּמַעְלָה הֵימֶנּוּ: לָמָּה וַיֵּרָאוּ? לְפִי שֶׁהֲרֵי מֵת אַהֲרֹן. אֲבָל עַל תַּרְגּוּם: "וַחֲזוֹ כָּל כְּנִשְׁתָּא" אֵין לְשׁוֹן 'דְּהָא' נוֹפֵל, אֶלָּא לְשׁוֹן 'אֲשֶׁר', שֶׁהוּא מִגִּזְרַת שִׁמּוּשׁ 'אִי', שֶׁמָּצִינוּ 'אִם' מְשַׁמֵּשׁ בִּלְשׁוֹן 'אֲשֶׁר', כְּמוֹ: "וְאִם מַדּוּעַ לֹא תִקְצַר רוּחִי" (איוב כא, ד), וְהַרְבֵּה מְפֹרָשִׁים מִזֶּה הַלָּשׁוֹן: "אִם חֲרוּצִים יָמָיו" (שם יד, ה):

פרק כא

א| **וַיִּשְׁמַע הַכְּנַעֲנִי.** שָׁמַע שֶׁמֵּת אַהֲרֹן וְנִסְתַּלְּקוּ עַנְנֵי כָבוֹד כוּ', כִּדְאִיתָא בְּרֹאשׁ הַשָּׁנָה (דף ג ע"א). וַעֲמָלֵק מֵעוֹלָם רְצוּעַת מַרְדּוּת לְיִשְׂרָאֵל, מְזֻמָּן בְּכָל עֵת לְפֻרְעָנוּת: **יֹשֵׁב הַנֶּגֶב.** זֶה עֲמָלֵק, שֶׁנֶּאֱמַר: "עֲמָלֵק יוֹשֵׁב בְּאֶרֶץ הַנֶּגֶב" (לעיל יג, כט), וְשִׁנָּה אֶת לְשׁוֹנוֹ לְדַבֵּר בִּלְשׁוֹן כְּנַעַן, כְּדֵי שֶׁיִּהְיוּ יִשְׂרָאֵל מִתְפַּלְּלִים לְהַקָּדוֹשׁ בָּרוּךְ הוּא לָתֵת כְּנַעֲנִים בְּיָדָם, וְהֵם אֵינָן כְּנַעֲנִים. רָאוּ יִשְׂרָאֵל לְבוּשֵׁיהֶם כִּלְבוּשֵׁי עֲמָלֵקִים וּלְשׁוֹנָם לְשׁוֹן כְּנַעַן, אָמְרוּ: נִתְפַּלֵּל סְתָם, שֶׁנֶּאֱמַר: "אִם נָתֹן תִּתֵּן אֶת הָעָם הַזֶּה בְּיָדִי" (להלן פסוק ב): **דֶּרֶךְ הָאֲתָרִים.** דֶּרֶךְ הַנֶּגֶב שֶׁהָלְכוּ בָהּ מְרַגְּלִים, שֶׁנֶּאֱמַר: "וַיַּעֲלוּ בַנֶּגֶב" (לעיל יג, כב). דָּבָר אַחֵר, "דֶּרֶךְ הָאֲתָרִים", דֶּרֶךְ הַתַּיָּר הַגָּדוֹל הַנּוֹסֵעַ לִפְנֵיהֶם, שֶׁנֶּאֱמַר: "דֶּרֶךְ שְׁלֹשֶׁת יָמִים לָתוּר לָהֶם מְנוּחָה" (לעיל י, לג): **וַיִּשְׁבְּ מִמֶּנּוּ שֶׁבִי.** אֵינָהּ אֶלָּא שִׁפְחָה אַחַת:

ב| **וְהַחֲרַמְתִּי.** אַקְדִּישׁ שְׁלָלָם לַגָּבוֹהַּ:

ג| **וַיַּחֲרֵם אֶתְהֶם.** בַּהֲרִיגָה: **וְאֶת עָרֵיהֶם.** חֶרְמֵי גָבוֹהַּ:

העולם | **עֲרָד** תל ערד נמצא בשיפולים הצפוניים של בקעת ערד על צומת דרכים בין הרי יהודה (חברון) לבין הנגב, ועל הדרך העולה מאדום ומהערבה לכיוון מישור החוף.

שְׁלֹשִׁים יוֹם כֹּל בֵּית יִשְׂרָאֵל, שכן אהרן היה נביא לישראל עוד קודם שהגיע אליהם משה, ומאוחר יותר התמנה להיות הכהן הגדול. הבכי הספונטני שבכו עליו מעיד על האהבה שרחש כלפיו העם כולו. | ביאור

המלחמה במלך ערד

פרק כא פס׳ א–ג

הכיוון הכללי של המסע היה צפון-מזרח, אך מסלולם של ישראל היה מפותל. כאן מתגרה בהם מלך ערד, שאינו שוכן בדרכם, אך חושש מפני פלישתם לתחומו.

פרק כא א **וַיִּשְׁמַע הַכְּנַעֲנִי מֶלֶךְ עֲרָד יֹשֵׁב הַנֶּגֶב**, ממערב למסלולם של ישראל. לדעת חכמים מלך ערד מלך על תערובת של עמלקים וכנענים,[29] והוא שמע **כִּי בָּא יִשְׂרָאֵל דֶּרֶךְ הָאֲתָרִים**, שם מקום שאולי הייתה בו אחת הכניסות לכנען. **וַיִּלָּחֶם בְּיִשְׂרָאֵל**, ומכיוון שהעם היה מדוכדך בעקבות מות אהרן,[30] אמנם לא הייתה זו מלחמה גדולה, אך – **וַיִּשְׁבְּ**, מלך ערד שבה **מִמֶּנּוּ שֶׁבִי**.

ב **וַיִּדַּר יִשְׂרָאֵל נֶדֶר לַה׳ וַיֹּאמַר: אִם נָתֹן תִּתֵּן אֶת הָעָם הַזֶּה בְּיָדִי – וְהַחֲרַמְתִּי אֶת עָרֵיהֶם**. איש מאתנו לא ייקח משללן.

ג **וַיִּשְׁמַע ה׳** בְּקוֹל **יִשְׂרָאֵל, וַיִּתֵּן אֶת הַכְּנַעֲנִי** ביד ישראל, **וַיַּחֲרֵם אֶתְהֶם וְאֶת עָרֵיהֶם**.

וַיִּקְרָא שֵׁם הַמָּקוֹם מאז ואילך **חָרְמָה**, על שם החרם. יש אומרים על שם שלא נבנה עוד יישוב קבע במקום.[31]

דרך האתרים

דֶּרֶךְ הָאֲתָרִים היו שפירשו שהיא דרך התרים, כלומר הדרך שבה עלו המרגלים מקדש ברנע לערד. זוהי אחת הדרכים המרכזיות בנגב. תוואי השטח שלה נוח ועשיר בבארות מים. | העולם

ד וַיִּסְעוּ מֵהֹר הָהָר דֶּרֶךְ יַם־סוּף לִסְבֹב אֶת־אֶרֶץ אֱדוֹם
ה וַתִּקְצַר נֶפֶשׁ־הָעָם בַּדָּרֶךְ: וַיְדַבֵּר הָעָם בֵּאלֹהִים
וּבְמֹשֶׁה לָמָה הֶעֱלִיתֻנוּ מִמִּצְרַיִם לָמוּת בַּמִּדְבָּר כִּי
אֵין לֶחֶם וְאֵין מַיִם וְנַפְשֵׁנוּ קָצָה בַּלֶּחֶם הַקְּלֹקֵל:
ו וַיְשַׁלַּח יהוה בָּעָם אֵת הַנְּחָשִׁים הַשְּׂרָפִים וַיְנַשְּׁכוּ
ז אֶת־הָעָם וַיָּמָת עַם־רָב מִיִּשְׂרָאֵל: וַיָּבֹא הָעָם אֶל־
מֹשֶׁה וַיֹּאמְרוּ חָטָאנוּ כִּי־דִבַּרְנוּ בַיהוה וָבָךְ הִתְפַּלֵּל
אֶל־יהוה וְיָסֵר מֵעָלֵינוּ אֶת־הַנָּחָשׁ וַיִּתְפַּלֵּל מֹשֶׁה

רש"י

ד] **דֶּרֶךְ יַם סוּף.** כֵּיוָן שֶׁמֵּת אַהֲרֹן וּבָאת עֲלֵיהֶם מִלְחָמָה זוֹ, חָזְרוּ לַאֲחוֹרֵיהֶם דֶּרֶךְ יַם סוּף, הוּא הַדֶּרֶךְ שֶׁחָזְרוּ לָהֶם כְּשֶׁנִּגְזְרָה עֲלֵיהֶם גְּזֵרַת מְרַגְּלִים, שֶׁנֶּאֱמַר: "וּסְעוּ הַמִּדְבָּרָה דֶּרֶךְ יַם סוּף" (דברים א, מ). וְכָאן חָזְרוּ לַאֲחוֹרֵיהֶם שֶׁבַע מַסָּעוֹת, שֶׁנֶּאֱמַר: "וּבְנֵי יִשְׂרָאֵל נָסְעוּ מִבְּאֵרֹת בְּנֵי יַעֲקָן מוֹסֵרָה שָׁם מֵת אַהֲרֹן" (שם י, ו), וְכִי בְּמוֹסֵרָה מֵת? וַהֲלֹא בְּהֹר הָהָר מֵת! אֶלָּא שָׁם חָזְרוּ וְהִתְאַבְּלוּ עָלָיו וְהִסְפִּידוּהוּ כְּאִלּוּ הוּא בִּפְנֵיהֶם. וְצֵא וּבְדֹק בַּמַּסָּעוֹת וְתִמְצָא שֶׁבַע מַסָּעוֹת מִן מוֹסֵרָה עַד הֹר הָהָר: **לִסְבֹב אֶת אֶרֶץ אֱדוֹם.** שֶׁלֹּא נְתָנָם לַעֲבֹר בְּאַרְצוֹ: **וַתִּקְצַר נֶפֶשׁ הָעָם בַּדָּרֶךְ.** בְּטֹרַח הַדֶּרֶךְ שֶׁהֻקְשָׁה לָהֶם, אָמְרוּ: עַכְשָׁיו הָיִינוּ קְרוֹבִים לִכָּנֵס לָאָרֶץ וְאָנוּ חוֹזְרִים לַאֲחוֹרֵינוּ, כָּךְ חָזְרוּ אֲבוֹתֵינוּ וְנִשְׁתַּהוּ שְׁלֹשִׁים וּשְׁמוֹנֶה שָׁנָה עַד הַיּוֹם, לְפִיכָךְ קָצְרָה נַפְשָׁם בְּעִנּוּי הַדֶּרֶךְ. וּבִלְשׁוֹן לַעַז אנקרוטלו"ר. וְלֹא יִתָּכֵן לוֹמַר "וַתִּקְצַר נֶפֶשׁ הָעָם בַּדֶּרֶךְ" בִּהְיוֹתָם בַּדֶּרֶךְ וְלֹא פֵּרַשׁ בּוֹ בַּמֶּה קָצְרָה, שֶׁכָּל מָקוֹם שֶׁתִּמְצָא קֹצֶר נֶפֶשׁ בַּמִּקְרָא מְפֹרָשׁ שָׁם בַּמֶּה קָצְרָה, כְּגוֹן: "וַתִּקְצַר נַפְשִׁי בָּהֶם" (זכריה יא, ח), וּכְגוֹן: "וַתִּקְצַר נַפְשׁוֹ בַּעֲמַל יִשְׂרָאֵל" (שופטים י, טז), וְכָל דָּבָר הַקָּשֶׁה עַל אָדָם נוֹפֵל בּוֹ לְשׁוֹן קֹצֶר נֶפֶשׁ, כְּאָדָם שֶׁהַטֹּרַח בָּא עָלָיו וְאֵין דַּעְתּוֹ רְחָבָה לְקַבֵּל אוֹתוֹ הַדָּבָר, וְאֵין לוֹ מָקוֹם בְּתוֹךְ לִבּוֹ לָגוּר שָׁם אוֹתוֹ הַצַּעַר. וּבַדָּבָר הַמַּטְרִיחַ נוֹפֵל לְשׁוֹן גֹּדֶל, שֶׁגָּדוֹל הוּא וְכָבֵד עַל הָאָדָם, כְּגוֹן: "וְגַם נַפְשָׁם בָּחֲלָה בִי" (זכריה שם), גָּדְלָה עָלַי, "וְיִגְאֶה כַּשַּׁחַל תְּצוּדֵנִי" (איוב י, טז). כְּלָלוֹ שֶׁל פֵּרוּשׁ: כָּל לְשׁוֹן קֹצֶר נֶפֶשׁ בְּדָבָר, לְשׁוֹן 'שֶׁאֵין יָכוֹל לְסָבְלוֹ' הוּא, שֶׁאֵין הַדַּעַת סוֹבַלְתּוֹ:

ה] **בֵּאלֹהִים וּבְמֹשֶׁה.** הִשְׁווּ עֶבֶד לְקוֹנוֹ: **לָמָה הֶעֱלִיתֻנוּ.** שְׁנֵיהֶם שָׁוִים: **וְנַפְשֵׁנוּ קָצָה.** אַף זֶה לְשׁוֹן קֹצֶר נֶפֶשׁ וּמִאוּס: **בַּלֶּחֶם הַקְּלֹקֵל.** לְפִי שֶׁהַמָּן נִבְלָע בָּאֵבָרִים קְרָאוּהוּ 'קְלֹקֵל', אָמְרוּ: עָתִיד הַמָּן הַזֶּה שֶׁיִּתְפַּח בְּמֵעֵינוּ, כְּלוּם יֵשׁ יְלוּד אִשָּׁה שֶׁמַּכְנִיס וְאֵינוֹ מוֹצִיא?:

ו] **אֵת הַנְּחָשִׁים הַשְּׂרָפִים.** שֶׁשּׂוֹרְפִים אֶת הָאָדָם בְּאֶרֶס שִׁנֵּיהֶם: **וַיְנַשְּׁכוּ אֶת הָעָם.** יָבֹא נָחָשׁ שֶׁלָּקָה עַל הוֹצָאַת דִּבָּה וְיִפָּרַע מִמּוֹצִיאֵי דִּבָּה, יָבֹא נָחָשׁ שֶׁכָּל הַמִּינִין נִטְעָמִין לוֹ טַעַם אֶחָד וְיִפָּרַע מִכְּפוּיֵי טוֹבָה שֶׁדָּבָר אֶחָד מִשְׁתַּנֶּה לָהֶם לְכַמָּה טְעָמִים:

ז] **וַיִּתְפַּלֵּל מֹשֶׁה.** מִכָּאן לְמִי שֶׁמְּבַקְשִׁים מִמֶּנּוּ מְחִילָה שֶׁלֹּא יְהֵא אַכְזָרִי מִלִּמְחֹל:

נחש הנחושת

פרק כא פס׳ ד–ט

ה׳ מכה את ישראל במגפת נחשים בעקבות תלונותיהם. רפואתם מן הנחשים נמצאת להם באמצעות הסתכלותם בצורת נחש שמשה מצטווה לעצב ולהציב. הריפוי וההחייאה באמצעות מבט בצורה הזהה למה שחולל את המוות, מדגישים כי יד ה׳ היא שממיתה והיא שמחיה.[32]

ביאור

ד **וַיִּסְעוּ מֵהֹר הָהָר דֶּרֶךְ יַם סוּף**, ישראל שבו דרומה לכיוון מפרץ אילת
כדי **לִסְבֹב**, להקיף **אֶת אֶרֶץ אֱדוֹם. וַתִּקְצַר נֶפֶשׁ**, רוח **הָעָם בַּדָּרֶךְ**, שכן
עתה נראה שהם מתרחקים מן הארץ.[33]

ה **וַיְדַבֵּר הָעָם** דברים קשים **בֵּאלֹהִים וּבְמֹשֶׁה: לָמָה הֶעֱלִיתֻנוּ מִמִּצְרַיִם
לָמוּת בַּמִּדְבָּר?! כִּי אֵין לֶחֶם** ממשי, **וְאֵין מַיִם** טבעיים. **וְנַפְשֵׁנוּ קָצָה בַּלֶּחֶם
הַקְּלֹקֵל**, הקל, המן שהתעכל בקלות.

ו **וַיְשַׁלַּח ה׳ בָּעָם אֵת הַנְּחָשִׁים הַשְּׂרָפִים**, נחשים שארסם שורף בבשר
האדם, **וַיְנַשְּׁכוּ אֶת הָעָם. וַיָּמָת עַם רָב מִיִּשְׂרָאֵל** במכת הנחשים.

ז **וַיָּבֹא הָעָם אֶל מֹשֶׁה, וַיֹּאמְרוּ: חָטָאנוּ כִּי דִבַּרְנוּ בַה׳ וָבָךְ. הִתְפַּלֵּל אֶל
ה׳ – וְיָסֵר מֵעָלֵינוּ אֶת הַנָּחָשׁ**, הנחשים. שלא כמו בהזדמנויות קודמות
שהעם התלונן בהן מתוך מרי, הפעם הוא מקבל עליו את האחריות
למצבו.

ואכן, **וַיִּתְפַּלֵּל מֹשֶׁה בְּעַד הָעָם.**

סיבוב ארץ אדום

הרחבות

׳ונפשנו קצה בלחם הקלקל׳ אמנם היה די במן להזין את ישראל, אך באכילתו לא חשו כמו בעת אכילה דשנה, אלא כמי שניזון מאינפוזיה דרך הווריד. טענת העם אינה ממוקדת, אלא מביעה תסכול מצטבר מחיי הנדודים.

בְּעַד הָעָם: וַיֹּאמֶר יְהוָה אֶל־מֹשֶׁה עֲשֵׂה לְךָ שָׂרָף ח
וְשִׂים אֹתוֹ עַל־נֵס וְהָיָה כָּל־הַנָּשׁוּךְ וְרָאָה אֹתוֹ וָחָי:
וַיַּעַשׂ מֹשֶׁה נְחַשׁ נְחֹשֶׁת וַיְשִׂמֵהוּ עַל־הַנֵּס וְהָיָה ט
אִם־נָשַׁךְ הַנָּחָשׁ אֶת־אִישׁ וְהִבִּיט אֶל־נְחַשׁ הַנְּחֹשֶׁת
ששי וָחָי: וַיִּסְעוּ בְּנֵי יִשְׂרָאֵל וַיַּחֲנוּ בְּאֹבֹת: וַיִּסְעוּ מֵאֹבֹת י יא
וַיַּחֲנוּ בְּעִיֵּי הָעֲבָרִים בַּמִּדְבָּר אֲשֶׁר עַל־פְּנֵי מוֹאָב
מִמִּזְרַח הַשָּׁמֶשׁ: מִשָּׁם נָסָעוּ וַיַּחֲנוּ בְּנַחַל זָרֶד: מִשָּׁם יב יג
נָסָעוּ וַיַּחֲנוּ מֵעֵבֶר אַרְנוֹן אֲשֶׁר בַּמִּדְבָּר הַיֹּצֵא מִגְּבֻל
הָאֱמֹרִי כִּי אַרְנוֹן גְּבוּל מוֹאָב בֵּין מוֹאָב וּבֵין הָאֱמֹרִי:

רש"י

ח | **על נס.** על כלונס שקורין פירק"א בלעז, וכן: "וכנס על הגבעה" (ישעיה ל, יז), "ארים נסי" (שם מט, כב), "שאו נס" (שם יג, ב), ולפי שהוא גבוה לאות ולראיה קוראו 'נס': **כל הנשוך.** אפילו כלב או חמור נושכו היה ניזוק ומתנוונה והולך, אלא שנשיכת הנחש ממהרת להמית, לכך נאמר כאן: "וראה אותו" בראיה בעלמא, ובנשיכת הנחש נאמר: "והביט", "והיה אם נשך הנחש את איש והביט" וגו' (להלן פסוק ט), שלא היה ממהר נשוך הנחש להתרפאות אלא אם כן מביט בו בכוונה. ואמרו רבותינו: וכי נחש ממית או מחיה? אלא בזמן שהיו ישראל מסתכלין כלפי מעלה ומשעבדין את לבם לאביהם שבשמים היו מתרפאים, ואם לאו היו נמוקים:

ט | **נחש נחשת.** לא נאמר לו לעשותו של נחשת, אלא אמר משה: הקדוש ברוך הוא קוראו נחש ואני אעשנו של נחשת, לשון נופל על לשון:

יא | **בעיי העברים.** לא ידעתי למה נקרא שמם עיים, ו'עי' לשון חרבה הוא, דבר הטאוט במטאטא, והעי"ן בו יסוד לבדה, והוא מלשון "יעים" (לעיל ד, יד), "ויעה ברד" (ישעיה כח, יז): **העברים.** דרך מעבר העוברים שם את הר נבו אל ארץ כנען, שהוא מפסיק בין ארץ מואב לארץ אמורי: **על פני מואב ממזרח השמש.** במזרחה של ארץ מואב:

יג | **מגבל האמרי.** תחום סוף מצר שלהם, וכן "גבול מואב", לשון קצה וסוף: **מעבר ארנון.** הקיפו ארץ מואב כל דרומה ומזרחה, עד שבאו מעבר השני לארנון בתוך ארץ האמורי, בצפונה של ארץ מואב: **היצא מגבל האמרי.** רצועה יוצאה מגבול האמורי והיא של אמוריים,

העולם | נַחַל זָרֶד חוקרים רבים זיהו אותו עם ואדי אל-חאסה הנשפך אל דרום ים המלח, שהוא הגבול בין הרי מואב להרי אדום. היו שזיהו אותו עם אחד הוואדיות בצפון-מזרח מואב המתחברים לנחל ארנון – ואדי א-דיכ או עם ואדי נחילה הזורם סמוך לערוער (אליצור).

ביאור

ח **וַיֹּאמֶר ה׳ אֶל מֹשֶׁה: עֲשֵׂה לְךָ שָׂרָף,** צורת נחש ארסי, **וְשִׂים אֹתוֹ עַל**
נֵס, מתקן מוגבה כגון תורן או עמוד בולט לעין. **וְהָיָה כָּל הַנָּשׁוּךְ** על
ידי נחש, **וְרָאָה אֹתוֹ** – את הדמות הזאת – **וָחָי.**

ט **וַיַּעַשׂ מֹשֶׁה נְחַשׁ נְחֹשֶׁת.** ה׳ לא אמר לו מאיזה חומר לעשות את
הנחש, אך משה בחר בנחושת משום קרבת המלה המציינת את
המתכת הזאת למלה ׳נחש׳, כלשון נופל על לשון, כאילו כבר נרמז
לו גם החומר שממנו ייעשה;[34] ואולי כדי שלא להשתמש במתכת
יקרה העלולה לגרום לעם לראות בצורת הנחש אליל. **וַיְשִׂמֵהוּ עַל**
הַנֵּס. וְהָיָה אִם נָשַׁךְ הַנָּחָשׁ אֶת אִישׁ, וְהִבִּיט אֶל נְחַשׁ הַנְּחֹשֶׁת – וָחָי.

המסעות בגבול מואב

פרק כא פס׳ י–טו

בעניין זה, כמו בעניינים הקצרים שאחריו, מופיעות בצד התיאור הפרוזאי של מסלול המסעות גם שורות מליציות סתומות שנאמרו ונכתבו לרגל הנסים שאירעו לישראל. פרטי המאורעות נעלמו, ואין בידינו אלא הדים רחוקים מן ההתרחשויות הנסיות.

י **וַיִּסְעוּ בְּנֵי יִשְׂרָאֵל וַיַּחֲנוּ בְּאֹבֹת.** יא **וַיִּסְעוּ מֵאֹבֹת וַיַּחֲנוּ בְּעִיֵּי,** תִּלֵּי,
חורבות **הָעֲבָרִים,** המעברים בין מואב לאמורי[35] **בַּמִּדְבָּר אֲשֶׁר עַל פְּנֵי,**
הנשקף אל **מוֹאָב, מִמִּזְרַח הַשָּׁמֶשׁ** למואב. יב **מִשָּׁם נָסָעוּ** צפונה **וַיַּחֲנוּ**
בְּנַחַל זָרֶד, היורד מהרי עבר הירדן. יג **מִשָּׁם נָסָעוּ וַיַּחֲנוּ מֵעֵבֶר** נחל **אַרְנוֹן**
אֲשֶׁר בַּמִּדְבָּר, נחל גדול היורד אל ים המלח, **הַיֹּצֵא מִגְּבֻל הָאֱמֹרִי. כִּי**
אַרְנוֹן גְּבוּל מוֹאָב, בֵּין מוֹאָב וּבֵין הָאֱמֹרִי.

הרחבות

נחש הנחושת היה אחד הדברים הבודדים שקיומם נמשך במשך דורות רבים. הוא נכנס עם ישראל לארץ, ולא זו בלבד, אלא שנשמר במקדש עד תקופת המלכים. מסופר שלבסוף השמידו חזקיהו מלך יהודה משום שהפך מושא לעבודה זרה בגלל עתיקותו, קדושתו והזיכרון שהיה כרוך בו. (ראו מלכים ב׳ יח,ד).

׳ארנון גבול מואב׳ לעובדה שנחל ארנון הוא אחד מגבולותיה של מואב, יהיו השפעות פוליטיות לאחר דורות. ארץ המישור מצפון לנחל ארנון הייתה שטח מריבה בין ישראל לעמון ומואב גם בתקופת השופטים (שופטים יא), וגם בתקופת המלוכה (מצבת מישע). על כן חשובה הקביעה שהארנון הוא גבול מואב.

יד עַל־כֵּן֙ יֵאָמַ֔ר בְּסֵ֖פֶר מִלְחֲמֹ֣ת יְהוָ֑ה אֶת־וָהֵ֣ב בְּסוּפָ֔ה
טו וְאֶת־הַנְּחָלִ֖ים אַרְנֽוֹן׃ וְאֶ֙שֶׁד֙ הַנְּחָלִ֔ים אֲשֶׁ֥ר נָטָ֖ה
טז לְשֶׁ֣בֶת עָ֑ר וְנִשְׁעַ֖ן לִגְב֥וּל מוֹאָֽב׃ וּמִשָּׁ֖ם בְּאֵ֑רָה הִ֣וא

רש"י | וְנִכְנֶסֶת לִגְבוּל מוֹאָב עַד אַרְנוֹן שֶׁהוּא גְּבוּל מוֹאָב, וְשָׁם חָנוּ יִשְׂרָאֵל וְלֹא בָּאוּ לִגְבוּל מוֹאָב, "כִּי אַרְנוֹן גְּבוּל מוֹאָב", וְהֵם לֹא נָתְנוּ לָהֶם רְשׁוּת לַעֲבֹר בְּאַרְצָם. וְאַף עַל פִּי שֶׁלֹּא פֵּרְשָׁהּ מֹשֶׁה, פֵּרְשָׁהּ יִפְתָּח, כְּמוֹ שֶׁאָמַר יִפְתָּח: "וְגַם אֶל מֶלֶךְ מוֹאָב שָׁלַח וְלֹא אָבָה" (שופטים יא, יז), וּמֹשֶׁה רְמָזָהּ: "כַּאֲשֶׁר עָשׂוּ לִי בְּנֵי עֵשָׂו הַיֹּשְׁבִים בְּשֵׂעִיר וְהַמּוֹאָבִים הַיֹּשְׁבִים בְּעָר" (דברים ב, כט), מָה אֵלּוּ לֹא נְתָנוּם לַעֲבֹר בְּתוֹךְ אַרְצָם אֶלָּא הִקִּיפוּם סָבִיב, אַף מוֹאָב כֵּן:

יד-טו **עַל כֵּן.** עַל חֲנִיָּה זוֹ וְנִסִּים שֶׁנַּעֲשׂוּ בָּהּ "יֵאָמַר בְּסֵפֶר מִלְחֲמֹת ה'", כְּשֶׁמְּסַפְּרִים נִסִּים שֶׁנַּעֲשׂוּ לַאֲבוֹתֵינוּ, יְסַפְּרוּ: "אֶת וָהֵב" וגו'. **אֶת וָהֵב.** כְּמוֹ 'אֶת יָהֵב', כְּמוֹ שֶׁיֵּאָמֵר מִן 'יעד' 'וָעֵד', כֵּן יֵאָמֵר מִן יָהֵב 'וָהֵב', וְהַוָּי"ו יְסוֹד הוּא, כְּלוֹמַר אֶת אֲשֶׁר יָהַב לָהֶם וְהִרְבָּה נִסִּים בְּיַם סוּף: **וְאֶת הַנְּחָלִים אַרְנוֹן.** כְּשֵׁם שֶׁמְּסַפְּרִים בְּנִסֵּי יַם סוּף, כָּךְ יֵשׁ לְסַפֵּר בְּנִסֵּי נַחֲלֵי אַרְנוֹן, שֶׁאַף כָּאן נַעֲשׂוּ נִסִּים גְּדוֹלִים, וּמָה הֵם הַנִּסִּים? **וְאֶשֶׁד הַנְּחָלִים.** תַּרְגּוּם שֶׁל שֶׁפֶךְ – 'אֶשֶׁד', שֶׁפֶךְ הַנְּחָלִים, שֶׁנִּשְׁפַּךְ שָׁם דַּם הָאֱמוֹרִיִּים שֶׁהָיוּ נֶחְבָּאִים שָׁם; לְפִי שֶׁהָיוּ הֶהָרִים גְּבוֹהִים וְהַנַּחַל עָמֹק וְקָצָר וְהֶהָרִים סְמוּכִים זֶה לָזֶה, אָדָם עוֹמֵד עַל הָהָר מִזֶּה וּמְדַבֵּר עִם חֲבֵרוֹ בָּהָר מִזֶּה, וְהַדֶּרֶךְ עוֹבֵר בְּתוֹךְ הַנַּחַל, אָמְרוּ אֱמוֹרִיִּים: כְּשֶׁיִּכָּנְסוּ יִשְׂרָאֵל לְתוֹךְ הַנַּחַל לַעֲבֹר, נֵצֵא מִן הַמְּעָרוֹת שֶׁבֶּהָרִים שֶׁלְּמַעְלָה מֵהֶם וְנַהַרְגֵם בְּחִצִּים וְאַבְנֵי בַּלִּיסְטְרָאוֹת, וְהָיוּ אוֹתָן הַנְּקָעִים בָּהָר שֶׁל צַד מוֹאָב, וּבָהָר שֶׁל צַד אֱמוֹרִיִּים הָיוּ כְּנֶגֶד אוֹתָן נְקָעִים כְּמִין קְרָנוֹת וְשָׁדַיִם בּוֹלְטִין לַחוּץ, כֵּיוָן שֶׁבָּאוּ יִשְׂרָאֵל לַעֲבֹר, נִזְדַּעְזַע הָהָר שֶׁל אֶרֶץ יִשְׂרָאֵל כְּשִׁפְחָה הַיּוֹצֵאת לְהַקְבִּיל פְּנֵי גְּבִרְתָּהּ, וְנִתְקָרֵב לְצַד הַר שֶׁל מוֹאָב, וְנִכְנְסוּ אוֹתָן הַשָּׁדַיִם לְתוֹךְ אוֹתָן נְקָעִים וַהֲרָגוּם, וְזֶהוּ: "אֲשֶׁר נָטָה לְשֶׁבֶת עָר", שֶׁהָהָר נָטָה מִמְּקוֹמוֹ וְנִתְקָרֵב לְצַד מוֹאָב וְנִדְבַּק בּוֹ, וְזֶהוּ: "וְנִשְׁעַן לִגְבוּל מוֹאָב":

טז **וּמִשָּׁם בְּאֵרָה.** מִשָּׁם בָּא הָאֶשֶׁד אֶל הַבְּאֵר. כֵּיצַד? אָמַר הַקָּדוֹשׁ בָּרוּךְ הוּא: מִי מוֹדִיעַ לְבָנַי הַנִּסִּים הַלָּלוּ? הַמָּשָׁל אוֹמֵר: נָתַתָּ פַּת לְתִינוֹק, הוֹדַע לְאִמּוֹ. לְאַחַר שֶׁעָבְרוּ חָזְרוּ הֶהָרִים לִמְקוֹמָם,

הרחבות | **'ספר מלחמת ה''** בצד 'ספר הישר' וספרים נוספים הנזכרים במקרא, (יהושע י,יג; שמואל ב' א,יח; מלכים א' יא,מא; טז,כז ועוד). מופיע כאן הספר העלום סֵפֶר מִלְחֲמֹת ה'. יש להניח שמקצת מן הספרים הללו היו קובצי שירה קדמוניים שלא השתמרו משום שלא היו ספרי קודש. נותרו מהם אפוא רק רמזים. (על פי רס"ג, ראב"ע ועוד). היו שטענו שסֵפֶר מִלְחֲמֹת ה' ודומיו אינם אלא כינויים לספר התורה עצמו או לחלקים ממנו. (ראו יונתן, רוקח ופירוש ר"י החסיד).

ביאור

יד **עַל כֵּן יֵאָמַר בְּסֵפֶר מִלְחֲמֹת ה׳: אֶת וָהֵב**, שם מקום[36] כבשו ישראל
בְּסוּפָה, בסערה[37] **וְגם אֶת הַנְּחָלִים**, היובלים של נחל **אַרְנוֹן**. טו **וְאֶשֶׁד**,
ומפל **הַנְּחָלִים אֲשֶׁר נָטָה לְשֶׁבֶת**, פנה אל עבר מקום מושבה של **עָר**,
עיר חשובה במואב, **וְ**אשד זה **נִשְׁעַן**, היה סמוך **לִגְבוּל מוֹאָב**.

אתרי המסעות בגבול מואב

העולם

נַחַל אַרְנוֹן ואדי מוג׳יב שאורכו 76 ק״מ, נחל האיתן הגדול ביותר בארץ ישראל לאחר הירדן. בגלל גודלו ועומקו שימש גבול טבעי (ראו יהושע פרקים יב, יג). על כן היה ערך אסטרטגי רב למעברות שחצו אותו.

עָר שם האזור הדרומי של מואב, או העיר אריאופוליס (Areo+polis), שמה היווני של רבת מואב (כיום: א-רבה), הנמצאת מדרום לנחל ארנון שמצפון-מזרח לכרכ.

הַבְּאֵר אֲשֶׁר אָמַר יהוה לְמֹשֶׁה אֱסֹף אֶת־הָעָם
וְאֶתְּנָה לָהֶם מָיִם: אָז יָשִׁיר יִשְׂרָאֵל אֶת־ יז
הַשִּׁירָה הַזֹּאת עֲלִי בְאֵר עֱנוּ־לָהּ: בְּאֵר חֲפָרוּהָ שָׂרִים יח
כָּרוּהָ נְדִיבֵי הָעָם בִּמְחֹקֵק בְּמִשְׁעֲנֹתָם וּמִמִּדְבָּר
מַתָּנָה: וּמִמַּתָּנָה נַחֲלִיאֵל וּמִנַּחֲלִיאֵל בָּמוֹת: יט
וּמִבָּמוֹת הַגַּיְא אֲשֶׁר בִּשְׂדֵה מוֹאָב רֹאשׁ הַפִּסְגָּה כ
וְנִשְׁקָפָה עַל־פְּנֵי הַיְשִׁימֹן:

רש"י | וְהַבְּאֵר יָרְדָה לְתוֹךְ הַנַּחַל וְהֶעֶלְתָה מִשָּׁם דַּם הַהֲרוּגִים וּזְרוֹעוֹת וְאֵיבָרִים וּמוֹלִיכָתָן סְבִיב הַמַּחֲנֶה, וְיִשְׂרָאֵל רָאוּ וְאָמְרוּ שִׁירָה:

יז | **עֲלִי בְאֵר.** מִתּוֹךְ הַנַּחַל וְהַעֲלִי מַה שֶּׁאַתְּ מַעֲלָה. וּמִנַּיִן שֶׁהַבְּאֵר הוֹדִיעָה לָהֶם? שֶׁנֶּאֱמַר: "וּמִשָּׁם בְּאֵרָה", וְכִי מִשָּׁם הָיְתָה? וַהֲלֹא מִתְּחִלַּת אַרְבָּעִים שָׁנָה הָיְתָה עִמָּהֶם! אֶלָּא שֶׁיָּרְדָה לְפַרְסֵם אֶת הַנִּסִּים. וְכֵן "אָז יָשִׁיר", הַשִּׁירָה הַזֹּאת נֶאֶמְרָה בְּסוֹף אַרְבָּעִים, וְהַבְּאֵר נִתְּנָה לָהֶם מִתְּחִלַּת אַרְבָּעִים, מָה רָאָה לִכְתֹּב כָּאן? אֶלָּא הָעִנְיָן הַזֶּה נִדְרָשׁ לְמַעְלָה הֵימֶנּוּ:

יח-כ | **בְּאֵר חֲפָרוּהָ.** זֹאת הִיא הַבְּאֵר אֲשֶׁר "חֲפָרוּהָ שָׂרִים", מֹשֶׁה וְאַהֲרֹן: **בְּמִשְׁעֲנֹתָם.** בְּמַטֵּה: **וּמִמִּדְבָּר.** נִתְּנָה לָהֶם: **וּמִמַּתָּנָה נַחֲלִיאֵל.** כְּתַרְגּוּמוֹ: **וּמִבָּמוֹת הַגַּיְא אֲשֶׁר בִּשְׂדֵה מוֹאָב.** כִּי שָׁם מֵת מֹשֶׁה וְשָׁם בָּטְלָה הַבְּאֵר. דָּבָר אַחֵר, **כָּרוּהָ נְדִיבֵי הָעָם.** כָּל נָשִׂיא וְנָשִׂיא כְּשֶׁהָיוּ חוֹנִים נוֹטֵל מַקְלוֹ וּמוֹשֵׁךְ אֵצֶל דִּגְלוֹ וּמַחֲנֵהוּ, וּמֵי הַבְּאֵר נִמְשָׁכִין דֶּרֶךְ אוֹתוֹ סִימָן וּבָאִין לִפְנֵי חֲנִיַּת כָּל שֵׁבֶט וָשֵׁבֶט: **בִּמְחֹקֵק.** עַל פִּי מֹשֶׁה שֶׁנִּקְרָא מְחוֹקֵק, שֶׁנֶּאֱמַר: "כִּי שָׁם חֶלְקַת מְחֹקֵק סָפוּן" (דברים לג, כא). וְלָמָּה לֹא נִזְכַּר מֹשֶׁה בְּשִׁירָה זוֹ? לְפִי שֶׁלָּקָה עַל יְדֵי הַבְּאֵר. וְכֵיוָן שֶׁלֹּא נִזְכַּר שְׁמוֹ שֶׁל מֹשֶׁה לֹא נִזְכַּר שְׁמוֹ שֶׁל הַקָּדוֹשׁ בָּרוּךְ הוּא. מָשָׁל לְמֶלֶךְ שֶׁהָיוּ מְזַמְּנִין אוֹתוֹ לִסְעוּדָה, אָמַר: אִם אוֹהֲבִי שָׁם אֲנִי שָׁם, וְאִם לָאו אֵינִי הוֹלֵךְ: **רֹאשׁ הַפִּסְגָּה.** כְּתַרְגּוּמוֹ: "רֵישׁ רָמָתָא": **פִּסְגָּה.** לְשׁוֹן גֹּבַהּ, וְכֵן "פַּסְּגוּ אַרְמְנוֹתֶיהָ" (תהלים מח, יד), הַגְבִּיהוּ אַרְמְנוֹתֶיהָ: **וְנִשְׁקָפָה.** אוֹתָהּ הַפִּסְגָּה, עַל פְּנֵי הַמָּקוֹם שֶׁשְּׁמוֹ "יְשִׁימֹן", וְהוּא לְשׁוֹן מִדְבָּר שֶׁהוּא שָׁמֵם. דָּבָר אַחֵר, "וְנִשְׁקָפָה" הַבְּאֵר "עַל פְּנֵי הַיְשִׁימֹן", שֶׁנִּגְנְזָה בְּיַמָּהּ שֶׁל טְבֶרְיָא, וְהָעוֹמֵד עַל הַיְשִׁימוֹן מַבִּיט וְרוֹאֶה כְּמִין כְּבָרָה בַּיָּם וְהִיא הַבְּאֵר. כָּךְ דָּרַשׁ רַבִּי תַּנְחוּמָא (כח):

הרחבות | **שירת הבאר** ייתכן שאף שירה קדומה זו מובאת מתוך 'ספר מלחמות ה'' שנזכר בעניין הקודם (פס' יד), או מתוך שירי המושלים שייזכרו בעניין הבא, ואף בהם יתוארו מאורעות ימי קדם בלשון סתומה וחתומה (להלן פס' כז).

מסעות נוספים ושירת הבאר

פרק כא פס׳ טז–כ

ימים ספורים לאחר יציאתם ממצרים נבקע הים לפני ישראל. וכך נאמר שם: אָז יָשִׁיר מֹשֶׁה וּבְנֵי יִשְׂרָאֵל אֶת הַשִּׁירָה הַזֹּאת לַה׳.[38] עתה, בהתקרבם לכנען, הם שרים שיר מים אחר – על פתיחתו של מקור מים חיים עבורם. הסיפור על שירה זו מנוסח באופן דומה: אָז יָשִׁיר יִשְׂרָאֵל אֶת הַשִּׁירָה הַזֹּאת. ואולם דווקא הדמיון בין פתיחתה של שירה קצרה זו לבין פתיחת שירת הים מדגיש את ההבדל: אולי עתה, לאחר שנים רבות שבהן הונהג העם על ידי רועם הנאמן, משה, ישראל התעצמו ויכלו לפתוח פיהם בשירת הודיה אף ללא הנחייתו.

ביאור | טז **וּמִשָּׁם** נסעו ישראל **בְּאֵרָה**, אל הבאר, **הִוא הַבְּאֵר אֲשֶׁר אָמַר ה׳**
לְמֹשֶׁה: אֱסֹף אֶת הָעָם וְאֶתְּנָה לָהֶם מָיִם. ייתכן שזוהי הבאר שנבקעה
להם במי מריבה.[39]

יז **אָז יָשִׁיר יִשְׂרָאֵל אֶת הַשִּׁירָה הַזֹּאת: עֲלִי, בְאֵר. עֱנוּ**, שירו **לָהּ**, לכבודה.
יח **בְּאֵר שֶׁחֲפָרוּהָ שָׂרִים, כָּרוּהָ נְדִיבֵי**, נכבדי **הָעָם בִּמְחֹקֵק**, במטות
שבידיהם, שציינו את הנהגתם. ייתכן שבהם היו גם כותבים, חוקקים
בחודם הקשה כתב באבן ומחוקקים חוקים.[40] **בְּמִשְׁעֲנֹתָם**, במטות
שעליהם נשענו. אין זו באר פשוטה כבארות הנכרות על ידי פועלים
פשוטים.

המשך פירוט המקומות שבהם עברו ישראל: **וּמִמִּדְבָּר** – נסעו **לְמַתָּנָה**,
שם מקום[41] שאולי נקרא כך בשל השפע שהיה מצוי בו. יט **וּמִמַּתָּנָה**
הם הגיעו למקום שנקרא **נַחֲלִיאֵל**, על שם נחלים, **וּמִנַּחֲלִיאֵל** – אל
בָּמוֹת, שהייתה כנראה מקום מוגבה יותר. כ **וּמִבָּמוֹת** – אל **הַגַּיְא**,
אל העמק **אֲשֶׁר בִּשְׂדֵה מוֹאָב, וְרֹאשׁ הַפִּסְגָּה** שמעליו משקיף מצד
אחד על מואב, ומצד שני, **נִשְׁקָפָה עַל פְּנֵי הַיְשִׁימֹן**, מדבר השממה
שממזרח למואב.

העולם | **מַתָּנָה** היו שזיהו אותה עם ח׳רבת אל-מדַינֵה שבוואדי א-תמד בצפון-מזרח מואב, המתחבר לנחל זרקה. לפי עדות נ׳ גליק (1942), מפלס מי התהום במקום זה גבוה, ואפשר להגיע אליהם בחפירה מועטה - בִּמְחֹקֵק בְּמִשְׁעֲנֹתָם.

בָּמוֹת מקום גבוה שאולי הוא ׳במות בעל׳ הנזכר בבלעם (להלן כב, מא) ושוכן מדרום לארנון בקצה גבול מואב. אולם רוב החוקרים מחפשים את ׳במות בעל׳ על אחד ההרים מצפון לארנון, כגון ג׳בל ארטוס. לפי התלמוד הירושלמי (שביעית ט,ב), ׳במות בעל׳ הייתה מישור או אזור גבעות.

שביעי /רביעי/

וַיִּשְׁלַח יִשְׂרָאֵל מַלְאָכִים אֶל־סִיחֹן מֶלֶךְ־הָאֱמֹרִי כא
לֵאמֹר: אֶעְבְּרָה בְאַרְצֶךָ לֹא נִטֶּה בְּשָׂדֶה וּבְכֶרֶם כב
לֹא נִשְׁתֶּה מֵי בְאֵר בְּדֶרֶךְ הַמֶּלֶךְ נֵלֵךְ עַד אֲשֶׁר־
נַעֲבֹר גְּבֻלֶךָ: וְלֹא־נָתַן סִיחֹן אֶת־יִשְׂרָאֵל עֲבֹר כג
בִּגְבֻלוֹ וַיֶּאֱסֹף סִיחֹן אֶת־כָּל־עַמּוֹ וַיֵּצֵא לִקְרַאת
יִשְׂרָאֵל הַמִּדְבָּרָה וַיָּבֹא יָהְצָה וַיִּלָּחֶם בְּיִשְׂרָאֵל:

רש"י

כא **וַיִּשְׁלַח יִשְׂרָאֵל מַלְאָכִים.** וּבְמָקוֹם אַחֵר תּוֹלֶה הַשְּׁלִיחוּת בְּמֹשֶׁה, שֶׁנֶּאֱמַר: "וָאֶשְׁלַח מַלְאָכִים מִמִּדְבַּר קְדֵמוֹת" (דברים ב, כו), וְכֵן: "וַיִּשְׁלַח מֹשֶׁה מַלְאָכִים מִקָּדֵשׁ אֶל מֶלֶךְ אֱדוֹם" (לעיל כ, יד), וּבְיִפְתָּח הוּא אוֹמֵר: "וַיִּשְׁלַח יִשְׂרָאֵל מַלְאָכִים אֶל מֶלֶךְ אֱדוֹם" וְגוֹ' (שופטים יא, יז); הַכְּתוּבִים הַלָּלוּ צְרִיכִים זֶה לָזֶה, זֶה נוֹעֵל וְזֶה פּוֹתֵחַ, שֶׁמֹּשֶׁה הוּא יִשְׂרָאֵל וְיִשְׂרָאֵל הֵם מֹשֶׁה, לוֹמַר לְךָ שֶׁנְּשִׂיא הַדּוֹר הוּא כְּכָל הַדּוֹר, כִּי הַנָּשִׂיא הוּא הַכֹּל:

כב **אֶעְבְּרָה בְאַרְצֶךָ.** אַף עַל פִּי שֶׁלֹּא נִצְטַוּוּ לִפְתֹּחַ לָהֶם בְּשָׁלוֹם בִּקְּשׁוּ מֵהֶם שָׁלוֹם:

כג **וְלֹא נָתַן סִיחֹן וְגוֹ'.** לְפִי שֶׁכָּל מַלְכֵי כְנַעַן הָיוּ מַעֲלִין לוֹ מַס, שֶׁהָיָה שׁוֹמְרָם שֶׁלֹּא יַעַבְרוּ עֲלֵיהֶם גְּיָסוֹת, כֵּיוָן שֶׁאָמְרוּ לוֹ יִשְׂרָאֵל: "אֶעְבְּרָה בְאַרְצֶךָ", אָמַר לָהֶם: כָּל עַצְמִי אֵינִי יוֹשֵׁב כָּאן אֶלָּא לְשָׁמְרָם מִפְּנֵיכֶם, וְאַתֶּם אוֹמְרִים כָּךְ?!: **וַיֵּצֵא לִקְרַאת יִשְׂרָאֵל.** אִלּוּ הָיְתָה חֶשְׁבּוֹן מְלֵאָה יַתּוּשִׁין אֵין כָּל בְּרִיָּה יְכוֹלָה לְכָבְשָׁהּ, וְאִם הָיָה סִיחוֹן בִּכְפַר חַלָּשׁ אֵין כָּל אָדָם יָכוֹל לְכָבְשׁוֹ, וְכָל שֶׁכֵּן שֶׁהָיָה בְּחֶשְׁבּוֹן. אָמַר הַקָּדוֹשׁ בָּרוּךְ הוּא: מָה אֲנִי מַטְרִיחַ עַל בָּנַי כָּל זֹאת לָצוּר עַל כָּל עִיר וָעִיר, נָתַן בְּלֵב כָּל אַנְשֵׁי הַמִּלְחָמָה לָצֵאת מִן הֶעָיָרוֹת, וְנִתְקַבְּצוּ כֻּלָּם לְמָקוֹם אֶחָד, וְשָׁם נָפְלוּ, וּמִשָּׁם הָלְכוּ יִשְׂרָאֵל אֶל הֶעָרִים וְאֵין עוֹמֵד לְנֶגְדָּם, כִּי אֵין שָׁם אִישׁ אֶלָּא נָשִׁים וָטָף:

הרחבות

'ולא נתן סיחן את ישראל עבֹר בגבֻלו' שמא היו סיחון מלך האמורי ועוג מלך הבשן, שיוזכר להלן, רוזני ספר שליטים תקיפים בזכות עצמם, שהוטל עליהם גם להגן על גבולות ארץ כנען מפני פושטים העלולים לפלוש מן המדבר, כפי שאכן אירע לפעמים. (ראו שופטים ו,א-ו). ייתכן שעמי עבר הירדן המערבי אף שילמו למלכי האמורי בעבור שמירת הגבולות, ולכן אילו נענו לבקשת ישראל, היו מועלים בתפקידם ובאמון שניתן בהם. (ראו רש"י על אתר; במדבר רבה יט,כט; תנחומא חקת כג).

מלחמות סיחון ועוג

פרק כא פס׳ כא – פרק כב פס׳ א

ישראל הגיעו מעבר לגבול הצפוני של מואב. מצפון להם מלכו שני מלכים גדולים על האמורים: סיחון בחשבון ועוג בבשן. ייתכן שכמו באדום, אף לגבי ארץ האמורי לא רצו ישראל אלא לעבור דרכה; ושמא תכננו לכבשה, אך פתחו בדברי משא ומתן מנומסים. בעניין זה מודגש שאף שהערים שכבשו ישראל היו בעבר הרחוק מואביות, ישראל לא כבשו אותן מאחיהם, המואבים, אלא מידי מלכי האמורי, שהם שכבשו אותן ממואב.

ביאור

כא **וַיִּשְׁלַח יִשְׂרָאֵל מַלְאָכִים**, שליחים, **אֶל סִיחֹן מֶלֶךְ הָאֱמֹרִי לֵאמֹר:**
כב **אֶעְבְּרָה בְאַרְצֶךָ, לֹא נִטֶּה**, נסטה **בְּשָׂדֶה וּבְכֶרֶם, לֹא נִשְׁתֶּה מֵי**
בְאֵר מהבארות שיש לך. **בְּדֶרֶךְ הַמֶּלֶךְ**, בדרך העוברת בערים המיועדת
לכול ולא בדרך פרטית,[42] או: בדרך שאתה, מלך האמורי, תורה לנו[43]
נֵלֵךְ עַד אֲשֶׁר נַעֲבֹר גְּבֻלֶךָ כדי להגיע לכנען.

כג **וְלֹא נָתַן סִיחֹן אֶת יִשְׂרָאֵל עֲבֹר בִּגְבֻלוֹ**. ייתכן שסירב דווקא משום
שישראל פנו אליו בעדינות ובנימוס. **וַיֶּאֱסֹף סִיחֹן אֶת כָּל עַמּוֹ וַיֵּצֵא**
לִקְרַאת יִשְׂרָאֵל הַמִּדְבָּרָה, וַיָּבֹא יָהְצָה, אל העיר יהץ **וַיִּלָּחֶם בְּיִשְׂרָאֵל.**

המלחמות בסיחון ועוג

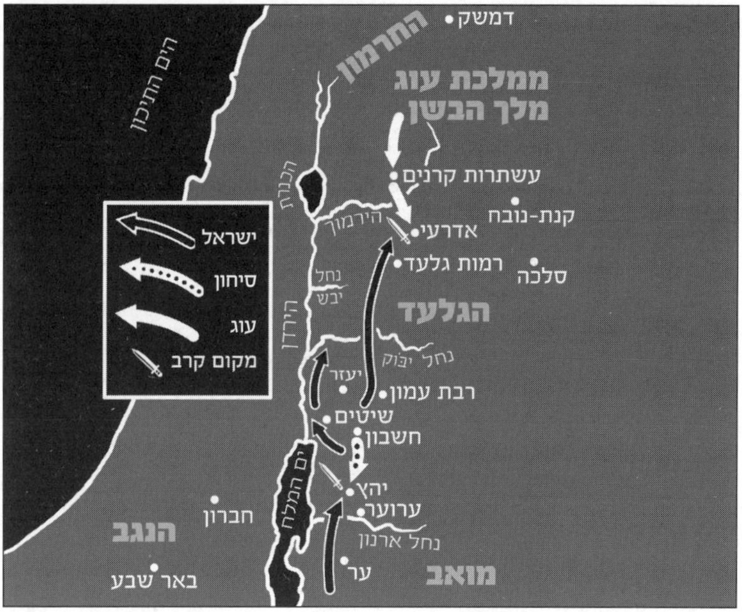

העולם

יַהַץ עיר לויים בנחלת ראובן (ראו יהושע יג,יח; דברי הימים א׳ ו,סג) שנזכרה גם במצבת מישע מהמאה ה–9 לפנה"ס. מהכתוב עולה ששכנה במדבר. היו שזיהו אותה עם אחד משני המבצרים מתקופת הברזל השוכנים על דרך המלך כ–6 ק"מ מצפון לדיבון וחולשים על ואדי ואלה. אחרים טענו שהיא תל עליאן, כ–12 ק"מ מצפון–מזרח לדיבון.

כד וַיַּכֵּהוּ יִשְׂרָאֵל לְפִי־חָרֶב וַיִּירַשׁ אֶת־אַרְצוֹ מֵאַרְנֹן
כה עַד־יַבֹּק עַד־בְּנֵי עַמּוֹן כִּי עַז גְּבוּל בְּנֵי עַמּוֹן׃ וַיִּקַּח
יִשְׂרָאֵל אֵת כָּל־הֶעָרִים הָאֵלֶּה וַיֵּשֶׁב יִשְׂרָאֵל בְּכָל־
כו עָרֵי הָאֱמֹרִי בְּחֶשְׁבּוֹן וּבְכָל־בְּנֹתֶיהָ׃ כִּי חֶשְׁבּוֹן עִיר
סִיחֹן מֶלֶךְ הָאֱמֹרִי הִוא וְהוּא נִלְחַם בְּמֶלֶךְ מוֹאָב
כז הָרִאשׁוֹן וַיִּקַּח אֶת־כָּל־אַרְצוֹ מִיָּדוֹ עַד־אַרְנֹן׃ עַל־
כֵּן יֹאמְרוּ הַמֹּשְׁלִים בֹּאוּ חֶשְׁבּוֹן תִּבָּנֶה וְתִכּוֹנֵן עִיר
כח סִיחוֹן׃ כִּי־אֵשׁ יָצְאָה מֵחֶשְׁבּוֹן לֶהָבָה מִקִּרְיַת סִיחֹן
כט אָכְלָה עָר מוֹאָב בַּעֲלֵי בָּמוֹת אַרְנֹן׃ אוֹי־לְךָ מוֹאָב
אָבַדְתָּ עַם־כְּמוֹשׁ נָתַן בָּנָיו פְּלֵיטִם וּבְנֹתָיו בַּשְּׁבִית
ל לְמֶלֶךְ אֱמֹרִי סִיחוֹן׃ וַנִּירָם אָבַד חֶשְׁבּוֹן עַד־דִּיבֹן

רש"י

כד) **כִּי עַז.** וּמַהוּ חָזְקוֹ? הַתְרָאָתוֹ שֶׁל הַקָּדוֹשׁ בָּרוּךְ הוּא שֶׁאָמַר לָהֶם: "אַל תְּגָרֶם" וְגוֹ' (דברים ב, יט).

כה) **בְּנֹתֶיהָ.** כְּפָרִים הַסְּמוּכִים לָהּ.

כו) **וְהוּא נִלְחַם וְגוֹ'.** לָמָּה הֻצְרַךְ לִכָּתֵב? לְפִי שֶׁנֶּאֱמַר: "אַל תָּצַר אֶת מוֹאָב" (דברים ב, ט), וְחֶשְׁבּוֹן מִשֶּׁל מוֹאָב הָיְתָה, כָּתַב לָנוּ שֶׁסִּיחוֹן לְקָחָהּ מֵהֶם וְעַל יָדוֹ טָהֲרָה לְיִשְׂרָאֵל. **מִיָּדוֹ.** מֵרְשׁוּתוֹ.

כז) **עַל כֵּן.** עַל אוֹתָהּ מִלְחָמָה שֶׁנִּלְחַם סִיחוֹן בְּמוֹאָב: **יֹאמְרוּ הַמֹּשְׁלִים.** בִּלְעָם, שֶׁנֶּאֱמַר בּוֹ: "וַיִּשָּׂא מְשָׁלוֹ" (להלן כג, ז). **הַמֹּשְׁלִים.** בִּלְעָם וּבְעוֹר, וְהֵם אָמְרוּ: "בֹּאוּ חֶשְׁבּוֹן", שֶׁלֹּא הָיָה סִיחוֹן יָכוֹל לְכָבְשָׁהּ וְהָלַךְ וְשָׂכַר אֶת בִּלְעָם לְקַלְּלוֹ, וְזֶהוּ שֶׁאָמַר לוֹ בָּלָק: "כִּי יָדַעְתִּי אֵת אֲשֶׁר תְּבָרֵךְ מְבֹרָךְ" וְגוֹ' (להלן כב, ו). **תִּבָּנֶה וְתִכּוֹנֵן.** חֶשְׁבּוֹן בְּשֵׁם סִיחוֹן לִהְיוֹת עִירוֹ.

כח) **כִּי אֵשׁ יָצְאָה מֵחֶשְׁבּוֹן.** מִשֶּׁכְּבָשָׁהּ סִיחוֹן: **אָכְלָה עָר מוֹאָב.** שֵׁם אוֹתָהּ הַמְּדִינָה קָרוּי 'עָר' בִּלְשׁוֹן עִבְרִי וּ'לְחַיָּת' בִּלְשׁוֹן אֲרַמִּי: **עָר מוֹאָב.** עָר שֶׁל מוֹאָב.

כט) **אוֹי לְךָ מוֹאָב.** שֶׁקִּלְּלוּ אֶת מוֹאָב שֶׁיִּמָּסְרוּ בְּיָדוֹ: **כְּמוֹשׁ.** שֵׁם אֱלֹהֵי מוֹאָב (שופטים יא, כד): **נָתַן.** הַנּוֹתֵן אֶת בָּנָיו שֶׁל מוֹאָב: **פְּלֵיטִם.** נָסִים וּפְלֵטִים מֵחֶרֶב, וְאֶת בְּנֹתָיו בַּשְּׁבִית וְגוֹ'.

ל) **וַנִּירָם אָבַד.** מַלְכוּת שֶׁלָּהֶם: **אָבַד חֶשְׁבּוֹן עַד דִּיבֹן.** מַלְכוּת וְעֹל שֶׁהָיָה לְמוֹאָב בְּחֶשְׁבּוֹן אָבַד מִשָּׁם, וְכֵן "עַד דִּיבֹן",

הרחבות

'כי עז גבול בני עמון' סיחון מלך האמורי לא רק סירב לאפשר לישראל לעבור בארצו; הוא אף יצא למלחמה כנגדם. דבר לא מנע מהם להילחם בו, והם עשו זאת וכבשו את ארצו. לעומת זאת, בבני עמון, שהיו חזקים פחות מסיחון, לא יכלו ישראל להילחם משום שה' אסר זאת עליהם (דברים ב,יט). לכן מבחינתם גבול בני עמון נחשב כגבול

ביאור

כד **וַיַּכֵּהוּ יִשְׂרָאֵל לְפִי חָרֶב** והביסו אותו. **וַיִּירַשׁ** ישראל **אֶת אַרְצוֹ מֵאַרְנֹן**
שבגבול מואב, **עַד** נחל **יַבֹּק**,[44] **עַד בְּנֵי עַמּוֹן. כִּי עַז**, סגור בפניהם **גְּבוּל**
בְּנֵי עַמּוֹן. כה **וַיִּקַּח יִשְׂרָאֵל אֵת כָּל הֶעָרִים הָאֵלֶּה** שבארצו של סיחון.
וַיֵּשֶׁב יִשְׂרָאֵל בְּכָל עָרֵי הָאֱמֹרִי, בְּעיר **חֶשְׁבּוֹן וּבְכָל בְּנֹתֶיהָ**, היישובים
הקרובים אליה. כו **כִּי חֶשְׁבּוֹן עִיר סִיחֹן מֶלֶךְ הָאֱמֹרִי הִוא, וְהוּא** – סיחון
נִלְחַם בְּמֶלֶךְ מוֹאָב הָרִאשׁוֹן וַיִּקַּח אֶת כָּל אַרְצוֹ מִיָּדוֹ עַד אַרְנֹן, ובכללה
העיר חשבון, שעברה מיד ליד כמה פעמים.

כז **עַל כֵּן יֹאמְרוּ הַמֹּשְׁלִים**, המשוררים הקדומים שאמרו דברי משל
ומליצה[45] ושרו שירי גבורה על מלחמת האמורי במואב ועל מפלת
מואב: **בֹּאוּ** נכבוש את **חֶשְׁבּוֹן! תִּבָּנֶה וְתִכּוֹנֵן**, תיוסד **עִיר סִיחוֹן** במקום
הזה, במקום חשבון המואבית. כח **כִּי אֵשׁ יָצְאָה מֵחֶשְׁבּוֹן, לֶהָבָה מִקִּרְיַת**
סִיחֹן, כך מכונה העיר חשבון שכבשוה האמוריים, והם קוראים
להמשיך באש הקרב מחשבון אל ערי מואב האחרות – **אָכְלָה** את
העיר **עָר** של **מוֹאָב**, ואת **בַּעֲלֵי בָּמוֹת**, בתי הפולחן של **אַרְנֹן**. השירה
העתיקה שבה ומדגישה שבאותה עת מואב הייתה מצומצמת
בשטחה – ארנון הייתה גבולה הצפוני, וחשבון, הצפונית לה, שבעבר
הייתה עיר מואבית, כבר נכבשה ביד האמורים. כט **אוֹי לְךָ, מוֹאָב,**
אָבַדְתָּ, עַם כְּמוֹשׁ, אליל מואב. **נָתַן** כמוש את **בָּנָיו פְּלֵיטִם**, ואת **בְּנֹתָיו**
בַּשְּׁבִית, בשבי **לְמֶלֶךְ אֱמֹרִי סִיחוֹן.** ל **וַנִּירָם**, והניר שלהם, ושדותיהם[46]
אָבַד – **מֵחֶשְׁבּוֹן עַד דִּיבוֹן**, שם עיר מואבית אחרת. **וַנַּשִּׁים**, גרמנו

העולם

חֶשְׁבּוֹן עיר חשובה הממוקמת על גבול נחלות שבטי גד וראובן (יהושע יג,יז). מקובל לזהותה עם חורבת חִסבאן היושבת על דרך המלך על הרכס הנישא מעל מישור מידבא, כ־20 ק"מ מדרום־מערב לרבת עמון. על פי יוספוס פלביוס, חשבון עברה תחת כמה ידיים במלחמות שונות, וגם הייתה נתונה תחת שלטון ישראל בתקופת החשמונאים. משיר השירים (ז,ה) עולה שהעיר הייתה מוכרת בישראל. (ראו עוד רמב"ן במדבר לב,לח).

דִּיבֹן מזוהה עם דיבאן של היום, עיר חשובה במישור על דרך המלך, 4 ק"מ מצפון לנחל ארנון. עיר זו שכנה בנחלת בני ראובן (יהושע יג,יז), והייתה בירתה של מואב במאה ה־9 לפנה"ס. נתגלו בה ממצאים ארכיאולוגים חשובים, במיוחד מצבת מישע מלך מואב, שמתוארים בה מלחמתו בישראל ומפעלי הבנייה שלו במואב בכלל ובדיבון בפרט. יש משערים כי בדרום מואב, סמוך לנחל זרד יש דיבון נוספת, והיא המכונה דיבון־גד (להלן לב,לד).

הרחבות

שאין לעברו, לא בשל כוחו הצבאי של עמון, אלא בשל דבר ה'. (ראו רש"י).

'על כן יאמרו המשלים' בעניין זה ובעניינים

הסמוכים לו מופיעים שרידי שירות ומשלים עתיקים שלשונם ארכאית. גם סגנון דברי בלעם שיופיעו בהמשך דומה להם, שכן אף הנביא־המשורר בלעם היה אחד המושלים,

וַנַּשִּׁים עַד־נֹפַח אֲשֶׁר עַד־מֵידְבָא: וַיֵּשֶׁב יִשְׂרָאֵל לא
בְּאֶרֶץ הָאֱמֹרִי: וַיִּשְׁלַח מֹשֶׁה לְרַגֵּל אֶת־יַעְזֵר וַיִּלְכְּדוּ לב
וַיּוֹרֶשׁ בְּנֹתֶיהָ ויירש אֶת־הָאֱמֹרִי אֲשֶׁר־שָׁם: וַיִּפְנוּ וַיַּעֲלוּ לג
דֶּרֶךְ הַבָּשָׁן וַיֵּצֵא עוֹג מֶלֶךְ־הַבָּשָׁן לִקְרָאתָם הוּא
מפטיר וְכָל־עַמּוֹ לַמִּלְחָמָה אֶדְרֶעִי: וַיֹּאמֶר יהוה אֶל־מֹשֶׁה לד
אַל־תִּירָא אֹתוֹ כִּי בְיָדְךָ נָתַתִּי אֹתוֹ וְאֶת־כָּל־עַמּוֹ
וְאֶת־אַרְצוֹ וְעָשִׂיתָ לּוֹ כַּאֲשֶׁר עָשִׂיתָ לְסִיחֹן מֶלֶךְ
הָאֱמֹרִי אֲשֶׁר יוֹשֵׁב בְּחֶשְׁבּוֹן: וַיַּכּוּ אֹתוֹ וְאֶת־בָּנָיו לה
וְאֶת־כָּל־עַמּוֹ עַד־בִּלְתִּי הִשְׁאִיר־לוֹ שָׂרִיד וַיִּירְשׁוּ
אֶת־אַרְצוֹ: וַיִּסְעוּ בְּנֵי יִשְׂרָאֵל וַיַּחֲנוּ בְּעַרְבוֹת מוֹאָב א כב
מֵעֵבֶר לְיַרְדֵּן יְרֵחוֹ:

רש"י | תַּרְגּוּם שֶׁל 'סָר' – 'עַד', כְּלוֹמַר סָר נִיר מִדִּיבֹן. 'נִיר' לְשׁוֹן מַלְכוּת וְעֹל מֶמְשֶׁלֶת אִישׁ, כְּמוֹ: "לְמַעַן הֱיוֹת נִיר לְדָוִיד עַבְדִּי" (מלכים א' יא, לו). **וַנַּשִּׁים.** שִׁי"ן דְּגוּשָׁה, לְשׁוֹן שְׁמָמָה. כָּךְ יֹאמְרוּ הַמּוֹשְׁלִים: "וַנַּשִּׁים" אוֹתָם "עַד נֹפַח", הַשְּׁמָמוּת עַד נֹפַח:

לב | **וַיִּשְׁלַח מֹשֶׁה לְרַגֵּל אֶת יַעְזֵר וְגוֹ'.** הַמְרַגְּלִים לְכָדוּהָ, אָמְרוּ: לֹא נַעֲשֶׂה כָּרִאשׁוֹנִים, בְּטוּחִים אָנוּ בְּכֹחַ תְּפִלָּתוֹ שֶׁל מֹשֶׁה לְהִלָּחֵם:

לד | **אַל תִּירָא אֹתוֹ.** שֶׁהָיָה מֹשֶׁה יָרֵא לְהִלָּחֵם, שֶׁמָּא תַּעֲמֹד לוֹ זְכוּתוֹ שֶׁל אַבְרָהָם, שֶׁנֶּאֱמַר: "וַיָּבֹא הַפָּלִיט" (בראשית יד, יג), הוּא עוֹג שֶׁפָּלַט מִן הָרְפָאִים שֶׁהִכּוּ כְּדָרְלָעֹמֶר וַחֲבֵרָיו בְּעַשְׁתְּרוֹת קַרְנַיִם, שֶׁנֶּאֱמַר: "רַק עוֹג מֶלֶךְ הַבָּשָׁן נִשְׁאַר מִיֶּתֶר הָרְפָאִים" (דברים ג, יא):

לה | **וַיַּכּוּ אֹתוֹ.** מֹשֶׁה הֲרָגוֹ, כִּדְאִיתָא בִּבְרָכוֹת בְּ'הָרוֹאֶה' (דף נד ע"ב): עֲקַר טוּרָא בַּר תְּלָתָא פַּרְסֵי וְכוּ':

הרחבות | שהשריד היחיד שנשאר במה שכתב הוא משליו שבתורה. ציטוטים אלה מופיעים בסוף תקופת נדודי ישראל משום שבשנים שקדמו לכך ישראל לא באו במגע עם עמי תרבות אחרים. רק בהגיעם לקצה הארץ הנושבת הם נחשפים להיסטוריה, לספרות ולשירה, ואז הם יכולים לצטט את השירה העתיקה של אדמות הגבול.

הסיבה לכיבושים הללו בפרק הזמן הזה מתבארת מאוחר יותר בספר דברים, בדברי משה אל העם: קוּמוּ סְּעוּ וְעִבְרוּ אֶת נַחַל אַרְנֹן. רְאֵה נָתַתִּי בְיָדְךָ אֶת סִיחֹן מֶלֶךְ חֶשְׁבּוֹן הָאֱמֹרִי וְאֶת אַרְצוֹ. הָחֵל רָשׁ וְהִתְגָּר בּוֹ מִלְחָמָה. הַיּוֹם הַזֶּה אָחֵל תֵּת פַּחְדְּךָ וְיִרְאָתְךָ עַל פְּנֵי הָעַמִּים תַּחַת כָּל הַשָּׁמָיִם וכו' (דברים ב,כד-כה). וכן עולה מדברי רחב לאחר זמן (ראו יהושע ב,י). כיבוש שני מלכי האמורי הרתיע את יושבי כנען והפיל עליהם אימה.

ביאור | לשממה **עַד נֹפַח אֲשֶׁר עַד מֵידְבָא.** משוררי הזמן תיארו את נצחונו הגדול של סיחון במואב, שבעקבותיו נסוג גבול מואב דרומה, וכל השטח שבין נחל ארנון לנחל יבֹּק הפך לשטח אמורי. כשישראל ניצחו את סיחון הם התיישבו באזור זה.

לא **וַיֵּשֶׁב יִשְׂרָאֵל בְּאֶרֶץ הָאֱמֹרִי,** שלא הייתה מאוכלסת בצפיפות, אלא
הייתה בעיקרה ארץ מרעה ושטחים חקלאיים. לב **וַיִּשְׁלַח מֹשֶׁה**
לְרַגֵּל אֶת יַעְזֵר, שגם היא הייתה בארצו של סיחון, **וַיִּלְכְּדוּ** תחילה
את **בְּנֹתֶיהָ,** היישובים הקטנים שסביבה, וכנראה לאחר זמן גם את
יעזר עצמה. **וַיּוֹרֶשׁ,** כבש **אֶת הָאֱמֹרִי אֲשֶׁר שָׁם.**

אף על פי שישראל כבשו את ארצו של סיחון, טרם הגיע זמנם
להתיישב, והם הוסיפו לנדוד צפונה. מאוחר יותר שוב ידרימו וייכנסו
לארץ דרך יריחו. לג **וַיִּפְנוּ וַיַּעֲלוּ דֶּרֶךְ הַבָּשָׁן,** האזור הרחב והפורה
שבקצהו הצפוני של עבר הירדן המזרחי, מעבר לגבול בני עמון,
המשתרע מנהר הירמוך ועד הר החרמון, ומעמק הירדן מזרחה עד
להר הדרוזים. **וַיֵּצֵא עוֹג מֶלֶךְ הַבָּשָׁן,** שאף הוא היה מלך האמורי,[47]
לִקְרָאתָם הוּא וְכָל עַמּוֹ לַמִּלְחָמָה בישראל בעיר **אֶדְרֶעִי.**

לד **וַיֹּאמֶר ה' אֶל מֹשֶׁה: אַל תִּירָא אֹתוֹ** אף על פי שעוג ואולי גם סביבתו
הקרובה היו **מִיֶּתֶר הָרְפָאִים,** כלומר שרדו מגזע של ענקים.[48] אחדים
מבני הגזע הזה חיו גם בעבר הירדן המערבי, והם שהפילו אימתם
גם על המרגלים.[49] **כִּי בְיָדְךָ נָתַתִּי אֹתוֹ וְאֶת כָּל עַמּוֹ וְאֶת אַרְצוֹ, וְעָשִׂיתָ**
לּוֹ כַּאֲשֶׁר עָשִׂיתָ לְסִיחֹן מֶלֶךְ הָאֱמֹרִי אֲשֶׁר יוֹשֵׁב בְּחֶשְׁבּוֹן. לה **וַיַּכּוּ אֹתוֹ**
וְאֶת בָּנָיו וְאֶת כָּל עַמּוֹ עַד בִּלְתִּי הִשְׁאִיר לוֹ שָׂרִיד, וַיִּירְשׁוּ אֶת אַרְצוֹ.

פרק כב א **וַיִּסְעוּ בְּנֵי יִשְׂרָאֵל** דרומה **וַיַּחֲנוּ בְּעַרְבוֹת מוֹאָב מֵעֵבֶר לְיַרְדֵּן**
יְרֵחוֹ.

העולם |

מֵידְבָא עיר ששמה נשתמר עד ימינו השוכנת כ-10 ק"מ מדרום לחשבון בנחלת שבט ראובן. העיר בנויה על גבעה בלב במת ההר העולה מבקעת הירדן. כיבושה מידי ישראל נזכר במצבת מישע. היא ידועה כיום בעיקר בפסיפס שהתגלה בה, ובו מפה המתארת את ארץ ישראל בתקופה הביזנטית.

יַעְזֵר יישוב מרכזי ששימש נקודת ציון לגבול הדרומי של הגלעד ושל עמון (ראו יהושע יג,כה), ונזכר כעיר של משפחת מררי מן הלויים (דברי הימים א' ו,סו).

הוצעו לעיר מספר זיהויים: ח'רבת צאר ממערב לרבת עמון; תל ערימה; ח'רבת ג'זר מדרום לא-סלט; והיו שמיקמו אותה מצפון-מזרח לים המלח בסביבות המכוור.

אֶדְרֶעִי דרעא, עיר מחוז וצומת דרכים חשוב בדרום הבשן בדרום סוריה. נמצאו בה ממצאים החל מן האלף השלישי לפנה"ס, והיא נזכרת בתעודות מצריות קדומות. אדרעי נכללה בנחלת חצי שבט המנשה, ועל פי עדויות היסטוריות ישבו בה יהודים בימי בית שני, בתקופת המשנה והתלמוד ובימי הביניים.

בָּלָק יט וַיַּרְא בָּלָק בֶּן־צִפּוֹר אֵת כָּל־אֲשֶׁר־עָשָׂה יִשְׂרָאֵל ב
לָאֱמֹרִי: וַיָּגָר מוֹאָב מִפְּנֵי הָעָם מְאֹד כִּי רַב־הוּא ג
וַיָּקָץ מוֹאָב מִפְּנֵי בְּנֵי יִשְׂרָאֵל: וַיֹּאמֶר מוֹאָב אֶל־זִקְנֵי ד
מִדְיָן עַתָּה יְלַחֲכוּ הַקָּהָל אֶת־כָּל־סְבִיבֹתֵינוּ כִּלְחֹךְ
הַשּׁוֹר אֵת יֶרֶק הַשָּׂדֶה וּבָלָק בֶּן־צִפּוֹר מֶלֶךְ לְמוֹאָב
בָּעֵת הַהִוא: ◂ וַיִּשְׁלַח מַלְאָכִים אֶל־בִּלְעָם בֶּן־בְּעוֹר ה
פְּתוֹרָה אֲשֶׁר עַל־הַנָּהָר אֶרֶץ בְּנֵי־עַמּוֹ לִקְרֹא־לוֹ
לֵאמֹר הִנֵּה עַם יָצָא מִמִּצְרַיִם הִנֵּה כִסָּה אֶת־עֵין

רש"י | פרק כב

ב] **וַיַּרְא בָּלָק בֶּן צִפּוֹר אֵת כָּל אֲשֶׁר עָשָׂה יִשְׂרָאֵל לָאֱמֹרִי.** אָמַר: אֵלּוּ שְׁנֵי מְלָכִים שֶׁהָיִינוּ בְּטוּחִים עֲלֵיהֶם לֹא עָמְדוּ בִּפְנֵיהֶם, אָנוּ עַל אַחַת כַּמָּה וְכַמָּה, לְפִיכָךְ: "וַיָּגָר מוֹאָב":

ג] **וַיָּגָר.** לְשׁוֹן מוֹרָא, כְּמוֹ: "גּוּרוּ לָכֶם" (איוב יט, כט): **וַיָּקָץ מוֹאָב.** קָצוּ בְּחַיֵּיהֶם:

ד] **אֶל זִקְנֵי מִדְיָן.** וַהֲלֹא מֵעוֹלָם הָיוּ שׂוֹנְאִים זֶה אֶת זֶה, שֶׁנֶּאֱמַר: "הַמַּכֶּה אֶת מִדְיָן בִּשְׂדֵה מוֹאָב" (בראשית לו, לה), שֶׁבָּאוּ מִדְיָן עַל מוֹאָב לַמִּלְחָמָה! אֶלָּא מִיִּרְאָתָן שֶׁל יִשְׂרָאֵל עָשׂוּ שָׁלוֹם בֵּינֵיהֶם. וּמָה רָאָה מוֹאָב לִטֹּל עֵצָה מִמִּדְיָן? כֵּיוָן שֶׁרָאוּ אֶת יִשְׂרָאֵל נוֹצְחִים שֶׁלֹּא כְּמִנְהַג הָעוֹלָם, אָמְרוּ: מַנְהִיגָם שֶׁל אֵלּוּ בְּמִדְיָן נִתְגַּדֵּל, נִשְׁאַל מֵהֶם מַה מִּדָּתוֹ. אָמְרוּ לָהֶם: אֵין כֹּחוֹ אֶלָּא בְּפִיו. אָמְרוּ: אַף אָנוּ נָבוֹא עֲלֵיהֶם בְּאָדָם שֶׁכֹּחוֹ בְּפִיו: **כִּלְחֹךְ הַשּׁוֹר.** כָּל מַה שֶּׁהַשּׁוֹר מְלַחֵךְ אֵין בּוֹ בְּרָכָה: **בָּעֵת הַהִוא.** לֹא הָיָה רָאוּי לְמַלְכוּת, מִנְּסִיכֵי מִדְיָן הָיָה, וְכֵיוָן שֶׁמֵּת סִיחוֹן מִנּוּהוּ עֲלֵיהֶם לְצֹרֶךְ שָׁעָה:

ה] **פְּתוֹרָה.** כְּשֻׁלְחָנִי הַזֶּה שֶׁהַכֹּל מְרִיצִין לוֹ מָעוֹת, כָּךְ כָּל הַמְּלָכִים מְרִיצִין לוֹ אִגְּרוֹתֵיהֶם. וּלְפִי פְשׁוּטוֹ שֶׁל מִקְרָא כָּךְ שֵׁם הַמָּקוֹם: **אֶרֶץ בְּנֵי עַמּוֹ.** שֶׁל בָּלָק. מִשָּׁם הָיָה, וְזֶה הָיָה מִתְנַבֵּא וְאוֹמֵר לוֹ: עָתִיד אַתָּה לִמְלֹךְ. וְאִם תֹּאמַר: מִפְּנֵי מָה הִשְׁרָה הַקָּדוֹשׁ בָּרוּךְ הוּא שְׁכִינָתוֹ עַל גּוֹי רָשָׁע? כְּדֵי שֶׁלֹּא יִהְיֶה פִּתְחוֹן פֶּה לָאֻמּוֹת לוֹמַר: אִלּוּ הָיוּ לָנוּ נְבִיאִים חָזַרְנוּ לְמוּטָב. הֶעֱמִיד לָהֶם נְבִיאִים, וְהֵם פָּרְצוּ גֶּדֶר הָעוֹלָם, שֶׁבַּתְּחִלָּה הָיוּ גְּדוּרִים בַּעֲרָיוֹת, וְזֶה נָתַן לָהֶם עֵצָה לְהַפְקִיר עַצְמָן לִזְנוּת: **לִקְרֹא לוֹ.** הַקְּרִיאָה הָיְתָה שֶׁלּוֹ וְלַהֲנָאָתוֹ, שֶׁהָיָה פּוֹסֵק לוֹ מָמוֹן הַרְבֵּה: **עַם יָצָא מִמִּצְרַיִם.** וְאִם תֹּאמַר: מַה מַּזִּיקְךָ?: **הִנֵּה כִסָּה אֶת עֵין הָאָרֶץ.** סִיחוֹן וְעוֹג שֶׁהָיוּ שׁוֹמְרִים

הרחבות

בלעם בן בעור זכרו של בלעם נותר גם בממצאים ארכיאולוגיים. מכתובת ששרדה עד ימינו, ובה נבואה או קללה שאמר, עולה שבלעם התפרסם באזור כולו. דברים אלו של בלעם שרדו על קיר במשך אלפי שנים, אך הם נותרו סתומים.

מלבד פעילותו המאגית של בלעם כקוסם ומכשף, הוא היה גם נביא לה'. אולי היה חלק מקבוצות אנשים שהאמינו בה'

בלק ובלעם

פרק כב פס׳ ב – פרק כד פס׳ כה

בעניין הקודם סופר שסיחון מלך חשבון שבר את כוחם של המואבים בתקופת מלכם הראשון.[1] כיוון שמלך מואב הנוכחי ראה שהממלכה שניצחה את ארצו נחלה תבוסה דרמטית בידי ישראל, נוכחותם של ישראל באזור איימה עליו. על כן הוא נרתם לגייס כלי נשק שטרם נוסה – כוח אל-טבעי של קוסם שיקלל את עם ישראל.

פרשת בלק ובלעם – חשיבותה כפולה, שכן סיפור המסגרת שלה מבטא את השגחתו הקרובה של ה׳ על ישראל,[2] ודבריו של בלעם חשובים כשלעצמם, משום שהנאומים שהוא נושא אינם קשורים למניעיו ולאישיותו, אלא הושמו בפיו בעל כורחו כנבואה נשגבה המחזיקה אמתות יסוד על אודות עם ישראל ועתידותיו.

ביאור

ב וַיַּרְא בָּלָק בֶּן צִפּוֹר מלך מואב אֵת כָּל אֲשֶׁר עָשָׂה יִשְׂרָאֵל לָאֱמֹרִי. ג משום
כך – וַיָּגָר, פחד מוֹאָב מִפְּנֵי הָעָם מְאֹד כִּי רַב, גדול הוּא. יתרה מזו – וַיָּקָץ,
מאס מוֹאָב מִפְּנֵי בְּנֵי יִשְׂרָאֵל. אכן, ישראל נצטוו לא להציק למואב,[3]
וישראל לא התגרו במואבים, אך נוכחותם סמוך לארצם הטרידה את
מנוחתם. ד וַיֹּאמֶר מוֹאָב אֶל זִקְנֵי, מנהיגי מִדְיָן, שהיו שבטים נודדים
ששכנו בקרבת מואב: עַתָּה יְלַחֲכוּ, ילקקו, יאכלו הַקָּהָל הגדול של
ישראל אֶת כָּל סְבִיבֹתֵינוּ כִּלְחֹךְ הַשּׁוֹר אֵת יֶרֶק הַשָּׂדֶה. גם אם יימנעו
מלהתקיף אותנו, כדי להתקיים כאן הם יאכלו ויכלו את כל מה
שסביבם. והכתוב מעיר: וּבָלָק בֶּן צִפּוֹר מֶלֶךְ לְמוֹאָב בָּעֵת הַהִוא. ייתכן
שהוכתר באותה עת, והיה מלך חדש.[4]

ה מכיוון שכך – וַיִּשְׁלַח מַלְאָכִים, שליחים אֶל בִּלְעָם בֶּן בְּעוֹר פְּתוֹרָה,
אל המקום הנקרא פתור אֲשֶׁר עַל הַנָּהָר, נהר פרת, הרחק ממואב
צפונה, אֶרֶץ בְּנֵי עַמּוֹ של בלק,[5] או: של בלעם.[6] לִקְרֹא לוֹ לֵאמֹר: הִנֵּה
עַם יָצָא מִמִּצְרַיִם, הִנֵּה כִסָּה אֶת עֵין, מראה הָאָרֶץ. בהפלגה: כיוון

שור לוחך עשב

הרחבות

ושמרו פולחן עתיק ל׳אל עליון׳, שעמן נמנה מלכי–צדק מלך שלם (בראשית יד,יח). בלק הניח כי אלי מצרים, אלי האמורי ושאר אלילים לא הצליחו לעמוד כנגד ישראל, וסבר כי אם יש מה שיוכל לישראל הרי הוא השימוש באותו מקור שממנו מגיע כוחם שלהם, כלומר שהאל התומך בישראל הוא שירדוף אותם.

הָאָ֔רֶץ וְה֥וּא יֹשֵׁ֖ב מִמֻּלִֽי׃ וְעַתָּה֩ לְכָה־נָּ֨א אָֽרָה־לִּ֜י
אֶת־הָעָ֣ם הַזֶּ֗ה כִּֽי־עָצ֥וּם הוּא֙ מִמֶּ֔נִּי אוּלַ֤י אוּכַל֙ נַכֶּה־
בּ֔וֹ וַאֲגָרְשֶׁ֖נּוּ מִן־הָאָ֑רֶץ כִּ֣י יָדַ֗עְתִּי אֵ֤ת אֲשֶׁר־תְּבָרֵךְ֙
ז מְבֹרָ֔ךְ וַאֲשֶׁ֥ר תָּאֹ֖ר יוּאָֽר׃ וַיֵּ֨לְכ֜וּ זִקְנֵ֤י מוֹאָב֙ וְזִקְנֵ֣י
מִדְיָ֔ן וּקְסָמִ֖ים בְּיָדָ֑ם וַיָּבֹ֙אוּ֙ אֶל־בִּלְעָ֔ם וַיְדַבְּר֥וּ אֵלָ֖יו
ח דִּבְרֵ֥י בָלָֽק׃ וַיֹּ֣אמֶר אֲלֵיהֶ֗ם לִ֤ינוּ פֹה֙ הַלַּ֔יְלָה וַהֲשִׁבֹתִ֤י
אֶתְכֶם֙ דָּבָ֔ר כַּאֲשֶׁ֛ר יְדַבֵּ֥ר יְהֹוָ֖ה אֵלָ֑י וַיֵּשְׁב֥וּ שָׂרֵֽי־
ט מוֹאָ֖ב עִם־בִּלְעָֽם׃ וַיָּבֹ֥א אֱלֹהִ֖ים אֶל־בִּלְעָ֑ם וַיֹּ֕אמֶר מִ֛י
י הָאֲנָשִׁ֥ים הָאֵ֖לֶּה עִמָּֽךְ׃ וַיֹּ֥אמֶר בִּלְעָ֖ם אֶל־הָאֱלֹהִ֑ים
יא בָּלָ֧ק בֶּן־צִפֹּ֛ר מֶ֥לֶךְ מוֹאָ֖ב שָׁלַ֥ח אֵלָֽי׃ הִנֵּ֤ה הָעָם֙ הַיֹּצֵ֣א
מִמִּצְרַ֔יִם וַיְכַ֖ס אֶת־עֵ֣ין הָאָ֑רֶץ עַתָּ֗ה לְכָ֤ה קָֽבָה־לִּי֙

רש"י

אוֹתָנוּ, עָמְדוּ עֲלֵיהֶם וַהֲרָגוּם: **וְהוּא יֹשֵׁב מִמֻּלִי.** חָסֵר כְּתִיב, קְרוֹבִים הֵם לְהַכְרִיתֵנִי, כְּמוֹ: "כִּי אֲמִילַם" (תהלים קיח, י):

ו) **נַכֶּה בּוֹ.** אֲנִי וְעַמִּי נַכֶּה בָּהֶם. דָּבָר אַחֵר, לְשׁוֹן מִשְׁנָה הוּא: "מְנַכֶּה לוֹ מִן הַדָּמִים" (חולין קלב ע"א), לְחַסֵּר מֵהֶם מְעַט: **כִּי יָדַעְתִּי וְגוֹ'.** עַל יְדֵי מִלְחֶמֶת סִיחוֹן שֶׁעֲזַרְתּוֹ לְהַכּוֹת אֶת מוֹאָב:

ז) **וּקְסָמִים בְּיָדָם.** כָּל מִינֵי קְסָמִים, שֶׁלֹּא יֹאמַר: אֵין כְּלֵי תַּשְׁמִישִׁי עִמִּי. דָּבָר אַחֵר, קֶסֶם זֶה נָטְלוּ בְּיָדָם זִקְנֵי מִדְיָן, אָמְרוּ: אִם יָבֹא עִמָּנוּ בַּפַּעַם הַזֹּאת יֵשׁ בּוֹ מַמָּשׁ, וְאִם יִדְחֵנוּ אֵין בּוֹ תּוֹעֶלֶת. לְפִיכָךְ כְּשֶׁאָמַר לָהֶם: "לִינוּ פֹה הַלַּיְלָה" (להלן פסוק ח) אָמְרוּ: אֵין בּוֹ תִּקְוָה, הִנִּיחוּהוּ וְהָלְכוּ לָהֶם, שֶׁנֶּאֱמַר: "וַיֵּשְׁבוּ שָׂרֵי מוֹאָב עִם בִּלְעָם" (שם), אֲבָל זִקְנֵי מִדְיָן הָלְכוּ לָהֶם:

ח) **לִינוּ פֹה הַלַּיְלָה.** אֵין רוּחַ הַקֹּדֶשׁ שׁוֹרָה עָלָיו אֶלָּא בַּלַּיְלָה, וְכֵן לְכָל נְבִיאֵי אֻמּוֹת הָעוֹלָם, וְכֵן לָבָן בַּחֲלוֹם הַלַּיְלָה, שֶׁנֶּאֱמַר: "וַיָּבֹא אֱלֹהִים אֶל לָבָן הָאֲרַמִּי בַּחֲלֹם הַלָּיְלָה" (בראשית לא, כד), כְּאָדָם הַהוֹלֵךְ אֵצֶל פִּילַגְשׁוֹ בְּהֵחָבֵא: **כַּאֲשֶׁר יְדַבֵּר ה' אֵלָי.** אִם יַמְלִיכֵנִי לָלֶכֶת עִם בְּנֵי אָדָם כְּמוֹתְכֶם אֵלֵךְ עִמָּכֶם, שֶׁמָּא אֵין כְּבוֹדוֹ לְתִתִּי לַהֲלֹךְ אֶלָּא עִם שָׂרִים גְּדוֹלִים: **וַיֵּשְׁבוּ.** לְשׁוֹן עַכָּבָה:

ט) **מִי הָאֲנָשִׁים הָאֵלֶּה עִמָּךְ.** לְהַטְעוֹתוֹ בָּא, אָמַר: פְּעָמִים שֶׁאֵין הַכֹּל גָּלוּי לְפָנָיו, אֵין דַּעְתּוֹ שָׁוָה עָלָיו, אַף אֲנִי אֶרְאֶה עֵת שֶׁאוּכַל לְקַלֵּל וְלֹא יָבִין:

י) **בָּלָק בֶּן צִפֹּר מֶלֶךְ מוֹאָב.** אַף עַל פִּי שֶׁאֵינִי חָשׁוּב בְּעֵינֶיךָ, חָשׁוּב אֲנִי בְּעֵינֵי הַמְּלָכִים:

יא) **קָבָה לִּי.** זוֹ קָשָׁה מֵ"אָרָה לִּי", שֶׁהוּא נוֹקֵב וּמְפָרֵשׁ: **וַאֲגָרְשֶׁנּוּ.** מִן הָעוֹלָם, וּבָלָק

ביאור

שהעם מכסה את כל העולם, מראה האדמה נעלם.[7] **וְהוּא** – העם
הזה **יֹשֵׁב מִמֻּלִי**. ו **וְעַתָּה, לְכָה,** לך **נָא אָרָה,** קלל **לִי אֶת הָעָם הַזֶּה כִּי**
עָצוּם הוּא מִמֶּנִּי, אוּלַי אוּכַל נַכֶּה בּוֹ – אני ואתה, אני ומדין, או: אוכל
לנכות מגודלו, לפגום בו,[8] **וַאֲגָרְשֶׁנּוּ מִן הָאָרֶץ. כִּי יָדַעְתִּי אֵת אֲשֶׁר**
תְּבָרֵךְ – **מְבֹרָךְ, וַאֲשֶׁר תָּאֹר**, תקלל – **יוּאָר**, יקולל. כיוון שאתה קוסם
ונביא גדול, ברכותיך וקללותיך מתקיימות.

ז **וַיֵּלְכוּ זִקְנֵי מוֹאָב וְזִקְנֵי מִדְיָן וּקְסָמִים בְּיָדָם**, הן כדי להנחותם בדרך
ולסייע להם לנווט, הן ככלי עבודה שיוכלו להציע לבלעם, אם יטען
שכליו אינם מוכנים בידו.[9] **וַיָּבֹאוּ אֶל בִּלְעָם** לאחר נסיעה ארוכה למדי,
וַיְדַבְּרוּ אֵלָיו את **דִּבְרֵי בָלָק**.

ח **וַיֹּאמֶר** בלעם **אֲלֵיהֶם** – אל זקני מואב ומדין: **לִינוּ פֹה הַלַּיְלָה, וַהֲשִׁבֹתִי**
אֶתְכֶם דָּבָר כַּאֲשֶׁר יְדַבֵּר ה׳ אֵלָי. אני מניח שבחזיון הלילה ה׳ יתגלה
אלי. **וַיֵּשְׁבוּ שָׂרֵי מוֹאָב עִם בִּלְעָם** והמתינו להתגלות החלום.

ט ואכן – **וַיָּבֹא אֱלֹהִים אֶל בִּלְעָם, וַיֹּאמֶר** כדי לפתוח בדברים עמו:[10]
מִי הָאֲנָשִׁים הָאֵלֶּה עִמָּךְ?

י **וַיֹּאמֶר בִּלְעָם אֶל הָאֱלֹהִים: בָּלָק בֶּן צִפֹּר מֶלֶךְ מוֹאָב שָׁלַח אֵלָי:** יא **״הִנֵּה**
הָעָם הַיֹּצֵא מִמִּצְרַיִם וַיְכַס אֶת עֵין, מראה **הָאָרֶץ**, האדמה. **וְעַתָּה, לְכָה,**

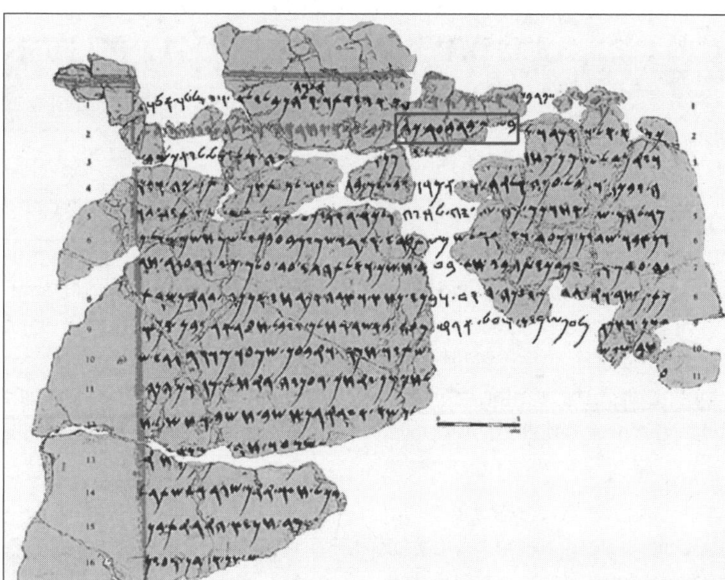

כתובת בלעם
תל דיר עלא
שבגלעד
ליד סֻכּות
המאה ה-8
לפנה״ס

אֹתוֹ אוּלַי אוּכַל לְהִלָּחֶם בּוֹ וְגֵרַשְׁתִּיו׃ וַיֹּאמֶר אֱלֹהִים יב
אֶל־בִּלְעָם לֹא תֵלֵךְ עִמָּהֶם לֹא תָאֹר אֶת־הָעָם כִּי
שני /חמישי/ בָרוּךְ הוּא׃ · וַיָּקָם בִּלְעָם בַּבֹּקֶר וַיֹּאמֶר אֶל־שָׂרֵי יג
בָלָק לְכוּ אֶל־אַרְצְכֶם כִּי מֵאֵן יְהוָה לְתִתִּי לַהֲלֹךְ
עִמָּכֶם׃ וַיָּקוּמוּ שָׂרֵי מוֹאָב וַיָּבֹאוּ אֶל־בָּלָק וַיֹּאמְרוּ יד
מֵאֵן בִּלְעָם הֲלֹךְ עִמָּנוּ׃ וַיֹּסֶף עוֹד בָּלָק שְׁלֹחַ שָׂרִים טו
רַבִּים וְנִכְבָּדִים מֵאֵלֶּה׃ וַיָּבֹאוּ אֶל־בִּלְעָם וַיֹּאמְרוּ טז
לוֹ כֹּה אָמַר בָּלָק בֶּן־צִפּוֹר אַל־נָא תִמָּנַע מֵהֲלֹךְ
אֵלָי׃ כִּי־כַבֵּד אֲכַבֶּדְךָ מְאֹד וְכֹל אֲשֶׁר־תֹּאמַר אֵלַי יז
אֶעֱשֶׂה וּלְכָה־נָּא קָבָה לִּי אֵת הָעָם הַזֶּה׃ וַיַּעַן בִּלְעָם יח
וַיֹּאמֶר אֶל־עַבְדֵי בָלָק אִם־יִתֶּן־לִי בָלָק מְלֹא בֵיתוֹ
כֶּסֶף וְזָהָב לֹא אוּכַל לַעֲבֹר אֶת־פִּי יְהוָה אֱלֹהָי
לַעֲשׂוֹת קְטַנָּה אוֹ גְדוֹלָה׃ וְעַתָּה שְׁבוּ נָא בָזֶה גַּם־ יט
אַתֶּם הַלָּיְלָה וְאֵדְעָה מַה־יֹּסֵף יְהוָה דַּבֵּר עִמִּי׃ וַיָּבֹא כ

רש״י | לֹא אָמַר אֶלָּא "וַאֲגָרְשֶׁנּוּ מִן הָאָרֶץ" (לעיל פסוק ו), אֵינִי מְבַקֵּשׁ אֶלָּא לְהַסִּיעָם מֵעָלַי, וּבִלְעָם הָיָה שׂוֹנְאָם יוֹתֵר מִבָּלָק:

יב] **לֹא תֵלֵךְ עִמָּהֶם.** אָמַר לוֹ: אִם כֵּן אֲקַלְּלֵם בִּמְקוֹמִי. אָמַר לוֹ: "לֹא תָאֹר אֶת הָעָם". אָמַר לוֹ: אִם כֵּן אֲבָרְכֵם. אָמַר לוֹ: אֵינָם צְרִיכִים לְבִרְכָתְךָ "כִּי בָרוּךְ הוּא". מָשָׁל אוֹמְרִים לַצִּרְעָה: לֹא מִדֻּבְשֵׁךְ וְלֹא מֵעֻקְצֵךְ:

יג] **לַהֲלֹךְ עִמָּכֶם.** אֶלָּא עִם שָׂרִים גְּדוֹלִים מִכֶּם. לִמְּדָנוּ שֶׁרוּחוֹ גְּבוֹהָה, וְלֹא רָצָה לְגַלּוֹת שֶׁהוּא בִּרְשׁוּתוֹ שֶׁל מָקוֹם אֶלָּא בִּלְשׁוֹן גַּסּוּת, לְפִיכָךְ "וַיֹּסֶף עוֹד בָּלָק" (להלן פסוק טו):

יז] **כִּי כַבֵּד אֲכַבֶּדְךָ מְאֹד.** יוֹתֵר מִמַּה שֶּׁהָיִיתָ נוֹטֵל לְשֶׁעָבַר אֲנִי נוֹתֵן לְךָ:

יח] **מְלֹא בֵיתוֹ כֶּסֶף וְזָהָב.** לִמְּדָנוּ שֶׁנַּפְשׁוֹ רְחָבָה וּמְחַמֵּד מָמוֹן אֲחֵרִים. אָמַר: רָאוּי לוֹ לִתֵּן לִי כָּל כֶּסֶף וְזָהָב שֶׁלּוֹ, שֶׁהֲרֵי צָרִיךְ לִשְׂכֹּר חֲיָלוֹת רַבּוֹת, סָפֵק נוֹצֵחַ סָפֵק אֵינוֹ נוֹצֵחַ, וַאֲנִי וַדַּאי נוֹצֵחַ: **לֹא אוּכַל לַעֲבֹר.** עַל כָּרְחוֹ גִּלָּה שֶׁהוּא בִּרְשׁוּת אֲחֵרִים, וְנִתְנַבֵּא כָּאן שֶׁאֵינוֹ יָכוֹל לְבַטֵּל הַבְּרָכוֹת שֶׁנִּתְבָּרְכוּ הָאָבוֹת מִפִּי הַשְּׁכִינָה:

יט] **גַּם אַתֶּם.** פִּיו הִכְשִׁילוֹ, "גַּם אַתֶּם" סוֹפְכֶם לֵילֵךְ בַּפַּחֵי נֶפֶשׁ כָּרִאשׁוֹנִים: **מַה יֹּסֵף.** לֹא יְשַׁנֶּה דְּבָרָיו מִבְּרָכָה לִקְלָלָה, הַלְוַאי שֶׁלֹּא יוֹסִיף לְבָרֵךְ. כָּאן נִתְנַבֵּא שֶׁעָתִיד לְהוֹסִיף לָהֶם בְּרָכוֹת עַל יָדוֹ:

ביאור | לך **קָבָה**, קלל **לִי אֹתוֹ. אוּלַי** בעקבות קללתך ייחלש, ואז **אוּכַל לְהִלָּחֶם בּוֹ וְגֵרַשְׁתִּיו**".

יב **וַיֹּאמֶר אֱלֹהִים אֶל בִּלְעָם: לֹא**, אל **תֵלֵךְ עִמָּהֶם. לֹא תָאֹר**, תצליח לקלל **אֶת הָעָם כִּי בָרוּךְ הוּא.**

יג **וַיָּקָם בִּלְעָם בַּבֹּקֶר, וַיֹּאמֶר אֶל שָׂרֵי בָלָק: לְכוּ אֶל אַרְצְכֶם כִּי מֵאֵן**, סירב **ה' לְתִתִּי**, לאפשר לי **לַהֲלֹךְ עִמָּכֶם**. אין לי ברירה, שכן קיבלתי מסר חד-משמעי מה', ואני סר לפקודותיו. בלעם רואה עצמו כעבד ה' ולא כעובד לפולחן זר.

יד **וַיָּקוּמוּ שָׂרֵי מוֹאָב וַיָּבֹאוּ אֶל בָּלָק, וַיֹּאמְרוּ: מֵאֵן**, סירב **בִּלְעָם הֲלֹךְ**, ללכת **עִמָּנוּ**. נראה שבלעם לא ציטט את דברי ה' במדויק, אלא אמר באוזניהם דברים שמתוכם הבינו שיש מה שמעכב את בלעם. מן ההמשך עולה שהשרים לא הבינו את תשובתו כלאו גמור ומוחלט.

בלק חשב שהמשלחת הראשונה לא הצליחה במשימה, משום שלא
הייתה מרשימה דיה. טו **וַיֹּסֶף עוֹד בָּלָק שְׁלֹחַ שָׂרִים רַבִּים וְנִכְבָּדִים**
מֵאֵלֶּה. טז **וַיָּבֹאוּ אֶל בִּלְעָם וַיֹּאמְרוּ לוֹ: כֹּה אָמַר** לנו **בָּלָק בֶּן צִפּוֹר** לומר
לך: "**אַל נָא תִמָּנַע מֵהֲלֹךְ**, מללכת **אֵלָי,** יז **כִּי כַבֵּד אֲכַבֶּדְךָ מְאֹד וְכֹל אֲשֶׁר**
תֹּאמַר אֵלַי אֶעֱשֶׂה, רק **לְכָה נָּא קָבָה**, קלל **לִי אֵת הָעָם הַזֶּה**".

יח **וַיַּעַן בִּלְעָם וַיֹּאמֶר אֶל עַבְדֵי בָלָק: גם אִם יִתֶּן לִי בָלָק מְלֹא בֵיתוֹ כֶּסֶף**
וְזָהָב, לֹא אוּכַל לַעֲבֹר אֶת פִּי ה' אֱלֹהָי לַעֲשׂוֹת קְטַנָּה אוֹ גְדוֹלָה. אני חוזר
ואומר שאינני ברשות עצמי. אני שליח או כלי ביד ה', ואוכל לפעול
רק לפי הוראותיו. יט **וְעַתָּה, שְׁבוּ נָא בָזֶה גַּם אַתֶּם הַלָּיְלָה**, שהרי ייתכן
שגם הלילה אזכה בחזון נבואי, אמסור את הצעתכם, **וְאֵדְעָה מַה**
יֹּסֵף ה' דַּבֵּר עִמִּי ואומר אותו לכם.

הרחבות | **'אם יתן לי בלק מלֹא ביתו כסף וזהב לא אוכל לעבֹר את פי ה' אלהי'** אמנם בלעם מדבר כעבד ה', אך מתוך לשונו עמדו חכמים על תכונותיו הרעות: עין רעה, רוח גבוהה ונפש רחבה (אבות ה,יט). עדיין לא הציעו לו דבר, ובכל זאת הוא מעלה בדמיונו שיוצעו לו אוצרות עצומים: מְלֹא בֵיתוֹ של בלק כֶּסֶף וְזָהָב.

אֱלֹהִים ׀ אֶל־בִּלְעָם לַיְלָה וַיֹּאמֶר לוֹ אִם־לִקְרֹא לְךָ
בָּאוּ הָאֲנָשִׁים קוּם לֵךְ אִתָּם וְאַךְ אֶת־הַדָּבָר אֲשֶׁר־
שלישי אֲדַבֵּר אֵלֶיךָ אֹתוֹ תַעֲשֶׂה: וַיָּקָם בִּלְעָם בַּבֹּקֶר וַיַּחֲבֹשׁ כא
אֶת־אֲתֹנוֹ וַיֵּלֶךְ עִם־שָׂרֵי מוֹאָב: וַיִּחַר־אַף אֱלֹהִים כב
כִּי־הוֹלֵךְ הוּא וַיִּתְיַצֵּב מַלְאַךְ יהוה בַּדֶּרֶךְ לְשָׂטָן
לוֹ וְהוּא רֹכֵב עַל־אֲתֹנוֹ וּשְׁנֵי נְעָרָיו עִמּוֹ: וַתֵּרֶא כג
הָאָתוֹן אֶת־מַלְאַךְ יהוה נִצָּב בַּדֶּרֶךְ וְחַרְבּוֹ שְׁלוּפָה
בְּיָדוֹ וַתֵּט הָאָתוֹן מִן־הַדֶּרֶךְ וַתֵּלֶךְ בַּשָּׂדֶה וַיַּךְ
בִּלְעָם אֶת־הָאָתוֹן לְהַטֹּתָהּ הַדָּרֶךְ: וַיַּעֲמֹד מַלְאַךְ כד
יהוה בְּמִשְׁעוֹל הַכְּרָמִים גָּדֵר מִזֶּה וְגָדֵר מִזֶּה: וַתֵּרֶא כה
הָאָתוֹן אֶת־מַלְאַךְ יהוה וַתִּלָּחֵץ אֶל־הַקִּיר וַתִּלְחַץ

רש"י

כ | **אִם לִקְרֹא לְךָ.** אִם הַקְּרִיאָה שֶׁלְּךָ וְסָבוּר אַתָּה לִטֹּל עָלֶיהָ שָׂכָר, "קוּם לֵךְ אִתָּם": **וְאַךְ.** עַל כָּרְחֲךָ "אֶת הַדָּבָר אֲשֶׁר אֲדַבֵּר אֵלֶיךָ אֹתוֹ תַעֲשֶׂה", וְאַף עַל פִּי כֵן: "וַיֵּלֶךְ בִּלְעָם", אָמַר: שֶׁמָּא אֲפַתֶּנּוּ וְיִתְרַצֶּה:

כא | **וַיַּחֲבֹשׁ אֶת אֲתֹנוֹ.** מִכָּאן שֶׁהַשִּׂנְאָה מְקַלְקֶלֶת אֶת הַשּׁוּרָה, שֶׁחָבַשׁ הוּא בְּעַצְמוֹ. אָמַר הַקָּדוֹשׁ בָּרוּךְ הוּא: רָשָׁע, כְּבָר קְדָמְךָ אַבְרָהָם אֲבִיהֶם, שֶׁנֶּאֱמַר: "וַיַּשְׁכֵּם אַבְרָהָם בַּבֹּקֶר וַיַּחֲבֹשׁ אֶת חֲמֹרוֹ" (בראשית כב, ג): **עִם שָׂרֵי מוֹאָב.** לִבּוֹ כְּלִבָּם שָׁוֶה:

כב | **כִּי הוֹלֵךְ הוּא.** רָאָה שֶׁהַדָּבָר רַע בְּעֵינֵי הַמָּקוֹם וְנִתְאַוָּה לֵילֵךְ: **לְשָׂטָן לוֹ.** מַלְאָךְ שֶׁל רַחֲמִים הָיָה, וְהָיָה רוֹצֶה לְמָנְעוֹ מִלַּחֲטֹא שֶׁלֹּא יֶחֱטָא וְיֹאבַד: **וּשְׁנֵי נְעָרָיו עִמּוֹ.** מִכָּאן לְאָדָם חָשׁוּב הַיּוֹצֵא לַדֶּרֶךְ יוֹלִיךְ עִמּוֹ שְׁנֵי אֲנָשִׁים לְשַׁמְּשׁוֹ, וְחוֹזְרִים וּמְשַׁמְּשִׁים זֶה אֶת זֶה:

כג | **וַתֵּרֶא הָאָתוֹן.** וְהוּא לֹא רָאָה, שֶׁנָּתַן הַקָּדוֹשׁ בָּרוּךְ הוּא רְשׁוּת לַבְּהֵמָה לִרְאוֹת יוֹתֵר מִן הָאָדָם, שֶׁמִּתּוֹךְ שֶׁיֵּשׁ בּוֹ דַּעַת תִּטָּרֵף דַּעְתּוֹ כְּשֶׁיִּרְאֶה מַזִּיקִין: **וְחַרְבּוֹ שְׁלוּפָה בְּיָדוֹ.** אָמַר: רָשָׁע זֶה הִנִּיחַ כְּלֵי אֻמָּנוּתוֹ, שֶׁכְּלֵי זֵינָן שֶׁל אֻמּוֹת הָעוֹלָם בַּחֶרֶב, וְהוּא בָּא עֲלֵיהֶם בְּפִיו שֶׁהוּא אֻמָּנוּת שֶׁלָּהֶם, אַף אֲנִי אֶתְפֹּשׂ אֶת שֶׁלּוֹ וְאָבֹא עָלָיו בְּאֻמָּנוּתוֹ, וְכֵן הָיָה סוֹפוֹ: "וְאֵת בִּלְעָם בֶּן בְּעוֹר הָרְגוּ בֶּחָרֶב" (להלן לא, ח):

כד | **בְּמִשְׁעוֹל.** כְּתַרְגּוּמוֹ: "בִּשְׁבִיל", וְכֵן: "אִם יִשְׂפֹּק עֲפַר שֹׁמְרוֹן לִשְׁעָלִים" (מלכים א' כ, י), עָפָר הַנִּדְבָּק בְּכַפּוֹת הָרַגְלַיִם בְּהִלּוּכָן. וְכֵן: "מִי מָדַד בְּשָׁעֳלוֹ מַיִם" (ישעיה מ, יב), בְּרַגְלָיו וּבְהִלּוּכוֹ: **גָּדֵר מִזֶּה וְגָדֵר מִזֶּה.** סְתָם 'גָּדֵר' שֶׁל אֲבָנִים הוּא:

כה | **וַתִּלָּחֵץ.** הִיא עַצְמָהּ: **וַתִּלְחַץ.** אֶת אֲחֵרִים, אֶת רֶגֶל בִּלְעָם:

ביאור

כ **וַיָּבֹא אֱלֹהִים אֶל בִּלְעָם לַיְלָה, וַיֹּאמֶר לוֹ** מסר שונה: **אִם לִקְרֹא לְךָ בָּאוּ הָאֲנָשִׁים – קוּם לֵךְ אִתָּם.** מותר לך ללכת אתם לשם כך, **אַךְ אֶת הַדָּבָר אֲשֶׁר אֲדַבֵּר אֵלֶיךָ – אֹתוֹ תַעֲשֶׂה.** הותר לך רק ללכת למואב, אך עליך לזכור שאתה עדיין נתון בידי לעשות כרצוני, ואינך יודע מה תעשה שם.

כא ואכן – **וַיָּקָם בִּלְעָם בַּבֹּקֶר וַיַּחֲבֹשׁ אֶת אֲתֹנוֹ וַיֵּלֶךְ עִם שָׂרֵי מוֹאָב.** זו הייתה דרך רחוקה, אבל הוא הסכים לצאת אליה.

כב **וַיִּחַר אַף,** כעס **אֱלֹהִים כִּי הוֹלֵךְ הוּא.** דבריו הראשונים של אלוקים היו ברורים: אל תלך ואל תקלל את העם. שאלתו השנייה הייתה בגדר הפצרה. לכן קיבל היתר דחוק ללכת עם האנשים בלבד. בהליכתו עמם ניכר שהיה מעוניין בכך מצד עצמו, אלא שכעבד ה׳ נאלץ למצוא פשרה. על כן ה׳ כעס עליו.[11] **וַיִּתְיַצֵּב מַלְאַךְ ה׳ בַּדֶּרֶךְ לְשָׂטָן,** למכשול **לוֹ, וְהוּא** – בלעם, שהיה אדם מכובד **רֹכֵב עַל אֲתֹנוֹ, וּשְׁנֵי נְעָרָיו עִמּוֹ.**

כג **וַתֵּרֶא הָאָתוֹן אֶת מַלְאַךְ ה׳ נִצָּב,** עומד **בַּדֶּרֶךְ, וְחַרְבּוֹ שְׁלוּפָה בְּיָדוֹ.** לא ברור מה ראתה וידעה האתון, אך בוודאי חשה באיום של ממש, **וַתֵּט,** נטתה **הָאָתוֹן מִן הַדֶּרֶךְ, וַתֵּלֶךְ בַּשָּׂדֶה. וַיַּךְ בִּלְעָם אֶת הָאָתוֹן לְהַטֹּתָהּ** שוב **אל הַדָּרֶךְ.**

כד לאחר שהאתון נטתה מן הדרך אל השדה – **וַיַּעֲמֹד מַלְאַךְ ה׳ בְּמִשְׁעוֹל,** בשביל שבין **הַכְּרָמִים, גָּדֵר** של כרם **מִזֶּה** מצד **זֶה** של המשעול **וְגָדֵר מִזֶּה** מצד **זֶה,** והמלאך – באמצע. כה **וַתֵּרֶא הָאָתוֹן אֶת מַלְאַךְ ה׳, וַתִּלָּחֵץ אֶל הַקִּיר** כדי לעקוף את המלאך, שנוכחותו לא מילאה את כל רוחב המשעול. מצד אחד, האתון הוכתה כדי שתמשיך ללכת; מצד שני, מולה עמד דבר נורא. לכן נטתה הצדה. **וַתִּלְחַץ אֶת רֶגֶל בִּלְעָם,** שבלטה

אֶת־רֶגֶל בִּלְעָם אֶל־הַקִּיר וַיֹּסֶף לְהַכֹּתָהּ׃ וַיּוֹסֶף כו
מַלְאַךְ־יְהֹוָה עֲבוֹר וַיַּעֲמֹד בְּמָקוֹם צָר אֲשֶׁר אֵין־דֶּרֶךְ
לִנְטוֹת יָמִין וּשְׂמֹאול׃ וַתֵּרֶא הָאָתוֹן אֶת־מַלְאַךְ כז
יְהֹוָה וַתִּרְבַּץ תַּחַת בִּלְעָם וַיִּחַר־אַף בִּלְעָם וַיַּךְ אֶת־
הָאָתוֹן בַּמַּקֵּל׃ וַיִּפְתַּח יְהֹוָה אֶת־פִּי הָאָתוֹן וַתֹּאמֶר כח
לְבִלְעָם מֶה־עָשִׂיתִי לְךָ כִּי הִכִּיתַנִי זֶה שָׁלֹשׁ רְגָלִים׃
וַיֹּאמֶר בִּלְעָם לָאָתוֹן כִּי הִתְעַלַּלְתְּ בִּי לוּ יֶשׁ־חֶרֶב כט
בְּיָדִי כִּי עַתָּה הֲרַגְתִּיךְ׃ וַתֹּאמֶר הָאָתוֹן אֶל־בִּלְעָם ל
הֲלוֹא אָנֹכִי אֲתֹנְךָ אֲשֶׁר־רָכַבְתָּ עָלַי מֵעוֹדְךָ עַד־
הַיּוֹם הַזֶּה הַהַסְכֵּן הִסְכַּנְתִּי לַעֲשׂוֹת לְךָ כֹּה וַיֹּאמֶר
לֹא׃ וַיְגַל יְהֹוָה אֶת־עֵינֵי בִלְעָם וַיַּרְא אֶת־מַלְאַךְ לא
יְהֹוָה נִצָּב בַּדֶּרֶךְ וְחַרְבּוֹ שְׁלֻפָה בְּיָדוֹ וַיִּקֹּד וַיִּשְׁתַּחוּ
לְאַפָּיו׃ וַיֹּאמֶר אֵלָיו מַלְאַךְ יְהֹוָה עַל־מָה הִכִּיתָ אֶת־ לב
אֲתֹנְךָ זֶה שָׁלוֹשׁ רְגָלִים הִנֵּה אָנֹכִי יָצָאתִי לְשָׂטָן כִּי־

רש"י

כו) וַיּוֹסֶף מַלְאַךְ ה' עֲבוֹר. לַעֲבֹר עוֹד לְפָנָיו לַהֲלֹךְ לִהְיוֹת לְפָנָיו בְּמָקוֹם אַחֵר, כְּמוֹ: "וְהוּא עָבַר לִפְנֵיהֶם" (בראשית לג, ג). וּמִדְרַשׁ אַגָּדָה יֵשׁ בְּתַנְחוּמָא, מָה רָאָה לַעֲמֹד בִּשְׁלֹשָׁה מְקוֹמוֹת? סִימָנֵי אָבוֹת הֶרְאָהוּ.

כח) זֶה שָׁלֹשׁ רְגָלִים. רָמַז לוֹ, אַתָּה מְבַקֵּשׁ לַעֲקֹר אֻמָּה הַחוֹגֶגֶת שָׁלֹשׁ רְגָלִים בַּשָּׁנָה.

כט) הִתְעַלַּלְתְּ. כְּתַרְגּוּמוֹ, לְשׁוֹן גְּנַאי וּבִזָּיוֹן. לוּ יֶשׁ חֶרֶב בְּיָדִי. גְּנוּת גְּדוֹלָה הָיָה לוֹ דָּבָר זֶה בְּעֵינֵי הַשָּׂרִים, זֶה הוֹלֵךְ לַהֲרֹג אֻמָּה שְׁלֵמָה בְּפִיו, וּלְאָתוֹן זוֹ צָרִיךְ לִכְלֵי זַיִן.

ל) הַהַסְכֵּן הִסְכַּנְתִּי. כְּתַרְגּוּמוֹ, וְכֵן: "הֲלְאֵל יִסְכָּן גָּבֶר" (איוב כב, ב). וְרַבּוֹתֵינוּ דָּרְשׁוּ מִקְרָא זֶה בַּתַּלְמוּד: אָמְרוּ לֵיהּ: מַאי טַעְמָא לָא רְכַבְתְּ אַסּוּסְיָא? אָמַר לְהוֹן: בִּרְטִיבָא שְׁדַאי לֵיהּ כו', כִּדְאִיתָא בְּמַסֶּכֶת עֲבוֹדָה זָרָה (דף ד ע"ב).

הרחבות

'וַתֵּט האתון... ויפתח ה' את פי האתון' יש בסיפור על האתון הרואה מלאך שבלעם אינו רואה אותו, משום לעג וסָטירה כלפי בלעם: הנה בא הנביא הגדול, שבכוחו לברך ולקלל, לחזות בעולם כולו ובעתידותיו, כפי שיצהיר על עצמו בהמשך, אך את מה שאתונו רואה מולה, אין הוא מסוגל לראות.

ביאור | מגוף האתון, אֶל הַקִּיר. וַיֹּסֶף לְהַכֹּתָהּ בשל התנהגותה התמוהה בעיניו.

כו וַיּוֹסֶף מַלְאַךְ ה׳ לעֲבוֹר וַיַּעֲמֹד בְּמָקוֹם צָר אֲשֶׁר אֵין דֶּרֶךְ לִנְטוֹת יָמִין וּשְׂמֹאול. עתה כל המעבר היה חסום. כז וַתֵּרֶא הָאָתוֹן אֶת מַלְאַךְ ה׳ – וַתִּרְבַּץ תַּחַת בִּלְעָם. וַיִּחַר אַף בִּלְעָם, וַיַּךְ אֶת הָאָתוֹן, ואולי הפעם מכות קשות יותר – בַּמַּקֵּל.

כח ואז קרה נס – וַיִּפְתַּח ה׳ אֶת פִּי הָאָתוֹן, וַתֹּאמֶר לְבִלְעָם: מֶה עָשִׂיתִי לְךָ, כִּי הִכִּיתַנִי זֶה שָׁלֹשׁ רְגָלִים, פעמים?

אדם אחר היה אולי מתעלף לשמע מלותיה של האתון, אך בלעם היה רגיל בדברים החורגים מן הרגיל, ולכן ענה לה בפשטות. כט וַיֹּאמֶר בִּלְעָם לָאָתוֹן: כִּי הִתְעַלַּלְתְּ בִּי! לוּ יֶשׁ חֶרֶב בְּיָדִי – כִּי עַתָּה הֲרַגְתִּיךְ, הייתי הורג אותך.

ל וַתֹּאמֶר הָאָתוֹן אֶל בִּלְעָם: הֲלוֹא אָנֹכִי אֲתֹנְךָ אֲשֶׁר רָכַבְתָּ עָלַי מֵעוֹדְךָ עַד הַיּוֹם הַזֶּה. האם הַהַסְכֵּן הִסְכַּנְתִּי, הייתי רגילה לַעֲשׂוֹת לְךָ כֹּה, דבר כזה עד עתה?

וַיֹּאמֶר: לֹא עשית לי כך מעולם. אינני יודע מה קרה לך.

לא וַיְגַל, גילה ה׳ אֶת עֵינֵי בלעם, וַיַּרְא אֶת מַלְאַךְ ה׳ נִצָּב בַּדֶּרֶךְ וְחַרְבּוֹ שְׁלֻפָה בְּיָדוֹ. וַיִּקֹּד בלעם וַיִּשְׁתַּחוּ, והשתחווה לְאַפָּיו, לפני המלאך.

לב וַיֹּאמֶר אֵלָיו מַלְאַךְ ה׳: עַל מָה, מדוע הִכִּיתָ אֶת אֲתֹנְךָ זֶה שָׁלוֹשׁ רְגָלִים? הִנֵּה אָנֹכִי יָצָאתִי לְשָׂטָן, אני הוא המכשול שעצר אותך כִּי יָרַט, נטה

אתון

הרחבות | את הדיבור שניתן בפי האתון, אפשר להבין רק כחלק מראיית הסיפור הכללי כהתגלות. גם כאן נמשך הקו הסָטירי: הנביא לא ראה, ואילו האתון ראתה; הנביא לא ידע מה יגיד, ואילו האתון דיברה.

לג יָרַט הַדֶּרֶךְ לְנֶגְדִּי׃ וַתִּרְאַנִי הָאָתוֹן וַתֵּט לְפָנַי זֶה
שָׁלֹשׁ רְגָלִים אוּלַי נָטְתָה מִפָּנַי כִּי עַתָּה גַּם־אֹתְכָה
לד הָרַגְתִּי וְאוֹתָהּ הֶחֱיֵיתִי׃ וַיֹּאמֶר בִּלְעָם אֶל־מַלְאַךְ
יהוה חָטָאתִי כִּי לֹא יָדַעְתִּי כִּי אַתָּה נִצָּב לִקְרָאתִי
לה בַּדָּרֶךְ וְעַתָּה אִם־רַע בְּעֵינֶיךָ אָשׁוּבָה לִּי׃ וַיֹּאמֶר
מַלְאַךְ יהוה אֶל־בִּלְעָם לֵךְ עִם־הָאֲנָשִׁים וְאֶפֶס
אֶת־הַדָּבָר אֲשֶׁר־אֲדַבֵּר אֵלֶיךָ אֹתוֹ תְדַבֵּר וַיֵּלֶךְ
לו בִּלְעָם עִם־שָׂרֵי בָלָק׃ וַיִּשְׁמַע בָּלָק כִּי־בָא בִלְעָם
וַיֵּצֵא לִקְרָאתוֹ אֶל־עִיר מוֹאָב אֲשֶׁר עַל־גְּבוּל אַרְנֹן
לז אֲשֶׁר בִּקְצֵה הַגְּבוּל׃ וַיֹּאמֶר בָּלָק אֶל־בִּלְעָם הֲלֹא

רש"י

לב) **כִּי יָרַט הַדֶּרֶךְ לְנֶגְדִּי.** רַבּוֹתֵינוּ חַכְמֵי הַמִּשְׁנָה דְּרָשׁוּהוּ נוֹטָרִיקוֹן: יָרְאָה, רָאֲתָה, נָטְתָה, בִּשְׁבִיל שֶׁהַדֶּרֶךְ לְנֶגְדִּי, כְּלוֹמַר לְקִנְאָתִי וּלְהַקְנִיטֵנִי. וּלְפִי מַשְׁמָעוֹ, כִּי חָרַד הַדֶּרֶךְ לְנֶגְדִּי, לְשׁוֹן רֶטֶט, כִּי רָאִיתִי בַּעַל הַדֶּרֶךְ שֶׁחָרַד וּמִהֵר הַדֶּרֶךְ שֶׁהוּא לְכַעֲסִי וּלְהַמְרוֹתִי, וּמִקְרָא קָצָר הוּא, כְּמוֹ: "וַתְּכַל דָּוִד" (שמואל ב' יג, לט) שֶׁרוֹצֶה לוֹמַר: וַתְּכַל נֶפֶשׁ דָּוִד. לָשׁוֹן אַחֵר, 'יָרַט' לְשׁוֹן רָצוֹן, וְכֵן: "וְעַל יְדֵי רְשָׁעִים יִרְטֵנִי" (איוב טז, יא), מְפַיֵּס וּמְנַחֵם אוֹתִי עַל יְדֵי רְשָׁעִים, שֶׁאֵינָן אֶלָּא מַקְנִיטִים:

לג) **אוּלַי נָטְתָה.** כְּמוֹ לוּלֵא, פְּעָמִים שֶׁ'אוּלַי' מְשַׁמֵּשׁ בִּלְשׁוֹן לוּלֵא: **גַּם אֹתְכָה הָרַגְתִּי.** הֲרֵי זֶה מִקְרָא מְסֹרָס, וְהוּא כְּמוֹ: 'גַּם הָרַגְתִּי אוֹתְךָ'. כְּלוֹמַר, לֹא הָעַכָּבָה בִּלְבַד קָרָאתְךָ עַל יָדִי, כִּי גַּם הַהֲרִיגָה: **וְאוֹתָהּ הֶחֱיֵיתִי.** וְעַתָּה מִפְּנֵי שֶׁדִּבְּרָה וְהוֹכִיחַתְךָ, וְלֹא יָכֹלְתָּ לַעֲמֹד בְּתוֹכַחְתָּהּ, כְּמוֹ שֶׁכָּתוּב: "וַיֹּאמֶר לֹא" (לעיל פסוק ל) – הֲרַגְתִּיהָ, שֶׁלֹּא יֹאמְרוּ: זוֹ הִיא שֶׁסִּלְּקָה אֶת בִּלְעָם בְּתוֹכַחְתָּהּ וְלֹא יָכֹל לְהָשִׁיב, שֶׁחָס הַמָּקוֹם עַל כְּבוֹד הַבְּרִיּוֹת. וְכֵן: "וְאֶת הַבְּהֵמָה תַּהֲרֹגוּ" (ויקרא כ, טו), וְכֵן: "וְהָרַגְתָּ אֶת הָאִשָּׁה וְאֶת הַבְּהֵמָה" (שם פסוק טז):

לד) **כִּי לֹא יָדַעְתִּי.** גַּם זֶה גְּנוּתוֹ, וְעַל כָּרְחוֹ הוֹדָה, שֶׁהוּא הָיָה מִשְׁתַּבֵּחַ שֶׁיּוֹדֵעַ דַּעַת עֶלְיוֹן, וּפִיו הֵעִיד: "לֹא יָדַעְתִּי": **אִם רַע בְּעֵינֶיךָ אָשׁוּבָה לִּי.** לְהַתְרִיס נֶגֶד הַמָּקוֹם הִיא תְּשׁוּבָה זוֹ. אָמַר לוֹ: הוּא בְּעַצְמוֹ צִוַּנִי לָלֶכֶת וְאַתָּה מַלְאָךְ מְבַטֵּל אֶת דְּבָרָיו, לָמוּד הוּא בְּכָךְ שֶׁאוֹמֵר דָּבָר וּמַלְאָךְ מַחֲזִירוֹ, אָמַר לְאַבְרָהָם: "קַח נָא אֶת בִּנְךָ" וְגוֹ' (בראשית כב, ב) וְעַל יְדֵי מַלְאָךְ בִּטֵּל אֶת דְּבָרוֹ, אַף אֲנִי אִם רַע בְּעֵינֶיךָ צָרִיךְ אֲנִי לָשׁוּב:

לה) **לֵךְ עִם הָאֲנָשִׁים.** בַּדֶּרֶךְ שֶׁאָדָם רוֹצֶה לֵילֵךְ בָּהּ מוֹלִיכִין אוֹתוֹ: **לֵךְ עִם הָאֲנָשִׁים.** כִּי חֶלְקְךָ עִמָּהֶם וְסוֹפְךָ לֵאָבֵד מִן הָעוֹלָם: **וְאֶפֶס.** עַל כָּרְחֲךָ, "אֶת הַדָּבָר אֲשֶׁר אֲדַבֵּר" וְגוֹ': **עִם שָׂרֵי בָלָק.** שָׂמֵחַ לְקַלְּלָם כְּמוֹתָם:

לו) **וַיִּשְׁמַע בָּלָק.** שָׁלַח שְׁלוּחִים לְבַשְּׂרוֹ: **אֶל עִיר מוֹאָב.** אֶל מֶטְרוֹפּוֹלִין שֶׁלּוֹ,

ביאור | **וַתִּרְאַנִי הָאָתוֹן** לג הצדה, האתון עיוותה את[12] **הַדֶּרֶךְ לְנֶגְדִּי**, למולי.[13]
וַתֵּט לְפָנַי זֶה שָׁלֹשׁ רְגָלִים, פעמים. **אוּלַי**, אילולא **נָטְתָה מִפָּנַי**, והמשיכה
להתקדם – **כִּי עַתָּה גַּם אֹתְכָה**, אותך **הָרַגְתִּי, וְאוֹתָהּ הֶחֱיֵיתִי**, לה לא היה
קורה דבר. היא הצילה אותך.

לד **וַיֹּאמֶר בִּלְעָם אֶל מַלְאַךְ ה׳: חָטָאתִי כִּי לֹא יָדַעְתִּי כִּי אַתָּה נִצָּב לִקְרָאתִי
בַּדָּרֶךְ. וְעַתָּה אִם רַע בְּעֵינֶיךָ**, אם הליכתי אינה מוצאת חן בעיניך,
אָשׁוּבָה לִּי.

לה **וַיֹּאמֶר מַלְאַךְ ה׳ אֶל בִּלְעָם: לֵךְ עִם הָאֲנָשִׁים**, כפי שאמר לך ה׳ בחזון
הלילה, **וְאֶפֶס**, ואולם, רק **אֶת הַדָּבָר אֲשֶׁר אֲדַבֵּר אֵלֶיךָ – אֹתוֹ תְדַבֵּר**.
אין לך רשות לדבר דברים אחרים בתור נבואה. **וַיֵּלֶךְ בִּלְעָם** הלאה
עִם שָׂרֵי בָלָק. כנראה שרי בלק לא ראו דבר חריג עד כה, מלבד
התנהגותה המוזרה של האתון, ודיבוריו של בלעם שלא הופנו אל
איש. אולם הם ידעו שבלעם קוסם הרואה ישויות שהם אינם יכולים
לקלוט.

שליחים הודיעו למלך על התקרבותו של בלעם. לו **וַיִּשְׁמַע בָּלָק
כִּי בָא בִלְעָם, וַיֵּצֵא לִקְרָאתוֹ אֶל עִיר מוֹאָב**, אותה העיר **אֲשֶׁר עַל גְּבוּל**
שפת נחל **אַרְנֹן אֲשֶׁר בִּקְצֵה הַגְּבוּל**.

לז **וַיֹּאמֶר בָּלָק אֶל בִּלְעָם: הֲלֹא שָׁלֹחַ שָׁלַחְתִּי אֵלֶיךָ** פעם אחת **לִקְרֹא**

הרחבות | **׳כי עתה גם אֹתכה הרגתי ואותה החייתי׳** מן הכתוב לא ברור אם האתון נותרה בחיים אחרי שדיברה. נראה יותר שמתה, ובלעם עמד נבוך לבדו. (ראו רש״י על אתר; במדבר רבה כ,טו).

שָׁלֹחַ שָׁלַחְתִּי אֵלֶיךָ לִקְרֹא־לָךְ לָמָּה לֹא־הָלַכְתָּ
אֵלָי הַאֻמְנָם לֹא אוּכַל כַּבְּדֶךָ׃ וַיֹּאמֶר בִּלְעָם אֶל־ לח
בָּלָק הִנֵּה־בָאתִי אֵלֶיךָ עַתָּה הֲיָכֹל אוּכַל דַּבֵּר
מְאוּמָה הַדָּבָר אֲשֶׁר יָשִׂים אֱלֹהִים בְּפִי אֹתוֹ אֲדַבֵּר׃
רביעי /ששי/ וַיֵּלֶךְ בִּלְעָם עִם־בָּלָק וַיָּבֹאוּ קִרְיַת חֻצוֹת׃ וַיִּזְבַּח בָּלָק לט מ
בָּקָר וָצֹאן וַיְשַׁלַּח לְבִלְעָם וְלַשָּׂרִים אֲשֶׁר אִתּוֹ׃ וַיְהִי מא
בַבֹּקֶר וַיִּקַּח בָּלָק אֶת־בִּלְעָם וַיַּעֲלֵהוּ בָּמוֹת בָּעַל
וַיַּרְא מִשָּׁם קְצֵה הָעָם׃ וַיֹּאמֶר בִּלְעָם אֶל־בָּלָק א כג
בְּנֵה־לִי בָזֶה שִׁבְעָה מִזְבְּחֹת וְהָכֵן לִי בָּזֶה שִׁבְעָה
פָרִים וְשִׁבְעָה אֵילִים׃ וַיַּעַשׂ בָּלָק כַּאֲשֶׁר דִּבֶּר בִּלְעָם ב
וַיַּעַל בָּלָק וּבִלְעָם פַּר וָאַיִל בַּמִּזְבֵּחַ׃ וַיֹּאמֶר בִּלְעָם ג
לְבָלָק הִתְיַצֵּב עַל־עֹלָתֶךָ וְאֵלְכָה אוּלַי יִקָּרֵה יהוה
לִקְרָאתִי וּדְבַר מַה־יַּרְאֵנִי וְהִגַּדְתִּי לָךְ וַיֵּלֶךְ שֶׁפִי׃

רש"י

עִיר הַחֲשׁוּבָה שֶׁלּוֹ, לוֹמַר: רְאֵה מָה חַיִל מְבַקְּשִׁים לַעֲקֹר:

לז) הַאֻמְנָם לֹא אוּכַל כַּבְּדֶךָ. נִתְנַבֵּא שֶׁסּוֹפוֹ לָצֵאת מֵעִמּוֹ בְּקָלוֹן:

לט) קִרְיַת חֻצוֹת. עִיר מְלֵאָה שְׁוָקִים, אֲנָשִׁים נָשִׁים וָטַף בְּחוּצוֹתֶיהָ, לוֹמַר: רְאֵה וְרַחֵם שֶׁלֹּא יֵעָקְרוּ אֵלּוּ:

מ) בָּקָר וָצֹאן. דָּבָר מוּעָט, בָּקָר אֶחָד וְצֹאן אֶחָד בִּלְבַד:

מא) בָּמוֹת בָּעַל. כְּתַרְגּוּמוֹ: "לְרָמַת דַּחַלְתֵּיהּ", שֵׁם עֲבוֹדָה זָרָה:

פרק כג

ג) אוּלַי יִקָּרֵה ה' לִקְרָאתִי. אֵינוֹ רָגִיל לְדַבֵּר עִמִּי בַּיּוֹם: וַיֵּלֶךְ שֶׁפִי. כְּתַרְגּוּמוֹ:

הרחבות

'הדבר אשר ישים אלהים בפי אֹתו אדבר' ממה שסופר עד כה קשה להכיר את אישיותו של בלעם. ללא ספק היה אישיות גדולה, שכן ה' דיבר באמצעותו. בלעם נֵחן בכוחות על-טבעיים וביכולת לראות דברים נשגבים, אולם בוודאי אין הכתוב מתאר אותו כצדיק; ואולי דמותו קצת דמונית. בלעם היה נביא לה', אך לא הסיק מכך שעליו לאהוב את כל עובדי ה' ואת עמו. שליחותו של בלק לא נראתה מופרכת בעיניו, ומצד עצמו היה מוכן לקלל את ישראל, אילו אלוקים לא הגביל

ביאור | לך, למה לא הלכת אלי קודם? האמנם חשבת שלא אוכל כבדך, ולהעניק לך את הגמול הראוי?! הרי אני מלך.

לח ויאמר בלעם אל בלק: אמנם סירבתי בתחילה, אבל הנה בסופו של דבר באתי אליך. עתה, האם אתה סבור שיכל אוכל דבר מאומה, כל מה שארצה?! הדבר אשר ישים אלהים בפי – רק אתו אדבר, אוכל לדבר. אני מצהיר מראש שאינני אלא שליח לביטוי דברי ה׳. מזה תוכל להבין מדוע לא באתי בתחילה.

לט וילך בלעם עם בלק, ויבאו קרית חצות, שם של מקום מרכזי
ופומבי. מ ויזבח בלק בקר וצאן, וישלח לבלעם ולשרים אשר היו
אתו. בלעם ומלוויו קיבלו מתנות מזון גדולות ולנו בקריית
חוצות.

מא ויהי בבקר, ויקח בלק את בלעם ויעלהו אל במות בעל שבראש ההרים, וירא משם את קצה מחנה העם. מחנה ישראל היה גדול מאוד, ולפי המסורת השתרע על כ-12 ק״מ.[14] מרחב כה גדול קשה לראות אם אין עומדים במקום סמוך וגבוה. לאחר שבלק הוביל את בלעם אל המקום שממנו יוכל לראות את קצה העם, הוא הזמין אותו להפעיל את כוחותיו.

פרק כג א ויאמר בלעם אל בלק בנה לי בזה, כאן ועכשיו שבעה מזבחת, והכן לי בזה שבעה פרים ושבעה אילים לקרבן.

ב ויעש בלק כאשר דבר בלעם, ויעל בלק ובלעם פר ואיל בכל מזבח ביחד. ההקרבה המשותפת לבלק ולבלעם באותו מזבח חיזקה את הקשר ביניהם. מעתה בלעם ייצג את בלק במעשיו.

ג ויאמר בלעם לבלק: התיצב, עמוד על יד קרבן עלתך, ואלכה, אני אלך מכאן. אולי יקרה ה׳ לקראתי, ה׳ יפגוש אותי, ודבר מה יראני – והגדתי לך. אינני יכול להזמין את החזון או לבקש שיבוא. עשיתי את שלי בהקרבת הקרבן, ואם אלך לבדי – אולי ה׳ יתגלה אלי.

וילך שפי, לבד, בשקט ללא הפרעה,[15] או: שפוף.[16] ובלק נשאר ליד

הרחבות | אותו. חכמים ראו אותו כבהמה המנסה לפתוח את פיה למרות הזמם הנתון בו. (ראו במדבר רבה כ,כ).
בישראל הנבואה שורה רק על בעלי אישיות מוסרית גדולה שנחנו גם בכשרון מיוחד לקלוט דברים של מעלה. לעומת זאת, לבלעם הנביא שאינו מישראל הוענקה היכולת לשמוע את דבר ה׳ ולקבל את השראתו בלי תלות באישיותו ובדמותו המוסרית. נבואת בלעם נמצאה ראויה להיכתב בספר התורה משום תוקפה ואמתותה.

וַיִּקָּר אֱלֹהִים אֶל־בִּלְעָם וַיֹּאמֶר אֵלָיו אֶת־שִׁבְעַת ד
הַמִּזְבְּחֹת עָרַכְתִּי וָאַעַל פָּר וָאַיִל בַּמִּזְבֵּחַ׃ וַיָּשֶׂם יְהוָה ה
דָּבָר בְּפִי בִלְעָם וַיֹּאמֶר שׁוּב אֶל־בָּלָק וְכֹה תְדַבֵּר׃
וַיָּשָׁב אֵלָיו וְהִנֵּה נִצָּב עַל־עֹלָתוֹ הוּא וְכָל־שָׂרֵי ו
מוֹאָב׃ וַיִּשָּׂא מְשָׁלוֹ וַיֹּאמַר מִן־אֲרָם יַנְחֵנִי בָלָק ז
מֶלֶךְ־מוֹאָב מֵהַרְרֵי־קֶדֶם לְכָה אָרָה־לִּי יַעֲקֹב וּלְכָה
זֹעֲמָה יִשְׂרָאֵל׃ מָה אֶקֹּב לֹא קַבֹּה אֵל וּמָה אֶזְעֹם ח
לֹא זָעַם יְהוָה׃ כִּי־מֵרֹאשׁ צֻרִים אֶרְאֶנּוּ וּמִגְּבָעוֹת ט
אֲשׁוּרֶנּוּ הֶן־עָם לְבָדָד יִשְׁכֹּן וּבַגּוֹיִם לֹא יִתְחַשָּׁב׃

רש"י

"יְחִידַי", לְשׁוֹן שְׁפִי וָשֶׁקֶט, שֶׁאֵין עִמּוֹ אֶלָּא שְׁתִיקָה:

ד] **וַיִּקָּר.** לְשׁוֹן עֲרַאי, לְשׁוֹן גְּנַאי, לְשׁוֹן טֻמְאַת קֶרִי, כְּלוֹמַר בְּקֹשִׁי וּבְבִזָּיוֹן, וְלֹא הָיָה נִגְלֶה עָלָיו בַּיּוֹם אֶלָּא בִּשְׁבִיל לְהַרְאוֹת חִבָּתָן שֶׁל יִשְׂרָאֵל: **אֶת שִׁבְעַת הַמִּזְבְּחֹת.** 'שִׁבְעָה מִזְבְּחוֹת עָרַכְתִּי' אֵין כְּתִיב כָּאן אֶלָּא "אֶת שִׁבְעַת הַמִּזְבְּחוֹת", אָמַר לְפָנָיו: אֲבוֹתֵיהֶם שֶׁל אֵלּוּ בָּנוּ לְפָנֶיךָ שִׁבְעָה מִזְבְּחוֹת, וַאֲנִי עָרַכְתִּי כְּנֶגֶד כֻּלָּן. אַבְרָהָם בָּנָה אַרְבָּעָה: "וַיִּבֶן שָׁם מִזְבֵּחַ לַה' הַנִּרְאֶה אֵלָיו" (בראשית יב, ז), "וַיַּעְתֵּק מִשָּׁם הָהָרָה" וְגוֹ' (שם פסוק ח), "וַיֶּאֱהַל אַבְרָם" וְגוֹ' (שם יג, יח), וְאֶחָד בְּהַר הַמּוֹרִיָּה (שם כב, ט); וְיִצְחָק בָּנָה אֶחָד, "וַיִּבֶן שָׁם מִזְבֵּחַ וְגוֹ' וַיִּכְרוּ שָׁם עַבְדֵי יִצְחָק בְּאֵר" (שם כו, כה). וְיַעֲקֹב בָּנָה שְׁנַיִם: אֶחָד בִּשְׁכֶם (שם לג, כ) וְאֶחָד בְּבֵית אֵל (שם לה, ז): **וָאַעַל פָּר וָאַיִל בַּמִּזְבֵּחַ.** וְאַבְרָהָם לֹא הֶעֱלָה אֶלָּא אַיִל אֶחָד:

ז] **אָרָה לִּי יַעֲקֹב וּלְכָה זֹעֲמָה יִשְׂרָאֵל.** בִּשְׁנֵי שְׁמוֹתֵיהֶם אָמַר לוֹ לְקַלְּלָם, שֶׁמָּא אֶחָד מֵהֶם אֵינוֹ מֻבְהָק:

ח] **מָה אֶקֹּב לֹא קַבֹּה אֵל.** כְּשֶׁהָיוּ רְאוּיִים לְהִתְקַלֵּל לֹא נִתְקַלְּלוּ, כְּשֶׁהִזְכִּיר אֲבִיהֶם אֶת עֲוֹנָם: "כִּי בְאַפָּם הָרְגוּ אִישׁ" (בראשית מט, ו), לֹא קִלֵּל אֶלָּא אַפָּם, שֶׁנֶּאֱמַר: "אָרוּר אַפָּם" (שם פסוק ז), כְּשֶׁנִּכְנַס אֲבִיהֶם בְּמִרְמָה אֵצֶל אָבִיו הָיָה רָאוּי לְהִתְקַלֵּל, מַה נֶּאֱמַר שָׁם – "גַּם בָּרוּךְ יִהְיֶה" (שם כז, לג). בַּמְבָרְכִים נֶאֱמַר: "אֵלֶּה יַעַמְדוּ לְבָרֵךְ אֶת הָעָם" (דברים כז, יב), בַּמְקַלְּלִים לֹא נֶאֱמַר: 'וְאֵלֶּה יַעַמְדוּ לְקַלֵּל אֶת הָעָם', אֶלָּא "וְאֵלֶּה יַעַמְדוּ עַל הַקְּלָלָה" (שם פסוק יג), לֹא רָצָה לְהַזְכִּיר עֲלֵיהֶם שֵׁם קְלָלָה: **לֹא זָעַם ה'.** אֲנִי אֵין כֹּחִי אֶלָּא שֶׁאֲנִי יוֹדֵעַ לְכַוֵּן הַשָּׁעָה שֶׁהַקָּדוֹשׁ בָּרוּךְ הוּא כּוֹעֵס בָּהּ, וְהוּא לֹא כָעַס כָּל הַיָּמִים הַלָּלוּ שֶׁבָּאתִי אֵלֶיךָ, וְזֶהוּ שֶׁנֶּאֱמַר: "עַמִּי זְכָר נָא מַה יָּעַץ וְגוֹ' וּמֶה עָנָה אֹתוֹ בִּלְעָם וְגוֹ' לְמַעַן דַּעַת צִדְקוֹת ה'" (מיכה ו, ה):

ט] **כִּי מֵרֹאשׁ צֻרִים אֶרְאֶנּוּ.** אֲנִי מִסְתַּכֵּל בְּרֵאשִׁיתָם וּבִתְחִלַּת שָׁרְשֵׁיהֶם, וַאֲנִי רוֹאֶה אוֹתָם מְיֻסָּדִים וַחֲזָקִים כְּצוּרִים וּגְבָעוֹת הַלָּלוּ, עַל יְדֵי אָבוֹת וְאִמָּהוֹת: **הֶן עָם לְבָדָד יִשְׁכֹּן.** הוּא אֲשֶׁר זָכוּ לוֹ אֲבוֹתָיו לִשְׁכֹּן בָּדָד, כְּתַרְגּוּמוֹ: **וּבַגּוֹיִם לֹא יִתְחַשָּׁב.** כְּתַרְגּוּמוֹ, לֹא יִהְיוּ נַעֲשִׂין כָּלָה עִם שְׁאָר הָאֻמּוֹת, שֶׁנֶּאֱמַר: "כִּי אֶעֱשֶׂה כָלָה בְּכָל הַגּוֹיִם" וְגוֹ' (ירמיה ל, יח), אֵינָן נִמְנִין עִם

ביאור | המזבח. ד ואכן – **וַיִּקָּר**, נפגש, הזדמן **אֱלֹהִים אֶל בִּלְעָם, וַיֹּאמֶר אֵלָיו** בלעם: **אֶת שִׁבְעַת הַמִּזְבְּחֹת עָרַכְתִּי, וָאַעַל**, והעליתי **פָּר וָאַיִל בַּמִּזְבֵּחַ.** הכנתי הכול.

ה **וַיָּשֶׂם ה׳ דָּבָר בְּפִי בִלְעָם, וַיֹּאמֶר: שׁוּב אֶל בָּלָק וְכֹה תְדַבֵּר.** ההקשר מלמד שבלעם קיבל מסר שעליו לנסח באוזני בלק, ולא מלים מדויקות שיצטרך לצטט.

ו **וַיָּשָׁב אֵלָיו, וְהִנֵּה** בלק **נִצָּב עַל**, עומד ליד **עֹלָתוֹ, הוּא וְכָל שָׂרֵי מוֹאָב.**

ז **וַיִּשָּׂא מְשָׁלוֹ**, שירו, מליצתו,[17] **וַיֹּאמַר: מִן אֲרָם יַנְחֵנִי**, הוביל אותי, קרא לי **בָלָק מֶלֶךְ מוֹאָב**, שכן בלעם חי על נהר פרת שבארם,[18] **מֵהַרְרֵי קֶדֶם**, הרי המזרח: **לְכָה**, לך **אָרָה**, קלל **לִּי**, בשבילי את **יַעֲקֹב, וּלְכָה זֹעֲמָה**, גרום לזעם, או: אמור דברי זעם על **יִשְׂרָאֵל.** ח **מָה אֶקֹּב**, אקלל, אם **לֹא קַבֹּה**, קילל **אֵל, וּמָה אֶזְעֹם**, כאשר **לֹא זָעַם ה׳**. לא אוכל למלא את בקשתו של בלק לקלל ולזעום, אם ה׳ אינו מעוניין בכך. ה׳ אינו רוצה בקללתו של העם הזה משום ייחודו. ובסגולתו המיוחדת בלעם ממשיך לִצפות: ט **כִּי מֵרֹאשׁ צֻרִים**, סלעים, צוקים **אֶרְאֶנּוּ**, אצפה בישראל, **וּמִגְּבָעוֹת אֲשׁוּרֶנּוּ**, אביט בו, שכן אני עומד במקום גבוה פיזית – בבמות בעל, ואף בנקודת תצפית על-זמנית. לכן אוכל לראות את ישראל מפרספקטיבה מוגבהת: **הֶן עָם לְבָדָד יִשְׁכֹּן, וּבַגּוֹיִם לֹא יִתְחַשָּׁב.** עם זה אינו חלק ממשפחת העמים. י **מִי מָנָה**, יכול

הרחבות | **'ויקר אלהים אל בלעם'** בפועל וַיִּקָּר, הנשנה בפרשה, יש כדי להעיד על תפיסת הנבואה של בלעם. אמנם בלעם התאמץ להגיע לנבואה, אך הוא חווה את ההשראה המזדמנת לו כאילו היא אירוע המתרחש באקראי. אכן, גם נביאים אחרים אינם שליטים ברוח הנבואה, אלא שהם ראו בה מתת אל, המושפעת אליהם מן הרצון העליון, ואילו בלעם רואה בה מקרה, ואינו מייחס לירידתה התכוונות אלוקית.

כ מִי מָנָה עֲפַר יַעֲקֹב וּמִסְפָּר אֶת־רֹבַע יִשְׂרָאֵל תָּמֹת י
נַפְשִׁי מוֹת יְשָׁרִים וּתְהִי אַחֲרִיתִי כָּמֹהוּ׃ וַיֹּאמֶר בָּלָק יא
אֶל־בִּלְעָם מֶה עָשִׂיתָ לִי לָקֹב אֹיְבַי לְקַחְתִּיךָ וְהִנֵּה
בֵּרַכְתָּ בָרֵךְ׃ וַיַּעַן וַיֹּאמַר הֲלֹא אֵת אֲשֶׁר יָשִׂים יהוה יב
חמישי בְּפִי אֹתוֹ אֶשְׁמֹר לְדַבֵּר׃ וַיֹּאמֶר אֵלָיו בָּלָק לְךָ־נָּא יג
אִתִּי אֶל־מָקוֹם אַחֵר אֲשֶׁר תִּרְאֶנּוּ מִשָּׁם אֶפֶס קָצֵהוּ
תִרְאֶה וְכֻלּוֹ לֹא תִרְאֶה וְקָבְנוֹ־לִי מִשָּׁם׃ וַיִּקָּחֵהוּ יד
שְׂדֵה צֹפִים אֶל־רֹאשׁ הַפִּסְגָּה וַיִּבֶן שִׁבְעָה מִזְבְּחֹת
וַיַּעַל פָּר וָאַיִל בַּמִּזְבֵּחַ׃ וַיֹּאמֶר אֶל־בָּלָק הִתְיַצֵּב כֹּה טו
עַל־עֹלָתֶךָ וְאָנֹכִי אִקָּרֶה כֹּה׃ וַיִּקָּר יהוה אֶל־בִּלְעָם טז
וַיָּשֶׂם דָּבָר בְּפִיו וַיֹּאמֶר שׁוּב אֶל־בָּלָק וְכֹה תְדַבֵּר׃
וַיָּבֹא אֵלָיו וְהִנּוֹ נִצָּב עַל־עֹלָתוֹ וְשָׂרֵי מוֹאָב אִתּוֹ יז

רש"י

הַשְׁחָה. דָּבָר אַחֵר, כְּשֶׁהֵן שְׂמֵחִין אֵין אֻמָּה שְׂמֵחָה עִמָּהֶם, שֶׁנֶּאֱמַר: "ה' בָּדָד יַנְחֶנּוּ" (דברים לב, יב). וּכְשֶׁהָאֻמּוֹת בְּטוֹבָה הֵם אוֹכְלִין עִם כָּל אֶחָד וְאֶחָד וְאֵין עוֹלֶה לָהֶם מִן הַחֶשְׁבּוֹן, וְזֶהוּ: "וּבַגּוֹיִם לֹא יִתְחַשָּׁב".

י **מִי מָנָה עֲפַר יַעֲקֹב וְגוֹ'.** כְּתַרְגּוּמוֹ: "דַּעְדְקַיָּא דְּבֵית יַעֲקֹב כוּ' מֵאַרְבַּע מַשְׁרְיָתָא" מֵאַרְבָּעָה דְּגָלִים. דָּבָר אַחֵר, "עֲפַר יַעֲקֹב", אֵין חֶשְׁבּוֹן בַּמִּצְוֹת שֶׁהֵם מְקַיְּמִין בֶּעָפָר: "לֹא תַחֲרֹשׁ בְּשׁוֹר וּבַחֲמֹר" (דברים כב, י), "לֹא תִזְרַע כִּלְאָיִם" (ויקרא יט, יט), אֵפֶר פָּרָה (לעיל יט, ט) וַעֲפַר סוֹטָה (לעיל ה, יז) וְכַיּוֹצֵא בָּהֶם. **וּמִסְפָּר אֶת רֹבַע יִשְׂרָאֵל.** רְבִיעוֹתֵיהֶן, זֶרַע הַיּוֹצֵא מִן הַתַּשְׁמִישׁ שֶׁלָּהֶם: **תָּמֹת נַפְשִׁי מוֹת יְשָׁרִים.** שֶׁבָּהֶם.

יג **וְקָבְנוֹ לִי.** לְשׁוֹן צִוּוּי, קַלְלֵהוּ לִי:

יד **שְׂדֵה צֹפִים.** מָקוֹם גָּבוֹהַּ הָיָה, שֶׁשָּׁם הַצּוֹפֶה עוֹמֵד לִשְׁמֹר אִם יָבֹא חַיִל עַל הָעִיר: **רֹאשׁ הַפִּסְגָּה.** בִּלְעָם לֹא הָיָה קוֹסֵם כְּבָלָק, רָאָה בָּלָק שֶׁעֲתִידָה פִּרְצָה לְהִפָּרֵץ בְּיִשְׂרָאֵל מִשָּׁם, שֶׁשָּׁם מֵת מֹשֶׁה, כִּסְבוּר שֶׁשָּׁם תָּחוּל עֲלֵיהֶם הַקְּלָלָה וְזוֹ הִיא הַפִּרְצָה שֶׁהוּא רוֹאֶה:

טו **אִקָּרֶה כֹּה.** מֵאֵת הַקָּדוֹשׁ בָּרוּךְ הוּא. 'אִקָּרֶה' לְשׁוֹן אֶתְפַּעֵל:

טז **וַיָּשֶׂם דָּבָר בְּפִיו.** וּמָה הִיא הַשִּׂימָה הַזֹּאת, וּמֶה חָסֵר הַמִּקְרָא בְּאָמְרוֹ: "שׁוּב אֶל בָּלָק וְכֹה תְדַבֵּר"? אֶלָּא כְּשֶׁהָיָה שׁוֹמֵעַ שֶׁאֵינוֹ נִרְשֶׁה לְקַלֵּל, אָמַר: מָה אֲנִי חוֹזֵר אֵצֶל בָּלָק לְצַעֲרוֹ, וְנָתַן לוֹ הַקָּדוֹשׁ בָּרוּךְ הוּא רֶסֶן וְחַכָּה בְּפִיו כְּאָדָם הַפּוֹקֵס בְּהֵמָה בְּחַכָּה לְהוֹלִיכָהּ אֶל אֲשֶׁר יִרְצֶה, אָמַר לוֹ: עַל כָּרְחֲךָ תָּשׁוּב אֵצֶל בָּלָק:

יז **וְשָׂרֵי מוֹאָב אִתּוֹ.** וּלְמַעְלָה הוּא אוֹמֵר: "וְכָל שָׂרֵי מוֹאָב" (לעיל פסוק ו), כֵּיוָן שֶׁרָאוּ שֶׁאֵין בּוֹ תִּקְוָה הָלְכוּ לָהֶם מִקְצָתָם, וְלֹא

ביאור | לספור את **עֲפַר יַעֲקֹב**, העפר שהוא מדרך רגליהם של יעקב, או: את בני יעקב הרבים כעפר?![19] **וּמִסְפָּר**, ומי ספר[20] **אֶת רֹבַע**, אפילו רבע מעם[21] **יִשְׂרָאֵל**?! ישראל הם ישות לעצמה, ואינם נשלטים על ידי מספרים. הייתי רוצה **שתָּמֹת נַפְשִׁי מוֹת יְשָׁרִים, וּתְהִי אַחֲרִיתִי**, ולוואי שיהיה סופי **כָּמֹהוּ**, כמו אחד מישראל.

יא **וַיֹּאמֶר בָּלָק** בזעזוע **אֶל בִּלְעָם: מֶה עָשִׂיתָ לִי?! לָקֹב**, לקלל **אֹיְבַי לְקַחְתִּיךָ – וְהִנֵּה בֵּרַכְתָּ בָרֵךְ!**

יב **וַיַּעַן** בלעם **וַיֹּאמַר: הֲלֹא אֵת אֲשֶׁר יָשִׂים ה' בְּפִי – אֹתוֹ אֶשְׁמֹר לְדַבֵּר**, ואינני מדבר לפי הזמנתך.

יג **וַיֹּאמֶר אֵלָיו בָּלָק: לְךָ**, לך **נָּא אִתִּי אֶל מָקוֹם אַחֵר אֲשֶׁר תִּרְאֶנּוּ**, את העם **מִשָּׁם, אֶפֶס קָצֵהוּ תִרְאֶה, וְכֻלּוֹ לֹא תִרְאֶה, וְקָבְנוֹ**, וקלל אותו **לִי מִשָּׁם**. הבט על ישראל מזווית אחרת; אולי משם תחול הקללה.

יד **וַיִּקָּחֵהוּ שְׂדֵה צֹפִים אֶל רֹאשׁ הַפִּסְגָּה**, שוב אל ראש הר, **וַיִּבֶן שִׁבְעָה מִזְבְּחֹת, וַיַּעַל פָּר וָאַיִל בַּמִּזְבֵּחַ**, לפי הוראותיו של בלעם.

טו **וַיֹּאמֶר אֶל בָּלָק: הִתְיַצֵּב**, עמוד **כֹּה**. כפי שאתה עומד כעת הישאר לעמוד **עַל** יד **עֹלָתֶךָ, וְאָנֹכִי אִקָּרֶה כֹּה**, ואני אלך עד שיזדמן עלי דבר הנבואה.

טז **וַיִּקָּר**, הזדמן, הופיע **ה' אֶל בִּלְעָם, וַיָּשֶׂם ה' דָּבָר בְּפִיו**, שוב, **וַיֹּאמֶר: שׁוּב אֶל בָּלָק וְכֹה תְדַבֵּר**. בלעם התמלא בדבר ה', אך ייתכן שעדיין לא ידע מה הוא עתיד לומר.

יז **וַיָּבֹא אֵלָיו**, אל בלק, **וְהִנּוֹ נִצָּב עַל עֹלָתוֹ**, כמו שהורה לו בלעם, **וְשָׂרֵי**

העולם | **שְׂדֵה צֹפִים** לפי אונקלוס ותרגום השבעים, זהו תיאור של מקום כלשהו. לעומת זאת, במחקר היה מי שראה בו שם פרטי למקום מסוים בשם זה, ובשל דמיון השם זיהה אותו עם טלעת א-צפא, גוש ההרים בקצה הצפון-מערבי של הרמה היורדת במתלול חד לים המלח.

וַיֹּאמֶר לוֹ בָּלָק מַה־דִּבֶּר יהוה: וַיִּשָּׂא מְשָׁלוֹ וַיֹּאמַר יח
קוּם בָּלָק וּשֲׁמָע הַאֲזִינָה עָדַי בְּנוֹ צִפֹּר: לֹא אִישׁ אֵל יט
וִיכַזֵּב וּבֶן־אָדָם וְיִתְנֶחָם הַהוּא אָמַר וְלֹא יַעֲשֶׂה וְדִבֶּר
וְלֹא יְקִימֶנָּה: הִנֵּה בָרֵךְ לָקָחְתִּי וּבֵרֵךְ וְלֹא אֲשִׁיבֶנָּה: כ
לֹא־הִבִּיט אָוֶן בְּיַעֲקֹב וְלֹא־רָאָה עָמָל בְּיִשְׂרָאֵל כא
יהוה אֱלֹהָיו עִמּוֹ וּתְרוּעַת מֶלֶךְ בּוֹ: אֵל מוֹצִיאָם כב
מִמִּצְרָיִם כְּתוֹעֲפֹת רְאֵם לוֹ: כִּי לֹא־נַחַשׁ בְּיַעֲקֹב כג

רש"י | נִשְׁאֲרוּ אֶלָּא מִקְצָתָם: **מַה דִּבֶּר ה'.** לְשׁוֹן צְחוֹק הוּא זֶה, כְּלוֹמַר אֵינְךָ בִּרְשׁוּתְךָ:

יח) **קוּם בָּלָק.** כֵּיוָן שֶׁרָאָהוּ מְצַחֵק בּוֹ, נִתְכַּוֵּן לְצַעֲרוֹ: עֲמֹד עַל רַגְלֶיךָ, אֵינְךָ רַשַּׁאי לֵישֵׁב וַאֲנִי שָׁלוּחַ אֵלֶיךָ בִּשְׁלִיחוּתוֹ שֶׁל מָקוֹם: **בְּנוֹ צִפֹּר.** לְשׁוֹן מִקְרָא הוּא כֵּן, כְּמוֹ: "חַיְתוֹ יָעַר" (תהלים נ, י), "וְחַיְתוֹ אֶרֶץ" (בראשית א, כד), "לְמַעְיְנוֹ מָיִם" (תהלים קיד, ח):

יט) **לֹא אִישׁ אֵל וְגוֹ'.** כְּבָר נִשְׁבַּע לָהֶם לַהֲבִיאָם וּלְהוֹרִישָׁם אֶרֶץ שִׁבְעָה עֲמָמִים, וְאַתָּה סָבוּר לַהֲמִיתָם בַּמִּדְבָּר?: **הַהוּא אָמַר וְגוֹ'.** בִּלְשׁוֹן תֵּמַהּ, וְתַרְגּוּמוֹ: "תָּיְבִין וּמִתְמַלְכִין", חוֹזְרִים וְנִמְלָכִין לַחֲזֹר בָּהֶם:

כ) **הִנֵּה בָרֵךְ לָקָחְתִּי.** אַתָּה שׁוֹאֲלֵנִי: "מַה דִּבֶּר ה'" (לעיל פסוק יז), קִבַּלְתִּי מִמֶּנּוּ לְבָרֵךְ אוֹתָם: **וּבֵרֵךְ וְלֹא אֲשִׁיבֶנָּה.** הוּא בֵּרַךְ אוֹתָם, וַאֲנִי לֹא אָשִׁיב אֶת בִּרְכָתוֹ: **וּבֵרֵךְ.** כְּמוֹ 'וּבֵרַךְ' וְכֵן הוּא גִּזְרַת רֵי"שׁ, כְּמוֹ: "אוֹיֵב חֵרֵף" (תהלים עד, יח) כְּמוֹ 'חֵרַף', וְכֵן: "וּבֹצֵעַ בֵּרֵךְ" (שם י, ג), הַמְהַלֵּל וּמְבָרֵךְ אֶת הַגּוֹזֵל וְאוֹמֵר לוֹ: אַל תִּירָא כִּי לֹא תֵעָנֵשׁ, שָׁלוֹם יִהְיֶה לְךָ, מַרְגִּיז הוּא לְהַקָּדוֹשׁ בָּרוּךְ הוּא. וְאֵין לוֹמַר 'בֵּרֵךְ' שֵׁם דָּבָר, שֶׁאִם כֵּן הָיָה נָקוּד בְּפַתָּח קָטָן (סגול) וְטַעְמוֹ לְמַעְלָה, אֲבָל לְפִי שֶׁהוּא לְשׁוֹן פִּעֵל, הוּא נָקוּד קָמָץ קָטָן (צירי) וְטַעְמוֹ לְמַטָּה:

כא) **לֹא הִבִּיט אָוֶן וְגוֹ'.** כְּתַרְגּוּמוֹ. דָּבָר אַחֵר, אַחֲרֵי פְּשׁוּטוֹ הוּא נִדְרָשׁ מִדְרָשׁ נָאֶה: "לֹא הִבִּיט" הַקָּדוֹשׁ בָּרוּךְ הוּא אָוֶן שֶׁבְּיַעֲקֹב, שֶׁכְּשֶׁהֵן עוֹבְרִין עַל דְּבָרָיו, אֵינוֹ מְדַקְדֵּק אַחֲרֵיהֶם לְהִתְבּוֹנֵן בְּאוֹנִיּוֹת שֶׁלָּהֶם וּבַעֲמָלָן שֶׁהֵן עוֹבְרִין עַל דָּתוֹ: **עָמָל.** לְשׁוֹן עֲבֵרָה, כְּמוֹ: "הָרָה עָמָל" (איוב טו, לה), "כִּי אַתָּה עָמָל וָכַעַס תַּבִּיט" (תהלים י, יד), לְפִי שֶׁהָעֲבֵרָה הִיא עָמָל לִפְנֵי הַמָּקוֹם: **ה' אֱלֹהָיו עִמּוֹ.** אֲפִלּוּ מַכְעִיסִין וּמַמְרִים לְפָנָיו אֵינוֹ זָז מִתּוֹכָן: **וּתְרוּעַת מֶלֶךְ בּוֹ.** לְשׁוֹן חִבָּה וְרֵעוּת, כְּמוֹ: "רֵעֶה דָוִד" (שמואל ב' טו, לז), אוֹהֵב דָּוִד, "וַיִּתְּנָהּ לְמֵרֵעֵהוּ" (שופטים טו, ו). וְכֵן תִּרְגֵּם אוּנְקְלוֹס: "וּשְׁכִינַת מַלְכְּהוֹן בֵּינֵיהוֹן":

כב) **אֵל מוֹצִיאָם מִמִּצְרָיִם.** אַתָּה אָמַרְתָּ: "הִנֵּה עַם יָצָא מִמִּצְרַיִם" (לעיל כב, ה), לֹא יָצָא מֵעַצְמוֹ אֶלָּא הָאֱלֹהִים הוֹצִיאָם: **כְּתוֹעֲפֹת רְאֵם לוֹ.** כְּתֹקֶף רוּם וְגֹבַהּ שֶׁלּוֹ, וְכֵן: "וְכֶסֶף תּוֹעָפוֹת" (איוב כב, כה), לְשׁוֹן מָעוֹז הֵמָּה. וְאוֹמֵר אֲנִי שֶׁהוּא לְשׁוֹן: "וְעוֹף יְעוֹפֵף" (בראשית א, כ), הַמְעוֹפֵף בְּרוּם וָגֹבַהּ, וְתֹקֶף רַב הוּא זֶה, "וְתוֹעֲפֹת רְאֵם" עֲפִיפַת גֹּבַהּ. דָּבָר אַחֵר, "תּוֹעֲפֹת רְאֵם", תֹּקֶף רְאֵמִים, וְאָמְרוּ רַבּוֹתֵינוּ: אֵלּוּ הַשֵּׁדִים:

כג) **כִּי לֹא נַחַשׁ בְּיַעֲקֹב.** כִּי רְאוּיִם הֵם לִבְרָכָה, שֶׁאֵין בָּהֶם מְנַחֲשִׁים וְקוֹסְמִים:

ביאור | **מוֹאָב** נמצאים **אִתּוֹ. וַיֹּאמֶר לוֹ בָּלָק**, המבחין שהוא טעון בנבואה: **מַה**
דִּבֶּר ה'? בשאלה זו מבטא בלק זלזול: אחרי שחזרת ואמרת שלא
אתה עצמך מדבר, אלא ה' – מה אמר ה'?[22]

יח **וַיִּשָּׂא מְשָׁלוֹ וַיֹּאמַר: קוּם בָּלָק וּשְׁמָע, הַאֲזִינָה עָדַי**, לי **בְּנוֹ** של **צִפֹּר**.
אולי בפנייה זו הוא מגיב לזלזול ששמע בקולו של בלק. יט **לֹא**
אִישׁ הוא **אֵל – וִיכַזֵּב**, ולא יעמוד בדבריו, ולא **בֶן אָדָם**, העשוי
להתחרט – **וְיִתְנֶחָם**. האם **הוּא**, האל **אָמַר – וְלֹא יַעֲשֶׂה**?! **וְ**האם הוא
דִבֶּר – וְלֹא יְקִימֶנָּה, יקיים את דברו?![23] כ וזה דברו: **הִנֵּה בָרֵךְ לָקָחְתִּי** את
בלעם, **וּבֵרֵךְ – וְלֹא אֲשִׁיבֶנָּה**, ולא אחזור בי מן הברכה. שכן אלוקים
אוהב את העם הזה – כא **לֹא הִבִּיט**, ראה, הבחין **בְּאָוֶן**, חטא **בְּיַעֲקֹב**,
וְלֹא רָאָה עָמָל, חטא **בְּיִשְׂרָאֵל**. כאשר ה' מביט בעמו, אין הוא רואה
בהם דבר מגונה. **ה' אֱלֹהָיו עִמּוֹ, וּתְרוּעַת מֶלֶךְ בּוֹ**. העם מריע בשופר,
בכלי אחר או בפה לכבוד המלך, או: העם מתרועע עם מלכו וקרוב
אליו, והמלך רוצה בקרבה זו.[24] כב **הָאֵל שֶׁמּוֹצִיאָם מִמִּצְרָיִם** מרומם
ומנושא – **כְּתוֹעֲפֹת**, כמו קרני **רְאֵם** ההדורות והעצומות **לוֹ**. כג **כִּי**
לֹא נַחַשׁ, ניחוש פועל **בְּיַעֲקֹב, וְלֹא קֶסֶם** שולט **בְּיִשְׂרָאֵל**. כל הקסמים,

שור הבר ('ראם')

העולם | **רְאֵם** מין שור שנזכר כמה פעמים בתנ"ך (ראו דברים לג,יז; תהלים כב,כב; כט,ו). במחקר זוהה עם שור הבר (שם מדעי: Bos primigenius, ובאכדית: rimu). שור הבר, שהיה נפוץ בארץ בימי המקרא ונכחד, היה גדול בהרבה מהבקר המודרני, אורכו כ־3 מ', גובה כתפיו כ־2 מ', ומשקלו הגיע לטון. בימינו קוראים בשם זה לחיה אחרת בעלת קרנים ארוכות וחדות (שם מדעי: Oryx) שכנראה נקראת בתנ"ך דישון.

הרחבות | **אָוֶן וְעָמָל** הן מלים נרדפות לחטא. אין המלים הללו מדגישות את הרשעות שבחטא, אלא יותר את הבזבוז, ההבל או היעדר הערך והתוחלת שבמעשה שאינו ראוי. (ראו ישעיה א,יג; מא,כט; נט,ד וההרחבה שם; תהלים צ,י). אפילו חסרונות כאלה אין ה' רואה בעמו.

וְלֹא־קֶסֶם בְּיִשְׂרָאֵל כָּעֵת יֵאָמֵר לְיַעֲקֹב וּלְיִשְׂרָאֵל
מַה־פָּעַל אֵל: הֶן־עָם כְּלָבִיא יָקוּם וְכַאֲרִי יִתְנַשָּׂא לֹא כד
יִשְׁכַּב עַד־יֹאכַל טֶרֶף וְדַם־חֲלָלִים יִשְׁתֶּה: וַיֹּאמֶר כה
בָּלָק אֶל־בִּלְעָם גַּם־קֹב לֹא תִקֳּבֶנּוּ גַּם־בָּרֵךְ לֹא
תְבָרְכֶנּוּ: וַיַּעַן בִּלְעָם וַיֹּאמֶר אֶל־בָּלָק הֲלֹא דִּבַּרְתִּי כו
ששי /שביעי/ אֵלֶיךָ לֵאמֹר כֹּל אֲשֶׁר־יְדַבֵּר יְהוָה אֹתוֹ אֶעֱשֶׂה:
וַיֹּאמֶר בָּלָק אֶל־בִּלְעָם לְכָה־נָּא אֶקָּחֲךָ אֶל־מָקוֹם כז
אַחֵר אוּלַי יִישַׁר בְּעֵינֵי הָאֱלֹהִים וְקַבֹּתוֹ לִי מִשָּׁם:
וַיִּקַּח בָּלָק אֶת־בִּלְעָם רֹאשׁ הַפְּעוֹר הַנִּשְׁקָף עַל־פְּנֵי כח

רש"י | **כעת יאמר ליעקב וגו'.** עוד עתיד להיות עת כעת הזאת אשר תגלה חבתן לעין כל, שהן יושבין לפניו ולומדים תורה מפיו ומחיצתן לפנים ממלאכי השרת, והם ישאלו להם: "מה פעל אל", וזהו שנאמר: "והיו עיניך ראות את מוריך" (ישעיה ל, כ). דבר אחר, "יאמר ליעקב" אינו לשון עתיד אלא לשון הוה, אין צריכים למנחש וקוסם, כי בכל עת שצריך להאמר ליעקב ולישראל מה פעל הקדוש ברוך הוא ומה גזרותיו במרום, אין מנחשים וקוסמים, אלא נאמר להם על פי נביאיהם מה היא גזרת המקום, או אורים ותמים מגידים להם. ואונקלוס לא תרגם כן:

כד) **הן עם כלביא יקום וגו'.** כשהן עומדין משנתם שחרית הן מתגברים כלביא וכארי לחטוף את המצות, ללבש טלית, לקרא את שמע ולהניח תפלין: **לא ישכב.** בלילה על מטתו עד שהוא אוכל ומחבל כל מזיק הבא לטרפו. כיצד? קורא את שמע על מטתו ומפקיד רוחו ביד המקום. בא מחנה וגיס להזיקם, הקדוש ברוך הוא שומרם ונלחם מלחמותיהם ומפילם חללים. דבר אחר, "הן עם כלביא יקום" וגו', כתרגומו: **ודם חללים ישתה.** נתנבא שאין משה מת עד שיפיל מלכי מדין חללים ויהרג הוא עמהם, שנאמר: "ואת בלעם בן בעור הקוסם הרגו בני ישראל בחרב אל חלליהם" (יהושע יג, כב):

כה) **גם קב לא תקבנו.** "גם" ראשון מוסף על "גם" השני ו"גם" שני על "גם" ראשון, וכן: "גם לי גם לך לא יהיה" (מלכים א' ג, כו), וכן: "גם בחור גם בתולה" (דברים לב, כה):

כז) **וקבתו לי.** אין זה לשון צווי כמו "וקבנו" (לעיל פסוק יג), אלא לשון עתיד, אולי יישר בעיניו ותקבנו לי משם. מלדיר"ש לו"י בלע"ז:

כח) **ראש הפעור.** קוסם גדול היה בלק, וראה שהן עתידין ללקות על ידי פעור,

הרחבות | **'ויקח בלק את בלעם ראש הפעור'** חכמים העירו, שגם לבלק עצמו היה חוש רוחני אם כי לא היה נביא בדרגתו של בלעם ולכן הוליך את בלעם למקומות שבהם הרגיש שאורב לישראל דבר רע, כמו ראש הפעור, שבו עתידה להתרחש מפלה מוסרית לישראל (להלן כה,ג. וראו רש"י).

ביאור

הניחושים והלהטים שאני יכול לעשות לא ישפיעו על ישראל. ה' אינו מוצא בהם פגם, והוא מעלה אותם כך שלא אוכל לפגוע בהם. **כָּעֵת** מה **שיֵּאָמֵר** וייעשה **לְיַעֲקֹב וּלְיִשְׂרָאֵל** הוא **מַה שפָּעַל אֵל**. תהיה זו התגלות ישירה – **תְּרוּעַת מֶלֶךְ**, **תּוֹעֲפֹת רְאֵם** – ולא פרי כישוף
מכישופַי. כד **הֶן עָם כְּלָבִיא**, כמו אריה **יָקוּם, וְכַאֲרִי יִתְנַשָּׂא**. הצופה
בהתרוממות האריה מרבצו מבחין בכוח ובעצמה הרבה שבעצם התנועה; ומעבר לכך, הוא יודע כי האריה יצליח לבצע את זממו – **לֹא יִשְׁכַּב** שוב **עַד יֹאכַל טֶרֶף**, וְעד שאת **דַּם חֲלָלִים יִשְׁתֶּה**.

כה **וַיֹּאמֶר בָּלָק אֶל בִּלְעָם: גַּם קֹב לֹא תִקֳּבֶנּוּ**, תקלל אותו – לפחות **גַּם בָּרֵךְ לֹא תְבָרֲכֶנּוּ**.

כו **וַיַּעַן בִּלְעָם וַיֹּאמֶר אֶל בָּלָק: הֲלֹא דִּבַּרְתִּי אֵלֶיךָ** והזהרתי אותך **לֵאמֹר: כֹּל אֲשֶׁר יְדַבֵּר ה'** – **אֹתוֹ אֶעֱשֶׂה**, ואינני מדבר מרצוני.

כז **וַיֹּאמֶר בָּלָק אֶל בִּלְעָם: לְכָה נָּא אֶקָּחֲךָ אֶל מָקוֹם אַחֵר, אוּלַי יִישַׁר בְּעֵינֵי הָאֱלֹהִים וְקַבֹּתוֹ**, וקלל אותו **לִי מִשָּׁם**. אולי שם ימצא הדבר חן בעיני ה', והוא יאפשר לך לקלל אותם.

כח **וַיִּקַּח בָּלָק אֶת בִּלְעָם** אל **רֹאשׁ הַפְּעוֹר**, שוב ראש הר, **הַנִּשְׁקָף עַל פְּנֵי הַיְשִׁימֹן**, המדבר שבקצה גבול כנען.

אריה ('לביא', 'ארי')

העולם

לָבִיא ששה שמות לאריה במקרא: ארי, כפיר, לביא, ליש, שחל, שחץ (ראו אבות דרבי נתן נו"א לט). יש הטוענים שהבדלי השמות הללו משקפים שלבים בהתפתחות החיה ובהופעותיה. אחרים סבורים כי ריבוי השמות נובע מהזנים השונים של האריות שארצות המוצא שלהן שונות ושהם שונים בגודלם ובמבנה גופם. יצוין כי בספרות הזואולוגית מבחינים כיום בין עשרה סוגי אריות.

רֹאשׁ הַפְּעוֹר מזוהה עם ראס סיאעה על שיפולי הר נבו.

הַיְשִׁימֹן׃ וַיֹּאמֶר בִּלְעָם אֶל־בָּלָק בְּנֵה־לִי בָזֶה שִׁבְעָה כט
מִזְבְּחֹת וְהָכֵן לִי בָּזֶה שִׁבְעָה פָרִים וְשִׁבְעָה אֵילִם׃
וַיַּעַשׂ בָּלָק כַּאֲשֶׁר אָמַר בִּלְעָם וַיַּעַל פַּר וָאַיִל בַּמִּזְבֵּחַ׃ ל
וַיַּרְא בִּלְעָם כִּי טוֹב בְּעֵינֵי יהוה לְבָרֵךְ אֶת־יִשְׂרָאֵל א כד
וְלֹא־הָלַךְ כְּפַעַם־בְּפַעַם לִקְרַאת נְחָשִׁים וַיָּשֶׁת
אֶל־הַמִּדְבָּר פָּנָיו׃ וַיִּשָּׂא בִלְעָם אֶת־עֵינָיו וַיַּרְא אֶת־ ב
יִשְׂרָאֵל שֹׁכֵן לִשְׁבָטָיו וַתְּהִי עָלָיו רוּחַ אֱלֹהִים׃ וַיִּשָּׂא ג
מְשָׁלוֹ וַיֹּאמַר נְאֻם בִּלְעָם בְּנוֹ בְעֹר וּנְאֻם הַגֶּבֶר
שְׁתֻם הָעָיִן׃ נְאֻם שֹׁמֵעַ אִמְרֵי־אֵל אֲשֶׁר מַחֲזֵה ד
שַׁדַּי יֶחֱזֶה נֹפֵל וּגְלוּי עֵינָיִם׃ מַה־טֹּבוּ אֹהָלֶיךָ יַעֲקֹב ה

רש"י | ולא היה יודע במה. אמר: שמא הקללה תחול עליהם משם. וכן כל החוזים בכוכבים רואים ואין יודעין מה רואים:

פרק כד

א] **ויַּרְא בלעם כי טוב וגו'.** אמר: איני צריך לבדוק עוד בהקדוש ברוך הוא, כי לא יחפוץ לקללם: **ולא הלך כפעם בפעם.** כאשר עשה שתי פעמים: **לקראת נחשים.** לנחש אולי יקרה ה' לקראתו כרצונו. אמר: רוצה ולא רוצה לקללם, אזכיר עונותיהם, והקללה על הזכרת עונותיהם תחול: **וישת אל המדבר פניו.** כתרגומו:

ב] **וישא בלעם את עיניו.** בקש להכניס בהם עין רעה. והרי יש לך שלש מדותיו: עין רעה, ורוח גבוהה ונפש רחבה האמורים למעלה: **שכן לשבטיו.** ראה כל שבט ושבט שוכן לעצמו ואינן מעורבין, ראה שאין פתחיהם מכוונין זה כנגד זה, שלא יציץ לתוך אהל חברו: **ותהי עליו רוח אלהים.** עלה בלבו שלא יקללם:

ג] **בנו בער.** כמו: "למעינו מים" (תהלים קיד, ח). ומדרש אגדה, שניהם היו גדולים מאבותיהם: בלק "בנו צפר" (לעיל כג, יח), אביו בנו הוא במלכות, ובלעם גדול מאביו בנביאות, מנה בן פרס היה: **שתם העין.** עינו נקורה ומוצאת לחוץ וחור שלה נראה פתוח. ולשון משנה הוא: "כדי שישתום ויסתום ויגב" (עבודה זרה סט ע"א). ורבותינו אמרו: לפי שאמר: "ומספר את רבע ישראל" (לעיל כג, י) שהקדוש ברוך הוא יושב ומונה רביעותיהן של ישראל מתי תבוא טפה שנולד הצדיק ממנה, אמר בלבו, מי שהוא קדוש ומשרתיו קדושים יסתכל בדברים הללו, ועל דבר זה נסמית עינו של בלעם. ויש מפרשים "שתם העין" פתוח העין, כמו שתרגם אונקלוס, ועל שאמר "שתם העין" ולא אמר "שתם העינים" למדנו שסומא באחת מעיניו היה:

ד] **נפל וגלוי עינים.** פשוטו כתרגומו, שאין נראה עליו אלא בלילה כשהוא שוכב. ומדרשו: כשהיה נגלה עליו לא היה בו כח לעמד על רגליו ונופל על פניו, לפי שהיה ערל, ומאוס להיות נגלה עליו בקומה זקופה לפניו:

ה] **מה טבו אהליך.** על שראה פתחיהם

ביאור

כט **וַיֹּאמֶר בִּלְעָם אֶל בָּלָק** פעם נוספת: **בְּנֵה לִי בָזֶה שִׁבְעָה מִזְבְּחֹת, וְהָכֵן**
לִי בָּזֶה שִׁבְעָה פָרִים וְשִׁבְעָה אֵילִם. ל **וַיַּעַשׂ בָּלָק כַּאֲשֶׁר אָמַר בִּלְעָם, וַיַּעַל**
פָּר וָאַיִל אחד בכל **מִזְבֵּחַ.**

פרק כד א **וַיַּרְא בִּלְעָם כִּי טוֹב בְּעֵינֵי ה׳ לְבָרֵךְ אֶת יִשְׂרָאֵל,** וכבר אין טעם לחפש דרך נוספת לקללם, **וְלֹא הָלַךְ כְּפַעַם בְּפַעַם לִקְרַאת נְחָשִׁים,** ניחושים, קסמים, שהרי ניחושים אלו לא הוכיחו את עצמם. על כן – **וַיָּשֶׁת אֶל הַמִּדְבָּר פָּנָיו,** פנה אל המדבר, ממזרח למואב, ולא ניסה דבר. ב ושם – **וַיִּשָּׂא בִלְעָם אֶת עֵינָיו וַיַּרְא אֶת יִשְׂרָאֵל, שֹׁכֵן** בשקט **לִשְׁבָטָיו,** ואז **וַתְּהִי עָלָיו רוּחַ אֱלֹהִים.**

ג **וַיִּשָּׂא מְשָׁלוֹ וַיֹּאמַר: נְאֻם בִּלְעָם בְּנוֹ** של **בְעֹר, וּנְאֻם הַגֶּבֶר שְׁתֻם,** פְּתוּח[25]
הָעָיִן. ד **נְאֻם שֹׁמֵעַ אִמְרֵי אֵל, אֲשֶׁר מַחֲזֵה שַׁדַּי יֶחֱזֶה, נֹפֵל** בזמן ההתגלות, כדרכם של נביאים שאינם עומדים בעצמת הנבואה,[26] ולמרות שבנפילתו נראה שהוא חסר כל תודעה, הוא **גְלוּי עֵינָיִם,** הדברים גלויים לעיניו.

לאחר הכותרת שבה תיאר את עצמו, בלעם פותח את הנבואה בדברי ברכה פשוטים: ה **מַה טֹּבוּ,** כמה יפים **אֹהָלֶיךָ, יַעֲקֹב, מִשְׁכְּנֹתֶיךָ,**

הרחבות

׳מה טבו אהליך, יעקב׳ מעבר ליופי החזותי של מחנה ישראל חכמים פירשו שבלעם ראה יופי מוסרי בסדר האוהלים, בפרטיות של כל משפחה ובהרמוניה ששררה במחנה ישראל. (ראו רש״י פס׳ ב; בבא בתרא ס ע״א).

ו מִשְׁכְּנֹתֶיךָ יִשְׂרָאֵל: כִּנְחָלִים נִטָּיוּ כְּגַנֹּת עֲלֵי נָהָר
ז כַּאֲהָלִים נָטַע יהוה כַּאֲרָזִים עֲלֵי־מָיִם: יִזַּל־מַיִם
מִדָּלְיָו וְזַרְעוֹ בְּמַיִם רַבִּים וְיָרֹם מֵאֲגַג מַלְכּוֹ וְתִנַּשֵּׂא
ח מַלְכֻתוֹ: אֵל מוֹצִיאוֹ מִמִּצְרַיִם כְּתוֹעֲפֹת רְאֵם לוֹ
ט יֹאכַל גּוֹיִם צָרָיו וְעַצְמֹתֵיהֶם יְגָרֵם וְחִצָּיו יִמְחָץ: כָּרַע

רש"י | שֶׁאֵינָן מְכֻוָּנִין זֶה מוּל זֶה: מִשְׁכְּנֹתֶיךָ. חֲנִיּוֹתֶיךָ, כְּתַרְגּוּמוֹ. דָּבָר אַחֵר, "מַה טֹּבוּ אֹהָלֶיךָ", מַה טֹּבוּ אֹהֶל שִׁילֹה וּבֵית עוֹלָמִים בְּיִשּׁוּבָן, שֶׁמַּקְרִיבִין בָּהֶן קָרְבָּנוֹת לְכַפֵּר עֲלֵיכֶם: מִשְׁכְּנֹתֶיךָ. אַף כְּשֶׁהֵן חֲרֵבִין, לְפִי שֶׁהֵן מַשְׁכּוֹן עֲלֵיהֶן וְאֻרְבָּנָן כַּפָּרָה עַל הַנְּפָשׁוֹת, שֶׁנֶּאֱמַר: "כִּלָּה ה' אֶת חֲמָתוֹ" (איכה ד, יא), וּבַמֶּה כִּלָּה? "וַיַּצֶּת אֵשׁ בְּצִיּוֹן":

ו) כִּנְחָלִים נִטָּיוּ. שֶׁנֶּאֶרְכוּ וְנִמְשְׁכוּ לִנְטוֹת לְמֵרָחוֹק. אָמְרוּ רַבּוֹתֵינוּ: מִבִּרְכוֹתָיו שֶׁל אוֹתוֹ רָשָׁע אָנוּ לְמֵדִים מֶה הָיָה בְּלִבּוֹ לְקַלְּלָם כְּשֶׁאָמַר לְהָשִׁית אֶל הַמִּדְבָּר פָּנָיו, וּכְשֶׁהָפַךְ הַמָּקוֹם אֶת פִּיו בֵּרְכָם מֵעֵין אוֹתָם קְלָלוֹת שֶׁבִּקֵּשׁ לוֹמַר כו', כִּדְאִיתָא בְּ'חֵלֶק' (סנהדרין קה ע"ב): כַּאֲהָלִים. כְּתַרְגּוּמוֹ, לְשׁוֹן "מֹר וַאֲהָלוֹת" (תהלים מה, ט): נָטַע ה'. כְּגַן עֵדֶן. לָשׁוֹן אַחֵר, "כַּאֲהָלִים נָטַע ה'", כַּשָּׁמַיִם הַמְּתוּחִין כָּאֹהֶל, שֶׁנֶּאֱמַר: "וַיִּמְתָּחֵם כָּאֹהֶל לָשָׁבֶת" (ישעיה מ, כב): נָטַע ה'. לְשׁוֹן נְטִיעָה מָצִינוּ בְּאֹהָלִים, שֶׁנֶּאֱמַר: "וְיִטַּע אָהֳלֵי אַפַּדְנוֹ" (דניאל יא, מה):

ז) מִדָּלְיָו. מִבְּאֵרוֹתָיו, וּפֵרוּשׁוֹ כְּתַרְגּוּמוֹ: וְזַרְעוֹ בְּמַיִם רַבִּים. לְשׁוֹן הַצְלָחָה הוּא זֶה, כְּזֶרַע הַזָּרוּעַ עַל פְּנֵי הַמַּיִם: וְיָרֹם מֵאֲגַג מַלְכּוֹ. מֶלֶךְ רִאשׁוֹן שֶׁלָּהֶם יִכְבֹּשׁ אֶת אֲגַג מֶלֶךְ עֲמָלֵק: וְתִנַּשֵּׂא מַלְכֻתוֹ. שֶׁל יַעֲקֹב יוֹתֵר וְיוֹתֵר, שֶׁיָּבֹא אַחֲרָיו דָּוִד וּשְׁלֹמֹה:

ח) אֵל מוֹצִיאוֹ מִמִּצְרַיִם. מִי גּוֹרֵם לָהֶם הַגְּדֻלָּה הַזֹּאת? אֵל הַמּוֹצִיאָם מִמִּצְרַיִם, בְּתָקְפּוֹ וְרוּם שֶׁלּוֹ "יֹאכַל" אֶת הַגּוֹיִם שֶׁהֵם "צָרָיו": וְעַצְמֹתֵיהֶם. שֶׁל צָרִים: יְגָרֵם. מְנַחֵם פָּתַר בּוֹ לְשׁוֹן שְׁבִירָה, וְכֵן: "לֹא גָרְמוּ לַבֹּקֶר" (צפניה ג, ג), וְכֵן: "וְאֶת חֲרָשֶׂיהָ תְּגָרֵמִי" (יחזקאל כג, לד). וַאֲנִי אוֹמֵר, לְשׁוֹן עֶצֶם הוּא, שֶׁמְּגָרֵר הַבָּשָׂר בְּשִׁנָּיו מִסָּבִיב וְהַמֹּחַ שֶׁבִּפְנִים, וּמַעֲמִיד הָעֶצֶם עַל עַרְמִימוּתוֹ: וְחִצָּיו יִמְחָץ. אוּנְקְלוֹס תִּרְגֵּם "חִצָּיו" שֶׁל צָרִים, חֶלְקָה שֶׁלָּהֶם, כְּמוֹ: "בַּעֲלֵי חִצִּים" (בראשית מט, כג), מָרֵי פַלְגוּתָא – לְשׁוֹן חֲלֻקָּה וַחֲצִיָּה. וְכֵן "יִמְחָץ" לְשׁוֹן "וּמָחֲצָה וְחָלְפָה רַקָּתוֹ" (שופטים ה, כו), שֶׁיֶּחֱצוּ אֶת אַרְצָם. וְיֵשׁ לִפְתֹּר לְשׁוֹן חִצִּים מַמָּשׁ, "חִצָּיו" שֶׁל הַקָּדוֹשׁ בָּרוּךְ הוּא יִמְחַץ בְּדָמָם שֶׁל צָרִים, יִטְבֹּל וְיִצְטַבַּע בְּדָמָם, כְּמוֹ: "לְמַעַן תִּמְחַץ רַגְלְךָ בְּדָם" (תהלים סח, כד), וְאֵינוֹ זָז מִלְּשׁוֹן מַכָּה, כְּמוֹ "מָחַצְתִּי" (דברים לב, לט), שֶׁהַצָּבוּעַ בְּדָם נִרְאֶה כְּאִלּוּ מָחוּץ וְנָגוּעַ:

הרחבות | **המים** תופסים חלק ניכר מן הברכה, למרות שמבטו של בלעם פונה עתה אל המדבר הצחיח. הניגוד הזה מסמל אולי את העובדה שלמרות שבלעם ובלק רצו למצוא צד תורפה, שיממון וקללה הברכה ניתנת בפי בלעם בעל כרחו.

'וירם מאגג מלכו' נבואה עתידית זו אכן התגשמה מאות שנים מאוחר יותר מלכו הראשון של ישראל, שאול, גבר על אגג, המלך האחרון של עמלק, אויבם המושבע של ישראל. (ראו רש"י על אתר; שמואל א' טו). היו ששיערו כי אגג היה שמם המסורתי של מלכי עמלק לדורותיהם, ולא רק שמו הפרטי של מלך מסוים. (ראו בכור שור ורמב"ן).

ביאור | **יִשְׂרָאֵל!** ו אוהלי ישראל נראים **כִּנְחָלִים נִטָּיוּ**, המתפשטים ממקום למקום, **כְּגַנֹּת**, כמו גינות הצומחות ומשגשגות **עֲלֵי נָהָר**, **כַּאֲהָלִים** מין צמחי בושם **שֶׁנָּטַע ה׳**, **כַּאֲרָזִים עֲלֵי מָיִם**. לרוב הארז נטוע בהרים ולא על גבי המים. זהו אפוא דימוי מפליג לגודלם ועצמתם של ישראל: הארז גדול ושגיא גם כך; ואילו היו גדל ליד המים – על אחת כמה וכמה. ז **יִזַּל מַיִם מִדָּלְיָו**. מדליי ישראל ישפעו עוד ועוד מים, **וְזַרְעוֹ** יצמח ויתפשט הלאה **בְּמַיִם רַבִּים**, **וְיָרֹם**, יתרומם מֵעל **אֲגַג** מלך עמלק, **מַלְכּוֹ** של ישראל, **וְתִנַּשֵּׂא**, ותתעלה **מַלְכֻתוֹ** של ישראל. ח **אֵל מוֹצִיאוֹ מִמִּצְרַיִם** – **כְּתוֹעֲפֹת**, כקרני **רְאֵם לוֹ**. הוא אדיר ובולט. אלוקים, שעצמתו הגלויה לעיני כול דומתה כאן לקרני ראם, שהוא חיה צמחונית, מדומה מיד גם לאריה טורף – **יֹאכַל גּוֹיִם צָרָיו**, אויביו, **וְ**את **עַצְמֹתֵיהֶם יְגָרֵם**, יגרוס, יפורר, או: ישאיר מהחיות את עצמותיהם בלבד.[27] **וְ**את **חִצָּיו**, החצים שיורים כנגדו **יִמְחָץ**, ישבור. ט נראה שהפסוקים

אֲהָל

העולם | **אֲהָל** מקובל לזהותו עם בושם המופק מליבת עץ האלוי (aloe) ההודי (שם מדעי: Aquilaria agallocha), הגדל בהודו והודו-סין. הוא נחשב לאחד ממיני הבושם היקרים בעולם. ויש מי שזיהה עם אהל מצוי, (שם מדעי: Mesembryanthemum nodiflorum), צמח מדברי בשרני, שרוע ונמוך, המכיל שרף ריחני, צומח מהר ומכסה שטחים בירוק רענן. בתנ״ך מופיע כצמח בושם (תהלים מה,ט; משלי ז,יז; שיר השירים ד,יד), ובדברי חז״ל נזכר כצמח ששימש לכביסה (זבחים פח ע״א).

שָׁכַב כַּאֲרִי וּכְלָבִיא מִי יְקִימֶנּוּ מְבָרְכֶיךָ בָרוּךְ וְאֹרְרֶיךָ
אָרוּר׃ וַיִּחַר־אַף בָּלָק אֶל־בִּלְעָם וַיִּסְפֹּק אֶת־כַּפָּיו י
וַיֹּאמֶר בָּלָק אֶל־בִּלְעָם לָקֹב אֹיְבַי קְרָאתִיךָ וְהִנֵּה
בֵּרַכְתָּ בָרֵךְ זֶה שָׁלֹשׁ פְּעָמִים׃ וְעַתָּה בְּרַח־לְךָ אֶל־ יא
מְקוֹמֶךָ אָמַרְתִּי כַּבֵּד אֲכַבֶּדְךָ וְהִנֵּה מְנָעֲךָ יְהוָה
מִכָּבוֹד׃ וַיֹּאמֶר בִּלְעָם אֶל־בָּלָק הֲלֹא גַּם אֶל־ יב
מַלְאָכֶיךָ אֲשֶׁר־שָׁלַחְתָּ אֵלַי דִּבַּרְתִּי לֵאמֹר׃ אִם־ יג
יִתֶּן־לִי בָלָק מְלֹא בֵיתוֹ כֶּסֶף וְזָהָב לֹא אוּכַל לַעֲבֹר
אֶת־פִּי יְהוָה לַעֲשׂוֹת טוֹבָה אוֹ רָעָה מִלִּבִּי אֲשֶׁר־
שביעי יְדַבֵּר יְהוָה אֹתוֹ אֲדַבֵּר׃ וְעַתָּה הִנְנִי הוֹלֵךְ לְעַמִּי לְכָה יד
אִיעָצְךָ אֲשֶׁר יַעֲשֶׂה הָעָם הַזֶּה לְעַמְּךָ בְּאַחֲרִית
הַיָּמִים׃ וַיִּשָּׂא מְשָׁלוֹ וַיֹּאמַר נְאֻם בִּלְעָם בְּנוֹ בְעֹר טו
וּנְאֻם הַגֶּבֶר שְׁתֻם הָעָיִן׃ נְאֻם שֹׁמֵעַ אִמְרֵי־אֵל וְיֹדֵעַ טז
דַּעַת עֶלְיוֹן מַחֲזֵה שַׁדַּי יֶחֱזֶה נֹפֵל וּגְלוּי עֵינָיִם׃ אֶרְאֶנּוּ יז
וְלֹא עַתָּה אֲשׁוּרֶנּוּ וְלֹא קָרוֹב דָּרַךְ כּוֹכָב מִיַּעֲקֹב

רש"י

ט| **כָּרַע שָׁכַב כַּאֲרִי.** כְּתַרְגּוּמוֹ, יִתְיַשְּׁבוּ בְּאַרְצָם בְּכֹחַ וּבִגְבוּרָה:

י| **וַיִּסְפֹּק.** הִכָּה זוֹ עַל זוֹ:

יג| **לַעֲבֹר אֶת פִּי ה'.** כָּאן לֹא נֶאֱמַר 'אֱלֹהָי', כְּמוֹ שֶׁאָמַר בָּרִאשׁוֹנָה, לְפִי שֶׁיָּדַע שֶׁנִּכְנַס בְּהַקָּדוֹשׁ בָּרוּךְ הוּא וְנִטְרַד:

יד| **הוֹלֵךְ לְעַמִּי.** מֵעַתָּה הֲרֵינִי כִּשְׁאָר עַמִּי, שֶׁנִּסְתַּלֵּק הַקָּדוֹשׁ בָּרוּךְ הוּא מֵעָלָיו: **לְכָה אִיעָצְךָ.** מַה לְּךָ לַעֲשׂוֹת, וּמַה הִיא הָעֵצָה? אֱלֹהֵיהֶם שֶׁל אֵלּוּ שׂוֹנֵא זִמָּה הוּא כוּ', כִּדְאִיתָא בְּ'חֵלֶק' (סנהדרין קו ע"א). תֵּדַע שֶׁבִּלְעָם הַשִּׂיא עֵצָה זוֹ לְהַכְשִׁילָם בְּזִמָּה, שֶׁהֲרֵי נֶאֱמַר: "הֵן הֵנָּה הָיוּ לִבְנֵי יִשְׂרָאֵל בִּדְבַר בִּלְעָם" (להלן לא, טז): **אֲשֶׁר יַעֲשֶׂה הָעָם הַזֶּה לְעַמְּךָ.** מִקְרָא קָצָר הוּא זֶה, אִיעָצְךָ לְהַכְשִׁילָם, וְאֹמַר לְךָ מַה שֶּׁהֵן עֲתִידִין לְהָרַע לְמוֹאָב בְּאַחֲרִית הַיָּמִים: "וּמָחַץ פַּאֲתֵי מוֹאָב" (להלן פסוק יז). הַתַּרְגּוּם מְפָרֵשׁ קֹצֶר הָעִבְרִי:

טז| **וְיֹדֵעַ דַּעַת עֶלְיוֹן.** לְכַוֵּן הַשָּׁעָה שֶׁכּוֹעֵס בָּהּ:

יז| **אֶרְאֶנּוּ.** רוֹאֶה אֲנִי שִׁבְחוֹ שֶׁל יַעֲקֹב וּגְדֻלָּתוֹ, אַךְ לֹא עַתָּה הוּא אֶלָּא לְאַחַר זְמַן: **דָּרַךְ כּוֹכָב מִיַּעֲקֹב.** כְּתַרְגּוּמוֹ, לְשׁוֹן: "דָּרַךְ

ביאור פתחו בתיאור עצמתו של אלוקים הנלחם למען עמו, והם עוברים
בלי הבחנה ברורה לדבר בכוחו של עם ישראל, שבא לו מיד ה׳.
כָּרַע שָׁכַב כַּאֲרִי. כשהעם יושב על מקומו ואינו עורך מלחמה, הוא
דומה לרביצתו המפוארת והעצומה של אריה, **וּכְלָבִיא - מִי יְקִימֶנּוּ**.
אף אחד לא יעז להתגרות בו. **מְבָרֲכֶיךָ - בָרוּךְ**, **וְאֹרְרֶיךָ**, מקלליך -
אָרוּר.

י **וַיִּחַר אַף**, כעס **בָּלָק אֶל**, על **בִּלְעָם**, שכן נבואה זו כולה מתארת
את הצלחתם של ישראל בהווה ובעתיד. **וַיִּסְפֹּק אֶת כַּפָּיו** בצער.
וַיֹּאמֶר בָּלָק אֶל בִּלְעָם: לָקֹב, לקלל את **אֹיְבַי קְרָאתִיךָ - וְהִנֵּה בֵּרַכְתָּ
בָרֵךְ זֶה שָׁלֹשׁ פְּעָמִים!** יא **וְעַתָּה בְּרַח לְךָ אֶל מְקוֹמֶךָ**. חזור הביתה.
אָמַרְתִּי שאם תצליח **כַּבֵּד אֲכַבֶּדְךָ - וְהִנֵּה מְנָעֲךָ ה׳** המדבר מגרונך
מִכָּבוֹד.

יב **וַיֹּאמֶר בִּלְעָם אֶל בָּלָק**: אין לך סיבה לכעוס עלי, **הֲלֹא גַּם אֶל
מַלְאָכֶיךָ אֲשֶׁר שָׁלַחְתָּ אֵלַי דִּבַּרְתִּי לֵאמֹר:** יג **אִם יִתֶּן לִי בָלָק מְלֹא בֵיתוֹ כֶּסֶף
וְזָהָב - לֹא אוּכַל לַעֲבֹר אֶת פִּי ה׳ לַעֲשׂוֹת טוֹבָה אוֹ רָעָה מִלִּבִּי. אֲשֶׁר יְדַבֵּר
ה׳ - אֹתוֹ אֲדַבֵּר**. אני מבין שלא תשלם לי מפני שלא עשיתי כרצונך;
אני מקבל גם שלא תכבד אותי מפני שלא הצלחתי להגשים את
חלומותיך; אולם אכזבתך ממני אינה מוצדקת. לא הטעיתי אותך,
שהרי הודעתי לך מראש שכוחי מוגבל. יד **וְעַתָּה, הִנְנִי הוֹלֵךְ לְעַמִּי**,
אבל **לְכָה אִיעָצְךָ**, אחווה לך דעה, שהיא בעצם ידע נבואי נוסף[28]
לגבי **אֲשֶׁר יַעֲשֶׂה הָעָם הַזֶּה לְעַמְּךָ בְּאַחֲרִית הַיָּמִים**. לעומת הנבואות
הקודמות, שבעיקרן התייחסו להווה, נבואה זו תחול בעתיד, אך
קשה לדעת לאיזו תקופה בדיוק היא מתייחסת.

טו **וַיִּשָּׂא מְשָׁלוֹ**, מליצתו **וַיֹּאמַר: נְאֻם בִּלְעָם בְּנוֹ**, בן **בְעֹר וּנְאֻם הַגֶּבֶר
שְׁתֻם הָעָיִן**. זו אותה פתיחה שהופיעה בברכתו הקודמת, שיש
בה הצגת עצמו ואף התפארותו של מי שרואה עצמו נביא יודע-
כול.[29]

טז **נְאֻם שֹׁמֵעַ אִמְרֵי אֵל וְיֹדֵעַ דַּעַת עֶלְיוֹן**, אשר **מַחֲזֵה שַׁדַּי יֶחֱזֶה נֹפֵל**, בזמן
ההתגלות **וּגְלוּי עֵינָיִם**, הדברים נגלים לעיניו.

יז **אֶרְאֶנּוּ**, אני רואה דברים - **וְלֹא עַתָּה**, אבל הם לא יקרו עכשיו.
אֲשׁוּרֶנּוּ, אני צופה בחזון - **וְלֹא** יתממש **בְקָרוֹב**. אינני יודע מתי תתגשם
נבואתי, אך אני חוזה שיהיה זה בעתיד הרחוק. **דָּרַךְ**, יעלה, ייָרה
כמן הקשת המתוחה[30] **כּוֹכָב**, מנהיג מזהיר **מִיַּעֲקֹב**, **וְקָם**, ויקום **שֵׁבֶט**

וְקָם שֵׁבֶט מִיִּשְׂרָאֵל וּמָחַץ פַּאֲתֵי מוֹאָב וְקַרְקַר כָּל־
בְּנֵי־שֵׁת׃ וְהָיָה אֱדוֹם יְרֵשָׁה וְהָיָה יְרֵשָׁה שֵׂעִיר אֹיְבָיו יח
וְיִשְׂרָאֵל עֹשֶׂה חָיִל׃ וְיֵרְדְּ מִיַּעֲקֹב וְהֶאֱבִיד שָׂרִיד יט
מֵעִיר׃ וַיַּרְא אֶת־עֲמָלֵק וַיִּשָּׂא מְשָׁלוֹ וַיֹּאמַר רֵאשִׁית כ
גּוֹיִם עֲמָלֵק וְאַחֲרִיתוֹ עֲדֵי אֹבֵד׃ וַיַּרְא אֶת־הַקֵּינִי כא
וַיִּשָּׂא מְשָׁלוֹ וַיֹּאמַר אֵיתָן מוֹשָׁבֶךָ וְשִׂים בַּסֶּלַע קִנֶּךָ׃
כִּי אִם־יִהְיֶה לְבָעֵר קָיִן עַד־מָה אַשּׁוּר תִּשְׁבֶּךָּ׃ וַיִּשָּׂא כב כג
מְשָׁלוֹ וַיֹּאמַר אוֹי מִי יִחְיֶה מִשֻּׂמוֹ אֵל׃ וְצִים מִיַּד כד

רש"י

קַשְׁתּוֹ" (איכה ב, ד), שֶׁהַכּוֹכָב עוֹבֵר כַּחֵץ, וּבְלַעַז דישטינ"ט, כְּלוֹמַר יָקוּם מַזָּל: **וְקָם שֵׁבֶט.** מֶלֶךְ רוֹדֶה וּמוֹשֵׁל: **וּמָחַץ פַּאֲתֵי מוֹאָב.** זֶה דָּוִד, שֶׁנֶּאֱמַר בּוֹ: "הַשְׁכֵּב אוֹתָם אַרְצָה וַיְמַדֵּד שְׁנֵי חֲבָלִים לְהָמִית" וְגוֹ' (שמואל ב' ח, ב): **וְקַרְקַר.** לְשׁוֹן כּוֹרֶה, כְּמוֹ: "אֲנִי קַרְתִּי" (מלכים ב' יט, כד), "מַקֶּבֶת בּוֹר נֻקַּרְתֶּם" (ישעיה נא, א), "יִקְּרוּהָ עֹרְבֵי נַחַל" (משלי ל, יז), פורייי"ר בְּלַעַז: **כָּל בְּנֵי שֵׁת.** כָּל הָאֻמּוֹת, שֶׁכֻּלָּם יָצְאוּ מִן שֵׁת בְּנוֹ שֶׁל אָדָם הָרִאשׁוֹן:

יח| **וְהָיָה יְרֵשָׁה שֵׂעִיר אֹיְבָיו.** לְאוֹיְבָיו יִשְׂרָאֵל:

יט| **וְיֵרְדְּ מִיַּעֲקֹב.** וְעוֹד יִהְיֶה מוֹשֵׁל אַחֵר מִיַּעֲקֹב: **וְהֶאֱבִיד שָׂרִיד מֵעִיר.** הַחֲשׁוּבָה שֶׁל אֱדוֹם, הִיא רוֹמִי. וְעַל מֶלֶךְ הַמָּשִׁיחַ אוֹמֵר כֵּן, שֶׁנֶּאֱמַר בּוֹ: "וְיֵרְדְּ מִיָּם עַד יָם" (תהלים עב, ח), "וְלֹא יִהְיֶה שָׂרִיד לְבֵית עֵשָׂו" (עובדיה א, יח):

כ| **וַיַּרְא אֶת עֲמָלֵק.** נִסְתַּכֵּל בְּפֻרְעָנוּתוֹ שֶׁל עֲמָלֵק: **רֵאשִׁית גּוֹיִם עֲמָלֵק.** הוּא קָדַם אֶת כֻּלָּם לְהִלָּחֵם בְּיִשְׂרָאֵל, וְכָךְ תִּרְגֵּם אוּנְקְלוֹס, "וְאַחֲרִיתוֹ" לְאַבֵּד בְּיָדָם, שֶׁנֶּאֱמַר: "תִּמְחֶה אֶת זֵכֶר עֲמָלֵק" (דברים כה, יט):

כא| **וַיַּרְא אֶת הַקֵּינִי.** לְפִי שֶׁהָיָה קֵינִי תָּקוּעַ אֵצֶל עֲמָלֵק, כְּעִנְיָן שֶׁנֶּאֱמַר: "וַיֹּאמֶר שָׁאוּל אֶל הַקֵּינִי" וְגוֹ' (שמואל א' טו, ו), הִזְכִּירוֹ אַחַר עֲמָלֵק. נִסְתַּכֵּל בִּגְדֻלָּתָם שֶׁל בְּנֵי יִתְרוֹ שֶׁנֶּאֱמַר בָּהֶם: "תִּרְעָתִים שִׁמְעָתִים שׂוּכָתִים" (דברי הימים א' ב, נה): **אֵיתָן מוֹשָׁבֶךָ.** תָּמֵהַּ אֲנִי מֵהֵיכָן זָכִיתָ לְכָךְ, הֲלֹא אַתָּה עִמִּי הָיִיתָ בַּעֲצַת "הָבָה נִתְחַכְּמָה לוֹ" (שמות א, י), וְעַתָּה נִתְיַשַּׁבְתָּ בְּאֵיתָן וּמָעוֹז שֶׁל יִשְׂרָאֵל:

כב| **כִּי אִם יִהְיֶה לְבָעֵר קָיִן וְגוֹ'.** אַשְׁרֶיךָ שֶׁנִּתְקַעְתָּ לְתֹקֶף זֶה, שֶׁאֵינְךָ נִטְרָד עוֹד מִן הָעוֹלָם, כִּי אַף אִם אַתָּה עָתִיד לִגְלוֹת עִם עֲשֶׂרֶת הַשְּׁבָטִים וְתִהְיֶה לְבָעֵר מִמָּקוֹם שֶׁנִּתְיַשַּׁבְתָּ שָׁם, מַה בְּכָךְ?: **עַד מָה אַשּׁוּר תִּשְׁבֶּךָּ.** עַד הֵיכָן הוּא מַגְלֶה אוֹתְךָ, שֶׁמָּא לַחְלַח וְחָבוֹר, אֵין זֶה טֵרוּד מִן הָעוֹלָם, אֶלָּא טִלְטוּל מִמָּקוֹם לְמָקוֹם, וְתָשׁוּב עִם שְׁאָר הַגָּלֻיּוֹת:

כג-כד| **וַיִּשָּׂא מְשָׁלוֹ וְגוֹ'.** כֵּיוָן שֶׁהִזְכִּיר אֶת שְׁבִיַּת אַשּׁוּר, אָמַר: **אוֹי מִי יִחְיֶה מִשֻּׂמוֹ אֵל.** מִי יָכוֹל לְהַחֲיוֹת אֶת עַצְמוֹ מִשּׂוּמוֹ אֶת אֵלֶּה, שֶׁלֹּא יָשִׂים עָלָיו הָאֵל אֶת אֵלֶּה, שֶׁיַּעֲמֹד סַנְחֵרִיב וִיבַלְבֵּל אֶת כָּל הָאֻמּוֹת, וְעוֹד יָבוֹאוּ "צִים מִיַּד כִּתִּים" וְיַעַבְרוּ כִּתִּיִּים שֶׁהֵן רוֹמִיִּים בְּבִירָנִיּוֹת גְּדוֹלוֹת עַל אַשּׁוּר:

ביאור | **קַרְקַר**, קצות **מוֹאָב**, יכה וישבור את **פַּאֲתֵי**, ומוחץ, **וּמָחַץ**, מושלים **מִיִּשְׂרָאֵל**,
וישחית את **כָּל בְּנֵי שֵׁת**, בני האדם.[31] יח **וְהָיָה אֱדוֹם יְרֵשָׁה**. ישראל
יירשו וינחלו את אדום. **וְהָיָה יְרֵשָׁה שֵׂעִיר**, אדום, שהם **אֹיְבָיו** של
ישראל, שהרי האדומים לא הרשו לישראל לעבור בגבולם. **וְיִשְׂרָאֵל**
עֹשֶׂה, יעשה **חָיִל**. יט **וְיֵרְדְּ**, וירדֶה שליט שיבוא **מִיַּעֲקֹב**, **וְהֶאֱבִיד שָׂרִיד**
מֵעִיר, מכל ערי אדום,[32] או: מכל עיר.[33]

כ **וַיַּרְא אֶת עֲמָלֵק**, בין שבעיניו ראה אותם שוכנים בקרבת ישראל,
ובין שראה אותם בחזונו.[34] **וַיִּשָּׂא מְשָׁלוֹ וַיֹּאמַר: רֵאשִׁית גּוֹיִם עֲמָלֵק**,
עמלק היה העם הראשון שנלחם עם ישראל,[35] **וְאַחֲרִיתוֹ**, וסופו **עֲדֵי**
אֹבֵד, אבדון.

כא **וַיַּרְא אֶת הַקֵּינִי**, בניו של יתרו ובני משפחתו, שכנוודים היו קשורים
עם העמלקים.[36] **וַיִּשָּׂא מְשָׁלוֹ וַיֹּאמַר: אֵיתָן**, חזק ומוצק **מוֹשָׁבֶךָ**, **וְשִׂים**
בַּסֶּלַע קִנֶּךָ, שמשם אי אפשר להעבירך, שכן אתה ידיד לישראל. כב **כִּי**
אִם, כאשר בכל זאת **יִהְיֶה לְבָעֵר**, יסולק **קָיִן** – **עַד מָה**, מתי **אַשּׁוּר**
תִּשְׁבֶּךָּ?! אשור תשבה אותך רק באופן זמני.[37]

כג **וַיִּשָּׂא מְשָׁלוֹ וַיֹּאמַר: אוֹי! מִי יִחְיֶה**, ישרוד **מִשֻּׂמוֹ אֵל**, כאשר אלוקים
ישים ידו ויפעל בעולם?! באותם ימים יבואו עמים רחוקים לכבוש
את האזור: כד **וְצִים**, עמים יורדי ים יֵצאו **מִיַּד כִּתִּים**, בני רומא,[38] או:

הרחבות | ׳וְיֵרְדְּ מיעקב והֶאֱביד שריד מעיר׳ היו שפירשו כי הנבואה הזו מדברת באבדן רומא בזמנים רחוקים מאוד, (ראו יונתן ורש״י), שכן הנצרות זוהתה עם מלכות אדום. (ראו בהערה לישעיה כא, יא).

כִּתִּים וְעִנּוּ אַשּׁוּר וְעִנּוּ־עֵבֶר וְגַם־הוּא עֲדֵי אֹבֵד׃
וַיָּקָם בִּלְעָם וַיֵּלֶךְ וַיָּשָׁב לִמְקֹמוֹ וְגַם־בָּלָק הָלַךְ כה
לְדַרְכּוֹ׃
כא וַיֵּשֶׁב יִשְׂרָאֵל בַּשִּׁטִּים וַיָּחֶל הָעָם לִזְנוֹת אֶל־בְּנוֹת א כה
מוֹאָב׃ וַתִּקְרֶאןָ לָעָם לְזִבְחֵי אֱלֹהֵיהֶן וַיֹּאכַל הָעָם ב
וַיִּשְׁתַּחֲווּ לֵאלֹהֵיהֶן׃ וַיִּצָּמֶד יִשְׂרָאֵל לְבַעַל פְּעוֹר ג

רש"י | **וְעִנּוּ עֵבֶר.** וְעִנּוּ אוֹתָם שֶׁבְּעֵבֶר הַנָּהָר: **וְגַם הוּא עֲדֵי אֹבֵד.** וְכֵן פֵּרַשׁ דָּנִיֵּאל: "עַד דִּי קְטִילַת חֵיוְתָא וְהוּבַד גִּשְׁמַהּ" (דניאל ז, יא): **וְצִים.** סְפִינוֹת גְּדוֹלוֹת, כִּדְכְתִיב: "וְצִי אַדִּיר" (ישעיה לג, כא), תַּרְגּוּמוֹ "וּבוּרְנִי רַבְּתָא":

פרק כה

א| **בַּשִּׁטִּים.** כָּךְ שְׁמָהּ: **לִזְנוֹת אֶל בְּנוֹת מוֹאָב.** עַל יְדֵי עֲצַת בִּלְעָם, כִּדְאִיתָא בְּ'חֵלֶק' (סנהדרין קו ע"א):

ב| **וַיִּשְׁתַּחֲווּ לֵאלֹהֵיהֶן.** כְּשֶׁתָּקַף יִצְרוֹ עָלָיו וְאוֹמֵר לָהּ: הִשָּׁמְעִי לִי! וְהִיא מוֹצִיאָה לוֹ דְּמוּת פְּעוֹר מֵחֵיקָהּ וְאוֹמֶרֶת לוֹ הִשְׁתַּחֲוֵה לָזֶה:

ג| **פְּעוֹר.** עַל שֵׁם שֶׁפּוֹעֲרִין לְפָנָיו פִּי

הרחבות | **'ויחל העם לזנות אל בנות מואב'** מכיוון שהמואבים החליטו להימנע ממלחמה בישראל, וישראל חנו בקרבתם, החלה קבוצת אנשים מקצה המחנה להתרועע עם המואבים והמואביות. לאחר שנות נדודים ארוכות שבהן היו אורחות חייהם של בני ישראל קבועים תחת מערכת נוקשה, הגיעו עתה אל מקומות יישוב תרבותיים ונוחים, שיושביהם קרובים להם קרבת דם ואף דוברים לשון שאינה רחוקה מן הלשון שבפיהם שלהם. (ממצבת מישע מלך מואב עולה שהמואבית הייתה קרובה מאוד לעברית). באופן טבעי צמחו יחסי רֵעוּת טבעיים בין חלק מאנשי העם לבין שכניהם החדשים. מן ההמשך עולה שמנהיגי מואב, שלא רצו שהישראלים יציקו להם או יתקיפו אותם, עודדו את היחסים הללו. מלכתחילה המפגש עם בנות מואב לא נועד לשם זנות, אלא היה זה מפגש חברתי בין הנוודים לבין יושבות הארץ המואביות והמדיניות, ובסופו של דבר התפתחו הקשרים ליחסים אסורים. (ראו במדבר רבה כ,כג. ראו עוד בביאור לדברים ב,כט).

'ויצמד ישראל לבעל פעור' האנשים שחטאו בבנות מואב ובעקבות זאת עבדו לבעל פעור נולדו במשך המסע במדבר, כלומר היו אלה אנשים שלא הושפעו ישירות מהתרבות המצרית, אלא גדלו כבר על ברכי המצוות, החוקים והמשפטים שנתן משה. מן הסתם אחרי שנים שבהן חי העם במסגרת חוקים מוגדרים, חשו ישראל שהתנהגותם לא הייתה ראויה. ואולם נוכח הפיתוי והקשרים שהתפתחו בינם ובין בנות המקום התפוגגו האידיאלים שספגו בשנים שבהן חיו מסביב למחנה שכינה. ייתכן שכשלו בדבר זה משום שעדיין לא נוצרה מסורת ממושכת של שמירת חוקי התורה בעם; אולי אירע הדבר משום שעד לאותה שעה לא נאסרה להם במפורש קשירת קשר עם בנות עם אחר, ושמא לא ראו פגם בהתנהגות זו לפי אמות המידה המוסריות–האנושיות, שהרי לא היה כאן אונס, אלא שיתוף פעולה מרצון ומחיבה הדדית.

ביאור | בני יוון,[39] **וְעִנּוּ את אַשּׁוּר, וְעִנּוּ את עֵבֶר**, את כל בני עבר הנהר, ולא
רק את ישראל. **וְגַם הוּא**, העם המענה הזה **עֲדֵי אֹבֵד**, יאבד. בלעם
מתאר תבנית גולמית של ההיסטוריה הרחוקה: עמים גדולים ישברו
את העמים שקדמו להם, ולבסוף גם הם עצמם יישברו. רק ישראל
והקרובים אליהם, כמו הקיני, ישרדו. נבואה זו רלוונטית גם למואב,
שהרי עולה ממנה שגם אם המואבים יחזיקו מעמד לפי שעה, בסופו
של דבר הם ייכבשו ויישברו.

כה **וַיָּקָם בִּלְעָם וַיֵּלֶךְ וַיָּשָׁב לִמְקֹמוֹ** בלא שקיבל דבר. לאחר חזרתו לביתו
כנראה חדל מלהתנבא נבואות גדולות. מן ההמשך לומדים כי בדרכו
חזרה יעץ עצות נבזיות כנגד ישראל – והפעם לא כנביא אלא כאדם
פרטי ואולי כקוסם.[40] **וְגַם בָּלָק הָלַךְ לְדַרְכּוֹ** מאוכזב ומתוסכל, לאחר
ששמע כי לא נשקף עתיד לעמו בטווח הרחוק, ואילו קיומם של
ישראל יתמיד.

חטאי ישראל בשטים

פרק כה

בעניין הקודם התנהלה מלחמתו של בלק כנגד ישראל רק באמצעות כוחות שמימיים. במלחמה על-טבעית זו נחל מפלה. פיו של בלעם, שהיה אמור לשמש כלי נשק במלחמת המואבים בישראל, היה לאמצעי שדרכו הודיע ה' את אהבתו לעמו. בנבואותיו-ברכותיו של בלעם שמע בלק כי גם אם בפרקים שונים בתולדות מואב ידם תגבר על ישראל, בסופו של דבר שונאיהם של ישראל יכלו, ואילו ישראל ישרדו. בינתיים פועלים המואבים כנגד ישראל בכלים אחרים: הם מכשילים אותם בחטא, ובכך מבקשים להטות את לבם מאביהם שבשמים.[41] ממרומי הדיבור בסגולותיהם הנעלות של ישראל, נופל העם לתהומות החטא בהיכשלו בזנות ובעבודה זרה.

פרק כה א **וַיֵּשֶׁב יִשְׂרָאֵל בַּשִּׁטִּים**, מקום הסמוך למואב שכנראה
צמחו בו עצי שיטה, **וַיָּחֶל הָעָם לִזְנוֹת אֶל בְּנוֹת מוֹאָב**. ב בעקבות
זאת – **וַתִּקְרֶאןָ לָעָם לְזִבְחֵי אֱלֹהֵיהֶן. וַיֹּאכַל הָעָם וַיִּשְׁתַּחֲווּ לֵאלֹהֵיהֶן**.
ישראל לא הגיעו לחטאי עבודה זרה מראש, אלא מתוך עניינן בנשות
הארץ הם הצטרפו גם לפולחניהן, ג ובסופו של דבר – **וַיִּצָּמֶד יִשְׂרָאֵל
לְבַעַל פְּעוֹר**, האל המואבי שנחשב לשליט באותו אזור. **וַיִּחַר אַף ה'**

העולם | **שִׁטִּים** חוקרים רבים זיהו אותו עם תל אל-כפרין שמצפון לוואדי אל-כפרין בעבר הירדן המזרחי. אחרים זיהו אותו עם תל אל-חמאם ממזרח לתל אל-כפרין.

בַּעַל פְּעוֹר האליל מסוג בעל של המקום ששמו פעור. היו שקשרו אותו לזבחים שהוקרבו למתים, על פי תהלים (קו, כח). לפי התלמוד (בבלי סנהדרין סד ע"א), פולחן בעל פעור היה בזוי ומגונה וקשור ב'פעירה' – חשיפת הגוף ועשיית צרכים.

וַיִּחַר־אַף יְהוָה בְּיִשְׂרָאֵל׃ וַיֹּאמֶר יְהוָה אֶל־מֹשֶׁה ד
קַח אֶת־כָּל־רָאשֵׁי הָעָם וְהוֹקַע אוֹתָם לַיהוָה נֶגֶד
הַשָּׁמֶשׁ וְיָשֹׁב חֲרוֹן אַף־יְהוָה מִיִּשְׂרָאֵל׃ וַיֹּאמֶר מֹשֶׁה ה
אֶל־שֹׁפְטֵי יִשְׂרָאֵל הִרְגוּ אִישׁ אֲנָשָׁיו הַנִּצְמָדִים לְבַעַל
פְּעוֹר׃ וְהִנֵּה אִישׁ מִבְּנֵי יִשְׂרָאֵל בָּא וַיַּקְרֵב אֶל־אֶחָיו ו
אֶת־הַמִּדְיָנִית לְעֵינֵי מֹשֶׁה וּלְעֵינֵי כָּל־עֲדַת בְּנֵי־
מפטיר יִשְׂרָאֵל וְהֵמָּה בֹכִים פֶּתַח אֹהֶל מוֹעֵד׃ וַיַּרְא פִּינְחָס ז
בֶּן־אֶלְעָזָר בֶּן־אַהֲרֹן הַכֹּהֵן וַיָּקָם מִתּוֹךְ הָעֵדָה וַיִּקַּח
רֹמַח בְּיָדוֹ׃ וַיָּבֹא אַחַר אִישׁ־יִשְׂרָאֵל אֶל־הַקֻּבָּה ח
וַיִּדְקֹר אֶת־שְׁנֵיהֶם אֵת אִישׁ יִשְׂרָאֵל וְאֶת־הָאִשָּׁה
אֶל־קֳבָתָהּ וַתֵּעָצַר הַמַּגֵּפָה מֵעַל בְּנֵי יִשְׂרָאֵל׃ וַיִּהְיוּ ט
הַמֵּתִים בַּמַּגֵּפָה אַרְבָּעָה וְעֶשְׂרִים אָלֶף׃

רש״י הַטַּבַּעַת וּמוֹצִיאִין רְעִי, וְזוֹ הִיא עֲבוֹדָתוֹ: **וַיִּחַר אַף ה׳ בְּיִשְׂרָאֵל.** שָׁלַח בָּם מַגֵּפָה:

ד| **קַח אֶת כָּל רָאשֵׁי הָעָם.** לִשְׁפֹּט אֶת הָעוֹבְדִים לִפְעוֹר: **וְהוֹקַע אוֹתָם.** אֶת הָעוֹבְדִים: **וְהוֹקַע.** הִיא תְּלִיָּה, כְּמוֹ שֶׁמָּצִינוּ בִּבְנֵי שָׁאוּל: "וְהוֹקַעֲנוּם לַה׳" (שמואל ב׳ כא, ו), וְשָׁם תְּלִיָּה מְפֹרֶשֶׁת, עֲבוֹדָה זָרָה בִּסְקִילָה, וְכָל הַנִּסְקָלִים נִתְלִין: **נֶגֶד הַשָּׁמֶשׁ.** לְעֵין כֹּל. וּמִדְרַשׁ אַגָּדָה: הַשֶּׁמֶשׁ מוֹדִיעַ אֶת הַחוֹטְאִים, הֶעָנָן נִקְפָּל מִכְּנֶגְדּוֹ וְהַחַמָּה זוֹרַחַת עָלָיו:

ה| **הִרְגוּ אִישׁ אֲנָשָׁיו.** כָּל אֶחָד וְאֶחָד מִדַּיָּנֵי יִשְׂרָאֵל הָיָה הוֹרֵג שְׁנַיִם, וְדַיָּנֵי יִשְׂרָאֵל שִׁבְעָה רִבּוֹא וּשְׁמוֹנַת אֲלָפִים, כִּדְאִיתָא בְּסַנְהֶדְרִין (דף יח ע״א):

ו| **וְהִנֵּה אִישׁ וְגוֹ׳.** נִתְקַבְּצוּ שִׁבְטוֹ שֶׁל שִׁמְעוֹן אֵצֶל זִמְרִי שֶׁהָיָה נָשִׂיא שֶׁלָּהֶם, אָמְרוּ לוֹ: אָנוּ נִדּוֹנִין בְּמִיתָה וְאַתָּה יוֹשֵׁב? וְכוּ׳, כִּדְאִיתָא בְּ׳אֵלּוּ הֵן הַנִּשְׂרָפִין׳ (סנהדרין פב ע״א): **אֶת הַמִּדְיָנִית.** כָּזְבִּי בַּת צוּר: **לְעֵינֵי מֹשֶׁה.** אָמַר לוֹ: מֹשֶׁה, זוֹ אֲסוּרָה אוֹ מֻתֶּרֶת? אִם תֹּאמַר אֲסוּרָה, בַּת יִתְרוֹ מִי הִתִּירָהּ לְךָ? וְכוּ׳, כִּדְאִיתָא הָתָם: **וְהֵמָּה בֹּכִים.** נִתְעַלְּמָה מִמֶּנּוּ הֲלָכָה, גָּעוּ כֻּלָּם בִּבְכִיָּה. בָּעֵגֶל עָמַד מֹשֶׁה כְּנֶגֶד שִׁשִּׁים רִבּוֹא, שֶׁנֶּאֱמַר: "וַיִּטְחַן עַד אֲשֶׁר דָּק" וְגוֹ׳ (שמות לב, כ), וְכָאן רָפוּ יָדָיו? אֶלָּא כְּדֵי שֶׁיָּבֹא פִּינְחָס וְיִטֹּל אֶת הָרָאוּי לוֹ:

ז| **וַיַּרְא פִּינְחָס.** רָאָה מַעֲשֶׂה וְנִזְכַּר הֲלָכָה. אָמַר לוֹ לְמֹשֶׁה: מְקֻבְּלַנִי מִמְּךָ: הַבּוֹעֵל אֲרַמִּית קַנָּאִין פּוֹגְעִין בּוֹ. אָמַר לוֹ: קַרְיָנָא דְּאִגַּרְתָּא אִיהוּ לֶהֱוֵי פַּרְוַנְקָא. מִיָּד – "וַיִּקַּח רֹמַח בְּיָדוֹ" וְגוֹ׳:

ח| **אֶל הַקֻּבָּה.** אֶל הָאֹהֶל: **אֶל קֳבָתָהּ.** כְּמוֹ: "וְהַלְּחָיַיִם וְהַקֵּבָה" (דברים יח, ג), כִּוֵּן בְּתוֹךְ זַכְרוּת שֶׁל זִמְרִי וְנַקְבוּת שֶׁלָּהּ,

ביאור

בְּיִשְׂרָאֵל על הזנות ועל העבודה הזרה. ד **וַיֹּאמֶר ה׳ אֶל מֹשֶׁה: קַח אֶת**
כָּל רָאשֵׁי הָעָם, שהם השופטים המצוּוים על הריגת החוטאים. **וְ**כיוון
שעד כה איש לא מיחה בידם, **הוֹקַע**, הרוג ותלה **אוֹתָם** – את אלו
שהשתתפו בחטא **לַה׳ נֶגֶד הַשָּׁמֶשׁ**, באופן פומבי ונחרץ כדי להביע
את חומרת המעשה, **וְ**אז **יָשֹׁב חֲרוֹן אַף**, כעסו של **ה׳ מִיִּשְׂרָאֵל**.

ה **וַיֹּאמֶר מֹשֶׁה אֶל שֹׁפְטֵי יִשְׂרָאֵל**, המנהיגים הממונים על העם: **הִרְגוּ אִישׁ**
את **אֲנָשָׁיו**, את האנשים שהוא מופקד עליהם[42] **הַנִּצְמָדִים לְבַעַל פְּעוֹר**.

ו **וְהִנֵּה אִישׁ**, אדם חשוב[43] **מִבְּנֵי יִשְׂרָאֵל בָּא, וַיַּקְרֵב אֶל אֶחָיו אֶת הַמִּדְיָנִית**
שמצא בשוק והלך אתה לאוהל **לְעֵינֵי מֹשֶׁה וּלְעֵינֵי כָּל עֲדַת בְּנֵי יִשְׂרָאֵל**.
האיש עשה זאת בפומבי כדי להצהיר כי אין בכך כל פסול. **וְהֵמָּה**,
הם, ישראל **בֹּכִים פֶּתַח אֹהֶל מוֹעֵד** משום שחשו עד כמה המעשה
מגונה, אך היו חסרי ישע כי לא ידעו מה עליהם לעשות.

ז **וַיַּרְא** את המעשה הזה **פִּינְחָס בֶּן אֶלְעָזָר בֶּן אַהֲרֹן הַכֹּהֵן**, נכדו של הכהן
הגדול, שנכח באותו מעמד עם משה ושאר מנהיגי העם, **וַיָּקָם מִתּוֹךְ**
הָעֵדָה, וַיִּקַּח רֹמַח בְּיָדוֹ. ח **וַיָּבֹא אַחַר אִישׁ יִשְׂרָאֵל** שקרב אל המדינית
אֶל הַקֻּבָּה, האוהל, **וַיִּדְקֹר אֶת שְׁנֵיהֶם** בשעת מעשה ממש – **אֵת אִישׁ**
יִשְׂרָאֵל וְאֶת הָאִשָּׁה אֶל קֳבָתָהּ, אבר המין שלה.[44] **וַתֵּעָצַר הַמַּגֵּפָה מֵעַל**
בְּנֵי יִשְׂרָאֵל בעקבות הדקירה הזו. ט **וַיִּהְיוּ הַמֵּתִים בַּמַּגֵּפָה אַרְבָּעָה**
וְעֶשְׂרִים אָלֶף.

הרחבות

'וַיַּקְרֵב אל אחיו את המדינית' כזכור, זקני מדין חברו לזקני מואב בפנייתם לבלעם, ובמעשה הזנייתם של ישראל היו כנראה פעילים אף יותר מן המואבים, כפי שיצוין בהמשך (פס׳ יז-יח להלן).

'וַתֵּעָצַר המגפה' כשם שאותו איש הפגין את מעשיו לעיני כול, כדי להצהיר שאין בהם פגם, כך פינחס עמד לעומתו באופן גלוי וחד-משמעי. המעשה שעשה פינחס עצר את המגפה לא רק באופן ממשי בהסרת המוות מעל ישראל, אלא גם בכך שבלם את מה שגרם למגפה פעולתו הדרמטית אמרה לעדה כולה כי מעשה זה אינו מתקבל, והנוהג כך ייהרג.

'המתים במגפה ארבעה ועשרים אלף' לפי חשבון מנייני השבטים שיופיע בהמשך, ייתכן שכולם היו בנים לשבט שמעון (על פי ירושלמי סוטה ז,ד. וראו ההרחבה להלן כו,יד).

פינחס כב וַיְדַבֵּר יְהוָה אֶל־מֹשֶׁה לֵּאמֹר: פִּינְחָס בֶּן־אֶלְעָזָר י יא
בֶּן־אַהֲרֹן הַכֹּהֵן הֵשִׁיב אֶת־חֲמָתִי מֵעַל בְּנֵי־יִשְׂרָאֵל
בְּקַנְאוֹ אֶת־קִנְאָתִי בְּתוֹכָם וְלֹא־כִלִּיתִי אֶת־
בְּנֵי־יִשְׂרָאֵל בְּקִנְאָתִי: לָכֵן אֱמֹר הִנְנִי נֹתֵן לוֹ אֶת־ יב
בְּרִיתִי שָׁלוֹם: ◂ וְהָיְתָה לּוֹ וּלְזַרְעוֹ אַחֲרָיו בְּרִית יג
כְּהֻנַּת עוֹלָם תַּחַת אֲשֶׁר קִנֵּא לֵאלֹהָיו וַיְכַפֵּר עַל־בְּנֵי
יִשְׂרָאֵל: וְשֵׁם אִישׁ יִשְׂרָאֵל הַמֻּכֶּה אֲשֶׁר הֻכָּה אֶת־ יד
הַמִּדְיָנִית זִמְרִי בֶּן־סָלוּא נְשִׂיא בֵית־אָב לַשִּׁמְעֹנִי:

רש״י | וְרָאוּ כֻּלָּם שֶׁלֹּא לִיכָּנֵס הֲדָגָם, וְהַרְבֵּה נִסִּים נַעֲשׂוּ לוֹ וְכוּ׳, כִּדְאִיתָא הָתָם (סנהדרין פב ע״ב):

יא] **פִּינְחָס בֶּן אֶלְעָזָר בֶּן אַהֲרֹן הַכֹּהֵן.** לְפִי שֶׁהָיוּ הַשְּׁבָטִים מְבַזִּים אוֹתוֹ, הַרְאִיתֶם בֶּן פּוּטִי זֶה שֶׁפִּטֵּם אֲבִי אִמּוֹ עֲגָלִים לַעֲבוֹדָה זָרָה וְהָרַג נְשִׂיא שֵׁבֶט מִיִּשְׂרָאֵל, לְפִיכָךְ בָּא הַכָּתוּב וְיִחֲסוֹ אַחַר אַהֲרֹן: **בְּקַנְאוֹ אֶת קִנְאָתִי.** בְּנָקְמוֹ אֶת נִקְמָתִי, בְּקָצְפּוֹ אֶת הַקֶּצֶף שֶׁהָיָה לִי לִקְצֹף. כָּל לְשׁוֹן ׳קִנְאָה׳ הוּא הַמִּתְחָרֶה לִנְקֹם נִקְמַת דָּבָר, אנפרנמנ״ט בְּלַעַז:

יב] **אֶת בְּרִיתִי שָׁלוֹם.** שֶׁתְּהֵא לוֹ לִבְרִית שָׁלוֹם, כְּאָדָם הַמַּחֲזִיק טוֹבָה וְחַנּוּת לְמִי שֶׁעוֹשֶׂה עִמּוֹ טוֹבָה, אַף כָּאן פֵּרַשׁ לוֹ הַקָּדוֹשׁ בָּרוּךְ הוּא שְׁלוֹמוֹתָיו:

יג] **וְהָיְתָה לוֹ.** בְּרִיתִי זֹאת: **בְּרִית כְּהֻנַּת עוֹלָם.** שֶׁאַף עַל פִּי שֶׁכְּבָר נִתְּנָה כְּהֻנָּה לְזַרְעוֹ שֶׁל אַהֲרֹן, לֹא נִתְּנָה אֶלָּא לְאַהֲרֹן וּלְבָנָיו שֶׁנִּמְשְׁחוּ עִמּוֹ וּלְתוֹלְדוֹתֵיהֶם שֶׁיּוֹלִידוּ אַחַר הִמָּשְׁחָן, אֲבָל פִּינְחָס שֶׁנּוֹלַד קֹדֶם לָכֵן וְלֹא נִמְשַׁח, לֹא בָּא לִכְלַל כְּהֻנָּה עַד כָּאן. וְכֵן שָׁנִינוּ בִּזְבָחִים: לֹא נִתְכַּהֵן פִּינְחָס עַד שֶׁהֲרָגוֹ לְזִמְרִי (זבחים קא ע״ב): **לֵאלֹהָיו.** בִּשְׁבִיל אֱלֹהָיו, כְּמוֹ: ״הַמְקַנֵּא אַתָּה לִי״ (לעיל יא, כט), ״קִנֵּאתִי לְצִיּוֹן״ (זכריה ח, ב), בִּשְׁבִיל צִיּוֹן:

יד] **וְשֵׁם אִישׁ יִשְׂרָאֵל וְגוֹ׳.** בְּמָקוֹם שֶׁיִּחֵס אֶת הַצַּדִּיק לְשֶׁבַח, יִחֵס אֶת הָרָשָׁע לִגְנַאי: **נְשִׂיא בֵית אָב לַשִּׁמְעֹנִי.** לְאֶחָד מֵחֲמֵשֶׁת בָּתֵּי אָבוֹת שֶׁהָיוּ לְשֵׁבֶט שִׁמְעוֹן. דָּבָר אַחֵר, לְהוֹדִיעַ שִׁבְחוֹ שֶׁל פִּינְחָס, שֶׁאַף עַל פִּי שֶׁזֶּה הָיָה נָשִׂיא, לֹא מָנַע אֶת עַצְמוֹ מִלְּקַנֵּא לְחִלּוּל הַשֵּׁם, לְכָךְ הוֹדִיעֲךָ הַכָּתוּב מִי הוּא הַמֻּכֶּה:

הרחבות | **׳והיתה לו ולזרעו אחריו ברית כְּהֻנת עולם׳** לכאורה, פינחס בן אלעזר הכהן לא היה זקוק לברית כהונה. ואולם כשקודשו הכהנים במשכן, נכללו בהם אהרן, הכהן הגדול, וארבעת בניו. לאחר שאהרן ובניו התקדשו, נאמר שכל צאצאיהם העתידיים ייחשבו כהנים, אך הצאצאים שכבר נולדו קודם לכן לא נחשבו כהנים בהכרח. פינחס נולד לפני שאביו קודש לכהן, ולכן השאלה אם הוא כהן לא התבררה עד שקיבל כאן את המתנה המיוחדת לדורות ברית הכהונה. כדרך שהלויים עלו בדרגה וקיבלו את מעמדם בגלל מלחמתם למען ה׳ אחרי חטא העגל, כך זכה פינחס לעלות במעלה עליונה ולהיעשות כהן, מפני שלחם בעד אלוקים ומפני שכיפר על בני ישראל בפעולתו. (ראו רש״י פס׳ יג; זבחים קא ע״ב).

פרשת פינחס

ביאור

י **וַיְדַבֵּר ה' אֶל מֹשֶׁה לֵּאמֹר:** יא **פִּינְחָס בֶּן אֶלְעָזָר בֶּן אַהֲרֹן הַכֹּהֵן הֵשִׁיב,**
שיכך והרגיע **אֶת חֲמָתִי,** כעסי **מֵעַל בְּנֵי יִשְׂרָאֵל בְּקַנְאוֹ אֶת קִנְאָתִי**
בְּתוֹכָם. פינחס חש שעליו לשמור בקנאות את נוכחותי המוחלטת
בקרב ישראל, ולכן עשה מעשה קיצוני שלא צֻווה עליו. **וְלֹא כִלִּיתִי**
אֶת בְּנֵי יִשְׂרָאֵל בְּקִנְאָתִי. לולא עשה מה שעשה, הייתה המגפה
מתפשטת על כל העם. יב **לָכֵן אֱמֹר: הִנְנִי נֹתֵן לוֹ אֶת בְּרִיתִי שָׁלוֹם.**
ברית השלום המיוחדת לא ניתנה לו משום שהוא איש שלום, אלא
מפני שהשכין שלום בין ישראל לאביהם שבשמים. במעשה זה
הכריז פינחס על בעלותו הבלעדית של ה' על ישראל. עמדה קנאית
זו אינה משלימה עם התערבותו של כל גורם זר בקשר הקרוב בין
ישראל לאלוקים. יג **וְהָיְתָה לּוֹ וּלְזַרְעוֹ אַחֲרָיו בְּרִית כְּהֻנַּת עוֹלָם.** זו
המתנה שפינחס קיבל **תַּחַת אֲשֶׁר,** כי **קִנֵּא לֵאלֹהָיו וַיְכַפֵּר עַל בְּנֵי**
יִשְׂרָאֵל.

ופרטים להשלמת הסיפור: יד **וְשֵׁם אִישׁ יִשְׂרָאֵל הַמֻּכֶּה אֲשֶׁר הֻכָּה אֶת,**
עם **הַמִּדְיָנִית** בעת המעשה – **זִמְרִי בֶּן סָלוּא, נְשִׂיא בֵית אָב לַשִּׁמְעֹנִי.**

הרחבות

ברית כהונת העולם שהובטחה לפינחס התממשה גם באופן אחר: ברוב שנותיה של מלכות ישראל היו הכהנים הגדולים בני צדוק, מצאצאיו של פינחס. (ראו מלכים א' ב,כז; ד,ב; דברי הימים א' ה,כז-לד, רלב"ג שם י,יג 'התועלת הששי' ושם כט,כב 'התועלת העשירי'; וראב"ע כאן פס' יב. ראו עוד ההרחבות לשמואל א' ב,ל וליחזקאל מד,טו).

'נשיא בית אב לשמעני' בפשטות, זמרי לא היה נשיא שבט שמעון כולו, אלא אחד מראשי המשפחות שנכללו בשבט שמעון, כלומר זוהי דרגת השררה השלישית בהנהגה הישראלית. (ראו רש"י). אולם לפי המדרש, זמרי היה נשיא השבט ממש, אלא שהפסוק חיפה עליו ועל שבטו וכינהו נְשִׂיא בֵית אָב. (ראו במדבר רבה כא,ג).

וְשֵׁם הָאִשָּׁה הַמֻּכָּה הַמִּדְיָנִית כָּזְבִּי בַת־צוּר רֹאשׁ טו
אֻמּוֹת בֵּית־אָב בְּמִדְיָן הוּא׃
וַיְדַבֵּר יְהוָה אֶל־מֹשֶׁה לֵּאמֹר׃ צָרוֹר אֶת־הַמִּדְיָנִים טז יז
וְהִכִּיתֶם אוֹתָם׃ כִּי־צֹרְרִים הֵם לָכֶם בְּנִכְלֵיהֶם אֲשֶׁר־ יח
נִכְּלוּ לָכֶם עַל־דְּבַר פְּעוֹר וְעַל־דְּבַר כָּזְבִּי בַת־נְשִׂיא
מִדְיָן אֲחֹתָם הַמֻּכָּה בְיוֹם־הַמַּגֵּפָה עַל־דְּבַר פְּעוֹר׃
וַיְהִי אַחֲרֵי הַמַּגֵּפָה א כו
וַיֹּאמֶר יְהוָה אֶל־מֹשֶׁה וְאֶל אֶלְעָזָר בֶּן־אַהֲרֹן הַכֹּהֵן
לֵאמֹר׃ שְׂאוּ אֶת־רֹאשׁ ׀ כָּל־עֲדַת בְּנֵי־יִשְׂרָאֵל מִבֶּן ב
עֶשְׂרִים שָׁנָה וָמָעְלָה לְבֵית אֲבֹתָם כָּל־יֹצֵא צָבָא
בְּיִשְׂרָאֵל׃ וַיְדַבֵּר מֹשֶׁה וְאֶלְעָזָר הַכֹּהֵן אֹתָם בְּעַרְבֹת ג
מוֹאָב עַל־יַרְדֵּן יְרֵחוֹ לֵאמֹר׃ מִבֶּן עֶשְׂרִים שָׁנָה וָמָעְלָה ד

רש"י

טו| **וְשֵׁם הָאִשָּׁה הַמֻּכָּה וְגוֹ׳.** לְהוֹדִיעֲךָ שִׂנְאָתָן שֶׁל מִדְיָנִים, שֶׁהִפְקִירוּ בַּת מֶלֶךְ לִזְנוּת כְּדֵי לְהַחְטִיא אֶת יִשְׂרָאֵל: **רֹאשׁ אֻמּוֹת.** אֶחָד מֵחֲמֵשֶׁת מַלְכֵי מִדְיָן: "אֶת אֱוִי וְאֶת רֶקֶם וְאֶת צוּר" וְגוֹ׳ (להלן לא, ח), וְהוּא הָיָה חָשׁוּב מִכֻּלָּם, שֶׁנֶּאֱמַר: "רֹאשׁ אֻמּוֹת", וּלְפִי שֶׁנָּהַג בִּזָּיוֹן בְּעַצְמוֹ לְהַפְקִיר בִּתּוֹ מְנָאוֹ שְׁלִישִׁי: **בֵּית אָב.** חֲמִשָּׁה בָּתֵּי אָבוֹת הָיוּ לְמִדְיָן: "עֵיפָה וָעֵפֶר וַחֲנֹךְ וַאֲבִידָע וְאֶלְדָּעָה" (בראשית כה, ד), וְזֶה הָיָה מֶלֶךְ לְאֶחָד מֵהֶם:

יז| **צָרוֹר.** כְּמוֹ: 'זָכוֹר', 'שָׁמוֹר', לְשׁוֹן הֹוֶה, עֲלֵיכֶם לְאַיֵּב אוֹתָם:

יח| **כִּי צֹרְרִים הֵם לָכֶם וְגוֹ׳ עַל דְּבַר פְּעוֹר.** שֶׁהִפְקִירוּ בְּנוֹתֵיהֶם לִזְנוּת כְּדֵי לְהַטְעוֹתְכֶם אַחַר פְּעוֹר. וְאֶת מוֹאָב לֹא צִוָּה לְהַשְׁמִיד, מִפְּנֵי רוּת שֶׁהָיְתָה עֲתִידָה לָצֵאת מֵהֶם, כִּדְאָמְרִינַן בְּבָבָא קַמָּא (דף לח ע"ב):

פרק כו

א| **וַיְהִי אַחֲרֵי הַמַּגֵּפָה וְגוֹ׳.** מָשָׁל לְרוֹעֶה שֶׁנִּכְנְסוּ זְאֵבִים לְתוֹךְ עֶדְרוֹ וְהָרְגוּ בָּהֶן, וְהוּא מוֹנֶה אוֹתָן לֵידַע מִנְיַן הַנּוֹתָרוֹת. דָּבָר אַחֵר, כְּשֶׁיָּצְאוּ מִמִּצְרַיִם וְנִמְסְרוּ לְמֹשֶׁה, נִמְסְרוּ לוֹ בְּמִנְיָן, עַכְשָׁיו שֶׁקָּרַב לָמוּת וּלְהַחֲזִיר צֹאנוֹ, מַחֲזִירָם בְּמִנְיָן:

ב| **לְבֵית אֲבֹתָם.** עַל שֵׁבֶט הָאָב יִתְיַחֲסוּ וְלֹא אַחַר הָאֵם:

ג| **וַיְדַבֵּר מֹשֶׁה וְאֶלְעָזָר הַכֹּהֵן אֹתָם.** דִּבְּרוּ עִמָּם עַל זֹאת, שֶׁצִּוָּה הַמָּקוֹם לִמְנוֹתָם: **לֵאמֹר.** אָמְרוּ לָהֶם צְרִיכִים אַתֶּם לְהִמָּנוֹת:

ד| **מִבֶּן עֶשְׂרִים שָׁנָה וָמָעְלָה כַּאֲשֶׁר צִוָּה וְגוֹ׳.** שֶׁיְּהֵא מִנְיָנָם מִבֶּן עֶשְׂרִים שָׁנָה וָמַעְלָה, שֶׁנֶּאֱמַר: "כָּל הָעֹבֵר עַל הַפְּקֻדִים" וְגוֹ׳ (שמות ל, יג):

ביאור

טו **וְשֵׁם הָאִשָּׁה הַמֻּכָּה הַמִּדְיָנִית** – **כָּזְבִּי בַת צוּר**, שהיה **רֹאשׁ אֻמּוֹת**
בֵּית אָב בְּמִדְיָן הוּא. המדינים היו שבטים שונים שקיימו קשרים
ביניהם, וצור היה מנהיג בית האב הגדול או החשוב ביותר
במדין.

טז **וַיְדַבֵּר ה׳ אֶל מֹשֶׁה לֵּאמֹר:** יז **צָרוֹר**, שנאו **אֶת הַמִּדְיָנִים וְהִכִּיתֶם אוֹתָם.**
על מואב ה׳ הגן, אך במדין חִייב להילחם, יח **כִּי צֹרְרִים הֵם לָכֶם**
בְּנִכְלֵיהֶם, בתחבולותיהם **אֲשֶׁר נִכְּלוּ**, זממו **לָכֶם עַל דְּבַר פְּעוֹר וְעַל דְּבַר**
כָּזְבִּי בַת נְשִׂיא מִדְיָן אֲחֹתָם הַמֻּכָּה בְיוֹם הַמַּגֵּפָה עַל דְּבַר פְּעוֹר. המדינים
היו קשורים למואב, שהרי זקני מדין הלכו עם זקני מואב לשכנע
את בלעם לקלל את ישראל, אך נראה ששנאו את ישראל יותר
מהמואבים. מהמשך הכתובים מתברר שהרעיון לפתות את ישראל
באמצעות הבנות הייתה מזימה מתוכננת של בלעם ושל המדינים,
שהבינו שקיומו של העם הזה נעוץ בקדושתו ובייחודו. על כן מסרו
את בנותיהם, ואפילו את בתו של נשיאם, להחטיא את ישראל כדי
לגרום להם למפלה גדולה.[1]

הַמִּפְקָד וחלוקת הארץ

פרק כו

זמן לא רב לאחר שיצאו ישראל ממצרים הם נמנו. עתה, בשנה האחרונה לנדודיהם במדבר, מצטווים משה ואלעזר אחיינו לערוך שוב מפקד, שיש לו גם משמעות צבאית, שכן בקרוב הם עתידים לצאת למלחמה בארץ כנען. ייתכן – כפי המרומז בפתיחת העניין – שדווקא כאן נצטוו על המפקד כדי לדעת את מניין הנותרים מן המגפה שאכלה בישראל בעניין הקודם.

פרק כו א **וַיְהִי אַחֲרֵי הַמַּגֵּפָה וַיֹּאמֶר ה׳ אֶל מֹשֶׁה וְאֶל אֶלְעָזָר בֶּן אַהֲרֹן**
הַכֹּהֵן לֵאמֹר: ב **שְׂאוּ אֶת רֹאשׁ**, סִפרו את **כָּל עֲדַת בְּנֵי יִשְׂרָאֵל, מִבֶּן**
עֶשְׂרִים שָׁנָה וָמַעְלָה לְבֵית אֲבֹתָם, כָּל יֹצֵא צָבָא בְּיִשְׂרָאֵל.

ג **וַיְדַבֵּר מֹשֶׁה וְאֶלְעָזָר הַכֹּהֵן אֹתָם**, אִתם **בְּעַרְבֹת מוֹאָב עַל יַרְדֵּן יְרֵחוֹ**
לֵאמֹר: ד **מִבֶּן עֶשְׂרִים שָׁנָה וָמָעְלָה, כַּאֲשֶׁר**, באותה מתכונת שצִוָּה

הרחבות

'כָּזְבִּי בת צור ראש אֻמּוֹת בית אב במדין' יש בייחוסה זה של האשה כדי להסביר מדוע הוליך אותה הנשיא הישראלי לעיני כל עדת ישראל. הוא התגאה בה כנסיכה מדינית והפגין אחוות עמים ושלום בין אומות. התהדרות קוסמופוליטית זו נקטעה באבה על ידי פינחס.

כַּאֲשֶׁר צִוָּה יְהוָה אֶת־מֹשֶׁה וּבְנֵי יִשְׂרָאֵל הַיֹּצְאִים
שני ה מֵאֶרֶץ מִצְרָיִם: רְאוּבֵן בְּכוֹר יִשְׂרָאֵל בְּנֵי רְאוּבֵן חֲנוֹךְ
ו מִשְׁפַּחַת הַחֲנֹכִי לְפַלּוּא מִשְׁפַּחַת הַפַּלֻּאִי: לְחֶצְרֹן
ז מִשְׁפַּחַת הַחֶצְרוֹנִי לְכַרְמִי מִשְׁפַּחַת הַכַּרְמִי: אֵלֶּה
מִשְׁפְּחֹת הָרֻאוּבֵנִי וַיִּהְיוּ פְקֻדֵיהֶם שְׁלֹשָׁה וְאַרְבָּעִים
ח אֶלֶף וּשְׁבַע מֵאוֹת וּשְׁלֹשִׁים: וּבְנֵי פַלּוּא אֱלִיאָב:
ט וּבְנֵי אֱלִיאָב נְמוּאֵל וְדָתָן וַאֲבִירָם הוּא־דָתָן וַאֲבִירָם
קְרִיאֵי קְרוּאֵי הָעֵדָה אֲשֶׁר הִצּוּ עַל־מֹשֶׁה וְעַל־אַהֲרֹן בַּעֲדַת־
י קֹרַח בְּהַצֹּתָם עַל־יְהוָה: וַתִּפְתַּח הָאָרֶץ אֶת־פִּיהָ
וַתִּבְלַע אֹתָם וְאֶת־קֹרַח בְּמוֹת הָעֵדָה בַּאֲכֹל הָאֵשׁ
יא אֵת חֲמִשִּׁים וּמָאתַיִם אִישׁ וַיִּהְיוּ לְנֵס: וּבְנֵי־קֹרַח
יב לֹא־מֵתוּ: בְּנֵי שִׁמְעוֹן לְמִשְׁפְּחֹתָם לִנְמוּאֵל
מִשְׁפַּחַת הַנְּמוּאֵלִי לְיָמִין מִשְׁפַּחַת הַיָּמִינִי לְיָכִין
יג מִשְׁפַּחַת הַיָּכִינִי: לְזֶרַח מִשְׁפַּחַת הַזַּרְחִי לְשָׁאוּל

רש"י

ה) משפחת החנכי. לפי שהיו האומות מבזין אותם ואומרים, מה אלו מתיחסין על שבטיהם? סבורין הם שלא שלטו המצרים באמותיהם? אם בגופם היו מושלים כל וחומר בנשותיהם! לפיכך הטיל הקדוש ברוך הוא שמו עליהם, ה"א מצד זה ויו"ד מצד זה, לומר, מעיד אני עליהם שהם בני אבותיהם. וזה הוא שמפורש על ידי דוד: "שבטי יה עדות לישראל" (תהלים קכב, ד), השם הזה מעיד עליהם לשבטיהם. לפיכך בכלם כתיב: "החנכי", "הפלאי", אבל ב"ימנה" (להלן פסוק מד) לא הוצרך לומר 'משפחת הימני', לפי שהשם קבוע בו, יו"ד בראשו וה"א בסופו:

ט) אשר הצו. את ישראל "על משה": בהצתם. את העם "על ה'": הצו. השיאו את ישראל לריב "על משה", לשון הפעילו:

י) ויהיו לנס. לאות ולזכרון, למען אשר לא יקרב איש זר לחלוק עוד על הכהנה:

יא) ובני קרח לא מתו. הם היו בעצה תחלה, ובשעת המחלקת הרהרו תשובה בלבם, לפיכך נתבצר להם מקום גבוה בגיהנם וישבו שם:

יג) לזרח. הוא צחר (שמות ו, טו), לשון צהר, אבל משפחת אהד בטלה. וכן חמש משבט בנימין, שהרי בעשרה בנים ירד למצרים

ה׳ אֶת מֹשֶׁה וּבְנֵי יִשְׂרָאֵל הַיֹּצְאִים מֵאֶרֶץ מִצְרָיִם, כדי שאפשר יהיה | ביאור
להשוות בין המפקדים.

ה רְאוּבֵן בְּכוֹר יִשְׂרָאֵל. בְּנֵי רְאוּבֵן: חֲנוֹךְ, שצאצאיו הם מִשְׁפַּחַת הַחֲנֹכִי,
לְפַלּוּא בן ראובן – מִשְׁפַּחַת הַפַּלֻּאִי, ו לְחֶצְרֹן – מִשְׁפַּחַת הַחֶצְרוֹנִי,
לְכַרְמִי – מִשְׁפַּחַת הַכַּרְמִי. ז אֵלֶּה מִשְׁפְּחֹת הָראוּבֵנִי. וַיִּהְיוּ פְקֻדֵיהֶם
שְׁלֹשָׁה וְאַרְבָּעִים אֶלֶף וּשְׁבַע מֵאוֹת וּשְׁלֹשִׁים. ח וּבְנֵי פַלּוּא, ולמעשה
בנו היחיד: אֱלִיאָב. וּבְנֵי אֱלִיאָב: נְמוּאֵל וְדָתָן וַאֲבִירָם. הוּא דָתָן וַאֲבִירָם
קְרִיאֵי, נכבדי הָעֵדָה אֲשֶׁר הִצּוּ, עוררו ריב עַל מֹשֶׁה וְעַל אַהֲרֹן בַּעֲדַת
קֹרַח, בְּהַצֹּתָם עַל ה׳. אמנם לא נזכרים בעניין שמותיהם הפרטיים
של בני המשפחות, אך משפחת הפלואי מתפרטת כאן בשל דתן
ואבירם, נכדי פלוא, שנודעו כמנהיגים בעדת קרח. וַתִּפְתַּח הָאָרֶץ
אֶת פִּיהָ וַתִּבְלַע אֹתָם וְאֶת קֹרַח בְּמוֹת הָעֵדָה, בַּאֲכֹל הָאֵשׁ אֵת חֲמִשִּׁים
וּמָאתַיִם אִישׁ, וַיִּהְיוּ לְנֵס. יא וכאן הערה: וּבְנֵי קֹרַח לֹא מֵתוּ, למרות
שכנראה היו מעורבים באופן מסוים במחלוקת.[2]

יב בְּנֵי שִׁמְעוֹן לְמִשְׁפְּחֹתָם: לִנְמוּאֵל – מִשְׁפַּחַת הַנְּמוּאֵלִי, לְיָמִין – מִשְׁפַּחַת
הַיָּמִינִי, לְיָכִין – מִשְׁפַּחַת הַיָּכִינִי, יג לְזֶרַח – מִשְׁפַּחַת הַזַּרְחִי, לְשָׁאוּל – מִשְׁפַּחַת

מִשְׁפַּ֖חַת הַשָּׁאוּלִֽי׃ אֵ֛לֶּה מִשְׁפְּחֹ֥ת הַשִּׁמְעֹנִ֖י שְׁנַ֧יִם יד
וְעֶשְׂרִ֛ים אֶ֖לֶף וּמָאתָֽיִם׃ בְּנֵ֣י גָד֮ לְמִשְׁפְּחֹתָם֒ טו
לִצְפ֗וֹן מִשְׁפַּ֙חַת֙ הַצְּפוֹנִ֔י לְחַגִּ֕י מִשְׁפַּ֖חַת הַֽחַגִּ֑י לְשׁוּנִ֕י
מִשְׁפַּ֖חַת הַשּׁוּנִֽי׃ לְאָזְנִ֕י מִשְׁפַּ֖חַת הָאָזְנִ֑י לְעֵרִ֕י טז
מִשְׁפַּ֖חַת הָעֵרִֽי׃ לַֽאֲר֕וֹד מִשְׁפַּ֖חַת הָאֲרוֹדִ֑י לְאַ֨רְאֵלִ֔י יז
מִשְׁפַּ֖חַת הָאַרְאֵלִֽי׃ אֵ֛לֶּה מִשְׁפְּחֹ֥ת בְּנֵי־גָ֖ד לִפְקֻדֵיהֶ֑ם יח
אַרְבָּעִ֥ים אֶ֖לֶף וַחֲמֵ֥שׁ מֵאֽוֹת׃ בְּנֵ֥י יְהוּדָ֖ה יט
עֵ֣ר וְאוֹנָ֑ן וַיָּ֥מָת עֵ֛ר וְאוֹנָ֖ן בְּאֶ֥רֶץ כְּנָֽעַן׃ וַיִּהְי֣וּ בְנֵֽי־ כ
יְהוּדָה֮ לְמִשְׁפְּחֹתָם֒ לְשֵׁלָ֗ה מִשְׁפַּ֙חַת֙ הַשֵּׁ֣לָנִ֔י לְפֶ֕רֶץ
מִשְׁפַּ֖חַת הַפַּרְצִ֑י לְזֶ֕רַח מִשְׁפַּ֖חַת הַזַּרְחִֽי׃ וַיִּהְי֣וּ בְנֵֽי־ כא
פֶ֔רֶץ לְחֶצְרֹ֕ן מִשְׁפַּ֖חַת הַֽחֶצְרֹנִ֑י לְחָמ֕וּל מִשְׁפַּ֖חַת
הֶחָמוּלִֽי׃ אֵ֛לֶּה מִשְׁפְּחֹ֥ת יְהוּדָ֖ה לִפְקֻדֵיהֶ֑ם שִׁשָּׁ֧ה כב
וְשִׁבְעִ֛ים אֶ֖לֶף וַחֲמֵ֥שׁ מֵאֽוֹת׃ בְּנֵ֤י יִשָּׂשכָר֙ כג
לְמִשְׁפְּחֹתָ֔ם תּוֹלָ֕ע מִשְׁפַּ֖חַת הַתּֽוֹלָעִ֑י לְפֻוָ֕ה מִשְׁפַּ֖חַת
הַפּוּנִֽי׃ לְיָשׁ֕וּב מִשְׁפַּ֖חַת הַיָּשֻׁבִ֑י לְשִׁמְרֹ֕ן מִשְׁפַּ֖חַת כד

רש"י

(בראשית מו, כח) וְכָאן לֹא מָנָה אֶלָּא חֲמִשָּׁה, וְכֵן אֶצְבּוֹן לְגָד, הֲרֵי שֶׁבַע מִשְׁפָּחוֹת. וּמָצָאתִי בְּתַלְמוּד יְרוּשַׁלְמִי (סוטה א, י) שֶׁכְּשֶׁמֵּת אַהֲרֹן נִסְתַּלְּקוּ עַנְנֵי כָבוֹד וּבָאוּ הַכְּנַעֲנִים לְהִלָּחֵם בְּיִשְׂרָאֵל, וְנָתְנוּ לֵב לַחֲזֹר לְמִצְרַיִם, וְחָזְרוּ לַאֲחוֹרֵיהֶם שְׁמוֹנָה מַסָּעוֹת מֵהֹר הָהָר לְמוֹסֵרָה, שֶׁנֶּאֱמַר: "וּבְנֵי יִשְׂרָאֵל נָסְעוּ מִבְּאֵרֹת בְּנֵי יַעֲקָן מוֹסֵרָה, שָׁם מֵת אַהֲרֹן" (דברים י, ו), וַהֲלֹא בְּהֹר הָהָר מֵת, וּמִמּוֹסֵרָה עַד הֹר הָהָר שְׁמוֹנָה מַסָּעוֹת יֵשׁ לְמַפְרֵעַ? אֶלָּא שֶׁחָזְרוּ לַאֲחוֹרֵיהֶם, וְרָדְפוּ בְּנֵי לֵוִי אַחֲרֵיהֶם לְהַחֲזִירָם, וְהָרְגוּ מֵהֶם שֶׁבַע מִשְׁפָּחוֹת, וּמִבְּנֵי לֵוִי נָפְלוּ אַרְבַּע מִשְׁפָּחוֹת: מִשְׁפַּחַת שִׁמְעִי, וְעָזִּיאֵלִי, וּמִבְּנֵי יִצְהָר לֹא נִמְנוּ כָאן אֶלָּא מִשְׁפַּחַת הַקָּרְחִי, וְהָרְבִיעִית לֹא יָדַעְתִּי מַה הִיא. וְרַבִּי תַּנְחוּמָא דָּרַשׁ שֶׁמֵּתוּ בַּמַּגֵּפָה בִּדְבַר בִּלְעָם (מדרש תנחומא ה), אֲבָל לְפִי הַחֶסְרוֹן שֶׁחָסֵר מִשֵּׁבֶט שִׁמְעוֹן בְּמִנְיָן זֶה מִמִּנְיָן הָרִאשׁוֹן שֶׁבְּמִדְבַּר סִינַי, נִרְאֶה שֶׁכָּל עֶשְׂרִים וְאַרְבָּעָה אֶלֶף נָפְלוּ מִשִּׁבְטוֹ שֶׁל שִׁמְעוֹן:

טז) לְאָזְנִי. אוֹמֵר אֲנִי שֶׁזּוֹ מִשְׁפַּחַת אֶצְבּוֹן, וְאֵינִי יוֹדֵעַ לָמָּה לֹא נִקְרֵאת מִשְׁפַּחְתּוֹ עַל שְׁמוֹ:

כד) לְיָשׁוּב. הוּא יוֹב הָאָמוּר בְּיוֹרְדֵי מִצְרַיִם, כִּי כָּל הַמִּשְׁפָּחוֹת נִקְרְאוּ עַל שֵׁם יוֹרְדֵי מִצְרַיִם, וְהַנּוֹלָדִין מִשָּׁם

ביאור

הַשָּׁאוּלִי. יד אֵלֶּה מִשְׁפְּחֹת הַשִּׁמְעֹנִי – שְׁנַיִם וְעֶשְׂרִים אֶלֶף וּמָאתָיִם.

טו בְּנֵי גָד לְמִשְׁפְּחֹתָם: לִצְפוֹן – מִשְׁפַּחַת הַצְּפוֹנִי, לְחַגִּי – מִשְׁפַּחַת הַחַגִּי,
לְשׁוּנִי – מִשְׁפַּחַת הַשּׁוּנִי, טז לְאָזְנִי – מִשְׁפַּחַת הָאָזְנִי, משפחה זו נקראה
במקום אחר 'אצבון',[3] לְעֵרִי – מִשְׁפַּחַת הָעֵרִי, יז לַאֲרוֹד – מִשְׁפַּחַת
הָאֲרוֹדִי, לְאַרְאֵלִי – מִשְׁפַּחַת הָאַרְאֵלִי. יח אֵלֶּה מִשְׁפְּחֹת בְּנֵי גָד
לִפְקֻדֵיהֶם – אַרְבָּעִים אֶלֶף וַחֲמֵשׁ מֵאוֹת.

יט בְּנֵי יְהוּדָה: עֵר וְאוֹנָן. וַיָּמָת עֵר וְאוֹנָן בְּאֶרֶץ כְּנָעַן. למרות שהם מתו
עריריים ולא הייתה להם משמעות מבחינת היוחסין, בכמה מקומות
מונצחים ער ואונן ברשימות היחס של שבט יהודה.[4] כ וַיִּהְיוּ
בְנֵי יְהוּדָה לְמִשְׁפְּחֹתָם: לְשֵׁלָה – מִשְׁפַּחַת הַשֵּׁלָנִי, לְפֶרֶץ – מִשְׁפַּחַת
הַפַּרְצִי, לְזֶרַח – מִשְׁפַּחַת הַזַּרְחִי. כא וַיִּהְיוּ בְנֵי פֶרֶץ שאף הם התפצלו:
לְחֶצְרֹן – מִשְׁפַּחַת הַחֶצְרֹנִי, לְחָמוּל – מִשְׁפַּחַת הֶחָמוּלִי. כב אֵלֶּה מִשְׁפְּחֹת
יְהוּדָה לִפְקֻדֵיהֶם – שִׁשָּׁה וְשִׁבְעִים אֶלֶף וַחֲמֵשׁ מֵאוֹת.

כג בְּנֵי יִשָּׂשכָר לְמִשְׁפְּחֹתָם: תּוֹלָע – מִשְׁפַּחַת הַתּוֹלָעִי, לְפֻוָּה – מִשְׁפַּחַת
הַפּוּנִי, כד לְיָשׁוּב – מִשְׁפַּחַת הַיָּשֻׁבִי, לְשִׁמְרֹן – מִשְׁפַּחַת הַשִּׁמְרֹנִי. כה אֵלֶּה

הרחבות

'משפחת השמעֹני שנים ועשרים אלף ומאתים' מניינם של בני שמעון עתה נמוך בכ־37,000 איש מאשר במניין הראשון. את הירידה הקיצונית ממניינם הראשון אפשר לתלות במגפה שפשתה בעם בעניין הקודם. האיש שחטא בפומבי ובמפגיע היה ראש בית אב של שמעון. ייתכן אפוא שהמגפה פגעה בעיקר בבני שבט שמעון, אולי מפני שהם שחנו בצד הקרוב למואבים, מפני שהייתה להם חיבה יתרה כלפיהם, או מפני שמנהיגיהם עודדו אותם. (ראו ירושלמי סוטה ד,ז; רש"י על אתר).

כה הַשִּׁמְרֹנִי׃ אֵלֶּה מִשְׁפְּחֹת יִשָּׂשכָר לִפְקֻדֵיהֶם
כו אַרְבָּעָה וְשִׁשִּׁים אֶלֶף וּשְׁלֹשׁ מֵאוֹת׃ בְּנֵי
זְבוּלֻן לְמִשְׁפְּחֹתָם לְסֶרֶד מִשְׁפַּחַת הַסַּרְדִּי לְאֵלוֹן
כז מִשְׁפַּחַת הָאֵלֹנִי לְיַחְלְאֵל מִשְׁפַּחַת הַיַּחְלְאֵלִי׃ אֵלֶּה
מִשְׁפְּחֹת הַזְּבוּלֹנִי לִפְקֻדֵיהֶם שִׁשִּׁים אֶלֶף וַחֲמֵשׁ
כח מֵאוֹת׃ בְּנֵי יוֹסֵף לְמִשְׁפְּחֹתָם מְנַשֶּׁה
כט וְאֶפְרָיִם׃ בְּנֵי מְנַשֶּׁה לְמָכִיר מִשְׁפַּחַת הַמָּכִירִי וּמָכִיר
ל הוֹלִיד אֶת־גִּלְעָד לְגִלְעָד מִשְׁפַּחַת הַגִּלְעָדִי׃ אֵלֶּה
בְּנֵי גִלְעָד אִיעֶזֶר מִשְׁפַּחַת הָאִיעֶזְרִי לְחֵלֶק מִשְׁפַּחַת
לא הַחֶלְקִי׃ וְאַשְׂרִיאֵל מִשְׁפַּחַת הָאַשְׂרִאֵלִי וְשֶׁכֶם
לב מִשְׁפַּחַת הַשִּׁכְמִי׃ וּשְׁמִידָע מִשְׁפַּחַת הַשְּׁמִידָעִי וְחֵפֶר
לג מִשְׁפַּחַת הַחֶפְרִי׃ וּצְלָפְחָד בֶּן־חֵפֶר לֹא־הָיוּ לוֹ בָּנִים
כִּי אִם־בָּנוֹת וְשֵׁם בְּנוֹת צְלָפְחָד מַחְלָה וְנֹעָה חָגְלָה
לד מִלְכָּה וְתִרְצָה׃ אֵלֶּה מִשְׁפְּחֹת מְנַשֶּׁה וּפְקֻדֵיהֶם שְׁנַיִם
לה וַחֲמִשִּׁים אֶלֶף וּשְׁבַע מֵאוֹת׃ אֵלֶּה בְנֵי־
אֶפְרַיִם לְמִשְׁפְּחֹתָם לְשׁוּתֶלַח מִשְׁפַּחַת הַשֻּׁתַלְחִי

רש״י | וָהָלְאָה לֹא נִקְרְאוּ הַמִּשְׁפָּחוֹת עַל שְׁמָם, חוּץ מִמִּשְׁפְּחוֹת אֶפְרַיִם וּמְנַשֶּׁה שֶׁנּוֹלְדוּ כֻּלָּם בְּמִצְרַיִם, וְחַרְדְּ וְנַעֲמָן בְּנֵי בֶלַע בֶּן בִּנְיָמִין. וּמָצָאתִי בִּיסוֹדוֹ שֶׁל רַבִּי מֹשֶׁה הַדַּרְשָׁן, שֶׁיָּרְדָה אִמָּן לְמִצְרַיִם כְּשֶׁהָיְתָה מְעֻבֶּרֶת מֵהֶם, לְכָךְ נֶחְלְקוּ לְמִשְׁפָּחוֹת, כְּחֶצְרוֹן וְחָמוּל שֶׁהָיוּ בְּנֵי בָנִים לִיהוּדָה, וְחֶבֶר וּמַלְכִּיאֵל שֶׁהָיוּ בְּנֵי בָנִים שֶׁל אָשֵׁר. וְאִם אַגָּדָה הִיא הֲרֵי טוֹב, וְאִם לָאו אוֹמֵר אֲנִי שֶׁהָיוּ לְבֶלַע בְּנֵי בָנִים הַרְבֵּה, וּמִשְּׁנַיִם הַלָּלוּ חַרְדְּ וְנַעֲמָן יָצְאָה מִכָּל אֶחָד מִשְׁפָּחָה רַבָּה, וְנִקְרְאוּ תּוֹלְדוֹת שְׁאָר הַבָּנִים עַל שֵׁם בֶּלַע, וְתוֹלְדוֹת הַשְּׁנַיִם הַלָּלוּ נִקְרְאוּ עַל שְׁמָם. וְכֵן אֲנִי אוֹמֵר בִּבְנֵי מָכִיר שֶׁנֶּחְלְקוּ לִשְׁתֵּי מִשְׁפָּחוֹת, אַחַת נִקְרֵאת עַל שְׁמוֹ וְאַחַת נִקְרֵאת עַל שֵׁם גִּלְעָד בְּנוֹ. חָמֵשׁ מִשְׁפָּחוֹת חָסְרוּ מִבָּנָיו שֶׁל בִּנְיָמִין, כָּאן נִתְקַיְּמָה מִקְצָת נְבוּאַת אִמּוֹ שֶׁקְּרָאַתּוּ ״בֶּן אוֹנִי״ (בראשית לה, יח), בֶּן אֲנִינוּתִי, וּבְפִילֶגֶשׁ בַּגִּבְעָה נִתְקַיְּמָה כֻּלָּהּ. זוֹ מָצָאתִי בִּיסוֹדוֹ שֶׁל רַבִּי מֹשֶׁה הַדַּרְשָׁן:

ביאור

מִשְׁפְּחֹת יִשָּׂשכָר לִפְקֻדֵיהֶם – אַרְבָּעָה וְשִׁשִּׁים אֶלֶף וּשְׁלֹשׁ מֵאוֹת.

כו בְּנֵי זְבוּלֻן לְמִשְׁפְּחֹתָם: לְסֶרֶד – מִשְׁפַּחַת הַסַּרְדִּי, לְאֵלוֹן – מִשְׁפַּחַת
הָאֵלֹנִי, לְיַחְלְאֵל – מִשְׁפַּחַת הַיַּחְלְאֵלִי. כז אֵלֶּה מִשְׁפְּחֹת הַזְּבוּלֹנִי
לִפְקֻדֵיהֶם – שִׁשִּׁים אֶלֶף וַחֲמֵשׁ מֵאוֹת.

כח בְּנֵי יוֹסֵף לְמִשְׁפְּחֹתָם – מְנַשֶּׁה וְאֶפְרָיִם. סדר הופעתם של בני יוסף
שונה מהמופיע במפקד הראשון,[5] אולי משום שבספירה הקודמת היו
בני אפרים מרובים יותר, ובמשך השנים רבו בני מנשה על בני אפרים,
ועתה, משגדל מספרם בהרבה מִשל מספרם של בני אפרים, נזכרו
הם תחילה. כט בְּנֵי מְנַשֶּׁה: לְמָכִיר – מִשְׁפַּחַת הַמָּכִירִי, וּמָכִיר הוֹלִיד אֶת
גִּלְעָד. לְגִלְעָד – מִשְׁפַּחַת הַגִּלְעָדִי, שנעשתה משפחה מיוחדת וחשובה,
וחבל ארץ שלם נקרא על שמה. ל אֵלֶּה בְּנֵי גִלְעָד: אִיעֶזֶר – מִשְׁפַּחַת
הָאִיעֶזְרִי, לְחֵלֶק – מִשְׁפַּחַת הַחֶלְקִי, לא וְאַשְׂרִיאֵל – מִשְׁפַּחַת הָאַשְׂרְאֵלִי,
וְשֶׁכֶם – מִשְׁפַּחַת הַשִּׁכְמִי, לב וּשְׁמִידָע – מִשְׁפַּחַת הַשְּׁמִידָעִי,
וְחֵפֶר – מִשְׁפַּחַת הַחֶפְרִי. שוב מוזכרים שמות פרטיים, כיוון שהם
מתקשרים להתרחשות מסוימת, שיסופר בה בעניין הבא. לג וּצְלָפְחָד
בֶּן חֵפֶר לֹא הָיוּ לוֹ בָּנִים כִּי אִם בָּנוֹת, וְשֵׁם בְּנוֹת צְלָפְחָד: מַחְלָה וְנֹעָה,
חָגְלָה, מִלְכָּה וְתִרְצָה. לד אֵלֶּה מִשְׁפְּחֹת מְנַשֶּׁה, וּפְקֻדֵיהֶם – שְׁנַיִם וַחֲמִשִּׁים
אֶלֶף וּשְׁבַע מֵאוֹת.

לה אֵלֶּה בְנֵי אֶפְרַיִם לְמִשְׁפְּחֹתָם: לְשׁוּתֶלַח – מִשְׁפַּחַת הַשֻּׁתַלְחִי,

לְבֶכֶר מִשְׁפַּחַת הַבַּכְרִי לְתַחַן מִשְׁפַּחַת הַתַּחֲנִי׃ וְאֵלֶּה לו
בְּנֵי שׁוּתָלַח לְעֵרָן מִשְׁפַּחַת הָעֵרָנִי׃ אֵלֶּה מִשְׁפְּחֹת לז
בְּנֵי־אֶפְרַיִם לִפְקֻדֵיהֶם שְׁנַיִם וּשְׁלֹשִׁים אֶלֶף וַחֲמֵשׁ
מֵאוֹת אֵלֶּה בְנֵי־יוֹסֵף לְמִשְׁפְּחֹתָם׃ בְּנֵי לח
בִנְיָמִן לְמִשְׁפְּחֹתָם לְבֶלַע מִשְׁפַּחַת הַבַּלְעִי לְאַשְׁבֵּל
מִשְׁפַּחַת הָאַשְׁבֵּלִי לַאֲחִירָם מִשְׁפַּחַת הָאֲחִירָמִי׃
לִשְׁפוּפָם מִשְׁפַּחַת הַשּׁוּפָמִי לְחוּפָם מִשְׁפַּחַת לט
הַחוּפָמִי׃ וַיִּהְיוּ בְנֵי־בֶלַע אַרְדְּ וְנַעֲמָן מִשְׁפַּחַת מ
הָאַרְדִּי לְנַעֲמָן מִשְׁפַּחַת הַנַּעֲמִי׃ אֵלֶּה בְנֵי־בִנְיָמִן מא
לְמִשְׁפְּחֹתָם וּפְקֻדֵיהֶם חֲמִשָּׁה וְאַרְבָּעִים אֶלֶף
וְשֵׁשׁ מֵאוֹת׃ אֵלֶּה בְנֵי־דָן לְמִשְׁפְּחֹתָם מב
לְשׁוּחָם מִשְׁפַּחַת הַשּׁוּחָמִי אֵלֶּה מִשְׁפְּחֹת דָּן
לְמִשְׁפְּחֹתָם׃ כָּל־מִשְׁפְּחֹת הַשּׁוּחָמִי לִפְקֻדֵיהֶם מג
אַרְבָּעָה וְשִׁשִּׁים אֶלֶף וְאַרְבַּע מֵאוֹת׃ בְּנֵי מד
אָשֵׁר לְמִשְׁפְּחֹתָם לְיִמְנָה מִשְׁפַּחַת הַיִּמְנָה לְיִשְׁוִי
מִשְׁפַּחַת הַיִּשְׁוִי לִבְרִיעָה מִשְׁפַּחַת הַבְּרִיעִי׃ לִבְנֵי מה
בְרִיעָה לְחֶבֶר מִשְׁפַּחַת הַחֶבְרִי לְמַלְכִּיאֵל מִשְׁפַּחַת

רש"י

לו) **וְאֵלֶּה בְּנֵי שׁוּתָלַח וגו'.** אַחַר בְּנֵי שׁוּתֶלַח נִקְרְאוּ תּוֹלְדוֹתֵיהֶם עַל שֵׁם שׁוּתֶלַח, וּמֵעֵרָן יָצְאָה מִשְׁפָּחָה רַבָּה וְנִקְרֵאת עַל שְׁמוֹ, וְנֶחְשְׁבוּ בְּנֵי שׁוּתֶלַח לִשְׁתֵּי מִשְׁפָּחוֹת. צֵא וַחֲשֹׁב, וְתִמְצָא בְּפָרָשָׁה זוֹ חֲמִשִּׁים וְשֶׁבַע מִשְׁפָּחוֹת וּמִבְּנֵי לֵוִי שְׁמוֹנֶה, הֲרֵי שִׁשִּׁים וְחָמֵשׁ, וְזֶהוּ שֶׁנֶּאֱמַר: "כִּי אַתֶּם הַמְעַט" וגו' (דברים ז, ז), הֵ"א מְעַט, חָמֵשׁ אַתֶּם חֲסֵרִים מִמִּשְׁפְּחוֹת כָּל הָעַמִּים שֶׁהֵן שִׁבְעִים. אַף זֶה הֵבַנְתִּי מִיסוֹדוֹ שֶׁל רַבִּי מֹשֶׁה הַדַּרְשָׁן, אַךְ הֻצְרַכְתִּי לִפְחֹת וּלְהוֹסִיף בִּדְבָרָיו:

לח) **לַאֲחִירָם.** הוּא אֵחִי שֶׁיָּרַד לְמִצְרַיִם (בראשית מו, כא), וּלְפִי שֶׁנִּקְרָא עַל שֵׁם יוֹסֵף שֶׁהָיָה אָחִיו וְגַם מִמֶּנּוּ נִקְרָא אֲחִירָם:

לט) **לִשְׁפוּפָם.** הוּא מֻפִּים (בראשית שם), עַל שֵׁם שֶׁהָיָה יוֹסֵף שָׁפוּף בֵּין הָאֻמּוֹת:

מב) **לְשׁוּחָם.** הוּא חֻשִׁים (שם כג).

לְבֶכֶר - מִשְׁפַּחַת הַבַּכְרִי, לְתַחַן - מִשְׁפַּחַת הַתַּחֲנִי. לו וְאֵלֶּה בְּנֵי שׁוּתָלַח: ביאור
לְעֵרָן - מִשְׁפַּחַת הָעֵרָנִי. לז אֵלֶּה מִשְׁפְּחֹת בְּנֵי אֶפְרַיִם לִפְקֻדֵיהֶם - שְׁנַיִם
וּשְׁלֹשִׁים אֶלֶף וַחֲמֵשׁ מֵאוֹת. אֵלֶּה בְנֵי יוֹסֵף לְמִשְׁפְּחֹתָם.

לח בְּנֵי בִנְיָמִן לְמִשְׁפְּחֹתָם: לְבֶלַע - מִשְׁפַּחַת הַבַּלְעִי, לְאַשְׁבֵּל - מִשְׁפַּחַת
הָאַשְׁבֵּלִי, לַאֲחִירָם - מִשְׁפַּחַת הָאֲחִירָמִי, לט לִשְׁפוּפָם - מִשְׁפַּחַת הַשּׁוּפָמִי,
לְחוּפָם - מִשְׁפַּחַת הַחוּפָמִי. קיימים שינויים בחלק מן השמות:
חוּפָם הופיע בירידה למצרים בתור 'חופים', ושְׁפוּפָם הופיע בתור
'מופים'.[6] מ וַיִּהְיוּ בְנֵי בֶלַע - אַרְדְּ וְנַעֲמָן, מִשְׁפַּחַת הָאַרְדִּי, לְנַעֲמָן - מִשְׁפַּחַת
הַנַּעֲמִי. מא אֵלֶּה בְנֵי בִנְיָמִן לְמִשְׁפְּחֹתָם, וּפְקֻדֵיהֶם - חֲמִשָּׁה וְאַרְבָּעִים אֶלֶף
וְשֵׁשׁ מֵאוֹת.

מב אֵלֶּה בְנֵי דָן לְמִשְׁפְּחֹתָם: לְשׁוּחָם - מִשְׁפַּחַת הַשּׁוּחָמִי. אֵלֶּה מִשְׁפְּחֹת
דָּן לְמִשְׁפְּחֹתָם. לדן היה כנראה רק בן אחד - שׁוּחָם, שנקרא בספר
בראשית 'חושים',[7] ובכל זאת בניו לא נקראו רק על שם דן אבי
השבט אלא גם על שמו של שוחם בנו. מג כָּל מִשְׁפְּחֹת הַשּׁוּחָמִי
לִפְקֻדֵיהֶם - אַרְבָּעָה וְשִׁשִּׁים אֶלֶף וְאַרְבַּע מֵאוֹת.

מד בְּנֵי אָשֵׁר לְמִשְׁפְּחֹתָם: לְיִמְנָה - מִשְׁפַּחַת הַיִּמְנָה, לְיִשְׁוִי - מִשְׁפַּחַת הַיִּשְׁוִי,
לִבְרִיעָה - מִשְׁפַּחַת הַבְּרִיעִי. מה לִבְנֵי בְרִיעָה: לְחֶבֶר - מִשְׁפַּחַת הַחֶבְרִי,

הַמַּלְכִּיאֵלִי: וְשֵׁם בַּת־אָשֵׁר שָׂרַח: אֵלֶּה מִשְׁפְּחֹת מו מז
בְּנֵי־אָשֵׁר לִפְקֻדֵיהֶם שְׁלֹשָׁה וַחֲמִשִּׁים אֶלֶף וְאַרְבַּע
מֵאוֹת: בְּנֵי נַפְתָּלִי לְמִשְׁפְּחֹתָם לְיַחְצְאֵל מח
מִשְׁפַּחַת הַיַּחְצְאֵלִי לְגוּנִי מִשְׁפַּחַת הַגּוּנִי: לְיֵצֶר מט
מִשְׁפַּחַת הַיִּצְרִי לְשִׁלֵּם מִשְׁפַּחַת הַשִּׁלֵּמִי: אֵלֶּה נ
מִשְׁפְּחֹת נַפְתָּלִי לְמִשְׁפְּחֹתָם וּפְקֻדֵיהֶם חֲמִשָּׁה
וְאַרְבָּעִים אֶלֶף וְאַרְבַּע מֵאוֹת: אֵלֶּה פְּקוּדֵי בְּנֵי יִשְׂרָאֵל נא
שֵׁשׁ־מֵאוֹת אֶלֶף וָאָלֶף שְׁבַע מֵאוֹת וּשְׁלֹשִׁים:
שלישי כג וַיְדַבֵּר יְהוָה אֶל־מֹשֶׁה לֵּאמֹר: לָאֵלֶּה תֵּחָלֵק הָאָרֶץ נב נג
בְּנַחֲלָה בְּמִסְפַּר שֵׁמוֹת: לָרַב תַּרְבֶּה נַחֲלָתוֹ וְלַמְעַט נד
תַּמְעִיט נַחֲלָתוֹ אִישׁ לְפִי פְקֻדָיו יֻתַּן נַחֲלָתוֹ: אַךְ־ נה
בְּגוֹרָל יֵחָלֵק אֶת־הָאָרֶץ לִשְׁמוֹת מַטּוֹת־אֲבֹתָם

רש"י

מו) **וְשֵׁם בַּת אָשֵׁר שָׂרַח.** לְפִי שֶׁהָיְתָה קַיֶּמֶת בַּחַיִּים מְנָאָהּ כָּאן:

נג) **לָאֵלֶּה תֵּחָלֵק הָאָרֶץ.** וְלֹא לִפְחוּתִים מִבֶּן עֶשְׂרִים, אַף עַל פִּי שֶׁבָּאוּ לִכְלַל עֶשְׂרִים בְּטֶרֶם חִלּוּק הָאָרֶץ, שֶׁהֲרֵי שֶׁבַע שָׁנִים כָּבְשׁוּ וְשֶׁבַע חִלְּקוּ, לֹא נָטְלוּ חֵלֶק בָּאָרֶץ אֶלָּא אֵלּוּ שֵׁשׁ מֵאוֹת אֶלֶף וָאֶלֶף, וְאִם הָיוּ לְאֶחָד מֵהֶם שִׁשָּׁה בָּנִים, לֹא נָטְלוּ אֶלָּא חֵלֶק אֲבִיהֶם לְבַדּוֹ:

נד) **לָרַב תַּרְבֶּה נַחֲלָתוֹ.** לְשֵׁבֶט שֶׁהָיָה מְרֻבֶּה בְּאוּכְלוּסִין נָתְנוּ חֵלֶק רַב. וְאַף עַל פִּי שֶׁלֹּא הָיוּ הַחֲלָקִים שָׁוִים, שֶׁהֲרֵי הַכֹּל לְפִי רִבּוּי הַשֵּׁבֶט חִלְּקוּ הַחֲלָקִים, לֹא עָשׂוּ אֶלָּא עַל יְדֵי גוֹרָל, וְהַגּוֹרָל הָיָה עַל פִּי רוּחַ הַקֹּדֶשׁ, כְּמוֹ שֶׁמְּפֹרָשׁ בְּבָבָא בַתְרָא (דף קכב ע"א): אֶלְעָזָר הַכֹּהֵן הָיָה מְלֻבָּשׁ בָּאוּרִים וְתֻמִּים וְאוֹמֵר בְּרוּחַ הַקֹּדֶשׁ: אִם שֵׁבֶט פְּלוֹנִי עוֹלֶה, תְּחוּם פְּלוֹנִי עוֹלֶה עִמּוֹ. וְהַשְּׁבָטִים הָיוּ כְּתוּבִים בִּשְׁנֵים עָשָׂר פְּתָקִין וּשְׁנֵים עָשָׂר גְּבוּלִין בִּשְׁנֵים עָשָׂר פְּתָקִין, וּבְלָלוּם בְּקַלְפִּי, וְהַנָּשִׂיא מַכְנִיס יָדוֹ לְתוֹכָהּ וְנוֹטֵל שְׁנֵי פְתָקִין. עוֹלֶה בְּיָדוֹ פֶּתֶק שֶׁל שֵׁם שִׁבְטוֹ וּפֶתֶק שֶׁל גְּבוּל הַמְפֹרָשׁ לוֹ, וְהַגּוֹרָל עַצְמוֹ הָיָה צוֹוֵחַ וְאוֹמֵר: אֲנִי הַגּוֹרָל עָלִיתִי לִגְבוּל פְּלוֹנִי לְשֵׁבֶט פְּלוֹנִי, שֶׁנֶּאֱמַר: "עַל פִּי הַגּוֹרָל". וְלֹא נִתְחַלְּקָה הָאָרֶץ בְּמִדָּה, לְפִי שֶׁיֵּשׁ גְּבוּל מְשֻׁבָּח מֵחֲבֵרוֹ, אֶלָּא בְּשׁוּמָא: בֵּית כּוֹר רַע כְּנֶגֶד בֵּית סְאָה טוֹב, הַכֹּל לְפִי הַדָּמִים:

נה) **לִשְׁמוֹת מַטּוֹת אֲבֹתָם.** אֵלּוּ יוֹצְאֵי מִצְרַיִם. שִׁנָּה הַכָּתוּב נַחֲלָה זוֹ מִכָּל הַנְּחָלוֹת שֶׁבַּתּוֹרָה, שֶׁכָּל הַנְּחָלוֹת, הַחַיִּים יוֹרְשִׁים אֶת הַמֵּתִים, וְכָאן מֵתִים יוֹרְשִׁים אֶת הַחַיִּים. כֵּיצַד? שְׁנֵי אַחִים מִיּוֹצְאֵי מִצְרַיִם שֶׁהָיוּ לָהֶם בָּנִים בְּבָאֵי הָאָרֶץ, לָזֶה אֶחָד וְלָזֶה שְׁלֹשָׁה, הָאֶחָד נָטַל חֵלֶק אֶחָד, וְהַשְּׁלֹשָׁה נָטְלוּ שְׁלֹשָׁה, שֶׁנֶּאֱמַר: "לָאֵלֶּה תֵּחָלֵק הָאָרֶץ", חָזְרָה נַחֲלָתָן אֵצֶל אֲבִי אֲבִיהֶן וְחִלְּקוּ הַכֹּל

ביאור

לְמַלְכִּיאֵל – **מִשְׁפַּחַת הַמַּלְכִּיאֵלִי.** מו **וְשֵׁם בַּת אָשֵׁר: שָׂרַח.** מז **אֵלֶּה**
מִשְׁפְּחֹת בְּנֵי אָשֵׁר לִפְקֻדֵיהֶם – **שְׁלֹשָׁה וַחֲמִשִּׁים אֶלֶף וְאַרְבַּע מֵאוֹת.**

מח **בְּנֵי נַפְתָּלִי לְמִשְׁפְּחֹתָם: לְיַחְצְאֵל** – **מִשְׁפַּחַת הַיַּחְצְאֵלִי, לְגוּנִי** – **מִשְׁפַּחַת**
הַגּוּנִי, מט **לְיֵצֶר** – **מִשְׁפַּחַת הַיִּצְרִי, לְשִׁלֵּם** – **מִשְׁפַּחַת הַשִּׁלֵּמִי.** נ **אֵלֶּה**
מִשְׁפְּחֹת נַפְתָּלִי לְמִשְׁפְּחֹתָם, וּפְקֻדֵיהֶם – **חֲמִשָּׁה וְאַרְבָּעִים אֶלֶף וְאַרְבַּע**
מֵאוֹת.

נא **אֵלֶּה פְּקוּדֵי בְּנֵי יִשְׂרָאֵל** בסך הכול – **שֵׁשׁ מֵאוֹת אֶלֶף וָאָלֶף שְׁבַע**
מֵאוֹת וּשְׁלֹשִׁים.

נב **וַיְדַבֵּר ה׳ אֶל מֹשֶׁה לֵּאמֹר:** נג **לָאֵלֶּה,** למשפחות שנרשמו כאן **תֵּחָלֵק**
הָאָרֶץ בְּנַחֲלָה בְּמִסְפַּר שֵׁמוֹת. המניין הזה לא יועד לצרכים צבאיים
בלבד, אלא גם לירושת הארץ. נד מצד אחד, **לָרַב תַּרְבֶּה נַחֲלָתוֹ,**
וְלַמְעַט תַּמְעִיט נַחֲלָתוֹ, אִישׁ לְפִי פְקֻדָיו יֻתַּן נַחֲלָתוֹ. נחלתה של כל
משפחה תיקבע לפי מספר אנשיה. נה **אַךְ** מצד שני, **בְּגוֹרָל יֵחָלֵק אֶת**

הרחבות

שרח בת אשר חריגה ברשימה זו, הכוללת כמעט רק גברים וכמעט רק ראשי משפחות. היו שאמרו ששרח עדיין חיה באותה עת, והייתה האשה הזקנה ביותר במחנה ישראל, שכן הייתה מיורדי מצרים (בראשית מו,יז). על כן היא שנשאה בזיכרונה את כל תולדות העם. (ראו סוטה יג ע״א). לפי מדרש אחר, היא זכתה לברכה מיוחדת מיעקב אבינו שלעולם לא תמות (בתי מדרשות ב, מדרש אשת חיל). תרגום אחד מסר כי היא בתה של אשת אשר, כלומר שאף לא הייתה בת אשר ממש אלא בתו החורגת. (ראו רמב״ן). מכל מקום, מכיוון שגדלה בביתו היא נכללה במשפחות אשר והתייחסה על שבטו.

׳שש מאות אלף ואלף שבע מאות ושלשים׳ מספר זה קרוב למניינם בצאתם ממצרים. (ראו שמות לח,כו). אף על פי שמניינו של כל שבט השתנה, המספר נשאר בעינו פחות או יותר. על כן ראו בשש מאות אלף שישים ריבוא מספר הנושא משמעות. זהו מספרם המהותי והטבעי של ישראל. (ראו פרקי דרבי אליעזר, לט; רבנו בחיי בראשית מו,כז והרבה בכתבי המהר״ל).

׳לָרב תרבה נחלתו ולמעט תמעיט... על פי הגורל תֵּחָלק נחלתו בין רב למעט׳ לכאורה שתי דרכי חלוקת הנחלה סותרות זו את זו האם הארץ תחולק לפי הגורל או לפי גודל המשפחה? היו שהסבירו מתח זה בכך שהגורל קבע את מיקומה של נחלת השבט או המשפחה, ואילו גודלה של הנחלה נקבע לפי מספר הנפשות שמנתה בעת המניין. (ראו להלן לג,נד; רש״י ורמב״ן על אתר).

יִנָּחֲלוּ: עַל־פִּי הַגּוֹרָל תֵּחָלֵק נַחֲלָתוֹ בֵּין רַב נו
לִמְעָט: וְאֵלֶּה פְקוּדֵי הַלֵּוִי לְמִשְׁפְּחֹתָם נז
לְגֵרְשׁוֹן מִשְׁפַּחַת הַגֵּרְשֻׁנִּי לִקְהָת מִשְׁפַּחַת הַקְּהָתִי
לִמְרָרִי מִשְׁפַּחַת הַמְּרָרִי: אֵלֶּה ׀ מִשְׁפְּחֹת לֵוִי נח
מִשְׁפַּחַת הַלִּבְנִי מִשְׁפַּחַת הַחֶבְרֹנִי מִשְׁפַּחַת הַמַּחְלִי
מִשְׁפַּחַת הַמּוּשִׁי מִשְׁפַּחַת הַקָּרְחִי וּקְהָת הוֹלִד אֶת־
עַמְרָם: וְשֵׁם ׀ אֵשֶׁת עַמְרָם יוֹכֶבֶד בַּת־לֵוִי אֲשֶׁר נט
יָלְדָה אֹתָהּ לְלֵוִי בְּמִצְרָיִם וַתֵּלֶד לְעַמְרָם אֶת־אַהֲרֹן
וְאֶת־מֹשֶׁה וְאֵת מִרְיָם אֲחֹתָם: וַיִּוָּלֵד לְאַהֲרֹן אֶת־ ס
נָדָב וְאֶת־אֲבִיהוּא אֶת־אֶלְעָזָר וְאֶת־אִיתָמָר: וַיָּמָת סא
נָדָב וַאֲבִיהוּא בְּהַקְרִיבָם אֵשׁ־זָרָה לִפְנֵי יהוה: וַיִּהְיוּ סב
פְקֻדֵיהֶם שְׁלֹשָׁה וְעֶשְׂרִים אֶלֶף כָּל־זָכָר מִבֶּן־חֹדֶשׁ
וָמָעְלָה כִּי ׀ לֹא הָתְפָּקְדוּ בְּתוֹךְ בְּנֵי יִשְׂרָאֵל כִּי לֹא־
נִתַּן לָהֶם נַחֲלָה בְּתוֹךְ בְּנֵי יִשְׂרָאֵל: אֵלֶּה פְּקוּדֵי סג
מֹשֶׁה וְאֶלְעָזָר הַכֹּהֵן אֲשֶׁר פָּקְדוּ אֶת־בְּנֵי יִשְׂרָאֵל

רש"י

בְּשָׁוֶה, וְזֶהוּ שֶׁנֶּאֱמַר: "לִשְׁמוֹת מַטּוֹת אֲבֹתָם יִנְחָלוּ", שֶׁאַחַר שֶׁנָּטְלוּ הַבָּנִים חִלְּקוּהָ לְפִי הָאָבוֹת שֶׁיָּצְאוּ מִמִּצְרַיִם. וְאִלּוּ מִתְּחִלָּה חִלְּקוּהָ לְמִנְיַן יוֹצְאֵי מִצְרַיִם, לֹא הָיוּ נוֹטְלִין אֵלּוּ הָאַרְבָּעָה אֶלָּא שְׁנֵי חֲלָקִים, עַכְשָׁיו נָטְלוּ אַרְבָּעָה חֲלָקִים:

נו **עַל פִּי הַגּוֹרָל.** הַגּוֹרָל הָיָה מְדַבֵּר כְּמוֹ שֶׁפֵּרַשְׁתִּי לְמַעְלָה, מַגִּיד שֶׁנִּתְחַלְּקָה בְּרוּחַ הַקֹּדֶשׁ, וְכֵן הוּא אוֹמֵר: "וַיִּתְּנוּ לְכָלֵב אֶת חֶבְרוֹן (עַל פִּי ה') [כַּאֲשֶׁר דִּבֶּר מֹשֶׁה]" (שופטים א, כ), וְאוֹמֵר: "עַל פִּי ה' נָתְנוּ לוֹ אֶת הָעִיר אֲשֶׁר שָׁאָל" (יהושע יט, נ). **מַטּוֹת אֲבֹתָם.** יָצְאוּ גֵּרִים וַעֲבָדִים:

נח **אֵלֶּה מִשְׁפְּחֹת לֵוִי.** חָסֵר כָּאן מִשְׁפְּחוֹת הַשִּׁמְעִי וְהָעֻזִּיאֵלִי וּקְצָת מִן הַיִּצְהָרִי:

נט **אֲשֶׁר יָלְדָה אֹתָהּ לְלֵוִי בְּמִצְרָיִם.** אִשְׁתּוֹ יְלָדַתָּהּ בְּמִצְרַיִם וְאֵין הוֹרָתָהּ בְּמִצְרַיִם, כְּשֶׁנִּכְנְסוּ לְתוֹךְ הַחוֹמָה יְלָדַתָּהּ, וְהִיא הִשְׁלִימָה מִנְיַן שִׁבְעִים, שֶׁהֲרֵי בְּפִרְטָן אִי אַתָּה מוֹצֵא אֶלָּא שִׁשִּׁים וָתֵשַׁע:

סב **כִּי לֹא הָתְפָּקְדוּ בְּתוֹךְ בְּנֵי יִשְׂרָאֵל.** לִהְיוֹת נִמְנִין בְּנֵי עֶשְׂרִים שָׁנָה, מַה טַּעַם? "כִּי לֹא נִתַּן לָהֶם נַחֲלָה", וְהַנִּמְנִין מִבֶּן עֶשְׂרִים שָׁנָה הָיוּ בְּנֵי נַחֲלָה, שֶׁנֶּאֱמַר: "אִישׁ לְפִי פְקֻדָיו יֻתַּן נַחֲלָתוֹ" (לעיל פסוק נד):

הָאָרֶץ, לִשְׁמוֹת מַטּוֹת אֲבֹתָם יִנְחָלוּ. נו עַל פִּי הַגּוֹרָל תֵּחָלֵק נַחֲלָתוֹ, בֵּין רַב | ביאור
לִמְעָט.

נז וְאֵלֶּה פְקוּדֵי הַלֵּוִי לְמִשְׁפְּחֹתָם, שאמנם לא יירשו נחלה בארץ, אך הם
נמנים בצד העם כחלק ממנו: לְגֵרְשׁוֹן - מִשְׁפַּחַת הַגֵּרְשֻׁנִּי, לִקְהָת - מִשְׁפַּחַת
הַקְּהָתִי, לִמְרָרִי - מִשְׁפַּחַת הַמְּרָרִי. נח אֵלֶּה מִשְׁפְּחֹת לֵוִי בפרטיהן: מִשְׁפַּחַת
הַלִּבְנִי, מִשְׁפַּחַת הַחֶבְרֹנִי, מִשְׁפַּחַת הַמַּחְלִי, מִשְׁפַּחַת הַמּוּשִׁי, מִשְׁפַּחַת
הַקָּרְחִי, וּקְהָת הוֹלִד אֶת עַמְרָם. נט וְשֵׁם אֵשֶׁת עַמְרָם - יוֹכֶבֶד בַּת לֵוִי,
אֲשֶׁר יָלְדָה אֹתָהּ אימה לְלֵוִי בְּמִצְרָיִם. מכאן וממקום אחר דייקו
חכמים שיוכבד נולדה ממש בכניסה למצרים - לידתה במצרים,
ואין הורתה במצרים.[8] וַתֵּלֶד יוכבד לְעַמְרָם אֶת אַהֲרֹן וְאֶת מֹשֶׁה
וְאֵת מִרְיָם אֲחֹתָם. ס וַיִּוָּלֵד לְאַהֲרֹן אֶת נָדָב וְאֶת אֲבִיהוּא, אֶת אֶלְעָזָר
וְאֶת אִיתָמָר. סא וַיָּמָת נָדָב וַאֲבִיהוּא בְּהַקְרִיבָם אֵשׁ זָרָה לִפְנֵי ה', וכפי
הנראה לא היו להם בנים - אם כי ייתכן שהיו להם בנות. כבניו
של יהודה, למרות שמתו בצעירותם שמם לא נמחק אלא נשמר
ברשימות היוחסין של אביהם. סב וַיִּהְיוּ פְקֻדֵיהֶם של הלויים שְׁלֹשָׁה
וְעֶשְׂרִים אֶלֶף, כָּל זָכָר מִבֶּן חֹדֶשׁ וָמָעְלָה. כִּי לֹא הָתְפָּקְדוּ, נספרו בְּתוֹךְ
בְּנֵי יִשְׂרָאֵל כִּי לֹא נִתַּן לָהֶם נַחֲלָה בְּתוֹךְ בְּנֵי יִשְׂרָאֵל.

סג אֵלֶּה פְּקוּדֵי מֹשֶׁה וְאֶלְעָזָר הַכֹּהֵן, אֲשֶׁר פָּקְדוּ אֶת בְּנֵי יִשְׂרָאֵל בְּעַרְבֹת

בְּעַרְבֹת מוֹאָב עַל יַרְדֵּן יְרֵחוֹ: וּבְאֵלֶּה לֹא־הָיָה אִישׁ סד
מִפְּקוּדֵי מֹשֶׁה וְאַהֲרֹן הַכֹּהֵן אֲשֶׁר פָּקְדוּ אֶת־בְּנֵי
יִשְׂרָאֵל בְּמִדְבַּר סִינָי: כִּי־אָמַר יהוה לָהֶם מוֹת יָמֻתוּ סה
בַּמִּדְבָּר וְלֹא־נוֹתַר מֵהֶם אִישׁ כִּי אִם־כָּלֵב בֶּן־יְפֻנֶּה
וִיהוֹשֻׁעַ בִּן־נוּן: וַתִּקְרַבְנָה בְּנוֹת צְלָפְחָד א כז
בֶּן־חֵפֶר בֶּן־גִּלְעָד בֶּן־מָכִיר בֶּן־מְנַשֶּׁה לְמִשְׁפְּחֹת
מְנַשֶּׁה בֶן־יוֹסֵף וְאֵלֶּה שְׁמוֹת בְּנֹתָיו מַחְלָה נֹעָה
וְחָגְלָה וּמִלְכָּה וְתִרְצָה: וַתַּעֲמֹדְנָה לִפְנֵי מֹשֶׁה וְלִפְנֵי ב
אֶלְעָזָר הַכֹּהֵן וְלִפְנֵי הַנְּשִׂיאִם וְכָל־הָעֵדָה פֶּתַח
אֹהֶל־מוֹעֵד לֵאמֹר: אָבִינוּ מֵת בַּמִּדְבָּר וְהוּא לֹא־ ג
הָיָה בְּתוֹךְ הָעֵדָה הַנּוֹעָדִים עַל־יהוה בַּעֲדַת־קֹרַח
כִּי־בְחֶטְאוֹ מֵת וּבָנִים לֹא־הָיוּ לוֹ: לָמָּה יִגָּרַע שֵׁם־ ד

רש"י

סד) **וּבְאֵלֶּה לֹא הָיָה אִישׁ וְגוֹ'.** אֲבָל עַל הַנָּשִׁים לֹא נִגְזְרָה גְּזֵרַת הַמְרַגְּלִים, לְפִי שֶׁהֵן הָיוּ מְחַבְּבוֹת אֶת הָאָרֶץ, הָאֲנָשִׁים אוֹמְרִים: "נִתְּנָה רֹאשׁ וְנָשׁוּבָה מִצְרָיְמָה" (לעיל יד, ד), וְהַנָּשִׁים אוֹמְרוֹת: "תְּנָה לָּנוּ אֲחֻזָּה" (להלן כז, ד), לְכָךְ נִסְמְכָה פָּרָשַׁת בְּנוֹת צְלָפְחָד לְכָאן:

פרק כז

א) **לְמִשְׁפְּחֹת מְנַשֶּׁה בֶן יוֹסֵף.** לָמָּה נֶאֱמַר? וַהֲלֹא כְּבָר נֶאֱמַר: "בֶּן מְנַשֶּׁה", אֶלָּא לוֹמַר לְךָ, יוֹסֵף חִבֵּב אֶת הָאָרֶץ, שֶׁנֶּאֱמַר: "וְהַעֲלִתֶם אֶת עַצְמֹתַי" וְגוֹ' (בראשית נ, כה), וּבְנוֹתָיו חִבְּבוּ אֶת הָאָרֶץ, שֶׁנֶּאֱמַר: "תְּנָה לָּנוּ אֲחֻזָּה" (להלן פסוק ד). וּלְלַמֶּדְךָ שֶׁהָיוּ כֻּלָּם צַדִּיקִים, שֶׁכָּל מִי שֶׁמַּעֲשָׂיו וּמַעֲשֵׂה אֲבוֹתָיו סְתוּמִים וּפֵרַט לְךָ הַכָּתוּב בְּאֶחָד מֵהֶם לְיַחֲסוֹ לְשֶׁבַח, הֲרֵי זֶה צַדִּיק בֶּן צַדִּיק, וְאִם יִחֲסוֹ לִגְנַאי, כְּגוֹן: "בָּא יִשְׁמָעֵאל בֶּן נְתַנְיָה בֶּן אֱלִישָׁמָע" (מלכים ב' כה, כה), בְּיָדוּעַ שֶׁכָּל הַנִּזְכָּרִים עִמּוֹ רְשָׁעִים הָיוּ: **מַחְלָה נֹעָה וְגוֹ'.** וּלְהַלָּן (לו, יא) הוּא אוֹמֵר: "וַתִּהְיֶינָה מַחְלָה תִרְצָה", מַגִּיד שֶׁכֻּלָּן שְׁקוּלוֹת זוֹ כְּזוֹ, לְפִיכָךְ שִׁנָּה אֶת סִדְרָן:

ב) **לִפְנֵי מֹשֶׁה וְלִפְנֵי אֶלְעָזָר.** מַגִּיד שֶׁלֹּא עָמְדוּ לִפְנֵיהֶם אֶלָּא בִּשְׁעַת הָאַרְבָּעִים אַחַר שֶׁמֵּת אַהֲרֹן: **לִפְנֵי מֹשֶׁה.** וְאַחַר כָּךְ "לִפְנֵי אֶלְעָזָר", אֶפְשָׁר אִם מֹשֶׁה לֹא יָדַע אֶלְעָזָר יוֹדֵעַ? אֶלָּא סָרֵס הַמִּקְרָא וְדָרְשֵׁהוּ, דִּבְרֵי רַבִּי יֹאשִׁיָּה. אַבָּא חָנָן מִשּׁוּם רַבִּי אֱלִיעֶזֶר אוֹמֵר: בְּבֵית הַמִּדְרָשׁ הָיוּ יוֹשְׁבִים, וְעָמְדוּ לִפְנֵי כֻּלָּם:

ג) **וְהוּא לֹא הָיָה וְגוֹ'.** לְפִי שֶׁהָיוּ בָּאוֹת לוֹמַר "בְּחֶטְאוֹ מֵת", נִזְקְקוּ לוֹמַר: לֹא בְּחֵטְא מִתְלוֹנְנִים וְלֹא בַּעֲדַת קֹרַח שֶׁהִצּוּ עַל הַקָּדוֹשׁ בָּרוּךְ הוּא, אֶלָּא בְּחֶטְאוֹ לְבַדּוֹ מֵת וְלֹא הֶחֱטִיא אֶת אֲחֵרִים עִמּוֹ. רַבִּי עֲקִיבָא אוֹמֵר: מְקוֹשֵׁשׁ עֵצִים הָיָה; וְרַבִּי שִׁמְעוֹן אוֹמֵר: מִן הַמַּעְפִּילִים הָיָה:

ד) **לָמָּה יִגָּרַע שֵׁם אָבִינוּ.** אָנוּ בִּמְקוֹם בֵּן

ביאור | מוֹאָב עַל יַרְדֵּן יְרֵחוֹ. סד וּבְאֵלֶּה שנספרו כאן לקראת הכניסה לארץ
כנען לֹא הָיָה אִישׁ מִפְּקוּדֵי מֹשֶׁה וְאַהֲרֹן הַכֹּהֵן, אֲשֶׁר פָּקְדוּ אֶת בְּנֵי יִשְׂרָאֵל
בְּמִדְבַּר סִינָי, סה כִּי אָמַר ה׳ לָהֶם, עליהם בעקבות חטא המרגלים:[9]
מוֹת יָמֻתוּ בַּמִּדְבָּר. וְלֹא נוֹתַר מֵהֶם אִישׁ כִּי אִם כָּלֵב בֶּן יְפֻנֶּה וִיהוֹשֻׁעַ
בִּן נוּן.

נחלת בנות צלפחד וסדרי נחלות בכלל

פרק כז פס׳ א–יא

בעניין הקודם נקבעו המשפחות שנמנו בערבות מואב כיחידות היסוד לחלוקת הארץ. בין היתר נזכרו שם בנותיו של צלפחד, ועתה יורחב עניינן.

פרק כז א וַתִּקְרַבְנָה בְּנוֹת צְלָפְחָד בֶּן חֵפֶר בֶּן גִּלְעָד בֶּן מָכִיר בֶּן מְנַשֶּׁה
לְמִשְׁפְּחֹת מְנַשֶּׁה בֶן יוֹסֵף, וְאֵלֶּה שְׁמוֹת בְּנֹתָיו: מַחְלָה, נֹעָה וְחָגְלָה וּמִלְכָּה
וְתִרְצָה. ב וַתַּעֲמֹדְנָה לִפְנֵי מֹשֶׁה וְלִפְנֵי אֶלְעָזָר הַכֹּהֵן וְלִפְנֵי הַנְּשִׂיאִם וְכָל
הָעֵדָה פֶּתַח אֹהֶל מוֹעֵד, לֵאמֹר: ג אָבִינוּ מֵת בַּמִּדְבָּר, וְהוּא לֹא הָיָה בְּתוֹךְ
הָעֵדָה הַנּוֹעָדִים עַל ה׳ בַּעֲדַת קֹרַח, ולכן לא מת באופן דרמטי ונסי, כִּי
בְחֶטְאוֹ, בחטאיו השכיחים מֵת, ככל האדם,[10] וּבָנִים לֹא הָיוּ לוֹ. ד לָמָּה

הרחבות | ׳כי בחטאו מת׳ בתלמוד (שבת צו ע״ב) פירשו שביטוי זה מוסב אל חטא מסוים. צלפחד זוהה עם מי שקושש עצים בשבת (לעיל טו,לב), ופירוש זה התקבל על רוב הפרשנים. לפי זה, ההנגדה של צלפחד לעדת קרח באה לומר שמת על חטא אישי ולא גרם למותם של אחרים או להחטאת עדה, ומכיוון שכך הרי כבר קיבל את ענשו במותו ולמה ייגרע שמו ונחלתו מזרעו.

אָבִ֙ינוּ֙ מִתּ֣וֹךְ מִשְׁפַּחְתּ֔וֹ כִּ֛י אֵ֥ין ל֖וֹ בֵּ֑ן תְּנָה־לָּ֣נוּ אֲחֻזָּ֔ה
בְּת֖וֹךְ אֲחֵ֥י אָבִֽינוּ׃ וַיַּקְרֵ֥ב מֹשֶׁ֛ה אֶת־מִשְׁפָּטָ֖ן לִפְנֵ֥י ה
יְהוָֽה׃
רביעי וַיֹּ֥אמֶר יְהוָ֖ה אֶל־מֹשֶׁ֥ה לֵּאמֹֽר׃ כֵּ֗ן בְּנ֣וֹת צְלָפְחָד֮ ו ז
דֹּבְרֹת֒ נָתֹ֨ן תִּתֵּ֤ן לָהֶם֙ אֲחֻזַּ֣ת נַחֲלָ֔ה בְּת֖וֹךְ אֲחֵ֣י אֲבִיהֶ֑ם
וְהַעֲבַרְתָּ֛ אֶת־נַחֲלַ֥ת אֲבִיהֶ֖ן לָהֶֽן׃ וְאֶל־בְּנֵ֥י יִשְׂרָאֵ֖ל ח
תְּדַבֵּ֣ר לֵאמֹ֑ר אִ֣ישׁ כִּֽי־יָמ֗וּת וּבֵן֙ אֵ֣ין ל֔וֹ וְהַעֲבַרְתֶּ֥ם
אֶת־נַחֲלָת֖וֹ לְבִתּֽוֹ׃ וְאִם־אֵ֥ין ל֖וֹ בַּ֑ת וּנְתַתֶּ֥ם אֶת־ ט
נַחֲלָת֖וֹ לְאֶחָֽיו׃ וְאִם־אֵ֥ין ל֖וֹ אַחִ֑ים וּנְתַתֶּ֥ם אֶת־נַחֲלָת֖וֹ י
לַאֲחֵ֥י אָבִֽיו׃ וְאִם־אֵ֣ין אַחִים֮ לְאָבִיו֒ וּנְתַתֶּ֣ם אֶת־ יא
נַחֲלָתוֹ֗ לִשְׁאֵרוֹ֙ הַקָּרֹ֥ב אֵלָ֛יו מִמִּשְׁפַּחְתּ֖וֹ וְיָרַ֣שׁ אֹתָ֑הּ
וְהָֽיְתָה֩ לִבְנֵ֨י יִשְׂרָאֵ֜ל לְחֻקַּ֣ת מִשְׁפָּ֔ט כַּאֲשֶׁ֛ר צִוָּ֥ה יְהוָ֖ה
אֶת־מֹשֶֽׁה׃

רש״י | עוֹמְדוֹת, וְאִם אֵין הַנְּקֵבוֹת חֲשׁוּבוֹת זֶרַע תִּתְיַבֵּם אִמֵּנוּ לְיָבָם: **כִּי אֵין לוֹ בֵּן.** הָא אִם הָיָה לוֹ בֵּן לֹא הָיוּ תּוֹבְעוֹת כְּלוּם, מַגִּיד שֶׁחַכְמָנִיּוֹת הָיוּ:

ה | **וַיַּקְרֵב מֹשֶׁה אֶת מִשְׁפָּטָן.** נִתְעַלְּמָה הֲלָכָה מִמֶּנּוּ. וְכָאן נִפְרַע עַל שֶׁנָּטַל עֲטָרָה לוֹמַר: ״וְהַדָּבָר אֲשֶׁר יִקְשֶׁה מִכֶּם תַּקְרִבוּן אֵלַי״ (דברים א, יז). דָּבָר אַחֵר, רְאוּיָה הָיְתָה פָּרָשָׁה זוֹ לְהִכָּתֵב עַל יְדֵי מֹשֶׁה, אֶלָּא שֶׁזָּכוּ בְּנוֹת צְלָפְחָד וְנִכְתְּבָה עַל יָדָן:

ז | **כֵּן בְּנוֹת צְלָפְחָד דֹּבְרֹת.** כְּתַרְגּוּמוֹ: ״יָאוּת״. כָּךְ כְּתוּבָה פָּרָשָׁה זוֹ לְפָנַי בַּמָּרוֹם, מַגִּיד שֶׁרָאֲתָה עֵינָן מַה שֶּׁלֹּא רָאֲתָה עֵינוֹ שֶׁל מֹשֶׁה: **כֵּן בְּנוֹת צְלָפְחָד דֹּבְרֹת.** יָפֶה תָּבְעוּ, אַשְׁרֵי אָדָם שֶׁהַקָּדוֹשׁ בָּרוּךְ הוּא מוֹדֶה לִדְבָרָיו: **נָתֹן תִּתֵּן.** שְׁנֵי חֲלָקִים, חֵלֶק אֲבִיהֶן שֶׁהָיָה מִיּוֹצְאֵי מִצְרַיִם, וְחֶלְקוֹ עִם אֶחָיו בְּנִכְסֵי חֵפֶר: **וְהַעֲבַרְתָּ.** לְשׁוֹן עֶבְרָה הוּא, בְּמִי שֶׁאֵינוֹ מַנִּיחַ בֵּן לְיָרְשׁוֹ. דָּבָר אַחֵר, עַל שֵׁם שֶׁהַבַּת מַעֲבֶרֶת נַחֲלָה מִשֵּׁבֶט לְשֵׁבֶט, שֶׁבְּנָהּ וּבַעְלָהּ יוֹרְשִׁין אוֹתָהּ, שֶׁ״לֹּא תִסֹּב נַחֲלָה״ (להלן לו, ז) לֹא נִצְטַוָּה אֶלָּא לְאוֹתוֹ הַדּוֹר בִּלְבַד, וְכֵן: ״וְהַעֲבַרְתֶּם אֶת נַחֲלָתוֹ לְבִתּוֹ״ (להלן פסוק ח), בְּכֻלָּן הוּא אוֹמֵר: ״וּנְתַתֶּם״ (להלן פסוקים ט-יא) וּבְבַת הוּא אוֹמֵר: ״וְהַעֲבַרְתֶּם״:

יא | **לִשְׁאֵרוֹ הַקָּרֹב אֵלָיו מִמִּשְׁפַּחְתּוֹ.** וְאֵין מִשְׁפָּחָה קְרוּיָה אֶלָּא מִשְׁפַּחַת הָאָב:

ביאור | יִגָּרַע, יחסר שֵׁם אָבִינוּ מִתּוֹךְ מִשְׁפַּחְתּוֹ – כִּי אֵין לוֹ בֵּן?! מכיוון שאנחנו בנותיו, תְּנָה לָּנוּ אֲחֻזָּה בְּתוֹךְ אֲחֵי אָבִינוּ, בתור יורשותיו.

ה וַיַּקְרֵב מֹשֶׁה אֶת מִשְׁפָּטָן לִפְנֵי ה׳ משום שלא הייתה מצויה לפניו כל
הנחיה מפורשת ההולמת את המצב המיוחד הזה.

ו וַיֹּאמֶר ה׳ אֶל מֹשֶׁה לֵּאמֹר: ז כֵּן, נכון בְּנוֹת צְלָפְחָד דֹּבְרֹת, ולכן
נָתֹן תִּתֵּן לָהֶם אֲחֻזַּת נַחֲלָה בְּתוֹךְ אֲחֵי אֲבִיהֶם, וְהַעֲבַרְתָּ אֶת נַחֲלַת
אֲבִיהֶן לָהֶן.

ההוראה הנקודתית שבאה בעקבות פנייתן של בנות צלפחד וענתה
על בקשתן, מורחבת גם לחוק עקרוני: ח וְאֶל בְּנֵי יִשְׂרָאֵל תְּדַבֵּר
לֵאמֹר: אִישׁ כִּי יָמוּת וּבֵן אֵין לוֹ – וְהַעֲבַרְתֶּם אֶת נַחֲלָתוֹ לְבִתּוֹ. ט וְאִם
אֵין לוֹ גם בַּת – וּנְתַתֶּם אֶת נַחֲלָתוֹ לְאֶחָיו. י וְאִם אֵין לוֹ אַחִים – וּנְתַתֶּם
אֶת נַחֲלָתוֹ לַאֲחֵי אָבִיו. יא וְאִם אֵין אַחִים לְאָבִיו – וּנְתַתֶּם אֶת נַחֲלָתוֹ
לִשְׁאֵרוֹ הַקָּרֹב אֵלָיו מִמִּשְׁפַּחְתּוֹ, וְיָרַשׁ אֹתָהּ. וְהָיְתָה לִבְנֵי יִשְׂרָאֵל לְחֻקַּת מִשְׁפָּט, כַּאֲשֶׁר צִוָּה ה׳ אֶת מֹשֶׁה. חוק הירושה הבסיסי, כפי שהתפרש בתורה שבעל פה, קובע כי נחלתו של נפטר עוברת תמיד בכיוון ׳מטה-מעלה-מטה׳. כלומר אדם שמת, נחלתו נופלת לזרעו, לבניו, וכשאין לו בנים – לבנותיו. כאשר אין למת זרע, הנחלה ׳עולה׳ דור אחד לאחור, כלומר לאביו של המת, בין אם האב חי בין אם הוא כבר מת, ומשם היא מנסה שוב ׳לרדת׳ למטה, לזרעו של האב, כלומר לאחי המת או לזרעם. אם אין לו אחים, ולא בנים לאחים – חוזרים לדור נוסף ומשם היא מנסה לרדת, וכן הלאה.[11]

הרחבות | **׳והעברת את נחלת אביהן להן׳** צלפחד כבר לא היה בחיים, אך זכותו כובדה מתוקף היותו מיוצאי מצרים. מכאן שמבחינת צורתה של חלוקת הנחלות, הזכויות בנחלות ארץ כנען ניתנו ליוצאי מצרים ומהם מתחלקות הנחלות בפועל לזרעם באי הארץ. (ראו בבא בתרא קטז ע״ב – קיז ע״ב).

וַיֹּאמֶר יהוה אֶל־מֹשֶׁה עֲלֵה אֶל־הַר הָעֲבָרִים הַזֶּה יב
וּרְאֵה אֶת־הָאָרֶץ אֲשֶׁר נָתַתִּי לִבְנֵי יִשְׂרָאֵל: וְרָאִיתָה יג
אֹתָהּ וְנֶאֱסַפְתָּ אֶל־עַמֶּיךָ גַּם־אָתָּה כַּאֲשֶׁר נֶאֱסַף
אַהֲרֹן אָחִיךָ: כַּאֲשֶׁר מְרִיתֶם פִּי בְּמִדְבַּר־צִן בִּמְרִיבַת יד
הָעֵדָה לְהַקְדִּישֵׁנִי בַמַּיִם לְעֵינֵיהֶם הֵם מֵי־מְרִיבַת
כד קָדֵשׁ מִדְבַּר־צִן: וַיְדַבֵּר מֹשֶׁה אֶל־יהוה טו
לֵאמֹר: יִפְקֹד יהוה אֱלֹהֵי הָרוּחֹת לְכָל־בָּשָׂר אִישׁ טז

רש"י

יב] **עֲלֵה אֶל הַר הָעֲבָרִים.** לָמָּה נִסְמְכָה לְכָאן? כֵּיוָן שֶׁאָמַר הַקָּדוֹשׁ בָּרוּךְ הוּא: "נָתֹן תִּתֵּן לָהֶם" (לעיל פסוק ז), אָמַר: אוֹתִי צִוָּה הַמָּקוֹם לְהַנְחִיל, שֶׁמָּא הֻתְּרָה הַגְּזֵרָה וְאֶכָּנֵס לָאָרֶץ, אָמַר לוֹ הַקָּדוֹשׁ בָּרוּךְ הוּא: גְּזֵרָתִי בִּמְקוֹמָהּ עוֹמֶדֶת. דָּבָר אַחֵר, כֵּיוָן שֶׁנִּכְנַס מֹשֶׁה לְנַחֲלַת בְּנֵי גָד וּבְנֵי רְאוּבֵן, שָׂמַח וְאָמַר: כִּמְדֻמֶּה שֶׁהֻתַּר לִי נִדְרִי. מָשָׁל לְמֶלֶךְ שֶׁגָּזַר עַל בְּנוֹ שֶׁלֹּא יִכָּנֵס לְפֶתַח פָּלָטִין שֶׁלּוֹ, נִכְנַס לַשַּׁעַר וְהוּא אַחֲרָיו, לֶחָצֵר וְהוּא אַחֲרָיו, לַטְרַקְלִין וְהוּא אַחֲרָיו, כֵּיוָן שֶׁבָּא לְהִכָּנֵס לַקִּיטוֹן אָמַר לוֹ: בְּנִי, מִכָּאן וְאֵילַךְ אַתָּה אָסוּר לִכָּנֵס:

יג] **כַּאֲשֶׁר נֶאֱסַף אַהֲרֹן אָחִיךָ.** מִכָּאן שֶׁנִּתְאַוָּה מֹשֶׁה לְמִיתָתוֹ שֶׁל אַהֲרֹן. דָּבָר אַחֵר, אֵין אַתָּה טוֹב מִמֶּנּוּ. "עַל אֲשֶׁר לֹא קִדַּשְׁתֶּם" (דברים לב, נא), הָא אִם קִדַּשְׁתֶּם אוֹתִי עֲדַיִן לֹא הִגִּיעַ זְמַנְּכֶם לְהִפָּטֵר מִן הָעוֹלָם. בְּכָל מָקוֹם שֶׁכָּתַב מִיתָתָם כָּתַב סָרְחָנָם, לְפִי שֶׁנִּגְזְרָה גְּזֵרָה עַל דּוֹר הַמִּדְבָּר לָמוּת בַּמִּדְבָּר בַּעֲוֹן שֶׁלֹּא הֶאֱמִינוּ, לְכָךְ בִּקֵּשׁ מֹשֶׁה שֶׁיִּכָּתֵב סָרְחָנוֹ, שֶׁלֹּא יֹאמְרוּ: אַף הוּא מִן הַמַּמְרִים הָיָה. מָשָׁל לִשְׁתֵּי נָשִׁים שֶׁלּוֹקוֹת בְּבֵית דִּין, אַחַת קִלְקְלָה וְאַחַת אָכְלָה פַּגֵּי שְׁבִיעִית וְכוּ' [אמרה להן אותה שאכלה פגי שביעית: בבקשה מכם, הודיעו על מה היא לוקה, שלא יאמרו על מה שזו לוקה זו לוקה. הביאו פגי שביעית ותלו בצווארה, והיו מכריזין לפניה ואומרין: על עסקי שביעית היא לוקה] (יומא פו ע"ב), אַף כָּאן בְּכָל מָקוֹם שֶׁהִזְכִּיר מִיתָתָן הִזְכִּיר סָרְחָנָן, לְהוֹדִיעַ שֶׁלֹּא הָיְתָה בָּהֶם אֶלָּא זוֹ בִּלְבַד:

יד] **הֵם מֵי מְרִיבַת קָדֵשׁ.** הֵם לְבַדָּם, אֵין בָּהֶם עָוֹן אַחֵר. דָּבָר אַחֵר, הֵם שֶׁהִמְרוּ בְּמָרָה, הֵם הָיוּ שֶׁהִמְרוּ בְּיַם סוּף, הֵם עַצְמָם שֶׁהִמְרוּ בְּמִדְבַּר צִן:

טו] **וַיְדַבֵּר מֹשֶׁה אֶל ה' וְגוֹ'.** לְהוֹדִיעַ שִׁבְחָן שֶׁל צַדִּיקִים, שֶׁכְּשֶׁנִּפְטָרִים מִן הָעוֹלָם מַנִּיחִין צָרְכָּן וְעוֹסְקִין בְּצָרְכֵי צִבּוּר: **לֵאמֹר.** אָמַר לוֹ: הֲשִׁיבֵנִי אִם אַתָּה מְמַנֶּה לָהֶם פַּרְנָס אִם לָאו:

טז] **יִפְקֹד ה'.** כֵּיוָן שֶׁשָּׁמַע מֹשֶׁה שֶׁאָמַר לוֹ הַמָּקוֹם: תֵּן נַחֲלַת צְלָפְחָד לִבְנוֹתָיו, אָמַר: הִגִּיעַ שָׁעָה שֶׁאֶתְבַּע צְרָכַי שֶׁיִּירְשׁוּ בָּנַי אֶת גְּדֻלָּתִי. אָמַר לוֹ הַקָּדוֹשׁ בָּרוּךְ הוּא: לֹא כָךְ עָלְתָה בְּמַחֲשָׁבָה לְפָנַי, כְּדַאי הוּא יְהוֹשֻׁעַ לִטֹּל שְׂכַר שִׁמּוּשׁוֹ, שֶׁלֹּא מָשׁ מִתּוֹךְ הָאֹהֶל. וְזֶהוּ שֶׁאָמַר שְׁלֹמֹה: "נֹצֵר תְּאֵנָה יֹאכַל פִּרְיָהּ" (משלי כז, יח): **אֱלֹהֵי הָרוּחֹת.** לָמָּה נֶאֱמַר? אָמַר לְפָנָיו: רִבּוֹנוֹ שֶׁל עוֹלָם, גָּלוּי

הרחבות | 'ה' אלהי הרוחות לכל בשר' משה בוחר לכנות את ה' בכינוי ייחודי זה בגלל תוכנה של בקשתו. משה מבקש מה', היודע ומכיר במגוון הנפשות, שימנה תחתיו אדם שיֵּדע להתייחס לרוחו של כל אחד מאנשי העדה. (ראו רש"י).

לקראת מות משה

פרק כז פס׳ יב–כג

ממשה נבצר להיכנס לארץ. את מלאכת הורשת הארץ והנחלתה בפועל יצטרך לבצע ממשיכו. קודם שמת אהרן, ה׳ ציווה עליו להעביר את תפקידו לבנו אלעזר.[12] עתה משה עומד מול גזרת מותו לבדו, ומתוך אחריותו כלפי העם, שאת משאם הכבד נשא במשך השנים, הוא מבקש מה׳ למנות תחתיו יורש הולם.

בעניין זה נשמע דבר מותו הקרב של משה, אך עדיין אין מסופר פה על מותו בפועל אלא על ההכנות לקראתו, שכן המשכו של הספר יעסוק בעניינים נוספים שעל משה רבנו להשלים קודם שימות. רק בסופו של ספר דברים, לאחר נאום פרדתו הארוך, יציית משה לציווי המופיע כאן, יעלה על הר העברים ויסתלק מן העולם.

ביאור | יב **וַיֹּאמֶר ה׳ אֶל מֹשֶׁה: עֲלֵה אֶל הַר הָעֲבָרִים הַזֶּה**, ההר הנראה מכל
עבר והמשקיף על כל האזור. **וּרְאֵה אֶת הָאָרֶץ אֲשֶׁר נָתַתִּי לִבְנֵי
יִשְׂרָאֵל.** יג **וְרָאִיתָה אֹתָהּ, וְנֶאֱסַפְתָּ אֶל עַמֶּיךָ**, מות **גַּם אָתָּה, כַּאֲשֶׁר**, כדרך
שֶׁנֶּאֱסַף אַהֲרֹן אָחִיךָ. כשם שאהרן מת ללא ייסורים, ׳מיתת נשיקה׳,[13]
גם נשמתך תצא במנוחה שלמה ותתחבר עם יוצרה. יד **כַּאֲשֶׁר**,
מכיוון **שֶׁמְּרִיתֶם**, המריתם את **פִּי בְּמִדְבַּר צִן, בִּמְרִיבַת הָעֵדָה**,[14]
לְהַקְדִּישֵׁנִי בַמַּיִם לְעֵינֵיהֶם, הֵם מֵי מְרִיבַת קָדֵשׁ ש**בְּמִדְבַּר צִן**, על כן שניכם
תמותו במדבר.

משה לא עלה מיד משום שהיה צריך לטפל בעניינים אחדים.
ראשון להם היה המחשבה על מחליפו בתפקידו – טו **וַיְדַבֵּר מֹשֶׁה
אֶל ה׳ לֵאמֹר:** טז **יִפְקֹד**, ימנה **ה׳, אֱלֹהֵי הָרוּחֹת לְכָל בָּשָׂר**, המושל בכל

הַר הָעֲבָרִים נראה שזהו שם כולל לרכס ההרים שבצפון–מערב מואב, שאחת מפסגותיו הייתה הר נבו (ראו במדבר לג,מז; דברים לב,מט). | העולם

עַל־הָעֵדָה׃ אֲשֶׁר־יֵצֵא לִפְנֵיהֶם וַאֲשֶׁר יָבֹא לִפְנֵיהֶם יז
וַאֲשֶׁר יוֹצִיאֵם וַאֲשֶׁר יְבִיאֵם וְלֹא תִהְיֶה עֲדַת
יְהוָה כַּצֹּאן אֲשֶׁר אֵין־לָהֶם רֹעֶה׃ וַיֹּאמֶר יְהוָה יח
אֶל־מֹשֶׁה קַח־לְךָ אֶת־יְהוֹשֻׁעַ בִּן־נוּן אִישׁ אֲשֶׁר־
רוּחַ בּוֹ וְסָמַכְתָּ אֶת־יָדְךָ עָלָיו׃ וְהַעֲמַדְתָּ אֹתוֹ יט
לִפְנֵי אֶלְעָזָר הַכֹּהֵן וְלִפְנֵי כָּל־הָעֵדָה וְצִוִּיתָה אֹתוֹ
לְעֵינֵיהֶם׃ וְנָתַתָּה מֵהוֹדְךָ עָלָיו לְמַעַן יִשְׁמְעוּ כָּל־ כ
עֲדַת בְּנֵי יִשְׂרָאֵל׃ וְלִפְנֵי אֶלְעָזָר הַכֹּהֵן יַעֲמֹד וְשָׁאַל כא
לוֹ בְּמִשְׁפַּט הָאוּרִים לִפְנֵי יְהוָה עַל־פִּיו יֵצְאוּ וְעַל־
פִּיו יָבֹאוּ הוּא וְכָל־בְּנֵי־יִשְׂרָאֵל אִתּוֹ וְכָל־הָעֵדָה׃
וַיַּעַשׂ מֹשֶׁה כַּאֲשֶׁר צִוָּה יְהוָה אֹתוֹ וַיִּקַּח אֶת־יְהוֹשֻׁעַ כב

רש"י | לְפָנֶיךָ דַּעְתּוֹ שֶׁל כָּל אֶחָד וְאֶחָד וְאֵינָן דּוֹמִין זֶה לָזֶה, מַנֵּה עֲלֵיהֶם מַנְהִיג שֶׁיְּהֵא סוֹבֵל כָּל אֶחָד וְאֶחָד לְפִי דַּעְתּוֹ:

יז| **אֲשֶׁר יֵצֵא לִפְנֵיהֶם.** לֹא כְדֶרֶךְ מַלְכֵי הָאֻמּוֹת שֶׁיּוֹשְׁבִים בְּבָתֵּיהֶם וּמְשַׁלְּחִין אֶת חֵילוֹתֵיהֶם לַמִּלְחָמָה, אֶלָּא כְּמוֹ שֶׁעָשִׂיתִי אֲנִי, שֶׁנִּלְחַמְתִּי בְּסִיחוֹן וְעוֹג, שֶׁנֶּאֱמַר: "אַל תִּירָא אֹתוֹ" (במדבר כא, לד), וּכְדֶרֶךְ שֶׁעָשָׂה יְהוֹשֻׁעַ, שֶׁנֶּאֱמַר: "וַיֵּלֶךְ יְהוֹשֻׁעַ אֵלָיו וַיֹּאמֶר לוֹ הֲלָנוּ אַתָּה" וְגוֹ' (יהושע ה, יג), וְכֵן בְּדָוִד הוּא אוֹמֵר: "כִּי הוּא יוֹצֵא וָבָא לִפְנֵיהֶם" (שמואל א' יח, טז), יוֹצֵא בָּרֹאשׁ וְנִכְנָס בָּרֹאשׁ: **וַאֲשֶׁר יוֹצִיאֵם.** בִּזְכֻיּוֹתָיו: **וַאֲשֶׁר יְבִיאֵם.** בִּזְכֻיּוֹתָיו. דָּבָר אַחֵר, "וַאֲשֶׁר יְבִיאֵם", שֶׁלֹּא תַעֲשֶׂה לוֹ כְּדֶרֶךְ שֶׁאַתָּה עוֹשֶׂה לִי, שֶׁאֵינִי מַכְנִיסָן לָאָרֶץ:

יח| **קַח לְךָ.** קָחֶנּוּ בִּדְבָרִים, אַשְׁרֶיךָ שֶׁזָּכִיתָ לְהַנְהִיג בָּנָיו שֶׁל מָקוֹם: **לְךָ.** אֶת שֶׁבָּדוּק לְךָ, אֶת זֶה אַתָּה מַכִּיר: **אֲשֶׁר רוּחַ בּוֹ.** כַּאֲשֶׁר שָׁאַלְתָּ, שֶׁיּוּכַל לַהֲלֹךְ כְּנֶגֶד רוּחוֹ שֶׁל כָּל אֶחָד וְאֶחָד: **וְסָמַכְתָּ אֶת יָדְךָ עָלָיו.** תֵּן לוֹ מְתֻרְגְּמָן שֶׁיִּדְרֹשׁ בְּחַיֶּיךָ, שֶׁלֹּא יֹאמְרוּ עָלָיו: לֹא הָיָה לוֹ לְהָרִים רֹאשׁ בִּימֵי מֹשֶׁה:

יט| **וְצִוִּיתָה אֹתוֹ.** עַל יִשְׂרָאֵל: דַּע שֶׁטַּרְחָנִין הֵם, סַרְבָנִים הֵם, עַל מְנָת שֶׁתְּקַבֵּל עָלֶיךָ:

כ| **וְנָתַתָּה מֵהוֹדְךָ עָלָיו.** זֶה קֵרוּן עוֹר פָּנִים: **מֵהוֹדְךָ.** וְלֹא כָּל הוֹדְךָ, נִמְצֵינוּ לְמֵדִין, פְּנֵי מֹשֶׁה כַּחַמָּה, פְּנֵי יְהוֹשֻׁעַ כַּלְּבָנָה: **לְמַעַן יִשְׁמְעוּ כָּל עֲדַת בְּנֵי יִשְׂרָאֵל.** שֶׁיִּהְיוּ נוֹהֲגִין בּוֹ כָּבוֹד וְיִרְאָה כְּדֶרֶךְ שֶׁנּוֹהֲגִין בְּךָ:

כא| **וְלִפְנֵי אֶלְעָזָר הַכֹּהֵן יַעֲמֹד.** הֲרֵי שְׁאֵלָתְךָ שֶׁשָּׁאַלְתָּ, שֶׁאֵין הַכָּבוֹד הַזֶּה זָז מִבֵּית אָבִיךָ, שֶׁאַף יְהוֹשֻׁעַ יְהֵא צָרִיךְ לְאֶלְעָזָר: **וְשָׁאַל לוֹ.** כְּשֶׁיִּצְטָרֵךְ לָצֵאת לַמִּלְחָמָה: **עַל פִּיו.** שֶׁל אֶלְעָזָר: **וְכָל הָעֵדָה.** סַנְהֶדְרִין:

כב| **וַיִּקַּח אֶת יְהוֹשֻׁעַ.** לְקָחוֹ בִּדְבָרִים, וְהוֹדִיעוֹ מַתַּן שְׂכַר פַּרְנָסֵי יִשְׂרָאֵל לָעוֹלָם הַבָּא:

ביאור

הנפשות, אִישׁ עַל הָעֵדָה. יז **אֲשֶׁר יֵצֵא לִפְנֵיהֶם** במלחמה **וַאֲשֶׁר יָבֹא**
לִפְנֵיהֶם בנושאים אחרים[15] **וַאֲשֶׁר יוֹצִיאֵם וַאֲשֶׁר יְבִיאֵם**, שידאג לריכוזם
ולאחדותם, וְכך **לֹא תִהְיֶה עֲדַת ה׳ כַּצֹּאן אֲשֶׁר אֵין לָהֶם רֹעֶה.**

יח **וַיֹּאמֶר ה׳ אֶל מֹשֶׁה**: כיוון שאתה מחפש איש כזה, **קַח לְךָ אֶת**
יְהוֹשֻׁעַ בִּן נוּן, אִישׁ אֲשֶׁר רוּחַ נכונה, רוח עליונה **בּוֹ** כבר עכשיו,
וְסָמַכְתָּ אֶת יָדְךָ עָלָיו כדי להעביר אליו את כוחותיך המיוחדים
ואת סמכותך. יט **וְהַעֲמַדְתָּ אֹתוֹ לִפְנֵי אֶלְעָזָר הַכֹּהֵן וְלִפְנֵי כָּל הָעֵדָה,**
וְצִוִּיתָה, הפקד **אֹתוֹ** בציווייך **לְעֵינֵיהֶם** משום שהם יצטרכו לציית
להוראותיו. כ **וְנָתַתָּה מֵהוֹדְךָ** המייחד אותך **עָלָיו, לְמַעַן יִשְׁמְעוּ כָּל**
עֲדַת בְּנֵי יִשְׂרָאֵל. כא ואולם שלא כמוך, משה, שאתה מקבל ממני
הוראות ישירות, יהושע יזדקק למנגנון מתווך - **לִפְנֵי אֶלְעָזָר הַכֹּהֵן**
יַעֲמֹד וְשָׁאַל לוֹ בְּמִשְׁפַּט הָאוּרִים לִפְנֵי ה׳, באמצעות האורות הבוהקים
מאבני החושן, שבאמצעותם ה׳ מאותת לכהן את רצונו.[16] **עַל**
פִּיו של אלעזר[17] **יֵצְאוּ וְעַל פִּיו יָבֹאוּ, הוּא וְכָל בְּנֵי יִשְׂרָאֵל אִתּוֹ וְכָל**
הָעֵדָה.

כב **וַיַּעַשׂ מֹשֶׁה כַּאֲשֶׁר צִוָּה ה׳ אֹתוֹ. וַיִּקַּח אֶת יְהוֹשֻׁעַ, וַיַּעֲמִדֵהוּ לִפְנֵי אֶלְעָזָר**

וְשָׁאַל לוֹ בְּמִשְׁפַּט הָאוּרִים

חֹשֶׁן המשפט

הרחבות

'ונתתה מהודך עליו' ייתכן שההוד הוא כבודו של משה (ראב"ע וספורנו), חכמתו או סגולות אישיות אחרות שלו, אך ייתכן שזוהי קרינת פניו, שכן נאמר עליו כִּי קָרַן עוֹר פָּנָיו (שמות לד,כט-ל). חכמים אמרו שבני הדור השוו בין שני המנהיגים והיו אומרים: "פני משה כפני חמה; פני יהושע כפני לבנה", כלומר גם פני יהושע האירו, אך זיוום היה עמום בהשוואה לזיו פניו של משה (בבא בתרא עה ע"א).

וַיַּעֲמִדֵהוּ לִפְנֵי אֶלְעָזָר הַכֹּהֵן וְלִפְנֵי כָּל־הָעֵדָה׃
כג וַיִּסְמֹךְ אֶת־יָדָיו עָלָיו וַיְצַוֵּהוּ כַּאֲשֶׁר דִּבֶּר יהוה בְּיַד־
מֹשֶׁה׃
חמישי כח א ב וַיְדַבֵּר יהוה אֶל־מֹשֶׁה לֵּאמֹר׃ צַו אֶת־בְּנֵי יִשְׂרָאֵל
וְאָמַרְתָּ אֲלֵהֶם אֶת־קָרְבָּנִי לַחְמִי לְאִשַּׁי רֵיחַ נִיחֹחִי
תִּשְׁמְרוּ לְהַקְרִיב לִי בְּמוֹעֲדוֹ׃ וְאָמַרְתָּ לָהֶם זֶה ג
הָאִשֶּׁה אֲשֶׁר תַּקְרִיבוּ לַיהוה כְּבָשִׂים בְּנֵי־שָׁנָה
תְמִימִם שְׁנַיִם לַיּוֹם עֹלָה תָמִיד׃ אֶת־הַכֶּבֶשׂ אֶחָד ד
תַּעֲשֶׂה בַבֹּקֶר וְאֵת הַכֶּבֶשׂ הַשֵּׁנִי תַּעֲשֶׂה בֵּין
הָעַרְבָּיִם׃ וַעֲשִׂירִית הָאֵיפָה סֹלֶת לְמִנְחָה בְּלוּלָה ה
בְּשֶׁמֶן כָּתִית רְבִיעִת הַהִין׃ עֹלַת תָּמִיד הָעֲשֻׂיָה בְּהַר ו

רש"י

כג] **וַיִּסְמֹךְ אֶת יָדָיו.** בְּעַיִן יָפָה, יוֹתֵר וְיוֹתֵר מִמַּה שֶּׁנִּצְטַוָּה, שֶׁהַקָּדוֹשׁ בָּרוּךְ הוּא אָמַר לוֹ: "וְסָמַכְתָּ אֶת יָדְךָ" (לעיל פסוק יח) וְהוּא עָשָׂה בִּשְׁתֵּי יָדָיו, וַעֲשָׂאוֹ כִּכְלִי מָלֵא וְגָדוּשׁ וּמִלְּאוֹ חָכְמָתוֹ בְּעַיִן יָפָה: **כַּאֲשֶׁר דִּבֶּר ה'.** אַף לְעִנְיַן הַהוֹד, נָתַן מֵהוֹדוֹ עָלָיו:

פרק כח

ב] **צַו אֶת בְּנֵי יִשְׂרָאֵל.** מָה אָמוּר לְמַעְלָה? "יִפְקֹד ה'" (לעיל כז, טז), אָמַר לוֹ הַקָּדוֹשׁ בָּרוּךְ הוּא: עַד שֶׁאַתָּה מְצַוֵּנִי עַל בָּנַי, צַוֵּה אֶת בָּנַי עָלַי. מָשָׁל לְבַת מֶלֶךְ שֶׁהָיְתָה נִפְטֶרֶת מִן הָעוֹלָם וְהָיְתָה מְפַקֶּדֶת לְבַעְלָהּ עַל בָּנֶיהָ וְכוּ' [אמרה לו: בבקשה ממך הזהר לי בבניי. אמר לה: עד שאת מפקדתני על בניי פקדי את בניי עלי, שלא ימרדו בי ושלא ינהגו בי מנהג ביזיון], כִּדְאִיתָא בְּסִפְרֵי (קמב): **קָרְבָּנִי.** זֶה הַדָּם: **לַחְמִי.** אֵלּוּ אֵמוּרִין, וְכֵן הוּא אוֹמֵר: "וְהִקְטִירָם הַכֹּהֵן הַמִּזְבֵּחָה לֶחֶם אִשֶּׁה" (ויקרא ג, טו): **לְאִשַּׁי.** הַנִּתָּנִין לְאִשֵּׁי מִזְבְּחִי: **תִּשְׁמְרוּ.** שֶׁיִּהְיוּ כֹּהֲנִים וּלְוִיִּם וְיִשְׂרְאֵלִים עוֹמְדִין עַל גַּבָּיו, מִכָּאן לָמְדוּ וְתִקְּנוּ מַעֲמָדוֹת: **בְּמוֹעֲדוֹ.** בְּכָל יוֹם הוּא מוֹעֵד הַתְּמִידִים:

ג] **וְאָמַרְתָּ לָהֶם.** אַזְהָרָה לְבֵית דִּין: **שְׁנַיִם לַיּוֹם.** כִּפְשׁוּטוֹ. וְעִקָּרוֹ בָּא לְלַמֵּד שֶׁיִּהְיוּ נִשְׁחָטִין כְּנֶגֶד הַיּוֹם, תָּמִיד שֶׁל שַׁחַר בַּמַּעֲרָב וְשֶׁל בֵּין הָעַרְבַּיִם בַּמִּזְרָח שֶׁל טַבָּעוֹת:

ד] **אֶת הַכֶּבֶשׂ אֶחָד.** אַף עַל פִּי שֶׁכְּבָר נֶאֱמַר בְּפָרָשַׁת וְאַתָּה תְּצַוֶּה: "וְזֶה אֲשֶׁר תַּעֲשֶׂה" וְגוֹ' (שמות כט, לח-לט), הִיא הָיְתָה אַזְהָרָה לִימֵי הַמִּלּוּאִים, וְכָאן צִוָּה לְדוֹרוֹת:

ה] **סֹלֶת לְמִנְחָה.** מִנְחַת נְסָכִים:

ו] **הָעֲשֻׂיָה בְּהַר סִינַי.** כְּאוֹתָן שֶׁנַּעֲשׂוּ בִּימֵי הַמִּלּוּאִים. דָּבָר אַחֵר, "הָעֲשֻׂיָה בְּהַר סִינַי", מַקִּישׁ עוֹלַת תָּמִיד לְעוֹלַת הַר סִינַי, אוֹתָהּ שֶׁקָּרְבָה לִפְנֵי מַתַּן תּוֹרָה שֶׁכָּתוּב בָּהּ: "וַיָּשֶׂם בָּאַגָּנֹת" (שמות כד, ו), מְלַמֵּד שֶׁטְּעוּנָה כְּלִי:

הַכֹּהֵן וְלִפְנֵי כָּל הָעֵדָה. כג וַיִּסְמֹךְ אֶת יָדָיו עָלָיו וַיְצַוֵּהוּ, כַּאֲשֶׁר דִּבֶּר ה׳ | ביאור
בְּיַד מֹשֶׁה.

התמיד והמוספים

פרק כח – פרק ל פס׳ א

כאן חוזר הכתוב ומשלים נושאים שונים באשר לקרבנות הציבור הקשורים לזמן: קרבנות התמיד היומיומיים וקרבנות המוסף המועלים בשבתות, בראשי חודשים ובחגים. נראה כי רוב הקרבנות שנקבעו לזמנים מסוימים לא הוקרבו במדבר כלל, ולכן הם מוזכרים עתה, ערב הכניסה לארץ.[18] בעניין זה נזכרים החגים רק אגב הלכות קרבנות המוסף שיש להביא בהם. שאר הקרבנות אינם מופיעים כאן, ואף אין פה דיון בתכני החגים והמועדים הנזכרים, אלא תזכורת להיותם מקראי קודש ולאיסורי עשיית מלאכה בלבד.

פרק כח א **וַיְדַבֵּר ה׳ אֶל מֹשֶׁה לֵּאמֹר:** ב **צַו אֶת בְּנֵי יִשְׂרָאֵל וְאָמַרְתָּ**
אֲלֵהֶם: אֶת קָרְבָּנִי שהוא **לַחְמִי לְאִשַּׁי,** הנשרף במזבח, **רֵיחַ נִיחֹחִי,** לרצון
לי, **תִּשְׁמְרוּ לְהַקְרִיב לִי בְּמוֹעֲדוֹ.** אין להשוות את כל הקרבנות, אך
יש להקפיד במיוחד על הקרבנות שיש להם זמנים קבועים, שאם
עבר הזמן בטל הקרבן. ג **וְאָמַרְתָּ לָהֶם: זֶה הָאִשֶּׁה,** הקרבן העולה
על המזבח **אֲשֶׁר תַּקְרִיבוּ לַה׳: כְּבָשִׂים בְּנֵי שָׁנָה תְמִימִם שְׁנַיִם לַיּוֹם עֹלָה**
תָמִיד – ד **אֶת הַכֶּבֶשׂ אֶחָד תַּעֲשֶׂה בַבֹּקֶר, וְאֵת הַכֶּבֶשׂ הַשֵּׁנִי תַּעֲשֶׂה בֵּין**
הָעַרְבָּיִם. ה וקרבן זה מלווה גם **בַּעֲשִׂירִית הָאֵיפָה סֹלֶת לְמִנְחָה בְּלוּלָה**
בְּשֶׁמֶן כָּתִית, שמן מובחר המופק בהכאה על זיתים שנבחרו עם
הבשלתם, ושיעורו **רְבִיעִת הַהִין,** למעלה מליטר. ו זוהי **עֹלַת תָּמִיד**

העולם | **עשירית האיפה** נקראת גם עישרון (כלהלן פס׳ ט). מידת נפח קדומה ששיעורה כ־2.4 ליטר (או כ־4 ליטר). משערים שמקור השם ׳איפה׳ הוא ׳אפת׳ במצרית, שעניינו ספירה.

הין מידת לח, ששיעורה למעלה מ־4 ליטר. מקור השם מצרי, והוראתו הראשונה הייתה שמו של כלי קיבול.

סִינַי לְרֵיחַ נִיחֹחַ אִשֶּׁה לַיהוָה׃ וְנִסְכּוֹ רְבִיעִת הַהִין ז
לַכֶּבֶשׂ הָאֶחָד בַּקֹּדֶשׁ הַסֵּךְ נֶסֶךְ שֵׁכָר לַיהוָה׃ וְאֵת ח
הַכֶּבֶשׂ הַשֵּׁנִי תַּעֲשֶׂה בֵּין הָעַרְבָּיִם כְּמִנְחַת הַבֹּקֶר
וּכְנִסְכּוֹ תַּעֲשֶׂה אִשֵּׁה רֵיחַ נִיחֹחַ לַיהוָה׃
וּבְיוֹם הַשַּׁבָּת שְׁנֵי־כְבָשִׂים בְּנֵי־שָׁנָה תְּמִימִם וּשְׁנֵי ט
עֶשְׂרֹנִים סֹלֶת מִנְחָה בְּלוּלָה בַשֶּׁמֶן וְנִסְכּוֹ׃ עֹלַת י
שַׁבַּת בְּשַׁבַּתּוֹ עַל־עֹלַת הַתָּמִיד וְנִסְכָּהּ׃
וּבְרָאשֵׁי חָדְשֵׁיכֶם תַּקְרִיבוּ עֹלָה לַיהוָה פָּרִים בְּנֵי־ יא
בָקָר שְׁנַיִם וְאַיִל אֶחָד כְּבָשִׂים בְּנֵי־שָׁנָה שִׁבְעָה
תְּמִימִם׃ וּשְׁלֹשָׁה עֶשְׂרֹנִים סֹלֶת מִנְחָה בְּלוּלָה בַשֶּׁמֶן יב
לַפָּר הָאֶחָד וּשְׁנֵי עֶשְׂרֹנִים סֹלֶת מִנְחָה בְּלוּלָה בַשֶּׁמֶן
לָאַיִל הָאֶחָד׃ וְעִשָּׂרֹן עִשָּׂרוֹן סֹלֶת מִנְחָה בְּלוּלָה יג
בַשֶּׁמֶן לַכֶּבֶשׂ הָאֶחָד עֹלָה רֵיחַ נִיחֹחַ אִשֶּׁה לַיהוָה׃
וְנִסְכֵּיהֶם חֲצִי הַהִין יִהְיֶה לַפָּר וּשְׁלִישִׁת הַהִין לָאַיִל יד
וּרְבִיעִת הַהִין לַכֶּבֶשׂ יָיִן זֹאת עֹלַת חֹדֶשׁ בְּחָדְשׁוֹ
לְחָדְשֵׁי הַשָּׁנָה׃ וּשְׂעִיר עִזִּים אֶחָד לְחַטָּאת לַיהוָה טו

רש"י

ז| וְנִסְכּוֹ. יַיִן: בַּקֹּדֶשׁ הַסֵּךְ. עַל הַמִּזְבֵּחַ יִתְנַסְּכוּ: נֶסֶךְ שֵׁכָר. יַיִן הַמְשַׁכֵּר, פְּרָט לְיַיִן מִגִּתּוֹ:

ח| רֵיחַ נִיחֹחַ. נַחַת רוּחַ לְפָנַי שֶׁאָמַרְתִּי וְנַעֲשָׂה רְצוֹנִי:

י| עֹלַת שַׁבַּת בְּשַׁבַּתּוֹ. וְלֹא עוֹלַת שַׁבָּת בְּשַׁבָּת אַחֶרֶת, הֲרֵי שֶׁלֹּא הִקְרִיב בְּשַׁבָּת זוֹ, שׁוֹמֵעַ אֲנִי יַקְרִיב שְׁתַּיִם לְשַׁבָּת הַבָּאָה? תַּלְמוּד לוֹמַר: "בְּשַׁבַּתּוֹ", מַגִּיד שֶׁאִם עָבַר יוֹמוֹ בָּטֵל קָרְבָּנוֹ: עַל עֹלַת הַתָּמִיד. אֵלּוּ מוּסָפִין, לְבַד אוֹתָן שְׁנֵי כְּבָשִׂים שֶׁל עוֹלַת הַתָּמִיד. וּמַגִּיד שֶׁאֵין קְרֵבִין אֶלָּא בֵּין שְׁנֵי הַתְּמִידִין, וְכֵן בְּכָל הַמּוּסָפִין נֶאֱמַר: "עַל עוֹלַת הַתָּמִיד" לְתַלְמוּד זֶה:

יב| וּשְׁלֹשָׁה עֶשְׂרֹנִים. כְּמִשְׁפַּט נִסְכֵּי פָּר, שֶׁכֵּן הֵן קְצוּבִין בְּפָרָשַׁת נְסָכִים (לעיל טו, ח-י):

יד| זֹאת עֹלַת חֹדֶשׁ בְּחָדְשׁוֹ. שֶׁאִם עָבַר יוֹמוֹ בָּטֵל קָרְבָּנוֹ וְשׁוּב אֵין לוֹ תַּשְׁלוּמִין:

טו| וּשְׂעִיר עִזִּים וְגוֹ'. כָּל שְׂעִירֵי הַמּוּסָפִין בָּאִין לְכַפֵּר עַל טֻמְאַת מִקְדָּשׁ וְקָדָשָׁיו, הַכֹּל כְּמוֹ שֶׁמְּפֹרָשׁ בְּמַסֶּכֶת שְׁבוּעוֹת

ביאור

הָעֲשֻׂיָה, שהוקרבה כבר בְּהַר סִינַי[19] לְרֵיחַ נִיחֹחַ, אִשֶּׁה לַה'. ז וְנִסְכּוֹ
של הקרבן – רְבִיעִת הַהִין לַכֶּבֶשׂ הָאֶחָד, בַּקֹּדֶשׁ הַסֵּךְ, שפוך בכלי על
המזבח נֶסֶךְ שֵׁכָר, יין משכר[20] לַה'. זה היה דינו של הכבש שנעשה
בבוקר. ח וְאֵת הַכֶּבֶשׂ הַשֵּׁנִי תַּעֲשֶׂה בֵּין הָעַרְבָּיִם. כְּמִנְחַת הַבֹּקֶר וּכְנִסְכּוֹ
תַּעֲשֶׂה, אִשֵּׁה רֵיחַ נִיחֹחַ לַה'.

ט וּבְיוֹם הַשַּׁבָּת שְׁנֵי כְבָשִׂים בְּנֵי שָׁנָה תְּמִימִם וּשְׁנֵי עֶשְׂרֹנִים סֹלֶת שתהיה
מִנְחָה בְּלוּלָה בַשֶּׁמֶן וְגם הָביאו את נִסְכּוֹ הקבוע של כל כבש, של
הקרבן, של הסולת או של יום השבת.[21] י עֹלַת שַׁבַּת בְּשַׁבַּתּוֹ. בכל
שבת תובא עולה זו, המכונה 'מוסף של שבת' עַל, תוספת לעֹלַת
הַתָּמִיד היומיומית וְנִסְכָּהּ.

יא וּבְרָאשֵׁי חָדְשֵׁיכֶם תַּקְרִיבוּ עֹלָה לַה' פָּרִים בְּנֵי בָקָר – שְׁנַיִם, וְאַיִל אֶחָד,
כְּבָשִׂים בְּנֵי שָׁנָה – שִׁבְעָה, תְּמִימִם. יב וּשְׁלֹשָׁה עֶשְׂרֹנִים סֹלֶת מִנְחָה בְּלוּלָה
בַשֶּׁמֶן תתלווה לַפָּר הָאֶחָד, לכל פר, וּשְׁנֵי עֶשְׂרֹנִים סֹלֶת מִנְחָה בְּלוּלָה
בַשֶּׁמֶן – לָאַיִל הָאֶחָד, יג וְעִשָּׂרֹן עִשָּׂרוֹן סֹלֶת מִנְחָה בְּלוּלָה בַשֶּׁמֶן – לַכֶּבֶשׂ
הָאֶחָד. כל אלה הם עֹלָה רֵיחַ נִיחֹחַ, אִשֶּׁה לַה'. יד וְנִסְכֵּיהֶם של הקרבנות
הללו – חֲצִי הַהִין יִהְיֶה לַפָּר, וּשְׁלִישִׁת הַהִין לָאַיִל, וּרְבִיעִת הַהִין לַכֶּבֶשׂ – יָיִן.
זֹאת עֹלַת חֹדֶשׁ בְּחָדְשׁוֹ, העולה המובאת מדי ראש חודש לְכל חָדְשֵׁי
הַשָּׁנָה. טו ועוד שְׂעִיר עִזִּים אֶחָד מביאים לְחַטָּאת לַה', עַל עֹלַת הַתָּמִיד
יֵעָשֶׂה וְנִסְכּוֹ.

הרחבות

'לחטאת לה'' הצירוף עֹלָה לַה', המופיע בפס' יא ובמקומות נוספים, מובן שכן קרבנות העולה נועדו לפאר את המזבח ולהביע את רצונם הטוב של ישראל. תמוה יותר הצירוף היחידאי חַטָּאת לַה', שכן קרבן זה בא לכפר על חטאים. על דרך הדרוש אמרו שה' הוא שכביכול מבקש שיביאו קרבן חטאת בעבורו על שמיעט את הירח, וזהו הקרבן המובא עם התחדשות הירח (חולין ס ע"ב). ועוד, כל קרבנות החטאות שאינם באים לכפר על חטא מסוים, מחטאים ומנקים את טומאות המקדש, ואילו קרבן חטאת של ראש חודש מכפר על כל הטומאות שלא נודעו כלל לבני האדם "חטא שאין מכיר בו אלא ה'" (שבועות ט ע"א).

ששי עַל־עֹלַת הַתָּמִיד יֵעָשֶׂה וְנִסְכּוֹ׃ וּבַחֹדֶשׁ טז
הָרִאשׁוֹן בְּאַרְבָּעָה עָשָׂר יוֹם לַחֹדֶשׁ פֶּסַח לַיהוָה׃
וּבַחֲמִשָּׁה עָשָׂר יוֹם לַחֹדֶשׁ הַזֶּה חָג שִׁבְעַת יָמִים יז
מַצּוֹת יֵאָכֵל׃ בַּיּוֹם הָרִאשׁוֹן מִקְרָא־קֹדֶשׁ כָּל־מְלֶאכֶת יח
עֲבֹדָה לֹא תַעֲשׂוּ׃ וְהִקְרַבְתֶּם אִשֶּׁה עֹלָה לַיהוָה יט
פָּרִים בְּנֵי־בָקָר שְׁנַיִם וְאַיִל אֶחָד וְשִׁבְעָה כְבָשִׂים
בְּנֵי שָׁנָה תְּמִימִם יִהְיוּ לָכֶם׃ וּמִנְחָתָם סֹלֶת בְּלוּלָה כ
בַשָּׁמֶן שְׁלֹשָׁה עֶשְׂרֹנִים לַפָּר וּשְׁנֵי עֶשְׂרֹנִים לָאַיִל
תַּעֲשׂוּ׃ עִשָּׂרוֹן עִשָּׂרוֹן תַּעֲשֶׂה לַכֶּבֶשׂ הָאֶחָד לְשִׁבְעַת כא
הַכְּבָשִׂים׃ וּשְׂעִיר חַטָּאת אֶחָד לְכַפֵּר עֲלֵיכֶם׃ מִלְּבַד כב כג
עֹלַת הַבֹּקֶר אֲשֶׁר לְעֹלַת הַתָּמִיד תַּעֲשׂוּ אֶת־אֵלֶּה׃
כָּאֵלֶּה תַּעֲשׂוּ לַיּוֹם שִׁבְעַת יָמִים לֶחֶם אִשֵּׁה רֵיחַ־ כד
נִיחֹחַ לַיהוָה עַל־עוֹלַת הַתָּמִיד יֵעָשֶׂה וְנִסְכּוֹ׃ וּבַיּוֹם כה
הַשְּׁבִיעִי מִקְרָא־קֹדֶשׁ יִהְיֶה לָכֶם כָּל־מְלֶאכֶת עֲבֹדָה
כה לֹא תַעֲשׂוּ׃ וּבְיוֹם הַבִּכּוּרִים בְּהַקְרִיבְכֶם כו

רש"י (דף ב ע"א-ע"ב). ונשתנה שעיר ראש חודש שנאמר בו: "לה'", ללמדך שמכפר על שאין בו ידיעה לא בתחלה ולא בסוף, שאין מכיר בחטא אלא הקדוש ברוך הוא בלבד, ושאר השעירין למדין ממנו. ומדרשו באגדה: אמר הקדוש ברוך הוא: הביאו כפרה עלי על שמעטתי את הירח: על עלת התמיד יעשה. כל הקרבן הזה: ונסכו. אין 'ונסכו' מוסב על השעיר, שאין נסכים לחטאת:

יח) כל מלאכת עבדה. אפילו מלאכה הצריכה לכם, כגון דבר האבד המתר בחלו של מועד, אסורה ביום טוב:

יט) פרים. כנגד אברהם, שנאמר: "ואל הבקר רץ אברהם" (בראשית יח, ז). אילים. כנגד אילו של יצחק (שם כב, יג). כבשים. כנגד יעקב, שנאמר: "והכשבים הפריד יעקב" (שם ל, מ). ביסודו של רבי משה הדרשן ראיתי זאת:

כד) כאלה תעשו ליום. שלא יהיו פוחתין והולכין כפרי החג:

כו) וביום הבכורים. חג השבועות קרוי:

ביאור

לאחר קרבנות ראשי חודשים, נמנים שאר המועדים לפי סדר
החודשים: טז **וּבַחֹדֶשׁ הָרִאשׁוֹן**, ניסן **בְּאַרְבָּעָה עָשָׂר יוֹם לַחֹדֶשׁ** יובא
קרבן **פֶּסַח לַה׳.** יז **וּבַחֲמִשָּׁה עָשָׂר יוֹם לַחֹדֶשׁ הַזֶּה – חָג, שִׁבְעַת יָמִים מַצּוֹת**
יֵאָכֵל. יח **בַּיּוֹם הָרִאשׁוֹן** של חג המצות יהיה **מִקְרָא קֹדֶשׁ**, אספה שאליה
קוראים ומזמנים את העם לשם דבר שבקדושה,[22] או: מאורע קודש.[23]
כָּל מְלֶאכֶת עֲבֹדָה מלאכה שהיא עבודה של ממש, שאדם עושה
אותה בדרך כלל לפרנסתו או לשפר את רכושו, למעט מלאכות
אוכל נפש כגון בישול, שהן מותרות בחג,[24] **לֹא תַעֲשׂוּ.** יט **וְהִקְרַבְתֶּם**
אִשֶּׁה עֹלָה לַה׳: פָּרִים בְּנֵי בָקָר – שְׁנַיִם, וְאַיִל אֶחָד וְשִׁבְעָה כְבָשִׂים בְּנֵי
שָׁנָה – תְּמִימִם יִהְיוּ לָכֶם. כ **וּמִנְחָתָם – סֹלֶת בְּלוּלָה בַשָּׁמֶן: שְׁלֹשָׁה**
עֶשְׂרֹנִים תתנו **לַפָּר וּשְׁנֵי עֶשְׂרֹנִים לָאַיִל תַּעֲשׂוּ.** כא **עִשָּׂרוֹן עִשָּׂרוֹן תַּעֲשֶׂה**
לַכֶּבֶשׂ הָאֶחָד, לְשִׁבְעַת הַכְּבָשִׂים. כב **וּשְׂעִיר חַטָּאת אֶחָד לְכַפֵּר עֲלֵיכֶם,**
שמא טימאתם שלא בכוונה את המקדש במשך השנה.[25] כג **מִלְּבַד**
עֹלַת הַבֹּקֶר אֲשֶׁר לְעֹלַת, שהיא עולת **הַתָּמִיד תַּעֲשׂוּ אֶת אֵלֶּה.** אלו הם
קרבנות מוסף, המוקרבים אחרי קרבן התמיד הפותח בכל בוקר
את עבודת הקרבנות. כד **כָּאֵלֶּה תַּעֲשׂוּ לַיּוֹם שִׁבְעַת יָמִים, לֶחֶם אִשֵּׁה**
רֵיחַ נִיחֹחַ לַה׳, עַל עוֹלַת הַתָּמִיד יֵעָשֶׂה וְנִסְכּוֹ. כה **וּבַיּוֹם הַשְּׁבִיעִי** של חג
המצות **מִקְרָא קֹדֶשׁ יִהְיֶה לָכֶם, כָּל מְלֶאכֶת עֲבֹדָה לֹא תַעֲשׂוּ**, כמו ביום
הראשון.

כו **וּבְיוֹם הַבִּכּוּרִים**, חג השבועות, שבו מביאים את שתי הלחם,
הקרבנות הראשונים המובאים מהחיטה שהבכירה,[26] **בְּהַקְרִיבְכֶם**

הרחבות

'בארבעה עשר יום לחדש פסח לה', ובחמשה עשר יום לחדש הזה חג' בלשוננו קרויים כל שבעת הימים 'חג הפסח', אך התורה מבחינה בין יום ארבעה-עשר בניסן, שבו מובא קרבן הפסח, והוא מועד 'הפסח', לבין החג בן שבעת הימים המתחיל ביום החמישה-עשר בניסן 'חג המצות', שאף בו מצוינת יציאת מצרים, אך אין הוא קשור במישרין לזבח הפסח. ראוי לציין כי במקומות אחרים בולט הקשר בין יום הפסח לחג שלאחריו, והם נתפסים כחג רצוף אחד. (ראו יחזקאל מה,כא: בָּרִאשׁוֹן, בְּאַרְבָּעָה עָשָׂר יוֹם לַחֹדֶשׁ יִהְיֶה לָכֶם הַפָּסַח חָג שְׁבֻעוֹת יָמִים מַצּוֹת יֵאָכֵל; דברים טז,ב-ג: וְזָבַחְתָּ פֶּסַח לַה׳ אֱלֹהֶיךָ... שִׁבְעַת יָמִים תֹּאכַל עָלָיו מַצּוֹת לֶחֶם עֹנִי כִּי בְחִפָּזוֹן יָצָאתָ מֵאֶרֶץ מִצְרָיִם).

מִנְחָה חֲדָשָׁה לַיהוָה בְּשָׁבֻעֹתֵיכֶם מִקְרָא־קֹדֶשׁ
יִהְיֶה לָכֶם כָּל־מְלֶאכֶת עֲבֹדָה לֹא תַעֲשׂוּ׃ וְהִקְרַבְתֶּם כז
עוֹלָה לְרֵיחַ נִיחֹחַ לַיהוָה פָּרִים בְּנֵי־בָקָר שְׁנַיִם אַיִל
אֶחָד שִׁבְעָה כְבָשִׂים בְּנֵי שָׁנָה׃ וּמִנְחָתָם סֹלֶת בְּלוּלָה כח
בַשָּׁמֶן שְׁלֹשָׁה עֶשְׂרֹנִים לַפָּר הָאֶחָד שְׁנֵי עֶשְׂרֹנִים
לָאַיִל הָאֶחָד׃ עִשָּׂרוֹן עִשָּׂרוֹן לַכֶּבֶשׂ הָאֶחָד לְשִׁבְעַת כט
הַכְּבָשִׂים׃ שְׂעִיר עִזִּים אֶחָד לְכַפֵּר עֲלֵיכֶם׃ מִלְּבַד ל לא
עֹלַת הַתָּמִיד וּמִנְחָתוֹ תַּעֲשׂוּ תְּמִימִם יִהְיוּ־לָכֶם
וְנִסְכֵּיהֶם׃

וּבַחֹדֶשׁ הַשְּׁבִיעִי בְּאֶחָד לַחֹדֶשׁ מִקְרָא־קֹדֶשׁ יִהְיֶה א כט
לָכֶם כָּל־מְלֶאכֶת עֲבֹדָה לֹא תַעֲשׂוּ יוֹם תְּרוּעָה יִהְיֶה
לָכֶם׃ וַעֲשִׂיתֶם עֹלָה לְרֵיחַ נִיחֹחַ לַיהוָה פַּר בֶּן־בָּקָר ב
אֶחָד אַיִל אֶחָד כְּבָשִׂים בְּנֵי־שָׁנָה שִׁבְעָה תְּמִימִם׃
וּמִנְחָתָם סֹלֶת בְּלוּלָה בַשָּׁמֶן שְׁלֹשָׁה עֶשְׂרֹנִים לַפָּר ג
שְׁנֵי עֶשְׂרֹנִים לָאָיִל׃ וְעִשָּׂרוֹן אֶחָד לַכֶּבֶשׂ הָאֶחָד ד
לְשִׁבְעַת הַכְּבָשִׂים׃ וּשְׂעִיר־עִזִּים אֶחָד חַטָּאת לְכַפֵּר ה
עֲלֵיכֶם׃ מִלְּבַד עֹלַת הַחֹדֶשׁ וּמִנְחָתָהּ וְעֹלַת הַתָּמִיד ו
וּמִנְחָתָהּ וְנִסְכֵּיהֶם כְּמִשְׁפָּטָם לְרֵיחַ נִיחֹחַ אִשֶּׁה
לַיהוָה׃ וּבֶעָשׂוֹר לַחֹדֶשׁ הַשְּׁבִיעִי הַזֶּה ז

רש"י | "בִּכּוּרֵי קְצִיר חִטִּים" (שמות לד, כב), עַל שֵׁם שְׁתֵּי הַלֶּחֶם שֶׁהֵם רִאשׁוֹנִים לְמִנְחַת חִטִּים הַבָּאָה מִן הֶחָדָשׁ:

לא| תְּמִימִם יִהְיוּ לָכֶם וְנִסְכֵּיהֶם. אַף הַנְּסָכִים יִהְיוּ תְּמִימִים, לָמְדוּ רַבּוֹתֵינוּ מִכָּאן שֶׁהַיַּיִן שֶׁהֶעֱלָה קְמָחִין פָּסוּל לִנְסָכִים:

פרק כט

ו| מִלְּבַד עֹלַת הַחֹדֶשׁ. מוּסְפֵי רֹאשׁ חֹדֶשׁ שֶׁהוּא בְּיוֹם רֹאשׁ הַשָּׁנָה:

ביאור

מִנְחָה מן התבואה הַחֲדָשָׁה לַה׳ בְּשָׁבֻעֹתֵיכֶם, בחג שחל שבעה
שבועות לאחר הנפת העומר שביום השני של חג המצות, מִקְרָא
קֹדֶשׁ יִהְיֶה לָכֶם. כָּל מְלֶאכֶת עֲבֹדָה לֹא תַעֲשׂוּ. כז וְהִקְרַבְתֶּם עוֹלָה
לְרֵיחַ נִיחֹחַ לַה׳: פָּרִים בְּנֵי בָקָר – שְׁנַיִם, אַיִל אֶחָד, שִׁבְעָה כְבָשִׂים בְּנֵי
שָׁנָה. כח וּמִנְחָתָם – סֹלֶת בְּלוּלָה בַשָּׁמֶן: שְׁלֹשָׁה עֶשְׂרֹנִים לַפָּר הָאֶחָד,
שְׁנֵי עֶשְׂרֹנִים לָאַיִל הָאֶחָד. כט עִשָּׂרוֹן עִשָּׂרוֹן לַכֶּבֶשׂ הָאֶחָד, לְשִׁבְעַת
הַכְּבָשִׂים. ל שְׂעִיר עִזִּים אֶחָד לְכַפֵּר עֲלֵיכֶם. לא מִלְּבַד עֹלַת הַתָּמִיד
וּמִנְחָתוֹ תַּעֲשׂוּ, תְּמִימִם יִהְיוּ לָכֶם וְנִסְכֵּיהֶם. השביתה ממלאכת
עבודה, קרבן המוסף, מנחתו ונסכיו זהים בחג המצות וביום
הביכורים.

פרק כט א וּבַחֹדֶשׁ הַשְּׁבִיעִי, תשרי בְּאֶחָד לַחֹדֶשׁ, ראש השנה, מִקְרָא
קֹדֶשׁ יִהְיֶה לָכֶם. כָּל מְלֶאכֶת עֲבֹדָה לֹא תַעֲשׂוּ. יוֹם תְּרוּעָה, תקיעת שופר
יִהְיֶה לָכֶם. ב וַעֲשִׂיתֶם עֹלָה לְרֵיחַ נִיחֹחַ לַה׳: פַּר בֶּן בָּקָר – אֶחָד, אַיִל –
אֶחָד, כְּבָשִׂים בְּנֵי שָׁנָה – שִׁבְעָה, תְּמִימִם. ג וּמִנְחָתָם – סֹלֶת בְּלוּלָה
בַשָּׁמֶן: שְׁלֹשָׁה עֶשְׂרֹנִים לַפָּר, שְׁנֵי עֶשְׂרֹנִים לָאָיִל ד וְעִשָּׂרוֹן אֶחָד
לַכֶּבֶשׂ הָאֶחָד, לְשִׁבְעַת הַכְּבָשִׂים. ה וּשְׂעִיר עִזִּים אֶחָד חַטָּאת, לְכַפֵּר
עֲלֵיכֶם. ו קרבנות אלה הם מִלְּבַד עֹלַת ראש הַחֹדֶשׁ וּמִנְחָתָהּ, שהרי
חג זה חל באחד לחודש, וְעֹלַת הַתָּמִיד וּמִנְחָתָהּ, וְנִסְכֵּיהֶם – כְּמִשְׁפָּטָם
המפורט לעיל,[27] לְרֵיחַ נִיחֹחַ, אִשֶּׁה לַה׳.

ז וּבֶעָשׂוֹר לַחֹדֶשׁ הַשְּׁבִיעִי הַזֶּה, יום הכיפורים מִקְרָא קֹדֶשׁ יִהְיֶה לָכֶם,

הרחבות

׳וּבַחֹדֶשׁ הַשְּׁבִיעִי בְּאֶחָד לַחֹדֶשׁ׳ התורה אינה מכנה יום זה ׳ראש השנה׳, אלא יוֹם תְּרוּעָה או זִכְרוֹן תְּרוּעָה (ויקרא כג,כד). הביטוי ׳ראש השנה׳ נזכר ביחזקאל (מ,א), אך שם אין הוא מציין יום זה אלא את עונת השנה. (וכן עולה משמות לד,כב). התורה גם אינה מפרשת את משמעות היום ואת פשר התרועה בו. לא ברור אם התרועה מציינת את ראשית השנה, שהרי כבר נקבע ניסן כראש לחודשי השנה (שמות יב,ב); ייתכן שהתרועה באה לפתוח את החגים שחודש זה משופע בהם. במסורת התורה שבעל פה נקשרת התקיעה ביום הפותח את השנה, עם המלכת ה׳ על הארץ ועם משפטו. העניין מופיע ברמז גם בתהלים (פא,ד-ה). ראו ראש השנה ח ע״א; טז ע״א. ראו עוד בהרחבה לויקרא כג,כה).

׳מִלְּבַד עֹלַת הַחֹדֶשׁ וּמִנְחָתָהּ וְעֹלַת הַתָּמִיד וּמִנְחָתָהּ׳ כל התדיר קודם. (ראו זבחים פט ע״א). קרבן התמיד, שהוא קרבן המוקרב יום יום יוקרב תמיד ראשון. מוסף השבת יוקרב תמיד לאחר עולת התמיד היומית, ואילו מוסף ראש החודש, כשראש החודש חל בשבת, יוקרב לאחר מוסף השבת.

מִקְרָא־קֹדֶשׁ יִהְיֶה לָכֶם וְעִנִּיתֶם אֶת־נַפְשֹׁתֵיכֶם כָּל־
מְלָאכָה לֹא תַעֲשׂוּ׃ וְהִקְרַבְתֶּם עֹלָה לַיהוה רֵיחַ נִיחֹחַ ח
פַּר בֶּן־בָּקָר אֶחָד אַיִל אֶחָד כְּבָשִׂים בְּנֵי־שָׁנָה שִׁבְעָה
תְּמִימִם יִהְיוּ לָכֶם׃ וּמִנְחָתָם סֹלֶת בְּלוּלָה בַשָּׁמֶן ט
שְׁלֹשָׁה עֶשְׂרֹנִים לַפָּר שְׁנֵי עֶשְׂרֹנִים לָאַיִל הָאֶחָד׃
עִשָּׂרוֹן עִשָּׂרוֹן לַכֶּבֶשׂ הָאֶחָד לְשִׁבְעַת הַכְּבָשִׂים׃ י
שְׂעִיר־עִזִּים אֶחָד חַטָּאת מִלְּבַד חַטַּאת הַכִּפֻּרִים יא
שביעי וְעֹלַת הַתָּמִיד וּמִנְחָתָהּ וְנִסְכֵּיהֶם׃ וּבַחֲמִשָּׁה יב
עָשָׂר יוֹם לַחֹדֶשׁ הַשְּׁבִיעִי מִקְרָא־קֹדֶשׁ יִהְיֶה לָכֶם
כָּל־מְלֶאכֶת עֲבֹדָה לֹא תַעֲשׂוּ וְחַגֹּתֶם חַג לַיהוה
שִׁבְעַת יָמִים׃ וְהִקְרַבְתֶּם עֹלָה אִשֵּׁה רֵיחַ נִיחֹחַ יג
לַיהוה פָּרִים בְּנֵי־בָקָר שְׁלֹשָׁה עָשָׂר אֵילִם שְׁנָיִם
כְּבָשִׂים בְּנֵי־שָׁנָה אַרְבָּעָה עָשָׂר תְּמִימִם יִהְיוּ׃
וּמִנְחָתָם סֹלֶת בְּלוּלָה בַשָּׁמֶן שְׁלֹשָׁה עֶשְׂרֹנִים לַפָּר יד
הָאֶחָד לִשְׁלֹשָׁה עָשָׂר פָּרִים שְׁנֵי עֶשְׂרֹנִים לָאַיִל
הָאֶחָד לִשְׁנֵי הָאֵילִם׃ וְעִשָּׂרוֹן עִשָּׂרוֹן לַכֶּבֶשׂ הָאֶחָד טו
לְאַרְבָּעָה עָשָׂר כְּבָשִׂים׃ וּשְׂעִיר־עִזִּים אֶחָד חַטָּאת טז
מִלְּבַד עֹלַת הַתָּמִיד מִנְחָתָהּ וְנִסְכָּהּ׃ וּבַיּוֹם יז
הַשֵּׁנִי פָּרִים בְּנֵי־בָקָר שְׁנֵים עָשָׂר אֵילִם שְׁנַיִם כְּבָשִׂים

רש"י
יא] מִלְּבַד חַטַּאת הַכִּפֻּרִים. שְׂעִיר הַנַּעֲשֶׂה בִּפְנִים הָאָמוּר בְּאַחֲרֵי מוֹת (ויקרא טז, טו), שֶׁגַּם הוּא חַטָּאת: וְעֹלַת הַתָּמִיד. וּמִלְּבַד עוֹלַת הַתָּמִיד תַּעֲשׂוּ עוֹלוֹת הַלָּלוּ: וְנִסְכֵּיהֶם. מוּסָב עַל הַמּוּסָפִין הַכְּתוּבִין וְעַל "תַּעֲשׂוּ", וְהוּא לְשׁוֹן צִוּוּי, מִלְּבַד עוֹלַת הַתָּמִיד וּמִנְחָתָהּ תַּעֲשׂוּ אֵת אֵלֶּה וְנִסְכֵּיהֶם. וְכֵן כָּל 'וְנִסְכֵּיהֶם' הָאֲמוּרִים בְּכָל הַמּוֹעֲדוֹת, חוּץ מִשֶּׁל קָרְבְּנוֹת הֶחָג, שֶׁכָּל 'וְנִסְכָּהּ', 'וְנִסְכֵּיהֶם', 'וּנְסָכֶיהָ' שֶׁבָּהֶם

ביאור | אך ביום זה – וְעִנִּיתֶם אֶת נַפְשֹׁתֵיכֶם. זהו יום צום. יתר על כן, כָּל
מְלָאכָה, לא רק מלאכת עבודה אלא גם מלאכות שהן לצורך אוכל
נפש לֹא תַעֲשׂוּ, כמו בשבת. ח וְהִקְרַבְתֶּם עֹלָה לַה׳ רֵיחַ נִיחֹחַ: פַּר בֶּן
בָּקָר – אֶחָד, אַיִל אֶחָד, כְּבָשִׂים בְּנֵי שָׁנָה – שִׁבְעָה, תְּמִימִם יִהְיוּ לָכֶם.
קרבן זהה למוסף של יום התרועה. ט וּמִנְחָתָם – סֹלֶת בְּלוּלָה בַשָּׁמֶן:
שְׁלֹשָׁה עֶשְׂרֹנִים לַפָּר, שְׁנֵי עֶשְׂרֹנִים לָאַיִל הָאֶחָד, י עִשָּׂרוֹן עִשָּׂרוֹן לַכֶּבֶשׂ
הָאֶחָד, לְשִׁבְעַת הַכְּבָשִׂים. יא שְׂעִיר עִזִּים אֶחָד – חַטָּאת. ברשימה זו
נכללים קרבנות המוסף ואין בה פירוט לשאר הקרבנות המובאים
באותם מועדים – מִלְּבַד חַטַּאת הַכִּפֻּרִים, הפר והשעיר המיוחדים
ליום הכיפורים[28] וכן עֹלַת הַתָּמִיד וּמִנְחָתָהּ וְנִסְכֵּיהֶם.

יב וּבַחֲמִשָּׁה עָשָׂר יוֹם לַחֹדֶשׁ הַשְּׁבִיעִי, חג הסוכות מִקְרָא קֹדֶשׁ יִהְיֶה
לָכֶם. כָּל מְלֶאכֶת עֲבֹדָה לֹא תַעֲשׂוּ וְחַגֹּתֶם חַג לַה׳ שִׁבְעַת יָמִים מיום
החמישה-עשר והלאה. יג וְהִקְרַבְתֶּם עֹלָה אִשֵּׁה רֵיחַ נִיחֹחַ לַה׳: פָּרִים
בְּנֵי בָקָר – שְׁלֹשָׁה עָשָׂר, אֵילִם – שְׁנָיִם, כְּבָשִׂים בְּנֵי שָׁנָה – אַרְבָּעָה
עָשָׂר, תְּמִימִם יִהְיוּ. יד וּמִנְחָתָם – סֹלֶת בְּלוּלָה בַשָּׁמֶן: שְׁלֹשָׁה עֶשְׂרֹנִים
לַפָּר הָאֶחָד – לִשְׁלֹשָׁה עָשָׂר פָּרִים, שְׁנֵי עֶשְׂרֹנִים לָאַיִל הָאֶחָד – לִשְׁנֵי
הָאֵילִם, טו וְעִשָּׂרוֹן עִשָּׂרוֹן לַכֶּבֶשׂ הָאֶחָד – לְאַרְבָּעָה עָשָׂר כְּבָשִׂים. טז וּשְׂעִיר
עִזִּים אֶחָד חַטָּאת, מִלְּבַד עֹלַת הַתָּמִיד, מִנְחָתָהּ וְנִסְכָּהּ.

בחג המצות קרבנות כל הימים זהים. לעומת זאת, בחג הסוכות
כל יום עומד בפני עצמו, ולמרות המתכונת הבסיסית המשותפת
לקרבנות החג, יש בה גם שינוי: יז וּבַיּוֹם הַשֵּׁנִי: פָּרִים בְּנֵי בָקָר – שְׁנֵים
עָשָׂר, אחד מהפרים נחסר, אֵילִם – שְׁנָיִם, כְּבָשִׂים בְּנֵי שָׁנָה – אַרְבָּעָה עָשָׂר,

בְּנֵי־שָׁנָה אַרְבָּעָה עָשָׂר תְּמִימִם׃ וּמִנְחָתָם וְנִסְכֵּיהֶם יח
לַפָּרִים לָאֵילִם וְלַכְּבָשִׂים בְּמִסְפָּרָם כַּמִּשְׁפָּט׃ וּשְׂעִיר־ יט
עִזִּים אֶחָד חַטָּאת מִלְּבַד עֹלַת הַתָּמִיד וּמִנְחָתָהּ
וְנִסְכֵּיהֶם׃ וּבַיּוֹם הַשְּׁלִישִׁי פָּרִים עַשְׁתֵּי־ כ
עָשָׂר אֵילִם שְׁנָיִם כְּבָשִׂים בְּנֵי־שָׁנָה אַרְבָּעָה עָשָׂר
תְּמִימִם׃ וּמִנְחָתָם וְנִסְכֵּיהֶם לַפָּרִים לָאֵילִם וְלַכְּבָשִׂים כא
בְּמִסְפָּרָם כַּמִּשְׁפָּט׃ וּשְׂעִיר חַטָּאת אֶחָד מִלְּבַד כב
עֹלַת הַתָּמִיד וּמִנְחָתָהּ וְנִסְכָּהּ׃ וּבַיּוֹם כג
הָרְבִיעִי פָּרִים עֲשָׂרָה אֵילִם שְׁנָיִם כְּבָשִׂים בְּנֵי־שָׁנָה
אַרְבָּעָה עָשָׂר תְּמִימִם׃ מִנְחָתָם וְנִסְכֵּיהֶם לַפָּרִים כד
לָאֵילִם וְלַכְּבָשִׂים בְּמִסְפָּרָם כַּמִּשְׁפָּט׃ וּשְׂעִיר־
עִזִּים אֶחָד חַטָּאת מִלְּבַד עֹלַת הַתָּמִיד מִנְחָתָהּ
וְנִסְכָּהּ׃ וּבַיּוֹם הַחֲמִישִׁי פָּרִים תִּשְׁעָה אֵילִם כו
שְׁנָיִם כְּבָשִׂים בְּנֵי־שָׁנָה אַרְבָּעָה עָשָׂר תְּמִימִם׃
וּמִנְחָתָם וְנִסְכֵּיהֶם לַפָּרִים לָאֵילִם וְלַכְּבָשִׂים כז
בְּמִסְפָּרָם כַּמִּשְׁפָּט׃ וּשְׂעִיר חַטָּאת אֶחָד מִלְּבַד עֹלַת כח
הַתָּמִיד וּמִנְחָתָהּ וְנִסְכָּהּ׃ וּבַיּוֹם הַשִּׁשִּׁי פָּרִים כט
שְׁמֹנָה אֵילִם שְׁנָיִם כְּבָשִׂים בְּנֵי־שָׁנָה אַרְבָּעָה עָשָׂר

רש"י | מוספים על התמיד ואינן לשון צווי, שהרי נסכיהם של מוספין כתובין לעצמן בכל יום ויום:

יח | ומנחתם ונסכיהם לפרים. פרי החג שבעים הם, כנגד שבעים אומות, שמתמעטים והולכים, סימן כליה הוא להם, ובימי המקדש היו מגינים עליהם מן היסורין, והכבשים כנגד ישראל שנקראו: "שה פזורה" (ירמיה נ, יז), והם קבועים, ומניינם תשעים ושמונה, לכלות מהם תשעים ושמונה קללות שבמשנה תורה. בשני נאמר: "ונסכיהם" (להלן פסוק יט) על שני תמידי היום, ולא שנה הלשון אלא לדרש,

תְּמִימִם. יח וּמִנְחָתָם וְנִסְכֵּיהֶם, לַפָּרִים לָאֵילִם וְלַכְּבָשִׂים, בְּמִסְפָּרָם כַּמִּשְׁפָּט. | ביאור
יש להכפיל את המנחות והנסכים לפי מספר הקרבנות. יט וּשְׂעִיר
עִזִּים אֶחָד – חַטָּאת, מִלְּבַד עֹלַת הַתָּמִיד וּמִנְחָתָהּ וְנִסְכֵּיהֶם.

כ וּבַיּוֹם הַשְּׁלִישִׁי: פָּרִים עַשְׁתֵּי עָשָׂר, אחד-עשר אֵילִם – שְׁנָיִם, כְּבָשִׂים
בְּנֵי שָׁנָה – אַרְבָּעָה עָשָׂר, תְּמִימִם. כא וּמִנְחָתָם וְנִסְכֵּיהֶם, לַפָּרִים
לָאֵילִם וְלַכְּבָשִׂים, בְּמִסְפָּרָם כַּמִּשְׁפָּט. כב וּשְׂעִיר חַטָּאת אֶחָד, מִלְּבַד עֹלַת
הַתָּמִיד וּמִנְחָתָהּ וְנִסְכָּהּ.

כג וּבַיּוֹם הָרְבִיעִי: פָּרִים – עֲשָׂרָה, אֵילִם – שְׁנָיִם, כְּבָשִׂים בְּנֵי שָׁנָה – אַרְבָּעָה
עָשָׂר, תְּמִימִם. כד מִנְחָתָם וְנִסְכֵּיהֶם, לַפָּרִים לָאֵילִם וְלַכְּבָשִׂים, בְּמִסְפָּרָם
כַּמִּשְׁפָּט. כה וּשְׂעִיר עִזִּים אֶחָד חַטָּאת, מִלְּבַד עֹלַת הַתָּמִיד, מִנְחָתָהּ
וְנִסְכָּהּ.

כו וּבַיּוֹם הַחֲמִישִׁי: פָּרִים – תִּשְׁעָה. אֵילִם – שְׁנָיִם, כְּבָשִׂים בְּנֵי שָׁנָה – אַרְבָּעָה
עָשָׂר, תְּמִימִם. כז וּמִנְחָתָם וְנִסְכֵּיהֶם, לַפָּרִים לָאֵילִם וְלַכְּבָשִׂים, בְּמִסְפָּרָם
כַּמִּשְׁפָּט. כח וּשְׂעִיר חַטָּאת אֶחָד, מִלְּבַד עֹלַת הַתָּמִיד וּמִנְחָתָהּ
וְנִסְכָּהּ.

כט וּבַיּוֹם הַשִּׁשִּׁי: פָּרִים – שְׁמֹנָה, אֵילִם – שְׁנָיִם, כְּבָשִׂים בְּנֵי שָׁנָה –

תְּמִימִם: וּמִנְחָתָם וְנִסְכֵּיהֶם לַפָּרִים לָאֵילִם וְלַכְּבָשִׂים ל
בְּמִסְפָּרָם כְּמִשְׁפָּט: וּשְׂעִיר חַטָּאת אֶחָד מִלְּבַד עֹלַת לא
הַתָּמִיד מִנְחָתָהּ וּנְסָכֶיהָ: וּבַיּוֹם הַשְּׁבִיעִי לב
פָּרִים שִׁבְעָה אֵילִם שְׁנָיִם כְּבָשִׂים בְּנֵי־שָׁנָה אַרְבָּעָה
עָשָׂר תְּמִימִם: וּמִנְחָתָם וְנִסְכֵּהֶם לַפָּרִים לָאֵילִם לג
וְלַכְּבָשִׂים בְּמִסְפָּרָם כְּמִשְׁפָּטָם: וּשְׂעִיר חַטָּאת אֶחָד לד
מפטיר מִלְּבַד עֹלַת הַתָּמִיד מִנְחָתָהּ וְנִסְכָּהּ: בַּיּוֹם לה
הַשְּׁמִינִי עֲצֶרֶת תִּהְיֶה לָכֶם כָּל־מְלֶאכֶת עֲבֹדָה לֹא
תַעֲשׂוּ: וְהִקְרַבְתֶּם עֹלָה אִשֵּׁה רֵיחַ נִיחֹחַ לַיהוָה פַּר לו
אֶחָד אַיִל אֶחָד כְּבָשִׂים בְּנֵי־שָׁנָה שִׁבְעָה תְּמִימִם:
מִנְחָתָם וְנִסְכֵּיהֶם לַפָּר לָאַיִל וְלַכְּבָשִׂים בְּמִסְפָּרָם לז
כַּמִּשְׁפָּט: וּשְׂעִיר חַטָּאת אֶחָד מִלְּבַד עֹלַת הַתָּמִיד לח
וּמִנְחָתָהּ וְנִסְכָּהּ: אֵלֶּה תַּעֲשׂוּ לַיהוָה בְּמוֹעֲדֵיכֶם לט
לְבַד מִנִּדְרֵיכֶם וְנִדְבֹתֵיכֶם לְעֹלֹתֵיכֶם וּלְמִנְחֹתֵיכֶם

רש"י | כְּמוֹ שֶׁאָמְרוּ רַבּוֹתֵינוּ זִכְרוֹנָם לִבְרָכָה: בַּשֵּׁנִי "וְנִסְכֵּיהֶם", בַּשִּׁשִּׁי "וּנְסָכֶיהָ" (להלן פסוק לא), בַּשְּׁבִיעִי "כְּמִשְׁפָּטָם" (להלן פסוק לג), מֵ"ם יוּ"ד מֵ"ם, הֲרֵי כָּאן 'מַיִם', רֶמֶז לְנִסּוּךְ הַמַּיִם מִן הַתּוֹרָה בֶּחָג:

לה] **עֲצֶרֶת תִּהְיֶה לָכֶם.** עֲצוּרִים בַּעֲשִׂיַּת מְלָאכָה. דָּבָר אַחֵר, "עֲצֶרֶת", עִצְרוּ מִלָּצֵאת, מְלַמֵּד שֶׁטָּעוּן לִינָה. וּמִדְרָשׁוֹ בְּאַגָּדָה: לְפִי שֶׁכָּל יְמוֹת הָרֶגֶל הִקְרִיבוּ כְּנֶגֶד שִׁבְעִים אֻמּוֹת, וּכְאָין לָלֶכֶת, אָמַר לָהֶם הַמָּקוֹם: בְּבַקָּשָׁה מִכֶּם עֲשׂוּ לִי סְעוּדָה קְטַנָּה, כְּדֵי שֶׁאֵהָנֶה מִכֶּם:

לו] **פַּר אֶחָד אַיִל אֶחָד.** אֵלּוּ כְּנֶגֶד יִשְׂרָאֵל, הִתְעַכְּבוּ לִי מְעַט עוֹד, וּלְשׁוֹן חִבָּה הוּא זֶה, כְּבָנִים הַנִּפְטָרִים מֵאֲבִיהֶם וְהוּא אוֹמֵר לָהֶם: קָשָׁה עָלַי פְּרֵדַתְכֶם, עַכְּבוּ עוֹד יוֹם אֶחָד. מָשָׁל לְמֶלֶךְ שֶׁעָשָׂה סְעוּדָה וְכוּ', כִּדְאִיתָא בְּמַסֶּכֶת סֻכָּה (דף נה ע"ב) [משל למלך בשר ודם שאמר לעבדיו: עשו לי סעודה גדולה. ליום אחרון אמר לאוהבו: עשה לי סעודה קטנה, כדי שאהנה ממך]. וּבְמִדְרַשׁ רַבִּי תַּנְחוּמָא (יז) לִמְּדָה תוֹרָה דֶּרֶךְ אֶרֶץ, שֶׁמִּי שֶׁיֵּשׁ לוֹ אַכְסְנַאי, יוֹם רִאשׁוֹן יַאֲכִילֶנּוּ פְּטוּמוֹת, לְמָחָר יַאֲכִילֶנּוּ דָּגִים, לְמָחָר יַאֲכִילֶנּוּ בְּשַׂר בְּהֵמָה, לְמָחָר מַאֲכִילוֹ קִטְנִיּוֹת, לְמָחָר מַאֲכִילוֹ יָרָק, פּוֹחֵת וְהוֹלֵךְ כְּפָרֵי הֶחָג:

לט] **אֵלֶּה תַּעֲשׂוּ לַה' בְּמוֹעֲדֵיכֶם.** דָּבָר הַקָּצוּב לְחוֹבָה: **לְבַד מִנִּדְרֵיכֶם.** אִם בָּאתֶם לִדֹּר קָרְבָּנוֹת בָּרֶגֶל, מִנְּדָה הִיא בְּיֶדְכֶם,

ביאור | אַרְבָּעָה עָשָׂר, תְּמִימִם. ל **וּמִנְחָתָם וְנִסְכֵּיהֶם, לַפָּרִים לָאֵילִם וְלַכְּבָשִׂים,**
בְּמִסְפָּרָם כַּמִּשְׁפָּט. לא **וּשְׂעִיר חַטָּאת אֶחָד, מִלְּבַד עֹלַת הַתָּמִיד, מִנְחָתָהּ**
וּנְסָכֶיהָ.

לב **וּבַיּוֹם הַשְּׁבִיעִי**, היום האחרון של חג הסוכות, הנקרא בלשון
חכמים 'יום ערבה', ובפינו 'הושענא רבה', **פָּרִים – שִׁבְעָה, אֵילִם – שְׁנָיִם,**
כְּבָשִׂים בְּנֵי שָׁנָה – אַרְבָּעָה עָשָׂר, תְּמִימִם. לג **וּמִנְחָתָם וְנִסְכֵּהֶם, לַפָּרִים**
לָאֵילִם וְלַכְּבָשִׂים, בְּמִסְפָּרָם כְּמִשְׁפָּטָם. לד **וּשְׂעִיר חַטָּאת אֶחָד, מִלְּבַד**
עֹלַת הַתָּמִיד, מִנְחָתָהּ וְנִסְכָּהּ.

לה **בַּיּוֹם הַשְּׁמִינִי**, ולא ביום השביעי כבחג המצות, **עֲצֶרֶת**, יום חג
נוסף המסכם את ימי החג הקודמים[29] **תִּהְיֶה לָכֶם. כָּל מְלֶאכֶת עֲבֹדָה**
לֹא תַעֲשׂוּ. לו **וְהִקְרַבְתֶּם עֹלָה, אִשֵּׁה רֵיחַ נִיחֹחַ לַה': פַּר אֶחָד, אַיִל אֶחָד,**
כְּבָשִׂים בְּנֵי שָׁנָה – שִׁבְעָה, תְּמִימִם. לז **מִנְחָתָם וְנִסְכֵּיהֶם, לַפָּר לָאַיִל**
וְלַכְּבָשִׂים, בְּמִסְפָּרָם כַּמִּשְׁפָּט. לח **וּשְׂעִיר חַטָּאת אֶחָד, מִלְּבַד עֹלַת הַתָּמִיד**
וּמִנְחָתָהּ וְנִסְכָּהּ.

סיכום הדברים: לט קרבנות ציבור **אֵלֶּה תַּעֲשׂוּ לַה' בְּמוֹעֲדֵיכֶם, לְבַד**
מִנִּדְרֵיכֶם וְנִדְבֹתֵיכֶם לְעֹלֹתֵיכֶם וּלְמִנְחֹתֵיכֶם וּלְנִסְכֵּיכֶם וּלְשַׁלְמֵיכֶם, מעבר
לקרבנות היחיד המובאים בימי הרגל או בימים אחרים למקדש.

הרחבות |

קרבנות ימי חג הסוכות מלבד מספרי הקרבנות, הפסוקים כמעט זהים זה לזה. בכל זאת בסיומיהם מצויים הבדלים קלים. כל אחד מן הימים מסתיים במלה וְנִסְכָּהּ, מלבד היום השני, שבו מופיעה תחתיה המלה וְנִסְכֵּיהֶם, והיום השישי שבסופו המלה וּנְסָכֶיהָ. הבדל קטן נוסף קשור למלה כַּמִּשְׁפָּט, המופיעה בכל הימים, אך ביום השביעי מופיעה תחתיה כְּמִשְׁפָּטָם. בהבנת פשט הפסוקים אין משמעות להבדלים זעירים אלו, אך על בסיסם מצאו דרשנים קדומים צופן נסתר. אם משווים את השינויים למתכונת הלשון הקבועה, מגלים כי האותיות הנוספות יוצרות את המלה 'מים'. כך מצאו חכמים רמז לקרבן שאינו נזכר בתורה כלל – ניסוך המים בחג הסוכות (תענית ב ע"ב).

מספר הפרים ביום הראשון של סוכות הוא הגדול ביותר, והוא קטן והולך מדי יום בפר אחד. שאר הקרבנות נשארים כפי שהם. בימי החג מובאים בסך הכול שבעים פרים. מספר זה מרמז למספר אומות העולם, כפי שעולה מרשימת צאצאיו של נח (בראשית י), ושבעים הפרים המובאים למקדש בחג הסוכות מסמלים את הבאת השלום על כל שבעים אומות העולם (סוכה נה ע"ב). אופיו האוניברסלי של חג הסוכות עולה גם מנבואות זכריה. ראו זכריה יד,טז).

'עצרת' יום זה יסיים את שמחתם של שלושת הרגלים. שלושת הרגלים מתחילים בפסח שבחודש הראשון ונגמרים בעצרת הגדולה של סוף חודש תשרי. כיוון שחנוכה ופורים הם חגים מאוחרים יותר ואינם מן התורה, הרי עצרת מסמן את תחילת ימי החול הפשוטים.

ל וּלְנִסְכֵּיכֶם וּלְשַׁלְמֵיכֶם׃ א וַיֹּאמֶר מֹשֶׁה אֶל־בְּנֵי יִשְׂרָאֵל
כְּכֹל אֲשֶׁר־צִוָּה יהוה אֶת־מֹשֶׁה׃

רש"י | אוֹ נְדָרִים אוֹ נְדָבוֹת שֶׁנְּדַרְתֶּם כָּל הַשָּׁנָה הַקְרִיבוּם בָּרֶגֶל, שֶׁמָּא יִקְשֶׁה לוֹ לַחֲזֹר וְלַעֲלוֹת לִירוּשָׁלַיִם וּלְהַקְרִיב נְדָרָיו, וְנִמְצָא עוֹבֵר בְּבַל תְּאַחֵר:

פרק ל

א] וַיֹּאמֶר מֹשֶׁה אֶל בְּנֵי יִשְׂרָאֵל. לְהַפְסִיק הָעִנְיָן, דִּבְרֵי רַבִּי יִשְׁמָעֵאל. לְפִי שֶׁעַד כָּאן דְּבָרָיו שֶׁל מָקוֹם וּפָרָשַׁת נְדָרִים מַתְחֶלֶת בְּדִבּוּרוֹ שֶׁל מֹשֶׁה, הֻצְרַךְ לְהַפְסִיק תְּחִלָּה וְלוֹמַר שֶׁחָזַר מֹשֶׁה וְאָמַר פָּרָשָׁה זוֹ לְיִשְׂרָאֵל, שֶׁאִם לֹא כֵן יֵשׁ בְּמַשְׁמָע שֶׁלֹּא אָמַר לָהֶם זוֹ, אֶלָּא בְּפָרָשַׁת נְדָרִים הִתְחִיל דְּבָרָיו:

הרחבות | **קורבנות היום השמיני של סוכות** זהים לקרבנות יום התרועה שבראשית החודש ויום העשור פר אחד, איל אחד, שבעה כבשים ושעיר ושונים מקרבנות שלושת הרגלים, בהם מוקרבים שני פרים או יותר. זהו רמז לייחודו של יום זה משאר חגי השמחה המצוינים בתורה בהקשר החקלאי חג האביב, חג הקציר וחג האסיף ולמשותף לו, לראש השנה וליום הכיפורים.

פרק ל א וַיֹּאמֶר מֹשֶׁה אֶל בְּנֵי יִשְׂרָאֵל כְּכֹל אֲשֶׁר צִוָּה ה׳ אֶת מֹשֶׁה **ביאור** | בעניין קרבנות המוספים של מועדי השנה.

קרבנות הציבור הקבועים

מועד	עולות	חטאות	קרבנות נוספים
כל ימות השנה	כבשים – 2		
שבת	כבשים – 2		
ראש חודש	פרים – 2 איל – 1 כבשים – 7	שעיר עזים – 1	
שבעת ימי פסח	פרים – 2 איל – 1 כבשים – 7	שעיר – 1	
שבועות	פרים – 2 איל – 1 כבשים – 7	שעיר עזים – 1	פר – 1 אילים – 2 כבשים – 7 (עולות) כבשים 2 (שלָמים)
ראש השנה	פר – 1 איל – 1 כבשים – 7	שעיר עזים – 1	מוספי ראש חודש
יום הכיפורים	פר – 1 איל – 1 כבשים – 7	שעיר עזים – 1	קרבנות עבודת היום
א׳ של סוכות	פרים – 13 אילים – 2 כבשים – 14	שעיר עזים – 1	
ב׳ של סוכות	פרים – 12 אילים – 2 כבשים – 14	שעיר עזים – 1	
ג׳ של סוכות	פרים – 11 אילים – 2 כבשים – 14	שעיר – 1	
ד׳ של סוכות	פרים – 10 אילים – 2 כבשים – 14	שעיר עזים – 1	
ה׳ של סוכות	פרים – 9 אילים – 2 כבשים – 14	שעיר – 1	
ו׳ של סוכות	פרים – 8 אילים – 2 כבשים – 14	שעיר – 1	
ז׳ של סוכות	פרים – 7 אילים – 2 כבשים – 14	שעיר – 1	
שמיני עצרת	פר – 1 איל – 1 כבשים – 7	שעיר – 1	

מטות כו

ב וַיְדַבֵּר מֹשֶׁה אֶל־רָאשֵׁי הַמַּטּוֹת לִבְנֵי יִשְׂרָאֵל לֵאמֹר
ג זֶה הַדָּבָר אֲשֶׁר צִוָּה יהוה: אִישׁ כִּי־יִדֹּר נֶדֶר לַיהוה
אוֹ־הִשָּׁבַע שְׁבֻעָה לֶאְסֹר אִסָּר עַל־נַפְשׁוֹ לֹא יַחֵל
ד דְּבָרוֹ כְּכָל־הַיֹּצֵא מִפִּיו יַעֲשֶׂה: וְאִשָּׁה כִּי־תִדֹּר נֶדֶר
ה לַיהוה וְאָסְרָה אִסָּר בְּבֵית אָבִיהָ בִּנְעֻרֶיהָ: וְשָׁמַע
אָבִיהָ אֶת־נִדְרָהּ וֶאֱסָרָהּ אֲשֶׁר אָסְרָה עַל־נַפְשָׁהּ
וְהֶחֱרִישׁ לָהּ אָבִיהָ וְקָמוּ כָּל־נְדָרֶיהָ וְכָל־אִסָּר אֲשֶׁר־
ו אָסְרָה עַל־נַפְשָׁהּ יָקוּם: וְאִם־הֵנִיא אָבִיהָ אֹתָהּ בְּיוֹם

רש"י

ב] **רָאשֵׁי הַמַּטּוֹת.** חָלַק כָּבוֹד לַנְּשִׂיאִים לְלַמְּדָם תְּחִלָּה, וְאַחַר כָּךְ לְכָל בְּנֵי יִשְׂרָאֵל. וּמִנַּיִן שֶׁאַף שְׁאָר הַדִּבְּרוֹת כֵּן? תַּלְמוּד לוֹמַר: "וַיָּשֻׁבוּ אֵלָיו אַהֲרֹן וְכָל הַנְּשִׂאִים בָּעֵדָה וַיְדַבֵּר מֹשֶׁה אֲלֵיהֶם, וְאַחֲרֵי כֵן נִגְּשׁוּ כָּל בְּנֵי יִשְׂרָאֵל" (שמות לד, לא-לב). וּמָה רָאָה לְאָמְרָהּ כָּאן? לִמֵּד שֶׁהֲפָרַת נְדָרִים בְּיָחִיד מֻמְחֶה, וְאִם אֵין יָחִיד מֻמְחֶה מֵפֵר בִּשְׁלֹשָׁה הֶדְיוֹטוֹת. אוֹ יָכוֹל שֶׁלֹּא אָמַר מֹשֶׁה פָּרָשָׁה זוֹ אֶלָּא לַנְּשִׂיאִים בִּלְבַד? נֶאֱמַר כָּאן: "זֶה הַדָּבָר", וְנֶאֱמַר בִּשְׁחוּטֵי חוּץ: "זֶה הַדָּבָר" (ויקרא יז, ב), מָה לְהַלָּן נֶאֶמְרָה לְאַהֲרֹן וּלְבָנָיו וּלְכָל בְּנֵי יִשְׂרָאֵל, שֶׁנֶּאֱמַר: "דַּבֵּר אֶל אַהֲרֹן" וְגוֹ' (שם), אַף זוֹ נֶאֶמְרָה לְכֻלָּן: **זֶה הַדָּבָר.** מֹשֶׁה נִתְנַבֵּא בְּ"כֹה אָמַר ה' כַּחֲצֹת הַלַּיְלָה" (שמות יא, ד) וְהַנְּבִיאִים נִתְנַבְּאוּ בְּ"כֹה אָמַר ה'", מוּסָף עֲלֵיהֶם מֹשֶׁה, שֶׁנִּתְנַבֵּא בִּלְשׁוֹן "זֶה הַדָּבָר". דָּבָר אַחֵר, "זֶה הַדָּבָר" מִעוּט הוּא, לוֹמַר שֶׁהֶחָכָם בִּלְשׁוֹן הַתָּרָה וּבַעַל בִּלְשׁוֹן הֲפָרָה, כִּלְשׁוֹן הַכָּתוּב כָּאן, וְאִם אָמְרוּ אֵין מֻתָּר וְאֵין מוּפָר:

ג] **נֶדֶר.** הָאוֹמֵר: הֲרֵי עָלַי קוֹנָם שֶׁלֹּא אֹכַל אוֹ שֶׁלֹּא אֶעֱשֶׂה דָּבָר פְּלוֹנִי. יָכוֹל אֲפִלּוּ נִשְׁבַּע שֶׁיֹּאכַל נְבֵלוֹת אֲנִי קוֹרֵא עָלָיו: "כְּכָל הַיֹּצֵא מִפִּיו יַעֲשֶׂה"? תַּלְמוּד לוֹמַר: "לֶאְסֹר אִסָּר", לֶאֱסֹר אֶת הַמֻּתָּר וְלֹא לְהַתִּיר אֶת הָאָסוּר: **לֹא יַחֵל דְּבָרוֹ.** כְּמוֹ: לֹא יְחַלֵּל דְּבָרוֹ, לֹא יַעֲשֶׂה דְּבָרָיו חֻלִּין:

ד] **בְּבֵית אָבִיהָ.** בִּרְשׁוּת אָבִיהָ, וַאֲפִלּוּ אֵינָהּ בְּבֵיתוֹ: **בִּנְעֻרֶיהָ.** וְלֹא קְטַנָּה וְלֹא בוֹגֶרֶת, שֶׁהַקְּטַנָּה אֵין נִדְרָהּ נֶדֶר, וְהַבּוֹגֶרֶת אֵינָהּ בִּרְשׁוּתוֹ שֶׁל אָבִיהָ לְהָפֵר נְדָרֶיהָ. וְאֵי זוֹ הִיא קְטַנָּה? אָמְרוּ רַבּוֹתֵינוּ: בַּת אַחַת עֶשְׂרֵה שָׁנָה וְיוֹם אֶחָד נְדָרֶיהָ נִבְדָּקִין, אִם יָדְעָה לְשֵׁם מִי נָדְרָה וּלְשֵׁם מִי הִקְדִּישָׁה, נִדְרָהּ נֶדֶר. בַּת שְׁתֵּים עֶשְׂרֵה שָׁנָה וְיוֹם אֶחָד אֵינָהּ צְרִיכָה לִבָּדֵק:

ו] **וְאִם הֵנִיא אָבִיהָ אֹתָהּ.** אִם מָנַע אוֹתָהּ מִן הַנֶּדֶר, כְּלוֹמַר שֶׁהֵפֵר לָהּ. הֲנָאָה זוֹ אֵינִי

הרחבות

'וידבר משה אל ראשי המטות' מהפניית הדברים אל ראשי המטות דרשו חכמים שלדיינים ולחכמים יש זכות מיוחדת להתערב בדינים האמורים כאן. (ראו נדרים עח ע"א).

'כי ידֹּר נדר לה' או הִשָּׁבע שבֻעה' הנדר כולל התחייבות לקרבן (המכונה 'נדרי הקדש') או התחייבות לאיסור ('נדרי איסור') שאדם מטיל על חפץ מסוים, והוא מפקיעו מחוץ לתחום שליטתו או שימושו, באופן

נדר ושבועת איסר

פרק ל פס׳ ב–יז

המחויבות של אדם כלפי מוצא שפתיו נעוצה ביחסיו עם אלוקיו. נדרים רבים מתייחסים להתחייבויות למקדש, לקרבנות ולמתנות הכהונה. בכל זאת משה מפנה את דברי ה׳ המתייחסים לנדר אל ראשי השבטים דווקא שכן לסדרת החוקים הזאת יש גם השלכות חברתיות ומשפחתיות.[1]

ביאור | ב **וַיְדַבֵּר מֹשֶׁה אֶל רָאשֵׁי הַמַּטּוֹת לִבְנֵי יִשְׂרָאֵל**, ראשי השבטים, המשמשים
כמועצה עליונה של עם ישראל **לֵאמֹר: זֶה הַדָּבָר אֲשֶׁר צִוָּה ה׳:**

דין כללי ועקרוני: ג **אִישׁ כִּי יִדֹּר נֶדֶר לַה׳, אוֹ הִשָּׁבַע**, אם יישבע **שְׁבֻעָה**
לֶאְסֹר אִסָּר, להצהיר על הימנעות מעשייה או מקבלת הנאה כלשהי
עַל נַפְשׁוֹ – לֹא יַחֵל, יחלל ויבטל את **דְּבָרוֹ**, דיבורו. **כְּכָל הַיֹּצֵא מִפִּיו יַעֲשֶׂה.**

כאן נכנסים ההיבטים החברתיים: ד **וְאִשָּׁה כִּי תִדֹּר נֶדֶר לַה׳ וְאָסְרָה**
אִסָּר כאשר היא **בְּבֵית אָבִיהָ**, כשהיא אינה נשואה, **בִּנְעֻרֶיהָ,** ה **וְשָׁמַע**
אָבִיהָ אֶת נִדְרָהּ וֶאֱסָרָהּ אֲשֶׁר אָסְרָה עַל נַפְשָׁהּ, ואם כאשר יגיע הדבר
לאוזניו **הֶחֱרִישׁ**, ישתוק **לָהּ אָבִיהָ**, לא יתערב בנדרה ולא יביע כל
התנגדות – **וְקָמוּ**, יתקיימו **כָּל נְדָרֶיהָ, וְכָל אִסָּר אֲשֶׁר אָסְרָה עַל נַפְשָׁהּ**
יָקוּם, והיא תחויב לקיימם. ו **וְאִם הֵנִיא**, ביטל, עיכב **אָבִיהָ אֹתָהּ בְּיוֹם**

הרחבות | מוחלט או חלקי, כגון האומר: ׳מאכל זה אסור עלי כהקדש׳. לעומת זאת, השבועה מתייחסת לאדם הנשבע ולא לחפץ, כגון ׳שבועה, שאוכַל / שלא אוכַל דבר זה׳. ובלשון חכמים: הנדר ׳איסור חפצא׳, ואילו השבועה ׳איסור גברא׳. (ראו נדרים ב ע״ב).

שָׁמְעוֹ כׇּל־נְדָרֶיהָ וֶאֱסָרֶיהָ אֲשֶׁר־אָסְרָה עַל־נַפְשָׁהּ
לֹא יָקוּם וַיהֹוָה יִסְלַח־לָהּ כִּי־הֵנִיא אָבִיהָ אֹתָהּ׃
וְאִם־הָיוֹ תִהְיֶה לְאִישׁ וּנְדָרֶיהָ עָלֶיהָ אוֹ מִבְטָא ז
שְׂפָתֶיהָ אֲשֶׁר אָסְרָה עַל־נַפְשָׁהּ׃ וְשָׁמַע אִישָׁהּ בְּיוֹם ח
שָׁמְעוֹ וְהֶחֱרִישׁ לָהּ וְקָמוּ נְדָרֶיהָ וֶאֱסָרֶהָ אֲשֶׁר־
אָסְרָה עַל־נַפְשָׁהּ יָקֻמוּ׃ וְאִם בְּיוֹם שְׁמֹעַ אִישָׁהּ יָנִיא ט
אוֹתָהּ וְהֵפֵר אֶת־נִדְרָהּ אֲשֶׁר עָלֶיהָ וְאֵת מִבְטָא
שְׂפָתֶיהָ אֲשֶׁר אָסְרָה עַל־נַפְשָׁהּ וַיהֹוָה יִסְלַח־לָהּ׃
וְנֵדֶר אַלְמָנָה וּגְרוּשָׁה כֹּל אֲשֶׁר־אָסְרָה עַל־נַפְשָׁהּ י
יָקוּם עָלֶיהָ׃ וְאִם־בֵּית אִישָׁהּ נָדָרָה אוֹ־אָסְרָה אִסָּר יא
עַל־נַפְשָׁהּ בִּשְׁבֻעָה׃ וְשָׁמַע אִישָׁהּ וְהֶחֱרִשׁ לָהּ לֹא יב

רש"י | יוֹדֵעַ מַה הִיא, כְּשֶׁהוּא אוֹמֵר: "וְאִם בְּיוֹם שְׁמֹעַ אִישָׁהּ יָנִיא אוֹתָהּ וְהֵפֵר" (להלן פסוק ט), הֱוֵי אוֹמֵר הֲנָאָה זוֹ הֲפָרָה. וּפְשׁוּטוֹ, לְשׁוֹן מְנִיעָה וַהֲסָרָה, וְכֵן: "וְלָמָּה תְנִיאוּן" (להלן לב, ז), וְכֵן: "שֶׁמֶן רֹאשׁ אַל יָנִי רֹאשִׁי" (תהלים קמא, ה), וְכֵן: "וִידַעְתֶּם אֶת תְּנוּאָתִי" (לעיל יד, לד), אֶת אֲשֶׁר סַרְתֶּם מֵעָלַי: וַה' יִסְלַח לָהּ. בַּמֶּה הַכָּתוּב מְדַבֵּר? בְּאִשָּׁה שֶׁנָּדְרָה בְּנָזִיר וְשָׁמַע בַּעְלָהּ וְהֵפֵר לָהּ וְהִיא לֹא יָדְעָה, וְעוֹבֶרֶת עַל נִדְרָהּ וְשׁוֹתָה יַיִן וּמִטַּמְּאָה לַמֵּתִים, זוֹ הִיא שֶׁצְּרִיכָה סְלִיחָה וְאַף עַל פִּי שֶׁהוּא מוּפָר. וְאִם הַמּוּפָרִין צְרִיכִין סְלִיחָה, קַל וָחֹמֶר לְשֶׁאֵינָן מוּפָרִין:

ז | וְאִם הָיוֹ תִהְיֶה לְאִישׁ. זוֹ אֲרוּסָה; אוֹ אֵינוֹ אֶלָּא נְשׂוּאָה? כְּשֶׁהוּא אוֹמֵר: "וְאִם בֵּית אִישָׁהּ נָדָרָה" (להלן פסוק יא), הֲרֵי נְשׂוּאָה אָמוּר, וְכָאן בַּאֲרוּסָה, וּבָא לַחֲלֹק בָּהּ, שֶׁאָבִיהָ וּבַעְלָהּ מְפִירִין נְדָרֶיהָ. הֵפֵר הָאָב וְלֹא הֵפֵר הַבַּעַל, אוֹ הֵפֵר הַבַּעַל וְלֹא הֵפֵר הָאָב, הֲרֵי זֶה אֵינוֹ מוּפָר, וְאֵין צָרִיךְ לוֹמַר אִם קִיֵּם אֶחָד מֵהֶם: וּנְדָרֶיהָ עָלֶיהָ. שֶׁנָּדְרָה בְּבֵית אָבִיהָ וְלֹא שָׁמַע בָּהֶן אָבִיהָ, וְלֹא הוּפְרוּ וְלֹא הוּקְמוּ:

ח | וְשָׁמַע אִישָׁהּ וגו'. הֲרֵי לְךָ שֶׁאִם קִיֵּם הַבַּעַל שֶׁהוּא קַיָּם:

ט | וְהֵפֵר אֶת נִדְרָהּ אֲשֶׁר עָלֶיהָ. יָכוֹל אֲפִלּוּ לֹא הֵפֵר הָאָב? תַּלְמוּד לוֹמַר: "בִּנְעֻרֶיהָ בֵּית אָבִיהָ" (להלן פסוק יז), כָּל שֶׁבִּנְעוּרֶיהָ בִּרְשׁוּת אָבִיהָ הִיא:

י | אֲשֶׁר אָסְרָה עַל נַפְשָׁהּ יָקוּם עָלֶיהָ. לְפִי שֶׁאֵינָהּ לֹא בִּרְשׁוּת אָב וְלֹא בִּרְשׁוּת בַּעַל, וּבְאַלְמָנָה מִן הַנִּשּׂוּאִין הַכָּתוּב מְדַבֵּר, אֲבָל אַלְמָנָה מִן הָאֵרוּסִין, מֵת הַבַּעַל, נִתְרוֹקְנָה וְחָזְרָה לִרְשׁוּת הָאָב:

יא | וְאִם בֵּית אִישָׁהּ נָדָרָה. בִּנְשׂוּאָה הַכָּתוּב מְדַבֵּר:

ביאור | **שָׁמְעוֹ** על דבר הנדר - **כׇּל נְדָרֶיהָ וֶאֱסָרֶיהָ אֲשֶׁר אָסְרָה עַל נַפְשָׁהּ**, נדריה החיובים והשליליים **לֹא יָקוּם**, יחולו, **וַה׳ יִסְלַח לָהּ** על כך שאין היא מקיימת את הנדר שיצא מפיה, **כִּי הֵנִיא אָבִיהָ אֹתָהּ**, והיא לא חיללה את דברה מרצונה.

ז **וְאִם הָיוֹ תִהְיֶה**, התקדשה **לְאִישׁ, וּנְדָרֶיהָ עָלֶיהָ אוֹ מִבְטָא שְׂפָתֶיהָ אֲשֶׁר אָסְרָה עַל נַפְשָׁהּ**. אם נערה שנדרה כשהייתה רווקה, התארסה אחר כך לאיש - ח **וְשָׁמַע אִישָׁהּ**, בעלה, שנדרה עוד קודם, **בְּיוֹם שָׁמְעוֹ וְהֶחֱרִישׁ לָהּ**, הוא ישתוק ביום שבו ישמע על דבר הנדר, ולא יביע את התנגדותו - **וְקָמוּ נְדָרֶיהָ, וֶאֱסָרֶהָ אֲשֶׁר אָסְרָה עַל נַפְשָׁהּ יָקֻמוּ**. ט **וְאִם בְּיוֹם שְׁמֹעַ אִישָׁהּ יָנִיא אוֹתָהּ**, יביע את התנגדותו **וְהֵפֵר אֶת נִדְרָהּ אֲשֶׁר עָלֶיהָ וְאֵת מִבְטָא שְׂפָתֶיהָ אֲשֶׁר אָסְרָה עַל נַפְשָׁהּ** - ואז **ה׳ יִסְלַח לָהּ** למרות שלא עמדה בנדרה, משום שעליה לעשות את רצון בעלה.[2]

י **וְנֵדֶר אַלְמָנָה וּגְרוּשָׁה**, שאינה כפופה לסמכות כלשהי שכן יצאה מרשות אביה עם נישואיה ומרשות בעלה עם הגירושין או האלמנות - **כֹּל אֲשֶׁר אָסְרָה עַל נַפְשָׁהּ יָקוּם עָלֶיהָ**.

יא **וְאִם בֵּית אִישָׁהּ נָדָרָה אוֹ אָסְרָה אִסָּר עַל נַפְשָׁהּ בִּשְׁבֻעָה**, אם נדרה או נשבעה בעת שהייתה נשואה, **וְשָׁמַע אִישָׁהּ וְהֶחֱרִשׁ לָהּ, לֹא הֵנִיא**, עיכב

הֵנִיא אֹתָהּ וְקָמוּ כָּל־נְדָרֶיהָ וְכָל־אִסָּר אֲשֶׁר־אָסְרָה
יג עַל־נַפְשָׁהּ יָקוּם׃ וְאִם־הָפֵר יָפֵר אֹתָם ׀ אִישָׁהּ בְּיוֹם
שָׁמְעוֹ כָּל־מוֹצָא שְׂפָתֶיהָ לִנְדָרֶיהָ וּלְאִסַּר נַפְשָׁהּ לֹא
יד יָקוּם אִישָׁהּ הֲפֵרָם וַיהוָה יִסְלַח־לָהּ׃ · כָּל־נֵדֶר וְכָל־
שְׁבֻעַת אִסָּר לְעַנֹּת נָפֶשׁ אִישָׁהּ יְקִימֶנּוּ וְאִישָׁהּ
טו יְפֵרֶנּוּ׃ וְאִם־הַחֲרֵשׁ יַחֲרִישׁ לָהּ אִישָׁהּ מִיּוֹם אֶל־יוֹם
וְהֵקִים אֶת־כָּל־נְדָרֶיהָ אוֹ אֶת־כָּל־אֱסָרֶיהָ אֲשֶׁר
טז עָלֶיהָ הֵקִים אֹתָם כִּי־הֶחֱרִשׁ לָהּ בְּיוֹם שָׁמְעוֹ׃ וְאִם־
יז הָפֵר יָפֵר אֹתָם אַחֲרֵי שָׁמְעוֹ וְנָשָׂא אֶת־עֲוֺנָהּ׃ אֵלֶּה
הַחֻקִּים אֲשֶׁר צִוָּה יְהוָה אֶת־מֹשֶׁה בֵּין אִישׁ לְאִשְׁתּוֹ
בֵּין־אָב לְבִתּוֹ בִּנְעֻרֶיהָ בֵּית אָבִיהָ׃ ·
שני כז וַיְדַבֵּר יְהוָה אֶל־מֹשֶׁה לֵּאמֹר׃ נְקֹם נִקְמַת בְּנֵי יִשְׂרָאֵל א ב לא
ג מֵאֵת הַמִּדְיָנִים אַחַר תֵּאָסֵף אֶל־עַמֶּיךָ׃ וַיְדַבֵּר מֹשֶׁה

רש"י

יד **כָּל נֵדֶר וְכָל שְׁבֻעַת אִסָּר וְגוֹ'.** לְפִי שֶׁאָמַר שֶׁהַבַּעַל מֵפֵר, יָכוֹל כָּל נְדָרִים בַּמַּשְׁמָע? תַּלְמוּד לוֹמַר: "לְעַנֹּת נֶפֶשׁ", אֵינוֹ מֵפֵר אֶלָּא נִדְרֵי עִנּוּי נֶפֶשׁ בִּלְבַד, וְהֵם מְפֹרָשִׁים בְּמַסֶּכֶת נְדָרִים (דף עט ע"א ואילך):

טו **מִיּוֹם אֶל יוֹם.** שֶׁלֹּא תֹּאמַר מֵעֵת לְעֵת, לְכָךְ נֶאֱמַר: "מִיּוֹם אֶל יוֹם", לְלַמֶּדְךָ שֶׁאֵין מֵפֵר אֶלָּא עַד שֶׁתֶּחְשַׁךְ:

טז **אַחֲרֵי שָׁמְעוֹ.** אַחֲרֵי שֶׁשָּׁמַע וְקִיֵּם, שֶׁאָמַר: חָפַצְתִּי בּוֹ, וְחָזַר וְהֵפֵר לָהּ, אֲפִלּוּ בּוֹ בַּיּוֹם: **וְנָשָׂא אֶת עֲוֹנָהּ.** הוּא נִכְנָס תַּחְתֶּיהָ. לָמַדְנוּ מִכָּאן שֶׁהַגּוֹרֵם תַּקָּלָה לַחֲבֵרוֹ הוּא נִכְנָס תַּחְתָּיו לְכָל עָנְשִׁין:

פרק לא

ב **מֵאֵת הַמִּדְיָנִים.** וְלֹא מֵאֵת הַמּוֹאָבִים, שֶׁהַמּוֹאָבִים נִכְנְסוּ לַדָּבָר מֵחֲמַת יִרְאָה, שֶׁהָיוּ יְרֵאִים מֵהֶם שֶׁיִּהְיוּ שׁוֹלְלִים אוֹתָם, שֶׁלֹּא נֶאֱמַר אֶלָּא "אַל תִּתְגָּר בָּם מִלְחָמָה" (דברים ב, ט), אֲבָל מִדְיָנִים נִתְעַבְּרוּ עַל רִיב לֹא לָהֶם. דָּבָר אַחֵר, מִפְּנֵי שְׁתֵּי פְּרֵדוֹת טוֹבוֹת שֶׁיֵּשׁ לִי לְהוֹצִיא מֵהֶם, רוּת הַמּוֹאֲבִיָּה וְנַעֲמָה הָעַמּוֹנִית:

ג **וַיְדַבֵּר מֹשֶׁה וְגוֹ'.** אַף עַל פִּי שֶׁשָּׁמַע

הרחבות

הפרת הנדרים מכיוון שאי אפשר להשתית בית על היעדר תיאום ואי־הסכמה, במקרים מסוימים התורה מאפשרת לאחד השותפים למנוע מן האחר לקיים את נדרו. דינים אלה מעניקים במפורש זכות יתרה ובלתי סימטרית לאב לגבי בתו ולא לגבי בנו ולבעל לגבי אשתו ולא להיפך. השאלה אם האשה תאפשר לבעלה לקיים את נדריו אינה שאלה הלכתית אלא מעשית.

ביאור | אִתָּהּ – וְקָמוּ כָּל נְדָרֶיהָ, וְכָל אִסָּר אֲשֶׁר אָסְרָה עַל נַפְשָׁהּ יָקוּם. יג וְאִם הָפֵר
יָפֵר אֹתָם אִישָׁהּ בְּיוֹם שָׁמְעוֹ – כָּל מוֹצָא שְׂפָתֶיהָ לִנְדָרֶיהָ וּלְאִסַּר נַפְשָׁהּ
לֹא יָקוּם. אִישָׁהּ הֲפֵרָם, וַה' יִסְלַח לָהּ. יד כָּל נֵדֶר וְכָל שְׁבֻעַת אִסָּר לְעַנֹּת
נָפֶשׁ – אִישָׁהּ יְקִימֶנּוּ וְאִישָׁהּ יְפֵרֶנּוּ. זכות הבעל להפר את נדרי אשתו
אינה חלה על כל הנדרים, אלא רק על 'נדרי עינוי נפש', כלומר על
נדרים שיש בהם משום פגיעה ועינוי לאשה, או על נדרים הנוגעים
ביחסיהם.[3] טו וְאִם הַחֲרֵשׁ יַחֲרִישׁ לָהּ אִישָׁהּ מִיּוֹם אֶל יוֹם – וְהֵקִים בכך
אֶת כָּל נְדָרֶיהָ אוֹ אֶת כָּל אֱסָרֶיהָ אֲשֶׁר עָלֶיהָ, הֵקִים אֹתָם, הנדרים מקוימים
ואי אפשר יהיה להפר אותם עוד כִּי הֶחֱרִשׁ לָהּ בְּיוֹם שָׁמְעוֹ. טז וְאִם
הָפֵר יָפֵר אֹתָם אַחֲרֵי שָׁמְעוֹ ולא הגיב בו ביום – וְנָשָׂא אֶת עֲוֹנָהּ. הוא
אשם בעוון של חילול הנדר, ולא היא, מפני שהיא שגגה כשחשבה
שבסמכותו להפר.[4]

לסיכום: יז אֵלֶּה הַחֻקִּים אֲשֶׁר צִוָּה ה' אֶת מֹשֶׁה בֵּין אִישׁ לְאִשְׁתּוֹ, בֵּין
אָב לְבִתּוֹ בִּנְעֻרֶיהָ בֵּית אָבִיהָ.

המלחמה במדין

פרק לא

בסיועם של בני מואב החטיאו המדינים את ישראל והביאו עליהם מגפה קשה. הנקמה בהם, שכבר נצטווה עליה משה מיד לאחר המאורע,[5] היא אחת המשימות האחרונות המוטלות עליו. משה מסר לישראל את תורת ה', המבוססת על הנאמנות לה' ולמצוותיו. לפני מותו יחלץ משה את עמו מאימת נכליהם של המדינים ויגן עליו מפני גילוי עריות ועבודה זרה.

פרק לא א וַיְדַבֵּר ה' אֶל מֹשֶׁה לֵּאמֹר: ב נְקֹם נִקְמַת בְּנֵי יִשְׂרָאֵל מֵאֵת
הַמִּדְיָנִים, אַחַר כך תֵּאָסֵף אֶל עַמֶּיךָ, תמות.

הרחבות | מאפייני הנדרים שאפשר להפר אותם נאמרו ביחס לבעל. יש אומרים שהאב מפר את כל נדרי בתו הנערה, ולאו דווקא את נדרי 'עינוי נפש'. ויש אומרים שגם האב, כמו הבעל, יכול לבטל רק את הנדרים הנוגעים לו או את הנדרים המצערים את בתו. (ראו רמב"ם, הלכות נדרים יב,א; ר"ן ורא"ש נדרים עט ע"ב; ר"י בכור שור פס' ו). חלק מהכפילויות בפסוקיו של עניין זה מתפרשות על ידי חכמים כמתייחסות

אֶל־הָעָם לֵאמֹר הֵחָלְצוּ מֵאִתְּכֶם אֲנָשִׁים לַצָּבָא וְיִהְיוּ
ד עַל־מִדְיָן לָתֵת נִקְמַת־יְהוָה בְּמִדְיָן׃ אֶלֶף לַמַּטֶּה
אֶלֶף לַמַּטֶּה לְכֹל מַטּוֹת יִשְׂרָאֵל תִּשְׁלְחוּ לַצָּבָא׃
ה וַיִּמָּסְרוּ מֵאַלְפֵי יִשְׂרָאֵל אֶלֶף לַמַּטֶּה שְׁנֵים־עָשָׂר
ו אֶלֶף חֲלוּצֵי צָבָא׃ וַיִּשְׁלַח אֹתָם מֹשֶׁה אֶלֶף לַמַּטֶּה
לַצָּבָא אֹתָם וְאֶת־פִּינְחָס בֶּן־אֶלְעָזָר הַכֹּהֵן לַצָּבָא
ז וּכְלֵי הַקֹּדֶשׁ וַחֲצֹצְרוֹת הַתְּרוּעָה בְּיָדוֹ׃ וַיִּצְבְּאוּ עַל־
מִדְיָן כַּאֲשֶׁר צִוָּה יְהוָה אֶת־מֹשֶׁה וַיַּהַרְגוּ כָּל־זָכָר׃
ח וְאֶת־מַלְכֵי מִדְיָן הָרְגוּ עַל־חַלְלֵיהֶם אֶת־אֱוִי וְאֶת־
רֶקֶם וְאֶת־צוּר וְאֶת־חוּר וְאֶת־רֶבַע חֲמֵשֶׁת מַלְכֵי מִדְיָן

רש"י

שֶׁמִּיתָתוֹ תְּלוּיָה בַּדָּבָר, עָשָׂה בְּשִׂמְחָה וְלֹא אִחֵר: הֵחָלְצוּ. כְּתַרְגּוּמוֹ, לְשׁוֹן חֲלוּצֵי צָבָא, מְזֻיָּנִים: אֲנָשִׁים. צַדִּיקִים, וְכֵן: "בְּחַר לָנוּ אֲנָשִׁים" (שמות יז, ט), וְכֵן: "אֲנָשִׁים חֲכָמִים וּנְבֹנִים" (דברים א, יג): נִקְמַת ה'. שֶׁהָעוֹמֵד כְּנֶגֶד יִשְׂרָאֵל כְּאִלּוּ עוֹמֵד כְּנֶגֶד הַקָּדוֹשׁ בָּרוּךְ הוּא:

ד לְכֹל מַטּוֹת יִשְׂרָאֵל. לְרַבּוֹת שֵׁבֶט לֵוִי:

ה וַיִּמָּסְרוּ. לְהוֹדִיעֲךָ שִׁבְחָן שֶׁל רוֹעֵי יִשְׂרָאֵל, כַּמָּה הֵם חֲבִיבִים עַל יִשְׂרָאֵל. עַד שֶׁלֹּא שָׁמְעוּ בְּמִיתָתוֹ, מַה הוּא אוֹמֵר? "עוֹד מְעַט וּסְקָלֻנִי" (שמות יז, ד), וּמִשֶּׁשָּׁמְעוּ שֶׁמִּיתַת מֹשֶׁה תְּלוּיָה בְּנִקְמַת מִדְיָן, לֹא רָצוּ לָלֶכֶת עַד שֶׁנִּמְסְרוּ עַל כָּרְחָן:

ו אֹתָם וְאֶת פִּינְחָס. מַגִּיד שֶׁהָיָה פִּינְחָס שָׁקוּל כְּנֶגֶד כֻּלָּם. וּמִפְּנֵי מָה הָלַךְ פִּינְחָס וְלֹא הָלַךְ אֶלְעָזָר? אָמַר הַקָּדוֹשׁ בָּרוּךְ הוּא: מִי שֶׁהִתְחִיל בַּמִּצְוָה, שֶׁהָרַג כָּזְבִּי בַּת צוּר, יִגְמֹר. דָּבָר אַחֵר, שֶׁהָלַךְ לִנְקֹם נִקְמַת יוֹסֵף אֲבִי אִמּוֹ, שֶׁנֶּאֱמַר: "וְהַמְּדָנִים מָכְרוּ אֹתוֹ" (בראשית לז, לו). וּמִנַּיִן שֶׁהָיְתָה אִמּוֹ שֶׁל פִּינְחָס מִשֶּׁל יוֹסֵף? שֶׁנֶּאֱמַר: "מִבְּנוֹת פּוּטִיאֵל" (שמות ו, כה), מִזֶּרַע יִתְרוֹ שֶׁפִּטֵּם עֲגָלִים לַעֲבוֹדָה זָרָה, וּמִזֶּרַע יוֹסֵף שֶׁפִּטְפֵּט בְּיִצְרוֹ. דָּבָר אַחֵר, שֶׁהָיָה מְשׁוּחַ מִלְחָמָה: וּכְלֵי הַקֹּדֶשׁ. זֶה הָאָרוֹן וְהַצִּיץ, שֶׁהָיָה בִּלְעָם עִמָּהֶם וּמַפְרִיחַ מַלְכֵי מִדְיָן בִּכְשָׁפִים, וְהוּא עַצְמוֹ פּוֹרֵחַ עִמָּהֶם; הֶרְאָה לָהֶם אֶת הַצִּיץ שֶׁהַשֵּׁם חָקוּק בּוֹ, וְהֵם נוֹפְלִים, לְכָךְ נֶאֱמַר: "עַל חַלְלֵיהֶם" (להלן פסוק ח) בְּמַלְכֵי מִדְיָן, שֶׁנּוֹפְלִים עַל הַחֲלָלִים מִן הָאֲוִיר. וְכֵן בְּבִלְעָם כְּתִיב: "אֶל חַלְלֵיהֶם" בְּסֵפֶר יְהוֹשֻׁעַ (יג, כב): בְּיָדוֹ. בִּרְשׁוּתוֹ, וְכֵן: "וַיִּקַּח אֶת כָּל אַרְצוֹ מִיָּדוֹ" (במדבר כא, כו):

ח חֲמֵשֶׁת מַלְכֵי מִדְיָן. וְכִי אֵינִי רוֹאֶה שֶׁחֲמִשָּׁה מָנָה הַכָּתוּב? לָמָּה הֻזְקַק לוֹמַר 'חֲמֵשֶׁת'? אֶלָּא לְלַמֶּדְךָ שֶׁשָּׁווּ כֻּלָּם בָּעֵצָה וְהֻשְׁווּ כֻּלָּם בַּפֻּרְעָנוּת. בִּלְעָם הָלַךְ שָׁם לִטֹּל שְׂכַר עֶשְׂרִים וְאַרְבָּעָה אֶלֶף שֶׁהִפִּיל מִיִּשְׂרָאֵל בַּעֲצָתוֹ, וְיָצָא מִמִּדְיָן לִקְרַאת יִשְׂרָאֵל וּמַשִּׂיאָן עֵצָה רָעָה, אָמַר לָהֶם: אִם כְּשֶׁהֱיִיתֶם שִׁשִּׁים רִבּוֹא לֹא יְכָלְתֶּם לָהֶם, עַתָּה בִּשְׁנֵים עָשָׂר אֶלֶף אַתֶּם בָּאִים

ביאור

ג וַיְדַבֵּר מֹשֶׁה אֶל הָעָם לֵאמֹר: הֵחָלְצוּ מֵאִתְּכֶם אֲנָשִׁים לַצָּבָא וְיִהְיוּ עַל מִדְיָן,
לָתֵת נִקְמַת ה' בְּמִדְיָן. מאחר שמדין הוא עם לא גדול שעיקרו יושבי
אוהלים, משה מבקש מעט לוחמים מכל שבטי ישראל שיתנדבו
לצאת למסע עונשין כנגדם – ד אֶלֶף לַמַּטֶּה, אֶלֶף לַמַּטֶּה, לְכֹל מַטּוֹת
יִשְׂרָאֵל תִּשְׁלְחוּ לַצָּבָא.

ה וַיִּמָּסְרוּ מֵאַלְפֵי יִשְׂרָאֵל אֶלֶף לַמַּטֶּה, שְׁנֵים עָשָׂר אֶלֶף חֲלוּצֵי צָבָא.
ו וַיִּשְׁלַח אֹתָם מֹשֶׁה אֶלֶף לַמַּטֶּה לַצָּבָא, אֹתָם וְאֶת פִּינְחָס בֶּן אֶלְעָזָר
הַכֹּהֵן לַצָּבָא, וּכְלֵי הַקֹּדֶשׁ וַחֲצֹצְרוֹת הַתְּרוּעָה בְּיָדוֹ. פינחס הכהן לא
היה מצביא, אבל נוכחותו של הכהן הייתה חשובה בכל מלחמה.[6]
ז וַיִּצְבְּאוּ עַל, הקיפו את מחנה מִדְיָן, כַּאֲשֶׁר, כמו שצִוָּה ה' אֶת מֹשֶׁה,
וַיַּהַרְגוּ כָּל זָכָר. ח וְאֶת מַלְכֵי מִדְיָן הָרְגוּ בנוסף עַל חַלְלֵיהֶם האחרים: אֶת
אֱוִי וְאֶת רֶקֶם וְאֶת צוּר, אבי כזבי,[7] וְאֶת חוּר וְאֶת רֶבַע, חֲמֵשֶׁת מַלְכֵי מִדְיָן.

חצוצרות כסף

הרחבות

לאשה מאורסת. מכיוון שבתקופת אירוסיה היא נמצאת תחת שתי רשויות, היא נזקקת הן לביטול הנדר על ידי האב הן לביטולו על ידי מי שקידש אותה (נדרים סו ע"ב – סז ע"א).

'וַיִּמָּסְרוּ' המדרש מסביר את הצורה הסבילה של הפועל הזה, כאילו עשו זאת בעל כורחם, ואומר שכיוון שבני ישראל ידעו שמותו של משה יתעכב עד לאחר שתושלם המשימה, הם עיכבו את יציאתם למלחמה כדי שמשה יוסיף לחיות. (ראו רש"י על אתר; במדבר רבה כב,ב).

וְאֵת בִּלְעָם בֶּן־בְּעוֹר הָרְגוּ בֶּחָרֶב׃ וַיִּשְׁבּוּ בְנֵי־ ט
יִשְׂרָאֵל אֶת־נְשֵׁי מִדְיָן וְאֶת־טַפָּם וְאֵת כָּל־בְּהֶמְתָּם
וְאֶת־כָּל־מִקְנֵהֶם וְאֶת־כָּל־חֵילָם בָּזָזוּ׃ וְאֵת כָּל־ י
עָרֵיהֶם בְּמוֹשְׁבֹתָם וְאֵת כָּל־טִירֹתָם שָׂרְפוּ בָּאֵשׁ׃
וַיִּקְחוּ אֶת־כָּל־הַשָּׁלָל וְאֵת כָּל־הַמַּלְקוֹחַ בָּאָדָם יא
וּבַבְּהֵמָה׃ וַיָּבִאוּ אֶל־מֹשֶׁה וְאֶל־אֶלְעָזָר הַכֹּהֵן וְאֶל־ יב
עֲדַת בְּנֵי־יִשְׂרָאֵל אֶת־הַשְּׁבִי וְאֶת־הַמַּלְקוֹחַ וְאֶת־
הַשָּׁלָל אֶל־הַמַּחֲנֶה אֶל־עַרְבֹת מוֹאָב אֲשֶׁר עַל־
שלישי /שני/ יַרְדֵּן יְרֵחוֹ׃ וַיֵּצְאוּ מֹשֶׁה וְאֶלְעָזָר הַכֹּהֵן יג
וְכָל־נְשִׂיאֵי הָעֵדָה לִקְרָאתָם אֶל־מִחוּץ לַמַּחֲנֶה׃
וַיִּקְצֹף מֹשֶׁה עַל פְּקוּדֵי הֶחָיִל שָׂרֵי הָאֲלָפִים וְשָׂרֵי יד
הַמֵּאוֹת הַבָּאִים מִצְּבָא הַמִּלְחָמָה׃ וַיֹּאמֶר אֲלֵיהֶם טו
מֹשֶׁה הַחִיִּיתֶם כָּל־נְקֵבָה׃ הֵן הֵנָּה הָיוּ לִבְנֵי יִשְׂרָאֵל טז

רש"י | לְהִלָּחֵם? נָתְנוּ לוֹ שְׂכָרוֹ מְשֻׁלָּם וְלֹא קִפְּחוּהוּ: בֶּחָרֶב. הוּא בָּא עַל יִשְׂרָאֵל וְהֶחֱלִיף אֻמָּנוּתוֹ בְּאֻמָּנוּתָם, שֶׁאֵין נוֹשָׁעִים אֶלָּא בְּפִיהֶם עַל יְדֵי תְּפִלָּה וּבַקָּשָׁה, וּבָא הוּא וְתָפַשׂ אֻמָּנוּתָם לְקַלְּלָם בְּפִיו, אַף הֵם בָּאוּ עָלָיו וְהֶחֱלִיפוּ אֻמָּנוּתָם בְּאֻמָּנוּת הָאֻמּוֹת שֶׁבָּאִין בַּחֶרֶב, שֶׁנֶּאֱמַר: "וְעַל חַרְבְּךָ תִחְיֶה" (בראשית כז, מ):

י טִירֹתָם. מְקוֹם פַּלְטֵרִין שֶׁלָּהֶם, שֶׁהוּא לְשׁוֹן מוֹשַׁב כְּמָרִים יוֹדְעֵי חֻקֵּיהֶם. דָּבָר אַחֵר, לְשׁוֹן מוֹשַׁב שָׂרֵיהֶם, כְּמוֹ שֶׁמִּתַּרְגֵּם "סַרְנֵי פְלִשְׁתִּים" (יהושע יג, ג) – "טוּרְנֵי פְלִשְׁתָּאֵי":

יא וַיִּקְחוּ אֶת כָּל הַשָּׁלָל וְגוֹ'. מַגִּיד שֶׁהָיוּ כְּשֵׁרִים וְצַדִּיקִים, וְלֹא נֶחְשְׁדוּ עַל הַגָּזֵל לִשְׁלֹחַ יָד בַּבִּזָּה שֶׁלֹּא בִּרְשׁוּת, שֶׁנֶּאֱמַר: "אֶת כָּל הַשָּׁלָל" וְגוֹ', וַעֲלֵיהֶם מְפֹרָשׁ בַּקַּבָּלָה: "שִׁנַּיִךְ כְּעֵדֶר הָרְחֵלִים" וְגוֹ' (שיר השירים ו, ו), אַף אַנְשֵׁי הַמִּלְחָמָה שֶׁבָּךְ כֻּלָּם צַדִּיקִים: שָׁלָל. הֵן מִטַּלְטְלִין שֶׁל מַלְבּוּשׁ וְתַכְשִׁיטִין: "בַּז" הוּא בִּזַּת מִטַּלְטְלִין שֶׁאֵינָם תַּכְשִׁיטִין: מַלְקוֹחַ. אָדָם וּבְהֵמָה. וּבְמָקוֹם שֶׁכָּתוּב 'שְׁבִי' אֵצֶל 'מַלְקוֹחַ', 'שְׁבִי' בָּאָדָם וּ'מַלְקוֹחַ' בַּבְּהֵמָה:

יג וַיֵּצְאוּ מֹשֶׁה וְאֶלְעָזָר הַכֹּהֵן. לְפִי שֶׁרָאוּ אֶת נַעֲרֵי יִשְׂרָאֵל יוֹצְאִים לַחְטֹף מִן הַבִּזָּה:

יד וַיִּקְצֹף מֹשֶׁה עַל פְּקוּדֵי הֶחָיִל. מְמֻנִּים עַל הַחַיִל, לְלַמֶּדְךָ שֶׁכָּל סִרְחוֹן הַדּוֹר תָּלוּי בַּגְּדוֹלִים, שֶׁיֵּשׁ כֹּחַ בְּיָדָם לִמְחוֹת:

טז הֵן הֵנָּה. מַגִּיד שֶׁהָיוּ מַכִּירִים אוֹתָן, זוֹ

ביאור

וְאֵת בִּלְעָם בֶּן בְּעוֹר הָרְגוּ בֶּחָרֶב שכן הוא שיעץ להחטיאם בבנות מואב
ומדין.[8] ט וַיִּשְׁבּוּ בְנֵי יִשְׂרָאֵל אֶת נְשֵׁי מִדְיָן וְאֶת טַפָּם, ילדיהם הקטנים,
וְאֵת כָּל בְּהֶמְתָּם וְאֶת כָּל מִקְנֵהֶם וְאֶת כָּל חֵילָם, רכושם בָּזָזוּ. י וְאֵת
כָּל עָרֵיהֶם בְּמוֹשְׁבֹתָם וְאֵת כָּל טִירֹתָם, מבני המגורים המבוצרים
שלהם שָׂרְפוּ בָּאֵשׁ. יא וַיִּקְחוּ אֶת כָּל הַשָּׁלָל הדומם וְאֵת כָּל הַמַּלְקוֹחַ,
השבויים והבהמות הגדולות שנדרש לקחתם בכוח בידיים, בָּאָדָם
וּבַבְּהֵמָה. יב וַיָּבִאוּ את כל אלה אֶל מֹשֶׁה וְאֶל אֶלְעָזָר הַכֹּהֵן וְאֶל עֲדַת
בְּנֵי יִשְׂרָאֵל – אֶת הַשְּׁבִי, בני האדם ששבו וְאֶת הַמַּלְקוֹחַ, בעלי החיים
וְאֶת כל הַשָּׁלָל, החפצים הדוממים אֶל הַמַּחֲנֶה, אֶל עַרְבֹת מוֹאָב אֲשֶׁר
עַל יַרְדֵּן יְרֵחוֹ.

יג וַיֵּצְאוּ מֹשֶׁה וְאֶלְעָזָר הַכֹּהֵן וְכָל נְשִׂיאֵי הָעֵדָה לִקְרָאתָם אֶל מִחוּץ
לַמַּחֲנֶה לקבל את פני הצבא המנצח. יד וַיִּקְצֹף, כעס מֹשֶׁה עַל פְּקוּדֵי
הֶחָיִל, הפיקוד הבכיר – שָׂרֵי הָאֲלָפִים וְשָׂרֵי הַמֵּאוֹת – הַבָּאִים מִצְּבָא
הַמִּלְחָמָה. טו וַיֹּאמֶר אֲלֵיהֶם מֹשֶׁה: הַחִיִּיתֶם, האם השארתם בחיים
כָּל נְקֵבָה?! טז הֵן, הרי הֵנָּה – נשי מדין הללו הָיוּ לִבְנֵי יִשְׂרָאֵל בִּדְבַר

בִּדְבַר בִּלְעָם לִמְסָר־מַעַל בַּיהוָה עַל־דְּבַר פְּעוֹר
וַתְּהִי הַמַּגֵּפָה בַּעֲדַת יְהוָה: וְעַתָּה הִרְגוּ כָל־זָכָר בַּטָּף יז
וְכָל־אִשָּׁה יֹדַעַת אִישׁ לְמִשְׁכַּב זָכָר הֲרֹגוּ: וְכֹל הַטַּף יח
בַּנָּשִׁים אֲשֶׁר לֹא־יָדְעוּ מִשְׁכַּב זָכָר הַחֲיוּ לָכֶם: וְאַתֶּם יט
חֲנוּ מִחוּץ לַמַּחֲנֶה שִׁבְעַת יָמִים כֹּל הֹרֵג נֶפֶשׁ וְכֹל ׀
נֹגֵעַ בֶּחָלָל תִּתְחַטְּאוּ בַּיּוֹם הַשְּׁלִישִׁי וּבַיּוֹם הַשְּׁבִיעִי
אַתֶּם וּשְׁבִיכֶם: וְכָל־בֶּגֶד וְכָל־כְּלִי־עוֹר וְכָל־מַעֲשֵׂה כ
עִזִּים וְכָל־כְּלִי־עֵץ תִּתְחַטָּאוּ: וַיֹּאמֶר כא
אֶלְעָזָר הַכֹּהֵן אֶל־אַנְשֵׁי הַצָּבָא הַבָּאִים לַמִּלְחָמָה
זֹאת חֻקַּת הַתּוֹרָה אֲשֶׁר־צִוָּה יְהוָה אֶת־מֹשֶׁה: אַךְ כב

רש"י

הָיָה שֶׁנִּכְשַׁל פְּלוֹנִי בָּהּ: **בִּדְבַר בִּלְעָם.** אָמַר לָהֶם: אֲפִלּוּ אַתֶּם מַכְנִיסִים כָּל הֲמוֹנוֹת שֶׁבָּעוֹלָם אֵין אַתֶּם יְכוֹלִים לָהֶם, שֶׁמָּא מְרֻבִּים אַתֶּם מִן הַמִּצְרִים שֶׁהָיוּ שֵׁשׁ מֵאוֹת רֶכֶב בָּחוּר (שמות יד, ז)? בּוֹאוּ וְאַשִּׂיאֲכֶם עֵצָה: אֱלֹהֵיהֶם שֶׁל אֵלּוּ שׂוֹנֵא זִמָּה הוּא וְכוּ׳, כִּדְאִיתָא בְּ׳חֵלֶק׳ (סנהדרין קו ע"א) וּבְסִפְרֵי (קנז):

יז) **וְכָל אִשָּׁה יֹדַעַת אִישׁ.** רְאוּיָה לְהִבָּעֵל, אַף עַל פִּי שֶׁלֹּא נִבְעֲלָה, וְלִפְנֵי הַצִּיץ הֶעֱבִירוּם, וְהָרְאוּיָה לְהִבָּעֵל פָּנֶיהָ מוֹרִיקוֹת: **הֲרֹגוּ.** לָמָּה חָזַר וְאָמַר? לְהַפְסִיק הָעִנְיָן, דִּבְרֵי רַבִּי יִשְׁמָעֵאל, שֶׁאִם אֲנִי קוֹרֵא: "הִרְגוּ כָל זָכָר בַּטָּף וְכָל אִשָּׁה יֹדַעַת אִישׁ... וְכֹל הַטַּף בַּנָּשִׁים" וְגוֹ׳, אֵינִי יוֹדֵעַ אִם לַהֲרֹג עִם הַזְּכָרִים אוֹ לְהַחֲיוֹת עִם הַטַּף, לְכָךְ נֶאֱמַר: "הֲרֹגוּ":

יט) **מִחוּץ לַמַּחֲנֶה.** שֶׁלֹּא יִכָּנְסוּ לָעֲזָרָה: **כֹּל הֹרֵג נֶפֶשׁ.** רַבִּי מֵאִיר אוֹמֵר: בְּהוֹרֵג בְּדָבָר הַמְקַבֵּל טֻמְאָה הַכָּתוּב מְדַבֵּר, וְלִמֶּדְךָ הַכָּתוּב, שֶׁהַכְּלִי מְטַמֵּא אָדָם בְּחִבּוּרֵי הַמֵּת, כְּאִלּוּ נוֹגֵעַ בַּמֵּת עַצְמוֹ. אוֹ אֲפִלּוּ זָרַק בּוֹ חֵץ וַהֲרָגוֹ? תַּלְמוּד לוֹמַר: "וְכֹל נֹגֵעַ בֶּחָלָל", הִקִּישׁ הוֹרֵג לְנוֹגֵעַ, מַה נּוֹגֵעַ עַל יְדֵי חִבּוּרוֹ, אַף הוֹרֵג עַל יְדֵי חִבּוּרוֹ: **תִּתְחַטְּאוּ.** בְּמֵי נִדָּה, כְּדִין שְׁאָר טְמֵאֵי מֵתִים, שֶׁאַף לְדִבְרֵי הָאוֹמֵר קִבְרֵי גוֹיִם אֵינָם מְטַמְּאִין בְּאֹהֶל, שֶׁנֶּאֱמַר: "וְאַתֵּן צֹאנִי צֹאן מַרְעִיתִי אָדָם אַתֶּם" (יחזקאל לד, לא), מוֹדֶה הוּא שֶׁהַגּוֹיִם מְטַמְּאִין בְּמַגָּע וּבְמַשָּׂא, שֶׁלֹּא נֶאֱמַר 'אָדָם' אֶלָּא אֵצֶל טֻמְאַת אֹהָלוֹת, שֶׁנֶּאֱמַר: "אָדָם כִּי יָמוּת בְּאֹהֶל" (לעיל יט, יד): **אַתֶּם וּשְׁבִיכֶם.** לֹא שֶׁהַגּוֹיִם מְקַבְּלִין טֻמְאָה וּצְרִיכִין הַזָּאָה, אֶלָּא מָה אַתֶּם בְּנֵי בְּרִית, אַף שְׁבִיכֶם כְּשֶׁיָּבוֹאוּ לַבְּרִית וְיִטַּמְּאוּ צְרִיכִין הַזָּאָה:

כ) **וְכָל מַעֲשֵׂה עִזִּים.** לְהָבִיא כְּלֵי הַקַּרְנַיִם וְהַטְּלָפַיִם וְהָעֲצָמוֹת:

כא) **וַיֹּאמֶר אֶלְעָזָר הַכֹּהֵן וְגוֹ׳.** לְפִי שֶׁבָּא מֹשֶׁה לִכְלַל כַּעַס בָּא לִכְלַל טָעוּת, שֶׁנִּתְעַלְּמוּ מִמֶּנּוּ הִלְכוֹת גִּעוּלֵי גוֹיִם. וְכֵן אַתָּה מוֹצֵא בַּשְּׁמִינִי לַמִּלּוּאִים, שֶׁנֶּאֱמַר: "וַיִּקְצֹף עַל אֶלְעָזָר וְעַל אִיתָמָר" (ויקרא י, טז), בָּא לִכְלַל כַּעַס, בָּא לִכְלַל טָעוּת. וְכֵן בְּ׳שִׁמְעוּ נָא הַמֹּרִים׳ – "וַיַּךְ אֶת הַסֶּלַע" (לעיל כ, יא), עַל יְדֵי הַכַּעַס טָעָה: **אֲשֶׁר צִוָּה ה׳ וְגוֹ׳.** תָּלָה הַהוֹרָאָה בְּרַבּוֹ:

ביאור

בִּלְעָם לִמְסָר מַעַל בַּה׳, למכשול עַל דְּבַר פְּעוֹר. הן שגרמו גם לזנות וגם
לעבודה זרה, וַתְּהִי בגללן הַמַּגֵּפָה בַּעֲדַת ה׳, ועכשיו אתם מביאים
אותן אתכם אל המחנה?! יז וְעַתָּה הִרְגוּ כָל זָכָר בַּטָּף וְכָל אִשָּׁה יֹדַעַת
אִישׁ לְמִשְׁכַּב זָכָר, כל הנשים המבוגרות שאפשר להניח שהיה להן
מגע מיני עם גבר כלשהו – הֲרֹגוּ. יח וְאולם כֹּל הַטַּף בַּנָּשִׁים אֲשֶׁר לֹא
יָדְעוּ מִשְׁכַּב זָכָר, הילדות הקטנות – הַחֲיוּ לָכֶם כשבויות. יט וְאַתֶּם חֲנוּ
מחוץ לַמַּחֲנֶה שִׁבְעַת יָמִים. כֹּל אחד מכם, יוצאי הצבא, שהיה הֹרֵג נֶפֶשׁ
וְכֹל נֹגֵעַ בֶּחָלָל, במת תִּתְחַטְּאוּ, היטהרו מטומאת המת במי החטאת
של הפרה האדומה, בַּיּוֹם הַשְּׁלִישִׁי וּבַיּוֹם הַשְּׁבִיעִי. אַתֶּם וּשְׁבִיכֶם, שבי
האדם המצטרף אליכם.[9] כ וְכָל בֶּגֶד וְכָל כְּלִי עוֹר וְכָל מַעֲשֵׂה עִזִּים וְכָל
כְּלִי עֵץ, שנגעו במתים – גם אותם תִּתְחַטָּאוּ, טהרו לכם.

כא וַיֹּאמֶר אֶלְעָזָר הַכֹּהֵן אֶל אַנְשֵׁי הַצָּבָא הַבָּאִים לַמִּלְחָמָה, מהמלחמה:[10]
זֹאת חֻקַּת הַתּוֹרָה אֲשֶׁר צִוָּה ה׳ אֶת מֹשֶׁה: כב אַךְ אֶת חפצי הַזָּהָב וְאֶת

הרחבות

[10] **"ויאמר אלעזר הכהן אל אנשי הצבא"** אף על פי שאת הדברים הללו ציווה ה׳ למשה, אלעזר הכהן הוא שמסרם לישראל. ייתכן שמשה לא רצה לדבר עם ישראל משום שכעס עליהם מאוד. על כן ביקש מאלעזר למסור את הדברים ללוחמים בשמו במתינות ובאופן מסודר. (ראו רש״י על אתר; ויקרא רבה יג,א).

אֶת־הַזָּהָב וְאֶת־הַכָּסֶף אֶת־הַנְּחֹשֶׁת אֶת־הַבַּרְזֶל
אֶת־הַבְּדִיל וְאֶת־הָעֹפָרֶת׃ כָּל־דָּבָר אֲשֶׁר־יָבֹא כג
בָאֵשׁ תַּעֲבִירוּ בָאֵשׁ וְטָהֵר אַךְ בְּמֵי נִדָּה יִתְחַטָּא
וְכֹל אֲשֶׁר לֹא־יָבֹא בָּאֵשׁ תַּעֲבִירוּ בַמָּיִם׃ וְכִבַּסְתֶּם כד
בִּגְדֵיכֶם בַּיּוֹם הַשְּׁבִיעִי וּטְהַרְתֶּם וְאַחַר תָּבֹאוּ אֶל־
רביעי כח הַמַּחֲנֶה׃ וַיֹּאמֶר יְהוָה אֶל־מֹשֶׁה לֵּאמֹר׃ כה
שָׂא אֵת רֹאשׁ מַלְקוֹחַ הַשְּׁבִי בָּאָדָם וּבַבְּהֵמָה אַתָּה כו
וְאֶלְעָזָר הַכֹּהֵן וְרָאשֵׁי אֲבוֹת הָעֵדָה׃ וְחָצִיתָ אֶת־ כז
הַמַּלְקוֹחַ בֵּין תֹּפְשֵׂי הַמִּלְחָמָה הַיֹּצְאִים לַצָּבָא
וּבֵין כָּל־הָעֵדָה׃ וַהֲרֵמֹתָ מֶכֶס לַיהוָה מֵאֵת אַנְשֵׁי כח
הַמִּלְחָמָה הַיֹּצְאִים לַצָּבָא אֶחָד נֶפֶשׁ מֵחֲמֵשׁ הַמֵּאוֹת
מִן־הָאָדָם וּמִן־הַבָּקָר וּמִן־הַחֲמֹרִים וּמִן־הַצֹּאן׃
מִמַּחֲצִיתָם תִּקָּחוּ וְנָתַתָּה לְאֶלְעָזָר הַכֹּהֵן תְּרוּמַת כט

רש"י

כב) **אַךְ אֶת הַזָּהָב וְגוֹ'.** אַף עַל פִּי שֶׁלֹּא הִזְהִיר לָכֶם מֹשֶׁה אֶלָּא עַל הִלְכוֹת טֻמְאָה, עוֹד יֵשׁ לְהַזְהִיר לָכֶם עַל הִלְכוֹת גִּעוּל, וְ'אַךְ' לְשׁוֹן מִעוּט, כְּלוֹמַר מְמַעֲטִין אוֹתָם מִלְּהִשְׁתַּמֵּשׁ בַּכֵּלִים, אֲפִלּוּ לְאַחַר טָהֳרָתָן מִטֻּמְאַת הַמֵּת, עַד שֶׁיְּטַהֲרוּ מִבְּלִיעַת אִסּוּר נְבֵלוֹת. וְרַבּוֹתֵינוּ אָמְרוּ: "אַךְ אֶת הַזָּהָב", לוֹמַר, שֶׁצָּרִיךְ לְהַעֲבִיר חֲלֻדָּה שֶׁלּוֹ קֹדֶם שֶׁיַּגְעִילֶנּוּ, וְזֶהוּ לְשׁוֹן 'אַךְ', שֶׁלֹּא יְהֵא שָׁם חֲלֻדָּה, אַךְ הַמַּתֶּכֶת יִהְיֶה כְּמוֹת שֶׁהוּא:

כג) **כָּל דָּבָר אֲשֶׁר יָבֹא בָאֵשׁ.** לְבַשֵּׁל בּוֹ כְּלוּם: **תַּעֲבִירוּ בָאֵשׁ.** כְּדֶרֶךְ תַּשְׁמִישׁוֹ הַגְעָלָתוֹ, מִי שֶׁתַּשְׁמִישׁוֹ עַל יְדֵי חַמִּין יַגְעִילֶנּוּ בְּחַמִּין, וּמִי שֶׁתַּשְׁמִישׁוֹ עַל יְדֵי צָלִי, כְּגוֹן הַשַּׁפּוּד וְהָאַסְכָּלָה, יְלַבְּנֶנּוּ בָּאוּר:

אַךְ בְּמֵי נִדָּה יִתְחַטָּא. לְפִי פְּשׁוּטוֹ, חִטּוּי זֶה לְטַהֲרוֹ מִטֻּמְאַת מֵת; אָמַר לָהֶם: צְרִיכִין הַכֵּלִים גִּעוּל לְטַהֲרָם מִן הָאִסּוּר וְחִטּוּי לְטַהֲרָן מִן הַטֻּמְאָה. וְרַבּוֹתֵינוּ דָּרְשׁוּ מִכָּאן שֶׁאַף לְהַכְשִׁירָן מִן הָאִסּוּר הִטְעִין טְבִילָה לִכְלֵי מַתָּכוֹת, וּ"מֵי נִדָּה" הַכְּתוּבִין כָּאן דָּרְשׁוּ: מַיִם הָרְאוּיִם לִטְבֹּל בָּהֶם נִדָּה, וְכַמָּה הֵם? אַרְבָּעִים סְאָה:

כד) **אֶל הַמַּחֲנֶה.** לְמַחֲנֵה שְׁכִינָה, שֶׁאֵין טְמֵא מֵת טָעוּן שִׁלּוּחַ מִמַּחֲנֵה לְוִיָּה וּמִמַּחֲנֵה יִשְׂרָאֵל:

כו) **שָׂא אֵת רֹאשׁ.** קַח אֶת חֶשְׁבּוֹן:

כז) **וְחָצִיתָ אֶת הַמַּלְקוֹחַ בֵּין תֹּפְשֵׂי הַמִּלְחָמָה וְגוֹ'.** חֶצְיוֹ לָאֵלּוּ וְחֶצְיוֹ לָאֵלּוּ:

ביאור | כג **כָּל** חפצי **הַכֶּסֶף, אֶת הַנְּחֹשֶׁת, אֶת הַבַּרְזֶל, אֶת הַבְּדִיל וְאֶת הָעֹפָרֶת** – **כָּל דָּבָר** מהמתכות הללו **אֲשֶׁר יָבֹא בָאֵשׁ**, וכך משתמשים בו – **תַּעֲבִירוּ בָאֵשׁ**, הכניסו אותו לאש, **וְטָהֵר**, וכך יטהר ויוכשר לשימושם של בני ישראל. כלי האוכל זקוקים להכשרה זו משום ששימשו קודם לכן עבור הגויים. **אַךְ** מלבד זאת **בְּ**אמצעות **מֵי נִדָּה**, מי ההזאה, מי האפר של הפרה האדומה[11] **יִתְחַטָּא**, עליו להיטהר מטומאת המתים שאולי נגע בהם.[12] **וְכֹל אֲשֶׁר לֹא יָבֹא בָּאֵשׁ**, החפצים שאין משתמשים בהם באש, כגון כלי עץ וכלי עור – **תַּעֲבִירוּ בַמָּיִם**. כד **וְכִבַּסְתֶּם בִּגְדֵיכֶם בַּיּוֹם הַשְּׁבִיעִי וּטְהַרְתֶּם** גם אתם, שהרי הרגתם אנשים **וְאַחַר** מכן **תָּבֹאוּ אֶל הַמַּחֲנֶה**.

כה **וַיֹּאמֶר ה' אֶל מֹשֶׁה לֵּאמֹר:** כו **שָׂא**, ספור **אֵת רֹאשׁ**, ראשי **מַלְקוֹחַ הַשְּׁבִי**, מה שלקחתם בשבי, **בָּאָדָם וּבַבְּהֵמָה, אַתָּה וְאֶלְעָזָר הַכֹּהֵן וְרָאשֵׁי אֲבוֹת הָעֵדָה**. כז **וְחָצִיתָ אֶת הַמַּלְקוֹחַ בֵּין תֹּפְשֵׂי הַמִּלְחָמָה הַיֹּצְאִים לַצָּבָא וּבֵין כָּל הָעֵדָה**. השלל אינו רכושם הפרטי של אנשי הצבא. ראוי להעביר את חציו של שלל המלחמה לכל הקהל, שהלוחמים ייצגו אותו, ומחציתו האחרת תינתן לחיילים כתגמול מיוחד. כח יתרה מזו, **וַהֲרֵמֹתָ מֶכֶס**, מס **לַה' מֵאֵת אַנְשֵׁי הַמִּלְחָמָה הַיֹּצְאִים לַצָּבָא** בשיעור של **אֶחָד נֶפֶשׁ מֵחֲמֵשׁ הַמֵּאוֹת, מִן הָאָדָם וּמִן הַבָּקָר וּמִן הַחֲמֹרִים וּמִן הַצֹּאן**. כט **מִמַּחֲצִיתָם**, מן המחצית שקיבלו החיילים **תִּקָּחוּ** אחד מחמש מאות, **וְנָתַתָּה לְאֶלְעָזָר הַכֹּהֵן** בתור **תְּרוּמַת ה'**.

ל יְהוָה׃ וּמִמַּחֲצִת בְּנֵי־יִשְׂרָאֵל תִּקַּח ׀ אֶחָד ׀ אָחֻז
מִן־הַחֲמִשִּׁים מִן־הָאָדָם מִן־הַבָּקָר מִן־הַחֲמֹרִים
וּמִן־הַצֹּאן מִכָּל־הַבְּהֵמָה וְנָתַתָּה אֹתָם לַלְוִיִּם שֹׁמְרֵי
לא מִשְׁמֶרֶת מִשְׁכַּן יְהוָה׃ וַיַּעַשׂ מֹשֶׁה וְאֶלְעָזָר הַכֹּהֵן
לב כַּאֲשֶׁר צִוָּה יְהוָה אֶת־מֹשֶׁה׃ וַיְהִי הַמַּלְקוֹחַ יֶתֶר הַבָּז
אֲשֶׁר בָּזְזוּ עַם הַצָּבָא צֹאן שֵׁשׁ־מֵאוֹת אֶלֶף וְשִׁבְעִים
לג אֶלֶף וַחֲמֵשֶׁת אֲלָפִים׃ וּבָקָר שְׁנַיִם וְשִׁבְעִים אָלֶף׃
לד לה וַחֲמֹרִים אֶחָד וְשִׁשִּׁים אָלֶף׃ וְנֶפֶשׁ אָדָם מִן־הַנָּשִׁים
אֲשֶׁר לֹא־יָדְעוּ מִשְׁכַּב זָכָר כָּל־נֶפֶשׁ שְׁנַיִם וּשְׁלֹשִׁים
לו אָלֶף׃ וַתְּהִי הַמֶּחֱצָה חֵלֶק הַיֹּצְאִים בַּצָּבָא מִסְפַּר
הַצֹּאן שְׁלֹשׁ־מֵאוֹת אֶלֶף וּשְׁלֹשִׁים אֶלֶף וְשִׁבְעַת
לז אֲלָפִים וַחֲמֵשׁ מֵאוֹת׃ וַיְהִי הַמֶּכֶס לַיהוָה מִן־הַצֹּאן
לח שֵׁשׁ מֵאוֹת חָמֵשׁ וְשִׁבְעִים׃ וְהַבָּקָר שִׁשָּׁה וּשְׁלֹשִׁים
לט אָלֶף וּמִכְסָם לַיהוָה שְׁנַיִם וְשִׁבְעִים׃ וַחֲמֹרִים שְׁלֹשִׁים
מ אֶלֶף וַחֲמֵשׁ מֵאוֹת וּמִכְסָם לַיהוָה אֶחָד וְשִׁשִּׁים׃ וְנֶפֶשׁ
אָדָם שִׁשָּׁה עָשָׂר אָלֶף וּמִכְסָם לַיהוָה שְׁנַיִם וּשְׁלֹשִׁים
מא נָפֶשׁ׃ וַיִּתֵּן מֹשֶׁה אֶת־מֶכֶס תְּרוּמַת יְהוָה לְאֶלְעָזָר
מב הַכֹּהֵן כַּאֲשֶׁר צִוָּה יְהוָה אֶת־מֹשֶׁה׃ וּמִמַּחֲצִית בְּנֵי חמישי
יִשְׂרָאֵל אֲשֶׁר חָצָה מֹשֶׁה מִן־הָאֲנָשִׁים הַצֹּבְאִים׃

רש"י

לב | וַיְהִי הַמַּלְקוֹחַ יֶתֶר הַבָּז. לְפִי שֶׁלֹּא נִתְּנוּ לְהָרִים מֶכֶס מִן הַמִּטַּלְטְלִין אֶלָּא מִן הַמַּלְקוֹחַ, כָּתַב אֶת הַלָּשׁוֹן הַזֶּה: "וַיְהִי הַמַּלְקוֹחַ" שֶׁבָּא לִכְלַל חֲלֻקָּה וְלִכְלַל מֶכֶס, שֶׁהָיָה עוֹדֵף עַל בַּז הַמִּטַּלְטְלִין "אֲשֶׁר בָּזְזוּ עַם הַצָּבָא" אִישׁ לוֹ וְלֹא בָּא לִכְלַל חֲלֻקָּה, מִסְפַּר הַצֹּאן וְגוֹ׳:

מב | וּמִמַּחֲצִית בְּנֵי יִשְׂרָאֵל אֲשֶׁר חָצָה מֹשֶׁה. לָעֵדָה, וְהוֹצִיאָהּ לָהֶם "מִן הָאֲנָשִׁים הַצֹּבְאִים":

ביאור

ל וּמִמַּחֲצִת בְּנֵי יִשְׂרָאֵל תִּקַּח אֶחָד אָחֻז מִן הַחֲמִשִּׁים, חלק שהוא לקוח
או מופרש מתוך החמישים, שני אחוזים בלשון ימינו - מִן הָאָדָם,
מִן הַבָּקָר, מִן הַחֲמֹרִים וּמִן הַצֹּאן - מִכָּל הַבְּהֵמָה, וְנָתַתָּה אֹתָם לַלְוִיִּם,
שֹׁמְרֵי מִשְׁמֶרֶת מִשְׁכַּן ה׳. אנשי הצבא יתנו לאלעזר הכהן רק 0.002
מחלקם, ואילו שאר האזרחים ייתנו ללויים פי עשר - 0.02 מחלקם.

לא וַיַּעַשׂ מֹשֶׁה וְאֶלְעָזָר הַכֹּהֵן כַּאֲשֶׁר צִוָּה ה׳ אֶת מֹשֶׁה.

לב וַיְהִי הַמַּלְקוֹחַ, יֶתֶר הַבָּז, מעבר לביזה שאינה אדם ובהמה אֲשֶׁר
בָּזְזוּ עַם הַצָּבָא, החיילים לעצמם, שלא הובאה לפני משה לגבות
ממנו את המס: צֹאן - שֵׁשׁ מֵאוֹת אֶלֶף וְשִׁבְעִים אֶלֶף וַחֲמֵשֶׁת אֲלָפִים
שכן רבים מהמדינים היו רועי צאן; לג וּבָקָר - שְׁנַיִם וְשִׁבְעִים
אָלֶף; לד וַחֲמֹרִים - אֶחָד וְשִׁשִּׁים אָלֶף; לה וְנֶפֶשׁ אָדָם מִן הַנָּשִׁים אֲשֶׁר
לֹא יָדְעוּ מִשְׁכַּב זָכָר, ילדות, כָּל נֶפֶשׁ - שְׁנַיִם וּשְׁלֹשִׁים אָלֶף. לו וַתְּהִי
הַמֶּחֱצָה, חֵלֶק הַיֹּצְאִים בַּצָּבָא, מִסְפַּר הַצֹּאן: שְׁלֹשׁ מֵאוֹת אֶלֶף וּשְׁלֹשִׁים
אֶלֶף וְשִׁבְעַת אֲלָפִים וַחֲמֵשׁ מֵאוֹת. לז וַיְהִי הַמֶּכֶס לַה׳ מִן הַצֹּאן: שֵׁשׁ מֵאוֹת
חָמֵשׁ וְשִׁבְעִים. לח וְהַבָּקָר - שִׁשָּׁה וּשְׁלֹשִׁים אָלֶף, וּמִכְסָם לַה׳ - שְׁנַיִם
וְשִׁבְעִים. לט וַחֲמֹרִים - שְׁלֹשִׁים אֶלֶף וַחֲמֵשׁ מֵאוֹת, וּמִכְסָם לַה׳ - אֶחָד
וְשִׁשִּׁים. מ וְנֶפֶשׁ אָדָם - שִׁשָּׁה עָשָׂר אָלֶף, וּמִכְסָם לַה׳ - שְׁנַיִם וּשְׁלֹשִׁים
נָפֶשׁ. מא וַיִּתֵּן מֹשֶׁה אֶת מֶכֶס תְּרוּמַת ה׳ לְאֶלְעָזָר הַכֹּהֵן, כַּאֲשֶׁר צִוָּה ה׳
אֶת מֹשֶׁה.

מב וּמתוך מַּחֲצִית השלל שחולקה לִבְנֵי יִשְׂרָאֵל, אֲשֶׁר חָצָה ולקח מֹשֶׁה
מִן הָאֲנָשִׁים הַצֹּבְאִים, הלוחמים, מג וַתְּהִי מֶחֱצַת, המחצית שהועברה

וַתְּהִי מֶחֱצַת הָעֵדָה מִן־הַצֹּאן שְׁלֹשׁ־מֵאוֹת אֶלֶף מג
וּשְׁלֹשִׁים אֶלֶף שִׁבְעַת אֲלָפִים וַחֲמֵשׁ מֵאוֹת: וּבָקָר מד
שִׁשָּׁה וּשְׁלֹשִׁים אָלֶף: וַחֲמֹרִים שְׁלֹשִׁים אֶלֶף וַחֲמֵשׁ מה
מֵאוֹת: וְנֶפֶשׁ אָדָם שִׁשָּׁה עָשָׂר אָלֶף: וַיִּקַּח מֹשֶׁה מו מז
מִמַּחֲצִת בְּנֵי־יִשְׂרָאֵל אֶת־הָאָחֻז אֶחָד מִן־הַחֲמִשִּׁים
מִן־הָאָדָם וּמִן־הַבְּהֵמָה וַיִּתֵּן אֹתָם לַלְוִיִּם שֹׁמְרֵי
מִשְׁמֶרֶת מִשְׁכַּן יהוה כַּאֲשֶׁר צִוָּה יהוה אֶת־מֹשֶׁה:
וַיִּקְרְבוּ אֶל־מֹשֶׁה הַפְּקֻדִים אֲשֶׁר לְאַלְפֵי הַצָּבָא שָׂרֵי מח
הָאֲלָפִים וְשָׂרֵי הַמֵּאוֹת: וַיֹּאמְרוּ אֶל־מֹשֶׁה עֲבָדֶיךָ מט
נָשְׂאוּ אֶת־רֹאשׁ אַנְשֵׁי הַמִּלְחָמָה אֲשֶׁר בְּיָדֵנוּ וְלֹא־
נִפְקַד מִמֶּנּוּ אִישׁ: וַנַּקְרֵב אֶת־קָרְבַּן יהוה אִישׁ אֲשֶׁר נ
מָצָא כְלִי־זָהָב אֶצְעָדָה וְצָמִיד טַבַּעַת עָגִיל וְכוּמָז
לְכַפֵּר עַל־נַפְשֹׁתֵינוּ לִפְנֵי יהוה: וַיִּקַּח מֹשֶׁה וְאֶלְעָזָר נא
הַכֹּהֵן אֶת־הַזָּהָב מֵאִתָּם כֹּל כְּלִי מַעֲשֶׂה: וַיְהִי ׀ כָּל־ נב
זְהַב הַתְּרוּמָה אֲשֶׁר הֵרִימוּ לַיהוה שִׁשָּׁה עָשָׂר אֶלֶף
שְׁבַע־מֵאוֹת וַחֲמִשִּׁים שָׁקֶל מֵאֵת שָׂרֵי הָאֲלָפִים

רש"י

מג-מז | **וַתְּהִי מֶחֱצַת הָעֵדָה.** כָּךְ וְכָךְ, "וַיִּקַּח מֹשֶׁה" וְגוֹ':

מח | **הַפְּקֻדִים.** הַמְמֻנִּים:

מט | **וְלֹא נִפְקַד.** לֹא נֶחְסַר. וְתַרְגּוּמוֹ: "וְלָא שְׁגָא", אַף הוּא בִּלְשׁוֹן אֲרַמִּי חִסָּרוֹן, כְּמוֹ: "אָנֹכִי אֲחַטֶּנָּה" (בראשית לא, לט), תַּרְגּוּמוֹ: "דַּהֲוָת שָׁגְיָא מִמִּנְיָנָא", וְכֵן: "כִּי יִפָּקֵד מוֹשָׁבֶךָ" (שמואל א' כ, יח), יֶחְסַר מְקוֹם מוֹשָׁבְךָ, אִישׁ הָרָגִיל לֵישֵׁב שָׁם. וְכֵן: "וַיִּפָּקֵד מְקוֹם דָּוִד" (שם פסוק כז), נֶחְסַר מְקוֹמוֹ וְאֵין אִישׁ יוֹשֵׁב שָׁם:

נ | **אֶצְעָדָה.** אֵלּוּ צְמִידִים שֶׁל רֶגֶל. **וְצָמִיד.** שֶׁל יָד. **עָגִיל.** נִזְמֵי אֹזֶן. **וְכוּמָז.** דְּפוּס שֶׁל בֵּית הָרֶחֶם, לְכַפֵּר עַל הִרְהוּר הַלֵּב שֶׁל בְּנוֹת מִדְיָן:

העולם | **אֶצְעָדָה** לפי המתואר בספר שמואל (ב' א,י), היא תכשיט הזרוע, וייתכן ששימשה כסמל מלכות. יש בשם זה אותיות הקרובות ל'עדי', אך היו שפירשו את שורשה צ,ע,ד כמורה על כך שהיא תכשיט לרגל.

ביאור

אל הָעֵדָה מִן הַצֹּאן – שְׁלֹשׁ מֵאוֹת אֶלֶף וּשְׁלֹשִׁים אֶלֶף, שִׁבְעַת אֲלָפִים
וַחֲמֵשׁ מֵאוֹת; מד וּבָקָר – שִׁשָּׁה וּשְׁלֹשִׁים אָלֶף; מה וַחֲמֹרִים שְׁלֹשִׁים אֶלֶף
וַחֲמֵשׁ מֵאוֹת; מו וְנֶפֶשׁ אָדָם – שִׁשָּׁה עָשָׂר אָלֶף. מז וַיִּקַּח מֹשֶׁה מִמַּחֲצִת
בְּנֵי יִשְׂרָאֵל אֶת הָאָחֻז אֶחָד מִן הַחֲמִשִּׁים מִן הָאָדָם וּמִן הַבְּהֵמָה, וַיִּתֵּן
אֹתָם לַלְוִיִּם שֹׁמְרֵי מִשְׁמֶרֶת מִשְׁכַּן ה׳, כַּאֲשֶׁר צִוָּה ה׳ אֶת מֹשֶׁה.

מח וַיִּקְרְבוּ אֶל מֹשֶׁה לחוד הַפְּקֻדִים, המפקדים אֲשֶׁר לְאַלְפֵי, לאלופי[13]
הַצָּבָא, שָׂרֵי הָאֲלָפִים וְשָׂרֵי הַמֵּאוֹת, שכבת הפיקוד העליונה, מט וַיֹּאמְרוּ
אֶל מֹשֶׁה: עֲבָדֶיךָ נָשְׂאוּ, ספרנו אֶת רֹאשׁ אַנְשֵׁי הַמִּלְחָמָה אֲשֶׁר בְּיָדֵנוּ,
שהיו כפופים לנו, וְהתברר שלֹא נִפְקַד מִמֶּנּוּ אִישׁ. איש לא נהרג.
כיוון שהדבר נדיר ביותר, אף כאשר המותקף אינו מוכן לקרב, וגם
כאשר לתוקף יש כוח מיומן ומאורגן הרבה יותר ממה שהיה למחנה
ישראל – נ וַנַּקְרֵב, החלטנו לנדוב אֶת קָרְבַּן ה׳, כל אִישׁ מאתנו אֲשֶׁר
מָצָא כְלִי, תכשיטי זָהָב במחנות המדינים – אֶצְעָדָה וְצָמִיד, טַבַּעַת, עָגִיל
וְכוּמָז, תכשיטים שונים – יתרום אותו כדי לְכַפֵּר עַל נַפְשֹׁתֵינוּ לִפְנֵי ה׳.
כקרבן תודה לה׳ שעשה לנו נס והציל את הנפשות, אף אנו נקריב
לפניו כופר נפשותינו.[14]

נא וַיִּקַּח מֹשֶׁה וְאֶלְעָזָר הַכֹּהֵן אֶת הַזָּהָב מֵאִתָּם, כֹּל כְּלִי מַעֲשֶׂה, הראוי
לשימוש. נב וַיְהִי כָּל זְהַב הַתְּרוּמָה אֲשֶׁר הֵרִימוּ לַה׳ – שִׁשָּׁה עָשָׂר אֶלֶף,
שְׁבַע מֵאוֹת וַחֲמִשִּׁים שָׁקֶל מֵאֵת שָׂרֵי הָאֲלָפִים וּמֵאֵת שָׂרֵי הַמֵּאוֹת,

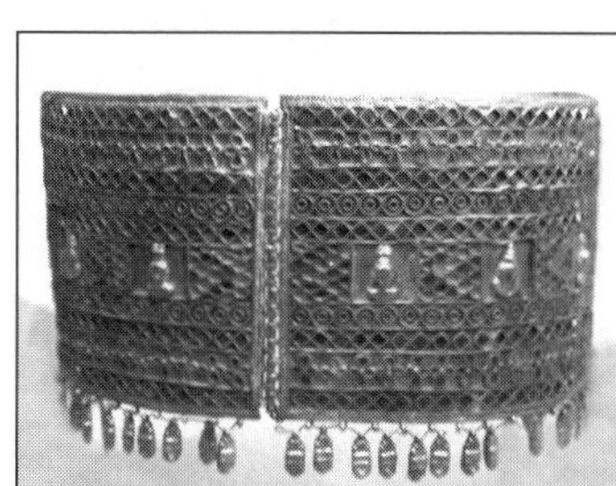

מימין: אצעדה

משמאל: נשים מצריות עונדות אצעדות על זרוען

תמשיח קיר המאה ה-14 לפנה"ס תבי, מצרים

העולם

כּוּמָז לפי חז"ל הוא "דפוס של בית הרחם" (שבת סד ע"א), ששימש לכיסוי הערווה. קיימת עדות על תכשיט דומה מן המאה ה–14 לפנה"ס באוגרית. היו שסברו שזוהי מחרוזת של כדורים קטנים, משום שבערבית כומזת היא כדור קטן.

וּמֵאֵת שָׂרֵי הַמֵּאוֹת׃ אַנְשֵׁי הַצָּבָא בָּזְזוּ אִישׁ לוֹ׃ וַיִּקַּח נג נד
מֹשֶׁה וְאֶלְעָזָר הַכֹּהֵן אֶת־הַזָּהָב מֵאֵת שָׂרֵי הָאֲלָפִים
וְהַמֵּאוֹת וַיָּבִאוּ אֹתוֹ אֶל־אֹהֶל מוֹעֵד זִכָּרוֹן לִבְנֵי־
יִשְׂרָאֵל לִפְנֵי יְהוָה׃

ששי /שלישי/ כט וּמִקְנֶה ׀ רַב הָיָה לִבְנֵי רְאוּבֵן וְלִבְנֵי־גָד עָצוּם מְאֹד א לב
וַיִּרְאוּ אֶת־אֶרֶץ יַעְזֵר וְאֶת־אֶרֶץ גִּלְעָד וְהִנֵּה הַמָּקוֹם
מְקוֹם מִקְנֶה׃ וַיָּבֹאוּ בְנֵי־גָד וּבְנֵי רְאוּבֵן וַיֹּאמְרוּ אֶל־ ב
מֹשֶׁה וְאֶל־אֶלְעָזָר הַכֹּהֵן וְאֶל־נְשִׂיאֵי הָעֵדָה לֵאמֹר׃
עֲטָרוֹת וְדִיבֹן וְיַעְזֵר וְנִמְרָה וְחֶשְׁבּוֹן וְאֶלְעָלֵה וּשְׂבָם ג
וּנְבוֹ וּבְעֹן׃ הָאָרֶץ אֲשֶׁר הִכָּה יְהוָה לִפְנֵי עֲדַת יִשְׂרָאֵל ד
אֶרֶץ מִקְנֶה הִוא וְלַעֲבָדֶיךָ מִקְנֶה׃ וַיֹּאמְרוּ ה
אִם־מָצָאנוּ חֵן בְּעֵינֶיךָ יֻתַּן אֶת־הָאָרֶץ הַזֹּאת לַעֲבָדֶיךָ
לַאֲחֻזָּה אַל־תַּעֲבִרֵנוּ אֶת־הַיַּרְדֵּן׃ וַיֹּאמֶר מֹשֶׁה לִבְנֵי־ ו

רש"י | פרק לב

ג| עֲטָרוֹת וְדִיבֹן וְגוֹ'. מֵחֶלֶץ סִיחוֹן וְעוֹג הָיוּ׃

ערי גד וראובן

נג אך שאר **אַנְשֵׁי הַצָּבָא בָּזְזוּ אִישׁ לוֹ**. כל אחד מהחיילים לקח מה | ביאור
שלקח, בלא שמסר על כך דין וחשבון.

נד **וַיִּקַּח מֹשֶׁה וְאֶלְעָזָר הַכֹּהֵן אֶת הַזָּהָב מֵאֵת שָׂרֵי הָאֲלָפִים וְהַמֵּאוֹת,**
וַיָּבִאוּ אֹתוֹ אֶל אֹהֶל מוֹעֵד, זִכָּרוֹן לִבְנֵי יִשְׂרָאֵל לִפְנֵי ה׳, ומן הסתם
השתמשו בו אחר כך כפי הצורך.

התנחלות שניים וחצי השבטים

פרק לב

גם עניין זה עוסק בדברים המעשיים האחרונים שבהם מטפל משה, קודם שייפרד מן העם. שני שבטים מן העם באו לפני משה וביקשו את נחלתם ממזרח לירדן משיקולים כלכליים. משה השיב להם בתוכחה גלויה על רצונם להישאר מחוץ לגבולות ארץ כנען ולא לסייע בכיבושה. לאחר שקיבלו על עצמם לסייע לאחיהם בכיבוש הארץ ולאחר שהבטיחו שלא ישובו לנחלתם המבוקשת אלא לאחר תום המלחמה, נענה להם משה והזהירם ב׳תנאי כפול׳ במעמד אלעזר הכהן, יהושע בן נון וראשי המטות, להיות חיל חלוץ לאחיהם עד תום הכיבוש, והוסיף עמהם גם את חצי משבט המנשה, שהיו גם הם אנשי חיל ועם רב[15].

פרק לב א **וּמִקְנֶה רַב הָיָה לִבְנֵי רְאוּבֵן וְלִבְנֵי גָד, עָצוּם מְאֹד** ממה שהוציאו
ממצרים וממלקוח מלחמת מדין. כיוון שהם חיבבו את העיסוק
במקנה, ייתכן שהחליפו חפצים עם בני שבטים אחרים בבהמות,
וכך נתעצם מקניהם. **וַיִּרְאוּ אֶת אֶרֶץ יַעְזֵר וְאֶת אֶרֶץ גִּלְעָד** שבעבר
הירדן **וְהִנֵּה הַמָּקוֹם מְקוֹם מִקְנֶה**, שטחים נרחבים שאינם מתאימים
לגידולי קרקע, ומתאימים מאוד לגידול צאן.

ב **וַיָּבֹאוּ בְנֵי גָד וּבְנֵי רְאוּבֵן, וַיֹּאמְרוּ אֶל מֹשֶׁה וְאֶל אֶלְעָזָר הַכֹּהֵן וְאֶל נְשִׂיאֵי**
הָעֵדָה לֵאמֹר: הערים **עֲטָרוֹת וְדִיבֹן וְיַעְזֵר וְנִמְרָה וְחֶשְׁבּוֹן וְאֶלְעָלֵה וּשְׂבָם**
וּנְבוֹ וּבְעֹן – כל **הָאָרֶץ אֲשֶׁר הִכָּה**, כבש[16] **ה׳ לִפְנֵי עֲדַת יִשְׂרָאֵל** בעבר
הירדן – **אֶרֶץ מִקְנֶה הִוא, וְלַעֲבָדֶיךָ** – לנו יש **מִקְנֶה**. ה **וַיֹּאמְרוּ: אִם**
מָצָאנוּ חֵן בְּעֵינֶיךָ, כיוון שהארץ מתאימה לעיסוקנו, **יֻתַּן אֶת הָאָרֶץ**
הַזֹּאת לַעֲבָדֶיךָ לַאֲחֻזָּה, אַל תַּעֲבִרֵנוּ אֶת הַיַּרְדֵּן. נסתפק בה ונישאר
כאן.

גָּ֣ד וְלִבְנֵ֣י רְאוּבֵ֑ן הַאַֽחֵיכֶ֗ם יָבֹ֙אוּ֙ לַמִּלְחָמָ֔ה וְאַתֶּ֖ם
תְנִיאוּן
ז תֵּ֥שְׁבוּ פֹֽה׃ וְלָ֣מָּה תנואון אֶת־לֵ֖ב בְּנֵ֣י יִשְׂרָאֵ֑ל מֵֽעֲבֹר֙
ח אֶל־הָאָ֔רֶץ אֲשֶׁר־נָתַ֥ן לָהֶ֖ם יהוָֽה׃ כֹּ֥ה עָשׂ֖וּ אֲבֹתֵיכֶ֑ם
בְּשָׁלְחִ֥י אֹתָ֛ם מִקָּדֵ֥שׁ בַּרְנֵ֖עַ לִרְא֥וֹת אֶת־הָאָֽרֶץ׃
ט וַיַּעֲל֞וּ עַד־נַ֣חַל אֶשְׁכּ֗וֹל וַיִּרְאוּ֙ אֶת־הָאָ֔רֶץ וַיָּנִ֕יאוּ
אֶת־לֵ֖ב בְּנֵ֣י יִשְׂרָאֵ֑ל לְבִלְתִּי־בֹא֙ אֶל־הָאָ֔רֶץ אֲשֶׁר־
י נָתַ֥ן לָהֶ֖ם יהוָֽה׃ וַיִּֽחַר־אַ֥ף יהוָ֖ה בַּיּ֣וֹם הַה֑וּא וַיִּשָּׁבַ֖ע
יא לֵאמֹֽר׃ אִם־יִרְא֨וּ הָאֲנָשִׁ֜ים הָעֹלִ֣ים מִמִּצְרַ֗יִם מִבֶּ֨ן
עֶשְׂרִ֤ים שָׁנָה֙ וָמַ֔עְלָה אֵ֚ת הָאֲדָמָ֔ה אֲשֶׁ֥ר נִשְׁבַּ֛עְתִּי
יב לְאַבְרָהָ֥ם לְיִצְחָ֖ק וּֽלְיַעֲקֹ֑ב כִּ֥י לֹא־מִלְא֖וּ אַחֲרָֽי׃ בִּלְתִּ֞י
כָּלֵ֤ב בֶּן־יְפֻנֶּה֙ הַקְּנִזִּ֔י וִיהוֹשֻׁ֖עַ בִּן־נ֑וּן כִּ֥י מִלְא֖וּ אַחֲרֵ֥י
יג יהוָֽה׃ וַיִּֽחַר־אַ֤ף יהוָה֙ בְּיִשְׂרָאֵ֔ל וַיְנִעֵם֙ בַּמִּדְבָּ֔ר
אַרְבָּעִ֖ים שָׁנָ֑ה עַד־תֹּם֙ כָּל־הַדּ֔וֹר הָעֹשֶׂ֥ה הָרַ֖ע בְּעֵינֵ֥י
יד יהוָֽה׃ וְהִנֵּ֣ה קַמְתֶּ֗ם תַּ֚חַת אֲבֹ֣תֵיכֶ֔ם תַּרְבּ֖וּת אֲנָשִׁ֣ים
חַטָּאִ֑ים לִסְפּ֣וֹת ע֗וֹד עַ֛ל חֲר֥וֹן אַף־יהוָ֖ה אֶל־יִשְׂרָאֵֽל׃
טו כִּ֤י תְשׁוּבֻן֙ מֵאַ֣חֲרָ֔יו וְיָסַ֣ף ע֔וֹד לְהַנִּיח֖וֹ בַּמִּדְבָּ֑ר וְשִֽׁחַתֶּ֖ם
טז לְכָל־הָעָ֥ם הַזֶּֽה׃ וַיִּגְּשׁ֤וּ אֵלָיו֙ וַיֹּ֣אמְר֔וּ גִּדְרֹ֥ת

רש"י

ו] הַאַחֵיכֶם. לְשׁוֹן תְּמִיהָה הוּא:

ז] וְלָמָּה תְנִיאוּן. תָּסִירוּ וְתַמְנִיעוּ לִבָּם "מֵעֲבֹר", שֶׁיִּהְיוּ סְבוּרִים שֶׁאַתֶּם יְרֵאִים לַעֲבֹר מִפְּנֵי הַמִּלְחָמָה וְחֹזֶק הֶעָרִים וְהָעָם:

ח] מִקָּדֵשׁ בַּרְנֵעַ. כָּךְ שְׁמָהּ, וּשְׁתֵּי קָדֵשׁ הָיוּ:

יב] הַקְּנִזִּי. חוֹרְגוֹ שֶׁל קְנַז הָיָה, וְיָלְדָה לוֹ אִמּוֹ שֶׁל כָּלֵב אֶת עָתְנִיאֵל:

יג] וַיְנִעֵם. וַיְטַלְטְלֵם, מִן "נָע וָנָד" (בראשית ד, יב):

יד] לִסְפּוֹת. כְּמוֹ: "סְפוּ שָׁנָה עַל שָׁנָה" (ישעיה כט, א), "עֹלוֹתֵיכֶם סְפוּ" וְגוֹ' (ירמיה ז, כא), לְשׁוֹן תּוֹסֶפֶת:

ביאור | ו וַיֹּאמֶר מֹשֶׁה לִבְנֵי גָד וְלִבְנֵי רְאוּבֵן: הַאַחֵיכֶם יָבֹאוּ לַמִּלְחָמָה, וְאַתֶּם
תֵּשְׁבוּ פֹה בשקט ותרעו את צאנכם?! ז וְלָמָּה תְנִיאוּן, תסירו, תמנעו
אֶת לֵב בְּנֵי יִשְׂרָאֵל מֵעֲבֹר אֶל הָאָרֶץ אֲשֶׁר נָתַן לָהֶם ה׳?! הרי הארץ
המובטחת היא ארץ כנען שבצדו המערבי של הירדן. הישארותכם
כאן עלולה להחליש את אחיכם ולגרום אף להם שלא לעבור את
הירדן. ח כֹּה עָשׂוּ אֲבֹתֵיכֶם, המרגלים בְּשָׁלְחִי אֹתָם מִקָּדֵשׁ בַּרְנֵעַ לִרְאוֹת
אֶת הָאָרֶץ בשנה השנייה במדבר.[17] ט וַיַּעֲלוּ עַד נַחַל אֶשְׁכּוֹל וַיִּרְאוּ אֶת
הָאָרֶץ, וכיוון שאמרו שהארץ אינה מוצאת חן בעיניהם – וַיָּנִיאוּ אֶת
לֵב בְּנֵי יִשְׂרָאֵל לְבִלְתִּי בֹא, גרמו לאחיהם לסרב להיכנס אֶל הָאָרֶץ
אֲשֶׁר נָתַן לָהֶם ה׳. י וַיִּחַר אַף ה׳ בַּיּוֹם הַהוּא, וַיִּשָּׁבַע לֵאמֹר: יא "אִם
יִרְאוּ הָאֲנָשִׁים הָעֹלִים מִמִּצְרַיִם, מִבֶּן עֶשְׂרִים שָׁנָה וָמַעְלָה, אֵת הָאֲדָמָה
אֲשֶׁר נִשְׁבַּעְתִּי לְאַבְרָהָם לְיִצְחָק וּלְיַעֲקֹב, כִּי לֹא מִלְאוּ אַחֲרָי, אחר
הוראותי. יב בִּלְתִּי, חוץ מִכָּלֵב בֶּן יְפֻנֶּה הַקְּנִזִּי וִיהוֹשֻׁעַ בִּן נוּן כִּי מִלְאוּ
אַחֲרֵי ה׳". יג וַיִּחַר אַף ה׳ בְּיִשְׂרָאֵל וַיְנִעֵם, ה׳ טלטל אותם בַּמִּדְבָּר אַרְבָּעִים
שָׁנָה, עַד תֹּם, מות כָּל הַדּוֹר הָעֹשֶׂה הָרַע בְּעֵינֵי ה׳. בגלל כעסו של ה׳
נדדו ישראל במדבר במשך ארבעים השנים האחרונות בהמתנה
למותם של בני הדור החוטא. יד וְהִנֵּה קַמְתֶּם, בני גד ובני ראובן,
תַּחַת אֲבֹתֵיכֶם – תַּרְבּוּת אֲנָשִׁים חַטָּאִים, גידולי חוטאים[18] – לִסְפּוֹת,
להוסיף עוֹד עַל חֲרוֹן אַף ה׳ אֶל יִשְׂרָאֵל. טו כִּי תְשׁוּבֻן מֵאַחֲרָיו, אם
תסורו מדרכו של ה׳ – וְיָסַף עוֹד לְהַנִּיחוֹ בַּמִּדְבָּר, ה׳ ישאיר את העם
במדבר עוד,[19] וְשִׁחַתֶּם, ותזיקו לְכָל הָעָם הַזֶּה.

טז וַיִּגְּשׁוּ אֵלָיו בני גד ובני ראובן וַיֹּאמְרוּ: נציע את הצעתנו בצורה הולמת

צֹ֥אן נִבְנֶ֛ה לְמִקְנֵ֖נוּ פֹּ֑ה וְעָרִ֖ים לְטַפֵּֽנוּ׃ יז וַאֲנַ֙חְנוּ֙ נֵחָלֵ֣ץ
חֻשִׁ֔ים לִפְנֵי֙ בְּנֵ֣י יִשְׂרָאֵ֔ל עַ֛ד אֲשֶׁ֥ר אִם־הֲבִיאֹנֻ֖ם אֶל־
מְקוֹמָ֑ם וְיָשַׁ֤ב טַפֵּ֙נוּ֙ בְּעָרֵ֣י הַמִּבְצָ֔ר מִפְּנֵ֖י יֹשְׁבֵ֥י הָאָֽרֶץ׃
יח לֹ֥א נָשׁ֖וּב אֶל־בָּתֵּ֑ינוּ עַ֗ד הִתְנַחֵל֙ בְּנֵ֣י יִשְׂרָאֵ֔ל אִ֖ישׁ
יט נַחֲלָתֽוֹ׃ כִּ֣י לֹ֤א נִנְחַל֙ אִתָּ֔ם מֵעֵ֥בֶר לַיַּרְדֵּ֖ן וָהָ֑לְאָה כִּ֣י
בָ֤אָה נַחֲלָתֵ֙נוּ֙ אֵלֵ֔ינוּ מֵעֵ֥בֶר הַיַּרְדֵּ֖ן מִזְרָֽחָה׃
כ וַיֹּ֤אמֶר אֲלֵיהֶם֙ מֹשֶׁ֔ה אִם־תַּעֲשׂ֖וּן אֶת־הַדָּבָ֣ר הַזֶּ֑ה שביעי /רביעי/
כא אִם־תֵּחָלְצ֛וּ לִפְנֵ֥י יְהוָ֖ה לַמִּלְחָמָֽה׃ וְעָבַ֨ר לָכֶ֧ם כָּל־
חָל֛וּץ אֶת־הַיַּרְדֵּ֖ן לִפְנֵ֣י יְהוָ֑ה עַ֧ד הוֹרִישׁ֛וֹ אֶת־אֹיְבָ֖יו
כב מִפָּנָֽיו׃ וְנִכְבְּשָׁ֨ה הָאָ֜רֶץ לִפְנֵ֤י יְהוָה֙ וְאַחַ֣ר תָּשֻׁ֔בוּ
וִהְיִיתֶ֧ם נְקִיִּ֛ם מֵיְהוָ֖ה וּמִיִּשְׂרָאֵ֑ל וְֽ֠הָיְתָה הָאָ֨רֶץ
כג הַזֹּ֥את לָכֶ֛ם לַאֲחֻזָּ֖ה לִפְנֵ֥י יְהוָֽה׃ וְאִם־לֹ֤א תַעֲשׂוּן֙ כֵּ֔ן
הִנֵּ֥ה חֲטָאתֶ֖ם לַיהוָ֑ה וּדְעוּ֙ חַטַּאתְכֶ֔ם אֲשֶׁ֥ר תִּמְצָ֖א
כד אֶתְכֶֽם׃ בְּנֽוּ־לָכֶ֤ם עָרִים֙ לְטַפְּכֶ֔ם וּגְדֵרֹ֖ת לְצֹנַאֲכֶ֑ם

רש"י

טז) נִבְנֶה לְמִקְנֵנוּ פֹּה. חָסִים הָיוּ עַל מָמוֹנָם יוֹתֵר מִבְּנֵיהֶם וּבְנוֹתֵיהֶם, שֶׁהִקְדִּימוּ מִקְנֵיהֶם לְטַפָּם. אָמַר לָהֶם מֹשֶׁה: לֹא כֵן, עֲשׂוּ הָעִקָּר עִקָּר וְהַטָּפֵל טָפֵל, בְּנוּ לָכֶם תְּחִלָּה עָרִים לְטַפְּכֶם וְאַחַר כָּךְ גְּדֵרוֹת לְצֹאנְכֶם (להלן פסוק כד):

יז) וַאֲנַחְנוּ נֵחָלֵץ חֻשִׁים. נִזְדַּיֵּן מְהִירִים, כְּמוֹ: "מַהֵר שָׁלָל חָשׁ בַּז" (ישעיה ח, ג), "יְמַהֵר יָחִישָׁה" (שם ה, יט). [לִפְנֵי בְּנֵי יִשְׂרָאֵל. בְּרָאשֵׁי גְּיָסוֹת, מִתּוֹךְ שֶׁגִּבּוֹרִים הָיוּ, שֶׁכֵּן נֶאֱמַר בְּגָד: "וְטָרַף זְרוֹעַ אַף קָדְקֹד" (דברים לג, כ). וְאַף מֹשֶׁה חָזַר וּפֵרֵשׁ לָהֶם כְּאֵלֶּה הַדְּבָרִים: "וָאֲצַו אֶתְכֶם בָּעֵת הַהִוא וְגוֹ' חֲלוּצִים תַּעַבְרוּ לִפְנֵי אֲחֵיכֶם בְּנֵי יִשְׂרָאֵל כָּל בְּנֵי חָיִל" (דברים ג, יח), וּבִירִיחוֹ כְּתִיב: "וְהֶחָלוּץ הֹלֵךְ לִפְנֵיהֶם" (יהושע ו, יג), זֶה רְאוּבֵן וְגָד שֶׁקִּיְּמוּ תְּנָאָם: – תוספת מרבינו שמעיה שהעיד: "ונוי רבי להגיה"] וְיָשַׁב טַפֵּנוּ. בְּעוֹדֵנוּ אֵצֶל אַחֵינוּ: בְּעָרֵי הַמִּבְצָר. שֶׁנִּבְנֶה עַכְשָׁיו:

יט) מֵעֵבֶר לַיַּרְדֵּן וְגוֹ'. בָּעֵבֶר הַמַּעֲרָבִי: כִּי בָאָה נַחֲלָתֵנוּ. כְּבָר קִבַּלְנוּהָ בָּעֵבֶר הַמִּזְרָחִי:

כד) לְצֹנַאֲכֶם. תֵּבָה זוֹ מִגִּזְרַת "צֹנֶה וַאֲלָפִים כֻּלָּם" (תהלים ח, ח), שֶׁאֵין בּוֹ אָלֶ"ף מַפְסִיק בֵּין נוּ"ן לְצַדִּ"י, וְאָלֶ"ף שֶׁבָּה כָּאן אַחַר הַנּוּ"ן, בִּמְקוֹם הֵ"א שֶׁל "צֹנֶה" הוּא. מִיסוֹדוֹ שֶׁל

ביאור | יותר – גִּדְרֹת צֹאן, מתחמים מגודרים למקנה נִבְנֶה לְמִקְנֵנוּ פֹּה, וְעָרִים,
מרכזי יישוב – לְטַפֵּנוּ, לילדים הקטנים וכן לנשים;[20] יז וַאֲנַחְנוּ – הגברים
נֵחָלֵץ חֻשִׁים, בזריזות למלחמה לִפְנֵי בְּנֵי יִשְׂרָאֵל, עַד אֲשֶׁר אִם הֲבִיאֹנֻם,
נביא אותם אֶל מְקוֹמָם, והם יכבשו את ארצם בעבר המערבי של
הירדן. ובינתיים – וְיָשַׁב טַפֵּנוּ בְּעָרֵי הַמִּבְצָר, בערים המבוצרות מִפְּנֵי
יֹשְׁבֵי הָאָרֶץ, שהרי עדיין עלולים לתקוף את הנשארים כאן. יח לֹא
נָשׁוּב אֶל בָּתֵּינוּ עַד הִתְנַחֵל בְּנֵי יִשְׂרָאֵל אִישׁ נַחֲלָתוֹ בארץ כנען. יט כִּי
לֹא נִנְחַל אִתָּם מֵעֵבֶר לַיַּרְדֵּן וָהָלְאָה כִּי בָאָה נַחֲלָתֵנוּ אֵלֵינוּ מֵעֵבֶר הַיַּרְדֵּן
מִזְרָחָה. לא עלה על דעתנו להשתמט. נילחם עם כל אחינו, ומראש
אנו מוותרים על הנחלה ממערב לירדן.

כ וַיֹּאמֶר אֲלֵיהֶם מֹשֶׁה: אִם תַּעֲשׂוּן אֶת הַדָּבָר הַזֶּה, אם אכן תֵּחָלְצוּ
לִפְנֵי ה׳ לַמִּלְחָמָה, כא וְעָבַר לָכֶם כָּל חָלוּץ אֶת הַיַּרְדֵּן, ותילחמו בראש
המחנה כחיל חלוץ בעבר הירדן המערבי לִפְנֵי ה׳ עַד הוֹרִישׁוֹ אֶת אֹיְבָיו
מִפָּנָיו, עד שה׳ ידלדל את אויביו ויפנה את הארץ להתנחלותם של
אחיכם, כב וְנִכְבְּשָׁה הָאָרֶץ לִפְנֵי ה׳, וְרק אַחַר כך תָּשֻׁבוּ לכאן, רק
כשתסתיים המלחמה, שבוודאי תארך שנים – וִהְיִיתֶם נְקִיִּם מֵה׳
וּמִיִּשְׂרָאֵל, וְהָיְתָה הָאָרֶץ הַזֹּאת לָכֶם לַאֲחֻזָּה לִפְנֵי ה׳. כג וְאִם לֹא תַעֲשׂוּן
כֵּן, אלא תישארו פה, ממזרח לירדן – הִנֵּה חֲטָאתֶם לַה׳, וּדְעוּ חַטַּאתְכֶם
אֲשֶׁר תִּמְצָא אֶתְכֶם, לא תוכלו לחמוק מעונש על חטאכם. כד על כן,
בְּנוּ לָכֶם עָרִים לְטַפְּכֶם וּגְדֵרֹת לְצֹנַאֲכֶם, וְהַיֹּצֵא מִפִּיכֶם, מה שהבטחתם
תַּעֲשׂוּ.

הרחבות | ׳ועבר לכם כל חלוץ... ואחר תשֻׁבו׳ בני גד וראובן עשויים להיות חלוצי צבא טובים יותר מאחרים כי אין הם מוטרדים בדאגות של משפחה ושל ילדים. כיוון שאת משפחותיהם ישאירו בעבר הירדן, הם יֵצאו לקרב בלב שקט יותר.

כה וְהַיֹּצֵא מִפִּיכֶם תַּעֲשׂוּ׃ וַיֹּאמֶר בְּנֵי־גָד וּבְנֵי רְאוּבֵן אֶל־
כו מֹשֶׁה לֵאמֹר עֲבָדֶיךָ יַעֲשׂוּ כַּאֲשֶׁר אֲדֹנִי מְצַוֶּה׃ טַפֵּנוּ
נָשֵׁינוּ מִקְנֵנוּ וְכָל־בְּהֶמְתֵּנוּ יִהְיוּ־שָׁם בְּעָרֵי הַגִּלְעָד׃
כז וַעֲבָדֶיךָ יַעַבְרוּ כָּל־חֲלוּץ צָבָא לִפְנֵי יהוה לַמִּלְחָמָה
כח כַּאֲשֶׁר אֲדֹנִי דֹּבֵר׃ וַיְצַו לָהֶם מֹשֶׁה אֵת אֶלְעָזָר הַכֹּהֵן
וְאֵת יְהוֹשֻׁעַ בִּן־נוּן וְאֶת־רָאשֵׁי אֲבוֹת הַמַּטּוֹת לִבְנֵי
כט יִשְׂרָאֵל׃ וַיֹּאמֶר מֹשֶׁה אֲלֵהֶם אִם־יַעַבְרוּ בְנֵי־גָד
וּבְנֵי־רְאוּבֵן ׀ אִתְּכֶם אֶת־הַיַּרְדֵּן כָּל־חָלוּץ לַמִּלְחָמָה
לִפְנֵי יהוה וְנִכְבְּשָׁה הָאָרֶץ לִפְנֵיכֶם וּנְתַתֶּם לָהֶם
ל אֶת־אֶרֶץ הַגִּלְעָד לַאֲחֻזָּה׃ וְאִם־לֹא יַעַבְרוּ חֲלוּצִים
לא אִתְּכֶם וְנֹאחֲזוּ בְתֹכְכֶם בְּאֶרֶץ כְּנָעַן׃ וַיַּעֲנוּ בְנֵי־גָד
וּבְנֵי רְאוּבֵן לֵאמֹר אֵת אֲשֶׁר דִּבֶּר יהוה אֶל־עֲבָדֶיךָ
לב כֵּן נַעֲשֶׂה׃ נַחְנוּ נַעֲבֹר חֲלוּצִים לִפְנֵי יהוה אֶרֶץ כְּנָעַן
לג וְאִתָּנוּ אֲחֻזַּת נַחֲלָתֵנוּ מֵעֵבֶר לַיַּרְדֵּן׃ וַיִּתֵּן לָהֶם ׀
מֹשֶׁה לִבְנֵי־גָד וְלִבְנֵי רְאוּבֵן וְלַחֲצִי ׀ שֵׁבֶט ׀ מְנַשֶּׁה
בֶן־יוֹסֵף אֶת־מַמְלֶכֶת סִיחֹן מֶלֶךְ הָאֱמֹרִי וְאֶת־
מַמְלֶכֶת עוֹג מֶלֶךְ הַבָּשָׁן הָאָרֶץ לְעָרֶיהָ בִּגְבֻלֹת עָרֵי
לד הָאָרֶץ סָבִיב׃ וַיִּבְנוּ בְנֵי־גָד אֶת־דִּיבֹן וְאֶת־עֲטָרֹת
לה וְאֵת עֲרֹעֵר׃ וְאֶת־עַטְרֹת שׁוֹפָן וְאֶת־יַעְזֵר וְיָגְבְּהָה׃

רש"י | רבי משה למדתי: והיצא מפיכם תעשו. לגבה, שקבלתם עליכם לעבר למלחמה עד כבוש וחלוק, שמשה לא בקש מהם אלא "ונכבשה... ואחר תשבו" (לעיל פסוק כב), והם קבלו עליהם "עד התנחל" (לעיל פסוק יח), הרי הוסיפו להתעכב שבע שחלקו, וכן עשו:

כה| ויאמר בני גד. כלם כאיש אחד:

כח| ויצו להם. כמו 'עליהם', ועל תנאם מנה אלעזר ויהושע, כמו: "ה' ילחם לכם" (שמות יד, יד):

לב| ואתנו אחזת נחלתנו. כלומר, בידנו וברשותנו תהי אחזת נחלתנו מעבר הזה:

ביאור

כה וַיֹּאמֶר בְּנֵי גָד וּבְנֵי רְאוּבֵן אֶל מֹשֶׁה לֵאמֹר: עֲבָדֶיךָ יַעֲשׂוּ – אנחנו נעשה
כַּאֲשֶׁר אֲדֹנִי – אתה מְצַוֶּה – כו טַפֵּנוּ, נָשֵׁינוּ, מִקְנֵנוּ וְכָל בְּהֶמְתֵּנוּ יִהְיוּ שָׁם
בְּעָרֵי הַגִּלְעָד, כז וַעֲבָדֶיךָ יַעַבְרוּ כָּל חֲלוּץ צָבָא לִפְנֵי ה׳ לַמִּלְחָמָה, כַּאֲשֶׁר
אֲדֹנִי – אתה דֹּבֵר.

כח וַיְצַו לָהֶם מֹשֶׁה אֵת אֶלְעָזָר הַכֹּהֵן וְאֵת יְהוֹשֻׁעַ בִּן נוּן וְאֶת רָאשֵׁי אֲבוֹת
הַמַּטּוֹת, מנהיגי השבטים לִבְנֵי יִשְׂרָאֵל. מכיוון שהסכם זה צריך
להתקיים שנים אחרי מותו של משה, עליו להפקיד את האחריות
בידי מנהיגי ישראל העתידיים. כט וַיֹּאמֶר מֹשֶׁה אֲלֵהֶם: אִם יַעַבְרוּ בְנֵי
גָד וּבְנֵי רְאוּבֵן אִתְּכֶם אֶת הַיַּרְדֵּן, כָּל חָלוּץ לַמִּלְחָמָה לִפְנֵי ה׳, וְנִכְבְּשָׁה
הָאָרֶץ לִפְנֵיכֶם – וּנְתַתֶּם לָהֶם אֶת אֶרֶץ הַגִּלְעָד לַאֲחֻזָּה. ל וְאִם לֹא יַעַבְרוּ
חֲלוּצִים אִתְּכֶם – וְנֹאחֲזוּ בְתֹכְכֶם בְּאֶרֶץ כְּנָעַן.

לא וַיַּעֲנוּ בְנֵי גָד וּבְנֵי רְאוּבֵן לֵאמֹר: אֵת אֲשֶׁר דִּבֶּר ה׳ אֶל עֲבָדֶיךָ – כֵּן
נַעֲשֶׂה. לב נַחְנוּ, אנחנו נַעֲבֹר חֲלוּצִים לִפְנֵי ה׳ לְאֶרֶץ כְּנָעַן, וְאִתָּנוּ תהיה
אֲחֻזַּת נַחֲלָתֵנוּ מֵעֵבֶר לַיַּרְדֵּן, נשמור אותה כפיקדון עד שיתברר
שמילאנו את כל התחייבויותינו.

לג וַיִּתֵּן לָהֶם מֹשֶׁה – לִבְנֵי גָד וְלִבְנֵי רְאוּבֵן וְלַחֲצִי שֵׁבֶט מְנַשֶּׁה בֶן יוֹסֵף, שגם
לו היה מקנה ואף הוא היה מעוניין בתנאים של בני גד ובני ראובן,[21]
אֶת מַמְלֶכֶת סִיחֹן מֶלֶךְ הָאֱמֹרִי וְאֶת מַמְלֶכֶת עוֹג מֶלֶךְ הַבָּשָׁן, הָאָרֶץ לְעָרֶיהָ
בִּגְבֻלֹת, בתחומים שמוגדרים לכל שבט על פי עָרֵי הָאָרֶץ סָבִיב. משה
אִפשר לרועי המקנה שהעדיפו נחלה בעבר הירדן המזרחי, להצטרף
להסכם שעשה עם שבטי גד וראובן. חציו האחר של שבט מנשה
עבר את הירדן והתיישב בעברו המערבי.[22]

לד וַיִּבְנוּ בְנֵי גָד אֶת דִּיבֹן וְאֶת עֲטָרֹת וְאֵת עֲרֹעֵר לה וְאֶת עַטְרֹת שׁוֹפָן וְאֶת

העולם

יָגְבְּהָה לפי סדר הפסוקים, היא העיר הצפונית בנחלת בני גד. יגבהה נזכרת במלחמת גדעון במדינים כיישוב מזרחי (שופטים ח,יא). היא מזוהה עם אג׳ביהת הנמצאת מצפון לרבת עמון.

וְאֶת־בֵּית נִמְרָה וְאֶת־בֵּית הָרָן עָרֵי מִבְצָר וְגִדְרֹת לו
צֹאן׃ וּבְנֵי רְאוּבֵן בָּנוּ אֶת־חֶשְׁבּוֹן וְאֶת־אֶלְעָלֵא וְאֵת לז
קִרְיָתָיִם׃ וְאֶת־נְבוֹ וְאֶת־בַּעַל מְעוֹן מוּסַבֹּת שֵׁם וְאֶת־ לח
שִׂבְמָה וַיִּקְרְאוּ בְשֵׁמֹת אֶת־שְׁמוֹת הֶעָרִים אֲשֶׁר בָּנוּ׃
מפטיר וַיֵּלְכוּ בְּנֵי מָכִיר בֶּן־מְנַשֶּׁה גִּלְעָדָה וַיִּלְכְּדֻהָ וַיּוֹרֶשׁ לט
אֶת־הָאֱמֹרִי אֲשֶׁר־בָּהּ׃ וַיִּתֵּן מֹשֶׁה אֶת־הַגִּלְעָד מ
לְמָכִיר בֶּן־מְנַשֶּׁה וַיֵּשֶׁב בָּהּ׃ וְיָאִיר בֶּן־מְנַשֶּׁה הָלַךְ מא
וַיִּלְכֹּד אֶת־חַוֺּתֵיהֶם וַיִּקְרָא אֶתְהֶן חַוֺּת יָאִיר׃ וְנֹבַח מב
הָלַךְ וַיִּלְכֹּד אֶת־קְנָת וְאֶת־בְּנֹתֶיהָ וַיִּקְרָא לָה נֹבַח
בִּשְׁמוֹ׃

רש"י

לו) **עָרֵי מִבְצָר וְגִדְרֹת צֹאן.** זֶה סוֹף פָּסוּק מוּסָב עַל תְּחִלַּת הָעִנְיָן, "וַיִּבְנוּ בְנֵי גָד" אֶת הֶעָרִים הַלָּלוּ לִהְיוֹת "עָרֵי מִבְצָר וְגִדְרֹת צֹאן":

לח) **וְאֶת נְבוֹ וְאֶת בַּעַל מְעוֹן מוּסַבֹּת שֵׁם.** נְבוֹ וּבַעַל מְעוֹן שְׁמוֹת עֲבוֹדָה זָרָה הֵם, וְהָיוּ הָאֱמוֹרִיִּים קוֹרִים עָרֵיהֶם עַל שֵׁם עֲבוֹדָה זָרָה שֶׁלָּהֶם, וּבְנֵי רְאוּבֵן הֵסֵבּוּ אֶת שְׁמָם לְשֵׁמוֹת אֲחֵרִים, וְזֶהוּ: "מוּסַבֹּת שֵׁם", נְבוֹ וּבַעַל מְעוֹן מוּסַבּוֹת לְשֵׁם אַחֵר: **וְאֶת שִׂבְמָה.** בָּנוּ שִׂבְמָה, וְהִיא שְׂבָם הָאֲמוּרָה לְמַעְלָה (פסוק ג):

לט) **וַיּוֹרֶשׁ.** כְּתַרְגּוּמוֹ: "וְתָרֵיךְ", שֶׁתֵּיבַת 'רִישׁ' מְשַׁמֶּשֶׁת שְׁתֵּי מַחְלָקוֹת: לְשׁוֹן יְרֻשָּׁה וּלְשׁוֹן הוֹרָשָׁה, שֶׁהוּא טֵרוּד וְתֵרוּךְ:

מא) **חַוֺּתֵיהֶם.** "כַּפְרָנֵיהוֹן": **וַיִּקְרָא אֶתְהֶן חַוֺּת יָאִיר.** לְפִי שֶׁלֹּא הָיוּ לוֹ בָּנִים קְרָאָם בִּשְׁמוֹ לְזִכָּרוֹן:

מב) **וַיִּקְרָא לָה נֹבַח.** "לָה" אֵינוֹ מַפִּיק הֵ"א, וְרָאִיתִי בִּיסוֹדוֹ שֶׁל רַבִּי מֹשֶׁה, לְפִי שֶׁלֹּא נִתְקַיֵּם לָהּ שֵׁם זֶה לְפִיכָךְ הוּא רָפֶה, שֶׁמַּשְׁמָעוּת מִדְרָשׁוֹ כְּמוֹ 'לֹא'. וְתָמֵהַנִי, מַה יִּדְרֹשׁ בִּשְׁתֵּי תֵּבוֹת הַדּוֹמִין לָהּ, "וַיֹּאמֶר לָה בֹעַז" (רות ב, יד), "לִבְנוֹת לָה בַיִת" (זכריה ה, יא):

הרחבות

יאיר בן מנשה לא היה בנו הישיר של מנשה, אלא בן לשבט יהודה שהתחתן עם בתו של מכיר בן מנשה, ולכן הצטרף להתנחלותם של בני משפחתו בעבר המזרחי של הירדן. (ראו דברי הימים א' ב,כא-כג).

ביאור | יַעְזֵר וְיָגְבְּהָה לו וְאֶת בֵּית נִמְרָה וְאֶת בֵּית הָרָן שהיו עָרֵי מִבְצָר וְגִדְרֹת צֹאן.
חלק מן המקומות הללו היו ערים עוד קודם, ובני גד שיפצו אותן
למגורי בני משפחותיהם. מן הסתם השאירו בהן גם משמר קטן.

לז וגם בְנֵי רְאוּבֵן בָּנוּ אֶת חֶשְׁבּוֹן וְאֶת אֶלְעָלֵא וְאֵת קִרְיָתָיִם. לח וְאֶת
נְבוֹ וְאֶת בַּעַל מְעוֹן - מוּסַבֹּת שֵׁם, שהסבו את שמן לשמות אחרים,
שכן חלק מהשמות הללו היו שמות של עבודה זרה, כמו נְבוֹ, בַּעַל
מְעוֹן[23] וְאֶת שִׂבְמָה, וַיִּקְרְאוּ בְשֵׁמֹת אֶת שְׁמוֹת הֶעָרִים אֲשֶׁר בָּנוּ - מקצתן
בשמות ישנים, ומקצתן בשמות חדשים.

לט וַיֵּלְכוּ בְּנֵי מָכִיר בֶּן מְנַשֶּׁה גִּלְעָדָה וַיִּלְכְּדֻהָ, וכבשו את הגלעד, וַיּוֹרֶשׁ,
כבשו אֶת הָאֱמֹרִי אֲשֶׁר בָּהּ. מ וַיִּתֵּן מֹשֶׁה אֶת הַגִּלְעָד לְמָכִיר בֶּן מְנַשֶּׁה,
וַיֵּשֶׁב בָּהּ. מא וְיָאִיר בֶּן מְנַשֶּׁה הָלַךְ וַיִּלְכֹּד אֶת חַוֹּתֵיהֶם, מחנות למגורי
ארעי ולגידול צאן ובקר של האמורי, וַיִּקְרָא אֶתְהֶן חַוֹּת יָאִיר על שמו.

מב וְנֹבַח, שלא ידוע מי הוא, אך מן הסתם היה אדם הרפתקן שהעדיף
להיות רועה צאן במזרח הפרוע ולא להתגורר כחקלאי בארץ כנען,
ועל כן הצטרף לחצי שבט מנשה, הָלַךְ וַיִּלְכֹּד אֶת העיר קְנָת וְאֶת בְּנֹתֶיהָ,
פרבריה, מקומות היישוב שסביבה, וַיִּקְרָא לָה - לעיר הזו נֹבַח בִּשְׁמוֹ.

נחלת בני
מכיר בן מנשה

העולם | קִרְיָתָיִם נזכרת בספר בראשית (יד,ה) וכעיר בנחלת ראובן בספר יהושע (יג,יט). שמה נזכר גם בתעודות חיצוניות כמצבת מישע (המאה ה-9 לפנה"ס). התיאורים הגיאוגרפיים שבכתובים מעידים לכאורה על הר הבולט במישור. במחקר הועלו מספר השערות למקומה: ח'רבית אל-קריה ממערב למידבא, ח'רבית אל-קרית מדרום-מערב למידבא, וג'לול ממזרחה (ראו מפה).

קְנָת מקובל לזהותה עם קנטה שבמזרח הבשן, עיר מחוז בשולי הר הדרוזים, הר חורן. נזכרת בתעודות מצריות קדומות מהמחצית הראשונה של האלף השני לפנה"ס. הייתה אחת מערי הדקפוליס בתקופה ההלניסטית. בתקופת המשנה ציינה את גבול ארץ ישראל לעניין מעשרות (תוספתא שביעית ד,יא).

מסעי ל אֵלֶּה מַסְעֵי בְנֵי־יִשְׂרָאֵל אֲשֶׁר יָצְאוּ מֵאֶרֶץ מִצְרַיִם א לג
לְצִבְאֹתָם בְּיַד־מֹשֶׁה וְאַהֲרֹן: וַיִּכְתֹּב מֹשֶׁה אֶת־ ב
מוֹצָאֵיהֶם לְמַסְעֵיהֶם עַל־פִּי יהוה וְאֵלֶּה מַסְעֵיהֶם
לְמוֹצָאֵיהֶם: וַיִּסְעוּ מֵרַעְמְסֵס בַּחֹדֶשׁ הָרִאשׁוֹן ג
בַּחֲמִשָּׁה עָשָׂר יוֹם לַחֹדֶשׁ הָרִאשׁוֹן מִמָּחֳרַת הַפֶּסַח
יָצְאוּ בְנֵי־יִשְׂרָאֵל בְּיָד רָמָה לְעֵינֵי כָּל־מִצְרָיִם:
וּמִצְרַיִם מְקַבְּרִים אֵת אֲשֶׁר הִכָּה יהוה בָּהֶם כָּל־ ד
בְּכוֹר וּבֵאלֹהֵיהֶם עָשָׂה יהוה שְׁפָטִים: וַיִּסְעוּ בְנֵי־ ה
יִשְׂרָאֵל מֵרַעְמְסֵס וַיַּחֲנוּ בְּסֻכֹּת: וַיִּסְעוּ מִסֻּכֹּת וַיַּחֲנוּ ו
בְאֵתָם אֲשֶׁר בִּקְצֵה הַמִּדְבָּר: וַיִּסְעוּ מֵאֵתָם וַיָּשָׁב ז
עַל־פִּי הַחִירֹת אֲשֶׁר עַל־פְּנֵי בַּעַל צְפוֹן וַיַּחֲנוּ לִפְנֵי

רש"י | פרק לג

א] **אֵלֶּה מַסְעֵי.** לָמָּה נִכְתְּבוּ הַמַּסָּעוֹת הַלָּלוּ? לְהוֹדִיעַ חֲסָדָיו שֶׁל מָקוֹם, שֶׁאַף עַל פִּי שֶׁגָּזַר עֲלֵיהֶם לְטַלְטְלָם וְלַהֲנִיעָם בַּמִּדְבָּר, לֹא תֹאמַר שֶׁהָיוּ נָעִים וּמְטֻלְטָלִים מִמַּסָּע לְמַסָּע כָּל אַרְבָּעִים שָׁנָה וְלֹא הָיְתָה לָהֶם מְנוּחָה, שֶׁהֲרֵי אֵין כָּאן אֶלָּא אַרְבָּעִים וּשְׁתַּיִם מַסָּעוֹת, צֵא מֵהֶם אַרְבַּע עֶשְׂרֵה שֶׁכֻּלָּם הָיוּ בְּשָׁנָה רִאשׁוֹנָה קֹדֶם גְּזֵרָה, מִשֶּׁנָּסְעוּ מֵרַעְמְסֵס עַד שֶׁבָּאוּ לְרִתְמָה, שֶׁמִּשָּׁם נִשְׁתַּלְּחוּ מְרַגְּלִים, שֶׁנֶּאֱמַר: "וְאַחַר נָסְעוּ הָעָם מֵחֲצֵרוֹת" וְגוֹ' (לעיל יב, טז), "שְׁלַח לְךָ אֲנָשִׁים" וְגוֹ' (שם יג, ב), וְכָאן הוּא אוֹמֵר: "וַיִּסְעוּ מֵחֲצֵרֹת וַיַּחֲנוּ בְּרִתְמָה" (להלן פסוק יח), לָמַדְתָּ שֶׁהִיא בְּמִדְבַּר פָּארָן. וְעוֹד הוֹצֵא מִשָּׁם שְׁמוֹנֶה מַסָּעוֹת, שֶׁהָיוּ לְאַחַר מִיתַת אַהֲרֹן, מֵהֹר הָהָר עַד עַרְבוֹת מוֹאָב בִּשְׁנַת הָאַרְבָּעִים, נִמְצָא שֶׁכָּל שְׁמוֹנֶה וּשְׁלֹשִׁים שָׁנָה לֹא נָסְעוּ אֶלָּא עֶשְׂרִים מַסָּעוֹת. זֶה מִיסוֹדוֹ שֶׁל רַבִּי מֹשֶׁה. וְרַבִּי תַּנְחוּמָא דָּרַשׁ בּוֹ דְּרָשָׁה אַחֶרֶת: מָשָׁל לְמֶלֶךְ שֶׁהָיָה בְּנוֹ חוֹלֶה וְהוֹלִיכוֹ לְמָקוֹם רָחוֹק לְרַפְּאוֹתוֹ. כֵּיוָן שֶׁהָיוּ חוֹזְרִין, הִתְחִיל אָבִיו מוֹנֶה כָּל הַמַּסָּעוֹת. אָמַר לוֹ: כָּאן יָשַׁנְנוּ, כָּאן הוּקַרְנוּ, כָּאן חָשַׁשְׁתָּ אֶת רֹאשְׁךָ וְכוּ' (תנחומא ג):

העולם | **רַעְמְסֵס** לפי הנזכר בבראשית (מז,יא) זוהי ארץ גושן ששכנה בצפון-מזרח הדלתא של הנילוס, ובה ישבו בני ישראל. זהו גם שמה של עיר מסכנות, כלומר עיר מחסני אגירה, שנבנתה על ידי בני ישראל (שמות א,יא). יונתן זיהה אותה עם פלוסיון, עיר בקצה המזרחי של הדלתא של הנילוס שנחרבה בימי הביניים. כיום מקובל לזהותה עם תל-א-דבע, היא אווריס, שהייתה עיר חשובה במאה ה-16 לפנה"ס.

סֻכֹּת יש המזהים אותה עם תל אל-מסח'וטה שבקצהו המזרחי של ואדי ת'ומילאת, שהוא פיתום. ויש הטוענים שסוכות אינו שם פרטי למקום אלא הוא כינוי למקום שבו מתגוררים בסוכות.

סיכום המסעות במדבר

פרק לג פס׳ א–מט

עתה, כשישראל מצויים בקצה ארץ נושבת, מגיעה העת לסיכום תחנותיהם. מעבר לכיוון הכללי, נראה כי ה׳ מוליך אותם בשיטוט בכיוונים מנוגדים כדי שתתקיים בהם הגזרה העליונה להסתובב במדבר עד שיכלה כל דור יוצאי מצרים.[1] בעיקרו של עניין זה נמנות התחנות. לא כל הדברים החשובים שאירעו בהן נזכרים כאן, ואף לא מידע לגבי לוח הזמנים – מעבר לתאריך יציאת ישראל ממצרים ולמועד פטירת אהרן, אין כאן רמז לזמן; היו מקומות שבהם חנו ימים ספורים, והיו תחנות שבהן שהו כמה שנים. יתר על כן, מהפסוק וַתֵּשְׁבוּ בְקָדֵשׁ יָמִים רַבִּים כַּיָּמִים אֲשֶׁר יְשַׁבְתֶּם,[2] למדו חז״ל שכמחצית משנותיהם במדבר עברו עליהם באזור קדש.

קשה לזהות את כל התחנות המפורטות כאן, משום שמלבד מקומות בודדים לא השתמרה מסורת של השמות הללו. אם לא היו אלה מקומות יישוב קודם לכן, קשה להאמין שמחנה שהוקם לפני אלפי שנים במדבר ישאיר במקום חנייתו סימנים.

מחלק מהשמות נלמדו עניינים של סוד ושל רמז בדבר מהלכים ארוכים יותר בתולדות עם ישראל, בהיסטוריה האנושית ואולי גם בביוגרפיה הפרטית של כל אדם.[3]

ביאור

פרק לג א **אֵלֶּה מַסְעֵי בְנֵי יִשְׂרָאֵל אֲשֶׁר יָצְאוּ מֵאֶרֶץ מִצְרַיִם לְצִבְאֹתָם, בְּיַד מֹשֶׁה וְאַהֲרֹן.**

ב **וַיִּכְתֹּב מֹשֶׁה אֶת מוֹצָאֵיהֶם**, מקומות היציאה שלהם **לְמַסְעֵיהֶם עַל פִּי ה׳. וְאֵלֶּה מַסְעֵיהֶם לְמוֹצָאֵיהֶם.** כל מסע הסתיים בתחנה שהייתה לנקודת המוצא של המסע הבא.

ג **וַיִּסְעוּ מֵרַעְמְסֵס בַּחֹדֶשׁ הָרִאשׁוֹן, בַּחֲמִשָּׁה עָשָׂר יוֹם לַחֹדֶשׁ הָרִאשׁוֹן, מִמָּחֳרַת הַפֶּסַח יָצְאוּ בְנֵי יִשְׂרָאֵל בְּיָד רָמָה**, בתוקף ובגבורה **לְעֵינֵי כָּל מִצְרָיִם**, ולא כבורחים. ד **וּמִצְרַיִם מְקַבְּרִים אֵת אֲשֶׁר הִכָּה ה׳ בָּהֶם – כָּל בְּכוֹר.** המצרים לא היו פנויים ליציאתם של ישראל ממצרים שכן היו שרויים באבלם ובקבורת מתיהם. יתר על כן – **וּבֵאלֹהֵיהֶם עָשָׂה ה׳ שְׁפָטִים**, דין ונקמה בזמן שישראל יצאו ממצרים.[4]

ה **וַיִּסְעוּ בְנֵי יִשְׂרָאֵל מֵרַעְמְסֵס, וַיַּחֲנוּ בְּסֻכֹּת.** ו **וַיִּסְעוּ מִסֻּכֹּת, וַיַּחֲנוּ בְאֵתָם שבִּקְצֵה הַמִּדְבָּר.** מכאן ואילך ניתקו מארץ מצרים ומאזור הנילוס – שבאותם זמנים הגיעו אחדות מזרועותיו מזרחה יותר מהיום. ז **וַיִּסְעוּ מֵאֵתָם, וַיָּשָׁב** העם **עַל**, ליד **פִּי הַחִירֹת**. הם לא התקדמו בכיוון אחד אלא הסתובבו וחזרו,[5] **אֲשֶׁר עַל פְּנֵי**, לפני **בַּעַל צְפוֹן**, אל

העולם

אֵתָם היו שסברו ששם זה הוא שינוי השם המצרי ח׳תם, שהוראתו מבצר. על כן זיהו אותו עם תל אבו ציפה שממזרח לקנטרה.

פִּי הַחִירֹת שני אזורים מתאימים לתיאור גיאוגרפי זה: בדרום, באזור העיר סואץ (ג׳בל עתקה), שבו מצוי פתחו של ערוץ סמוך לים סוף; ובצפון, סמוך למוצא של אחת מתעלות הנילוס, ייתכן שזוהי הזרוע המזרחית (הפלוסית) של הנילוס שנקראה ׳שיחור׳ על שם האליל המצרי חור (ישעיה כג,ג. ראו עוד שמות יד,ב).

בַּעַל צְפוֹן שמו של אל כנעני שנזכר בחוזה מצרי מהמאה ה–6 לפנה״ס בצד אלי תחפנחס. זהו גם שם מקום מקדשו הקדום

ח מִגְדֹּל׃ וַיִּסְעוּ מִפְּנֵי הַחִירֹת וַיַּעַבְרוּ בְתוֹךְ־הַיָּם
הַמִּדְבָּרָה וַיֵּלְכוּ דֶּרֶךְ שְׁלֹשֶׁת יָמִים בְּמִדְבַּר אֵתָם
ט וַיַּחֲנוּ בְּמָרָה׃ וַיִּסְעוּ מִמָּרָה וַיָּבֹאוּ אֵילִמָה וּבְאֵילִם
שְׁתֵּים עֶשְׂרֵה עֵינֹת מַיִם וְשִׁבְעִים תְּמָרִים וַיַּחֲנוּ־
שני י יא שָׁם׃ וַיִּסְעוּ מֵאֵילִם וַיַּחֲנוּ עַל־יַם־סוּף׃ וַיִּסְעוּ מִיַּם־
יב סוּף וַיַּחֲנוּ בְּמִדְבַּר־סִין׃ וַיִּסְעוּ מִמִּדְבַּר־סִין וַיַּחֲנוּ
יג יד בְּדׇפְקָה׃ וַיִּסְעוּ מִדׇּפְקָה וַיַּחֲנוּ בְּאָלוּשׁ׃ וַיִּסְעוּ
מֵאָלוּשׁ וַיַּחֲנוּ בִּרְפִידִם וְלֹא־הָיָה שָׁם מַיִם לָעָם
טו טז לִשְׁתּוֹת׃ וַיִּסְעוּ מֵרְפִידִם וַיַּחֲנוּ בְּמִדְבַּר סִינָי׃ וַיִּסְעוּ
יז מִמִּדְבַּר סִינָי וַיַּחֲנוּ בְּקִבְרֹת הַתַּאֲוָה׃ וַיִּסְעוּ מִקִּבְרֹת
יח הַתַּאֲוָה וַיַּחֲנוּ בַּחֲצֵרֹת׃ וַיִּסְעוּ מֵחֲצֵרֹת וַיַּחֲנוּ
יט כ בְּרִתְמָה׃ וַיִּסְעוּ מֵרִתְמָה וַיַּחֲנוּ בְּרִמֹּן פָּרֶץ׃ וַיִּסְעוּ
כא מֵרִמֹּן פָּרֶץ וַיַּחֲנוּ בְּלִבְנָה׃ וַיִּסְעוּ מִלִּבְנָה וַיַּחֲנוּ בְּרִסָּה׃
כב כג וַיִּסְעוּ מֵרִסָּה וַיַּחֲנוּ בִּקְהֵלָתָה׃ וַיִּסְעוּ מִקְּהֵלָתָה

רש"י | יח | **וַיַּחֲנוּ בְּרִתְמָה.** עַל שֵׁם לָשׁוֹן הָרָע שֶׁל מְרַגְּלִים, שֶׁנֶּאֱמַר: "מַה יִּתֵּן לְךָ וּמַה יֹּסִיף לָךְ לָשׁוֹן רְמִיָּה, חִצֵּי גִבּוֹר שְׁנוּנִים עִם גַּחֲלֵי רְתָמִים" (תהלים קכ, ג-ד).

העולם | בג'בל אקרע בלבנון, סמוך לאוגרית. היו ששיערו כי זהו התל הגבוה המכונה Mons Casios (הר קסיוס), הנמצא במרכז הלשון היבשתית של ימת ברדוויל, אך אין לסברה זו ביסוס ארכיאולוגי. עם זאת, יש להביא בחשבון את התופעה של שמות משותפים למקומות שונים - שמות מקומות הסמוכים לגבול מצרים חוזרים ומופיעים גם לציון יישובים בארץ ישראל ומצפון לה, כמו סוכות וגושן.

מִגְדֹּל מקום מקודש או מוגבה שכנראה עמדה בו מצודה ששלטה על הדרך ממצרים לכנען. מופיע גם בתעודות מצריות קדומות (פפירוס אנאסטאסי מהמאה ה-13 לפנה"ס), ויש המזהים אותו עם העיר קנטרה. אחרים זיהו את מגדול עם תל אל-חרי הנמצא מצפון לו. (ראו בראשית לה,כא; יהושע טו,לז; יט,לה; שופטים ח,יז; ט,נא; מלכים ב' יח,ח ועוד).

מָרָה הוצעו שני זיהויים למעיינות רוויי גפרית: ביר אל-מורה כ-14 ק"מ מדרום-מזרח לעיר סואץ, ועין חווארה מדרום לוואדי אמרה, כ-70 ק"מ מדרום-מזרח לסואץ וכ-8 ק"מ מצפון לעין ע'רנדל.

אֵילִם הזיהויים העיקריים לאתר: עין מוסא,

ביאור | מצרי או מצרי-כנעני שגילם את כוחות הרע. המצרים פירשו את
התעכבות ישראל ליד האל המצרי הזה, כאילו הוא שבה אותם
בכוחותיו, והדבר המריץ אותם לרדוף אחרי ישראל. **וַיַּחֲנוּ לִפְנֵי**
מִגְדֹּל. ח **וַיִּסְעוּ מִפְּנֵי**, מפי[6] **הַחִירֹת, וַיַּעַבְרוּ בְתוֹךְ הַיָּם** – ים סוף **הַמִּדְבָּרָה,**
אל המדבר. **וַיֵּלְכוּ דֶּרֶךְ שְׁלֹשֶׁת יָמִים בְּמִדְבַּר אֵתָם, וַיַּחֲנוּ בְּמָרָה,** שבה
הומתקו המים המרים.[7]

ט **וַיִּסְעוּ מִמָּרָה וַיָּבֹאוּ אֵילִמָה, וּבְאֵילִם הָיוּ שְׁתֵּים עֶשְׂרֵה עֵינֹת מַיִם** כמספר
שבטי ישראל **וְשִׁבְעִים תְּמָרִים** כמניין יורדי מצרים, **וַיַּחֲנוּ שָׁם.** ייחודו
של המקום היה נעוץ במספרם הסמלי של המעיינות ושל עצי
התמר.

י **וַיִּסְעוּ מֵאֵילִם, וַיַּחֲנוּ עַל יַם סוּף.** יא **וַיִּסְעוּ מִיַּם סוּף, וַיַּחֲנוּ בְּמִדְבַּר**
סִין. יב **וַיִּסְעוּ מִמִּדְבַּר סִין, וַיַּחֲנוּ בְּדָפְקָה.** יג **וַיִּסְעוּ מִדָּפְקָה, וַיַּחֲנוּ**
בְּאָלוּשׁ. יד **וַיִּסְעוּ מֵאָלוּשׁ, וַיַּחֲנוּ בִּרְפִידִם. וְלֹא הָיָה שָׁם מַיִם לָעָם לִשְׁתּוֹת,**
ושם התרחשה גם מלחמת עמלק.[8]

טו **וַיִּסְעוּ מֵרְפִידִם, וַיַּחֲנוּ בְּמִדְבַּר סִינָי.** שם היה מתן תורה, שם בנו
את המשכן והתעכבו זמן רב.[9] טז **וַיִּסְעוּ מִמִּדְבַּר סִינָי, וַיַּחֲנוּ בְּקִבְרֹת**
הַתַּאֲוָה. יז **וַיִּסְעוּ מִקִּבְרֹת הַתַּאֲוָה, וַיַּחֲנוּ** במקום שנקרא **חֲצֵרֹת.** שם
הצטרעה מרים.[10] יח **וַיִּסְעוּ מֵחֲצֵרֹת, וַיַּחֲנוּ בְּרִתְמָה.** יט **וַיִּסְעוּ מֵרִתְמָה,**
וַיַּחֲנוּ בְּרִמֹּן פָּרֶץ. ייתכן שאירעה שם פִּרצה או מפלה, ולכן נקרא
כך המקום. כ **וַיִּסְעוּ מֵרִמֹּן פָּרֶץ, וַיַּחֲנוּ בְּלִבְנָה.** כא **וַיִּסְעוּ מִלִּבְנָה,**
וַיַּחֲנוּ בְּרִסָּה. כב **וַיִּסְעוּ מֵרִסָּה, וַיַּחֲנוּ בִּקְהֵלָתָה.** המקומות האחרונים
אינם מזוהים. אולי בקהלתה הקהיל קֹרח את כל העדה על משה

העולם | נווה מדבר גדול 8 ק"מ מדרום לסואץ; עין ע'רנדל, נווה המדבר הגדול ביותר בסיני כ-110 ק"מ מדרום לסואץ; או אתרים צפוניים יותר: העיר אל-עריש ואבו עגילה.

מִדְבַּר סִין (צִן) ראו 'העולם' לעיל פרק יג פס' כא.

רְפִידִם מספר שמות (יט,ב) עולה שהיא סמוכה להר סיני. לפי זיהוייו השונים של הר סיני הוצעו ארבעה אתרים שעמם זוהתה רפידים: פתחו של ואדי סודר ממזרח לעיון מוסא במערב סיני; ואדי פיראן בדרום-מערב סיני; באר כרכום, כ-7 ק"מ מצפון להר כרכום במרכז סיני; ואדי רפאיד, מדרום-מזרח לאל-עריש בצפון סיני.

חֲצֵרֹת בעקבות השם הדומה היו שהציעו לזהותו עם עין חד'ירה, בדרך מג'בל מוסא לעציון גבר. אחרים זיהו אותו עם היישוב חצ'ירה שבקצהו הדרומי של ג'בל הילאל במרכז סיני.

רִתְמָה בוואדי א-סודר כ-20 ק"מ ממזרח לג'בל סן בשר, ישנו מעין נווה מדבר ששמו הערבי עין רתמה, אך זיהויה של רתמה אתו אינו חד-משמעי.

כד וַיַּחֲנוּ בְּהַר־שָׁפֶר׃ וַיִּסְעוּ מֵהַר־שָׁפֶר וַיַּחֲנוּ בַּחֲרָדָה׃
כה כו וַיִּסְעוּ מֵחֲרָדָה וַיַּחֲנוּ בְּמַקְהֵלֹת׃ וַיִּסְעוּ מִמַּקְהֵלֹת
כז כח וַיַּחֲנוּ בְּתָחַת׃ וַיִּסְעוּ מִתָּחַת וַיַּחֲנוּ בְּתָרַח׃ וַיִּסְעוּ
כט מִתָּרַח וַיַּחֲנוּ בְּמִתְקָה׃ וַיִּסְעוּ מִמִּתְקָה וַיַּחֲנוּ
ל לא בְּחַשְׁמֹנָה׃ וַיִּסְעוּ מֵחַשְׁמֹנָה וַיַּחֲנוּ בְּמֹסֵרוֹת׃ וַיִּסְעוּ
לב מִמֹּסֵרוֹת וַיַּחֲנוּ בִּבְנֵי יַעֲקָן׃ וַיִּסְעוּ מִבְּנֵי יַעֲקָן וַיַּחֲנוּ
לג בְּחֹר הַגִּדְגָּד׃ וַיִּסְעוּ מֵחֹר הַגִּדְגָּד וַיַּחֲנוּ בְּיָטְבָתָה׃
לד לה וַיִּסְעוּ מִיָּטְבָתָה וַיַּחֲנוּ בְּעַבְרֹנָה׃ וַיִּסְעוּ מֵעַבְרֹנָה
לו וַיַּחֲנוּ בְּעֶצְיֹן גָּבֶר׃ וַיִּסְעוּ מֵעֶצְיֹן גָּבֶר וַיַּחֲנוּ בְמִדְבַּר־
לז צִן הִוא קָדֵשׁ׃ וַיִּסְעוּ מִקָּדֵשׁ וַיַּחֲנוּ בְּהֹר הָהָר בִּקְצֵה
לח אֶרֶץ אֱדוֹם׃ וַיַּעַל אַהֲרֹן הַכֹּהֵן אֶל־הֹר הָהָר עַל־פִּי
יְהוָה וַיָּמָת שָׁם בִּשְׁנַת הָאַרְבָּעִים לְצֵאת בְּנֵי־
יִשְׂרָאֵל מֵאֶרֶץ מִצְרַיִם בַּחֹדֶשׁ הַחֲמִישִׁי בְּאֶחָד
לט לַחֹדֶשׁ׃ וְאַהֲרֹן בֶּן־שָׁלֹשׁ וְעֶשְׂרִים וּמְאַת שָׁנָה בְּמֹתוֹ
מ בְּהֹר הָהָר׃ וַיִּשְׁמַע הַכְּנַעֲנִי מֶלֶךְ עֲרָד
וְהוּא־יֹשֵׁב בַּנֶּגֶב בְּאֶרֶץ כְּנָעַן בְּבֹא בְּנֵי יִשְׂרָאֵל׃

רש״י | לח) עַל פִּי ה׳. מְלַמֵּד שֶׁמֵּת בִּנְשִׁיקָה׃ מ) וַיִּשְׁמַע הַכְּנַעֲנִי. לְלַמֶּדְךָ שֶׁמִּיתַת אַהֲרֹן הִיא הַשְּׁמוּעָה, שֶׁנִּסְתַּלְּקוּ עַנְנֵי כָבוֹד, וְכִסָבוּר שֶׁנִּתְּנָה רְשׁוּת לְהִלָּחֵם בְּיִשְׂרָאֵל, לְפִיכָךְ חָזַר וּכְתָבָהּ׃

הרחבות | **לשמותיהם של רוב המקומות** הללו אין כל הסבר. ייתכן שחלקם לא היו מקומות ידועים קודם לכן, ורק אחרי שישראל שהו בהם, הם נקראו בשם. אולי הַר שָׁפֶר כונה כך בשל האופי הנעים או היפה של המקום או של השהייה בו. (ראו יונתן). 'ויסעו מהר שפר ויחנו בחרדה' על דרך הרמז, הנסיעה מהר שפר והחנייה בחרדה יכולות לסמל מהלך בחיי אדם, ממקום של יופי ונינוחות למחוז שבו שולט הפחד. (ראו עוד מי השלוח ח״א. שם הוסיף לרמוז וַיִּסְעוּ מֵחֲרָדָה וַיַּחֲנוּ בְּמַקְהֵלֹת בעת שה׳ יתברך יחפוץ לקבץ אותנו, ייתן תקיפות בלבם של ישראל שלא יחרדו. וסיים: הלוואי שיהיה במהרה בימינו).

ביאור

ואהרן.[11] כג וַיִּסְעוּ מִקְּהֵלָתָה, וַיַּחֲנוּ בְּהַר שָׁפֶר. כד וַיִּסְעוּ מֵהַר שָׁפֶר, וַיַּחֲנוּ
בַּחֲרָדָה. כה וַיִּסְעוּ מֵחֲרָדָה, וַיַּחֲנוּ בְּמַקְהֵלֹת. כו וַיִּסְעוּ מִמַּקְהֵלֹת, וַיַּחֲנוּ
בְּתָחַת, שאולי היה מקום נמוך. כז וַיִּסְעוּ מִתָּחַת, וַיַּחֲנוּ בְּתָרַח. כח וַיִּסְעוּ
מִתָּרַח, וַיַּחֲנוּ בְּמִתְקָה. כט וַיִּסְעוּ מִמִּתְקָה, וַיַּחֲנוּ בְּחַשְׁמֹנָה. ל וַיִּסְעוּ
מֵחַשְׁמֹנָה, וַיַּחֲנוּ בְּמֹסֵרוֹת. לא וַיִּסְעוּ מִמֹּסֵרוֹת, וַיַּחֲנוּ בִּבְנֵי יַעֲקָן. לב וַיִּסְעוּ
מִבְּנֵי יַעֲקָן, וַיַּחֲנוּ בְּחֹר הַגִּדְגָּד, שאולי היו בו נקיקי סלע.[12] לג וַיִּסְעוּ מֵחֹר
הַגִּדְגָּד, וַיַּחֲנוּ בְּיָטְבָתָה. לד וַיִּסְעוּ מִיָּטְבָתָה, וַיַּחֲנוּ בְּעַבְרֹנָה. לה וַיִּסְעוּ
מֵעַבְרֹנָה, וַיַּחֲנוּ בְּעֶצְיֹן גָּבֶר שבאזור אילת,[13] אם כי לא ברור היכן
הייתה אז העיר אילת. לו וַיִּסְעוּ מֵעֶצְיֹן גָּבֶר, וַיַּחֲנוּ בְמִדְבַּר צִן הִוא
קָדֵשׁ. לז וַיִּסְעוּ מִקָּדֵשׁ, וַיַּחֲנוּ בְּהֹר הָהָר, בִּקְצֵה אֶרֶץ אֱדוֹם. הם פנו לכיוון
צפון-מזרח, כדי לעקוף את ארץ אדום.

לח וַיַּעַל אַהֲרֹן הַכֹּהֵן אֶל הֹר הָהָר עַל פִּי ה'. אהרן לא מת כשאר האדם,
אלא ה' קרא לו למות בשלום בראש ההר. וַיָּמָת שָׁם בִּשְׁנַת הָאַרְבָּעִים
לְצֵאת בְּנֵי יִשְׂרָאֵל מֵאֶרֶץ מִצְרַיִם, בַּחֹדֶשׁ הַחֲמִישִׁי בְּאֶחָד לַחֹדֶשׁ. לט וְאַהֲרֹן
בֶּן שָׁלֹשׁ וְעֶשְׂרִים וּמְאַת שָׁנָה בְּמֹתוֹ בְּהֹר הָהָר.

מ וַיִּשְׁמַע הַכְּנַעֲנִי מֶלֶךְ עֲרָד שישראל מתקרבים אליו,[14] וְהוּא יֹשֵׁב בַּנֶּגֶב בְּאֶרֶץ כְּנָעַן בְּבֹא בְּנֵי יִשְׂרָאֵל. ובעקבות זאת התקיימה מלחמה במלך ערד, שבה ניצחו ישראל. למרות ניצחונם לא נכנסו ישראל לכנען דרך הנגב, אלא המשיכו להקיף את אדום ופנו לעבר הירדן המזרחי.

העולם

בְּנֵי יַעֲקָן על פי המוזכר כאן, החנייה בבני יעקן הייתה בין מוסרות לחֹר הגדגד, ואילו בספר דברים (י,ו-ז) נזכרים שמות אלו בשינוי סדר ובשינוי שם: וּבְנֵי יִשְׂרָאֵל נָסְעוּ מִבְּאֵרֹת בְּנֵי יַעֲקָן מוֹסֵרָה שָׁם מֵת אַהֲרֹן. מִשָּׁם נָסְעוּ הַגֻּדְגֹּדָה. היו שפירשו שמדובר באותם מקומות וזיהו את בארות בני יעקן עם בארות המים באל-בירין, הסמוכים ליישוב עזוז.

יָטְבָתָה מתוארת בספר דברים (י,ז) כְּאֶרֶץ נַחֲלֵי מָיִם, ואף שמה מרמז על טובה. ההשערות לגבי זיהויה: עין ע'צ'יאן כ-40 ק"מ מצפון לאילת, הוא נווה יטבתה כיום; נווה טיבה לרגלי הרי אדום, ממזרח לקיבוץ יהל; או - על רקע דמיון השם - ביר טבה שבוואדי טבה, 10 ק"מ מדרום לאילת.

עַבְרֹנָה עין דפיה, הקרויה היום עין עברונה, כ-13 ק"מ מצפון לאילת, או תל ח'ליפה שבין עקבה ואילת.

הֹר הָהָר שני הרים קרויים בתורה בשם זה. האחד כאן, בקצה ארץ אדום, והשני (להלן לד,ז) בגבולה הצפוני של ארץ ישראל. את הֹר ההר הדרומי יש מזהים עם הר צין (ג'בל אל-מצ'רה) מדרום-מערב למעלה עקרבים, ויש מזהים אותו עם ג'בל הארון בהרי אדום, כ-4 ק"מ ממערב לפטרה. את שניהם מאפיין המבנה החריג של הר שבגובהו מישור ובאמצעו בליטה גדולה. אפשר שהשם 'הר ההר' אינו שם פרטי של הר, אלא כינוי להר הבנוי כהר על גבי הר. (ראו רש"י במדבר כ,כב; במדבר רבה יט,טז).

מא מב וַיִּסְעוּ מֵהֹר הָהָר וַיַּחֲנוּ בְּצַלְמֹנָה: וַיִּסְעוּ מִצַּלְמֹנָה
מג מד וַיַּחֲנוּ בְּפוּנֹן: וַיִּסְעוּ מִפּוּנֹן וַיַּחֲנוּ בְּאֹבֹת: וַיִּסְעוּ מֵאֹבֹת
מה וַיַּחֲנוּ בְּעִיֵּי הָעֲבָרִים בִּגְבוּל מוֹאָב: וַיִּסְעוּ מֵעִיִּים וַיַּחֲנוּ
מו בְּדִיבֹן גָּד: וַיִּסְעוּ מִדִּיבֹן גָּד וַיַּחֲנוּ בְּעַלְמֹן דִּבְלָתָיְמָה:
מז וַיִּסְעוּ מֵעַלְמֹן דִּבְלָתָיְמָה וַיַּחֲנוּ בְּהָרֵי הָעֲבָרִים לִפְנֵי
מח נְבוֹ: וַיִּסְעוּ מֵהָרֵי הָעֲבָרִים וַיַּחֲנוּ בְּעַרְבֹת מוֹאָב עַל
מט יַרְדֵּן יְרֵחוֹ: וַיַּחֲנוּ עַל־הַיַּרְדֵּן מִבֵּית הַיְשִׁמֹת עַד אָבֵל
נ הַשִּׁטִּים בְּעַרְבֹת מוֹאָב: וַיְדַבֵּר יְהוָה אֶל־ שלישי /חמישי/
נא מֹשֶׁה בְּעַרְבֹת מוֹאָב עַל־יַרְדֵּן יְרֵחוֹ לֵאמֹר: דַּבֵּר אֶל־
בְּנֵי יִשְׂרָאֵל וְאָמַרְתָּ אֲלֵהֶם כִּי אַתֶּם עֹבְרִים אֶת־
נב הַיַּרְדֵּן אֶל־אֶרֶץ כְּנָעַן: וְהוֹרַשְׁתֶּם אֶת־כָּל־יֹשְׁבֵי
הָאָרֶץ מִפְּנֵיכֶם וְאִבַּדְתֶּם אֵת כָּל־מַשְׂכִּיֹּתָם וְאֵת כָּל־

רש"י

מד) **בְּעִיֵּי הָעֲבָרִים.** לְשׁוֹן חֳרָבוֹת וְגַלִּים, כְּמוֹ: "לְעִי הַשָּׂדֶה" (מיכה א, ו), "שָׂמוּ אֶת יְרוּשָׁלַיִם לְעִיִּים" (תהלים עט, א):

מט) **מִבֵּית הַיְשִׁמֹת עַד אָבֵל הַשִּׁטִּים.** כָּאן לִמֶּדְךָ שִׁעוּר מַחֲנֵה יִשְׂרָאֵל שְׁנֵים עָשָׂר מִיל, דְּאָמַר רַבָּה בַּר בַּר חָנָה: לְדִידִי חֲזֵי לִי הַהוּא אַתְרָא וְכוּ'. **אָבֵל הַשִּׁטִּים.** מִישׁוֹר שֶׁל שִׁטִּים 'אָבֵל' שְׁמוֹ:

נא-נב) **כִּי אַתֶּם עֹבְרִים אֶת הַיַּרְדֵּן וְגוֹ' וְהוֹרַשְׁתֶּם וְגוֹ'.** וַהֲלֹא כַּמָּה פְּעָמִים הֻזְהֲרוּ עַל כָּךְ! אֶלָּא כָּךְ אָמַר לָהֶם מֹשֶׁה: כְּשֶׁאַתֶּם עוֹבְרִים בַּיַּרְדֵּן בַּיַּבָּשָׁה, עַל מְנָת כֵּן תַּעַבְרוּ, וְאִם לָאו, בָּאִים מַיִם וְשׁוֹטְפִין אֶתְכֶם. וְכֵן מָצִינוּ שֶׁאָמַר לָהֶם יְהוֹשֻׁעַ עוֹדָם בַּיַּרְדֵּן (יהושע ד, י), בְּמַסֶּכֶת סוֹטָה (לד ע"א) וּבְתוֹסֶפְתָּא דְּסוֹטָה (ח, ה):

נב) **וְהוֹרַשְׁתֶּם.** וְגֵרַשְׁתֶּם: **מַשְׂכִּיֹּתָם.** כְּתַרְגּוּמוֹ: "בֵּית סִגְדַּתְהוֹן", עַל שֵׁם שֶׁהָיוּ מְסַכְּכִין אֶת הַקַּרְקַע בְּרִצְפַּת אַבְנֵי שַׁיִשׁ לְהִשְׁתַּחֲווֹת עָלֶיהָ בְּפִשּׁוּט יָדַיִם וְרַגְלַיִם,

העולם

צַלְמֹנָה מזוהה עם המצד הרומי Celamona בערבה, מצפון לפונון.

פּוּנֹן פינאן, המרכז הגדול של מכרות הנחושת הנמצא במוצא ואדי דנה בשיפולי הרי אדום כ-35 ק"מ מדרום-מזרח לים המלח.

עַלְמֹן עיר מואבית היושבת על הדרך לדבלתיים, להבדיל מהעיר עלמון שבנחלת בנימין (יהושע כא,יח). העיר דבלתיים שבמואב נזכרת בספר ירמיה (מח,כב) וכן במצבת מישע, כעיר השוכנת מצפון לארנון סמוך לנבו ובעל מעון.

בֵּית הַיְשִׁמֹת עיר המציינת את גבולה הדרומי של ממלכת סיחון ושל נחלת

ביאור

מא **וַיִּסְעוּ מֵהֹר הָהָר, וַיַּחֲנוּ בְּצַלְמֹנָה.** מב **וַיִּסְעוּ מִצַּלְמֹנָה, וַיַּחֲנוּ**
בְּפוּנֹן. מג **וַיִּסְעוּ מִפּוּנֹן, וַיַּחֲנוּ בְּאֹבֹת.** מד **וַיִּסְעוּ מֵאֹבֹת, וַיַּחֲנוּ בְּעִיֵּי,**
בחרבות של **הָעֲבָרִים**, המעברים[15] **בִּגְבוּל מוֹאָב.** מה **וַיִּסְעוּ מֵעִיִּים,**
וַיַּחֲנוּ בְּדִיבֹן גָּד. מו **וַיִּסְעוּ מִדִּיבֹן גָּד, וַיַּחֲנוּ בְּעַלְמֹן דִּבְלָתָיְמָה.** מז **וַיִּסְעוּ**
מֵעַלְמֹן דִּבְלָתָיְמָה, וַיַּחֲנוּ בְּהָרֵי הָעֲבָרִים לִפְנֵי נְבוֹ. מח **וַיִּסְעוּ מֵהָרֵי הָעֲבָרִים,**
וַיַּחֲנוּ בְּעַרְבֹת מוֹאָב עַל, בקרבת **יַרְדֵּן** ממול **יְרֵחוֹ.** מט **וַיַּחֲנוּ עַל הַיַּרְדֵּן**
מִבֵּית הַיְשִׁמֹת עַד אָבֵל הַשִּׁטִּים. המחנה לא התרכז במקום קטן, אלא
השתרע על פני כמה קילומטרים לאורך הירדן **בְּעַרְבֹת מוֹאָב.** למרות
זאת המואבים לא העזו להתגרות בישראל.

הנחיות וציוויים לקראת הכניסה לארץ

פרק לג פס׳ נ – פרק לה

מכאן עד סוף הספר מופיעים ציוויים שונים שה׳ מורה למשה לאמרם לעמו קודם שיעביר את ההנהגה ליהושע וקודם כניסתם לארץ. במסגרת ההעברה המסודרת של התפקיד עליו להכין את העם בכל הקשור להתנחלות בארץ – היחס לעמים הגרים בה, אופן ההתנחלות בה, סימון גבולותיה, שמותיהם של המופקדים על חלוקתה לשבטים, הסדרת ערי הלויים וערי מקלט.

בסדרת ציוויים זו פונה ה׳ אל משה, לאחר שבמשך רוב שנות נדודי ישראל במדבר לא התגלה אליו הדיבור האלוקי. לפי המסורת ה׳ לא דיבר אליו באופן המיוחד לו כל עוד לא כלו מתי מדבר, שכן כשאר העם, אף משה היה עצוב, בודד ומאוכזב באותן שנים.[16]

נ **וַיְדַבֵּר ה׳ אֶל מֹשֶׁה בְּעַרְבֹת מוֹאָב עַל יַרְדֵּן יְרֵחוֹ לֵאמֹר:** נא **דַּבֵּר אֶל בְּנֵי**
יִשְׂרָאֵל וְאָמַרְתָּ אֲלֵהֶם: כִּי, כאשר **אַתֶּם עֹבְרִים אֶת הַיַּרְדֵּן** בדרככם להיכנס
אֶל אֶרֶץ כְּנָעַן – נב **וְהוֹרַשְׁתֶּם**, סלקו, גרשו[17] **אֶת כָּל יֹשְׁבֵי הָאָרֶץ מִפְּנֵיכֶם.**
וְאִבַּדְתֶּם אֵת כָּל מַשְׂכִּיֹּתָם, הקישוטים שעשו בפולחניהם, **וְאֵת כָּל צַלְמֵי**

העולם

שבט ראובן (ראו יהושע יב,ג; יג,כ). היא זוהתה עם סווימה, כ-2 ק״מ מצפון-מזרח לים המלח. אחרים זיהו אותה עם תל אל-עט׳ימה, 5 ק״מ ממזרח לח׳רבת סווימה.

אָבֵל הַשִּׁטִּים רוב החוקרים מזהים את המקום עם תל אל-כפרין או עם הוואדי הפורה הסמוך לו, כ-20 ק״מ ממזרח ליריחו. השם ׳אבל׳ מופיע כנסמך למספר אתרים, כגון אבל בית מעכה, אבל מחולה, אבל מצרים, אבל כרמים ועוד. ייתכן ש׳אבל׳ הוא מלשון יובל (פלג מים), והוא מציין יישוב הסמוך לנחל.

צַלְמֵי מַסֵּכֹתָם תְּאַבֵּדוּ וְאֵת כָּל־בָּמוֹתָם תַּשְׁמִידוּ:
נג וְהוֹרַשְׁתֶּם אֶת־הָאָרֶץ וִישַׁבְתֶּם־בָּהּ כִּי לָכֶם נָתַתִּי
נד אֶת־הָאָרֶץ לָרֶשֶׁת אֹתָהּ: וְהִתְנַחַלְתֶּם אֶת־הָאָרֶץ
בְּגוֹרָל לְמִשְׁפְּחֹתֵיכֶם לָרַב תַּרְבּוּ אֶת־נַחֲלָתוֹ וְלַמְעַט
תַּמְעִיט אֶת־נַחֲלָתוֹ אֶל אֲשֶׁר־יֵצֵא לוֹ שָׁמָּה הַגּוֹרָל
נה לוֹ יִהְיֶה לְמַטּוֹת אֲבֹתֵיכֶם תִּתְנֶחָלוּ: וְאִם־לֹא
תוֹרִישׁוּ אֶת־יֹשְׁבֵי הָאָרֶץ מִפְּנֵיכֶם וְהָיָה אֲשֶׁר תּוֹתִירוּ
מֵהֶם לְשִׂכִּים בְּעֵינֵיכֶם וְלִצְנִינִם בְּצִדֵּיכֶם וְצָרְרוּ
נו אֶתְכֶם עַל־הָאָרֶץ אֲשֶׁר אַתֶּם יֹשְׁבִים בָּהּ: וְהָיָה
כַּאֲשֶׁר דִּמִּיתִי לַעֲשׂוֹת לָהֶם אֶעֱשֶׂה לָכֶם:

לא וַיְדַבֵּר יְהוָה אֶל־מֹשֶׁה לֵּאמֹר: צַו אֶת־בְּנֵי יִשְׂרָאֵל א ב לד
וְאָמַרְתָּ אֲלֵהֶם כִּי־אַתֶּם בָּאִים אֶל־הָאָרֶץ כְּנָעַן זֹאת
הָאָרֶץ אֲשֶׁר תִּפֹּל לָכֶם בְּנַחֲלָה אֶרֶץ כְּנַעַן לִגְבֻלֹתֶיהָ:

רש"י

כִּדְכְתִיב: "וְאֶבֶן מַשְׂכִּית... לְהִשְׁתַּחֲוֹת עָלֶיהָ" (ויקרא כו, א). **מַסֵּכֹתָם.** כְּתַרְגּוּמוֹ: "מַתְּכָתְהוֹן".

נג) **וְהוֹרַשְׁתֶּם אֶת הָאָרֶץ.** וְהוֹרַשְׁתֶּם אוֹתָהּ מִיּוֹשְׁבֶיהָ, וְאָז "וִישַׁבְתֶּם בָּהּ" – תּוּכְלוּ לְהִתְקַיֵּם בָּהּ, וְאִם לָאו – לֹא תּוּכְלוּ לְהִתְקַיֵּם בָּהּ:

נד) **אֶל אֲשֶׁר יֵצֵא לוֹ שָׁמָּה.** מִקְרָא קָצָר הוּא זֶה, אֶל מָקוֹם אֲשֶׁר יֵצֵא לוֹ שָׁמָּה הַגּוֹרָל לוֹ יִהְיֶה: **לְמַטּוֹת אֲבֹתֵיכֶם.** לְפִי חֶשְׁבּוֹן יוֹצְאֵי מִצְרַיִם. דָּבָר אַחֵר, בִּשְׁנֵים עָשָׂר גְּבוּלִין כְּמִנְיַן הַשְּׁבָטִים:

נה) **וְהָיָה אֲשֶׁר תּוֹתִירוּ מֵהֶם.** יִהְיוּ לָכֶם לְרָעָה: **לְשִׂכִּים בְּעֵינֵיכֶם.** לִיתֵדוֹת הַמְנַקְּרוֹת עֵינֵיכֶם. תַּרְגּוּם שֶׁל יְתֵדוֹת: "סִכַּיָּא": **וְלִצְנִינִם.** פּוֹתְרִים בּוֹ הַפּוֹתְרִים לְשׁוֹן מְסוּכַת קוֹצִים הַסּוֹכֶכֶת אֶתְכֶם, לִסְגֹּר וְלִכְלֹא אֶתְכֶם מֵאֵין יוֹצֵא וָבָא: **וְצָרְרוּ אֶתְכֶם.** כְּתַרְגּוּמוֹ:

פרק לד

ב) **זֹאת הָאָרֶץ אֲשֶׁר תִּפֹּל לָכֶם וְגוֹ'.** לְפִי שֶׁהַרְבֵּה מִצְוֹת נוֹהֲגוֹת בָּאָרֶץ וְאֵין נוֹהֲגוֹת בְּחוּצָה לָאָרֶץ, הֻצְרַךְ לִכְתֹּב מִצְרָנֵי גְבוּלֵי רוּחוֹתֶיהָ סָבִיב, לוֹמַר לְךָ, מִן הַגְּבוּלִים הַלָּלוּ וְלִפְנִים הַמִּצְוֹת נוֹהֲגוֹת: **תִּפֹּל לָכֶם.** עַל שֵׁם שֶׁנֶּחְלְקָה בְּגוֹרָל נִקְרֵאת חֲלֻקָּה לְשׁוֹן נְפִילָה. וּמִדְרַשׁ אַגָּדָה אוֹמֵר: עַל יְדֵי שֶׁהִפִּיל הַקָּדוֹשׁ בָּרוּךְ הוּא שָׂרֵיהֶם שֶׁל שִׁבְעָה אֻמּוֹת מִן הַשָּׁמַיִם וּכְפָתָן לִפְנֵי מֹשֶׁה, אָמַר לוֹ: רְאֵה אֵין בָּהֶם עוֹד כֹּחַ:

ביאור

מַסֵּכֹתָם, אליליהם תְּאַבֵּדוּ, וְאֵת כָּל בָּמוֹתָם תַּשְׁמִידוּ. נג וְהוֹרַשְׁתֶּם, פַּנּו
אֶת הָאָרֶץ מן העמים היושבים עליה עתה, וִישַׁבְתֶּם בָּהּ כִּי לָכֶם נָתַתִּי
אֶת הָאָרֶץ לָרֶשֶׁת אֹתָהּ.

נד וְהִתְנַחַלְתֶּם, עליכם לחלק אֶת הָאָרֶץ בְּגוֹרָל לְמִשְׁפְּחֹתֵיכֶם, לפי גודל המשפחות – לָרַב תַּרְבּוּ אֶת נַחֲלָתוֹ וְלַמְעַט תַּמְעִיט אֶת נַחֲלָתוֹ, אֶל אֲשֶׁר יֵצֵא לוֹ שָׁמָּה הַגּוֹרָל – לוֹ יִהְיֶה. לְמַטּוֹת אֲבֹתֵיכֶם תִּתְנֶחָלוּ. לפי הגורל תחולק הארץ תחילה לשבטים, ובתוכם – למשפחות. גודל הנחלה של כל משפחה יהיה תלוי במספר ראשיה, ואז יסדירו בני המשפחה ביניהם את חלוקת הקרקעות הפנימית.[18]

נה וְאִם לֹא תוֹרִישׁוּ אֶת יֹשְׁבֵי הָאָרֶץ מִפְּנֵיכֶם – וְהָיָה אֲשֶׁר תּוֹתִירוּ מֵהֶם, מי
שיישארו בה יהיו לְשִׂכִּים, קוצים בְּעֵינֵיכֶם וְלִצְנִינִם, סלעים דוקרים
בְּצִדֵּיכֶם. וְצָרְרוּ, יהיו עוינים אֶתְכֶם עַל הָאָרֶץ אֲשֶׁר אַתֶּם יֹשְׁבִים בָּהּ. אסור
להתקיים בצדם בשלום כי לא תוכלו לחיות יחדיו. גם אם תרצו
לעשות זאת לפי שעה, בסופו של דבר הם יכשילו אתכם. נו וְהָיָה,
כַּאֲשֶׁר דִּמִּיתִי לַעֲשׂוֹת לָהֶם – להרחיק אותם מכאן – אֶעֱשֶׂה לָכֶם.

פרק לד א וַיְדַבֵּר ה' אֶל מֹשֶׁה לֵּאמֹר: ב צַו אֶת בְּנֵי יִשְׂרָאֵל וְאָמַרְתָּ אֲלֵהֶם
כִּי אַתֶּם בָּאִים אֶל הָאָרֶץ הזו, ארץ כְּנָעַן. זֹאת הָאָרֶץ אֲשֶׁר תִּפֹּל לָכֶם
בְּנַחֲלָה, אֶרֶץ כְּנַעַן לִגְבֻלֹתֶיהָ:

'ואם לא תורישו...' ירושת הארץ בשלמותה אינה רק זכות אלא היא מצווה. אם לא תקיימו אותה, תידחקו ממנה החוצה. ואכן, העובדה שישראל לא הורישו את הארץ מיושביה הביאה עליהם מכשולים ובעיות שנמשכו על פני כל תקופת השופטים. (ראו שופטים ב,א-ג; ו,ז-י).

הרחבות | **כנען** הייתה יחידה פוליטית, אף שמעולם לא השתייכה לשבט אחד או לעם אחד. ישבו בה אלו בצד אלו עמים רבים ושבטים שבאו ממקומות אחדים.

ג וְהָיָה לָכֶם פְּאַת־נֶגֶב מִמִּדְבַּר־צִן עַל־יְדֵי אֱדוֹם וְהָיָה
לָכֶם גְּבוּל נֶגֶב מִקְצֵה יָם־הַמֶּלַח קֵדְמָה: ד וְנָסַב לָכֶם
הַגְּבוּל מִנֶּגֶב לְמַעֲלֵה עַקְרַבִּים וְעָבַר צִנָה והיה וְהָיוּ
תּוֹצְאֹתָיו מִנֶּגֶב לְקָדֵשׁ בַּרְנֵעַ וְיָצָא חֲצַר־אַדָּר וְעָבַר
עַצְמֹנָה: ה וְנָסַב הַגְּבוּל מֵעַצְמוֹן נַחְלָה מִצְרָיִם וְהָיוּ

רש"י

ג) **והיה לכם פאת נגב.** רוח דרומית אשר מן המזרח למערב: **ממדבר צן.** אשר אצל אדום, מתחיל מקצוע דרומית מזרחית של ארץ תשעת המטות. כיצד? שלש ארצות יושבות בדרומה של ארץ ישראל זו אצל זו: קצת ארץ מצרים, וארץ אדום כלה, וארץ מואב כלה. ארץ מצרים במקצוע דרומית מערבית, שנאמר בפרשה זו: "מעצמון נחלה מצרים והיו תוצאתיו הימה" (להלן פסוק ה), ונחל מצרים היה מהלך על פני כל ארץ מצרים, שנאמר: "מן השיחור אשר על פני מצרים" (יהושע יג, ג), ומפסיק בין ארץ מצרים לארץ ישראל. וארץ אדום אצלה לצד המזרח, וארץ מואב אצל ארץ אדום, בסוף הדרום למזרח. וכשיצאו ישראל ממצרים, אם רצה המקום לקרב את כניסתם לארץ, היה מעבירם את הנילוס לצד צפון ובאין לארץ ישראל, ולא עשה כן, וזהו שנאמר: "ולא נחם אלהים דרך ארץ פלשתים" (שמות יג, יז) שהם יושבים על הים במערבה של ארץ כנען, כענין שנאמר בפלשתים: "ישבי חבל הים גוי כרתים" (צפניה ב, ה), ולא נחם אותו הדרך, אלא הסבן והוציאם דרך דרומה אל המדבר, והוא שקראו יחזקאל: "מדבר העמים" (יחזקאל כ, לה) לפי שהיו כמה אמות יושבים בצדו. והולכין אצל דרומה מן המערב כלפי מזרח תמיד, עד שבאו לדרומה של ארץ אדום, ובקשו ממלך אדום שיניחם לעבור דרך ארצו ולהכנס לארץ דרך רחבה, ולא רצה, והצרכו לסבב את כל דרומה של ארץ אדום עד בואם לדרומה של ארץ מואב, שנאמר: "וגם אל מלך מואב שלח ולא אבה" (שופטים יא, יז), והלכו כל דרומה של מואב עד סופה, ומשם הפכו פניהם לצפון עד שסבבו כל מצר מזרחי שלה לרחבה, וכשכלו את מזרחה מצאו את ארץ סיחון ועוג שהיו יושבין במזרחה של ארץ כנען, והירדן מפסיק ביניהם, וזהו שנאמר ביפתח: "וילך במדבר ויסב את ארץ אדום ואת ארץ מואב ויבא ממזרח שמש לארץ מואב" (שם פסוק יח), וכבשו את ארץ סיחון ועוג שהיתה בצפונה של ארץ מואב, וקרבו עד הירדן, והוא כנגד מקצוע צפונית מערבית של ארץ מואב. נמצא שארץ כנען שבעבר הירדן למערב, היה מקצוע דרומית מזרחית שלה אצל אדום:

ד) **ונסב לכם הגבול מנגב למעלה עקרבים.** כל מקום שנאמר: 'ונסב' או 'ויצא', מלמד שלא היה המצר שוה, אלא הולך ויוצא לחוץ. יוצא המצר ועוקם לצד צפונו של עולם באלכסון למערב, ועובר המצר בדרומה של מעלה עקרבים, נמצא מעלה עקרבים לפנים מן המצר: **ועבר צנה.** אל צן, כמו: 'מצרימה': **והיו תוצאתיו.** קצותיו, בדרומה של קדש ברנע: **ויצא חצר אדר.** מתפשט המצר ומרחיב לצד צפון, ונמשך עוד באלכסון למערב, ובא לו לחצר אדר ומשם לעצמון ומשם לנחל מצרים. ולשון 'ונסב' האמור כאן, לפי שכתב: "ויצא חצר אדר", שהתחיל להרחיב משעבר את

ביאור

ג וְהָיָה לָכֶם פְּאַת, צד נֶגֶב, דרום – מִמִּדְבַּר צִן עַל יְדֵי, ליד אֱדוֹם בקצה
הגבול הדרומי-מזרחי, וְהָיָה לָכֶם גְּבוּל נֶגֶב מִקְצֵה הדרומי של יָם
הַמֶּלַח – קֵדְמָה, מזרחה. זו תהיה הנקודה המזרחית של הגבול הדרומי
של הארץ. ד וְנָסַב, יסתובב, יפנה לָכֶם הַגְּבוּל מים המלח מִנֶּגֶב, מדרום
לְמַעֲלֵה עַקְרַבִּים, וְעָבַר צִנָה, ליד צִן, וְהָיוּ תּוֹצְאֹתָיו, הגבול ימשיך ויצא
מִנֶּגֶב לְקָדֵשׁ בַּרְנֵעַ, וְיָצָא חֲצַר אַדָּר וְעָבַר עַצְמֹנָה, לעצמון. ה וְנָסַב הַגְּבוּל
מֵעַצְמוֹן נַחְלָה, לנחל מִצְרָיִם, ואדי אל עריש לפי המסורת המקובלת,[19]
וְהָיוּ תוֹצְאֹתָיו הַיָּמָּה, אל הים התיכון.

גבולות הארץ

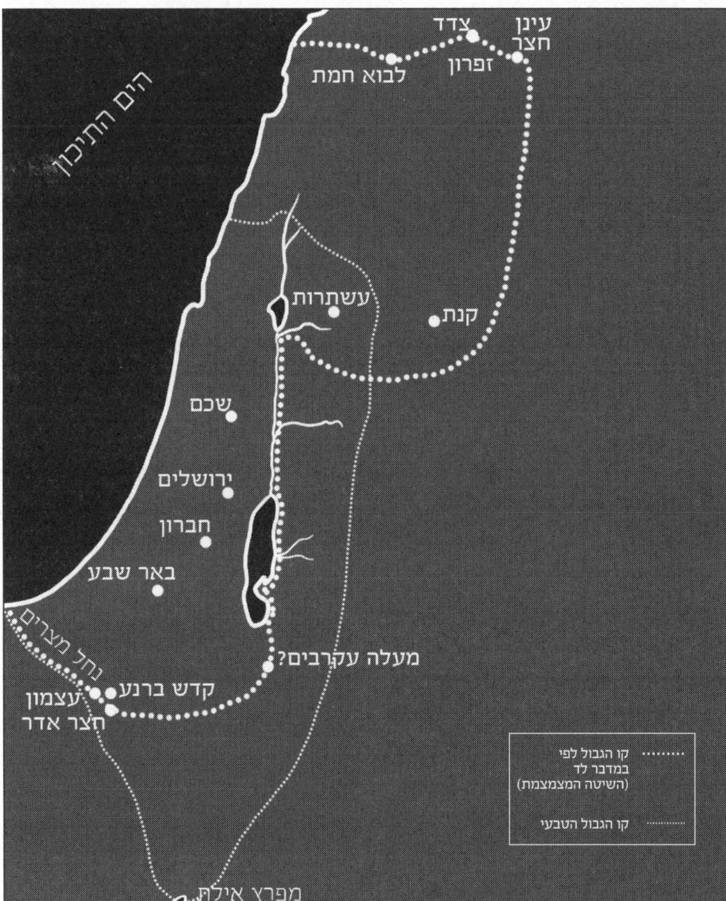

העולם

מַעֲלֵה עַקְרַבִּים מקובל לזהותו עם נקב א-צפא, כ-20 ק"מ מדרום-מזרח לדימונה.

חֲצַר אַדָּר ייתכן שהיא חצרון שבגבול נחלת שבט יהודה (ראו יהושע טו,ג). לחלופין היא זוהתה עם עין קדיס הסמוכה לקדש ברנע.

עַצְמוֹן מקובל לזהותה עם אל-קוצימה, 30 ק"מ ממערב לניצנה.

תּוֹצְאֹתָיו הַיָּמָּה: וּגְבוּל יָם וְהָיָה לָכֶם הַיָּם הַגָּדוֹל ו
וּגְבוּל זֶה־יִהְיֶה לָכֶם גְּבוּל יָם: וְזֶה־יִהְיֶה לָכֶם גְּבוּל ז
צָפוֹן מִן־הַיָּם הַגָּדֹל תְּתָאוּ לָכֶם הֹר הָהָר: מֵהֹר הָהָר ח
תְּתָאוּ לְבֹא חֲמָת וְהָיוּ תּוֹצְאֹת הַגְּבֻל צְדָדָה: וְיָצָא ט
הַגְּבֻל זִפְרֹנָה וְהָיוּ תוֹצְאֹתָיו חֲצַר עֵינָן זֶה־יִהְיֶה לָכֶם
גְּבוּל צָפוֹן: וְהִתְאַוִּיתֶם לָכֶם לִגְבוּל קֵדְמָה מֵחֲצַר י
עֵינָן שְׁפָמָה: וְיָרַד הַגְּבֻל מִשְּׁפָם הָרִבְלָה מִקֶּדֶם לָעָיִן יא
וְיָרַד הַגְּבֻל וּמָחָה עַל־כֶּתֶף יָם־כִּנֶּרֶת קֵדְמָה: וְיָרַד יב

רש"י

קָדֵשׁ בַּרְנֵעַ, וְרֹחַב אוֹתָהּ רְצוּעָה שֶׁבָּלְטָה לְצַד צָפוֹן הָיְתָה מִקָּדֵשׁ עַד עַצְמוֹן, וּמִשָּׁם וָהָלְאָה נִתְקַצֵּר הַמֵּצַר וְנָסַב לְצַד הַדָּרוֹם וּבָא לוֹ לְנַחַל מִצְרַיִם, וּמִשָּׁם לְצַד הַמַּעֲרָב אֶל הַיָּם הַגָּדוֹל, שֶׁהוּא מֵצַר מַעֲרָבָהּ שֶׁל כָּל אֶרֶץ יִשְׂרָאֵל, נִמְצָא שֶׁנַּחַל מִצְרַיִם בְּמִקְצוֹעַ מַעֲרָבִית דְּרוֹמִית:

ה| **וְהָיוּ תוֹצְאֹתָיו הַיָּמָּה.** אֶל מֵצַר הַמַּעֲרָב, שֶׁאֵין עוֹד גְּבוּל נֶגֶב מַאֲרִיךְ לְצַד הַמַּעֲרָב מִשָּׁם וָהָלְאָה:

ו| **וּגְבוּל יָם.** וּמֵצַר מַעֲרָבִי מַהוּ?: **וְהָיָה לָכֶם הַיָּם הַגָּדוֹל.** לְמֵצַר: **וּגְבוּל.** הַנִּסִּין שֶׁבְּתוֹךְ הַיָּם אַף הֵם מִן הַגְּבוּל, וְהֵם אִיִּים שֶׁקּוֹרִין אישל"ש:

ז| **וּגְבוּל צָפוֹן.** מֵצַר צָפוֹן: **מִן הַיָּם הַגָּדֹל תְּתָאוּ לָכֶם הֹר הָהָר.** שֶׁהוּא בְּמִקְצוֹעַ צְפוֹנִית מַעֲרָבִית, וְרֹאשׁוֹ מַשְׁפִּיעַ וְנִכְנָס לְתוֹךְ הַיָּם, וְיֵשׁ מֵרֹחַב הַיָּם לִפְנִים הֵימֶנּוּ וְחוּצָה הֵימֶנּוּ: **תְּתָאוּ.** תַּשְׁפְּעוּ לָכֶם לִנְטוֹת מִמַּעֲרָב לְצָפוֹן אֶל הֹר הָהָר: **תְּתָאוּ.** לְשׁוֹן סִבָּה, כְּמוֹ: "אֶל תָּא הָרָצִים" (דברי הימים ב' יב, יא), "וְתָאֵי הַשַּׁעַר" (יחזקאל מ, י), הַיָּבִיעַ שֶׁקּוֹרִין אפנדי"ץ, שֶׁהוּא מוּסָב וּמְשֻׁפָּע:

ח| **מֵהֹר הָהָר.** תָּסֹבּוּ וְתֵלְכוּ אֶל מֵצַר הַצָּפוֹן לְצַד הַמִּזְרָח, וְתִפְגְּעוּ בִּ"לְבֹא חֲמָת", זוֹ אַנְטוֹכְיָא: **תּוֹצְאֹת הַגְּבֻל.** סוֹפֵי הַגְּבוּל. כָּל מָקוֹם שֶׁנֶּאֱמַר: 'תּוֹצְאוֹת הַגְּבוּל', אוֹ הַמֵּצַר כָּלֶה שָׁם לְגַמְרֵי וְאֵינוֹ עוֹבֵר לְהַלָּן כְּלָל, אוֹ מִשָּׁם מִתְפַּשֵּׁט וּמַרְחִיב וְיוֹצֵא לַאֲחוֹרָיו לְהִמָּשֵׁךְ לְהַלָּן בַּאֲלַכְסוֹן יוֹתֵר מִן הָרֹחַב הָרִאשׁוֹן, וּלְעִנְיַן רֹחַב הַמִּדָּה הָרִאשׁוֹן קְרָאוֹ 'תּוֹצָאוֹת', שֶׁשָּׁם כָּלְתָה אוֹתָהּ מִדָּה:

ט-יב| **וְהָיוּ תוֹצְאֹתָיו חֲצַר עֵינָן.** הוּא הָיָה סוֹף הַמֵּצַר הַצְּפוֹנִי, וְנִמְצָא חֲצַר עֵינָן בְּמִקְצוֹעַ צְפוֹנִית מִזְרָחִית, וּמִשָּׁם "וְהִתְאַוִּיתֶם לָכֶם" אֶל מֵצַר הַמִּזְרָחִי: **וְהִתְאַוִּיתֶם.** לְשׁוֹן הֲסִבָּה וּנְטִיָּה, כְּמוֹ: "תְּתָאוּ": **שְׁפָמָה.** בַּמֵּצַר הַמִּזְרָחִי, וּמִשָּׁם הָרִבְלָה: **מִקֶּדֶם לָעָיִן.** שֵׁם מָקוֹם, וְהַמֵּצַר הוֹלֵךְ בְּמִזְרָחוֹ, נִמְצָא הָעַיִן לִפְנִים מִן הַמֵּצַר, וּמֵאֶרֶץ יִשְׂרָאֵל הוּא: **וְיָרַד הַגְּבֻל.** כָּל שֶׁהַגְּבוּל הוֹלֵךְ מִצָּפוֹן לְדָרוֹם, הוּא יוֹרֵד וְהוֹלֵךְ: **וּמָחָה עַל כֶּתֶף יָם כִּנֶּרֶת קֵדְמָה.** שֶׁיְּהֵא יָם כִּנֶּרֶת תּוֹךְ לַגְּבוּל בַּמַּעֲרָב, וְהַגְּבוּל בְּמִזְרַח יָם כִּנֶּרֶת, וּמִשָּׁם יָרַד אֶל הַיַּרְדֵּן, וְהַיַּרְדֵּן מוֹשֵׁךְ וּבָא מִן הַצָּפוֹן לַדָּרוֹם בַּאֲלַכְסוֹן, נוֹטֶה לְצַד מִזְרָח, וּמִתְקָרֵב לְצַד אֶרֶץ כְּנַעַן כְּנֶגֶד יָם כִּנֶּרֶת, וּמוֹשֵׁךְ לְצַד מִזְרָחָהּ שֶׁל אֶרֶץ יִשְׂרָאֵל כְּנֶגֶד יָם כִּנֶּרֶת, עַד שֶׁנּוֹפֵל בְּיָם הַמֶּלַח, וּמִשָּׁם כָּלָה הַגְּבוּל

ביאור

ו **וּגְבוּל יָם**, מערב – **וְהָיָה לָכֶם הַיָּם הַגָּדוֹל**, הים התיכון **וּגְבוּל**, כולל מה
שסמוך לשפת הים, כולל שוניות ואיים קטנים.[20] **זֶה יִהְיֶה לָכֶם גְּבוּל יָם.**

ז **וְזֶה יִהְיֶה לָכֶם גְּבוּל צָפוֹן: מִן הַיָּם הַגָּדֹל** במערב **תְּתָאוּ לָכֶם**, תפנו
ותבואו,[21] או: תסמנו לכם תוואי[22] הפונה כלפי **הֹר הָהָר.** ח **מֵהֹר**
הָהָר תְּתָאוּ לְבֹא חֲמָת, הדרך אל חמת,[23] או: שם מקום הוא השוכן
בארץ חמת.[24] **וְהָיוּ תּוֹצְאֹת הַגְּבֻל צְדָדָה**, לצדד. ט **וְיָצָא הַגְּבֻל זִפְרֹנָה**,
לזפרון. **וְהָיוּ תוֹצְאֹתָיו חֲצַר עֵינָן, זֶה יִהְיֶה לָכֶם גְּבוּל צָפוֹן.** גם אם אין
ודאות לגבי זיהוי כל האתרים הללו, הם נמצאים בסביבות הגבול
הצפוני של סוריה היום.[25] גבולה הצפוני של הארץ מגיע רחוק מאוד,
כך שהארץ כוללת, למשל, את העיר חֲלַב שבצפון סוריה.

י **וְהִתְאַוִּיתֶם לָכֶם**, צרו תוואי, סמנו קו **לִגְבוּל קֵדְמָה**, מזרח – **מֵחֲצַר**
עֵינָן שְׁפָמָה. יא **וְיָרַד הַגְּבֻל מִשְּׁפָם הָרִבְלָה, מִקֶּדֶם לָעַיִן**, למעיין כלשהו,
או: לימת החולה. **וְיָרַד הַגְּבֻל** משם כמעט בקו ישר, **וּמָחָה**, ויתחכך,
וייגע **עַל כֶּתֶף יָם כִּנֶּרֶת קֵדְמָה**, בשפתו המזרחית של ים כנרת. יב **וְיָרַד**

הרחבות

גבולות אלה נקראים במסורת 'גבול עולי מצרים' (חגיגה ג ע"ב). כל המרחב הזה לא היה בפועל מעולם בידי ישראל. תמיד היו מובלעות שישבו בהן גויים, שאפילו לא ניסו לכבוש אותן. למשל, ברצועת חוף בשפלה הדרומית ישבו פלשתים, וגם כאשר ניסו לכבשה בימי דוד, בזמן שלמה וכנראה גם בתקופת החשמונאים לא הושלם הדבר. באזורי צור וצידון, שבהם ישבו הפיניקים, הצורים והצידונים, אף לא ניסו להילחם. אמנם בזמן דוד ושלמה הגיע הגבול עד לקצה הצפוני ואולי אף מעבר לו, (על שלמה נאמר בדברי הימים ב' ח,א-ו, שבנה את העיר תדמור, נווה מדבר השוכן במדבר הסורי, הרחק מזרחה לגבול המופיע כאן), אך כיבוש שלם של כל גבולות הארץ לא התממש מעולם. תבנית הארץ המתוארת פה כוללת את כל ארץ ישראל של ימינו, להוציא הגבול הצפוני, הכולל את רובה של סוריה של היום; ומנגד, לפי דעות מסוימות, אין הגבולות הללו כוללים את הנגב הדרומי המצוי היום בידינו.

העולם

לְבֹא חֲמָת ראו לעיל יג,כא.

צְדָדָה מקובל לזהותה עם הכפר צדד, כ–100 ק"מ מדמשק, סמוך לדרך שבין דמשק לחומץ.

זִפְרֹן, חֲצַר עֵינָן היו שזיהו אותן עם שתי נאות המדבר חוארין וקריתין שממזרח לצדד.

רִבְלָה בה היה המרכז השלטוני בארץ חמת שאליו הוגלו מלכי יהודה (מלכים ב' כג,לג; ירמיה לט,ו; נב,כז). מזוהה עם רבלה שעל גדות האורונטס כ–30 ק"מ מדרום לחומץ. ויש טוענים שהתיאורים מִקֶּדֶם לָעָיִן; וְיָרַד אינם מתאימים לעיר זו אלא לרבלה אחרת, מדרום–מזרח לשם, סמוך לכנרת. היה מי שזיהה אותה עם ח'רבת עיון שמצפון לירמוך כ–5 ק"מ ממזרח לכנרת.

הַגְּבוּל הַיַּרְדֵּנָה וְהָיוּ תוֹצְאֹתָיו יָם הַמֶּלַח זֹאת תִּהְיֶה
לָכֶם הָאָרֶץ לִגְבֻלֹתֶיהָ סָבִיב: וַיְצַו מֹשֶׁה אֶת־בְּנֵי יג
יִשְׂרָאֵל לֵאמֹר זֹאת הָאָרֶץ אֲשֶׁר תִּתְנַחֲלוּ אֹתָהּ
בְּגוֹרָל אֲשֶׁר צִוָּה יהוה לָתֵת לְתִשְׁעַת הַמַּטּוֹת וַחֲצִי
הַמַּטֶּה: כִּי לָקְחוּ מַטֵּה בְנֵי הָרְאוּבֵנִי לְבֵית אֲבֹתָם יד
וּמַטֵּה בְנֵי־הַגָּדִי לְבֵית אֲבֹתָם וַחֲצִי מַטֵּה מְנַשֶּׁה
לָקְחוּ נַחֲלָתָם: שְׁנֵי הַמַּטּוֹת וַחֲצִי הַמַּטֶּה לָקְחוּ טו
נַחֲלָתָם מֵעֵבֶר לְיַרְדֵּן יְרֵחוֹ קֵדְמָה מִזְרָחָה:

רביעי /ששי/

וַיְדַבֵּר יהוה אֶל־מֹשֶׁה לֵּאמֹר: אֵלֶּה שְׁמוֹת הָאֲנָשִׁים טז יז
אֲשֶׁר־יִנְחֲלוּ לָכֶם אֶת־הָאָרֶץ אֶלְעָזָר הַכֹּהֵן וִיהוֹשֻׁעַ
בִּן־נוּן: וְנָשִׂיא אֶחָד נָשִׂיא אֶחָד מִמַּטֶּה תִּקְחוּ לִנְחֹל יח
אֶת־הָאָרֶץ: וְאֵלֶּה שְׁמוֹת הָאֲנָשִׁים לְמַטֵּה יְהוּדָה יט
כָּלֵב בֶּן־יְפֻנֶּה: וּלְמַטֵּה בְּנֵי שִׁמְעוֹן שְׁמוּאֵל בֶּן־ כ
עַמִּיהוּד: לְמַטֵּה בִנְיָמִן אֱלִידָד בֶּן־כִּסְלוֹן: וּלְמַטֵּה כא כב
בְנֵי־דָן נָשִׂיא בֻּקִּי בֶּן־יָגְלִי: לִבְנֵי יוֹסֵף לְמַטֵּה בְנֵי־ כג
מְנַשֶּׁה נָשִׂיא חַנִּיאֵל בֶּן־אֵפֹד: וּלְמַטֵּה בְנֵי־אֶפְרַיִם כד
נָשִׂיא קְמוּאֵל בֶּן־שִׁפְטָן: וּלְמַטֵּה בְנֵי־זְבוּלֻן נָשִׂיא כה

רש"י

בְּתוֹצְאוֹתָיו אֶל יָם הַמֶּלַח, שֶׁמִּמֶּנּוּ הִתְחַלְתָּ מֶגֶר מִקְצוֹעַ דְּרוֹמִית מִזְרָחִית, הֲרֵי סִבַּבְתָּ אוֹתָהּ לְאַרְבַּע רוּחוֹתֶיהָ:

טו קֵדְמָה מִזְרָחָה. אֶל פְּנֵי הָעוֹלָם שֶׁהֵם בַּמִּזְרָח, שֶׁרוּחַ מִזְרָחִית קְרוּיָה פָּנִים וּמַעֲרָבִית קְרוּיָה אָחוֹר, לְפִיכָךְ דָּרוֹם לַיָּמִין וְצָפוֹן לַשְּׂמֹאל:

יז אֲשֶׁר יִנְחֲלוּ לָכֶם. בִּשְׁבִילְכֶם, כָּל נָשִׂיא וְנָשִׂיא אַפּוֹטְרוֹפּוֹס לְשִׁבְטוֹ, וּמְחַלֵּק נַחֲלַת הַשֵּׁבֶט לְמִשְׁפָּחוֹת וְלִגְבָרִים, וּבוֹרֵר לְכָל אֶחָד וְאֶחָד חֵלֶק הָגוּן, וּמַה שֶּׁהֵם עוֹשִׂים יִהְיֶה עָשׂוּי כְּאִלּוּ עֲשָׂאוּם שְׁלוּחִים. וְלֹא יִתָּכֵן לְפָרֵשׁ 'לָכֶם' זֶה כְּכָל 'לָכֶם' שֶׁבַּמִּקְרָא, שֶׁאִם כֵּן הָיָה לוֹ לִכְתֹּב: 'יַנְחִילוּ לָכֶם', "יִנְחֲלוּ" מַשְׁמָע שֶׁהֵם נוֹחֲלִים לָכֶם בִּשְׁבִילְכֶם וּבִמְקוֹמְכֶם, כְּמוֹ: "ה' יִלָּחֵם לָכֶם" (שמות יד, יד):

יח לִנְחֹל אֶת הָאָרֶץ. שֶׁיְּהֵא נוֹחֵל וְחוֹלֵק אוֹתָהּ בִּמְקוֹמְכֶם:

ביאור

הַגְּבוּל הַיַּרְדֵּנָה, אל הירדן, וְהָיוּ תוֹצְאֹתָיו – סופו בְּיָם הַמֶּלַח.
זֹאת תִּהְיֶה לָכֶם הָאָרֶץ לִגְבֻלֹתֶיהָ סָבִיב.

יג וַיְצַו מֹשֶׁה אֶת בְּנֵי יִשְׂרָאֵל לֵאמֹר: זֹאת הָאָרֶץ אֲשֶׁר תִּתְנַחֲלוּ אֹתָהּ בְּגוֹרָל,
אֲשֶׁר צִוָּה ה׳ לָתֵת לְתִשְׁעַת הַמַּטּוֹת, השבטים וַחֲצִי הַמַּטֶּה. יד כִּי לָקְחוּ
מַטֵּה בְנֵי הָרְאוּבֵנִי לְבֵית אֲבֹתָם חלק, וּמַטֵּה בְנֵי הַגָּדִי לְבֵית אֲבֹתָם וַחֲצִי
מַטֵּה מְנַשֶּׁה לָקְחוּ נַחֲלָתָם בעבר הירדן. טו שְׁנֵי הַמַּטּוֹת וַחֲצִי הַמַּטֶּה לָקְחוּ
את נַחֲלָתָם מֵעֵבֶר לְיַרְדֵּן יְרֵחוֹ קֵדְמָה מִזְרָחָה, בעבר הירדן המזרחי.[26]

טז וַיְדַבֵּר ה׳ אֶל מֹשֶׁה לֵּאמֹר: יז אֵלֶּה שְׁמוֹת הָאֲנָשִׁים אֲשֶׁר יִנְחֲלוּ
לָכֶם, יפקחו כשתחלקו אֶת הָאָרֶץ: אֶלְעָזָר הַכֹּהֵן הגדול, וִיהוֹשֻׁעַ בִּן
נוּן. יח וְנָשִׂיא אֶחָד, נָשִׂיא אֶחָד מִכל מַטֶּה, תִּקְחוּ כנציגיהם לִנְחֹל אֶת
הָאָרֶץ.

יט וְאֵלֶּה שְׁמוֹת הָאֲנָשִׁים: לְמַטֵּה יְהוּדָה – כָּלֵב בֶּן יְפֻנֶּה, שהיה מהזקנים
הבודדים שנשארו מיוצאי מצרים. כ וּלְמַטֵּה בְּנֵי שִׁמְעוֹן – שְׁמוּאֵל
בֶּן עַמִּיהוּד. כא לְמַטֵּה בִנְיָמִן – אֱלִידָד בֶּן כִּסְלוֹן. כב וּלְמַטֵּה בְנֵי דָן היה
נָשִׂיא – בֻּקִּי בֶּן יָגְלִי. כג לִבְנֵי יוֹסֵף: לְמַטֵּה בְנֵי מְנַשֶּׁה נָשִׂיא – חַנִּיאֵל בֶּן
אֵפֹד. כד וּלְמַטֵּה בְנֵי אֶפְרַיִם נָשִׂיא – קְמוּאֵל בֶּן שִׁפְטָן. כה וּלְמַטֵּה בְּנֵי

הרחבות

'ולמטה בני דן נשיא' נראה שבשבטים הקודמים לא היה מדובר בנשיא אלא באיש נכבד מבני השבט, שאמנם נמנה כאן כנשיא, אך רק לצורך חלוקת הנחלות ולא לעניינים אחרים. לכן הם נזכרו בשמותיהם בלבד, ללא התואר 'נשיא'. (ראו העמק דבר).

אֱלִיצָפָן בֶּן־פַּרְנָךְ׃ וּלְמַטֵּה בְנֵי־יִשָּׂשכָר נָשִׂיא כו
פַּלְטִיאֵל בֶּן־עַזָּן׃ וּלְמַטֵּה בְנֵי־אָשֵׁר נְשִׂיא אֲחִיהוּד כז
בֶּן־שְׁלֹמִי׃ וּלְמַטֵּה בְנֵי־נַפְתָּלִי נָשִׂיא פְּדַהְאֵל בֶּן־ כח
עַמִּיהוּד׃ אֵלֶּה אֲשֶׁר צִוָּה יְהוָה לְנַחֵל אֶת־בְּנֵי־ כט
יִשְׂרָאֵל בְּאֶרֶץ כְּנָעַן׃

חמישי וַיְדַבֵּר יְהוָה אֶל־מֹשֶׁה בְּעַרְבֹת מוֹאָב עַל־יַרְדֵּן יְרֵחוֹ א לה
לֵאמֹר׃ צַו אֶת־בְּנֵי יִשְׂרָאֵל וְנָתְנוּ לַלְוִיִּם מִנַּחֲלַת ב
אֲחֻזָּתָם עָרִים לָשָׁבֶת וּמִגְרָשׁ לֶעָרִים סְבִיבֹתֵיהֶם
תִּתְּנוּ לַלְוִיִּם׃ וְהָיוּ הֶעָרִים לָהֶם לָשָׁבֶת וּמִגְרְשֵׁיהֶם ג
יִהְיוּ לִבְהֶמְתָּם וְלִרְכֻשָׁם וּלְכֹל חַיָּתָם׃ וּמִגְרְשֵׁי הֶעָרִים ד
אֲשֶׁר תִּתְּנוּ לַלְוִיִּם מִקִּיר הָעִיר וָחוּצָה אֶלֶף אַמָּה
סָבִיב׃ וּמַדֹּתֶם מִחוּץ לָעִיר אֶת־פְּאַת־קֵדְמָה אַלְפַּיִם ה
בָּאַמָּה וְאֶת־פְּאַת־נֶגֶב אַלְפַּיִם בָּאַמָּה וְאֶת־פְּאַת־
יָם ׀ אַלְפַּיִם בָּאַמָּה וְאֵת פְּאַת צָפוֹן אַלְפַּיִם בָּאַמָּה
וְהָעִיר בַּתָּוֶךְ זֶה יִהְיֶה לָהֶם מִגְרְשֵׁי הֶעָרִים׃ וְאֵת ו
הֶעָרִים אֲשֶׁר תִּתְּנוּ לַלְוִיִּם אֵת שֵׁשׁ־עָרֵי הַמִּקְלָט
אֲשֶׁר תִּתְּנוּ לָנֻס שָׁמָּה הָרֹצֵחַ וַעֲלֵיהֶם תִּתְּנוּ אַרְבָּעִים
וּשְׁתַּיִם עִיר׃ כָּל־הֶעָרִים אֲשֶׁר תִּתְּנוּ לַלְוִיִּם אַרְבָּעִים ז
וּשְׁמֹנֶה עִיר אֶתְהֶן וְאֶת־מִגְרְשֵׁיהֶן׃ וְהֶעָרִים אֲשֶׁר ח

רש"י

כט) לְנַחֵל אֶת בְּנֵי יִשְׂרָאֵל. שֶׁהֵם יַנְחִילוּ אוֹתָהּ לָהֶם לְמַחְלְקוֹתֶיהָ:

פרק לה

ב) וּמִגְרָשׁ. רֶוַח מָקוֹם חָלָק חוּץ לָעִיר סָבִיב לִהְיוֹת לְנוֹי לָעִיר, וְאֵין רַשָּׁאִין לִבְנוֹת שָׁם בַּיִת וְלֹא לִנְטֹעַ כֶּרֶם וְלֹא לִזְרֹעַ זְרִיעָה:

ג) וּלְכֹל חַיָּתָם. לְכָל צָרְכֵיהֶם:

ד) אֶלֶף אַמָּה סָבִיב. וְאַחֲרָיו הוּא אוֹמֵר: "אַלְפַּיִם בָּאַמָּה" (פסוק ה), הָא כֵּיצַד? אַלְפַּיִם הוּא נוֹתֵן לָהֶם סָבִיב, וּמֵהֶם אֶלֶף הַפְּנִימִיִּים לְמִגְרָשׁ וְהַחִיצוֹנִים לְשָׂדוֹת וּכְרָמִים:

ביאור | זְבוּלֻן נָשִׂיא – אֱלִיצָפָן בֶּן פַּרְנָךְ. כו וּלְמַטֵּה בְנֵי יִשָּׂשכָר נָשִׂיא – פַּלְטִיאֵל
בֶּן עַזָּן. כז וּלְמַטֵּה בְנֵי אָשֵׁר נָשִׂיא – אֲחִיהוּד בֶּן שְׁלֹמִי. כח וּלְמַטֵּה בְּנֵי
נַפְתָּלִי נָשִׂיא – פְּדַהְאֵל בֶּן עַמִּיהוּד.

כט אֵלֶּה האנשים אֲשֶׁר צִוָּה ה׳ לְנַחֵל אֶת בְּנֵי יִשְׂרָאֵל, לדאוג שהכול
ינחלו כראוי בְּאֶרֶץ כְּנָעַן.

כל אחד מתשעת השבטים וחצי יקבל נחלה הגונה ממערב לירדן.
לראובן, גד וחצי שבט מנשה כבר הובטחה נחלה ממזרח לירדן. עתה
מצווה ה׳ שכל אחד מהשבטים יפריש אזורי מגורים ללויים. פרק
לה א וַיְדַבֵּר ה׳ אֶל מֹשֶׁה בְּעַרְבֹת מוֹאָב עַל יַרְדֵּן יְרֵחוֹ לֵאמֹר: ב צַו אֶת בְּנֵי
יִשְׂרָאֵל, וְנָתְנוּ לַלְוִיִּם מִנַּחֲלַת אֲחֻזָּתָם עָרִים לָשָׁבֶת. וּמִגְרָשׁ לֶעָרִים, תחום
פתוח סְבִיבֹתֵיהֶם תִּתְּנוּ לַלְוִיִּם. ג וְהָיוּ הֶעָרִים לָהֶם לָשָׁבֶת, וּמִגְרְשֵׁיהֶם של
הערים יִהְיוּ לִבְהֶמְתָּם וְלִרְכֻשָׁם וּלְכֹל חַיָּתָם, צרכי מחייתם.[27] ד וּמִגְרְשֵׁי
הֶעָרִים אֲשֶׁר תִּתְּנוּ לַלְוִיִּם – מִקִּיר, מחומת הָעִיר וָחוּצָה אֶלֶף אַמָּה
סָבִיב. ה ובסך הכול – וּמַדֹּתֶם מִחוּץ לכל עִיר אֶת פְּאַת קֵדְמָה, הצד
הפונה מזרחה – אַלְפַּיִם בָּאַמָּה, וְאֶת פְּאַת נֶגֶב, דרום – אַלְפַּיִם בָּאַמָּה,
וְאֶת פְּאַת יָם, מערב – אַלְפַּיִם בָּאַמָּה, וְאֵת פְּאַת צָפוֹן – אַלְפַּיִם בָּאַמָּה,
וְהָעִיר בַּתָּוֶךְ. זֶה יִהְיֶה לָהֶם מִגְרְשֵׁי הֶעָרִים.

ו וְאֵת, בכלל הֶעָרִים אֲשֶׁר תִּתְּנוּ לַלְוִיִּם – אֵת שֵׁשׁ עָרֵי הַמִּקְלָט אֲשֶׁר תִּתְּנוּ
לָנֻס, לברוח שָׁמָּה, אליהן הָרֹצֵחַ. שש מערי הלויים יהיו ערי מקלט.
וַעֲלֵיהֶם תוסיפו וְתִתְּנוּ עוד אַרְבָּעִים וּשְׁתַּיִם עִיר. ז כָּל הֶעָרִים אֲשֶׁר תִּתְּנוּ
לַלְוִיִּם – אַרְבָּעִים וּשְׁמֹנֶה עִיר, אֶתְהֶן – את הערים עצמן, וְאֶת מִגְרְשֵׁיהֶן
מסביב. כיוון שנחלות ישראל טרם הוגדרו, אין כאן פירוט של הערים

’וּמַדֹּתֶם מחוץ לעיר את פאת קדמה...׳ מחוץ לכל עיר ימדדו צורת ריבוע, (ראו רמב״ן והעמק דבר), בשיעור אלפיים אמה מכל צדדיה. אלף אמה מתוך האלפיים הן מגרש. ייעודו של האלף הנוסף אינו מוגדר כאן, וכנראה ישמש ליערות ולצרכים שונים של העיר, כגון שדות וכרמים. (ראו רש״י פס׳ ד; סוטה כז ע״ב; עירובין נו ע״ב). אף השטח כולו קרוי ’מגרש׳, במשמעותה הרחבה של המלה.

הרחבות | ’לָנֻס שמה הרֹצח. ועליהם תתנו ארבעים ושתים עיר׳ לפי מסורת חכמים, אל כל ערי הלויים ברחו רוצחים כדי להיקלט, לפחות באופן זמני בהסכמת בני העיר, אך רק שש ערים מתוכן יועדו מראש לכך, ובדרכים אליהן הוצב שילוט שכיוון אליהן. (ראו מכות י ע״א; יג ע״א וליקוטי שפת אמת; אור החיים על אתר; דברי הימים א׳ ו,מב–מג).

תִּתְּנוּ מֵאֲחֻזַּת בְּנֵי־יִשְׂרָאֵל מֵאֵת הָרַב תַּרְבּוּ וּמֵאֵת
הַמְעַט תַּמְעִיטוּ אִישׁ כְּפִי נַחֲלָתוֹ אֲשֶׁר יִנְחָלוּ יִתֵּן
מֵעָרָיו לַלְוִיִּם׃

ששי /שביעי/

לב וַיְדַבֵּר יְהוָה אֶל־מֹשֶׁה לֵּאמֹר׃ י דַּבֵּר אֶל־בְּנֵי יִשְׂרָאֵל ט
וְאָמַרְתָּ אֲלֵהֶם כִּי אַתֶּם עֹבְרִים אֶת־הַיַּרְדֵּן אַרְצָה
כְּנָעַן׃ וְהִקְרִיתֶם לָכֶם עָרִים עָרֵי מִקְלָט תִּהְיֶינָה יא
לָכֶם וְנָס שָׁמָּה רֹצֵחַ מַכֵּה־נֶפֶשׁ בִּשְׁגָגָה׃ וְהָיוּ לָכֶם יב
הֶעָרִים לְמִקְלָט מִגֹּאֵל וְלֹא יָמוּת הָרֹצֵחַ עַד־עָמְדוֹ
לִפְנֵי הָעֵדָה לַמִּשְׁפָּט׃ וְהֶעָרִים אֲשֶׁר תִּתֵּנוּ שֵׁשׁ־ יג
עָרֵי מִקְלָט תִּהְיֶינָה לָכֶם׃ אֵת ׀ שְׁלֹשׁ הֶעָרִים תִּתְּנוּ יד
מֵעֵבֶר לַיַּרְדֵּן וְאֵת שְׁלֹשׁ הֶעָרִים תִּתְּנוּ בְּאֶרֶץ כְּנָעַן
עָרֵי מִקְלָט תִּהְיֶינָה׃ לִבְנֵי יִשְׂרָאֵל וְלַגֵּר וְלַתּוֹשָׁב טו
בְּתוֹכָם תִּהְיֶינָה שֵׁשׁ־הֶעָרִים הָאֵלֶּה לְמִקְלָט לָנוּס
שָׁמָּה כָּל־מַכֵּה־נֶפֶשׁ בִּשְׁגָגָה׃ וְאִם־בִּכְלִי בַרְזֶל ׀ טז

רש"י

יא] **וְהִקְרִיתֶם.** אֵין הַקְרָיָה אֶלָּא לְשׁוֹן הַזְמָנָה, וְכֵן הוּא אוֹמֵר: "כִּי הִקְרָה ה' אֱלֹהֶיךָ לְפָנָי" (בראשית כז, כ).

יב] **מִגֹּאֵל.** מִפְּנֵי גּוֹאֵל הַדָּם שֶׁהוּא קָרוֹב לַנִּרְצָח.

יג] **שֵׁשׁ עָרֵי מִקְלָט.** מַגִּיד שֶׁאַף עַל פִּי שֶׁהִבְדִּיל מֹשֶׁה בְּחַיָּיו שָׁלֹשׁ עָרִים בְּעֵבֶר הַיַּרְדֵּן, לֹא הָיוּ קוֹלְטוֹת עַד שֶׁנִּבְחֲרוּ שָׁלֹשׁ שֶׁנָּתַן יְהוֹשֻׁעַ בְּאֶרֶץ כְּנַעַן.

יד] **אֵת שְׁלֹשׁ הֶעָרִים וְגוֹ'.** אַף עַל פִּי שֶׁבְּאֶרֶץ כְּנַעַן תִּשְׁעָה שְׁבָטִים וְכָאן אֵינָן אֶלָּא שְׁנַיִם, הִשְׁוָה מִנְיַן עָרֵי מִקְלָט שֶׁלָּהֶם, מִשּׁוּם דִּבְגִלְעָד נְפִישֵׁי רוֹצְחִים, דִּכְתִיב: "גִּלְעָד קִרְיַת פֹּעֲלֵי אָוֶן עֲקֻבָּה מִדָּם" (הושע ו, ח).

טז] **וְאִם בִּכְלִי בַרְזֶל הִכָּהוּ.** אֵין זֶה מְדַבֵּר בְּהוֹרֵג בְּשׁוֹגֵג אֶלָּא בְּהוֹרֵג בְּמֵזִיד, וּבָא לְלַמֵּד שֶׁהַהוֹרֵג בְּכָל דָּבָר צָרִיךְ שֶׁיְּהֵא בּוֹ שִׁעוּר כְּדֵי לְהָמִית, שֶׁנֶּאֱמַר בְּכֻלָּם: "אֲשֶׁר יָמוּת בּוֹ", כְּדִמְתַרְגְּמִינַן: "דְּהִיא כְמִסַּת דִּימוּת בַּהּ", חוּץ מִן הַבַּרְזֶל, שֶׁגָּלוּי וְיָדוּעַ לִפְנֵי הַקָּדוֹשׁ בָּרוּךְ הוּא שֶׁהַבַּרְזֶל מֵמִית בְּכָל שֶׁהוּא, אֲפִלּוּ מַחַט, לְפִיכָךְ לֹא נָתְנָה בּוֹ תּוֹרָה שִׁעוּר לִכְתֹּב בּוֹ: 'אֲשֶׁר יָמוּת בּוֹ'. וְאִם תֹּאמַר בְּהוֹרֵג בְּשׁוֹגֵג הַכָּתוּב מְדַבֵּר, הֲרֵי הוּא אוֹמֵר לְמַטָּה: "אוֹ בְכָל אֶבֶן אֲשֶׁר יָמוּת בָּהּ בְּלֹא רְאוֹת" וְגוֹ' (להלן פסוק

ביאור

הללו. ח וְהֶעָרִים אֲשֶׁר תִּתְּנוּ מֵאֲחֻזַּת בְּנֵי יִשְׂרָאֵל – מֵאֵת השבט הָרַב,
הגדול תַּרְבּוּ, תתנו ללויים ערים רבות יותר, וּמֵאֵת הַמְעַט, השבט
הקטן תַּמְעִיטוּ.[28] אִישׁ כְּפִי נַחֲלָתוֹ אֲשֶׁר יִנְחָלוּ יִתֵּן מֵעָרָיו לַלְוִיִּם. הלויים
יקבלו שטחים קטנים שיהיו מפוזרים בין נחלות השבטים.[29]

כיון שהוזכרו ערי הלויים, חוזרים ומתבארים דיני הרוצח בשגגה,
הבורח אליהן: ט וַיְדַבֵּר ה׳ אֶל מֹשֶׁה לֵּאמֹר: י דַּבֵּר אֶל בְּנֵי יִשְׂרָאֵל
וְאָמַרְתָּ אֲלֵהֶם: כִּי אַתֶּם עֹבְרִים אֶת הַיַּרְדֵּן אַרְצָה כְּנָעַן, יא וְהִקְרִיתֶם,
זמנו, הכינו לָכֶם עָרִים – עָרֵי מִקְלָט תִּהְיֶינָה לָכֶם, וְנָס שָׁמָּה רֹצֵחַ, מַכֵּה
נֶפֶשׁ בִּשְׁגָגָה. יב וְהָיוּ לָכֶם הֶעָרִים לְמִקְלָט מִגֹּאֵל הדם, וְלֹא יָמוּת הָרֹצֵחַ
עַד עָמְדוֹ לִפְנֵי הָעֵדָה לַמִּשְׁפָּט. ערים אלו יקלטו תחילה כל רוצח עד
שיעמוד למשפט, כך שתגונן עליו עיר המקלט שאליה יגיע. הרוצח
המגיע אליה יהיה שרוי תחת חסותו של חוק ה׳ עד שיתברר דינו
ויוחלט אם אכן רצח בשגגה ודינו לגלות לעיר מקלט, שמא רצח
במזיד ודינו במיתת בית דין, או שהוא פטור.[30] יג וְהֶעָרִים אֲשֶׁר
תִּתֵּנוּ – שֵׁשׁ עָרֵי מִקְלָט תִּהְיֶינָה לָכֶם: אֵת שְׁלֹשׁ הֶעָרִים תִּתְּנוּ מֵעֵבֶר לַיַּרְדֵּן,
וְאֵת שְׁלֹשׁ הֶעָרִים תִּתְּנוּ בְּאֶרֶץ כְּנָעַן, עָרֵי מִקְלָט תִּהְיֶינָה.

ולעיקרי הדינים: טו לִבְנֵי יִשְׂרָאֵל וְלַגֵּר וְלַתּוֹשָׁב בְּתוֹכָם תִּהְיֶינָה שֵׁשׁ
הֶעָרִים הָאֵלֶּה לְמִקְלָט, לָנוּס שָׁמָּה כָּל מַכֵּה נֶפֶשׁ בִּשְׁגָגָה.

טז וְאולם אִם בִּכְלִי בַרְזֶל או שאר כלי משחית הִכָּהוּ וַיָּמֹת – רֹצֵחַ הוּא.

הרחבות

'את שלש הערים תתנו מעבר לירדן' אמנם ארץ כנען צפופה ומאוכלסת יותר, אך דווקא משום כך יש צורך בשלוש ערים גם בעבר הירדן המזרחי, שכן שם רב המרחק יותר בין נקודת יישוב אחת לחברתה, ולכן חשוב שבכל חבל ארץ תהיה עיר מקלט. יתר על כן, אמרו חכמים שבגלעד היו מצויים רוצחים, יותר מאשר בעבר הירדן המערבי (מכות ט ע"ב).

הִכָּהוּ וַיָּמֹת רֹצֵחַ הוּא מוֹת יוּמַת הָרֹצֵחַ: וְאִם בְּאֶבֶן יז
יָד אֲשֶׁר־יָמוּת בָּהּ הִכָּהוּ וַיָּמֹת רֹצֵחַ הוּא מוֹת יוּמַת
הָרֹצֵחַ: אוֹ בִּכְלִי עֵץ־יָד אֲשֶׁר־יָמוּת בּוֹ הִכָּהוּ וַיָּמֹת יח
רֹצֵחַ הוּא מוֹת יוּמַת הָרֹצֵחַ: גֹּאֵל הַדָּם הוּא יָמִית יט
אֶת־הָרֹצֵחַ בְּפִגְעוֹ־בוֹ הוּא יְמִתֶנּוּ: וְאִם־בְּשִׂנְאָה כ
יֶהְדָּפֶנּוּ אוֹ־הִשְׁלִיךְ עָלָיו בִּצְדִיָּה וַיָּמֹת: אוֹ בְאֵיבָה כא
הִכָּהוּ בְיָדוֹ וַיָּמֹת מוֹת־יוּמַת הַמַּכֶּה רֹצֵחַ הוּא גֹּאֵל
הַדָּם יָמִית אֶת־הָרֹצֵחַ בְּפִגְעוֹ־בוֹ: וְאִם־בְּפֶתַע בְּלֹא־ כב
אֵיבָה הֲדָפוֹ אוֹ־הִשְׁלִיךְ עָלָיו כָּל־כְּלִי בְּלֹא צְדִיָּה:
אוֹ בְכָל־אֶבֶן אֲשֶׁר־יָמוּת בָּהּ בְּלֹא רְאוֹת וַיַּפֵּל עָלָיו כג
וַיָּמֹת וְהוּא לֹא־אוֹיֵב לוֹ וְלֹא מְבַקֵּשׁ רָעָתוֹ: וְשָׁפְטוּ כד
הָעֵדָה בֵּין הַמַּכֶּה וּבֵין גֹּאֵל הַדָּם עַל הַמִּשְׁפָּטִים
הָאֵלֶּה: וְהִצִּילוּ הָעֵדָה אֶת־הָרֹצֵחַ מִיַּד גֹּאֵל הַדָּם כה
וְהֵשִׁיבוּ אֹתוֹ הָעֵדָה אֶל־עִיר מִקְלָטוֹ אֲשֶׁר־נָס שָׁמָּה
וְיָשַׁב בָּהּ עַד־מוֹת הַכֹּהֵן הַגָּדֹל אֲשֶׁר־מָשַׁח אֹתוֹ

רש"י

כג) לִמֵּד עַל הָחֲמוּרִים לְמַעְלָה שֶׁבַּהוֹרֵג בְּמֵזִיד הַכָּתוּב מְדַבֵּר:

יז) **בְּאֶבֶן יָד.** שֶׁיֵּשׁ בָּהּ מְלֹא יָד: **אֲשֶׁר יָמוּת בָּהּ.** שֶׁיֵּשׁ בָּהּ שִׁעוּר לְהָמִית, כְּתַרְגּוּמוֹ. לְפִי שֶׁנֶּאֱמַר: "וְהִכָּה אִישׁ אֶת רֵעֵהוּ בְּאֶבֶן" (שמות כא, יח) וְלֹא נָתַן בָּהּ שִׁעוּר, יָכוֹל כָּל שֶׁהוּא? לְכָךְ נֶאֱמַר: "אֲשֶׁר יָמוּת בָּהּ":

יח) **אוֹ בִּכְלִי עֵץ יָד.** לְפִי שֶׁנֶּאֱמַר: "וְכִי יַכֶּה אִישׁ אֶת עַבְדּוֹ אוֹ אֶת אֲמָתוֹ בַּשֵּׁבֶט" (שם פסוק כ), יָכוֹל כָּל שֶׁהוּא? לְכָךְ נֶאֱמַר כָּאן: "אֲשֶׁר יָמוּת בּוֹ", שֶׁיְּהֵא בּוֹ כְּדֵי לְהָמִית:

יט) **בְּפִגְעוֹ בוֹ.** אֲפִלּוּ בְּתוֹךְ עָרֵי מִקְלָט:

כ) **בִּצְדִיָּה.** כְּתַרְגּוּמוֹ: "בִּכְמָנָא", בְּמַאֲרָב:

כב) **בְּפֶתַע.** בְּאֹנֶס, וְתַרְגּוּמוֹ: "בִּתְכֵיף", שֶׁהָיָה סָמוּךְ לוֹ, וְלֹא הָיָה לוֹ שָׁהוּת לְהִזָּהֵר עָלָיו:

כג) **אוֹ בְכָל אֶבֶן אֲשֶׁר יָמוּת בָּהּ.** הִכָּהוּ: **בְּלֹא רְאוֹת.** שֶׁלֹּא רָאָהוּ: **וַיַּפֵּל עָלָיו.** מִכָּאן אָמְרוּ, הַהוֹרֵג דֶּרֶךְ יְרִידָה – גּוֹלֶה, דֶּרֶךְ עֲלִיָּה – אֵינוֹ גּוֹלֶה:

כה) **עַד מוֹת הַכֹּהֵן הַגָּדֹל.** שֶׁהוּא בָּא לְהַשְׁרוֹת שְׁכִינָה בְּיִשְׂרָאֵל וּלְהַאֲרִיךְ יְמֵיהֶם, וְהָרוֹצֵחַ בָּא לְסַלֵּק אֶת הַשְּׁכִינָה מִיִּשְׂרָאֵל וּמְקַצֵּר אֶת יְמֵי הַחַיִּים, אֵינוֹ כְּדַאי שֶׁיְּהֵא לִפְנֵי כֹּהֵן גָּדוֹל. דָּבָר אַחֵר, לְפִי שֶׁהָיָה לוֹ לְכֹהֵן גָּדוֹל לְהִתְפַּלֵּל שֶׁלֹּא תֶאֱרַע תַּקָּלָה זוֹ לְיִשְׂרָאֵל בְּחַיָּיו: **אֲשֶׁר**

ביאור

מוֹת יוּמַת הָרֹצֵחַ. מכיוון שהכה את חברו בכוונה בכלי ממית, מניחים
שהתכוון להרוג, והוא נידון כרוצח אלא אם תוכח חפותו. יז **וְכן
אִם בְּאֶבֶן יָד**, אבן שאינה קטנה, המשמשת ככלי עבודה,[31] או: אבן
כמלוא יד[32] **אֲשֶׁר** סביר **שֶׁיָּמוּת בָּהּ הִכָּהוּ וַיָּמֹת – רֹצֵחַ הוּא. מוֹת יוּמַת
הָרֹצֵחַ.** יח **אוֹ בִּכְלִי עֵץ יָד אֲשֶׁר** סביר **שֶׁיָּמוּת בּוֹ הִכָּהוּ וַיָּמֹת – רֹצֵחַ הוּא.**
כשאדם הכה את חברו מכת מוות בכלי העשוי להמית, מניחים
שרצח במזיד. **מוֹת יוּמַת הָרֹצֵחַ.** יט **גֹּאֵל הַדָּם**, שהוא קרובו של הנרצח.
ואם אין לו קרוב – בית הדין מעמידים לו גואל,[33] **הוּא יָמִית אֶת
הָרֹצֵחַ. בְּפִגְעוֹ בוֹ**, כאשר יפגוש אותו **הוּא יְמִתֶנּוּ.** ניתנת לו הרשות
להרוג את הרוצח. כ **וְאִם בְּשִׂנְאָה יֶהְדָּפֶנּוּ**, ללא כלי אלא בהדיפה
שכְּוונה לפגוע בו, **אוֹ הִשְׁלִיךְ עָלָיו** חפץ כלשהו **בִּצְדִיָּה**, בכוונת זדון
וַיָּמֹת כא **אוֹ בְאֵיבָה**, בשנאה **הִכָּהוּ בְיָדוֹ וַיָּמֹת**, בכל אלה – **מוֹת יוּמַת
הַמַּכֶּה, רֹצֵחַ הוּא. גֹּאֵל הַדָּם יָמִית אֶת הָרֹצֵחַ בְּפִגְעוֹ בוֹ.**

כב **וְ**אולם **אִם בְּפֶתַע**, בלי הכנה מראש וללא כוונה,[34] **בְּלֹא אֵיבָה הֲדָפוֹ,
אוֹ הִשְׁלִיךְ עָלָיו כָּל כְּלִי בְּלֹא צְדִיָּה**, בלא תכנון ובלא שזמם להרע
לו, כג **אוֹ בְכָל אֶבֶן אֲשֶׁר יָמוּת בָּהּ בְּלֹא רְאוֹת**, בלי שראה שהנהרג
נזדמן לשם, **וַיַּפֵּל עָלָיו** את האבן, **וַיָּמֹת, וְהוּא לֹא אוֹיֵב לוֹ וְלֹא מְבַקֵּשׁ
רָעָתוֹ** עד כמה שאפשר לבדוק, ואין סיבה נראית לעין לחשוד שביקש
להרגו. כד **וְשָׁפְטוּ הָעֵדָה**, עדת ישראל, שנציגה יהיה בית הדין, **בֵּין
הַמַּכֶּה וּבֵין גֹּאֵל הַדָּם, עַל הַמִּשְׁפָּטִים הָאֵלֶּה.** כה **וְהִצִּילוּ הָעֵדָה אֶת הָרֹצֵחַ
מִיַּד גֹּאֵל הַדָּם**, אם מתברר שהמעשה אירע בשוגג, וראוי להצילו,
וְהֵשִׁיבוּ אֹתוֹ הָעֵדָה אֶל עִיר מִקְלָטוֹ אֲשֶׁר נָס שָׁמָּה, שכן מעיר המקלט
הוא נלקח להידון באזור שבו אירע הפשע, **וְיָשַׁב בָּהּ** – בעיר המקלט
עַד מוֹת הַכֹּהֵן הַגָּדֹל אֲשֶׁר מָשַׁח, משחו[35] **אֹתוֹ בְּשֶׁמֶן הַקֹּדֶשׁ.**

הרחבות

'ושפטו העדה בין המכה ובין גֹאל הדם' גואל הדם אינו נתפס כאן דווקא כחמום מוח המוצף ברגשות שנאה לרוצח ולהוט לנקום את דם קרובו, אלא הוא משמש כתובע במשפט הרצח. משום כך אמרו חכמים, שאם הומת אדם ואין לו קרוב משפחה, יש למנות לו גואל דם, שתפקידו לחפש אחר האשם במעשה ולעמוד מולו בבית הדין. (ראו סנהדרין מה ע"ב; רלב"ג שמואל ב' יד,ז).

'עד מות הכהן הגדֹל' הכהן הגדול הוא האיש הקדוש שבישראל. על כן מיתתו מכפרת על העם כולו. אדם שהרג בשגגה וגלה לעיר מקלט, נמצא תחת חסותו המהותית של הכהן הגדול, והוא יוצא לחופשי עם מיתתו מפני שאין הוא זקוק עוד להגנה. יתר על כן, הריגת אדם בשגגה עומדת בסתירה לייעודם של הכהנים, שנציגם הכהן הגדול. תפקידיו של הכהן הוא הכפרה, ההוראה ותיקון דרכו של העם. כשאדם עבר עברה חמורה של הריגת אדם בחוסר מחשבה, יש בכך משום אזהרה לכהנים ולנציגם העליון. לפיכך מותו של הכהן נתפס כסיום הכפרה על המאורע. (ראו רש"ר הירש). טעם אחר נתנו בדבר: מותה של האישיות הגדולה והנערצת על הכול, יש בה כדי להרגיע רוחו של גואל הדם. באסון גדול אחד תימצא נחמה מסוימת על אסון אחר (מורה נבוכים ח"ג מ).

בְּשֶׁמֶן הַקֹּדֶשׁ: וְאִם־יָצֹא יֵצֵא הָרֹצֵחַ אֶת־גְּבוּל עִיר כו
מִקְלָטוֹ אֲשֶׁר יָנוּס שָׁמָּה: וּמָצָא אֹתוֹ גֹּאֵל הַדָּם כז
מִחוּץ לִגְבוּל עִיר מִקְלָטוֹ וְרָצַח גֹּאֵל הַדָּם אֶת־
הָרֹצֵחַ אֵין לוֹ דָּם: כִּי בְעִיר מִקְלָטוֹ יֵשֵׁב עַד־מוֹת כח
הַכֹּהֵן הַגָּדֹל וְאַחֲרֵי־מוֹת הַכֹּהֵן הַגָּדֹל יָשׁוּב הָרֹצֵחַ
אֶל־אֶרֶץ אֲחֻזָּתוֹ: וְהָיוּ אֵלֶּה לָכֶם לְחֻקַּת מִשְׁפָּט כט
לְדֹרֹתֵיכֶם בְּכֹל מוֹשְׁבֹתֵיכֶם: כָּל־מַכֵּה־נֶפֶשׁ לְפִי ל
עֵדִים יִרְצַח אֶת־הָרֹצֵחַ וְעֵד אֶחָד לֹא־יַעֲנֶה בְנֶפֶשׁ
לָמוּת: וְלֹא־תִקְחוּ כֹפֶר לְנֶפֶשׁ רֹצֵחַ אֲשֶׁר־הוּא רָשָׁע לא
לָמוּת כִּי־מוֹת יוּמָת: וְלֹא־תִקְחוּ כֹפֶר לָנוּס אֶל־עִיר לב
מִקְלָטוֹ לָשׁוּב לָשֶׁבֶת בָּאָרֶץ עַד־מוֹת הַכֹּהֵן: וְלֹא־ לג

רש"י | **מָשַׁח אֹתוֹ בְּשֶׁמֶן הַקֹּדֶשׁ.** לְפִי פְּשׁוּטוֹ, מִן הַמִּקְרָאוֹת הַקְּצָרִים הוּא שֶׁלֹּא פֵּרֵשׁ מִי מְשָׁחוֹ, אֶלָּא כְּמוֹ: אֲשֶׁר מְשָׁחוֹ הַמּוֹשֵׁחַ אוֹתוֹ בְּשֶׁמֶן הַקֹּדֶשׁ. וְרַבּוֹתֵינוּ דְּרָשׁוּהוּ בְּמַסֶּכֶת מַכּוֹת (דף יא ע"ב) לִרְאָיַת דָּבָר, לְלַמֵּד שֶׁאִם עַד שֶׁלֹּא נִגְמַר דִּינוֹ מֵת הַכֹּהֵן הַגָּדוֹל וּמִנּוּ אַחֵר תַּחְתָּיו, וּלְאַחַר מִכָּאן נִגְמַר דִּינוֹ, חוֹזֵר בְּמִיתָתוֹ שֶׁל שֵׁנִי, שֶׁנֶּאֱמַר: "אֲשֶׁר מָשַׁח אֹתוֹ", וְכִי הוּא מְשָׁחוֹ לַכֹּהֵן, אוֹ הַכֹּהֵן מָשַׁח אוֹתוֹ? אֶלָּא לְהָבִיא אֶת הַנִּמְשָׁח בְּיָמָיו שֶׁמַּחֲזִירוֹ בְּמִיתָתוֹ:

כז) **אֵין לוֹ דָּם.** הֲרֵי הוּא כְּהוֹרֵג אֶת הַמֵּת, שֶׁאֵין לוֹ דָּם:

כט) **בְּכֹל מוֹשְׁבֹתֵיכֶם.** לִמֵּד שֶׁתְּהֵא סַנְהֶדְרִין נוֹהֶגֶת בְּחוּצָה לָאָרֶץ כָּל זְמַן שֶׁנּוֹהֶגֶת בְּאֶרֶץ יִשְׂרָאֵל:

ל) **כָּל מַכֵּה נֶפֶשׁ וְגוֹ'.** הַבָּא לְהָרְגוֹ עַל שֶׁהִכָּה אֶת הַנֶּפֶשׁ: **לְפִי עֵדִים יִרְצַח.** שֶׁיָּעִידוּ שֶׁבְּמֵזִיד וּבְהַתְרָאָה הֲרָגוֹ:

לא) **וְלֹא תִקְחוּ כֹפֶר.** לֹא יִפָּטֵר בְּמָמוֹן:

לב) **וְלֹא תִקְחוּ כֹפֶר לָנוּס אֶל עִיר מִקְלָטוֹ.** לְמִי שֶׁנָּס אֶל עִיר מִקְלָט, שֶׁהָרַג בְּשׁוֹגֵג, אֵינוֹ נִפְטָר מִגָּלוּת בְּמָמוֹן לָתֵת כֹּפֶר "לָשׁוּב לָשֶׁבֶת בָּאָרֶץ" בְּטֶרֶם יָמוּת הַכֹּהֵן: **לָנוּס.** כְּמוֹ 'לַנָּס', כְּמוֹ: "שׁוּבֵי מִלְחָמָה" (מיכה ב, ח), שֶׁשָּׁבוּ מִן הַמִּלְחָמָה, "נוּגֵי מִמּוֹעֵד" (צפניה ג, יח), "כִּי מָלִים הָיוּ" (יהושע ה, ה), כַּאֲשֶׁר תֹּאמַר 'שׁוּב' עַל מִי שֶׁשָּׁב כְּבָר, וּ'מוּל' עַל שֶׁמָּל כְּבָר, כֵּן תֹּאמַר 'לָנוּס' עַל מִי שֶׁנָּס כְּבָר, וְקוֹרֵהוּ 'נוּס' – מִבְרָח. וְאִם תֹּאמַר 'לָנוּס' – לִבְרֹחַ, וְתִפְרְשֵׁהוּ: לֹא תִקְחוּ כֹפֶר לְמִי שֶׁיֵּשׁ לוֹ לִבְרֹחַ לְפָטְרוֹ מִן הַגָּלוּת, לֹא

הרחבות | **'ורצח גֹאל הדם את הרֹצח'** למעשה גואל הדם אינו רק התובע במשפט, אלא הוא זה שצריך לדאוג גם לביצוע העונש שנקבע בבית הדין. אם האיש יוצא מעיר המקלט, גואל הדם יכול להוציא לפועל את עונשו בלא התערבות נוספת של בית הדין.

'והיו אלה לכם לחֻקת משפט' דינים אלו

ביאור

הרוצח אמור לִגלות לעיר המקלט, בלא שידע כמה זמן ישב בה,
שהרי הדבר תלוי בגילו ובבריאותו של הכהן הגדול ובעניינים אחרים
שאין לרוצח כל שליטה עליהם. כיוון שכך, אולי יתפתה לצאת
ממקלטו. כו **וְאִם יָצֹא יֵצֵא הָרֹצֵחַ אֶת גְּבוּל עִיר מִקְלָטוֹ אֲשֶׁר יָנוּס שָׁמָּה**
מסיבה כלשהי, כז **וּמָצָא אֹתוֹ גֹּאֵל הַדָּם מִחוּץ לִגְבוּל עִיר מִקְלָטוֹ, וְרָצַח
גֹּאֵל הַדָּם אֶת הָרֹצֵחַ – אֵין לוֹ דָּם**, גואל הדם נקי מאשמה. כח **כִּי בְעִיר
מִקְלָטוֹ יֵשֵׁב עַד מוֹת הַכֹּהֵן הַגָּדֹל, וְאַחֲרֵי מוֹת הַכֹּהֵן הַגָּדֹל יָשׁוּב הָרֹצֵחַ אֶל
אֶרֶץ אֲחֻזָּתוֹ.**

ההקשר של פרשת ערי מקלט הוא ההנחיות הקשורות לאירוע
ההיסטורי הסמוך – ההתנחלות בארץ. כט ואולם – **וְהָיוּ** דינים **אֵלֶּה**,
של הרוצח בשגגה ובמזיד, **לָכֶם לְחֻקַּת מִשְׁפָּט לְדֹרֹתֵיכֶם בְּכֹל מוֹשְׁבֹתֵיכֶם.**

שני דינים הקשורים אף הם לרצח: ל **כָּל מַכֵּה**, הורג **נֶפֶשׁ** אדם – **לְפִי
עֵדִים יִרְצַח**, יהרוג בית הדין **אֶת הָרֹצֵחַ**. אין מענישים במוות על סמך
חשד בלבד או ראיות נסיבתיות. **וְעֵד אֶחָד לֹא יַעֲנֶה**, יעיד **בְנֶפֶשׁ
לָמוּת**, איננו מספיק לחייב את הנאשם במיתה, גם אם ייצור חשד
כבד משקל.

לא **וְלֹא תִקְחוּ כֹפֶר לְנֶפֶשׁ רֹצֵחַ אֲשֶׁר הוּא רָשָׁע לָמוּת**, שלא כעונשים
אחרים המומרים בתשלום,[36] **כִּי** אם **מוֹת יוּמָת.** לב **וְלֹא תִקְחוּ כֹפֶר**,
כסף מההורג בשגגה שצריך **לָנוּס אֶל עִיר מִקְלָטוֹ**, כדי **לָשׁוּב לָשֶׁבֶת
בָּאָרֶץ**, במקומו **עַד מוֹת הַכֹּהֵן.**[37]

הרחבות

מכונים חֻקַּת מִשְׁפָּט, כדי ללמד שאף שהדין מסור למשא ומתן ולשיקול דעתם של השופטים, שהוא עצמו חפשי ואוטונומי, השופט חייב להחיל את העונש הקבוע בחוק, ואין לו סמכות להחליט שבמקרה מסוים לא יקבל הפושע את העונש המגיע לו, מיתה או גלות.

תַחֲנִיפוּ אֶת־הָאָרֶץ אֲשֶׁר אַתֶּם בָּהּ כִּי הַדָּם הוּא
יַחֲנִיף אֶת־הָאָרֶץ וְלָאָרֶץ לֹא־יְכֻפַּר לַדָּם אֲשֶׁר שֻׁפַּךְ־
בָּהּ כִּי־אִם בְּדַם שֹׁפְכוֹ: וְלֹא תְטַמֵּא אֶת־הָאָרֶץ אֲשֶׁר לד
אַתֶּם יֹשְׁבִים בָּהּ אֲשֶׁר אֲנִי שֹׁכֵן בְּתוֹכָהּ כִּי אֲנִי יהוה
שֹׁכֵן בְּתוֹךְ בְּנֵי יִשְׂרָאֵל:

שביעי וַיִּקְרְבוּ רָאשֵׁי הָאָבוֹת לְמִשְׁפַּחַת בְּנֵי־גִלְעָד בֶּן־ א לו
מָכִיר בֶּן־מְנַשֶּׁה מִמִּשְׁפְּחֹת בְּנֵי יוֹסֵף וַיְדַבְּרוּ לִפְנֵי
מֹשֶׁה וְלִפְנֵי הַנְּשִׂאִים רָאשֵׁי אָבוֹת לִבְנֵי יִשְׂרָאֵל:
וַיֹּאמְרוּ אֶת־אֲדֹנִי צִוָּה יהוה לָתֵת אֶת־הָאָרֶץ ב
בְּנַחֲלָה בְּגוֹרָל לִבְנֵי יִשְׂרָאֵל וַאדֹנִי צֻוָּה בַיהוה לָתֵת
אֶת־נַחֲלַת צְלָפְחָד אָחִינוּ לִבְנֹתָיו: וְהָיוּ לְאֶחָד מִבְּנֵי ג
שִׁבְטֵי בְנֵי־יִשְׂרָאֵל לְנָשִׁים וְנִגְרְעָה נַחֲלָתָן מִנַּחֲלַת
אֲבֹתֵינוּ וְנוֹסַף עַל נַחֲלַת הַמַּטֶּה אֲשֶׁר תִּהְיֶינָה לָהֶם
וּמִגֹּרַל נַחֲלָתֵנוּ יִגָּרֵעַ: וְאִם־יִהְיֶה הַיֹּבֵל לִבְנֵי יִשְׂרָאֵל ד
וְנוֹסְפָה נַחֲלָתָן עַל נַחֲלַת הַמַּטֶּה אֲשֶׁר תִּהְיֶינָה לָהֶם
וּמִנַּחֲלַת מַטֵּה אֲבֹתֵינוּ יִגָּרַע נַחֲלָתָן: וַיְצַו מֹשֶׁה אֶת־ ה

רש"י | יָדַעְתִּי הֵיאַךְ יֹאמַר: "לָשׁוּב לָשֶׁבֶת בָּאָרֶץ", הֲרֵי עֲדַיִן לֹא נָס, וּמֵהֵיכָן יָשׁוּב?

לג | וְלֹא תַחֲנִיפוּ. וְלֹא תַרְשִׁיעוּ, כְּתַרְגּוּמוֹ: "וְלָא תְחַיְּבוּן".

לד | אֲשֶׁר אֲנִי שֹׁכֵן בְּתוֹכָהּ. שֶׁלֹּא תַשְׁכִּינוּ אוֹתִי בְּטֻמְאָתָהּ: כִּי אֲנִי ה' שֹׁכֵן בְּתוֹךְ בְּנֵי יִשְׂרָאֵל. אַף בִּזְמַן שֶׁהֵם טְמֵאִים, שְׁכִינָה בֵּינֵיהֶם:

פרק לו

ג | וְנוֹסַף עַל נַחֲלַת הַמַּטֶּה. שֶׁהֲרֵי בְּנָהּ יוֹרְשָׁהּ, וְהַבֵּן מִתְיַחֵס עַל שֵׁבֶט אָבִיו:

ד | וְאִם יִהְיֶה הַיֹּבֵל. מִכָּאן הָיָה רַבִּי יְהוּדָה אוֹמֵר: עָתִיד הַיּוֹבֵל שֶׁיִּפָּסֵק: וְאִם יִהְיֶה הַיֹּבֵל. כְּלוֹמַר, אֵין זוֹ מְכִירָה שֶׁחוֹזֶרֶת בַּיּוֹבֵל, שֶׁהַיְרֻשָּׁה אֵינָהּ חוֹזֶרֶת, וַאֲפִלּוּ אִם יִהְיֶה הַיּוֹבֵל לֹא תַחֲזֹר הַנַּחֲלָה לְשִׁבְטוֹ,

הרחבות | 'הדם הוא יחניף את הארץ, ולארץ לא יְכֻפַּר לדם אשר שֻׁפַּךְ בה כי אם בדם שֹׁפְכוֹ' חברה אנושית שאינה דורשת דם אדם שנשפך, מפרה את תנאי היסוד של מתן הארץ לבני אדם. דמו של אדם חי הוא הנושא את נפשו, ובו מתמזג הארצי עם האלוהי. בהישפכו

ביאור

לג **וְלֹא תַחֲנִיפוּ**, תטמאו ותלכלכו[38] בכך **אֶת הָאָרֶץ אֲשֶׁר אַתֶּם בָּהּ. כִּי**
כל עוד לא נעשה דין בשופכו **הַדָּם, הוּא יַחֲנִיף אֶת הָאָרֶץ. וְלָאָרֶץ לֹא**
יְכֻפַּר לַדָּם אֲשֶׁר שֻׁפַּךְ בָּהּ, כִּי אִם בְּדַם שֹׁפְכוֹ. הכפרה היחידה לדמו של
אדם שנרצח במזיד היא המתת שופכו. לד **וְלֹא תְטַמֵּא אֶת הָאָרֶץ**
אֲשֶׁר אַתֶּם יֹשְׁבִים בָּהּ, אֲשֶׁר אֲנִי שֹׁכֵן בְּתוֹכָהּ כִּי אֲנִי ה׳ שֹׁכֵן בְּתוֹךְ בְּנֵי
יִשְׂרָאֵל.

נישואי בנות יורשות

פרק לו

אף בעניין האחרון שבספר מופיעה מצווה הקשורה להתנחלות, אך עניין זה שונה מסדרת הציוויים האחרונים, בכך שהוא אינו נפתח בציווי של ה׳ אלא בפנייתם של בני גלעד אל משה. בני גלעד חוששים שחלק מנחלתם יעבור לנחלה אחרת, אם בנות צלפחד, שהובטח להן שיירשו את נחלת אביהם,[39] יינשאו לגברים מחוץ לשבט.

פנייתן של בנות צלפחד אל משה, שהוזכרה למעלה, מקבילה לפניית בני שבטן אל משה באותו עניין; ואף קיים דמיון בין ניסוחן של שתי תגובות ה׳ – זו המאשרת את משאלתן של הבנות, וזו המאשרת את חששם של ראשי האבות למשפחת בני גלעד.

פרק לו א **וַיִּקְרְבוּ רָאשֵׁי הָאָבוֹת לְמִשְׁפַּחַת בְּנֵי גִלְעָד בֶּן מָכִיר בֶּן מְנַשֶּׁה,**
מִמִּשְׁפְּחֹת בְּנֵי יוֹסֵף, וַיְדַבְּרוּ לִפְנֵי מֹשֶׁה וְלִפְנֵי הַנְּשִׂאִים, רָאשֵׁי אָבוֹת לִבְנֵי
יִשְׂרָאֵל ב **וַיֹּאמְרוּ:** מצד אחד, **אֶת אֲדֹנִי,** משה **צִוָּה ה׳ לָתֵת אֶת הָאָרֶץ**
בְּנַחֲלָה בְּגוֹרָל לִבְנֵי יִשְׂרָאֵל, הגברים ומצד שני, **אדֹנִי צֻוָּה בַה׳ לָתֵת**
אֶת נַחֲלַת צְלָפְחָד אָחִינוּ לִבְנֹתָיו. בין שתי ההוראות נוצרת מעין
סתירה: ג **וְהָיוּ,** כאשר בנות צלפחד יינשאו **לְאֶחָד מִבְּנֵי שִׁבְטֵי בְנֵי**
יִשְׂרָאֵל לְנָשִׁים, הן יעברו לשבט אחר, **וְנִגְרְעָה נַחֲלָתָן מִנַּחֲלַת אֲבֹתֵינוּ,**
וְנוֹסַף עַל נַחֲלַת הַמַּטֶּה אֲשֶׁר תִּהְיֶינָה לָהֶם. כך תעבור נחלה משבטנו
לחלקו של שבט אחר, ובסופו של דבר **מִגֹּרַל נַחֲלָתֵנוּ יִגָּרֵעַ.** ד **וְאִם,**
וכאשר **יִהְיֶה הַיֹּבֵל לִבְנֵי יִשְׂרָאֵל,** בשנה שבה בני כל שבט שבים אל
נחלותיהם המקוריות,[40] **וְנוֹסְפָה נַחֲלָתָן עַל נַחֲלַת הַמַּטֶּה אֲשֶׁר תִּהְיֶינָה**
לָהֶם, וּמִנַּחֲלַת מַטֵּה אֲבֹתֵינוּ יִגָּרַע נַחֲלָתָן. נחלת אביהן תעבור לבעליהן
לא רק באופן זמני. היא תישאר בידי שבט הבעל לעולם. כך ההוראה
שגם הבנות זכאיות לרשת את נחלת האב תגרע מנחלתו של
השבט.

הרחבות

יהפוך הדם את הארץ לחנֵפה. הארץ תעצור את הברכה האצורה בה, והציפיות שיתלו בה בני אדם לא יתממשו. בהמשך חייו של מי שרצח במזיד יש כדי לנאץ ולחלל את מעלתו היתרה של האדם, ובכך מופר החוזה לקיום האדם על הארץ (על פי רש״ר הירש).

בְּנֵי יִשְׂרָאֵל עַל־פִּי יְהוָה לֵאמֹר כֵּן מַטֵּה בְנֵי־יוֹסֵף
דֹּבְרִים: זֶה הַדָּבָר אֲשֶׁר־צִוָּה יְהוָה לִבְנוֹת צְלָפְחָד ו
לֵאמֹר לַטּוֹב בְּעֵינֵיהֶם תִּהְיֶינָה לְנָשִׁים אַךְ לְמִשְׁפַּחַת
מַטֵּה אֲבִיהֶם תִּהְיֶינָה לְנָשִׁים: וְלֹא־תִסֹּב נַחֲלָה לִבְנֵי ז
יִשְׂרָאֵל מִמַּטֶּה אֶל־מַטֶּה כִּי אִישׁ בְּנַחֲלַת מַטֵּה
אֲבֹתָיו יִדְבְּקוּ בְּנֵי יִשְׂרָאֵל: וְכָל־בַּת יֹרֶשֶׁת נַחֲלָה ח
מִמַּטּוֹת בְּנֵי יִשְׂרָאֵל לְאֶחָד מִמִּשְׁפַּחַת מַטֵּה אָבִיהָ
תִּהְיֶה לְאִשָּׁה לְמַעַן יִירְשׁוּ בְּנֵי יִשְׂרָאֵל אִישׁ נַחֲלַת
אֲבֹתָיו: וְלֹא־תִסֹּב נַחֲלָה מִמַּטֶּה לְמַטֶּה אַחֵר כִּי־ ט
אִישׁ בְּנַחֲלָתוֹ יִדְבְּקוּ מַטּוֹת בְּנֵי יִשְׂרָאֵל: כַּאֲשֶׁר י
מפטיר צִוָּה יְהוָה אֶת־מֹשֶׁה כֵּן עָשׂוּ בְּנוֹת צְלָפְחָד: וַתִּהְיֶינָה יא
מַחְלָה תִרְצָה וְחָגְלָה וּמִלְכָּה וְנֹעָה בְּנוֹת צְלָפְחָד
לִבְנֵי דֹדֵיהֶן לְנָשִׁים: מִמִּשְׁפְּחֹת בְּנֵי־מְנַשֶּׁה בֶן־ יב
יוֹסֵף הָיוּ לְנָשִׁים וַתְּהִי נַחֲלָתָן עַל־מַטֵּה מִשְׁפַּחַת
אֲבִיהֶן: אֵלֶּה הַמִּצְוֹת וְהַמִּשְׁפָּטִים אֲשֶׁר צִוָּה יְהוָה יג
בְּיַד־מֹשֶׁה אֶל־בְּנֵי יִשְׂרָאֵל בְּעַרְבֹת מוֹאָב עַל יַרְדֵּן
יְרֵחוֹ:

רש"י | וְנִמְצָא שֶׁנּוֹסְפָה "עַל נַחֲלַת הַמַּטֶּה אֲשֶׁר תִּהְיֶינָה לָהֶם".

ח | וְכָל בַּת יֹרֶשֶׁת נַחֲלָה. שֶׁלֹּא הָיָה בֵּן לְאָבִיהָ.

יא | מַחְלָה תִרְצָה וְגוֹ'. כָּאן מְנָאָן לְפִי גְדֻלָּתָן זוֹ מִזּוֹ בְּשָׁנִים, וְנִשְּׂאוּ כְּסֵדֶר תּוֹלְדוֹתָן, וּבְכָל הַמִּקְרָא מְנָאָן לְפִי חָכְמָתָן, וּמַגִּיד שֶׁשְּׁקוּלוֹת זוֹ כָּזוֹ.

הרחבות | 'זה הדבר אשר צוה ה' לבנות צלפחד' חוק זה, שלא נאמר בו 'לדורותיכם' או 'חוקת עולם', קוים כחובה רק בתקופה הראשונה שלאחר חלוקת הנחלות. נראה כי לאחר מכן הוא בטל, ונשים יורשות נישאו גם לבני שבטים אחרים, אם כי אולי לא

ביאור

ה וַיְצַו מֹשֶׁה אֶת בְּנֵי יִשְׂרָאֵל עַל פִּי ה׳. משה לא ידע כיצד להכריע בעניין
בעצמו, ונזקק לשמוע את התשובה מפי ה׳, לֵאמֹר: כֵּן, נכון מַטֵּה בְנֵי
יוֹסֵף דֹּבְרִים. הם צודקים בטענתם. ו זֶה הַדָּבָר אֲשֶׁר צִוָּה ה׳ לִבְנוֹת
צְלָפְחָד לֵאמֹר: לַטּוֹב בְּעֵינֵיהֶם תִּהְיֶינָה לְנָשִׁים, אַךְ, בתנאי שלְמִשְׁפַּחַת
מַטֵּה אֲבִיהֶם תִּהְיֶינָה לְנָשִׁים. הן יתחתנו עם מי שהן רוצות, אך עליהן
להתחתן בתוך שבטן. ז וְלֹא תִסֹּב, תעבור נַחֲלָה לִבְנֵי יִשְׂרָאֵל מִמַּטֶּה
אֶל מַטֶּה, כִּי אִישׁ בְּנַחֲלַת מַטֵּה אֲבֹתָיו יִדְבְּקוּ בְּנֵי יִשְׂרָאֵל. פקודה זו אינה
מתייחסת לבנות צלפחד דווקא, אלא הופכת להוראה כללית: ח וְכָל
בַּת יֹרֶשֶׁת נַחֲלָה מִמַּטּוֹת בְּנֵי יִשְׂרָאֵל – לְאֶחָד מִמִּשְׁפַּחַת מַטֵּה אָבִיהָ תִּהְיֶה
לְאִשָּׁה, לְמַעַן יִירְשׁוּ בְּנֵי יִשְׂרָאֵל אִישׁ נַחֲלַת אֲבֹתָיו. ט וְלֹא תִסֹּב נַחֲלָה
מִמַּטֶּה לְמַטֶּה אַחֵר כִּי אִישׁ בְּנַחֲלָתוֹ יִדְבְּקוּ מַטּוֹת בְּנֵי יִשְׂרָאֵל.

י כַּאֲשֶׁר צִוָּה ה׳ אֶת מֹשֶׁה, כֵּן עָשׂוּ בְּנוֹת צְלָפְחָד. יא וַתִּהְיֶינָה מַחְלָה,
תִּרְצָה וְחָגְלָה וּמִלְכָּה וְנֹעָה, בְּנוֹת צְלָפְחָד, לִבְנֵי דֹדֵיהֶן לְנָשִׁים. יב מִמִּשְׁפְּחֹת
בְּנֵי מְנַשֶּׁה בֶן יוֹסֵף הָיוּ לְנָשִׁים, וַתְּהִי, וכך נשארה נַחֲלָתָן עַל מַטֵּה, בתוך
שבט מִשְׁפַּחַת אֲבִיהֶן.

יג אֵלֶּה הַמִּצְוֹת וְהַמִּשְׁפָּטִים האחרונים אֲשֶׁר צִוָּה ה׳ בְּיַד מֹשֶׁה אֶל בְּנֵי
יִשְׂרָאֵל בְּעַרְבֹת מוֹאָב עַל יַרְדֵּן יְרֵחוֹ. בכך הסתיימה סדרת החוקים
הקשורים לכניסה לארץ.

הרחבות

היה זה נוהג מקובל. יש אומרים שחגיגת השידוכין והנישואין שהייתה נהוגה בט״ו באב נועדה לציין את היום שבו הותרו השבטים להתחתן זה עם זה, גם אם הנשים יורשות נחלה. (ראו תענית ל ע״ב; רד״ק שופטים יא,א; שו״ת רשב״ץ ח״ג שכב).

הפטרות

הפטרת במדבר

הושע

ב א וְהָיָה מִסְפַּר בְּנֵי־יִשְׂרָאֵל כְּחוֹל הַיָּם אֲשֶׁר לֹא־יִמַּד
וְלֹא יִסָּפֵר וְהָיָה בִּמְקוֹם אֲשֶׁר־יֵאָמֵר לָהֶם לֹא־
ב עַמִּי אַתֶּם יֵאָמֵר לָהֶם בְּנֵי אֵל־חָי: וְנִקְבְּצוּ בְּנֵי־
יְהוּדָה וּבְנֵי־יִשְׂרָאֵל יַחְדָּו וְשָׂמוּ לָהֶם רֹאשׁ אֶחָד
ג וְעָלוּ מִן־הָאָרֶץ כִּי גָדוֹל יוֹם יִזְרְעֶאל: אִמְרוּ לַאֲחֵיכֶם
ד עַמִּי וְלַאֲחוֹתֵיכֶם רֻחָמָה: רִיבוּ בְאִמְּכֶם רִיבוּ כִּי־
הִיא לֹא אִשְׁתִּי וְאָנֹכִי לֹא אִישָׁהּ וְתָסֵר זְנוּנֶיהָ מִפָּנֶיהָ
ה וְנַאֲפוּפֶיהָ מִבֵּין שָׁדֶיהָ: פֶּן־אַפְשִׁיטֶנָּה עֲרֻמָּה
וְהִצַּגְתִּיהָ כְּיוֹם הִוָּלְדָהּ וְשַׂמְתִּיהָ כַמִּדְבָּר וְשַׁתִּהָ
ו כְּאֶרֶץ צִיָּה וַהֲמִתִּיהָ בַּצָּמָא: וְאֶת־בָּנֶיהָ לֹא אֲרַחֵם
ז כִּי־בְנֵי זְנוּנִים הֵמָּה: כִּי זָנְתָה אִמָּם הֹבִישָׁה הוֹרָתָם
כִּי אָמְרָה אֵלְכָה אַחֲרֵי מְאַהֲבַי נֹתְנֵי לַחְמִי וּמֵימַי
ח צַמְרִי וּפִשְׁתִּי שַׁמְנִי וְשִׁקּוּיָי: לָכֵן הִנְנִי־שָׂךְ אֶת־דַּרְכֵּךְ

כחול הים

חזון שיבת העם לברית במדבר

נבואת הושע מאופיינת בתוכחה קשה על בגידת האומה באלוקיה בצד חזון חידוש הברית והפיוס ביניהם.[1] כדי לשקם את האהבה ולייצב את הנאמנות יצטרך העם להתנער מהתלות בעבודה הזרה ומאשליות החסות תחת הממלכות החזקות; ואילו ה' יוליך את עמו שוב ב'מדבר' באינטימיות ובדרך נסית. למרות הדמיון בין הליכת העם במדבר בצאתו ממצרים לבין הליכתו העתידית במדבר, מודגש בהפטרה גם היעדרם של המאפיינים של נדודיהם הקדומים של העם במדבר - מפקדים וגבולות, נשיאים, שבטים ומחנות, איומים סביבתיים ותלאות.

ביאור | הושע פרק ב א לאחר הזניחה וניתוק הקשר, המסומלים בלידת
ילדי זנונים להושע - 'יזרעאל', 'לא עמי' ו'לא רֻחמה' - הנביא
חוזה עתיד אחר: וְהָיָה מִסְפַּר בְּנֵי־יִשְׂרָאֵל רב כְּחוֹל הַיָּם, אֲשֶׁר לֹא־יִמַּד,
יימדד וְלֹא יִסָּפֵר. וְהָיָה בִּמְקוֹם אֲשֶׁר־יֵאָמֵר לָהֶם "לֹא־עַמִּי אַתֶּם" כשמו
של הבן, יֵאָמֵר לָהֶם אז "בְּנֵי אֵל־חָי". ב וְנִקְבְּצוּ בְּנֵי־יְהוּדָה וּבְנֵי־יִשְׂרָאֵל
יַחְדָּו וְשָׂמוּ לָהֶם רֹאשׁ, מנהיג אֶחָד, וְעָלוּ מִן־הָאָרֶץ, מהגלויות. ואולי:
יעלו מארץ ישראל לכבוש את סביבותיה, כִּי גָדוֹל יוֹם יִזְרְעֶאל. אם
הבן הראשון, יזרעאל, סימל את זריית הממלכה בגלות, עתיד לבוא
יום גדול ליזרעאל שיתקבץ וייזרע בארצו.[2] ג ואז - אִמְרוּ, קראו
לַאֲחֵיכֶם שנקרא 'לא עמי' "עַמִּי", וְלַאֲחוֹתֵיכֶם 'לא רֻחמה' - "רֻחָמָה".

כל זה יהיה לעתיד, אבל בינתיים אומר האב לילדים הללו: ד רִיבוּ
בְאִמְּכֶם, רִיבוּ, כִּי־הִיא לֹא אִשְׁתִּי, האישה הנואפת הזאת - כנסת
ישראל.[3] היא אמנם אמכם, אבל איננה אשתי, וְאָנֹכִי לֹא אִישָׁהּ.
וְתָסֵר, עליה להסיר זְנוּנֶיהָ מִפָּנֶיהָ וְנַאֲפוּפֶיהָ, ניאופיה מִבֵּין שָׁדֶיהָ. על
האומה לסלק מעליה את העבודה הזרה ואת מעשיה הבוגדניים
הגלויים והמכוסים,[4] ה פֶּן־אַפְשִׁיטֶנָּה עֲרֻמָּה וְהִצַּגְתִּיהָ עירומה כְּיוֹם
הִוָּלְדָהּ, וְשַׂמְתִּיהָ כַמִּדְבָּר וְשַׁתִּהָ, אשים אותה כְּאֶרֶץ צִיָּה, שיממון
וַהֲמִתִּיהָ בַּצָּמָא, ו וְאֶת־בָּנֶיהָ לֹא אֲרַחֵם, כִּי־בְנֵי זְנוּנִים הֵמָּה. מצד אחד
הוא מורה לבנים להוכיח את אמם ולהתריע על מפלתה אם לא
תשוב ממעשיה, ומצד שני הוא מזהיר שאם היא לא תשנה את
דרכיה - גם הילדים עצמם ילקו, ז כִּי זָנְתָה אִמָּם, הֹבִישָׁה, המיטה
בושה בהתנהגותה, הוֹרָתָם, כִּי אָמְרָה: "אֵלְכָה אַחֲרֵי מְאַהֲבַי, מיני
עבודה זרה וממלכות גויים, שהרי הם נֹתְנֵי לַחְמִי וּמֵימַי, צַמְרִי וּפִשְׁתִּי,
הפשתן שלי - הבגדים שאני לובשת, שַׁמְנִי וְשִׁקּוּיָי, משקַי. המאהבים
מספקים לי את כל צרכי, ולמה אני זקוקה לבעל?!" ישראל בטוחה
שהקשרים הפוליטיים והעסקיים מצפון ומדרום הם מקור הצלחתה
ובהם טמונה ישועתה.[5]

בְּסִירִ֑ים וְגָדַרְתִּי֙ אֶת־גְּדֵרָ֔הּ וּנְתִיבוֹתֶ֖יהָ לֹ֥א תִמְצָֽא׃
וְרִדְּפָ֤ה אֶת־מְאַהֲבֶ֙יהָ֙ וְלֹֽא־תַשִּׂ֣יג אֹתָ֔ם וּבִקְשָׁ֖תַם וְלֹ֣א ט
תִמְצָ֑א וְאָמְרָ֗ה אֵלְכָ֤ה וְאָשׁ֙וּבָה֙ אֶל־אִישִׁ֣י הָרִאשׁ֔וֹן
כִּ֣י ט֥וֹב לִ֛י אָ֖ז מֵעָֽתָּה׃ וְהִיא֙ לֹ֣א יָֽדְעָ֔ה כִּ֤י אָֽנֹכִי֙ י
נָתַ֣תִּי לָ֔הּ הַדָּגָ֖ן וְהַתִּיר֣וֹשׁ וְהַיִּצְהָ֑ר וְכֶ֨סֶף הִרְבֵּ֥יתִי לָ֛הּ
וְזָהָ֖ב עָשׂ֥וּ לַבָּֽעַל׃ לָכֵ֣ן אָשׁ֔וּב וְלָקַחְתִּ֤י דְגָנִי֙ בְּעִתּ֔וֹ יא
וְתִירוֹשִׁ֖י בְּמוֹעֲד֑וֹ וְהִצַּלְתִּי֙ צַמְרִ֣י וּפִשְׁתִּ֔י לְכַסּ֖וֹת אֶת־
עֶרְוָתָֽהּ׃ וְעַתָּ֛ה אֲגַלֶּ֥ה אֶת־נַבְלֻתָ֖הּ לְעֵינֵ֣י מְאַהֲבֶ֑יהָ יב
וְאִ֖ישׁ לֹֽא־יַצִּילֶ֥נָּה מִיָּדִֽי׃ וְהִשְׁבַּתִּי֙ כָּל־מְשׂוֹשָׂ֔הּ יג
חַגָּ֖הּ חָדְשָׁ֣הּ וְשַׁבַּתָּ֑הּ וְכֹ֖ל מוֹעֲדָֽהּ׃ וַהֲשִׁמֹּתִ֗י גַּפְנָהּ֙ יד
וּתְאֵ֣נָתָ֔הּ אֲשֶׁ֣ר אָמְרָ֗ה אֶתְנָ֥ה הֵ֙מָּה֙ לִ֔י אֲשֶׁ֥ר נָֽתְנוּ־
לִ֖י מְאַהֲבָ֑י וְשַׂמְתִּ֣ים לְיַ֔עַר וַאֲכָלָ֖תַם חַיַּ֥ת הַשָּׂדֶֽה׃

מימין:
סירה קוצנית
('סירים')
משמאל:
חיטה
(אחד ממיני הדגן)

מימין:
יין
('תירוש')
כותרת מבית
הכנסת בכפר נחום
המאה ה-4 לסה"נ
משמאל
שמן זית
('יצהר')

ביאור | ח לָכֵן הִנְנִי־שָׂךְ, חוסם אֶת־דַּרְכֵּךְ אל המאהבים בַּסִּירִים, על ידי קוצים.[6]
וְגָדַרְתִּי אֶת־גְּדֵרָהּ, ואת נְתִיבוֹתֶיהָ לֹא תִמְצָא. ט וְרִדְּפָה אֶת־מְאַהֲבֶיהָ
וְלֹא־תַשִּׂיג אֹתָם, וּבִקְשָׁתַם, היא תחפש אותם וְלֹא תִמְצָא. כולם יעזבו
אותה וייעלמו. וכשתתאכזב מהם - וְאָמְרָה: אֵלְכָה וְאָשׁוּבָה אֶל־אִישִׁי
הָרִאשׁוֹן, כִּי היה טוֹב לִי אָז, כשהייתי עם אישי יותר מֵעָתָּה, שכן כל
מאהבי בוגדים בי, ואינני יכולה לבטוח בהם.

י וְהִיא, כשחשבה שמקור לחמה הוא מאהביה, לֹא יָדְעָה כִּי אָנֹכִי הוא
שנָתַתִּי לָהּ את הַדָּגָן וְהַתִּירוֹשׁ, יין וְהַיִּצְהָר, שמן, וְכֶסֶף הִרְבֵּיתִי לָהּ וְזָהָב
שאותו עָשׂוּ לַבָּעַל. לאמתו של דבר היא לא קיבלה דבר ממאהביה.
כל מה שברשותה - ממני הוא בא. יא לָכֵן אָשׁוּב וְלָקַחְתִּי ממנה
את כל השפע שהרעפתי עליה: דְגָנִי בְּעִתּוֹ וְתִירוֹשִׁי בְּמוֹעֲדוֹ, וְהִצַּלְתִּי,
אחלץ ממנה את צַמְרִי וּפִשְׁתִּי, הפשתן שנתתי לה, ששימשו לְכַסּוֹת
אֶת־עֶרְוָתָהּ, יב וְעַתָּה אֲגַלֶּה אֶת־נַבְלֻתָהּ, כיעורה לְעֵינֵי מְאַהֲבֶיהָ, וְאִישׁ
מהם לֹא־יַצִּילֶנָּה מִיָּדִי, כי לאמתו של דבר אין הם רוצים בטובתה,
ואילו היא מתמסרת להם ונותנת להם את כולה מבלי לדעת שהיא
לא מקבלת מהם דבר. יג וְהִשְׁבַּתִּי, אבטל מהאומה את כָּל זמני
מְשׂוֹשָׂהּ, שמחתה: חַגָּהּ, ראש חָדְשָׁהּ, שהיה מעין יום שמחה וְשַׁבַּתָּהּ
וְכֹל מוֹעֲדָהּ. יד וַהֲשִׁמֹּתִי, אחריב גַּפְנָהּ וּתְאֵנָתָהּ אֲשֶׁר אָמְרָה: אֶתְנָה,
אתנן הֵמָּה לִי אֲשֶׁר נָתְנוּ־לִי מְאַהֲבָי. היא חשבה שהם העניקו לה
את הגפן והתאנה. באותם הדורות ערבבו אנשים מישראל אמונות
ופולחנים שונים. היו שהאמינו שהבעל והעשתורת ממונים על
התבואה ועל היבולים, ולכן בין אם יש מקדש ובין אם אין, בין אם
הם קשורים בה' ובין אם לא, עליהם לעבוד את האלילים הללו כדי
שירד שפע ויבול לעולם. כיוון שכך - וְשַׂמְתִּים לְיַעַר, אהפוך את עצי
הפרי להפקר, וַאֲכָלָתַם חַיַּת הַשָּׂדֶה. טו וּפָקַדְתִּי עָלֶיהָ, אזכור לה אֶת־

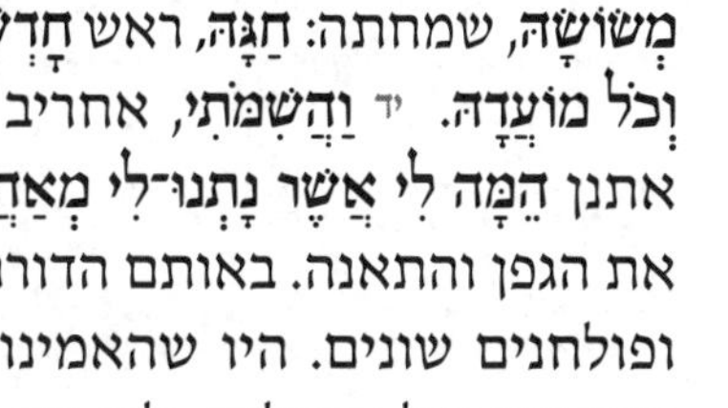

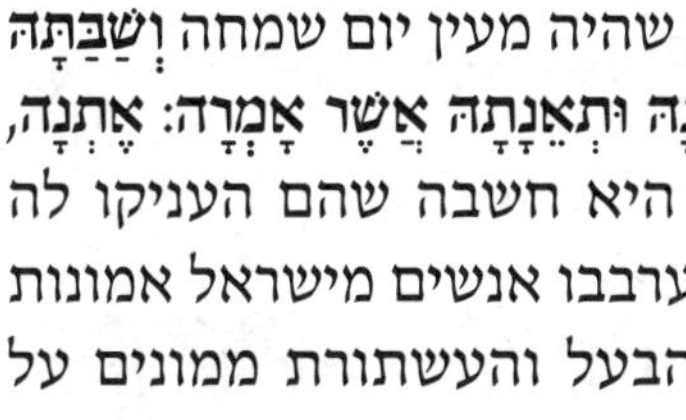

מימין: גפן
משמאל: תאנה

וּפָקַדְתִּי עָלֶיהָ אֶת־יְמֵי הַבְּעָלִים אֲשֶׁר תַּקְטִיר לָהֶם טו
וַתַּעַד נִזְמָהּ וְחֶלְיָתָהּ וַתֵּלֶךְ אַחֲרֵי מְאַהֲבֶיהָ וְאֹתִי
שָׁכְחָה נְאֻם־יְהוָה׃ לָכֵן הִנֵּה אָנֹכִי מְפַתֶּיהָ טז
וְהֹלַכְתִּיהָ הַמִּדְבָּר וְדִבַּרְתִּי עַל־לִבָּהּ׃ וְנָתַתִּי לָהּ יז
אֶת־כְּרָמֶיהָ מִשָּׁם וְאֶת־עֵמֶק עָכוֹר לְפֶתַח תִּקְוָה
וְעָנְתָה שָׁמָּה כִּימֵי נְעוּרֶיהָ וּכְיוֹם עֲלוֹתָהּ מֵאֶרֶץ־
מִצְרָיִם׃ וְהָיָה בַיּוֹם־הַהוּא נְאֻם־יְהוָה יח
תִּקְרְאִי אִישִׁי וְלֹא־תִקְרְאִי־לִי עוֹד בַּעְלִי׃ וַהֲסִרֹתִי יט
אֶת־שְׁמוֹת הַבְּעָלִים מִפִּיהָ וְלֹא־יִזָּכְרוּ עוֹד בִּשְׁמָם׃
וְכָרַתִּי לָהֶם בְּרִית בַּיּוֹם הַהוּא עִם־חַיַּת הַשָּׂדֶה וְעִם־ כ
עוֹף הַשָּׁמַיִם וְרֶמֶשׂ הָאֲדָמָה וְקֶשֶׁת וְחֶרֶב וּמִלְחָמָה
אֶשְׁבּוֹר מִן־הָאָרֶץ וְהִשְׁכַּבְתִּים לָבֶטַח׃ וְאֵרַשְׂתִּיךְ כא
לִי לְעוֹלָם וְאֵרַשְׂתִּיךְ לִי בְּצֶדֶק וּבְמִשְׁפָּט וּבְחֶסֶד
וּבְרַחֲמִים׃ וְאֵרַשְׂתִּיךְ לִי בֶּאֱמוּנָה וְיָדַעַתְּ אֶת־ כב
יְהוָה׃

העולם | נֶזֶם תכשיט הנתלה על האף (בראשית כד,מז; יחזקאל טז,יב), או עגיל הנתלה על האוזן (בראשית לה,ד; שמות לב,ב–ג). במשנה מתוארים נזמים המורכבים מחלקים ונזמים עשויים בדמות אשכול ענבים (ראו משנה כלים יא,ח–ט).

חֶלְיָה, חֲלִי ככל הנראה סוג של תכשיט

ביאור | יְמֵי הַבְּעָלִים אֲשֶׁר תַּקְטִיר לָהֶם, וַתַּעַד, ענדה נִזְמָהּ וְחֶלְיָתָהּ, תכשיטיה,
וַתֵּלֶךְ אַחֲרֵי מְאַהֲבֶיהָ, וְאֹתִי שָׁכְחָה, נְאֻם־ה׳. ה׳ ייקח ממנה הכול, והיא
תישאר שוממה וחסרה.

כאן הנביא עובר מתוכחה אל דברי פיוס: טז **לָכֵן הִנֵּה אָנֹכִי מְפַתֶּיהָ,**
וְהֹלַכְתִּיהָ הַמִּדְבָּר. ההליכה למדבר פירושה שיבה אל ימי הראשית,
מפגש מחודש באהבת נעורים, בבדידות ובמסירות כפי שהיה בשעת
היציאה ממצרים,[7] ובמדבר – **וְדִבַּרְתִּי עַל־לִבָּהּ.** יז **וְנָתַתִּי לָהּ אֶת־כְּרָמֶיהָ**
מִשָּׁם, אפילו במדבר, **וְאֶת עֵמֶק הָעָכוֹר**, הדלוח אהפוך **לְפֶתַח** שממנו
יוצאת **תִּקְוָה. וְעָנְתָה**, היא תענה לי בחיבה **שָׁמָּה כִּימֵי נְעוּרֶיהָ**, כשנותיה
הראשונות **וּכְיוֹם עֲלוֹתָהּ מֵאֶרֶץ־מִצְרָיִם.**

יח **וְהָיָה בַיּוֹם־הַהוּא**, בגאולה העתידה, **נְאֻם־ה׳**, את **תִּקְרְאִי** לי **״אִישִׁי״**
וְלֹא־תִקְרְאִי־לִי עוֹד ״בַּעְלִי״. המלה ׳בעל׳ תהפוך מלה מגונה מפני שהיא
מזכירה את האליל בעל.[8] יט **וַהֲסִרֹתִי אֶת־שְׁמוֹת הַבְּעָלִים מִפִּיהָ, וְלֹא־**
יִזָּכְרוּ עוֹד בִּשְׁמָם. כ **וְכָרַתִּי לָהֶם** – לבני ישראל **בְּרִית בַּיּוֹם הַהוּא עִם־חַיַּת**
הַשָּׂדֶה וְעִם־עוֹף הַשָּׁמַיִם וְרֶמֶשׂ הָאֲדָמָה. כשתבוא גאולה וייווצר פיוס,
גם בעלי החיים לא יזיקו יותר,[9] **וְקֶשֶׁת וְחֶרֶב וּמִלְחָמָה אֶשְׁבּוֹר מִן־הָאָרֶץ,**
וְהִשְׁכַּבְתִּים לָבֶטַח. הכול יחיו בשלום ובאחווה. כא ואז – **וְאֵרַשְׂתִּיךְ**
לִי לְעוֹלָם, וְאֵרַשְׂתִּיךְ לִי בְּצֶדֶק וּבְמִשְׁפָּט וּבְחֶסֶד וּבְרַחֲמִים, כב **וְאֵרַשְׂתִּיךְ**
לִי בֶּאֱמוּנָה, בנאמנות, ביציבות – **וְיָדַעַתְּ אֶת־ה׳.**

נזמים וחליה

העולם | מלשון ׳חוליה׳ בלשון חכמים – חלק משרשרת או חרוז (רש״י ואחרים). עגול כמתואר בשיר השירים (ז,ב) חַמּוּקֵי יְרֵכַיִךְ כְּמוֹ חֲלָאִים מַעֲשֵׂה יְדֵי אָמָּן. החלי מובא יחד עם הנזם גם בספר משלי (כה,ב): נֶזֶם זָהָב וַחֲלִי כָתֶם. היו שהציעו שהוא

הפטרת נשא

שופטים

יג ב וַיְהִי֩ אִ֨ישׁ אֶחָ֧ד מִצָּרְעָ֛ה מִמִּשְׁפַּ֥חַת הַדָּנִ֖י וּשְׁמ֣וֹ מָנ֑וֹחַ
ג וְאִשְׁתּ֥וֹ עֲקָרָ֖ה וְלֹ֥א יָלָֽדָה׃ וַיֵּרָ֥א מַלְאַךְ־יְהוָ֖ה אֶל־
הָאִשָּׁ֑ה וַיֹּ֣אמֶר אֵלֶ֗יהָ הִנֵּה־נָ֤א אַתְּ־עֲקָרָה֙ וְלֹ֣א יָלַ֔דְתְּ
ד וְהָרִ֖ית וְיָלַ֥דְתְּ בֵּֽן׃ וְעַתָּה֙ הִשָּׁ֣מְרִי נָ֔א וְאַל־תִּשְׁתִּ֖י יַ֣יִן
ה וְשֵׁכָ֑ר וְאַל־תֹּאכְלִ֖י כָּל־טָמֵֽא׃ כִּי֩ הִנָּ֨ךְ הָרָ֜ה וְיֹלַ֣דְתְּ
בֵּ֗ן וּמוֹרָה֙ לֹא־יַעֲלֶ֣ה עַל־רֹאשׁ֔וֹ כִּֽי־נְזִ֧יר אֱלֹהִ֛ים יִהְיֶ֥ה
הַנַּ֖עַר מִן־הַבָּ֑טֶן וְה֗וּא יָחֵ֛ל לְהוֹשִׁ֥יעַ אֶת־יִשְׂרָאֵ֖ל מִיַּ֥ד
ו פְּלִשְׁתִּֽים׃ וַתָּבֹ֣א הָאִשָּׁ֗ה וַתֹּ֣אמֶר לְאִישָׁהּ֮ לֵאמֹר֒
אִ֤ישׁ הָאֱלֹהִים֙ בָּ֣א אֵלַ֔י וּמַרְאֵ֕הוּ כְּמַרְאֵ֛ה מַלְאַ֥ךְ
הָאֱלֹהִ֖ים נוֹרָ֣א מְאֹ֑ד וְלֹ֤א שְׁאִלְתִּ֙יהוּ֙ אֵי־מִזֶּ֣ה ה֔וּא
ז וְאֶת־שְׁמ֖וֹ לֹא־הִגִּ֥יד לִֽי׃ וַיֹּ֣אמֶר לִ֔י הִנָּ֥ךְ הָרָ֖ה וְיֹלַ֣דְתְּ
בֵּ֑ן וְעַתָּ֗ה אַל־תִּשְׁתִּ֣י ׀ יַ֣יִן וְשֵׁכָ֗ר וְאַל־תֹּֽאכְלִי֙ כָּל־
טֻמְאָ֔ה כִּֽי־נְזִ֤יר אֱלֹהִים֙ יִהְיֶ֣ה הַנַּ֔עַר מִן־הַבֶּ֖טֶן עַד־י֥וֹם
מוֹתֽוֹ׃

לידת שמשון הפלאית

ייחודו של שמשון וכוחו האלוקי השוכן בגופו באו לידי ביטוי כבר בלידתו הנסית. המלאך מבשר לאם העקרה על לידת בן ועל תפקידיו הגדולים.

ביאור | שופטים פרק יג ב **וַיְהִי אִישׁ אֶחָד** מהעיר **צָרְעָה, מִמִּשְׁפַּחַת הַדָּנִי, וּשְׁמוֹ**
מָנוֹחַ. וְאִשְׁתּוֹ עֲקָרָה וְלֹא יָלָדָה. הם היו חשוכי ילדים משך זמן מסוים.

ג **וַיֵּרָא מַלְאַךְ ה׳ אֶל הָאִשָּׁה, וַיֹּאמֶר אֵלֶיהָ: הִנֵּה נָא,** עכשיו **אַתְּ עֲקָרָה**
וְלֹא יָלַדְתְּ, אך אני מבשר לך כעת - **וְהָרִית וְיָלַדְתְּ בֵּן.** ד **וְעַתָּה הִשָּׁמְרִי**
נָא וְאַל תִּשְׁתִּי יַיִן וְשֵׁכָר, משקה מְשַׁכֵּר העשוי מענבים,[10] **וְאַל תֹּאכְלִי**
כָּל דבר **טָמֵא.** ה **כִּי הִנָּךְ הָרָה,** תהרי[11] **וְיֹלַדְתְּ בֵּן, וּמוֹרָה,** תער[12] **לֹא**
יַעֲלֶה עַל רֹאשׁוֹ, אל לו להסתפר, **כִּי נְזִיר אֱלֹהִים יִהְיֶה הַנַּעַר מִן הַבָּטֶן,**
מן ההיריון, **וְהוּא יָחֵל,** יתחיל **לְהוֹשִׁיעַ אֶת יִשְׂרָאֵל מִיַּד פְּלִשְׁתִּים.** בידו
נמסרת השליחות הזו, ומכיוון שאת עתידה לגדל ילד מיוחד במינו,
הוזהרת באזהרות הללו.

ו **וַתָּבֹא הָאִשָּׁה וַתֹּאמֶר לְאִישָׁהּ,** לבעלה **לֵאמֹר: אִישׁ הָאֱלֹהִים** - היא
חושבת שהיה זה נביא[13] - **בָּא אֵלַי, וּמַרְאֵהוּ** מרשים **כְּ**פי שאני מתארת
לעצמי **מַרְאֵה מַלְאַךְ הָאֱלֹהִים,**[14] **נוֹרָא,** מעורר יראה **מְאֹד, וְלֹא שְׁאִלְתִּיהוּ**
אֵי מִזֶּה, מהיכן **הוּא, וְאֶת שְׁמוֹ לֹא הִגִּיד לִי.** ז הוא הגיע וניבא באוזני
וַיֹּאמֶר לִי: ״הִנָּךְ הָרָה וְיֹלַדְתְּ בֵּן. וְעַתָּה אַל תִּשְׁתִּי יַיִן וְשֵׁכָר וְאַל תֹּאכְלִי כָּל
טֻמְאָה, כִּי נְזִיר אֱלֹהִים יִהְיֶה הַנַּעַר מִן הַבֶּטֶן עַד יוֹם מוֹתוֹ״. נראה שאשת
מנוח שינתה קצת מדברי המלאך. הוא לא אמר שהילד יהיה נזיר
כל ימיו, וכנראה היא הוסיפה זאת מדעתה.[15]

אזור צרעה ואשתאול

העולם | צָרְעָה אחת מערי גבול נחלת שבט דן שבשפלת יהודה (יהושע יט,מא). נזכרת גם בתעודות מצריות (אל עמארנה). יושבת סמוך לצומת דרך האורך למרגלות הרי יהודה עם דרך הרוחב מאזור ההר לשפלה. שמה נשתמר בשם היישוב הערבי סרעה.

וַיֶּעְתַּר מָנוֹחַ אֶל־יְהוָה וַיֹּאמַר בִּי אֲדוֹנָי אִישׁ הָאֱלֹהִים ח
אֲשֶׁר שָׁלַחְתָּ יָבוֹא־נָא עוֹד אֵלֵינוּ וְיוֹרֵנוּ מַה־נַּעֲשֶׂה
לַנַּעַר הַיּוּלָּד׃ וַיִּשְׁמַע הָאֱלֹהִים בְּקוֹל מָנוֹחַ וַיָּבֹא ט
מַלְאַךְ הָאֱלֹהִים עוֹד אֶל־הָאִשָּׁה וְהִיא יוֹשֶׁבֶת
בַּשָּׂדֶה וּמָנוֹחַ אִישָׁהּ אֵין עִמָּהּ׃ וַתְּמַהֵר הָאִשָּׁה י
וַתָּרָץ וַתַּגֵּד לְאִישָׁהּ וַתֹּאמֶר אֵלָיו הִנֵּה נִרְאָה אֵלַי
הָאִישׁ אֲשֶׁר־בָּא בַיּוֹם אֵלָי׃ וַיָּקָם וַיֵּלֶךְ מָנוֹחַ אַחֲרֵי יא
אִשְׁתּוֹ וַיָּבֹא אֶל־הָאִישׁ וַיֹּאמֶר לוֹ הַאַתָּה הָאִישׁ
אֲשֶׁר־דִּבַּרְתָּ אֶל־הָאִשָּׁה וַיֹּאמֶר אָנִי׃ וַיֹּאמֶר מָנוֹחַ יב
עַתָּה יָבֹא דְבָרֶיךָ מַה־יִּהְיֶה מִשְׁפַּט־הַנַּעַר וּמַעֲשֵׂהוּ׃
וַיֹּאמֶר מַלְאַךְ יְהוָה אֶל־מָנוֹחַ מִכֹּל אֲשֶׁר־אָמַרְתִּי יג
אֶל־הָאִשָּׁה תִּשָּׁמֵר׃ מִכֹּל אֲשֶׁר־יֵצֵא מִגֶּפֶן הַיַּיִן לֹא יד
תֹאכַל וְיַיִן וְשֵׁכָר אַל־תֵּשְׁתְּ וְכָל־טֻמְאָה אַל־תֹּאכַל
כֹּל אֲשֶׁר־צִוִּיתִיהָ תִּשְׁמֹר׃ וַיֹּאמֶר מָנוֹחַ אֶל־מַלְאַךְ טו
יְהוָה נַעְצְרָה־נָּא אוֹתָךְ וְנַעֲשֶׂה לְפָנֶיךָ גְּדִי עִזִּים׃

הרחבות | **מנוח ואשתו** יש מקום להניח שמנוח היה מבוגר מאשתו כי היא הנמצאת בדרך כלל בחוץ, וכשהם צועדים הוא הולך אחריה. מנוח שמרן יותר ומיושב בדעתו, ואילו אשתו מצטיירת כדמות רעננה וזוהרת יותר, ולה דווקא מתגלה המלאך פעמיים. בולטת לעין העובדה שאמו של שמשון פתוחה לקבל את השליחות ואולי אפילו מוסיפה עליה כמיטב יכולתה, ואילו מנוח מגיב במתינות ואולי אף בספקנות וחששנות. דמויותיהם של מנוח ושל אשתו - הנזכרים בהמשך הסיפור בעיקר

ביאור

ח **וַיֶּעְתַּר**, התפלל **מָנוֹחַ אֶל ה' וַיֹּאמַר: בִּי**, בבקשה **אֲדוֹנָי! אִישׁ הָאֱלֹהִים
אֲשֶׁר שָׁלַחְתָּ יָבוֹא נָא** עוד פעם **אֵלֵינוּ וְיוֹרֵנוּ**, וילמדנו **מַה נַּעֲשֶׂה לַנַּעַר
הַיּוּלָּד.**

ט **וַיִּשְׁמַע הָאֱלֹהִים בְּקוֹל מָנוֹחַ, וַיָּבֹא מַלְאַךְ הָאֱלֹהִים עוֹד אֶל הָאִשָּׁה,
וְהִיא יוֹשֶׁבֶת בַּשָּׂדֶה**, וגם הפעם - **וּמָנוֹחַ אִישָׁהּ אֵין עִמָּהּ**, לידה.

י **וַתְּמַהֵר הָאִשָּׁה, וַתָּרָץ וַתַּגֵּד לְאִישָׁהּ, וַתֹּאמֶר אֵלָיו: הִנֵּה נִרְאָה אֵלַי** אותו
הָאִישׁ אֲשֶׁר בָּא בַיּוֹם ההוא[16] **אֵלָי.**

יא **וַיָּקָם וַיֵּלֶךְ מָנוֹחַ אַחֲרֵי אִשְׁתּוֹ** אל השדה **וַיָּבֹא אֶל הָאִישׁ וַיֹּאמֶר לוֹ:
הַאַתָּה הָאִישׁ אֲשֶׁר דִּבַּרְתָּ אֶל הָאִשָּׁה** קודם לכן?

וַיֹּאמֶר: אָנִי הוא.

יב **וַיֹּאמֶר מָנוֹחַ: עַתָּה יָבֹא דְבָרֶיךָ**, ספר לנו **מַה יִּהְיֶה מִשְׁפַּט הַנַּעַר וּמַעֲשֵׂהוּ.**
נראה שמנוח לא היה בטוח שאשתו דייקה בדבריה. הוא חשב
שאולי הגזימה או אמרה דברים מדעתה, ולכן היה מעוניין לשמוע
את הבשורה בעצמו.[17]

יג **וַיֹּאמֶר מַלְאַךְ ה' אֶל מָנוֹחַ: מִכֹּל אֲשֶׁר אָמַרְתִּי אֶל הָאִשָּׁה** - היא
תִּשָּׁמֵר. יד כמו הנזיר - **מִכֹּל אֲשֶׁר יֵצֵא מִגֶּפֶן הַיַּיִן לֹא תֹאכַל**, אל לה
לאכול, **וְיַיִן וְשֵׁכָר אַל תֵּשְׁתְּ**, תשתה, **וְכָל טֻמְאָה אַל תֹּאכַל. כֹּל אֲשֶׁר
צִוִּיתִיהָ - תִּשְׁמֹר**, עליה לשמור.[18]

טו **וַיֹּאמֶר מָנוֹחַ אֶל מַלְאַךְ ה': נַעְצְרָה**, נעכב, נכניס[19] **נָּא אוֹתָךְ וְנַעֲשֶׂה
לְפָנֶיךָ גְּדִי עִזִּים.** אתה אורח מכובד המדבר בשם ה' ומנבא לנו נבואה.
הרשה לנו לחלוק לך כבוד בהכנת גדי.

מִכֹּל אֲשֶׁר יֵצֵא מִגֶּפֶן הַיַּיִן

מימין: ענבים

משמאל: צימוקים

הרחבות

כזוג הוריו של שמשון - שונות זו מזו; מנוח ההולך מתון מתון, ואשתו פעילה ומהירה.

לדעת חכמים באה אשת מנוח משבט אחר. חכמים קבעו מהו שבטה על סמך רשימת יוחסין שבספר דברי הימים. הם אף זיהו אותה בשמה: בין בני שבט יהודה מופיע שם חריג לאשה - הַצְלֶלְפּוֹנִי (דברי הימים א' ד,ג). חכמים שיערו שהוזכרה בשמה משום שהייתה אשה בלתי רגילה. (ראו במדבר רבה י,ה; אברבנאל על אתר. וראו עוד בהערה לשופטים טו,יא).

טז וַיֹּאמֶר מַלְאַךְ יְהוָה אֶל־מָנוֹחַ אִם־תַּעְצְרֵנִי לֹא־אֹכַל
בְּלַחְמֶךָ וְאִם־תַּעֲשֶׂה עֹלָה לַיהוָה תַּעֲלֶנָּה כִּי לֹא־יָדַע
יז מָנוֹחַ כִּי־מַלְאַךְ יְהוָה הוּא: וַיֹּאמֶר מָנוֹחַ אֶל־מַלְאַךְ
יח יְהוָה מִי שְׁמֶךָ כִּי־יָבֹא דבריך וְכִבַּדְנוּךָ: וַיֹּאמֶר לוֹ דִּבְרְךָ
מַלְאַךְ יְהוָה לָמָּה זֶּה תִּשְׁאַל לִשְׁמִי וְהוּא־פֶלִאי:
יט וַיִּקַּח מָנוֹחַ אֶת־גְּדִי הָעִזִּים וְאֶת־הַמִּנְחָה וַיַּעַל עַל־
הַצּוּר לַיהוָה וּמַפְלִא לַעֲשׂוֹת וּמָנוֹחַ וְאִשְׁתּוֹ רֹאִים:
כ וַיְהִי בַעֲלוֹת הַלַּהַב מֵעַל הַמִּזְבֵּחַ הַשָּׁמַיְמָה וַיַּעַל
מַלְאַךְ־יְהוָה בְּלַהַב הַמִּזְבֵּחַ וּמָנוֹחַ וְאִשְׁתּוֹ רֹאִים
כא וַיִּפְּלוּ עַל־פְּנֵיהֶם אָרְצָה: וְלֹא־יָסַף עוֹד מַלְאַךְ יְהוָה
לְהֵרָאֹה אֶל־מָנוֹחַ וְאֶל־אִשְׁתּוֹ אָז יָדַע מָנוֹחַ כִּי־
כב מַלְאַךְ יְהוָה הוּא: וַיֹּאמֶר מָנוֹחַ אֶל־אִשְׁתּוֹ מוֹת
כג נָמוּת כִּי אֱלֹהִים רָאִינוּ: וַתֹּאמֶר לוֹ אִשְׁתּוֹ לוּ חָפֵץ
יְהוָה לַהֲמִיתֵנוּ לֹא־לָקַח מִיָּדֵנוּ עֹלָה וּמִנְחָה וְלֹא
הֶרְאָנוּ אֶת־כָּל־אֵלֶּה וְכָעֵת לֹא הִשְׁמִיעָנוּ כָּזֹאת:
כד וַתֵּלֶד הָאִשָּׁה בֵּן וַתִּקְרָא אֶת־שְׁמוֹ שִׁמְשׁוֹן וַיִּגְדַּל
כה הַנַּעַר וַיְבָרְכֵהוּ יְהוָה:* וַתָּחֶל רוּחַ יְהוָה לְפַעֲמוֹ התימנים מסיימים כאן
בְּמַחֲנֵה־דָן בֵּין צָרְעָה וּבֵין אֶשְׁתָּאֹל:

העולם | **אֶשְׁתָּאוֹל** אחת מערי גבול נחלת שבט דן שבשפלת יהודה (יהושע יט,מא). מזוהה עם תל שובב המצוי סמוך לשרידי הכפר הערבי הנטוש אשווע, המשמר את השם, כ–2 ק"מ מצפון לצרעה. בתל נמצאו שרידים מתקופת הברונזה הקדומה ושרידי יישוב מתקופת ממלכת יהודה.

ביאור

טז **וַיֹּאמֶר מַלְאַךְ ה׳ אֶל מָנוֹחַ: גם אִם תַּעְצְרֵנִי** להישאר – **לֹא אֹכַל בְּלַחְמֶךָ. וְאִם תַּעֲשֶׂה עֹלָה – לַה׳ תַּעֲלֶנָּה** לקרבן, ולא תיתן אותה לי.

מנוח הזמין את המלאך לארוחה **כִּי לֹא יָדַע מָנוֹחַ כִּי מַלְאַךְ ה׳ הוּא**, אלא שיער שבן שיחו הוא נביא.

יז **וַיֹּאמֶר מָנוֹחַ אֶל מַלְאַךְ ה׳: מִי**, מה[20] **שְׁמֶךָ? כִּי**, כאשר **יָבֹא**, יתאמת
דְבָרְךָ – וְכִבַּדְנוּךָ, נפרסם ברבים שנביא פלוני בא אלינו, ונבואתו אכן
התקיימה.[21] יח **וַיֹּאמֶר לוֹ מַלְאַךְ ה׳: לָמָּה זֶּה תִּשְׁאַל לִשְׁמִי, וְהוּא פֶלִאי**,
מסתורי?![22] אני הוא שליח ה׳.

יט **וַיִּקַּח מָנוֹחַ אֶת גְּדִי הָעִזִּים וְאֶת הַמִּנְחָה** הנלווית לקרבן הבהמה,
וַיַּעַל עַל הַצּוּר, הסלע **לַה׳**. והמלאך **מַפְלִא לַעֲשׂוֹת**, עשה מעשים
מופלאים שאינם מתוארים כאן, אולי בחיתוך הגדי וכדומה. **וּמָנוֹחַ**
וְאִשְׁתּוֹ רֹאִים את הפלא המתרחש לנגד עיניהם. כ **וַיְהִי בַעֲלוֹת הַלַּהַב**,
הלהבה **מֵעַל הַמִּזְבֵּחַ הַשָּׁמַיְמָה, וַיַּעַל מַלְאַךְ ה׳ בְּלַהַב**, עם להבת **הַמִּזְבֵּחַ**,
וּמָנוֹחַ וְאִשְׁתּוֹ רֹאִים – וַיִּפְּלוּ עַל פְּנֵיהֶם אָרְצָה. כא **וְלֹא יָסַף עוֹד מַלְאַךְ ה׳**
לְהֵרָאֹה, להיראות **אֶל מָנוֹחַ וְאֶל אִשְׁתּוֹ**. אילו המלאך השתמש באש
באופן אחר, לא הייתה בכך הוכחה, אבל כיוון שהדמות עלתה
בלהב ונעלמה[23] – **אָז יָדַע מָנוֹחַ כִּי מַלְאַךְ ה׳ הוּא**, ולא אדם.

כב **וַיֹּאמֶר מָנוֹחַ אֶל אִשְׁתּוֹ: מוֹת נָמוּת, כִּי אֱלֹהִים רָאִינוּ.** הם הניחו שראיית המלאך היא התגלות שאחריה אין אדם יכול לחיות.[24]

כג **וַתֹּאמֶר לוֹ אִשְׁתּוֹ: לוּ חָפֵץ ה׳ לַהֲמִיתֵנוּ – לֹא לָקַח מִיָּדֵנוּ עֹלָה וּמִנְחָה.** קבלת הקרבן היא סימן שאנו רצויים לפניו. נוסף לכך – **וְלֹא הֶרְאָנוּ**, היה מראה לנו **אֶת כָּל** המעשים המופלאים **הָאֵלֶּה**, אילו עמדנו למות, שכן איש לא היה מספר אותם. יתר על כן – **וְכָעֵת לֹא הִשְׁמִיעָנוּ כָּזֹאת**, על הילד. מכל זה ברור שה׳ רוצה בחיינו.[25]

כד **וַתֵּלֶד הָאִשָּׁה בֵּן וַתִּקְרָא אֶת שְׁמוֹ שִׁמְשׁוֹן**, כנראה על שם השמש.[26] **וַיִּגְדַּל הַנַּעַר, וַיְבָרְכֵהוּ ה׳.** כבר כשגדל מילד לנער היה ניכר ייחודו.

כה **וַתָּחֶל רוּחַ ה׳ לְפַעֲמוֹ בְּמַחֲנֵה דָן**, המקום שבו התאסף שבט דן בשעת נדידתו לצפון,[27] **בֵּין צָרְעָה וּבֵין אֶשְׁתָּאוֹל**, אזור נחלתו המובהקת של שבט דן.[28]

הרחבות

רוח ה׳ לא הייתה זו רוח נבואה אלא סיוע אלוקי באמצעות הכוח החריג שניתן בו מאז הולדתו (על פי יונתן; מורה נבוכים ח״ב מה). כשגדל נעשתה תכונה זו בולטת יותר.

הפטרת בהעלתך

זכריה

ב יד רָנִּי וְשִׂמְחִי בַּת־צִיּוֹן כִּי הִנְנִי־בָא וְשָׁכַנְתִּי בְתוֹכֵךְ
טו נְאֻם־יְהוָה׃ וְנִלְווּ גוֹיִם רַבִּים אֶל־יְהוָה בַּיּוֹם הַהוּא
וְהָיוּ לִי לְעָם וְשָׁכַנְתִּי בְתוֹכֵךְ וְיָדַעַתְּ כִּי־יְהוָה צְבָאוֹת
טז שְׁלָחַנִי אֵלָיִךְ׃ וְנָחַל יְהוָה אֶת־יְהוּדָה חֶלְקוֹ עַל
יז אַדְמַת הַקֹּדֶשׁ וּבָחַר עוֹד בִּירוּשָׁלִָם׃ הַס כָּל־בָּשָׂר
ג א מִפְּנֵי יְהוָה כִּי נֵעוֹר מִמְּעוֹן קָדְשׁוֹ׃ וַיַּרְאֵנִי
אֶת־יְהוֹשֻׁעַ הַכֹּהֵן הַגָּדוֹל עֹמֵד לִפְנֵי מַלְאַךְ יְהוָה
ב וְהַשָּׂטָן עֹמֵד עַל־יְמִינוֹ לְשִׂטְנוֹ׃ וַיֹּאמֶר יְהוָה אֶל־
הַשָּׂטָן יִגְעַר יְהוָה בְּךָ הַשָּׂטָן וְיִגְעַר יְהוָה בְּךָ הַבֹּחֵר
ג בִּירוּשָׁלִָם הֲלוֹא זֶה אוּד מֻצָּל מֵאֵשׁ׃ וִיהוֹשֻׁעַ הָיָה
ד לָבֻשׁ בְּגָדִים צוֹאִים וְעֹמֵד לִפְנֵי הַמַּלְאָךְ׃ וַיַּעַן וַיֹּאמֶר
אֶל־הָעֹמְדִים לְפָנָיו לֵאמֹר הָסִירוּ הַבְּגָדִים הַצֹּאִים
מֵעָלָיו וַיֹּאמֶר אֵלָיו רְאֵה הֶעֱבַרְתִּי מֵעָלֶיךָ עֲוֺנֶךָ
ה וְהַלְבֵּשׁ אֹתְךָ מַחֲלָצוֹת׃ וָאֹמַר יָשִׂימוּ צָנִיף טָהוֹר

מראות הנביא זכריה

המנורה שהָראה משה בהר, קשורה במובהק לחיזיון זכריה הנביא על בניין בית המקדש השני, שבמרכזו מראה המנורה. לקשר זה שבין הפרשה להפטרה נוספים כמה נושאים משותפים: הכשרתם של המשרתים בקודש; גערת ה' במקטרג על בחירו; פיצול ההנהגה וביזורה. ההפטרה מזכירה את הדגם שבו מפוצלת ההנהגה בין כהנים מצאצאי אהרן, כיהושע הכהן הגדול, לבין מושלים מזרע דוד, כזרובבל.

באותה עת הייתה ירושלים שוממה והיישוב בה דליל ומאוים. זכריה הנביא, שכנראה היה מן המעטים שעלו עם זרובבל מבבל אחרי הצהרת כורש, מחזק את יהושע הכהן הגדול ואת זרובבל, ואולי באמצעותם את יושבי ירושלים בכלל, מעודד את בניין המקדש ומבשר לירושלים שהיא עתידה לשוב לגדולתה.

ביאור

זכריה פרק ב יד **רָנִּי**, שירי **וְשִׂמְחִי, בַּת־צִיּוֹן, כִּי הִנְנִי־בָא וְשָׁכַנְתִּי בְתוֹכֵךְ,**
נְאֻם־ה'. טו **וְנִלְווּ גוֹיִם רַבִּים אֶל־ה' בַּיּוֹם הַהוּא וְהָיוּ לִי לְעָם** יחד אתך,
וְשָׁכַנְתִּי בְתוֹכֵךְ, וכאשר תראי זאת - **וְיָדַעַתְּ כִּי־ה' צְבָאוֹת שְׁלָחַנִי**
אֵלָיִךְ. טז **וְנָחַל**, ינחיל[29] **ה' אֶת־יְהוּדָה** את **חֶלְקוֹ עַל אַדְמַת הַקֹּדֶשׁ.** ה'
ישיב ליהודה את נחלתו, **וּבָחַר עוֹד**, שוב **בִּירוּשָׁלָ͏ִם.** יז **הַס**, החרישו
כָּל בָּשָׂר מִפְּנֵי ה', כִּי נֵעוֹר, התעורר **מִמְּעוֹן**, מבית **קָדְשׁוֹ**, מן השמים.[30]
כבר עתה ה' בא להושיעך ולשכון בך.

פרק ג א **וַיַּרְאֵנִי** ה' בחזון הנבואה **אֶת־יְהוֹשֻׁעַ הַכֹּהֵן הַגָּדוֹל עֹמֵד לִפְנֵי**
מַלְאַךְ ה', וְהַשָּׂטָן, הקטגור העליון שלו **עֹמֵד עַל־יְמִינוֹ לְשִׂטְנוֹ**, לקטרג
עליו ולמנוע ממנו לכהן. ב **וַיֹּאמֶר ה' אֶל־הַשָּׂטָן: יִגְעַר ה' בְּךָ, הַשָּׂטָן**, ולא
יניח לך להמשיך לקטרג, **וְיִגְעַר ה' בְּךָ**, כי הוא **הַבֹּחֵר בִּירוּשָׁלָ͏ִם**. כיצד
תדבר רע על יהושע הכהן הגדול, **הֲלוֹא זֶה אוּד**, גזיר עץ שכבר החל
להישרף **שֶׁמֻּצָּל**, הצילו אותו **מֵאֵשׁ** הגלות[31] או החורבן?![32] יהושע היה
שריד, אולי יחידי, משושלת הכהונה הגדולה של ימי הבית הראשון.

ג ובחזון - **יהוֹשֻׁעַ הָיָה לָבֻשׁ בְּגָדִים צוֹאִים**, מלוכלכים **וְעֹמֵד לִפְנֵי**
הַמַּלְאָךְ. ד **וַיַּעַן** המלאך[33] **וַיֹּאמֶר אֶל־הָעֹמְדִים לְפָנָיו.** מעמדו של המלאך
היה כמעמד שר או דיין היושב על כיסאו ולפניו עומדים משרתים,
והוא הורה להם **לֵאמֹר: הָסִירוּ** את **הַבְּגָדִים הַצֹּאִים מֵעָלָיו.**

וַיֹּאמֶר אֵלָיו המלאך ליהושע: **רְאֵה הֶעֱבַרְתִּי מֵעָלֶיךָ עֲוֺנֶךָ, וְהַלְבֵּשׁ**,
הלבשתי **אֹתְךָ מַחֲלָצוֹת**, בגדים נקיים. הבגדים המטונפים גילמו
חטא, והחלפתם הסמלית בחזון, משמעה טיהור.

הרחבות

עוונו של יהושע אינו מפורש כאן. ייתכן שמדובר במעשים שאיש לא ידע עליהם מלבד הכהן הגדול עצמו. לפי המסורת מרמז הבגד הצואה שעטה יהושע על פגם במשפחתו. ידוע שנכדו של יהושע הכהן הגדול התחתן עם בתו של סנבלט, מנהיג השומרונים, ואולי מנישואין אלה קמה שושלת הכהונה הגדולה שלהם. (ראו עזרא י,יח; נחמיה יג,כח; סנהדרין צג ע"א; ראב"ע פס' ג).

עַל־רֹאשׁוֹ וַיָּשִׂימוּ הַצָּנִיף הַטָּהוֹר עַל־רֹאשׁוֹ וַיַּלְבִּשֻׁהוּ
בְּגָדִים וּמַלְאַךְ יהוה עֹמֵד: וַיָּעַד מַלְאַךְ יהוה בִּיהוֹשֻׁעַ ו
לֵאמֹר: כֹּה־אָמַר יהוה צְבָאוֹת אִם־בִּדְרָכַי תֵּלֵךְ וְאִם ז
אֶת־מִשְׁמַרְתִּי תִשְׁמֹר וְגַם־אַתָּה תָּדִין אֶת־בֵּיתִי
וְגַם תִּשְׁמֹר אֶת־חֲצֵרָי וְנָתַתִּי לְךָ מַהְלְכִים בֵּין
הָעֹמְדִים הָאֵלֶּה: שְׁמַע־נָא יְהוֹשֻׁעַ | הַכֹּהֵן הַגָּדוֹל ח
אַתָּה וְרֵעֶיךָ הַיֹּשְׁבִים לְפָנֶיךָ כִּי־אַנְשֵׁי מוֹפֵת הֵמָּה
כִּי־הִנְנִי מֵבִיא אֶת־עַבְדִּי צֶמַח: כִּי | הִנֵּה הָאֶבֶן אֲשֶׁר ט
נָתַתִּי לִפְנֵי יְהוֹשֻׁעַ עַל־אֶבֶן אַחַת שִׁבְעָה עֵינָיִם הִנְנִי
מְפַתֵּחַ פִּתֻּחָהּ נְאֻם יהוה צְבָאוֹת וּמַשְׁתִּי אֶת־עֲוֺן
הָאָרֶץ־הַהִיא בְּיוֹם אֶחָד: בַּיּוֹם הַהוּא נְאֻם יהוה י
צְבָאוֹת תִּקְרְאוּ אִישׁ לְרֵעֵהוּ אֶל־תַּחַת גֶּפֶן וְאֶל־
תַּחַת תְּאֵנָה: וַיָּשָׁב הַמַּלְאָךְ הַדֹּבֵר בִּי א ד
וַיְעִירֵנִי כְּאִישׁ אֲשֶׁר־יֵעוֹר מִשְּׁנָתוֹ: וַיֹּאמֶר אֵלַי מָה ב

מצנפת
הכהן הגדול
('צניף')

הרחבות | **'תדין את ביתי וגם תשמר את חצרָי'** מעבר להקרבת הקרבנות והקטרת הקטורת, שמירת משמרת הקודש (במדבר יח,ה) ושאר עבודות הקודש שהופקדו בידי הכהנים, היה הכהן גם מלמד את התורה ומשפטיה (דברים לג,י) וכן דן בענייניהם של ישראל (דברים יז,ט). הכהן הגדול היה אפוא ראש לתפקידים הללו. במשך הדורות נוספו על מעשים אלו גם תפקידים הקשורים לאחריות על הסדרים בבית ה', כגון בית דין של כהנים שעסקו בעיקר בייחוסם של הכהנים ובעניינים אחרים

ביאור | ה וַיֹּאמֶר: לא רק שיוחלפו הבגדים המלוכלכים בנקיים, אף יָשִׂימוּ
צָנִיף טָהוֹר, מצנפת הכהן הגדול העשויה אריג ארוך שנכרך פעמים
רבות סביב הראש כטורבן,[34] עַל־רֹאשׁוֹ. וַיָּשִׂימוּ הַצָּנִיף הַטָּהוֹר עַל־רֹאשׁוֹ
וַיַּלְבִּשֻׁהוּ בְּגָדִים נאים, וּמַלְאַךְ ה׳ עֹמֵד ומשגיח שהכול ייעשה כראוי.

כעת נפתחת בפני יהושע אפשרות חדשה: ו וַיָּעַד, התרה מַלְאַךְ ה׳
בִּיהוֹשֻׁעַ לֵאמֹר: ז כֹּה־אָמַר ה׳ צְבָאוֹת: אִם־בִּדְרָכַי תֵּלֵךְ, וְאִם אֶת־מִשְׁמַרְתִּי
תִשְׁמֹר, וְגַם־אַתָּה תָּדִין, תדון אֶת־בֵּיתִי, תנהל כראוי את המקדש, וְגַם
תִּשְׁמֹר אֶת־חֲצֵרָי – וְנָתַתִּי לְךָ מַהְלְכִים, תוכל להתהלך בֵּין הָעֹמְדִים הָאֵלֶּה,
המלאכים, העומדים לפני ה׳, המשמשים במשפטו של יהושע. מעתה
לא תהיה רק הממונה על המקדש בירושלים של מטה, אלא יהיה לך
מקום גם במחיצתם של מלאכי מעלה.[35] ח שְׁמַע־נָא, יְהוֹשֻׁעַ הַכֹּהֵן
הַגָּדוֹל, אַתָּה וְרֵעֶיךָ הַיֹּשְׁבִים לְפָנֶיךָ, ראשי הכהנים שעלו עם זרובבל, כִּי־
אַנְשֵׁי מוֹפֵת הֵמָּה, אנשי מעלה הם. כִּי־הִנְנִי מֵבִיא אֶת־עַבְדִּי צֶמַח, הוא
זרובבל, המנהיג הפוליטי ביהודה.[36] ט כִּי הִנֵּה הָאֶבֶן אֲשֶׁר נָתַתִּי לִפְנֵי
יְהוֹשֻׁעַ – עַל־אֶבֶן אַחַת שִׁבְעָה עֵינָיִם, גוונים. זוהי אבן טובה מיוחדת
בעלת צבעים אחדים, ולא זו בלבד – הִנְנִי מְפַתֵּחַ פִּתֻּחָהּ, אחקוק בה
קישוטים, נְאֻם ה׳ צְבָאוֹת, וּמַשְׁתִּי, אעזוב, אסיר אֶת עֲוֹן הָאָרֶץ־הַהִיא
בְּיוֹם אֶחָד. האבן שבחזון מגלמת את תפקידו של זרובבל בהקמת
המקדש,[37] שעתיד להביא לכפרת עוונם של ישראל. י בַּיּוֹם הַהוּא,
נְאֻם ה׳ צְבָאוֹת, כאשר אתה, הכהן הגדול, תשתף פעולה עם עבדי,
צמח, ועוון הארץ יכופר, תִּקְרְאוּ אִישׁ לְרֵעֵהוּ ותזמינו זה את זה
אֶל־תַּחַת גֶּפֶן וְאֶל־תַּחַת תְּאֵנָה – חזון פסטורלי על חיי שלווה ופנאי
להזמנת אורחים בצלם של עצי הפרי.

ייתכן שחיזיון זה הביא את הנביא לנמנום או לתרדמה.[38] פרק ד א על
כן – וַיָּשָׁב הַמַּלְאָךְ הַדֹּבֵר בִּי וַיְעִירֵנִי כְּאִישׁ אֲשֶׁר־יֵעוֹר מִשְּׁנָתוֹ. ב וַיֹּאמֶר
אֵלַי: מָה אַתָּה רֹאֶה?

הרחבות | צֶמַח כינוי זה מופיע גם בדברי ירמיהו (כג,ה; לג,טו) ביחס לצאצא מבית דוד שינהיג מחדש את היישוב ביהודה. ייתכן שהשם הזה אינו מכוון לאיש מסוים אלא לכל מנהיג גואל שיצא מזרע דוד.

הקשורים אל הבית. (ראו דברים כו,ג; שמואל א׳ א,ט-כו; מלכים א׳ א,לט-מה; רלב״ג שמואל ב׳ כ,כג; ספרי במדבר יח,ז; משנה ראש השנה א,ז; תוספתא מנחות ט,י).

וָאֹמַר אַתָּה רֹאֶה וַיֹּאמֶר רָאִיתִי וְהִנֵּה מְנוֹרַת זָהָב כֻּלָּהּ
וְגֻלָּהּ עַל־רֹאשָׁהּ וְשִׁבְעָה נֵרֹתֶיהָ עָלֶיהָ שִׁבְעָה
וְשִׁבְעָה מוּצָקוֹת לַנֵּרוֹת אֲשֶׁר עַל־רֹאשָׁהּ׃ וּשְׁנַיִם ג
זֵיתִים עָלֶיהָ אֶחָד מִימִין הַגֻּלָּה וְאֶחָד עַל־שְׂמֹאלָהּ׃
וָאַעַן וָאֹמַר אֶל־הַמַּלְאָךְ הַדֹּבֵר בִּי לֵאמֹר מָה־אֵלֶּה ד
אֲדֹנִי׃ וַיַּעַן הַמַּלְאָךְ הַדֹּבֵר בִּי וַיֹּאמֶר אֵלַי הֲלוֹא ה
יָדַעְתָּ מָה־הֵמָּה אֵלֶּה וָאֹמַר לֹא אֲדֹנִי׃ וַיַּעַן וַיֹּאמֶר ו
אֵלַי לֵאמֹר זֶה דְּבַר־יְהוָה אֶל־זְרֻבָּבֶל לֵאמֹר
לֹא בְחַיִל וְלֹא בְכֹחַ כִּי אִם־בְּרוּחִי אָמַר יְהוָה
צְבָאוֹת׃ מִי־אַתָּה הַר־הַגָּדוֹל לִפְנֵי זְרֻבָּבֶל לְמִישֹׁר ז
וְהוֹצִיא אֶת־הָאֶבֶן הָרֹאשָׁה תְּשֻׁאוֹת חֵן ׀ חֵן
התימנים מוסיפים לָהּ׃ *וַיְהִי דְבַר־יְהוָה אֵלַי לֵאמֹר׃ יְדֵי ח ט
זְרֻבָּבֶל יִסְּדוּ הַבַּיִת הַזֶּה וְיָדָיו תְּבַצַּעְנָה וְיָדַעְתָּ כִּי־
יְהוָה צְבָאוֹת שְׁלָחַנִי אֲלֵיכֶם׃

הרחבות | זרבבל ייתכן שאף בשמו טמון רמז לצמיחה - אפשר שמשמעות שמו היא זרע בבל, כלומר הילד שנזרע בבבל (סנהדרין לח ע"א). זרובבל נשא בתפקיד של מעין פחה, שליט ביהודה. זכריה מדגיש בפני הכהן הגדול את מקומה

ביאור | **וָאֹמַר: רָאִיתִי וְהִנֵּה מְנוֹרַת זָהָב כֻּלָּהּ**, מנורה שכולה עשויה זהב, **וְגֻלָּהּ**, ספל ובתוכו שמן, כמין נביעת שמן,[39] או: צורת כדור[40] **עַל־רֹאשָׁהּ. וְשִׁבְעָה נֵרֹתֶיהָ**, בזיכי השמן של המנורה[41] **עָלֶיהָ**, כמו במנורת המקדש. **שִׁבְעָה וְשִׁבְעָה**, לכל נר משבעת הנרות היו שבעה[42] **מוּצָקוֹת**, צינורות מושכי שמן מהגולה[43] **לַנֵּרוֹת אֲשֶׁר עַל־רֹאשָׁהּ.** ג **וּשְׁנַיִם זֵיתִים**, עצי זית[44] **עָלֶיהָ**, סמוכים לה, **אֶחָד מִימִין הַגֻּלָּה וְאֶחָד עַל־שְׂמֹאלָהּ.**

ד **וָאַעַן וָאֹמַר אֶל הַמַּלְאָךְ הַדֹּבֵר בִּי לֵאמֹר: מָה אֵלֶּה, אֲדֹנִי?** מה משמעותו של החזון הזה?

ה **וַיַּעַן הַמַּלְאָךְ הַדֹּבֵר בִּי וַיֹּאמֶר אֵלַי: הֲלוֹא יָדַעְתָּ**, האם אינך יודע **מָה הֵמָּה אֵלֶּה?** הרי אתה אמור להבין דברים כאלה מדעתך.

וָאֹמַר: לֹא, אֲדֹנִי.

ו **וַיַּעַן וַיֹּאמֶר אֵלַי לֵאמֹר: זֶה דְּבַר־ה׳ אֶל־זְרֻבָּבֶל לֵאמֹר: לֹא בְחַיִל וְלֹא בְכֹחַ, כִּי אִם־בְּרוּחִי, אָמַר ה׳ צְבָאוֹת.** חזון המנורה והזיתים מבטא שפע ברכה שיגיע אליכם לא על ידי פעולה צבאית, אלא ברוח ה׳. כשם שבחזון הכול קורה מאליו - השמן יוצא מהזיתים וזורם אל הנרות, וכך הם דולקים ללא כל מאמץ אנושי, כך אתם לא תצטרכו להפעיל כוח.[45] ז **מִי־אַתָּה, הַר־הַגָּדוֹל**, כל מי שעומד למכשול **לִפְנֵי זְרֻבָּבֶל** - הוא יהפוך אותך **לְמִישֹׁר. וְהוֹצִיא** זרובבל **אֶת־הָאֶבֶן הָרֹאשָׁה**, האבן הראשית, היא האבן שהונחה לפני יהושע הכהן הגדול,[46] המסמלת את בניין המקדש.[47], ואז ישמיעו **תְּשֻׁאוֹת**, קריאות רמות לכבוד האבן: "**חֵן חֵן לָהּ**".[48]

ח **וַיְהִי דְבַר־ה׳ אֵלַי לֵאמֹר:** ט **יְדֵי זְרֻבָּבֶל יִסְּדוּ** את **הַבַּיִת הַזֶּה** בקושי, בדוחק ובאופן סמלי בלבד, **וְיָדָיו** גם **תְּבַצַּעְנָה**, יסיימו את בניינו, למרות העיכובים.[49] **וְיָדַעְתָּ כִּי־ה׳ צְבָאוֹת שְׁלָחַנִי אֲלֵיכֶם.**

הרחבות | של ההנהגה הפוליטית, משום שנדרש שיתוף פעולה ואיזון בין המנהיג הפוליטי, שהיה צאצא של שושלת המלוכה מבית דוד, לבין הכהן, המנהיג הרוחני מזרע אהרן.

הפטרת שלח

יהושע

ב א וַיִּשְׁלַח יְהוֹשֻׁעַ בִּן־נוּן מִן־הַשִּׁטִּים שְׁנַיִם אֲנָשִׁים
מְרַגְּלִים חֶרֶשׁ לֵאמֹר לְכוּ רְאוּ אֶת־הָאָרֶץ וְאֶת־יְרִיחוֹ
וַיֵּלְכוּ וַיָּבֹאוּ בֵּית אִשָּׁה זוֹנָה וּשְׁמָהּ רָחָב וַיִּשְׁכְּבוּ־
ב שָׁמָּה׃ וַיֵּאָמַר לְמֶלֶךְ יְרִיחוֹ לֵאמֹר הִנֵּה אֲנָשִׁים בָּאוּ
ג הֵנָּה הַלַּיְלָה מִבְּנֵי יִשְׂרָאֵל לַחְפֹּר אֶת־הָאָרֶץ׃ וַיִּשְׁלַח
מֶלֶךְ יְרִיחוֹ אֶל־רָחָב לֵאמֹר הוֹצִיאִי הָאֲנָשִׁים הַבָּאִים
אֵלַיִךְ אֲשֶׁר־בָּאוּ לְבֵיתֵךְ כִּי לַחְפֹּר אֶת־כׇּל־הָאָרֶץ

השִּׁטים ויריחו

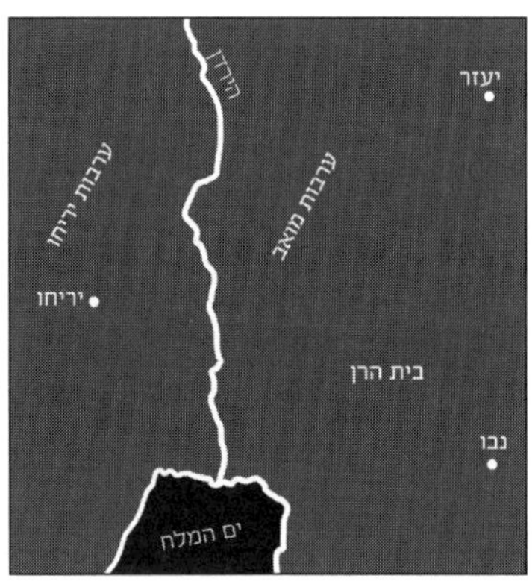

העולם | **שִׁטִּים** שם אחת התחנות של בני ישראל במסעם (במדבר לג,מט), אשר נקרא כך ככל הנראה על שם עצי השיטה הצומחים באזור. במחקר מזהים את שִׁטִּים עם מספר אתרים הסמוכים ליישוב כופרין שבעבר הירדן מול בקעת יריחו - תוּלֵילַאת אל-עַ'סוּל, תל אל חמאם, תל אל כפרין או הוואדי הפורה הסמוך לו, כ-20 ק"מ ממזרח ליריחו.

יְרִיחוֹ עיר בנחלת בנימין המכונה גם 'עיר התמרים' (דברים לד,ג; שופטים א,טז; ג,יג; דברי הימים ב' כח,טו). שולטת על הדרך מעבר הירדן לירושלים. מקורות המים שבה הפכו את סביבתה למקום פורה ביותר. (ספיקת מי מעיינות יריחו היא פי ארבעה מספיקת מי המעיינות באזור ירושלים). מזוהה עם תל א-סולטן שמצפון ליריחו של ימינו ושטחו כ-34 דונם.

המרגלים ביריחו

הצעד הראשון של יהושע במסע הנהגתו הוא שליחת המרגלים אל ארץ כנען. המרגלים ששולח יהושע אינם מכוונים בהכרח ליעדים אסטרטגיים או טקטיים הנוגעים לכיבוש יריחו. למשימתם של שני האנשים ששלח יהושע לא הוגדרה תכלית מעשית מסוימת. ריגול זה מכוון לאמוד את מורל האוכלוסייה המקומית ואת עצמת רוח הלחימה שלה. איש מאנשי הארץ אינו יודע מתי עתידים ישראל להיכנס לארץ, ולאן פניהם מועדות בראשונה. יש להניח שאנשי יריחו לא חשבו שדווקא עירם המבוצרת תהיה העיר הראשונה שתותקף. אף על פי שיהושע יפעל בעזרת כוחו של ה׳, שילווה אותו גם בדרכים נסיות, הוא זקוק למידע פנימי על תחושותיהם של אנשי יריחו ושל שאר יושבי הארץ על מנת להעריך את עצמת ההתנגדות הצפויה לו.[50]

ביאור | יהושע פרק ב א **וַיִּשְׁלַח יְהוֹשֻׁעַ בִּן נוּן מִן הַשִּׁטִּים**, מקום הנמצא
בסמיכות לירדן, שבו שהה העם,[51] **שְׁנַיִם אֲנָשִׁים מְרַגְּלִים חֶרֶשׁ**, בחשאי[52]
לֵאמֹר: לְכוּ רְאוּ אֶת הָאָרֶץ, ובמיוחד **אֶת יְרִיחוֹ**. בכך רמז להם שיעד הכיבוש הראשון עם הכניסה לארץ יהיה יריחו. ׳מעברות הירדן׳ הם מעברים אחדים שבהם אפשר לחצות את הירדן באזור יריחו.[53] בקרבת המעברות הללו אין ערים בצורות מלבד יריחו, שהייתה ידועה בביצוריה החזקים.[54]

וַיֵּלְכוּ וַיָּבֹאוּ בֵּית אִשָּׁה זוֹנָה וּשְׁמָהּ רָחָב, וַיִּשְׁכְּבוּ, התאכסנו **שָׁמָּה**, שהרי זה מקום שאין אנשים נשאלים לזהותם, ומגיעים אליו גם אנשים רבים פחות מרוסנים.

ב **וַיֵּאָמַר לְמֶלֶךְ יְרִיחוֹ לֵאמֹר: הִנֵּה אֲנָשִׁים בָּאוּ הֵנָּה הַלַּיְלָה מִבְּנֵי יִשְׂרָאֵל**
לַחְפֹּר, לרגל **אֶת הָאָרֶץ**. הם בלטו בזרותם גם אם ניסו להתאים את בגדיהם למקובל במקום, שכן נראה שיריחו לא הייתה עיר גדולה. זהותם התגלתה מהר, ואף ידעו לאן הם הלכו.

ג **וַיִּשְׁלַח מֶלֶךְ יְרִיחוֹ אֶל רָחָב לֵאמֹר: הוֹצִיאִי** אלינו את **הָאֲנָשִׁים הַבָּאִים אֵלַיִךְ, אֲשֶׁר בָּאוּ לְבֵיתֵךְ, כִּי לַחְפֹּר**, לרגל **אֶת כָּל הָאָרֶץ בָּאוּ**.

הרחבות | **׳ויבאו בית אשה זונה׳** אף על פי שלפי התרגום הייתה רחב פונדקאית, נראה שפונדקה שימש לא רק כמקום ללון. (יונתן מתרגם כאן ובמקומות נוספים זוֹנָה – פונדקיתא, אך כפי שמציין רד״ק, אין בכך כדי להכריע אם מכרה שם מזון בלבד. וראו גם רש״י פס׳ א ופס׳ יא; אברבנאל על אתר). את ההתאכסנות בביתה של אשה זונה אפשר לראות כצעד חכם ויעיל מאוד. המרגלים היו זרים, ואפילו ביריחו, שהייתה כנראה עיר מסחר פעילה, הם היו בולטים לעין. גם אם הכירו מעט את השפה והתחפשו, לו היו מתהלכים ברחובות היו עלולים להיתפס ולהישאל למעשיהם מיד. לכן הם בחרו בביתה של זונה, שכן אליו מגיעים אנשים בשקט ובהיחבא ומסתלקים ממנו מבלי שאיש בודק את זהותם. שם יכלו המרגלים לשהות בלי שיתייחסו אליהם. יתר על כן, אשה זונה היא שתדע מה חושבות הבריות באמת, ועל מה מדברים האנשים, לא מתוך הצהרות ונאומים רשמיים של המלך או שריו, אלא מתוך שיחתם המשוחררת והאותנטית של תושבי העיר. ועל כן היא תוכל לשקף נאמנה את הלכי הרוח של האוכלוסייה. למרות שבית כזה אינו מקום מכובד, היה זה המקום הנכון ביותר למילוי שליחותם. (ראו עוד מלבי״ם).

ד בָּאוּ: וַתִּקַּח הָאִשָּׁה אֶת־שְׁנֵי הָאֲנָשִׁים וַתִּצְפְּנוֹ
וַתֹּאמֶר כֵּן בָּאוּ אֵלַי הָאֲנָשִׁים וְלֹא יָדַעְתִּי מֵאַיִן הֵמָּה:
ה וַיְהִי הַשַּׁעַר לִסְגּוֹר בַּחֹשֶׁךְ וְהָאֲנָשִׁים יָצָאוּ לֹא יָדַעְתִּי
אָנָה הָלְכוּ הָאֲנָשִׁים רִדְפוּ מַהֵר אַחֲרֵיהֶם כִּי תַשִּׂיגוּם:
ו וְהִיא הֶעֱלָתַם הַגָּגָה וַתִּטְמְנֵם בְּפִשְׁתֵּי הָעֵץ הָעֲרֻכוֹת
ז לָהּ עַל־הַגָּג: וְהָאֲנָשִׁים רָדְפוּ אַחֲרֵיהֶם דֶּרֶךְ הַיַּרְדֵּן
עַל הַמַּעְבְּרוֹת וְהַשַּׁעַר סָגָרוּ אַחֲרֵי כַּאֲשֶׁר יָצְאוּ
ח הָרֹדְפִים אַחֲרֵיהֶם: וְהֵמָּה טֶרֶם יִשְׁכָּבוּן וְהִיא עָלְתָה
ט עֲלֵיהֶם עַל־הַגָּג: וַתֹּאמֶר אֶל־הָאֲנָשִׁים יָדַעְתִּי כִּי־
נָתַן יְהוָה לָכֶם אֶת־הָאָרֶץ וְכִי־נָפְלָה אֵימַתְכֶם עָלֵינוּ
י וְכִי נָמֹגוּ כָּל־יֹשְׁבֵי הָאָרֶץ מִפְּנֵיכֶם: כִּי שָׁמַעְנוּ אֵת
אֲשֶׁר־הוֹבִישׁ יְהוָה אֶת־מֵי יַם־סוּף מִפְּנֵיכֶם בְּצֵאתְכֶם

הרחבות | **שיתוף הפעולה של רחב** רחב בחרה לרמות את מלך העיר ואת אנשיו ולשתף פעולה עם מרגלי האויב. ייתכן שמניעיה נעוצים בכך שהייתה אשה זרה ביריחו, (ראו תוספות מגילה יד ע"ב; רד"ק להלן ו,כה), ולכן לא חשה קרבה אל שליטי העיר או מעורבות בגורלה. אולי הייתה בת לשבט אחר, או שבאה בשיירה שעברה בעיר והחליטה להישאר עם משפחתה, (ראו פס' יב–יג להלן), ובתור זרה הפכה לזונה בעיר. גם אם רחב הייתה מקומית, ייתכן ששיקוליה היו אינטרסנטיים. אפשר שמלך יריחו ידע פחות מרחב על הלך הרוחות בעירו. רחב, שישבה בתוך עמה, חשבה שלמרות ששני האנשים הללו הם זרים בודדים ביריחו, ובקלות אפשר לתפשם ולהרגם, הם מייצגים כוח גדול ומאיים הקרב ובא. היא העריכה שעדיף שתנסה לסייע לאורחיה ולהשליך את יהבה עליהם ועל שולחיהם, מאשר לשתף פעולה עם המלך, שימיו ספורים בין כה וכה.

ביאור
האשה יכלה להכניס לביתה את שליחי המלך ולהסגיר את המרגלים,
אך היא בחרה באפשרות ההפוכה. ד **וַתִּקַּח הָאִשָּׁה אֶת שְׁנֵי הָאֲנָשִׁים**
וַתִּצְפְּנוֹ, החביאה כל אחד מהם במקום אחר על מנת שמחפשיהם לא
יגלו אותם בנקל.[55] **וַתֹּאמֶר** לשליחי המלך: **כֵּן, בָּאוּ אֵלַי הָאֲנָשִׁים** שאתם
מחפשים, **וְלֹא יָדַעְתִּי מֵאַיִן הֵמָּה**. אינני אמורה לדעת את זהותם של
הבאים אל הבית. ה מכל מקום - **וַיְהִי הַשַּׁעַר לִסְגּוֹר**, לקראת סגירת
שערי העיר **בַּחֹשֶׁךְ**,[56] שאינו זמן כניסה ויציאה, **וְהָאֲנָשִׁים יָצָאוּ. לֹא**
יָדַעְתִּי אָנָה הָלְכוּ הָאֲנָשִׁים. רִדְפוּ מַהֵר אַחֲרֵיהֶם כִּי תַשִּׂיגוּם. היא הטעתה
את שליחי המלך, ופיתתה אותם לצאת במהירות לחפש בחוץ.

ו **וְהִיא הֶעֱלָתַם הַגָּגָה**, אל הגג. הגג השטוח ברבות מארצות המזרח
שימש בחלק מעונות השנה לשינה ולצרכים שונים. התרחשות
זו אירעה בתחילת האביב.[57] **וַתִּטְמְנֵם בְּפִשְׁתֵּי הָעֵץ**, גבעולי הפשתן
לאחר קצירתו[58] **הָעֲרֻכוֹת**, המסודרות **לָהּ עַל הַגָּג** לייבוש.

ז **וְהָאֲנָשִׁים** המחפשים **רָדְפוּ אַחֲרֵיהֶם דֶּרֶךְ הַיַּרְדֵּן עַל**, עד[59] **הַמַּעְבְּרוֹת**,
מעברי הירדן, שכן הניחו שפניהם מועדות למחנה ישראל, ולשם
כך עליהם לעבור במקומות שבהם אפשר לחצות את הנהר הגואה
בעונה זו.[60] שלא כשני המרגלים, שהלכו מן הסתם ברגל, יש להניח
שהרודפים היו רכובים על סוסים, ולכן קיוו להשיגם. **וְאֶת הַשַּׁעַר**
של העיר[61] **סָגָרוּ אַחֲרֵי כַּאֲשֶׁר**, לאחר[62] **שֶׁיָּצְאוּ הָרֹדְפִים אַחֲרֵיהֶם**, כדי
שלא יימלטו דרכו מן העיר אם המרגלים נותרו בה בכל זאת.[63]

ח **וְהֵמָּה** - המרגלים **טֶרֶם יִשְׁכָּבוּן** לישון, **וְהִיא** - רחב **עָלְתָה עֲלֵיהֶם**,
אליהם **עַל הַגָּג** כדי לשוחח אתם. ט **וַתֹּאמֶר אֶל הָאֲנָשִׁים**, שכעת
נודעו לה זהותם ותכלית בואם: **יָדַעְתִּי כִּי נָתַן ה' לָכֶם אֶת הָאָרֶץ, וְכִי**
נָפְלָה אֵימַתְכֶם עָלֵינוּ, וְכִי נָמֹגוּ, נמסו **כָּל יֹשְׁבֵי הָאָרֶץ מִפְּנֵיכֶם**. המורל
הלאומי ירוד מאוד. י **כִּי שָׁמַעְנוּ אֵת אֲשֶׁר הוֹבִישׁ**, ייבש **ה' אֶת מֵי**
יַם סוּף מִפְּנֵיכֶם בְּצֵאתְכֶם מִמִּצְרָיִם. קריעת ים סוף, שאירעה לפני

פשתי העץ

העולם

פִּשְׁתֵּי הָעֵץ גבעולי הפשתן הם ארוכים ודקים. לאחר הסרת קליפתם החיצונית מפיקים מהסיבים שבהיקף קליפת הגבעול את חוט הפשתה. עיבודם כולל ייבוש, השריה וחביטה. בשלב הראשון, מיד לאחר שנקצרו, הם מכונים פִּשְׁתֵּי הָעֵץ.

מִמִּצְרָיִם וַאֲשֶׁר עֲשִׂיתֶם לִשְׁנֵי מַלְכֵי הָאֱמֹרִי אֲשֶׁר
בְּעֵבֶר הַיַּרְדֵּן לְסִיחֹן וּלְעוֹג אֲשֶׁר הֶחֱרַמְתֶּם אוֹתָם׃
וַנִּשְׁמַע וַיִּמַּס לְבָבֵנוּ וְלֹא־קָמָה עוֹד רוּחַ בְּאִישׁ יא
מִפְּנֵיכֶם כִּי יְהוָה אֱלֹהֵיכֶם הוּא אֱלֹהִים בַּשָּׁמַיִם
מִמַּעַל וְעַל־הָאָרֶץ מִתָּחַת׃ וְעַתָּה הִשָּׁבְעוּ־נָא לִי יב
בַּיהוָה כִּי־עָשִׂיתִי עִמָּכֶם חָסֶד וַעֲשִׂיתֶם גַּם־אַתֶּם
עִם־בֵּית אָבִי חֶסֶד וּנְתַתֶּם לִי אוֹת אֱמֶת׃ וְהַחֲיִתֶם יג
אַחְיוֹתַי אֶת־אָבִי וְאֶת־אִמִּי וְאֶת־אַחַי וְאֶת־אחותי וְאֵת כָּל־
אֲשֶׁר לָהֶם וְהִצַּלְתֶּם אֶת־נַפְשֹׁתֵינוּ מִמָּוֶת׃ וַיֹּאמְרוּ יד
לָהּ הָאֲנָשִׁים נַפְשֵׁנוּ תַחְתֵּיכֶם לָמוּת אִם לֹא תַגִּידוּ
אֶת־דְּבָרֵנוּ זֶה וְהָיָה בְּתֵת־יְהוָה לָנוּ אֶת־הָאָרֶץ
וְעָשִׂינוּ עִמָּךְ חֶסֶד וֶאֱמֶת׃ וַתּוֹרִדֵם בַּחֶבֶל בְּעַד טו
הַחַלּוֹן כִּי בֵיתָהּ בְּקִיר הַחוֹמָה וּבַחוֹמָה הִיא יוֹשָׁבֶת׃

בית בתוך חומה

הרחבות | *'כי ביתה בקיר החומה'* החומות בחלק מהמקומות היו עבות מאוד - חלקן בעובי כמה מטרים ולעתים היה סביבן חפיר. פעמים שהחומה עצמה הייתה מספיק רחבה אפילו כדי להכיל בתוכה בתים קטנים, וכך גרו אנשים בתוך חומת העיר ממש. רחב התגוררה באחד הבתים הללו, ומשום כך קל היה לה להבריח אותם אל מחוץ לעיר.

ביאור | כארבעים שנה, הייתה מאורע כה דרמטי ששמעו התפשט מים
סוף עד יריחו. ואת **אֲשֶׁר עֲשִׂיתֶם לִשְׁנֵי מַלְכֵי הָאֱמֹרִי אֲשֶׁר בְּעֵבֶר הַיַּרְדֵּן,**
לְסִיחֹן וּלְעוֹג, אֲשֶׁר הֶחֱרַמְתֶּם, השמדתם **אוֹתָם**. אף על פי שיושבי
הארץ טרם פגשו את בני ישראל, השמועות על נס קריעת ים סוף
ועל הניצחונות הקרובים יותר - בזמן ובמקום - של ישראל על
שני המלכים הגדולים מעברו השני של הירדן, הטילו עליהם אימה.
שמועות אלה יצרו רושם שישראל הוא עם עצום ביותר. נוסף על
כך, יושבי הארץ יכלו לראות בעיניהם מרחוק את גודלו של צבא בני
ישראל. יא **וַנִּשְׁמַע - וַיִּמַּס לְבָבֵנוּ** מרוב פחד, **וְלֹא קָמָה עוֹד רוּחַ בְּאִישׁ**
להתאזר בעוז **מִפְּנֵיכֶם**. האומץ והגבורה שלנו התפוגגו כליל **כִּי** אני
בטוחה שה׳ **אֱלֹקֵיכֶם הוּא אֱלֹקִים בַּשָּׁמַיִם מִמַּעַל וְעַל הָאָרֶץ מִתָּחַת**. כאן
התממשה תכלית שליחותם של המרגלים: רחב תיארה באוזניהם
את הלכי הרוח של בני המדינה - את בהלתם ואימתם מן התבוסה
שנכונה להם מצבא ישראל.

רחב ידעה שכשהעיר תיכבש תישקף סכנה לחיי כל תושביה. על כן
ביקשה תמורה למה שעשתה למען הצלתם: יב **וְעַתָּה הִשָּׁבְעוּ נָא לִי**
בַּה׳, כִּי עָשִׂיתִי עִמָּכֶם חָסֶד - וַעֲשִׂיתֶם גַּם אַתֶּם עִם בֵּית אָבִי חֶסֶד, וּנְתַתֶּם
לִי אוֹת אֱמֶת, סימן יציב שתקיימו אותו.[64] יג **וְהַחֲיִתֶם אֶת אָבִי וְאֶת**
אִמִּי וְאֶת אַחַי וְאֶת אַחְיוֹתַי וְאֵת כָּל אֲשֶׁר לָהֶם. ייתכן שכאשה זונה לא
היו לה בעל ובנים, אך בעיר חיו הוריה, אחיה ואחיותיה, שאותם
ביקשה להציל.[65] **וְהִצַּלְתֶּם אֶת נַפְשֹׁתֵינוּ מִמָּוֶת.**

יד **וַיֹּאמְרוּ לָהּ הָאֲנָשִׁים** המרגלים: **נַפְשֵׁנוּ תַחְתֵּיכֶם לָמוּת**, אנו נישא
באחריות לחייו של כל מי שהזכרת **אִם** את ומשפחתך **לֹא תַגִּידוּ אֶת**
דְּבָרֵנוּ זֶה. מותר לך להציל את עצמך ואת בני משפחתך בלבד, ותו
לא. **וְהָיָה בְּתֵת**, כשייתן **ה׳ לָנוּ אֶת הָאָרֶץ - וְעָשִׂינוּ עִמָּךְ חֶסֶד וֶאֱמֶת**,
וצדק. נדאג לשלומך כמו שאת עשית לנו.[66]

רחב לא רצתה להשהות עוד את האנשים בביתה כי חששה שאנשי
המלך יחזרו לאחר שלא ימצאו את המרגלים בחוץ. טו כיוון ששערי
העיר ננעלו - **וַתּוֹרִדֵם בַּחֶבֶל בְּעַד**, דרך **הַחַלּוֹן, כִּי בֵיתָהּ בְּקִיר הַחוֹמָה,**
וּבַחוֹמָה הִיא יוֹשָׁבֶת.

הרחבות | **רחב** מן המקרא לא ידוע הרבה על רחב עצמה. בתלמוד מופיעות דרשות המרחיבות עליה ועל קורותיה. (ראו מגילה יד ע״ב - טו ע״א; זבחים קטז ע״ב). נראה כי הייתה זו דמות לא רגילה, מאמינה, דעתנית ובעלת כישורים להבין את המתרחש לאשורו. בתבונתה ניצלה את ההזדמנות שנקרתה בדרכה לבקש על הצלתם של בני משפחתה.

טז וַתֹּאמֶר לָהֶם הָהָרָה לֵּכוּ פֶּן־יִפְגְּעוּ בָכֶם הָרֹדְפִים
וְנַחְבֵּתֶם שָׁמָּה שְׁלֹשֶׁת יָמִים עַד שׁוֹב הָרֹדְפִים וְאַחַר
יז תֵּלְכוּ לְדַרְכְּכֶם׃ וַיֹּאמְרוּ אֵלֶיהָ הָאֲנָשִׁים נְקִיִּם אֲנַחְנוּ
יח מִשְּׁבֻעָתֵךְ הַזֶּה אֲשֶׁר הִשְׁבַּעְתָּנוּ׃ הִנֵּה אֲנַחְנוּ בָאִים
בָּאָרֶץ אֶת־תִּקְוַת חוּט הַשָּׁנִי הַזֶּה תִּקְשְׁרִי בַּחַלּוֹן
אֲשֶׁר הוֹרַדְתֵּנוּ בוֹ וְאֶת־אָבִיךְ וְאֶת־אִמֵּךְ וְאֶת־
אַחַיִךְ וְאֵת כָּל־בֵּית אָבִיךְ תַּאַסְפִי אֵלַיִךְ הַבָּיְתָה׃
יט וְהָיָה כֹּל אֲשֶׁר־יֵצֵא מִדַּלְתֵי בֵיתֵךְ ׀ הַחוּצָה דָּמוֹ
בְרֹאשׁוֹ וַאֲנַחְנוּ נְקִיִּם וְכֹל אֲשֶׁר יִהְיֶה אִתָּךְ בַּבַּיִת
כ דָּמוֹ בְרֹאשֵׁנוּ אִם־יָד תִּהְיֶה־בּוֹ׃ וְאִם־תַּגִּידִי אֶת־
דְּבָרֵנוּ זֶה וְהָיִינוּ נְקִיִּם מִשְּׁבֻעָתֵךְ אֲשֶׁר הִשְׁבַּעְתָּנוּ׃
כא וַתֹּאמֶר כְּדִבְרֵיכֶם כֶּן־הוּא וַתְּשַׁלְּחֵם וַיֵּלֵכוּ וַתִּקְשֹׁר
כב אֶת־תִּקְוַת הַשָּׁנִי בַּחַלּוֹן׃ וַיֵּלְכוּ וַיָּבֹאוּ הָהָרָה וַיֵּשְׁבוּ
שָׁם שְׁלֹשֶׁת יָמִים עַד־שָׁבוּ הָרֹדְפִים וַיְבַקְשׁוּ הָרֹדְפִים
כג בְּכָל־הַדֶּרֶךְ וְלֹא מָצָאוּ׃ וַיָּשֻׁבוּ שְׁנֵי הָאֲנָשִׁים וַיֵּרְדוּ
מֵהָהָר וַיַּעַבְרוּ וַיָּבֹאוּ אֶל־יְהוֹשֻׁעַ בִּן־נוּן וַיְסַפְּרוּ־לוֹ
כד אֵת כָּל־הַמֹּצְאוֹת אוֹתָם׃ וַיֹּאמְרוּ אֶל־יְהוֹשֻׁעַ כִּי־
נָתַן יְהוָה בְּיָדֵנוּ אֶת־כָּל־הָאָרֶץ וְגַם־נָמֹגוּ כָּל־יֹשְׁבֵי
הָאָרֶץ מִפָּנֵינוּ׃

ביאור | טו לפני שנפרדו ממנה - **וַתֹּאמֶר לָהֶם: הָהָרָה**, אל ההר **לֵכוּ, פֶּן יִפְגְּעוּ**,
יפגשו **בָכֶם הָרֹדְפִים**. אם תנסו ללכת לכיוון הירדן רודפיכם - שאולי
הם רבים - עלולים לתפוס אתכם. האזור אינו מיוער בצפיפות, ואין
בו מקומות מסתור רבים. על כן עלולים לראותכם בקלות. לכו אפוא
בכיוון ההפוך - אל ההרים שממערב ליריחו, **וְנַחְבֵּתֶם**, התחבאו **שָׁמָּה
שְׁלֹשֶׁת יָמִים עַד שׁוֹב הָרֹדְפִים, וְאַחַר תֵּלְכוּ לְדַרְכְּכֶם** ותשובו למחנכם
שכן הרודפים יתייאשו מן החיפושים.

יז **וַיֹּאמְרוּ אֵלֶיהָ הָאֲנָשִׁים: נְקִיִּם אֲנַחְנוּ** מדבר **שְׁבֻעָתֵךְ הַזֶּה אֲשֶׁר הִשְׁבַּעְתָּנוּ**,
האחריות לשבועה תוסר מעלינו, יח אם לא תמלאי אחר דברינו -
הִנֵּה כאשר **אֲנַחְנוּ בָאִים בָּאָרֶץ, אֶת תִּקְוַת**, הקו, החבל השזור[67] **מחוט
הַשָּׁנִי**, האדום **הַזֶּה תִּקְשְׁרִי בַּחַלּוֹן אֲשֶׁר הוֹרַדְתֵּנוּ**, הורדת אותנו **בוֹ**.
החוט הצבוע באדום עז[68] שהופק מתולעת השני, יסמן בהבלטה
את ביתך. **וְאֶת אָבִיךְ וְאֶת אִמֵּךְ וְאֶת אַחַיִךְ וְאֵת כָּל בֵּית אָבִיךְ תַּאַסְפִי
אֵלַיִךְ הַבָּיְתָה**. הם יקבלו חסות בזכותך. יט **וְהָיָה כֹּל אֲשֶׁר יֵצֵא מִדַּלְתֵי
בֵיתֵךְ הַחוּצָה - דָמוֹ בְרֹאשׁוֹ**, הוא עצמו אשם בהריגתו,[69] **וַאֲנַחְנוּ נְקִיִּם**.
אם תרצי לשמור על בני משפחתך מכל פגע, הקפידי שיישארו בתוך
הבית שכן רק הוא המקלט הבטוח. כל מי שיימצא מחוצה לו, יהיה
חשוף לפגיעת המלחמה. **וְכֹל אֲשֶׁר יִהְיֶה אִתָּךְ בַּבַּיִת - דָמוֹ בְרֹאשֵׁנוּ אִם
יָד תִּהְיֶה בּוֹ** לרעה. אנחנו נקבל על עצמנו את האחריות לשלומם
של כל בני משפחתך שיישארו בביתך. כ **וְאִם תַּגִּידִי אֶת דְּבָרֵנוּ זֶה**,
שביתך ייחשב למקלט, **וְהָיִינוּ נְקִיִּם מִשְּׁבֻעָתֵךְ אֲשֶׁר הִשְׁבַּעְתָּנוּ**.

כא **וַתֹּאמֶר: כְּדִבְרֵיכֶם - כֶּן הוּא**, כך יהיה.[70] אני מקבלת.

וַתְּשַׁלְּחֵם, וַיֵּלֵכוּ לדרכם. **וַתִּקְשֹׁר אֶת תִּקְוַת הַשָּׁנִי בַּחַלּוֹן** מיד. החוט הזה
השתלשל מחלונה מאותו יום ואילך משום שאיש לא ידע מתי יבוא
צבא ישראל בשערי יריחו.[71]

כב **וַיֵּלְכוּ וַיָּבֹאוּ הָהָרָה**, אל האזור ההררי שממערב לעיר, כמו שיעצה
להם רחב. **וַיֵּשְׁבוּ שָׁם שְׁלֹשֶׁת יָמִים עַד שָׁבוּ הָרֹדְפִים. וַיְבַקְשׁוּ הָרֹדְפִים
בְּכָל הַדֶּרֶךְ** מיריחו מזרחה לכיוון הירדן, הלוך ושוב, **וְלֹא מָצָאוּ** אותם.

כג **וַיָּשֻׁבוּ שְׁנֵי הָאֲנָשִׁים**, המרגלים, שלוחי יהושע **וַיֵּרְדוּ מֵהָהָר, וַיַּעַבְרוּ**
את הירדן **וַיָּבֹאוּ אֶל יְהוֹשֻׁעַ בִּן נוּן. וַיְסַפְּרוּ לוֹ אֵת כָּל הַמֹּצְאוֹת אוֹתָם**,
ובכלל זה גם את ההבטחה שהבטיחו, המחייבת אף אותו שכן הם
פעלו בשמו. כד **וַיֹּאמְרוּ אֶל יְהוֹשֻׁעַ**: אפשר לראות בבירור **כִּי נָתַן ה׳
בְּיָדֵנוּ אֶת כָּל הָאָרֶץ, וְגַם נָמֹגוּ כָּל יֹשְׁבֵי הָאָרֶץ מִפָּנֵינוּ**.

הפטרת קרח

שמואל א

וַיֹּאמֶר שְׁמוּאֵל אֶל־הָעָם לְכוּ וְנֵלְכָה הַגִּלְגָּל וּנְחַדֵּשׁ יד יא
שָׁם הַמְּלוּכָה: וַיֵּלְכוּ כָל־הָעָם הַגִּלְגָּל וַיַּמְלִכוּ שָׁם טו
אֶת־שָׁאוּל לִפְנֵי יהוה בַּגִּלְגָּל וַיִּזְבְּחוּ־שָׁם זְבָחִים
שְׁלָמִים לִפְנֵי יהוה וַיִּשְׂמַח שָׁם שָׁאוּל וְכָל־אַנְשֵׁי
יִשְׂרָאֵל עַד־מְאֹד: וַיֹּאמֶר שְׁמוּאֵל אֶל־ א יב
כָּל־יִשְׂרָאֵל הִנֵּה שָׁמַעְתִּי בְקֹלְכֶם לְכֹל אֲשֶׁר־
אֲמַרְתֶּם לִי וָאַמְלִיךְ עֲלֵיכֶם מֶלֶךְ: וְעַתָּה הִנֵּה ב
הַמֶּלֶךְ ׀ מִתְהַלֵּךְ לִפְנֵיכֶם וַאֲנִי זָקַנְתִּי וָשַׂבְתִּי וּבָנַי
הִנָּם אִתְּכֶם וַאֲנִי הִתְהַלַּכְתִּי לִפְנֵיכֶם מִנְּעֻרַי עַד־
הַיּוֹם הַזֶּה: הִנְנִי עֲנוּ בִי נֶגֶד יהוה וְנֶגֶד מְשִׁיחוֹ אֶת־ ג
שׁוֹר ׀ מִי לָקַחְתִּי וַחֲמוֹר מִי לָקַחְתִּי וְאֶת־מִי עָשַׁקְתִּי
אֶת־מִי רַצּוֹתִי וּמִיַּד־מִי לָקַחְתִּי כֹפֶר וְאַעְלִים עֵינַי

גִּלגל ארגמן בבקעת הירדן

העולם | גִּלְגָּל אינו בהכרח שמו של אזור או יישוב מסוים, אלא מציין מתחם גדול שלא גרו בו דרך קבע, מעין מחנה ששימש לכינוסים לאומיים ולאירועים ציבוריים סביב עבודת ה'. בתנ"ך מוזכרים גִּלגלים במקומות שונים בעיקר במזרחה של ארץ ישראל. בממצא הארכיאולוגי בבקעת הירדן, בנחל תרצה, בהר עיבל ובמזרח בנימין נחשפו מספר מתחמים גדולים מתקופת הברזל שצורתם צורת כף רגל, שיש המזהים אותם כגִלגלים. מקומו המדויק של הגלגל הנזכר בפסוק אינו ידוע.

דברי הסיכום של שמואל אל העם

לאחר חידוש מלוכת שאול בהסכמת כל העם שמואל פורש ממנהיגותו המדינית. בנאומו האחרון אל העם, הפותח בעניינים אישיים, שמואל עורך חשבון היסטורי כללי ומוסר את צוואתו הרוחנית באשר להיבטים העקרוניים והמוסריים של רעיון המלוכה.

בפרשת השבוע נדחו המערערים על ריכוז ההנהגה במדבר ונענשו, ואילו בסיפור ההפטרה בקשת העם לשלטון מלוכני בארצם דווקא נענתה משמים, למרות שהייתה למורת רוחו של שמואל שהיה לפי המסורת מצאצאי קרח.[72] בשני המקרים העיד המנהיג הקיים על יושר עצמי וניקיון כפיים ואימת את דבריו באות מן השמים.

ביאור

שמואל א׳ פרק יא יד **וַיֹּאמֶר שְׁמוּאֵל אֶל הָעָם: לְכוּ וְנֵלְכָה** שוב אל **הַגִּלְגָּל**
וּנְחַדֵּשׁ שָׁם הַמְּלוּכָה, שהקמנו באופן עקרוני, אבל טרם התבססה
היטב. עכשיו, לאחר הצלחת שאול במערכה נגד העמונים, אפשר
להעניק לה את התוקף הראוי.[73]

טו **וַיֵּלְכוּ כָל הָעָם הַגִּלְגָּל, וַיַּמְלִכוּ שָׁם אֶת שָׁאוּל לִפְנֵי ה׳ בַּגִּלְגָּל. וַיִּזְבְּחוּ שָׁם**
זְבָחִים שְׁלָמִים לִפְנֵי ה׳, וַיִּשְׂמַח שָׁם שָׁאוּל וְכָל אַנְשֵׁי יִשְׂרָאֵל עַד מְאֹד שכן
עתה הכול קיבלו את מלכותו של שאול.

פרק יב א **וַיֹּאמֶר שְׁמוּאֵל אֶל כָּל יִשְׂרָאֵל** במעמד ההמלכה של שאול:
הִנֵּה שָׁמַעְתִּי בְקֹלְכֶם לְכֹל אֲשֶׁר אֲמַרְתֶּם לִי וָאַמְלִיךְ עֲלֵיכֶם מֶלֶךְ. כעת
כולכם מסכימים שהוא המלך הראוי. ב **וְעַתָּה הִנֵּה הַמֶּלֶךְ** העומד
בראשכם **מִתְהַלֵּךְ לִפְנֵיכֶם** בפועל כמפקד המלחמה.[74] **וַאֲנִי זָקַנְתִּי**
וָשַׂבְתִּי, גם אם לא בגיל – במראה ובכוחות,[75] **וּבָנַי הִנָּם אִתְּכֶם**, כאחד
מכם. הם אינם מנהיגים אחרי. או: הם יכולים לסייע לכם בנושאים
שונים.[76] ייתכן ששמואל רומז להם: גם אם אני אינני זקוק לעזרה
מכם, אולי בני יזדקקו לה. זכרו את בני, שאחרי הכול היו אמורים
לרשת את מקומי, אלא שאתם לא רציתם בכך. **וַאֲנִי הִתְהַלַּכְתִּי לִפְנֵיכֶם**
כמנהיג בימי שלום ומלחמה **מִנְּעֻרַי עַד הַיּוֹם הַזֶּה**. ג **הִנְנִי** לפניכם, עתה
עֲנוּ, העידו **בִי נֶגֶד ה׳ וְנֶגֶד מְשִׁיחוֹ**, המלך שנמשח במצוותו, שאול: **אֶת**
הַשּׁוֹר של **מִי לָקַחְתִּי** לצרכי? **וַחֲמוֹר מִי לָקַחְתִּי? וְאֶת מִי** מכם **עָשַׁקְתִּי**
בצורה כלשהי? **אֶת מִי רַצּוֹתִי**, רוצצתי, לחצתי,[77] או: ריציתי, שידלתי
כדי שאקבל טובת הנאה?[78] **וּמִיַּד מִי לָקַחְתִּי כֹפֶר**, שוחד **וְ**עקב כך
אַעְלִים, העלמתי את **עֵינַי בּוֹ** מהרשעתו במשפט?[79] לחלופין: ממי

הרחבות

משיח ה׳ משיחת המלך איננה טקס סתמי בלבד. כשם שמשיחת הכהן הגדול או כלי המקדש מבטאת העברת קדושה לנמשח, כך גם במלך המשוח מתחדשת קדושה אלוקית. (ראו שמואל א׳ טז,יג; ויקרא רבה כו,ט). כיוון שאדם הוא משיח ה׳, יש להיזהר ביותר שלא לגרום לו צער כלשהו. (ראו שופטים כד,ו; כו,ט-כג; שמואל ב׳ א,יד-טז).

בּוֹ וְאָשִׁיב לָכֶם׃ וַיֹּאמְרוּ לֹא עֲשַׁקְתָּנוּ וְלֹא רַצּוֹתָנוּ ד
וְלֹא־לָקַחְתָּ מִיַּד־אִישׁ מְאוּמָה׃ וַיֹּאמֶר אֲלֵיהֶם עֵד ה
יְהוָה בָּכֶם וְעֵד מְשִׁיחוֹ הַיּוֹם הַזֶּה כִּי לֹא מְצָאתֶם
בְּיָדִי מְאוּמָה וַיֹּאמֶר עֵד׃ וַיֹּאמֶר שְׁמוּאֵל ו
אֶל־הָעָם יְהוָה אֲשֶׁר עָשָׂה אֶת־מֹשֶׁה וְאֶת־אַהֲרֹן
וַאֲשֶׁר הֶעֱלָה אֶת־אֲבוֹתֵיכֶם מֵאֶרֶץ מִצְרָיִם׃ וְעַתָּה ז
הִתְיַצְּבוּ וְאִשָּׁפְטָה אִתְּכֶם לִפְנֵי יְהוָה אֵת כָּל־צִדְקוֹת
יְהוָה אֲשֶׁר־עָשָׂה אִתְּכֶם וְאֶת־אֲבֹתֵיכֶם׃ כַּאֲשֶׁר־ ח
בָּא יַעֲקֹב מִצְרָיִם וַיִּזְעֲקוּ אֲבֹתֵיכֶם אֶל־יְהוָה וַיִּשְׁלַח
יְהוָה אֶת־מֹשֶׁה וְאֶת־אַהֲרֹן וַיּוֹצִיאוּ אֶת־אֲבוֹתֵיכֶם
מִמִּצְרַיִם וַיֹּשִׁבוּם בַּמָּקוֹם הַזֶּה׃ וַיִּשְׁכְּחוּ אֶת־יְהוָה ט
אֱלֹהֵיהֶם וַיִּמְכֹּר אֹתָם בְּיַד סִיסְרָא שַׂר־צְבָא חָצוֹר
וּבְיַד־פְּלִשְׁתִּים וּבְיַד מֶלֶךְ מוֹאָב וַיִּלָּחֲמוּ בָּם׃ וַיִּזְעֲקוּ י
אֶל־יְהוָה וַיֹּאמֶר חָטָאנוּ כִּי עָזַבְנוּ אֶת־יְהוָה וַנַּעֲבֹד
אֶת־הַבְּעָלִים וְאֶת־הָעַשְׁתָּרוֹת וְעַתָּה הַצִּילֵנוּ מִיַּד
אֹיְבֵינוּ וְנַעַבְדֶךָּ׃ וַיִּשְׁלַח יְהוָה אֶת־יְרֻבַּעַל וְאֶת־בְּדָן יא
וְאֶת־יִפְתָּח וְאֶת־שְׁמוּאֵל וַיַּצֵּל אֶתְכֶם מִיַּד אֹיְבֵיכֶם
מִסָּבִיב וַתֵּשְׁבוּ בֶּטַח׃ וַתִּרְאוּ כִּי נָחָשׁ מֶלֶךְ בְּנֵי־עַמּוֹן יב

הרחבות | **'עֵד ה'... כי לא מצאתם בידי מאומה'** לא פעם מוקם שלטון חדש בגלל פגמים שנמצאו בשלטון הקודם. כאן ניטלת ההנהגה הפוליטית משמואל בעודו בחיים וניתנת ביד שאול. לפיכך שמואל מדגיש שלא הייתה זו הדחה מחמת מום שנמצא בו, שהרי איש אינו פוצה פה לטעון כנגדו.

'ויאמר עד' במדרש אמרו חכמים שנשמע מעין קול משמים שאמר 'עד', שהרי גם את ה' העיד שמואל בדבר. (ראו יונתן, רש"י ורד"ק; מכות כג ע"ב; מדרש שמואל יד,ט). ויש שפירשו ששאול, משיח ה', הוא שהעיד. (ראו ר"י קרא ואברבנאל).

ביאור

לקחתי עירבון ולא החזרתי אותו כדין? - אמרו לי **וְאָשִׁיב לָכֶם** כל
מה שאני חייב. כל חיי נשאתי בתפקיד שופט ומנהיג, ואם גרמתי
עוול כלשהו - עכשיו נוכל ליישר הדורים.

ד **וַיֹּאמְרוּ: לֹא עֲשַׁקְתָּנוּ וְלֹא רַצּוֹתָנוּ וְלֹא לָקַחְתָּ מִיַּד אִישׁ מְאוּמָה**, כלום.

ה **וַיֹּאמֶר אֲלֵיהֶם:** אם כן, **עֵד ה׳ בָּכֶם וְעֵד מְשִׁיחוֹ הַיּוֹם הַזֶּה כִּי לֹא מְצָאתֶם
בְּיָדִי מְאוּמָה.**
וַיֹּאמֶר כל העם פה אחד:[80] אכן, **עֵד.**

לאחר שהפרטים הטכניים של ההנהגה סודרו, ניגש שמואל לחשבון
מהותי יותר. ו **וַיֹּאמֶר שְׁמוּאֵל אֶל הָעָם:** ה׳, שהצהרתם עתה על
עדותו, הוא **אֲשֶׁר עָשָׂה**, הפקיד על העם, גידל והצמיח[81] **אֶת מֹשֶׁה
וְאֶת אַהֲרֹן, וַאֲשֶׁר הֶעֱלָה אֶת אֲבֹתֵיכֶם מֵאֶרֶץ מִצְרָיִם.** ז **וְעַתָּה הִתְיַצְּבוּ
וְאִשָּׁפְטָה אִתְּכֶם**, הבה נערוך בירור **לִפְנֵי ה׳, אֵת**, על **כָּל צִדְקוֹת ה׳ אֲשֶׁר
עָשָׂה אִתְּכֶם וְאֶת אֲבוֹתֵיכֶם**. המשפט שנערוך יקיף את ההיסטוריה
של עמנו עד כה:

ח **כַּאֲשֶׁר בָּא יַעֲקֹב** ומשפחתו **לְמִצְרָיִם, וַיִּזְעֲקוּ אֲבוֹתֵיכֶם אֶל ה׳** מפני
קושי השעבוד, **וַיִּשְׁלַח ה׳ אֶת מֹשֶׁה וְאֶת אַהֲרֹן וַיּוֹצִיאוּ אֶת אֲבֹתֵיכֶם
מִמִּצְרַיִם, וַיֹּשִׁבוּם בַּמָּקוֹם הַזֶּה.** ט **וַיִּשְׁכְּחוּ** אבותיכם **אֶת ה׳ אֱלֹהֵיהֶם,**
ועל כן - **וַיִּמְכֹּר אֹתָם בְּיַד סִיסְרָא שַׂר צְבָא חָצוֹר וּבְיַד פְּלִשְׁתִּים וּבְיַד
מֶלֶךְ מוֹאָב**, אלו היו אחדים מאויבי ישראל באותה תקופה, אולי
החשובים שבהם. **וַיִּלָּחֲמוּ בָּם.** י **וַיִּזְעֲקוּ אֶל ה׳ וַיֹּאמְרוּ: ״חָטָאנוּ כִּי עָזַבְנוּ
אֶת ה׳ וַנַּעֲבֹד אֶת הַבְּעָלִים וְאֶת הָעַשְׁתָּרוֹת, וְעַתָּה הַצִּילֵנוּ מִיַּד אֹיְבֵינוּ
וְנַעַבְדֶךָּ״**. זו הייתה המתכונת החוזרת בימי השופטים. כשבאה צרה,
ישראל היו מתעוררים לשוב אל ה׳ והיו מתחייבים לעזוב את כל
האלוהים האחרים ומבקשים ישועה מה׳. יא **וַיִּשְׁלַח ה׳ אֶת יְרֻבַּעַל,**
הוא גדעון,[82] **וְאֶת בְּדָן**, בן-דן, הבן הידוע לשבט דן - שמשון,[83] **וְאֶת
יִפְתָּח** מגלעד **וְאֶת שְׁמוּאֵל**. את עצמו הזכיר בגוף שלישי משום שעכשיו
כבר אינו דן בענייניו הפרטיים, אלא בתולדות העם.[84] **וַיַּצֵּל אֶתְכֶם
מִיַּד אֹיְבֵיכֶם מִסָּבִיב, וַתֵּשְׁבוּ בֶּטַח.** יב **וַתִּרְאוּ כִּי נָחָשׁ מֶלֶךְ בְּנֵי עַמּוֹן בָּא**

הרחבות

׳את ירבעל ואת בְּדָן ואת יפתח ואת שמואל׳ שמואל סוקר את התקופה המאופיינת בעליות וירידות תחת הנהגתם של כמה וכמה שופטים. חכמינו ראו בדוגמאות המנויות פה דמויות שונות זו מזו באופן קיצוני. היו בין השופטים אנשים שלא נמצא במעשיהם כל דופי, ואחרים שנהגו בקלות ראש ובדרכים עקלקלות. (ראו ראש השנה כה ע״ב; במדבר רבה יט,טו; רלב״ג ואברבנאל על אתר).

בָּא עֲלֵיכֶם וַתֹּאמְרוּ לִי לֹא כִּי־מֶלֶךְ יִמְלֹךְ עָלֵינוּ
וַיהוָה אֱלֹהֵיכֶם מַלְכְּכֶם׃ וְעַתָּה הִנֵּה הַמֶּלֶךְ אֲשֶׁר יג
בְּחַרְתֶּם אֲשֶׁר שְׁאֶלְתֶּם וְהִנֵּה נָתַן יְהוָה עֲלֵיכֶם מֶלֶךְ׃
אִם־תִּירְאוּ אֶת־יְהוָה וַעֲבַדְתֶּם אֹתוֹ וּשְׁמַעְתֶּם בְּקֹלוֹ יד
וְלֹא תַמְרוּ אֶת־פִּי יְהוָה וִהְיִתֶם גַּם־אַתֶּם וְגַם־הַמֶּלֶךְ
אֲשֶׁר מָלַךְ עֲלֵיכֶם אַחַר יְהוָה אֱלֹהֵיכֶם׃ וְאִם־לֹא טו
תִשְׁמְעוּ בְּקוֹל יְהוָה וּמְרִיתֶם אֶת־פִּי יְהוָה וְהָיְתָה יַד־
יְהוָה בָּכֶם וּבַאֲבֹתֵיכֶם׃ גַּם־עַתָּה הִתְיַצְּבוּ וּרְאוּ אֶת־ טז
הַדָּבָר הַגָּדוֹל הַזֶּה אֲשֶׁר יְהוָה עֹשֶׂה לְעֵינֵיכֶם׃ הֲלוֹא יז
קְצִיר־חִטִּים הַיּוֹם אֶקְרָא אֶל־יְהוָה וְיִתֵּן קֹלוֹת וּמָטָר
וּדְעוּ וּרְאוּ כִּי־רָעַתְכֶם רַבָּה אֲשֶׁר עֲשִׂיתֶם בְּעֵינֵי
יְהוָה לִשְׁאוֹל לָכֶם מֶלֶךְ׃ וַיִּקְרָא שְׁמוּאֵל יח
אֶל־יְהוָה וַיִּתֵּן יְהוָה קֹלֹת וּמָטָר בַּיּוֹם הַהוּא וַיִּירָא
כָל־הָעָם מְאֹד אֶת־יְהוָה וְאֶת־שְׁמוּאֵל׃ וַיֹּאמְרוּ כָל־ יט
הָעָם אֶל־שְׁמוּאֵל הִתְפַּלֵּל בְּעַד־עֲבָדֶיךָ אֶל־יְהוָה
אֱלֹהֶיךָ וְאַל־נָמוּת כִּי־יָסַפְנוּ עַל־כָּל־חַטֹּאתֵינוּ רָעָה
לִשְׁאֹל לָנוּ מֶלֶךְ׃ וַיֹּאמֶר שְׁמוּאֵל אֶל־ כ
הָעָם אַל־תִּירָאוּ אַתֶּם עֲשִׂיתֶם אֵת כָּל־הָרָעָה הַזֹּאת
אַךְ אַל־תָּסוּרוּ מֵאַחֲרֵי יְהוָה וַעֲבַדְתֶּם אֶת־יְהוָה
בְּכָל־לְבַבְכֶם׃ וְלֹא תָּסוּרוּ כִּי ׀ אַחֲרֵי הַתֹּהוּ אֲשֶׁר כא
לֹא־יוֹעִילוּ וְלֹא יַצִּילוּ כִּי־תֹהוּ הֵמָּה׃ כִּי לֹא־יִטֹּשׁ כב
יְהוָה אֶת־עַמּוֹ בַּעֲבוּר שְׁמוֹ הַגָּדוֹל כִּי הוֹאִיל יְהוָה
לַעֲשׂוֹת אֶתְכֶם לוֹ לְעָם׃

ביאור | עֲלֵיכֶם,[85] וַתֹּאמְרוּ לִי: "לֹא כדבריך, שמואל, כִּי, אלא מֶלֶךְ יִמְלֹךְ עָלֵינוּ".
ואולם אינכם זקוקים לכך, שהרי ה' אֱלֹהֵיכֶם הוא מַלְכְּכֶם. הוא נלחם
לכם ומושיע אתכם מכל המעיקים.

יג וְעַתָּה, משרציתם לבחור מלך בשר ודם, הִנֵּה הַמֶּלֶךְ אֲשֶׁר בְּחַרְתֶּם,
אֲשֶׁר שְׁאֶלְתֶּם, וְהִנֵּה נָתַן ה' עֲלֵיכֶם מֶלֶךְ. יד מעתה אִם תִּירְאוּ אֶת ה'
וַעֲבַדְתֶּם אֹתוֹ וּשְׁמַעְתֶּם בְּקֹלוֹ, וְלֹא תַמְרוּ אֶת פִּי ה' – וִהְיִתֶם גַּם אַתֶּם
וְגַם הַמֶּלֶךְ אֲשֶׁר מָלַךְ עֲלֵיכֶם אַחַר ה' אֱלֹהֵיכֶם. ה' יעמוד בראשכם ואתם
תיהנו מחסותו. טו וְאִם לֹא תִשְׁמְעוּ בְּקוֹל ה' וּמְרִיתֶם אֶת פִּי ה' – וְהָיְתָה
יַד ה' הקשה בָּכֶם וּבַאֲבֹתֵיכֶם.

טז לא רק בעתיד הרחוק יתבררו הדברים – גַּם עַתָּה הִתְיַצְּבוּ וּרְאוּ אֶת
הַדָּבָר הַגָּדוֹל הַזֶּה אֲשֶׁר ה' עֹשֶׂה לְעֵינֵיכֶם. יז הֲלוֹא קְצִיר חִטִּים, אמצע
הקיץ הַיּוֹם, אֶקְרָא אֶל ה' וְיִתֵּן קֹלוֹת וּמָטָר, יתחילו גשמי זעף מלווים
בברקים ורעמים, ובכך דְּעוּ וּרְאוּ כִּי רָעַתְכֶם רַבָּה אֲשֶׁר עֲשִׂיתֶם בְּעֵינֵי ה'
לִשְׁאוֹל לָכֶם מֶלֶךְ. זה יהיה סימן משמים להצדיק את דברי.[86]

יח וַיִּקְרָא שְׁמוּאֵל אֶל ה' – וַיִּתֵּן ה' קֹלֹת וּמָטָר בַּיּוֹם הַהוּא.

מרוב בהלה מהתופעה החריגה – וַיִּירָא כָל הָעָם מְאֹד אֶת ה' וְאֶת
שְׁמוּאֵל. יט וַיֹּאמְרוּ כָל הָעָם אֶל שְׁמוּאֵל: הִתְפַּלֵּל בְּעַד עֲבָדֶיךָ, בעדנו
אֶל ה' אֱלֹהֶיךָ וְאַל נָמוּת. כִּי יָסַפְנוּ, הוספנו עַל כָּל חַטֹּאתֵינוּ רָעָה לִשְׁאֹל
לָנוּ מֶלֶךְ כפי שמוכיחים לנו משמים.

כ וַיֹּאמֶר שְׁמוּאֵל אֶל הָעָם: אַל תִּירָאוּ. אמנם, אַתֶּם עֲשִׂיתֶם אֵת כָּל הָרָעָה
הַזֹּאת, אַךְ אַל תָּסוּרוּ מֵאַחֲרֵי ה', וַעֲבַדְתֶּם אֶת ה' בְּכָל לְבַבְכֶם. כא וְלֹא
תָּסוּרוּ מדרך ה', כִּי אם תסורו, הרי תלכו אַחֲרֵי הַתֹּהוּ, דברי הבל
ואלילים אֲשֶׁר לֹא יוֹעִילוּ וְלֹא יַצִּילוּ, כִּי רק תֹהוּ הֵמָּה. כב כִּי לֹא יִטֹּשׁ
ה' אֶת עַמּוֹ בַּעֲבוּר שְׁמוֹ הַגָּדוֹל, כִּי הוֹאִיל, שהרי החליט[87] ה' לַעֲשׂוֹת
אֶתְכֶם לוֹ לְעָם.

קציר חיטים

הרחבות | 'כי לא יטש ה' את עמו בעבור שמו הגדול' רעיון זה מוכר ממקומות נוספים במקרא. מעין זה אמר גם משה אל ה' ואל ישראל, שכיוון שעם ישראל נבחר על ידי ה', הוא לא יעזוב אותם. שמו הגדול נקרא עליהם, ולכן מיעוט כבודם מבזה גם אותו. (ראו במדבר יד,יא-טז; יהושע ז,ט; ירמיה יד,ז; דניאל ט,יט; רש"י ורד"ק על אתר).

הפטרת חקת

שופטים

וְיִפְתָּח הַגִּלְעָדִי הָיָה גִּבּוֹר חַיִל וְהוּא בֶּן־אִשָּׁה זוֹנָה א יא
וַיּוֹלֶד גִּלְעָד אֶת־יִפְתָּח׃ וַתֵּלֶד אֵשֶׁת־גִּלְעָד לוֹ בָּנִים ב
וַיִּגְדְּלוּ בְנֵי־הָאִשָּׁה וַיְגָרְשׁוּ אֶת־יִפְתָּח וַיֹּאמְרוּ לוֹ
לֹא־תִנְחַל בְּבֵית־אָבִינוּ כִּי בֶּן־אִשָּׁה אַחֶרֶת אָתָּה׃
וַיִּבְרַח יִפְתָּח מִפְּנֵי אֶחָיו וַיֵּשֶׁב בְּאֶרֶץ טוֹב וַיִּתְלַקְּטוּ ג
אֶל־יִפְתָּח אֲנָשִׁים רֵיקִים וַיֵּצְאוּ עִמּוֹ׃ וַיְהִי ד
מִיָּמִים וַיִּלָּחֲמוּ בְנֵי־עַמּוֹן עִם־יִשְׂרָאֵל׃ וַיְהִי ה
כַּאֲשֶׁר־נִלְחֲמוּ בְנֵי־עַמּוֹן עִם־יִשְׂרָאֵל וַיֵּלְכוּ זִקְנֵי
גִלְעָד לָקַחַת אֶת־יִפְתָּח מֵאֶרֶץ טוֹב׃ וַיֹּאמְרוּ ו
לְיִפְתָּח לְכָה וְהָיִיתָה לָּנוּ לְקָצִין וְנִלָּחֲמָה בִּבְנֵי עַמּוֹן׃
וַיֹּאמֶר יִפְתָּח לְזִקְנֵי גִלְעָד הֲלֹא אַתֶּם שְׂנֵאתֶם ז
אוֹתִי וַתְּגָרְשׁוּנִי מִבֵּית אָבִי וּמַדּוּעַ בָּאתֶם אֵלַי עַתָּה
כַּאֲשֶׁר צַר לָכֶם׃ וַיֹּאמְרוּ זִקְנֵי גִלְעָד אֶל־יִפְתָּח לָכֵן ח
עַתָּה שַׁבְנוּ אֵלֶיךָ וְהָלַכְתָּ עִמָּנוּ וְנִלְחַמְתָּ בִּבְנֵי עַמּוֹן
וְהָיִיתָ לָּנוּ לְרֹאשׁ לְכֹל יֹשְׁבֵי גִלְעָד׃ וַיֹּאמֶר יִפְתָּח ט

יפתח מציל את אחיו מחרב בני עמון

יפתח הגלעדי, גיבור חיל שנושל על ידי אחיו מנחלת אבותיו ונעשה מנהיג לגדוד אנשים חסרי נחלה, נרתם לעזרתם של יושבי גלעד ונלחם מול העמונים שטענו לזכותם בארץ הגלעד. טרם צאתו למלחמה קרא יפתח לאויב לשלום והציג לפניו את ההשתלשלות ההיסטורית המוזכרת בפרשתנו, לפיה חבל הארץ שעמון תובע לא נלקח על ידי ישראל מהעמונים אלא מידי סיחון, שכפה מלחמה על ישראל. מלך בני עמון, שכנראה היה בטוח בכוחו, בחר להילחם, ויפתח בשעת סכנה נדר לה' נדר - כפי שעשו ישראל בפרשה במלחמתם ביושב הנגב ששבה מהם שבי. מטבע הלשון בשני המקרים זהה: וַיִּדַּר... נֶדֶר לַה' וַיֹּאמַר: אִם נָתוֹן תִּתֵּן אֶת... בְּיָדִי. יפתח ניצח את בני עמון, כך שבמשך שנים רבות נשארו כנועים תחת ישראל. בניצחון מזהיר זה קנה לו יפתח את ההנהגה בגלעד.

ביאור | שופטים פרק יא א **וְיִפְתָּח הַגִּלְעָדִי הָיָה גִּבּוֹר חַיִל, וְהוּא בֶּן אִשָּׁה זוֹנָה,**
אשה לא מהוגנת שנספחה אל גלעד כפילגש, או: אשה שעברה
לגלעד משבט אחר, שלא כמנהג המקובל.[88] **וַיּוֹלֶד גִּלְעָד**, ראש הענף
הזה של השבט **אֶת יִפְתָּח.** ב **וַתֵּלֶד אֵשֶׁת גִּלְעָד** החוקית **לוֹ בָּנִים, וַיִּגְדְּלוּ
בְנֵי הָאִשָּׁה וַיְגָרְשׁוּ אֶת יִפְתָּח** ממקומם. **וַיֹּאמְרוּ לוֹ: לֹא תִנְחַל בְּבֵית אָבִינוּ,
כִּי בֶּן אִשָּׁה אַחֶרֶת**, זרה ונחותה[89] **אָתָּה.**

ג **וַיִּבְרַח יִפְתָּח מִפְּנֵי אֶחָיו וַיֵּשֶׁב בְּאֶרֶץ טוֹב**, חבל ארץ נטוש מעבר לגבול
גלעד שנעשה אזור של שודדים. **וַיִּתְלַקְּטוּ אֶל יִפְתָּח אֲנָשִׁים רֵיקִים**,
הרפתקנים שלא מצאו מקום ומחיה בקרב שבטיהם, **וַיֵּצְאוּ עִמּוֹ.**
יפתח בא לשם ללא תמיכה, אבל בשל דמותו וכישוריו אנשים אלה
ראו בו מנהיג משלהם.[90]

ד **וַיְהִי מִיָּמִים**, כעבור זמן **וַיִּלָּחֲמוּ בְנֵי עַמּוֹן עִם יִשְׂרָאֵל.**[91] ה **וַיְהִי כַּאֲשֶׁר
נִלְחֲמוּ בְנֵי עַמּוֹן עִם יִשְׂרָאֵל, וַיֵּלְכוּ זִקְנֵי**, חשובי **גִלְעָד**, וביניהם כנראה
גם אחי יפתח, שהרי הם היו בניו של גלעד עצמו, **לָקַחַת אֶת יִפְתָּח
מֵאֶרֶץ טוֹב.** ו **וַיֹּאמְרוּ לְיִפְתָּח: לְכָה וְהָיִיתָה**, בוא **וֶהְיֵה לָּנוּ לְקָצִין**, למפקד,
וְנִלָּחֲמָה בִּבְנֵי עַמּוֹן.

ז **וַיֹּאמֶר יִפְתָּח לְזִקְנֵי גִלְעָד:** מה לי ולכם?! **הֲלֹא אַתֶּם שְׂנֵאתֶם אוֹתִי
וַתְּגָרְשׁוּנִי מִבֵּית אָבִי, וּמַדּוּעַ בָּאתֶם אֵלַי עַתָּה כַּאֲשֶׁר צַר לָכֶם?!**

ח **וַיֹּאמְרוּ זִקְנֵי גִלְעָד אֶל יִפְתָּח: לָכֵן עַתָּה שַׁבְנוּ אֵלֶיךָ**, אנו מתחרטים
על מעשינו בעבר, **וְהָלַכְתָּ עִמָּנוּ וְנִלְחַמְתָּ בִּבְנֵי עַמּוֹן וְהָיִיתָ לָּנוּ לְרֹאשׁ**,
למנהיג **לְכֹל יֹשְׁבֵי גִלְעָד.**

העולם | **אֶרֶץ טוֹב** אנשי טוב ייזכרו כמי שבני עמון שכרו אותם, בצד עמים ארמיים, במלחמתם בדוד (שמואל ב' י,ו). טוב נזכרת כעיר ממלכה בתעודות מצריות מהמאה ה-14 לפנה"ס. העיר טוב מזוהה עם אל-טייבה בדרום הבשן כ-15 ק"מ ממזרח לדרעא.

אל־זקני גלעד אם־משיבים אתם אותי להלחם
בבני עמון ונתן יהוה אותם לפני אנכי אהיה לכם
לראש: ויאמרו זקני־גלעד אל־יפתח יהוה יהיה י
שמע בינותינו אם־לא כדברך כן נעשה: וילך יא
יפתח עם־זקני גלעד וישימו העם אותו עליהם
לראש ולקצין וידבר יפתח את־כל־דבריו לפני
יהוה במצפה: וישלח יפתח מלאכים יב
אל־מלך בני־עמון לאמר מה־לי ולך כי־באת אלי
להלחם בארצי: ויאמר מלך בני־עמון אל־מלאכי יג
יפתח כי־לקח ישראל את־ארצי בעלותו ממצרים
מארנון ועד־היבק ועד־הירדן ועתה השיבה אתהן
בשלום: ויוסף עוד יפתח וישלח מלאכים אל־ יד
מלך בני עמון: ויאמר לו כה אמר יפתח לא־לקח טו
ישראל את־ארץ מואב ואת־ארץ בני עמון: כי טז
בעלותם ממצרים וילך ישראל במדבר עד־ים־

הרחבות | **׳לקח ישראל את ארצי׳** את הארץ הזו כבשו בני ישראל מסיחון מלך האמורי. לאחר שסיחון ניצח את בני עמון וגירשם ממקומם, הפכו חלק מערי עמון החשובות לערים אמוריות. (ראו יהושע יג,כד-כה; במדבר כא,כד וראב״ע). על כן, למרות שישראל צֻוו שלא להילחם בבני עמון עצמם, הם נלחמו בסיחון וכבשו את הארץ הזו מידיו. כיבושו המקדים של סיחון הכשיר את הערים הללו להיכבש בידי ישראל. (״עמון ומואב טָהרו בסיחון״. גטין לח ע״א).

ט **וַיֹּאמֶר יִפְתָּח אֶל זִקְנֵי גִלְעָד**: אשוב ואלחם בתנאי הבא - **אִם מְשִׁיבִים** | ביאור
אַתֶּם אוֹתִי לְהִלָּחֵם בִּבְנֵי עַמּוֹן, וְנָתַן ה׳ אוֹתָם לְפָנָי - אָנֹכִי אֶהְיֶה לָכֶם
לְרֹאשׁ מכאן והלאה.

י **וַיֹּאמְרוּ זִקְנֵי גִלְעָד אֶל יִפְתָּח: ה׳ יִהְיֶה שֹׁמֵעַ בֵּינוֹתֵינוּ** והוא יעיד **אִם לֹא**
כִדְבָרְךָ כֵּן נַעֲשֶׂה.

יא **וַיֵּלֶךְ יִפְתָּח עִם זִקְנֵי גִלְעָד, וַיָּשִׂימוּ הָעָם אוֹתוֹ עֲלֵיהֶם לְרֹאשׁ וּלְקָצִין. וַיְדַבֵּר**
יִפְתָּח אֶת כָּל דְּבָרָיו לִפְנֵי ה׳ בַּמִּצְפָּה. ישראל התכנסו כעת במצפה,[92]
ושם פירט יפתח את תנאיו.

יפתח יזם חליפת דברים דיפלומטית - יב **וַיִּשְׁלַח יִפְתָּח מַלְאָכִים,**
שליחים **אֶל מֶלֶךְ בְּנֵי עַמּוֹן לֵאמֹר: מַה לִּי וָלָךְ כִּי בָאתָ אֵלַי לְהִלָּחֵם בְּאַרְצִי?**
לא באת להילחם בכמה יישובים מבודדים אלא בצבא מאורגן
ומאוחד, ועל כן מדוע נכנסת למלחמה הזו?[93]

יג **וַיֹּאמֶר מֶלֶךְ בְּנֵי עַמּוֹן אֶל מַלְאֲכֵי יִפְתָּח**: יש לי הצדקה היסטורית
להילחם על חבל הארץ הזה - **כִּי לָקַח יִשְׂרָאֵל אֶת אַרְצִי בַּעֲלוֹתוֹ**
מִמִּצְרַיִם, את כל האזור **שֶׁ**מנחל **אַרְנוֹן** בדרום **וְעַד** נחל **הַיַּבֹּק** בצפון
וְעַד הַיַּרְדֵּן במערב, **וְעַתָּה הָשִׁיבָה אֶתְהֶן,** אותן **בְּשָׁלוֹם,** אם ברצונך
להימנע ממלחמה.

יד **וַיּוֹסֶף עוֹד יִפְתָּח וַיִּשְׁלַח מַלְאָכִים אֶל מֶלֶךְ בְּנֵי עַמּוֹן,** טו **וַיֹּאמֶר לוֹ: כֹּה**
אָמַר יִפְתָּח: לֹא לָקַח יִשְׂרָאֵל אֶת אֶרֶץ מוֹאָב וְאֶת אֶרֶץ בְּנֵי עַמּוֹן, טז **כִּי**
בַּעֲלוֹתָם מִמִּצְרָיִם, וַיֵּלֶךְ יִשְׂרָאֵל בַּמִּדְבָּר עַד יַם סוּף וַיָּבֹא קָדֵשָׁה,

אתרים במלחמת יפתח בעמון

סוּף וַיָּבֹא קָדֵשָׁה׃ וַיִּשְׁלַח יִשְׂרָאֵל מַלְאָכִים ׀ אֶל־ יז
מֶלֶךְ אֱדוֹם לֵאמֹר אֶעְבְּרָה־נָּא בְאַרְצֶךָ וְלֹא שָׁמַע
מֶלֶךְ אֱדוֹם וְגַם אֶל־מֶלֶךְ מוֹאָב שָׁלַח וְלֹא אָבָה
וַיֵּשֶׁב יִשְׂרָאֵל בְּקָדֵשׁ׃ וַיֵּלֶךְ בַּמִּדְבָּר וַיָּסָב אֶת־אֶרֶץ יח
אֱדוֹם וְאֶת־אֶרֶץ מוֹאָב וַיָּבֹא מִמִּזְרַח־שֶׁמֶשׁ לְאֶרֶץ
מוֹאָב וַיַּחֲנוּן בְּעֵבֶר אַרְנוֹן וְלֹא־בָאוּ בִּגְבוּל מוֹאָב
כִּי אַרְנוֹן גְּבוּל מוֹאָב׃ וַיִּשְׁלַח יִשְׂרָאֵל מַלְאָכִים אֶל־ יט
סִיחוֹן מֶלֶךְ־הָאֱמֹרִי מֶלֶךְ חֶשְׁבּוֹן וַיֹּאמֶר לוֹ יִשְׂרָאֵל
נַעְבְּרָה־נָּא בְאַרְצְךָ עַד־מְקוֹמִי׃ וְלֹא־הֶאֱמִין סִיחוֹן כ
אֶת־יִשְׂרָאֵל עֲבֹר בִּגְבֻלוֹ וַיֶּאֱסֹף סִיחוֹן אֶת־כָּל־עַמּוֹ
וַיַּחֲנוּ בְּיָהְצָה וַיִּלָּחֶם עִם־יִשְׂרָאֵל׃ וַיִּתֵּן יהוה אֱלֹהֵי־ כא
יִשְׂרָאֵל אֶת־סִיחוֹן וְאֶת־כָּל־עַמּוֹ בְּיַד יִשְׂרָאֵל וַיַּכּוּם
וַיִּירַשׁ יִשְׂרָאֵל אֵת כָּל־אֶרֶץ הָאֱמֹרִי יוֹשֵׁב הָאָרֶץ
הַהִיא׃ וַיִּירְשׁוּ אֵת כָּל־גְּבוּל הָאֱמֹרִי מֵאַרְנוֹן וְעַד־ כב
הַיַּבֹּק וּמִן־הַמִּדְבָּר וְעַד־הַיַּרְדֵּן׃ וְעַתָּה יהוה ׀ אֱלֹהֵי כג
יִשְׂרָאֵל הוֹרִישׁ אֶת־הָאֱמֹרִי מִפְּנֵי עַמּוֹ יִשְׂרָאֵל וְאַתָּה
תִּירָשֶׁנּוּ׃ הֲלֹא אֵת אֲשֶׁר יוֹרִישְׁךָ כְּמוֹשׁ אֱלֹהֶיךָ אוֹתוֹ כד
תִירָשׁ וְאֵת כָּל־אֲשֶׁר הוֹרִישׁ יהוה אֱלֹהֵינוּ מִפָּנֵינוּ
אוֹתוֹ נִירָשׁ׃ וְעַתָּה הֲטוֹב טוֹב אַתָּה מִבָּלָק בֶּן־צִפּוֹר כה
מֶלֶךְ מוֹאָב הֲרוֹב רָב עִם־יִשְׂרָאֵל אִם־נִלְחֹם נִלְחַם
בָּם׃ בְּשֶׁבֶת יִשְׂרָאֵל בְּחֶשְׁבּוֹן וּבִבְנוֹתֶיהָ וּבְעַרְעוֹר כו
וּבִבְנוֹתֶיהָ וּבְכָל־הֶעָרִים אֲשֶׁר עַל־יְדֵי אַרְנוֹן שְׁלֹשׁ
מֵאוֹת שָׁנָה וּמַדּוּעַ לֹא־הִצַּלְתֶּם בָּעֵת הַהִיא׃ וְאָנֹכִי כז

ביאור

לקָדש. יז וַיִּשְׁלַח יִשְׂרָאֵל מַלְאָכִים אֶל מֶלֶךְ אֱדוֹם לֵאמֹר: "אֶעְבְּרָה נָּא
בְאַרְצֶךָ" – וְלֹא שָׁמַע מֶלֶךְ אֱדוֹם.[94] וְגַם אֶל מֶלֶךְ מוֹאָב שָׁלַח[95] וְלֹא אָבָה,
הסכים. ולפיכך – וַיֵּשֶׁב יִשְׂרָאֵל בְּקָדֵשׁ. יח וַיֵּלֶךְ ישראל בַּמִּדְבָּר, וַיָּסָב,
הקיף אֶת אֶרֶץ אֱדוֹם וְאֶת אֶרֶץ מוֹאָב, ולא ניסה כלל לתקוף או לכבוש
אותן. וַיָּבֹא מִמִּזְרַח שֶׁמֶשׁ לְאֶרֶץ מוֹאָב וַיַּחֲנוּן, חנו בְּעֵבֶר נחל אַרְנוֹן, וְלֹא
בָאוּ בִּגְבוּל מוֹאָב כִּי אַרְנוֹן הוא גְּבוּל מוֹאָב. יט וַיִּשְׁלַח יִשְׂרָאֵל מַלְאָכִים
אֶל סִיחוֹן מֶלֶךְ הָאֱמֹרִי מֶלֶךְ חֶשְׁבּוֹן, וַיֹּאמֶר לוֹ יִשְׂרָאֵל: "נַעְבְּרָה נָּא בְאַרְצְךָ
עַד אשר נגיע אל מְקוֹמִי", שהוא עבר הירדן המערבי. כ וְלֹא הֶאֱמִין,
נתן אמון סִיחוֹן אֶת יִשְׂרָאֵל עֲבֹר בִּגְבֻלוֹ. ייתכן שבמסגרת תפקידו
כמושל אזורי הספר, היה עליו להגן גם על עבר הירדן המערבי
מפני התנפלות של שודדים ובוזזים מן המזרח.[96] וַיֶּאֱסֹף סִיחוֹן אֶת
כָּל עַמּוֹ וַיַּחֲנוּ בְּיָהְצָה, וַיִּלָּחֶם עִם יִשְׂרָאֵל. כא וַיִּתֵּן ה' אֱלֹהֵי יִשְׂרָאֵל אֶת
סִיחוֹן וְאֶת כָּל עַמּוֹ בְּיַד יִשְׂרָאֵל וַיַּכּוּם, וַיִּירַשׁ יִשְׂרָאֵל אֵת כָּל אֶרֶץ הָאֱמֹרִי
יוֹשֵׁב הָאָרֶץ הַהִיא. כב וַיִּירְשׁוּ אֵת כָּל גְּבוּל, שטח הָאֱמֹרִי, ארץ סיחון,
מֵאַרְנוֹן בדרום וְעַד הַיַּבֹּק בצפון וּמִן הַמִּדְבָּר במזרח וְעַד הַיַּרְדֵּן במערב.

כג וְעַתָּה ה' אֱלֹהֵי יִשְׂרָאֵל הוֹרִישׁ אֶת הָאֱמֹרִי מִפְּנֵי עַמּוֹ יִשְׂרָאֵל – והאם
אַתָּה תִּירָשֶׁנּוּ, תירש אותנו?! הרי הארץ הזו נכבשה על ידינו
ביושר. כד הֲלֹא אֵת אֲשֶׁר יוֹרִישְׁךָ כְּמוֹשׁ אֱלֹהֶיךָ – אוֹתוֹ תִירָשׁ. אתם
עובדים את האל שלכם, כמוש, ומה שהוא יספק לכם – אותו תקבלו,
וְאֵת כָּל אֲשֶׁר הוֹרִישׁ ה' אֱלֹהֵינוּ מִפָּנֵינוּ – אוֹתוֹ נִירָשׁ אנחנו.

יפתח מוסיף חשבון מהעבר: כה וְעַתָּה הֲטוֹב טוֹב אַתָּה מִבָּלָק בֶּן צִפּוֹר
מֶלֶךְ מוֹאָב, שהיה מפורסם בגבורתו בשעתו, וניצח כמה עמים קטנים
מסביבו?![97] הֲאם בלק רוֹב רָב עִם יִשְׂרָאֵל, אִם נִלְחֹם נִלְחַם בָּם?! כו וכך
נמשך הדבר בְּשֶׁבֶת יִשְׂרָאֵל בְּחֶשְׁבּוֹן וּבִבְנוֹתֶיהָ וּבְעַרְעוֹר וּבִבְנוֹתֶיהָ וּבְכָל
הֶעָרִים אֲשֶׁר עַל יְדֵי אַרְנוֹן במשך שְׁלֹשׁ מֵאוֹת שָׁנָה, וּמַדּוּעַ לֹא הִצַּלְתֶּם
בָּעֵת הַהִיא?! אם הייתה לכם תביעה, יכולתם להגיש אותה כבר

הרחבות

'הלא את אשר יורישך כמוש אלהיך אותו תירש ואת כל אשר הוריש ה' אלהינו מפנינו אותו נירש' נוסח התבטאות כזה אולי אינו מתאים לאחד השופטים הגדולים, אבל

יפתח – למרות שהכיר את ההיסטוריה העתיקה של עמו – איננו דמות רוחנית גדולה.

לֹא־חָטָאתִי לָךְ וְאַתָּה עֹשֶׂה אִתִּי רָעָה לְהִלָּחֶם בִּי
יִשְׁפֹּט יְהוָה הַשֹּׁפֵט הַיּוֹם בֵּין בְּנֵי יִשְׂרָאֵל וּבֵין בְּנֵי
עַמּוֹן: וְלֹא שָׁמַע מֶלֶךְ בְּנֵי עַמּוֹן אֶל־דִּבְרֵי יִפְתָּח כח
אֲשֶׁר שָׁלַח אֵלָיו: וַתְּהִי עַל־יִפְתָּח רוּחַ כט
יְהוָה וַיַּעֲבֹר אֶת־הַגִּלְעָד וְאֶת־מְנַשֶּׁה וַיַּעֲבֹר אֶת־
מִצְפֵּה גִלְעָד וּמִמִּצְפֵּה גִלְעָד עָבַר בְּנֵי עַמּוֹן: וַיִּדַּר ל
יִפְתָּח נֶדֶר לַיהוָה וַיֹּאמַר אִם־נָתוֹן תִּתֵּן אֶת־בְּנֵי
עַמּוֹן בְּיָדִי: וְהָיָה הַיּוֹצֵא אֲשֶׁר יֵצֵא מִדַּלְתֵי בֵיתִי לא
לִקְרָאתִי בְּשׁוּבִי בְשָׁלוֹם מִבְּנֵי עַמּוֹן וְהָיָה לַיהוָה
וְהַעֲלִיתִהוּ עוֹלָה:
וַיַּעֲבֹר יִפְתָּח אֶל־בְּנֵי עַמּוֹן לְהִלָּחֶם בָּם וַיִּתְּנֵם יְהוָה לב
בְּיָדוֹ: וַיַּכֵּם מֵעֲרוֹעֵר וְעַד־בֹּאֲךָ מִנִּית עֶשְׂרִים עִיר לג
וְעַד אָבֵל כְּרָמִים מַכָּה גְּדוֹלָה מְאֹד וַיִּכָּנְעוּ בְּנֵי
התימנים מוסיפים עַמּוֹן מִפְּנֵי בְּנֵי יִשְׂרָאֵל: *וַיָּבֹא יִפְתָּח לד
הַמִּצְפָּה אֶל־בֵּיתוֹ וְהִנֵּה בִתּוֹ יֹצֵאת לִקְרָאתוֹ בְּתֻפִּים
וּבִמְחֹלוֹת וְרַק הִיא יְחִידָה אֵין־לוֹ מִמֶּנּוּ בֵּן אוֹ־בַת:
וַיְהִי כִרְאוֹתוֹ אוֹתָהּ וַיִּקְרַע אֶת־בְּגָדָיו וַיֹּאמֶר אֲהָהּ לה
בִּתִּי הַכְרֵעַ הִכְרַעְתִּנִי וְאַתְּ הָיִית בְּעֹכְרָי וְאָנֹכִי
פָּצִיתִי פִי אֶל־יְהוָה וְלֹא אוּכַל לָשׁוּב: וַתֹּאמֶר אֵלָיו לו
אָבִי פָּצִיתָה אֶת־פִּיךָ אֶל־יְהוָה עֲשֵׂה לִי כַּאֲשֶׁר יָצָא
מִפִּיךָ אַחֲרֵי אֲשֶׁר עָשָׂה לְךָ יְהוָה נְקָמוֹת מֵאֹיְבֶיךָ
מִבְּנֵי עַמּוֹן: וַתֹּאמֶר אֶל־אָבִיהָ יֵעָשֶׂה לִּי הַדָּבָר לז
הַזֶּה הַרְפֵּה מִמֶּנִּי שְׁנַיִם חֳדָשִׁים וְאֵלְכָה וְיָרַדְתִּי עַל־

ביאור
לפני מאות שנים. כז וְאָנֹכִי לֹא חָטָאתִי לָךְ. לא תקפנו אתכם, ולא
עשינו דבר נגדכם, וְאַתָּה עֹשֶׂה אִתִּי רָעָה לְהִלָּחֶם בִּי. יִשְׁפֹּט ה׳ הַשֹּׁפֵט
הַיּוֹם בֵּין בְּנֵי יִשְׂרָאֵל וּבֵין בְּנֵי עַמּוֹן.

כח וְלֹא שָׁמַע, קיבל מֶלֶךְ בְּנֵי עַמּוֹן אֶל דִּבְרֵי יִפְתָּח אֲשֶׁר שָׁלַח אֵלָיו. בין
שהסכים לעובדות ההיסטוריות או שחלק עליהן, נימוקיו של יפתח
לא שכנעו אותו.

כט וַתְּהִי עַל יִפְתָּח רוּחַ גבורה מאת ה׳, וַיַּעֲבֹר אֶת הַגִּלְעָד וְאֶת מְנַשֶּׁה
וַיַּעֲבֹר אֶת מִצְפֵּה גִלְעָד, נקודת ההתאספות של הגלעדים, וּמִמִּצְפֵּה
גִלְעָד עָבַר לארץ בְּנֵי עַמּוֹן, למסע מלחמה.

ל וַיִּדַּר יִפְתָּח בדרכו נֶדֶר לַה׳ וַיֹּאמַר: אִם נָתוֹן תִּתֵּן אֶת בְּנֵי עַמּוֹן
בְּיָדִי, לא וְהָיָה הַיּוֹצֵא אֲשֶׁר יֵצֵא ראשון מִדַּלְתֵי בֵיתִי לִקְרָאתִי בְּשׁוּבִי
בְשָׁלוֹם מִבְּנֵי עַמּוֹן – וְהָיָה לַה׳ וְהַעֲלִיתִהוּ עוֹלָה, אפילו אם יצא שור
גדול וכיוצא בזה.[98]

לב וַיַּעֲבֹר יִפְתָּח אֶל בְּנֵי עַמּוֹן לְהִלָּחֶם בָּם. וַיִּתְּנֵם ה׳ בְּיָדוֹ. יפתח ניצח
במלחמה. לג וַיַּכֵּם מֵעֲרוֹעֵר וְעַד בּוֹאֲךָ מִנִּית, בסך הכול עֶשְׂרִים עִיר, וְעַד
אָבֵל כְּרָמִים, מַכָּה גְּדוֹלָה מְאֹד בארצם. וַיִּכָּנְעוּ בְּנֵי עַמּוֹן מִפְּנֵי בְּנֵי יִשְׂרָאֵל.

לד וַיָּבֹא יִפְתָּח הַמִּצְפָּה אֶל בֵּיתוֹ, וְהִנֵּה בִתּוֹ יֹצֵאת לִקְרָאתוֹ בְּתֻפִּים
וּבִמְחֹלוֹת. אין זה רק הלוחם הגדול ושר הצבא המהולל, אלא גם
אביה השב עטור ניצחון. וְרַק הִיא בתו הַיְחִידָה, אֵין לוֹ מִמֶּנּוּ בֵּן אוֹ
בַת מלבדה.

לה וַיְהִי כִרְאוֹתוֹ אוֹתָהּ – וַיִּקְרַע אֶת בְּגָדָיו. וַיֹּאמֶר: אֲהָהּ בִּתִּי! הַכְרֵעַ
הִכְרַעְתִּנִי, הפלת ושברת אותי, וְאַתְּ הָיִית בְּעֹכְרָי, המטת עלי צרה,
והרי אָנֹכִי פָּצִיתִי, פתחתי פִי אֶל ה׳ וְלֹא אוּכַל לָשׁוּב, לחזור בי. הבטחתי
לתת את הראשון שיצא כקרבן לה׳, ואת יצאת ראשונה.

לו וַתֹּאמֶר אֵלָיו: אָבִי, פָּצִיתָה אֶת פִּיךָ אֶל ה׳ – עֲשֵׂה לִי כַּאֲשֶׁר יָצָא מִפִּיךָ,
אַחֲרֵי אֲשֶׁר, מאחר שעָשָׂה לְךָ ה׳ נְקָמוֹת מֵאֹיְבֶיךָ מִבְּנֵי עַמּוֹן. אני מקבלת
על עצמי את הנדר. לז וַתֹּאמֶר אֶל אָבִיהָ: אף על פי כן, אנא יֵעָשֶׂה לִּי
הַדָּבָר הַזֶּה: הַרְפֵּה מִמֶּנִּי שְׁנַיִם חֳדָשִׁים, תן לי ארכה של חודשיים, וְאֵלְכָה

העולם

עֲרוֹעֵר עיר המציינת את הגבול המזרחי של נחלת שבט גד (יהושע יג,כה). יש מזהים אותה עם ח׳רבת עבדון, כ-6 ק״מ מדרום-מערב לרבת עמון.

מִנִּית מקומה אינו ידוע. משערים כי היא באזור חשבון.

אָבֵל כְּרָמִים משערים כי היא באזור נאעור העשיר בכרמים, כ-15 ק״מ מדרום-מערב לרבת עמון.

וְרֵעוֹתָ֑י הֶהָרִ֔ים וְאֶבְכֶּה֙ עַל־בְּתוּלַ֔י אָנֹכִ֖י ורעיתי׃ וַיֹּ֣אמֶר לֵ֔כִי לח
וַיִּשְׁלַ֥ח אוֹתָ֖הּ שְׁנֵ֣י חֳדָשִׁ֑ים וַתֵּ֤לֶךְ הִיא֙ וְרֵ֣עוֹתֶ֔יהָ וַתֵּ֥בְךְּ
עַל־בְּתוּלֶ֖יהָ עַל־הֶהָרִֽים׃ וַיְהִ֞י מִקֵּ֣ץ ׀ שְׁנַ֣יִם חֳדָשִׁ֗ים לט
וַתָּ֙שָׁב֙ אֶל־אָבִ֔יהָ וַיַּ֣עַשׂ לָ֔הּ אֶת־נִדְר֖וֹ אֲשֶׁ֣ר נָדָ֑ר וְהִיא֙
לֹא־יָדְעָ֣ה אִ֔ישׁ וַתְּהִי־חֹ֖ק בְּיִשְׂרָאֵֽל׃ מִיָּמִ֣ים ׀ יָמִ֗ימָה מ
תֵּלַ֙כְנָה֙ בְּנ֣וֹת יִשְׂרָאֵ֔ל לְתַנּ֕וֹת לְבַת־יִפְתָּ֖ח הַגִּלְעָדִ֑י
אַרְבַּ֥עַת יָמִ֖ים בַּשָּׁנָֽה׃

הרחבות | **קיום הנדר** הכתוב משאיר חלל בסיפור, ולא ברור כיצד למלאו. האם אכן הקריב יפתח את בתו לעולה? אם עשה כן בפועל - הדבר תמוה מאוד משום שהמעשה מנוגד לכל דיני ישראל. אמנם יפתח חי במשך שנים חיי שודד מחוץ לביתו ולשבטו, ולא היה מופת למנהיג ישראל, (חכמים אמרו: "לא היה בכולן [בכל השופטים] קל מיפתח". ראו במדבר רבה יט,טו וראש השנה כה ע"ב). ובכל זאת אין עוד דוגמא של קרבן אדם בישראל לשם ה'. יתרה מזו, מן הסתם המנהיגים הדתיים בני תקופתו היו אמורים לדבר על לבו שלא לקיים נדר כזה, ומשום מה איש לא עשה זאת. והרי הייתה דרך להתיר נדרים חמורים, ואף נדריהם של מנהיגי ציבור, כמו שאירע במעשה יונתן בן שאול. (ראו שמואל א' יד,כד-מה).

ביאור | **וְיָרַדְתִּי עַל הֶהָרִים וְאֶבְכֶּה עַל בְּתוּלַי**, על כך שאמות קודם שנישאתי
וילדתי ובלי כל נחמה, **אָנֹכִי וְרֵעוֹתָי** נלך ונבכה, אחר כך אשוב אליך.

לח **וַיֹּאמֶר: לֵכִי.**

וַיִּשְׁלַח אוֹתָהּ שְׁנֵי חֳדָשִׁים, וַתֵּלֶךְ הִיא וְרֵעוֹתֶיהָ וַתֵּבְךְּ עַל בְּתוּלֶיהָ עַל הֶהָרִים.

לט **וַיְהִי מִקֵּץ שְׁנַיִם חֳדָשִׁים וַתָּשָׁב אֶל אָבִיהָ. וַיַּעַשׂ לָהּ אֶת נִדְרוֹ אֲשֶׁר נָדָר.**
וְהִיא לֹא יָדְעָה אִישׁ. היא הייתה בתולה כשמתה.

וַתְּהִי חֹק, מנהג קבוע **בְּיִשְׂרָאֵל**; מ **מִיָּמִים יָמִימָה**, בכל שנה ושנה,
תֵּלַכְנָה בְּנוֹת יִשְׂרָאֵל לְתַנּוֹת, לבכות **לְבַת יִפְתָּח הַגִּלְעָדִי**. במשך דורות
נהגו בנות האזור ללכת להרים ולקונן שם על גורלה הטרגי של בת
יפתח, **אַרְבַּעַת יָמִים בַּשָּׁנָה**.

הרחבות | כיוון אפשרי אחד - שאיננו מניח את הדעת לחלוטין - מצוי בדברי חכמים, שפירשו את המצב כתוצאה של יריבות אישית ופוליטית. המנהיג הרוחני של ישראל באותם הזמנים חיכה שיפתח יבוא אליו להתיר את נדרו, ויפתח לא הלך אליו מפני שהיה גאה מאוד ולא ראה לנכון לכתת רגליו אליו. וכך, בין שני המנהיגים, הלכה הבת לאיבוד. (ראו בראשית רבה ס,ג; תנחומא בחקתי ה; רש"י פס' לט).

לפי פרשנות אחרת, יפתח לא הקריב את בתו ממש, אלא בודד אותה עד סוף חייה. מבחינתה, גורל זה של בידוד חברתי מוחלט לא היה נעים יותר מאשר המתה ברגע אחד (ראו רד"ק, אברבנאל ומצודת דוד).

הפטרת בלק

מיכה

וְהָיָה ׀ שְׁאֵרִית יַעֲקֹב בְּקֶרֶב עַמִּים רַבִּים כְּטַל מֵאֵת ו ה
יהוה כִּרְבִיבִים עֲלֵי־עֵשֶׂב אֲשֶׁר לֹא־יְקַוֶּה לְאִישׁ וְלֹא
יְיַחֵל לִבְנֵי אָדָם׃ וְהָיָה שְׁאֵרִית יַעֲקֹב בַּגּוֹיִם בְּקֶרֶב ז
עַמִּים רַבִּים כְּאַרְיֵה בְּבַהֲמוֹת יַעַר כִּכְפִיר בְּעֶדְרֵי־
צֹאן אֲשֶׁר אִם עָבַר וְרָמַס וְטָרַף וְאֵין מַצִּיל׃ תָּרֹם ח
יָדְךָ עַל־צָרֶיךָ וְכָל־אֹיְבֶיךָ יִכָּרֵתוּ׃ וְהָיָה ט
בַיּוֹם־הַהוּא נְאֻם־יהוה וְהִכְרַתִּי סוּסֶיךָ מִקִּרְבֶּךָ
וְהַאֲבַדְתִּי מַרְכְּבֹתֶיךָ׃ וְהִכְרַתִּי עָרֵי אַרְצֶךָ וְהָרַסְתִּי י
כָּל־מִבְצָרֶיךָ׃ וְהִכְרַתִּי כְשָׁפִים מִיָּדֶךָ וּמְעוֹנְנִים לֹא יא
יִהְיוּ־לָךְ׃ וְהִכְרַתִּי פְסִילֶיךָ וּמַצֵּבוֹתֶיךָ מִקִּרְבֶּךָ וְלֹא־ יב
תִשְׁתַּחֲוֶה עוֹד לְמַעֲשֵׂה יָדֶיךָ׃ וְנָתַשְׁתִּי אֲשֵׁירֶיךָ יג
מִקִּרְבֶּךָ וְהִשְׁמַדְתִּי עָרֶיךָ׃ וְעָשִׂיתִי בְּאַף וּבְחֵמָה יד
נָקָם אֶת־הַגּוֹיִם אֲשֶׁר לֹא שָׁמֵעוּ׃ שִׁמְעוּ־ א ו
נָא אֵת אֲשֶׁר־יהוה אֹמֵר קוּם רִיב אֶת־הֶהָרִים
וְתִשְׁמַעְנָה הַגְּבָעוֹת קוֹלֶךָ׃ שִׁמְעוּ הָרִים אֶת־רִיב ב
יהוה וְהָאֵתָנִים מֹסְדֵי אָרֶץ כִּי רִיב לַיהוה עִם־עַמּוֹ

רְבִיבִים עֲלֵי־עֵשֶׂב
טל על עשב

חסדי ה׳ לישראל בעבר ובעתיד

זיכרון פרשת בלק ובלעם ונספחיה משמש בנבואת מיכה חלק מדברי התוכחות של ה׳ לישראל. מלבד הקשר הזה שבין הפרשה להפטרה, גם מתוך פסוקי החזון החיובי שבהפטרה מזכירים כמה רכיבים את ברכות בלעם לישראל: "כטל מאת ה׳, כרביבים עלי עשב" - "כאהלים נטע ה׳"; "והיה שארית יעקב בקרב עמים רבים... לא יקוה לאיש ולא ייחל לבני אדם" - "הן עם לבדד ישכן ובגוים לא יתחשב"; "כאריה בבהמות יער" - "הן עם כלביא יקום וכארי יתנשא"; "והכרתי כשפים מידך, ומעוננים לא יהיו לך" - "כי לא נחש ביעקב ולא קסם בישראל".

ביאור | מיכה פרק ה ו וְהָיָה, באחרית הימים תהיה שְׁאֵרִית יַעֲקֹב בְּקֶרֶב עַמִּים
רַבִּים כְּברכת הַטַּל מֵאֵת ה׳, וכִרְבִיבִים, טיפות גשם עֲלֵי־עֵשֶׂב, אֲשֶׁר
העשב לֹא־יְקַוֶּה לְאִישׁ וְלֹא יְיַחֵל יצפה לִבְנֵי אָדָם, שכן די לו בברכת
שמים, ואין הוא זקוק להשקיה מלאכותית. כך תקוותם של ישראל
לא תזדקק לבשר ודם. ז וְהָיָה שְׁאֵרִית יַעֲקֹב בַּגּוֹיִם בְּקֶרֶב עַמִּים רַבִּים
חזקה ובטוחה כְּאַרְיֵה בְּבַהֲמוֹת, בין חיות[99] הַיַּעַר, כִּכְפִיר בְּעֶדְרֵי־צֹאן,
שאינו מפחד מהם אלא הם יראים ממנו, אֲשֶׁר אִם עָבַר ביניהם וְרָמַס
וְטָרַף כרצונו, וְאֵין מַצִּיל מפיו. כאשר יגיע ישראל למדרגתו הראויה,
הוא לא יזדקק לאחרים, והכול יתייראו מפניו.

והנביא פונה לישראל: ח תָּרֹם יָדְךָ, תתגבר עַל־צָרֶיךָ, שונאיך, וְכָל־
אֹיְבֶיךָ יִכָּרֵתוּ. ט וְהָיָה בַיּוֹם־הַהוּא, נְאֻם־ה׳, וְהִכְרַתִּי סוּסֶיךָ - הסוסים
היו משמשים בעיקר כבהמות קרב - מִקִּרְבֶּךָ, וְהַאֲבַדְתִּי מַרְכְּבֹתֶיךָ,
מרכבות המלחמה כי לא יהיה בהן צורך. י וְהִכְרַתִּי עָרֵי חומה מֵאַרְצֶךָ,
וְהָרַסְתִּי כָּל־מִבְצָרֶיךָ. יא וְהִכְרַתִּי כְשָׁפִים מִיָּדֶךָ, וּמְעוֹנְנִים, מגלי עתידות
המתייחסים למראה העננים,[100] או לעונות, כלומר לזמנים המתאימים
במיוחד למעשים מסוימים,[101] לֹא יִהְיוּ־לָךְ. המעוננים והמכשפים
שבהם בוטחים הפונים אליהם, ובעזרתם מנחשים את מהלכי
האויבים,[102] גם הם יעברו מן העולם. יב וְהִכְרַתִּי פְסִילֶיךָ וּמַצֵּבוֹתֶיךָ
מִקִּרְבֶּךָ, וְלֹא־תִשְׁתַּחֲוֶה עוֹד לְמַעֲשֵׂה יָדֶיךָ. יג וְנָתַשְׁתִּי, אעקור את אֲשֵׁירֶיךָ,
עצי עבודה זרה, מִקִּרְבֶּךָ, וְהִשְׁמַדְתִּי עָרֶיךָ, שונאיך.[103] יד וְעָשִׂיתִי בְּאַף
וּבְחֵמָה, בכעס רב נָקָם אֶת־הַגּוֹיִם, בגויים אֲשֶׁר לֹא שָׁמֵעוּ בקולי.

פרק ו א שִׁמְעוּ־נָא אֵת אֲשֶׁר־ה׳ אֹמֵר לנביא: קוּם רִיב אֶת, עם יושבי
הֶהָרִים, וְתִשְׁמַעְנָה הַגְּבָעוֹת, יושבי הגבעות ישמעו את קוֹלֶךָ. השמע
תוכחה לארץ כולה: ב שִׁמְעוּ, הָרִים אֶת־רִיב ה׳, וְהָאֵתָנִים מֹסְדֵי אָרֶץ,
יסודות העולם החזקים, כִּי רִיב לַה׳ עִם־עַמּוֹ, וְעִם־יִשְׂרָאֵל יִתְוַכָּח. יש

ג וְעִם־יִשְׂרָאֵל יִתְוַכָּח׃ עַמִּי מֶה־עָשִׂיתִי לְךָ וּמָה
ד הֶלְאֵתִיךָ עֲנֵה בִי׃ כִּי הֶעֱלִתִיךָ מֵאֶרֶץ מִצְרַיִם וּמִבֵּית
עֲבָדִים פְּדִיתִיךָ וָאֶשְׁלַח לְפָנֶיךָ אֶת־מֹשֶׁה אַהֲרֹן
ה וּמִרְיָם׃ עַמִּי זְכָר־נָא מַה־יָּעַץ בָּלָק מֶלֶךְ מוֹאָב
וּמֶה־עָנָה אֹתוֹ בִּלְעָם בֶּן־בְּעוֹר מִן־הַשִּׁטִּים עַד־
ו הַגִּלְגָּל לְמַעַן דַּעַת צִדְקוֹת יְהוָה׃ בַּמָּה אֲקַדֵּם יְהוָה
אִכַּף לֵאלֹהֵי מָרוֹם הַאֲקַדְּמֶנּוּ בְעוֹלוֹת בַּעֲגָלִים בְּנֵי
ז שָׁנָה׃ הֲיִרְצֶה יְהוָה בְּאַלְפֵי אֵילִים בְּרִבְבוֹת נַחֲלֵי־
שָׁמֶן הַאֶתֵּן בְּכוֹרִי פִּשְׁעִי פְּרִי בִטְנִי חַטַּאת נַפְשִׁי׃
ח הִגִּיד לְךָ אָדָם מַה־טּוֹב וּמָה־יְהוָה דּוֹרֵשׁ מִמְּךָ כִּי
אִם־עֲשׂוֹת מִשְׁפָּט וְאַהֲבַת חֶסֶד וְהַצְנֵעַ לֶכֶת עִם־
אֱלֹהֶיךָ׃

ביאור | לו ויכוח עם ישראל: ג **עַמִּי, מֶה**, איזה עוול **עָשִׂיתִי לְךָ**?! **וּמָה הֶלְאֵתִיךָ**,
הקשיתי עליך שאתה פונה ממני ומסרב לשמוע בקולי?! – **עֲנֵה**, העד
בִי. ד **כִּי**, הרי ראשית לכל מעשי אתכם **הֶעֱלִתִיךָ מֵאֶרֶץ מִצְרַיִם, וּמִבֵּית
עֲבָדִים פְּדִיתִיךָ. וָאֶשְׁלַח לְפָנֶיךָ אֶת־מֹשֶׁה, אַהֲרֹן וּמִרְיָם**, המנהיגים שדאגו
לכל צורכיכם. ה **עַמִּי, זְכָר־נָא מַה־יָּעַץ בָּלָק מֶלֶךְ מוֹאָב**, לקלל אותך,
וּמֶה־עָנָה אֹתוֹ בִּלְעָם בֶּן־בְּעוֹר – ברכה. זכור מה אירע לך באותו זמן
מִן־הַשִּׁטִּים עַד־הַגִּלְגָּל, שם חטאו בניך עם בנות מואב ומדין,[104] ואף
על פי כן לא נבלעת בתוך העמים הללו, אדרבא, גברת עליהם. וכל
זאת **לְמַעַן דַּעַת צִדְקוֹת**, טובות ה׳. זו תשובה לטענה כאילו אלוקים
גרם לכם עוול. ו ובאשר לטענה שעבודת ה׳ מַלאה ומעייפת: **בַּמָּה
אֲקַדֵּם** את פני ה׳, **אִכַּף**, אתכופף ואשתחווה **לֵאלֹהֵי מָרוֹם**, כיצד ראוי
לחלוק לו כבוד?! **הַאֲקַדְּמֶנּוּ בְעוֹלוֹת, בַּעֲגָלִים בְּנֵי שָׁנָה**?! האם הוא
רוצה שאביא לו עגלים מובחרים לעולות?[105] ז **הֲיִרְצֶה ה׳ בְּאַלְפֵי
אֵילִים, בְּרִבְבוֹת נַחֲלֵי־שָׁמֶן**?! **הַאֶתֵּן** את **בְּכוֹרִי** עבור **פִּשְׁעִי**, ואת **פְּרִי
בִטְנִי** תמורת **חַטַּאת נַפְשִׁי**?! האם ה׳ רוצה שאקריב לפניו את ילדי
כדי לכפר על עווני?! אין הוא מבקש לא את העולות, לא את נחלי
השמן ולא את קרבנות האדם.[106] ח **הִגִּיד לְךָ, אָדָם, מַה־טּוֹב, וּמָה־ה׳
דּוֹרֵשׁ מִמְּךָ**, לא דברים יוצאי דופן, **כִּי אִם־עֲשׂוֹת מִשְׁפָּט**, שמירת החוק
והדין **וְאַהֲבַת חֶסֶד וְהַצְנֵעַ לֶכֶת**, התנהגות צנועה, חיים שיש בהם
ענווה **עִם־אֱלֹהֶיךָ**. מצד אחד, עליכם להכיר, להודות ולהלל לה׳ על
כל הנסים שעשה אתכם. מצד שני, אין הוא דורש מכם קרבנות
מפליגים, אלא מעשים פשוטים.

הפטרת פינחס לפני י״ז בתמוז

לאחר י״ז בתמוז קוראים את ההפטרה הבאה אחריה

מלכים א

וְיַד־יהוה הָיְתָה אֶל־אֵלִיָּהוּ וַיְשַׁנֵּס מָתְנָיו וַיָּרָץ לִפְנֵי מו יח
אַחְאָב עַד־בֹּאֲכָה יִזְרְעֶאלָה: וַיַּגֵּד אַחְאָב לְאִיזֶבֶל א יט
אֵת כָּל־אֲשֶׁר עָשָׂה אֵלִיָּהוּ וְאֵת כָּל־אֲשֶׁר הָרַג אֶת־
כָּל־הַנְּבִיאִים בֶּחָרֶב: וַתִּשְׁלַח אִיזֶבֶל מַלְאָךְ אֶל־ ב
אֵלִיָּהוּ לֵאמֹר כֹּה־יַעֲשׂוּן אֱלֹהִים וְכֹה יוֹסִפוּן כִּי־כָעֵת
מָחָר אָשִׂים אֶת־נַפְשְׁךָ כְּנֶפֶשׁ אַחַד מֵהֶם: וַיַּרְא וַיָּקָם ג
וַיֵּלֶךְ אֶל־נַפְשׁוֹ וַיָּבֹא בְּאֵר שֶׁבַע אֲשֶׁר לִיהוּדָה וַיַּנַּח
אֶת־נַעֲרוֹ שָׁם: וְהוּא־הָלַךְ בַּמִּדְבָּר דֶּרֶךְ יוֹם וַיָּבֹא ד
אֶחָד וַיֵּשֶׁב תַּחַת רֹתֶם אחת וַיִּשְׁאַל אֶת־נַפְשׁוֹ לָמוּת

אתרים
בנדודי אליהו

העולם | יִזְרְעֶאל עיר בנחלת שבט יששכר (יהושע יט,יז-יח) מזוהה עם תל יזרעאל במרכזו של עמק יזרעאל, כ-7 ק״מ מדרום-מזרח לעפולה. יזרעאל מרוחקת כ-25 ק״מ מהכרמל.

קורות אליהו בעקבות קנאתו לה׳

כפינחס המקנא את קנאת ה׳ נוכח ישראל הנצמדים לבעל פעור, כך אליהו - שהיו שראו בו את דמותו של פינחס עצמו[107] - מקנא לה׳ וטובח את כהני הבעל. ואולם שלא כפינחס בשעתו, שקנאותו זיכתה אותו בכהונה המכפרת על ישראל, קנאתו של אליהו אילצה אותו לעזוב את עמו ואת חברת בני האדם. לאחר שביקש שחייו יסתיימו במדבר, הוא זכה להתגלות אלוקית בהר חורב ונקרא באותו מעמד למנות נביא אחר תחתיו.

ביאור | מלכים א׳ פרק יח מו **וְיַד־ה׳**, כוח גדול[108] **הָיְתָה אֶל־אֵלִיָּהוּ** לאחר המעמד
הנסי בהר הכרמל, שבו הרג אליהו את נביאי הבעל, ולאחר שנענה
בתפילתו להפסיק את הבצורת הקשה, **וַיְשַׁנֵּס**, כרך חגורה[109] על
מָתְנָיו וַיָּרָץ לִפְנֵי אַחְאָב עַד־בֹּאֲכָה יִזְרְעֶאלָה. בכוחות על-טבעיים רץ
אליהו ריצה ממושכת לפני הסוסים הדוהרים מהר הכרמל עד בית
אחאב ביזרעאל. מעשה זה ביטא את עצמתו של אליהו, מצד אחד,
ואת הכבוד שביטא כלפי המלך, מצד שני.[110] אולי אליהו כיבד את
אחאב בריצה זו משום שאחאב נכח בשחיטת כל נביאי הבעל ולא
עיכב, אף שהם חסו תחת אשתו.

פרק יט א **וַיַּגֵּד אַחְאָב**, שהיה עד למחזה בכרמל, **לְאִיזֶבֶל אֵת כָּל־אֲשֶׁר**
עָשָׂה אֵלִיָּהוּ, וְאֵת כָּל־אֲשֶׁר הָרַג אֶת־כָּל־הַנְּבִיאִים - נביאיה שלה **בֶּחָרֶב.**
ב **וַתִּשְׁלַח אִיזֶבֶל מַלְאָךְ**, שליח **אֶל־אֵלִיָּהוּ לֵאמֹר: כֹּה־יַעֲשׂוּן אֱלֹהִים וְכֹה**
יוֹסִפוּן, היא נשבעת בלשון רבים, משום שהיא עובדת אלילים,[111]
כִּי־כָעֵת, בשעה הזאת **מָחָר אָשִׂים אֶת־נַפְשְׁךָ כְּנֶפֶשׁ אַחַד מֵהֶם.** אגרום
שמחר גורלך יהיה כגורלם. הצהרה זו מגלה משהו מאישיותה
התקיפה והנמרצת של איזבל.

ג כשאליהו הבין שאיזבל זוממת להרגו - **וַיַּרְא וַיָּקָם וַיֵּלֶךְ אֶל־נַפְשׁוֹ**, ברח
וַיָּבֹא עד **בְּאֵר שֶׁבַע אֲשֶׁר לִיהוּדָה,**[112] **וַיַּנַּח אֶת־נַעֲרוֹ**, משרתו **שָׁם.** ד **וְהוּא־**
הָלַךְ הלאה מדרום לבאר שבע **בַּמִּדְבָּר דֶּרֶךְ יוֹם. וַיָּבֹא וַיֵּשֶׁב תַּחַת רֹתֶם**

רֹתם

רֹתֶם מזוהה עם רותם המדבר (שם מדעי: Reteam raetam), שיח רב-שנתי, שגובהו כ-1.5–2 מטר, הנפוץ בנגב ובאזור החוף. ענפיו ארוכים ודקים, ורוב השנה הוא ערום מעלים. שלא כשיחים מדבריים אחרים

העולם | בסביבתו, כגון המלוח, הרותם נותן צל. ענפיו משמשים את הבדווים עד ימינו בתעשיית פחמים. זרעי הרותם רעילים למאכל אדם.

וַיֹּ֣אמֶר ׀ רַ֗ב עַתָּ֤ה יְהוָה֙ קַ֣ח נַפְשִׁ֔י כִּֽי־לֹא־ט֥וֹב אָנֹכִ֖י
מֵאֲבֹתָֽי׃ וַיִּשְׁכַּב֙ וַיִּישַׁ֔ן תַּ֖חַת רֹ֣תֶם אֶחָ֑ד וְהִנֵּה־זֶ֤ה ה
מַלְאָךְ֙ נֹגֵ֣עַ בּ֔וֹ וַיֹּ֥אמֶר ל֖וֹ ק֥וּם אֱכֽוֹל׃ וַיַּבֵּ֕ט וְהִנֵּ֧ה ו
מְרַאֲשֹׁתָ֛יו עֻגַ֥ת רְצָפִ֖ים וְצַפַּ֣חַת מָ֑יִם וַיֹּ֣אכַל וַיֵּ֔שְׁתְּ
וַיָּ֖שָׁב וַיִּשְׁכָּֽב׃ וַיָּשָׁב֩ מַלְאַ֨ךְ יְהוָ֤ה ׀ שֵׁנִית֙ וַיִּגַּע־בּ֔וֹ ז
וַיֹּ֖אמֶר ק֣וּם אֱכֹ֑ל כִּ֛י רַ֥ב מִמְּךָ֖ הַדָּֽרֶךְ׃ וַיָּ֖קָם וַיֹּ֣אכַל ח
וַיִּשְׁתֶּ֑ה וַיֵּ֜לֶךְ בְּכֹ֣חַ ׀ הָאֲכִילָ֣ה הַהִ֗יא אַרְבָּעִ֥ים יוֹם֙
וְאַרְבָּעִ֣ים לַ֔יְלָה עַ֛ד הַ֥ר הָאֱלֹהִ֖ים חֹרֵֽב׃ וַיָּבֹא־שָׁ֥ם ט
אֶל־הַמְּעָרָ֖ה וַיָּ֣לֶן שָׁ֑ם וְהִנֵּ֤ה דְבַר־יְהוָה֙ אֵלָ֔יו וַיֹּ֥אמֶר
ל֖וֹ מַה־לְּךָ֥ פֹ֖ה אֵלִיָּֽהוּ׃ וַיֹּ֡אמֶר קַנֹּ֣א קִנֵּאתִי֩ לַיהוָ֨ה ׀ י
אֱלֹהֵ֜י צְבָא֗וֹת כִּֽי־עָזְב֣וּ בְרִֽיתְךָ֮ בְּנֵ֣י יִשְׂרָאֵל֒ אֶת־
מִזְבְּחֹתֶ֣יךָ הָרָ֔סוּ וְאֶת־נְבִיאֶ֖יךָ הָרְג֣וּ בֶחָ֑רֶב וָאִוָּתֵ֤ר
אֲנִי֙ לְבַדִּ֔י וַיְבַקְשׁ֥וּ אֶת־נַפְשִׁ֖י לְקַחְתָּֽהּ׃ וַיֹּ֗אמֶר צֵ֣א יא
וְעָמַדְתָּ֣ בָהָר֮ לִפְנֵ֣י יְהוָה֒ וְהִנֵּ֧ה יְהוָ֣ה עֹבֵ֗ר וְר֣וּחַ גְּדוֹלָ֡ה
וְחָזָק֩ מְפָרֵ֨ק הָרִ֜ים וּמְשַׁבֵּ֤ר סְלָעִים֙ לִפְנֵ֣י יְהוָ֔ה לֹ֥א

ביאור | אֶחָד, שיח מדברי שצלו מועט. וַיִּשְׁאַל אֶת־נַפְשׁוֹ לָמוּת, וַיֹּאמֶר: רַב עַתָּה,
חיי הגיעו למיצוים. תמו כוחותי, ואני רצוץ ומיואש. על כן, ה׳, קַח
את נַפְשִׁי, כִּי לֹא־טוֹב אָנֹכִי מֵאֲבֹתָי. הם חיו ומתו; אף אני הגיע זמני,
ועכשיו הנח לי למות.[113]

ה וַיִּשְׁכַּב וַיִּישַׁן תַּחַת רֹתֶם אֶחָד, וְהִנֵּה־זֶה מַלְאָךְ נֹגֵעַ בּוֹ, וַיֹּאמֶר לוֹ: קוּם
אֱכוֹל.

ו כיוון שאליהו לא הצטייד באוכל - וַיַּבֵּט סביבו, וְהִנֵּה מְרַאֲשֹׁתָיו
עֻגַת רְצָפִים, מאכל בצק שנאפה על גחלים[114] וְצַפַּחַת, כלי חרס כעין
בקבוק מָיִם, ולאחר שזמן רב לא בא אוכל אל פיו - וַיֹּאכַל וַיֵּשְׁתְּ
וַיָּשָׁב וַיִּשְׁכָּב. בייאושו התייחס אל מותו בקור רוח.

ז וַיָּשָׁב מַלְאַךְ ה׳ שֵׁנִית וַיִּגַּע־בּוֹ, וַיֹּאמֶר: קוּם אֱכֹל עוד, כִּי רַב מִמְּךָ הַדָּרֶךְ
שלפניך, ולא די במה שאכלת. נראה שהיה לו מושג כללי לאן פניו
מועדות, אבל הוא לא נשלח לשם במפורש.

ח וַיָּקָם וַיֹּאכַל וַיִּשְׁתֶּה. וַיֵּלֶךְ בְּכֹחַ הָאֲכִילָה הַהִיא מן המזון הנסי שזומן
לו אַרְבָּעִים יוֹם וְאַרְבָּעִים לַיְלָה עַד הַר הָאֱלֹהִים חֹרֵב. ט וַיָּבֹא־שָׁם אֶל־
הַמְּעָרָה שבהר, וַיָּלֶן שָׁם.

וְהִנֵּה דְבַר־ה׳ אֵלָיו, וַיֹּאמֶר לוֹ: מַה־לְּךָ פֹה, במקום המבודד הזה, אֵלִיָּהוּ?
מה מעשיך כאן?

י וַיֹּאמֶר אליהו: קַנֹּא קִנֵּאתִי לַה׳ אֱלֹהֵי צְבָאוֹת. וקנאתי לך הכרוכה
באהבתי אליך ואינה מותירה מקום להתחשבות בשום דבר אחר,
היא שהובילה אותי עד כאן. כִּי־עָזְבוּ בְרִיתְךָ בְּנֵי יִשְׂרָאֵל - אֶת־מִזְבְּחֹתֶיךָ
הָרָסוּ, וְאֶת־נְבִיאֶיךָ הָרְגוּ בֶחָרֶב, וָאִוָּתֵר אֲנִי לְבַדִּי מכל נביאיך, וַיְבַקְשׁוּ
השליטים גם אֶת־נַפְשִׁי לְקַחְתָּהּ.

יא וַיֹּאמֶר לו קול ה׳: צֵא וְעָמַדְתָּ בָהָר לִפְנֵי ה׳.

וְהִנֵּה ה׳ עֹבֵר, וְרוּחַ גְּדוֹלָה וְחָזָק,[115] מְפָרֵק הָרִים וּמְשַׁבֵּר סְלָעִים לִפְנֵי ה׳,

צפחת

בְּרוּחַ יְהוָה וְאַחַר הָרוּחַ רַעַשׁ לֹא בָרַעַשׁ יְהוָה: וְאַחַר יב
הָרַעַשׁ אֵשׁ לֹא בָאֵשׁ יְהוָה וְאַחַר הָאֵשׁ קוֹל דְּמָמָה
דַקָּה: וַיְהִי ׀ כִּשְׁמֹעַ אֵלִיָּהוּ וַיָּלֶט פָּנָיו בְּאַדַּרְתּוֹ וַיֵּצֵא יג
וַיַּעֲמֹד פֶּתַח הַמְּעָרָה וְהִנֵּה אֵלָיו קוֹל וַיֹּאמֶר מַה־
לְּךָ פֹה אֵלִיָּהוּ: וַיֹּאמֶר קַנֹּא קִנֵּאתִי לַיהוָה ׀ אֱלֹהֵי יד
צְבָאוֹת כִּי־עָזְבוּ בְרִיתְךָ בְּנֵי יִשְׂרָאֵל אֶת־מִזְבְּחֹתֶיךָ
הָרָסוּ וְאֶת־נְבִיאֶיךָ הָרְגוּ בֶחָרֶב וָאִוָּתֵר אֲנִי לְבַדִּי
וַיְבַקְשׁוּ אֶת־נַפְשִׁי לְקַחְתָּהּ: וַיֹּאמֶר טו
יְהוָה אֵלָיו לֵךְ שׁוּב לְדַרְכְּךָ מִדְבַּרָה דַמָּשֶׂק וּבָאתָ
וּמָשַׁחְתָּ אֶת־חֲזָאֵל לְמֶלֶךְ עַל־אֲרָם: וְאֵת יֵהוּא בֶן־ טז
נִמְשִׁי תִּמְשַׁח לְמֶלֶךְ עַל־יִשְׂרָאֵל וְאֶת־אֱלִישָׁע בֶּן־
שָׁפָט מֵאָבֵל מְחוֹלָה תִּמְשַׁח לְנָבִיא תַּחְתֶּיךָ: וְהָיָה יז
הַנִּמְלָט מֵחֶרֶב חֲזָאֵל יָמִית יֵהוּא וְהַנִּמְלָט מֵחֶרֶב
יֵהוּא יָמִית אֱלִישָׁע: וְהִשְׁאַרְתִּי בְיִשְׂרָאֵל שִׁבְעַת יח
אֲלָפִים כָּל־הַבִּרְכַּיִם אֲשֶׁר לֹא־כָרְעוּ לַבַּעַל וְכָל־הַפֶּה
אֲשֶׁר לֹא־נָשַׁק לוֹ: וַיֵּלֶךְ מִשָּׁם וַיִּמְצָא אֶת־אֱלִישָׁע יט
בֶּן־שָׁפָט וְהוּא חֹרֵשׁ שְׁנֵים־עָשָׂר צְמָדִים לְפָנָיו וְהוּא

הרחבות | **אליהו ומשה** סיפור ההתגלות של אליהו מזכיר את ההתגלויות של משה רבנו. כמו משה, גם אליהו הגיע להר האלוקים, ואף הוא לא נזקק לאכילה במשך ארבעים יום וארבעים לילה (דברים ט,ט). כשם שאליהו זכה למעמד על פתח המערה, כך עבר כבוד ה' לפני משה בעת שהיה חבוי בנקרת הצור (שמות לג,כב), ושניהם הסתירו את פניהם כשהופיע אלוקים. (ראו שמות ג,ו). הדמיון מצביע על דרגת ההתגלות הגבוהה שזכה לה אליהו, שהייתה קרובה למעלתו של משה רבנו. (ראו עוד פסקתא רבתי ד).

ביאור | אבל מתברר כי **לֹא בָרוּחַ ה'**. הרוח הגדולה והנוראה התפוגגה. **וְאַחַר הָרוּחַ** נשמע **רַעַשׁ**, ושוב – **לֹא בָרַעַשׁ ה'**. יב **וְאַחַר הָרַעַשׁ אֵשׁ – לֹא בָאֵשׁ ה'**, **וְאַחַר הָאֵשׁ קוֹל דְּמָמָה דַקָּה**, קול דק וחרישי של דממה.[116]

יג **וַיְהִי כִּשְׁמֹעַ אֵלִיָּהוּ** את קול הדממה הדקה, הבין שבו מתגלה ה'. על כן – **וַיָּלֶט**, הסתיר את **פָּנָיו בְּאַדַּרְתּוֹ**, המעיל הגדול שבו התעטף, כי אין לראות את פני ה'.[117] **וַיֵּצֵא וַיַּעֲמֹד** על **פֶּתַח הַמְּעָרָה**.

וְהִנֵּה אֵלָיו קוֹל שוב **וַיֹּאמֶר: מַה־לְּךָ פֹה אֵלִיָּהוּ?** נראה שהוא שוב נשאל אותה שאלה כדי שאולי הפעם, לאחר שה' התגלה אליו בקול דממה דקה, הוא יעריך את המציאות אחרת.

יד אולם אליהו חזר על דבריו בדיוק – **וַיֹּאמֶר: קַנֹּא קִנֵּאתִי לַה' אֱלֹהֵי צְבָאוֹת, כִּי־עָזְבוּ בְרִיתְךָ בְּנֵי יִשְׂרָאֵל – אֶת־מִזְבְּחֹתֶיךָ הָרָסוּ וְאֶת־נְבִיאֶיךָ הָרְגוּ בֶחָרֶב, וָאִוָּתֵר אֲנִי לְבַדִּי וַיְבַקְשׁוּ אֶת־נַפְשִׁי לְקַחְתָּהּ**. לכן בייאושי נמלטתי לכאן.

נראה אפוא שההתגלות לא השפיעה על תפיסתו. טו **וַיֹּאמֶר ה' אֵלָיו:** לא אקח את נפשך עתה משום שעדיין נכונים לך תפקידים אחדים: **לֵךְ שׁוּב לְדַרְכְּךָ מִדְבַּרָה**, למדבר **דַּמָּשֶׂק**, **וּבָאתָ וּמָשַׁחְתָּ**, הכתר, מַנה למלך **אֶת־חֲזָאֵל** השר הארמי **לְמֶלֶךְ עַל־אֲרָם**. טז **וְאֵת יֵהוּא בֶן־נִמְשִׁי**, קצין בצבא אחאב, **תִּמְשַׁח לְמֶלֶךְ עַל־יִשְׂרָאֵל**, **וְאֶת־אֱלִישָׁע בֶּן־שָׁפָט מֵ**העיר **אָבֵל מְחוֹלָה** הסמוכה לבקעת הירדן **תִּמְשַׁח**, מנה **לְנָבִיא תַּחְתֶּיךָ**. אחרי שתמלא את כל המשימות הללו תשוחרר מתפקידך. יז **וְהָיָה הַנִּמְלָט**, מי שיברח **מֵחֶרֶב חֲזָאֵל – יָמִית יֵהוּא, וְהַנִּמְלָט מֵחֶרֶב יֵהוּא – יָמִית אֱלִישָׁע**. כל אחד מנמשחיך יעניש את ישראל בדרכו שלו: חזאל במלחמה, יהוא במרידתו ואלישע בתוכחתו ובמעשיו.[118] יח **וְהִשְׁאַרְתִּי בְיִשְׂרָאֵל** רק **שִׁבְעַת אֲלָפִים – כָּל־הַבִּרְכַּיִם אֲשֶׁר לֹא־כָרְעוּ לַבַּעַל, וְכָל־הַפֶּה אֲשֶׁר לֹא־נָשַׁק לוֹ**, ואילו החוטאים שדיברת עליהם ייספו מן העולם.[119]

יט **וַיֵּלֶךְ** אליהו **מִשָּׁם** לאבל מחולה **וַיִּמְצָא אֶת־אֱלִישָׁע בֶּן־שָׁפָט וְהוּא חֹרֵשׁ** את האדמה. **שְׁנֵים־עָשָׂר צְמָדִים** של בקר חורשים חלקת אדמה גדולה **לְפָנָיו, וְהוּא בִּשְׁנֵים הֶעָשָׂר**. אלישע הלך בסוף, בתור בעל השדה

העולם | **אָבֵל מְחוֹלָה** עיר בנחלת חצי שבט המנשה, נזכרת כאחת מערי נציבויות שלמה באזור בית שאן (מלכים א' ד,יב) וכעירו של אלישע הנביא (שם יט,טז). השם 'אבל' מופיע בתנ"ך כנסמך למספר יישובים, כגון אבל בית מעכה, אבל מצרים, אבל כרמים ועוד. ייתכן שמשמעו יובל, כלומר פלג מים, והוא מציין יישוב הסמוך לנחל. סביר לזהות את אבל מחולה עם תל אבו סוס הסמוך לירדן, כק"מ מדרום לשפך נחל יבש וכ–4 ק"מ ממזרח למחולה של ימינו.

בִּשְׁנֵ֣ים הֶעָשָׂ֑ר וַיַּעֲבֹ֤ר אֵלִיָּ֙הוּ֙ אֵלָ֔יו וַיַּשְׁלֵ֥ךְ אַדַּרְתּ֖וֹ
אֵלָֽיו׃ וַיַּעֲזֹ֣ב אֶת־הַבָּקָ֗ר וַיָּ֙רָץ֙ אַחֲרֵ֣י אֵלִיָּ֔הוּ וַיֹּ֗אמֶר כ
אֶשְּׁקָה־נָּא֙ לְאָבִ֣י וּלְאִמִּ֔י וְאֵלְכָ֖ה אַחֲרֶ֑יךָ וַיֹּ֤אמֶר לוֹ֙
לֵ֣ךְ שׁ֔וּב כִּ֥י מֶה־עָשִׂ֖יתִי לָֽךְ׃ וַיָּ֙שָׁב֙ מֵאַחֲרָ֜יו וַיִּקַּ֣ח כא
אֶת־צֶ֧מֶד הַבָּקָ֣ר וַיִּזְבָּחֵ֗הוּ וּבִכְלִ֤י הַבָּקָר֙ בִּשְּׁלָ֣ם
הַבָּשָׂ֔ר וַיִּתֵּ֥ן לָעָ֖ם וַיֹּאכֵ֑לוּ וַיָּ֗קָם וַיֵּ֛לֶךְ אַחֲרֵ֥י אֵלִיָּ֖הוּ
וַיְשָׁרְתֵֽהוּ׃

ביאור | או הבהמות או שהיה הממונה על שאר החורשים.[120] **וַיַּעֲבֹר אֵלִיָּהוּ אֵלָיו, וַיַּשְׁלֵךְ** אליהו את **אַדַּרְתּוֹ אֵלָיו.** בכך מינה אותו אליהו לנביא, וכן האיר את נפשו של אלישע והעביר אליו משהו מכוחו שלו. ברגע זה נוצר קשר פנימי עמוק בין השניים עד כדי כך שאלישע רצה מיד לדבוק בו,[121] ואולם אליהו המשיך ללכת בלי לומר מלה.

כ **וַיַּעֲזֹב** אלישע **אֶת־הַבָּקָר וַיָּרָץ אַחֲרֵי אֵלִיָּהוּ. וַיֹּאמֶר** אלישע: אני מבקש לדבוק בך. רק המתן לי ש**אֶשְּׁקָה־נָּא לְאָבִי וּלְאִמִּי** נשיקת פרדה **וְאֵלְכָה אַחֲרֶיךָ.**

וַיֹּאמֶר לוֹ אליהו בהתגרות ולשם ניסיון:[122] **לֵךְ שׁוּב, כִּי מֶה־עָשִׂיתִי לָךְ?!** מה רצונך ממני? לא ביקשתי ממך דבר.[123] זרקתי עליך את האדרת, ואתה יכול להשיבה לי.

כא **וַיָּשָׁב** אלישע **מֵאַחֲרָיו, וַיִּקַּח אֶת־צֶמֶד הַבָּקָר** שבהם חרש, **וַיִּזְבָּחֵהוּ. וּבִכְלִי הַבָּקָר בִּשְּׁלָם הַבָּשָׂר, וַיִּתֵּן לָעָם וַיֹּאכֵלוּ.** בין שאלישע חזר לנשק להוריו ובין שלא עשה זאת, באותה שעה הוא חדל להיות האיכר מאבל מחולה והפך נביא. בטקס זביחת הבקר שערך ציין שהוא מפסיק את קשריו עם עולמו של האיכר. את הבשר חילק ליתר החורשים, ואולי לבני המקום האחרים. **וַיָּקָם וַיֵּלֶךְ אַחֲרֵי אֵלִיָּהוּ וַיְשָׁרְתֵהוּ** במקום הנער ששירתו עד שהגיע לבאר שבע. בכך מימש אליהו את השליחות למנות לו ממלא מקום. את שתי המשימות האחרונות שהטיל עליו ה׳ – משיחת חזאל ויהוא – לא מימש אליהו באופן ישיר; אלישע, ממשיכו, הוא שהוציאן אל הפועל.[124]

הפטרה לשבת שלאחר י״ז בתמוז

מטות או פינחס

ירמיה

א א דִּבְרֵי יִרְמְיָהוּ בֶּן־חִלְקִיָּהוּ מִן־הַכֹּהֲנִים אֲשֶׁר בַּעֲנָתוֹת
ב בְּאֶרֶץ בִּנְיָמִן׃ אֲשֶׁר הָיָה דְבַר־יהוה אֵלָיו בִּימֵי יֹאשִׁיָּהוּ
בֶן־אָמוֹן מֶלֶךְ יְהוּדָה בִּשְׁלֹשׁ־עֶשְׂרֵה שָׁנָה לְמָלְכוֹ׃
ג וַיְהִי בִּימֵי יְהוֹיָקִים בֶּן־יֹאשִׁיָּהוּ מֶלֶךְ יְהוּדָה עַד־תֹּם
עַשְׁתֵּי־עֶשְׂרֵה שָׁנָה לְצִדְקִיָּהוּ בֶן־יֹאשִׁיָּהוּ מֶלֶךְ יְהוּדָה
ד עַד־גְּלוֹת יְרוּשָׁלַםִ בַּחֹדֶשׁ הַחֲמִישִׁי׃ וַיְהִי
ה דְבַר־יהוה אֵלַי לֵאמֹר׃ בְּטֶרֶם אצורך בַבֶּטֶן יְדַעְתִּיךָ אֶצָּרְךָ
וּבְטֶרֶם תֵּצֵא מֵרֶחֶם הִקְדַּשְׁתִּיךָ נָבִיא לַגּוֹיִם נְתַתִּיךָ׃
ו וָאֹמַר אֲהָהּ אֲדֹנָי יֱהֹוִה הִנֵּה לֹא־יָדַעְתִּי דַּבֵּר כִּי־נַעַר
ז אָנֹכִי׃ וַיֹּאמֶר יהוה אֵלַי אַל־תֹּאמַר נַעַר אָנֹכִי כִּי עַל־
כָּל־אֲשֶׁר אֶשְׁלָחֲךָ תֵּלֵךְ וְאֵת כָּל־אֲשֶׁר אֲצַוְּךָ תְּדַבֵּר׃
ח אַל־תִּירָא מִפְּנֵיהֶם כִּי־אִתְּךָ אֲנִי לְהַצִּלֶךָ נְאֻם־יהוה׃

הרחבות | **׳ובטרם תצא מֵרֶחֶם הקדשתיך׳** הנבואה איננה רק כשרון נרכש או תוצאה של לימוד. הכנות לימודיות ואחרות עשויות לשנות את האדם ולהגדיל את סיכויו לזכות בנבואה, ואולי אף לאפשר אותה, אבל בעיקרה הנבואה אינה באה מכוחו של האדם אלא מרצונו של ה׳. (ראו אברבנאל להלן מה,ה; רד״ק ומלבי״ם על אתר; רד״ק להלן מה,א; מורה נבוכים ב׳ לב; שו״ת הרשב״א ד׳ רלד. וראו ביטוי מעין זה בישעיהו מט,א).

׳אל תאמר נער אנכי כי על כל אשר אשלחך תלך׳ לאמירה זו משמעות דקה נוספת – ׳נער׳ פירושו אדם המשרת את זולתו. בעבורך, ירמיהו, אין בתואר זה חיסרון, אלא אדרבה – זהו חלק מתפקידך, שהרי אתה שלוחי ועושה דברי. אתה תישאר משרתי לעולם.

נבואתו הראשונה של ירמיהו

בפרק ההקדשה של ירמיהו מסופר היכן, מתי וכיצד הוא נעשה לנביא, על מי הוא עתיד להתנבא, וכן מובאים בו דברי החיזוק שקיבל בתחילת דרכו. כבר במראות הנבואיים הראשונים שלו נרמז ירמיהו על חורבן יהודה וירושלים, חורבן שחווה אותו ירמיהו עצמו לאחר שנים.

הפטרה זו היא הראשונה בסדרת הפטרות שאינן קשורות לפרשת השבוע אלא לתקופת השנה. כך אמרו חכמים: מבראשית ועד י"ז בתמוז מפטירים מעניין הפרשה, ומשם ואילך – לפי הזמן והמאורע: שלוש הפטרות של פורענות מי"ז בתמוז עד תשעה באב, שבע של נחמה מתשעה באב עד ראש השנה ושתיים של תשובה מראש השנה ועד חג הסוכות.[125]

אף על פי שספר ירמיה מלא דברי תוכחה שאחדים מהם קשים למדי, הנבואה הראשונה שהוא מנבא לאחר ההקדשה היא נבואת פיוס, נחמה ואהבה לישראל. בפסוקים מעודדים אלה מסיימים את ההפטרה.

ביאור | ירמיה פרק א א **דִּבְרֵי יִרְמְיָהוּ בֶּן־חִלְקִיָּהוּ, מִן־הַכֹּהֲנִים אֲשֶׁר בַּעֲנָתוֹת**
שְׁבְּאֶרֶץ בִּנְיָמִן. ב **אֲשֶׁר הָיָה דְבַר־ה' אֵלָיו** בנבואה **בִּימֵי יֹאשִׁיָּהוּ בֶן־**
אָמוֹן מֶלֶךְ יְהוּדָה, בִּשְׁלֹשׁ־עֶשְׂרֵה שָׁנָה לְמָלְכוֹ. ג **וַיְהִי** מנבא גם **בִּימֵי**
יְהוֹיָקִים בֶּן־יֹאשִׁיָּהוּ מֶלֶךְ יְהוּדָה, ומן הסתם גם בתקופת מלכותו
הקצרה של יהויכין בנו,[126] **עַד־תֹּם עַשְׁתֵּי,** אחת **עֶשְׂרֵה שָׁנָה לְצִדְקִיָּהוּ בֶן־**
יֹאשִׁיָּהוּ מֶלֶךְ יְהוּדָה, עַד־גְּלוֹת יְרוּשָׁלַם בַּחֹדֶשׁ הַחֲמִישִׁי. מקצת נבואותיו
נאמרו לאחר חורבן הממלכה וגלות ירושלים.[127]

ד **וַיְהִי דְבַר־ה' אֵלַי לֵאמֹר:** ה **בְּטֶרֶם אֶצָּרְךָ בַבֶּטֶן,** עוד לפני שנוצרת –
יְדַעְתִּיךָ, הכרתי אותך וייחדתי אותך לקשר קרוב אתי,[128] **וּבְטֶרֶם תֵּצֵא**
מֵרֶחֶם – הִקְדַּשְׁתִּיךָ. הקדשתך לנביא אינה מתרחשת כעת. נועדת
לכך עוד לפני לידתך ואף לפני יצירתך. **נָבִיא לַגּוֹיִם,** לעמים **נְתַתִּיךָ.**
ירמיהו מדבר בעיקר על בני ישראל יושבי יהודה וירושלים, אבל
בספרו מצויות גם נבואות המיועדות לכמה מעמי האזור.[129]

תגובתו של הנביא מסתייגת: ו **וָאֹמַר: אֲהָהּ,** אוי, **ה' אֱלוֹהִים, הִנֵּה**
לֹא־יָדַעְתִּי דַּבֵּר כִּי־נַעַר, איש צעיר מאוד[130] **אָנֹכִי,** ואינני איש דברים.
כיצד אוכל להתנבא?!

ז **וַיֹּאמֶר ה' אֵלַי: אַל־תֹּאמַר "נַעַר אָנֹכִי"** כדי להימנע מהשליחות,[131] **כִּי,**
אלא **עַל־כָּל־אֲשֶׁר אֶשְׁלָחֲךָ – תֵּלֵךְ, וְאֵת כָּל־אֲשֶׁר אֲצַוְּךָ – תְּדַבֵּר.** ח **אַל־**
תִּירָא מִפְּנֵיהֶם, מפני אלו שאשלח אותך אליהם, שלא תמיד יאהבו
את דברי נבואתך **כִּי־אִתְּךָ אֲנִי לְהַצִּלֶךָ, נְאֻם־ה'.**

העולם | **עֲנָתוֹת** עיר בנחלת בנימין שניתנה לכהנים (יהושע כא,יח) המצויה 5 ק"מ מצפון–מזרח לירושלים. מזוהה עם שני אתרים הסמוכים לכפר ענאתה של ימינו: חרבת א–סיד וראס אל חרובה. על פי האמור בבמדבר (לה,ג-ד) ובירמיה (לב,ז-לב), נראה כי השדות הסמוכים לעיר היו בבעלות הכהנים ועובדו על ידיהם. וראו גם נחמיה יג,י.

וַיִּשְׁלַח יהוה אֶת־יָדוֹ וַיַּגַּע עַל־פִּי וַיֹּאמֶר יהוה אֵלַי ט
הִנֵּה נָתַתִּי דְבָרַי בְּפִיךָ: רְאֵה הִפְקַדְתִּיךָ ׀ הַיּוֹם הַזֶּה י
עַל־הַגּוֹיִם וְעַל־הַמַּמְלָכוֹת לִנְתוֹשׁ וְלִנְתוֹץ וּלְהַאֲבִיד
וְלַהֲרוֹס לִבְנוֹת וְלִנְטוֹעַ: וַיְהִי דְבַר־יהוה יא
אֵלַי לֵאמֹר מָה־אַתָּה רֹאֶה יִרְמְיָהוּ וָאֹמַר מַקֵּל שָׁקֵד
אֲנִי רֹאֶה: וַיֹּאמֶר יהוה אֵלַי הֵיטַבְתָּ לִרְאוֹת כִּי־ יב
שֹׁקֵד אֲנִי עַל־דְּבָרִי לַעֲשֹׂתוֹ: וַיְהִי דְבַר־ יג
יהוה ׀ אֵלַי שֵׁנִית לֵאמֹר מָה אַתָּה רֹאֶה וָאֹמַר סִיר
נָפוּחַ אֲנִי רֹאֶה וּפָנָיו מִפְּנֵי צָפוֹנָה: וַיֹּאמֶר יהוה אֵלָי יד
מִצָּפוֹן תִּפָּתַח הָרָעָה עַל כָּל־יֹשְׁבֵי הָאָרֶץ: כִּי ׀ טו
הִנְנִי קֹרֵא לְכָל־מִשְׁפְּחוֹת מַמְלְכוֹת צָפוֹנָה נְאֻם־
יהוה וּבָאוּ וְנָתְנוּ אִישׁ כִּסְאוֹ פֶּתַח ׀ שַׁעֲרֵי יְרוּשָׁלִַם
וְעַל כָּל־חוֹמֹתֶיהָ סָבִיב וְעַל כָּל־עָרֵי יְהוּדָה: וְדִבַּרְתִּי טז
מִשְׁפָּטַי אוֹתָם עַל כָּל־רָעָתָם אֲשֶׁר עֲזָבוּנִי וַיְקַטְּרוּ

מימין: מקל שקד
משמאל: סיר

הרחבות | לשון נופל על לשון השימוש במלים זהות או דומות בשורשן ובצלילן ושונות בהוראותן הוא אחד מקישוטי המליצה במקרא. כאן בצימוד נעוץ פשר מראה הנבואה – השקידה מסומלת בנבואה במקל השקד. (ראו מורה נבוכים ב׳ כט מג.)

׳ובאו ונתנו איש כסאו פתח שערי ירושלם׳ אמנם מלך בבל הוא שכבש את ירושלים, אבל נראה שהוא גייס לעזרתו עמים נוספים – עמי האזור שהיו משועבדים לו ועמים אחרים שבאו מן הצפון. (ראו ירמיה לד,א ורד״ק על אתר). חזון זה מומש בעת החורבן: בְּעַשְׁתֵּי־עֶשְׂרֵה שָׁנָה לְצִדְקִיָּהוּ בַּחֹדֶשׁ הָרְבִיעִי בְּתִשְׁעָה לַחֹדֶשׁ הָבְקְעָה הָעִיר. וַיָּבֹאוּ כֹּל

ביאור | ט וַיִּשְׁלַח ה' אֶת־יָדוֹ וַיַּגַּע עַל־פִּי. ירמיהו הרגיש כמין יד נוגעת בפיו.
וַיֹּאמֶר ה' אֵלַי: הִנֵּה נָתַתִּי דְבָרַי בְּפִיךָ. הדברים מסורים לך, והם בתוך פיך.
י רְאֵה הִפְקַדְתִּיךָ הַיּוֹם הַזֶּה לנביא עַל־הַגּוֹיִם וְעַל־הַמַּמְלָכוֹת, למסור להם
נבואות, התראות והוראות שיש בהם לִנְתוֹשׁ, לעקור, לסלק וְלִנְתוֹץ,
לשבור וּלְהַאֲבִיד וְלַהֲרוֹס, אך גם לִבְנוֹת וְלִנְטוֹעַ.

לאחר נבואת ההקדשה הראשונה, שבה קיבל ירמיהו את תפקידו,
נגלה לו מראה נבואי: יא וַיְהִי דְבַר־ה' אֵלַי לֵאמֹר: פָּרֵשׁ מָה־אַתָּה רֹאֶה,
יִרְמְיָהוּ?

וָאֹמַר: מַקֵּל, ענף של עץ שָׁקֵד אֲנִי רֹאֶה.

יב וַיֹּאמֶר ה' אֵלַי: הֵיטַבְתָּ לִרְאוֹת. ייתכן שלא כל אדם היה מבחין שזהו
מקל שקד, אבל אתה רואה היטב וגם יודע להגדיר את המראה.[132]
כִּי־שֹׁקֵד, ממהר אֲנִי עַל־דְּבָרִי לַעֲשֹׂתוֹ. מקל עץ השקד המקדים לפרוח
מעצים אחרים מסמל את תוכן נבואתך.

יג וַיְהִי דְבַר־ה' אֵלַי שֵׁנִית לֵאמֹר: מָה אַתָּה רֹאֶה?

וָאֹמַר: סִיר נָפוּחַ, שנפחו אש מתחתיו. או: דחוס באוויר מחמת
רתיחתו אֲנִי רֹאֶה. וּפָנָיו מִפְּנֵי, כנגד צָפוֹנָה. אני מבחין שהסיר פונה
לצפון. ייתכן שעל הסיר מונח מכסה המתרומם מפעם לפעם
מחמת האדים.

יד וַיֹּאמֶר ה' אֵלָי: מִצָּפוֹן תִּפָּתַח הָרָעָה עַל כָּל־יֹשְׁבֵי הָאָרֶץ. הסיר הלוהט
הדחוס בקיטור מסמל פורענות העתידה לפרוץ מצפון. טו כִּי הִנְנִי
קֹרֵא לְכָל־מִשְׁפְּחוֹת, עמֵּי מַמְלְכוֹת צָפוֹנָה, נְאֻם־ה', וּבָאוּ וְנָתְנוּ אִישׁ
את כִּסְאוֹ, שלטונו על פֶּתַח שַׁעֲרֵי יְרוּשָׁלִַם וְעַל כָּל־חוֹמֹתֶיהָ סָבִיב
וְעַל כָּל־עָרֵי יְהוּדָה. טז וְדִבַּרְתִּי מִשְׁפָּטַי אוֹתָם, אוכיח ואעניש את
אנשי ירושלים ויהודה עַל כָּל־רָעָתָם אֲשֶׁר עֲזָבוּנִי, ונוסף לכך - וַיְקַטְּרוּ,

הרחבות | שָׂרֵי מֶלֶךְ־בָּבֶל וַיֵּשְׁבוּ בְּשַׁעַר הַתָּוֶךְ: נֵרְגַל שַׂרְאֶצֶר סַמְגַּר־נְבוֹ; שַׂרְסְכִים רַב־סָרִיס; נֵרְגַל שַׂרְאֶצֶר רַב־מָג; וְכָל־שְׁאֵרִית שָׂרֵי מֶלֶךְ בָּבֶל (ירמיה לט,ב-ג).

הנבואה הציבורית הראשונה אולי תושבי ירושלים לא שמו לבם לנבואה זו, מפני שחשו שחשיבותם וייחודם נשמרים בין כה וכה, ללא קשר למעשיהם. מכל מקום, נבואה ראשונה זו מגדירה את מערכת היחסים בין ה' לישראל. למרות שבהמשך ייאמרו דברי תוכחה שונים, השייכות, הנאמנות והבחירה של ה' בישראל הן העומדות בבסיס הקשר (ראו רד"ק ומלבי"ם).

יז לֵאלֹהִ֣ים אֲחֵרִ֔ים וַיִּֽשְׁתַּחֲו֖וּ לְמַעֲשֵׂ֥י יְדֵיהֶֽם׃ וְאַתָּה֙
תֶּאְזֹ֣ר מָתְנֶ֔יךָ וְקַמְתָּ֙ וְדִבַּרְתָּ֣ אֲלֵיהֶ֔ם אֵ֛ת כָּל־אֲשֶׁ֥ר
אָנֹכִ֖י אֲצַוֶּ֑ךָּ אַל־תֵּחַת֙ מִפְּנֵיהֶ֔ם פֶּן־אֲחִתְּךָ֖ לִפְנֵיהֶֽם׃
יח וַאֲנִ֞י הִנֵּ֧ה נְתַתִּ֣יךָ הַיּ֗וֹם לְעִ֨יר מִבְצָ֜ר וּלְעַמּ֥וּד
בַּרְזֶ֛ל וּלְחֹמ֥וֹת נְחֹ֖שֶׁת עַל־כָּל־הָאָ֑רֶץ לְמַלְכֵ֤י
יט יְהוּדָה֙ לְשָׂרֶ֔יהָ לְכֹהֲנֶ֖יהָ וּלְעַ֥ם הָאָֽרֶץ׃ וְנִלְחֲמ֥וּ
אֵלֶ֖יךָ וְלֹא־י֣וּכְלוּ לָ֑ךְ כִּֽי־אִתְּךָ֥ אֲנִ֛י נְאֻם־יְהוָ֖ה
א לְהַצִּילֶֽךָ׃ וַיְהִ֥י דְבַר־יְהוָ֖ה אֵלַ֥י לֵאמֹֽר׃ ב
ב הָלֹ֡ךְ וְקָרָ֩אתָ֩ בְאָזְנֵ֨י יְרוּשָׁלִַ֜ם לֵאמֹ֗ר כֹּ֚ה אָמַ֣ר יְהוָ֔ה
זָכַ֤רְתִּי לָךְ֙ חֶ֣סֶד נְעוּרַ֔יִךְ אַהֲבַ֖ת כְּלוּלֹתָ֑יִךְ לֶכְתֵּ֤ךְ אַחֲרַי֙
ג בַּמִּדְבָּ֔ר בְּאֶ֖רֶץ לֹ֥א זְרוּעָֽה׃ קֹ֤דֶשׁ יִשְׂרָאֵל֙ לַֽיהוָ֔ה
רֵאשִׁ֖ית תְּבוּאָתֹ֑ה כָּל־אֹכְלָ֣יו יֶאְשָׁ֔מוּ רָעָ֛ה תָּבֹ֥א
אֲלֵיהֶ֖ם נְאֻם־יְהוָֽה׃

קטורת או קרבנות לֵאלֹהִים אֲחֵרִים וַיִּשְׁתַּחֲוּוּ לְמַעֲשֵׂי יְדֵיהֶם.

יז וְאַתָּה תֶּאְזֹר מָתְנֶיךָ, התחזק וזרז עצמך לעבודה קשה וְקַמְתָּ וְדִבַּרְתָּ
אֲלֵיהֶם אֵת כָּל־אֲשֶׁר אָנֹכִי אֲצַוֶּךָּ. אַל־תֵּחַת, תפחד מִפְּנֵיהֶם פֶּן־אֲחִתְּךָ,
אשבור אותך לִפְנֵיהֶם. לא תוכל להחזיק מעמד מולם אלא אם כן
תסמוך עלי.[133] יח וַאֲנִי הִנֵּה נְתַתִּיךָ הַיּוֹם בגלל התפקיד הקשה שאתה
מקבל, לְעִיר מִבְצָר, שקשה לכבשה וּלְעַמּוּד בַּרְזֶל וּלְחֹמוֹת נְחֹשֶׁת עַל־
כָּל־הָאָרֶץ, לְמַלְכֵי יְהוּדָה, לְשָׂרֶיהָ, לְכֹהֲנֶיהָ וּלְעַם הָאָרֶץ. יט וְנִלְחֲמוּ כל
אלה אֵלֶיךָ, נגדך וְלֹא־יוּכְלוּ לָךְ. לא יעלה בידם לנצח אותך, כִּי־
אִתְּךָ אֲנִי, נְאֻם־ה׳, לְהַצִּילֶךָ. מכאן והלאה אתה נביא ועליך להוכיחם,
לנבא להם את העתיד ולנסות להחזירם למוטב.

פרק ב א וַיְהִי דְבַר־ה׳ אֵלַי לֵאמֹר: ב הָלֹךְ וְקָרָאתָ בְאָזְנֵי יְרוּשָׁלַם. קריאה
זו לירושלים מבטאת את יחסו של ה׳ לעם ישראל כולו,[134] לֵאמֹר: כֹּה
אָמַר ה׳: זָכַרְתִּי, אני זוכר לָךְ לעולם את חֶסֶד נְעוּרַיִךְ, אַהֲבַת כְּלוּלֹתָיִךְ,
האהבה שאהבת אותי כאשר היית כלתי. היה זה בעת לֶכְתֵּךְ אַחֲרַי
בַּמִּדְבָּר בְּאֶרֶץ לֹא זְרוּעָה. כשעזבתם את ארץ מצרים שבה נולדו
הוריכם, נולדתם אתם ואף גדלתם שם - כדי ללכת אחרי ה׳. לא
היגרתם ממדינה למדינה, אלא יצאתם במצוותי למדבר שממה. על
כן תיזכר לכם זכות זו לעד. ג אשר על כן, קֹדֶשׁ יִשְׂרָאֵל לַה׳, רֵאשִׁית,
תרומת תְּבוּאָתֹה. כשם שבעלי התבואה מרימים ממנה תרומה, ובכך
היא מתקדשת, כך ישראל, שהופרשו מכל העמים, התקדשו לה׳.
כיוון שכך, כָּל־אֹכְלָיו יֶאְשָׁמוּ. פגיעה בתרומה היא עברה על מצוות
התורה.[135] אסור באיסור חמור שאחרים יאכלו את התרומה, שכן
היא שייכת לכהן לבדו, ובהקשר זה הוא ה׳ בעצמו. רָעָה תָּבֹא
אֲלֵיהֶם, נְאֻם־ה׳.

הפטרת מסעי

ירמיה

לספרדים ולאשכנזים

ב ד שִׁמְעוּ דְבַר־יְהוָה בֵּית יַעֲקֹב וְכָל־מִשְׁפְּחוֹת בֵּית
ה יִשְׂרָאֵל׃ כֹּה ׀ אָמַר יְהוָה מַה־מָּצְאוּ אֲבוֹתֵיכֶם בִּי
עָוֶל כִּי רָחֲקוּ מֵעָלָי וַיֵּלְכוּ אַחֲרֵי הַהֶבֶל וַיֶּהְבָּלוּ׃
ו וְלֹא אָמְרוּ אַיֵּה יְהוָה הַמַּעֲלֶה אֹתָנוּ מֵאֶרֶץ מִצְרָיִם
הַמּוֹלִיךְ אֹתָנוּ בַּמִּדְבָּר בְּאֶרֶץ עֲרָבָה וְשׁוּחָה בְּאֶרֶץ
צִיָּה וְצַלְמָוֶת בְּאֶרֶץ לֹא־עָבַר בָּהּ אִישׁ וְלֹא־
ז יָשַׁב אָדָם שָׁם׃ וָאָבִיא אֶתְכֶם אֶל־אֶרֶץ הַכַּרְמֶל
לֶאֱכֹל פִּרְיָהּ וְטוּבָהּ וַתָּבֹאוּ וַתְּטַמְּאוּ אֶת־אַרְצִי
ח וְנַחֲלָתִי שַׂמְתֶּם לְתוֹעֵבָה׃ הַכֹּהֲנִים לֹא אָמְרוּ אַיֵּה
יְהוָה וְתֹפְשֵׂי הַתּוֹרָה לֹא יְדָעוּנִי וְהָרֹעִים פָּשְׁעוּ בִי
ט וְהַנְּבִאִים נִבְּאוּ בַבַּעַל וְאַחֲרֵי לֹא־יוֹעִלוּ הָלָכוּ׃ לָכֵן
עֹד אָרִיב אִתְּכֶם נְאֻם־יְהוָה וְאֶת־בְּנֵי בְנֵיכֶם אָרִיב׃
י כִּי עִבְרוּ אִיֵּי כִתִּיִּים וּרְאוּ וְקֵדָר שִׁלְחוּ וְהִתְבּוֹנְנוּ מְאֹד

העולם | **כִּתִּיִּים** הכִּתִּים היו יושבי איים הקשורים לצידונים ולצורים (הפיניקים) שעסקו בסחר ימי (ראו ישעיה כג,יב; ירמיה ה,י; יחזקאל כז,ו). בירושלמי (מגילה א,ט) הם מזוהים עם תושבי אביה אכאיה - שמו של חבל ארץ ביוון העתיקה בצפון חצי־האי פלופונסוס. המפרשים זיהו אותם עם בני רומא, ויש סוברים (קדמוניות א, ו,א) כי מקור שמם הוא עיר הנמל הקדומה קיטון (Kition) בעיר לרנקה של ימינו, בחוף המזרחי של קפריסין. על פי הממצא הארכיאולוגי היה בה יישוב של הפיניקים (קדמוניות א׳ ו,א).

קֵדָר נזכר כאחד מבני ישמעאל (בראשית כה,יג) וכשבט או קבוצת שבטי מדבר נודדים שעסקו ברעיית צאן ומסחר וחיו במדבר הסורי־ערבי (ישעיה מב,יא; ס,ז; ירמיה מט,כח; יחזקאל כז,כא). קֵדָר נזכרת גם בתעודות אשוריות ובבליות בנות התקופה.

תוכחה על פנייה לעבודות זרות ועמים זרים

ההפטרה השנייה של ימי הזכרת החורבן ממשיכה את ההפטרה שקדמה לה בדברי ירמיהו. כאן מובאת טענתם העיקרית של הנביאים כלפי ישראל - העבודה הזרה ונטישת דרך ה׳. דברי התוכחה הללו, שבחלקם הם ציוריים ומוחשיים מאוד, מופנים לכל ישראל, לשבטיהם ולדורותיהם. גם כאן מסתיימת ההפטרה בדבר טוב לאחר דילוג על תוכחות קשות.

ביאור | ירמיה פרק ב ד **שִׁמְעוּ דְבַר־ה׳, בֵּית יַעֲקֹב וְכָל־מִשְׁפְּחוֹת בֵּית**
יִשְׂרָאֵל. ה **כֹּה אָמַר ה׳: מַה־מָּצְאוּ אֲבוֹתֵיכֶם בִּי עָוֶל**, איזה עוול מצאו
בי **כִּי רָחֲקוּ מֵעָלָי?! וַיֵּלְכוּ אַחֲרֵי הַהֶבֶל**, הבלי האומות שאין בהם
ממש - **וַיֶּהְבָּלוּ**, נעשו אנשי הבל ושטות. ההליכה אחרי עבודה זרה
נראית מטופשת. מדוע יאמינו בדברים שהם עצמם יודעים שאין
להם חשיבות?! ו **וְלֹא אָמְרוּ**, כפי שהיה ראוי להם לומר: **אַיֵּה ה׳**, איך
נעזוב את ה׳, **הַמַּעֲלֶה אֹתָנוּ מֵאֶרֶץ מִצְרָיִם, הַמּוֹלִיךְ אֹתָנוּ בַּמִּדְבָּר, בְּאֶרֶץ**
עֲרָבָה, מדבר **וְשׁוּחָה**, חתחתים, **בְּאֶרֶץ צִיָּה**, שממה **וְצַלְמָוֶת**, אפלה,
בְּאֶרֶץ לֹא־עָבַר, לא שוטט **בָּהּ אִישׁ, וְלֹא־יָשַׁב אָדָם שָׁם?!** המדבר אינו
מתאים למגורי בני אדם ואינו נוח להליכה. ז לא השארתי אתכם
בשממה ובפחד - **וָאָבִיא אֶתְכֶם אֶל־אֶרֶץ הַכַּרְמֶל**, ארץ מטע וגן,
לֶאֱכֹל פִּרְיָהּ וְטוּבָהּ. למרות כל זאת - **וַתָּבֹאוּ וַתְּטַמְּאוּ אֶת־אַרְצִי, וְאֶת**
נַחֲלָתִי שַׂמְתֶּם לְתוֹעֵבָה. ח **הַכֹּהֲנִים לֹא אָמְרוּ: "אַיֵּה ה׳?"** עבודתם לא
התנהלה מתוך מעורבות וחיפוש כן אחרי, **וְתֹפְשֵׂי הַתּוֹרָה**, עוסקיה
לֹא יְדָעוּנִי, הלמדנים אינם יודעים את ה׳ ואינם מתייחסים אליו.
עסקם בתורה הוא טכני לחלוטין, והלימוד אינו אלא ידיעת טקסט.
וְהָרֹעִים, מנהיגי הקהל **פָּשְׁעוּ בִי**, אינם נאמנים לי. **וְהַנְּבִאִים** ואנשי
הרוח בכללם **נִבְּאוּ בַבַּעַל וְאַחֲרֵי** אלילים ואידיאות **שֶׁלֹּא־יוֹעִלוּ הָלָכוּ**
בעצמם והוליכו אִתם גם אחרים.

ט **לָכֵן עֹד אָרִיב אִתְּכֶם, נְאֻם־ה׳, וְאֶת**, עם **בְּנֵי בְנֵיכֶם אָרִיב.** מריבה מהותית
זו אינה מוגבלת לדור אחד או לתקופה מסוימת. י **כִּי עִבְרוּ**, לכו **לְאִיֵּי**
כִתִּיִּים, איי יוון ואיטליה במערב **וּרְאוּ, וְקֵדָר**, לישמעאלים שבמזרח

הרחבות |

הכרמל המופיע כאן ב-ה׳ היידוע איננו שם למקום מוגדר, אלא תיאור של ארץ מצמחת ומניבה. (ראו רד"ק על אתר וההפניות מישעיה טו,י). מסתבר שגם הר הכרמל נקרא כך מפני שהוא עתיר צמחייה הרבה יותר מהרי יהודה.

'לכן עֹד אריב אתכם נאֻם ה' ואת בני בניכם אריב' ה' כועס על עמו - שאף שזכה להכיר את אלוקי העולם מתוך תולדותיו הוא, בתור גואלו, ולא מתוך עיונים תיאולוגיים מופשטים, הוא מחפש לעצמו אלוהויות זרות מכל הסוגים ובכל מקום. האבות חיפשו בכנען, בבבל ובמצרים, ובני בניהם ברוסיה ובאמריקה.

וּרְא֕וּ הֵ֥ן הָיְתָ֖ה כָּזֹֽאת׃ הַהֵימִ֥יר גּוֹי֙ אֱלֹהִ֔ים וְהֵ֖מָּה לֹ֣א יא
אֱלֹהִ֑ים וְעַמִּ֛י הֵמִ֥יר כְּבוֹד֖וֹ בְּל֥וֹא יוֹעִֽיל׃ שֹׁ֥מּוּ שָׁמַ֖יִם יב
עַל־זֹ֑את וְשַׂעֲר֛וּ חָרְב֥וּ מְאֹ֖ד נְאֻם־יְהוָֽה׃ כִּֽי־שְׁתַּ֥יִם יג
רָע֖וֹת עָשָׂ֣ה עַמִּ֑י אֹתִ֨י עָזְב֜וּ מְק֣וֹר ׀ מַ֣יִם חַיִּ֗ים לַחְצֹ֤ב
לָהֶם֙ בֹּאר֔וֹת בֹּארֹת֙ נִשְׁבָּרִ֔ים אֲשֶׁ֥ר לֹא־יָכִ֖לוּ הַמָּֽיִם׃
הַעֶ֙בֶד֙ יִשְׂרָאֵ֔ל אִם־יְלִ֥יד בַּ֖יִת ה֑וּא מַדּ֖וּעַ הָיָ֥ה לָבַֽז׃ יד
עָלָיו֙ יִשְׁאֲג֣וּ כְפִרִ֔ים נָתְנ֖וּ קוֹלָ֑ם וַיָּשִׁ֤יתוּ אַרְצוֹ֙ לְשַׁמָּ֔ה טו
עָרָ֥יו נצתה מִבְּלִ֥י יֹשֵֽׁב׃ גַּם־בְּנֵי־נֹ֖ף ותחפנס יִרְע֖וּךְ טז
קָדְקֹֽד׃ הֲלוֹא־זֹ֖את תַּעֲשֶׂה־לָּ֑ךְ עָזְבֵךְ֙ אֶת־יְהוָ֣ה יז
אֱלֹהַ֔יִךְ בְּעֵ֖ת מוֹלִכֵ֥ךְ בַּדָּֽרֶךְ׃ וְעַתָּ֗ה מַה־לָּךְ֙ לְדֶ֣רֶךְ יח
מִצְרַ֔יִם לִשְׁתּ֖וֹת מֵ֣י שִׁח֑וֹר וּמַה־לָּךְ֙ לְדֶ֣רֶךְ אַשּׁ֔וּר

נִצְּתוּ
וְתַחְפַּנְחֵס

בור מים חצוב
באבן בירושלים
(מבט מלמעלה)

העולם | **נֹף** עיר ששמה היווני ממפיס (Μέμφις). שוכנת על הגדה המערבית של הנילוס, בקצה הדרומי של דלתת הנילוס, על הגבול שבין מצרים התחתונה לעליונה. העיר נהייתה מרכז אדמיניסטרטיבי חשוב, ובמשך תקופות ארוכות בהיסטוריה המצרית שימשה כבירה. ייתכן שהיא מוף (הושע ט,ו).

תַּחְפַּנְחֵס עיר במצרים התחתונה המזוהה עם תל דפנה שבדלתה המזרחית. בעיר היה ריכוז יהודים (ראו ירמיה מד,א, וראו עוד ישעיה יט,יח). יש המשערים כי נקראה תחפנחס על שמו של פא נחסי - מצביא מצרי ידוע שחי במאה ה־11 לפסה"נ, שבשמו נקראו כמה יישובים במצרים וכן נקראה

ביאור | **שִׁלְחוּ וְהִתְבּוֹנְנוּ מְאֹד, וּרְאוּ הֵן**, אם **הָיְתָה** תופעה **כָּזֹאת**: יא **הַהֵימִיר גּוֹי**, האם החליף עם כלשהו **אֱלֹהִים? וְהֵמָּה לֹא אֱלֹהִים**. והרי אין בהם ממש, **וְעַמִּי הֵמִיר כְּבוֹדוֹ**, את דבקותו בה׳, שהיא הכבוד הגדול, **בְּ**דבר **שלוֹא יוֹעִיל**. יב **שֹׁמּוּ**, השתוממו והשתאו,[136] או: הֱיו שוממים,[137] **שָׁמַיִם, עַל־זֹאת, וְשַׂעֲרוּ**, סערו **וְחָרְבוּ מְאֹד**. ראוי שהשמים ייהרסו ממעשיכם.[138] **נְאֻם־ה׳**. יג **כִּי־שְׁתַּיִם רָעוֹת עָשָׂה עַמִּי**: תחילה **אֹתִי עָזְבוּ**, שאני **מְקוֹר מַיִם חַיִּים**, ובמקום זאת הם הלכו **לַחְצֹב לָהֶם בֹּארוֹת**, בורות שאינם תקינים, אלא **בֹּארֹת נִשְׁבָּרִים, אֲשֶׁר לֹא־יָכִלוּ** את **הַמָּיִם**. במקום לסמוך על מימיו של המעיין השופע, הם חפרו בורות שגם כשממלאים אותם מים, המים מחלחלים באדמה ומשאירים את הבורות ריקים.[139]

יד **הַעֶבֶד יִשְׂרָאֵל**, האם ישראל הוא עבד?! **הִאִם־יְלִיד בַּיִת**, שנולד וגדל כעבד, **הוּא**?! הלוא הוא עם אדונים חופשי, **וּמַדּוּעַ הָיָה לָבַז**, לביזה,[140] או: לביזיון?![141] טו **עָלָיו יִשְׁאֲגוּ כְפִרִים**, אריות, דימוי לאויבים, **נָתְנוּ קוֹלָם, וַיָּשִׁיתוּ**, שמו את **אַרְצוֹ לְשַׁמָּה**, לשממה. **עָרָיו נִצְּתוּ** חרבו **מִבְּלִי יֹשֵׁב**. נראה שהדברים מכוונים לא רק לממלכת יהודה, שעדיין הייתה קיימת, אלא גם לאזורים שבחלקה הצפוני של הארץ, שהיה כבר שמם וחרב.[142] את החורבן הגדול גרמו ארצות הצפון - ארם ואחר כך אשור. טז אולם **גַּם־בְּנֵי־נֹף וְתַחְפַּנְחֵס**, ערים מצריות **יִרְעוּךְ**, יכו אותך על **הַקָּדְקֹד**, הראש. גם על האומה שמדרום אין אתם יכולים לסמוך. יז **הֲלוֹא־זֹאת תַּעֲשֶׂה־לָּךְ**, זה הגורם למכותייך – **עָזְבֵךְ**, עזיבתך **אֶת־ה׳ אֱלֹהַיִךְ בְּעֵת** שהוא **מוֹלִיכֵךְ בַּדָּרֶךְ** הישרה.[143] אילו דבקתם בו, לא היו קורים לכם כל המאורעות הללו, אבל פניותיכם לכל הכיוונים האחרים מבחינה דתית, תרבותית ומדינית מפילות אתכם שוב ושוב. יח **וְעַתָּה מַה־לָּךְ**, כנסת ישראל, או: מדינת יהודה, ללכת **לְדֶרֶךְ מִצְרַיִם לִשְׁתּוֹת מֵי שִׁחוֹר**?! הנילוס, שהוא נהר כהה הסוחף אתו כמות גדולה של טין ורפש. מה לכם לרקום קשרים עם האימפריה המצרית, **וּמַה־לָּךְ** לפנות **לְדֶרֶךְ אַשּׁוּר לִשְׁתּוֹת מֵי נָהָר** פרת - החוצה את אשור, ומאפיין את הממלכה כשם שהנילוס מאפיין את מצרים?!

העולם | **חוֹר** פירוש השם במצרית הוא מי האליל חוֹר (הורוס בפי היוונים), שהיה אחד האלים המרכזיים במצרים, ודמותו הייתה אדם בעל ראש בז. (כלל הדרכים היוצאות ממצרים לכיוון צפון–מזרח נקראו בפי המצרים ׳דרכי חור׳).

מלכת מצרים הנזכרת במלכים (א׳ יא, יט).

שִׁחוֹר נזכר כגבולה המזרחי של מצרים (יהושע יג,ג). מזוהה עם הזרוע המזרחית (הפלוסית) של הדלתה של הנילוס, ששימשה עורק תחבורה לספינות בין הים התיכון ובין מצרים התיכונה והעליונה.

יט לִשְׁתּוֹת מֵי נָהָר׃ תְּיַסְּרֵךְ רָעָתֵךְ וּמְשֻׁבוֹתַיִךְ תּוֹכִחֻךְ
וּדְעִי וּרְאִי כִּי־רַע וָמָר עָזְבֵךְ אֶת־יהוָה אֱלֹהָיִךְ וְלֹא
כ פַחְדָּתִי אֵלַיִךְ נְאֻם־אֲדֹנָי יֱהוִה צְבָאוֹת׃ כִּי מֵעוֹלָם
שָׁבַרְתִּי עֻלֵּךְ נִתַּקְתִּי מוֹסְרוֹתַיִךְ וַתֹּאמְרִי לֹא אעבוד — אֶעֱבוֹר
כִּי עַל־כָּל־גִּבְעָה גְּבֹהָה וְתַחַת כָּל־עֵץ רַעֲנָן אַתְּ צֹעָה
כא זֹנָה׃ וְאָנֹכִי נְטַעְתִּיךְ שֹׂרֵק כֻּלֹּה זֶרַע אֱמֶת וְאֵיךְ
כב נֶהְפַּכְתְּ לִי סוּרֵי הַגֶּפֶן נָכְרִיָּה׃ כִּי אִם־תְּכַבְּסִי בַּנֶּתֶר
וְתַרְבִּי־לָךְ בֹּרִית נִכְתָּם עֲוֹנֵךְ לְפָנַי נְאֻם אֲדֹנָי יֱהוִה׃
כג אֵיךְ תֹּאמְרִי לֹא נִטְמֵאתִי אַחֲרֵי הַבְּעָלִים לֹא הָלַכְתִּי
רְאִי דַרְכֵּךְ בַּגַּיְא דְּעִי מֶה עָשִׂית בִּכְרָה קַלָּה מְשָׂרֶכֶת

צמחים שמהם מופקת בורית

מימין: אָהָל מצוי

משמאל: סבונית השדה

העולם | נֶתֶר חומר לניקוי הגוף ולכביסה. היה מי שזיהה אותו עם 'סודה לכביסה', חומר גבישי לבן המורכב בעיקר מפַּחְמַת נתרן (סודיום קארבונאט) המצוי במכרות כמרבץ טבעי או שנוצר מאפר צמחים ומאצות ים. פרשנים מסורתיים ראו בו מחצב המצוי בטבע הנקרא בלעז 'אלום', שאינו זהה לתרכובת האלום המוכרת בימינו (הר"ש משאנץ ורע"ב). הרמב"ם טען שהוא מחצב בגוון כחלחל מאבן רכה מאוד הקרוי בערבית 'אלטפל', המשמש גם הוא לרחיצה, לחיטוי ולחומר מקשר בתהליך צביעת הצמר.

ביאור

לא אחת ניסיתם לתמרן בין שתי המעצמות, אלא שאשור ומצרים
אינן עושות אלא לצורכי עצמן, ובסופו של דבר לא תוכלו לסמוך
עליהן.[144] יט **תְּיַסְּרֵךְ רָעָתֵךְ**. הרעה שעשית היא שגורמת לייסוריך,
וּמְשֻׁבוֹתַיִךְ, הסטיות והמרידות שלך **תּוֹכִחֻךְ**, ידונו אותך, **וּדְעִי וּרְאִי כִּי־
רַע וָמָר עָזְבֵךְ אֶת־ה׳ אֱלֹהָיִךְ, וְלֹא** הייתה **פַחְדָּתִי**, יראתי **אֵלַיִךְ**, עלייך,[145]
נְאֻם־ה׳ אֱלוֹהִים צְבָאוֹת.

כ **כִּי מֵעוֹלָם**, מימי קדם **שָׁבַרְתִּי עֻלֵּךְ, נִתַּקְתִּי מוֹסְרוֹתַיִךְ**, הענקתי לך
חופש, **וַתֹּאמְרִי: לֹא אֶעֱבוֹר** על מצוות ה׳, אבל לא כך עשית,[146] **כִּי
עַל־כָּל־גִּבְעָה גְּבֹהָה וְתַחַת כָּל־עֵץ רַעֲנָן** - מקומות הפולחן - **אַתְּ צֹעָה**,
נודדת **וְזֹנָה**. אף על פי שמדובר בזנות תיאולוגית ומוסרית - סטייה
מה׳ לעבר עבודות זרות, הביטוי מרמז גם על ההתנהגות המינית
המופקרת שהייתה כרוכה בפולחנים הכנעניים. כא **וְאָנֹכִי נְטַעְתִּיךְ
שׂוֹרֵק**, זמורת גפן מובחרת, **כֻּלֹּה**, שכולו **זֶרַע אֱמֶת**, שאיננו מכזיב
בתנובתו, **וְאֵיךְ נֶהְפַּכְתְּ לִי לְסוּרֵי הַגֶּפֶן נָכְרִיָּה**?! לזמורות בר הגדלות
פרא ומשחיתות את העץ. כב **כִּי גַּם אִם־תְּכַבְּסִי בַּנֶּתֶר**, חומר נתרני
ששימש לכיבוס ולניקוי, **וְתַרְבִּי־לָךְ בֹּרִית**, מעין סבון שהופק כנראה
מצמחים. גם אם תתאמצי להתנקות - **נִכְתָּם**, התלכלך **עֲוֹנֵךְ לְפָנַי**,
ורושמו לא נמחק ברחיצה זו, **נְאֻם ה׳ אֱלוֹהִים.**

אמנם בממלכת יהודה עמד מקדש, באופן מוצהר היו תושביה
עובדי ה׳, ופולחן הבעל לא קיבל בה מעמד רשמי, אבל התנהגותם
הפרטית של האנשים הייתה שונה: כג **אֵיךְ תֹּאמְרִי: לֹא נִטְמֵאתִי,
אַחֲרֵי הַבְּעָלִים לֹא הָלַכְתִּי**?! הרי בפועל סגדתם לבעל, ואינכם יכולים
לטעון לחפותכם. **רְאִי דַרְכֵּךְ בַּגַּיְא**, בשפל המדרגה, **דְּעִי מֶה עָשִׂית.**
את משוטטת בשדות זרים כמו **בִּכְרָה**, גמלה צעירה **קַלָּה**, מהירה,

בכרה

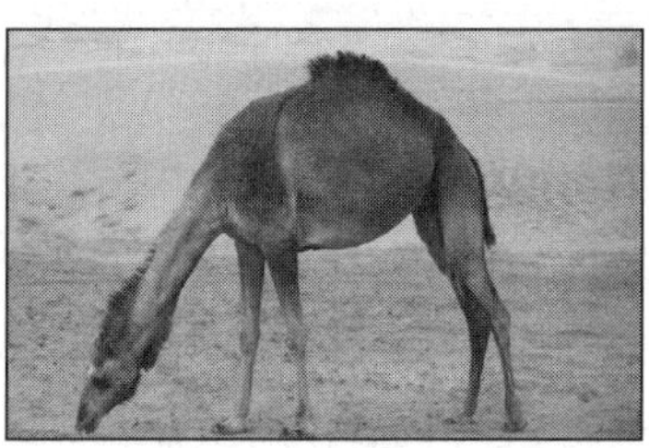

הרחבות

'ה' אלוקים צבאות' באופן לא רגיל מופיעים כאן שלושה שמות יחד. שם אדנות ושם צְבָאוֹת מבטאים בעיקר את המרות ואת הכוח.

'ואנכי נטעתיך שורק...' דימוי עם ישראל לגפן המצמיחה זמורות זרים קדם בספר ישעיה, והוא יופיע באופן דומה ביחזקאל. (ראו ישעיה ה,א-ז; יז,י; כז,ב; יחזקאל טו,א-ח; יז,ו-ז).

נַפְשָׁהּ דְּרָכֶיהָ׃ פֶּרֶה ׀ לִמֻּד מִדְבָּר בְּאַוַּת נפשו שָׁאֲפָה רוּחַ כד
תַּאֲנָתָהּ מִי יְשִׁיבֶנָּה כָּל־מְבַקְשֶׁיהָ לֹא יִיעָפוּ בְּחָדְשָׁהּ
וּגְרוֹנֵךְ יִמְצָאוּנְהָ׃ מִנְעִי רַגְלֵךְ מִיָּחֵף וגורנך מִצִּמְאָה וַתֹּאמְרִי כה
נוֹאָשׁ לוֹא כִּי־אָהַבְתִּי זָרִים וְאַחֲרֵיהֶם אֵלֵךְ׃ כְּבֹשֶׁת כו
גַּנָּב כִּי יִמָּצֵא כֵּן הֹבִישׁוּ בֵּית יִשְׂרָאֵל הֵמָּה מַלְכֵיהֶם
שָׂרֵיהֶם וְכֹהֲנֵיהֶם וּנְבִיאֵיהֶם׃ אֹמְרִים לָעֵץ אָבִי אַתָּה כז
יְלִדְתָּנוּ וְלָאֶבֶן אַתְּ ילדתני כִּי־פָנוּ אֵלַי עֹרֶף וְלֹא פָנִים וּבְעֵת
רָעָתָם יֹאמְרוּ קוּמָה וְהוֹשִׁיעֵנוּ׃ וְאַיֵּה אֱלֹהֶיךָ אֲשֶׁר כח
עָשִׂיתָ לָּךְ יָקוּמוּ אִם־יוֹשִׁיעוּךָ בְּעֵת רָעָתֶךָ כִּי מִסְפַּר
עָרֶיךָ הָיוּ אֱלֹהֶיךָ יְהוּדָה׃

קָרָאת האשכנזים מוסיפים הֲלוֹא מֵעַתָּה קראתי לִי אָבִי אַלּוּף נְעֻרַי אָתָּה׃ ד ג
הספרדים מוסיפים אִם־תָּשׁוּב יִשְׂרָאֵל ׀ נְאֻם־יְהוָה אֵלַי תָּשׁוּב וְאִם־ א ד
תָּסִיר שִׁקּוּצֶיךָ מִפָּנַי וְלֹא תָנוּד׃ וְנִשְׁבַּעְתָּ חַי־יְהוָה ב

פרא ('פֶּרֶה')

העולם | **פֶּרֶה, פֶּרֶא** (שם מדעי: Equus hemionus), בלשון חז"ל מקובל לכנותו ערוֹד. בעל חיים מדברי הדומה במקצת לסוס, ומוגדר כקטן סוסי הבר. הפרא זריז ומהיר. קשה ללכדו, ואי אפשר לבייתו. היה נפוץ בנגב ובמדבר יהודה, במדבריות בצפון חצי־האי ערב, בעבר הירדן, בסוריה ועד אזור נהר הפרת. הוא נכחד מן האזור בתחילת המאה ה־20. לאחרונה הושב לארץ, וכיום הפרא מצוי באזור מצפה רמון.

ביאור **הַמְשָׂרֶכֶת**, מעקמת **דְּרָכֶיהָ**. הבהמה הצעירה אינה מרוסנת, ולכן
היא שועטת לכל עבר ללא כיוון.[147] כד כמו[148] **פֶּרֶה**, פרא, חמור בר
שהיה מצוי במדבריות באזור ארץ ישראל, **לִמֻּד**, המורגל **לְמִדְבָּר** ואי
אפשר לתרבת אותו,[149] **בְּאַוַּת נַפְשָׁהּ**, בתאוותה בהמת הפרא או
הבכרה **שָׁאֲפָה רוּחַ**, שואבת אוויר בחזקה, אולי כדי לקלוט את ריח
הזכרים,[150] או: רצה כרצונה ללא מעצור. הפראים ידועים בריצתם
המהירה במיוחד. **תַּאֲנָתָהּ**, כאשר מתגבר רצונה בעונת הייחום, שאז
היא פראית במיוחד ומתרוצצת מהר יותר – **מִי יְשִׁיבֶנָּה**?! איש לא
יוכל לעצור בעדה. למרות כל זאת, **כָּל־מְבַקְשֶׁיהָ** המנסים לצודה
לֹא יִיעָפוּ, ייכשלו. אמנם אין ביכולתם לרוץ אחריה במדבר, אבל
בְּחָדְשָׁהּ, בחודש הלידה[151] **יִמְצָאוּנְהָ**, יפגשו בה וישיגו אותה.

מהדימויים לחיות הבר שאין מעצור לרגלן ולרוחן, עובר הנביא
לרימוזי אשה המשרכת דרכיה: כה **מִנְעִי רַגְלֵךְ מִיָּחֵף**, מלהיות
יחפה, **וּגְרוֹנֵךְ** מנעי **מִצִּמְאָה**, מצמא. אל תרחיקי לכת למקומות
צחיחים. **וַתֹּאמְרִי נוֹאָשׁ** אמרת בייאושך: **לוֹא**, אין לי תוחלת בביתי
כִּי־אָהַבְתִּי זָרִים וְאַחֲרֵיהֶם אֵלֵךְ. כו המעשים הללו אינם רק בסתר
ובשולי החברה[152] – **כְּבֹשֶׁת גַּנָּב כִּי**, כאשר **יִמָּצֵא** – **כֵּן הֹבִישׁוּ**, התנהגו
באופן מביש **בֵּית יִשְׂרָאֵל** – **הֵמָּה** – העם, **מַלְכֵיהֶם, שָׂרֵיהֶם וְכֹהֲנֵיהֶם
וּנְבִיאֵיהֶם**. כז **אֹמְרִים לָעֵץ: "אָבִי אַתָּה", וְלָאֶבֶן** אומרים: **"אַתְּ יְלִדְתָּנוּ"**.
הם פונים לאלילים זכרים ונקבות. **כִּי־פָנוּ**, הפנו **אֵלַי עֹרֶף וְלֹא פָנִים**,
כמי שלא מעוניין בקשר ובהתייחסות, **וּבְעֵת רָעָתָם**, בצרתם לא יוכלו
להסתמך עוד על אליליהם, ואז **יֹאמְרוּ**: אנו שבים אליך, אלוקים,
קוּמָה וְהוֹשִׁיעֵנוּ. ובתגובה לועגת: כח **וְאַיֵּה אֱלֹהֶיךָ אֲשֶׁר עָשִׂיתָ לָּךְ**?!
היכן כל אלילי העץ, האבן והמתכת שלך, ישראל?! **יָקוּמוּ** ונראה
אִם־יוֹשִׁיעוּךָ בְּעֵת רָעָתֶךָ, כִּי, הרי יש לך די והותר מהם, **כְּמִסְפַּר עָרֶיךָ
הָיוּ אֱלֹהֶיךָ, יְהוּדָה**. בכל עיר היה פולחן אחר.[153] בהיותכם אנשים
רחבי דעת, לא צמצמתם עצמכם לאלילים ממין אחד בלבד, אלא
קיבצתם פולחנים מכל הארצות מסביב.

פרק ג ד **הֲלוֹא מֵעַתָּה**, גם אחרי שבגדת בי עם שאר מאהבייך, **קָרָאת
לִי "אָבִי, אַלּוּף נְעֻרַי אָתָּה"**. המשכת לכנות אותי בשמות חיבה.

פרק ד א **אִם־תָּשׁוּב יִשְׂרָאֵל**, כשתיווצר האפשרות, הפנאי והיכולת,
נְאֻם־ה', אֵלַי תָּשׁוּב. וְאִם־תָּסִיר את **שִׁקּוּצֶיךָ**, אליליך **מִפָּנַי** – **וְלֹא תָנוּד**,
לא תיאלץ לנדוד בגולה או בחיפושים.[154] ב **וְנִשְׁבַּעְתָּ**, ואם תישבע:
"חַי־ה'" – לא תחלל את שמו בשבועתך לשווא ולשקר,[155] אלא **בֶּאֱמֶת**,

בֶּאֱמֶת בְּמִשְׁפָּט וּבִצְדָקָה וְהִתְבָּרְכוּ בוֹ גּוֹיִם וּבוֹ יִתְהַלָּלוּ׃

ישעיה

ההפטרה למנהג התימנים

א א חֲזוֹן יְשַׁעְיָהוּ בֶן־אָמוֹץ אֲשֶׁר חָזָה עַל־יְהוּדָה
וִירוּשָׁלָם בִּימֵי עֻזִּיָּהוּ יוֹתָם אָחָז יְחִזְקִיָּהוּ מַלְכֵי
ב יְהוּדָה׃ שִׁמְעוּ שָׁמַיִם וְהַאֲזִינִי אֶרֶץ כִּי יְהוָה דִּבֵּר
ג בָּנִים גִּדַּלְתִּי וְרוֹמַמְתִּי וְהֵם פָּשְׁעוּ בִי׃ יָדַע שׁוֹר
קֹנֵהוּ וַחֲמוֹר אֵבוּס בְּעָלָיו יִשְׂרָאֵל לֹא יָדַע עַמִּי לֹא
ד הִתְבּוֹנָן׃ הוֹי ׀ גּוֹי חֹטֵא עַם כֶּבֶד עָוֺן זֶרַע מְרֵעִים
בָּנִים מַשְׁחִיתִים עָזְבוּ אֶת־יְהוָה נִאֲצוּ אֶת־קְדוֹשׁ

סוכה בכרם

הרחבות | **׳שמעו שמים והאזיני ארץ׳** חכמים העירו שביטוי זה, המבטא פנייה אל תבל ומלואה להקשיב לדבר ה׳, נראה כמו פרפרזה על דברי השירה האחרונים של גדול הנביאים, משה רבנו: הַאֲזִינוּ הַשָּׁמַיִם וַאֲדַבֵּרָה וְתִשְׁמַע הָאָרֶץ אִמְרֵי פִי (דברים לב,א. וראו תנחומא האזינו ב). מההקבלה בין הפסוקים נראה כי ישעיהו מנסה להמשיך במקום שבו משה הפסיק. ייתכן שמשום כך נפתח הספר בנבואה

ביאור | **בְּמִשְׁפָּט וּבִצְדָקָה** תישבע.[156] אז, כשישראל ישובו אל ה׳, יעזבו את האלילים וישמרו משפט וצדקה - **וְהִתְבָּרְכוּ בוֹ** - בעם ישראל **גּוֹיִם**, ישראל יהיו למושאי ברכותיהם של הגויים,[157] **וּבוֹ יִתְהַלָּלוּ**, יגידו את שבחו.[158]

תוכחה על שחיתות וקלקול המשפט

הנבואה המופיעה בתחילת ספר ישעיה, כנראה אינה נבואתו הראשונה של ישעיהו.[159] מתיאורי מכות הארץ ויושביה המופיעים בנבואה, עלתה ההשערה כי היא נאמרה באמצע תקופת פעילותו של ישעיהו, בשעת המלחמה שבימי מלכות אחז או חזקיהו,[160] שכן ימי עוזיהו ויותם היו ימים של הצלחה יחסית ושל ביטחון, אם כי ייתכן שהתיאור הזה הוא חלק מחזון עתידי.

מכל מקום זוהי נבואת תוכחה נוקבת ביותר, המבקרת את האנשים המסתפקים במעשי פולחן ובטקסים חיצוניים, אך חייהם המוסריים והחברתיים עומדים בניגוד לרצון ה׳. הנביא אומר להם: החגים והאספות, הביקורים במקדש והבאת הקרבנות - כל אלה אינם מבטאים את חייכם הממשיים. תקנו את חייכם, ואז אקבל אתכם באהבה. השיבו את המשפט ואת הצדקה על כנם. דברים בכיוון זה נשנים בספר ישעיה כמה פעמים.[161]

ישעיה פרק א א **חֲזוֹן** - אחד מכינויי הנבואה, אשר מבטא את יכולתו של הנביא לראות דברים עלומים. **יְשַׁעְיָהוּ בֶן אָמוֹץ, אֲשֶׁר חָזָה עַל יְהוּדָה וִירוּשָׁלָם** בעיקר, אם כי נבואתו מתייחסת גם לישראל, שהייתה ממלכה לעצמה, וגם לעמים אחרים קרובים ורחוקים. את חזונותיו קיבל ישעיהו **בִּימֵי עֻזִּיָּהוּ, יוֹתָם, אָחָז, יְחִזְקִיָּהוּ, מַלְכֵי יְהוּדָה.**

ב **שִׁמְעוּ, שָׁמַיִם; וְהַאֲזִינִי, אֶרֶץ, כִּי ה׳ דִּבֵּר: בָּנִים**, עם ישראל **גִּדַּלְתִּי וְרוֹמַמְתִּי, וְהֵם פָּשְׁעוּ בִי.** ג **יָדַע** אפילו **שׁוֹר**, שאיננו יצור נבון במיוחד, מיהו **קֹנֵהוּ**, אדוניו. **וַחֲמוֹר** מכיר את **אֵבוּס בְּעָלָיו**, הוא לא רק יודע שזה אבוס, אלא מכיר בכך שיש לו בעלים, אבל **יִשְׂרָאֵל לֹא יָדַע, עַמִּי לֹא הִתְבּוֹנָן**. לא שם לב כלל לעובדה שיש לו אדון.

כאן מגיעה פנייה חריפה הרבה יותר: ד **הוֹי גּוֹי חֹטֵא, עַם כֶּבֶד עָוֹן**, שעוונותיו כבדים, **זֶרַע מְרֵעִים**, עושי רע, **בָּנִים מַשְׁחִיתִים, עָזְבוּ אֶת ה׳, נִאֲצוּ**, גידפו, ביזו **אֶת קְדוֹשׁ יִשְׂרָאֵל**, ה׳. **נָזֹרוּ אָחוֹר**. לא נסוגים אחור בלבד, אלא מתנזרים - יוצרים חיץ ופונים אחורנית. הם מסרבים

הרחבות | זו דווקא. הפתיחה מקשרת את הנביא הגדול של ראשית ימי העם עם הנביא הגדול שלקראת סוף תקופת הממלכה. אף תוכן הנבואה אינו רחוק מהרעיונות שבתוכחת האזינו: השחתת בנים ומריים, היעדר התבוננות, אימוץ רשעת סדום וכדומה, אם כי כאן בא פירוט נרחב הרבה יותר.

ה יִשְׂרָאֵל נָזֹרוּ אָחוֹר׃ עַל מֶה תֻכּוּ עוֹד תּוֹסִיפוּ סָרָה
ו כָּל־רֹאשׁ לָחֳלִי וְכָל־לֵבָב דַּוָּי׃ מִכַּף־רֶגֶל וְעַד־רֹאשׁ
אֵין־בּוֹ מְתֹם פֶּצַע וְחַבּוּרָה וּמַכָּה טְרִיָּה לֹא־זֹרוּ וְלֹא
ז חֻבָּשׁוּ וְלֹא רֻכְּכָה בַּשָּׁמֶן׃ אַרְצְכֶם שְׁמָמָה עָרֵיכֶם
שְׂרֻפוֹת אֵשׁ אַדְמַתְכֶם לְנֶגְדְּכֶם זָרִים אֹכְלִים אֹתָהּ
ח וּשְׁמָמָה כְּמַהְפֵּכַת זָרִים׃ וְנוֹתְרָה בַת־צִיּוֹן כְּסֻכָּה
ט בְכָרֶם כִּמְלוּנָה בְמִקְשָׁה כְּעִיר נְצוּרָה׃ לוּלֵי יְהוָה
צְבָאוֹת הוֹתִיר לָנוּ שָׂרִיד כִּמְעָט כִּסְדֹם הָיִינוּ
י לַעֲמֹרָה דָּמִינוּ׃ שִׁמְעוּ דְבַר־יְהוָה קְצִינֵי
יא סְדֹם הַאֲזִינוּ תּוֹרַת אֱלֹהֵינוּ עַם עֲמֹרָה׃ לָמָּה לִּי
רֹב־זִבְחֵיכֶם יֹאמַר יְהוָה שָׂבַעְתִּי עֹלוֹת אֵילִים וְחֵלֶב

הרחבות | **לכינוי קְדוֹשׁ יִשְׂרָאֵל** משמעות כפולה: מצד אחד, המרומָם והנקדש מעל ישראל, ומצד אחר, המקדש את ישראל. (ראו רד"ק ומלבי"ם).

נבואת ישעיהו אינה מכוונת למסגרות של עם ישראל בלבד, אלא גם לממלכות אחרות ולעולם בכללו. למרות גווניה האוניברסליים, ואולי דווקא בגללם, חוזר ונשנה בה עשרות פעמים הכינוי 'קדוש ישראל', המייחד את ישראל, והוא סממן מובהק לסגנונו של הנביא הזה לעומת שאר הנביאים. (ראו

ביאור

להיות קשורים עם מהותו הפנימית של ישראל, עם אלוקיו.[162] ה **עַל**
מֶה, לשם מה **תֻכּוּ עוֹד תּוֹסִיפוּ סָרָה**, ככל שאתם מוכים, אתם מוסיפים
למרוד. **כָּל רֹאשׁ** נתון **לָחֳלִי, וְכָל לֵבָב דַּוָּי**, כואב. ו **מִכַּף רֶגֶל וְעַד רֹאשׁ**
אֵין בּוֹ, ביהודי **מְתֹם, פֶּצַע** שותת דם **וְחַבּוּרָה**, מכה המשאירה סימן[163]
וּמַכָּה טְרִיָּה, מכה שטרם הגיעה לכלל חבורה.[164] **לֹא זֹרוּ**, לא היה
למכות הללו מזור ותרופה, **וְלֹא חֻבָּשׁוּ, וְלֹא רֻכְּכָה בַּשָּׁמֶן**. המכָּה לא
עוסתה בשמן לשם ריפוי.

אל הגוף המוכה לגמרי של ישראל מקבילה תמונת הארץ
החבולה: ז **אַרְצְכֶם שְׁמָמָה. עָרֵיכֶם שְׂרֻפוֹת אֵשׁ. אַדְמַתְכֶם לְנֶגְדְּכֶם**,
לעיניכם, **זָרִים אֹכְלִים אֹתָהּ** – את פֵּרותיה, והיא נעשית **שְׁמָמָה**
כְּמַהְפֵּכַת זָרִים. פלישתם של זרים אינה כרוכה רק בגנבה ובנזק, אלא
גם בפריעת כל סדר, באיבוד ביטחון ועשתונות, כחוויה המוכרת
למי שדירתו נפרצה. ח **וְנוֹתְרָה בַת צִיּוֹן**, עם ישראל. **כְּסֻכָּה בְכָרֶם**,
כסוכת השומר העזובה בכרם השדוד, **כִּמְלוּנָה בְמִקְשָׁה**, הביתן שבו
לן שומר שדה הקישואים, **כְּעִיר נְצוּרָה**. אין יוצא ואין בא.[165] ט **לוּלֵי**
ה' צְבָאוֹת הוֹתִיר לָנוּ שָׂרִיד כִּמְעָט, אילולא השאיר לנו מעט שרידים,
אז **כִּסְדֹם הָיִינוּ, לַעֲמֹרָה דָּמִינוּ**, כשתי הערים שנהפכו כליל ונעשו
סמל להרס ולחורבן.

במעבר מעניין, פונה הנביא אל עמו באותה מטבע:[166] י **שִׁמְעוּ דְבַר**
ה', קְצִינֵי סְדֹם; הַאֲזִינוּ תּוֹרַת אֱלֹהֵינוּ, עַם עֲמֹרָה. שתי משמעויות נלוות
אל סדום; עיר שכולה רשעה, ומקום שנהפך ולא נשאר ממנו שריד.
לאחר שנאמר שארצם של ישראל חרבה כמעט כמו סדום, מתריס
הנביא ואומר: אתם אכן דומים בהתנהגותכם לסדום. חייהם של
תושבי ארץ יהודה באותה עת סבבו סביב המקדש. פולחן הקרבנות
התבצע כסדרו, ואנשים לא הרבו לעבוד עבודה זרה.[167] על כן הם היו
שבעי רצון מהתנהגותם וממצבם הדתי. כנראה התחזקה תחושה
זו לאור ההשוואה עם שכניהם אשר בממלכת ישראל, שלא נטלו
חלק בעבודת המקדש. זהו הרקע לתוכחתו של הנביא: יא **לָמָּה**
לִּי רֹב זִבְחֵיכֶם? יֹאמַר ה'; שָׂבַעְתִּי עֹלוֹת אֵילִים וְחֵלֶב מְרִיאִים, שוורים

הרחבות

למשל להלן ה,יט כד; י,כ; ל,יב ועוד רבים).

בת ציון כינוי רווח זה לעם ישראל או לממלכה, נשען כנראה על התפיסה הרואה ביחסי ה' וישראל יחסים של בעל ואשה או של אב ובתו. תפיסה זו מופיעה פעמים רבות בפרט אצל ישעיהו וירמיהו (כמו למשל בהמשך פרקנו; להלן לז,כב; מט,יד-כג; סב,א-ה; ירמיה ד,לא; ו,ב; איכה ב,א ועוד).

מְרִיאִ֑ים וְדַ֨ם פָּרִ֧ים וּכְבָשִׂ֛ים וְעַתּוּדִ֖ים לֹ֥א חָפָֽצְתִּי׃ כִּ֣י יב
תָבֹ֔אוּ לֵרָא֖וֹת פָּנָ֑י מִֽי־בִקֵּ֥שׁ זֹ֛את מִיֶּדְכֶ֖ם רְמֹ֥ס חֲצֵרָֽי׃
לֹ֣א תוֹסִ֗יפוּ הָבִיא֙ מִנְחַת־שָׁ֔וְא קְטֹ֛רֶת תּוֹעֵבָ֥ה הִ֖יא יג
לִ֑י חֹ֤דֶשׁ וְשַׁבָּת֙ קְרֹ֣א מִקְרָ֔א לֹא־אוּכַ֥ל אָ֖וֶן וַעֲצָרָֽה׃
חָדְשֵׁיכֶ֤ם וּמוֹעֲדֵיכֶם֙ שָֽׂנְאָ֣ה נַפְשִׁ֔י הָי֥וּ עָלַ֖י לָטֹ֑רַח יד
נִלְאֵ֖יתִי נְשֹֽׂא׃ וּבְפָרִשְׂכֶ֣ם כַּפֵּיכֶ֗ם אַעְלִ֤ים עֵינַי֙ מִכֶּ֔ם טו
גַּ֛ם כִּֽי־תַרְבּ֥וּ תְפִלָּ֖ה אֵינֶ֣נִּי שֹׁמֵ֑עַ יְדֵיכֶ֖ם דָּמִ֥ים מָלֵֽאוּ׃
רַחֲצוּ֙ הִזַּכּ֔וּ הָסִ֛ירוּ רֹ֥עַ מַעַלְלֵיכֶ֖ם מִנֶּ֣גֶד עֵינָ֑י חִדְל֖וּ טז
הָרֵֽעַ׃ לִמְד֥וּ הֵיטֵ֛ב דִּרְשׁ֥וּ מִשְׁפָּ֖ט אַשְּׁר֣וּ חָמ֑וֹץ שִׁפְט֣וּ יז

תאו מים
('מריא'?)

הרחבות | **התלונה על הקרבנות** ראוי לציין שאין פה התנגדות לקרבנות באשר הם, אלא רק למחשבה המוטעית שהעלאת הקרבנות מפצה על כל פגמי ההתנהגות והאישיות. אנשים בטוחים שלאחר הבאתם קרבן עוונותיהם נמחלים, זכויותיהם מובטחות,

ביאור | מפוטמים **וְדַם פָּרִים וּכְבָשִׂים וְעַתּוּדִים**, תיישים[168] **לֹא חָפָצְתִּי**. אתם מביאים עוד ועוד קרבנות, ומרגישים בכך התעלות ושביעות רצון. האם אתם חושבים שאני זקוק לכם?! יב **כִּי**, כאשר **תָבֹאוּ** לבית המקדש **לֵרָאוֹת פָּנָי**. הביטוי הזה מתייחס למצוות עלייה לרגל, המתוארת בתורה במלים לֵרָאוֹת אֶת פְּנֵי ה'.[169] **מִי בִקֵּשׁ זֹאת מִיֶּדְכֶם, רְמֹס חֲצֵרָי**, לשם מה אתם דורכים בחצרות בית ה' ורומסים את אבניהן?! יג **לֹא תוֹסִיפוּ לְהָבִיא מִנְחַת שָׁוְא**. מנחתכם ריקה מתוכן, מכוונה וממשמעות. **הקְטֹרֶת** שאתם מביאים – **תּוֹעֵבָה הִיא לִי**, במקום שתהיה לריח ניחוח העולה לרצון. יתרה מזו, ימי ראש **חֹדֶשׁ וְשַׁבָּת וּקְרֹא מִקְרָא**, ושאר הימים המכונים בתורה מִקְרָאֵי קֹדֶשׁ. פירושו של ביטוי זה אינו קריאה בספרים בלבד, אלא בעיקר אספה קדושה. במועדים ובשבתות אתם מתאספים לקרוא בשם ה', להתפלל[170] – אבל **לֹא אוּכַל** לסבול את **הָאָוֶן**, הרוע ואת **הָעֲצָרָה**, האספה לתפילת הציבור. חיבור האוון עם העצרה אינו נסבל.[171] התפילה מתנהלת לפי כל הכללים, כשם שהקרבנות קרבים כסדרם, אך דווקא ההקפדה הקיצונית על כללי הפולחן שאינה כרוכה בהכרה בחובה שמעבר לו, היא התועבה. יד את **חָדְשֵׁיכֶם וּמוֹעֲדֵיכֶם**, ימי האספה והחגיגות, שבהם נהגו לבקר במקדש או אצל אנשים חשובים, נביאים וחכמים,[172] **שָׂנְאָה נַפְשִׁי. הָיוּ עָלַי לָטֹרַח, נִלְאֵיתִי נְשֹׂא**. עייפתי מלשאתם. אתם מקיימים את כל הטקסים והפולחנים הדתיים באופן חיצוני, אבל דבר מזה אינו נוגע לחיי היומיום שלכם. טו **וּבְפָרִשְׂכֶם כַּפֵּיכֶם**, כאשר תפשטו כפות ידיכם למרום בתחנונים[173] – **אַעְלִים עֵינַי מִכֶּם. גַּם כִּי תַרְבּוּ תְפִלָּה – אֵינֶנִּי שֹׁמֵעַ** אותה להיענות לה[174] כי **יְדֵיכֶם** המושטות אלי בבקשה **דָּמִים מָלֵאוּ**, מגואלות בדם. אין הכוונה לשפיכות דמים ממשית דווקא, שכן בזמנו של ישעיהו לא הייתה יהודה מלאה במיוחד ברוצחים, אלא לעוול, סחיטה והתעללות במסכנים.[175]

במקום זאת קורא אליהם הנביא: טז **רַחֲצוּ** את הידיים המלאות דם, **הִזַּכּוּ**, נקו עצמכם, **הָסִירוּ רֹעַ מַעַלְלֵיכֶם**, שאותו אני רואה תמיד, **מִנֶּגֶד עֵינָי, חִדְלוּ הָרֵעַ**. יז **לִמְדוּ הֵיטֵב** מהי דרך אמת, או: למדו איך להיטיב. **דִּרְשׁוּ מִשְׁפָּט** צדק. **אַשְּׁרוּ**, חזקו **חָמוֹץ**, את הנחמס,[176] או: ישרו[177] את דברי החמס. בניגוד לגזל, חמס איננו פעולה בלתי חוקית אלא בלתי

הרחבות | והם מילאו את כל חובתם כלפי ה'. הנביא מביע בשם ה' את הסלידה מתפיסה זו ואת האבסורד שבה. (ראו עוד מורה נבוכים ח"ג לב; משלי יעקב תחילת ויקרא).

יָתוֹם רִיבוּ אַלְמָנָה׃ לְכוּ־נָא וְנִוּכְחָה יֹאמַר יח
יְהוָה אִם־יִהְיוּ חֲטָאֵיכֶם כַּשָּׁנִים כַּשֶּׁלֶג יַלְבִּינוּ אִם־
יַאְדִּימוּ כַתּוֹלָע כַּצֶּמֶר יִהְיוּ׃ אִם־תֹּאבוּ וּשְׁמַעְתֶּם יט
טוּב הָאָרֶץ תֹּאכֵלוּ׃ וְאִם־תְּמָאֲנוּ וּמְרִיתֶם חֶרֶב כ
תְּאֻכְּלוּ כִּי פִּי יְהוָה דִּבֵּר׃

כרמיל הקוצים על עץ אורן, הכנימה שממנה הופק צבע השני

הרחבות | **שָׁנִים, תּוֹלַעַת שָׁנִי** צבע אדום בהיר הנוטה לכתום המופק מכנימה. נעשה בו שימוש נרחב בצביעת בדים יוקרתיים, וכן השתמשו בו לטהרת המצורע (ויקרא יד) ולטהרת טומאת מת (במדבר יט,ו). בתיאור בניין בית המקדש (דברי הימים ב׳ ב ו; יג,יד) הוחלף שם תולעת השני שממנה הפיקו את הצבע בשם כרמיל, מין

ביאור | מוסרית,[178] שכן היא החומס העשיר והחזק מפעיל לחץ ממוני או אחר לשם השגת רכוש השייך לזולתו. הנביא אינו מבקר כאן את אי-שמירת סעיפי החוק, אלא קורא לתקן את העיוות המוסרי. **שִׁפְטוּ יָתוֹם, רִיבוּ אַלְמָנָה.** ייתכן שהמערכת המשפטית אינה רקובה, אלא שהיא אינה מותירה סיכוי לאנשים הקטנים הזקוקים לסיוע ולהגנה.

יח **לְכוּ נָא וְנִוָּכְחָה,** נתווכח, **יֹאמַר ה'.** ה' אינו בא אליכם בהאשמות
בלבד, אלא גם בהצעות תיקון: **אִם יִהְיוּ חֲטָאֵיכֶם כַּשָּׁנִים,** כמו שָׁנִי,
צבע אדום בוהק[179] – **כַּשֶּׁלֶג יַלְבִּינוּ.** אם תרצו, תוכלו לתקנם בתשובה.
ובאותו אופן, **אִם** הם **יַאְדִּימוּ כַתּוֹלָע,** כתולעת שני[180] – **כַּצֶּמֶר** הלבן **יִהְיוּ.**

יט **אִם תֹּאבוּ,** תרצו **וּשְׁמַעְתֶּם** את דבר ה' – **טוּב הָאָרֶץ תֹּאכֵלוּ.** כ **וְאִם
תְּמָאֲנוּ וּמְרִיתֶם – חֶרֶב תְּאֻכְּלוּ,** תושמדו, **כִּי פִּי ה' דִּבֵּר.** זה הצד שלו
בוויכוח. הוא הציב את התנאים הללו ונתן בידכם את אפשרות
הבחירה.

הרחבות | כנימה הנקראת בערבית קרמז (Kermes) (וראו גם רס"ג, רש"י ורד"ק). בשם זה היא מכונה גם בשפות האירופיות. החוקרים מזהים אותה עם כנימת הקוצים (Kermes echinatus). גם חז"ל מתארים כי הצבע הופק באמצעות ייבושן של כנימות, טחינתן ובישולן (פסיקתא רבתי כ ד"ה ת"ר אנכי).

הפטרת שבת ערב ראש חודש

שמואל א

ויאמר־לו יהונתן מחר חדש ונפקדת כי יפקד יח כ
מושבך: ושלשת תרד מאד ובאת אל־המקום יט
אשר־נסתרת שם ביום המעשה וישבת אצל האבן
האזל: ואני שלשת החצים צדה אורה לשלח־לי כ
למטרה: והנה אשלח את־הנער לך מצא את־ כא
החצים אם־אמר אמר לנער הנה החצים ׀ ממך
והנה קחנו ובאה כי־שלום לך ואין דבר חי־יהוה:
ואם־כה אמר לעלם הנה החצים ממך והלאה לך כב
כי שלחך יהוה: והדבר אשר דברנו אני ואתה כג
הנה יהוה ביני ובינך עד־עולם: ויסתר כד
אל־ דוד בשדה ויהי החדש וישב המלך על־הלחם
לאכול: וישב המלך על־מושבו כפעם ׀ בפעם אל־ כה
מושב הקיר ויקם יהונתן וישב אבנר מצד שאול

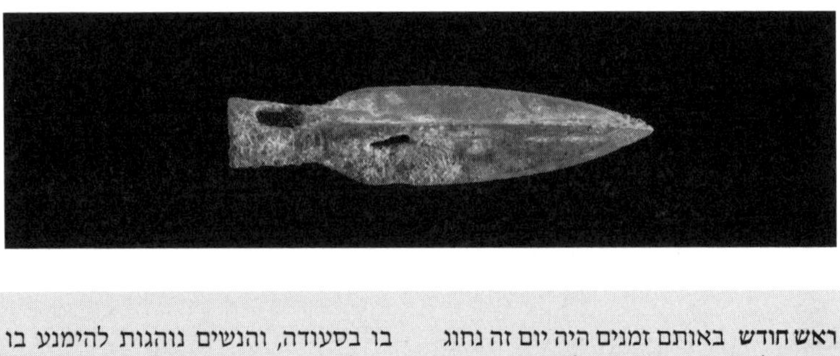

ראש חץ מהמאה ה-8 לפנה"ס

הרחבות | **ראש חודש** באותם זמנים היה יום זה נחוג כחג של ממש. ממועד זה לא נותר הרבה בימינו, אם כי גם כיום מצווה להרבות בו בסעודה, והנשים נוהגות להימנע בו ממלאכה גמורה. (ירושלמי פסחים ד,א; רד"ק ואברבנאל להלן פס' יט; ספר הרוקח

בריחת דוד האחרונה
מבית שאול
ופרדתו מיהונתן

מלבד פתיחתה של ההפטרה, המציינת את ראש החודש שיחול מחר, ייתכן שגם נושא ההפטרה קשור לעניין ראשי חדשים. הסתתרויותיו הזמניות הרבות של דוד וברית קיומו הנצחית מרמזים על ייחודיותו של ישראל כעם נצחי על כל התלאות, הגלויות וההסתרות שהוא עובר. ייחודיות זו מתבטאת גם בכך שישראל קובעים את תאריכיהם וחגיהם לפי הלבנה המסתתרת ונגלית חליפות, הַחֹדֶשׁ הַזֶּה – לָכֶם.

שמואל א׳ פרק כ | ביאור

יח וַיֹּאמֶר לוֹ יְהוֹנָתָן: מָחָר ראש החֹדֶשׁ, וְנִפְקַדְתָּ, אתה
תיזכר כִּי יִפָּקֵד, ייחסר מוֹשָׁבֶךָ. כיסאך בסעודת ראש החודש יהיה
ריק, וכך יבחינו בהיעדרך.[181] יט וְשִׁלַּשְׁתָּ, המתן עד היום השלישי,
וְתֵרֵד מְאֹד, העמק להתחבא היטב,[182] וּבָאתָ אֶל הַמָּקוֹם אֲשֶׁר נִסְתַּרְתָּ
שָּׁם בְּיוֹם הַמַּעֲשֶׂה, כשנסתרת בפעם הקודמת, אולי ביום הניצחון
על הפלשתים.[183] פירושים אחרים: ביום חול, בניגוד לראש חודש
שנמנעו בו מעשיית מלאכה; ביום המיועד או ביום שבו תכננו
לעשות את המעשה שלנו. וְיָשַׁבְתָּ אֵצֶל הָאֶבֶן הָאָזֶל. כך היה שמה
של אבן מסוימת. כ וַאֲנִי אצא לשדה עם שְׁלֹשֶׁת הַחִצִּים שבצִדָּה של
האבן[184] אוֹרֶה, אירה לְשַׁלַּח לִי לְמַטָּרָה. אעמיד פנים שאני מתאמן
בירייה בקשת.[185] כא וְהִנֵּה אֶשְׁלַח אֶת הַנַּעַר שאקח אתי ואומר
לו: ״לֵךְ מְצָא אֶת הַחִצִּים״. אִם אָמֹר אֹמַר לַנַּעַר: ״הִנֵּה הַחִצִּים מִמְּךָ וָהֵנָּה,
הם קרובים ואינך צריך להתרחק״ – קָחֶנּוּ וָבֹאָה, תוכל אתה לצאת
ממחבואך ולהביא אלי בעצמך את החץ,[186] כִּי שָׁלוֹם לְךָ וְאֵין דָּבָר,
אין כל חשש, חַי ה׳. כב וְאִם כֹּה אֹמַר לָעֶלֶם: ״הִנֵּה הַחִצִּים מִמְּךָ
וָהָלְאָה״ – לֵךְ, כִּי שִׁלַּחֲךָ ה׳. כך תקבל את המסר ותוכל להמשיך
להיסתר בלי שאיש כלשהו, אם יהיה במקום, יבין. כג מכיוון שייתכן
שהם לא יתראו יותר, הוסיף יהונתן: וְהַדָּבָר, הברית אֲשֶׁר דִּבַּרְנוּ אֲנִי
וָאָתָּה – הִנֵּה ה׳ מעיד עליה[187] בֵּינִי וּבֵינְךָ עַד עוֹלָם.

כד וַיִּסָּתֵר דָּוִד בַּשָּׂדֶה. וַיְהִי הַחֹדֶשׁ, וַיֵּשֶׁב הַמֶּלֶךְ אֶל הַלֶּחֶם, הסעודה
הגדולה לֶאֱכוֹל. כה וַיֵּשֶׁב הַמֶּלֶךְ עַל מוֹשָׁבוֹ הרגיל כְּפַעַם בְּפַעַם
אֶל הַמּוֹשָׁב שגבו צמוד אל הַקִּיר, מטעמי נוחות או משום שחשש
לביטחונו.[188] וַיָּקָם יְהוֹנָתָן מצד אביו[189] וַיֵּשֶׁב אַבְנֵר שר הצבא מִצַּד שָׁאוּל

הרחבות | רכח; שולחן ערוך, אורח חיים תיז,א). מהמסופר כאן עולה שראש החודש היה לעתים יומיים, ואף ידעו על כך מראש, כמו שקורה גם כיום בחלק מחודשי השנה. (ראו ירושלמי תענית ד,ג; ר״י מטראני על אתר).

כו וַיִּפָּקֵד מְקוֹם דָּוִד׃ וְלֹא־דִבֶּר שָׁאוּל מְאוּמָה בַּיּוֹם
הַהוּא כִּי אָמַר מִקְרֶה הוּא בִּלְתִּי טָהוֹר הוּא כִּי־לֹא
כז טָהוֹר׃ וַיְהִי מִמָּחֳרַת הַחֹדֶשׁ הַשֵּׁנִי וַיִּפָּקֵד
מְקוֹם דָּוִד וַיֹּאמֶר שָׁאוּל אֶל־יְהוֹנָתָן בְּנוֹ מַדּוּעַ לֹא־
כח בָא בֶן־יִשַׁי גַּם־תְּמוֹל גַּם־הַיּוֹם אֶל־הַלָּחֶם׃ וַיַּעַן
יְהוֹנָתָן אֶת־שָׁאוּל נִשְׁאֹל נִשְׁאַל דָּוִד מֵעִמָּדִי עַד־
כט בֵּית לָחֶם׃ וַיֹּאמֶר שַׁלְּחֵנִי נָא כִּי זֶבַח מִשְׁפָּחָה לָנוּ
בָּעִיר וְהוּא צִוָּה־לִי אָחִי וְעַתָּה אִם־מָצָאתִי חֵן
בְּעֵינֶיךָ אִמָּלְטָה נָּא וְאֶרְאֶה אֶת־אֶחָי עַל־כֵּן לֹא־
ל בָא אֶל־שֻׁלְחַן הַמֶּלֶךְ׃ וַיִּחַר־אַף שָׁאוּל
בִּיהוֹנָתָן וַיֹּאמֶר לוֹ בֶּן־נַעֲוַת הַמַּרְדּוּת הֲלוֹא יָדַעְתִּי
כִּי־בֹחֵר אַתָּה לְבֶן־יִשַׁי לְבָשְׁתְּךָ וּלְבֹשֶׁת עֶרְוַת
לא אִמֶּךָ׃ כִּי כָל־הַיָּמִים אֲשֶׁר בֶּן־יִשַׁי חַי עַל־הָאֲדָמָה
לֹא תִכּוֹן אַתָּה וּמַלְכוּתֶךָ וְעַתָּה שְׁלַח וְקַח אֹתוֹ אֵלַי
לב כִּי בֶן־מָוֶת הוּא׃ וַיַּעַן יְהוֹנָתָן אֶת־שָׁאוּל
לג אָבִיו וַיֹּאמֶר אֵלָיו לָמָּה יוּמַת מֶה עָשָׂה׃ וַיָּטֶל שָׁאוּל
אֶת־הַחֲנִית עָלָיו לְהַכֹּתוֹ וַיֵּדַע יְהוֹנָתָן כִּי־כָלָה
לד הִיא מֵעִם אָבִיו לְהָמִית אֶת־דָּוִד׃ וַיָּקָם
יְהוֹנָתָן מֵעִם הַשֻּׁלְחָן בָּחֳרִי־אָף וְלֹא־אָכַל בְּיוֹם־
הַחֹדֶשׁ הַשֵּׁנִי לֶחֶם כִּי נֶעְצַב אֶל־דָּוִד כִּי הִכְלִמוֹ
לה אָבִיו׃ וַיְהִי בַבֹּקֶר וַיֵּצֵא יְהוֹנָתָן הַשָּׂדֶה
לו לְמוֹעֵד דָּוִד וְנַעַר קָטֹן עִמּוֹ׃ וַיֹּאמֶר לְנַעֲרוֹ רֻץ מְצָא־

ביאור

וַיִּפָּקֵד, חסר מְקוֹם דָּוִד. כו וְלֹא דִבֶּר שָׁאוּל מְאוּמָה על כך בַּיּוֹם הַהוּא,
כִּי אָמַר בלבו: מִקְרֶה הוּא, בִּלְתִּי טָהוֹר הוּא. דוד טמא מחמת קרי לילה
וכדומה, ולא בא אל סעודת הזבח המקודשת, כִּי לֹא טָהוֹר. טומאה
קלה ושכיחה מעין זו, שיכולה לקרות לאדם בעצמו או מתוך יחסיו
עם אשתו, היא ההסבר הפשוט ביותר להיעדרות שאינה צפויה. מן
הסתם יבוא למחרת, לאחר שיטבול בלילה ויטהר.[190]

כז וַיְהִי מִמָּחֳרַת, שהוא יום הַחֹדֶשׁ הַשֵּׁנִי,[191] וַיִּפָּקֵד שוב מְקוֹם דָּוִד.
וַיֹּאמֶר שָׁאוּל אֶל יְהוֹנָתָן בְּנוֹ, חברו של דוד: מַדּוּעַ לֹא בָא בֶן יִשַׁי גַּם
תְּמוֹל, אתמול גַּם הַיּוֹם אֶל הַלָּחֶם?

כח וַיַּעַן יְהוֹנָתָן אֶת שָׁאוּל: נִשְׁאֹל נִשְׁאַל, ביקש דָּוִד מֵעִמָּדִי רשות ללכת
עַד בֵּית לָחֶם. כט וַיֹּאמֶר: "שַׁלְּחֵנִי נָא, כִּי זֶבַח מִשְׁפָּחָה לָנוּ בָּעִיר, וְהוּא
צִוָּה לִי לבוא, אָחִי הגדול.[192] וְעַתָּה אִם מָצָאתִי חֵן בְּעֵינֶיךָ – אִמָּלְטָה,
אשתחרר וארוץ נָּא וְאֶרְאֶה אֶת אֶחָי", עַל כֵּן לֹא בָא דוד אֶל שֻׁלְחַן הַמֶּלֶךְ.
אין בהיעלמותו פגיעה בכבודך, שהרי ביקש את רשותי.

ל וַיִּחַר אַף, כעס שָׁאוּל בִּיהוֹנָתָן, וַיֹּאמֶר לוֹ: בֶּן נַעֲוַת הַמַּרְדּוּת, אשה
מעוותת ומרדנית! שאול מקלל את אם יהונתן ומבזה אותה. והוא
מחריף את התבטאותו:[193] הֲלוֹא יָדַעְתִּי כִּי בֹחֵר אַתָּה לְבֶן, בבן יִשַׁי,
אתה מעדיף שדוד יהיה המלך,[194] לְבָשְׁתְּךָ וּלְבֹשֶׁת עֶרְוַת אִמֶּךָ. לא כִּי
כָל הַיָּמִים אֲשֶׁר בֶּן יִשַׁי חַי עַל הָאֲדָמָה לֹא תִכּוֹן, תתקיים אַתָּה וּמַלְכוּתֶךָ,
וְעַתָּה שְׁלַח אנשים וְקַח אֹתוֹ אֵלַי כִּי בֶן מָוֶת הוּא. הוא חייב מיתה.

לב וַיַּעַן יְהוֹנָתָן אֶת שָׁאוּל אָבִיו, וַיֹּאמֶר אֵלָיו: לָמָּה יוּמַת? מֶה עָשָׂה?

לג וַיָּטֶל שָׁאוּל אֶת הַחֲנִית עָלָיו לְהַכֹּתוֹ, לא כדי להרוג את בנו, אלא
לבטא את זעמו.

וַיֵּדַע יְהוֹנָתָן כִּי כָלָה הִיא, מנוי וגמור מֵעִם אָבִיו לְהָמִית אֶת דָּוִד. שאול
לא הצניע את הדבר אלא גילה את רצונו ברבים פעם אחר פעם,
שהרי שריו ומקורביו של שאול בוודאי נכחו בסעודה החגיגית.
יתרה מזו, לראשונה הוא גם העליב את יהונתן וגם ניסה לפגוע
בו. ליונתן לא נותר כל ספק באשר לכוונותיו. לד וַיָּקָם יְהוֹנָתָן מֵעִם
הַשֻּׁלְחָן בָּחֳרִי אָף, בכעס וְלֹא אָכַל בְּיוֹם הַחֹדֶשׁ הַשֵּׁנִי לֶחֶם, כִּי נֶעְצַב
אֶל דָּוִד וכִי הִכְלִמוֹ, ביישו אָבִיו. יונתן חש זעם, עצב ובושה גם יחד.

לה וַיְהִי בַבֹּקֶר, וַיֵּצֵא יְהוֹנָתָן הַשָּׂדֶה לְמוֹעֵד, לזמן שקבע עם דָּוִד, וְנַעַר
קָטֹן, שלא יבין ויחשוד בדבר[195] עִמּוֹ.

נָא֙ אֶת־הַ֣חִצִּ֔ים אֲשֶׁ֥ר אָנֹכִ֖י מוֹרֶ֑ה הַנַּ֣עַר רָ֔ץ וְהֽוּא־
לז יָרָ֥ה הַחֵ֖צִי לְהַעֲבִרֽוֹ׃ וַיָּבֹ֤א הַנַּ֙עַר֙ עַד־מְק֣וֹם הַחֵ֔צִי
אֲשֶׁ֥ר יָרָ֖ה יְהוֹנָתָ֑ן וַיִּקְרָ֨א יְהוֹנָתָ֜ן אַחֲרֵ֤י הַנַּ֙עַר֙ וַיֹּ֔אמֶר
לח הֲל֥וֹא הַחֵ֖צִי מִמְּךָ֥ וָהָֽלְאָה׃ וַיִּקְרָ֤א יְהוֹנָתָן֙ אַחֲרֵ֣י
הַנַּ֔עַר מְהֵרָ֥ה ח֖וּשָׁה אַֽל־תַּעֲמֹ֑ד וַיְלַקֵּ֞ט נַ֤עַר יְהוֹנָתָן֙
לט אֶת־הַחִצִּ֔י וַיָּבֹ֖א אֶל־אֲדֹנָֽיו׃ וְהַנַּ֖עַר לֹֽא־יָדַ֣ע מְא֑וּמָה הַ֣חִצִּ֔ים
מ אַ֤ךְ יְהוֹנָתָן֙ וְדָוִ֔ד יָדְע֖וּ אֶת־הַדָּבָֽר׃ וַיִּתֵּ֤ן יְהוֹנָתָן֙ אֶת־
כֵּלָ֔יו אֶל־הַנַּ֖עַר אֲשֶׁר־ל֑וֹ וַיֹּ֣אמֶר ל֔וֹ לֵ֖ךְ הָבֵ֥יא הָעִֽיר׃
מא הַנַּעַר֮ בָּא֒ וְדָוִ֗ד קָ֚ם מֵאֵ֣צֶל הַנֶּ֔גֶב וַיִּפֹּ֨ל לְאַפָּ֥יו אַ֛רְצָה
וַיִּשְׁתַּ֖חוּ שָׁלֹ֣שׁ פְּעָמִ֑ים וַֽיִּשְּׁק֣וּ ׀ אִ֣ישׁ אֶת־רֵעֵ֗הוּ וַיִּבְכּוּ֙
מב אִ֣ישׁ אֶת־רֵעֵ֔הוּ עַד־דָּוִ֖ד הִגְדִּֽיל׃ וַיֹּ֧אמֶר יְהוֹנָתָ֛ן לְדָוִ֖ד
לֵ֣ךְ לְשָׁל֑וֹם אֲשֶׁר֩ נִשְׁבַּ֨עְנוּ שְׁנֵ֜ינוּ אֲנַ֗חְנוּ בְּשֵׁ֤ם יהוה֙
לֵאמֹ֔ר יהוה֞ יִהְיֶ֣ה ׀ בֵּינִ֣י וּבֵינֶ֗ךָ וּבֵ֥ין זַרְעִ֛י וּבֵ֥ין זַרְעֲךָ֖
עַד־עוֹלָֽם׃

לו וַיֹּאמֶר לְנַעֲרוֹ: רֻץ מְצָא נָא אֶת הַחִצִּים אֲשֶׁר אָנֹכִי מוֹרֶה, יורה. ביאור

הַנַּעַר רָץ, וְהוּא יָרָה הַחֵצִי, את החץ[196] לְהַעֲבִרוֹ, כדי שהחץ יעבור את
הנער. לז וַיָּבֹא הַנַּעַר עַד מְקוֹם הַחֵצִי אֲשֶׁר יָרָה יְהוֹנָתָן. התברר שיהונתן
ירה מעבר למטרה היעודה,[197] וַיִּקְרָא יְהוֹנָתָן אַחֲרֵי הַנַּעַר וַיֹּאמֶר: הֲלוֹא
הַחֵצִי מִמְּךָ וָהָלְאָה. לח וַיִּקְרָא יְהוֹנָתָן אַחֲרֵי הַנַּעַר: מְהֵרָה חוּשָׁה, הזדרז,
אַל תַּעֲמֹד.

וַיְלַקֵּט נַעַר יְהוֹנָתָן אֶת הַחִצִּים, וַיָּבֹא אֶל אֲדֹנָיו, כדי שיהונתן יניח אותם
באשפת החצים. לט וְהַנַּעַר לֹא יָדַע מְאוּמָה, אַךְ יְהוֹנָתָן וְדָוִד יָדְעוּ אֶת
הַדָּבָר.

מ וַיִּתֵּן יְהוֹנָתָן אֶת כֵּלָיו, הקשת ואשפת החצים,[198] אֶל הַנַּעַר אֲשֶׁר לוֹ,
וַיֹּאמֶר לוֹ: לֵךְ הָבֵיא אותם אל הָעִיר.

מא הַנַּעַר בָּא, פנה לדרכו, וְכאשר לא היה איש בשדה, דָּוִד קָם מֵאֵצֶל
הַנֶּגֶב, מן הצד הדרומי של השדה או של האבן האזל, וַיִּפֹּל לְאַפָּיו, לפני
יהונתן אַרְצָה וַיִּשְׁתַּחוּ, השתחווה לו שָׁלֹשׁ פְּעָמִים כאות תודה.[199] וַיִּשְּׁקוּ
אִישׁ אֶת רֵעֵהוּ וַיִּבְכּוּ אִישׁ אֶת רֵעֵהוּ, כי ידעו שמן הסתם לא ייפגשו עוד,
עַד שֶׁדָּוִד הִגְדִּיל, הרבה לבכות מיהונתן. אף על פי שיונתן אהב אותו
לא פחות. דוד ידע שמעתה הוא נידון לחיי קושי, רדיפות וסבל.[200]

מב וַיֹּאמֶר יְהוֹנָתָן לְדָוִד: לֵךְ לְשָׁלוֹם, והוא שב והזכיר לו: אֲשֶׁר נִשְׁבַּעְנוּ
שְׁנֵינוּ אֲנַחְנוּ בְּשֵׁם ה׳ לֵאמֹר: ״ה׳ יִהְיֶה בֵּינִי וּבֵינֶךָ וּבֵין זַרְעִי וּבֵין זַרְעֲךָ עַד
עוֹלָם״.

הפטרת שבת ראש חודש

ישעיה

בראש חודש קוראים למפטיר מפרשת פינחס פרק כח פס׳ ט-טו לעיל

כֹּה אָמַר יְהוָה הַשָּׁמַיִם כִּסְאִי וְהָאָרֶץ הֲדֹם רַגְלָי אֵי־ א סו
זֶה בַיִת אֲשֶׁר תִּבְנוּ־לִי וְאֵי־זֶה מָקוֹם מְנוּחָתִי׃ וְאֶת־ ב
כָּל־אֵלֶּה יָדִי עָשָׂתָה וַיִּהְיוּ כָל־אֵלֶּה נְאֻם־יְהוָה וְאֶל־
זֶה אַבִּיט אֶל־עָנִי וּנְכֵה־רוּחַ וְחָרֵד עַל־דְּבָרִי׃ שׁוֹחֵט ג
הַשּׁוֹר מַכֵּה־אִישׁ זוֹבֵחַ הַשֶּׂה עֹרֵף כֶּלֶב מַעֲלֵה מִנְחָה
דַּם־חֲזִיר מַזְכִּיר לְבֹנָה מְבָרֵךְ אָוֶן גַּם־הֵמָּה בָּחֲרוּ
בְּדַרְכֵיהֶם וּבְשִׁקּוּצֵיהֶם נַפְשָׁם חָפֵצָה׃ גַּם־אֲנִי אֶבְחַר ד
בְּתַעֲלוּלֵיהֶם וּמְגוּרֹתָם אָבִיא לָהֶם יַעַן קָרָאתִי וְאֵין
עוֹנֶה דִּבַּרְתִּי וְלֹא שָׁמֵעוּ וַיַּעֲשׂוּ הָרַע בְּעֵינַי וּבַאֲשֶׁר
לֹא־חָפַצְתִּי בָּחָרוּ׃ שִׁמְעוּ דְּבַר־יְהוָה ה
הַחֲרֵדִים אֶל־דְּבָרוֹ אָמְרוּ אֲחֵיכֶם שֹׂנְאֵיכֶם מְנַדֵּיכֶם

עץ לבונה

העולם | **לְבֹנָה** שרף ריחני שצבעו לבן־צהבהב המופק מעצים המכונים גם היום לבונה (שם מדעי: Boswellia) ממשפחת הבשמיים, Burseraceae. זהו עץ קטן ממדים, העשוי להגיע עד גובה של 7 מטרים. עליו צרים ופרחיו לבנים־ורודים חיוורים. העץ גדל

הגמול העתיד לבוא

בצד דברי תוכחה לנוהגים שלא כהוגן המתרחקים מה׳, מתארת חתימת ספר ישעיה את התגלותו של ה׳. הגאולה העתידית אינה מצטיירת כרצף של מתנות, ישועות ונחמות בלבד, אלא כעת של גמול. על כן כוללת הנבואה הן את השכר המיועד להולכים בדרך הטוב והן את הפורענות שתגיע לעושי רע. ההפטרה מסיימת בנבואה שלעתיד לבוא יעלו הכול למקדש בשבתות ובראשי חדשים.

ביאור | ישעיה פרק סו א **כֹּה אָמַר ה׳: הַשָּׁמַיִם הם כִּסְאִי, וְהָאָרֶץ** היא **הֲדֹם,**
שרפרף להנחת **רַגְלָי.** על כן – **אֵי זֶה בַיִת אֲשֶׁר תִּבְנוּ לִי, וְאֵי זֶה מָקוֹם**
מְנוּחָתִי?! בניית בית לה׳ אינה אמורה להיות אפשרית.[201] ב **וְאֶת כָּל**
אֵלֶּה, השמים והארץ, כיסאי והדומי, **יָדִי עָשָׂתָה, וַיִּהְיוּ,** ונתקיימו **כָּל**
אֵלֶּה מאז, **נְאֻם ה׳.** אין דבר שיכיל אותי, ואין דבר שלא נברא על ידי,
וְלמרות רוממותי על הכול[202] **אֶל זֶה אַבִּיט – אֶל עָנִי וּנְכֵה רוּחַ,** מדוכדך
וְהוא **חָרֵד עַל דְּבָרִי,** לעשותו. בניגוד למחשבותיהם של אנשים, כאילו
יוכלו לשמח את לבו של ה׳ בניסיונותיהם לבנות לו בתים וארמונות
ובמעשיהם החיצוניים – כל אלה אינם חשובים בעיניו. העני שרוחו
עצובה עליו, ועם זאת הוא דואג לדבר ה׳ שייעשה, הוא היקר בעיני
ה׳.[203] ג לעומת זה – מי **שׁוֹחֵט** את **הַשּׁוֹר** לצורך קרבן, דומה **לְמַכֵּה,**
להורג **אִישׁ. זוֹבֵחַ הַשֶּׂה** דומה בעיני **לְעֹרֵף כֶּלֶב,** שאין בו קדושה
או מעלה. **מַעֲלֵה מִנְחָה** על המזבח – כאילו הביא **דַּם חֲזִיר. מַזְכִּיר,**
מקטיר[204] **לְבֹנָה** אינו אלא **מְבָרֵךְ אָוֶן,** מעלה מתנת מרמה שאין בה
כל תועלת.[205] **גַּם הֵמָּה,** אותם מקריבי קרבנות **בָּחֲרוּ בְּדַרְכֵיהֶם** הרעות,
וּבְשִׁקּוּצֵיהֶם נַפְשָׁם חָפֵצָה. הם חושבים שמעשי הפולחן פוטרים אותם
מכל חובה אחרת, ולכן המעשים הללו משוקצים בעיני. לא מפני
שיש פסול בהקרבת הקרבנות כשלעצמה, אלא משום שמקריבי
הקרבנות ממשיכים ללכת בדרכיהם הרעות.[206] ד לפיכך **גַּם אֲנִי אֶבְחַר**
בְּתַעֲלֻלֵיהֶם, אתמקד במעשיהם השליליים,[207] ואת **מְגוּרֹתָם,** פחדיהם,
הדברים שהם חוששים מפניהם,[208] **אָבִיא לָהֶם, יַעַן קָרָאתִי – וְאֵין עוֹנֶה,**
נעתר לקריאתי, **דִּבַּרְתִּי – וְלֹא שָׁמֵעוּ,** קיבלו, **וַיַּעֲשׂוּ הָרַע בְּעֵינַי, וּבַאֲשֶׁר**
לֹא חָפַצְתִּי בָּחָרוּ. זה יהיה עונשם של הפונים לעניינים חיצוניים
ומתעלמים מן הנושאים החשובים.

ה **שִׁמְעוּ דְּבַר ה׳, הַחֲרֵדִים אֶל דְּבָרוֹ** והמקשיבים לו באמת: **אָמְרוּ אֲחֵיכֶם**
שהם לפעמים **שֹׂנְאֵיכֶם** ולפעמים **מְנַדֵּיכֶם,** המחרימים אתכם ואינם

העולם | משתמשים בגרגירים המתגבשים מן השרף הנוזלי המתקשה במשך הזמן. באיזור סומליה, אתיופיה ודרום חצי־האי ערב. את השרף מפיקים באמצעות חריצת קליפת העץ ואיסוף השרף המטפטף בכלי.

לְמַ֣עַן שְׁמִ֗י יִכְבַּ֣ד יְהוָ֔ה וְנִרְאֶ֥ה בְשִׂמְחַתְכֶ֖ם וְהֵ֥ם
יֵבֹֽשׁוּ׃ ק֤וֹל שָׁאוֹן֙ מֵעִ֔יר ק֖וֹל מֵהֵיכָ֑ל ק֣וֹל יְהוָ֔ה מְשַׁלֵּ֥ם ו
גְּמ֖וּל לְאֹיְבָֽיו׃ בְּטֶ֥רֶם תָּחִ֖יל יָלָ֑דָה בְּטֶ֨רֶם יָב֥וֹא חֵ֛בֶל ז
לָ֖הּ וְהִמְלִ֥יטָה זָכָֽר׃ מִֽי־שָׁמַ֣ע כָּזֹ֗את מִ֤י רָאָה֙ כָּאֵ֔לֶּה ח
הֲי֤וּחַל אֶ֙רֶץ֙ בְּי֣וֹם אֶחָ֔ד אִם־יִוָּ֥לֵד גּ֖וֹי פַּ֣עַם אֶחָ֑ת כִּֽי־
חָ֛לָה גַּם־יָלְדָ֥ה צִיּ֖וֹן אֶת־בָּנֶֽיהָ׃ הַאֲנִ֥י אַשְׁבִּ֛יר וְלֹ֥א ט
אוֹלִ֖יד יֹאמַ֣ר יְהוָ֑ה אִם־אֲנִ֧י הַמּוֹלִ֛יד וְעָצַ֖רְתִּי אָמַ֥ר
אֱלֹהָֽיִךְ׃ שִׂמְח֧וּ אֶת־יְרוּשָׁלִַ֛ם וְגִ֥ילוּ בָ֖הּ י
כָּל־אֹהֲבֶ֑יהָ שִׂ֤ישׂוּ אִתָּהּ֙ מָשׂ֔וֹשׂ כָּל־הַמִּֽתְאַבְּלִ֖ים
עָלֶֽיהָ׃ לְמַ֤עַן תִּֽינְקוּ֙ וּשְׂבַעְתֶּ֔ם מִשֹּׁ֖ד תַּנְחֻמֶ֑יהָ לְמַ֧עַן יא
תָּמֹ֛צּוּ וְהִתְעַנַּגְתֶּ֖ם מִזִּ֥יז כְּבוֹדָֽהּ׃ כִּי־כֹ֣ה ׀ יב
אָמַ֣ר יְהוָ֗ה הִנְנִ֣י נֹטֶה־אֵ֠לֶיהָ כְּנָהָ֨ר שָׁל֜וֹם וּכְנַ֧חַל
שׁוֹטֵ֛ף כְּב֥וֹד גּוֹיִ֖ם וִֽינַקְתֶּ֑ם עַל־צַד֙ תִּנָּשֵׂ֔אוּ וְעַל־
בִּרְכַּ֖יִם תְּשָׁעֳשָֽׁעוּ׃ כְּאִ֕ישׁ אֲשֶׁ֥ר אִמּ֖וֹ תְּנַחֲמֶ֑נּוּ כֵּ֤ן אָנֹכִי֙ יג
אֲנַחֶמְכֶ֔ם וּבִירוּשָׁלִַ֖ם תְּנֻחָֽמוּ׃ וּרְאִיתֶם֙ וְשָׂ֣שׂ לִבְּכֶ֔ם יד

כְּנָהָר שָׁלוֹם
וּכְנַחַל שׁוֹטֵף
שטף זרימת נהר

ביאור | מעוניינים לשתף אתכם עמם:[209] "**לְמַעַן שְׁמִי**, בגללנו, בזכותנו **יִכְבַּד**,
יכובד **ה'**".[210] הם חושבים שבהם ובקרבנותיהם הכול תלוי, ומגַנים את
זולתם על מעשיהם ועל מחדליהם. **וְ**אולם לבסוף **נִרְאֶה בְשִׂמְחַתְכֶם**,
אתם תזכו לשמחה **וְ**אילו **הֵם יֵבֹשׁוּ**, יתביישו.[211] ו כך יקרה, כאשר **קוֹל
שָׁאוֹן**, רעש, יֵצא **מֵעִיר**, מציון.[212] **קוֹל** יֵצא **מֵהֵיכָל**. זהו **קוֹל ה' מְשַׁלֵּם
גְּמוּל לְאֹיְבָיו**. השילום בזמן הגאולה יבוא ברעש גדול.

ז כדימוי לתהליך הגאולה – **בְּטֶרֶם תָּחִיל**, לפני שחשה ציון צירים – **יָלָדָה**,
הלידה כבר תהיה מאחוריה. **בְּטֶרֶם יָבוֹא חֵבֶל**, ציר **לָהּ** – והנה כבר
הִמְלִיטָה זָכָר. הגאולה תבוא במהירות ובמפתיע, כלידה שלא קדמו
לה סימני הלידה. ח **מִי שָׁמַע** גאולה פלאית **כָּזֹאת**?! **מִי רָאָה** אירועים
כָּאֵלֶּה?! **הֲיוּחַל אֶרֶץ בְּיוֹם אֶחָד**?! האם ייתכן שארץ שלמה תיהרה
ותיוולד[213] ביום אחד, **אִם יִוָּלֵד גּוֹי**, עַם **בְּפַעַם אֶחָת**?! הרי לידתו של
עם היא תהליך ממושך. **כִּי**, הנה **חָלָה**, הרתה וכאבה **וְגַם יָלְדָה צִיּוֹן
אֶת בָּנֶיהָ** בבת אחת. ט **הַאֲנִי אַשְׁבִּיר**, אושיב את ציון על המשבר,
מקום הלידה, **וְלֹא אוֹלִיד**, לא אסייע לה ללדת?! **יֹאמַר ה'**. **אִם אֲנִי
הַמּוֹלִיד** את הכול, **וְעָצַרְתִּי** את ציון מללדת?! **אָמַר אֱלֹהָיִךְ**. אני הדואג
לכל התהליכים הללו מתחילתם, ועל כן אביאם לידי גמר.[214]

י לאחר הלידה – **שִׂמְחוּ אֶת**, עם **יְרוּשָׁלַםִ** הנפקדת, **וְגִילוּ בָהּ, כָּל אֹהֲבֶיהָ**,
הכואבים עתה את עליבותה. **שִׂישׂוּ אִתָּהּ מָשׂוֹשׂ, כָּל הַמִּתְאַבְּלִים
עָלֶיהָ** בחורבנה. השתתפו בשמחתה – יא **לְמַעַן תִּינְקוּ וּשְׂבַעְתֶּם מִשֹּׁד**,
מִשַּׁד **תַּנְחֻמֶיהָ**. בני ירושלים יינקו ממנה את תנחומיה, יתנחמו יירגעו
ויתענגו. והדימוי הסמלי ממשיך – **לְמַעַן תָּמֹצּוּ**, תמצצו, **וְהִתְעַנַּגְתֶּם
מִזִּיז**, מזיו[215] **כְּבוֹדָהּ**. ולפי הדימוי רומז לפטמות שדיה.[216]

יב בהמשך לדימוי לידת ציון את בניה – **כִּי כֹה אָמַר ה'**: **הִנְנִי נֹטֶה**,
מַפנה **אֵלֶיהָ** – אל ירושלים **כְּנָהָר** – **שָׁלוֹם**, את הברכה המושלמת,
וּכְנַחַל שׁוֹטֵף אביא **כְּבוֹד**, חשיבות או הון **גּוֹיִם, וִינַקְתֶּם** שפע זה. **עַל
צַד תִּנָּשֵׂאוּ**, יישאו אתכם כמו שנושאים תינוקות קטנים על צד
הגוף. **וְעַל בִּרְכַּיִם תְּשָׁעֳשָׁעוּ**, כדרך שמחזיקים ומשעשעים פעוטות.
תשובו לציון כילדים קטנים, בהתחדשות גמורה ובשמחה תמה, בלי
טרדות וייסורים. יג **כְּאִישׁ אֲשֶׁר אִמּוֹ תְּנַחֲמֶנּוּ** מצרה שעברה עליו,
אולי מעזיבתה אותו,[217] בדברים רכים היוצאים מלב רחמן,[218] **כֵּן אָנֹכִי
אֲנַחֶמְכֶם, וּבִירוּשָׁלַםִ** שהתאבלתם עליה, על ידה ובה **תְּנֻחָמוּ**. יד **וּרְאִיתֶם**
את הגאולה **וְשָׂשׂ לִבְּכֶם, וְעַצְמוֹתֵיכֶם כַּדֶּשֶׁא תִפְרַחְנָה**, דימוי העצמות

וְעַצְמוֹתֵיכֶם כַּדֶּשֶׁא תִפְרַחְנָה וְנוֹדְעָה יַד־יהוה אֶת־
עֲבָדָיו וְזָעַם אֶת־אֹיְבָיו׃ כִּי־הִנֵּה יהוה בָּאֵשׁ יָבוֹא טו
וְכַסּוּפָה מַרְכְּבֹתָיו לְהָשִׁיב בְּחֵמָה אַפּוֹ וְגַעֲרָתוֹ
בְּלַהֲבֵי־אֵשׁ׃ כִּי בָאֵשׁ יהוה נִשְׁפָּט וּבְחַרְבּוֹ אֶת־כָּל־ טז
בָּשָׂר וְרַבּוּ חַלְלֵי יהוה׃ הַמִּתְקַדְּשִׁים וְהַמִּטַּהֲרִים יז
אַחַת אֶל־הַגַּנּוֹת אַחַר אחד בַּתָּוֶךְ אֹכְלֵי בְּשַׂר הַחֲזִיר
וְהַשֶּׁקֶץ וְהָעַכְבָּר יַחְדָּו יָסֻפוּ נְאֻם־יהוה׃ וְאָנֹכִי יח
מַעֲשֵׂיהֶם וּמַחְשְׁבֹתֵיהֶם בָּאָה לְקַבֵּץ אֶת־כָּל־הַגּוֹיִם
וְהַלְּשֹׁנוֹת וּבָאוּ וְרָאוּ אֶת־כְּבוֹדִי׃ וְשַׂמְתִּי בָהֶם אוֹת יט
וְשִׁלַּחְתִּי מֵהֶם ׀ פְּלֵיטִים אֶל־הַגּוֹיִם תַּרְשִׁישׁ פּוּל
וְלוּד מֹשְׁכֵי קֶשֶׁת תֻּבַל וְיָוָן הָאִיִּים הָרְחֹקִים אֲשֶׁר
לֹא־שָׁמְעוּ אֶת־שִׁמְעִי וְלֹא־רָאוּ אֶת־כְּבוֹדִי וְהִגִּידוּ
אֶת־כְּבוֹדִי בַּגּוֹיִם׃ וְהֵבִיאוּ אֶת־כָּל־אֲחֵיכֶם ׀ מִכָּל־ כ

הרחבות | **'אֹכלי בשר החזיר והשקץ והעכבר'** לשון בלתי עדינה זו מתייחסת אף לאוכלים במסעדות גורמה, שבהן לא נאכלים השקצים כמות שהם אלא הם מתובלים בטוב טעם ומקושטים יפה. העונש יחול בשווה על החוטאים בפשעים חמורים כמו עבודה זרה, העשויה לכלול גם פולחן אינטלקטואלי, גילוי עריות ושפיכות דמים, המרומזים גם הם בפרשה זו, ועל מי שחטאו באכילתו של מזון שאינו כשר.

'ואנכי מעשיהם ומחשבתיהם באה לקבץ את כל הגוים' ייתכן שלכך מכוונים הדברים לעיל (פס' ד): גַּם אֲנִי אֶבְחַר בְּתַעֲלֻלֵיהֶם. ויש מי שמפרש כנגד מחשבות האחים השונאים באמרם: לְמַעַן שְׁמִי יִכְבַּד ה' - יבואו הגוים ויראו את כבודי. אחרים מפרשים: באה כל אחת ואחת ממחשבותיהם; באה רעת מעשיהם ומחשבותיהם לפני; לנוכח מעשיהם ומחשבותיהם באה העת לקבץ.

גם בנבואות אחרות של אחרית הימים מופיע הרעיון שלא רק ישראל אלא כל בני העולם יעריצו את ה' ויבואו לעבדו. (ראו לעיל ב,ב; נו,ו-ז; ירמיה ג,יז; זכריה יד,ב טז).

ביאור | המתרעננות והמתרחבות מבטא חידוש נעורים ושמחה, והוא עומד כנגד הגוף המצטמק, המשתופף והנראה יבש בתהליכי זקנה.[219] **וְנוֹדְעָה**, תתגלה **יַד ה' אֶת**, אצל **עֲבָדָיו**, בכך שהיא תתמוך בהם ותנקום נקמתם,[220] ומצד אחר – **וְזָעַם אֶת אֹיְבָיו**. ה' יכעס על אלה שעמדו כנגדו.

טו **כִּי הִנֵּה** באחרית הימים ה' **בָּאֵשׁ יָבוֹא**, יתגלה, **וְכַסּוּפָה** ידהרו **מַרְכְּבֹתָיו**
לְהָשִׁיב לשכך,[221] או: להחזיר[222] **בְּחֵמָה** את **אַפּוֹ**, כעסו, **וְ**את **גַעֲרָתוֹ**
ישיב **בְּלַהֲבֵי**, בלהבות **אֵשׁ**. טז **כִּי בָאֵשׁ ה' נִשְׁפָּט**, יתדיין, **וּבְחַרְבּוֹ** יבוא
במשפט **אֶת**, עם **כָּל בָּשָׂר** – **וְרַבּוּ חַלְלֵי ה'**. יז **הַמִּתְקַדְּשִׁים**, המכינים
עצמם לפולחן **וְהַמִּטַּהֲרִים** בפנותם **אֶל הַגַּנּוֹת** לעבודה זרה שהייתה נעשית בהן,[223] **אַחַר אַחַת בַּתָּוֶךְ**. קבוצה אחר קבוצה היו עובדים לדמות שניצבה במרכז.[224] **אֹכְלֵי בְּשַׂר הַחֲזִיר וְהַשֶּׁקֶץ וְהָעַכְבָּר**. אוכלי טרפות ונבלות, כל אלה **יַחְדָּו יָסֻפוּ**, יאבדו, **נְאֻם ה'**.

יח וה' אומר: **וְאָנֹכִי** כך אפעל: **מַעֲשֵׂיהֶם וּמַחְשְׁבֹתֵיהֶם**, תוכניתם של
עובדי האלילים להיוועד על ירושלים[225] **בָּאָה**, תתממש – **לְקַבֵּץ אֶת**
כָּל הַגּוֹיִם וְהַלְּשֹׁנוֹת, ואז – **וּבָאוּ וְרָאוּ אֶת כְּבוֹדִי** – יט **וְשַׂמְתִּי בָהֶם**, בגויים
שייאספו **אוֹת**, סימן שאני הוא העומד מאחורי גאולה זו. **וְשִׁלַּחְתִּי מֵהֶם פְּלֵיטִים**, שיבואו כשליחים **אֶל הַגּוֹיִם**, **תַּרְשִׁישׁ פּוּל וְלוּד**, שחלקם שוכנים בקצוות שונים של הים התיכון, והם **מֹשְׁכֵי קֶשֶׁת**, אנשי מלחמה המפורסמים כקשתים, וגם אל **תֻּבַל וְיָוָן, הָאִיִּים הָרְחֹקִים** מארץ ישראל. בזמנים שבהם ההפלגות נעשו באניות מפרש בלתי אמינות, האיים שאחרי יוון נחשבו רחוקים. **אֲשֶׁר לֹא שָׁמְעוּ אֶת שִׁמְעִי, וְלֹא רָאוּ אֶת כְּבוֹדִי. וְהִגִּידוּ** השליחים הללו **אֶת כְּבוֹדִי בַּגּוֹיִם**. כ **וְהֵבִיאוּ** הגויים

העולם |

תַּרְשִׁישׁ מזוהה עם תרסוס שבדרום־מזרח אסיה הקטנה (תורכיה של היום) או עם תרתיסוס (Tartessos) שבדרום־מערב חצי־האי האיברי.

פּוּל יש המזהים אותו עם בני פוט, המוזכרים כבעלי ברית של המצרים והיו אנשי מלחמה המומחים בהגנה: "כּוּשׁ וּפוּט אִתָּם כֻּלָּם מָגֵן וְכוֹבָע" (יחזקאל לח,ה, וראו ירמיה מו,ט; נחום ג,ט). יש חוקרים שזיהו אותו עם שבט ששכן בלוב, ואחרים שיערו שהוא 'ארץ פונט' שמדרום למצרים, הנזכרת בתעודות מצריות עתיקות.

לוּד בלוח העמים בפרשת נח הלודיים סמוכים לעמי כוש ופוט, ששכנו סמוך למצרים (ישעיה סו,יט; יחזקאל כז,י). הם נזכרים בנביאים כעם שכירי חרב בשירות הצורים, הצידונים והמצרים. בתעודות היסטוריות נזכר לוד כעם שישב לחופי מערב אסיה הקטנה (Lydia), ועל כן היה מי ששיער כי מדובר בעם נודד שמקורו מצרי.

הַגּוֹיִ֣ם ׀ מִנְחָ֣ה ׀ לַֽיהוָ֗ה בַּסּוּסִ֡ים וּ֠בָרֶכֶב וּבַצַּבִּ֨ים
וּבַפְּרָדִ֜ים וּבַכִּרְכָּר֗וֹת עַ֣ל הַ֥ר קָדְשִׁ֛י יְרוּשָׁלִַ֖ם אָמַ֣ר
יְהוָ֑ה כַּאֲשֶׁ֣ר יָבִ֣יאוּ בְנֵ֧י יִשְׂרָאֵ֛ל אֶת־הַמִּנְחָ֛ה בִּכְלִ֥י
טָה֖וֹר בֵּ֥ית יְהוָֽה׃ וְגַם־מֵהֶ֥ם אֶקַּ֛ח לַכֹּהֲנִ֥ים לַלְוִיִּ֖ם כא
אָמַ֥ר יְהוָֽה׃ כִּ֣י כַאֲשֶׁ֣ר הַשָּׁמַ֣יִם הַ֠חֲדָשִׁים וְהָאָ֨רֶץ כב
הַחֲדָשָׁ֜ה אֲשֶׁ֨ר אֲנִ֥י עֹשֶׂ֛ה עֹמְדִ֥ים לְפָנַ֖י נְאֻם־יְהוָ֑ה כֵּ֛ן
יַעֲמֹ֥ד זַרְעֲכֶ֖ם וְשִׁמְכֶֽם׃ וְהָיָ֗ה מִֽדֵּי־חֹ֙דֶשׁ֙ בְּחָדְשׁ֔וֹ כג
וּמִדֵּ֥י שַׁבָּ֖ת בְּשַׁבַּתּ֑וֹ יָב֧וֹא כָל־בָּשָׂ֛ר לְהִשְׁתַּחֲוֺ֥ת לְפָנַ֖י
אָמַ֥ר יְהוָֽה׃ וְיָצְא֣וּ וְרָא֔וּ בְּפִגְרֵי֙ הָאֲנָשִׁ֔ים הַפֹּשְׁעִ֖ים בִּ֑י כד
כִּ֣י תוֹלַעְתָּ֞ם לֹ֣א תָמ֗וּת וְאִשָּׁם֙ לֹ֣א תִכְבֶּ֔ה וְהָי֥וּ דֵרָא֖וֹן
לְכָל־בָּשָֽׂר׃

והיה מדי־חדש בחדשו ומדי שבת בשבתו יבוא כל־בשר
להשתחות לפני אמר יהוה:

ביאור | שיעלו לרגל לציון **אֶת כָּל אֲחֵיכֶם** שבגלות **מִכָּל הַגּוֹיִם** אחיכם יובאו
על ידי הגויים בתור **מִנְחָה**, מתנה **לַה'**, בכל כלי הרכב האפשריים:
בַּסּוּסִים וּבָרֶכֶב וּבַצַּבִּים, עגלות מטוקסות, ערוכות ומסודרות **וּבַפְּרָדִים**
וּבַכִּרְכָּרוֹת עַל, אל **הַר קָדְשִׁי יְרוּשָׁלַםִ, אָמַר ה', כַּאֲשֶׁר יָבִיאוּ בְנֵי יִשְׂרָאֵל**
אֶת הַמִּנְחָה בִּכְלִי טָהוֹר לְבֵית ה'. נדחי ישראל בכל האומות יובאו
במהירות ובכבוד, כמו שמביאים לה' קרבן מכובד ונאה בטהרה
ובשמחת לב. כא **וְגַם מֵהֶם**, מאותם הגולים שישובו ויתגלו,[226] **אֶקַּח**
לַכֹּהֲנִים לַלְוִיִּם, אָמַר ה'.

כב **כִּי כַאֲשֶׁר הַשָּׁמַיִם הַחֲדָשִׁים וְהָאָרֶץ הַחֲדָשָׁה אֲשֶׁר אֲנִי עֹשֶׂה** – כמו
שהוזכר כבר[227] – **עֹמְדִים לְפָנַי, נְאֻם ה', כֵּן יַעֲמֹד זַרְעֲכֶם וְשִׁמְכֶם**. גם אתם
תישארו לנצח. כג **וְהָיָה מִדֵּי חֹדֶשׁ בְּחָדְשׁוֹ וּמִדֵּי שַׁבָּת בְּשַׁבַּתּוֹ יָבוֹא**
כָל בָּשָׂר, כל יצורי עולם, **לְהִשְׁתַּחֲוֹת לְפָנַי, אָמַר ה'**. בכל חודש ושבת
יבואו אנשים אחרים, ולאו דווקא בבת אחת.[228] העולם יכבד את
אלוקי ישראל. כד כאשר הם יגיעו – **וְיָצְאוּ וְרָאוּ בְּפִגְרֵי הָאֲנָשִׁים**
הַפֹּשְׁעִים, שפשעו **בִּי, כִּי תוֹלַעְתָּם** האוכלת את הפגרים הללו **לֹא**
תָמוּת, וְאִשָּׁם, האש היוקדת בהם **לֹא תִכְבֶּה, וְהָיוּ דֵרָאוֹן**, חרפה **לְכָל**
בָּשָׂר. עונשם של הפושעים וביזיונם יהיו אות עולם לעיני כול.[229]

כדי שלא לסיים את הספר בדבר שלילי, נהוג מזה דורות רבים
לחזור שנית על קריאת הפסוק שלפני האחרון:

והיה מדי חדש בחדשו ומדי שבת בשבתו יבוא כל בשר להשתחות לפני, אמר ה'.

מקורות והערות

מקורות והערות

מקורות והערות לפרשת במדבר

1. ראו רשב"ם ור"י בכור שור.
2. ראו אדרת אליהו.
3. להלן ז,י-פד.
4. ראב"ע.
5. ראו רש"י.
6. רשב"ם.
7. ראב"ע.
8. תפקידם הייחודי נרמז כבר בשמות לח,כא וכן במקומות אחרים. התנחלותם בערים מיוחדות נזכרה בויקרא כה,לב.
9. ראו אונקלוס.
10. ראו פסחים סח ע"א.
11. נראה שבמשמעות כפולה זו ראוי לטעון את פועל הכלאיים הָתְפָּקְדוּ. צורתו החריגה של פועל זה כוללת הן סממנים של בניין סביל (הופעל) והן סממנים של בניין פעיל או חוזר (התפעל). ראו רמב"ן וספורנו.
12. אם כי הם נכללים בְּמִשְׁפַּחַת הָעַמְרָמִי (להלן פס' כז), משום שלעמרם לא היו בנים אלא ממשה ואהרן, ובני אהרן כבר נמנו. ר"י בכור שור.
13. ויקרא י,א-ב.
14. כפי שמבואר במקומות אחרים, ישראל מפרישים ללויים ערים לשבת ונותנים להם מעשרות מתבואתם. ראו בכור שור וחזקוני על אתר ולהלן ח,ט.
15. הכהנים שנזכרו במעמד הר סיני זוהו בבכורות. ראו משנה זבחים יד,ד; רש"י שמות יט,כב.
16. שמות יב,כט; יג,ב;יב-יג; כב,כח; לד,יט-כ.
17. ראו שבת קלה ע"ב; רש"י על אתר.
18. ראו רש"י.
19. רס"ג.
20. רש"י. וראב"ע פירש הַמָּסָךְ - מסך החצר, וְכֹל עֲבֹדָתוֹ - מיתריו.
21. ראו רש"י על אתר ותוספות בכורות ד ע"א.
22. כאמור בשמות ל,יג; ויקרא כז,כה.
23. תנחומא, יז. ראו עוד שמות מ במבוא העניין.
24. אין משמעו של הביטוי קֹדֶשׁ הַקֳּדָשִׁים כאן זהה למשמעו הרווח בתור החלל שמאחורי הפרוכת שבו ניצב ארון העדות.
25. הפועל 'לדשן' הוא אחד מהפעלים הנושא שתי משמעויות מנוגדות: להניח את הדשן ולהסירו. ראו רש"י וראב"ע (הקצר) שמות כז,ג.
26. ראו עוד ר"א מבלגנצי יחזקאל ט,א.
27. ראו רש"י, ראב"ע ורמב"ן.
28. כיוצא בזה בשמואל א' ט,יח.
29. ספורנו. וראו רלב"ג דברי הימים א' ט,כ.
30. רס"ג רש"י וראב"ע.
31. ראו חזקוני. וראו עוד שמואל א' ו,יט, ר"י קרא, ר"י מטראני ומלבי"ם שם; שיר השירים א,ו ורש"י שם.

מקורות והערות לפרשת נשא

1. ראו ראב"ע, בכור שור וספורנו. ראו עוד דברי הימים ב' ל,יז; לה,יד.
2. ראו רש"ר הירש.
3. על פי אברבנאל.
4. ראו במדבר רבה סוף פרשה ו.
5. ויקרא יג-טו.
6. פרטיה יתפרשו להלן יט,יא-כב.
7. ויקרא ה,כ-כו.
8. שמות יב,לח.
9. ר"י בכור שור.
10. הכתוב אינו מבאר בדיוק באיזה מעל מדובר, אך מכיוון שנאמר מִכָּל חַטֹּאת הָאָדָם, נראה כי אין משמעו שימוש לא מורשה במה שהוקדש לה' (ראו ויקרא ה,טו), אלא שימוש לא ראוי של אדם בכסף או ברכוש שאינם שלו (ראו שם ה,כא).
11. על פי ראב"ע.
12. הכתב והקבלה.
13. שם ה,כ-כה.
14. ויקרא ז,יד לא-לד; כב,יד; כז,יט-כג; במדבר יח,כ.
15. ראו אור החיים.
16. ראו רש"י ובכור שור.
17. ראו רמב"ן.
18. ספרי, רש"י. ראו חזקוני ור"ש ריג'יו.
19. ראב"ע.
20. ראו סוטה ז ע"א
21. ראו רש"י.
22. רש"י ורס"ג. וראו חזקוני.
23. ראו רש"י על אתר; במדבר רבה ח,יט.
24. ראו משנה סוטה ג,ד-ה.
25. רש"י. פירוש אחר: זאת תורת הקנאות למי שנטמאה או למי שאישה קינא לה בלא שנטמאה. בכור שור.
26. ראו רש"י פס' ב; סוטה ב ע"א.
27. השורש פ,ל,א יופיע גם להלן טו,ג בהקשר של נדר והפרשה. והוא רומז גם לפלא - מאורע מובחן ויוצא דופן. ראו ראב"ע על אתר ור"י בכור שור שמות ח,יח.
28. ראו אונקלוס ורש"י. משמעה של המלה שֵׁכָר כאן שונה ממשמעה

המקובל היום (ששורשיו בספרות התלמודית), הכולל גם משקאות חריפים שאינם עשויים מענבים.

29. בנזיר לד ע"ב מובאת דעה שפירשה כך וכן דעה המפרשת להיפך, שהחיצוניים הם החרצנים, והפנימיים – הזגים.
30. ראב"ע.
31. ראו רס"ג ואור החיים.
32. ראו יונתן ורש"י על אתר; במדבר רבה י,יז.
33. המנחה והנסכים המתחייבים מקרבן עולה או שלמים מפורטים להלן טו,א-טז.
34. שער הנזיר הוא אחד הדברים האסורים בהנאה. ראו משנה תמורה ז,ד.
35. מהמלים אָמוֹר לָהֶם למדו חכמים שנציג הקהל פונה לכהנים וקורא להם לברך, ואף מקריא להם את הברכה מלה במלה, ובעקבות קריאה זו הם מברכים. ראו סוטה לח ע"א; אונקלוס על אתר.
36. ראו רש"י.
37. ויקרא ט.
38. כאמור לעיל א,ד-טו.
39. ראו מדרש רבה יב,יז; פירוש הרמב"ם למשנה כלים יח,ב.
40. ראו ספורנו והעמק דבר.
41. לפי החישובים המקובלים בהלכה השקל הוא 9.6 גרם. משקל שקל ממוצע בממצא הארכיאולוגי הוא כ-11.4 גרם.
42. על פי ספרי נשא.
43. לעומת החטאת שמביאים יתר העם, שהיא נקבה, כפי שנאמר בויקרא ד,כח. אכן, שם (פס' כב-כד) נאמר שנשיא צריך להביא שעיר זכר, אך מדובר שם בנשיא ישראל ובקרבן הבא על חטא, ואילו כאן מדובר בקרבן מיוחד הבא לחנוכת המזבח מאת נשיאי השבטים. קרבן זה חריג גם בכך שעלה כולו כליל על המזבח ולא נאכל. ראו זבחים ט.
44. לעיל ב,א-ה.

מקורות והערות לפרשת בהעלתך

1. רש"י פס' ב; במדבר רבה טו,ו.
2. ראו יונתן ורש"י; מגילה כא ע"ב.
3. שו"ת הריב"ש, תי. וכמה ראשונים פירשו: לנוכח השולחן העומד מול המנורה. או: לנוכח הפרוכת. ראו רשב"ם, חזקוני ובכור שור.
4. ראו להלן יט,א-יג.
5. ראו העמק דבר.
6. חזקוני.
7. ראו מלבי"ם.
8. ראו ספורנו.
9. ר"י בכור שור.
10. ר"י בכור שור. וראו רש"י ורמב"ן.
11. כפי הכלל שקבעו חכמים: "אין מוקדם ומאוחר בתורה" – כלומר מיקום הכתוב בתורה אינו משקף בהכרח את סדר השתלשלות המאורעות. ראו פסחים ו ע"ב; ירושלמי פסחים ג,א; קהלת רבה א,יב ועוד.
12. ראו פסחים צו ע"א.
13. ראו ספורנו.
14. שמות לג,יא.
15. ראו פסחים צג; רמב"ם, הלכות קרבן פסח ה,ב.
16. על פי רמב"ן.
17. רמב"ן.
18. ראו ספורנו.
19. ראו שמות יג,כא; דברים א,לג; מנחות צה ע"א; ראב"ע ופענח רזא על אתר.
20. לעיל פרק ב.
21. על פי רמב"ן. ואילו לדעת ראב"ע תקעו רק פעמיים, למחנות החונים קדמה ותימנה, שאִתם נוסעים המשכן וכליו.
22. כך למדו מן ההדגשה החוזרת בפסוק ב לעיל: עֲשֵׂה לְךָ... וְהָיוּ לְךָ במנחות כח ע"ב. וראו רש"י פס' ב; במדבר רבה טו,טו. וראו ר"י בכור שור דברים לא,כח.
23. פרק ב.
24. רש"י.
25. ראו ספרי בהעלתך, רש"י וראב"ע; תנחומא יתרו ד.
26. ראו ראב"ע.
27. ראו רמב"ן וספורנו.
28. ראו רש"י פס' לה; שבת קטו ע"ב – קטז ע"א; שו"ת יכין ובועז, פא.
29. ראו יונתן וראב"ע.
30. כמו ישעיה ל,טו: בְּשׁוּבָה וָנַחַת תִּוָּשֵׁעוּן בְּהַשְׁקֵט וּבְבִטְחָה תִּהְיֶה גְּבוּרַתְכֶם. על פי רש"י בשם מנחם.
31. ראו אונקלוס ויונתן.
32. על פי רמב"ן.
33. על פי ספרי בהעלתך.
34. ראו עקדת יצחק.
35. ראו יומא עה ע"א.
36. ראו ראב"ע.
37. ראב"ע.
38. ספרי בהעלותך לז; סנהדרין יז ע"א; רש"י על אתר.
39. ראו ראב"ע ורשב"ם.
40. אונקלוס ורשב"ם. או: מן המובחרים לשרת את משה.

41. דברים כד,ט.
42. על פי מועד קטן טז ע"א.
43. ראו נגעים ב,א; ראב"ע על אתר. ושמא המדינים נקראו גם כושים – ראו חבקוק ג,ז ודעת מקרא שם.
44. ראו רש"י על אתר; ספרי במדבר צט; וראו גם רמב"ם, הלכות יסודי התורה ז,ו.
45. על פי ראב"ע.
46. ראו ספרי במדבר ק. וראו עוד צרור המור.
47. ראו רמב"ן.
48. חכמים אמרו שאף אהרן נצטרע, אלא שכיסה הכתוב על עונשו מפני כבודו, שהוא כהן גדול, והוא לא פתח בדבר. ראו שבת צז ע"א; רבנו בחיי; צרור המור על אתר.
49. רשב"ם. ויש מפרשים: אל תהיה מרים כמת.
50. כפי שאמר יהודה על יוסף אחיו בבראשית לז,כז: כִּי אָחִינוּ בְשָׂרֵנוּ הוּא.
51. רש"י.
52. ראו מלכים ב' ה,יא.
53. ראו ספורנו.

מקורות והערות לפרשת שלח

1. רשימת שמות הנשיאים במפקד ובחנוכת המזבח מוזכרת לעיל א,ד-טו; ז,יב-עח.
2. כנראה מדובר באנשים הנמצאים במיטב כוחם. אחד מהם, כלב בן יפונה, יאמר על עצמו מאוחר יותר שהיה בן ארבעים באותו זמן. ראו יהושע יד,ז; ראב"ע על אתר.
3. בכמה מקומות משמעו של הפועל 'לעלות' הוא לנסוע צפונה. ראו בראשית יג,א; שמות יג,יח ועוד. ויש שהוא מציין מעבר מחוץ לארץ לארץ ישראל, כגון שמואל ב' ה,יז; מלכים ב' יח,ט; ישעיה לו,י; זכריה יד,טז-יז; עזרא ב,א. ראו קדושין סט ע"ב.
4. ראו יהושע יז,יד-יח.
5. חכמים אומרים שהיה זה כלב. ראו סוטה לד ע"א, על פי דברים א,לו; יהושע יד,ח-יד; שופטים א,כ. וראו ראב"ע, רשב"ם והעמק דבר על אתר; יחזקאל יד,א ור"א מבלגנצי שם.
6. מלבי"ם.
7. יש משערים כי הוא אחד מהנחלים משופעי הכרמים המצויים מצפון לעיר חברון.
8. כך מובחנת 'קדש' זו ממקומות אחרים הקרויים 'קדש'.
9. שמות ג,ח ועוד.
10. ראו רמב"ן.
11. ראו בראשית ו,ד; דברים ט,ב. להלן כא,לג מסופר על עוג מלך הבשן, שהיה בעצמו מאחרוני הענקים, שהם האנשים האגדיים שחיו בדורות הראשונים. ראו דברים ב,יא; ג,יא.
12. אונקלוס, רש"י.
13. על פי אור החיים.
14. ראו סוטה לה ע"א ובחידושי אגדות למהר"ל שם.
15. שמות לד,ו-ז; דעת זקנים על אתר.
16. ראו רס"ג ורש"י.
17. ראו ברכות ז ע"א; רמב"ן על אתר; רד"ק הושע ב,טו.
18. על פי רמב"ן.
19. ראו רש"י וראב"ע.
20. ראו מגילה כג ע"ב.
21. רש"י.
22. רשב"ם.
23. ראו רש"י.
24. ראו ספורנו ורש"ר הירש.
25. ניקוד מלת היחס ב' במלה בַּמַּגֵּפָה מורה על מגפה שהייתה ידועה כמגפה קשה. ראו סוטה לה ע"א ורש"י שם.
26. ראו רש"י.
27. ראו ספורנו והעמק דבר.
28. ראו אונקלוס ורס"ג. במאה ה-20 קיבלה ההעפלה משמעות אחרת, חיובית יותר. ואולם כאן, בהקשר המקורי, היא נושאת לפי רוב המפרשים משמעות שלילית. ויש מפרשים שהמשמעות המקורית של השורש ע,פ,ל היא ג,ב,ה. ראו ראב"ע על אתר, רד"ק חבקוק ב,ד. וכך הפירוש המקובל על בלשנים בימינו.
29. ראו להלן כא,ג ור"י בכור שור שם.
30. על פי ראב"ע, בכור שור, רמב"ן ואור החיים.
31. שכנראה עשה את מעשהו ביד רמה. ראו ראב"ע פס' ב.
32. ראו כריתות ח ע"ב - ט ע"א.
33. רס"ג.
34. ספרי שלח.
35. ספרי ורש"י על אתר; הוריות ח ע"א.
36. ראו רש"י על אתר; כריתות ז ע"ב.
37. ראו שבת עג ע"ב. וראו שם צו ע"ב דעות נוספות במעשהו של המקושש – קציצת עצים או נשיאתם ברשות הרבים.
38. שמות לא,יד.
39. ראו רש"י ורשב"ם.
40. ספרי ורשב"ם על אתר.
41. ראו מנחות מב ע"א; רש"ר הירש

על אתר. פירוש זה מתקרב לפירוש הראשון (וכך הקשרים הלשוניים בין נֶבֶט והביט, ציץ והצצה). קרבה זו קשורה כנראה לתחילת הופעתו של הצמח באדמה, כאילו הוא רואה את העולם או נראה לעין המתבונן. וכך החוטים מבצבצים מן הבגד כנבטים המציצים מן האדמה. יש לציין בהקשר זה את הציץ, שהיה הקישוט הבולט על מצח הכהן הגדול, שנקשר בפתיל תכלת.

42. השימוש העיקרי בשורש ת,ו,ר בתורה הוא בפרשת המרגלים. אולי השימוש בו באזהרה זו מרמז על כך שהמרגלים שתרו את הארץ הלכו אחרי לבם ועיניהם ועזבו את דברי ה'.

מקורות והערות לפרשת קרח

1. לעיל ג,ל.
2. במדבר רבה יח,ב.
3. ראו בראשית מט,ח; דברי הימים א' ה,א-ב.
4. לעיל ג,מד-נא; משנה זבחים יד,ד.
5. על פי רס"ג, ראב"ע ורשב"ם.
6. על פי רש"י.
7. ראו רמב"ן וספורנו.
8. ראו למשל שמות ג,ח; יג,ה.
9. ראו עקדת יצחק.
10. על פי רשב"ם ור"י בכור שור.
11. רמב"ן.
12. שכן בפסוק הבא יתפללו משה ואהרן על כל עדת ישראל. על פי רמב"ן ואברבנאל.
13. ראב"ע ור"י בכור שור.
14. בראשית ג,יט.
15. ויקרא י,יא; לעיל ג,ד.
16. ראו רש"י, ראב"ע וספורנו.
17. כשם שמשמעה של הרמת תרומה (לעיל טו,יט-כ, למשל) אינה בהכרח הגבהה, אלא הפרשה. ראו אונקלוס ויונתן על אתר.
18. ראו רמב"ן.
19. ראו רש"י על אתר; תנחומא אחרי מות ח.
20. השקד מקדים לפרוח אך פרותיו מבשילים לאחר כשישה חדשים.
21. ויקרא י,יא; לעיל ג,ד.
22. לעיל א,נג; ג,י לח; ה,ג; ח,יט.
23. אבן עזרא. וראו תמיד כו ע"ב; רמב"ם, הלכות בית הבחירה ח,ד.
24. ר"י בכור שור.
25. ראו רש"י על אתר; סוטה טו ע"א.
26. כאמור בויקרא ו,ט יט; ז,ו. ייתכן שמשמעו של קֹדֶשׁ כאן אינו מקום קדוש אלא קדושה: בקדושה חמורה של הקודשים תאכלנו. ראו רמב"ן ורש"ר הירש. וראו עוד דברי הימים א' ו,לד.
27. ראו ויקרא ז,יד, לב לד.
28. ראו רש"י על אתר; בכורות נג ע"ב.
29. ראו ויקרא כב,יא; משנה זבחים ה,ו.
30. ראו משנה תרומות יא,ט; ספרא אמור על כב,יא.
31. שמות יג,יג.
32. כפול מערכו של שקל פשוט, השווה עשר גרה. ראו בבא בתרא צ. ראו עוד 'העולם' לעיל ג,מז.
33. וכבר מנו חכמים עשרים וארבע מתנות כהונה. ראו חולין קלג ע"ב; רמב"ם, הלכות בכורים א.
34. ראו גם דברי הימים ב' יג,ה.
35. ראו רס"ג, הכתב והקבלה. וראו עוד חזקוני ובכור שור.
36. ראו רס"ג ורש"י.
37. על פי ראב"ע וחזקוני.

מקורות והערות לפרשת חקת

1. כך אפשר לפרש על פי הפשט. אכן, חכמים למדו מייתור המלים, שהתואר תְּמִימָה מתייחס לתואר שקדם לה – אֲדֻמָּה תְּמִימָה – שלמה באדמימותה. ספרי ורש"י על אתר. וראו הצעות נוספות בראב"ע ואברבנאל.
2. נִדָּה כאן מלשון יידוי – זריקה והשלכה. ראו זכריה ב,ד; איכה ג,נג.
3. הפרה מנקה את הטומאה, ככתוב בתהלים נא,ט: תְּחַטְּאֵנִי בְאֵזוֹב וְאֶטְהָר. על פי מורה נבוכים ח"ג מז. נוסף על כך, הפרה, אף שאינה קרבן, מושווית בכמה וכמה הלכות לקרבן חטאת, שכן קראה הכתוב חַטָּאת. ראו חולין יא ע"א ועוד.
4. חכמים דרשו מהמלים אֲשֶׁר יִגַּע עַל פְּנֵי הַשָּׂדֶה, שגם המאהיל על המת – או הקבר – כמוהו כנוגע. וכן באופן המקביל, כאשר המת מאהיל על אדם או על כלי. ראו נזיר נג ע"ב; משנה אהלות ג,א ועוד.
5. ראו שבת כז ע"ב – כח ע"א ובתוספות שם.
6. לפי מסורת חכמים, המזה את המים על הטמא לא נטמא, אלא אם נשא את המים שלא לצורך הזאת טהרה. ונקט הכתוב לשון וּמַזֵּה להורות שאינו נטמא במשא אלא אם נשא כשיעור הזאה. ראו יומא יד ע"א.

7. ראו תהלים קו; במדבר רבה, רש"י, ראב"ע ועוד. ייתכן שגם פרשיית קרח התרחשה בשנים המאוחרות של ישראל במדבר. ראו אברבנאל יחזקאל כ,כא.
8. פס' טז.
9. ראו רש"י והעמק דבר.
10. ראו לעיל יג,כג-כז; דברים ח,ח.
11. ראו לעיל יז,כב כה; ראב"ע וכלי יקר כאן.
12. ראו לעיל יז,כב כה; ראב"ע.
13. ראו רש"י ובמדבר רבה יט,ט.
14. ראו ראב"ע, רשב"ם ור"י בכור שור.
15. ראו רש"י ורמב"ן.
16. על פי רס"ג.
17. ביטוי דומה מצוי גם במותם של בני אהרן: בִּקְרֹבַי אֶקָּדֵשׁ (ויקרא י,ג).
18. בראשית לו,א; ח; ט ועוד.
19. ראו רש"י וראב"ע על אתר; אברבנאל שופטים יג,א.
20. רשב"ם.
21. ראב"ע.
22. רש"ר הירש.
23. להלן לג,לח-לט. תאריך הפטירה היחיד המפורש בתורה.
24. רס"ג.
25. בביטוי זה נוהג הכתוב רק לתיאור מותם של צדיקים.
26. לעיל פס' ז-יג.
27. רש"י ור"י בכור שור.
28. ראו רש"י.
29. ראו רש"י על אתר; תנחומא חקת מב.
30. ראו רש"י על אתר; ראש השנה ג ע"א.
31. ראו רמב"ן.
32. ראו ר"י בכור שור פס' ח.
33. רש"י ועוד.
34. ראו ירושלמי ראש השנה ג,ט; רש"י על אתר.
35. ראו רש"י.
36. על פי ראב"ע ורמב"ן.
37. ראו רמב"ן.
38. שמות טו,א.
39. לעיל כ,יא-יג.
40. ראו רש"ר הירש בראשית מט,י.
41. רשב"ם.
42. רשב"ם.
43. ראב"ע.
44. ראו בראשית לב,כג-כד.
45. ראו עוד בביאור לישעיה כח,יד.
46. ראו חזקוני. והרבה פירשו וַנִּירָם מלשון מלכות ושלטון – אבד ניר מחשבון, ועַד – כלומר סר – מדיבון. ראו רש"י ורס"ג. או וַנִּירָם – השלכנו אותם. ראו רשב"ם, ראב"ע ורש"ר הירש.
47. דברים ג,ח ועוד.
48. דברים ג,יא.
49. לעיל יד,לג.

מקורות והערות לפרשת בלק

1. כא,כו-ל.
2. ואכן לאחר דורות מוזכר אירוע זה כאחד מחסדי ה' לישראל במדבר. ראו מיכה ו,ה.
3. דברים ב,ט.
4. ממקורות מסוימים נראה שנחשב מלך תקיף ומצליח. ראו רמב"ן על אתר; במדבר רבה כ,ד.
5. רש"י, רשב"ם.
6. יונתן, חזקוני.
7. ראו הכתב והקבלה.
8. ראו רש"י, ראב"ע, רמב"ן וחזקוני.
9. ראו רש"י על אתר; במדבר רבה כ,ח.
10. גם במקומות אחרים במקרא אלוקים שואל שאלות פתיחה על מקומו ומעשיו של האדם, לא כדי לברר דבר שכביכול אין הוא יודע, אלא כדי להיכנס עמו בדברים. ראו רש"י בראשית ג,ט.
11. ראו רשב"ם.
12. ראו ראב"ע.
13. ראו רמב"ן.
14. ראו סוטה לד ע"א.
15. אונקלוס, רס"ג ורש"י.
16. יונתן על אתר; במדבר רבה כ,יח. וראו סוטה י ע"א.
17. ראו גם שמואל א' י,יב; ישעיה יד,ד; מיכה ב,ד.
18. ראו כב,ה לעיל.
19. ראו אונקלוס וראב"ע.
20. ר"י בכור שור; שד"ל.
21. רבנו בחיי ועוד על פי אונקלוס. הרֹבַע הוא אחד מארבעת המחנות המרכיבים את מחנה ישראל כולו. פירושים אחרים: רֶבֶץ, משכב; רביעה; אבק, חול.
22. ראו רש"י.
23. אונקלוס, רש"י ורשב"ם.
24. ראו רש"י וראב"ע.
25. ראו אונקלוס, רס"ג ורש"י. שתימה היא פתיחת נקב, חירור. שְׁתֻם הָעָיִן הוא אפוא האדם הרואה, בעל העין הפתוחה.
26. ראו לדוגמא בראשית יז,ג; יחזקאל א,כח.
27. ראו רש"י ובכור שור. וראו עוד ירמיה נ,יז.
28. ראו רס"ג וראב"ע.

29. לעיל פס' ג.
30. ראו רש"י. ויש מפרשים דָּרַךְ - עלה על מסלולו.
31. לפי בראשית ה, האנושות המשיכה להתקיים דרך צאצאיו של שת, שכן הבל נהרג, וכפי הנראה בני קין לא שרדו.
32. ראב"ע.
33. רמב"ן.
34. ראו רש"י, ראב"ע ורמב"ן.
35. רש"י, רס"ג וראב"ע.
36. ראו שמואל א' טו,ו; רש"י על אתר.
37. רש"י.
38. ראו אונקלוס ויונתן.
39. בראשית י,ד.
40. ראו להלן לא,טז.
41. כך נאמר על נשות מדין להלן לא,טז: הֵן הֵנָּה הָיוּ לִבְנֵי יִשְׂרָאֵל בִּדְבַר בִּלְעָם לִמְסָר מַעַל בַּה' עַל דְּבַר פְּעוֹר.
42. ראו רש"י.
43. כפי שיתברר בפס' יד להלן. השימוש ב'איש' כדי לציין אדם המיוחד בכוחותיו מוכר גם ממקומות נוספים. ראו למשל שמואל א' כו,טו; מלכים א' ב,ב; רש"י במדבר יג,ג; שמואל א' א,יא; ראב"ע במדבר יג,ב.
44. ראו רש"י וחזקוני.

מקורות והערות לפרשת פינחס

1. להלן לא,ז-טז.
2. ראו רש"י.
3. בראשית מו,טז.
4. ראו בראשית מו,יב; דברי הימים א' ב,ג.
5. ראו לעיל א,לב-לה.
6. ראו בראשית מו,כא; רש"י כאן ורד"ק דברי הימים א' ח,א.
7. בראשית מו,כג.
8. ראו בהרחבה לבראשית מו,טו.
9. לעיל יד,כג-כד.
10. ראו ספרי פינחס ורמב"ן על אתר.
11. ראו בבא בתרא פרק שמיני; רמב"ן על אתר.
12. לעיל כ,כד-כו.
13. ראו רש"י במדבר כ,כו ושם לג,לח; ברכות ח ע"א.
14. ראו ההרחבה לעיל כ,יג.
15. ספורנו.
16. ראו עוד ההרחבה לשמות כח,ל.
17. רש"י, ראב"ע ועוד. וראו עוד יהושע יד,א.
18. ראו רמב"ן על אתר ובויקרא כג,ב. וראו עוד מנחות מה ע"ב.
19. כאמור בשמות כד,ה.
20. שֵׁכָר במקרא הוא משקה משכר או חריף ולא שמו של משקה מסוים.
21. ראו רש"ר הירש.
22. ראו יואל א,יד.
23. יונתן. ראו עוד בהרחבה לויקרא כג,ב.
24. ראו מגילה ז ע"ב. לעומת זאת בשבת נאסרה עשיית 'כל מלאכה' (ויקרא כג,ג), ובכללן גם מלאכות התקנת האוכל הללו. ראו עוד ההרחבה ויקרא כג,ז.
25. ראו שבועות ב.
26. ראו רש"י.
27. פרק כח פס' ה-ז; יב-יד.
28. ראו ויקרא טז.
29. עֲצֶרֶת היא גם כינויו של שביעי של פסח בתורה (דברים טז,ח). אך בלשון חכמים 'עצרת' סתם היא חג השבועות, העוצר ומכנס אליו את מה שהחל להתפתח בחג הפסח והמצות. ראו רמב"ן ויקרא כג,לו. היום השמיני של סוכות מכונה בפי חכמים 'שמיני עצרת'.

מקורות והערות לפרשת מטות

1. ראו רש"ר הירש.
2. פשט הפסוקים מורה שלאחר הנישואין האיש יכול להפר את נדרי אשתו שנדרה בעודה רווקה, אך חכמים בתלמוד למדו שאין הדין כן אלא בשלב שבין הקידושין-האירוסין לנישואין. ראו נדרים עב ע"א; רשב"ם, ראב"ע ובכור שור על אתר. ושמא נחלקו הדעות בדבר. ראו ספרא על אתר.
3. ראו נדרים עט; רמב"ם, הלכות נדרים יב,א-יא.
4. ראו בכור שור, רמב"ן ועוד.
5. לעיל כה,יז-יח.
6. ראו גם דברים כ,א-ד.
7. לעיל כה,טו.
8. ראו פס' טז להלן.
9. ראו רש"י.
10. רס"ג. ויש מפרשים שמצווה זו ניתנה להם עוד בצאתם למלחמה.
11. ראו לעיל יט,ט.
12. ראו רס"ג, רש"י וראב"ע.
13. ראו הכתב והקבלה.
14. ראו רמב"ן.
15. ראו עוד יהושע יז,יד-יז; כב,ח.
16. רס"ג.
17. לעיל יג.
18. ראו ראב"ע.
19. ראו חזקוני.

20. יהושע א,יד.
21. ראו רמב"ן; ירושלמי ביכורים א,ח; העמק דבר דברים א.
22. ראו בהרחבה ליהושע יג,ל.
23. ראו רש"י ורמב"ן כאן ורש"י דברי הימים א' ה,ח.

מקורות והערות לפרשת מסעי

1. בירושלמי יומא ב,ב מתוארים שמונה מסעות שישראל חזרו לאחוריהם.
2. דברים א,מו ורש"י שם; ברייתא דסדר עולם, ח.
3. ראו למשל: צרור המור וספר הפרשיות, ובהרחבה להלן פס' כד.
4. ראו גם שמות יב,יב.
5. ראו שמות יד,ב.
6. ראו ראב"ע.
7. ראו שמות טו,כג-כה.
8. שמות יז,ח.
9. שמות יט,א - במדבר י,יב.
10. לעיל יב,טו-טז.
11. על פי בעל הטורים.
12. ראו יונתן.
13. ראו דברים ב,ח.
14. ראו לעיל כא,א.
15. ראו רש"י.
16. ראו תענית ל ע"ב.
17. ראו רש"י.
18. ראו חדושי הראב"ד בבא בתרא קכב ע"א ו-קיז. וראו עוד רמב"ן במדבר כו,ה.
19. על פי רס"ג.
20. ראו רש"י על אתר; גטין ח ע"א.
21. ראו רש"י.
22. ראו רשב"ם.
23. אונקלוס.
24. רש"י. ראו 'העולם' מלכים ב' יד,כה.
25. יונתן בתרגומו לפס' ז מזהה את הֹר ההר עם טורוס אמנוס - שרשרת ההרים שמבדילה בין סוריה לטורקיה.
26. תבנית הגבולות שבעבר הירדן המערבי תחולק בפועל ובאופן מדויק יותר בספר יהושע פרקים יד-יז.
27. ראו נדרים פא ע"א; רש"י על אתר.
28. ראו רמב"ן.
29. ראו יהושע כ-כא; שמואל א' כב,ט-יט.
30. מכות ט ע"ב.
31. ראו רש"ר הירש.
32. ספרי; רש"י.
33. סנהדרין מה ע"ב. לפי רש"י שם מדובר ברוצח בשגגה. ויש אומרים דווקא במזיד כשאין בית הדין יכול להמיתו מסיבה כלשהי. ראו רמב"ן, ספר המצוות, השמטות העשין, יג; וראו עוד רש"ר הירש והעמק דבר.
34. ראו רש"י ויונתן.
35. רש"י.
36. את הביטויים 'עין תחת עין' או 'יד תחת יד' שבשמות כא,כד פירשו חכמים בבבא קמא פג ע"ב בהמרת הפגיעה הפיזית בכופר כסף. וראו דוגמא נוספת בשמות כא,כט-ל.
37. ויש מפרשים: אל תקחו כופר מהרוצח במזיד כדי שימיר עונשו בבריחה אל עיר המקלט עד מות הכהן הגדול. ראו רס"ג ורמב"ן.
38. ראו יונתן.
39. ראו לעיל כז,א-יא.
40. ראו ויקרא כה,י.

מקורות והערות להפטרות

1. ראו פסחים פז ע"ב; רש"י פס' א.
2. ראו יונתן ומלבי"ם.
3. יונתן.
4. על פי יונתן ומלבי"ם.
5. על פי רד"ק.
6. על פי רש"י וראב"ע.
7. ראו גם ישעיה לה,ו-י; יחזקאל כ,לה; שיר השירים ג,ו; ח,ה; רד"ק על אתר.
8. ראו ר"י קרא, ראב"ע ורד"ק.
9. ראו רש"י ורד"ק על אתר; ישעיה יא,ו-ט.
10. ראו במדבר ו,ג ואונקלוס ורש"י שם. משמעה של המלה שֵׁכָר כאן שונה ממשמעה המקובל מאוחר יותר, הכולל גם משקאות חריפים שאינם עשויים מענבים.
11. רש"י בראשית טז,יא; רד"ק על אתר.
12. במדבר רבה י,ה.
13. ויקרא רבה א,א.
14. ראו רד"ק.
15. ראו במדבר רבה י,ה; אברבנאל ואלשיך על אתר. אם כי ייתכן שהכתוב בדרכו השלים בתיאור השני את מה שהחסיר בראשון. ר"י קרא.
16. ראו במדבר רבה י,ה. ורד"ק פירש: היום.
17. ראו במדבר רבה י,ה.
18. ראו אברבנאל. אפשר להבין בדוחק שדברי המלאך נאמרים בלשון נוכח, כלומר: גם אתה תשמור את כל אלה. אבל בפשטות נראה שאלה ההוראות המיועדות לה.
19. ראו רש"י דברים טז,ח.
20. ראו רד"ק.
21. ר"י מטראני.

מקורות והערות

22. ראו רש"י.
23. ראו רד"ק.
24. ראו הנחה זו גם שופטים ו,כב, וכיוצא בזה בבראשית לב,לא.
25. רש"י ומלבי"ם על אתר. וראו רשב"ם במדבר כג,כג.
26. ראו אלשיך.
27. ראו שופטים יח,יב; רד"ק על אתר. וראו עוד אברבנאל.
28. ראו יהושע יט,מא.
29. ראו יונתן וראב"ע.
30. דברים כו,טו.
31. ראו ראב"ע ורד"ק
32. ראו ירושלמי תענית ד,ה.
33. ראב"ע.
34. ראו רד"ק על אתר; הרחבה לשמות כח,מ.
35. ראו רד"ק ומלבי"ם.
36. שיכונה 'צמח' גם בזכריה ו,יב. רש"י, וראו רד"ק ומלבי"ם.
37. רש"י וראב"ע.
38. ראו ראב"ע ומלבי"ם.
39. רש"י, מצודות ומלבי"ם. ראו יהושע טו,יט.
40. ראו דברי הימים ב' ד,יב–יג; ר"א מבלגנצי על אתר.
41. רש"י
42. רש"י. ויש אומרים שבעה בסך הכול. ראו ראב"ע, רד"ק ותלמיד ר"י מטראני.
43. רש"י.
44. רש"י.
45. רש"י ועוד.
46. ראו ראב"ע ורד"ק.
47. ראו רש"י.
48. רד"ק ומלבי"ם.
49. ראו רש"י וראב"ע.
50. ראו רלב"ג פס' א ואלשיך.
51. ראו יהושע ג,א; במדבר לג,מט.
52. ראו רד"ק.
53. ראו שופטים ג,יג; כח; יב,ה.
54. ראו רש"י.
55. רלב"ג ואברבנאל. וראו רש"י ומצודת דוד.
56. ראו רד"ק.
57. ראו שופטים ה,י. ראו עוד שמואל א' ט,כה; שמואל ב' יא,ב.
58. ראו רש"י ורד"ק.
59. רד"ק. וכיוצא בזה שופטים יג,טז.
60. ראו רש"י.
61. ראו רש"י.
62. ר"י מטראני.
63. ראו ר"י בן כספי ומצודת דוד.
64. ראו רד"ק ור"י מטראני.
65. ראו אברבנאל.
66. ראו רד"ק והגר"א.
67. ראו רש"י, רד"ק ור"י מטראני.
68. ראו רמב"ם הלכות פרה אדומה ג,ב.
69. רש"י על אתר ועל ויקרא כ,ט.
70. רמב"ן בראשית מד,י.
71. ראו עוד פירוש ר"י פידנקי, מהדיר ספרי האברבנאל.
72. תנחומא קרח ו; רש"י במדבר טז,ז.
73. ראו רש"י ורד"ק.
74. ראו עוד במדבר כז,יז.
75. ראו שמואל א' ח,א.
76. ראו רד"ק.
77. רש"י.
78. ראו נדרים לח ע"א; אברבנאל על אתר.
79. רש"י ועוד.
80. רד"ק.
81. משמעו של ביטוי לא שגרתי זה הוא שמנהיגי העם הללו לא נבחרו בידי העם אלא התגלו על ידי אלוקים. ראו רד"ק ומלבי"ם. וראו עוד רד"ק יחזקאל כט,ג.
82. שופטים ו,לב ואילך.
83. ר"י בן ג'אנח, על פי יונתן וראש השנה כה ע"ב.
84. ראו עוד מדרש תהלים צ.
85. שמואל א' יא,א.
86. ראו רלב"ג.
87. ראו שמות ב,כא.
88. ראו יונתן, רד"ק, ר"י מטראני ומצודת דוד; מדרש תנחומא כי תצא ג; שו"ת רשב"ץ ח"ג שכב.
89. בכמה מקומות במקרא הביטוי 'אַחֵר' איננו מציין רק שונות, אלא הוא נושא אף משמעות שלילית: דבר זר שיש בו גם צד בזוי. וכך נשארה משמעות המלה במשך דורות רבים. ראו מכילתא, מסכתא דבחודש ו; סוטה ו ע"א; משלי ה,ט; ירושלמי חגיגה ב,א; הוריות יג ע"ב - יד ע"א; רש"י שמות כ,ב-ג.
90. ראו רלב"ג על אתר; בבא קמא צב ע"ב.
91. ראו שופטים י,ח.
92. ראו שם י,יז.
93. ראו מלבי"ם.
94. במדבר כ,יד-כא.
95. פרט זה אינו מפורש בתורה. ראו במדבר רבה יט,טו; רש"י במדבר כא,יג; רד"ק על אתר.
96. ראו במדבר רבה יט,כט; תנחומא חקת נב; רש"י במדבר כא,כג.
97. ראו רמב"ן במדבר כג,ד.
98. ראו רלב"ג.

מקורות והערות

99. רד"ק.
100. ראו ראב"ע ויקרא יט,כו.
101. ראו רש"י ויקרא יט,כו.
102. ראו יחזקאל כא,כו-כז; ירמיה כז,ט; לט,ג.
103. יונתן.
104. ראו ר"י קרא.
105. ראו רד"ק.
106. ראו ראב"ע.
107. ראו יונתן שמות ו,יח; ילקוט שמעוני תחילת פינחס; בבא מציעא קיד ע"ב ורש"י שם.
108. אברבנאל.
109. רד"ק, מצודת דוד.
110. ראו זבחים קב ע"א.
111. רד"ק ורלב"ג.
112. ראו יהושע יט,א-ט והפניות שם.
113. ראו מצודת דוד.
114. רד"ק. רצפה כגחלת ראו ישעיה ו,ו.
115. המין הדקדוקי של רוח הוא הן זכר כמו למשל שמות י,יג הן נקבה ראו למשל בראשית א,ב. כאן מופיעים שניהם בסמיכות זו לזו. ראו גם באיוב א,יט ורש"י בראשית לב,ט.
116. ראו רש"י ורלב"ג.
117. שמות לג, כ: וַיֹּאמֶר לֹא תוּכַל לִרְאֹת אֶת פָּנָי כִּי לֹא יִרְאַנִי הָאָדָם וָחָי.
118. ראו רד"ק ורלב"ג.
119. ראו מצודת דוד פס' יז.
120. ראו רלב"ג ומצודת דוד.
121. ראו רלב"ג ומלבי"ם.
122. ראו רד"ק.
123. ראו רש"י.
124. ראו אברבנאל פס' יז.
125. על פי טור אורח חיים תכח בשם פסיקתא.
126. ראו ירמיה כב,כד.
127. ראו למשל ירמיה מב-מד.
128. ראו רש"י ורד"ק. הפועל 'לדעת' כולל מרכיב משמעות אינטימי. ראו הרחבה לבראשית ג,ה.
129. ירמיה מו-נא ועוד.
130. ראו עוד אברבנאל ירמיה יז,יג.
131. ראו מצודת דוד.
132. ראו אלשיך. ודומה לכך ראו ירמיה כד,ג.
133. ראו מצודת דוד.
134. כמו הכינויים 'ציון' ו'בת ציון' המשמשת בדברי ירמיהו וישעיהו גם לעיר ירושלים ולתושביה וגם לאומה בכללה.
135. ראו ויקרא כב,י-טז; במדבר יח,יא-יג.
136. רש"י.
137. רד"ק על אתר; רשב"ם בראשית כא,כ.
138. ראו רש"י ורד"ק.
139. ראו מצודת דוד.
140. יונתן.
141. רד"ק.
142. ראו רש"י ומצודת דוד.
143. רש"י.
144. ראו רד"ק.
145. רש"י. ויש שפירש: ולא רע ומר הייתה יראתך אותי, אלא טובה ומתוקה.
146. רש"י, רד"ק ומצודת דוד.
147. ראו רד"ק.
148. יונתן.
149. מכאן הכינוי לאדם פרוע שאינו מן היישוב פֶּרֶא אָדָם. ראו בראשית טז,יב.
150. דעת מקרא. וראו ירמיה יד,ו.
151. ראו רד"ק.
152. ראו גם ירמיה ז,יז-יח.
153. רד"ק.
154. ראו רש"י, רד"ק, אברבנאל ומלבי"ם.
155. ראו ויקרא יט,יב; זכריה ה,ד.
156. רש"י ומצודת דוד. וראו רד"ק.
157. מלבי"ם.
158. ראו רש"י.
159. כפי שהביא רש"י. רק בפרק ו אפשר למצוא את תיאור הקדשתו של הנביא לתפקידו.
160. ראו רש"י פס' א ורד"ק פס' ב. התיאור בנבואה שלפנינו: אַרְצְכֶם שְׁמָמָה, עָרֵיכֶם שְׂרֻפוֹת אֵשׁ, אַדְמַתְכֶם לְנֶגְדְּכֶם, זָרִים אֹכְלִים אֹתָהּ, וּשְׁמָמָה כְּמַהְפֵּכַת זָרִים. וְנוֹתְרָה בַת צִיּוֹן כְּסֻכָּה בְכָרֶם כִּמְלוּנָה בְמִקְשָׁה כְּעִיר נְצוּרָה, מתאים למעשי מלך אשור, שכן הוא הגלה את עשרת השבטים ומאוחר יותר כבש והחריב גם את ערי יהודה והעלה את שדותיהן באש, אך לא נגע לרעה בירושלים, שנותרה נצורה לבדה, כמסופר בספרי ישעיה ומלכים. וראו עוד שד"ל.
161. ראו למשל בפרקים כח; נח.
162. ראו רש"י ורד"ק על אתר; רש"י ויקרא טז,לא; כב,ב.
163. ראו רש"י שמות כא,כה ורד"ק על אתר.
164. ראו עוד בראשית רבה צח,יג. ורוב המפרשים פירשו מַכָּה טְרִיָּה - מכה לחה, המוציאה דם וליחה. אך אין ברור כל כך ההבדל בינה ובין פֶּצַע.
165. ורבים פירשו עִיר נְצוּרָה - חֲרֵבָה כמו בישעיה מט,ו; סה,ד.
166. ראו עוד ברכות יט ע"א.
167. התיאור הזה מתאים לתחילת ימי חזקיהו, כשהתעוררה התחזקות דתית בעם, והתרבו הקרבנות. ראו דברי הימים ב' כט,לא-לה.

מקורות והערות

168. על פי אונקלוס בראשית לא,יב ורמב"ן שם לא,י.
169. שמות לד,כד.
170. ראו רמב"ן ויקרא כג,ב.
171. ראו רמב"ן שמות כא,לו.
172. ראו מלכים ב' ד,כג; ישעיה סו,כג; ראש השנה טז ע"ב.
173. כמו בשמות ט,כט; מלכים א' ח,כב; עזרא ט,ה.
174. ראו מורה נבוכים ח"א מה.
175. ראו עוד האמונות והדעות לרס"ג ה,ו.
176. ראו יומא לט ע"ב; רש"י ור"א מבלגנצי על אתר; ר"א מבלגנצי ישעיה סג,א.
177. ראו ראב"ע ורד"ק.
178. ראו בראשית רבה לא,ה ופירוש רש"ר הירש לבראשית ו,יא. דוגמאות נוספות לתופעה זו בספר ישעיה - ראו במבוא רש"ז פינס לישעיה. הפירוש המוצע - ישרו את דברי החמס - מחודש.
179. ראו יהושע ב,יח; רמב"ם, הלכות פרה אדומה ג,ב.
180. רשב"ם שמות כה,ד: הצבע קרוי שָׁנִי, והבגד הצבוע אדום קרוי תּוֹלָע או תּוֹלַעַת.
181. ראו יונתן, רש"י ורד"ק.
182. ראו רש"י, רד"ק ורלב"ג.
183. ראו שמואל א' יח,ל-יט,ב.
184. רד"ק.
185. ראו רש"י ורד"ק.
186. רש"י.
187. על פי רש"י.
188. על פי ר"י אייבשיץ, מובא בדעת מקרא.
189. רד"ק ור"י מטראני.
190. ראו דברים כג,יא: כִּי יִהְיֶה בְךָ אִישׁ אֲשֶׁר לֹא יִהְיֶה טָהוֹר מִקְּרֵה לָיְלָה וְיָצָא אֶל מִחוּץ לַמַּחֲנֶה... וּכְבֹא הַשֶּׁמֶשׁ יָבֹא אֶל תּוֹךְ הַמַּחֲנֶה. ראו רש"י, רלב"ג, אברבנאל ומלבי"ם על אתר.
191. ראו יונתן, ר"י בן ג'אנח ורד"ק; דעת זקנים פינחס כח,ט.
192. רש"י ור"י מטראני.
193. ראו רד"ק ומצודת דוד.
194. רלב"ג.
195. ר"י כספי.
196. כיוצא בזה במלכים ב' ט,כד.
197. ראו רלב"ג.
198. רד"ק.
199. על פי רלב"ג.
200. על פי רלב"ג.
201. כדברי שלמה בתפילתו בשעת חנוכת המקדש: הַאֻמְנָם יֵשֵׁב אֱלֹקִים עַל הָאָרֶץ?! הִנֵּה הַשָּׁמַיִם וּשְׁמֵי הַשָּׁמַיִם לֹא יְכַלְכְּלוּךָ, אַף כִּי הַבַּיִת הַזֶּה אֲשֶׁר בָּנִיתִי (מלכים א' ח,כז).
202. ראו רד"ק, ראב"ע ומצודת דוד.
203. ראו רד"ק ומלבי"ם. ויש מי שמפרש: המקדש והגאולה אינם צורך ה' כלל. אין הוא עושה אותם אלא בשביל ישראל, עם עני ונכה רוח.
204. הלבונה המוקטרת נקראת בתורה אַזְכָּרָה (ראו ויקרא ב,ב; כד,ז). על כן המקטיר אותה מכונה 'מזכיר'. על פי רש"י ורד"ק על אתר.
205. ראו רש"י ורד"ק.
206. ראו ראב"ע ורד"ק. ויש מפרשים את כל הפרשה על עובדי עבודה זרה - ראו אברבנאל.
207. ראו רד"ק.
208. רש"י.
209. כדוגמת האמור בישעיה סה,ה: הָאֹמְרִים קְרַב אֵלֶיךָ, אַל תִּגַּשׁ בִּי כִּי קְדַשְׁתִּיךָ.
210. על פי רש"י ור"י קרא ומלבי"ם; וראו עוד ר"א מבלגנצי ור"י מטראני.
211. ראו רש"י על אתר; וראו עוד בבא מציעא לג ע"ב.
212. ראב"ע.
213. ראו בהערה על ישעיה מה,י.
214. ראו רש"י.
215. רד"ק.
216. ראו ר"א מבלגנצי ומלבי"ם.
217. ראו מלבי"ם.
218. ראו ראב"ע ורד"ק.
219. ראו רד"ק.
220. ראו יונתן, רש"י ורד"ק.
221. ר"א מבלגנצי.
222. רש"י, ראב"ע ורד"ק.
223. כמוזכר בישעיה סה,ג.
224. על פי יונתן ורש"י; מצודת דוד.
225. ראו ראב"ע ור"י מטראני ומלבי"ם על אתר, על פי תהלים ב.
226. על פי רש"י רד"ק ומלבי"ם ממדרש תהלים. ויש מפרשים: מהגויים, או מכלי הרכיבה, אקח לסייע לכהנים.
227. ישעיה סה,יז.
228. מלבי"ם; וראו פסיקתא רבתי: והיה מדי חדש.
229. ראו יונתן ושד"ל.

מזכים

כל הזכויות על התמונות שמורות להוצאת קורן ירושלים ולרב עדין אבן-ישראל (שטיינזלץ) מלבד הזכויות על התמונות הבאות:

עמ' 65: כלי חרס טקסי מתקופת בית המקדש השני -
Walters Art Museum (Baltimore/Maryland/USA)

עמ' 71: ענבים יבשים - Paweł Kuźniar (Jojo_1, Jojo)

עמ' 73: תער לגילוח שער ממצרים העתיקה -
http://wellcomeimages.org/indexplus/obf_images/00/83/511491fc54cd40bee69d777c013b.jpg
Gallery: http://wellcomeimages.org/indexplus/image/L0065474.html

עמ' 77: ברכת כהנים על לוחית כסף מימי הבית הראשון - Tamar Hayardeni

עמ' 83: מזרק - באדיבות מכון המקדש

עמ' 85: איל - Andreas Krappweis

עמ' 87: בזיך לקטורת ('כף') - באדיבות מכון המקדש

עמ' 89: קערת כסף עתיקה - Arthur M. Sackler Gallery, Washington, DC, USA

עמ' 99: העלאת הנרות במנורה - באדיבות מכון המקדש

עמ' 103: פדיון הבן - Deror avi

עמ' 111: חניית ישראל במדבר - התמונה באדיבות ארגון 'והראנו בבניינו' - לימודי המקדש והקדשים (הרב מנחם מקובר)

עמ' 123: קתא - הצילום באדיבות ח'ביזה - חקלאות בשיתוף הקהילה

עמ' 124: כוסברה, מימין - Amada44

עמ' 124: כוסברה, משמאל -
http://www.shutterstock.com/pic.mhtml?id=150858572&src=id: AN NGUYEN

עמ' 125: רחיים - Chaojoker

עמ' 125: פרור - צילום: קלרה עמית, יורם להמן, יעל יולוביץ, מיקי קורן, מריאנה סלצברגר. באדיבות רשות העתיקות

עמ' 125: מדוכה - FotoosVanRobin

עמ' 133: שלו - Ján Svetlík

עמ' 183: מחתה - Valerie McGlinchey

עמ' 193: פרח השקד - Udi Steinwell Pikiwiki Israel

עמ' 193: ציץ ופרי השקד - fir0002 | flagstaffotos.com.au

עמ' 203: גורן - יוחנן בן יעקב

עמ' 203: יקב - צילום: ד"ר אבישי טייכר

עמ' 209: סגר לאיטום כד חרס (מגופה) - צילום: קלרה עמית, יורם להמן, יעל יולוביץ, מיקי קורן, מריאנה סלצברגר. באדיבות רשות העתיקות

עמ' 213: תאנה וגפן ורימון - תהילה רענן

עמ' 245: אתון - Maureen Barlin

עמ' 255: שור הבר ('ראם') - GooberShots

עמ' 257: אריה ('לביא','ארי') - Ian Glover

עמ' 261: אהל - jay kaller

עמ' 293: חושן המשפט - באדיבות מכון המקדש

עמ' 317: חצוצרות כסף - באדיבות מכון המקדש

עמ' 327: אצעדה - Einsamer Schütze

עמ' 327: נשים מצריות עונדות אצעדות על זרוען - British Museum

עמ' 366: כחול הים - Christopher
עמ' 368: סירה קוצנית ('סירים') - Zcebeci, Zeynel Cebeci
עמ' 368: יין ('תירוש') כותרת מבית הכנסת בכפר נחום - Derek Winterburn
עמ' 369: גפן - Melanie Shaw
עמ' 369: תאנה - Klearchos Kapoutsis
עמ' 371: חליה - British Museum
עמ' 371: נזמים - Daderot
עמ' 375: ענבים - Roberto Verzo
עמ' 375: צימוקים - Evan – Amos
עמ' 380: מצנפת הכהן הגדול - באדיבות מכון המקדש
עמ' 388: בית בתוך חומה - Jorge Láscar
עמ' 392: גלגל ארגמן, בבקעת הירדן - Adam Zartal אדם זרטל
עמ' 397: קציר חיטים - George McMillan
עמ' 408: טל על עשב - Staffan Enbom
עמ' 413: רתם - shlomit heymann 2011
עמ' 415: צפחת - מוזיאון הכט בחיפה
עמ' 422: מקל שקד - Ignasitort
עמ' 422: סיר - צילום: קלרה עמית, יורם להמן, יעל יולוביץ, מיקי קורן, מריאנה סלצברגר. באדיבות רשות העתיקות
עמ' 428: בור מים חצוב באבן בירושלים - ליאור גולגר Lior Golgher
עמ' 430: אהל מצוי - PETER GREENWOOD
עמ' 432: פרא - Oppitronic
עמ' 434: סוכה בכרם - יוחנן בן יעקב
עמ' 438: תאו מים - Peter Nijenhui
עמ' 440: כרמיל הקוצים -

Spodek M, Ben - Dov Y (2012) Morphology of the first - instar nymph and adult female of Kermes echinatus Balachowsky, with a comparison to K. vermilio Planchon (Hemiptera, Coccoidea, Kermesidae). ZooKeys 246: 11-26 doi:10.3897/zookeys.246.3766

עמ' 442: ראש חץ מהמאה ה-8 לפנה"ס -

Los Angeles County Museum of Art

עמ' 448: עץ לבונה - Mauro Raffaelli
עמ' 450: שטף זרימת נהר - צילום: ד"ר אבישי טייכר

עיצוב כריכה: אליהו משגב